U0580436

YAN MING FU
HUI YI LU

阎明复回忆录（一）

阎明复 著

人民出版社

阎明复

自　序

从工作岗位上退下来后，我想做两件事，一是为发展慈善事业做点事情，二是写写回忆录。

写回忆录的初衷是，作为中办翻译，我曾在伟人们身边工作了十年，亲历了中苏关系从“蜜月”到冷战的过程，想把那些历史事件真实记录下来。在回想和思索中，我感到这里涉及的不仅是导致中苏关系变化的国际大背景，还有国内复杂的政治环境，阶级斗争的人为激化，“文化大革命”的爆发，等等。

这样，我的笔就没法停下来，从中办十年又写到“文革”的那些日子。一个“莫须有”的罪名之下，我和父亲便被关押到秦城，几年间家破人亡。这不仅是个人的噩梦、家庭的噩梦，整个国家都在经历着一场浩劫。

写到家破人亡，就回忆起那些和父母在一起的时光，想起我的童年、读书、成长……往事接踵奔涌而来。从“九一八”开始，我们东北人随着日寇的入侵，到处流离失所，国恨家仇，没齿难忘！抗战岁月，父亲身边那些隐蔽战线的亲朋好友置个人、家庭的命运于不顾，毅然决然献身祖国解放事业；东北解放区，白山黑水，冰天雪地间暖融融的师生情谊；红墙内外，伟人、同事跌宕起伏的戏剧人生，执着顽强的理想追求，锲而不舍的敬业精神，无不令我感慨系之。回首往事，倍感个人的命运与国家的命运必然相互交织，相互融入。

如今，我已经八十多岁了，这几年免不了时有患病，幸有家属津利、南南精心照顾，每天能坚持散步、游泳，感觉自己记忆力还清晰，思维也不迟钝。一边回想往事一边记录的过程，使我获得了饱满的情绪和积极的心态，去更客观地对待历史，更乐观地看待生活。精心收拾起过去的岁月，想来是很有意义的。

阎明复

2013 年 11 月 11 日

目录

CONTENTS

阎明复回忆录

我的少年

我的大学岁月

见证历史：全总七年见证中苏友好

见证历史：中南海十年见证中苏关系之变迁

我的少年

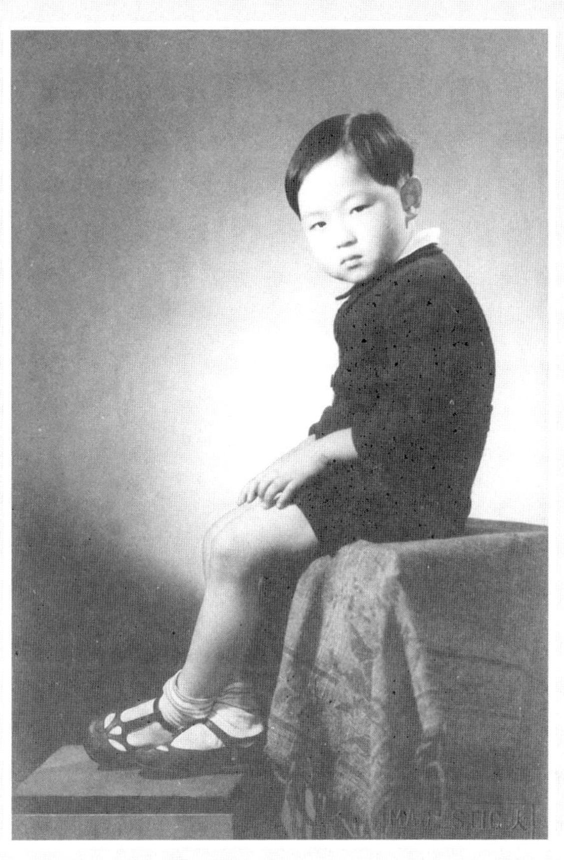

阎明复回忆录

我的祖籍是东北辽宁海城。据大姐说，我家祖上是从山东一带往东北遣民时，从关里遣到东北的。祖父阎成德生于公元 1855 年，卒于 1937 年；祖母董氏生于公元 1862 年，卒于 1924 年。祖父和祖母住在海城县牛庄北小高力房村，位于太子河畔。祖父母都是善良的农民，育有三女六男。父亲阎宝航生于 1895 年，字玉衡，排行老四。祖父家境并不好，以辛苦务农劳作为生。祖母董氏娘家较富裕，家里有馆，家雇佣人，祖母识字，高个，方圆脸，白白净净，不多语，父亲的相貌似祖母。

父亲靠自己的努力读完高小，考入东三省最高学府奉天师范学校①。19 岁那年跨出家门，离开了海城老家。数年后又跨出国门留学英国苏格兰爱丁堡大学研究院。海城的老家我在任职统战部时曾去过，阎家老坟就在太子河畔的对面，依稀可见我的祖先安葬的地方。

我的童年是跟随父母亲在抗日战争中度过的，因为父亲在那个年代的特别经历而辗转几地，从北平到南昌，从南京到重庆，一些童年往事一直留在我的记忆里，随笔而至，也是那个战乱的年代留在我们这代人生活中的痕迹吧。

---

① “奉天”即现在的沈阳。1913 年父亲入师范学校时的学、膳、宿、杂费一律全免，1918 年完成五年本科。——作者注

出　生

我出生在抗日战争腥风血雨的年代。出生时的情况是家人后来讲给我听的……

家　人

我的父亲阎宝航和母亲高素桐[①] 育有六个孩子，我排行老六。

在我童年的记忆里，父亲和蔼可亲，朋友众多，但整天忙忙碌碌，常不在家，很少过问我们的学习和成长。在北平，三岁幼童的我对爸爸几乎没有印象，儿童时能记得的是，跟着爸爸从北平到了江西、南京，爸爸当了“大官”。后来在重庆近九年，渐渐懂事了，有些少时和爸爸在重庆的事情还记得起来。成年以后才逐渐对父亲有了更深的了解。原来，我童年记忆中爸爸那些众多的朋友，不但有莫逆之交张学良及其密友、国民党要人、社会贤达和西方友人等，而且有周恩来等中共党的重要领导和战友，东北救亡组织核心成员等等。爸爸整日忙碌，早期开办奉天贫儿学校，抗日战争爆发后更夜以继日地工作，和东北爱国志士一起组织抗日群众团体，发动社会各界抵御外侮，支援东北当局的抗日外交斗争，还联合东北知名人士促蒋抗日。然而，父亲极少同家人讲他的工作情况。

我的母亲高素桐，为人善良，豁达开朗，十六岁同父亲结为夫妻，是父亲一生忠实的伴侣，同父亲同甘共苦，患难与共。我有三个姐姐、两个哥哥[②] 。我们六个孩子中有四个：大姐明诗，二姐明英，大哥明新，二哥明智，先后在 1937 年、1938 年和 1939 年去了延安，投身革命，只有三姐明光同我一直在父母身边长大，同上一所学校，朝夕相

① 母亲原名高素桐，1947 年，父亲为她改名为高素。——作者注

② 抗战胜利后，姐妹兄弟中又有了小弟弟阎佳林。——作者注

“全家福”。前排左起：二哥阎明智、妈妈、阎明复（中坐）、三姐阎明光、爸爸、大哥阎明新；后排：大姐阎明诗（左）、二姐阎明英（右）

处，亲密无间。

在我出生之前，母亲还生了一个女儿，十分聪颖可爱，是全家的宠儿，大家都叫她“小美丽”。后来她患上肺炎，当时也没有什么特效药，虽送到医院抢救，但仍过早地夭折了。大姐回忆说，全家都十分伤心，爸爸和妈妈痛哭流涕。那天晚上，妈妈做了一个梦，梦见一个天使把“小美丽”抱走了，对她说小妹妹不是你们的，这个小孩才是你们的，说罢就把一个又黑又丑的男孩塞到妈妈的怀里。大姐说，妈妈思儿心切，所以夜有所梦。那个又黑又丑的男孩也许就是后来生下来的我吧。

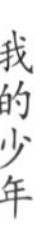

北平——我的出生地

或许我本该出生在沈阳。但是，1931 年“九一八”事变，不但改变了我们民族的命运，也改变了我来到人世的“落脚”之地——我生在了北平。妈妈是怀着我，从沈阳逃难到北平的。

早在 20 世纪二三十年代，我父亲就是东北民众反日斗争的积极组织者和领导者，一直从事反对日本侵略的活动。1931 年“九一八”事变爆发，日本军队占领沈阳，下令以重金悬赏捉拿我的父亲。爸爸于事变几天后即与卢广绩、金哲忱乘小汽车离开沈阳赴北平，以避敌人的通缉和追捕。日本鬼子抓不到阎宝航，就要抓阎宝航的家属。日本鬼子进城的那天，天还没有亮，母亲就带着姐姐、哥哥出城逃至沈阳东郊教会办的坤光女子中学暂时躲避。当天夜里，父亲的好友赵松涛就把我们一家用马车接到皇姑屯，搭最后一列火车到北平。我母亲带着五个孩子，身怀着我，在好心的赵叔叔帮助下，逃出日本人的虎口。

大姐阎明诗在 1990 年 1 月 23 日的来信中，对当年的情景有如下的回忆：“日军进城时，老百姓纷纷出城避难，我们家也是天不亮即出城逃至沈阳东郊教会办的坤光女中暂住。妈妈带我们从沈阳逃出，是爸爸的好朋友赵松涛在夜间把我们从坤光女中用马车接到皇姑屯，搭乘最后一列火车到的北平。”

那时，母亲怀着我已经八个多月了，带着还年幼的姐姐、哥哥挤上开往北平的火车。当时，火车上拥挤得像个闷罐，14 岁的大姐一边帮助母亲照顾两个哭嚷着要躺下睡觉的弟弟，一边让妈妈靠在自己的怀中休息，以避免怀着孩子的母亲被人挤着。

火车咣当咣当地行驶到半路，我们一家人所在的车厢被卸了下来，说是为了减轻负载，要不然整列火车就开不动了。当时已是夜半更深，一车厢人在荒郊野外等待，听到有火车驶来的声音，大家就举着火把呼救。最后离开沈阳的一列火车终于把我们这节车厢挂上，才开到北平。

到达北平后，听说我们之前乘的那辆火车中途遭遇土匪抢劫，人们随身携带的财物被抢劫一空，还有许多人被打死打伤。当时已经很懂事的大姐就想：这可是老天保佑！

帮助我们一家人逃离沈阳到北平找父亲的赵松涛，那时是佳良钟表行的经理。赵伯伯带着我们一家到北平之后，才知我父亲已经赴上海参加抗日活动去了。赵伯伯对姐姐、哥哥们说："你们的爸爸不在北平，我就供养你们，供你们上学。"当时一家人就暂时住在赵伯伯北平的家里。临近我出生的时候，赵伯伯替我们一家人在北平东城翠花胡同租下一处带有一个狭长小院的房子。据说这房子是明朝宦官魏忠贤掌管的皇帝侍从锦衣卫曾经的住所，房子门窗都是雕花隔扇。因魏忠贤杀人如麻，所以北平当地人多不愿租住那里的房子。我们一家人住着三间房：上屋、里屋、外屋。我就出生在里屋，姐姐和哥哥住在外屋。家里当时有一个保姆，在东厢房居住。那时，我们还一直没有爸爸的音信。

"九一八"事变那年 11 月 11 日，我出生在北平。我出生的那天夜里，天气比往常更加寒冷。大姐感到母亲不像往常那样了，疼痛得无法入睡，就顶着刺骨的寒风跑到赵伯伯家里求援。赵伯母和请来的产科大夫一同急忙赶到我们家。

儿时在北平留影

据大姐明诗给我的信中回忆："当时，爸爸正在上海参加'一·二八'抗战的爱国宣传救护慰问工作。我们到北平后，妈妈临产在即，爸爸在上海又无音信……记得你临生时，天气已十分寒冷。我去赵伯伯家求援，赵大妈请一位妇产科大夫来咱家。妈妈已 39 岁，产程很难，且已夜深，我带着弟弟妹妹在外屋流泪，都已困倦不堪，赵大妈让我带着弟妹们先到他们家去住。第二天我回家探望，才得知妈妈生了一个小弟弟，是黎明前鸡鸣丑时生。”

大姐在来信中十分感激赵伯伯、赵伯母舍命救我们全家的善举，说他们一家对朋友从来都是至真至诚，还在信中对我说：“你可能还记得，后来我们搬到大喜胡同时，赵伯母还来串过门。她人长得非常漂亮，是专程从天津到北平来看我们的。”还说到，赵松涛伯伯非常孝顺，其老母 90 岁去世，他总是自悔没有照顾好母亲，清明节给母亲上坟时，哭得晕倒在地。

关于我的出生，还有一段笑而了之的趣闻。大姐明诗在给我的信中这样写道：你落生以后，啼哭不已，妈妈的眼睛都熬红了。有一天夜里，有人经隔壁邻居房顶时喊：“借道！”就是告诉邻居不偷他们家，仅借走一趟。然后只听扑通一声，有人跳到我们院子里，站立在上房廊檐下。因为我不断啼哭，妈妈没有睡，听到了这一切，大声在屋里说道：“孩子这么哭，你连口水也不给倒！”好像是说给自己的男人。随即，妈妈就起身用水壶往痰盂中浇水，似有男人在家。贼人伫立在窗外，没敢下手拨门，只好到东厢房把保姆李嫂的衣物席卷而去。李嫂那天刚好请假回家去了。第二天，妈妈叫大姐到院子里查看，发现墙根下有一双大脚印，这是贼从房上往下跳时踩的大脚印。住在东厢房的李嫂，除了一个围裙外，所有东西都被偷走了，事后听当地人说北平的贼不偷围裙。我们赔偿了李嫂的损失，李嫂觉得晦气，辞工离去，家里的活从此由大姐帮助照料，包括侍候妈妈坐月子。

大姐在信中说：“你快满月时，家里大门外，来了一个化缘的老道，在外面不断敲木鱼，我跑出去开门，他说：‘不化金来不化银，只因你家添了一个小后生，日夜啼哭，我送来一道符，夜间点了，自能安睡。’我问他：‘你该不是骗人吧？你要些钱花，要些吃食，我进去给你拿，不要这个符。你在这儿等着。’说罢往回跑。他叫住我：‘你告诉你妈妈，这个小后生是王母娘娘跟前的灯童，因打碎一盏灯，贬到人间来，点了这道符，夜间金光闪照，王母娘娘来过，他就再也不哭了。’我拿着这道黄纸包的符跑回上屋，告诉妈妈。妈妈说：‘咱们家信奉基督教，在沈阳到礼拜堂做礼拜，不信这些歪说。只是也不能叫人家白来一趟，送些钱去给他，打发他走吧。’我拿着钱跑出院外，那个老道已走远，胡同口连个人影也望不见。妈妈听说这老道不要钱，心里半信半疑，当夜临睡前把符点化了，大家安歇。我因心里惦记这件事，一直不敢睡，想看看王母娘娘究竟是个啥模样儿，不知不觉睡了过去。突然金光闪亮，照透窗棂儿，我翻身爬起，却见阳光射入屋内，天已大亮，忙推门到对屋问道：‘妈妈，王母娘娘来了吗？长得啥模样儿？’妈妈说：‘这不，我也一直在等，却睡着了，熬了这一个来月，缺觉啊。方才一睁眼，天都大亮了。说也奇怪，孩子睡一宿没闹。’”

这是怎么回事？是巧合，还是确有人们还无法解释清楚的事情？

大姐在信中说，那之后不久，父亲就从上海回到了北平，见到我

1932 年冬，家人在北平大觉胡同四号合影

这个小儿子非常高兴，取名为“明复”，和三姐明光呼应，并明确说，这是早日光复东北、光复家乡之意。我小的时候，家人和叔叔们都叫我“小复”。

大姐在信的末尾还专门写道：“信中提及往事，有涉及迷信的地方，希谅解。当时老百姓是相当愚昧落后的，是解放后党的几十年的教育，才使人民聪明起来。”

那时，我们一家从东城翠花胡同迁到了西城大觉胡同四号，那里分东西两院。我们一家住东院，住西院的是和父亲一起创办过贫儿学校、东北大学，一起参加爱国反帝、抗日救亡运动的王化一叔叔。两家都有前后两进院，有藤萝架，花木繁茂，非常宽敞。这处房子在大觉寺附近。当时二伯父家在砖塔胡同，离我们居住的地方不远，常来常往。一个叫杨志和的穷亲戚，由东北老家到北平，被父亲收留，也住在我们家。爸爸还请了当时在北平读大学的两个亲戚，一名滕雪和，一名高维升，到家里来帮助姐姐哥哥补习功课。当时，大姐在北平的今是女中读书，后又转到北平市立女一中。

我们一家在这个地方住了一年多，又搬到北平西城大喜胡同一号（当地人称大喜鹊胡同）的一个四合院，院中有许多老柏树，上房四五间，只有两岁的我和爸爸妈妈同住一间，大姐明诗、二姐明英和三姐明光住一间，大哥明新、二哥明智住一间。后面还有一排房子，是烧饭的老大娘住。这排房子后面还有一个院子，也有树木，还有一口枯水井。当地老人说，曾有一女孩跳井死了。这处房子久无人住，据说这处宅院曾做过灵堂，前排大厅曾停放棺材，并说夜间那个跳井女孩的鬼魂常出来游荡。大姐在信中说：“有一段时间，爸妈和你们去了南方，留我们姊妹三人在家，杨四嫂说魂道鬼的引得我们害怕，爸爸回来以后，向后院枯井内连开几枪，说：‘什么鬼什么魂都被我打跑了。’这之后，我们就都安心，确信鬼被爸爸给打跑了。”

1934 年春天，爸爸妈妈带着我和年纪还小的哥哥、姐姐去了南昌，后转到南京。大姐和二姐继续留在北平读书。1935 年“一二·九”学生运动以后，为营救被捕师生，大姐奉北平学联之命，带二姐回南京向父亲求援。通过父亲做工作，很快就把被捕的师生营救出狱。北平的地下党组织嘱咐大姐、二姐留在南京上学、开展学生救亡活动。一家人又住在一起了。

大姐还保存了他们那时的老照片，在信中对我说：“照片中有在大觉胡同住房院内拍的，还有你和明光蹲在地上玩沙子时的照片，还有在南京时全家的照片。你小时候多病，时常发烧，在全家照上，也是一副没精神的样子。双亲在世，终生为党忘我工作，为流离失所的东北同乡提供栖息安身之处，而对子女常无暇顾及。1942 年我从延安回重庆以后才知道，有些情节，非吾弟所能料到的。每一想起，终身遗恨！姊妹兄弟之间，如今能有机会通信，也是莫大的安慰了。我自 1986 年 11 月得了老年性痛癫病，直到 1988 年 11 月去上海彻底治疗，至今已经一年多未发病，只是有时写字手抽筋，记忆力大不如前，但对双亲的老同学老朋友，如白沛霖、孙一民，在重庆时期的刘大作，关吉罡大叔大婶，以及他们的子女，都记得很清楚，你能和他们联系，实在太好了……”

1931 年至 1934 年，我们全家跟随父亲住在北平。父亲和东北的爱

儿时与妈妈（左后坐）、大姐明诗（右后坐）、二姐明英（后站）合影

儿时与妈妈（左）、大姐明诗（右）合影

国志士们在张学良将军的支持下成立了“东北民众抗日救国会”，全力支持东北民众抗战。他们广泛开展抗日救国宣传；募集资金支援东北抗日义勇军；开办训练班培养抗日干部，派往东北各地，组织义勇军，从事地下工作；给东北各地义勇军秘密运送武器弹药、资金和张学良颁发的委任状，并派代表到南京、上海请愿，敦促国民政府出兵抗日，收复东北。1933 年夏，“救国会”被国民党政府取缔后，父亲和他的战友们又成立秘密抗日组织“复东会”，在关羽、岳飞像前宣誓“团结一心，誓死救国，不达目的，永不罢休”。1934 年，张学良遵照蒋介石的旨意解散了“复东会”，并与蒋介石一道成立秘密的“四维学会”，由蒋、张各自的亲信和幕僚参加，选父亲为学会理事，接着蒋氏夫妇又委派父亲协办“新生活运动”。同年夏天，父亲被任命为新生活运动总会书记兼干事，我们全家搬到南昌。

南京趣事

到南昌时，我有三四岁，只记得有一次发大水，我们家的院子都被水泡了，我坐在大木盆里在水中玩。

一年多后搬到南京，一直住到 1937 年。

在南京，我们住在大禹村一号。院子很大，有二层楼，很宽敞。一楼住一户开汽水工厂的商家。当时的汽水瓶口下面有一玻璃球，可能是用来挡住汽水瓶内的汽儿，打开瓶子后玻璃球可以取出来打弹子。

1934 年，在南京家中院内，与明光姐蹲在地上玩沙子

我们住在二楼。楼梯在室外，由院内通向二楼，楼梯上面有雕花的木棚，楼梯两旁装有玻璃窗，形成一个长长的廊梯。南京时期的事情，我记得有三四件。

起初家里要送我去幼稚园，我大哭大闹不愿意去。家里没办法，我就一直在家，没上幼稚园。

另一件事情是，当时父亲在蒋夫人创办的“新生活运动总会”工作，任总干事，也就是秘书长。蒋夫人送给他一辆敞篷车，车篷可以开合。一次，明诗大姐在中山陵前的林荫大道练车，由杨志仁大哥陪练，他是我们家的远房亲戚，与杨志和是兄弟俩，当时给父亲开车。我和明光姐坐在后面。这辆车，原来是蒋夫人的，当地的警察都认识，连它的喇叭声音都熟悉。途中大姐摁了一声喇叭，突然一个警察从路边的丛林中冲了出来，双手提着裤子，显然他是在树丛后面方便，杨大哥急忙拉手刹车才没撞到他的身上。大姐问他为什么不顾死活地冲出来？他说，他听到车的喇叭声，以为是蒋夫人来了。倒霉的是我和明光姐，我们从车后座上被甩到了前面。

1936 年，与大姐明诗在南京中山陵

我记得的第三件事，就是我差一点儿掉进化粪池的事。当时院子里闹小偷，也不知道什么人把化粪池的盖子拿掉，上面盖了一张草席，以为小偷会掉进去。我属羊，家里给我买了一只小白羊，我经常到院子里去喂它。那一天傍晚，我走到院子里给羊喂草，一不留神踩到化粪池上面的草席一滑，就顺着池边往下溜，我急忙用两手紧紧地抓住池边。当时，我声嘶力竭地大叫了一声。杨志仁大哥在楼上听见了，连忙从楼上冲下来，迈着大步，以至于把裤裆都撕裂开了，使劲把我拖上来。我一边哭，一边说你们怎么想出来这么个办法抓贼，贼没抓到反而把我掉进去了。杨大哥说，小复真聪明，他喊了一声以后就不再喊了，使劲儿抓住粪池边，要不然就掉进粪池里去了。

1937 年“七七”抗战爆发后，我们家从南京搬往重庆。

当时的情景现在依然记忆犹新。先是看到大人们在院子里挖了一个很大的坑，把不少箱子放在坑里并且把它们埋上。大人们说日本人要打来了，这些东西带不走，先埋起来，等回来以后再挖出来。过了几天，我父亲送我们全家到长江边的一个码头，准备乘船去重庆。可是，当我们赶到码头的时候，船已经启锚开出了码头。我爸爸和送行的叔叔们大声呼叫，结果船长把船开了回来接我们。当时船舱里已挤满了逃难的人，我们只好在底舱的煤堆上将就一夜。第二天，船长想办法把我们安置到船舱里住下。

当时父亲奉命留在南京，主持了“新生活运动总会”等机关撤离工作，在日本侵略军攻打南京前夕乘军舰前往武汉。

重庆岁月

重庆村十七号

1937年年底到1946年9月，我们家大部分时间住在重庆。

六十多年前，在重庆的两路口一带，曾经有一个非同一般的居住区——重庆村，这里聚集了当时众多上层人物。我们的家就在重庆村十七号。

到达重庆前，父亲的一个朋友在七星岗附近的闹市区替我们租了一处住所。爸爸说，那个地方不合适，就搬到两路口重庆村十七号，我后来才意识到，爸爸说的“不合适”，是从党的地下工作选址考虑的。

重庆村是建筑在从两路口到上清寺之间的一个山顶上的住宅小区，在马路东侧有一个大门，门旁的水泥柱上挂着写有“重庆村”几个大字的牌子。进门以后，一条宽阔的马路通向山顶，山顶上有一块宽阔的平坝，上面建筑了十幢三层楼的花园洋房。平坝的东南侧有一长长的石台阶，通向山下的连成一片的七幢楼房。我们家就住在坡下七幢楼中的最北面的一幢，第十七号。我们家的楼前有一个小院，一层楼有两间大房间，后面是通向二楼、三楼的楼梯，楼梯的后边是两小间厨房。厨房间有一个后门，出门向右走，经过这一排住宅的其他六幢楼房可到重庆村的后门。走出这个后门向右可到大田湾，离十八集团军办事处很近，向左可到跳伞塔、两路口和浮图关。我家的二层楼也有两间屋子，一楼和二楼之间的楼梯东边有一个小的储藏室。三楼是一个阁楼，面积相当于一楼面积的三分之二。在二楼到三楼的楼梯东侧有一个宽阔的凉台，正对着跳伞塔。这就是我在重庆居住和成长近九年的家。

就在这时期，我和父母、三姐还在武汉小住了一段时间。

南京保卫战开始前，1937年10月，东北救亡总会搬到武汉，总部设在武昌明月桥东北同乡会院内。父亲把母亲、三姐和我从重庆接到武汉，在那里我们生活了一段时间。当时正值保卫大武汉时期，父亲很忙，常常见不到他。

在武汉，我记得几件事情。

在成都上大学的大姐阎明诗突然来到武汉，她把头发剪短了，穿上男人的军装，十分威风，后来才知道，国难当头她不愿意再上学了，经周恩来的介绍，她从武汉直接去了延安。后来，在重庆的二姐阎明英（高玲）、大哥阎明新（阎大新）和二哥阎明智也先后奔赴延安。

第二件事。在武汉，父母把我送进一家医院，给我做了扁桃体的摘除手术。手术后，虽然伤口有些疼痛，但是天天给我吃冰淇淋，我仍然十分惬意。

第三件事。我们的刘澜波大叔的夫人去世了，父母带着我参加了追悼仪式，我们同许多叔叔阿姨们一起走进追悼大厅，向刘阿姨鞠躬告别。

不久保卫大武汉的战斗开始了，我们又回到了重庆。

此时正值国民政府“移驻”重庆。重庆作为“陪都”，成为中国抗战时期大后方的政治、军事、经济、文化中心。正因为如此，日本侵略军对重庆实施了次数最多、规模最大、持续时间最长、使我们损失最为惨重的野蛮轰炸。连续数年的“大轰炸”先后致重庆几万同胞遇难。在重庆，我

与明光姐在重庆村十七号院内

的少年时期就是在防空警报、敌机炸弹和对日抗战的气氛中度过的。

在那个动荡的年代，因为父亲曾是蒋介石钦命的“新生活运动促进总会”总干事，到了重庆，父亲自然是那时政坛上的风云人物，交际广泛，朋友众多，在社会各界都声望颇高，然而，在这背后，却隐藏着一个无人知晓的巨大秘密。在与国民党大员们一道迁往重庆之前，他已经是中共秘密党员了。在重庆，父亲是周恩来直接单线掌握的特殊关系，一直在周恩来直接领导下从事情报工作和社会政治活动。罗青长曾回忆说：从 1941 年开始，直至 1946 年解放战争爆发，阎宝航利用在国民党上层的特殊身份，在家人的掩护之下，带领一支精干的情报小组冒着巨大的危险，为中共中央和苏联情报系统工作了一千多个日日夜夜。关于父亲的情报贡献我也是解放后才知道的，我将在后面的部分专门谈谈父亲的情报工作。

以父亲的特殊身份为掩护，重庆村十七号，成为中共南方局的重要活动据点。既是父亲地下小组的“情报站”、党的“联络站”，也是共产党人的“藏身所”和“中转站”。当年我只有十岁，还依稀记得，家中来来往往的人很多，但普通的客人都是在一楼的客厅，是不上二楼的。来我家的一些“特别的叔叔”总是上到二楼的一个房间。这是个十几平方米的房间，只有一个窗户，对着我家的阳台护栏，邻家看不到这里，我感觉很高，要踮起脚来才可以看见天上的云彩。他们就是在那个房间里，表面看是打麻将，实际上是在开会。

我还记得这么一个细节。一般扫地、倒痰盂，都是佣人李嫂的事情，唯独二楼这间房间的打扫、倒痰盂等清扫的事，每天是我妈妈亲自来做。有时候我就说，这挺脏的，你干吗不让李嫂去打扫。妈妈也不理会我，仍然是她自己干。

多年以后，我才真正了解，妈妈这么做是保密工作的需要，也才了解在这个小房间里发生的事情。正是这间二楼的房间，周恩来多次在这里密会。在一楼大客厅，董必武代表中共南方局在这里召开过“东总”党组的工作会议，主持过重庆民主人士的宪政座谈会。叶剑英也曾在这里召开会议，通报皖南事变的情况，传达中共中央关于分散活动的通知，安排有关人员的转移工作……

实际上，早在南京时，家里就住过这些“特殊的叔叔”。陈同生从国民党监狱被营救出来，伤痕累累、剃着光头，在周恩来的安排下就住在大禹村一号我们的家里。妈妈把二楼的储藏室收拾出来，每天为他煮牛奶、煎鸡蛋，亲自清洗伤口，两个月后痊愈派去新四军工作。解放后他曾任上海市委统战部部长。

李正文也是在重庆村家里住过的共产党人。他在苏联工作时受到王明的陷害，被送往苏联靠近北极地带的劳改营，经过两年多的审查，1940 年才被释放回国。到了重庆后，就住在重庆村十七号家里。在父亲的帮助下，他与党接上了关系，一段时期成为父亲情报小组的成员。后来去了南京、上海从事地下情报工作。时隔多年的 1995 年，在俄国驻华大使馆举行的授予阎宝航及他领导的情报小组成员阎明诗、李正文以“卫国战争胜利五十周年纪念章”仪式上，我和父亲的战友李正文久别重逢，亲切握手。我已不再是那个操着“重庆口音”的少年，而他虽已年迈，仍然精神矍铄。

朝鲜族的老党员韩乐然一家也常常在这里落脚。许多年之后我才知道，他是共产党建党初期的共产党员，早在沈阳基督教青年会时，就成为父亲的挚友。由于我父亲比他年长三岁，因此我们家的孩子都亲切地称他韩叔。我记得他非常喜欢孩子，常抱抱我，亲亲我。

他每次来都住在三层的阁楼，那里有几十平方米。我常跑上去看他。那里有一个画架，上边有时放上普通白纸，有时放的是麻布，画油画。我经常见到他在阁楼里画画。有一次我又上楼去看韩叔，看见他坐在画架前，我就问他：“韩叔，你画什么呢？”韩叔说：“小复，你快来，我要画打鬼子。”我不明白地问他：“你怎么打鬼子呀？”他说：“你看！”他拿起笔在白纸上三笔两笔就画了一个日本鬼子，我说：“真像！”这鬼子还斜戴着帽子。然后他三笔两笔又画了一个巨人，说这是我们中国人。然后他又画，中国人手里出现一杆带刺刀的枪。最后他又画几笔，画面上呈现的是我们中国士兵把刺刀捅到日本兵的肚子里。我高兴地拍手笑了起来。

当时“东北救亡总会”有一个刊物——《反攻》杂志，开始是半月刊的，后来因各种原因不定期。在武汉时，是于毅夫于叔主办，后来搬到重庆，编辑部就在重庆郊外猫耳石，高崇民高大爷在那里主持工作，还有邱琴等人。《反攻》杂志虽然纸很粗糙，但是它反映了东北人民抗日的心声，也把我党对当前形势的分析和方针政策用不同的方式方法反映出来，许多东北的名人都在这份刊物上发表过文章。这是一份很有影响的刊物。差不多每一期刊物的封面画都是韩叔画的。有一期的封面画就是我亲眼见韩叔画的那张“打鬼子”的漫画。我拿到那期刊物，一看，就对韩叔说：“这不是你画的吗？”他哈哈大笑着说：“我每期都给他们画……”现在不知道重庆档案馆是否收集保留有当年每一期的《反攻》杂志。在重庆特殊岁月里“封存”的韩叔漫画，留在了我的少年记忆中。

重庆村十七号来住过许多抗日爱国人士，例如沈钧儒、范长江的家人，李公朴的夫人张曼筠和孩子等……陶行知遭到国民党特务的追捕，情况十分危险时也到我们家避难。有些客人还需要特别照顾，如杜重远一家。杜叔叔在新疆被盛世才杀害后，杜夫人侯御之带着子女回到重庆，住进家里。杜婶从新疆来渝后因悲愤过度，卧床不起，不思茶饭，母亲特别收拾了一间房间，为杜婶另做饭食，晚上和她住在一起，朝夕相伴地安慰和鼓励。

在我们家住的革命党人中，关系最特别的就是姚艮一家了。

姚艮是1931年入党的老党员。“九一八”事变后，他参加抗日义勇军浴血奋战，后因失败被迫撤到苏联境内。在苏联客居时娶了俄罗斯妻子，有了一对儿女。30年代初，苏联肃反扩大化时，当局诬指姚艮等一批共产党人为“日本间谍”，与李正文一样被送到靠近北极地带的劳改营充当苦力，长达六年时间。1946年姚艮释放后回国寻找组织。经他在苏联的难友李正文介绍，来到我家。姚艮回忆说：开门迎接他的是一位五十岁上下慈祥的妇女和一位身材高大的五十多岁的长者。他们不但欢迎我来家里住下，并希望我把全家都接来。“他意气风发，滔滔不绝地说着，笑着，丝毫没有考虑我及全家如果来住他家将带来的许多麻烦”。[①]

父亲向周恩来汇报了姚艮的情况，并提交了姚艮的报告。周恩来很快就派秘书宋黎到重庆十七号，对姚艮报告中提出的问题做出答复。党承认了姚艮的组织关系，安排了他的具体工作。之后，姚叔把全家接到家里，成为我们家新的家庭成员。

1946 年初夏，姚艮接受党的派遣回到沈阳，利用担任中长铁路局总调度主任之便，随时掌握国民党军队和军械的调运情况，传递情报，护送干部进入东北解放区，做出重要贡献。

1995 年，姚艮出席父亲诞辰一百周年纪念会时已经八十三岁，仍激动地说：“我问自己，一生在哪个家最幸福、最温馨，我回答自己：重庆村十七号阎家老店。”

“阎家老店”

在第二次世界大战中，父亲把主要的精力投入抵抗日本侵略的斗争中。他先后被聘任为国民政府军事委员会政治部设计委员、国民政府赈灾委员会顾问。他是孙科、吴铁城成立的国民外交协会的理事和众多文化协会的理事。他同国民党各派系的代表人物，与各民主党派、工商实业界人士、外交界人士、各国援华组织、宗教界人士、中外记者方方面面的人物都有广泛的交往。特别是他参与主持了“东北救亡总会”的工作。“东总”总部一度就设在我家。父亲为团结东北各阶层人士、为救济东北难胞、为支援东北义勇军、为收复失地打回老家去日夜操劳。而重庆村十七号一直是东北流亡人士和抗日志士的栖身

① 参见姚艮：《温暖的大家庭——阎家老店》，见《阎宝航纪念文集》，辽宁人民出版社 1995 年版。

之所，成为近悦远来、吃住不收分文的“抗战避难所”、“慈善之家”，大家称为“阎家老店”。在抗日战争的特殊时期，重庆曾出现了这样三家“抗日饭店”：阎宝航家的“阎家老店”、沈钧儒家的“沈家饭店”、王炳南家的“王家饭店”。①

20 世纪 90 年代，我从民政部到中华慈善总会工作了五年，常常为我们的同胞面对灾难时的互帮互助而一次次深深感动。特别是“九八”大水后，民众们自发地、踊跃地捐款捐物，共同抵御灾难的场景，也让我回忆起抗战时期，东北乡亲们在“阎家老店”共渡劫难的日子。

那时正值抗战时期，有许多东北人流亡到重庆，其中不少人找不到工作，没有住处，衣食无着，常常到我们家来，平时家里总有几人、十几人，几乎从来没有没客人的时候。多的时候甚至有几十人。由于客人特别多，一楼、三楼都住满了人，吃饭都是两三桌。我和三姐住在二楼，也常常被妈妈半夜叫起来，把床让给客人，自己到楼道里睡地铺。特别是 1939 年“五三”、“五四”日寇对重庆进行大轰炸以后，许多流亡到重庆的东北人的家被炸毁了，来的人更多了。

关长庚兄弟回忆：“在重庆‘五三’、‘五四’大轰炸中，我们祖孙三代，在重庆通远门、七星岩附近的金山饭店后面的一座防空洞躲避空袭。黄昏时分，金山饭店大楼在日军炸弹爆炸的隆隆巨响中被炸倒塌，断壁残垣，烟尘蔽空，几乎埋没防空洞口，数百难民呼爹喊娘，惊恐万状，争先恐后，狼突豕奔，拼命爬出洞口。我们个个拿出吃奶的力气，翻墙跳坎，踩着倾倒的还在燃烧的梁椽，越过残砖破瓦，跌跌撞撞，奔逃在一片火海之中。夜幕已经降临，四面火光冲天。我们一家老小，走投无路，举目无亲。忽然，祖母和母亲想起了阎大爷、阎大娘，仿佛找到大救星。辨明了方向，在黑夜中匆匆奔向在曾家岩大田湾附近的重庆村阎大爷、阎大娘的寓所。阎大爷、阎大娘看到我

---

① 参见徐盈：《三家抗战饭店》，见中国人民抗日战争纪念馆编：《抗战纪事》，中国友谊出版公司 1989 年版。

们满身烟尘、狼狈不堪的样子，热情地接待了我们，安慰我们，安排我们当晚在他家歇息，并相邀我们就在他家避难。此后相当长的一段时间，当山城重庆雾季尚未到来，空袭仍然十分频繁的那段时间，我们全家经常一日三餐，就在阎大爷家吃，遇到空袭，就和他们一道，到盐业银行的防空洞去躲避。"①

一些东北老乡来投奔，也是一种乡情，在这里相互打听东北乡里的消息。我们家屋里住不下，就在院子里搭棚子。父亲在张学良的旧部萧振瀛开办的大同银行、大明公司任职，以资助家里的开支。人多粥少，钱不够用，妈妈常常到街上摆摊变卖衣物家什，换了钱赶快到粮店去买平价米。有时星期天我和三姐也陪妈妈去摆摊。妈妈是东北农村妇女，每年都做大酱、渍酸菜，还买了一盘石磨磨豆腐来改善生活。我们吃什么，客人吃什么，日子过得很紧。

总之，我们的感觉，那时是一年到头客人不断。母亲以她一贯的为人宗旨"宁可一人单，不叫万人寒"热心照料客人，从不菲薄。吃饭时，如果有人没回来，她都要等待，担心他们的安全。离开时还要为他们筹划川资路费。受到父母亲关切照顾的人不计其数。大家都亲昵地尊称母亲为"大家的高妈妈"。东北乡亲们都亲切地把我们家叫做"阎家老店"。

至今我还记得的是周茂林。大约在 1939 年的一个傍晚，有人敲响了我家的门，我出去一看，是一个陌生的东北青年，穿着一身破烂的打着补丁的军服，腿黑黑的，脸也没洗，眼睛眯着，好像是个瞎子。我赶快去找妈妈，说来了个瞎子。这人对妈妈说，他是东北人，当兵的，打仗的时候日本人放毒气，几乎失明。逃到重庆后饥寒交迫，无法生活，后来听说这里住着一位阎善人，所以就来了，要求救救他。说着说着，他还跪下了。妈妈赶快让他起来，叫他不要着急，先洗个澡，换换衣服，住下来。周茂林原是吉林农村的农民，除了种地什么也不会，现在的视力又很差，就留下来做个帮厨。开始时煮的饭是生

① 关长庚等：《危难之中见真情》，见《阎宝航纪念文集》，辽宁人民出版社 1995 年版。

的，菜也炒不熟，慢慢才学会了。妈妈还给他找了一个四川的媳妇。抗战胜利后，周茂林和他的媳妇回东北了。

“文革”结束后，我曾在大百科出版社工作了五年。同在大百科工作的王渝丽常常讲“我的命是高妈妈给的”。当时是1944年，王思南的女儿王渝丽刚满周岁，突患急性肺炎，传统药物没有疗效，而抗生素盘尼西林价格很贵。妈妈知道后，毫不犹豫地摘下手上戴的戒指，交到王思南手上，用“典当”换来的钱买了盘尼西林，救下了周岁的孩子。在我的记忆里，父母亲把这些“善举”看得很淡，甚少谈起，有些还是从那些“接济过的”下一代人那里，我才知道曾经发生在“阎家老店”的诸多事情。

我父亲的好友宁恩承宁叔曾生动地描述阎家老店：客人川流不息，而且大多数素昧平生，各方人士，男男女女，少长咸集，诸色人等各路好汉，没饭吃的落魄豪杰，流浪街头的志士，全都到阎家吃一碗饭，喝一口冷开水。老阎是万家生佛，阎家是没钱没米的救济处。他有孟尝君的风度雅量，没有孟尝君的资财。抗战艰苦时期，大家穷在一起，“同患难，共努力”是“阎家老店”的精神。当今政府衮衮诸公受过“阎家老店”好处，喝过“阎家老店”的冷开水的不止一人。以此追忆抗战时期声闻遐迩的“阎家老店”。①

周伯伯原来就是周恩来

那时，周恩来伯伯、董老常常到我们家里来。

当时并不认识周伯伯他们，更不知道到家里来做什么。但是，只要有一个装有木腿的叔叔（后来才知道他是协助周恩来管情报工作的王梓木）来家，接着就有叔叔、伯伯来。他们一进门就到二楼中间的一个房间去。这个房间的窗户只通天井，比较严实。妈妈告诉我们，他们在里面打麻将，不要进去捣乱。

---

① 参见宁恩承：《阎宝航和我》，见《阎宝航纪念文集》，辽宁人民出版社1995年版。

有一次，爸爸从他任职的大同银行专门请来一位厨师做饭给一位客人做寿。那天来了许多人，大家都很兴奋，喝了好多酒。客人是谁我们都不认识。直到1944年夏天一个偶然的机会，才晓得这位客人就是周伯伯。

还记得那是一个星期六的傍晚，爸爸、妈妈带着我到陶行知先生办的育才学校礼堂去看学生演话剧，剧名叫《秃秃大王》。整个礼堂都坐满了观众。快要开演时，突然闯进了许多警察和宪兵，其中一个人走到舞台上说这场话剧攻击领袖，禁止演出。下面马上乱成一团，有人同他们争论，吵得很厉害。

爸爸带我们出了剧场，叫了两辆黄包车坐上走了。本来以为是回家，后来却到了七星岗下面的民生路，在一个小巷子口停下来。由边门进了新华日报社，爬上一道很窄的楼梯上了二楼。在那里有一个中年的叔叔等着。他那两道浓浓的黑眉让我认出就是那位在我们家过生日的客人。爸爸让我叫他周伯伯。他把我拉过来坐在他腿上，问几岁了，还问长大后要不要像哥哥、姐姐那样去延安。我说："我不去，太苦了。"周伯伯听了大声地笑起来了。爸爸说我没出息。之后，爸爸同周伯伯谈了很久才回家。

后来才知道周伯伯就是周恩来。

难忘的巴蜀小学

1938年暑假后，我开始上小学。

1938年的农历八月十六号是巴蜀小学开学的日子。中午放学时，父亲阎宝航为阎明复拍下了这张照片

我上的第一个小学是重庆

在重庆

曾家岩求精中学的附属求精小学。这是一所天主教会办的学校。校园里有很宽敞的大操场，一幢幢的教学大楼建在操场的四周。求精小学位于校园北部的一个山坡上，有宽敞的教室，有自己的小操场。校园里有一所天主教堂，每个礼拜五[①]我们小学生都去做礼拜，到现在我还记得神父带领我们读的祷告词“我们在天上的父……”

在求精小学念完一年级以后，我不记得什么原因，家里让我和明光姐转学到巴蜀小学上学。

巴蜀小学位于枣子南垭，离重庆村相当远，早上乘公共汽车人太多，只好步行。重庆村的对面，隔一条马路就是盐务总局。它的院子极大，穿过这个院子，再爬一个大坡，就到了观音崖。巴蜀小学位于观音崖下面的一个大沟里。从观音崖向坡下走，沿着一条长长的青石台阶路，一直可走到沟底。出了这条沟不远就是朝天门码头。我们的学校在石阶路的北边，占了大半个沟。这段路程大概要走四五十分钟。

一进校门是一座带假山的花园，有太湖石堆垒的假山，还有石桥，桥上还有一座亭子。花园的右面沿着山坡散布着十几幢教室。花园的对面是一个操场，课间休息的时候，同学们都到这里活动。操场的北边山坡上修建了一排排的平房，学校老师们住在这里。学校花园的左侧，沿着沟坡建了两个大的操场，可以踢足球和举行其他的运动。第

① 求精小学是教会学校，教会学校星期日都放假，所以学生星期五在学校内的教堂做礼拜。——作者注

二个操场比第一个低一米多。它的西边有一条小溪，常年流水，我和同学们还在溪里抓过螃蟹。小溪的西边就是学校边界了，有一道墙和一个小门，出了门就是稻田了。

在当时的重庆，巴蜀小学已经是一个有名的、教学质量一流的学校。我在巴蜀小学从二年级读到六年级。

我印象最深的是周勗成校长。他是一位著名的教育家。我们学校的校训“公正诚朴”就是周校长亲自制定的。到校后首先学的就是校训，当时年幼，听懂的记住的就是学生要做诚实的人。以后每学期开学老师都要讲校训，还要求我们背。这样“公而忘私，正大光明，诚实不欺，朴实毋华”也就记入脑海。新中国成立以后，周校长调到北京工作，在一次全国劳模大会上我还见过他，他得知我学了俄文，在全国总工会做翻译，十分高兴，勉励我好好工作。

我还记得，我们的级任老师是顾自然先生，也是一位深受学生爱戴的老师。我在统战部工作的时候他还给我来过信。当时他在山东烟台地区的一个学校任教。

我有两个要好的小“把兄弟”。一个是我们巴蜀小学同班的同学王森，一个是白景瑞。王森是我父亲的老同事、张学良将军的幕僚王化一叔叔的儿子，比我小一岁。我父亲、王大叔和其他的东北爱国人士一起成立了“东北救亡总会”，坚持反对日本侵略者的斗争。我和王森从小学到中学一起上学，并同白景瑞结成把兄弟。白景瑞比我大一

在重庆，阎明复（左）与儿时的小伙伴

岁，他的父亲白沛霖叔叔也是和我父亲一起从事抗日救亡工作的。他们也是辽宁省海城人，是我们的同乡，先后流亡到重庆。我们三家的大人们来往密切，孩子们也常在一起玩耍。重庆村平坝上有一家人，他家的孩子比我们大一二岁，个子也高一头，常常欺负我们。我对景瑞说了。景瑞是我们三兄弟中的大哥，他说，我会少林拳，让我来收拾他。我们兴冲冲地跑到这家人的门口，大声地叫着这个小孩的名字……他走到院子里，景瑞大哥同他过了几招，结果被他抓住了腿，差一点儿摔了一跤。我和王森急忙把景瑞拖了回来，狼狈而逃。后来，王森在清华大学毕业后留校工作，是清华大学的教授，当过机电系主任、教务处处长，20 世纪 90 年代因病不幸逝世。1945 年，日本投降后，我们三兄弟各奔东西，景瑞到了台湾，生活艰苦，边学习边打工。后来到意大利留学，专攻电影艺术，学有所成，回台湾后对台湾的电影发展做出了重大的贡献，被公认为是当代台湾电影事业的奠基人。景瑞大哥也是在 90 年代中期不幸逝世。

巴蜀小学时期的同班同学还有王晓棠，她出身京剧世家，天生丽质，学业极佳，经常受到表扬，后来成为著名的电影明星，曾任八一电影制片厂厂长。我记得的还有一位同班同学，叫熊秀文，是一位大家闺秀，学习成绩在班上数一数二，年级老师常常让我们向她学习。有一次班里举行“捉迷藏”游戏。我在前面跑，她在后面追。跑了一阵子我无路可走，只好从校园内的一处三米多高的假山上跳了下去，本以为可以逃脱追赶，谁知她这样一个文弱女生居然也跳了下来，抓住了我，获得胜利。

巴蜀小学以教学严谨而著称，老师们言传身教，德智体并重。我们班的同学组织了一个足球队，起名“幼冠”球队，意为幼年冠军，同学们戏称为“尿罐球队”。我们幼冠队的队员们下课后常到学校花园左侧的操场踢足球。我个子高、脚大，当上了守门员。我们常常同别的年级的同学比赛。

学校离家较远，每天中午，我和明光姐都到校门对面的一家小饭馆吃饭，吃得很简单，不是担担面就是菜盖饭。明光姐回忆说，有时我把妈妈给的午饭钱给了家境清贫的同学，自己没饭钱就找她要。

在巴蜀小学，我的学习成绩在班上一直名列前茅，学校里组织的各种活动、体育比赛我也带头参加。现在回想起来，就是老师留给的家庭作业没有认真去做，特别是国文老师叫我们每天回家都要练习毛笔字，我很少完成，大都是当时住在家里的叔叔阿姨替我写了，所以至今字也写得马马虎虎。

我父亲的老友胡叔叔一家住在操场北边山坡上的平房里。他们从法国回来，我不记得胡叔叔做什么工作，只记得他嘴里经常叼着一个烟斗。胡婶是一位著名的儿科医生，我们家的孩子有病都找她看。在我上六年级的时候，有一段时间，每天都有低烧、胸部疼痛的症状。经胡婶诊断，我得了肋膜炎。当时没有什么特效药，我记得，胡婶给我开的药是一种外敷的药，叫益母膏，药盒是三角形的浅粉色盒子。药膏敷在胸部，用一张大的橡皮膏盖在上面，经常换药。这样就请假在家休养，好像有大半年。顾老师和同学们都到家里来看望过我。我

1988 年，与少年时期的伙伴白景瑞（左）重逢时合影

连期终考试也没能参加。王森和几个同学来看我，提出要不要补考，小学毕业后考哪个中学，我们也没商量出什么结果。我痊愈以后到学校补考。小学的课程简单，也就是国文、算数几门课程，补考的成绩还好，就拿到了毕业证书。

重庆大轰炸

史料记载，从 1938 年 2 月到 1943 年 8 月，日本法西斯为摧毁中华民族的抗战意志，以它在华的最大空军力量，对战时中国首都重庆（也称陪都）进行了长达五年半的战略轰炸，史称“重庆大轰炸”。在长达五年半的时间里，据不完全统计，日军实施轰炸 218 次，出动飞机 9513 架次，投弹 21593 枚，炸死市民 11889 人，炸伤 14100 人，炸毁房屋 17608 幢。重庆大轰炸历时之长，范围之广，所造成的灾难之深重，在二战期间和整个人类史上开创了战争的新纪录。[①]

1939 年到 1942 年我上初小的那几年，正赶上日本侵略者对重庆狂轰滥炸，是我少年时期亲身经历的惨烈岁月。特别是 1939 年“五三”、“五四”大轰炸，我还记得，那两天警报声不断，到处是火海，夜里火光冲天，熊熊大火久扑不熄，到处是断壁残垣，破砖碎瓦，老百姓死的死，伤的伤，不计其数。后来才具体了解到，5 月 3 日，45 架日军中攻机从武汉起飞，首次大量使用燃烧弹，连着轰炸重庆市中心区。重庆市中心大火燃烧了两日，商业街道被烧成废墟。4 日，日军海军航空队 27 架飞机再次轰炸重庆，3318 人被炸死，1973 人受伤，损毁建筑物 4889 栋。[②] 1940 年夏天，我就读的巴蜀小学也遭日本飞机轰炸，校舍严重受损。当时父亲被聘任为“重庆空袭救护委员会”抚济组组长，负责敌机空袭后指挥抢救伤者、掩埋死者，善后救济、发放抚恤金等事项。

一次，我们全家躲避轰炸的大田湾的防空洞被炸，洞口炸塌，烟

① 参见李金荣、杨筱：《烽火岁月：重庆大轰炸》，重庆出版社 2005 年版。

② 参见李金荣、杨筱：《烽火岁月：重庆大轰炸》，重庆出版社 2005 年版。

尘弥漫，照明中断，一片黑暗，无法走出。正当大家惊恐万状、不知所措的时候，突然听到有人在挖掘被埋的洞口，不久从洞口射进了阳光，大家都情不自禁地欢呼起来。原来，父亲在抚济组的指挥所里得到大田湾的防空洞被炸的报告，立即带了工兵来抢救，我们得以逃过一劫。

当时重庆的防空警报系统可算得上是土洋结合，有电动警报和人工挂球（灯笼）警报。电动警报分空袭警报（敌机从武汉起飞，到达万县时拉响，一声长两声短）、紧急警报（敌机到达涪陵时拉响，一声长多声短）和解除警报（敌机离开重庆回经万县时拉响，一声长又一声长）三级。由于电动警报系统不完备，又在市里各制高点（高楼上、山岗上）都搭起一个高竿子，上面套着绳子，绳子上挂个灯笼，有红色、橘黄色和绿色几种，直径有一米多。悬挂的灯笼，我们都称之为“挂球”。防空系统收到敌机从武汉起飞，朝重庆方向飞来的情报，就下命令挂一个长形灯笼（夜间呈橘黄色），我们都叫它“有消息了”，也就是“有情况了”；敌机飞过万县就换上一个圆形灯笼（夜间呈红色），相当于空袭警报，我们都说“挂球了”、“挂一个红球了”；敌机飞过涪陵就挂起两个圆形灯笼，相当于紧急警报，我们说“挂两个红球了”；当敌机飞临重庆上空时，高竿子上的两个“球”立即放下来，电动警报系统不再放警报。当敌机飞离重庆上空飞过万县时，电动警报系统拉响解除警报，而各制高点的长竿子上则挂起绿色长灯笼。在敌机飞离重庆上空，但又没有飞过万县的情况下，市内制高点的长竿子上则挂起橘黄色长灯笼，以示无紧急情况，我们叫做“休息”，可以从防空洞里走出来呼吸新鲜空气或上厕所解决“内急”。如敌机又将侵入重庆上空，则将橘黄色长灯笼放下；如敌机飞过万县则换上绿色长灯笼，同时鸣长声的解除警报。有一段时间敌机采取“疲劳轰炸”的手段，不间断地分批轰炸或者只间隔很短时间连续轰炸。由于当时防空力量薄弱，有时日寇只派出一两架飞机来骚扰，重庆数以百万计的百姓不断紧张地“躲警报”，人心惶惶，不得安宁。有时敌机除了投炸弹外还扔石头。一次空袭后，我家楼上的阳台上就发现了敌机扔下来的一块长方形的大石头。日本鬼子为了骚扰破坏百姓的生活，真是无所不用其极。

大田湾防空洞被炸之后，父亲安排我们到盐业银行的防空洞去“躲警报”。这是在九道湾山下修筑的钢筋水泥结构的地下掩蔽所，有防毒、防火、通风设备，十分安全。这座防空洞离我们家相当远，要走四五十分钟。

当年，重庆上空时常响起防空警报，老百姓“躲警报”、“钻防空洞”几乎成为生活常态。重庆的市民“躲警报”时都携带一些细软去防空洞。我们家也不例外，每次去“躲警报”都带几个包袱，当时家里只有妈妈、明光姐和我，还有临时在家里居住的客人，他们有的随我们一起去盐业银行的防空洞，有的就到重庆村附近的防空洞躲避。给我们家做饭的周茂林视力差，不愿走远，就在重庆村的防空洞躲警报。于是我们家请了一个十三四岁的男孩帮我们挑东西。不管有无空袭每天下午他都来，先吃饭。我记得，这个孩子饭量惊人，一次能吃光一锅米饭，小肚子撑得鼓鼓的。然后一起等着，如没有空袭，他等到深夜就回家。当时，只要天晴敌机总来骚扰，只要外面传来“挂长灯笼，有消息了”的叫喊声，我们全家、一部分客人，连同这个小孩挑着包袱，就开始“跑警报”。我们一行从重庆村的后门出发，沿着一条小路，穿过臭气熏天的隧道，走到江边的菜园坝，顺着宽阔的马路，气喘吁吁地一路小跑，最终到达救命的目的地——盐业银行的防空洞，在洞内铁椅上坐下不久，从外面就不断传来炸弹呼啸的爆炸声。不知道时间过去多久，才听到盼望已久的解除警报声，大家拖着疲惫的身躯一步一步地走回家去。

20 世纪 90 年代，我回重庆，乘车路过九道湾山下，看到昔日藏身的防空洞，深绿色的大铁门掩合着，外表看来仍然完好无损。

说到“躲警报”，不禁想起当年我们家的“小黄”。它是王化一王大叔从军统警犬中心给我要来的一条日本军犬的后代。刚送来的时候，还没睁开眼睛，是周茂林大哥一口一口地把它喂大。小黄很少吠叫，陌生人来了，它一声不吭，瞧着主人，如果家里没人搭理，它会悄悄地绕到生人的身后，瞄准他的小腿根，狠狠地咬去，直到主人出现，才松嘴。所以，一听到有人敲门，在家的人赶紧去开门，看好小黄，提防它咬人。只要对它说，来者是自己人，它也就放心地离开。小黄的看家本领远近闻名，没有人敢到我们家偷东西。日本轰炸的那几年，大家都争先恐后去“躲警报”，家家户户都是人去楼空，给小偷歹徒留下“趁炸打劫”的大好机会。我们重庆村的邻居时常抱怨“又丢东西了”，十分羡慕我们家从未失窃，因为忠实而又凶狠的小黄守卫着“阎家老店”。

1941 年，日本人为了逼迫蒋介石投降，加紧进行空袭，发生了震惊中外的“六五较场口隧道惨案”。

6 月 5 日，从傍晚起至午夜，24 架日机分三批飞入重庆，对市区主要街道和居民区实施“轮番轰炸”。当警报拉响时，市民为躲避空袭纷纷涌向防空隧道，位于重庆闹市较场口的大防空隧道，因为涌入避难人数过量，部分通风设备未启动，有的通风口又被炸塌，通风不足渐渐致人窒息。后来听大人讲：恰巧悬挂着的“挂球”绳子意外断了掉下来，里面的人群以为警报解除开始向外涌，而警报一直未解除，洞门并没打开，外面的人向里涌，避难人群因呼吸困难拥挤在洞口，造成互相拥挤、践踏，大量难民窒息，数千人死于隧道中，现场惨不忍睹。

父亲当时是“重庆空袭救护委员会”抚济组组长。时值盛暑，尸体腐化的臭气逼人，负责善后救济的父亲亲临现场指挥运尸，一连几夜未合眼。由于数日劳累，加之愤懑悲伤，他身心交瘁，竟晕倒在泥水中。

国民党军警进去进行所谓“抢救”，实际上是去抢劫，使一些可以被救活的人也死了。爸爸回家后脸色很难看，大骂国民党。中共南方局的《新华日报》发了“大隧道惨案”的新闻。国民党为了掩盖真相，发布一条消息说，蒋介石亲自在“唯一”电影院旁的大隧道洞口坐了两三个小时，只看到抬出几具尸体，说明没有死多少人，妄想掩盖真相。爸爸向《新华日报》提供了好多材料，《新华日报》继续进行了揭露。后来，爸爸被撤了职，不再担任赈济委员会顾问和抚济组组长。

日本侵略者原本希望依靠威慑性轰炸促使中国军民投降，但举国上下“越炸越勇”，一致抗战到底。1942 年以后，美国援华的空军抵达重庆，也狠狠地打击了日本空中强盗的嚣张气焰，日寇对重庆的轰炸才减少了。到了 1943 年 8 月以后，日军再无能力空袭重庆，重庆大轰炸告一段落。

我现在八十多岁了，“大轰炸”离今天已经过去了七十年，它留给我的不仅是记忆，更多的是对日本强盗刻骨铭心的仇恨！我懂事后，从大姐明诗那儿知道，日本人占领沈阳后的第二天，日本军警悬赏五万大洋缉拿父亲阎宝航的人头。9 月 23 日晚，父亲乔装成牧师避开追捕去了北平。沈阳城内风传日本人要抓阎宝航的家属“点天灯”，气氛十分紧张。母亲怀着我已经八个月的身孕，带着大姐、二姐、三姐、大哥、二哥，五个孩子，一起逃到沈阳东郊教会坤光女中躲起来。多亏有一天半夜，赵松涛大爷来了，用马车把全家送到皇姑屯车站。但是到了车站以后，发现那里人山人海，到处是要到关内逃难的流民。车厢早挤得水泄不通，根本上不去。赵大爷情急之下一下子跪下了，说：“同胞们，这是抗日英雄阎宝航的家眷啊！”这时车厢里自动让出一条路，很多人把行李扔出窗外，伸出双手，把母亲和几个孩子扶到车上，几经磨难才最终到了北平。

应该说，我还没出生就在日本鬼子的追捕下，我的童年、少年时期，都是在日本鬼子侵略的警报声、炸弹声中度过的，我的父亲甚至全家更是一直被日本鬼子“悬赏捉拿”、“恐吓追杀”；我们东北人四处逃亡、流离失所。那些刺耳的警报、轰鸣的飞机、呼啸的炸弹、冲天的火光、成堆的尸骨，都在我心里埋下了仇恨的种子。

“南开”往事

1944 年暑假，各个中学都在招生。因为大半年我因病没有上学，所以考试成绩不佳，父亲决定送我到南开中学暑期补习班住校补习，然后再报考南开中学。结果，考试成绩仍不及格，父亲请王化一大叔托人联系，南开中学同意收我做旁听生，期终考试及格后再转为正式学生。这样，从暑假后开始我就在南开中学就读了。

到南开中学上学要住校，这给我造成了极大的心理负担，整天提心吊胆，生怕同学们发现我有尿床的毛病。

我们兄弟三人从小都尿床。听大人讲，大哥有一次尿床被父亲打了屁股，以后就好了。二哥沥沥拉拉尿了好多年。三人中我的夜遗症最严重，每夜必尿床，无法控制。当时兄弟姐妹中我最小，父母都很溺爱我，一直到二十岁左右才治好。要住校了，家里给我预备了几床褥子，不能再用的就放在宿舍的储藏室，每个星期天家里都来人给我换被褥。幸亏，几个学期我一直住下铺，没有尿到同学的铺上。大概到了初二的上半学年，有一次检查卫生，在储藏室里发现了臭气熏人的湿褥子。当时正在上课，一个同学跑到教室大叫，是谁的臊东西扔在储藏室？我满面通红站了起来，跑到宿舍，到储藏室把湿褥子从地上捡了起来，抱到铺上，垫在干褥的下面。有好几天都不愿主动地同同学讲话，好像犯了什么大错。

第一学年我各门功课成绩一般，但门门都及格了，就转为了正式生。

我记得，期终考试前在复习数学课时，我把课本附上的复习题从头到尾做了一遍。结果，考试中所有的数学题我都答对了，得了一百分。我平时学习吊儿郎当的，老师和同学们都不相信，纷纷来问我，是不是哪位老师事前给我漏题了。

的确，在南开那两年，我应该是最调皮的学生。学校严格禁止打扑克，我却和几个同学爬到高高的水塔上去打桥牌；一下课就到操场去打球；从校门旁边的篱笆墙上的破洞中钻出去，到小铺里吃担担面……班上有一位姓王的同学，名字我记不得了，他家在农村，好像是地主。有一次，他约了我们几个好朋友到他家里去玩，我们走了很久，到他的家门时，他的父亲、家人都出来打招呼。中午还杀猪，请我们吃地道的四川米粉肉。

当时著名的舞蹈家戴爱莲从新疆回来，在我们学校的大礼堂里举行演出，一连几天，场场我都去看，简直着迷了。一次，在课间休息时，我拿着拖把在教室里乱舞一通，惹得同学们哄堂大笑。

我们初中部的学生都是童子军，人人都着童子军军装，一人一条军棍。有一次，在学园里举行野营，在草坪上搭帐篷夜宿，同学们分成两军对垒，相互追踪，夜里还举行偷袭。我一夜没敢合眼，一则尽责，队长要我睁大眼睛，严防敌军偷袭；二则怕尿床丢脸。

平时，我也不逃课，但是上课时精神不集中，爱溜号。快考试的

在重庆，阎明复（前排右一）与少年朋友们，后排是钱龙耀

时候，临时抱佛脚，半夜三四点钟偷偷起床，把课本放在脸盆里，从宿舍的窗户跳出去，跑到大食堂，在餐桌边蜡烛光下拼命地读起书来。当然，我不是唯一临阵磨枪的学生。每次考试前的凌晨，大食堂的百十来张桌上，不少都闪烁着苍白的烛光。

作为南开的学生，最让我们敬仰的人就是伟大的爱国主义者、教育家——张伯苓先生。

重庆南开中学是我们的张伯苓校长高瞻远瞩，在抗日战争爆发前就亲自来重庆选址建设的。我在南开的时候，每周的星期一上午，全校学生都要到大操场集合，举行总理纪念周。操场位于校园的中央，把男生部和女生部一分为二。操场北侧看台的中间设有主席台，对面南侧坡上用两色草组成“允公允能”、“日新月异”的校训。纪念周开始的时候，老师带领我们朗读总理遗嘱，接着是张校长训话。张校长身材魁梧，声音洪亮，身着长衫，只要他站在主席台上全场立刻肃静下来。

七十前，老校长讲了些什么，我大都回忆不起来了。但是校长讲的几件事却深深地刻在我的记忆中。他说，南开的学生中最好的学生就是周恩来，虽然他是共产党人，我还是要说，他品学兼优。在天津南开中学，学校男生演话剧《一元钱》，剧中有一个女角，没人扮演，周恩来就承担了这个女角，非常出色。他现在常来学校看望我。蒋委员长也常来看望我。校长说，我们中国人像一盘散沙，不团结，所以受日本帝国主义欺凌。他拿出一支筷子，稍稍用劲一折就断了，接着又拿出一把筷子，百折不断。他说，中国人要团结起来，就没有任何力量能折断我们，就能打败日寇。张校长在训话中苦口婆心地讲解南开的校训：“允公允能”、“日新月异”。他说，“日新月异”就是希望我们南开的学生每天每月都在进步，要有不断进取的精神。“允公允能”就是我们南开学生应该为国家尽责，为大众做事，就是要有能力、有本领。“允”，含有应当、不能变的意思。联起来就是当为公能，奋斗终身。张校长提倡的这种“南开精神”，当时我的确不甚理解，但随着年龄的增长，时不时地有意无意地用“做一个合格的南开人”来鞭策自己。

在教过我们的老师当中，我印象最深的是英语老师喻娴文。在上小学时我没学过英语，在南开喻老师教我们学英语发音的时候，我在英语字母旁边注上同音的汉字。喻老师发现了耐心地对我说，学习英语不能用中文的发音、语法去套，要牢牢记住每个英文字母、单词的发音，熟读英语的句子，掌握英文的文法。喻老师讲的学习方法，为我学习外语指出了一条捷径，后来学俄文的时候很快地入了门。她采用直接教学法，用英文讲课，每堂课都在教室里挂上画图，帮助学生理解课文。喻老师注意班上每一个学生的发音，一遍一遍纠正我们的错误。喻老师的敬业精神，和蔼可亲、娴静大方的神态至今令我难忘。1992 年我回母校时，拜访了喻老师。老师虽已八十多岁，但音容笑貌仍像五十年前那样年轻。同我一起来看望老师的有王建民学长。他是 1945 年入学的同学。他对喻老师说，当年他代一个同学考英语，被老师发现了，结果被学校除名，而未能继续上喻老师的课，所以英文一直没学好。喻老师和在场的人都笑了起来。我们同喻老师在她家旁合影留念。1999 年我再次回母校时，喻老师已经不在人世了。我到老师家看望了老师的先生叶谦吉教授，叶老把喻老师追悼会的照片送给了我。我怀着深深的遗憾和怀念告别了叶老。

其他的老师我记得的有教语文、体育、音乐课的，但是姓名都忘记了。最近读到校友们的回忆文章，才想起他们是刘兆吉老师、郗文星老师和阮伯英老师。还要提到教劳动课的老师，他们教我们做木工、雕刻、泥塑、安装矿石收音机，教我们自己动手，培养多种兴趣，养成劳作习惯。他们，还有其他许许多多的拥有丰富教学经验的、献身于育才事业的辛勤园丁们，把我们引进知识的殿堂，培育出一批一批的“公能兼备”的人才。

在重庆，南开中学有着“贵族学校”的名声。

当年的重庆是陪都，达官要员云集，南开的学生中的确有他们的子女。我记得，有一个同学，可能是我们年级的，中等身材，圆圆的脸庞，嘴巴较大。每逢星期六下午放学时，都有一辆三排座位的敞篷汽车来接他。司机着军装，还有一个军官，这位“大嘴”同学介绍说，他是我父亲的副官。这位同学可能跟我一样，入学考试没及格，是一个旁听生。所以他说，他爸爸说了，只要他考好了就送给他一辆汽车。接他的车有空的座位，他也让同学搭乘，但不是免费的。后来就没再见到他了，可能因没考好而被学校劝退了。我想，这只是一个特殊的例子。名流的子女在南开学习成绩斐然的，大有人在。但是，无论什么人的子女，要想上南开，都要考试，及格的才录取。成绩差的可做无学籍的旁听生，考试及格才转为正式生。入学后一律平等，都要剃平头，睡硬铺，吃糙米，每天早六点起床，十分钟内叠被、漱洗、整装完毕，跑到大操场做早操，上课不得迟到早退，下午三时半都得到操场进行体育锻炼，晚上九点准时入寝。学习上的校规人人都得遵守，没有特殊和例外。老师对待学生不分贫富一律平等，同学之间不分贫富都能和睦相处。

我在南开时间短，离校早，1950年级的校友除王森、梁从诫等一二位以外，我都记不得了。近几年我参加了几次我们年级的校友联欢，好多校友告诉我，我们是同班同学。虽然我看着这些年过花甲、两鬓斑白的老人，怎样也想不起来他们英俊少年的模样，但是同窗南开的情结，使我激动不已，我们一起回忆在南开度过的难忘时光，互相倾述各自离校后的曲折经历，依依不舍地相互告别。在南开两年的学生生活，时间短暂，但获益匪浅，终生难忘。

在中学时期，还有一位让我至今记忆犹新的老大哥，他就是当年在我们家住的刘兴仁——一位坚强的地下工作者。兴仁大哥是地下党员，帮助我父亲工作。在我报考中学的日子里，他曾陪着我到几个好的中学去考试。重庆的夏天十分炎热，刘大哥陪我过江到南岸的一个中学考试，在烈日下行走多时，结果刘大哥竟然中暑昏倒，我急忙扶他到附近的茶馆里休息片刻，他才缓醒过来。

在一次纪念“九一八”的大会上，刘大哥唱了一首《中国人不打中国人》的歌曲。歌词我还记得：“枪口对外，齐步前进！不伤老百姓，不打自己人！我们是铁的队伍，我们是铁的心，维护中华民族，永做自由人！”结果，他被国民党特务逮捕关在牢房，后经父亲托人营救才获释放。

有一次，在重庆村的院子里，只有我和刘大哥两人在散步。他对我说，小复，我教你一个歌，学会了只能唱给自己听，千万别唱给别人听。这样就教我学会了《喀秋莎》这首在苏联人民抗击德国法西斯侵略战争中家喻户晓的歌曲。从那时起我一直牢记这首歌，后来又学会了俄文歌词。每次唱起这首歌，在我脑海里就呈现出兴仁大哥这位不屈不挠的地下党员的形象。

新中国成立后，刘大哥在公安、检察岗位上工作，“文革”前任吉林省检察院院长。“文革”中遭受迫害多年。1975 年 4 月，我在秦城监狱监禁七年半后获释出狱，听说刘大哥因患肝癌而在北京三〇七医院治疗，我连忙赶去看望。在一间普通病房里，我看见刘大哥躺在病床上，病容满面，看见我走进来，挣扎着坐了起来，紧紧地握着我的双手，热泪盈眶，说我们终于又见面了，他一直坚信有这一天。刘大哥说，他最大的遗憾就是，没能把你爸爸阎老在地下工作的事迹写出来，说罢又流下了热泪。后来，刘大哥回到吉林继续治疗，不久传来他逝世的噩耗。

抗战，抗战，抗战！

在重庆时，东北乡亲经常游行，有时还在晚上打着火把游行。从市中心都邮街出发，经两路口、上清寺、林森路，到国民政府总统府，递交请愿书后才解散。一路唱着《打回老家去》等抗日歌曲，并进行募捐。那时候我年纪小，走不动，叔叔们就背着走，牵着走。

每逢“九一八”纪念日，东北乡亲还要聚会，总有上百人。爸爸和东北一些知名人士高崇民大爷、王卓然大爷、王化一叔叔、陈先舟叔叔、徐寿轩叔叔、关梦觉叔叔、孙一民叔叔等，都在会上慷慨陈词。每次开会也有一些朝鲜人参加，如大韩民国临时政府主席金九、外交部长赵索昂等。金九主席也在会上讲话。会议结束时，大家都站起来，含着眼泪唱“流亡三部曲”。领唱的是王化一叔叔的女儿王鑫，她长得很清秀，一头长发。大家一边唱，一边哭。每次会议结束后还过江到南岸去，看望居住在那里的莫德惠、马占山、万福麟和李杜等东北元老们。他们和东北老家有联系，经常收到家乡给他们送来的高粱米，大家就一起吃高粱米饭，怀念当时在日寇铁蹄下的、盛产大豆高粱的白山黑水。

父亲的社交很广。孙夫人宋庆龄女士住在重庆新村，邻近我们的重庆村。冯玉祥将军的家也在附近。父亲经常同母亲带着我们去看望他们。据当年给孙夫人当秘书的廖梦醒伯母回忆，孙夫人通过她向我父亲转告过不少重要信息。冯玉祥伯伯对父亲和东北流亡同胞的抗日救亡活动也给予了大力支持，出席过父亲召集的抗议国民党企图与日本妥协的集会。我亲眼看到，一次，大白天，太阳高悬在空中，在重庆的大街上，冯伯伯身穿长衫，手里举着点亮的大灯笼，在众人的簇拥下，边走边高呼：“抗战到底，反对投降！”“要民主，反对独裁！”

我还记得，有一次冯伯伯请我们全家到家里吃饭。大家入席后，冯伯伯、李德全伯母和父亲、母亲都低头祈祷，我却睁大了眼睛，寻找最好吃的菜肴，等大人们祷告完毕开始用餐时，我早就急不可耐地吃起来了。

1945 年 8 月，我正在家中过暑假。15 日傍晚，突然传来日本无条件投降的天大喜讯，整个重庆都沸腾了，成千上万的民众纷纷走上街头，举着火把，高呼“我们胜利了！”“中国万岁！”“中华民族万岁！”的口号，敲锣打鼓，燃放鞭炮，兴高采烈地向市中心的胜利广场涌去。记事以来，我第一次看见父亲热泪盈眶，同母亲、“阎家老店”的“房客”们彻夜长谈，回顾十四年抗日救亡的艰苦历程，终于取得胜利，“收复失地”、“打回老家去”的宏愿终将实现。

为和平民主而斗争

可是，好景不长，内战的阴影很快笼罩了华夏大地。周伯伯的身影多次出现在重庆村十七号二楼的密室里。在周恩来的指引下，父亲以全力投入了争取民主和平、反对内战的斗争。父亲广泛联络并参与民主政团（“三民主义同志联合会”、“民主建国会”、“中国经济事业协进会”等）的活动，还同在渝的东北人士成立了“东北政治建设协会”，主张政治协商，反对国民党武力接收东北。

1946 年 1 月，国民党在全国人民要求和平民主的压力下，被迫召开有中国共产党、民主党派和无党派人士参加的政治协商会议。为促成会议成功，在共产党的推动下，父亲和各界人士成立了“陪都各界政治协商会议协进会”，先后举行了八次民众大会。

请愿团成员合影（左起）：蒉延芳、胡子婴、盛丕华、张絅伯、阎宝航、雷洁琼、包达三、马叙伦

2月10日，在重庆较场口举行的庆祝政协会议成功的大会上，国民党特务捣乱会场，殴伤郭沫若、李公朴等人，父亲是大会主席团成员之一，奋不顾身与暴徒搏斗，保护了不少在场的民主人士。

4月，美国特使马歇尔来华，父亲和李公朴等民主人士代表“东北政治建设协会”和其他二十个团体会见马歇尔，提出解决东北问题的方案。

5月初，父亲飞往上海，投身到反对内战、要求和平斗争的最前线。在上海，父亲同旅沪的东北同乡成立了“东北政治建设协会上海分会”，直接配合上海人民团体争取和平民主的斗争。

6月初，国民党政府大举向解放区发动进攻，全面内战爆发。6月23日，上海各阶层人民举行大规模的游行示威，反对内战、要求和平，并推派马叙伦、胡厥文、雷洁琼和我父亲等十余人为代表赴南京向国民党政府呼吁和平。

当晚七时半，请愿代表到达南京市下关车站时，立即被特务推入候车室内包围殴打，马叙伦、雷洁琼和我父亲以及来欢迎的南京方面代表叶笃义等被殴伤。在包围殴打中，国民党特务对我父亲狂吼，要父亲跪下。我父亲昂首挺立，怒斥国民党特务道：“十四年来我没给日寇下过跪。今天，在中国人面前，我更要给中国人保持体面，看你们哪个敢来！你们有枪开枪吧，想侮辱我，绝对办不到！”父亲凛然正气，镇得暴徒们呆若木鸡。代表团全体成员团结一致、坚决斗争，挫败了国民党特务的捣乱破坏，暴徒们最后只好灰溜溜散去。这就是震惊中外的“下关事件”。

得知我父亲等人受伤后，周恩来、董必武、邓颖超等中共驻南京代表团的同志当夜前往医院看望。郭沫若、沈钧儒、邵力子、黄炎培、冯玉祥等各方面知名人士也到医院亲切慰问。特别是毛泽东、朱德还为此特从延安发来了慰问电。

1946年8月，东北各界人民代表会议在哈尔滨召开，我父亲被选为东北行政委员会委员。在周恩来的安排下我父亲立即乔装返回阔别

父亲辗转到达大连时，大连市市长亲往迎接

十四年的故乡，被东北行政委员会任命为辽北省[①]主席。

1948年12月，父亲曾赋诗一首，表达了他对革命胜利在望的心情：

负伤含泪回家乡，望见云山喜欲狂。
有如蛟龙归大海，恍从地狱到天堂。
八方烽火诛独纣，万里疮痍待武王。
但得同胞齐解放，抛将老命又何妨。

① 辽北省，曾为中华民国的一个省级行政区，辖三个专署、四平市及十三个县，由于位置在辽宁省北部，故名辽北。1945年8月15日日本投降后，中共中央根据国民党政府企图挑起东北全面内战，夺取抗日胜利果实的形势，在现辽宁、吉林、内蒙古交界一带，先后成立过中共辽吉省委、辽宁省辽吉行政公署、辽北省政府等党、政机构，领导这一带的各族人民与国民党反动势力展开了针锋相对的斗争。1945年11月5日，中共在四平组成了辽北省自治政府，省政府主席阎宝航，副主席栗又文。后国民党军队占领四平，国民政府于1947年颁布东北新省区方案而设立辽北省，但当时中共再度占领四平。1949年中华人民共和国成立撤销辽北省建制，其区域分属辽宁省、吉林省、内蒙古自治区。——作者注

跋涉在回东北的旅途上

据宋黎[①]回忆："在'下关事件'以后，我按照周恩来的指示向阎宝航传达党中央的意见，准备派他回东北工作。此时，邓颖超代表党组织委托我的夫人王辛冶住到在重庆的阎宝航家，帮助阎宝航夫人高素桐做好回东北的准备，并陪同她们取道南京、上海、天津等地，王辛冶到北平找到协调小组处的我党代表徐冰，请他负责派人送阎宝航家属从天津前往东北解放区。"

别了，我的第二故乡重庆

我记得，那是1946年6月的一天。当时我们学校已经放假，我正在院子里玩，突然有一个邻居大声地对我说，你爸爸在南京挨打啦。我连忙跑回家去，只见妈妈和姐姐都很着急，原来她们已经知道这个不幸的消息。妈妈对我说，爸爸和他的朋友们在南京被坏人打伤，现在正在医院里治疗，不久就会出院，你不要着急。

过了不久，有一天晚上，突然有一位陌生的年轻女士[②]到家里来。她身材不高，穿着一身素色的旗袍，东北口音，显然是我们的老乡。妈妈对我说，她姓王，你就叫她王姐。这样王姐就在我们家住下了。抗战那几年，许多东北的乡亲流亡到重庆，不少人住在我们家，抗战胜利后他们都陆续回老家了。所以王姐来我们家住，我并不感到奇怪。王姐来后，先安排明诗大姐一家和明光三姐搭乘中共驻重庆办事处包租的轮船赴上海。当时留在重庆的有我妈妈、我和二姐高玲从延安送回来的她的两个女儿玲玲和东东。不久，家里开始收拾东西，有的拿到街上卖了，有的送给当时还在重庆的东北老乡。

因为要离开重庆，不能继续读完初中，我就到学校办理了肄业证

① 时任周恩来的秘书，新中国成立后曾任大连市委书记、辽宁省政协主席。——作者注

② 后来知道，她是宋黎的夫人王辛冶。——作者注

书。记得那天相当炎热，我一人骑着自行车，沿着崎岖不平的山路，从两路口出发，经上清寺、化龙桥到沙坪坝，大概用了三个多小时，才到达南开中学的大门。虽然正值暑假，但我很快找到教务处值班的老师。说明情况后，他说，有许多下江[①]的同学要随家长返乡，纷纷来办理离校手续，所以有准备。他很快找到我的成绩表，就开出初二肄业证书，盖上南开中学教务处的大印，交给了我。我怀着依依不舍的心情骑着车到宿舍楼、礼堂、大操场转了一圈，告别了给我知识、教我做人的南开。

1946年夏离重庆赴东北解放区前合影。前排左起：二姐的大女儿玲玲、妈妈、二姐的二女儿东东、王辛冶阿姨，后排左起：阎明复、大姐夫曹卣

过了不久，我妈妈对我说，你爸爸已经到东北了，我们要去找他。你爸爸走的时候留了一封信给民生轮船公司的经理，托他帮我们购买去上海的船票。现在家里就你一个男孩儿，这件事就交给你去办。当时我才十五岁，但是个子很高，看来像十八九岁的样子。我先找到民生轮船公司的办事处，他们见到父亲的信以后就写了一封介绍信，让我到公司的售票处去买船票。当时银行发行的法币已经不值钱了，我

① 下江人，是四川当地人对外省人的称呼。——作者注

扛了一个装满了法币的提包到码头附近的民生公司售票处，凭公司的信买到了船票。

临行前几天，可爱的小黄看见我们忙乱地收拾行李，嗅出了主人们要远行，一到夜里就独自地扒着大门，不安地发出低沉沉的哀咽声。我提出要带它同行，遭到大人们异口同声的拒绝。一路上安危叵测，怎能带上小黄呢，只好放弃这个念头。

这样，8月的一天，我们告别了居住九年的重庆村十七号“阎家老店”，连人带行李乘七八辆黄包车，到了朝天门码头，坐小船到江中心，登上了民生公司的一艘大客轮。小黄一路跟着我们，一直送到码头，看着我们登上小船，慢慢地远去，而它不断地向我们吠叫，向我们告别。从此，它将成为一条无家可归的流浪狗，想到这里我的心几乎都碎了。

沿长江而下到上海

太阳升起的时候，我们全家同王姐一起乘民生公司的客船离开了重庆，经宜昌转船，途经武汉到南京，又改乘火车到达上海，从黄浦江出发途经天津辗转去东北。

从重庆出发时，船长听说我们是公司介绍来的乘客，特地到船舱来看望，还请我去驾驶室参观。长江三峡水流急、暗礁多，抗战中炸沉的船只还需清理，所以来往的船只都不夜航。我们这艘船也不例外，傍晚时刻就停泊了。这样，走走停停，好像是第三天，还是第四天才到达宜昌。

我们乘坐的这艘轮船到宜昌后就要返回重庆。而我们一家加上王姐在这里举目无亲，怎样办呢？妈妈和王姐商量后对我说，赶快去找民生轮的船长，请他帮忙。我买了两条上好的香烟和一大篓子香蕉，在码头附近的茶馆里找到这位船长，送上礼品，说明来由。好心的船长对坐在他旁边的一个身穿制服的人说，他的老人是我们公司董事长的朋友，要去上海，请你老哥帮忙吧。穿制服的人说，好说，好说，大哥一句话，我照办。船长对我说，他是一艘拖驳船的船长，正好运货去上海，你们就跟他走吧。这样顺利地解决了我们的难题。这是一个船队，拖船不大，拉着一大串装满货物的驳船，沿着长江顺流而下。船长对我说，只好委屈你们上第一艘驳船，前舱有铺位，白天不能上来，到晚上停泊后再到上面甲板上透透气。这样，我们就在黑洞洞的驳船里，在微弱的顶灯陪伴下，度过了八九天的航程，好在沿途风平浪静，没有大的颠簸。

我记得，到武汉时，停了一整天，王姐带我们上岸，找了一家浴室，痛痛快快地洗了澡，又到街上饱餐了一顿。说到在武汉洗澡的事，我还挨王姐说了几句。以前我从来没有到街上的澡堂去过，那次到了澡堂后，走进男部，服务员问我是洗池浴还是上单间，我说去单间吧。这样就一个人洗起来了，过了一会儿服务员又来问要不要搓背？我又说好吧。其实我也不知道搓背是怎样一回事。后来服务员带来一位光背的师傅，给我全身上下用毛巾搓了一遍，又打上肥皂，用水冲干净。大家都洗完后一结算，就数我用的钱多，王姐感到奇怪，一个小孩子洗澡花那么多钱，服务员说这位小少爷用的单间，还搓了背。王姐冲着我说，小孩洗澡搓什么背呀！我顿时感到很不好意思。

到南京浦口码头时，船长对我们说，到吴淞口时风浪大，船颠簸得厉害，你们可能吃不消，最好在这里下船，改乘火车去上海，我们船将于 ×× 号抵上海，停在黄浦江第 × 号码头，到时候来取行李就可以啦。对这位好心船长的善意建议，妈妈和我们异口同声地表示感谢。

我们告别了船长，在王姐的指引下来到南京下关车站，买了车票，天黑的时候登上了开往上海的火车。我记得，车厢里很挤，我们事先买了车票，都有座位，但是车厢过道里站满了旅客。餐车的服务员挤来挤去地给乘客送饭，给坐在我们对面的一位乘客送来一盘鸡蛋炒饭。我小声地对妈妈说，我也想吃。妈妈说，咱们没钱呀，吃不起。我也就不吭声了，但是心中默默地发誓，长大挣钱后一定天天吃鸡蛋炒饭。这算是一个小插曲吧。

到上海时，先期到达的大姐、大姐夫到车站接我们。我们住在父亲的朋友家里，在虹口区。这里原来是日租界，日本人大都跑了，周围有不少空房子，大多被重庆来的接收大员抢占。

大海呀，大海！

我们在上海住了二十多天，等王姐联系去北方的交通。

一天，王姐告诉我们可以出发了，于是我们带着行李乘车到了码头，登上了一艘巨大的海轮。据王姐说，这是国际红十字会的轮船。王姐给我们搞到二等舱的船票，条件很好，有上下铺，有盥洗室，船上的饭菜也很可口。

这是我第一次乘坐海轮，第一次见到一望无际的大海。沿途海面平静，没有风浪，大概用了两三天的时间就抵达青岛。

在青岛我们停留了大半天，还上岸到城里逛了逛。在旧货市场上，明光姐买了一台狗头牌的留声机和一些名曲唱片。她会拉小提琴，酷爱音乐。回到船舱里，我们和明光姐一起欣赏了她买来的小夜曲唱片。

从上海出发时，王姐带来一位年轻人与我们同行，帮助搬搬行李，照顾我们。王姐让我们叫他侯大哥。后来听说是上海一所大学的学生会主席，要去北平，正好同路。

轮船到达塘沽港后，有一位穿着海关制服的人来接我们。王姐说，他是我父亲的好朋友陈凤鸣。陈叔把我们接到他的家，他的夫人热情地把他们的卧室腾出来给我们住。陈家位于天津市中心最繁华的劝业场附近。王姐担心我们会被察觉，就对妈妈说，这里太热闹，人多眼杂，最好能够换一个地方。妈妈听了不慌不忙地从皮包里找出来一个旧笔记本，那是爸爸离开重庆前交给妈妈的，笔记本里记载了二三十年代各地的老朋友的通信地址。妈妈从笔记本上找到了关思九关大爷的地址。关大爷是父亲在奉天两级师范的同学，后来担任父亲创办的贫儿学校校长。他又是一位著名的中医，医号“古今人”。他们住在原法租界的一个住宅小区“同德里”，离市中心较远。这样，我们就告别了陈叔，搬到关大爷家了。

这时发生了一件事，至今我仍记得。我们一行七人带着行李，找了八九辆三轮车，讲好价钱，就上车走了。到达“同德里”后，妈妈带着我们先进到关大爷家里。后来一路照顾我们的侯大哥却和蹬三轮车的工人吵了起来。原来他们要求多付一些钱，侯大哥说，车钱原来就讲定了，你们又拉大人小孩，又拉行李，所以本来就多付给你们了，怎么还要我们多给呢？双方越讲越激动，结果吵了起来，侯大哥一气之下打了一个师傅的耳光。三轮车工人不依不饶了，把侯大哥拉到附近的警察分局去评理。王姐闻讯赶去了，向工人们道歉，还多给了一些车费。回到关家后，王姐说了侯大哥一顿，侯大哥也承认自己太不冷静，更不应该动手打人。我马上联想到“搓背”的事，感到王姐真行，不管谁做错了，该说就说。

当天王姐和侯大哥就走了。临行前王姐对妈妈说，要多保重，过些天会有人来接你们。从重庆到天津我们用了将近三个月时间，一路上王辛冶王姐既要照顾我们老少三代，又要接洽地下党的关系，衔接行程，还要设法保护我们不被特务发现，化解临时发生的事件。她那待人诚恳、沉着冷静、任劳任怨的形象永远留在我记忆中。

从天津到东北

王姐到北平后，找到地下党组织接头。由地下党组织派刘仁[①]和他的夫人绿野芳子到天津来接我们，并护送我们去东北解放区。

绿野芳子是著名的日本的反战人士，抗日战争中她经常在晋察冀边区的前沿阵地向日军广播，号召他们放下武器，不要再进行屠杀中国人民的不义的战争，被日军当局宣布为背叛日本的投敌分子，并用重金悬赏她的人头。她英勇地坚持到抗战胜利。刘仁夫妇到天津的时候，带着一岁多的孩子，听说绿野芳子女士还怀着一个孩子。后来我

---

① 此处刘仁并非中共北京市委前副书记刘仁。

听说，刘仁夫妇完成护送我们一家的任务后，到了佳木斯，绿野芳子因难产而逝世。为了永远怀念这位英勇的反对日本军国主义的国际主义女战士，佳木斯市的烈士陵园为她树立了纪念碑。

当时已是11月底了，听说东北已下雪了。我们上街去购买了冬装。我买了一套黑色的棉袄棉裤、一顶松鼠皮的帽子和一双鞋面上绣有花纹的布棉鞋。

我记得，大概是12月1日，或者是2日，我们告别了热情的关大爷、关大娘和他们的孩子们，在刘仁夫妇的陪同下登上了开往沈阳的火车。去车站前，刘仁大哥对我们说，在火车上我们要分开坐，装着互不认识，互不打招呼，不管什么人叫你们的名字，你们都不要理睬。刘大哥说，据我了解，国民党特务正在沿途查找你们。火车停在山海关车站的时候，站台上有人高声喊道：阎宝航先生的家属在车上吗？我们来接你们啦。我们都没吱声，装着若无其事的样子。很快火车开了，大家松了一口气。

到沈阳后，刘仁大哥把我们安排在车站旁边的一家旅馆里，然后他就到市里去了。过了一个多小时，刘大哥回来了，对母亲说，我要找的朋友没找着！这时，店老板走进来对我们说，这里每天晚上七八点钟都有军警来检查，没有证件的人都要带走，不知道你们有没有证件？刘大哥对他说，我们当然有证件。大家顿时紧张起来。妈妈从容地说，不要着急。她边说边拿出爸爸交给她的那本旧笔记本，找到了爸爸的老朋友卢广绩大爷家的地址。妈妈叫我和明光姐去找卢大爷。我们坐了一辆敞篷的马车，按着妈妈给的地址，找到了卢大爷的家。

这是一个带有操场的大院子，沿着院墙有不少栋长方形的平房，卢大爷的家就在其中的一栋平房里。当我们敲开大门时，看见了一位慈祥的老人，我们说，您是卢大爷吗？老人说，是呀，你们是……？我说，我们是阎宝航的孩子。卢大爷高兴地把我们拥抱起来，说可把你们盼来了。接着，在客厅里我们居然看到了十多年来朝夕相处的高维升高大哥，他是妈妈的侄子，在南京、重庆一直住在我们家。我们真是高兴极了。卢大爷说，你们赶快去把你妈妈她们接来。这样，我们又乘马车回到了旅馆，在天黑前把妈妈、玲玲、东东和刘仁一家接到了卢大爷家里。

刘仁看见高大哥时喜出望外，原来他在火车站附近要找的地下联络员就是高维升。高大哥对我们说，他前几天发现有人跟踪他，就知道自己已经暴露，所以不得不到卢广绩先生家里躲一躲。刘仁大哥说，他把我们安置到旅店以后，到街上去接关系，远远地看见接头的联络点，一个卖香烟的杂货铺，被贴上封条，他知道出事了。没想到在卢老家里相遇了。

我们在卢大爷家住了大概四五天。有一天，来了一位身穿国民党军服的军官，他认识妈妈，热情地紧紧地握着妈妈的手说，到那边看见阎老师的时候告诉他，只要老师一声号令，我立刻把部队带出来投奔老师去。原来他是一位原东北军的军人，同父亲很熟。后来我们的军队包围沈阳的时候，他果然率部起义了。

穿行在东北大地上

过了两天，卢大爷通过当时在沈阳的东北老乡、国民党少将参议易常安，搞到了以国民党军队报纸《扫荡报》的东北版《和平日报》报社的名义开出的证明信，证明我们一行是报社的总编辑高某的家属回老家省亲，请各地军警给予关照和放行，而高总编辑的老家正好在国民党军队占领的吉林市和解放区之间的“两不管”地区。这封证明信免除了沿途国民党军警的查问。

我们于 12 月 7 日（或许是 8 日）继续踏上了征途，从沈阳乘火车去长春。

抵达后，刘仁大哥带我们到当地的一个联络点。这是铁路局的一所二层楼的住宅。当我们走进去看到迎接我们的主人时，妈妈突然失声痛哭了起来。原来这个联络点的主人就是姚艮大哥。而姚大哥一家曾于 1946 年 2 月到 5 月一直住在我们重庆的家。妈妈把姚大哥、姚大嫂当做自己的孩子一样，结下了骨肉般的亲情。从重庆出发以来，一路上风尘仆仆，提心吊胆，突然遇到亲人，妈妈忍不住哭了起来。姚大哥回忆说："阎妈妈见到我们全家高兴地流出眼泪。'我真想你们啊！你们走后我像丢了魂似的，总想春燕（姚大嫂）和两个孩子。在这短短几个月里发生了多少大事情啊！你宝航爸爸带人到南京请愿，几乎被特务打死。他出院后就秘密回到东北辽北省工作，我现在带着孩子去找他'。"

姚艮大哥是根据周恩来的指示，通过他的亲属介绍回到沈阳，任中长铁路局总调度室主任，并利用这一职务开展了地下工作。姚艮大哥回忆说："阎妈妈冒险带领明光、明复和东东、玲玲到了我的家，我们大家都非常高兴。我叫妻子儿女们陪着阎妈妈和孩子们在楼上说话，自己却在住宅周围的街道小巷巡视，为妈妈一家站岗放哨，直到天亮。"

第二天一早，我们在刘仁夫妇陪同下离开了姚艮大哥的家，到长春火车站，先做出要乘车北去的样子。车站入口的地方设有军警检查站，要查看过往旅客的证明。刘仁拿出我们的证明信给一个军官看后，他急忙向我们敬礼，并说请夫人多保重、多保重。姚艮大哥回忆说："为了避免沿途警察特务的检查，我仔细安排了沿途车辆并亲送他们到德惠车站。但因担心阎妈妈和孩子们紧张，我没有把我送他们走的事情告诉他们，只是叫列车长一路照顾他们。车到德惠站后，我看见阎妈妈和孩子们平安地进入站长室贵宾通道，才乘原列车返回长春。"之后，我们一家又在姚艮大哥安排下秘密返回长春，这样，我们又悄悄地乘车顺利地到达了吉林市。刘仁大哥租了两辆马车，把我们送到一个卖缸的缸店大院。

原来，这个缸店老板的家在邻近解放区的缸窑镇，他是一个工商业者，当时，不少从蒋管区经吉林去解放区的人士都在他的缸店借宿停留。他的大院子里堆满了各式各样的陶瓷缸盆，院子的北侧有一个简易的楼房，一层是店铺，一个狭小的木梯通到二楼。我们就住在二楼。这位老板是一个开明的地主，他明白国民党在东北长久不了，将来是共产党的天下，所以他尽力掩护过往的客人。刘仁大哥后来对我们说，高崇民高大爷的夫人和孩子路过吉林去哈尔滨时也是住在这个老板的家里。老板对妈妈说，将来我们家乡解放了，希望你们能够给我一个证明，说明我帮了你们，不要把我当成坏地主来斗争。果然，解放后东北人民政府给他发了证明书，表扬他在解放战争时期掩护了不少东北领导人的家属。在他的家乡也把他当成开明绅士保护了起来。可是“文革”初始他也没有逃脱红卫兵的斗争。他逃到北京找到我父亲，我父亲带他去中央组织部，说明了他当时是怎么掩护不少过路的中共领导人和家属的，中组部给他开了一个证明，他拿着回去了，但不知道这个证明是否救了他。

第二天早上，刘仁大哥找来一辆非常漂亮的装有玻璃窗的轿车式马车，他让我们只带一两个像样的皮箱，其他的行李就存放在缸店老板的家里。刘仁大哥把皮箱放在马车的顶上，我们一行八人坐上了这个马车，大摇大摆地走出了吉林市区。

不久就到了国民党军队的最前沿的检查站。一个军官看了我们的证明信，对妈妈说，前面是两不管的区域，很不安全，请高太太早去早回。这样我们顺利地通过了国民党军队的最后一个哨卡。

赶马车的师傅看起来也是和地下组织有关系。过了哨卡后，他慢慢腾腾地不慌不忙赶着马车，装着一副很从容的样子。当我们翻过一个山坡，后边的国民党军队的哨卡已经看不见了……在山坡下面看见了一辆有四匹大马拉的大板车在等着我们。刘仁对送我们的车夫说，你多在这里待一段时间，不要马上回去。车夫回答说，我懂得，也不是第一次啦。

当我们坐上这辆大板车后，农民打扮的车把式扬起长鞭，马车沿着崎岖不平的土路飞奔起来，两边都是被雪覆盖的田野，一路上看不见一个人影，直到晚上，我们终于到达了解放区。

刘仁大哥向当地驻军负责人说明情况后，他们同哈尔滨方面取得了联系，确认我们是阎宝航的家属，当即决定调派专门的火车送我们去哈尔滨。

日本投降以后，东北铁路设施，包括机车和车厢都被严重地破坏了。送我们的“专车”只有一台烧木柴的火车头和一节连窗子的玻璃都被打碎了的车厢。我们用所有的棉衣、棉大衣把身子裹得严严实实，坐在四面透风的车厢里，一路颠簸，第二天上午终于到达了哈尔滨，见到了久违的父亲、高崇民高大爷、袁东衣袁叔，以及徐寿轩叔叔和关梦觉叔叔。

我记得那天正是 1946 年 12 月 12 日。

我的父亲阎宝航

父亲阎宝航

前一时期，中央电视台播放了《中共隐蔽战线的无名英雄阎宝航》的专题片，以及以父亲为原型的二十几集的电视剧《英雄无名》，不少人希望更多地了解父亲阎宝航的事迹。

抗战年代我还年少，对父亲的情况知道得不多。正如前文所讲到的，对父亲的印象也就是一个小孩子日常中所见所闻，以及平时听到的、见到的妈妈和大人们言行中所涉及的有关父亲的一些事，仅此而已，至于父亲工作的情况知道得并不多，特别是他当时是我党隐蔽战线的地下党员，在反法西斯战争中领导情报小组从事秘密情报工作，更是一无所知。说起来很惭愧，1947 年在哈尔滨外国语专门学校“三查”运动中，我很认真地说我父亲是“资本家”。

下面，我就将自己记忆中的父亲和后来从各方面了解到的有关父亲的事迹记述如下……

代号"阎政"

新中国成立后，父亲也没有跟我讲过他过去的经历，没有讲过他加入中国共产党的情形。即使1952年中央批准他在外交部公开了党员身份后，他也没有专门和我们谈过，也没有公开向社会说他是共产党员。据安全部的一位老同志回忆，"文革"的时候，专案组的人找他外调，都不知道阎宝航老早在30年代就是共产党员了。

父亲生前没有同家里人着意去讲"什么时候做了什么工作"，"什么时候入的党"……其实，他加入共产党的事，很有意思。直到"文革"后，我才听见我父亲的老战友、他的入党介绍人刘澜波[①]大叔详细的讲述。

当时，"文革"中受尽折磨、身患重病的刘大叔住在阜外医院治疗，我去看望他。他对我说，当年你父亲入党的情况，应该向你讲讲了。刘大叔说，1937年你父亲入党的时候，共产国际不同意。我不解地问，中共吸收党员为什么要报共产国际呢？他说，当时中共是共产国际的支部，所有重大的事情，都得报告。发展吸收你父亲入党是一件大事，所以得向他们报告。延安报告了后，共产国际答复说阎宝航是国民党上层反动分子，不同意吸收入党。周恩来说，毛泽东说过，国民党可以从我们的队伍里把人拉出去，我们也可以从国民党的队伍里把他们的人拉过来。当时党内也有人议论，说你父亲社会关系复杂，

---

① 刘澜波，原名刘玉田，1904年10月1日生于辽宁凤城县。早年就读于天津南开中学，后在北京大学肄业。1926年参加中国共产主义青年团，1928年转为中国共产党党员。"九一八"事变后，受中国共产党派遣，去东北军工作。曾任中国共产党东北军工作委员会书记；1937年参与组织"东北救亡总会"，任党团书记；1945年10月至1950年4月，先后任安东（今丹东）省政府主席、省委书记、省军区政委，中国人民解放军第四纵队副政委等职；1950年5月调到中央后，曾任燃料工业部副部长、电力工业部部长、水利电力部副部长、电力工业部部长、国务院顾问、中共中央纪律检察委员会常务委员等职，为中国电力工业的发展做出重要贡献。1982年3月5日在北京病逝。——作者注

周恩来说，你关系不复杂，但是阎宝航能做的事，你做得到吗？我们吸收一个党员不是看他出身怎样、社会地位怎样，而是看他的共产主义觉悟，有没有为共产主义奋斗终身的决心。刘大叔说，当时决定由周恩来和我介绍你父亲入党，作为秘密党员。他记得周恩来给你父亲取了个代号“阎政”。时隔四十多年，我才从刘大叔那里了解到父亲入党的详情。我想，如果刘大叔没有讲出来的话，父亲秘密党员的代号“阎政”可能至今也无人知晓了。

从基督教徒转变为共产主义者

父亲自幼家境贫寒，无力上学，给村里大户当猪倌。后因私塾老师发现他天资聪颖，免费收他入私塾就读，后就读于奉天两级师范学校。当时在沈阳，有一个来自西方的组织——基督教青年会。父亲在奉天两级师范学校上学时，就同母亲高素桐一起入了基督教。

父亲阎宝航，1925 年在沈阳“基督教青年会”

1918 年，父亲以全优的成绩毕业于奉天师范后，婉言谢绝多方的聘请，担任奉天基督教青年会学生部干事。父亲在基督教青年会时，完整地读过《圣经》，也在奉天基督教青年会总干事普赖德引领下接受了洗礼。那时的父亲是一位虔诚的基督教徒，我们几个孩子出生时都按基督教传统接受洗礼。但后来，随着东北时局的变化，父亲越来越多地参与社会活动，他的人生之路也慢慢开始变化。

父亲一直崇尚“教育救国”。1918年，在基督教青年会的支持下，办起了贫儿学校，得到社会各界人士特别是张学良将军的大力支持，到1928年已发展到总校一所、分校四所、学生两千余人。

1927年至1929年，父亲就读于爱丁堡大学。1929年春，父亲学成回国，此时普赖德要卸任回国，他便劝说父亲接替他，出任总干事。过去基督教青年会在中国的总干事都是外国人，父亲是第一个担任此职的中国人，这也是非常少见的。父亲担任奉天基督教青年会总干事后，青年会发展得特别快，张学良赞助他一笔钱重新改造，将青年会一个小楼盖成四层大楼。青年会的旧址现在还保存在沈阳。父亲在青年会同张学良将军交往密切，逐渐成为莫逆之交，成为张学良将军的主要幕僚之一。

张学良将军主政东北以后，日本军国主义加紧了对东北侵略步伐，父亲和其他的东北爱国志士相继组织起“东北国民外交协会”、“辽宁省国民常识促进会”、“辽宁省拒毒联合会”三个反日群众团体，分别被选为主席、总干事、会长，带领民众三次焚毁日本浪人贩卖的毒品，被誉为“今天的林则徐”，进行了一系列反日斗争。他第一个把日本侵华的秘密文件“田中奏折”译成英文，公诸于世，有力地揭露了侵略者的野心。

“九一八”事件后，父亲被日寇悬赏追缉，逃亡北平，联合高崇民等于9月27日发起组织“东北民众抗日救国会”，父亲任常委兼政治部长，为抗日救亡而奔走呼吁，并募集钱款衣物援助东北义勇军抗日。

1934年，蒋介石为拉拢张学良，和张学良倡议成立并领导的、由蒋、张二人的亲信组成的秘密机构——“四维学会”，父亲被任命为理事。1934年，蒋介石发动了“新生活运动”，他被任命为蒋介石和宋美龄主持的“新生活运动促进总会”的总干事。1934年到1936年年底，正值“新生活运动促进总会”创建时期，父亲跟随蒋介石夫妇到各地宣讲“新生活”，建立分会。

这个“新生活运动”，是由当时蒋介石和夫人宋美龄亲自发起的一场全国性的运动。蒋介石在这个“新生活运动促进总会”亲自任总会长，宋美龄是指导长。据过去一些老同志回忆，当时的“新生活运动促进总会”，蒋介石和父亲是共用一个大办公室。实际上蒋介石也好，蒋夫人也好，是拿这个新生活运动，作为对共产主义思想传播的一种抵制，具体的事情都让我父亲做，这样父亲就很自然地和他们之间形成了一个比较密切的关系。据一些老人回忆，当时有一些达官贵人想要见蒋夫人，都要先往我父亲那儿打电话、登记预约，然后，我父亲请示蒋夫人来安排，由此结识了一大批国民党的党政军各界高官。1935年，父亲又被蒋介石任命为国民政府军事委员会委员长行营少将参议，实际上是大副官，更成为上层达官贵人竞相交结的人物。

此间，父亲会同东北的爱国人士联名致函张学良，提出停止“剿共”、国共合作、一致对外的建议；并于1936年11月14日在西安同卢广绩、王化一、王卓然等东北爱国人士谒见张学良，进行六小时长

父亲阎宝航（右一）与（左起）王卓然、王化一、卢广绩、孙逸民和车向忱（右二）等合影

谈。张学良明确表示不再参加打内战、实现联共抗日的决心。同年12月12日爆发“西安事变”。12月28日，张学良送蒋介石回南京后失去自由，接着受审、被监禁。父亲义无反顾地为张学良获释奔走呼号，四次前往奉化，向蒋介石请求恢复张学良自由，均遭拒绝。此后，因为他是张学良的亲信，蒋介石改组“新运总会”，将父亲的职务降为副总干事。父亲反而更积极地投身于抗日救亡活动。

还在20世纪20年代，在中共派到东北来建党的韩乐然等共产党人的帮助下，我父亲从主张“教育救国”逐步接受了共产主义世界观，成为东北地区最早传播新文化、新思想和马列主义的代表人物之一，并积极支持共产党人在辽宁的建党工作。1937年，周恩来介绍他加入中国共产党，作为秘密党员。父亲正是利用了自己结识社会“达官贵人”和大批国民党党政军各界高官的特殊身份，积极营救被捕的共产党员；开展地下情报工作；掩护中共的地下工作者。在此期间，父亲并没有终止抗日救亡的活动。这时父亲的主要精力放在“东北救亡总会”，这是根据周恩来的指示成立的东北民众的抗日团体。

抗战爆发后，他被任命为国民党军事委员会政治部设计委员，同时还任重庆市动员委员会设计委员、国民政府中央赈济委员会顾问、陪都劝募公债运动主任干事及重庆空袭救护委员会抚济组组长。另外，还在大同银行、大明公司担任要职，还是中苏友协等民间团体的理事。

父亲接触的面比较广，在蒋介石和宋美龄身边工作期间结交的人很多，知道很多情况，依照周恩来的重托，收集各方面的动态，在我党隐蔽战线默默工作……

隐蔽战线的无名英雄

至于我父亲在反法西斯战争中做情报工作的事情，父亲本人从来没在我们子女中间谈过。我是在1962年春天，由于一个偶然的机会才获悉的。

当时我已在中共中央办公厅翻译组工作。1962年3月初的一天晚上，在中共中央办公厅主任杨尚昆那里，我看到一封信，是父亲写给周总理的，信很长，周总理有个很长的批示，我就看了看批示。我记得的就是：宝航同志所述经过属实。父亲给周总理的信落款是1962年3月4日，周总理的批示是3月6日。周总理把信批给杨尚昆，请他阅后转给中调部。

星期天我回家，问父亲："您最近是不是给总理写了封信？"他说："是啊，你怎么知道？"我说："在尚昆同志那里看到的。"这样，他才讲起了这段往事。

当时因为中苏关系紧张，周总理在一次中央的会议上讲述了中苏关系的历史、分歧的由来，发展到目前这个地步的原因。周总理指出，苏共和中共向来是互相帮助的，不是苏共单方面帮助我们，我们也帮助了苏共。希特勒进攻苏联之前，我们就得到了德国进攻苏联的日期的准确情报。周总理说，他得到这份情报，马上发报延安，延安马上发给苏联。战争爆发后，斯大林还专门回电给毛泽东表示感谢，说是由于中共准确的情报，他们提前进入一级战备。这是一封感谢电报。接着周总理说："我忘记了这个情报是谁给我的。"我父亲听说后，就给周总理写了封信，提到这件事……1941年春天，周恩来交给他这个任务，要他与苏联使馆的武官罗申联系，由他来传递情报。父亲向我讲了他向苏联提供的两份重要情报，一份是提前得到关于希特勒德国进攻苏联的日期的情报，另一份是有关日本关东军在东北布防的详细情报。

这是我第一次也是唯一的一次听到父亲亲自讲述自己的情报生涯。

还有一次，父亲给家人讲述了自己的过去……

那是在不平静的1967年夏天，"文革"已闹得全国乌烟瘴气，人人自危，我在中办"学习班"已无自由，父亲感到形势叵测，可能危及自己，需要向家人打招呼。一个星期天，我爱人吴克良回家看望老人。父亲对她说，现在形势很乱，到处抓人，一旦我被抓，你们不要以为我是坏人。在第二次世界大战中，周恩来交给我为苏联搜集情报的任务，我提供了大量情报，其中最重要的是提前得到了德国进攻苏联的日期，以及日本关东军在东北布防的详细情报。父亲最后说，我一旦被抓，你们赶快去找总理。

不幸，父亲的预感很快应验了，他被诬陷为“东北帮叛党投敌反革命集团”的要员，于 1967 年 11 月 7 日被捕，不到半年就惨死在秦城监狱。在父亲的死亡报告上江青批示，阎宝航是现行反革命分子，不通知家属、不留骨灰、不留遗物。到 1973 年中央专案组给中央的报告上还写道，“阎宝航是证据确凿的国民党特务”。直到“文革”结束后的 1978 年，“专案组”还在继续混淆视听。在 1978 年 1 月 5 日父亲骨灰安放仪式上，胡耀邦的悼词稿中，“专案组”竟删去了“迫害致死”的公正的结论。当时中央统战部对“专案组”这种掩盖“四人帮”罪行的做法还提出了抗议。

好在颠倒的历史终于被拨正过来了，父亲得以“正名”。

1937 年周恩来介绍父亲加入中国共产党，作为中共的秘密党员。周恩来嘱咐他以民主人士身份活动，继续广交朋友，收集各方面的动态。父亲没有辜负周恩来的重托。

父亲入党后就不断地把他同方方面面接触中了解的情况向周恩来、董必武、叶剑英通报，国民党的特务机关也知道他经常同中共代表团的领导人接触，但只认为他同情共产党、“通共”，甚至也曾怀疑他是中共党员，但是，“由于他有一定的社会地位”，而且“特别注意严守秘密”，特务机关一直没有找到证据，也就没有抓他。“东北救亡总会”是群众性的组织，有一段时间“总会”就设在我们“阎家老店”。晚上，家里横七竖八躺了二十多个人，吃饭时开二三桌。为此，特务一天到晚跟踪盯梢……

在现在的重庆市档案馆，封存着大量陪都时期的民国档案。由于涉及某些年代久远的机密，这座档案库中的某些区域，从来不曾对外开放。几年前，我们子女在工作人员的指引下，看到了一些发生在六十多年前的我们都不知道的事情。一份标着“军统重庆特区［奋］字

第三十八号”编号的档案，爸爸阎宝航的名字赫然其中。

在这份完成于1943年12月16日，由一个叫徐德溥的写的报告里，记录了地下党员宋星池在我家中的详细活动。报告中说，宋星池被保释出狱后，住在阎宝航家中，连日收拾细软，有畏罪潜逃的准备。很显然，提交报告的这个叫徐德溥的人对“阎家老店”的情况十分熟悉，他可以近距离地观察到那里的一切。现在想起来这个人就是混在我们“阎家老店”的一个以难民身份出现的人，或者是经常来，说不定我还跟他一块儿吃过饭，想起来真是不寒而栗。但是，在军统档案里出现的徐德溥这个名字，对于我们阎家的所有人都是完全陌生的。

三姐曾回忆说：当时还有一个可疑的人叫什么建中，他每次来都不像其他的客人，坐在客厅大家谈话，有说有笑的，他坐一会儿就要四处看看，有一次他突然跑到后面房间，要上楼。另外他还提一些奇怪的问题，比如他就问我，你姐姐做什么？你哥哥到哪里去了？有的时候，他跟爸爸、妈妈谈话的时候也打听，谁谁住在你们家，你们真的是让这么多东北流亡同胞都跑到你们家，你们哪来的钱啊？有的时候，他的神情让人看了有点儿害怕，跟你说话笑笑的，突然面孔就变色了。后来，爸爸才知道，他竟然是中统头子徐恩曾派来的。

哥哥、姐姐去延安以后，我父亲就发现我们周围的环境有很大的变化。原来在十七号斜上方我们的邻居纷纷搬走了，这些邻居的小孩都是和我们一块儿玩的伙伴，非常熟悉。现在却搬来了一些“新”的邻居。到1943年的时候，就是我大姐从延安回来的时候，她已经开始担任情报工作。奇怪的是，常常在深更半夜，从这些“新”的邻居们拉着窗帘的房屋中透出了些许灯光，有时还能感觉到仿佛有人往我们家这边窥探着……现在回想起来，从那时起，我父亲就把我们家的窗帘增厚了。

三姐明光的记忆是准确的，在1943年的军统档案中，除了徐德溥以外，一个叫张建中的人也提供了大量关于阎宝航的报告材料。尽管军统特务已经混进了我们家里，他们却最终没有找到任何证据，证明自己监视的人是中共地下党员，更没有人发现父亲和他的情报小组的工作。2008 年，中央电视台播出以爸爸为原型的电视剧《英雄无名》后，许多同志询问，有关军统特务追踪阎宝航的情节是不是真的。我可以肯定地说，尽管电视剧、剧中特务姓名、角色是经过了艺术加工的，但军统、中统机关的特务对父亲的跟踪、对我们家的紧盯是真实的事实。

那段时期里，重庆卫戍司令刘峙曾找父亲“谈心”，办公室里站满了荷枪实弹的国民党兵；军统的戴笠、康泽和中统的徐恩曾也都找父亲“谈心”。但谈归谈，却找不到确凿证据；另外，父亲与上层的渊源他们都很了解，不敢轻易下手。

在父亲从事国际情报工作的过程中一定发生过不少惊险、富有传奇般的细节，可惜新中国成立后很长一段时间，政治运动频频，无人过问、关心他和他的战友是如何在敌人的心脏，冒着生命危险执行党交给的任务，从而留下了不少令人遗憾的空白。

我当时年少，对父亲和情报小组的壮举一无所知，在搜集情报过程中有什么惊险，我也不知详情，但情报工作中肯定发生了很多险情。父亲曾写道：“我搞情报工作后，还挂了个大明公司经理的名义，人们说我不搞政治了，用以迷惑敌人。特务头子徐恩曾有一次对我说，‘我派专员陈建中同你谈谈，你也向我们提提意见’，从此陈建中经常来监视我。有一次周恩来到我家里来，是从后门进来的。这时特务来了，我老伴出去应付，说我不在家。我的态度是对特务敷衍应付，对他们说，只希望生活能对付着过下去，将来能打回老家，抗战到底，表示自己无心政治。因为大特务常来，小特务倒不敢寻找麻烦。”

有一年春节，父亲和我们全家在一楼大客厅打麻将，大家说说笑笑，十分热闹。这时突然闯进来几个警察来“抓赌”，父亲不慌不忙地拿出一张名片，警察看了马上行军礼，连声道歉，急忙走了。大家问，这是什么名片那么神奇，父亲给大家看，原来父亲拿出的是戴笠的名片。

2002 年秋，我去鞍山给明诗大姐扫墓，看望了已到耄耋之年的大姐夫曹卣。交谈中，我有意识地问到当年大姐从事情报工作的事情。姐夫回想了许久之后，说他记得，当时明诗有一本圣经，是密码本。父亲交给明诗的情报，明诗译成密码，用药水写在手帕上，交高维升大哥送到北碚的秘密电台。他还说，北碚的地下电台也出过险情。一次，电台所在的楼房房顶漏雨，他们通知附近的一个泥瓦匠来修缮。这个工人来修房的时候，家里没人，他自己爬上屋顶，检修漏雨的地方，发现一片瓦下压着一根电线，就把整根电线拔出来，装在工具盒里，要拿走。这时电台台长正好回来，发现了工具盒里的电线，就说这是我们收音机的天线，你怎么拔出来了，骂了一通就打发他走了。其实这根电线正是电台的天线，而电台是装在一只盛米的大木桶里。当天他们就离开这所楼房，撤到预先准备好的备用地点。

讲到抗战时期父亲从事的情报工作，还应该提及当年在“东总”工作的地下党员聂长林的回忆。他写道，我们党对国民党的动向、内部派别斗争了如指掌，和阎宝老广泛的交际、广泛的活动是分不开的。国民党六中全会在重庆召开，其间阎宝老经常往外跑，凑情况，把我们都派出去。那时候，有的东北青年在三民主义青年干部学校学习，国民党六中全会时被派去担任会议的记录，会上的动向了解很多，最后国民党派系斗争斗到什么程度，当时都被及时地汇集到一起，马上就到办事处去汇报。在这种有利条件下，党中央很快就了解到国民党内部情况。

《阎宝航谈地下党工作的经验》

父亲在1965年应中共中央组织部的约请，写了一份《谈地下党工作的经验》纪要，后来组织部门文件存档时定为《阎宝航谈地下党工作的经验》。“文革”以前，父亲跟我讲过，我隐约记得。他说中组部请他谈了当年地下工作的经验，写了一份材料，他们很重视。但是这份材料我们以前一直没有见过。

2004年冬天，我给在上海的三姐阎明光写了封信，说我们身体都不好，来日不多了。我说，我们到现在为止，也不知道父亲在“文革”中被捕入狱后的遭遇。父亲死以后，江青批示，他是现行反革命分子，不留骨灰、不通知家属、不留遗物、遗物充公……她竟然能做出这样一个很灭绝人性的决定。父亲现在八宝山骨灰盒里没有他的骨灰，是我母亲的骨灰。所以我说，能不能给中央写封信，批准你到中央档案馆去查阅一下父亲被捕后写的材料。明光姐就给曾庆红写了封信，曾庆红很关心，马上批了，而且让中办的同志向明光姐以及阎宝老的家属表示慰问。

很快，明光姐就去了北京，在中办的安排下看了材料，其中有几份父亲在监狱里写的“笔供”，也有1965年写的《阎宝航谈地下党工作的经验》。这份材料的大部分内容已经在《阎宝航传》里发表了，也没什么可以保密的了。

我要再次说明，直到1962年3月在中共中央办公厅主任杨尚昆那里，我看到我父亲给周总理的信以及周总理在信上的批示后，我才知道父亲的这段历史；而2004年冬，我读了1965年12月父亲写的《阎宝航谈地下党工作的经验》后，受到强烈的震撼，不由得产生了重新认识父亲的强烈愿望！

在《阎宝航谈地下党工作的经验》（以下简称《经验》）一文中，父亲写道：“1941年周恩来同志亲自交代给我国际情报工作任务，并由苏联大使馆武官罗申向我交代了任务范围、具体要求和商定一切技术问题。”

这里有必要简单地回顾周恩来交给我父亲任务时的形势。

1941年春天，日本占领了中国的半壁江山，国民党退据重庆，并掀起了第二次反共高潮。英国、法国、德国极力推动国民党政府与日本妥协，使日本能腾出力量来从东方进攻苏联，与希特勒一起对苏联形成合围之势。

当时苏联也很紧张，德国军队已经逼近国界。斯大林的策略是先后同德国和日本签订互不侵犯条约，企图推迟战争的爆发，争取时间，加强国防。同时，苏联密切关注蒋介石、国民党的动向，加紧收集中国的情报。

据我父亲回忆，1941年春天，皖南事变之后，周恩来找他谈话，说共产国际、苏共希望中共能介绍中共党员帮助他们搜集情报。周恩来同董必武、李克农、叶剑英研究后，认为我父亲最适合这个工作。中央调查部的老部长罗青长后来说，阎宝老具有“得天独厚”的条件。他以擅交友朋的良好人际关系，博得国民党元老于右任、孙科、宋庆龄、何香凝、邵力子、冯玉祥的好感，并经常周旋于陈诚、宋子文、陈立夫、戴笠、徐恩曾等党、政、军、情要员之间。

在接受周恩来交代的任务后，父亲与苏联大使馆武官罗申接上关系。罗申向父亲交代了任务范围、具体要求和商定一切技术问题。罗申说：“国民党日趋反苏反共，形势日趋恶化。苏联大使馆随时准备撤退。”他“要求父亲设置电台，以建立直接联系。收集情报的范围是多方面的，包括蒋介石本人及国民党的一切军事、政治、外交的动态以及经济、文化各方面的情况，特别是以他们反苏反共的动态为重点”。

这样一来，父亲的担子加重了。周恩来要他给苏联做情报工作，为延安和共产国际收集国际战略情报，成了名副其实的“国际间谍”。原先父亲自己同周恩来联系，向他通报各种信息，而现在他要领导一个情报小组，要设置秘密电台，挑选报务员、交通员、译电员、掩护人员，还要有一批外围的情报人员，建立一个相当规模的情报网络，须慎而又慎，绝不能出丝毫差错。每一个环节都必须独立战斗，能应付各种可能出现的复杂情况和突发事件。情报网络的每一个成员都必须是坚定的革命者，包括父亲本人在内“随时要做牺牲的准备”。

父亲在《经验》中写道：“我接受了这个任务，做了种种准备。首先认识到这个工作十分重要，必须千方百计完成任务，必要时准备牺牲，并且要严格遵守秘密工作的纪律。”面对“随时准备牺牲”的前景，父亲毫不犹豫地“接受了这个任务！”他想的是“这个工作十分重要”，关系到世界反法西斯战争的命运，关系到抗日战争的命运，最终关系到“打回老家去，收复失地”这一他为之奋斗十年的目的能否实现。他想的是“必须千方百计地完成任务”，而把个人的安危、家人的安危置之度外！周恩来把这个重大的任务交给我父亲，认为他具有“得天独厚”的条件，而父亲对自己有清醒的实事求是的分析：“我个人由于多年的抗日爱国声望，特别是在东北青年群众中有影响，并且和上层人士有一定的关系，国民党各派别也拉拢我，所以我取得了一定的政治地位，有机会同国民党当权派来往……”“我以自己的社会地位做掩护，做了情报工作。”但是，父亲并没有盲目乐观，冷静地看到“随时准备牺牲”的严峻现实，从一开始就把“严格遵守秘密工作的纪律”作为一切言行的最高准则。父亲写道：“要严格保守党组织的秘密。我入党后，对老婆孩子都保守秘密。同刘澜波、于毅夫，我们三人过组织生活，别的党员很少知道。”至于父亲从事的国际情报工作，更是只有周恩来、董必武、叶剑英、李克农知道。从1941年春到1945年抗战胜利，一千多个日日夜夜里，在大特务不断当面斥责，小特务随时盯梢的险恶环境中，父亲临危不惧，从容不迫，化解了许多次险情，出色地完成了周恩来、党中央交给的重托。

1941年，分别三四年的明诗大姐突然从延安回来了。周伯伯亲自把她送到家，说是在延安过度劳累得了肺结核，在那里无法医治，周伯伯要她回重庆治疗。当时对肺结核没有特效药，只能静养，大姐半年后才逐步恢复健康。以后，她去艺专，一方面学画画，一方面做些学生运动工作。后来我们才知道她回来是帮助爸爸工作的。董老交给爸爸一部电台，设在北碚，明诗大姐就是这部电台的译电员。交通员是妈妈的侄子高维升，我们叫他高大哥。他来往于重庆、北碚之间，传递情报。爸爸的情报小组和地下电台一直没有被国民党发现。

据我看到的文字材料，最危险的一次，应该是徐仲航、李羽军和孙复起被捕的事件。父亲写道：“1942年夏，‘东总’有三人被捕，三人中李羽军病死狱中，徐仲航知道我的关系，他坚持斗争，没有承认。孙复起自首了，但他不知道我的党的关系。当时，我担任着情报工作不能走。我向中统局的人说，听说名单中有我，要是有什么，不要费事，我自己来。但由于我有一定的社会地位，他们始终没抓我。”父亲就是这样轻描淡写地记述了这一事件。实际上事情的严重性要远远超过他的描写。

徐仲航徐叔是地下党员，长期参加“东总”的活动，刘澜波、于毅夫先后撤离重庆到延安后，南方局决定他参加“东总”的党组，所以他知道我父亲是党员，以及许多机密。同时，徐叔又是另一个地下情报组的负责人，其成员之一沈安娜，一直打进了国民党中央党部[①]秘书处任机要科速记员，得以参加国民党的高级军政会议，她所接触的机密可想而知，而且她得到的情报都是通过徐仲航转报周恩来。当时，徐仲航的公开身份是一家国民党御用书店的高层管理人员，而为了更好地掩护，沈安娜女士通过关系，介绍徐仲航加入国民党，成了特别党员。所以，徐仲航的被捕马上成为周恩来及南方局领导极其关注的大事。

1942 年 8 月的一天，我放学回来，感到家里气氛异常沉闷，大人们的脸上流露出从未有过的焦虑。那天，父亲很晚才回家，沉默无言，相伴多年的母亲当即猜出来是出事了。原来，近几天徐叔、李（羽军）叔和孙（复起）大哥接二连三地都被抓起来了。他们三人被分别关押在敌人的监狱。孙复起经不住毒打，叛变了，“东总”的事他都讲了出去，可他不是党员，知道的秘密很少，他的叛变不会有实质性影响；但他变节的消息传来，使敌人监狱里的情况变得复杂难料。与徐仲航先后被捕的李羽军，公开身份是中法比瑞文化协会秘书长，在敌人的酷刑下，他很顽强，直到打得吐血而死。特务们把全部的希望都放在徐仲航一个人身上。作为“东总”地下党党组成员之一，徐仲航知道父亲是特别党员，掌握重庆村十七号里的很多秘密。大家担心他一旦

① 中国国民党的最高权力机关为中国国民党中央委员会，通称“中央党部”，由国民党全国代表大会选举产生的中央委员和中央常务委员会组成，设中央委员会主席。——作者注

扛不住酷刑，一场浩劫随时就会到来。联系到以前南方局出事的严重后果，父亲陷入巨大的矛盾和焦虑之中。

深夜，周副主席匆匆赶来重庆村十七号商量对策，要求父亲尽快布置撤退。父亲沉思片刻说，我担任情报工作，不能走。如果我撤退，我领导的情报系统将会顷刻瓦解，大家辛辛苦苦打下的基础都将前功尽弃。父亲当即安排有关人员转移，而他本人则毅然决然地决定坚守下去。

当时还有个最不利的情况，有人跟我父亲讲，“徐仲航在背后说过你的坏话，对你不满”。其实是在“东总”的活动中，徐叔总是主张放开手脚，轰轰烈烈地大干，和我父亲强调保持谨慎的意见常常不合。我父亲说，这个不要再考虑了，徐仲航不是这样的人，不会出卖我。当时大家商定，还是应密切关注徐仲航在监狱里的表现。

父亲让母亲和家人赶做御寒的衣服，托人给徐叔送去。我想，父亲当时一定很紧张，但是又不动声色，他急于知道徐叔在狱中的表现。父亲的朋友很多，三教九流无所不有，究竟通过谁打听到狱中徐叔的表现呢？我当然不知道。但我估计，当时经父亲、高崇民高老同意后加入军统，成为军统设计委员的王化一王叔很可能是渠道之一。当时王叔加入军统时，“东总”的几位领导人给王叔提出的任务，就是打听张学良的情况、了解被特务关押的东北乡亲的情况并设法营救他们。王叔在这方面做了大量工作。

后来得知，在狱中徐叔遭到种种酷刑，老虎凳、烙铁烧、辣椒水、电击……在这样一次次严刑拷打下，体无完肤，但他视死如归，毫不动摇，始终没有说出党的秘密。他用东北汉子的铮铮铁骨，使整个危机不致演变成为一场灭顶之灾。事后徐叔说，收到阎大哥送来的大嫂为他赶做的御寒衣物，知道阎大哥和组织上一定设法营救他，更加坚定了信心。

当时，要从敌人的监狱中放出一个人来是极其困难的。在国民党高官里，李济深德高望重，时任国民政府战地动员委员会主席，也算是父亲的好友。王叔建议父亲去找他。父亲找到李济深，跟他说徐仲航是我老乡，跟我在“东总”多年，忙的都是抗日这些事儿，他怎么会是坏人呢？他们恐怕是抓错人了。在父亲的再三请求下，李济深终于拨通戴笠的电话，跟他商量，如果没什么大问题，是不是可以先放人，由阎宝航作担保。戴笠从徐仲航那里什么也没榨出来，正要找台阶下，便勉强答应放人了。这样，父亲终于化解了这一危机，继续从容不迫地做他应做的工作。

父亲把徐叔保出来了。但保出来之后住哪儿呢？徐叔一直没结婚，没有家，后来妈妈说就接到这儿来吧。接回家里，我凑上去看了一眼，被吓坏了，转身就跑。特务用竹劈子把他的肋条骨之间的肉皮都给他挑掉了，遍体鳞伤，没有个人样儿。但他真是条好汉，一句话都没说，保全了组织。

父亲在《经验》一文中还谈到秘密电台的设置、收集情报的途径和方式方法、递送情报的方法、接头（特别是初次接头）的注意事项、预先准备退路以保证人员安全、如何做重点工作对象的工作、任何情况下都要保持常态的原则、绝不用金钱买情报的原则……等等，父亲在重庆郊外的北碚设立了一座工作电台和备用电台，与苏联驻华使馆武官罗申直接联络。秘密电台台长张智敏与妻子纪华共同负责向苏联使馆发报和掩护电台。大姐阎明诗负责将情报翻译成密码，交给北碚的电台或秘密交通员。高维升负责秘密交通和警卫工作。从苏联回国的地下党员李正文，有一段时间也曾在情报小组中工作。

在《经验》中，父亲最后写道：“这个工作，从一九四一年春至一九四五年日本投降，四年中除完成了一般要求外，曾获得两件特别重要的情报：

“一、报道了纳粹德国进攻苏联的准确日期。国民党驻德武官桂永清于一九四一年五月上旬向蒋介石密报：‘纳粹德国决定了六月二十日左右的一星期内开始进攻苏联。’于右任首先告诉了我这个消息，我装着漠不关心的样子向孙科打听，他也这样说。我立即做了报导。事实证明不错。德国于是年六月二十二日开始进攻苏联。我的报导约在一个半月以前。不久，罗申对我说：‘你的情报第一，斯大林同志知道你。’所以这个情报对于苏联准备对付德寇的进攻是有一定作用的。

“二、拿到日本驻东北关东军的全部机密材料。约在一九四四年夏季，我向军委三厅副厅长钮先铭说：陈诚要我写日本何时进攻苏联的文章，但是没有材料，可否把日本关东军的材料借我用一用。我再三要求，他才答应借给三天。我就这样用‘假公济私’的办法，把材料拿到手。这个材料包括日本关东军的部署、设防计划、要塞地址、兵种武器、番号人数、将领姓名等等一套全部机密材料。拿到材料后，交给罗申迅速照相，三日内复还。这份材料对于苏军出兵东北，很快消灭了关东军，也起了一定的作用。”

父亲是如何取得情报的，我当年还不知道。从现在看到的文字材料，大体上是这样的。当时希特勒已制定了进攻苏联的计划，他们向国民党政府透露了德军准备进攻苏联的消息。得到情报，重庆的国民党上层欣喜若狂，他们做了很多美梦，苏联被德国消灭，日本可以腾出手来打共产党。那几天国民党上层的气氛整个与平时不一样，喜气洋洋的。在一个小型酒会上，德国武官和国民党要员都参加了。我父亲是陈诚手下军事委员会总政治部三厅的少将设计委员，他也参加了。父亲感觉到宴会气氛非常高昂，大家兴高采烈，互相敬酒，好不热闹。于是，他走到于右任跟前，于右任告诉他，德军将在 1941 年 6 月 20 日前后一周内进攻苏联。于右老是一个很正派豪爽的人。父亲不动声色，后来又去问孙科。孙科说：是呀，蒋委员长亲自同我讲的。父亲从孙科那里得了证实。之后，他借故提前退出了酒会。

我父亲得到情报后很着急，认为这是关系到世界命运的一件大事。因之前同周恩来有约定，有什么事情都通过情报网络来联络，绝对不能去十八集团军驻重庆办事处的。平时，大部分情况是周恩来到我们家来，现在父亲得到情报，又不能去周公馆。虽然他在重庆是中苏友协的理事，白天可以去苏联大使馆，但晚上又不能贸然而去。怎么办？

这个时候，李正文正好在我们家。他就托李正文去，正文叔叔很机警，顺利地完成了转交这份情报的任务。

关于日本关东军在东北的布防的情报，父亲是通过他的老朋友宁恩诚在国民政府国防部三厅工作的内弟钮先铭搞到的。

那是在1944年，陈诚给父亲一个任务，了解日本是否会进攻苏联。父亲就有了“上方宝剑”。我父亲同钮先铭在重庆也经常往来。父亲在对他做了几次工作后，就对他说，陈诚邀请我来研究日本关东军的动向，但手中没有资料。钮先铭说，他有材料，就给父亲看，并说：材料放在我这里没用。委员长只准备打到长城，可是你们东北人要打回老家去。你可以拿回去看，但是三天之内必须还给我。这样，我父亲就拿到这份材料，交给苏联使馆，他们很快地照了相就退给我父亲。父亲如期地交还给钮先铭副厅长了。

1995年，我有机会到莫斯科俄罗斯档案馆查找资料，俄罗斯档案馆那个时候还没有电脑化，用的是卡片箱，在一堆有关中国的卡片档案中，看到有关日本军队在“满洲”布防的×××情报。我突然记起，父亲在晚年曾经提到过的这件事，立即填写清单调阅这份材料。这是一份有关日本关东军在东北布防的资料，一共有三大本，是照相文件版本，在硬纸壳封面上，写的就是关于日本关东军在东北部署的情报。我翻了几页，那里有很多地图，上面有密密麻麻的中文字和日文字，有很多好像是那种示意图的，密密麻麻地注满了地名。我一看就想到，这很可能就是我父亲搜集、提供的关东军布防情报。

父亲的俄文代号叫“巴维尔”。如果核实情报来源，可能的途径是：苏联的档案馆里，有这样的整理资料方法，即把某人（如外交官、武官……等等）发回国内的全部电报、信件等，用该人的姓名命名，按时间先后顺序，整理归档。如，《尤金个人全宗》就是把尤金大使从中国发回的电报、信件按照时间顺序整理而成；罗申也应该有《罗申个人全宗》，即，以罗申的名义发给苏联政府和情报机构的材料，都会归纳存档。他们发回的电报中不可能直接提及我父亲的名字，而是他的俄文代号“巴维尔”。如果能在俄国的档案馆里查到阎宝航通过罗申提供的情报，会有很大的研究价值。我父亲说，当年给苏联提供的情报都告诉了周恩来，不知道我们的有关档案里能否找到父亲留下的痕迹。

从有关材料看，1995年俄罗斯举行纪念卫国战争胜利五十周年活动，应邀的中国代表团带去一份特殊礼物，就是父亲当年向苏联提供日本关东军布防绝密情报的复制件。俄罗斯方面接到中国代表团送来的绝密情报文件，调阅自存的相应档案，证实了情报的真实提供人员，据此俄罗斯总统叶利钦签署命令，为阎宝航授勋。①

还应该提到一个细节，1941年11月下旬，我父亲从军统密码破译机构中，得到关于日军将对夏威夷胡瓦岛采取大规模军事行动和日军调动的情报，立即向周恩来、罗申做了通报。这一情报表明日本已决定向美国宣战，因而使苏联得以从远东地区抽调重兵去加强西部战线，抗击希特勒军队的进攻。

也许由于父亲高度重视保密，也许由于他青年时受到的孔孟之道的影响过深，使他养成从不夸耀自己的过去的习惯，或许还有什么更深层的原因，新中国成立后，他的这段经历鲜为人知。要不是周恩来总理在1962年一次讲话中，提到中共曾向斯大林提供过关于希特勒进攻苏联日期的准确情报，但他又记不得是谁向他提供了这份“无法估量”的重要情报，而父亲恰巧又听到周总理的这一讲话，并给周总理写信说明当年的情况，很可能他的这段经历、他在情报工作上的贡献，连同他的骨灰一起被扬弃了。

这里还要提到罗青长的回忆：“1962年3月6日周恩来同志给阎宝航同志报告的一个批示是经我手的，肯定了他在反法西斯战争中的历史功绩。周总理批得很长，而且要我把批件向当时的中央组织部安

---

① 参见阎明光：《从基督徒到红色特工》，《三联生活周刊》2010年第3期（总第561期）。

子文部长，副部长帅孟奇、张启龙当面谈了。周总理当时还讲道，因为阎宝航的功绩，当时苏联驻重庆武官、也就是后来驻中国第一任大使罗申，还有其他一些人，为此受到苏联方面的奖励，他们升官发财、发勋章，但事情是中国共产党做的。”周总理这番发自肺腑的讲话的确是有感而发呀！

曾经在外交部工作过的伍修权也对我父亲说，“你讲得太晚了。”幸亏有了 1962 年周总理的批示，有了罗青长的热心传达，才有 1965 年中组部邀请父亲谈地下工作的经验，才有了《阎宝航谈地下党工作的经验》一文，给后人留下了这份难得的地下工作者的自述。

怀念、肯定、召唤

1995 年反法西斯战争胜利五十周年纪念活动时，俄罗斯联邦驻中国大使罗高寿经叶利钦总统授权，向已故阎宝航和他领导的情报小组

罗高寿大使宣读叶利钦总统签署的授予阎宝航及他领导的情报小组成员阎明诗、李正文以卫国战争胜利五十周年纪念章的命令

中还健在的成员阎明诗、李正文颁发了“卫国战争胜利五十周年纪念章”。

这里应该补充的是，2005 年 8 月，中央电视台《阎宝航》专题片摄制组专程到莫斯科采访已离任的罗高寿大使时，罗高寿说（大意），1995 年 5 月，当他们在使馆里准备举行卫国战争胜利五十周年纪念活动时，接到莫斯科的指示说，叶里钦总统签署了给阎宝航颁发“卫国战争胜利五十周年纪念章”的命令。但是这位杰出的人士已故去，就决定请他的子女代表他接受纪念章，同时向健在的阎明诗、李正文颁发纪念章。罗高寿说：“阎宝航先后得到的关于希特勒德国进攻苏联准确日期的情报，以及关于日本关东军在‘满洲’的布防的情报，是通过当时苏联驻华使馆的武官、后任大使的罗申转送的，直接报告了斯大林。”罗高寿说：“阎宝航的功绩可以同苏联著名的情报人员佐尔格相媲美。我认为，政论家、历史学家对阎宝航写得太少。阎宝航的功绩是俄罗斯人民的宝贵财富，也是中国人民的宝贵财富。”

父亲曾获得两个重要的军事情报等功绩，是在 1995 年秋天，我父亲诞辰一百周年纪念期间，原中调部部长罗青长写的纪念文章《世界反法西斯战争的无名英雄》一文中公开披露的。

这里还应提到，1995 年夏季的一天，俄罗斯使馆派了一位参赞来找我，了解我父亲在卫国战争期间的情况。我说：你们不知道？他说想通过我了解得更确切些。我讲了父亲提供的两个重要军事情报。他就问，你知不知道谁和你父亲一起做情报工作，我说，父亲领导的情报小组，有我姐姐阎明诗，她是译电员；另外还有设在重庆郊区北碚的秘密电台的台长、交通员等人。我说另外还有一位李正文，他从苏联回来后恢复了党籍，党把他派到上海去搞情报工作，走之前住在我们家，也担负了交通员的任务。

回想当年的情景仍历历在目。这是 1995 年 11 月 1 日，在俄国驻华大使馆举行了仪式。仪式开始前，罗高寿大使同阎宝航的家属大哥阎大新、我和弟弟阎嘉陵（佳林），以及父亲的战友李正文亲切握手，

在纪念章颁发仪式上，大哥阎大新代表父亲接受卫国战争胜利五十周年纪念章，阎明复代表大姐阎明诗接受纪念章

李正文（右二）本人接受了卫国战争胜利五十周年纪念章

表示热烈欢迎。不久，仪式开始，在场的所有人员都肃立，罗高寿大使宣读了叶利钦总统签署的授予阎宝航及他领导的情报小组成员阎明诗、李正文以“卫国战争胜利五十周年纪念章”的命令。罗高寿大使说，阎宝航同志 1941 年 6 月 16 日提前向苏联提供了关于德军进攻苏联日期的准确情报；并在第二次世界大战最后阶段，在苏军对日作战前，提前向苏联提供了日本关东军在东北的详细军事部署资料。这两件事将载入世界人民反法西斯战争的史册。

在仪式上我大哥阎大新代表父亲接受了纪念章，大姐阎明诗身体欠佳没有出席，我代表她接受纪念章，李正文是本人接受的。

在参加颁发纪念章的仪式上真是百感交集……

首先是想到如果父亲还在人世的话，他自己亲自来接受这枚纪念章，该多好呀。纪念章虽小，应该说它价值连城。当年数不清的真正的中共党员，以大无畏的精神，冒着生命危险，战斗在敌人的心脏，千方百计地搜集有关敌人的情报，以此来贡献战胜人类共同敌人的伟大斗争。而这一枚纪念章则是对他们的怀念、肯定、召唤。对仍活在世上的先烈的亲人们是一种安慰。

其次，想到潜伏战线的其他英雄们，如，为掩护父亲和沈安娜两个情报小组而受尽酷刑的徐仲航徐叔，我曾在 2011 年撰文[①]，以此纪念他。

徐叔和我父亲阎宝航是同乡，都是辽宁海城人，中共地下党员。给我最鲜明的印象就是，他从不知疲倦，不怕艰险，冒险的事总是抢着去承担。在他那张东北人的四方大脸上，始终保持着昂扬的斗志和乐观主义的精神。别看徐叔平时大大咧咧，他执行地下工作的纪律和保密原则却是十分认真的。不该问的一句也不多问，不该说的即使是至亲好友也不会吐一个字。就拿我父亲与沈安娜的关系来说，尽管父亲和沈安娜相当熟识，徐叔也跟我父亲关系走得这么近，但徐叔从未

① 阎明复：《怀念潜伏英雄徐仲航》，《新华文摘》2011 年第 3 期。

向父亲露过沈安娜的底牌。阎宝航早就熟悉“沈小姐”，在他的眼里，这位国民党中央党部的速记员“温婉文静，颇有大家风范”。沈安娜自然也认识阎老，但在她心目中，他是国民政府中央赈济委员会“大佬”，“很潇洒，跳起舞来风度翩翩”。相逢笑迎，并不知道彼此都是同一营垒的战友。

沈安娜的女儿华克放，2011年年初在三亚见到我，回忆起当年中共南方局派来领导她母亲的徐仲航被捕，因为沈安娜的情报都是通过徐仲航转给周恩来的，他们也因此与党组织失去了联系，沈安娜曾对她说起过：“那是我一生之中最艰苦的时期，我待在十平方米的房子里，每天都在等人来取情报。更让我悲恸的是，我搜集到的情报，因没人来取，不得不亲手销毁。”[①]

徐叔是沈安娜的直接领导，他要招供，恐怕吐出来的第一个名字就是沈安娜，接着就是阎宝航。没有像徐仲航这样的在酷刑下坚强不屈的革命战士，就没有沈安娜继续栖身“敌营”收集的绝密情报，也没有父亲情报小组为国际反法西斯战争提供情报的可能。从大的方面来说，由于他的坚守保全了两个重要的情报组；从私交感情来说，我们阎宝航的儿女们、沈安娜全家，都一直感恩于他在白色恐怖下保全了两家人的性命。

“文革”期间，徐叔和多数“地下工作者”一样，也未能幸免于难，和我父亲一样被打成“东北反党集团成员”，还带着叛徒的罪名，长时间关押在牢房。

1975年初夏，我从秦城监狱释放后，得知在这场浩劫中父母早已双双身亡，父亲的挚友、曾任“东总”主席团成员之一的高崇民大爷也被迫害致死。我急切地想了解其他亲朋好友的下落，想找到徐叔。经多方打听，我居然在北京东城找到了徐叔。当时，他栖身于史家胡同附近的一条死胡同里，那里原来是中直机关的俱乐部，“文革”期间

① 沈安娜口述：《我们是中央特科最后播下的几颗小种子》。

是中办专案组所在地。在胡同的尽头，有一间木板房，是间人工搭建的防震棚。徐叔的“家”就安在这里。我去看他时，木板房里只有一张行军床和放满了各种书籍的几排书架。他看上去有些苍老，但见到我仍然神采奕奕，笑容满面。他对我说，他知道“玉衡兄（我父亲字玉衡）和大嫂（我母亲）的遭遇”，也知道我受“四人帮”迫害坐牢的事情。但是，信念不能动摇，精神不能被压垮。

那次去看望徐叔，谈得不多。心想以后形势好转了，会有很多机会见面的，于是只是稍坐了一会儿，我就和徐叔告别了。不曾想，这竟是最后一次看见徐叔了。

1976 年 12 月 7 日，徐仲航去世了，年仅 67 岁，骨灰暂时存放在老山骨灰堂。由于还没落实政策，他也没有单位，临终时也没人通知我们。直到 1979 年骨灰重新安放八宝山革命公墓，我才知道他早已不在人间了。我深深地为没能和他做最后的告别感到遗憾。

时至今天，徐仲航对大多数读者来说仍然还是一个陌生的名字。他的贡献，只是在有关我的父亲阎宝航的纪念文章中或是在描述沈安娜的故事里偶尔会有只言片语。他的英名和事迹仍静静地封存在历史的长河中。我知道像徐叔这样的前辈，从不计较什么溢美之词。他为他的信仰严守组织秘密，完成了历史赋予他的使命。然而，那些像徐仲航这样铮铮铁骨的无名英雄，是应该永远被我们敬仰，为后代所称颂的。

值得欣慰的是，沈安娜夫妇 1986 年联名上书，要求为徐叔落实政策。中组部 1989 年下文恢复了徐叔的党籍，党龄从 1927 年算起，以此告慰他的英灵。

高素一生不容易，是有功的

在父亲严密的组织当中，还有一个十分重要的人物，那就是我的母亲。她一边操持着“阎家老店”的日常生活，一边不动声色地掩护着家中进行的所有秘密活动。讲到抗战时期父亲在敌人的眼皮底下从事情报工作达四年之久而从未暴露，不能不提到我母亲；“阎家老店”能支撑下来，与我母亲的关系非常大。

1893 年，母亲出生于辽宁省海城温香乡菱角泡村，从小聪颖善良，豁达开朗，喜欢唱歌，是村里乡亲们都称赞的高家二姑娘。

母亲与父亲青梅竹马，十六岁结为夫妻，十分恩爱。母亲家贫，念不起书，结婚后每晨起五更，父亲执灯朝读，亲自教母亲识字。父亲替母亲起名为高素桐，1947 年，母亲随父亲到东北解放区的辽北省参加工作后，又接受父亲建议改名为高素。

母亲在老家度过了苦难的农村生活。1919 年秋，父亲从奉天两级师范毕业，创办了贫儿学校，把母亲和大姐、二姐接到奉天。当时，父亲在奉天基督教青年会学生部任干事，月薪二十五块奉票，一半用于贫儿学校，一半给母亲用于过日子。母亲在清贫的环境中长大，对父亲供给穷孩子上学衷心赞成、支持，决心勤奋持家，过艰苦日子。不久，父亲把祖母、姑姑等全接来了。遇到家乡发洪水或闹灾荒，奉天的家里，乡亲们人来人往不断，全靠父亲接济。母亲毅然担负起照料全家老老少少十几口人生活的全副重担，起早摸黑，日夜操劳。

母亲自强好学，一心想学文化，生怕因为文化底子薄而跟不上父亲的步伐，她每天背着哥哥上平民识字班，晚上自学到深夜，不长时间就把高小课程念完了。1926 年父亲到英国留学后，她又开始学英语。据明诗大姐回忆：“有一天妈妈跟我说：‘你爸爸要上国外念四年书，回来可能不说中国话了吧？’我说：‘备不住！’妈说：‘那我也得念英语啊！’我说：‘你高小语文还没毕业，还念英文！’妈说：‘你帮妈看孩子，青年会有个英文补习学校，我也去念四年。’我说：‘行呀。’”之后，母亲就去上英文补习学校了。

母亲学习很用功，学的单词怕忘了，回家就教大姐。下学回来用英语叫门，她让大姐用英语问：“谁呀？请进、请坐……”家里的家具、器皿，凡是能贴的都被她贴上了用英文书写着单词的纸条。她还用英文“purse”（钱包）的发音给大姐起了个小名（小佩儿）。妈妈是我们自强好学的好榜样。

1929 年，父亲留学回来后担任了奉天基督教青年会总干事。面对日本军国主义日益严重的侵略，父亲和其他东北的爱国人士成立团体、创办刊物，大力宣传爱国主义思想，号召人民群众同日本侵略者作坚

父亲和母亲合影

决斗争，同时开展了提倡国货、抵制日货，查缴和焚毁日本人贩运的毒品等活动。母亲也紧跟父亲参加了抗日救亡活动。她受父亲之托，掩护了一位朝鲜的女革命者，冒着危险把她隐藏起来，住了一段时间，后来又把她送出城外，使她平安脱险。

1931年，“九一八”事变的第二天，日本军警到处搜捕我父亲和其他抗日分子，并悬赏五千银元缉拿父亲。9月23日，父亲乔装牧师，由一位英国的基督教友驾车护送，同其他两位抗日爱国人士逃出了奉天市，乘火车到北平。

父亲走后，为避免日本人搜捕，母亲带着我们一家人躲到奉天东郊教会办的一所女子学校，后来父亲的好友赵松涛千辛万苦找到我们，连夜用马车把我们接到城外的皇姑屯车站，准备搭乘最后一列开往北平的火车。当时车站难民人山人海，携带五个孩子、怀着八个月身孕的母亲无法挤上火车。这时，赵大爷大声疾呼：“同胞们，这是抗日英雄阎宝航的家眷呀！”车厢里的人纷纷把自己的行李丢出窗外，伸出双手，搀扶母亲和几个孩子上了车。在那危难时刻，乡亲们的义举是多么感人啊！到北平后，赵大爷为我们家安排了住处，不久母亲就生下了我。

每逢父亲在艰难险阻的关键时刻，母亲始终和父亲同甘共苦，患难与共；在父亲广泛的社交活动中，母亲总是给予支持和理解。随着父亲职位的变迁，母亲经常跟着他去参加一些活动……母亲庄重大方、温文尔雅和热忱，举止非常得体，不论在什么场合，她都能应付自如。据明诗大姐回忆，父亲在新生活运动总会工作时，有一次，南京各界人士谒拜中山陵，她与宋美龄一起走着，突然，高跟鞋的一只鞋跟突然断了，母亲镇定地弯身把鞋跟拾起来，照常走路，竟然没被发现。事后，父母常引为笑谈。

在南京，我们家住在大禹村一号。在这座绿树成荫、鲜花芬芳的三层楼宅邸里，周恩来曾和父亲及卢广绩伯伯彻夜长谈；许多爱国志士、东北流亡学生和难民在这里受到母亲的亲切照料。

1937 年，地下党员陈同生被营救出狱后，周恩来对他说："我介绍你到一个很可靠的同志家去住，安心养伤，头发长起来，再出来工作。"于是，陈同生来到我家，母亲把他安排到二楼一间储藏室里，每天为他煮牛奶、鸡蛋，增加营养；亲手给他洗伤换药，直到他痊愈。明诗大姐当时已参加党的外围组织"学联"，经常在家里召开会议，母亲如同对待自己的子女般地爱护他们，送茶送饭招待他们。

在母亲的协助下，父亲结交了许多朋友。在重庆，我们家住在两路口重庆村十七号，出入比较隐蔽。周恩来伯伯、董老常到我们家来开会；当时"东北救亡总会"就在我们家。母亲在重庆操持着"阎家老店"，精心照料着一批又一批的东北难胞、我党的地下工作者、民主人士和他们的家属，成功地掩护着父亲的情报工作。

"阎家老店"人来人往，川流不息，掩护了在家里居住的地下党员，从未被敌人察觉。每当周恩来、董必武到家里来，母亲总是警觉地守候着。正如父亲在《经验》中回忆的那样，一次周恩来伯伯从后门进来，正在二楼密室里同父亲谈话，突然，由中统头目徐恩曾派来监视父亲的特务陈建中从大门闯了进来，母亲从容不迫地迎上前去，对他说："玉衡不在家。"陈建中东张西望，一无所获，悻悻而去。每次父亲在二楼密室里同"客人"们"打麻将"之后，母亲总是亲自打扫这间书房，扫地、倒痰盂。我还问过妈妈，她回答说："顺手之劳么。"现在想起这个细节，才恍然大悟，原来是母亲担心父亲同他的战友们密谈时会留下碎纸片、其他什么痕迹等等，要亲自打扫干净才放心。

母亲与父亲相依为命，在抗战的岁月里她为掩护父亲的情报工作所做的事，当然远远不止是上面谈到的，但是她为父亲所做的一切，在她看来都是理所当然的分内之事，从来没有对儿女们讲过什么，特别是对于我，因为当时我还是一个不懂事的孩子。

当母亲在"文革"中去世的消息传到周恩来总理那里时，周伯伯说，高素一生不容易，是有功的。周伯伯的评价，母亲当之无愧。

母亲是父亲一生忠实的伴侣，始终和父亲同甘共苦、患难与共。她为父亲、为我们这些子女、为革命事业无私地奉献了一生。她是我们永远热爱、永远怀念的好妈妈。

最后，以父亲日记中的话，怀念我的父亲、母亲，怀念那个时代的先辈们忧国忧民的精神：

“吾之最大悲痛，莫过于民族同胞惨重牺牲；吾之最大欢悦，莫过于同胞骨肉彻底解放。”

我的大学岁月

阎明复回忆录

短暂的团聚

1946年12月12日，母亲带着明光三姐和我，还有高玲二姐的两个孩子玲玲和东东，由组织上派人护送，经过艰难险阻，终于到达了东北解放区首府哈尔滨，和分别了半年多的爸爸重新团聚了。当我们到达东北行政委员会的招待所的时候，我们看见爸爸，还有他的战友高崇民大爷、徐寿轩大叔、陈先舟大叔和袁东衣大叔时，大家都高兴地在一起拥抱，齐声问我们一路上是怎么走过来的。

正当我们沉浸在相聚的欢乐之中的时候，突然又接到通知，说国民党的军队要从松花江的陶赖昭过江攻占哈尔滨，要求大家跟东北行政委员会、东北局一起撤往佳木斯。当时，东北行政委员会已经选举我父亲为辽北省主席，所以他就要从哈尔滨到辽北去上任。当时辽北的首府在白城子，我们一家又要分别了。高玲二姐的两个女儿回到他们父母的身边去了。于是我和妈妈、明光三姐就随东北行政委员会的大队人马奔赴佳木斯。

当时，东北的形势较为复杂。1945年日本投降以后，东北划分为九省二市，国民党和共产党各自任命了主席和市长，并向各城市派出接收大员进行接收……在东北展开了捉对厮杀，饱受战乱的这片黑土地，再度笼罩在血雨腥风之中。然而东北事态的发展充满太多的变数，少了苏军的支持，我东北民主联军更加孤单。强大的国民党军迫使民主联军一路后退，混入民主联军新编部队的一些日伪残余分子，又和土匪武装趁机纷纷叛变，把枪口对准了民主联军。

东北铁路遭到了严重的破坏，列车露天停放无人看管，车厢里的设备、坐席都被拆下拿走，车窗玻璃被打碎了。当时正值12月，数九寒天，非常寒冷，零下四十多度，怎么走呢？列车机车没有煤烧，只好烧木柈子，伐树劈柴做燃料。车窗没有玻璃，就用猪皮钉在车窗上挡风防寒。从外面看火车车窗上是一张张的猪皮，因为天冷猪皮都冻得很硬，而车厢里取暖生的火炉子烤得猪皮上的油不断地往下滴落。我还从来没有坐过这样的火车，感到非常浪漫。

从哈尔滨到佳木斯走了两三天。沿线都是茂密的森林，我们的列车行驶一段就停下来，护送列车的战士们跑到林中砍伐木材作为燃料。这样，一路上走走停停，外面是大雪纷飞，车厢里面却是温暖如春。经过几天的行程，终于到达佳木斯车站了。大家非常高兴，总算到达目的地啦。

在车站，好多人来迎接我们。在站前的广场上，我突然看见电线杆上挂了一个竹笼子，里面装了一个人头。我大吃一惊，连忙问当地的人，他们说是土匪头子谢文东的头。原来他被抓住了，被镇压了，斩首示众，以警示其他的土匪。

最近，看到凤凰卫视《林海雪原：东北剿匪记》，了解到我那时所亲见首级的谢文东，原名谢文翰，是东北近现代史上一位风云人物。在抗战初期，曾率领“抗日民众救国军”同日本侵略者进行了武装斗争，后向日本关东军缴械投降，在抗日联军内部和社会上带来很坏影响。“八一五”日本投降后，谢文东为取得一个合法身份，同意了共产党的收编，被委任为富锦地区三江人民自治军司令。同时，合江境内的国民党地下组织，也在暗中拉拢和收编这些队伍，谢文东等人又都接受了国民党上将总司令的委任。由于谢文东的名气很大，合江一带有些土匪武装也纷纷投靠他。不久，谢文东的队伍发展到了四千人之多，并控制了勃利全境，及林口、宝清、依兰、桦南等地，与共产党和人民为敌，烧杀抢掠，破坏解放区后方根据地，成为东北有名的四大土匪之一。1946 年秋，三五九旅和合江军区对谢文东进行围剿，谢文东无站脚之处，流窜到夹皮沟，不久，被三五九旅八团五连副连长李玉清和二排长刘书颜所率队伍活捉。《合江日报》以《依兰展览胡匪头，万人争看谢文东》为题，进行了报道：12 月 3 日，谢文东又被押到勃利进行公审。开宣判大会那天，远近四十里的老百姓都赶来参加大会，到会的百姓达两万人之多，宽阔的会场挤得水泄不通。由于群情激愤，要控诉的百姓很多，使得时间被迫延长。大会宣判后，当场枪毙了谢文东。枪毙以后就把他的首级取下拿到各个县、各个市去进行示众，让老百姓知道谢文东确实已经死了。这也就是我年少时所看见的东北剿匪的少许情况吧。

东北大学

到佳木斯以后，我和明光姐面临继续上学的问题。这个地区解放不久，只有伪满时期遗留下来的“国高”，所以组织上建议我们到复校不久、当时校址在佳木斯的东北大学上学。

大家知道，东北大学原是张学良将军创办的，从 20 世纪 20 年代一直到 1931 年“九一八”事变前，不仅是东北的最高学府，而且就它的办学规模、学院设置、师资力量而言，在全国也是名列前茅的学府。由于张学良将军的支持，学校的财政资源也很丰厚。东北大学的规模在当时超过了清华大学和北京大学，包括农学院、教育学院、工学院、文学院等。“九一八”事变以后，东北大学遭到日本军国主义的严重破坏，被迫南迁，先后流亡到北平，后来又迁到四川。

1945 年“八一五”日本投降后，党中央决定重建东北大学，请张学良将军的四弟张学思出任新建的东北大学的校长，校址设在长春。复校的东北大学设有工学院、教育学院、文学院、医学院等，还招收了研究生班。国民党军队逼近长春后，东北大学撤退到哈尔滨，在哈尔滨停留了几个月，招收了一批学生，之后又撤到佳木斯，在佳木斯已招了一期、二期、三期、四期学生。我和明光姐是第五期的学生。我是 1946 年 12 月进入当时在佳木斯的东北大学教育学院学习的，应该说这是我参加革命后的第一个革命的大学。老师们都是从延安来的，如副校长张如心，我们班的班主任李季。当时东北大学办学的目的就是为东北解放区实施土地改革、巩固农村根据地、巩固人民民主政权培养干部。

温暖的革命大家庭

1946 年的冬天十分寒冷，鹅毛片似的大雪下个不停。同学们都穿得很多，毛衣、毛裤、棉衣、棉裤、皮大衣一层套一层，头上还戴一顶狗皮帽子，脚上穿着大头皮靴，手上带着大手套，真是从头到脚全副武装。早上五点钟起床，六点钟在大操场上集合跑步，唱着“解放区的天是明朗的天……”

学员们来自五湖四海，都是投奔解放区来的，一个个意气风发，斗志昂扬。印象最深的是一天到晚歌声不断。无论是开会、听报告，或者在大礼堂听课前都要唱歌。班级之间互相拉歌，这一期学员拉那一期学员，非常活跃、歌声嘹亮，此起彼伏，一片歌声，一片欢乐。记得当时唱的歌曲有：《解放区的天是明朗的天》、《东北青年进行曲》、《黄河颂》、《黄河大合唱》和其他好多革命歌曲。那时唱的歌有教育意义，能激发人们的革命热情，而且唱的歌都是配合当时的形势，政治性很强。比如 1947 年春天，国民党胡宗南部队进攻延安，那时就提出保卫延安、保卫边区。我还记得当时新编的歌曲的歌词是：“你看那白云飘又飘，树枝摇又摇，你看那秋风扫落叶，边区人民在挖战壕……”的确，当时没有其他的文娱活动，也没有电影，就是唱歌、扭秧歌。同学们都非常团结向上，一天到晚高高兴兴，政治情绪十分饱满。

当时，学校伙食主要是吃苞米糙子、高粱米。由整粒苞米碾成两三瓣的糙子做成的大糙子饭香喷喷的，我第一次吃感觉特别好吃，就连吃了两大碗，可是一喝汤肚子胀得简直吃不消了。春节到了，同学们把饺子面儿、饺子馅儿都拿回到班里来，围坐在一起，一边谈天一边包饺子，非常高兴。

对我来讲，这是一个非常温暖的革命大家庭。

在我们班上，我可能年纪最小，当时才 15 岁。那些老大哥们对我都特别呵护。当时我最担心的还是我的遗尿病，这是非常令人害羞的事，思想负担很重。可是我们班上的这些老大哥们都像爱护自己的小弟弟一样照顾我。我们当时睡的是大通铺，一铺大炕睡十来个同学，我要是遗尿可就不得了啦，左邻右舍都不得安宁。但是没有一个同学声张，也没有一个同学歧视我。睡在我左边的大哥一到半夜就叫我："起来，快！快！该撒尿啦。"有的时候遗尿了，同学们也不吭声，早上起来就帮我把尿湿的被褥拿出去晒，或者放在火墙上烤干，或者给我换个干净的褥子。到后来我们屋里的同学都知道我有尿炕的毛病，可是没有任何人嘲笑过我。所以我感到非常温暖，像是生活在家里一样，我的思想负担解除了，心情特别舒畅。不像上中学住校的时候，一天到晚提心吊胆，总怕别人知道我尿床。

在我们同班的同学中，有一位老大哥给我留下的印象最深刻。他叫迟唤宇，是从山东解放区来的，是我们的班长，比我大十多岁，班里的事他都带头做，对我特别照顾；新中国成立后他调到公安部工作，我们多年保持联系。在东北大学的时候，他送给我一本艾思奇的《大众哲学》，现在我还保存着。迟大哥会唱京戏，我第一次跟着他学唱戏，什么《空城计》、《萧何月下追韩信》，当时还能哼上几句。

还有一批同学是哈尔滨外贸局送来学习的，其中有一对宋氏兄妹，妹叫惠颖，性格开朗、活泼，一天到晚只要有空闲时间，总能听到她的歌声，是个活跃分子。我们班上还有位老大姐，叫程殿荣，同明光姐最要好。她的爱人叫高尚林，当时在辽东坚持游击战争。程殿荣撤退到哈尔滨，组织上安排她到东北大学学习。学校里有一位延安来的老师追她，她很苦恼，就对明光姐讲了。我姐姐就去找这位老师，说程殿荣有爱人，她爱人在前方英勇杀敌，你怎么能在后方追他爱人呢！你这样做，怎能为人师表？批判得这位老师面红耳赤，连声认错。

学了两门课

我记得，当时在东北大学主要学了两门课，一是社会发展史，一是近代史。讲课的老师都是一些经过革命战争考验的老同志，张闻天就给我们做过报告。当时没有一套完整的教材，主要是上大课、听报告。基本上是教育学员树立正确的革命人生观和世界观。我们的副校长张如心主讲社会发展史，杨方济老师讲近代史。

张如心副校长给我们讲类人猿通过劳动演化成人，也就是劳动创造人；接着讲社会发展史，由原始社会、奴隶社会、封建社会发展到资本主义社会，必然发展到社会主义社会和共产主义社会。

杨方济老师讲中国近现代史，主要是讲重大的历史事件，如“九一八”事变和国民党不抵抗政策、“一二·九”运动、“双十二”事变、“七七”卢沟桥事变、平型关大捷、百团大战、延安的大生产运动……针对当时东北青年的“正统”思想，着重讲述了抗日战争中，中国共产党起的作用，讲述了蒋介石、国民党消极抗日、积极反共，多次企图与日本妥协的事实。

我虽年少，但毕竟在蒋管区生活过，对国民党的腐败独裁、老百姓民不聊生，耳闻目睹，在讨论会上发起言来也振振有词。我还记得，我们班上开展大辩论，分两个组，一组扮演蒋介石，一组扮演毛泽东，互相辩论，蒋介石到底是英雄还是狗熊，非常生动。经过二三个月的理论学习，应当说，极大地提高了学生的思想觉悟和对形势的认识。

佳木斯时代的东北大学培养了大批的革命干部，大批同学成为东北农村土地改革的骨干力量。

1947 年 8 月，我们第五期结束了，绝大部分的同学都到东北解放区各地参加农村土地改革去了。父亲跟组织上商量，决定把我送到“哈尔滨外国语专门学校”去学俄文。

在东北大学教育学院的学习，是我参加革命后的第一次洗礼，第一次接触到这样温暖友好的革命大家庭；第一次听到人类社会发展史，系统地了解了共产党为抵御外患，争取民族解放所进行的艰苦卓绝的斗争。这就使我对中国共产党有了初步的认识，萌发了在党的领导下为人民服务的决心。可以说，从此由一个不自觉的少年向自觉的革命战士迈出了第一步。

不应该这样斗来斗去

在这里还要说一件当时实在是不应该发生的事。

1947年3月，学习进入了一个关键的阶段，就是“三查运动”，也叫“回忆运动”。每个学员要把自己的家庭出身、成长过程讲一讲，然后让大家来讨论、评议。实际上这是一个清理队伍的过程。因为学校的学员来自四面八方，学校对学员的情况无法掌握，有些学生可能有些历史问题，有的学生被怀疑是国民党派遣来的，所以学校要查清楚。于是开展了“三查运动”。运动开始时，学校还请明光姐介绍了蒋管区的情况，还讲了“下关事件”，同学们反响很好。

后来，学校里的空气就越来越紧张了，每个人都谈，白天开会，晚上还开会，对被怀疑有问题的同学也出现了拳打脚踢的行为……记得有一位女同学来自哈尔滨，可能在伪满时嫁给了当地伪政权的小官吏，没有什么了不起的事，但在同学们看来就不得了。大家把她围在当中，这边的人把她推到那边，那边的人又把她推向这边。

我一直认为不应该这样斗来斗去。可以派人去哈尔滨调查呀，当时哈尔滨也没有被国民党占领，完全可以派人去调查把问题查清楚。

通过“三查运动”，学校查出有两三个人有历史问题，学校专门开了大会，送他们去煤矿劳动改造。他们站在大礼堂的讲台上，每个人都戴上红花，然后就送走了。

后来听说，这几个同学也没有送到煤矿去，而是扔到江里了，也不知道是真还是假。如果真是这样的话，那是不应该的。如果真是敌人派遣进来的，就应该抓起来，送到监狱关押，直到查清真相再处理。据老同学们回忆，这几十年来一直没有听说这几位同学的下落。

哺育我成长的“哈外专”

我是1947年8月15日踏进“哈尔滨外国语专门学校”（简称“哈外专”）的。

“哈外专”主楼大厅内的宣传标语：“我们是北京—莫斯科之间的桥梁”

当时我刚从佳木斯东北大学学习结业，同期的同学大都到东北解放区各地参加土改，我因年少（16岁），组织上决定送我到“哈外专”学俄文。我父亲阎宝航那时刚好也从辽北省府所在地白城子来到哈尔滨。那天也许事先已经联系过，父亲送我到位于马家沟的学校时，王季愚校长和赵洵副校长都出来见了面。出门前我还有些紧张，但一见了王校长和赵副校长，她俩那满面慈祥的笑容，亲切的话语，我的心情一下子就放松开来。校长们同我父亲谈话结束后，我就跟着到会客室来接我的老师兴奋地到班里去，从此投入了这个温暖的革命大家庭中。

“哈外专”的前身是“东北民主联军总司令部附设外国语学校”，起源于延安“中国人民抗日军事政治大学”（简称“抗大”）。1941年3月至1941年11月，“抗大”三分校成立了俄文队、俄文大队①。1945年9月俄文队离开延安，路过晋察冀解放区，前往东北。1946年4月到达

① 1941年12月1日至1942年5月底，整编为延安军事学院俄文队；1942年6月至1944年6月底，组建成军委俄文学校。1944年7月至1945年10月改名军委外国语学校。——作者注

1949 年 11 月，“哈外专”三班同学在校门前合影，中间坐者为赵洵副校长（右）、库兹涅佐夫教授（左），后排左一为阎明复

吉林省的长春市。俄文队部分成员受命前往哈尔滨，创办俄语学校。

我的二哥阎明智就是随这支延安“抗大”俄文队到达东北办校的成员之一。他十岁就随大哥阎大新（原名阎明新）到延安参加革命，组织安排他学习俄文，是延安“抗大”培养的我党第一批俄文翻译。1946 年 11 月 7 日，由上级命名的“东北民主联军总司令部附设外国语学校”[①] 正式成立。而我的二哥阎明智成了我们学校的教员。

我进校时，校名还是“东北民主联军总司令部附设外国语学校”，我们学员们都简称它“翻译班”，位于哈尔滨市的马家沟，敌伪时期的

① 即后来更名的“哈尔滨外国语专门学校”，简称“哈外专”。1948 年冬，辽沈战役结束后，中共中央东北局决定将“东北民主联军总司令部附设外国语学校”转交给东北人民政府领导，改名为哈尔滨外国语专门学院。两年以后，哈尔滨外国语学院下放，归黑龙江省领导，1958 年 8 月，在哈外院的基础上扩大，组建了现在的黑龙江大学。——作者注

日本女子高等学校里。学校环境优美，红色的教学楼，四周绿树成荫，被誉为“万绿丛中一点红”。

这所外国语学校由东北民主联军司令部直接领导，属军事院校，由联军参谋长刘亚楼兼任我们学校的校长。“翻译班”实行的是军事化的管理，日常生活也是“供给制”，学生由学校统一发服装，都身着浅黄色的军服，胸前佩戴“东北民主联军”的胸章。我记得，冬天我们穿的大衣是日本关东军留下的狗皮大衣。只有一样，学校发的鞋我都穿不了，因为我的脚特别大，全靠我母亲在辽北省被服厂定做好送到学校来。

“哈外专”时期的阎明复，身着浅黄色的军服，胸前佩戴“东北民主联军”的胸章

刘亚楼校长

20 世纪 30 年代，组织上派刘亚楼将军到苏联学习，毕业于伏龙芝军事学院；苏联卫国战争期间，他曾在前线指挥红军部队。刘亚楼将军精通俄语，曾将苏联红军的《参谋条例》等一系列军队指挥文件译成中文。在延安时就担任抗大总校的教育长。他深知翻译人才的重要性，所以在解放战争期间，在东北民主联军总部下成立了培养部队翻译员的“翻译班”，全称是“东北民主联军总司令部附设外国语学校”，为学校的创建呕心沥血。调集了已到东北解放区的原延安俄文学校的老师和学员担任教职工作，并请来著名的翻译家、教育家王季愚和赵洵[①] 主持学校的政治处和教务处等日常工作。他很关心学生的成长。

① 曾翻译过《静静的顿河》。——作者注

我们在校学习的时候，东北战场正处于由敌强我弱、国民党军大举进兵的局面向我军夺取战场的主动权方面转化，开始主动出击。当时正值东北民主联军三下江南给国民党军队沉重打击的时候……

第一次和第二次下江南战役期间，刘校长经常亲自到学校来给全校师生上课，有声有色地讲述民主联军指战员们如何冒着零下三四十度的严寒，在风雪交加的日子里昼夜兼程，捕捉战机、英勇杀敌。他给我们讲述了林彪、罗荣桓指挥部队的情景。他说，林总对国民党部队的情况了如指掌，知道敌军部队从战区司令官一直到营长的个性和特点。他熟悉战区的地形，更了解自己部队和他们的指挥官的特点，真正做到知己知彼，百战不殆。所以，在作战中能派出最合适的指挥员和最合适的部队去迎战敌军。

刘校长还给我们讲了司令部的工作人员如何艰苦奋战，珍惜一纸一笔的情形，就连铅笔也用得只剩下一个烟头儿那么长了还舍不得扔，

1947 年，东北民主联军总司令部在哈尔滨铁路局院内召开军事会议。右一为林彪，正面坐右二为刘亚楼

用纸卷起来继续使用。他教导我们对革命必然胜利要满怀信心，要以民主联军指战员为榜样，为了人民的利益，不怕牺牲，不怕困难，刻苦学习，精益求精；要我们爱惜公物，绝不大手大脚，铺张浪费。刘校长的教诲始终牢记在我们心中。

时任东北民主联军参谋长兼东北民主联军附设外国语学校校长的刘亚楼将军

在此期间，刘校长还给我们上了极其生动的一课。在马家沟时期，我们学校与民主联军司令部办的参谋训练班都住在一幢大楼里，我们经常一天到晚地朗读俄语，吵得参谋班的学生们不得安宁。于是，个别学员就发牢骚，说翻译班的学生一天到晚“放洋屁”。不知怎么这些话传到我们耳朵里，又反映给了刘亚楼校长。于是有一天，两个学校的学员都集合在大礼堂里，刘校长来训话。他说，你们参谋班的学生说他们翻译班的学员“放洋屁”，你们学的《参谋条例》还是我“放洋屁”放出来的呢！原来《参谋条例》是刘校长从俄文翻译过来的。接着，刘校长又对我们翻译班的学员们说，讲你们“放洋屁”，你们就闹情绪，也太娇气了。国民党反动派骂我们共产党是青面獠牙的魔鬼，我们不是照样闹革命么！刘校长语重心长地对我们两班的学员讲，参谋班的学生是老大哥，要关心照顾翻译班的小弟弟；翻译班的同学更要尊重参谋班的大哥哥，他们都是经过战争考验的指战员。你们要互相团结，努力学习，掌握建功立业的本领。

第三次下江南后，刘校长就去参加指挥大军解放全东北和全中国了，没再回到哈尔滨。

随着解放战争的顺利进展，学校承担的培养俄文翻译的任务不断加重，学校的规模日益扩大，我们就搬到哈尔滨南岗的原伪满医科大学的校舍，升格为高等学府，校名也改为“哈尔滨外国语专门学校”，简称“哈外专”。直到 1949 年第四野战军（原东北民主联军）大军进关后，学校交由东北局领导，学生们也就脱下了浅黄色的军装，换上了黑颜色的干部服。

校长和老师

学校对政治学习从不放松，王季愚校长时常亲自给我们上大课。

她理论功底深厚，知识渊博，阅历丰富，多么深奥的道理，都能深入浅出地讲得透彻明了，生动易懂。她的讲话，有极大的感召力。她教导我们不仅要学好俄文，更要学好革命的道理。她说，不精通俄语就不能当好翻译；不掌握革命道理，就不能成为全心全意为人民服务的革命的翻译工作者，最多只能做个翻译匠。

1948 年，我党著名的理论家张锡俦从苏联回国，在学校住了一段时间，他给学生们上了几堂理论课。张老治学严谨，每次讲课都事先写好讲义，照本宣科，而且随身带了不少书本，时不时地翻开引证。同学们不太习惯这种授课方式，有些反映张老也知道了。于是，王校长讲课的时候，张老也来旁听。事后，他对我们讲，他很钦佩王校长，但他无法理解为什么学生不喜欢正规的讲课方式。

王校长十分关心学生在政治上的成长。我记得我军主动撤出延安时，王校长亲自传达了中央的通知，教育我们认清形势，不要因一城一地的得失而动摇革命必胜的信心。王校长特地请了陈泉璧老师到学校任职。陈老师是一位著名的记者，经常在《东北日报》上发表政论文章。他给我们上时事课，分析国内外形势，引导同学们正确看待时局的变化。

“文革”期间，“四人帮”诬陷我是苏修特嫌，在秦城监狱关押七年半。王季愚校长在“文革”期间更是备受折磨，身体十分虚弱。1978 年后，她到北京看病，托展凡同学找到我。我记得是在友谊宾馆临街的一个餐厅里聚会。当时好像还有张天恩、尹企卓老师参加。王校长见到我十分激动，热泪盈眶，紧紧地握着我的双手说，看到你精神没有垮下来，真是高兴。整个席间，王校长问长问短，关心我们全家的情况。校长知道我父母和二哥明智在“文革”中都已经去世，安慰说，这是一场民族的灾难，一定要正确理解，但对她自己的遭遇却只字未提。当我问到她的健康情况时，她只是说还行，还能坚持。临别的时

王季愚校长

王季愚校长与“哈外专”的教师在松花江畔

候，王校长一再叮嘱我，要注意身体，有了好的身体才能好好为人民工作……谁知这次与王校长的见面竟成了永诀。

不久，王季愚校长就与世长辞了，怀着对她培育的所有学生真诚的爱，永远离开了我们。王校长以她拳拳报国之心，恪尽职守，诲人不倦，把毕生的精力献给了党的教育事业，我们将永远怀念着她。

入学时我被编在四班，后来因为学生的流动和班级的调整，而改为三班。班主任是延安“俄专”的卢振中老师。卢老师中等身材，带副近视眼镜，讲话不紧不慢，很有绅士派头。记得他好像是山东人，讲俄语的时候略带乡音。当时没有现成的语法课本，他自己编写教材。每堂课先在黑板上写讲义，我们就跟着抄。等大家抄完，然后他再讲解……就这样，我们跟着卢老师把俄文最基本的规律、名词的变格、动词的变位和属性等等，一个字母一个字母，一个单词一个单词，一个句式一个句式地刻进了自己的脑海。

教俄文阅读课程的是一位心地善良的俄国老太太穆拉多娃老师。她耐心地教我们俄文发音，领着我们朗读课文。还有一位俄国助教

俄侨教师为学生们上课

（记不得他的名字了），每天下午，他来班上帮助我们复习和会话。

赵洵副校长

1948 年，学校从马家沟搬到南岗以后课程就深多了。选编了不少政论文章和文学名著中的片断。我们班的俄文老师就由库兹涅佐夫来担任了。库兹涅佐夫老师是一位典型的俄罗斯知识分子，学问渊博，文学功底深厚，讲课深入浅出，引人入胜。他为人十分腼腆，还没开口讲话，脸就先红了。他身在异乡，热爱祖国，满怀对俄罗斯大地的赤子之情。他教过我们一首怀念祖国的民歌“Вижу чудное приволие……”（中文：辽阔的大地展现在我的眼前……）

1980 年 3 月，“哈外专”校友齐怀远（右一）、艾刚阳（左一）拜访老校长赵洵

李立三的夫人李莎老师当时给外专的中国老师们讲课，偶尔也到我们班上来听课。李莎教授仪态万方，平易近人，没有丝毫领导夫人的架子。给我留下最深刻印象的是一次期终考试。李莎老师和赵洵副校长担任口试的主考官，同学们排着队在教室外面等候，一个个按顺序进入考场。折叠成小条的考题放在匣子里，要求抽到考题后，准备三分钟，然后先用俄语讲述自己的理解，最后回答主考的提问。我抽到的题目是“试论 1941 年到 1945 年伟大的卫国战争”。记得当时我正在一篇篇地背诵斯大林的《论伟大卫国战争》的文集，所以拿到这个考题后，稍加准备就滔滔不绝地发挥起来。还没讲完，李莎老师就满意地说，“可以了，不用继续讲了”。接着提了几个问题，我都回答了。结果，那年我得了班上的第一名，年终全校大会上还给我发了奖状。当时学校仍属于军事院校，学生们都身着军装。我登上主席台领奖时，穿着军服却忘记了戴军帽，接到奖状后光着头举手行了个军礼，引得全场哄堂大笑。

1947 年 7 月，东北民主联军总司令部附设外国语学校全体教职工、学员合影

我的二哥

当时从延安“俄文队”来的老师都担任着各班的班主任，除了卢振中、高亚天、张天恩、苏英、尹企卓等，还有我的二哥阎明智。他们都经历了革命战争的锻炼，政治素质强，精通俄文，他们整天和我们生活在一起，言传身教，是我们的良师益友。

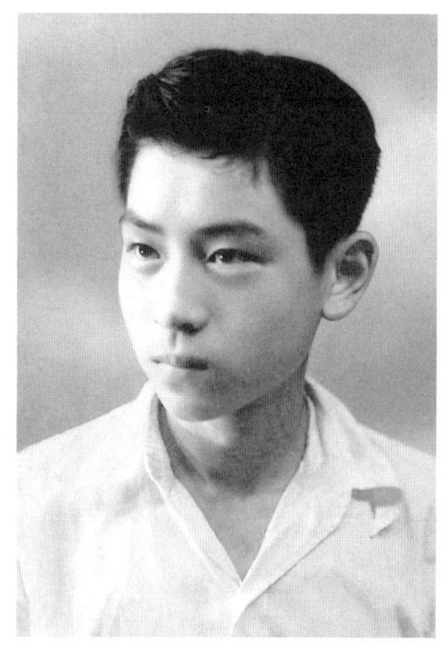
二哥阎明智是延安“俄专”来的老师，担任四班的班主任

在“哈外专”的那几年，我从我二哥阎明智那里受益匪浅。他也是延安来的老师，是四班的班主任。他天资聪明，思路敏捷，颇为烦琐复杂的俄文语法，他三言两语就讲明白了。当时，老师和学生们都住在一幢楼里，我经常向他请教。往往在课堂上还没讲到的，他都先给我指点，所以，我领会得也比较快。

二哥明智是1924年11月出生，那时才二十多岁，我一直觉得他是我们家兄弟姐妹里最聪颖、最有才华的。

二哥明智是我党自己培养出来的第一批俄文翻译。全国解放后，曾任中国驻苏大使馆一等秘书兼翻译，并在莫斯科和流莎结为夫妇。1961年被任命为外交部翻译处处长。他认识当时不少中央领导人。“文革”初期，父亲和我都被诬陷投入秦城监狱，他受到牵连被隔离审查，送到湖南茶陵“五七干校”改造，直到1971年林彪事件发生后，外交部才撤销“五七干校”。当时，“五七干校”的人都“就地消化”，明智被送到湖南师范学院，安排在外语系俄语专业教研室当老师。“文革”期间，他曾专门从湖南到秦城监狱看我，我们兄弟情深。

1975年我平反出狱后，即刻就想见到他，然而，传来的却是他去

“哈外专”校友在博物馆“中苏友好纪念碑”前合影留念

庆祝“五一”劳动节，“哈外专”师生合影

1947 年，“哈外专”转移到佳木斯办学，学生们在学校门前合影

1949 年，“哈外专”入团宣誓大会会场

参加哈尔滨市运动会的“哈外专”代表队

“哈外专”女子排球队参加哈尔滨市运动会的比赛

1948 年，为第四野战军南下，“哈外专”师生举行庆祝大游行

1949 年，“哈外专”学生庆祝“五一”劳动节、“五四”青年节的游行队伍

1949 年，“哈外专”学生庆祝“五一”劳动节、“五四”青年节的游行队伍

1949 年，“哈外专”学生庆祝“五一”劳动节、“五四”青年节的游行队伍

1948 年 5 月，“哈外专”第五班全体同学合影，中坐者为：外教萨沙（左）、赵洵副校长（中）、外教加莉雅（右）

“哈外专”校领导和研一班欢送外教舍列波娃与尤拉

王季愚校长在庆祝南京、太原解放大会上讲话

1949 年 4 月下旬，“哈外专”学生游行庆祝南京、太原解放

世的噩耗，难以接受，痛不欲生，我心爱的二哥在“哈外专”教授我俄文的经历，成为我日后想念他的既珍贵又难忘的记忆。

同窗岁月

我们三班的同学来自五湖四海。有从东北公安战线来的傅也俗、曹岩华，有从江南新四军来的章金树、君德、聂成勇，有在延安“俄专”调到满洲里担任对苏贸易办事处主任的郑拓彬，有从山东解放区来的刘艾莉，有东北的知识青年赵世贵、魏滨、张锦浩、滕绍志、苏文，有从哈工大转学来的王锡贞、关裕伦，有刘亚楼将军的夫人翟云英，有从辽东军区经朝鲜来的战士吴玉发、包新，还有俄语已经讲得很流畅的，有俄罗斯血统的张忆伟……而从蒋管区到东北解放区的好像只有我一个。这个来自山南海北的群体，年岁不等，性格各异，经历有别，乡音难改，文化程度和天资都参差不齐，但是，两年多的同窗生活中，我们相互关心，相互帮助，取长补短，共同进步，情同手足，亲密无间。每当我们回想起这一段往事，大家都会异口同声地说，这一切都归功于我们的母校，归功于我们的王校长、赵校长，归功于政治处赵主任和政治老师们，以及我们的班主任卢振中老师……

我们过着紧张的半军事化的生活。不论严寒酷暑，每天早晨都是六点钟起床，到大操场上出操。我们的俄语助教萨沙，用俄文喊口令：“Смирно（立正）！”“Направо（向右看齐）！”“Вольно（稍息）！”“Раз（一），Два（二），Три（三），Чедыре（四），Вногу（跟着喊）！”我们大家也跟着用俄语喊：“一、二、三、四！”

在那两年半的时间里，大家一天到晚都在专注地学俄文。在教室、宿舍和操场上，随处可见到同学们手持课本，全神贯注地背单词、背课文；有的抄写笔记、讲义；有的大声朗读起来，旁若无人；或者一问一答，帮助记忆。班上的同学都编成互助组，两个人一组。互助组的同学在俄文学习、政治学习、生活上都互相帮助。郑拓彬来校后，和我编在一个组。我记得，老郑对我的第一个帮助就是把我从蒋管区带来的擦脸油给扔了，说男人还擦什么雪花膏。

班上的同学待我如同小弟弟，对我“尿炕”的毛病从未大惊小怪，更没有嘲讽。我记得，我们的宿舍里也是十几个同学睡在一个大通铺上，入学后第一天晚上我就“旧病复发”，发了大水，左邻右舍都遭殃了，其中就有后来任中国边防军司令员的曹岩华同学。第二天，大哥哥们还帮我晒被褥，安慰我说：“尿炕小子出好汉！”后来，他们把大通铺截断一节，给我做了一个单独的木床，从此不再“侵犯”邻居了。过了一段时间，妈妈从辽北给我寄来了几大包深褐色的药粉，她在信中说，这是老乡们告诉她的“偏方”：“把猪尿（suī）脬（猪的膀胱）连同猪尿一起挂在房檐上风干，之后磨成粉即可服用。”看着这一包一包的药面，心中充满了对慈母的无限感激。真是“偏方治百病”，连续服用“猪尿健肾粉”之后，我基本上摆脱了遗尿症的折磨，可以堂堂正正地做人了。

每逢节假日，同学们轮流到厨房帮厨，让炊事班的同志休息。我是三班的伙食委员，后来又被推选为学生会的伙食委员，除了安排帮厨，好像最大的权力就是给同学们分配“锅巴”。那个年头儿，“锅巴”是同学们的一种美味佳肴，大家都争着要吃，所以公平地“分配”也不容易。

我们学校享受野战军待遇，每逢前线打胜仗，我们都能得到不少慰劳品。学校自己也组织生产。在离学校不远的郊区，还有一大片菜地，种着土豆、白菜。到秋收的时候，我们都去挖土豆、收白菜，运回校园，储存在菜窖里，半个多月就下窖去翻菜，以防霉烂。所以，学生的伙食还不错。特别是过春节，每班都把炊事班和好的面粉、肉馅领回来，同学们围在一起，有说有笑地自己包饺子，既高兴、热闹，又感觉到大家庭的温暖。包好的饺子就送到院子里去冻，三天假期都吃冻饺子。

当时，发给每个学生的生活费很少，好像只够看一场电影，或者冬天每月到澡堂洗两次澡。到电影院看电影也是等到末场后再专门给我们加映一场，都是在夜深人静的时候，全校师生排着队到影院去。在那个战争岁月里，这样的学生生活大家都很知足了。

学校的思想工作、政治学习都抓得很紧。我记得在班上每星期六开一次生活会，别看平时同学之间嘻嘻哈哈，一开会，大家就都绷起脸，十分严肃。学生生活本来也没什么大事，可是，同学之间有什么意见都摆出来，该批评的就批评，该表扬的就表扬，真正做到了知无不言，言无不尽，有则改之，无则加勉。每次开完会，大家都有一种好像洗了次澡的感觉，彼此之间更加团结、振奋，更加努力学习了。当然，除了定期的生活会外，同学们有什么意见也会随时谈心，随时交换。我记不得有什么闹不团结、相互记仇或是结疙瘩的事。

学校的课余文化生活十分活跃，同学们经常自编自演反映现实生活的活报剧、秧歌剧。我记得为了演出反映辽沈战役的活报剧，我还专门到解放军军官教导团去向原国民党的军官借他们的军服，当他们了解到用途后，都很热情地借给我们。我还参加演出了反映军民鱼水情的秧歌剧《扫雪》。我唱的歌词是："这场雪下得大，满院都白花花，我给老乡来扫雪，就像打扫自己的家……"至今还记得很清楚。

1947 年秋天，东北闹鼠疫，学校也采取了相应的防疫措施。我记得，我们搬来大批稻草，铺在校舍的走廊、教室、宿舍的地板上，然后点燃，据说可以把跳蚤烧死。学员们每星期都检查自己的衣被，看看有没有虱子。后来才知道是日本侵略军为了进行细菌战而培养的带鼠疫菌的老鼠造成的祸害。

1949 年 3 月，北平一批青年经山海关奔赴哈尔滨的"哈外专"学习

1948 年年底，从华北、北平来了一大

批在蒋管区参加过学生运动的新生。刚刚到学校，对他们来讲一切都很陌生，他们觉得我们这些高年级的同学一天到晚就是背俄文，生活太死板了。正好，学校的学生会要改选，于是新同学们展开了热闹的竞选活动。我记得他们推举参加竞选的是王钢同学。王钢同学很有才华，后来成了学校的一名骨干。他们把“如果我当选，我将为同学们做什么，做什么……”作为竞选口号提出来。对我们这些长期在军校环境中长大的、习惯了军事化生活的学生们来讲，这太突然了，简直不知所措。我记得，这时郑拓彬对我们班的同学们讲，我们也要推举自己的候选人，并建议推选傅也俗，我们都一致拥护，也在校园内开展了为傅也俗竞选的活动。最精彩的一幕是投票前的全校学生大会。傅也俗和王钢这两位候选人都上台发表演说，还有为他们竞选助阵的人也登台介绍各自候选人的情况。上台介绍傅也俗事迹的是郑拓彬。他绘声绘色地讲述了老傅如何冒着几乎牺牲自己生命的危险，在枪林弹雨中保护党的文件……他的讲话引起了全场雷鸣般的掌声，使全校同学更加了解我们这位对党的事业忠心耿耿的老班长。结果，老傅以压倒多数优势当选为新一届的学生会主席。

1948 年冬天，苏联政府帮助在哈尔滨建造了一座亚麻厂，派来十三位专家。我和张锦浩去给他们当翻译。

苏联专家们坐着汽艇，先去松花江考察有没有种植亚麻的可能性，最终在离马家沟很远的地方选了址。有意思的是，当地的建筑工人都会讲俄语，他们之间直接交谈，而我和张锦浩不懂专业词汇，反而成了“摆设”。设计完成后，我们到了沈阳，把设计报告交给了当时的罗日运局长，等候东北局批准。

在沈阳，苏联专家们住在“六合饭店”，我记得他们多数都是整天吃吃喝喝的，苏联组的组长还认识了苏联驻沈阳总领事馆前参赞的遗孀，追求她，带她到旅馆过夜。苏联驻沈阳总领事馆有个年轻的工作人员，看不惯苏联一些专家的行为，在和我、张锦浩一起时，特别认真地对我说“做人，就要做好人！”还专门送给我一本俄文版的《钢铁是怎样炼成的》。这句话给我的印象很深，以致影响了我的人生。

这期间还有个插曲。当时，苏联派了两个师的空军在我军培训空军飞行员。我当时任务不多，就派去做兼职翻译。这期间，由于我们的战士都是一路打地面仗打过来的，完全不懂飞行，培训中老是有一些飞机晃晃悠悠地掉下来。

还有一次，一个苏联军官不见了，大家都很紧张，初步判断他可能是去逛“窑子”了（“窑子”即“妓院”，当时沈阳还未取缔“妓院”）。我作为翻译，陪着苏联方面的人员一个一个妓院去查找，到妓院后，老鸨就喊“挑帘子”，让我们看有没有苏联人。后来才发现他是“喝醉了”，后来听说把他遣送回国了。

在亚麻厂一年多的实习期间，我们整天同苏联专家工作在一起、生活在一起，在用俄文会话方面有很大进步，掌握了许多俄文词汇，扩大了知识面，对我的成长有很大帮助。直到 1949 年 11 月东北局批准建厂设计方案后，我们才返回学校。

此时，学校党组织批准我加入了中国共产党，介绍人是赵洵副校长和傅也俗。

在“哈外专”学习期间，还有位特殊学员——刘亚楼将军的夫人翟云英大姐，她的父亲是中国人，母亲是俄罗斯人。当年她身为东北民主联军参谋长的夫人，而且在幼年时就已经讲一口流利的俄语了，然而还到我们“哈外专”来进修。云英大姐正好到我们三班，班长傅也俗让我同她结成互助组，同窗学习了一年多。好在她就住在我们学校对面的总部宿舍，每天早来晚归，坚持学习。她毫无高级将领夫人的架子，平易近人，同我们打成一片。到北京后还和同学们常来常往。“文革”中云英大姐也吃尽了苦头，经受了考验。如今她儿孙满堂，过着安详的幸福的生活。

如今，我们这些“哈外专”还健在的十几个同学都已年过古稀，在北京“俄罗斯基辅餐厅”几次聚会，大家都白发苍苍，一起唱着当年的俄文歌曲，情意甚浓。“哈外专”的生活，成为我成长中的难忘经历。

1949 年 12 月，我同傅也俗一起被分配到全国总工会工作。从此离开了教育我成长的母校，离开了关怀我们成长的王季愚校长和赵洵副校长。

1949 年，“哈外专”毕业分配到空军工作的毕业生合影

1950 年，“哈外专”校友傅也俗（后排左三）等在莫斯科红场合影

1957 年，毛主席、周总理会见保加利亚军事代表团时，“哈外专”校友章金树（左一）做翻译

1957 年，“哈外专”校友王福祥（中）在莫斯科参加世界青年联欢节

“哈外专”校友叶正大，1955年毕业于苏联莫斯科航空学院飞机制造系，参与了五种型号飞机设计、研制的组织工作

“哈外专”校友、时任外贸部部长的郑拓彬会见外国客人

见证历史：全总七年见证中苏友好

阎明复回忆录

我为什么仅把自己确定在“见证人”的定位上。因为当年我仅是个年轻的翻译，是个工作人员，虽然自始至终都是事件参与者，然而，我既不是事件当事人（像康生、伍修权、吴冷西、乔冠华、王力、姚溱、熊复等），更不是决策人（毛主席、刘少奇、周总理、邓小平、彭真、杨尚昆等），从某种意义上一直是个“旁观者”。只有在多年后的1989年春，中央在商谈戈尔巴乔夫访问中国接待事宜时，邓小平提议说：“这么多年来，明复一直参加中苏的这些谈判，这次让明复也参加。”这是我首次不是作为翻译，而是作为中方正式团员参加会谈。记得2009年11月4日至8日，江泽民、曾庆红邀请我与李凤林、张德广、李静杰等同志座谈中苏关系变迁过程，江泽民讲道：“你给毛主席当过翻译，也给小平同志当过翻译，你最了解情况。”作为亲历者，我曾随刘少奇访苏，这是我第一次见到斯大林；和苏联专家在一起的日子感受到两国人民、政府的友好情谊……记述所闻、所见的历史过程和事实，是我这个尚健在的见证人的责任。

作为见证人的回忆，我认为，要与以往的当事人或学者写的有关中苏关系的回忆、著作、论文、文章以阐述自己的观点，议论“是”与“非”有所不同，而是要忠实于历史，以交代历史事件的来龙去脉、叙述历史事件发展的过程、细节为主，为了尽可能将事件的前因后果交代清楚，必要时也转述了以往当事人的回忆作为佐证。至于“是”与“非”应该由读者自己去判断，结论让读者自己去做。

由此一来，为了再现真实情景，这部回忆录交代的内容就显得很长、很细致，很可能会给人以冗长、繁琐之感，特别是对中苏双方争论过程、会谈过程的记述……在这里，我之所以没有特意去概括、去提炼，也是怕在这一过程中加进和融入主观性的东西，或是不经意中去掉了隐没在细节中的有用信息；另外，当年经历和参与过的当事人和决策者，健在的越来越少了，这部回忆录再不全面客观交代、讲述这段历史全过程，恐怕以后就不会有既亲身参与或者说经历过那段历史，又有机会接触第一手资料，能全面记述那段历史过程的书籍问世了。

所以，愿意了解那段历史的读者，就请耐心地看完这部回忆录，但愿会有所收获。

生活中新的一页

1949 年 12 月在“哈尔滨外国语专门学校”毕业后，我和我们班的老班长傅也俗一起调到北京，由中组部分配到中华全国总工会工作。从 1949 年 12 月到 1957 年 1 月，即从十八岁到二十六岁，我在全总工作了七年。对于我来讲，全总是一所“没有围墙的社会大学”，使我在政治上、业务上、工作能力上逐渐成长起来，为以后的发展打下了基础。

12 月底，我和傅也俗到全国总工会报到的时候，李立三正在一楼大礼堂主持会议，向苏联工会代表团介绍中国工会的现状。我们在李立三的秘书林秉义的带领下进入会场，李立三见到我们立刻对苏联同志们说，他们就是我向“哈外专”的王校长、赵校长要的高材生。说罢又转过身来对我们说，你们来得正是时候，马上就开始工作吧，苏联老师来了，没有翻译不能开课。随着立三同志的爽朗笑声，掀开了我生活中新的一页。

新中国成立以后，工会组织面临重大的历史课题：在工人阶级掌握了政权的条件下，工会工作怎样适应新的形势？为了更好地肩负起工会的历史使命，根据刘少奇的指示，全总决定将“华北职工干部学校”改建为“中华全国总工会干部学校”①。全总干部学校设在天津，是原华北职工干校的校址，我们都称它“天津干校”。1949 年 9 月经中央批准改建为“中华全国总工会干部学校”，由全总副主席李立三兼任校长，狄子才、张云逸为副校长。“天津干校”位于九江路二十六号，离繁华的小白楼商业区不远，原是美国兵营，天津解放后，市政府把它交给工会，作为培养干部的场所。校园相当大，进校门后，左侧有一排尖顶的哥特式的高楼，尖尖的塔顶下面是一些楼房，大概有

① “中华全国总工会干部学校”即现在的“中国劳动关系学院”前身。——作者注

四五幢，是学生宿舍；右侧是前后两排二三层的楼房，为教室、行政用房和教职员工的宿舍；中间是一个操场，它的北边是一幢可以容纳一千多人的大礼堂。

时值新中国成立初期，为解决国家管理经验不足、干部文化水平较低、工程技术基础薄弱等方面的主要难题，陆续聘请大量苏联援助人员来华，遍及中共中央和政府所有部门，以至体育、卫生、妇女、工会各领域，无所不在。对这些来华的苏联人员常常笼统称为苏联专家，实际上称呼有点儿差别。一般在机关和行政管理部门及军事机构的称为顾问（总顾问），在工矿企业和基层单位的称为专家，在学校和教学单位的称为教授或讲师。当时，对城市、军事机构、国营企业的管理，最初非常需要和依赖苏联专家传授的经验。

当时的总工会工作与全国其他各部门一样都在向苏联学习。总工会工作首先就遇到了一个很大的课题，在工人阶级掌握政权以后工会组织应该干什么，怎么干？为了更好、更快地弄清这些问题，总工会先后从苏联请了专家来指导工作，具体到工资、劳动保护各个方面。当时我们虽然知道“按劳付酬”这个原则，但具体的工资制度应该怎么建立？还不清楚。还有就是，因为工作性质的不同，酬劳也应该不同。比如说，纺织工业与钢铁工业的薪酬就应该有区别吧，机械工业与其他工业也该有区别吧？所以当时总工会在苏联专家的指导下，就提出了一些新的概念，比如说实行“等级工资制”、“工作定额”。另外像八级工资制怎么来制定？不同的行业工资级别都是八级，但由于劳动强度不一样，以及它要求的技术水平不一样，所以八级之间具体的工资数额应该有所区别。所有这些，在苏联专家的指导下都需要从无到有地具体制定。当时苏联的许多条例，确实是出于对工人的关心。在苏联当时的大环境下，因为工人阶级当家作主了，所以一切从对工厂工人的保护出发，既要做到安全工作，又确保了工人的报酬。

苏联工会产生于 1905 年到 1907 年俄国革命时期。十月革命后，苏联工会成为政治体制中的一个重要组成部分，是苏联劳动人民的最广泛的群众性组织，与一百四十五个国家的工会保持联系，[①] 在发挥管理职能，直接参与国家经济和社会发展计划的制定方面有丰富的经验。

由于苏联工业革命比我们早，苏联也确实有一套很系统的工会工作制度：苏联的基层工会组织怎样选举产生？各工厂的工会都是由民主选举组成。还有像工会组织在国家的建设当中如何起作用？工会组织在城市里应当起什么作用？因为，凡涉及劳动组织和工资问题，都要有工会参与解决，发挥保护职工的合法权益的职能；有权参与企业的管理工作，上级任命企业负责人时要考虑工会的意见；工会组织社会主义劳动竞赛，动员和组织群众完成生产计划，参与工厂企业的生产会议……还有，工人成为了主人后，工作中发生的劳动纠纷该怎么解决？苏联都有一套可以指导解决劳动纠纷的办法，一种方法是，由“劳动纠纷调解委员会”来调解工作中的矛盾；另外一种方法，还会有一个由工人组成的法庭来仲裁。总的说来，就是工人阶级在掌握了政权以后，应该怎么来管理工厂？苏联有比较系统、比较完整的一套规定，它的一套规定里甚至还具体规定了一个工厂要有“俱乐部”，车间要有“红角”（小俱乐部），一定要有，叫做“群众文化工作委员会”。

后来，我总结我在这一段时间的工作时认为：新中国初期全面学习苏联的东西时，有这么几条是比较应该的，即中国的工人阶级掌握政权以后怎么来管理工厂？怎么来推动国家的经济建设？怎么解决当时非常复杂的劳动纠纷关系？当时，苏联方面都一一给予具体指导。

另外还有一个方面做得相当好。苏联建国以后，政府把许多国家级的风景区，比如黑海沿岸克里米亚一带沙皇的行宫、贵族的别墅等统统予以没收，改成工人疗养院，交由工会组织来管理。工人们享有带薪假期，根据工龄的长短分别享受不同的休假。例如，工人在工厂工作五年后，第六年开始就享有每年二十天的带薪假期，工龄越长休假期也越长。后来，我们国家也学了苏联的做法，在北戴河、青岛、

① 参见舍拉金－彼得罗夫：《苏联工会建设讲义》，工人出版社 1955 年版。

大连等地都新建了疗养院，让工人们休假、疗养。

为了准备在我们的工厂里建立起一套比较完整的管理制度，例如仿效苏联推行八级工资制，以真正体现社会主义按劳付酬的制度等，1949年12月，全国总工会邀请了第一批苏联工会代表团到中国来，介绍苏联工会工作经验，指导开展工作。全国总工会当时请了六位苏联专家，分为两个组，一个是顾问组，一个是讲师组。代表团团长是全苏工会中央理事会主席团委员、乌克兰总工会主席柯列班诺夫，团员有苏总工会劳动保护部副部长库兹聂佐夫、工资部副部长莫吉列夫，他们组成顾问组，在北京全总机关指导工作，那时的总工会机关在中南海南门对面的一个大楼里办公（据说那个大楼在民国时期是议会大厦）；另外三位苏联专家组成讲师组，到天津的全总干校授课，帮助中国培养工会干部。

俄文翻译室：和苏联专家在一起

为了迎接苏联工会专家的到来，全总专门成立了俄文翻译室，由全总李立三副主席办公室直接领导。我和傅也俗被分配在翻译室当翻译。李立三请来林利任翻译室主任，她是我们党的元老林伯渠林老的女儿，20世纪30年代留学苏联，攻读哲学，精通俄文。林利心地善良，待人以诚，对于我们这些刚出校门的青年人更是谆谆引导、耐心帮助。当时给苏联顾问当翻译的还有沈江，他俄语流畅，认真负责，工作严谨，60年代在翻译一些大文章，以及70年代在翻译《毛泽东选集》时，我们都在一起合作，沈江负责最后的核对“把关”任务。

第一批苏联专家

第一批苏联专家，也就是我们报到时在礼堂遇到的苏联工会代表团的讲师：一位是日梅霍夫教授，讲授国际工会运动史；第二位是马尔科夫教授，讲授苏联工会运动史；第三位是戈列金工程师，他是苏联机器制造业工会中央委员会主席，讲授苏联工会实际工作教程。

1950年新年伊始，在狄子才副校长的陪同下，三位苏联专家到天津讲学。我们住在原法租界的镇南道五十八号院，这是属于天津市政府招待所的一幢二层洋房。一楼有较大的会客室、餐厅、办公室；二楼有一排带卫生间的卧室，专家和我们两个翻译都住在这里；主楼的两边和后边是车库、厨房和服务人员用房。楼房不大，但设备齐全，舒适实用。对面是一座相当大的公园，左邻右舍都是花园洋房，在天津这样繁华的大都市里，这里算得上是闹中取静、适于伏案工作的理想之地了。

到天津后的第二天，天津市市委书记兼市总工会主席黄火青、市长黄敬前来看望苏联专家，并设宴欢迎他们。

狄副校长陪同苏联专家参观了学校，同学校的副校长张云逸和教务长、教研室主任见面，介绍了学校的情况。张副校长说，由于刚刚解放，百废待兴……全国各地的工会学习苏联工会经验的积极性很高，工会干部们都想来听课来学习，现在已经有一千五百多名学员报到了。听课的学员多了，我们建议上大课，即全体学员在大教室里一起听课，课后按班、组学习讨论。每周安排六堂课，每堂课三个学时，每位专家每周上两次课。

我和傅也俗的分工是这样的：我给日梅霍夫和戈列金翻译，傅也俗给马尔科夫翻译。这样，我们立即投入了紧张的、日以继夜的翻译工作。

三位专家的性格不同，经历各异，讲课的方法也不尽相同。

日梅霍夫出身农民家庭，他说他的姓氏“日梅霍夫”字根的意思是“豆饼”，祖上务农。他本人大学历史系毕业，是苏联著名的国际工会运动史专家，从20世纪30年代起就从事这门学科的研究，曾以苏联工会代表的身份参加过世界工会联合会的活动，后任苏联总工会国际部副部长，现为苏联高级工运学校教授。日梅霍夫性格开朗，豁达大度，学识渊博，阅历丰富，在课堂上讲课旁征博引，深入浅出，极受同学们的欢迎。

1949年12月至1950年夏，在全总干校讲课的三位苏联教授：日梅霍夫教授（左）、马尔科夫教授（中）、戈列金工程师（右），前排坐者为苏联专家的翻译，左起：阎明复、关裕伦、傅也俗

戈列金专修机械工程，在工厂从事技

术工作多年，后被选拔到工会，从基层一直到产业工会中央。他平易近人，朴实无华，工作严谨，在课堂上照讲义宣读，不多发挥。但是，他讲授的苏联工会实际工作教程，是这次培训的主要课程，也是学生们最感兴趣的，在他的课上大家都精力集中，鸦雀无声。因为他是具体做工会实际工作的，所以授课内容很实用，好比说工资制度应该怎么制定？劳动保护制度应该怎么制定？如何在工厂里开展“斯达汉诺夫运动”？

戈列金还讲技术安全问题，在各工厂因为技术安全要求不一样，所以具体制度也不一样。例如，钢铁厂和纺织厂工作性质就不一样，机械加工厂跟一般的工厂也不一样，应该如何搞？由于他的课内容贴切实际，所以大家都比较喜欢听。

马尔科夫教授的情况我不太了解，只知他是一位资深的历史学者，多年来从事苏联工会运动历史的研究。在当时学习苏联成为时尚的情况下，他讲授的苏联工会运动史虽然同中国工会现实需要有相当距离，但也受到学生们欢迎。

三位专家都带来了现成的教材，由学校专门聘请的俄文打字员一部分一部分地打印成讲义，交给我们翻译。

提起这位打字员，我的脑海中立刻呈现出这位中年的俄罗斯妇女的形象。她叫索罗维约娃，我们都称她索大姐。她儿时跟随父母来到中国，靠打字等文秘工作维持生活。她的勤奋敬业精神曾激励我们这些刚刚迈进工会干校校门的年轻人。三位专家的教材，有的是难以辨认的手稿，有的则是现成的书刊。戈列金的教材就是从苏联工会章程上一章一章地剪贴的，像小山一样堆在打字桌上。索大姐每天起早贪黑，风雨无阻来到干校，从容不迫地处理这些文稿，及时地给我们提供讲义，从未耽搁。不论是挥汗如雨的酷暑，还是滴水成冰的严冬，她都专心致志地坐在打字机前，一字一行地敲打着键盘，手指头裂开了口子，她就戴上橡皮指套，继续坚持工作。索大姐同我们合作多年，直到50年代末，她随家人去了澳大利亚，告别了她的第二故乡中国。

专家的讲义数量大、内容新，对我来讲，翻译这些讲义真是困难重重。先说数量大：每天三个学时的课，大概需要二十页讲义，每个专家一周上两次课，共需四十页讲义。我给两位专家当翻译，就是说每周要翻译八十页讲义。一周内，除去四个上午陪专家到学校讲课，剩下两个整工作日、四个半天、六个晚上加一个星期天，这就是我能用来翻译这八十页讲义的全部时间！另外，如果有人来拜访专家，或者专家要外出，我们就得奉陪，这都不在话下了。

再讲内容新：日梅霍夫讲授的国际工会运动史包括世界经济、政治的发展特点，重点国家（英国、美国、法国、德国、意大利和拉丁美洲以及东欧各国）的历史，工人阶级和工会的产生、发展和现状，重大国际事件（如第一、二次世界大战）的来龙去脉，重要的国际组织（如第一国际、第二国际、共产国际、国际工会书记局、阿姆斯特丹工会国际、赤色工会国际、世界工会联合会）的历史等等。这些历史事件我知之甚少，有关的中文书籍我都很少涉猎，何况是俄文的呢。好在国际工运史中涉及的史实在中文版的世界历史书籍中早有阐述，我只需查对即可找到相应的内容和相应的中文词汇作为参考。在这方面，全总干校教研室的老师们给了我很大的帮助。

再说戈列金讲授的苏联工会实际工作教程，它的内容对当时的中国工会干部来说都是新鲜的，闻所未闻的。在翻译过程中，所有的专有名词都要先琢磨透其内容，再寻找合适的中文字，编出相应的词汇，其中不少沿用至今。

翻译这样的讲义，对我来讲之所以困难重重，还因为我的文化底子太薄。正规的普通教育我只读完初中二年级，当时是在重庆南开中学，后来为逃避国民党的迫害，周恩来派地下党的同志送我们一家到东北解放区。当时我刚满十五岁，还要继续上高中。组织上把我送到佳木斯东北大学教育系——那是一所帮助学生树立革命人生观的大熔炉，毕业后同学们大都参加土改去了，组织上又送我到哈尔滨俄文专科学校，专攻俄文。实际上，我并没有读过高中。“哈外专”三年学习，打下了阅读、会话、俄译中和中译俄的初步基础。这就是我到全总干校开始当翻译时的全部“家底”。

还有一个难点，就是日梅霍夫教授讲课时绝不照稿（讲义）宣讲，而要脱稿发挥。刚开始工作，他就对我说：“讲义只是让你看看，知道我要讲什么。上了讲台上我可不会照稿宣读。这就要求你：一要翻译准确；二要传达我的感情。当我讲到巴黎公社被镇压，公社社员在公墓墙边被枪杀时，你要把那种悲壮的感情翻译出来，要学生们感动落泪；当我讲到那些大腹便便的工贼、工人贵族出卖工人阶级的卑鄙行径时，你要翻译出对他们的憎恨，使学生们产生同仇敌忾的感情；当我讲到令人高兴的事情时，我希望听到学生们的笑声！”俗话说“严师出高徒”，我并不认为自己是什么“高徒”，但是日梅霍夫教授的严格要求迫使我努力超越自己，提高对俄文的理解能力，更好地掌握俄文会话能力和中文的口语表达能力。学生的反映是一面镜子，一个学期下来，同学们对日梅霍夫的讲座评价很高，这里自然也有我的一份努力。学生们亲切地称我为“小翻译”，这是相对于我的学长傅也俗而言，他年长我几岁。

这里必须回顾一下当年是怎样完成讲义文字翻译的。讲义数量大、内容新，而我的底子薄，那么，靠什么来较好地完成任务？

首先，靠拼搏。我们年轻，劲头足，不怕累不怕苦，日以继夜地工作。半夜困了用冷水冲冲头，饿了到沿街叫卖的小贩摊上买点油炸臭豆腐干、驴肉火烧之类的天津传统小吃充饥，每天夜里二三点钟上床睡觉，第二天五六点钟起床，照样精神抖擞，毫无倦容，继续工作。

其次，靠学习。学习、学习、再学习！是我们的口号，更是我们的真实写照。我们的确是边学习边翻译，带着问题学，逐步积累了知识，逐步适应了翻译工作的需要。

向书本学。我们从学校图书馆借来马列主义经典著作、《世界历史》，英、美、德、法、意等国的国别史，从中查找同讲义相对应的时期、史实、历史人物，等等，从而对整个具体的历史阶段有了总体的了解，大大减少了因缺乏历史知识而遇到的困难。

向苏联教授学习。三位专家都已年过半百，但毫无架子，平易近人，和蔼可亲。我们“同住、同吃、同劳动”，亲如一家。在讲义中有什么难于理解的地方，我们随时向他们请教，甚至半夜三更他们已经入睡，我们也曾敲门把他们叫醒。他们总是耐心讲解，从不厌烦。三位苏联老师诲人不倦的形象至今仍记在我的脑海中。他们对中国非常友好，也非常尊重中国学员，学员们提什么问题他们都非常耐心地解答。后来全总教研室的老师希望他们额外地再讲一些课，他们也同意了。每个礼拜我们和专家们在一起探讨一些问题，具体说来，日梅霍夫话比较多，比较善讲，什么都讲；而戈列金则主讲工会工作，一般也只照本宣科，没有什么生动的说辞。

向老师们学习。首先，是向我的学长傅也俗学习。他是我的良师益友。他原是东北公安系统的干部，是组织上送他到“哈外专”培训

苏联专家与全总干校教研室的老师们，左三为阎明复

的，李立三副主席费了好多“口舌”才把他调到总工会。傅也俗经过地下斗争考验，政治成熟，对党的事业忠心耿耿，他是我的入党介绍人。他汉语底子深厚，知识渊博，我们同窗三年，对我知根知底，帮助极大。在全总干校，专家交给我的俄文讲义多，有时来不及翻译，他就放下自己的工作，为我分担一部分；我遇到难题就找他商量；我译出的稿子他帮助核对加工。他是我形影不离的老师。

干校教研室的老师们，对我们的帮助也极大。他们虽然不懂俄文，但是他们熟悉马列著作、历史书籍，是我们译文的第一读者。我们译出的讲义先交给他们审阅，有不妥、不通的地方，马上反馈给我们加以处理。我还记得，日梅霍夫教授的讲义里引述了大量马列著作的原文。其中一些，干校的老师们从已有中文译本的著作，如《共产党宣言》、《共产主义运动中的“左派”幼稚病》中找出来提供给我们。但是，在20世纪50年代初，大量的马列主义著作还没有现成的中文译本。最近我粗略地翻阅了1950年全总干校印刷的《国际工会运动史教程》，书中有四十五条引文，其中没有现成中译文而要我们自己从俄文译成中文的就有三十条。这些引文极难翻译，先要吃透其意思，然后，要字斟句酌地准确地译成中文。由我们译成中文的这些引文，都经过教研室的老师们反复推敲才定稿。日梅霍夫教授讲义中还列举了大量历史人物。这些人物的姓名在中文书籍里大都已有约定俗成的译法，而我根据俄文拼音译出的姓名，同已有的译名大相径庭。干校的老师们一个人名、一个人名地核对校正，保证了译文的准确。还有译文表述方面，也就是文字加工方面，他们也做了很多工作。

再有，靠集体。前面讲到，傅也俗和我是一个集体，互相帮助，通力合作；干校的老师们更是一个大集体，发挥了极好的作用。这里讲的“靠集体”，是指我们翻译组这个日益壮大的集体。

为了加强翻译力量，全总调来了几位新生力量。最早来的是我们在“哈外专”的同班同学关裕伦，她天资聪慧，工作认真，俄文理解能力和中文表达能力都较强，她来后分担了我不少的翻译工作，特别是对苏联专家生活方面的照料差不多都由她承担了。接着来支援我们的是周彦，她是外交部的干部，她的先生李汇川也是一位外交官，他们俩都是地下党员。周彦大姐身体欠佳，回天津老家休养，自愿来支援我们。周大姐是位老大学生，中俄文功底都很深厚，为修饰我们的译文做了大量工作。最后一位是李立三副主席的同学肖老。他是一位老革命、学问家，翻译校对都能干，出了很大的力气。小关、周大姐、肖老来了以后，我们的工作就没有那样紧张了。

最后，靠学员。1950 年年初开学的第一期培训班的学员来自五湖四海，大部分是工会干部、积极分子，其中不少同志参加过推翻旧政权的斗争，现在面临建设新政权的任务，所以怀着极大的积极性来学习苏联老大哥的经验，渴望解决当家作主后工会该怎样办的诸多问题。他们在课堂上对专家讲的每一句话（当然是我们翻译出来的话）都认真倾听……专家们，特别是日梅霍夫教授生动的慷慨激昂的演讲，引起他们的共鸣。尤其是坐在前排、靠近讲台的几位学员，反响强烈，喜怒哀乐溢于言表。我在翻译中稍有不妥之处，他们立即反馈，当我站在讲台上看到他们的表情，或摇头以示不解，或耸肩以引起注意，我马上觉察，加以更正。学员们对我们翻译的理解、支持，变成了一种激励着我们加倍努力的精神力量。

为什么当年全总干校要安排国际工会运动史讲座呢？最近，我找到 1950 年 11 月全总干校印刷的一本教程，李立三在“序言”中写道：

> 国际工会运动史这一科目，是中国工会工作者必须学习的。这不仅是由于中国工人运动是世界工人运动的一部分，而且是由于胜利了的中国工人阶级，对于帮助东方殖民地、半殖民地国家民族解放运动和工会运动，已成了一种无可推诿的义务。但是我们在这一方面的知识是太贫乏了，有许多工会工作干部还不大关心国际工会运动，这种现象是必须克服而不能再继续下去的。因此，今后中国工会工作者必须继续研究和学习世界工人运动的经验，特别是苏联总工会的经验，

加强国际主义教育。这本讲义的出版，无疑地在帮助我们解决这个问题上会有很大的帮助。

顺便提提，工人出版社在1953年4月印刷出版这本教程时，一字未改，印上了李立三1950年10月23日为这本教程撰写的“序言”，但是李立三的署名却被去掉，变成“出版者的话”。这显然与李立三于1951年秋遭受不公正的“批判”被免去总工会的领导职务有关。既然不用李立三的名字，那就应该重新写一个“序言”。用别人的文章而去掉别人的名字，是侵权的行为。也就是当年还没有引进“知识产权”这个概念，才可以毫无顾忌地、放肆地实行“变脸术”。当然，这与出版社无关，他们只不过是执行“长官意志”而已。

戈列金老师讲授的《苏联工会实际工作教程》，系统地阐述了“无产阶级专政”下工会的地位、使命和具体工作，对新中国的工会工作有极大的参考价值，引起了学员们极大的兴趣。

在第一堂课上，戈列金开宗明义地指出，苏联工会是工人阶级最富有群众性的组织，是党联系群众的纽带（“纽带”有的译成“引带”、“传送带”），并引用列宁的话：“工会是共产主义的学校”。苏联工会的任务是：“在党的领导下，为巩固社会主义社会制度和国家制度而奋斗；积极协助党对劳动人民进行共产主义教育，动员他们大力发展国民经济，并致力于执行党的提高人民文化和物质福利的政策。”

苏联工会的工作经验，对中国工会组织在新的历史条件下如何开展工作是很好的借鉴。20世纪50年代初，在全总的主持下，地方工会组织逐步健全，产业工会逐步建立起来，基层工会组织在开展生产竞赛、推进职工业余教育、建设职工文化活动阵地等方面做了大量工作。

全总与劳动部起草的《中华人民共和国工会法》于1950年6月由中央人民政府颁布实施。它以法律形式确定了中国工会组织的地位和作用，规定了工会的权利和职责，为更好地发挥工会在国家和社会生活中的作用提供了法律保障。与此同时，在全总主持下，对全国各行业的现行工资状况进行调查，并着手制定工资改革方案，以逐步推行符合按劳分配原则的统一的工资制度。在其他方面，如建立劳动保险制度、劳动保护和劳动立法等领域，工会都做了大量工作。

对我来讲，在翻译《国际工会运动史教程》和《苏联工会实际工作教程》过程中获益匪浅。首先是锻炼了翻译能力。任务重、时间紧、压力大、课程内容庞杂，使我不得不拼命地学，拼命地干。一个学期下来，我掌握了大量新的俄文词汇，提高了对俄文的阅读能力，以及俄译中的笔译和口译的能力。几个月与苏联专家朝夕相处，我学到了大量的生活用语，锻炼了用俄文会话的能力。

其次是扩大了知识面。为了翻译日梅霍夫教授的讲课，我阅读了世界通史、国别史和一些经典作品，增加了历史知识。通过翻译戈列金讲授的课程，我对苏联工会工作有了全面的了解，而且为了理解同生产过程密切联系的“劳动保护”、“技术安全”、“工资”等课程，我们还特地到天津钢厂去参观学习，请厂里的工程师讲解从采矿、选矿、炼焦、

1950 年 4 月，全总干校劳保研究班的学员欢送戈列金教授（前排右二）。二排右一为阎明复

國際工會運動史教程

白維霍夫教授著

[illegible]明[illegible]等譯

中華全國總工會幹部學校印

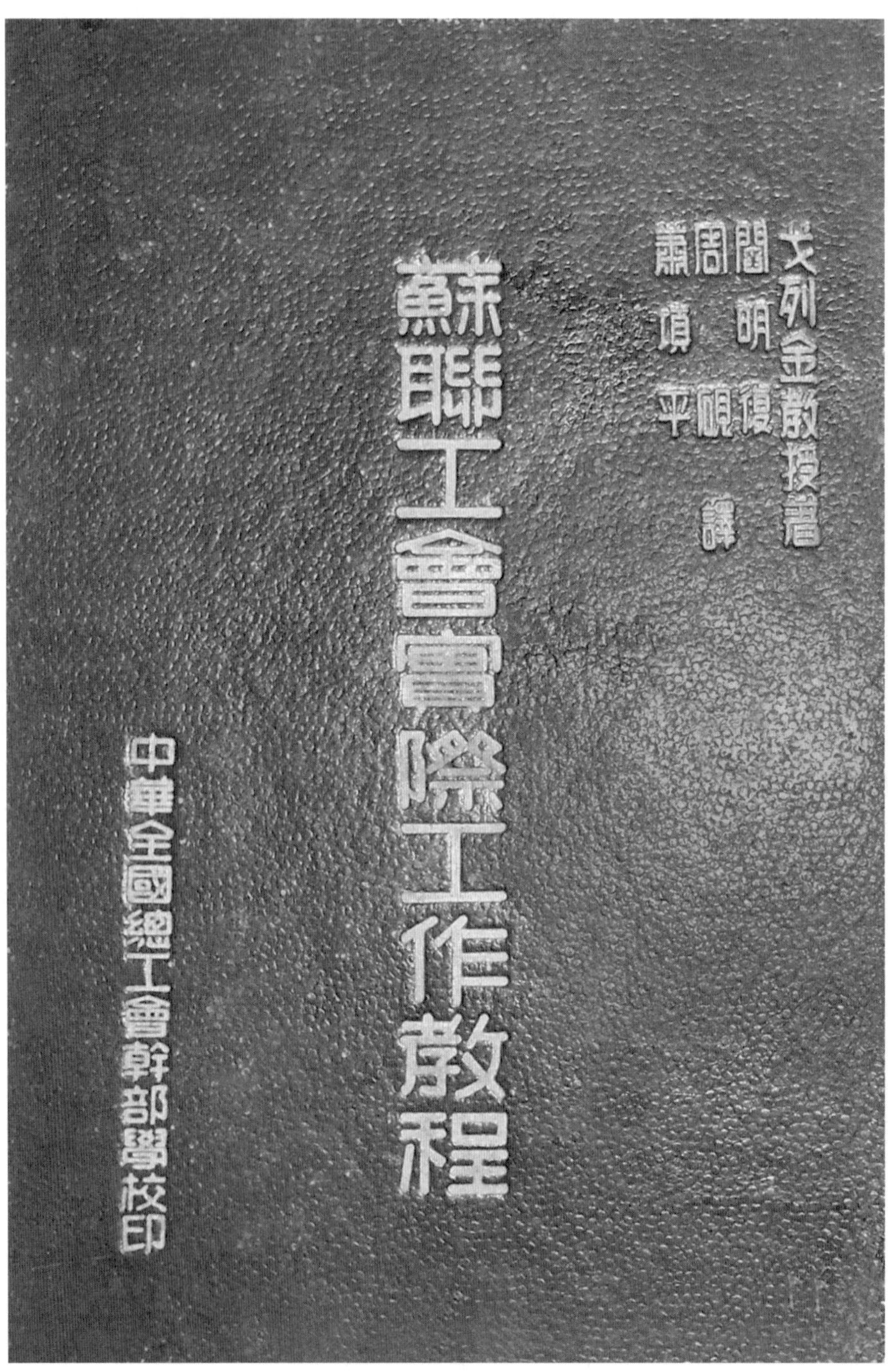
戈列金教授著
閻明復
周硯
蕭頃平 譯
蘇聯工會實際工作教程
中華全國總工會幹部學校印

高炉炼铁、平炉炼钢到轧钢的全部生产过程，有哪些工种，哪些工序和作业，我们都一一做了记录；在纺织厂参观时也学到许多知识。这些从“走马观花”中获得的知识，在日后的翻译工作中都派上了用场。

以上说到的三位苏联授课专家都是苏共党员。这些苏联专家的来华先是由李立三报请中央批准，再由中华全国总工会向苏联总工会提出具体要求，由苏联方面选派来的。他们以前都没来过中国，这次来中国后同我们一起生活，同吃同住同工作。

苏联专家（包括以后的几批专家）来干校工作期间，全国总工会的领导以及当时天津市领导都很关心。当时的天津市市长是黄敬，有时也来听听课。市委书记是黄火青，也来干校看望了大家。每到重大节假日时，例如“五一”国际劳动节、国庆节，全总还把这些专家专程接到北京，请他们上天安门观礼台，使他们感觉非常的荣耀。在北京时安排他们住北京饭店，非常热情地招待他们，有空的时候还会组织他们去全国各地旅游。

第一期的讲课从 1950 年 1 月开始，到 5 月就结束了。我们陪同苏联专家回到北京，就送他们回国了。

第二批苏联专家

第二期从同年 7 月开始，到 12 月结束。

这一期苏联专家讲课的内容同上学期相同，只是增加了大课以外的辅导课，对象是相关教研室的老师、学生骨干。辅导课没有讲义，采取座谈的形式。所以，对我们翻译组来讲，任务轻松一些，再加上肖老、周彦大姐和关裕伦同学来支援我们，就不像上学期那样紧张了。

我们利用这个机会把苏联专家的讲义译文重新校正了一遍，特别是肖老、周彦大姐的中文水平很高，他们对译文做了文字上的修饰。全总干校、工人出版社先后印刷出版的三本教材《国际工会运动史教程》、《苏联工会运动史教程》和《苏联工会实际工作教程》用的就是这次修改的译文。

第二期培训班结束后，我们送走了苏联专家，回到北京全总上班。

1951 年年初，应全国总工会的邀请，苏联总工会又派来了第二批苏联工会顾问组。组长是工资专家叶夫斯特拉托夫，组员有社会保险专家谢苗诺夫、劳动保护专家库兹聂佐夫、文教专家库什聂鲁克。他们分别到全总的工资部、劳动保险部、劳动保护部和文教部上班，参加了有关法规草案的起草工作。

苏联顾问到京后，李立三主持了几次座谈会，向他们介绍中国工会的工作，我做了几次翻译。后来李立三派我去接待苏联防空专家，我就没再同苏联工会顾问一起工作了。

第三批苏联专家

1953 年 9 月至 12 月，天津干校举办的第三期，也是最后一期培训班，请来了第三批苏联专家，讲授工资问题、劳动保护问题。第三批苏联专家组组长是苏联铁路工会中央副主席库良勃克，他是讲工资问题的；第二位是苏联总工会劳动保护部副部长库兹聂佐夫；第三位是季托夫工程师，讲技术安全的。这期的学员比较多，分成两班。这期教学三个月就完成了，最后出了两本书：《苏联工会群众生产与工资工作教程》和《苏联工会劳动保护与技术安全教程》。

全总接到通知，这批专家坐火车到满洲里，就派我去满洲里迎接他们。当时请公安部派来一位警卫人员，他是公安部八局的一位科员（后来在很多外事场合遇到他，我们很熟，可惜名字记不清了）。

我们俩从北京坐火车去满洲里，选择的路线是北京—沈阳—长春—哈尔滨—昂昂溪—满洲里。车到锦州就停下来了，车站广播说，哈尔滨到昂昂溪那段线路因下大雨被冲毁了，去满洲里要在当天下午换车，从锦州绕道郑家屯、白城子去昂昂溪。如不换车仍乘原班列车，只能到哈尔滨，哈尔滨到昂昂溪何时通车就不清楚了。我们商量后决定绕道去满洲里。按原来的安排我们应提前一天到满洲里，现在由于火车线路出了问题，绕道必然延误时间，于是我打电话给全总翻译室傅也俗说明情况。我还利用开车前几个小时的时间，去锦州军分区看望了我的大哥阎大新。

当天下午我们就乘车走了。车行到昂昂溪时，从车窗往外看雨下得很大，铁路路基两侧有积水，火车慢速行驶。我们第二天上午到满洲里。到车站打听从苏联开过来的列车到了没有，车站工作人员说昨天下午已来过了。我问有没有三位苏联人下来？我们来接他们，因为哈尔滨到昂昂溪线路被水冲了，不通车，我们绕道过来的。车站值班同志讲，昨天由苏联开来的列车挂了一辆公务车，下来三位苏联人，看没人接他们，就又坐公务车回去了。今天下午对面还有列车开过来，可能他们会来。库良勃克是苏联铁路工会副主席，照苏联铁道部的规定，铁路工会主席、副主席出差可乘公务车。

当天下午，从苏联开过来一列列车，果然挂有公务车。我们赶紧迎上去与他们打招呼，库良勃克很不高兴，问我们怎么来晚啦？昨天我们来了，没见到你们，只好又回去了！今天再见不到，我们就要回莫斯科了！我赶紧解释，说我们是提前两天就出发了，因途中遇上大雨，哈尔滨到昂昂溪的铁路被水冲了，我们是绕道来的，因此晚了，他们听了也没说什么。另一位苏联专家库兹聂佐夫，他曾作为苏联工会顾问代表团成员到中国来过，我们一见，眼熟认识，就很亲切。我们就乘坐当天下午的国际列车开往北京。

这三位专家各有特点。

库良勃克是乌克兰人，讲俄语话音略带乌克兰腔，老资格，政工部门出身，战争年代在军队里搞政治工作，疑心特重。

库兹聂佐夫是业务型的专家，俄罗斯人，性格开朗，对中国很友善。他是工程师出身，在工厂里一步一步干上来的。所以，他讲的劳动保护课，既有理论又有实例，很生动，学员们很喜欢听。

季托夫是位工程师，俄罗斯人，也很忠厚，他讲技术安全课，具体透彻。他来中国前刚结婚，经常给新婚夫人写信，那时电话不太方便，有时也通电话，库兹聂佐夫他们常与他开玩笑，说他想老婆啦！我们同这两位专家相处很融洽，工作也很顺手。

他们在天津干校上课，一共三个月。三个月在一起工作和生活不是很和谐，发生了一些不愉快的事。

他们到北京后，全总领导赖若愚、中国铁路工会主席李颉伯，还有其他领导设宴欢迎他们，向他们介绍中国工会的工作情况。

在北京住了几天，由我陪他们到处参观，去八达岭长城、颐和园、故宫、天坛等。有一次汽车从东单往东四那边走，路过外交部街，我就说："这是外交部街，外交部就在那里！我父亲他们家就住在这个胡同。"这本来没什么意思，一般的情况下，也就是说："啊，知道了！"而库良勃克却说："你父亲的家也是个名胜古迹？也值得向我作介绍！"闹得很没趣！但这倒提醒我，跟外国朋友在一起，即使是跟苏联朋友在一起，该讲什么，不该讲什么，要考虑，不能单凭热情，没话找话，所谓内外有别嘛！你看，我只是对他说我的家就在哪儿，我父亲家住哪儿，没想到，他的回答是很不愿意听！这时我就意识到了，我这个话不该讲。因为我与他们是一种工作关系，不必套近乎！吃一堑，长一智。由此吸取了教训。

到天津后，全总干校狄子才校长热情接待他们。此时，全总干校翻译组工作由我负责。

当时我们都住在天津市政府交际处镇南道招待所，后改为睦南道。睦南道有一个深红色的大楼，那是招待所的主楼。我们这次住在招待所的单独的两幢小楼，一幢在东边，一幢在西边。在东边的我记得好像是五十八号楼，1950 年那批苏联工会讲师组也住在这里。这是一幢二层楼的洋房，独门独院，院虽很小，但里面很讲究。库兹聂佐夫和季托夫住在二楼，一人一个单间，每个卧室都有卫生间。我们翻译也住在二楼。楼下一进门靠左手有个大房间是翻译办公室，办公室往里走是餐厅、厨房。小楼的后边、左边都是平房，炊事班、服务员住在这里。门口有警卫，由解放军站岗，他们也住在平房里。

给库兹聂佐夫、季托夫当翻译的有我、何耀荣、祝杰，还有个小青年，叫彭述力，在"哈外专"上学时，老师给他起的俄文名字叫尤拉，他出身海员家庭，父亲做过船长，从小对技术、机械感兴趣，特好钻研，非常聪明。季托夫讲授的是机械工业部门的技术安全，相当专业，有的技术词汇我们从字典上都查不到，遇到这种难题时，小尤拉就去找季托夫，只要季托夫给他画出图，他马上就能找出相应的中文来表达。季托夫称赞他"对技术有特殊的天生的嗅觉"。我们这几个人一起来为库兹聂佐夫、季托夫服务。

第二幢楼在西边，也是独门独院的楼房，有三层，库良勃克就住在这里。我们的翻译是劳保忠，以及刚从"哈外专"毕业的马兆谨。她是位女同志，是回族，俄文挺好，中文也不错，她的父亲在北京回民界中有一定的地位。还有王家华，是位男同志，河北人，后来他与刘青扬女士的女儿刘芳青结婚了，他们都是一块儿到"哈外专"学习俄文的。他们几个人专门给库良勃克当翻译，翻译讲义，陪专家到学校讲课。

在这期培训期间，连续发生一些不愉快的事情。

私拆信件的风波

因为库良勃克是苏联铁道工会的副主席，因此，中国铁路工会主席李颉伯常来看望他，有时派他们工会国际部的外事秘书刘松恩来看他。开学不久，刘松恩来看库良勃克，并带来了李颉伯写给他的一封信。小刘把信交给了我，信封上写："请阎明复同志转交给库良勃克同志"。我当时把信给拆开了，准备译成俄文，想连中文带俄文一块转交给库良勃克。我这就犯了个错误。因为人家在信封上清清楚楚写着"请阎明复同志转交给库良勃克同志"。很明显，信不是给我的，是让我转交给库良勃克的，我无权拆开署名的信件。

刘松恩把这封信交给我后，就到库良勃克那儿去了。库良勃克问他是何时来的？他说我刚来呀！李颉伯主席让我来看看你，还给你带来一封信。库良勃克就问信呢？他说交给阎明复啦！库良勃克就同他一起过来找我要信，我就把信给他了。他一看信被拆开了，马上就大怒，很气愤地说：“你有什么权利拆开给我的信？！”

我当时就知道做错了，我马上做解释，表示歉意！并说明我的真实心情是想将中文信译成俄文一起交给你，结果说什么都晚了。他说用不着你来翻译！你拆信是没有道理的！因此，他就怀疑我是什么部门派来的监视他的“特务”。这就严重了，说不愿再见到我啦！不愿与我合作！

这时库兹聂佐夫就出来打圆场，说我一直跟苏联专家合作，表现很好，不要把事情说得那么严重。

结果，库良勃克在愤怒之下就走了，并马上报告给狄子才校长。狄校长也来劝说他，讲阎明复同志一贯表现不错，家庭是革命家庭，老革命家庭，绝不是哪个部门派来的特务，但他还是不肯罢休。

刘松恩回去后向李颉伯主席报告了此事，李颉伯就跟全总领导讲了。后来，李颉伯还专门到天津来看望库良勃克，并劝说他。还有全总的其他领导来过，这样时间长了，他的气慢慢也就消了。有了这个教训，我在与他接触中就更加小心谨慎了。

保卫风波

库良勃克住在招待所西边的一幢单独的花园洋房里，周围大都是解放前富有人家的住宅，里面住户的情况比较复杂，有的是过去清末时期的遗老遗少、北洋政府的高官、资本家等等；有些人是走了，家里人就把房子卖了；有的被政府买下来改做招待所了。现在苏联专家住在这里，天津市政府就责成公安局负责他们的保卫工作，派了专门的警卫员，他们都身着便衣，事先也与专家们讲过，派警卫人员到这里来，是为了保护专家的安全的。当然像库兹聂佐夫、季托夫他们理解，很不在意。然而，库良勃克就怀疑是监视他，对警卫工作很不满意。

有一次公安局向全总干校保卫处打招呼，说库良勃克住所对面那家，最近从海外来了几个人，是干什么的，情况不明，我们要派专人到专家住所的三楼，从窗子向对面观察一段，看看这家来的人到底是怎么回事。学校保卫处同意了，并向我们打了招呼，说不要跟苏联专家讲，就观察一下对面有什么情况。

时间一长，这件事就被库良勃克发现了，认为保卫人员常到他住的楼上，是监视他，非常生气，说这个楼是我住的，我是房子的主人，你们为什么要到我这个房子里面来？这是侵犯他的权利！向他说明实情后，他还是不谅解，只好停止监视观察，但他还是耿耿于怀。

皮货风波

库良勃克去商场，想购买些皮货，但没有找到满意的。于是他就告诉皮货商他的住址，让皮货商选好货送去。皮货商按他的要求，带着挑选好的皮货来到他的住处——招待所西楼。皮货商进招待所找人，警卫就要履行职责，盘问皮货商：你找谁？联系过没有？因为他们之间如何约会的，警卫怎么能知道呢！为了专家的安全，警卫当然要查问来访者。于是，库良勃克就极为不满，很生气！我请的客人，你们为什么不让进来？为什么要干涉！他上街有翻译陪着，同时也有警卫跟着，他就认为这是跟踪监视他的行动，很不高兴。

参考书风波

库良勃克是讲工资问题的。这学期学员是分班上课，分工资班、劳动保护班、生产技术安全班等。学员都是工会里从事相关专业的干部，他们要求苏联专家能讲授专业课程。库良勃克作为铁路工会副主席，他并不了解其他工业部门有关工资的专业知识，只能讲授苏联工资制度的一般原则问题，而一般工资原则在以前举办的培训班上其他苏联专家都讲过，所以学员对他讲课不太满意。

库良勃克上课带来苏联劳动经济权威专家马涅维奇写的工资问题专著，他就是按照这本书给学员讲。他把书交给打字员索罗维约娃，让她一章一章地打印出来，作为讲义。而翻译组劳保忠也有这本书。他到总工会工作后，就负责翻译有关工资的课程，有一次陪代表团访苏时，在书店里见到了马涅维奇写的这本书就买了。这次，库良勃克讲工资课，劳保忠就把书从北京带来作参考。而库良勃克讲课时并不是逐字逐句全讲，而是有删有减，劳保忠有时看不懂他的讲义，就看看马涅维奇的原著。他与库良勃克同住一个楼，办公室在一楼。这本书就放在他的办公桌上。有一天，库良勃克到他们办公室，在劳保忠的办公桌上发现了这本书，立即大怒，问劳保忠你怎么有这本书？好！那我就不照这本书讲啦！因为他上课讲的东西都是从这本书上抄下来的，他发现劳保忠也有马涅维奇这本书，就认为自己“露馅”了，以为中国人会看不起他了，于是他就恼羞成怒，把马涅维奇的书从打字员那儿拿走，并说我一切重来，从头讲！这样一来，关系搞得更紧张啦！

这位库良勃克就是这样一位很难共事的人。所以，这一个学期我们与库良勃克的关系是疙疙瘩瘩的，虽然课是讲完了，但大家一直不愉快。

从上面发生的几件事来看，我们也从中得到些教训。首先要严以律己，“私拆”他人信件之类的蠢事，是违法的，绝不能原谅。其次，苏联专家当时来为我们讲课、帮助我们培养工会干部，我们对待他们是要亲如同志，但也应内外有别，有个分寸。由于他们个人经历不同，性格也不同，有的人易于接近、随和；但有的人就比较挑剔，难以接近；有的人有特殊的经历，就形成了特殊的观念，疑心重。库良勃克这个人，是在斯大林“阶级斗争论”统治的气氛中成长起来的，一切都拿是不是“阶级敌人”的观点来衡量，总是以怀疑一切的思维处事待人，这样就把事情搞复杂化了，必然使关系紧张。好在干校领导、全总领导很了解我、信任我，这件事才大事化小，小事化了。我要求自己，也要求劳保忠和他们组的翻译、警卫们都要小心谨慎，尽量不要惹麻烦。

库良勃克讲完课后就急于回国，而且给国内发了电报，让苏联铁道部派公务车到满洲里接他。官不大，架子不小，很能摆谱！请他们到南方参观，他们都不去。于是，我就送他们到满洲里，果然有苏联派来的公务车，他上车回苏联了。

1954年新年，在苏联考察的中国工会代表团应主人的安排到莫斯科饭店欢度新年。许多在中国工作过的苏联专家应邀作陪，库良勃克也来了，他见到我坐在主宾席上，走过来同我打招呼，尴尬地说："你越来越得意啦！"

第三批苏联工会讲师组回国后不久，全总干校就从天津搬到北京。新校园在阜成门外马神庙附近，有一座十多层的行政、教学大楼，四排三四层的学生宿舍楼和单独的教职工宿舍楼，修建了宽阔的操场，有四百米跑道。总而言之，作为一所中等规模的干部学校，应该说是应有尽有。全总干校迁校后继续聘请苏联专家来讲课。

新生力量

20世纪50年代初，全总同苏联、东欧各国工会的交往频繁，而且每年都请苏联总工会派工会专家到全总机关担任顾问以及到干校任教，帮助培训各种专业的工会干部。而当时全总的俄文翻译只有林利、傅也俗和我等一共四五个人。翻译人员不够成了国际交流的薄弱环节。全总领导想方设法加强俄文翻译队伍。

首先是于1951年从解放军坦克部队司令部借调了几位俄文翻译。原来，1949年到1950年期间，解放军的坦克部队像空军一样，都是苏联红军帮助建立的，苏军派坦克部队来中国，一个苏军坦克师带两个解放军的步兵师，指挥员教指挥员，战士教战士，手把手地"传帮带"。所以，当时坦克部队调集了许多俄文翻译。全总"借调"来的劳保忠、何耀荣和邓定宇三位同志，他们原来在坦克部队司令部的翻译中都是主力，口译、笔译都很熟练，到全总后很快就能独当一面，后来就留在全总工作了。

劳保忠是哈尔滨人，典型的东北大汉，个子很高，性格开朗，业务能力很强，俄文很好，是我的好朋友。他来总工会工作后一直从事工资方面的翻译，为苏联工资专家当翻译，专门研究工资问题。"文革"后调到劳动部工资研究所，成为工资方面的专家。

何耀荣解放前就读北平的中国大学，是个高才生，中文底子很好，后来到“哈外专”学俄文，毕业后分配到坦克部队，到全总工作后一直翻译社会保险方面的课程，也成为社会保险方面的专家了。不幸的是，他因在中国大学读书时，曾集体参加国民党，“文革”中自杀身亡。

邓定宇是北京人，也是“哈外专”毕业的，俄文也挺好，性格内向，不太爱讲话。

在从坦克部队借调翻译的同时，全总还通过社会公开招聘调来几位翻译，经过一段时间的试用，留下来的有一位年长的翻译高述义。他是在新疆学习的俄文，他的夫人好像是俄罗斯人，一直在新疆，没能同老高来北京，他身边只带来一个十来岁的小女儿。他的中、俄文水平都不错，到全总后就给在全总各部门工作的苏联顾问当翻译，没同我们去干校。老高工作认真，埋头苦干，也许因为一生饱经风霜，平时沉默寡言，与世无争。20 世纪 60 年代中苏关系恶化时，我听说，老高的夫人回苏联了。后来他带着女儿去处理新疆家里的事，一直没回来，“文革”后曾几次打听老高的下落，却无音信。

最后，为了彻底解决俄文翻译不足的问题，全总从全国工会系统，包括全总机关、产业工会、地方工会抽调了二十多位年轻有为的、具有大专文化的工会干部，送到哈尔滨外国语专科学校去培训。他们是 1951 年 3 月送去学习，1953 年 3 月毕业回来。回来后，又送到天津全总干校，集中学习三个月工会工作知识，然后一部分留在干校，等待给苏联工会专家当翻译；另一部分分配到全总国际部苏联东欧科工作；还有一些同志回原单位工作，如从产业工会来培训的一些干部。

1953 年秋，第三批苏联工会专家来天津干校讲课，一部分年轻翻译，如马兆谨、王家华、祝杰、彭述力等，和我们在一起，直接给专家当翻译，还有好几位年轻翻译留在干校的教研室，帮助我们翻译专家的讲义。1954 年，在全总干校工作的这批翻译，同干校一起从天津搬到北京，在新建成的学校工作。

总之，对全国总工会学习和推广苏联工会经验，我认为是对的。对工人阶级掌权后工会的作用，不是推翻一个政权，而是巩固政权，建设一个新的经济制度，进行经济建设。新中国刚刚成立，国家接收的是一个旧政权留下的烂摊子，一穷二白，百废待兴。在这种情况下，什么是生产建设，什么叫社会主义劳动竞赛、革新运动、“斯达汉诺夫运动”……当时对这些都不懂。

经过总工会天津干校办的三期工会干部培训班，传授了苏联工会的经验：在党的领导下，通过工会的作用，指导工人阶级怎样建设国家……我国工会工作开展起来了，我国工厂的工人生产活动蓬蓬勃勃地开展起来了……表扬先进生产者，我们推广王崇伦、倪志福、赵国有、“毛泽东号”司机组和纺织系统先进生产者郝建秀的先进经验；由工会组织领导工人搞生产劳动竞赛、搞技术革新运动、开展合理化建议、评选先进生产者、劳动模范……

然后就具体到企业一些制度性很强的东西，如：工资制度的制定，在中国企业里怎样贯彻按劳分配，因为新中国成立前的中国没有国营企业，是解放后没收了国民党官僚资本家的企业为国有，新中国成立后由苏联帮助我们建设了一百五十六个大型项目，才有了国营企业，再加上有那么多的民营企业，这些企业劳动者的工资怎么制定？如何贯彻按劳付酬原则？这是很大的政策性问题，是一种根本性建设。后来根据学习苏联的经验，结合我国的实际情况，提出制定八级工资制，在怎样评定工资、怎样确定劳动工资等级、制定工资等级手册时，又考虑到各行各业、部门生产特性，形成有各行各业自己特点的东西。

在干部培训中，有些同志对专家讲课有意见，但专家只能原则地讲，不可能涉及每个具体行业或部门，因为每个行业的规模都很大，比如钢铁行业、机器制造业、纺织业……这些都是大行业，到底应怎么办？在新中国成立初期，通过全国总工会办干部培训班，学习苏联工会经验，对恢复和发展生产，建立新的经济制度，起到很大作用，对此应该肯定，应该历史地看待这个问题。

再比如，按劳付酬原则到现在也没否定，还在提倡，还在推行；还有劳动保险、劳动争议，解决劳资纠纷；怎样开展工人群众文化活动、办工人俱乐部，修建疗养院、休养所等，它们的作用是不能否定的。

还有企业的管理问题，所处的经济阶段不同，是新民主主义，还是社会主义阶段，根本问题是工会起什么作用，都做了什么工作？

学习苏联工会工作经验解决了重大问题，这些经验本身不限于工会，还推广到整个国民经济的各行各业。苏联工会的制度建设，无论是对新建的企业，还是对老企业或民营企业也好，都可以参考，这里没有苏联工会强加于我们的什么经验问题，完全是结合我们中国实际情况来推广和运用的，应该是肯定的。

人民防空：苏联的经验

1950 年 6 月 25 日爆发了朝鲜战争。

战火很快燃烧到我国东北鸭绿江边，严重地威胁到我国的安全。为此，我国政府做出抗美援朝、保家卫国的决定，派出中国志愿军跨过鸭绿江，与朝鲜人民军并肩作战，抗击侵略者，保卫我们新生的国家。

当时，美国等国的军队从陆上、海上不断向朝鲜北部推进，逼近我国边界，空中不断派飞机侵犯我国领海领空，严重威胁东南沿海各地的安全；在东北，美国飞机不断轰炸鸭绿江边的新义州[①]，越过鸭绿江侵入我辽东半岛的领空，对吉林、丹东进行轰炸，在辽东地区竟然违反国际法投掷细菌弹。

在这种形势下，我国的防空工作已是当务之急。为此，中央成立了防空委员会，由李立三负责。同时，邀请苏联政府派防空专家来华，帮助我们培养防空干部，动员人民群众，建立人民防空体系。1951 年 3 月，苏联政府应中国政府的要求派来了三位防空专家。李立三派我和傅也俗给他们当翻译，开展防空培训工作。人民防空是一项崭新的工作，对我们来说完全是新的知识领域，这就使我们的工作由工会工作暂时转到军事上来了。这项工作是从 1951 年 3 月开始的，6 月结束，历时三个多月。

这次苏联派来的三位防空专家，一位是苏联地方防空参谋部副参谋长米洛什尼可夫少将；第二位是柯克温中校，他是防空工程技术比较全面的专家；第三位是马尔丁诺夫少校，专门负责防空伪装工程。

我们陪苏联专家先在北京办了人民防空干部训练班，然后又到沈阳、大连、上海等地举办短期培训班，培养防空干部队伍，传授防空知识。

① 新义州，朝鲜民主主义人民共和国第四大城市，位于朝鲜西北部中朝边境的鸭绿江南岸，是平安北道的首府。——作者注

对我来说，这一段的工作和生活既紧张又丰富多彩，接触到与城市防空有关联的方方面面的专业知识，开阔了眼界，学到大量的中俄文的专业词汇，更重要的是同苏联军事专家共事中，亲眼见到他们如何身先士卒，不畏艰险，奋不顾身，日以继夜地工作，对我教育极深。

这次培训班叫做“中央人民防空干部培训班”，学员来自全国各地，有各市的中层领导干部、部队派来的干部和工会、青年团等群团组织的代表。当时李立三主管工会工作，中央准备通过工会系统建立起人防的基层机构，所以各地工会都有代表参加。培训班的所在地是西单绒线胡同的一个老电影院，我们在放映大厅里上课，还利用空闲的房屋布置了模拟的人防指挥部。苏联专家讲课没有讲义，一般是事前写一个提纲，还准备了一些图表，挂在讲台四周，当时还没有投影仪之类的先进设备，只能靠挂图、黑板板书来辅助讲课。他们怎样讲，我们就怎样翻译。讲课时有专人录音、做记录，课后整理出来，我们先核对，弄不清楚的地方马上向专家请教，最后编印了一本教材，叫《中央人防干部培训班课堂记录》。

在培训班上三位专家轮流讲课。他们都参加过卫国战争，有丰富的实战经验，常常列举战例，讲起课来引人入胜。专家组组长米洛什尼可夫少将亲自上讲堂，讲授人防工作的原则、任务和组织实施。人防工作涉及市政工程的方方面面，具体工程技术问题，大都是柯克温中校和马尔丁诺夫少校讲授。专家讲的课程，对我来说都是闻所未闻的，有些历史故事令我至今记忆犹新。根据当时的笔记，摘要如下，以兹备忘。

苏联专家讲述了空军和防空武器的发展历史。

飞机的出现，引起了防空武器的发展。空军于1910年在好多国家出现。1914年至1918年第一次世界大战中，俄国、德国、法国、英国、美国都有飞机参战。当时的飞机相当简陋，发动机只有六十至八十马力，速度每小时七十五至八十公里，飞高到二千米要三十分钟到一小时，最高能飞达二千五百米到三千米，飞行持续时间二至三小时，载重量是五百公斤到一千公斤，乘务人员两个，一个驾驶员、一个观察员。第一次世界大战利用飞机的主要目的是侦察，其次是纠正炮火射击准确程度。1915 年出现了驱逐机、轰炸机，同时也发明了水上飞机。第一次世界大战中，飞机可以独立作战了。用以轰炸铁路枢纽、桥梁、工业企业，以瘫痪敌人的后方，所以它的作战行动带有战略性。但当时飞机的主要任务还是配合支援步兵。总之，第一次世界大战将近结束时，空军的发展尚未达到成熟的程度，所以当时防空力量也很薄弱，只有机关枪、小口径高射炮、军队配备的高射炮一同打飞机，处于初期发展阶段，没有完整的体系，没有强大力量。

第一次世界大战后到第二次世界大战间，在二十多年过程中，尤其是在 1930 年到 1940 年十年中，帝国主义国家积极备战，各个国家的军队都积极加强了武装，改善了建制，装备了新式武器。由于飞机在作战中特有的优势，空军以惊人的速度向前发展，空军在各国军事中形成了强大的力量。例如，在西班牙战争中，飞机已以一种独立兵种参加战斗。因此，所有国家都更加重视空军，空军本身更加现代化、更完善，飞得更远、更高、更快，武器也更好，机载的炸弹量也增加了；出现了对敌机作战的驱逐机；增设了专门对敌目标进行轰炸的轰炸机部队，根据远、近续航航程能力的不同和载弹量的多少，轰炸机机型又分为重型、中型、轻型，轰炸机部队本身又分为战术和战略轰炸机，分别轰炸敌人的前线和后方。二战中，先进国家空军装备了喷气式飞机，飞行速度加快，飞机的载弹量也增长了，普遍使用雷达技术、无线电设备，飞机的驾驶仪器也大大改善，保证了全天候的飞行。总之，在第二次世界大战期间和战后，飞机无论在质量上和数量上都得到了巨大的发展。飞机的产量不是以千、万架来计算，而是以数十万架来计算。

随着空军的发展，随之而来的防空任务也非常明显地摆在各国政府面前，进一步突出了防空的重要性：不仅需要保卫前方，而且要保卫后方的城市，即保卫整个国家，保护国家的经济、政治、文化中心和铁路、工矿企业等等。因此，各国防空工作也在很迅速地发展，世界各强国中，出现了比较完整的防空部队。这种部队成为军队的一部分，它由各军区司令领导。由于军队中防空系统的建立，西班牙战争中，在形式上、组织上即已形成了积极的防空体系。

防空部队拥有“积极”和“消极”两种作战手段。积极手段是同敌人空军作战的手段，包括驱逐机部队，小口径、中口径的高射炮部队，高射机关枪部队，防空气球联队，导弹部队。消极手段是保证对敌作战的积极手段更好地发挥作用的一种辅助手段，如探照灯部队，通讯、联络部队，包括雷达站、监视哨等等。当时出现了防空师、军等庞大的建制。

总之，在最近这十多年的发展过程中，空军和防空力量都已逐渐形成了统一的、有正规组织和现代化装备的武装力量。当法西斯帝国主义国家动员了所有的人力物力，准备发动第二次世界大战时，希特勒曾宣称：我们的空军应完成自己神圣伟大的任务，不允许敌机侵犯我们的领土，不允许敌人炸弹掉到德国土地上，应在战争开始时，轰炸敌人的神经中枢和经济命脉。由此可见，为了抵抗和战胜敌人，一方面要有强大的空军，同时还应建立强大的防空网。作战国双方都积极进行了准备。

在此期间，日本侵略中国也使用了空军，以空军镇压中国人民的反抗，扫射、轰炸抵抗侵略的战士，肆无忌惮地轰炸中国后方城市和平民百姓。第二次世界大战时，法西斯国家采用不宣而战，首先用来打击被侵略国家的也是空军，不仅轰炸被侵略国的军队和国防工业，而且轰炸后方中心城市、战略要地、工厂企业等。帝国主义侵略者企图用空军瘫痪前线的一切抵抗活动，不让抗击的军队得到弹药补充和粮食给养；同时破坏后方，妄想使整个被侵略国都陷于瘫痪。

第一次世界大战与第二次世界大战完全不同，当时前线和后方有区别，前线对后方影响很小。第二次世界大战中，前方后方同在作战，同时受威胁，须共同努力去打败侵略者……战争给所有国家提出了新任务：每一个国家都需要拥有强大的防空部队，来保护最重要的政治、经济、文化中心和工厂、企业、军事据点。

随着空军的发展，炸弹也发展起来。第一次世界大战时，炸弹只几磅重，需飞行员投掷，多为破片弹，后来出现爆炸弹。第二次世界大战中，帝国主义国家用来杀害和平居民的爆炸弹有两吨半重的，不仅有很大杀伤力，而且有很大的波及力，中弹附近的地方也受严重损坏。还出现了飞弹，德国曾用来轰炸英国伦敦。此外还出现了燃烧弹、毒气弹、细菌炸弹、穿甲弹。战争即将结束时，美国用原子弹轰炸日本的广岛和长崎，因日本无准备，遭受了相当大的损失。战后飞弹（即导弹）和原子弹都有迅猛的发展。

人民防空几乎同积极防空同时发展。1930 年以后的两三年间，在各国出现了“人民防空”、“地方城市防空”或“消极防空”的名称，目的都是保护各国城市、企业、港口、铁路、电源、水源等等。要保卫在经济、军事意义上重要的目的物。还要实现掩蔽、分散等措施，目的在于：第一，保卫人民，疏散一些不能帮助反而能影响国防的居民；第二，使国家、城市、机关、企业和工厂更加坚强，不易被敌人破坏，不至于敌人投一个炸弹就使工厂停工、水源断绝。要使城市经得起战争的考验，不间断生产，以支援前线取得胜利。

当然，现代科学技术的突飞猛进，彻底改变了飞机、空军、空战及防空的面貌。六十多年前苏联专家讲述的空军和防空的发展史，对于当时即将迈进防空行列的干部来讲，是一段对历史的回顾，一段启蒙教育，而从当时的防空工作来讲也有一定的现实意义。特别是，他们介绍的苏联动员人民、建立地方防空的经验，即使在现代化的战争条件下，也有值得借鉴的地方。

第一，人民防空组织是一个复杂的纵横交错的以城市为主体的防御系统。从中央（包括各工业部门）、省、市、县、区到街道、住宅小区、学校、机关、工矿企业都建立有权威的精干机构（各级人防指挥部）。平时由专职干部主持工作，战时则由各部门主要负责人（如常务副市长、副部长等等）直接领导。

第二，平战结合，未雨绸缪。人民防空，在和平时期就要根据实战的要求全面规划，必要的技术工程应及早实施。

第三，要有思想、技术过硬的各类干部、骨干，包括各级指挥员、工程技术人员、执行人员，不断进行各种模拟演练，以便各类人防骨干具有实战能力。

第四，城市人民防空工作包括：组织、宣传、训练、工程技术（掩蔽、卫生救护、消防、防化学攻击、灯火伪装、伪装、交通工具管理、通信联络、抢修等等），以及治安纠察、商业供应、居民疏散等等。培训和建立相应的队伍，如纠察队、消防队、卫生队、抢修队（电厂、自来水厂、道路桥梁等公用设施的抢修）、防化队、工兵队（处理未爆炸弹），等等。和平时期上述任务由政府各部门分头执行。

第五，由和平时期向战争时期的转换，要审时度势及时向国民进行宣传、教育和组织工作。

第六,一旦战争爆发，根据最高指挥部的命令，全面启动人民防空系统。

上面这几条经验主要涉及和平时期的人民防空工作，是我个人的学习体会，难免以偏概全，好在这只是我自己的回忆，没有什么别的意思。

2003 年春夏之交，我们国家，特别是北京，经受了一场“非典”疫情的严重考验。痛定思痛，总结经验，吸取教训，国家决心下大力建立健全信息畅通、反应快捷、指挥有力、责任明确的公共卫生管理系统。它将包括自上而下的四级（国家级疾病控制中心、省级应急系统、县市级医疗检诊系统和社区防御防控系统）防护网络。同时，要建设一支实践经验丰富、技术过硬、训练有素的疾病控制队伍，通过定期的演练，以达到能从容应付突如其来的疫情、险情的挑战。“非典”疫情的流行是一场没有硝烟的战争，而现在正在规划和实施的一整套（包括硬软件在内的）应急防护体系，同当年为了应对战争而建立的人民防空体系，就其精神实质来讲，的确能找到不少相同之处。

1951 年 5 月训练班结束后，李立三亲自陪同苏联专家到沈阳、大连等地考察人民防空的建设情况并举办短期人防讲座，以推动当地的人防工作。在东北期间，苏联专家还专程到丹东（当时还叫安东），并越过中朝国境线到鸭绿江北岸的新义州，实地考察美国空军轰炸的实况。在当地防空部队的协助下，苏联专家搜集了一批尚未爆炸的美国投掷的燃烧弹、各种失效的定时炸弹，并带领他们培训的工兵将这些炸弹装在两辆平板火车上，四周用沙袋堆起来，以防万一。其中一平板车的炸弹运回北京，供培训人防干部和工兵营使用，另一批炸弹运回苏联，供苏联的地方防空机关了解美国空军的武器装备。

回到北京，在苏联专家的指导下，在先农坛体育场举行了一次消防演习。参加演习的有人民防空训练班的学员、市人防机关的干部和一部分群众。

苏联专家培训的工兵把从朝鲜新义州运回来的美制燃烧弹堆放在先农坛运动场的中央，燃烧弹的周围放置各种质地的材料，然后加以引爆，燃烧弹的爆炸声和威力并不大，先是散发白色的烟雾，接着出现暗红色的火光。这时周围堆放的材料开始燃烧，场上浓烟滚滚，遮盖了运动场两边的看台。消防队员进入演习场，用各种消防器材很快将大火扑灭。

在演习中，负责指挥演习的主持人根据事先拟定的讲稿介绍了这次引爆的燃烧弹的性能以及处理方法。但是，我们事先没有预料到燃烧弹爆炸后会放出大量浓烟，主持人不知道该讲什么，现场观众议论纷纷。这时我拿过扩音机的话筒大声地说："这是这种燃烧弹爆炸后放出的烟幕，放出这些大量的浓烟是敌方企图妨碍我方的消防行动，并企图引起市民的恐慌，请大家不要乱。"之后场上就安静下来了。事后米洛什尼可夫表扬我机智勇敢，处理得当。

这次从新义州运回来的还有美军的定时炸弹。苏联专家向人防工兵营介绍了这些定时炸弹的种类和处理办法。这些炸弹基本上是两大类：一类是装备了化学时间引信的，就是在引信上装有化学物，当炸弹接触地面受到冲击后，化学物发生反应，腐蚀引信装置中的隔片，从而使雷管点火引爆炸弹。化学物腐蚀隔片所需的时间就是炸弹延长爆炸的时间，是事先设定的。还有一种定时炸弹是装备了钟表时间引信，通过引信里的钟表装置设定爆炸时间，可能是一个小时，也可能是两个小时或更长的时间。定时炸弹危害极大，因为炸弹落地后并不立即爆炸，人们就以为没事了，可是当人们不加注意的时候它又爆炸了，人们无法防备。所以人防工兵部队要着力研究世界上各种定时炸弹及其引信的结构、性能和处理办法。对我来讲，的确学到了不少新的知识。

接着，苏联专家又到上海考察当地的人防工作。苏联专家一行受到上海市潘汉年副市长、公安局杨帆局长、市总工会主席钟民等同志的热情接待。市领导向专家们介绍了上海的防空部署和人防工作的进展情况。

顺便讲一件当时上海同志告诉我们的感人事迹。当时盘踞在台湾的国民党残余力量还不时地派飞机来沪上空骚扰，一度还向杨树浦电厂投掷炸弹。有一次苏联青年代表团到上海访问，又遇到国民党的飞机偷袭。当时我们的防空部队用高射炮、高射机枪对敌机猛烈射击，

陪同苏联防空专家柯克温中校（前排左二）等，到上海考察当地的人防工作，受到上海市副市长潘汉年（前排左四）、公安局局长杨帆（前排右一）、市总工会主席钟民（前排右二）等的热情接待。后排右三为阎明复

但未能命中击落敌机。这时，著名的苏联空军战斗英雄阔热杜普（苏联青年代表团成员之一）看到国民党飞机如此嚣张，十分气愤，主动要求驾机迎战。他的要求很快被批准了，他立即赶到江湾机场，登上他不熟悉的美制战斗机（国民党军队逃跑时没来得及炸毁的），飞到上海的上空，很快就把敌机击落了。阔热杜普的壮举永远铭刻在中苏人民友好的史册中。

上海市的有关负责人陪同苏联专家考察了防空指挥部、高射炮阵地、江湾机场等地。市领导告诉专家，国民党部队逃跑时留下许多武器弹药，其中有大批的炮弹和炸弹堆在仓库里，我们也没有办法处理，现在想扔到海里去。苏联专家不同意这种处理办法。他们说，这些炸弹扔到海里去还会浮上来，像鱼雷一样，将来后患无穷。他们建议在空旷的地方修筑简单的掩体，使用引爆的方法来安全处理。在上海期间，他们还亲自指导引爆了部分遗留的炸弹。为了进行现场培训，在苏联专家指导下，上海市公安、人防等有关部门还在江湾机场组织了一次由公安消防部队、人防干部和部分群众参加的引爆燃烧弹以及消防灭火的演习，一边操作一边进行讲解，效果很好。

在对上海进行多天的考察后，苏联专家向市政府提交了一份关于如何在上海这座中国最大的、工业高度集中的城市建立人民防空体系的建议，得到市政府的肯定。

在上海，主人们安排苏联专家住在徐汇区衡山宾馆右边的原法国领事的官邸。这是一幢欧式的花园洋房，有宽敞的会客室、卧室、餐厅，欧式的家具。每天我们早出晚归，顾不上休息。晚饭后，在放映室里观看一两部美国的影片，虽然都是什么《魂断蓝桥》等诸如此类的“老掉牙”的片子，但是对我们的客人来说却是难得的休息。

米洛什尼可夫将军行伍出身，身居要职，但事必躬亲，毫无盛气凌人的作风，在华期间无论做什么工作，不论是在课堂，还是在演习场地，在处理定时炸弹的现场，或是在修筑地下防空工事的工地，他都是一马当先，给我们留下深刻的印象。我们共事三个多月，他对周围的中国同志，对他的两位下属，都很有礼貌，文质彬彬，从不大声说话，确有“儒将”风度。

我只看到他红过一次脸，发过一次脾气。人们可能说，这是一件不足挂齿的“小事”，但在经过了新世纪的春夏之交同“非典”疫情拼搏，全社会都在提倡“不要随地吐痰”后，讲讲多年前一次“吐痰”引起的风波，但愿也能起到警世的作用。

前面讲到，在上海工作相当紧张，每天只有晚餐的时候，苏联专家和陪同他们的七八位中国同志（其中有从北京来的，也有上海的同志）才能一起坐在餐桌旁，一边吃饭，一边谈话。当然，主要是专家们在交换一天来的印象。有一次吃饭的时候，我突然发现米洛什尼可夫放下手中的刀叉，脸涨得通红，要说些什么，又没马上说出口，憋了片刻，终于对我说，请你告诉他，下次再这样做，请他立即离开餐桌！他说话声音大，表情严肃，同桌的人都愣住了。大家都在闷头吃饭，谁也没做什么呀。我一下子想到了，原来陪同我们的一位“老烟枪”，平时痰就特别多，刚才就是这位仁兄“咳、咳”两声把痰咳出来，又走到餐厅的墙角，用力地把痰吐到痰盂里，然后走回餐桌旁，坐在自己的座位上心安理得地继续用餐，根本没有察觉此举有何不妥之处，更没有想到将军之怒是因他而发！当时我想，如果我当场如实地把他的话翻出来，一定会使我们的这位老兄下不来台，大家没法收场。我连忙对将军说，我一定转告。好在这位“烟枪”没再故伎重演，总算平平安安地吃完这顿饭。

饭后，苏联专家退席后，我把中国同志留下，如实地告诉他们刚才米洛什尼可夫讲了些什么，我说，按照外事工作规定，不仅绝不能随地吐痰，如果非吐痰不可，一定要不声不响地轻轻地咳出来，吐在手帕里，或吐在手纸里，装在衣袋里，然后再处理。而且，喝水、喝汤、吃面条，都不得出声。在场的同志都纷纷保证一定遵守这条外事纪律。

这场“吐痰”风波就这样平息了。在中国，一场突如其来的“非典”的狂风暴雨将有助于人们的觉醒，逐步涤荡诸如“随地吐痰”之类的陋习。

从上海回到北京后，苏联专家又工作了一段时间，主要是总结工作，指导一处地下防空工事的修建。他们的办公室在中南海内的居仁堂，当时苏联军事顾问组就在那里办公。我跟随他们乘车去过居仁堂，他们的专用车有中南海的车证，进出大门通行无阻。说也凑巧，他们的办公室在居仁堂后楼的二楼，六年后我调到中共中央办公厅工作时，发现我们翻译组就在同一地方办公。

当时，全国总工会邀请了第二批苏联工会顾问来帮助工作。他们当中有工资、社会保险、劳动保护等领域的专家。苏联防空专家同这批苏联顾问都住在北京饭店。

有一天，我陪同人防专家在地下工事的工地上忙了一整天，中饭都没顾得上吃。傍晚，大家累得精疲力竭，饥肠辘辘。

回到饭店后，全总的一位翻译告诉我们，工会专家库什聂鲁克今天过生日，邀请大家一起吃饭。于是我们到工会专家的房间，向库什聂鲁克祝贺生日。苏联工会专家纷纷站起来敬酒，说你们迟到了，每人要罚一杯，并给每个人倒了一大玻璃杯的“伏特加”。苏联朋友本来酒量大，今天又忙累了一整天，现在正好饮酒解乏，于是他们三人一个接一个地都喝干了。我傻里傻气地空着肚子也跟着喝干了，接着我就什么也不知道了。

醒来的时候已是第二天清晨，我发现自己睡在一位苏联工会专家的房间里。正好他也醒了，我问他发生了什么事，我怎么睡在这里？他说，昨晚你喝了一大杯酒就失去知觉了，我们扶你到床上休息，又帮你把衣服脱了，放到澡盆里用凉水冲，你都没有醒过来。我连忙向他表示感谢，起床后就回机关了，难受了好几天。这是我一生中第一次喝醉，以后再不敢空腹喝酒了。

不久，苏联人防专家就回国了。

我同米洛什尼可夫将军共事时间不长，但建立了真诚的友情。

1952年10月，苏共召开第十九次全国代表大会，我作为翻译，随中共代表团去莫斯科参加这次代表大会。这期间，米洛什尼可夫将军接我去了他的住所做客，受到将军和他的夫人、孩子的热情接待。他当时已晋升为中将。第二年的1月，我随部分中共代表团的团员乘火车回国时，他又到车站送行。随着列车渐渐远去，我从车窗里仍看到将军站在白雪覆盖的站台上不断地向我招手……

以米洛什尼可夫将军为首的苏联地方防空专家组对新中国人民防空事业的创建和发展做出了重大贡献，他们忠于职守、忘我奋斗的精神，将与世长存。

频繁的国际交往：国际共产主义大家庭的氛围

新中国成立之初，中国人民翻身得了解放，从此站了起来，成为国家的主人。尤其是中国的工人阶级地位空前地提高，成为这个新兴国家的领导阶级；工人群众的精神面貌焕然一新，主人翁感强烈，劳动热情极为高涨……这一切都体现在工会的活动中。工人和其他劳动者，通过自己的群众性组织——工会，活跃在生产、生活的各个领域，开展着各式各样、丰富多彩的政治活动，劳动竞赛和技能培训，文化教育和体育运动等等。

当时，工会组织在职工和广大的群众中有着极高的威信，在国家的政治、经济、文化、对外交往中地位非常突出，发挥着重要作用。全国总工会的国际活动很频繁，包括参加世界工会联合会的会议、参加苏联东欧国家工会的代表大会、组织互相交流等。

在全总工作七年，我作为俄文翻译，出国和接待来访任务每年都有，就好似家常便饭一样。我到过苏联、民主德国、捷克斯洛伐克、罗马尼亚、保加利亚、波兰、匈牙利、阿尔巴尼亚、南斯拉夫等很多国家，有些国家还去过多次。

然而，时隔已久，许多事情已从记忆中消失。这里讲的当年的几件事，是至今仍记忆犹新的国际交往情景……

首次出国

我第一次出国是 1951 年 11 月到民主德国参加世界工会联合会的会议。

第一次出国，就面临置装的问题。现在出国穿什么服装都不成问题，只要好一点儿就行了。但那个时候可不行，那时我们在国内穿的都是布制服，而且是清一色的黑、灰或蓝色。代表国家穿这样的服装怎么行呢！所以，第一次出国就有个置装问题，就是每个人在出国之前，按国家规定做两套衣服，西装或中山装，身穿一套，备用更换一套。我当时是做两套西装，费用由国家出，然后自己还要购买衬衣、内衣、鞋袜，这些服装出国回来就归自己了。大衣要量体定做，回国后交公，待他人出国时使用。还有一些其他的准备，如买箱子等。

这次出国团长是全国总工会副主席刘宁一。他当时可能还兼任中华全国总工会国际部部长，也是世界工联理事会成员。代表团成员还有国际部副部长蔡英平。他瘦瘦的，戴眼镜，文质彬彬，人很能干，精通英语，是上海圣约翰大学的学生，地下党员。他后来一直主持全国总工会的国际部工作。他爱人沈佩蓉也是圣约翰大学的学生，英文也很好，现已退休，在基督教爱德基金会做义工。世界工联当时的通用语言是法语，因此还有位法语翻译袁葆华。袁大哥当时四十岁，是位耿直的山东大汉，由于长期生活在法国，法文很好。新中国成立前，刘宁一受党的指派在欧洲从事国际工会运动时，袁大哥一直跟随他当翻译。他也陪同刘宁一参加了世界工联的建立和与自由工会联合会的斗争。我作为俄文翻译一同前往，是因为代表团需要与苏联人打交道。

我们乘飞机到达莫斯科，然后改乘火车到柏林。1951 年的柏林，刚刚经过第二次世界大战战火的磨难，一片瓦砾，断垣残壁。我们住的旅馆在战前曾是座很大的旅馆，战争中被炸去一半，剩下的一半还有不少客房。旅馆一进门是服务台，办理入住手续。

那时正是 11 月初，赶上十月革命节日，我们应苏联驻柏林大使馆邀请参加大使馆举行的国庆酒会。当时苏联驻民主德国大使馆是柏林唯一的一幢完整的建筑，而且是新建的，富丽堂皇。院子很大，有喷泉水池，林荫道，与周围遭受战火破坏的建筑相比更显壮观。

参加苏联使馆国庆酒会的客人很多，我们刚进入大厅，就有服务人员端着盘子递来酒、饮料、各式点心。大使馆的官员也迎上来与刘宁一打招呼，表示欢迎。酒会持续时间很长，我们在大厅里走动，遇到世界工联领导人，就用英、俄、法语同他们交谈。

当时给我印象比较深的是苏联外交官很傲慢。有一位苏联官员过来，我就说：“为中苏友谊干杯！”可他的反应却是用怀疑的语调说：“为友谊？友谊要用酒精来考验？”完全不像我们那样真诚地说为中苏友谊干杯！当时苏联外交官员的冷漠态度确实令我百思不得其解。后来到中央办公厅工作后才知道，当时斯大林对中共、对毛泽东是半信半疑的。因为欧洲出个南斯拉夫铁托，有一段时间斯大林一直认为毛泽东是半个铁托。直到抗美援朝战争爆发，中国决定派志愿军入朝参战后，斯大林才相信中共和毛泽东。后来毛主席在同赫鲁晓夫会谈时也谈到当时斯大林对他、对中共的疑心。难怪 1951 年 11 月在苏联驻民主德国大使馆的国庆酒会上，苏联外交官流露出那种不信任的情绪。

当时，世界工联大会讨论什么问题我已记不清了，只记得有一个话题很热门，那就是各国工会为世界和平而奋斗。参加会议的有各国工会代表和各种职业的人士。记得有位法国神父在会上慷慨激昂地发言，博得不少掌声。当时担任翻译的是袁葆华，他完全能听懂法语，可是用中文表达却不那么流畅。而这位牧师在讲台上讲得又很快，袁大哥翻译跟不上趟。我们代表团需要跟上会场的气氛，表现出我们的态度，如大家热烈鼓掌，我们虽然没听懂，但也不能傻坐着，也得要鼓掌啊！于是袁大哥就想出个办法，根据发言者讲的内容，他暗示大家，应该笑还是应该鼓掌，一切听袁大哥指挥。袁大哥说，“他讲得太好了！”大家就鼓掌。尽管牧师讲什么我们听不懂，但有袁大哥的提醒，大家便鼓掌而不是笑。袁大哥精彩的指挥令我至今不忘。后来他回国了，因为法文很好，就被安排在广播事业管理局对外部，做法语对外广播主要编辑。

在民主德国时，主人还安排我们到外地参观。到过马丁堡，是个港口，我们参观了造船厂。工厂也被战争破坏得很厉害，但德国工人还是恢复了厂房和大的船坞并且在造船。工厂领导告诉我们，这是给苏联造的船，用作战争赔偿的一部分。中午我们和工人一起在职工食堂吃饭，在食堂用餐的有上千人。食堂里摆着很干净的长条形饭桌，工人进门时领个长方形的带格子的盘子，排队领菜，菜是红烧牛肉，主食是土豆泥。大家坐在长条凳子上，吃得很香。这就是“土豆烧牛肉”吧！

当时东西柏林是来去自由的，柏林主人安排我们坐上中巴在市内游览，一边走，一边告诉我们，这是美占区，那是英占区、法占区。

在柏林停留了一个星期我们就回国了。

“友好列车”

从1950年起，接连1951年、1952年、1953年，每年“五一”国际劳动节，总工会都邀请世界各国工会代表团来华参加庆祝活动。主要有世界工联的领导人，苏联工会、东欧等所有社会主义国家工会的代表，还有日本、印度、巴基斯坦、印度尼西亚等亚洲国家，法国、意大利等欧洲国家的工会代表。每年都有二三百位外宾。

庆祝活动先是在北京举行。“五一”节前夕，即4月30日晚，由全国总工会在北京饭店大礼堂举行“五一”节招待会。每次都是国务院总理周恩来代表中国政府致辞。一般是周总理站在主席台中间，在他的右边站着各种语言的翻译：俄语翻译是我，英语翻译齐锡玉，还有法语翻译丁冀千，日语翻译姓孙，名字忘了，阿拉伯语翻译是马坚教授。所有的翻译站成一排，周总理讲完话，俄语先翻译，我首当其冲，然后就是英语、法语……翻译。在俄语、英语、法语和日语翻译过程中，周总理都能听得懂，凡是有遗漏之处，周总理就提醒我们。外宾对周总理的语言才华十分敬佩，均报以热烈的掌声。就连马坚教授翻译阿语时，总理耸了耸肩膀，表示不知道翻译得对不对，外宾也报以热烈的掌声。

“五一”节上午在天安门观礼，观看群众游行，晚上参加烟火晚会。烟火晚会上，很多外国工会代表主动走到天安门广场和群众一起联欢，场面非常动人。

我记得1952年“五一”劳动节在北京参加庆祝活动后，总工会组织代表团到外地参观。

1950 年庆祝“五一”劳动节酒会，刘少奇（中间右一）、彭真（中间左二）、苏联工会代表团团长科列班诺夫（中间右二）出席酒会。阎明复（中间左四）担任主要领导人的翻译

首先坐火车去官厅水库建设工地。我还是第一次亲眼目睹这一人民群众劳动的热情场面，他们肩挑手推，用泥土筑拦水大坝，真是千军万马，热火朝天。我们和外宾一起融入几十万劳动大军中去，冒着风沙一起劳动。中国劳动人民为了改造大自然，不惧艰苦的积极劳动热情和克服困难的英雄气概，使外宾们深受鼓舞。

5 月 3 日，所有的外国工会代表团，加上总工会的陪同人员（每个代表团都有陪同人员和翻译）浩浩荡荡地到北京火车站，登上编组十几节的专列（其中有两节餐车），从北京站出发。第一站是沈阳。沈阳是东北重工业基地，到那里主要是参观铁西工业区的一些大工厂。然后到鞍钢参观。鞍钢的劳动模范王崇伦等人都出来接待。由鞍山再去抚顺，看露天煤矿，同时也参观抚顺战犯管理所。

这里关押的有伪满洲国和国民党战犯。在这里，外宾见到了伪满洲国“执政”溥仪，他的弟弟溥杰，以及在解放战争中俘虏的国民党高级将领。他们现身说法，讲共产党对战犯的改造政策，给参观者留下很好的印象。

我们从抚顺去长春。长春是伪满洲国“首都”，参观伪满洲国的皇宫和地质宫。又参观了长春第一汽车厂，这是苏联援助建设的大项目。在长春参观期间，还请“末代皇后”向外宾们介绍在日本侵占东北时，伪满洲国“皇帝”和“皇后”的生活情况。

结束在长春的参观后，专列调转车头进关。

先到扬州。当时扬州正在实施毛主席提出的“一定要把淮河治好”的宏伟工程。我们住在一个中学，学校把教室腾出来，里面搭起地铺。各国工会代表就睡在地铺上。第二天早饭后，我们到工地参观。先是扬州市一位女市长向我们介绍治淮工程情况，随后带我们来到工地现场。那天，正逢阴雨连绵，工地上泥泞不堪。为了便于外宾行走，他们用木板铺成道路。看到成千上万的老百姓和人民解放军官兵，或推着独轮车，或肩挑土篮子运送泥土的热烈劳动场面，大家很受感动。当时治淮工程是清淤，将淮河河水一段一段地拦住，然后将河底淤泥清理出去。这个宏伟场面感动了前来参观的外国代表团，有的团员挽起裤腿，走进工地，从老百姓手中抢过独轮车就推，有的抢过挑土担子，有的抢过铁锹干起来。他们的行动又大大地鼓舞了民工们的劳动热情。

代表团从扬州乘火车又到了杭州。杭州风景如画，外宾乘船游西湖，观赏三潭印月；还游览了其他名胜古迹，如花港观鱼等；来到了灵隐寺，香客甚多，香火很旺；参观了西湖龙井茶园。西湖的美丽景色给各国代表留下了深刻印象。特别是参观一个传统的织锦工厂时，工人用织机织出了带有美丽图案的锦缎，真是巧夺天工。

杭州参观结束后乘火车到上海。一路上，列车广播室都在播音，我们有各种语言的翻译，在广播室里举行晚会，请代表团成员到广播室来演唱各国民族歌曲，气氛很友好，也很热闹，大家心情非常舒畅！

在友好列车中，代表团之间、中国工会和各国工会朋友们之间的友谊加强了。

上海是个现代化的大都市，在上海主要是参观工厂和纺织厂。在上海参观完毕，活动也就结束了。各国工会代表，有的坐飞机、有的坐火车先后回国。

这种友好列车参观活动一共举行过三次。这里讲的是 1952 年的活动，有一定的代表性。其余两次是大同小异。

中国工会访苏考察

全国总工会领导为了进一步学习苏联工会经验，提高各级工会领导干部水平，根据中华全国总工会与苏联总工会达成的协议，于 1954 年 9 月到 1955 年年初，派了一个领导干部学习考察团去苏联。在苏联五个来月，考察了十四个城市、十六个产业工会、二十个工厂企业。学习考察分两个阶段，回来后出了两本书：《劳动经济》、《苏联工会建设讲义》，后来还搞了一个“苏联工会基层组织体系介绍”的小型展览。

学习考察的第一个阶段，是在苏联总工会的高级工运学校学习理论课；第二阶段，是去苏联各地的工厂企业考察基层工会工作经验。

全国总工会学习考察团以总工会书记处书记董昕为团长，团员有全国总工会生产部部长顾大椿，研究室主任刘实、研究室的陶波，这是两位大秀才，是董昕的得力助手；还有昆明市委书记兼市总工会主席赵尊义，全总干校教研室的同志，各地总工会、产业工会同志等四十九人。翻译也比较得力，我是翻译组组长，翻译有劳保忠、邓定宇、郑东海、车荣舫、杨景，还有位女翻译岳泉仁。这是一个大的高级学习考察团。

我们是坐火车去的，穿过整个西伯利亚，大约走了九天九夜。

到莫斯科后，董昕带我们一起去苏联总工会拜见总工会主席库兹聂佐夫，是礼节性的拜会；然后跟苏联总工会书记处的一位书记具体商谈这次学习参观考察的安排。双方商定课堂学习三个月左右，由苏联总工会各部门的负责人和苏联高等工运学校各教研室主任讲授，讲授的课程是“苏联工会建设”；此外董昕提出是不是再给我们讲些劳动经济理论方面的课，他们也同意了。这样，理论学习时间就增加一些，内容也更丰富了。当然讲这些课，他们有现成的教授和讲义，对他们来说是驾轻就熟，但对我们来讲就增加了翻译的工作量了。我们很快就搬到学校去了。

苏联总工会高等工运学校是工会系统的最高学府，它的毕业生可以领取大学的毕业文凭。这座学校位于莫斯科郊区的索尔德科夫卡镇。苏联的森林覆盖面积非常大，整个西伯利亚都是原始森林，一直延伸到莫斯科郊区。这所学校就建在白桦林中，风景美丽、空气清新，远离闹市，环境非常好，是一个理想的学习场所。

校园中有一幢长方形的二层宿舍楼，一间寝室住四个学员。董昕是中国总工会的书记，苏联同志专门征求他的意见，建议他住在城里，每天来上课。董昕不同意，他说我也是学员嘛！我要和所有的学员一样！这样，董昕就单独住一间。

所有的寝室都是长方形，室内有四张床，靠窗户是办公桌，走廊里有公用厕所、盥洗室。另外还有几幢教学楼。我们是在一个大教室里上课，每天的作息时间是：早七点半吃早饭，八点半上课到中午十一点半，下午课两点到五点。另外一幢楼，里边有礼堂、餐厅、厨房。我们就在这样优美的环境里度过了三个月的学生生活。

学习的课程是两大部分：“苏联工会建设”和“劳动经济”。“劳动经济”课程深一些，这门课是由学校的梁思尼阔夫教授和彼特洛勒科教授讲授，共有六篇二十八章，包括序言、“劳动经济”课程的对象与任务、社会主义制度下劳动与资本主义制度下劳动的原则区别、社会主义制度下的社会劳动生产率及其提高的因素、劳动定额与劳动组织、苏联国民经济中劳动报酬的组织、社会主义企业中的劳动计划以及苏联劳动的扩大生产和计划分配等等。两位教授讲课时大段大段地“引经据典”，听起来相当枯燥，有的同学感到内容比较松散。反映到董昕那里，董昕还专门向苏联同志提出。后来苏联总工会派了负责同志来听课，建议讲课内容增加一些联系实际的例子和内容，以便学员理解。因为这门课是我们主动要求开的，只好硬着头皮坚持学下去，当然在课程中也有学员们比较熟悉的内容，如党组织、政府和工会在社会劳动组织中的作用、社会主义劳动竞赛、劳动定额、工资制度等等，都是从理论上加以论述，也引起学员们的兴趣。

“苏联工会建设”这门课，是请苏联总工会各个部门负责人讲授的，内容是苏联工会工作的十三个方面，包括：工会的群众组织工作（工会章程、工会会员及其权利和义务、工会组织结构、工会各级组织、对工会决定的执行和检查）；工会的群众生产工作（组织和领导社会主义竞赛、组织群众生产会议、开展群众发明和合理化建议、集体合同、工会的群众生产工作机构）；工会在劳动组织和工资方面的工作（各级工会的工资工作机构及其职能、对劳动统计工作的监督、对工资基金超支的分析、基层工会的工资工作委员会的条例）；工会的群众文化工作（群众文化工作机构、群众政治工作、图书馆工作、职工业余艺术活动、职工文化休息、帮助职工教育儿童）；工会在体育和运动方面的工作（组织机构、体育教育基础、工作任务）；苏联国家社会保险（基本原则、职工暂时丧失劳动力时的物质保障、母亲和婴儿的物质保障、苏联的保证金——养老金等、疗养治疗、组织休息、治疗伙食，苏联社保的发展、管理组织、预算工作和统计报表工作）；工会在劳动保护方面的工作（苏联的劳动保护、企业安全技术和生产力的工作组织、工会在劳动保护方面的监督工作、工会劳动保护各级组织的工作）；工会在住宅生活方面的工作（工会在住宅生活与工作供给方面的工作、各级产业工会的住宅生活工作，工会对商业企业、企业食堂、农业副业的监督）；工会的财务工作（工作任务、工会的预算）；工会的会计核算工作；工会的统计报表工作；工会干部和积极分子的培训工作；苏联的劳动立法（劳动立法原则、企业的劳动合同、劳动纪律问题、工资方面劳动争议的审理）。

这门课对我们翻译来讲还比较熟悉，因为前几年（1950年、1951年、1953年）苏联工会专家在中国都讲授过这些课程，不是很难。翻译是有分工的，基本上按国内的专业安排，比如工资课仍由劳保忠翻译；他们翻译完，最后由我来审定稿；有些课我也译，如劳动经济课。

在工运学校的学习生活还是很紧张的，早起晚睡，几门课程同时进行。后来决定打印教材，临时又从国内调来两名中文打字员，带着笨重的打字机，单独给她们安排一个房间打字，原来是一份教材，她们来了以后，把所有的教材都打印出来，可人手一份。

整个理论课学习大约三个多月，苏联方面的接待很热情、周到。他们专门派来一位处长谢尔盖和两位中文翻译斯克沃尔佐夫和尤拉陪同我们。

苏联方面将我们的学习生活安排得还是很有规律的。周一至周六上课；每天晚上，或有舞会，或看电影……有时星期六下课后，主人将我们送到莫斯科市里，住在红场旁莫斯科饭店，改善伙食，放松一下，逛逛大街，可到附近的热闹街道去购物、散步、参观。他们也组织安排去参观莫斯科的一些名胜古迹，如画廊去过几次，到大剧院看芭蕾舞，参观技术博物馆，了解先进的技术成就。

也到莫斯科饭店附近的中央百货商店里看看。它是莫斯科最大的商店，商店百货俱全，原来是沙皇时代的一个商会。商店里有一个贵宾服务部，一般人不能进去；要到里面去买东西，贵宾部派人陪着，购物可不必排队。我们要去，或董昕要去，要事先通过苏联总工会国际部联系，从面对红场的专门的小门进去。那里一部分商品是从西方国家进口的，还有一些是苏联国内紧缺商品。我们很少享受这种待遇，一般购物都在大商场的普通店铺里。因为我们没有多少钱。

顺便说一件不大但也不算小的事，莫斯科市里小偷猖獗。有一次我同劳保忠三四个人到一个照相器材商店，劳保忠要买胶卷，我在后边站着，他站在柜台前边看货，他突然喊起来："你干什么？！"我一看，有个苏联人把手伸进劳保忠的大衣口袋里，劳保忠将他手给抓住了，拉住小偷的胳膊，足见小偷的手法不高明。小偷忙说："友谊！中苏友谊！"劳保忠气愤地说："友谊?！友谊你就把手伸进我的兜里掏东西?！"我说："算啦！算啦！"回来一讲，把大家逗得哈哈大笑。我们还有位翻译车荣舫，小年轻，是上海人，很精明。有一次周末，我们进城住在莫斯科饭店，小车到商店购物回来到我住的房间聊天，突然，小车莫名其妙地大笑起来，大家感到很奇怪！问他笑什么？他上气不接下气地边笑边说："我买了几个卢布的避孕套，怕同志们发现，用几张纸包起来放在大衣兜里，进屋脱大衣时才发现被小偷给偷去了！小偷可能认为是值钱的东西。"大家也都跟着笑起来。

车荣舫一直担任技术安全方面的翻译工作。后来，由全总与苏联总工会联系，北京市建设了一个劳动保护、技术安全博物馆，是仿照苏联的技术安全新成就陈列馆建起来的，以便进行劳保和安全方面的教育，推广科研成果，小车也调了过去。以后博物馆交给劳动部了。

星期天吃过晚饭，坐上大轿车再浩浩荡荡地回到苏联总工会高等工运学校。

平时晚上，俱乐部总有活动，在大礼堂组织舞会。但是我们大部分人都不会跳舞，苏联同志发现后，就为我们请来一位舞蹈老师。她是一位资深舞蹈家，沙皇时代有名的芭蕾舞演员，当时已年近七旬，但是从背后看身体却很苗条，走路非常轻盈、舞姿非常漂亮，可是不能从正面看，有些调皮的翻译说她脸上有皱纹，擦了很多粉，一笑擦的粉就往下掉。当然，这是玩笑之意，但说明年龄很老啦。教了一段时间，大部分学员都会跳了，这样晚上就可以经常举行舞会了。因为学校地处一个村镇上，周围的居民，特别是年轻女孩子们就来参加舞会与我们同乐。

正在大家学跳交谊舞时，我突然病了，开始感到发烧、肚子疼、胃疼。学校有门诊部，校医是位四十多岁的女大夫，她叫我到门诊去检查，问一下病情，她测了体温，一看，唉哟一声，说："怎么三十八度啊！"接着，她没用听诊器，就用耳朵听了听肺部、胸部，她说：

"你赶快到医院去，可能是盲肠炎！"就叫来救护车，把我送到莫斯科的一家靠近狄纳莫体育场的医院，直接把我送到外科，做化验、做各种检查。那里有外宾病房，但手术是在普通外科做的。当晚是一位教授给我做的手术，手术是全麻，缝合后送到普通病房。第二天早晨就把我捂得严严实实放在一辆移动病床车上，乘电梯下楼，通过医院的院子到另一个病区，一看就知道是外宾病房，单间，一个人住。病房内很考究，外边有客厅，里边是病床。在医院住了十天，因为担心学校里的学习，就提出出院要求，因为无其他病症，我出院回学校可以帮助工作，增加一些翻译力量。当时不断有团里同志来看我，我就又向他们提出来，按苏联人常规一般也该出院了。经过与医生商量，医生同意等拆线时再来。

出院回到学校，同志们对我热情照顾，吃东西也随便。我做手术这件事传到国内了，爸爸妈妈知道后很着急，因为爸爸在外交部工作，就通过外交部发来一封电报给大使馆转交给我："听说明复盲肠炎住院，甚为惦念，希望多多保重，请你们好好照顾他。"使馆还专门派人来学校看望我，并转给我电报，我很感动，请他们转告家里，我已没什么问题啦，请父母放心！

到拆线时去医院，发现刀口裂开了，不是全部裂开，只是一小段。可能是第一天做完手术后，当时要小便，因我不习惯在床上小便，就站了起来将刀口抻开了。苏联医生很有经验，我眼见他用手将刀口折起来，没再重新缝合，而是用一块大医药胶布一下子就给粘上了，外边又用纱布裹好。他说："这次回去要静养，不要多动，过一个礼拜再来看看。过一个礼拜后去医院，拆开胶布一看，长好啦！

1955 年新年我们是在莫斯科饭店过的。苏联主人做了非常精心的安排。我们全团被邀请参加他们的新年晚会。参加新年晚会的人很多，有好多外国人、苏联人和到苏联访问的代表团。餐厅很大，台上有各种文娱节目，台下是一排排长条桌，每小时上一道菜。晚会从晚八点开始，直到凌晨三四点钟才结束，人们是一边观赏节目，一边喝酒，大家尽情地欢度新年。

当时我爱人吴克良正好也在莫斯科。她是陪中国工会代表团去波兰参加世界工联理事会会议，新年前代表团回到莫斯科，应邀参加这里的新年晚会。代表团的另一位英文翻译关敏谦，她是国际部的，到莫斯科就病了，住进莫斯科医院，领导决定让吴克良陪她。这样，我们就一起在莫斯科欢度新年佳节！

新年后，我们就分成两个组分别到基层去考察。我是陪董昕这个组，还有顾大椿一共二十多人，先到乌克兰的重工业基地第聂伯罗彼得罗夫斯克市，那里有个很大的钢铁联合工厂，到那里去考察苏联基层工会工作经验。我们到那里后，就住在钢铁联合工厂招待所，每天早起晚归。

头一两天参加工厂的座谈会，由工厂的总经理介绍工厂的历史和现状；然后是联合工厂工会委员会主席对工厂工会工作做了全面介绍，从厂级工会组织结构和任务谈起，到车间工会组织、班组工会小组，他们都做些什么工作，如何组织工会小组开展社会主义劳动竞赛，开展“斯达汉诺夫运动”，推行合理化建议。他们谈到工资工作时，说工会主要是监督工厂是否按劳动法、按钢铁行业的工资条例规定工人的工资。特别是每年随着工人生产劳动熟练程度、劳动技术的提高，工人技术等级提高了，工资是否也能随之提高，工会都要监督。在工人的劳动保护方面，冶金生产是高温、高压作业，环境污染比较严重，工会组织要经常检查工厂行政部门是否执行了劳动保护的法律法规。他们还处理各种劳动纠纷。社会保险方面，大量的工作是安排工人每年的休假，因为苏联职工享有带薪休假，根据不同的行业，不同的工种，国家规定每年有不同的假期。工人休假期间工资如何计算，工人如何轮流休假，工会要拟出方案，经工厂同意就执行。另外还做大量的群众文化工作，他们联合工厂有俱乐部，大的车间有小俱乐部，工段还有小的文化室（叫“红角”）。通过在联合工厂的参观考察，比较完整地了解了一个大型钢铁联合工厂的工会工作。

在钢铁联合工厂考察时，正赶上这个厂的工会换届改选。在苏联，工厂工会领导是由工会会员或会员代表投票选举产生的。因此，厂工会主席就很紧张，当时陪同我们的是苏联全国总工会的代表谢尔盖，也有地方总工会代表。我几次听到工厂工会主席跟市总工会主席说："唉！我们选举请你抽时间来！你要替我讲几句话！"可见是恳请市总工会主席来为他助选。因为苏联基层工会主席人选的确定，上级工会可起一定的作用，但最终还是看工会会员的选票来决定。如果工作不得力，工会会员是不会投票选他的。

这次在基层考察中，我们下榻的招待所没有洗澡的地方，所以，隔几天，谢尔盖就带我们去当地的俄罗斯浴池去洗澡。浴池条件很好，进去后是淋浴，再往里边去是蒸汽桑拿。桑拿间很大，沿墙的两边摆着木椅，当中堆着许多大块的鹅卵石，烧得极热，蒸浴的人不断地往石堆上浇水，满屋里蒸汽弥漫，温度很高，当地人还不断地用白桦树枝敲打自己，搞得满身大汗，十分舒服。

我们在厂里参观考察一个多星期，收集很多材料：工会工作计划、工作总结报告、工会组织的各种活动计划、宣传刊、各种票证、请柬、"斯达汉诺夫运动"社会主义竞赛总结等，苏联同志向我们提供了很多反映基层工会工作的实物材料。

考察结束，回到莫斯科做总结，然后回国。

这次学习既有理论，又有实际工作考察，回来后出两本书，即《苏联工会建设》（五十一万字）和《劳动经济》（六十万字）。

根据董昕的建议，为了能够系统地研究苏联工会工作经验，将原来的翻译室改为苏联工会运动研究室，由陶波任室主任，傅也俗任副主任。研究室经常出些简报、刊物，系统地介绍苏联工会经验，同时也安置了这批翻译人员。全总国际部有个苏联东欧科，主要是做些国际联络工作，与苏联及东欧各国工会保持联系，做些相关的调研工作和送往迎来的接待工作。

在苏联学习考察工会工作时，收集了很多资料和实物，因为我们这个组，还有去顿巴斯煤矿考察的第二组，都搜集了一些实物、苏联工会实际工作的宣传品，带回来放着太可惜，不如办个小型展览宣传、展示一下。经全总领导同意，我们举办了一个小型的苏联工会基层组织经验展览。经过一个多月的筹备布置，首先把苏联工会组织机构做个大图表，请来美术设计师，又分门别类地将我们学习、考察、参观的照片、宣传刊、集体合同的样本、俱乐部开展的各种活动的招贴画、请柬等，在全总干校布置了整整一个教室，还有三个长桌上都摆满了展品。

此时，正赶上全总召开全国工会会议，请会议代表们来参观。我们还做了讲解。参观的同志认为苏联工会基层组织工作内容很丰富，但是很难学，如搞宣传刊、文艺活动、宣传品的印刷等，我们经费困难，可能搞不起来，但我们要尽力去办。

结缘南斯拉夫

1955 年 4 月下旬，我参加了南斯拉夫工会访华代表团的接待工作，从这时起就开始了“结缘南斯拉夫”。

南斯拉夫工会访华代表团团长，是南斯拉夫工会联合会中央理事会主席团委员、南斯拉夫共产主义者联盟中央委员斯达门科维奇，团员有南斯拉夫战斗报社社长、南共联盟中央委员贝戈维奇和萨格勒布市一家工厂的工程师叶哥罗提亚。贝戈维奇是南共的老党员，参加过西班牙战争，是铁托总统的战友。他高个、清瘦、两鬓花白，戴着金边眼镜，文质彬彬，精通俄、英、法、西四国语言。

全总领导派我同世界工联亚澳联络局的副秘书长俞志英负责接待。俞大姐通晓英文，同南斯拉夫客人们交往十分方便。在陪同客人们活动中逐渐发现，在各种正式场合出面讲话的是团长，但是，整个日程安排都要听贝戈维奇的意见。他对中国的情况十分关心，所提问题的针对性很强，显然是有备而来。实际上，他才是代表团的核心人物。

这里简略地回顾一下历史，才能了解南工会代表团，准确地说是贝戈维奇访华的背景。

1948年6月，根据斯大林的指示，欧洲共产党情报局做出了关于南斯拉夫共产党情况的决议，把南共开除出兄弟共产党和社会主义国家的行列，同南斯拉夫断绝了一切关系和往来。1953年斯大林逝世之后，苏共新领导主动承认苏联过去对南斯拉夫的态度是错误的，并着手改善同南斯拉夫的关系。而1948年欧洲共产党情报局做出关于南斯拉夫共产党的决定时，我们中国共产党正处于紧张的内战的情况下，无暇顾及苏南矛盾的具体情况，仅发表了以刘少奇名义署名的《论国际主义与民族主义》的文章，对南共进行了批评。当时中共和南共之间没有任何接触。后来苏共中央承认并改正对南斯拉夫的错误以后，中国政府决定同南斯拉夫建立正式的外交关系，并决定派外交部副部长伍修权为我国首任驻南大使。这就是为什么南共中央派出中央委员贝戈维奇以南工会代表团成员的身份到中国进行访问，以便同中共领导进行接触的原因。

在北京期间，南斯拉夫客人们参加了“五一”劳动节的各项庆祝活动。全国总工会主席赖若愚、副主席刘宁一分别会见了南工会代表团，向他们介绍了中国工会情况。他们也介绍了南斯拉夫工会工作和“工人自治”的经验。

在此期间，我们还陪同客人们游览了故宫、颐和园、八达岭长城等北京的名胜古迹，请他们品尝了全聚德老店的烤鸭。我们告诉客人们，第一次到北京的客人一定要做两件事：一是爬长城，“不到长城非好汉”，你们登上了八达岭的烽火台，都是“好汉”了；二是吃烤鸭，不品尝全聚德的烤鸭，等于没来北京，而你们两条都做到了，可发给你们“到北京一游”的证书了。客人们听了哈哈大笑。他们还到沈阳、抚顺、无锡、上海等地参观访问。

5月下旬，他们回到北京，在华的活动日程已接近尾声。对在北京和外地的参观、同工会朋友的会见，他们都表示满意，最后只等中共中央领导的会见。

唯一的一件事情，引起客人们的严重不满，在中央有关部门的干预下，妥善处理了，坏事变好事，避免了一场外事纠纷。

“五一”节期间的一天下午，我和俞志英陪同南斯拉夫工会代表团从他们下榻的北京饭店走到天安门广场散步。路过劳动人民文化宫时，我们介绍说，那里原来是皇帝家族的太庙，供奉他们祖先的牌位，现在是供人民休闲的劳动人民文化宫。于是我们就陪同他们走进文化宫去散步。

走到大殿的围墙门口，看见大幅的招贴画，上面写着《美帝国主义侵略罪行展览》。贝戈维奇问道，能进去看看吗？俞志英问门口值班的工作人员是否可以进去看看？他们说，现在正在布置，还是预展，还没有对外开放。我说，外国朋友是总工会请来参加“五一”节的客人，快回国了，让他们去看看吧。门卫就放我们进去了。大殿里陈列着各种揭露美国称霸世界的大幅的照片、图表、实物，还有大幅的标语牌。其中有一张美国军事基地的分布图，是一张放大的世界地图，哪个地方有美国军事基地，就在哪里插一面三角形的小旗。贝戈维奇发现在南斯拉夫的地图上也插了一面小旗，十分恼火，严肃地说：“这不对呀，我们南斯拉夫从来没有美国军事基地。”我当场把他的话翻译过来，旁边的工作人员说，他们现在是预展，这些展品都没有经过审查，要经过领导审查才能最后确定是否正式展出。

走出展厅后，贝科维奇通过俞志英向我们提出了正式意见，说我们南斯拉夫领土上从来没有美国军事基地，这幅地图歪曲了真相，希望你们能够更正。

回去后，俞志英马上赶到全总机关，向刘宁一等领导口头汇报了刚才发生的事情。全总领导又给中央写了书面报告。后来俞大姐对我说，她专门写了检讨，刘宁一批评她，说你是一个“老外事”[①] 啦，还那样冒失！我说，我也有责任，想让外宾多看看，好心办了蠢事。

① 20世纪40年代，俞志英大姐就跟随刘宁一在欧洲从事国际工会运动。——作者注

5月25日，我们接到通知，要我们第二天，即5月26日上午九时前，把南斯拉夫工会代表团送到西城二龙路中共中央对外联络部的大门口，到时有人接他们，事后将送他们回北京饭店。于是，第二天我准时送客人到中联部，然后我就返回饭店了。中午时分，客人回到饭店。

5月27日，中联部又派人接走了南斯拉夫客人。

5月28日，《人民日报》刊登了新华社5月27日的消息：

> 中共中央秘书长邓小平、中共中央委员王稼祥，应被邀请来我国访问的南斯拉夫工会代表团的要求，在五月二十六日、二十七日接见了代表团……并进行长时间谈话，对若干重大问题交换意见，并表达了各自的立场和观点。

很长一段时间，我一直不知道中央领导同客人们谈了什么。直到1991年伍修权的回忆录《回忆与怀念》出版后，我才了解了当时的情况。现将有关段落摘录如下：

> 1955年4月，南斯拉夫派来以贝戈维奇为首[①]的工会代表团，一面参加我国的五一国际劳动节庆祝活动，一面就中南两国关系中的一些具体问题做进一步商谈。我国由邓小平同志与他接谈。当时虽然两国都有了改善关系的愿望，但是毕竟还处于“解冻”的初期，加之本来就缺少互相了解，所以会谈时双方的态度都比较严肃。贝戈维奇认真地向我们介绍了南斯拉夫的情况和南共的立场，特别对1948年情报局关于南共的决议，做了大量的解释。我们过去对许多事情确实不太知道底细，对贝戈维奇的话采取了一定程度的保留态度。他们还就五一节里游园中的一幅世界地图上将南斯拉夫划为资本主义世界的一部分，并成为美国的军事基地，向我们表示了不满。我们接受了他们的意见，让有关部门把那幅地图取掉了。

① 南斯拉夫工会代表团的团长为斯达门科维奇。——作者注

前面我讲的“坏事变好事”就是指这件事。现在回想起来，所谓的南斯拉夫领土上有美国军事基地，显然是对南共、铁托的误解。苏共新领导已公开承认了过去斯大林对南共的错误，推翻了一切不实之词。中共中央表示支持苏共改善同南斯拉夫关系的做法，并同南已建立外交关系。在这种情况下，在北京的展览上竟然还出现标示南领土上有美国军事基地的地图，重复对南共的成见，这无疑是一个粗心大意而导致的重大的政治错误。幸亏南斯拉夫朋友发现这个错误，使得在正式展出前得以纠正。这样就避免了对观众的误导，避免了一场外交交涉和纠纷。我们陪同客人们“硬挤”进展览会是不对，犯了错误，但是因此发现并纠正了一个政治错误，真是应验了“坏事变好事”这句俗话。

中央领导会见后，代表团团长斯达门科维奇和团员叶哥罗提亚乘飞机经莫斯科回国。贝戈维奇则取道香港回国，我送他到广州，然后经深圳出境。

5月中旬的广州气候炎热，阵雨不断。街上行人大都衣着简单，不少人脚踏木屐，身穿黑褐色的湘云纱的凉衫裤。运送货物多用两轮板车，不少车夫竟是妇女。好多小孩索性光脚在街上走来走去。珠江边停泊着一眼望不尽的一艘艘木船，当地称为“疍民”的水上人家就生活在船上。市内热闹，街道两旁的楼房，像巨大的伞一样，盖在一条条人行道的上面，为辛劳的广州人（当然不仅仅是广州人）遮住了炎热的阳光和急促的雨点。被世人誉为“水果之乡”的广州店铺和路摊上，大都只能见到从北方运来的皱巴巴的苹果。再加上同当地的老百姓靠书写才能沟通的诸多不便，当年的羊城没有给我留下多少鼓舞人心的印象。

在当地主人的安排下，贝戈维奇参观了中山纪念堂、黄花岗七十二烈士纪念馆、毛主席创办的农民运动讲习所旧址等，并游览了市容。对广州到处可见的旧中国的遗迹，贝戈维奇倒是看得平淡。他说：“一切都会变的，过几年再来，会认不出来的。”如果他能活到今天，看到改革开放后广州翻天覆地的变化，他作为一位共产主义战士一定会感到无比的欣慰，他当年的预言实现了。

我陪贝戈维奇乘火车到深圳车站。一下火车，一片荒凉，沿着铁路线有一条土路通向边界，一座桥和长长的多层铁丝网把内地和香港隔开。前来送行的宝安县的县长帮助贝戈维奇很快办好出境手续。我一直送他到桥旁。按照欧洲人的风俗，我们热烈拥抱，同他握手告别，他说，希望很快能在南斯拉夫见到你。我看着他走过了边界桥，走过了铁丝网，走过了港英的哨所，渐渐走远……

送别客人后，宝安县长留在站台等着送我，过几分钟，我将乘来时坐的那趟列车返回广州。我问他平时他们的主要任务是什么？他的回答简单而又实在："抓偷渡！"当年农村社会主义改造脱离实际地超阶段地迅猛发展，严重挫伤了广大农民的生产积极性，阻碍了农业生产的发展和农民生活的改善，导致大批人口非法移民，致使反"偷渡"成了边境地区行政的第一要务。80年代广东率先实行改革开放政策以后，我又一次来到深圳。一座现代化的城市耸然屹立在昔日荒凉的原野上。宝安县的一个年轻县长信心十足地对我说，发展经济是第一要务，"偷渡"即将成为过去，大批的香港同胞将到我们这里来休闲、购物和工作！年轻县长的预测早已为现实生活所证实。

回到广州，我到街上买了一只深红色的牛皮箱和一顶圆形的蚊帐。陪同的主人说，北方来的同志到我们广州来大都买箱子，因为这里的皮箱是真牛皮做的，结实！广州的牛皮箱果真名不虚传，六十年前带回来一直用到如今，完好如初，甚至没有"走形"。

我拎着大皮箱搭上了北上的列车。当时武汉长江上还没有铁路桥，要下车乘船过江，再换车继续北上。我的三姐明光、姐夫黄宇齐随四野大军南下，解放武汉后就留在地方工作。我到武汉后，在明光姐家休息了一天。她们陪我游览了东湖、黄鹤楼，还到过1938年保卫大武汉时期，父亲和他的战友们工作过的地方——武昌明月桥"东北同乡会"旧址。当时我们曾在那里生活了半年多，后来战事吃紧，日寇逼近武汉，我们就撤到重庆去了。没想到，告别三姐回到北京后，很快就有缘回访南斯拉夫。

回访“标新立异”的南斯拉夫

不久，全总收到了南斯拉夫总工会发来的邀请函，邀请中国工会代表团对南斯拉夫进行回访，为期二十多天。全总决定派刘宁一率团访南，团员有全总书记处书记张修竹、全国重工业工会副主席石磊，以及两名翻译：英文翻译是全总国际部副部长蔡英平，俄文翻译是我。刘宁一走南闯北，阅历丰富，享有“民间外交家”的盛名；张修竹是全总系统公认的理论家、“大笔杆”；石磊学生出身，在产业工会的头头儿中算是一位出类拔萃、年轻有为的“文化人”；老蔡精通英文，为人精明强干。可见，我们这个团兵精将强，足以应对各种复杂的局面，也有能力分析判断被认为是“标新立异”的南斯拉夫的实况。

出发前我们看了一些有关南斯拉夫的材料。

第二次世界大战爆发后，法西斯德国占领了东欧各国，包括南斯拉夫。1941 年铁托领导南斯拉夫共产党人在山区发动抗德起义。当时参加起义的共产党员后来都被称为“首批战士”（即老战士）。他们与德国侵略者进行了艰苦卓绝的斗争。他们依靠人民，英勇奋战，终于在 1945 年解放了大部分南斯拉夫的国土。在东欧各国中靠自己武装斗争，赶走德国侵略者的，只有南斯拉夫一个国家。当时苏联军队已将德国侵略者赶出苏联国土，解放了东欧的一些国家，如波兰、罗马尼亚、保加利亚、捷克，并逼近南斯拉夫。南斯拉夫人民军在自己的国土上迎接了苏联红军的到来。

铁托在南斯拉夫人民中有很高的威望和很大的凝聚力，在他的领导下建立了多民族的南斯拉夫联邦共和国。当时苏联同南斯拉夫关系很好。第二次世界大战结束后，苏联以及东欧其他国家给予南斯拉夫极大的援助，帮助它新建了许多工业企业，修建道路、桥梁、铁路，恢复交通运输等。同这些国家的贸易占南斯拉夫贸易总额的百分之五十一以上，南恢复国民经济所需的大量成套设备、焦炭、生铁、钢材，以至日用品都以优惠条件从苏联等国购进。在政治、文化等方面也有密切联系。

在反法西斯战争中，南斯拉夫得到了英国、美国的援助，同英、美建立了一定的联系，开始是军事联系，后来发展到外贸方面，并接受美国的一些经济援助。

随着第二次世界大战的结束，反法西斯联盟也就解体了，昔日的盟国形成了两个尖锐对立的营垒，一边是英、美、法，他们建立了“北大西洋公约”组织；一边是苏联和东欧国家，他们建立了“华沙条约”组织。① 在两个营垒对立的情况下，苏联和斯大林对南斯拉夫继续保持与英美的联系极为不满，要求其断绝与英美的联系。但是铁托没有听从斯大林的指示，仍然维系同英美等西方国家的关系。到 1947 年至 1948 年，斯大林把南斯拉夫共产党和铁托说成是叛徒，是西方帝国主义的走狗……等等。1948 年 6 月欧洲共产党情报局做出专门的决定，谴责南共和铁托，把南斯拉夫从社会主义阵营开除出去，中断了与南共的一切联系，停止了对南斯拉夫的一切援助。

在这样困难的条件下，南斯拉夫并没有向斯大林屈服，也没有向西方国家出卖自己的国家主权，采取了符合南斯拉夫实际的自己的发展道路。斯大林逝世后，苏共新的领导，特别是赫鲁晓夫掌权后，重新审查了苏联与南斯拉夫的关系，纠正了斯大林时期所犯的错误。中国也同南

① 第二次世界大战后，美国为了遏制苏联，维护其在欧洲的主导地位，联合比利时、法国、卢森堡、荷兰、英国、丹麦、挪威、冰岛、葡萄牙、意大利等欧洲一些国家和加拿大，于 1949 年 4 月 4 日在华盛顿签署了“北大西洋公约”，决定成立“北大西洋公约”组织，简称“北约”。该组织是一个为实现防卫协作而建立的国际组织，其宗旨是：成员国在集体防务和维持和平与安全方面共同努力，通过政治和军事手段，促进欧洲—大西洋地区的民主、法治和福利，保卫成员国的自由与安全；公约约定：“各缔约国同意对于欧洲或北美之一个或数个缔约国之武装攻击，应视为对缔约国全体之攻击……”冷战时期，北约的对立面是苏联与东欧国家于 1955 年组成的“华沙条约”组织（“华约”）。“北约”成立之初只有十二个成员国，后经六次扩大，成员国逐渐达到二十八个。“北约”的最高决策机构是北约理事会。理事会由成员国国家元首及政府高层、外长、国防部长组成，常设理事会由全体成员国大使组成；主要机构有：防务计划委员会、计划与分析委员会、常任代表理事会、国际秘书处和军事委员会。“北约”总部设在比利时的布鲁塞尔。——作者注

斯拉夫建立了外交关系。我们就是在这种情况下去访问南斯拉夫的。

1955 年 9 月 16 日，我们一行五人乘飞机从北京经莫斯科飞往南斯拉夫。9 月 21 日飞抵贝尔格莱德。南斯拉夫工会联合会中央理事会副主席德拉 · 涅门科维奇等人到机场迎接。

从机场驶往市区的路上，我们路过一个废弃了的工地，高大的锈迹斑斑的钢架空荡荡地耸立着，四周长满了一人多高的野草，一片荒芜的景象。陪同的主人解释说，这是二战后苏联政府援建的政府大楼，1948 年夏天，苏联人撤走了，就一直扔在这里。从这里我们开始了对南斯拉夫历史和当代的解读。

当天，9 月 21 日，南斯拉夫工会联合会中央理事会主席萨伊拉等领导人亲切会见了中国工会代表团。他们热情欢迎中国朋友的到来，对中国人民在共产党的领导下，经过长期艰苦卓绝的斗争取得胜利，并从中国的实际出发独立自主地建设社会主义，表示衷心的钦佩。他们特别提到，当年铁托率领的游击队就经常用中国红军的长征来激励自己，坚持抗战，最终靠自己的力量赶走了德国侵略者。

1955 年 9 月 21 日，南斯拉夫工会联合会中央理事会主席萨伊拉（左三）等领导人亲切会见了以刘宁一（右三）为团长的中国工会代表团

他们介绍了南斯拉夫工会工作，特别是“工人自治”的情况。他们说，“工人自治”是贯彻了马克思关于在社会主义社会、共产主义社会工人自己管理自己的原则。他们还谈到，1948 年以后，南斯拉夫人民在铁托领导下全国团结一致，顶住苏联的压力，克服困难，坚持走自己的道路，社会经济的发展、人民生活的改善都取得了很大的成绩。

主人们说，南斯拉夫同中国比是个小国，坐汽车从东到西、从南到北周游一圈，也用不了几天。我们为你们安排了一次“车轮上的旅行”，希望中国同志到处看看，更好地了解我们。

刘宁一团长对主人的热情接待和周到安排表示感谢，并希望进一步加强两国工会的交流。

9 月 23 日，萨伊拉主席主持中央理事会全体会议欢迎中国工会代表团，并请刘宁一团长在会议上致词，介绍了中国的情况和工会工作。

在南斯拉夫工会联合会中央理事会书记处书记维沃达等人陪同下，我们在贝尔格莱德逗留两天后，乘汽车周游了南斯拉夫所有的共和国，先后到达塞尔维亚共和国的伏伊伏丁那自治省的首府诺维萨德市、克拉古也瓦茨镇；马其顿共和国的首府斯科普里市；克罗地亚共和国的位于亚得里亚海滨的杜布罗夫尼克古城，然后改乘游艇沿亚得里亚海岸线抵达斯普里特港；又乘汽车到斯洛文尼亚共和国的首府卢布尔雅那市、马里波尔市和布列德市，参观了世界闻名的“波斯托依纳”溶洞；接着再次进入克罗地亚共和国，抵达其首府萨格勒布市；路经波斯尼亚—黑塞哥维那共和国，访问了该共和国的大工业中心意尼卡，在首府萨拉热窝市，参观了该共和国“战后教育和文化发展”展览会，随后又参观了南斯拉夫最大的布兰尼查水电站；最后返回贝尔格莱德。二十九天周游了五个共和国、九个市、一个自治省、一个港口、一个名镇和一个古城（每天中午停车“打尖”的路边那些记不住名字的村镇还不算在内），参观了各类工业、农业、文化、教育项目，同各行各业的代表们举行了会见和座谈，以“车上观花”的方式初步了解了南斯拉夫现行体制的方方面面。

二十多天中，早出晚归，日夜兼程，风尘仆仆。每到一处，市政领导、工会干部热情接待，主动介绍当地社会经济发展情况，对我们关心的事，如管理体制、“工人自治”等等，有问必答。特别是参观工厂、农庄时，主人们都详细地介绍了他们实行“工人自治”的经验。所到之处，南斯拉夫朋友对中国同志都很亲切，一谈到中国红军的长征，津津乐道，什么爬雪山、过草地，他们都知道，还讲给我们听。

二十多天中，同南斯拉夫朋友朝夕相处，一个突出的印象，就是他们彼此之间，上上下下十分融洽。每到一地，无论是市长、工会主席或是普通工作人员，都很随和，都很朴素，没有什么“等级”之分，我们的司机就同我们一起住宿，一起吃饭。各地的宴请也很随便，从未刻意安排主次座位，菜肴也很简单。大家坐在餐桌旁自由自在地交谈，毫不拘束，彼此坦诚地介绍各自国家的情况，询问关心的问题，往往聊到深夜。

我们看到，南斯拉夫同志十分尊重南人民反抗德国法西斯的光荣历史。他们自我介绍时，总是先说我是“首批战士”（即老战士），并自豪地指着胸前佩戴的“首批战士”纪念章给我们看。我们所到之处都看到庄严肃穆的烈士墓、纪念碑。特别是主人们还专门安排我们访问了遭到法西斯占领军大屠杀的克拉古耶瓦茨镇，在这里德国法西斯用机关枪屠杀了敢于反抗他们的全镇的居民，连母亲怀抱中的婴儿也没放过。在耸立在山岗上的烈士纪念碑前，刘宁一团长带领我们全团向死难的烈士默哀致敬并献了花圈。至今我还保存着主人们在纪念碑前给我们拍的照片。

我们在周游南斯拉夫各地的过程中，虽然看到有些地区仍欠发达，但总体上讲，他们比东欧的任何一个社会主义国家都繁荣兴旺，人民安居乐业。城市街道整齐干净，绿树成荫，商店里的货物琳琅满目，各种食品、日用品应有尽有。大街上的路灯、商店的橱窗，整夜灯火通明。

我们也访问了一些普通工人的家庭，虽然谈不上豪华，住的都是

刘宁一（右四）团长亲执花圈步行至耸立在山岗上的烈士纪念碑，向在反抗德国法西斯战争中牺牲的烈士们致敬。右二为阎明复

刘宁一（左一）团长、张修竹（右二）、石磊（右三）和阎明复（右一）向死难的烈士敬献花圈

两三居室，但很整洁舒适。南斯拉夫的城镇居民有一个良好习惯，每天傍晚要到中心广场或步行街散步，有的小镇一半以上的居民都走出家门，到广场休闲漫步，直至深夜。他们衣着随便，多半穿着休闲装，全家扶老携幼，无拘无束、悠哉悠哉地在街上漫步闲逛。到达诺维萨德市的当晚，在主人的建议下，我们也到中心广场加入了散步人群的行列。

全总书记处书记张修竹在烈士纪念馆观看烈士遗物。右一为阎明复

看着这些围绕广场悠然自得地漫步的人群，我们不禁感慨万千……南斯拉夫真是多灾多难，千辛万苦，抗战四年，好不容易赶走了希特勒；刚过上两三年和平日子，又陷于斯大林的巨大压力下，又是六年多的千辛万苦，咬紧牙关，勒紧裤带，决不屈服，自力更生，克服了难以想象的困难，用自己的勤劳和牺牲换来了今天的繁荣昌盛，国泰民安。这一切来之不易，我们由衷地感到敬佩。

耸立在山岗上的烈士纪念碑前，代表团拍照留念。右一为阎明复

亚得里亚海滨的杜布罗夫尼克古城，给我们留下了难忘的印象。它是建立在 13 世纪的一个依山傍海的港口城市。七百多年

前修建的中心广场、用长方形石块铺砌的宽敞的马路、两旁的一排排砖石结构的三层楼房、住宅区里纵横交错的狭窄巷道、坐落在半山腰的露天剧场、培养高级神职人员的神学院、数不清的教堂……都没有遭到第二次世界大战的破坏，至今保存完好，成为蔚蓝色的亚得里亚海中的一颗明珠。

南斯拉夫的主人还请来神学院的教授陪同我们参观，讲解他们的宗教政策。南斯拉夫宪法规定宗教信仰自由，政教分开。神学院的毕业生不仅到全国各教区任职，还被聘请到其他国家去担任宗教职务。

我们在杜布罗夫尼克市的码头登上了一艘游艇，沿着亚得里亚海岸线向西北方向驶去。亚得里亚海的南端与地中海相连，西北岸就是意大利。沿南岸众多岛屿、半岛和海湾，首尾相连，远远望去形同串珠。仲夏季节的亚得里亚海，风和日丽，水平如镜。在游艇上，我们一边欣赏如画的风光，一边倾听主人们的介绍，继续一路上时断时续的对南斯拉夫新体制的探讨。我们在游艇上住了一夜，热情的水手用亲手钓上来的海鱼，做了美味的炖鲜鱼汤来款待我们这些远方的来客。

第二天清晨，我们抵达南斯拉夫的重要港口斯普里特，告别了水手们，坐上从杜布罗夫尼克赶到港口的汽车，继续旅行。

在斯洛文尼亚，我们游览了卢布尔雅那市附近的“波斯托依纳”溶洞，的确名不虚传，称得上是“人间仙境”，让人们流连忘返。我们乘坐敞篷的电动车，在洞中曲曲弯弯的轨道上行驶，两旁不断出现百态千姿的石笋、石林、石钟乳，在灯光的照射下色彩斑斓，惟妙惟肖地呈现出各种各样的形象。我们驶过可以容纳千人的溶洞大厅，跨越可以行舟的地下暗河。主人们说，苏联著名电影《宝石花》的外景场地就在这里。当时《宝石花》的中文翻译片已在中国上演，观众们都对片中主人翁“铜山公主”的洞中宫殿的宏大、景色的逼真赞叹不已。主人们还介绍说，战争中德寇在溶洞中贮藏汽油，而游击队员从一条鲜为人知的秘密通道潜入，烧毁了洞中上万吨的汽油，之后安全撤走了。斯洛文尼亚的“人间仙境”给我们留下了难忘的印象。

回到贝尔格莱德以后，主人为我们代表团举行了记者招待会。一向务实的南斯拉夫朋友只请来了两三位记者，问到中国同志的访南印象，具体问题只有一个："南斯拉夫有美国军事基地吗？"刘宁一不愧是"老外交家"，围绕周游"列国"的诸多印象侃侃而谈，但也无法回避主人们直截了当的质问，其实也用不着回避。最后刘宁一说，我们没有看到美国的军事基地。这是真实的。十多天来，我们走遍了这个国家的所有地区，无论在城市、乡村、港口，或是在山区、在海上、在战略公路、省级公路、乡村土路上，我们的确没有看到美国的飞机、大炮、军车、坦克，以至于美军士兵。没有就是没有，真的假不了，假的也真不了。此时此刻我才恍然大悟，原来南斯拉夫同志邀请我们一行来到南斯拉夫，安排我们日夜兼程，既去平原山区，又去陆地海上，跑遍了全国，目的就是让我们用亲眼所见去驳倒所谓"南斯拉夫有美国军事基地"的谎言！对南斯拉夫同志的良苦用心，不能不表示佩服。

10 月 19 日，南斯拉夫共和国联邦议会副议长西米奇接见了我工会代表团，表达了进一步加强和发展同中国的兄弟友好关系的愿望。刘宁一团长对南主人热情的接待和周到的安排表示诚挚的感谢，并讲述了将近一个月的访问给我们带来的诸多美好的印象。

10 月 21 日，我们代表团动身回国。

带着满脑子的印象、疑问和南斯拉夫朋友送的一大堆资料，我同代表团一起回到中国。但是对我来说，由贝戈维奇访华而同南斯拉夫结下的"缘"并没有了结。翻译的职业使我一再地接触、认识这个"标新立异"的国家，对其产生了浓厚的好奇心，决心去留意有关它的一切信息，摸清它的"底细"。

第一次给毛主席当翻译

1956 年 9 月，中国共产党召开了第八次全国代表大会，当时，我还在全国总工会工作，被借调到大会翻译处，参加南斯拉夫共产主义者联盟代表团的接待工作。代表团团长维塞林诺夫是南斯拉夫最大的塞尔维亚共和国的党中央书记、南共中央主席团委员；20世纪40年代，当希特勒法西斯占领南斯拉夫以后，他参加了铁托领导的抗德起义，是南斯拉夫的“老战士”之一，深受铁托的信任。维塞林诺夫是南斯拉夫的塞尔维亚人，塞文同俄文同属斯拉夫语系，他能用俄文交流。

当时，党的八大秘书处为每一个兄弟党的代表团派了一位联络员和一个翻译。南共代表团的联络员是丘金，他是全国海员工会的主席，广东人，一位老地下党员。

为了接待外国兄弟党的代表团，在西郊万寿路修了一个宾馆，一共有十八幢主楼、礼堂、服务楼等设施，叫“十八所”。苏联以及其他社会主义国家的党代表团都住在这里。南共代表团也住在这里。

在党的八大的全体会议上，维塞林诺夫代表南共对大会的召开表示了热烈的祝贺。他说，南斯拉夫的党和人民以及铁托本人，一直非常敬佩中国共产党过去的斗争业绩和现在的建设经验，认为两党两国所走过的道路有许多共同点，这都是运用马列主义基本原理，从各国具体情况出发的结果，这是对马列主义学说的发展和新贡献。他们希望这种创造和中南两国两党之间友谊能够得到发展。

9月23日，大会秘书处通知我，说明天下午三时，毛主席要接见南共代表团，让我通知客人们。我马上告诉了维塞林诺夫。

得悉这个消息后，我既高兴又感到紧张和不安。高兴是因为这是我一生中，第一次有幸和有机会这样近距离地见到毛主席，给他老人家当翻译。这样的事情在那个年月，对于一个年轻翻译来说实在是太难得、太遥远的事了。感到极度的紧张和不安是因为，给毛主席当翻译可不是件轻而易举的事情呀，我想得很多，听说他老人家乡音极重，我能不能听懂他的湖南话呢？他会同南斯拉夫客人谈些什么呢？碰到生僻的词怎么办呢？诸如此类的问题一个又一个地困扰着我，当天夜里几乎一直没合眼。

党的八大是在现在的全国政协礼堂举行的。毛主席会见外宾就在大礼堂东侧的会客室。

9 月 24 日下午，我陪同南斯拉夫客人准时到达政协礼堂的会客室。我看见毛主席、王稼祥等中央领导亲自站在会客室的门口迎接客人。一眼望去，毛主席魁梧的身材、浅灰色的宽绰的中山装、圆头的黄色皮鞋，精神焕发，神采奕奕，给我留下了难忘的印象。

我连忙走到维塞林诺夫的旁边，向毛主席介绍客人，毛主席同他们一一握手。毛主席同客人握手后，我走在客人的后面正准备同客人一起走进会客室时，突然，我听见毛主席讲，“翻译同志，我们也握握手吧！”这对我来讲实在是太突然了，我急忙走到毛主席身旁，紧紧地握着他的大手。毛主席平易近人的神态和亲切的话语，立刻缓解了我的紧张情绪。这时，我看到王稼祥也一起陪同接见，心里便稍稍踏实了一些，不再紧张了。1952 年冬天，我作为翻译跟随中共代表团参加了在莫斯科举行的苏共第十九次代表大会，王稼祥是代表团的成员，所以我知道他精通俄文，我翻不出来的时候可以随时向他请教。

毛主席同南斯拉夫客人的谈话记录，发表在 1994 年 12 月出版的《毛泽东外交文选》中，现摘录如下，以兹备忘。毛主席首先谈到情报局 1948 年和 1949 年的两个决议。他说：

> 1949 年情报局骂你们是刽子手、希特勒分子，对那个决议我们没有表示什么。1948 年那一次，我们写文章批评你们。其实也不应该采取这种方式，应该和你们商量。反过来，你们对我们有什么意见，也可以采取这种办法，采取商量、说服的办法。在报纸上批评外国的党，成功的例子很少。这次事件对国际共运来说，是取得了一个深刻的历史教训。

毛主席接着向客人解释 1949 年中国没有同南斯拉夫建立外交关系的原因。他说：

1949年你们表示愿意承认新中国，我们没有回答，也没有反对，当然我们不能也不应该反对。那时没有回答你们，也有一个原因。就是苏联朋友不愿意我们和你们建交。那时苏联提出这样的意见，我们不同意也很难办。当时有人说世界上有两个铁托，一个在南斯拉夫，一个在中国。当然没有做出决议说毛泽东就是铁托。从何时起才摘下半个铁托的帽子呢？从抗美援朝打击美帝以后，才摘下了这个帽子。

然后，毛主席着重谈了斯大林在中国革命问题上的错误，以及王明路线同斯大林的关系问题。他说：

过去的王明路线实际上就是斯大林路线。它把当时我们根据地的力量搞垮了百分之九十，把白区搞垮了百分之百。为什么不公开说明这就是斯大林路线呢？这也有原因。苏联可以批评斯大林。我们批评就不那么好。我们应该和苏联搞好关系。那时共产国际做了许多错事。共产国际前后两段还好，中间有一大段不好，列宁在世的时候好，后来季米特洛夫负责的时候也较好。中国的第一次王明路线，搞了四年，对中国革命损失最大。这是我们第一次吃斯大林的亏。王明现在在莫斯科养病，我们还要选他当中央委员，他是我们党的教员，是教授，无价之宝，有钱都买不到的。他教育了全党不能走他的路线。

第二次是抗日战争的时候。王明是可以直接见斯大林的，他能讲俄语，很会捧斯大林。斯大林派他回国来。过去他搞"左"倾，这次则搞右倾。在和国民党合作中，他是"梳妆打扮，送上门去"，一切都服从国民党。他提出了六大纲领，推翻我们党中央的十大纲领，反对建立抗日根据地，不要自己有军队，认为有了蒋介石，天下就太平了。后来我们纠正了这个错误。蒋介石也帮助我们纠正了错误。蒋介石是中国最大的教员，教育了全国人民，教育了我们全体党员。他用机关枪上课，王明则用嘴上课。

第三次是在第二次世界大战结束时，斯大林和罗斯福、丘吉尔开会，决定把中国全部都给美国，给蒋介石。当时从物质上和道义上，尤其是道义上，斯大林都没有支持我们共产党，而是支持蒋介石的。

决定是在雅尔塔会议上做出的。

共产国际解散后我们比较自由一些。这以前，我们已经开始批评机会主义，开展整风运动，批评王明路线。整风实际上也是批判斯大林和共产国际在指导中国革命问题上的错误，但是关于斯大林和共产国际我们一字未提。不久的将来也许要提。过去不提的原因有二：一、既然中国人听了他们的话，那么中国人自己就应该负责。谁让我们去听他们的话呢？谁叫我们去犯“左”倾、右倾的错误呢？有两种中国人：一种是教条主义者，他们就听斯大林那一套；另一种中国人就不听那一套，并且批评教条主义者。二、在与苏联的关系中，我们不愿引起不愉快。第三国际没有检讨这些错误，苏联也没有提到这些错误，我们提出批评就会同他们闹翻的。

第四次，就是说我是半个铁托或准铁托。不仅苏联，就是在其他社会主义国家和非社会主义国家中都有相当一些人曾经怀疑中国是否真正的革命。

接着，毛主席着重谈到中共为建设社会主义而奋斗的情况。他说：

我们社会主义建不成功，说我们是假共产党。那又有什么办法呢？这些人吃完饭、睡完觉，就在那里宣传。看吧，中国也许要变成一个帝国主义，除美、英、法帝国主义以外，又出现了第四个帝国主义——中国。要防范“黄祸”呀！

绝不会如此！中国党是个马列主义的政党，中国人民是爱好和平的。我们认为，侵略就是犯罪，我们不侵犯别人一寸土、一根草。我们是爱好和平的，是马克思主义的。

在国际上，我们反对大国主义。我们工业虽然少，但总算是大国，所以就有些人把尾巴翘起来。我们就告诉这些人“不要翘尾巴，要夹紧尾巴做人”。

在国内，我们反对大汉族主义。这种倾向危害各民族的团结。大国主义和大汉族主义都是宗派主义。有大国主义的人，只顾本国的利益，不顾人家。汉族主义，只顾汉族，认为汉族最高级，就危害少数民族。

我们非常谨慎小心，不盛气凌人，遵守（和平共处）五项原则。我们自己曾是被欺侮的，知道受欺侮的滋味不好受。你们可能也有同感吧？

关于中国的前途，就是搞社会主义。要使中国变成富强的国家，需要五十到一百年的时光。现在已不存在障碍中国发展的力量。中国是一个大国，它的人口占全世界人口的四分之一，但是它对人类的贡献是不符合它的人口比重的。将来这种状况会改变的，可是这已不是我这一辈子的事，也不是我儿子一辈子的事。将来要变成什么样子，是要看发展的。中国也可能犯错误，也可能腐化，由现在较好的阶段发展到不好的阶段，然后又由不好的阶段发展到较好的阶段，是辩证的，即肯定，否定，否定之否定，这样曲折地发展下去。

腐化、官僚主义、大国主义、骄傲自大，中国都可能犯。现在中国人有谦虚态度，愿意向别人学习。一个原因是我们没有本钱。但是我们要预防将来，十年、二十年以后就危险了，四十年、五十年以后就更危险了。

接着，毛主席再次谈到过去写文章批评南共的事。他说：

我们过去对不起你们，欠了你们的账。“杀人偿命，欠账还钱”。我们写过文章批评你们，为什么现在还要沉默呢？在批评斯大林以前，有些问题不能说得这样清楚。苏联不批评斯大林，我们就不好批评。苏联不与南斯拉夫恢复关系，我们也不好和你们建交。现在就可以讲了，关于斯大林的四条错误，我就和苏联朋友讲过。你们是同志，所以也和你们讲了。但是现在还不能登报，不能让帝国主义知道。以后也许有一两条错误要公开讲的。

毛主席谈到对斯大林的看法。他说：

斯大林提倡辩证唯物主义，有时也缺乏唯物主义，有点形而上学；

写的是历史唯物主义，但做的常是历史唯心主义。他有些做法走极端，个人神化、使人难堪等等，都不是唯物主义的。

我在见到斯大林之前，从感情上说对他就不怎么样。我不太喜欢看他的著作，只看过《列宁主义基础》、批判托洛茨基的一篇长文章（指《托洛茨基主义还是列宁主义？》）、《胜利冲昏头脑》等。他写的关于中国革命的文章我更不爱看。他和列宁不同，列宁是把心给别人，平等待人，而斯大林则站在别人的头上发号施令。他的著作中都有这种气氛。我见到他以后就更不高兴了。在莫斯科的时候和他吵得很厉害。斯大林有脾气，有时冲动起来，讲一些不大适当的话。

毛主席还谈到对苏联要支持、对斯大林的批评、对兄弟党之间的关系等问题的看法。他说：

苏联一般来说，总的是好的。他们有四个好：马列主义、十月革命、主力军、工业化。他们也有阴暗面，有些错误。成绩是主要的，错误是次要的。敌人利用对斯大林的批评在全世界展开攻势，我们应该支持苏联。他们的错误是会纠正的。

我们支持苏联为中心，这对社会主义运动有利。这一点你们也许不同意。赫鲁晓夫批评斯大林，你们从上到下都欢迎，而我们不同，我们人民不满意。

毛主席说：

对斯大林的批评，我们人民中间有些人还不满意。但是这种批评是好的，它打破了神化主义，揭开了盖子，这是一种解放，是一场解放战争，大家都敢讲话了，使人能想问题了。这也是肯定，否定，否定的否定。

自由、平等、博爱，是资产阶级的口号，而现在我们反而为它斗争了。是父子党，还是兄弟党？过去是父子党，现在有些兄弟党的味道了，但也还有些父子党的残余。这也是可以理解的，残余不是一天

毛主席接见南共代表团团长维塞林诺夫并观看南共向毛主席赠送的民间工艺品：一支由南斯拉夫手工艺人制作的雕花银瓶。这是阎明复第一次给毛主席做翻译

就能搞清的。去掉盖子以后，使人可以自由思考，独立思考。现在有点反封建主义的味道。由父子党过渡到兄弟党，反对了家长制度。那时的思想控制很严，胜过封建统治。一句批评的话都不能听，而过去有些开明君主是能听批评的。

毛主席谈到中共领导正在考虑如何建立一种又有集中统一、又有民主，使人们敢于讲话、敢于批评的局面。他说：

我们社会主义国家必须想些办法。当然，没有集中和统一是不行的，要保持一致。人民意志统一对我们有利，使我们在短期内能实现工业化，能对付帝国主义。但这也有缺点，就在于使人不敢讲话，因此要使人有讲话的机会。我们政治局的同志正在考虑这些问题。

我国很少有人公开批评我，我的缺点和错误人们都原谅。因为我们总是为人民服务的，为人民做了一些好事。我们虽然也有命令主义、官僚主义，但是人民觉得我们做的好事总比坏事多，因此人民就多予歌颂，少予批评。这样就造成偶像，有人批评我，大家就反对他，说是不尊重领袖。

最后，南斯拉夫客人请毛主席谈谈他不久前发表的《论十大关系》。毛主席说：

你们提到的《论十大关系》，这是我和三十四个部长进行了一个半月座谈的结果。我个人能提出什么意见呢？我只是总结了别人的意见，不是我的创造。制造任何东西都得有原料，也要有工厂。但我已经不是一个好工厂了，旧了，要改良，要重新装备，像英国的工厂需要改装一样。我老了，不能唱主角了，只能跑龙套。你们看，这次党代表大会上我就是跑龙套，而唱戏的是刘少奇、周恩来、邓小平同志。

毛主席同南斯拉夫客人的谈话持续了两个多小时。从国际到国内，从历史到现实，从中南关系到中苏关系，还谈到共产国际与王明“左”倾机会主义……毛主席谈的许多内容我闻所未闻，再加上毛主席老人家浓重的湘音，我听起来十分吃力，个别词，如主席讲的“盲动主义”，我一下子很难找到对应的俄文词，我犹豫着原想译成“Авантюризм（冒险主义）”，多亏了王稼祥，他几次用普通话重复毛主席讲的话，在“盲动主义”一词上，他看出我“卡壳”了，便轻声地用俄文提醒我“Путчизм”。我打心眼里感激王稼祥，他帮我一次次摆脱了窘境，勉勉强强地完成了第一次给毛主席当翻译的任务。

9月的北京，气候仍然炎热，政协礼堂当时尚未装空调，两个小时翻译下来，汗流浃背，浑身都湿透了。

会谈结束后，维塞林诺夫代表南共中央送给毛主席一件纪念品，手工制作的银质瓶。多谢新华社的摄影记者，照下了主席接受这件纪念品的场面，我正站在毛主席和维塞林诺夫的中间，在翻译客人对这件工艺品的介绍。每当看到这张照片，不禁回想起第一次给毛主席当翻译的种种情景。

走一路辩论一路

1957年1月17日至31日，全国人民代表大会常务委员会副委员长彭真团长率领全国人大代表团和北京市人民委员会代表团访问了南斯拉夫联邦共和国。我参加了代表团的翻译工作。这是彭真率领全国人大代表团访问苏联和东欧六国的最后一站。

先谈谈这次代表团出访的背景。

1956年2月，苏联共产党召开了第二十次代表大会，赫鲁晓夫在大会闭幕前做了关于斯大林个人迷信的“秘密报告”，全面否定斯大林。不久，“秘密报告”泄露，在全世界共产主义运动中引起了轩然大波，西方势力乘机掀起反共浪潮，造成了严重的思想混乱。同年9月和10月间，又先后发生了“波兰事件”和“匈牙利事件”。在中共中央的建议下，苏共妥善地处理了“波兰事件”，并用武力解决了“匈牙利事件”。

中国人大代表团对苏联和东欧各国的访问是在波、匈事件发生之前确定的，当时提出的出访宗旨是：了解这些国家社会主义建设的成就和经验，考察各国议会在立法和监督方面的工作，向这些国家介绍中国社会主义建设的成绩，特别是向东欧国家介绍有关统一战线政策和私营工商业改造的情况。波、匈事件发生以后，中国人大代表团就相应地增加了一项任务，即多做团结工作，推动东欧局势进一步稳定。

全国人大代表团到达南斯拉夫进行访问，是在《人民日报》于1956年12月29日发表了《再论无产阶级专政的历史经验》的编辑部文章之后。“匈牙利事件”平息后，全世界的反苏反共浪潮达到高潮，西方势力大肆攻击，许多共产党表示支持苏联的行动。但是也有些共产党发表谴责苏联的言论。

南共联盟领导人，特别是铁托在“匈牙利事件”发生之后发表了一系列讲话抨击苏联。他们认为“匈牙利事件”是“人民群众反抗斯大林主义统治的革命”，说“匈牙利工人阶级的自发行动毕竟是社会主义性质的，而且正是按照社会主义方式行事的”。他们认为，“匈牙利事件”中产生的纳吉政府宣布国家生活民主化，要求苏军撤退，要求匈牙利退出“华沙条约”、实行中立，是表达了匈牙利人民的愿望。他们表示无保留地支持纳吉政府。他们说，“党是官僚制度的化身，无须恢复”，建议匈牙利“根本改变政治制度，把政权交给工人委员会”。他们认为，苏联政府出兵匈牙利是“干涉”，出兵“不是社会主义，而是现今国际关系中的力量对比，是为了维持目前的均势”。他们说，“这种援助是必要的，但是是错误的，要受到历史的谴责”。他们说，“在第二次世界大战以后的时间里，社会主义阵营各国受到斯大林主义的损害，比帝国主义的颠覆活动的总和还来得严重”。其中最引人注意的是铁托11月11日在普拉的讲话，他第一次提出了反对斯大林主义，反对斯大林主义分子，号召把各国的斯大林分子赶下台。

针对上述情况，在毛主席主持下，经过中央政治局常委多次讨论，通过发表《再论无产阶级专政的历史经验》这篇文章，阐明了中国党对当前国际局势、国际共运中的原则问题的看法。至于南共领导人的言论，据吴冷西回忆写道：“对铁托作了批评，而且很严肃，但还是留有余地，采取同志之间商量问题的态度，肯定他正确的，批评他错误的，说得比较委婉，但原则性的意见都提出来了。”全国人大代表团在阿尔巴尼亚访问时获悉《再论》的发表，中国驻阿使馆给彭真送来了他们收到的文章摘要。彭真说，文章针对性强，理论性强，说服力强，高屋建瓴，气势恢弘，对铁托的批评做到了“有理，有利，有节”。团里估计，对南的访问不会那样轻松。

1 月 17 日，全国人大代表团在结束了对苏联、捷克斯洛伐克、保加利亚、罗马尼亚和阿尔巴尼亚的访问后，抵达南斯拉夫的首都贝尔格莱德，对南斯拉夫进行友好访问。在机场，代表团受到了南斯拉夫议会和群众代表的热烈欢迎。这次访问中，南斯拉夫方面派了我们的老朋友南共中央委员、战斗报社社长贝戈维奇全程陪同代表团。熟人相见，格外亲切，交往起来方便得多。

彭真团长在机场发表了讲话，充分肯定了南各族人民在南共领导下，在反法西斯侵略战争中以及在社会主义事业中取得的胜利，赞扬中南人民的传统友谊和合作，鲜明地提出要像爱护眼珠一样爱护以苏联为首的社会主义国家的团结。彭真说：“南斯拉夫各族人民二战期间，在南共领导下战胜了德、意法西斯侵略者，取得了全国的解放，十多年来，在建设社会主义的事业中取得了伟大的成就。中国和南斯拉夫是社会主义的兄弟国家。中南两国人民在为解放自己的国家和建设自己的国家的奋斗过程中已经建立起兄弟的友谊。还在我们各自进行革命战争的年代里，我们两国人民就已经相互寄予无限的同情和关怀。自从我们两个国家建立邦交以来，两国间的友好和合作关系在不断地加强和发展。”并强调说：“我们之间的团结和合作、以苏联为首的社会主义各国间的团结和合作进一步巩固和发展，对于我们两国的安全和社会主义建设，对于世界和平和各兄弟国家的社会主义事业都是重要的保障，是中南两国人民和全世界无产阶级及一切爱好和平人民当前最大的利益。我们应该重视这种团结，像爱护眼珠一样爱护以苏联为首的社会主义国家的团结。”彭真最后说：“我们代表团这次来访问，是为了进一步加深我们相互之间的了解和增进我们的友谊，是为了学习你们的先进经验，同时也就是为了加强我们在为和平、民主，社会主义共同事业的斗争中的团结。”

彭真和代表团对南斯拉夫议会的体制进行了认真的考察，包括由联邦院和生产者院组成的两院制国民议会的工作情况，亲自同南联邦国民议会主席皮雅杰等举行座谈，交流议会工作情况；参加了贝尔格莱德市人民委员会举行的有关讨论城市社会计划草案的会议。

南斯拉夫联邦议会由联邦院和生产者院组成。联邦院四分之三的议员是在全国各个选区分别选出，四分之一的议员是由各共和国、自治省、自治州议会在他们的议员中选出的，这些议员在讨论民族问题时，可以组成民族院单独举行会议。生产者院的议员中三分之二由工矿、商业、运输业、手工业生产单位的职工选出，其余三分之一则由农场职工和农业合作社社员选出。两院在修改宪法、批准联邦经济计划和预算，制定一般法律方面是有同等权力的。选举和罢免联邦总统，执行委员会委员，国民议会主席、副主席和秘书，最高法院法官等职权，是由两院联席会议行使的。生产者院可以向经济单位提出建议，可以对政府机关和自治机关有关经济工作和社会保险方面的问题提出建议，并且可以在法律规定的职权范围内做出决定。此外，其他应由联邦国民议会处理的问题，统由联邦院单独处理。

1月21日至27日，彭真率代表团到南斯拉夫各加盟共和国参观访问，代表团先后访问了塞尔维亚、克罗地亚、波斯尼亚—黑塞哥维那和斯洛文尼亚四个共和国。

在访问过程中，我们的老朋友贝戈维奇全程陪同彭真团长。一次，彭真笑着对我们说，战斗报社社长战斗力不减当年，从车上争论到车下。彭真知道贝戈维奇当年在西班牙打过仗，所以说他战斗力“不减当年”。

当时，李越然给彭真当翻译。他在回忆录中写道：

陪同彭真访问的是南共战斗报社社长贝戈维奇，他与彭真走一路辩论一路。辩论的焦点是如何评价斯大林。贝戈维奇对斯大林非常恼火，说他“大国主义”，整南斯拉夫整得厉害。说赫鲁晓夫反斯大林是对的，但赫鲁晓夫在处理兄弟党关系上仍然是“大国主义”。南斯拉夫在企业管理方面实行“工人自治”，深得全体人民拥护，赫鲁晓夫却大为反感，认为南斯拉夫是标新立异，不符合马克思列宁主义。彭真坚持对斯大林要全面地、历史地、公正地给予评价，还是要三七开，成绩是主要的。不过，在辩论中也有一致之处。彭真说：“九国情报局开除南斯拉夫是错误的。”贝戈维奇听了很满意，说：“铁托坚持独立自主，深受南斯拉夫人民的拥护和爱戴，我们不能听命于苏联的指挥棒。”

贝戈维奇讲的是实话。我们走一路，发现南斯拉夫全国上下都对斯大林不满，对苏联现领导人也有意见。全国上下，无论干部还是普通群众，对铁托都是一致拥护和颂扬的，各加盟共和国也都拥护和支持铁托。还有一个情况很突出，南斯拉夫上下对中国共产党和中国代表团都表示了极大敬意，提起毛泽东都很赞扬，称道毛泽东坚持独立自主，根据本国实际情况决定政策。

与彭真辩论最激烈的是南斯拉夫的斯洛文尼亚共和国国民议会主席马林科。他愤怒地咬着牙说：“斯大林在南斯拉夫一件好事也没干！南斯拉夫人民对中国共产党和毛泽东是尊重的，友好的。可是斯大林不行，他整南斯拉夫，整铁托同志。我们没有屈服，他休想把他的意志强加于南斯拉夫人民！”

“九国情报局开除南共是错误的。斯大林在南斯拉夫问题上是犯了大国主义错误的，这一条我们党已经正式表明态度。”

彭真平心静气地劝说，“但是对斯大林还是要三七开，要全面评价……”

“他在南斯拉夫一件好事也没干！”

“事情都过去了，还是要向前看，我们毕竟都是共产党，是同志。关键时刻还是同志靠得住哟！我们希望南斯拉夫重新回到社会主义阵营中来。”

"我们是反对搞阵营的"，对方明确断然否定阵营，说："搞阵营只会加剧世界紧张局势，增加对立和战争危险，会刺激新的世界大战爆发。"

"这样讲是没有根据的"，彭真予以反驳，但态度始终是温和的、说理式的，"第一次世界大战没有阵营，谁刺激起来的？第二次世界大战，日本偷袭珍珠港，德国进攻欧洲各国，进攻苏联，那时也没有阵营么，战争起来才有阵营，又是谁刺激了？这是帝国主义的本性所决定的，是资本主义内部酝酿出来的战争危机，而不是什么社会主义阵营刺激了他们。"

贝戈维奇说："哎呀，这个问题我们还没有研究透。彭真同志，希望中国共产党的同志们能够理解我们。我们也是搞马克思列宁主义，但我们不能搞教条主义，不能按一个模式去做，我们有自己的国情，我们只能按自己的国情制定政策。我们不搞阵营，也是从我国的具体实际情况考虑决定的。"

对此，彭真表示理解，但是，依然适度地表示了对斯大林要一分为二，要维护以苏联为首的社会主义各国的团结。彭真正面地介绍了我们党对斯大林的评价的观点看法。①

辩论归辩论，友好归友好，同志之间的辩论没有影响访问的友好气氛。代表团所到之处，上上下下，从领导到群众对我们都非常友好、非常真诚，对中国、对毛主席表示了极大的敬意。

在访南期间，彭真和代表团访问了南联邦首都贝尔格莱德市，参观了位于贝尔格莱德的拉科维查发动机工厂和原子能研究所；南斯拉夫著名的"谷仓"——塞尔维亚人民共和国伏伊伏丁那自治省首府诺维萨特市附近的贝却耶斯农业劳动合作社和"友谊、团结"农场，还参观了农业科学研究所和农业机器制造厂；南斯拉夫中部的波斯尼亚—黑塞哥维那人民共和国的首府萨拉热窝的历史博物馆、第一次世界大战爆发时奥皇太子被刺的图片展览馆，木材加工工厂、南钢铁基地泽尼查的钢铁联合企业；克罗地亚人民共和国首府萨格勒布市的一

① 参见李越然：《中苏外交亲历记》，世界知识出版社 2001 年版，第 131—133 页。

些文化、社会机构，民族博物馆和画廊，萨格勒布市的最大的百货公司，在生产和出口发动机、变压器的拉德·冈查尔电器设备制造厂，主人们向代表团介绍了这些机构的生产状况，特别是他们实行“工人自治”的情况；斯洛文尼亚人民共和国首府卢布尔雅那市郊的世界闻名的“波斯托依纳”钟乳石溶洞。

访南期间，彭真和代表团认真地研究了南斯拉夫实行的管理体制——经济单位的“工人自治”制度。

在会见伏伊伏丁那自治省和诺维萨特市议会和政府的领导人时，双方就有关农业问题进行了长时间交谈；在波黑共和国同共和国、县和市领导人就有关市政、公社问题和企业自治管理等问题进行了座谈；在克罗地亚的拉德·冈查尔电机制造厂，就工人委员会和企业管理等问题进行了座谈；彭真团长和胡子昂副团长还率领部分团员参观了克罗地亚人民共和国首府萨格勒布市最大的百货公司，随后同该共和国的国民议会经济委员会主席、贸易协会主席，和该百货公司的经理、工人管理委员会主席、党委书记等就公司的经营状况、职工工资、利润分配、物价等问题进行了座谈。一部分团员由章伯钧、乐松生[①]和周叔弢[②]三位副团长率领，分别同该共和国农业生产合作总社和萨格勒布市人民委员会就农业生产合作社及市政问题进行了座谈。

在访南期间，彭真发表多次讲话，针对中南关系的准绳，南各族人民的建设成就，在和平共处五项原则的基础上加强两国的团结，正确看待和处理兄弟国家和兄弟党之间的分歧等问题，阐述了我们党的观点。

1月18日中午，彭真团长率领全国人大代表团和北京市人民委员会代表团出席南斯拉夫联邦国民议会主席皮雅杰的宴会。彭真团长在宴会上讲话说，我们两国人民有着和平、民主、社会主义事业的共同奋斗目标和休戚相关的利害关系，有着马克思列宁主义的思想作为行

① 时任全国人大代表、北京市副市长、北京同仁堂药店董事长。——作者注

② 时任全国人大代表、天津市副市长。——作者注

动的根本准绳，有着互相尊重主权和领土完整、互不侵犯、互不干涉内政、平等互利和和平共处等原则作为处理两国间相互关系的指针。正是因为这样，我们两国人民间的友谊不但已经在反对共同敌人，即反对帝国主义及其走狗的斗争中，在建设社会主义的过程中建立起来，而且正在不断地发展着。

1月20日中午，彭真团长率领代表团全体成员出席贝尔格莱德市人民委员会主席米尼奇的宴会，在讲话中说，我相信通过两国首都的直接接触和联系，交流经验和相互学习，对于我们的社会主义建设事业、对于增进两国人民的友谊和团结、对于世界和平必将起到有益的作用。

1月27日中午，彭真团长率领代表团出席斯洛文尼亚人民共和国国民议会主席马林科举行的宴会。彭真团长讲话说："社会主义的兄弟的中南两国人民是有着长期的友谊的。正如你们关心和注视着我们的革命斗争和社会主义建设一样，我们也一向关心和注视着你们的革命斗争和社会主义建设。"这次访问南斯拉夫，"看到了你们在社会主义建设中的各种巨大成就，看到了你们的干部和人民为社会主义建设的朝气蓬勃的辛勤努力，学习了你们的一些工作经验，进一步加深了我们之间的相互了解。我相信，这会增进我们之间的兄弟友谊，加强我们之间的团结。""我们都主张一切国家之间都按照互相尊重主权和领土完整、互不侵犯、互不干涉内政，平等互利、和平共处的原则处理相互间的事务。建立在这样基础上的团结合作不但是完全应该的，而且是可能的。它不但符合中南两国人民的利益，也符合社会主义各国人民和国际无产阶级以及全世界一切爱好和平的国家和人民的利益。"但这并不是说，在我们兄弟国家和兄弟党之间不会对若干问题的看法有这样或者那样的分歧。可是，相同的意见往往是根本的、主要的。"在马克思列宁主义的根本原则、在世界无产阶级的共同利益的基础上，从团结出发，经过实事求是的冷静的科学的同志式的讨论和研究，不同意见应该是可以取得一致的。即便暂时有若干论点不同也并不要紧，可以在继续探讨中求得一致。我们中国人民愿意同各兄弟国家人民一道，为不断地加强我们的团结尽一切可能的努力。”

1月28日下午，彭真团长率领代表团全体成员出席南斯拉夫联邦执行委员会副主席爱德华·卡德尔举行的茶会，双方在谈话中表示，相信中南两国人民的友好合作今后将会得到进一步发展。

1月29日，彭真团长率领中国全国人大代表团和北京市人民委员会代表团到总统府拜会南斯拉夫联邦人民共和国总统铁托。

这里要说明彭真会见铁托的前因后果。

1957年1月，为了讨论波匈事件后的国际形势、稳定东欧的动荡局势，赫鲁晓夫邀请周恩来总理到莫斯科会谈。1957年1月18日，正在苏联访问的周恩来总理向南斯拉夫驻苏联大使转达了中共中央提出的、由中共和南共共同发起召开一次世界各国共产党代表会议的建议。同一天，即1月18日，彭真接到正在莫斯科参加中苏两国政府会谈的周恩来总理打来的电话，要彭真单独会见铁托一次，向他转达中共中央的建议：由中共和南共共同发起召开一次世界各国共产党代表会议，以讨论和协调各国党的活动问题。

下边再谈谈铁托总统接见彭真的情况。

1月29日，彭真率领中国人大代表团去总统府会见铁托总统。铁托总统同彭真和中国人大代表团成员一一握手，表示热烈欢迎并进行了亲切友好的谈话。在谈话结束时，铁托说，“我有一些重要的话想请彭真同志转告中共中央和毛泽东，不要这些年轻人当翻译。”铁托同代表团其他成员告别后就和彭真团长和伍修权大使走进另一间会客室，我们代表团在大客厅等候。

当时，铁托同彭真的谈话的内容，我们一直不了解。还是伍修权的回忆录提到这次会谈的一些情况。据伍修权回忆，主要涉及召开国际共产主义运动会议问题。1956年2月，苏共二十大赫鲁晓夫的秘密报告引起了国际共运的混乱，西方国家掀起了反共浪潮。不少兄弟党建议召开国际会议，统一认识，加强国际共运的团结。1957年1月18日，周恩来访问莫斯科时给彭真打电话，请他同铁托商议，考虑到现在苏共名声不太好，由苏共发起国际会议可能有的党不愿意参加，可否由中共和南共共同发起？伍修权写道：

铁托与南斯拉夫人民

1957年1月，彭真同志率领全国人大常委和北京市人大常委代表团访问南斯拉夫。正在苏联访问的周恩来总理从莫斯科打来电话，通过我们大使馆找到彭真同志。周总理指示他利用这次访问单独会见铁托一次，向他转达我党的建议，由中共和南共共同发起召开一次世界各国共产党代表会议，以讨论和协调各国党的活动问题。由于这时苏共的名声很不好，没有几个党肯听他们的话，所以由中共和南共发起较好。彭真和铁托的这次会谈，是周总理指定我亲自担任翻译。会谈中铁托表示，关于召开各国党代表会议问题很重要，要在他们中央讨论一下。他个人意见是进行双边以至多边的会谈为好，不赞成召开世界各国党的会议。后来他们中央经过讨论以后，答复我们的就是这个意见。于是，这次会谈除了“在亲切友好的气氛中，双方坦率地交换了意见”外，这个问题就算结束了。事后，彭真同志专门向周总理报告过。

会见后，彭真在我驻南使馆打电话给中共中央，汇报了同铁托谈

1957 年 1 月 29 日，中国人大代表团团长彭真（左五）到南斯拉夫联邦人民共和国总统府拜会铁托总统（右五）。阎明复站在彭真身后右侧

话的情况。30 日，毛主席召集刘少奇、陈云、邓小平、张闻天、康生、王稼祥开会，讨论彭真在电话中所提到的问题。

1 月 29 日晚上，彭真团长和全团成员出席伍修权大使为代表团访南举行的招待会。南斯拉夫联邦国民议会主席皮雅杰、联邦执行委员会副主席卡德尔、兰科维奇、伏克曼诺维奇、乔拉柯维奇等应邀出席招待会。

1 月 31 日，彭真团长率领全国人大代表团和北京市人民委员会代表团，在结束访问南斯拉夫后返国途中到达莫斯科。2 月 1 日，代表团结束了历时七十九天的对苏联、东欧六个国家的访问，回到了北京。

3 月 31 日，在全国人大常务委员会第五十四次会议的扩大会议上，彭真做了中国人大代表团访问苏联、东欧六国的报告。会议是在中南海怀仁堂举行的，有关国家的使节应邀出席了会议。

在会场上，南斯拉夫波波维奇大使夫人问我，为什么你们代表团最后访问南斯拉夫？我的确不知道原因何在。但是这样安排一定有所考虑，因为对保加利亚的访问结束后可以直接到南斯拉夫，保、南是邻国，从索非亚乘汽车到贝尔格莱德只需几个小时。而我们代表团是先乘飞机到阿尔巴尼亚访问的，之后才到南斯拉夫。我对大使夫人回答说，因为你们是最后发出邀请的。事后，我向代表团秘书长刘贯一汇报了此事，他说，也只能这样回答。

彭真在报告中实事求是地介绍了南斯拉夫实行的两院制的议会体制、“工人自治”①，但也有所保留。彭真指出：“至于他们如何把企业的计划和国家的总计划（‘社会计划’）结合起来，以防止生产的无政府状态，实现社会主义的计划经济的问题，我们访问期间没有来得及进行系统的研究。”

彭真的报告结束后，波波维奇大使说，报告中只对南斯拉夫有所保留，让时间来解决吧。回想起来，那一时期，中国实行的是苏联模式的计划经济，所以彭真报告中的观点是可以理解的。南斯拉夫是当时的社会主义国家中最早向市场经济过渡的国家，虽然处于转型初期，但已显示出别的东欧国家所没有的活力。从斯大林的计划经济一统天下的角度去观察，必然得出离经叛道、不可理喻的结论。

访南印象

从南斯拉夫回来后，我着手整理了两次访南带回来的资料，写了一篇“访南印象”，从来没打算发表，无人知晓，历次运动中也就没受到过批判。文章是当年写的，现在，收录在回忆录中还是保持原样为好，这样更能反映当时的思想和面貌；文章记录的东西，也可能会作为历史的佐证，有助于我们分析和理解，为什么在铁托总统逝世后，南斯拉夫会发生如此巨大的变故？

这里摘录文中关于南斯拉夫实行的“社会主义民主”的几部分，以了结同南斯拉夫结的“缘”。

① 报告中称之为“工人集体管理”。——作者注

关于南斯拉夫的“新制度”

南斯拉夫同志把1948年以后他们在政治体制、经济管理等方面实行的新措施称为“社会主义民主”、“新制度”以及“南斯拉夫的特殊道路”等等。这些新措施是指何而言呢?

在理论上南斯拉夫同志认为，社会主义革命以后建立起来的生产资料国家所有制以及在这个基础上形成的上层建筑、国家行政管理机构，是社会主义的最低形式。它的任务就是给社会主义发展创造条件，如消灭阶级、实行国有化，等等。这些任务完成以后就应该进一步过渡到下一个阶段，即“社会主义直接民主”。否则，这个国家机构就会变成国家资本主义和官僚主义专制，变成工人阶级的剥削者。这样，这个社会主义国家就要日益反动，以至于变成帝国主义。而所谓的“社会主义直接民主”就是在生产资料公有制（社会所有制）的基础上实行工人自治和社会管理，逐渐地使国家消亡。在整个过程中，国家机构的任务就是保证社会主义力量的自发发展。

具体说来，这就是在政治上实行地方分权，经济上实行“工人自治”，社会机关中实现社会管理，国家的经济发展利用价值规律通过自由市场来调整。

大家知道，1948年事件①使南斯拉夫整个国家的经济生活遭到严重困难。生产和建设计划全部被打乱，有的工厂厂房建成了但无设备；有的有设备而无原料；已投入生产的工厂也有因产品失去销路而停工。工人工作，而工资难以保证。国家无力统筹安排，中央机关的指令无法实现。这样，他们才采取这些措施来支撑艰难的局面。

所谓地方分权，其目的和实质是分散经济管理，由国家把管理经济的职权交给下级机关，以发挥其积极性。从1949年到1950年上半年，他们取消了联邦政府原有的三十个部，改建五个委员会；原属中央管

① 1948年事件是指：1948年6月，欧洲情报局第三次会议在布加勒斯特举行。南共拒绝与会。会议在苏联的操纵下，通过了《关于南斯拉夫情况》的决议，“表示完全同意苏共中央对南共所犯错误的批评”，并得出结论说，南共已“完全蜕化为法西斯主义并投入了世界帝国主义阵营”，是一个“间谍集团”。至此，南斯拉夫被开除出情报局。——作者注

理的企业，除少数极其重要者外，均移交给各共和国管理；原属共和国的则交给地方管理；这时共和国的各部仍保留，部长参加中央有关的委员会，共同商讨全国性问题。后来就撤销了共和国的各部，把划归各共和国的企业又交给地方。与此同时，中央的干部也都纷纷下调，加强地方。1948 年，国家公务员曾达四万一千三百一十人，而目前只有一万零三百二十八人。但是另一方面县市一级的地方机构都庞大起来了。到目前为止，中央机关保留了对国防、外交、公安等方面的领导；在经济方面控制着对外贸易、重大企业的投资、工农业发展的一般规划；对于地方政权机关，他们只是督促法律和决议的贯彻执行。

政治分权的重点就是“公社”。所谓“公社”就是相当我们区一级的行政区划，为南斯拉夫的行政基层单位。从 1955 年起，南斯拉夫开始加强“公社”的职权，使其成为拥有自己的工农业、贸易等等的，能够独立自主的完整的行政经济单位。每一个公社有自己的独立的预算，“公社”范围内的农业税收由公社自己支配，无须上交，工厂的利润，有百分之十五至百分之二十五交给“公社”。“公社”自己可以兴修工厂、举办各种福利事业。据说，这样就能刺激地方的积极性，而全国是由许多“公社”组成的，所以“公社”积极了，社会主义建设就能自然而然地发展。

分权的情况大体如此。现在再谈谈他们的经济民主，也就是“工人自治”。

南斯拉夫实行“工人自治”制度是与 1948 年以后发生的经济困难有着密切的联系。在当时缺少设备，原料耗尽，工厂停工，工人生活无法维持的情况下，南斯拉夫领导决定把工厂企业交给职工自己去管理，依靠群众去克服这些困难。我们应看到这一措施的积极意义，由于实行了这种制度，在维持生产和工人就业等方面确实起了一定的作用。

然而，在分析这一制度的产生背景及其发展时，不能不看到这是推脱责任的做法。在当时的环境下，南政府实行这一措施实际上是由于它无力统筹安排，就把对工厂的物资供应、产品推销、工人生活等等，主要责任推卸给工人身上。既然工人们成为主人，那么工厂的一切困难就应由你们自己解决。原料、材料不够，你们自己去找；产品没有销路，你们自己想办法；而有了利润则大部分都要上缴。工厂如果发不了工资，那么只能怪你工人自己不会管理，而不能怪政府。实在有困难，政府给工人发百分之六十的工资。这样，工人还得感谢政府的帮助，当然就不能“闹事”了。

被南斯拉夫同志津津乐道的并说成是表现了“直接的经济民主”及体现了“生产资料社会所有制”的“工人自治”是怎么一回事呢？

具体地说，这就是国家颁布法令，宣布全国企业归各该企业的职工集体所有；工人集体选举工人委员会及管理委员会来管理企业，解决企业活动中一切重大事项，如，制订生产计划、决定领导职务的分配、企业内部的分工、工人工资、劳动保护、社会保险等等。工人委员会只向工人集体和国家法律负责。工厂生产中的管理工作由厂长来领导，全厂职工在生产和工作中必须服从厂长领导。厂长的人选，是由工人委员会登报招聘的，由当地政府及工厂工人委员会联合组成的专门委员会决定，最后由地方政府批准。厂长和工人委员会如有分歧，则厂长有否决权，然后由地方议会的生产者院来协调。对于工人委员会的正确决议厂长必须执行。

工厂所得的利润，在上缴和纳税完毕以后所剩部分，由工人委员会支配。一般工厂都将剩余利润分作两部分，其一用作福利金；其二用来在工人中间分红。这就是南斯拉夫同志所谓的工人直接支配剩余劳动的分配。其实，工厂的利润经联邦、共和国、地方层层上调后所剩无几，最多只占全部利润的百分之十，而分到工人手中的多者相当于一个月的工资，少者只有几元钱。然而，如果工厂赔钱的话，那么作为主人的工人也得共负亏损，有时要从工资中扣去百分之四十的亏损费。时常这种亏损都不是因工人之过失造成的，而是由于工厂的经理部门投机失利或竞争失败所致。

“工人自治”的实现过程大致是这样。1949 年 12 月，南政府的经济委员会和南总工会联合决定在部分工厂中，成立有建议权的工人委员会；起初，选择了二百一十五个工厂进行试点。结果不错，所以在半年之内已有五百多个工厂成立了这种组织。1950 年 6 月，南议会正式通过法令，肯定了工人对工厂的管理权，同时赋予工人委员会以决定权。

到我们访问南斯拉夫时，在南斯拉夫的工矿企业、合作社、商店等贸易企业，都已实行了“工人自治”制度。在全国一万零三百五十个工业企业中，有二十多万职工参加了工人委员会的工作。

应该指出，南斯拉夫的同志们认真地研究这种管理制度，不断地改善这种制度，克服它们的阴暗面，使其能发挥更大的作用。

关于南斯拉夫的“社会管理”

南斯拉夫同志所谓的“社会管理”，就是实行不要国家干涉的某种程度的社会自由，他们认为这样就能为消灭国家建立广泛的条件，但是，目前这种社会管理还不能缺少国家的干预。

简单地讲，就是在国家各个机关、企业和团体（用南斯拉夫同志的术语来讲，就是“社会公众集体”），由他们的成员在民主的原则上自己管理自己。

这种原则已经实现在三个方面：一是市、县和“公社”，在这里，当地居民通过人民委员会行使自治权；人民委员会下设许多专业委员会，吸收居民中的积极分子，解决各地的重大问题。市、县和“公社”的财政是独立的。二是经济机构，在这里实行“工人自治”。三是卫生、教育、社会保险、文艺等等方面。居民们按照地域、职务等原则参加管理这些机关。例如，在社会保险方面，全国从企业和“公社”起，到联邦为止，由享受保险的人选举自治机关来管理保险事业；基层机关有相当大的经济独立权，可以支配保险金。在医院里也由医院所在地的居民、政府代表和医务人员组成委员会，实行经济核算。在大学里也成立管理委员会来管理学校事务，学校管委会由学生、教职员工的代表以及所在地的共和国议会代表和社会代表组成。

总起来讲，“社会管理”的自治方面就表现在，通过各种形式吸收群众参加管理工作，同时给予各个自治单位一定的经济独立，以发挥其积极性。而所谓的国家干预就表现在这些自治单位要根据国家的法令来办事。同时，国家还通过自己的代表直接参与这些自治单位管理机构的工作。

关于南斯拉夫的“自由市场”

1948年事件以前，南斯拉夫同样实行统一计划、集中管理的制度。生产与消费都是由国家统筹安排的。各个工业企业都按照国家的计划进行生产和协助。各地区也按照统一的规划相互调剂物资，互通有无。各种商品的价格也由政府机关在全国范围内统一掌握调剂。对外贸易完全由国家控制，由统一的机构根据党和政府的政策同各国进行贸易。

1948年事件后，国家无法继续执行统一计划、集中管理的办法，于是各企业纷纷独立，自行决定产品品种，规定价格，独立自主地在国内外市场上进行活动和竞争。各企业的原材料供应，产品销售，完全通过自由市场，由各企业互相订合同来解决，国家不负任何责任。

在商业方面也大致如此。地区间的物资调剂和商品价格全靠市场上的供求情况来调整。商业企业，无论批发或零售，都是独立的，批发商和大的零售商店直接和有关的工厂企业发生联系。每个商店都可根据行情提高或降低商品的价格。在对外贸易方面，全国有四百多家企业，它们分别地组织出口货源，在国外市场上互相竞争，互相排挤，在国外以低于成本的价格销售商品，所承受的亏损则向国内消费者身上打主意。

南斯拉夫现实生活中所谓的“直接民主”的几个方面就是这样。整个南斯拉夫就是由无数个经济上日益独立的“公社”、企业、机关、团体组成，其中每一个小单位都有其自己的独立权、自治权，有自己的利害关系；各单位之间又按利害关系互相接触，互相联系，互相竞争和排斥。

那么，南斯拉夫又怎么样来统一全国的步调呢？怎样调节国民经济的发展呢？怎样求得平衡呢？这些问题的确很难回答，因为南斯拉夫实行的新制度本身就包含着这些难以解决的矛盾。所以我们只能把他们在克服这些矛盾中采取的办法加以简单的介绍。

在政治方面，南斯拉夫通过各级议会机构和政权机构来贯彻执行党的政策，通过共产主义者联盟、劳动人民社会主义联盟、工会、青年团等团体来保证政策的执行。这也就是南斯拉夫同志所谓的“国家的干预”和“社会主义自觉力量的干预”。南斯拉夫在对外宣传中，尤其是对西方国家的宣传中，常常避免涉及他们现实生活中的这一方面，即国家和党的作用、专政的情况等等。实际的情况和他们的宣传是有很大的距离的。比如，他们有十分严格的、详尽的立法，各个自治机构都必须依法办事。又如，南共对国内政治和经济生活的控制是十分严紧的，南斯拉夫从上到下的政治、经济、群众团体的领导都掌握在南共手中。只须举出几个数字就足以证明这一点了。南斯拉夫联邦执行委员会（即中央政府）三十四名委员中有三十二名是南共中央委员；联邦国民议会联邦院的三百六十五名议员中有三百三十六名是党员；各共和国议会议长都是由共和国党中央的书记兼任；各县、市、“公社”人民委员会主席都由各级党委书记担当。企业工人委员会委员有百分之七十到百分之九十是党员，而管理委员会则百分之九十五到百分之百是党员。群众团体，如劳动人民社会主义联盟、工会等等，其领导百分之百是党员。最近一两年来南共中央又号召扩大党的组织。所以实际情况同他们口头上宣扬的不要党的说法是矛盾的。

在经济方面，南斯拉夫借以保证经济平衡发展的工具，主要就是各种法令的限制和计划。比如，对于国内缺少的主要原料，国家就规定最高价格，各企业的有关商品价格都不得超过这一限额。又如，对外贸企业所赚得的外汇一律交给国家；赚钱最多者可得百分之一的奖金。此外，在营业税、周转税等方面有许多规定，借以限制条件好的企业获得过多的利润等等。在计划方面，南斯拉夫从 1952 年起也实行了新的办法，但不同于其他社会主义国家的详尽的五年计划。在这一计划中只规定本年度经济发展的趋势，各个国民经济部门的总产值，国家对新建和扩建企业的投资数额和实现这个计划的经济措施，如利润分配比例等等。这一计划叫做社会计划，其目的是调节整个社会生产，计划中对个别企业的生产并不过问。对整个国家国民经济的发展，则通过每年的投资来加以控制和平衡。此外，各工业和商业企业，在全国范围按产业组成工业协会和商会，以解决厂矿之间的协作、原材料供应、价格调整等问题。

关于南斯拉夫情况的简单介绍大体上就是如此。

南斯拉夫同志把这一套做法称之为“新制度”，并且把它当做建设真正的社会主义的唯一道路，而推荐于全世界。因此我们应该冷静地客观地研究这一制度的利弊，研究它是否真正可行有效。关于这一点，我们了解的情况不多，只能提出几点个人意见，供大家参考：

南斯拉夫所以能渡过1948年以后的困难时期，建设了不少工业企业，人民的生活也有所改善，其原因有二：一为外援；二为全国上下一致努力，南共和政府依靠了群众，新措施发挥了群众的积极性。所以不能抹杀分权和“工人自治”等办法的作用，但也不可夸大其作用。

我们应当看到，分权、社会管理和“工人自治”等措施，是贯穿着依靠群众，依靠地方，发挥他们的积极性，克服困难，搞好建设的思想。通过这些措施，吸收了广大的职工群众和市民群众参加国家政权机关、社会福利机关和生产的管理；这样就能发扬民主，集中群众的意见，发挥群众的积极性；同时，这样也加强了对行政领导的监督和约束，限制了官僚主义滋长的可能性。群众在参加管理工作的过程中能够逐渐提高自己的觉悟程度，使国家能有更广泛的机会来培养管理干部。

在经济方面，这些措施，尤其是市场的开放，在提高产量、增加品种、改善质量、降低成本等方面起了积极作用。从物质资源和原材料的利用上来看，在市、县、“公社”，以至企业各个小单位的范围内，是较前更为合理和更为经济。医疗机关，文娱场所和其他社会福利机关经济独立以后，纷纷改变服务态度，更加积极地设法改善工作。各级地方政权，在如何合理利用地方资源、发展地方经济等方面都表现了更大的主动性。

这是“新制度”积极的一面。所谓的“新制度”也有它的消极的一面，有它难以克服的矛盾。

首先，大家知道，经济发展是由生产的分散走向积聚和集中，生产的社会性日益加强，这一切就要求消灭生产的无政府状态，也就是说要求有计划地、按比例地发展国民经济，而且，也只有这样的国民经济才能在全国范围内平衡地发展和繁荣起来。然而，南斯拉夫在经济领域的做法，即使各市、县、“公社”，以至各企业分散经营，分散计划，自由市场上自发力量日益发展等等，也使得国家计划难以实现，生产与消费之间无法平衡，整个国民经济发展陷入畸形状态。

其次，实行新措施的结果，狭隘的本位主义，地方利益高于一切，牺牲国家利益满足个体利益，现在严重地影响了物资资源在全国范围内的合理利用。每一个共和国、每一个市、县和“公社”都拼命地扩大工业基本建设，因为工厂越多，地方收得的利润就越大，这样地方预算就宽裕。所以大量资金被挤压，人民生活不能很快改善，国家计划不能完成。

再次，在各企业之间的竞争和追逐最高利益的斗争，使得南斯拉夫经济中资本主义倾向有了严重的滋长。投机倒把，力求垄断，抬高物价，营私舞弊，互相欺诈，盗窃等等现象已成为企业关系中司空见惯的特征了。

对外贸易的开放，造成了外汇的严重浪费。外贸企业之间相互竞争，在国内抢购出口物资，在国外市场上互相打击，拦截同行，对整个南斯拉夫对外贸易带来极大损失。

社会福利机关的“社会管理”也有十分严重的副作用。片面强调经济利益影响了他们工作的实际效果，至于政治影响则更不在他们的考虑之内。例如，各医院实行了经济独立以后，产生了重治疗而不愿意做预防工作，不愿意收治重病号，病人治好了不让出院，以便多赚些钱等等问题。

最后，南斯拉夫经济生活中的实际情况也证实了“新制度”的负面作用：

第一，南斯拉夫尽管有大量外援，但其工业增长速度是不快的（具体数字省略，下同）。

第二，南斯拉夫工业劳动生产率没有提高，反而降低。

第三，由于自由发展的结果，南斯拉夫由一个粮食出口国变成进口国。

第四，对外贸易大量入超，说明南斯拉夫在经济上要依靠进口，依靠外援来平衡国内生产和消费，平衡供求关系。一旦国际间事有缓急，这种经济可能马上滑向瘫痪。

第五，分散经营的结果，中央的计划难以完成。

第六，物价波动相当严重。

第七，南斯拉夫的失业工人经常占产业工人的百分之四到百分之七左右。

凡上述种种，对南斯拉夫现行的“新制度”可以得出几点结论：

第一，“工人自治”、“社会管理”等措施作为一种依靠群众搞好生产和工作的民主管理制度，片面地强调其“积极”的因素，是值得研究的。

第二，南斯拉夫现行的整个经济制度（“工人自治”和“社会管理”是其重要的组成部分），从目前的实际效果看来，是利少弊多的。即使这种制度在一定程度上适合南斯拉夫的具体条件，那么对其他国家是否适合，需要认真研究。

“文革”中，我个人收藏的资料、文字材料等等都被查抄没收。平反后，退还了部分材料。“访南印象”退回时少了几页，不记得结尾写了些什么。现在看来，我当时对南斯拉夫“新体制”的探讨，没有摆脱传统的观念的束缚，得出的结论也未免草率。这里的摘要，就当做我对南斯拉夫粗浅观察的证明吧。

随领导人出访

从 1949 年 12 月到 1957 年 1 月，我作为俄文翻译，陪同中央领导和全总的领导多次出国访问或出席重要会议……

随刘少奇出席苏共第十九次代表大会

1952 年 10 月，苏联共产党（布）召开第十九次代表大会。这次大会是在斯大林生前召开的最后一次党的代表大会。中共中央决定派刘少奇为代表团团长，团员有王稼祥、饶漱石、李富春、陈毅、刘长胜等。

当时代表团的主要翻译是师哲。给刘少奇和夫人王光美当翻译的是林利。当时总工会俄文翻译室是由李立三副主席办公室直接领导。林利早在 20 世纪三四十年代在苏联学习，上大学时攻读哲学，精通俄文。这次她参加代表团的翻译工作，感到任务重，她一个人做翻译，无法应付，因为代表团成员多，除参加苏共十九大外，还安排了其他活动。因此她提出借调我一起去做翻译。这样我就作为代表团的翻译去了苏联。

我们是 9 月底出发的，要在苏联过冬，中办特会室给我置装，订做了一件貉皮里子的皮大衣。这件大衣我一直穿到 1976 年。“文革”中抓我时，我就是穿着它进监狱的，到监狱就被没收了，直到 1975 年 4 月我出狱时才交还给我。这件大衣我至今保存着，因为它有纪念意义。当时置装时还买了一顶皮帽子，一双皮靴和两套西装。

苏共中央派飞机来接刘少奇和中共代表团。刘少奇、王光美和代表成员饶漱石、陈毅、刘长胜，以及秘书、警卫、林利和我同乘一架飞机。

飞机是伊尔 –12 型，在地面机尾触地，续行时间短，飞行二三小时就要着陆加油。我记得，我们是 9 月 30 日出发的，第一次着陆是在蒙古的乌兰乌拉，那里的机场没有水泥跑道，没有候机室，飞机就降落在杂草丛生荒芜的草原上，跑道地面坚硬，杂草已枯竭。飞到乌兰巴托时又加了一次油。到乌兰巴托时，蒙古党的第一书记达姆巴也搭乘我们这架飞机。他坐在刘少奇和王光美的后边座位上。他带了一个小手提箱，上飞机后，他把手提箱打开，拿出一把刀和一大块熟羊肉，割下好几块，请刘少奇和王光美品尝。接着，我们在伊尔库茨克停留了一夜，下榻机场宾馆，当地的党政要员来迎接，并设宴招待中、蒙两党的代表团。次日清晨起飞，在新西伯利亚又着陆加了一次油。当日下午飞抵奥姆斯克过夜，第二天途经梁赞加油，于 10 月 2 日下午抵达莫斯科。

代表团到莫斯科时，受到热烈欢迎。下榻市中心的奥斯特罗夫斯卡娅八号别墅。这是一个宽敞的沙皇时期贵族的官邸。

此前王稼祥已先到莫斯科，他的翻译是陈道生，也是“哈外专”的学生，比我晚几期，毕业后一直在中联部工作。

现在谈谈有关苏共十九次代表大会的情况。

中共代表团出发前，在讨论代表团任务时，毛主席请刘少奇利用出席苏共十九大的机会，就中国社会主义建设中的大政方针问题，向斯大林请教，听听他的意见。同时了解和研究这次苏共代表大会的组织工作，如：代表的产生、会议的筹备、会议的程序、新闻报道以及如何安排外国代表团的活动等。

我见到斯大林

苏共十九大于 1952 年 10 月 5 日至 14 日在克里姆林宫的代表大会厅举行。有四十五个外国政党代表团出席大会。大会前，苏共中央派来的联络员送来中共代表团参加大会的通行证、请柬等证件。当时我们都没有注意代表的座次。当刘少奇和其他外国党的代表陆续进入会场时，发现把他安排在来宾席的第一排，刘少奇很谦虚，不肯在第一排就座，说坐在第三排就可以了。匈牙利代表团团长拉科西说，你不坐第一排，我们往哪里坐？于是，他拉着刘少奇坐在了第一排，成了外国党的代表中最引人注目的来宾。会后，代表团工作人员还做了检讨，事前没有注意，否则可以在大会开幕前报告刘少奇，还可以向主人提出交涉。

等大家就座后，斯大林出来了，那时斯大林的年纪也大了，走起路来慢慢吞吞……

在代表大会上，马林科夫代表苏共中央做了工作总结报告；赫鲁晓夫做了修改党章的报告，大会决定更改党的名称，改为苏联共产党。大会对苏联党的领导机构也做了调整，把中央政治局改为中央主席团，主席团内设常务委员会，中央的日常工作由中央书记处负责。

10 月 8 日，刘少奇向大会致辞，并宣读了由毛泽东主席签署的中共中央祝词。刘少奇说：苏联共产党领导了十月革命，在人类历史上开创了新纪元。中国共产党是在十月革命影响下建立起来的。中国革命的胜利和中华人民共和国成立三年来的建设事业的巨大成就证明，根据各国的具体情况，正确运用马克思、恩格斯、列宁、斯大林的学说，正确运用苏共关于革命和建设的经验是无往而不胜的。与会代表对刘少奇的致辞报以热烈的掌声。

10 月 9 日，《真理报》等各大报纸都报道了刘少奇在苏共十九大致辞的消息。

这当中还发生了一件事。中共代表团发现，《真理报》的新闻稿中，把刘少奇的中共中央书记处书记兼秘书长职务错误地写成了中共中央总书记。为此，刘少奇专门给马林科夫写了一封信，请他转告《真理报》编辑部。刘少奇在信中写道："今天《真理报》发表我在联共十九大的祝词时，注明我是中共中央总书记，我现在要申明：中共中央现在没有总书记。党的中央委员会、政治局、书记处，均在毛泽东同志的领导下，以毛泽东同志为主席，虽然我对党内的问题过问得比其他同志稍多一些，但是，我只是书记处的书记之一。中共中央有个秘书长的职务，这个职务是管理中央本身的行政事务工作的。以前由任弼时同志担任，任弼时同志去世后，即由我代理。这个职务和各兄弟党的总书记的职务不同，也许翻译同志将我担任的职务和总书记的职务混同起来，以致使你们有这个误会，我现在特向你做这个申明，如果你认为有需要的话，请你转告《真理报》编辑部的同志。”

对此，苏方答复说：在俄文里，总书记和秘书长是一个词，在从中文翻成俄文时很难分开。据后来听说，处事谨慎的刘少奇回国后，在向毛主席汇报中共代表团在苏共十九大期间的活动时，还专门谈到苏方误把秘书长翻译成总书记，因为总书记和秘书长在俄文里是一个词。主席还问了问俄文的“总书记”一词怎样发音。

苏共《关于修改党章的报告》是由赫鲁晓夫做的，一上来，他就讲了苏联“先锋队”的问题，说苏共是一个先锋队。讲话引起全场一阵掌声雷动，与会者都站起来了，包括苏联的代表，兄弟党的代表，全场“乌拉、乌拉……”声一片，就是“万岁、万岁”，“乌拉斯大林、乌拉斯大林”，经久不息。那时候，斯大林在苏联已经是一个绝对的独裁了。那次大会我没有进入会场，我在会场外面。当时我的身份是翻译，还没有资格进去参加会议。但我可以在侧门看到里面的情况。

10 月 14 日，苏共十九大闭幕。在闭幕那天，斯大林做了六分钟简短的讲话。他步履蹒跚，看来，确实已到了衰老的晚年。他一出现在主席台上，全体代表立即起立，热烈鼓掌。作为健在的亲历者，我或者算是唯一的能清晰记得这个场面的见证人了。当时斯大林的声望很高，但见到他，我多少有些失望，没有想象中的“伟岸”和健谈，稿子也是拟好照念的。

他首先对出席此次代表大会的各兄弟党对苏共的信任表示感谢。他说：“我们特别珍视这种信任。”“我们党和国家过去和将来始终需要外国兄弟人民的信任、团结和支持。”“十月革命以来，苏联共产党是世界革命运动和工人运动的‘突击队’，是唯一的‘突击队’，执行任务是很困难的。现在完全不同了。现在，从中国和朝鲜到捷克斯洛伐克和匈牙利，已经出现了人民民主国家这些新的‘突击队’，现在，我们党进行斗争比较容易了，而且工作进行得也比较愉快了。”斯大林讲话结束时，全场再次起立，报以热烈的经久不息的掌声和欢呼声。

10月16日，苏共十九大新选出的苏共中央委员会举行全体会议。全会选出了由二十五名委员和十一名候补委员组成的苏共中央主席团。斯大林当选为总书记。根据斯大林的提议，又在主席团成员中选出了由九人组成的常务委员会，他们是斯大林、马林科夫、贝利亚、赫鲁晓夫、伏罗希洛夫、卡冈诺维奇、萨布罗夫、别尔乌辛和布尔加宁。令人不解的是，虽然资深的苏共领导人莫洛托夫、米高扬被选进了中央主席团，但却被排除在领导核心以外，即主席团常务委员会之外。

在苏共十九大闭幕后的当天下午，斯大林亲自打电话给刘少奇说：在大会闭幕后，接着就开中央全会，这几天他忙着解决组织问题和人事安排，感到十分疲惫。他很愿意会见中共代表团，但目前抽不出时间，需要等若干天。希望刘少奇利用这个时间，或去参观，或采取某种方式休息几天。刘少奇表示同意。

王稼祥向刘少奇建议，利用等斯大林会见的几天时间，以刘少奇的名义给斯大林写一封信，把要同斯大林讨论的几个问题提出来，使他有充分时间考虑后再同中共代表团会见。刘少奇采纳了王稼祥的意见，便起草了给斯大林的信[①]。信中主要通报了中共中央关于在私人工业、农业、手工业逐步实现向社会主义过渡的设想，以及召开全国人民代表大会、党代表大会和制定宪法问题……刘少奇的信于10月20日送交斯大林。

10月24日和28日，斯大林同中共代表团刘少奇、陈毅、饶漱石、王稼祥进行了两次会谈，由师哲担任翻译。苏方有马林科夫、布尔加宁、贝利亚参加。斯大林就刘少奇在信中提出的几个问题发表了自己的看法。据师哲回忆，斯大林同刘少奇的会谈中主要涉及了以下几方

① 刘少奇在这封信中关于社会主义过渡时期的设想是根据毛主席1952年9月24日在中央书记处会议上的讲话精神提出的。——作者注

面的问题。

关于中国向社会主义过渡的方针

刘少奇在10月20日给斯大林的信中说，“中国现在的工业生产总值，国营企业已占百分之六十七点三，私人企业只占百分之三十二点七。我们估计，在苏联帮助我国执行第一个五年计划之后，工业中国营经济的比重会有更大的增加，私人资本主义经济的比重会缩小到百分之二十以下。十年后，私人工业会缩小到百分之十以下，国营工业将占百分之九十以上。”“到那时，我们将征收资本家的工厂归国家所有。设想多数情况下采取的方式是，劝告资本家把工厂献给国家，国家保留资本家消费的财产，分配能工作的资本家以工作，保障他们的生活。有特殊情况者，国家还可以付给他们一部分代价。”“对农业的改造，现在全国参加互助合作组织的农户已有百分之四十，在老解放区则有百分之七十到百分之八十，并已有几千个组织得较好的以土地入股的农业生产合作社和几个集体农场。我们准备在今后大力地稳固地发展这个运动，准备在今后十年到十五年内将中国多数农民组织在农业生产合作社和集体农场里，基本上实现中国农业经济的集体化。”“对于手工业，我们准备用力帮助小手工业者组织生产合作社，并鼓励手工业作坊主联合起来采用机器生产，有一部分则会被机器工业所挤垮。手工业的社会主义改造可能需要的时间要多一些。”

在会谈中，刘少奇重申了中共中央关于在工业、农业和手工业行业逐步实现社会主义改造的设想。

斯大林首先表示同意刘少奇关于中国社会主义改造的设想和分析。他说：我认为你们的想法是对的。当我们掌握政权以后，过渡到社会主义应该采取逐步的办法。你们对中国资产阶级所采取的态度是正确的。他在谈到富农问题时说，消灭富农要逐步进行。苏联消灭富农用了十二年。东欧各国到现在还没有消灭富农。接着斯大林谈到土地国有化问题。他认为，现在中国还不宜和苏联一样实行土地国有化。如果实行土地国有化，农民会产生误解，他们会认为土地刚刚分到手又被拿回去了。东欧各国也没有实行土地国有化，但波兰和捷克斯洛伐克已经开始禁止土地买卖，这一点，农民还可以接受，就是这种做法，实行时也要谨慎。也有的东欧国家征购了富农的土地交给农民，价格由国家规定，并由国家付款，今后这部分土地当然应当看做是属于国家的，这个办法农民也可以接受。

关于召开全国人民代表大会的问题

斯大林说：如果还没有准备好，可以先开政协，但政协不是人民选举的，这是个缺点。刘少奇说：中国拟于1953年召开党的代表大会，但没有准备召开全国人民代表大会。斯大林说，人民代表大会和党代表大会都是反映人民呼声的，所以还是以人民选举出来的为好，否则人家会说你们搞了一个政协就不再选举了。

关于制定宪法问题

斯大林特别重视制定宪法问题。他认为中国暂时可以用《共同纲领》代替宪法，但必须尽快制定宪法。刘少奇问斯大林，《共同纲领》是不是社会主义性质的宪法？斯大林肯定地回答：不是。他说：如果你们不制定宪法，不进行全民选举，敌人可以利用这个问题向工农群众进行宣传，反对你们。一是说你们的政府不是人民选举出来的；二是说你们国家没有宪法，人家还可以说你们的政权是建立在刺刀上的，是自封的。斯大林同意把《共同纲领》改变成宪法的意见。他说：有一部宪法比没有要好。你们在宪法中可以规定这样的条文：第一，全体人民包括资本家、富农在内，均有选举权；第二，承认企业主和富农的财产权；第三，承认外国人在中国的企业租借权。这种权利如果中国政府不愿意给外国人，可以在实行时不给或少给，这些事实都是存在的，并不妨碍你们搞宪法，你们可以在1954年搞选举和宪法。这样做对你们是有利的。

关于中国组建一党政府问题

斯大林说：你们现在的政府是联合政府，因而政府不能只对一个党负责，而应对各个党负责。这样，国家机密就很难保障，你们有些重要机密外国人都知道。例如，不久前，你们的政府代表团来苏联，美、英就说要谈旅顺问题。是联合政府，国家重要的问题就不能不同其他党派商量。其他党派的人很多是同美、英有联系的，他们知道了，就等于美、英也知道了。你们的计划如果事先被敌人知道了，对你们是不利的。如果在人民选举的代表中共产党员占大多数，你们就可以组织一党政府。其他党派的落选不应当破坏你们的统一战线，你们应该继续在经济方面同他们合作。

此外，斯大林还和刘少奇讨论了各国共产党，如日本共产党、越南劳动党和印尼共产党的问题。在会谈后，刘少奇当即将谈话内容电报毛主席、党中央。

这是斯大林最后一次会见中共领导人，也是他最后一次对中国革命和社会主义建设事业提出建议。这些建议是他在总结苏联和东欧人民民主国家的经验和教训的基础上提出来的，涉及中国如何向社会主义逐步过渡、举行选举、召开全国人民代表大会、通过选举成立中国一党的政府等重大国家体制问题。这对我们党在新中国成立初期，从中国的实际出发研究和解决有关国家体制的重大问题具有重要意义。

党中央、毛主席对斯大林的建议十分重视，研究并部署了制定宪法，召开全国人民代表大会的筹备工作。1953 年 1 月，根据中共中央的建议，中央人民政府委员会通过了召开由选举产生的地方各级人民代表大会，并在此基础上召开全国人民代表大会的决议。1954 年 9 月，召开了第一届全国人民代表大会第一次会议，通过了《中华人民共和国宪法》，并根据《宪法》的规定，选举和决定了国家领导工作人员，毛泽东当选共和国主席，刘少奇当选全国人大常委会委员长。根据共和国主席提名，决定周恩来任国务院总理。这样就完成了新中国的根本政治制度的建设。

最后，谈谈斯大林关于中国社会主义改造的进度问题的看法，当时中共中央对这一问题的看法和斯大林的看法（即“逐步实现”）基本一致。党在过渡时期的总路线提出：实现向社会主义的过渡需要三个五年计划，即十五年时间，加上三年恢复时期，共十八年。在过渡时期，我们党对资本主义工商业、个体农业、个体手工业进行了改造，开辟了一条适合中国特点的社会主义改造的道路。但在这一过程中，工作也有偏差，如1955年夏后，农业合作化以及对手工业和个体工商业的改造过于急促和粗糙；1956年资本主义工商业改造基本完成后，对一部分工商业者的使用和处理也不很适当。斯大林关于逐步实现社会主义改造的忠告早已被置之脑后，束之高阁了。

中共代表团在莫斯科所进行的正式活动，我都没参加。当时刘少奇同斯大林会谈中担任翻译的是师哲，林利偶尔也当过翻译。记得林利回来讲，有一次斯大林宴请中共代表团，在宴会上师哲让她翻译，开始她很紧张，不敢翻，斯大林笑了起来说：你看我并不可怕嘛！林利听后，放心地翻译起来。

苏共十九大结束后，刘少奇和中共代表团还参加了苏联十月革命三十五周年庆祝活动。之后，刘少奇、王光美在林利陪同下到黑海边的索契去疗养。苏共十九大会议期间，陈毅的夫人张茜，饶漱石的夫人陆璀也从国内到莫斯科。苏共十九大后，我就陪他们去高加索的著名疗养地——矿泉城疗养去了。

顺便讲一个小插曲。20世纪80年代初，中国大百科全书出版社同美国不列颠百科全书公司合作，翻译出版中文版《简明不列颠百科全书》。中方由著名学者、翻译家刘尊棋副总编辑主持，并邀请了钱伟长教授等著名学者参加；美方由吉布尼副总编辑主持，并邀请了著名的中国问题专家、汉学家索罗门教授和奥克森伯格教授参加。我当时是出版社的副社长，参加了同美方的谈判，去美国考察，协助组织《简明不列颠百科全书》的翻译队伍等有关工作。

在同美国朋友接触中，他们得知我曾担任过中国领导人的俄文翻译工作。一次，奥克森伯格教授问我："1952年冬，刘少奇先生参加苏联共产党第十九次代表大会后，有一个多月时间，报刊上没有关于他的消息，不知道发生什么事情了？”我说：“刘少奇先生去苏联黑海边疗养去了。”当时在场的刘老、钱老等中国朋友都对奥克森伯格教授如此关注中国领导人的行踪，关注中苏关系的动向，以至询问二十多年前的事情，感到惊叹。

在我们参加苏共十九大后，准备到外地去休假时，苏共中央联络部按照对兄弟国家领导人员到苏联来休假的惯例，给每位团员发一万卢布，给工作人员发一千卢布，作为在休假中购纪念品、零花用。我拿到这些钱后，去买了一架照相机。饶漱石提出来，我们是不是将这笔钱作为党费上缴给驻苏联大使馆，他说：我们也不需要买什么纪念品。我跟饶漱石说：您讲晚了，我已经买了个照相机。“上缴党费”一说只好作罢。至于饶漱石本人是否把钱交给了大使馆，我就不清楚了。

我第一次到莫斯科去感觉非常新奇，那里好像一切都比中国的好，商店里的商品非常多。说实话，我们对当时苏联的这种物质生活还是比较羡慕的，虽然我们没到乡下去，但是在城里看到的确实比我们好。其实苏联轻工业不十分发达，所以它的商品也不算丰富，许多商品只是国家有重大活动时才摆放出来供应。

城市广场就是那个著名的红场，红场对面是沙皇时代的商会，那里有个非常大的商场，一排一排的，商场当中面对着“列宁墓”开了个小门，里面是“特供商店”。苏共中央联络员陪着我们进那个小门，这个“特供商店”里面供应的都是苏联不生产的外国商品，拿卢布就可以购买。“特殊商店”只接待苏联的一些高官以及他们认为的贵客，像我们当时是苏共中央的客人，所以可以进去购物。

当时苏联普通人对中国的态度和感觉，从我接触到的看，都比较友好。一听说我们是中国来的，好像都很友好和热情。虽然最普通的老百姓我们接触不多，但我们经常接触的一些官员还有警卫等都比较友好。

苏共十九大一结束，我就陪饶漱石夫妇、陈毅夫妇、刘长胜乘火车去高加索。苏共中央联络部派一名工作人员送我们。在火车餐车上，每次去吃饭，都有几个吉普赛人弹着吉他，走到我们餐桌前演唱起来，而且都要给小费，后由苏联陪同人员把他们打发走了。我们到了高加索矿泉城后，当地党委的领导都来迎接。

我们去的这个疗养院属于苏共中央，也就是为苏共领导人服务的疗养院。疗养院处于高加索连绵不断的山区中。高加索的高山峻岭，原始森林，一望无际，气候宜人，盛产矿泉，是休假疗养的理想地方。疗养院在一个山谷里，在一片平地上建了许多栋大楼，有疗养人员住的楼、治疗楼等等。我们住的是一个大的套间，有三个卧室和一个客厅。饶漱石夫妇、陈毅夫妇各住一个卧室，刘长胜住一个卧室，我住在套间外面的一个单间。打开窗子往外看，森林茂密，遮天蔽日，郁郁葱葱。

我们住进来的第二天，院方的医生就对三位领导做全面体检，确定治疗方案。饶漱石抱怨面部神经麻痹，眼皮老跳，引起心神不宁；陈毅主要是检查身体、休息，通过疗养达到减肥的目的；刘长胜主要是疗养休息。

我记得医生确定的治疗方案是运动疗法和饮食疗法。运动疗法主要是散步，每天早上七点起床，七点半吃饭，饭后休息半小时就开始在医护人员指导下散步。散步规定得很科学。疗养院大楼后面沿着山坡修建了不同坡度的步行道。有缓坡，有陡坡。开始走缓坡，按规定的速度走二十分钟，过几天再增加里程，走陡一点儿的坡。道路旁，每隔一定距离都竖着写有距离、速度要求的标志，天天坚持，这是散步疗法。二是饮食疗法，饶漱石的饮食没有什么变化，基本是清淡的；陈毅则是每个星期有两天不让吃主食，只吃苹果，达到减肥的目的。苏联医生把这种疗法叫做“苹果日”。

疗养院所处的地区是温泉地区，治疗的矿泉水有碱性的，有酸性的。医生也给他们规定每天要喝多少矿泉水。卧室的洗澡间有泉水，每天都可以洗泉水浴。陈毅每天还多加一项锻炼，即到理疗室去做器械锻炼，举哑铃。还有一个土法，是跟理疗师背靠背地站着，然后互相背驮。医生找了一个身材高大的理疗师，他先把陈毅驮起来，然后再让陈毅把他驮起来。陈毅驮了两次感到累。我就对医生讲，这样驮下去，可能会发生意外，医生就再没用这种方法了。

除了这些治疗外，没有什么特殊治疗，因为几位领导也无特殊病症，基本上是休息，配合散步，饮用矿泉水，洗温泉浴，调节饮食。每天上午治疗，下午散步，有许多空闲时间。

我在莫斯科买了一本俄文的国际象棋棋谱，借了一副国际象棋，自己在那摆弄，学习棋谱的走法。饶漱石很喜欢下棋，很用脑子。他看了后跟我下。差不多的规律是，第一天从棋谱上我学会了几招，我能赢他，但走了一两次后，他看出了其中的奥妙，反过来就能赢我。每天下两盘，因为我每天都从棋谱上学几招，所以第一局我能赢，第二盘和棋，到第二天再下我就输了。

高加索历史悠久，名胜古迹很多，疗养院还组织我们到周围名胜古迹去参观。有沙皇时代留下的古堡、宫殿；有普希金决斗的地方……隔两三天就坐车出去玩一玩，这样两个礼拜的休假期很快就过去了。

苏共中央派人来接我们，一起坐火车回莫斯科。

我们代表团刚到莫斯科时，是住在奥斯特罗夫斯卡娅街八号，代表团休养回来后，我们就住在高尔基大街临街大楼里的公寓，苏联人称“住宅”。这是在高级的住宅楼里留几套公寓供党中央的客人使用。我们住的这套公寓里有四套卧室，还有一个会客室、餐厅、厨房。这套住宅的管理员（俄文叫她为“管家”）是一位烈属，她的丈夫在卫国战争中牺牲了。每天有专门的厨师来做饭。从一开始，这位女管家就只给我和刘长胜打扫房间，而不给饶漱石夫妇和陈毅夫妇打扫房间。我就问：为什么不给他们就只给我们打扫房间呢？她说：他们有夫人在身边嘛，让他们自己收拾自己的房间吧！陈毅说：赶快打道回府吧！

陈毅夫妇在莫斯科待了一两天就坐火车回国了。饶漱石留下，考察苏共基层党组织的工作经验。

当时，李富春正好在莫斯科，他率领中国政府代表团同苏联政府商讨中国的第一个五年计划，以及苏联政府援建项目。我的老朋友李越然给李富春当翻译。我们有几次座谈，也请李越然做翻译。

饶漱石对苏共基层组织工作的考察，从访问莫斯科市委开始，由莫斯科市委书记和其他领导介绍整个莫斯科市的党的基层组织情况，市委、区委如何领导党的基层组织。其他的座谈基本上是在我们住所的会客室举行。有时也由苏共中央党校教授来讲课，系统介绍基层组织工作经验。我们也到莫斯科市里一些党的基层组织考察过，主要是去工厂。我记得考察了莫斯科斯大林汽车制造厂。考察中，苏联同志介绍了党的基层组织结构、任务、开展工作的方法；党的基层组织与行政领导的关系；比较详细地介绍了苏联企业实行“一长制”①，在“一长制”下党委起什么作用。饶漱石做了记录，我边翻译，也做了简单的记录。苏联同志也给了我们一些苏共高级党校教授写的有关讲义。考察进行了大约十天左右，结束后我们乘火车回国。

回到北京后过了一段时间，饶漱石夫妇住进中南海西院的招待所。所谓西院，就是刘少奇住的甲楼，朱总司令住的乙楼，此外还有

---

① “一长制”，是苏联经济和行政部门的一种重要管理原则和领导方法，即授予国家机关和企业事业领导人履行职责所必须的广泛权力，同时规定其对工作结果应负的个人责任，目的是为了加强机关和企事业单位的管理，把领导者管理的坚决性和群众参加管理协调地结合起来。1918 年 3 月列宁提出“一长制”后，1918 年五六月间，全俄国民经济委员会第一次代表大会通过了列宁参与制定的国有化企业管理条例新草案，1919 年 9 月 4 日，人民委员会颁布了《关于在中央纺织工业管理局实行一长管理制以代替集体管理制》的决定，1920 年，苏俄已有半数机关实行了“一长制”。1920 年年初召开的全俄国民经济委员会第三次代表大会上，列宁主张在组织形式已经确定的情况下，必须从集体管理制有步骤地过渡到“一长制”，以保证合理利用人力。1920 年三四月间召开的俄共（布）第九次代表大会，决定在工厂管理中逐渐改行“一长制”。“一长制”作为一种管理制度，于 20 年代后期得到全面推广并一直实行下去。1941 年，联共（布）第十八次全苏代表会议强调指出必须加强企业中的“一长制”，务使企业经理真正成为对企业状况和生产制度负责的全权领导者。苏联军队中的“一长制”是指挥官对所属部队的战斗、党的工作、政治思想以及行政管理全面领导，对上一级负责。——作者注

两幢楼即丙、丁楼。丙楼的三层是中共中央办公厅领导办公的地方，一、二层有些房间做招待所。丁楼则是中办机要室、秘书室的办公楼。还有一个礼堂，是中央会议厅，常在这里举行政治局扩大会议、中央工作会议等，平时放映电影，同时也是首长们的餐厅。饶漱石夫妇就住在西院丙楼招待所。他准备起草苏联基层党组织工作经验考察报告。他请邓力群执笔，请我也参加。我回来后就把带来的文字材料、苏共高级党校讲义都交给了全总俄文翻译室，请他们翻译成中文，打印出来送给饶漱石。考察报告主要由饶漱石回忆，他的记忆力非常好。他一边讲，邓力群一边记，我来听，他回忆完一段就问我，有什么补充，有什么更正，叫我补充上。这样工作了一个多月，当然不是整天工作。那时，我也搬进西楼住，邓力群夫妇也住在西楼。

西楼的服务员叫葛义明，他已跟邓力群夫妇两年多了，他没事就跟我闲谈。他讲，邓力群夫妇学习非常勤奋，每天早晚都背毛选、马列主义著作。我对他们的学习精神深感钦佩。当时，邓力群从新疆回来不久，在中央办公厅工作。

这里，还要讲一件事情。在莫斯科考察期间，苏联同志给我们提供了不少有关基层组织的书籍、文字材料。其中包括一本《集体合同》，也就是工厂行政同代表职工利益的工会组织签订的劳动契约，规定双方的权利义务。前面已谈到，我回国就把这些俄文材料交给全总的俄文翻译，请他们译成中文。有一天，他们突然打电话告诉我，说这本俄文的《集体合同》丢了，找不到了。我急坏了，连忙赶回全总，同翻译室的同志一起找，整个办公室翻了个底朝天，也没找到。我赶快报告全总领导。经过分析大家认为，《集体合同》在苏联工矿企业、机关，人手一册，我们全总翻译室就有好多本，是苏联专家讲课时带来的，因而不是机密文件，因此不存在失密问题。但是丢掉的这一本，是苏方向饶漱石介绍经验时拿出来示范的，当时经我提议向苏方要的，所以丢掉了无法向饶漱石交代。全总领导要我马上向中办杨尚昆主任报告，并附上全总翻译室的《集体合同》的俄文原本及译文供参考。于是，我就给杨主任写了一份检讨，说明了《集体合同》遗失和寻找的经过及全总领导的意见等。

当时，杨尚昆主任就在西院三号楼三层的一间大房间里办公。我把报告交给了他的秘书，当天下午，杨主任让我到他的办公室去。这是我第一次见到杨尚昆主任。他说：你的报告我看了，《集体合同》俄文本丢了当然不好，全总翻译室的同志要建立文件保管制度。你送来的《集体合同》的范本，从内容上可以代替丢掉的那一本。这事就不必报告饶漱石了。因为他遇事易紧张，说了反而会把事情搞复杂了。这件事就这样平息下来了。杨尚昆主任平易近人，通情达理，给我留下了深刻的印象。

在帮助饶漱石整理访苏考察报告过程中，正好经历了斯大林 1953 年 3 月 5 日逝世的事。当时陈毅夫人张茜也住在西院。那天我看见张茜眼睛都哭红了，就问张茜发生了什么事情？她沉痛地告诉我，斯大林病危，可能是脑溢血吧！好多老中医纷纷写信给中央献方献策，想挽救他的生命。后来广播了斯大林逝世的消息。当时不光是中央领导，就连我们一般干部也都陷于悲痛之中。后来听张茜讲，中央决定派周恩来去参加斯大林葬礼。

有一位俄国作者加列诺维奇，他是中国问题专家，是个典型的反华分子。他写了一本书叫《两个一把手——赫鲁晓夫和毛泽东》，在这本书里写到斯大林去世后，中共中央有意降低参加葬礼的中共代表团规格，说毛泽东没去，刘少奇也没去，朱德也没去，只派了第四把手周总理。还说什么当时江青也在莫斯科治病，毛主席下达严格命令，不准许江青参加斯大林葬礼活动。这位作者对这些事做出的解释，歪曲了当时的情况，上纲到“毛泽东从莫斯科领导的接触中排除了‘大家庭友好’的因素”。

毛主席出访非常复杂，一两天之内是无法成行的。毛主席 1949 年 10 月出访莫斯科参加斯大林七十诞辰庆典和跟斯大林谈判，那真是兴师动众。毛主席乘坐铁路专列，成千的军警沿途戒严。刘少奇又是刚刚从苏联回来，最好的人选当然是周恩来总理，规格已经很高了。至于说毛主席不让江青参加中共代表团在斯大林葬礼期间的活动，我不知道是否中央做过这种决定，如果真有此事那也肯定是毛主席的意见。我认为，是怕她在这种公共场合有不妥的举措，有损国格，并不能说不让江青参加斯大林葬礼，就是没有“大家庭友好”因素。实际是保证中共代表团参加葬礼的正常进行。谁能预料江青在这种场合会做出什么不合适的行动？

这位作者自认为毛主席一开始就想尽量贬低苏共及其领导人，抬高中共，强调自己的作用。从这个观点出发，戴着有色眼镜看当时的一些事情，并妄加分析。

帮助饶漱石写完苏共基层组织考察报告后，我就返回全国总工会了。之后很长时间没有看到饶漱石夫妇。后来，党中央开展批判“高、饶联盟”，我当时并不知道。

饶漱石有个女儿叫兰欣，从小在法国，后来才把她接回中国。她喜欢集邮。我随工会代表团到苏联访问时，苏联朋友送给我几张纪念邮票，我不集邮，兰欣向我要邮票，让我把邮票送到他们家转给她。饶漱石家当时在景山后街，我事先打电话给他的秘书陈麒章[①]，说我来看看首长，他说：“你来吧。”

我到楼下时，是饶漱石夫人陆璀出来接我。我就请她把邮票转交给兰欣。然后我问：“漱石同志身体怎样？”她说：“他在楼上，你去看他一眼，然后你就走吧！他还有事。”

我上楼时，饶漱石坐在小客厅里，脸部木呆……我不了解发生了什么情况。我和他握了握手。他说：“啊！小阎来啦！”就讲了这两句话，我就走了。因为陆璀事先给我打了招呼，叫我看看他就走。可能他当时正挨批判。

① 陈麒章后来调到中办工作，任一个研究组的组长。——作者注

这是我最后见到的饶漱石。

我随团参加苏共十九大回国以后，就又回到总工会工作。总工会当时根据“世界工联”的决定拟成立一个“亚澳联络局”，也可以算是“世界工联”委托中国成立个“亚澳联络局”，就是负责联络亚洲与澳洲的一些工会组织。我也曾经被调到“亚澳联络局”工作了一段时间。但在那里实际没待多久，就很快调到中办了。

随赖若愚参加苏联工会第十一次代表大会

1954 年 8 月，全国总工会派代表团赴苏，去参加苏联工会第十一次代表大会。全国总工会主席赖若愚担任团长，团员有陈少敏（纺织工会主席、全总领导人之一）、张维祯副主席和生产部长董昕、建筑工会主席张进，翻译是我和劳保忠。出发前董昕起草了在大会上的致辞。致辞稿由赖若愚审查，由我们翻译成俄文。我们还准备了一面大旗，旗杆是一节一节连接的，用时可以接起来，准备在大会上献给苏联工会。

我们是坐火车去莫斯科的，因陈少敏身体不好，不能坐飞机。从北京坐车经满洲里进苏联境内奥特堡站。因苏联铁路是宽轨，过境时，要把我们的车厢底盘换成苏联的车厢底盘。因乘坐的是国际列车，一个车厢大概有十间包房，上下两层铺，两个包间共用一个卫生间，包间里面都是用深红色的大绒粘贴的墙面。在中国境内挂的是中国的餐车，到苏联境内改挂苏联餐车。火车横穿西伯利亚，经过贝加尔湖，看到的是一望无际的原始森林，一片一片的白桦树林，心情非常舒畅！贝加尔湖就是古代苏武牧羊的地方，当时称为“北海”，一大片领土，直到海参崴，原都是中国领土，后被沙皇俄国划作他们的领土了。

国际列车上餐车的食品是从莫斯科带来的，特别是各种酒类，有著名的“首都”牌伏特加。这种酒在西伯利亚很少见，因此，铁路沿线各站都有不少人买一程车票上餐车来买酒“解馋”。

有一次，我们到餐车上用午餐，正赶上火车在一个比较大的车站停车，上来七八个人直奔餐车，都有车票，开车了也不下车。我倒替他们着急了，问餐车服务员他们为什么不下车呀？服务员说他们是来喝酒的！因为是中午开餐时间，餐车坐满了用餐旅客，他们就站在餐车门头过道上。服务员给他们每人送来两个大玻璃杯，一杯伏特加，一杯啤酒，并给他们拿来一盘黑面包放在窗台上。只见他们先一口喝下伏特加，第二口把啤酒喝下，然后将黑面包拿起来放在鼻孔下闻闻，深深吸口气，大功告成了。到下一个车站，这些人就下车了。

我们一行在列车上颠簸了九天九夜到达莫斯科，受到苏联总工会隆重欢迎。大会前，苏联总工会主席是什维尔尼可夫，改选后新的苏联总工会主席是库兹涅佐夫，后来曾任驻中国大使，又当过外交部副部长。

在这顺便讲一个小插曲。我们路过满洲里车站时，有个穿便服的苏联军人，来到国际列车车厢里找我，说他是苏联军官，到中国出差，执行完任务现在要回国。他在中国多买了几块衣服料子，担心到苏联海关要上税，希望我们帮他把衣料带过海关，到苏联境内给他。我对他讲，我们是正式代表团，不是我个人到苏联去旅游可以帮你，我们代表团做这样的事，那就是帮你偷税了，是犯严重错误。很抱歉！过境后，那个军官又过来说，他被骗了！他把多买的料子交给同一车厢的一个苏军战士，托他帮助过海关，并答应带过海关后给多少钱，结果车一过海关，那个战士溜了，得不偿失。

苏联总工会第十一届代表大会是在克里姆林宫里的“代表大会礼堂”开的。苏共历次代表大会都在这个礼堂召开。中国工会代表被安排在大会主席的左侧靠前。苏共中央领导人是坐在主席台后边，右侧是大会主席团成员。外国代表团团长都坐在大会主席台左侧。因为中国代表团身份较高，几位主要成员都坐在主席台上，赖若愚的致辞博得全场热烈欢迎，致辞后，赖若愚将中国工会献给大会的锦旗交给主席团，会场再次响起热烈掌声。

大会进行一个多星期。这个期间，我们听了苏联总工会向代表大会的工作报告，各国代表团致辞，参加了大会闭幕式。

我们没参加他们的小组会。大会期间，因为赖若愚、张维祯等几位全总领导以前没到过莫斯科，因此，苏联主人安排中国代表团到列宁、斯大林墓献花圈，瞻仰列宁、斯大林遗容；在红场散步，参观莫斯科一些主要游览景区。

大会闭幕后，苏联总工会安排所有被邀请来参加苏联工会代表大会的外国代表团，乘坐豪华的游轮沿莫斯科河和伏尔加河到斯大林格勒和罗斯托夫去参观。整个参观大概用了一个星期时间。我们十分清闲地游览，观赏沿途两岸的风光，特别是宽阔的俄罗斯的母亲河——伏尔加河，给我留下深刻的印象。我们还经过列宁运河，由伏尔加河到达顿河上的罗斯托夫。这是我第一次坐轮船过船闸，因为伏尔加河和顿河水位不同，相差几十米，要通过船闸过去，大概过了七八道船闸，每道船闸提升多少米。这是我一生中很新鲜的经历。

参观斯大林格勒给我留下了一生难忘的印象。第二次世界大战时期的斯大林格勒战役主要战场上的遗迹仍保留了下来。我们这一代的中国青年都读过苏联作家西蒙诺夫描述斯大林格勒保卫战的小说《日日夜夜》。现在是身临其境，受到极大的震撼！苏联士兵、苏联人民怎样以自己的身躯与德国侵略者搏斗，一个街巷，一个街巷，一栋楼，一栋楼地展开巷战，英勇顽强地搏斗，终于取得了有决定意义的战役的胜利！我们看了德军统帅鲍卢斯投降被俘的地堡。

在昔日斯大林格勒保卫战的主战场——马马耶夫山岗，如今在山岗最高处矗立着高85米的“祖国母亲在召唤”斯大林格勒战役纪念碑。纪念碑是个雕塑群体，上面有手捧麦穗少女雕像，喻示着：“我们要和平！”有炮筒指向西方的坦克战斗场面，有巨型手擎利剑的苏军战士的塑像……气势雄伟，它被视为俄罗斯的象征。

斯大林格勒战役的胜利，扭转了第二次世界大战的战局，奠定了二战在苏联战场上苏军胜利的基础。苏联人民在战争中遭到了巨大的损失，数以千万人的牺牲，鲜血换取了战争的胜利！参观后心情非常沉重。主人还给我们放映了当时的战争纪录片，主要的战斗一幕幕展现在眼前。

参观斯大林格勒之后，我们乘船到顿河上的罗斯托夫市。顿河流域是苏联的粮仓。这里的集体农庄庄员生活很富裕，住宅是宽敞的小楼，室内干净，院子里盛开着鲜花，每家都养有奶牛，宅边园地种着蔬菜和玉米。农庄主席向我们介绍了他们的生产和生活情况，还请我们吃饭，给我们留下很好的印象。

我们从罗斯托夫乘火车到了黑海克里米亚的避暑胜地索契。这里历来是度假胜地。苏维埃政权时代，将沙皇时的皇家贵族的宫殿别墅交给了工会，工会组织还修建了不少新的疗养院、休养所，每到夏季，人们都到这里来度假、疗养。

我们是住在山上的一所工人疗养院。山下是海滨，海水很干净，海底都是鹅卵石。浴场更衣处是从外地运来的沙子，环境非常美，周围是森林、草坪、花卉。过去沙皇贵族享乐的地方，今天变成普通工人、劳动人民度假、疗养的场所。他们还安排我们到政府要员的休假场所看看，真是风景如画。沿途大家很兴奋！

然而在索契，赖若愚就吃不下饭了。他跟我说他有肝病，到苏联后，由于工作和行程安排得非常密集、集中，虽是参观、访问游览，也不免显得紧张、劳累，再加上菜肴都很油腻，肝病加重了。我跟苏联同志讲了，我们就按计划回到莫斯科。

到莫斯科后见赖若愚脸色发黄，看起来像黄疸性肝炎。根据苏联同志建议，经代表团研究决定赖若愚留下住院检查，治疗一段时间再回国。代表团决定陈少敏由劳保忠陪同乘火车回国，张维祯、董昕等乘飞机回国，我留下陪赖若愚住院治病。

主人们先把赖若愚送到克里姆林宫医院住院。这个医院是苏联领导人看病的医院，位于克里姆林宫的侧面。克里姆林宫很大，南面是红场，东墙外是无名英雄纪念碑和“曼涅什”广场，广场对面就是列宁图书馆，图书馆南侧有条较窄的街，克里姆林宫医院就在这条街上。之后，主人将我安排在“萨伏依”饭店。它比莫斯科饭店小些，但是个古老的旅店。这里离克里姆林宫医院很近，步行十多分钟就到了。赖若愚住的病房是领导人住的高级病房。我每天上午去，待到中午，下午一般就不去了，有事再去。

经医院检查诊断，赖若愚患的是急性肝炎。这次来苏联旅途疲劳，饮食不当，病情稍重些。苏联大夫除了用药以外，还采取插管引流的办法，从患者的肝里抽出积液。整个过程，特别是开始插管的时候患者十分痛苦，我站在旁边也很不好过。治疗一段时间病情逐渐减轻，回国后继续医治。

当时胡乔木和总后勤部部长杨立三也在这里住院。他们都没有翻译陪同，医生给他们看病、诊断、谈话时，是临时通过大使馆派翻译来，是否有苏联翻译我就不清楚了。赖若愚住院，大使馆来人看他，对我说胡乔木、杨立三也在这住院。赖若愚听说后让我去看看他们，有什么事可以去帮忙。我就去了。我是第一次在莫斯科医院里见到胡乔木。他这次来是治眼疾的。杨立三患癌症，是骨癌，很痛苦，但他很坚强。

我每天去医院，先到赖若愚病房，看有什么事没有，帮他处理完事，再讲讲当天莫斯科报纸有什么重大新闻消息，然后去看看胡乔木，看看是否有需要办理的事，再去看杨立三。他们分别住在内科、眼科和肿瘤科。后来，我看到他们的伙食，吃的都是营养餐、病号饭。他们都说不习惯。于是，我就去我们驻苏使馆，给他们要些小酱菜和酱油、醋、味精等调料，每个病房给放点儿。国内有时也给他们带些来。有一次，眼科医生叫我，说翻译同志，你给拿来的那些东西，还有从中国捎来的东西，我们都没给他们吃，需要化验一下，否则给他们吃了，引起病症的复杂化，我们负不起责任。我把这个事对胡乔木说了。他就笑了，说这些洋八股！本来中国的酱、醋都是发酵而成，当然有种菌类，他们化验了也不懂。后来医院把这些食品又都还给他们了。

当时莫斯科的天气已热起来了，克里姆林宫医院病房里出现苍蝇。胡乔木对我说，你去跟他们院领导介绍一下，我们中国是如何除四害的，克里姆林宫医院是最高级的医院，怎么能有苍蝇呢？是否可以建议他们发动医护人员打苍蝇？他讲了这个意见，叫我向苏方医院提意见。我就说，让我再和赖若愚说一下。我就把医院里有苍蝇和胡乔木的意见向赖若愚说了。赖若愚说："你可别去说，乔木是个大秀才，书生气十足。社会主义苍蝇嘛！也是干净的。不要惹是生非，他是中国党的领导，提了意见苏联同志会很紧张的，这样不好。"这件事后来胡乔木也没再提，也就算了。

杨立三骨癌已到晚期，每天去都见他疼痛难忍，非常痛苦！他的病床头部的铁栏杆都变形了，可能是病痛时用手拉的。我向赖若愚讲，应建议国内请杨部长夫人赶快来，好随时照顾他，并带个翻译，高级干部在这里住院，没有翻译不方便。

赖若愚是急性肝炎，住一个多礼拜炎症消除了，我就陪他乘飞机回国了。我们坐的飞机中途要停两次，一次在新西伯利亚，另一次在伊尔库茨克，旅客要下来。我们到机场贵宾室休息，服务员都是苏联的女孩子，有的有狐臭，她们又喜欢用香水，我们坐在那儿喝茶，她们进来时气味非常熏人，既有狐臭，又加上香水的混合味，赖若愚一闻到就想吐。我说，我们到外边去散散步吧！

回国后，赖若愚很快就向中央反映了杨立三的病情，希望能让他的夫人带翻译去照顾他。听说很快就去了。同年9月份，我随中国工会考察团去莫斯科时，专门给杨立三带了好几个西瓜，到医院去看望他，见到了他的夫人，把西瓜交给她了。

杨立三在苏联病故后，遗体运回国内安葬。

陪李富春访苏

新中国成立后不久，李富春由东北调中央工作，任中央人民政府

1954 年 10 月 12 日，李富春和阿 · 伊 · 米高扬在北京签订了《中华人民共和国和苏维埃社会主义共和国联盟科学技术合作协定》。中方代表周恩来、陈云、邓小平、贺龙、邓子恢等参加了签字仪式

政务院政务委员、财政经济委员会副主任兼重工业部部长（1953 年 9 月兼国家计委副主任）；1954 年 9 月起，任国务院副总理兼国家计委主任，协助周恩来、陈云领导经济工作，为推进社会主义经济建设、实现国家工业化做出了卓越贡献，是新中国社会主义经济建设的奠基者和组织者之一。他参加了新中国第一个五年计划的组织编制和指导实施。继“一五”计划之后，他又参加了“二五”、“三五”计划和其他重要的国民经济发展计划、规划的组织编制和指导落实。当年，为争取苏联相关援助，他历尽艰辛，付出大量心血，发挥了至关重要的作用。

1956 年 6 月 19 日至 9 月 3 日，国务院副总理兼国家计委主任李富春率领中国代表团出访苏联，同苏联政府商谈中国第二个五年计划草案。

对口谈判

中国代表团大概有五十多人，李富春是团长，国家计委副主任张玺是副团长，团员中有好多位工业部的部长，我记得的有赵尔陆、王鹤寿、柴树藩、黄敬，等等。国家计委、各工业部都有由专家、专业翻译组成的工作组，同苏联有关部委的代表进行对口谈判。

本来，计委打算请国务院外国专家局的翻译李越然陪同李富春访苏。1952 年，陈云、李富春在莫斯科就我国的第一个五年计划草案同苏联政府谈判时，李越然给他们当翻译。所以李富春这次访问苏联，李越然去最合适。但是，由于李越然的所谓历史问题，这次出国前的政审没有通过。

李越然有什么历史问题呢？这还得从他父亲李芳中说起。李越然的父亲李芳中精通俄语，在齐齐哈尔中东铁路交涉局当通事（即翻译），同时又是苏联的秘密情报工作人员，伪满时期曾同苏联在当地的情报人员有联系。李越然得天独厚，从 4 岁开始跟着父亲学习俄语。1945 年 8 月，苏联红军击溃了日本关东军，占领了齐齐哈尔，不久，国民党接收大员也来到齐齐哈尔，并建立了临时地方政府。1945 年 10 月苏军解放东北后，苏联红军吸收 18 岁的李越然为他们做情报工作，并把他送到苏联赤塔一个专门学校培训半年，接受情报培训。1946 年 4 月，培训结束后，苏方送李越然回到家乡，让他注意国民党的动向。当他 1946 年 4 月回到齐齐哈尔时，国民党接收大员及其地方政府被赶跑了，整个北满都已成了共产党控制的解放区。1947 年，人民政府在哈尔滨的地位已经十分牢固，李越然认为没有必要为苏联搜集情报了，于是他找到苏联驻哈尔滨总领事马里宁说，现在已是共产党的天下，原来的情报工作已失去意义。从此李越然就中断了同苏联红军情报部门的联系，并把苏联红军交给他的电台上缴东北公安局，向黑龙江省公安厅说明了情况。当时公安厅的领导人陈龙、汪金祥给他签发了证明。这一段经历，在后来“以阶级斗争为纲”的年代，使他屡屡遭到挫折和不幸。新中国成立后每次政治运动，李越然的这段历史都要重新审查。这次计委要借调他陪李富春访苏，对他的审查又没有通过。

不知道经过谁的推荐，计委的同志找到全国总工会，要我去给李富春当翻译。全总领导同志告诉我后，我当即赶到计委，见到李富春办公室主任吴俊扬。老吴简单地交代了任务，说李富春要去苏联谈第二个五年计划，请你去照顾他，给他当翻译，过两天就走，时间大约一个多月。你马上去做两套衣服，做好后托人给你带到莫斯科去。很不凑巧，我去见老吴的前一天，在全总食堂吃午饭时，吃了一个“肉皮冻”，大概不干净，当天晚上就开始腹泻。我也没好意思对吴俊扬主任讲明情况，从医务室要了一些止泻药就出发了。

6 月 19 日，李富春和代表团的主要成员乘坐苏联政府派来的伊尔 –14 型的专机离京赴苏。中途在伊尔库茨克、新西伯利亚、鄂木斯克和喀山着陆加油。抵达莫斯科时受到苏联部长会议副主席巴依巴科夫等领导人的热情欢迎。中国代表团下榻苏维埃旅馆，这是一座新建的接待政府客人的现代化宾馆。李春富住的套间里有大的会议室、会客室、餐厅、卧室。代表团其他成员和陆续到达的随行人员都住在这家宾馆。

大家知道，1955 年夏，毛主席曾在农业合作化的速度问题上批评“右倾保守主义”，使原来稳步前进的农业合作化运动以超高速度发展，几个月工夫，全国就实现了农业合作化，在很大程度上助长了党内的急躁冒进情绪。在这种气氛下，资本主义工商业的社会主义改造步伐也迅猛地加快了，到 1956 年 1 月底，全国大多数城市都宣布实现了全行业的公私合营。手工业合作化也大大加快了步伐。这种急于求成之风，很快蔓延到全国各地以及各个经济领域。

这一切严重地冲击了第二个五年计划的编制，在所谓的反“右倾保守”的重压下，各地、各部门都提出了脱离实际的、根本无法完成的超高的指标。作为全国计委主任的李富春，深切地认识到经济建设中的急躁冒进，在实际工作中已经带来严重的后果。根据刘少奇、周恩来、陈云关于既反保守又反冒进、压缩过高指标的指示精神，李富春主持了第二个五年计划草案的修订工作。他带着拟就的第二个五年计划的轮廓草案，以及请求苏联援助的项目草案来征求苏联政府的意见。

整个谈判分成两个阶段。第一个阶段是分组会谈，一个组谈计划，另一个组谈项目。会谈方式一般先由中国方面说明情况，再由苏联方面提出问题，然后由苏方在小组中提出意见，经双方交谈后报告综合组，由综合组进行总的平衡和研究。第二阶段是由苏联方面提出对中国“二五”计划草案的初步意见和对中国方面请求苏联援助项目的初步答复。

每天，计委和各部的同志都是上午去会谈，下午回来总结同苏方谈判的情况，然后由各部部长向李富春汇报。有时汇报拖得很晚才结束，顾不上吃饭。所有的分组会谈，都由计委或各部的同志翻译，我不懂业务，插不上手。平时我只负责照顾李富春的生活。

阿尔希波夫——“人民友好使者”

这次，我们代表团的整个活动都是由苏联政府派驻中国的总经济顾问阿尔希波夫负责安排的。他每天都要到宾馆来看望李富春。这是我第一次接触阿尔希波夫，当时觉得他很友好，认真负责，后来在工作中接触多了对他才有更多的了解。我们之间结下了深厚的友情。

阿尔希波夫是斯大林于1950年亲自选派到中国来担任经济总顾问的，一直工作到1958年。他本人是冶炼专家，长期在工厂工作，担任过一个中等工业城市的市委书记，在卫国战争期间（1943年）被任命为有色金属工业委员会的副人民委员，负责军工生产的保障任务。到中国工作后，仍兼任苏联有色金属工业部的副部长。

在中国工作期间，他处处为中国着想，日夜操劳，做了大量工作。初期，苏联有些工业部门没有按期提供设备，影响了援华项目的进度，他一再催促，仍无结果，最后他专程回到莫斯科，向斯大林做了汇报。根据斯大林的指示，苏联政府撤销了有关工业部的部长、副部长的职务，下令按期生产援华项目所需的设备，不得延误。从此，保证了这些项目的建设和按期投产。在中国政府聘请苏联专家方面，他主动帮助我们考虑，聘请什么领域、什么专业的人才对中国的经济建设最为需要。而在物色援华的专家、顾问方面，他也是想方设法保证来华的专家都有真才实学和丰富的实践经验。

在工作中，他十分尊重中国同志，也要求在中国工作的苏联专家尊重一起共事的中国同事，平等待人，绝不能把自己的意见强加于人。

在中国工作期间，他同周恩来、陈云、李富春、薄一波等国务院领导人联系密切，精诚合作，结下了兄弟般的友情。

20世纪60年代，苏共领导赫鲁晓夫撕毁合同，撤退专家，对中国大施压力，肆意破坏苏中关系。阿尔希波夫在成都会见陈云。陈云忧心忡忡地对他说，为了两国人民的利益，无论如何不能让事态进一步恶化。阿尔希波夫密电赫鲁晓夫，要求当面汇报，但遭拒绝。赫鲁晓夫一意孤行，将中苏关系推到破裂的边缘。

中苏关系恶化期间，阿尔希波夫没有讲过一句不利于中国的话，没有做过一件不利于中国的事。他多次向苏共领导人安德罗波夫、雷日科夫、戈尔巴乔夫等建议，采取措施改善同中国的关系。

80年代初，阿尔希波夫终于克服重重阻力，以苏联部长会议第一副主席的身份率领苏联政府代表团访问中国，受到了陈云、彭真、薄一波等老朋友的亲切会见，并同他的老朋友国务院副总理姚依林签署了中苏两国的贸易协定，为改善中苏关系迈出了可喜的一步。

80年代末，受苏共领导人戈尔巴乔夫的委托，阿尔希波夫主持苏联的专家、学者研究苏中关系恶化的原因和过程，列举了大量有关事实，指出赫鲁晓夫及其大国主义政策是导致两国关系恶化，以至于破坏社会主义阵营、国际共产主义运动团结的根源，并提出了改善同中国关系的政策建议，为戈氏访华同邓小平就恢复两国关系进行会谈做了准备。

苏联解体后，阿尔希波夫以国家杜马代表团成员和民间团体领导人的身份多次访华，受到中国同志亲人般的欢迎和接待。

为表彰他五十多年始终如一致力于维护中苏两国人民的友谊，为感谢他对中国的建设所做的贡献，在庆祝他八十华诞的时刻，中国对外友协授予他“人民友好使节”的荣誉称号。阿老亲眼见到改革开放的中国一片欣欣向荣的景象，无比欣慰，感慨地说：“我们毕生为之奋斗的理想一定会在中国实现！”

阿老走了，怀着无限的惆怅和遗憾，怀着对中国人民的永恒的友情，怀着“英特纳雄奈尔一定要实现”的坚定信念，永远地离开了我们。阿尔希波夫永远活在我们的心中！

第一任苏联顾问团长：科瓦廖夫

这里还想谈谈阿尔希波夫的前任、苏联顾问团的第一任团长科瓦廖夫。他原来是苏联铁道部副部长、中长路苏方负责人。1949 年 1 月，米高扬来西柏坡会见毛主席和中共其他领导人时，科瓦廖夫曾作为随员一同前往。之前，他已在东北解放区帮助修复铁路。3 月下旬，中共中央离开西柏坡进入北平后，科瓦廖夫就从东北来到北平。因为苏联驻华大使罗申已随国民党政府迁到广州去了，他就成为在北平的苏联政府官员中职务最高的代表。毛主席和中央其他领导多次接见他，介绍当前的局势、中国革命的历史和特点，等等。

同年 7 月初，刘少奇秘密访苏，主要的随行人员有王稼祥、高岗等，科瓦廖夫也一路陪同。应中国同志的请求，斯大林同意派一批专家去中国，帮助恢复经济并研究新建项目。科瓦廖夫被任命为苏联顾问团的团长，随刘少奇一起回到中国。这样他就成为第一任的苏联总顾问。

1949 年 12 月，毛主席访问苏联，科瓦廖夫和苏联驻华大使罗申陪同前往。在莫斯科期间，科瓦廖夫给斯大林写了一封信，反映他所获悉的中共的情况。

关于科瓦廖夫和他的信，我第一次是听毛主席讲的。毛主席对赫鲁晓夫说，“1949 年冬我去莫斯科给斯大林祝寿，坐冷板凳，好多天不见我，我发了脾气，大骂了一通，说难道我来到莫斯科就是为了吃饭、拉屎、睡觉吗？……”赫鲁晓夫表示，当时他们都不敢说什么。毛主席接着说：“有个总顾问，叫科瓦廖夫，给斯大林写信，说高岗告诉他，中共分两派，刘少奇、周恩来是亲美派，高岗是亲苏派……后来，斯大林要见我了，就把这封信交给我了。”毛主席在谈到 1948 年、1949 年期间，斯大林对中共、对他本人有疑心，认为他是“半个铁托”时，也提到科瓦廖夫和他的信，说直到派志愿军去朝鲜参战，斯大林才完全相信中共。

据我们的老前辈师哲在他的回忆录《在历史巨人身边》中写道：

1949 年 12 月 16 日，毛泽东主席率领中国代表团访问苏联。毛泽东同斯大林就中苏双方有关的重要政治和经济问题举行了会谈。1950 年 2 月 14 日，周恩来总理兼外长同苏联外长维辛斯基在莫斯科签署《中苏友好同盟互助条约》，毛泽东、斯大林出席了签字仪式

科瓦廖夫和使馆的参赞、中文翻译费德林是陪代表团一起来莫斯科的。他们有时来看看主席。有一次他们来到别墅交谈时，毛主席对科瓦廖夫发了一通脾气，说："你们把我叫到莫斯科来，什么事也不办，我是干什么来的呢？难道我来这里就是为了天天吃饭、拉屎、睡觉吗？"

其实他们是难得见到的，甚至是见不到斯大林的。科瓦廖夫当年随少奇见过一次斯大林。斯大林问他话时，他十分紧张，像小学生一样，站得笔直，立正回答问题。主席发脾气一事，他们怎敢向上汇报呢。

科瓦廖夫和费德林离开时，我送他们出门，发现科瓦廖夫的表情不正常。

他们走后，我去见主席。他情绪很好，高兴地对我说：他如此教训一番科瓦廖夫，其目的是为了使他向斯大林反映情况（即反映我们的不满）。

我向主席解释说：科瓦廖夫不会见到斯大林的，也不会反映他受到的训斥。他不能这么说，也不敢这样说。如果他这样说了，他就会受到指斥或处分。科瓦廖夫将采取什么办法摆脱窘境，还得等等看。

不出所料，科瓦廖夫回去之后写了一封诬蔑中国的长信。斯大林收到信后，立刻转交给我们，并说："这是科瓦廖夫自己写的，不是我们授意的。须知，他不是搞政治的，只是一个技术员，却往政治里钻，这是很不适当的。"

后来，在毛主席和斯大林一次谈话中，谈到派专家的问题。主席提出是否可把科瓦廖夫派给我们。斯大林马上说："科不是专家，不懂建设，我们将给你们派出熟练的专家。"

师老在回忆中还写，斯大林对科瓦廖夫的评价是，他是一个铁路工程技术人员，不懂政治，也没有政治经验，或许在政治上完全是个门外汉；他如果钻到政治里，就会像老鼠钻进风箱一样。这是1950年1月间斯大林对毛泽东说的话。他的意思是向毛主席道歉、赔礼，并希望得到谅解。

于是，斯大林特意为中国选派了一位“年富力强，精力充沛，有造诣、有经验，非常能干、积极，为人正派，认真负责，行政管理能力、组织能力都很强，对经济建设有经验、有思想”的阿尔希波夫。实践证明，斯大林没有看错人。

那么，科瓦廖夫的这封信的内容究竟如何？毛主席又是怎样处置的呢？

首先，我想指出，师老在回忆录中只提到“科瓦廖夫……写了一封诬蔑中国的长信”，没有讲信的具体内容，但几次提到斯大林对科瓦廖夫的否定的评价，并认为斯大林有向毛主席“道歉、赔礼，并希望得到谅解”的意思。

其次，师老说，斯大林收到科瓦廖夫的信以后，立刻“转交给我们”。而毛主席对赫鲁晓夫说：“斯大林要见我了，就把信交给我了。”

第三，科瓦廖夫的诬蔑中国的信主要是反映了高岗同他的谈话内容。科瓦廖夫本人谈到有关情况时说：“在毛泽东访问莫斯科期间，我开始准备送给斯大林的关于中国形势的报告，报告中对中国领导人提出了一些尖锐的批评。1950 年 2 月，就在毛泽东即将离开莫斯科回国之前，我听说斯大林把我的这份报告，以及其他一些重要的关于中共中央的秘密电报送给了毛泽东。更重要的是，斯大林还把高岗个人给他的全部情报案卷给了毛泽东……我感觉到，高岗这下子彻底完蛋了。”①

20 世纪 80 年代末，我曾就科瓦廖夫给斯大林的信的情况，向杨尚昆请教。杨尚昆说：“科瓦廖夫在东北工作过，高岗对他讲了一些挑拨离间的话，说什么中共中央有两派，刘少奇、周恩来是亲美派，他高岗是亲苏派。信中都是诸如此类的流言蜚语。科瓦廖夫还写道，解放军大部分是俘虏兵，军纪差，一打仗就开小差；中共党员和广大干部

① 见俄罗斯《远东问题》杂志英文版 1992 年第一至二期：《冈察洛夫对科瓦廖夫的访问》，译者潘琪。

是农民出身，缺乏无产阶级意识，文化低。总之，把中共说得乌七八糟，一塌糊涂。”杨尚昆还说：“主席回国后，叫中办把科瓦廖夫的信印发给在北京的政治局同志，指明不要给高岗。”

一直到 1954 年中央开会批判“高、饶联盟”时，揭露出早在 1948 年、1949 年，高岗就在科瓦廖夫面前造谣攻击刘少奇、周恩来的事实，这成了他反党的一项罪证。

在我写这段回忆的时候，不禁对毛主席就科瓦廖夫在斯大林面前诬蔑中共主要领导人一事所表现的以大局为重、深谋远虑十分感慨！对于科瓦廖夫，毛主席在已经知道他给斯大林写信诬蔑中共的情况下，还问斯大林能不能派科瓦廖夫去中国，而且由他继续安排在苏联的参观访问。

紧张的会谈

7 月 22 日，李富春在苏联国家计划委员会就《关于中华人民共和国的第二个五年计划轮廓草案的说明》做了进一步阐述。这次会议是在计委大楼里一个阶梯式的大会议室举行的。苏联政府方面参加会议的有国家计委主席巴伊巴柯夫及有关的工业部门的部长和专家。中国代表团全体成员都出席了。李富春说，我们在计划工作中，一直学习苏联的经验，我们过去第一个五年计划就是同苏联专家一起研究、讨论制定的，实施得很顺利。今年中共即将召开第八次代表大会，要向大会提交第二个五年计划的建议，由大会代表审议。这次我们带来的“二五”计划草案，征求我们老师、苏联同志的意见。希望你们有什么意见就提什么意见，帮助我们把五年计划编制好。

李富春的这一番即席讲话是由我当场翻译的。他的说明包括中国第一个五年计划执行情况的预计、第二个五年计划草案的基本任务和主要指标、草案中的几个问题以及几个尚未肯定的因素。这个说明有中文文本，事先已译成俄文。在会场上，李富春并没有宣读现成的讲稿。

报告会以后，代表团的同志继续同苏联同志分组会谈，每天下午、晚上向李富春汇报。李富春还经常找计委和各部的负责同志谈话，工作一直很紧张。

一天早上，李富春的秘书对我说，李富春两手手背和手腕上皮肤发痒，起了一些小红疙瘩。我马上找到阿尔希波夫，他请来克里姆林宫医院的皮科专家给李富春看病，又陪他去医院诊断。结果专家说，副总理手上起的是湿疹，看来同休息不好、饮食不习惯有关。事后，医院每天派护士给李富春治疗，用药膏敷在手背手腕上，然后用纱布包起来，手指露在外面，不影响工作。

过了两天，阿尔希波夫来见李富春，说现在计划草案的细节正在各个部门审议，由中国计委和各部门同志同苏联同志交换意见就行了。我们政府建议李富春就不要住在旅馆，请你到莫斯科郊外的别墅去休养，代表团有事可以到别墅向你汇报。李富春同代表团其他同志商量后，接受了苏联同志的建议。

这样，我和李富春的秘书陪同李富春搬到郊区的别墅了。据苏联同志告诉我们，斯大林曾经在这里住过。别墅坐落在一片茂密的白桦林中，是一座古典式的洋房，前厅高大宽敞，大门两旁耸立着多根大理石圆柱，两侧分布着会客室、办公室、餐厅、厨房和工作间；二楼一侧是主人的起居室，另一侧是女主人的起居室。一条水流畅通的小河从别墅的旁边流过，一级一级长方形的台阶通向河边，简易的木码头旁停泊着木船，可以划船沿河游玩。别墅周围的森林望不到边，出了前厅走到围墙大约要用半个多小时，围墙的那边是另一幢别墅了。林间小道笔直笔直，两旁花红草绿，空气新鲜，环境寂静，适于疗养。管理局派来的厨师长会做中餐，清淡可口，李富春很满意。克里姆林宫医院继续派医生、护士每天到别墅来给李富春检查、换药。

苏联政府派来三位卫士长，都是克格勃的校官，轮流值班，每人每天值班二十四小时。他们忠于职守，认真负责，对李富春照顾得无微不至。

每过一两天，代表团同志就来向李富春汇报工作。在这里，李富春生活很有规律，每天早饭后就到森林散步，大概一个多小时，回到办公室看文件、办公两个多小时。午饭后休息一个多小时，起床后或者同代表团的同志谈话，或者阅读我使馆送来的报纸、参考。晚饭前再到林中散步。这样，十多天的时间，他的病就痊愈了。

管理局专门有一个电影放映队，每天派人给李富春放映电影。卫士长给我一份电影的目录单，其中有苏联的电影，也有西方的电影。每天晚上我们都看一两部。

我们在别墅住了一个多月。

隔离病室

出国前两天，我突然腹泻，来不及去医院看病，到医务室要了几包止泻药就出发了。到莫斯科，因为西餐大菜“不冷不热，不生不熟”，而且十分油腻，所以十几天了也没能止住，看来是由急性肠炎变成慢性肠炎了。搬到别墅过了几天，我带来的止泻药服用完了，就跟卫士长说，我的肠胃不好，腹泻，能不能要些止泻的药。卫士长听了很着急，担心我是不是得了痢疾，建议我马上住院检查。我向李富春报告，他同意我住院。我又请代表团派了一位翻译到别墅来照顾李富春。

苏联主人把我送到莫斯科的一家最好的传染病院，这回我可是体验到什么叫隔离病房啦。医院接到通知，说有一个高级代表团的工作人员腹泻，不知道是不是痢疾，请你们认真检查治疗。

我一下汽车，看见门口等着的医生护士都穿着白色防护服，戴着口罩、手套，他们搀扶着我沿着一条看不见一个人的走廊走到隔离病室。病室有两个门，走进第一道门，有一个过道，护送的人都进来后，关上第一道门，再打开第二道门，进入病房。他们让我换上病号服装，开始询问病情，进行检查，并叫我随时留下大便送去化验。第二道门旁边的墙上有一个两层窗户，装了两个小门，给病人送饭、送药的医务人员走进第一道门并关上门以后，打开窗户上的第一个小门，把东西放在窗台上，再关上第一个小门，按电钮示意，病人自己打开窗户上的第二个小门，取走送来的东西，再关上这个小门。

我看了暗自发笑，我也不是什么传染病人，何必如此严格防范呢。

可能因为我是属于贵宾范畴吧！

开饭的时候，护士们还是把饭送进病房，放在桌子上，当然是“全副武装”啦，只能看见她们的大眼睛。病房里有一张电动控制的病床和桌椅、电视机，还有洗漱间等。病人穿来的内外衣要交给护士消毒保管。

我在严格隔离下生活了一天多。第二天中午，连续化验的结果已出来，排除了感染痢疾，只是一般的肠炎。医生建议我转到普通病房继续观察。我欣然同意。普通病房有三张病床，其他的两张病床上已经有病人。我觉得不方便，就提出来既然是一般的肠炎，我要求出院，回到别墅去，一边服药，一边工作。后来，他们经过请示后很快就同意我出院了。

于是，在传染病院住了三天，我又回到李富春住所，继续工作了。

参观、访问列宁格勒

7 月下旬，莫斯科的气候闷热，阿尔希波夫建议李富春到列宁格勒参观，一边参观，一边休息。李富春同意了，代表团的张玺、王鹤寿、赵尔陆等一同前往。

列宁格勒市是 1703 年彼得大帝主持建设的一个海滨城市，原名彼得格勒。它位于涅瓦河两岸，建在一百多个岛屿上，由六百多座桥相连接，河渠纵横、岛屿错落，风光秀丽。城市中心地区保留了古都的原貌，街道宽阔，整齐划一，两旁的古典建筑，如冬宫、海军部大厦、喀山大教堂、博物馆、众多的广场、塑像，成为昔日辉煌的见证。

在阿尔希波夫陪同下，李富春一行乘火车抵达列宁格勒，受到市委、市苏维埃负责人的热情欢迎。我们下榻涅瓦大街附近的阿斯托利亚饭店，它建于 20 世纪初，古色古香，同邻近的老街区融为一体。

在列宁格勒，李富春怀着对列宁的崇敬，参观了列宁为摆脱临时政府的追捕而藏身的拉兹里夫草屋、布尔什维克总部所在地斯莫尔尼宫里的列宁办公室，登上了“一声炮响，传来了十月革命”的“阿芙乐尔”号巡洋舰。李富春一行还向在第二次世界大战中，被德国法西斯军队围困长达九百天、英勇牺牲的八百万列宁格勒市民的纪念碑敬献了花圈。

位于冬宫的“艾尔米塔什”博物馆收藏的大量艺术品引起了李富春极大的兴趣。早年在法国时期就耳熟能详的达 · 芬奇、拉斐尔、伦勃朗等巨匠的稀世珍品，让李富春不禁驻足，久久不愿离去。冬宫装饰豪华，精美的屋顶壁画，千姿百态的雕像，巨型的吊灯，高大的大理石柱，回廊通道连接一间间金碧辉煌的殿厅，给人留下难忘的印象。

我们还游览了位于芬兰湾南岸森林中的彼得宫，也称夏宫，是历代沙皇的避暑山庄。其中有一组豪华的宫殿、成片的森林、千奇百怪的喷泉群，几百个形态各异的塑像、雕像和浮雕，花圃连着草坪，纵横交错，使游人流连忘返。在被称为大瀑布的阶梯形的喷泉群前，李富春同陪同参观的阿尔希波夫、中国代表团的同志合影留念。

我们到列宁格勒后，李富春叫我找到在这里学习的于陆琳和聂力。于陆琳是陈云夫人于若木的妹妹，在列宁格勒大学教育学院上学，攻读幼儿教育；聂力是聂荣臻的女儿，在列宁格勒工学院光学系上学。延安时代，于陆琳还是小孩，就常常去看望李富春，如今在异国他乡见到李富春，如同见到家人一般，格外亲切。聂力生在上海。当时，聂荣臻夫妇处于严峻的地下斗争的环境，忍痛把亲生的女儿托付给一位女工。这位善良的妇女历尽千辛万苦把聂力带大。上海解放后，聂荣臻夫妇立即派人去沪寻找自己的骨肉亲人，当时聂力正在一间纱厂做工。一家人终于团聚。聂力全身心地投入学习，以优异成绩学完初中、高中学业，如今正在列宁格勒攻读光学专业。李富春同聂荣臻从上世纪 20 年代在法国勤工俭学开始，在数十年的革命斗争中结下了手足般的战友情谊，见到聂力，倍感欣慰。

在列宁格勒的中国留学生听说李富春来了，纷纷找到中国领事馆，要求李富春接见他们。1956 年 2 月，赫鲁晓夫在苏共二十大上的秘密报告在社会上引起了极大的思想混乱，我们的留学生极想听到中央的声音。领事馆的同志向李富春汇报了留学生们的思想状况。

李富春同学生们的会见是在一座大礼堂里举行。礼堂里座无虚席，不少学生只能站在过道里听李富春的讲话。他首先向学生们介绍了祖国顺利执行第一个五年计划、实行社会主义改造的情况；介绍了苏联在“一五”期间对中国的巨大的经济援助，以及这次我们来苏联谈判的情况。他接着告诉学生们，要正确理解苏联所发生的变化，谈到我们党中央、毛主席对斯大林功过是非的看法，以及我们党历来反对个人崇拜的观点。最后，李富春希望大家珍惜在苏联学习的大好机会，埋头认真学习，掌握本领，以投身于祖国的建设事业。

李富春的讲话，针对性强，观点明确，亲切诚恳，感人肺腑，不时被热烈的掌声打断。我陪着阿尔希波夫和市里的领导人坐在礼堂主席台后面的休息室里，李富春一边讲，我一边给他们翻译。他们对李富春说，讲话太精彩了，感谢李富春替他们做了政治思想工作。

对列宁格勒的短暂参观访问结束了，正逢暑假，于陆琳、聂力同李富春一起回莫斯科，将同我们一起度过假期。

紧张而丰富的暑期生活

从列宁格勒回来以后，李富春的工作更紧张了，几乎每天都有代表团的同志来别墅向他汇报。因为于陆琳、聂力同我们一起生活，她们陪着李富春聊天、散步，照料他的生活起居，就不像以前那样紧张、单调了。她们俄文都很好，看电影的时候，也帮助翻译，用不着我一个人连翻两部影片啦。

我们每天都陪李富春到森林中散步。他常常谈起毛主席对他的帮助。他说，在延安的时候，给中央写的总结报告，是毛主席帮他逐字逐句地修改，教他怎样写总结。他说，他的成长，他能够有今天，能够主持全国的计划工作，同毛主席对他的帮助和教诲是分不开的，言谈中流露出对毛主席的无限崇敬。

有一次散步的时候，李富春兴致勃勃地谈起京剧，著名的旦角、老生、花脸和他喜欢的剧目，还让我们从使馆借来一些京剧唱片。他突然问我们，你们对京剧有什么研究？于陆琳、聂力都不吭声，我只好老老实实地说，我对京剧连听都听不懂，谈不上什么兴趣。李富春严厉地说，你要是不懂京剧，你就没有文化。京剧是中国的传统文学艺术，不懂京剧，就不懂中国文化。他说得我满脸通红，聂力却在一旁幸灾乐祸地朝我吐舌头！

在莫斯科期间，李富春受中央委托，专门去看望了在苏联养病的王明。新中国成立后，王明在国内工作了一段时间，后来说他身体不好，就到苏联来养病。王明夫妇住在莫斯科郊区一个很有名的疗养院，叫巴尔维哈，是苏联中央领导人疗养的地区。他住在一栋小楼里。事先苏联同志已经通知他了，所以，我们去的时候，他和夫人都在客厅等候。李富春进去后，同王明夫妇握手问候，然后说，中央委托他来征求王明同志的意见，今年9月将召开党的第八次代表大会，不知王明同志是否能回国去参加大会。王明说，他的身体一直不好，看样子回去参加党的八大的可能性不太大，到时候再说吧。后来王明明确表示，他不能回国参加党的八大。

也许苏联接待同志事先已经通知他，我将陪同李富春来，所以一见面他就说，我同你父亲阎宝航同志过去在重庆的时候比较熟，现在他身体怎么样？他让我回国以后向我父亲问候。

李富春同王明谈了一会儿就告辞了，我们乘车返回别墅。陪同我们去见王明的是苏共中央联络部中国处处长谢尔巴科夫，因为王明在苏联生活是由苏共中央联络部安排的，所以李富春去看望王明，也是由谢尔巴科夫陪同。他在路上对李富春说，王明的病，是他自己说的。每次我们去看望他的时候，他的夫人就讲王明有什么病。但是我看他身体还是不错的。

当时，蔡畅大姐也在苏联疗养。我还陪李富春去看望蔡大姐。她也住在巴尔维哈疗养院，但同王明夫妇不是在一个小区。我记得，蔡大姐听说李富春要来看望她，很早就站在院中等候。李富春下车后，马上走到大姐跟前，同大姐握手、拥抱、互相吻面。我感到很新鲜，因为第一次见到我们的中央领导人和夫人见面时用欧式的礼节。他们走进屋内谈话，我没进去，在外面等候。

那时，江青也在莫斯科治病，李富春还去看望了江青。江青在别墅里没有出来迎接，李富春走进别墅去看望她。说到江青在苏联养病的事，因为她不懂俄文，所以带了翻译来照顾她。我们总工会翻译室的主任林利就给她当过一段时间的翻译。因为江青很挑剔，林利工作了一段就不愿意再干下去了，这样就得罪了江青。“文化大革命”中，江青就把林利抓了起来，投入秦城监狱。林利走后，北京医院的张亚男来接替她的工作，给江青当翻译。张亚男是李公朴先生的女儿，也在苏联学习过，后来分配到北京医院。张亚男说起江青，愤慨万分，说她真难伺候。那时谁敢议论江青呢，她是主席的夫人嘛!“很难伺候”，言外之意，大家都心照不宣了。

时间过得很快，8 月底、9 月初学校就要开学了，于陆琳、聂力告别了李富春和我们，回到列宁格勒继续深造。

访问的结果是满意的

此时，中国代表团和苏联计委等部门的会谈，也告一段落了。苏联同志对我们的第二个五年计划草案，以及对中国请求苏联援助项目的方案，提出了初步的答复。①

苏联同志认为，这个草案所规定的发展国民经济的方针、任务和道路基本上是可行的，但是感到这个计划相当紧张，对草案规定的“二五”时期的积累率的提高与居民收入的增加比例表示疑问，认为在这样紧张的情况下增长速度这么快，会造成很大困难；农业计划要超额完成也是很困难的；物资平衡方面有很大的缺口；基本建设增加的比例太大。所以提出来了一系列减少基本建设的投资、降低工业发展速度，以缓和整个计划的紧张情况的建议。

关于中国请求苏联援助项目的方案，经双方磋商，由原来提出的

① 有关中国代表团同苏联计委商谈的情况、李富春对“二五”计划的意见以及对苏方建议的看法，我是从《李富春传》一书中摘要整理的。——作者注

二百三十六个项目调整为二百一十七个。

总之，对苏方的意见，李富春认为是有道理的，他们所提出问题和我们前一段已经发现的问题是一致的或相似的：计划指标过高、增长速度太快、基建投资过多和物资仍有缺口。这些问题此前我们已在着手解决，现在由苏联方面提出来，对我们是有益处的，特别是苏联方面以自身的经验提请要注意农业问题，更有启发作用。

李富春认为，除了个别问题外，百分之九十九都同意苏联同志的意见。他说，我们的轮廓草案是必须修改的，而修改的结果则是要降低，要少定指标，就是为了使我们不至于陷于被动。看来，李富春对这次同苏联计委和各部交换意见的结果是满意的。这些意见，有益于我们的第二个五年计划，使计划能够经得起时间的考验。

看来，他是怀着满意的心情结束对苏联访问的。9 月 3 日，李富春一行乘坐苏联政府派的专机启程回国。

令李富春格外高兴的，就是他的外孙子安德列也同机回国了。李富春和蔡大姐的独生女儿特特，在苏联上学的时候，同一位苏联同学结婚生了孩子，叫安德列。这次李富春回国就把他带上。一路上安德列很活泼，我问他，你是哪国人呢？他说，我是俄罗斯中国人，俄中人。安德列回国后，就住在中南海姥爷和姥姥家里，学习成绩很好。

有一段时间，住在中南海的领导人的孩子们都学习解放军，在大门口站岗，安德列也参加了军训锻炼的行列，接受战士的熏陶。我当时已调到中央办公厅工作，上下班骑自行车路过大门口时，安德列给我敬礼。他说，阎叔叔，我就记住你这双大鞋啦，我们都记住你这双大鞋，它成了中南海的出入证了。

安德列的中国名字叫李勇。有一段时间，李勇给赵紫阳当过秘书。后来调到天津开发区，任天津开发区管委会主任，工作很有成绩。

这样，我陪同李富春到莫斯科，去商谈中国的“二五”计划草案的工作就结束了，前后两个半月。

对我来讲，这是一个难得的学习机会，是我亲眼目睹老一辈领导人兢兢业业的工作精神，认真严肃的工作态度，以及对年轻人进步成长的真切关怀。

这两个多月的时间过得很快，但令我永生难忘。

随彭真率领的全国人大代表团访问苏联、东欧六国①

1956 年 11 月，全国人大借调我随同彭真率领的人大代表团和北京市人民委员会代表团访问苏联和捷克斯洛伐克、罗马尼亚、保加利亚、阿尔巴尼亚、南斯拉夫六国。这是我第一次长时间、近距离地接触仰慕已久的彭真副委员长。

在那动荡的 1956 年年底、1957 年年初的严冬时节，年近花甲的彭真副委员长不辞辛劳率领全国人大代表团和北京市人民委员会代表团，连续访问了苏联和东欧六国，其间还率中共代表团赴罗马参加意共代表大会，总共历时七十九天，为加强社会主义国家的团结、加强中国共产党同意大利共产党的团结做了大量工作。

1956 年是个多事之年……

这年 2 月，苏联共产党召开第二十次代表大会，赫鲁晓夫在会上做了批判斯大林个人迷信的“秘密报告”。不久，这个“秘密报告”从波兰泄露出去，在西方报刊上全文披露，引起国际共产主义运动思想上的严重混乱。西方敌对势力利用这个“秘密报告”，推波助澜，在全世界掀起了一个反苏反共的浪潮。此后，意大利、英国等西方国家的共产党有许多党员宣布退党。

同年 10 月，又接连发生了“波兰事件”和“匈牙利事件”。应苏共中央的邀请，中共中央派遣刘少奇、邓小平前往莫斯科，协助调解一度紧张的苏波关系，并推动了后来爆发的匈牙利事件的解决。

① 为了集中将有关中国与南斯拉夫的关系和交往讲述得清楚，彭真率领的人大代表团访问南斯拉夫的内容，已在前文“走一路辩论一路”一节中做了交代，在这一节中只记述彭真率团访问苏联和东欧五国，“访问南斯拉夫”部分不再重述。——作者注

彭真一家

在毛主席的主持下，中央政治局多次召开会议、扩大会议，研究当时的形势，并先后发表了《论无产阶级专政的历史经验》和《再论无产阶级专政的历史经验》两篇重要文章，阐明了中国共产党对斯大林的是非功过等一系列重大问题上的观点。这两篇文章对澄清国际共运中的思想混乱，加强国际共运的团结，起到了很好的作用。

全国人大代表团访问苏联和东欧六国是波兰、匈牙利事件之前确定的。当时，经中央批准的代表团的主要任务是了解这些国家社会主义建设的成就和经验，考察他们立法和监督方面的工作；向这些国家（主要是东欧国家）介绍中国社会主义建设和改造的成绩、统一战线政策、加强中国同这些国家的友谊和团结。然而，代表团出国访问是在波兰、匈牙利事件之后开始的，因此，代表团相应地增加了一项任务，即多做工作，促进东欧局势稳定，加强社会主义阵营的团结。

全国人大代表团出发前，1956 年 11 月 10 日至 15 日，中国共产党第八届中央委员会举行第二次全体会议，彭真出席了这次会议。

会上刘少奇报告了他不久前访问苏联，就波匈事件等问题同苏共领导人会谈的情况。他说，我们要吸取波匈事件的教训，不能片面地强调发展重工业，要重视发展农业和轻工业，要关心人民的生活，要扩大社会主义民主，反对干部中的官僚主义和特权思想，要限制领导人的权力，加强对领导人的监督。

毛泽东在讲话中谈到波匈事件，也谈到苏共二十大。他说，波兰匈牙利出了乱子，我们认为是坏事也是好事，凡事有两重性，马克思主要坚持两点论，波兰也好，匈牙利也好，既然有火，总是要烧起来的，纸是包不住火的。现在烧起来了，烧起来就好了，匈牙利有那么多反革命分子，这一下暴露出来了。匈牙利事件教育了匈牙利人民，同时也教育了苏联一些同志，也教育了我们中国同志。他还说，东欧一些国家的基本问题就是阶级斗争没有搞好，那么多反革命分子没有肃清，没有在阶级斗争中训练无产阶级和其他劳动人民分清敌我，分清是非，分清唯心论和唯物论。现在自食其果，火烧到自己头上来了。毛泽东在谈到苏共二十大时说，我看有两把刀子，一把是列宁，另一把是斯大林。现在斯大林这把刀子，俄国人丢了。这把刀子我们中国人没有丢掉。我们是：第一，保护斯大林；第二，批评斯大林。我们发表了《论无产阶级专政的历史经验》那篇文章。我们不像有些人那样丑化斯大林，毁灭斯大林，而是按实际情况办事，坚持两点论。①

在两个半月的访问过程中，在同苏联、东欧六国、意共领导人的会谈中，在各国议会会议和意共代表大会的致辞中，在多次群众大会的讲话中，在同各国各级干部和群众的接触中，彭真都坚决贯彻了毛主席、刘少奇的指示以及党的八届二中全会的精神。

全国人大代表团由中国共产党及各民主党派、各界的代表人物组成。代表团团长是彭真，副团长是李济深②、程潜、章伯钧③、胡子

---

① 该段转引自吴冷西：《十年论战（1956 ~ 1966）：中苏关系回忆录》（上），中央文献出版社 1999 年版，第 60—61 页。

② 时任全国人大常委会副委员长、政协全国委员会副主席、中国国民党革命委员会主席。——作者注

③ 时任政协全国委员会副主席、中国民主同盟中央副主席、中国农工民主党中央委员会主席、交通部部长。——作者注

昂[①]；团员是王芸生[②]、区棠亮[③]、乐松生、任国栋[④]、刘长胜[⑤]、刘贯一、吴克坚、李国伟、李纯青、周叔弢、武新宇、陈其尤、陈翰笙、郎咸芬、马腾霭、高崇民、梁希、郭棣活、陆士嘉、程砚秋、赵庆夫、龙云、韩兆鹗、严景耀；秘书长是刘贯一；黄绍竑也是代表团成员，却因身体不适，未能成行。

北京市人民委员会代表团副团长是张友渔；团员是张洁清、甘英、杨述、辛毅、贾星五、彭城、陈明绍、武韵庵、汪通祺、陈文珍、吕展；彭真办公室主任赵鹏飞兼秘书长。彭真团长、代表团副团长和年长的团员如龙云、高崇民、陈其尤先生还有警卫、秘书随行。所以两个代表团加在一起有六十多位团员和随员。

代表团的翻译队伍也很强。组长是资深的德文翻译王务安。俄文翻译就有七个人：李越然、徐坚[⑥]、孙立功[⑦]和我；还有北京政法学院的一位女老师吴焕宁；北京市人大代表团的俄文翻译甘榆，水平也很高；彭真的一位秘书魏云峰也是我们“哈外专”的同学，精通俄文。

我还要专门介绍代表团的另一位翻译唐建文。他精通法、英文，在20世纪40年代中期和50年代初，同他夫人唐笙女士一起在联合国秘书机构的翻译处任职。1950年11月，伍修权代表中国政府在联合国安理会上控诉美国武装侵略台湾。伍修权义正词严、慷慨激昂地痛斥美帝国主义的侵略罪行，而唐笙女士参加了安理会会议的同声翻译工作。伍修权在会议上批驳国民党“政府”代表蒋廷黻时，正好是唐笙

① 时任中华全国工商业联合会中央执行委员会副主任委员、中国民主建国会中央委员会副主任委员。——作者注

② 全国人大常委会委员、大公报社社长。——作者注

③ 全国人大常委会委员，妇女、青年界代表。——作者注

④ 全国人大常委会委员、农业合作社代表。——作者注

⑤ 全国人大常委会委员、中共中央委员、全国总工会副主席。——作者注

⑥ 俄文翻译界的老前辈、人民大学的教授。——作者注

⑦ 列宁格勒大学留学生、北京大学俄文系教师。——作者注

在翻译。伍老在回忆中写道：

> 蒋廷黻的发言除攻击辱骂我们一顿，又为美国的侵略罪行辩解开脱，说美国从来没有侵略中国，他口口声声“代表”中国发言时，却从头到尾都用英语。待他发言完毕，我马上举手，要求临时发言。会议主席对我们还是尊重的，允许我做了个即席讲话。我首先揭露他们只是国民党残余集团的所谓“代表”，根本无权代表中国人民。接着我又抓住他发言不讲中国话，嘲笑挖苦道：“我怀疑这个发言的人是不是中国人，因为伟大的四万万七千五百万中国人民的语言都不会讲。”这下弄得那位蒋家“代表”十分狼狈……这是一段即席插话，事先没有稿子，只由大会的同声翻译临时译成外语并广播出去。当时翻译这段话的是位中国女同胞，名叫唐笙，曾经在英国受过教育，英语很出色。我这段话，她翻译得顺畅准确，带有相当的民族自豪感，收到了很好的效果。就在我们这次发言后的几个月，唐笙也回到了祖国，一直在国内工作，前些年又由我国政府推荐，重新去到联合国机构担任翻译工作。

伍老的讲话深深打动了唐笙和唐建文夫妇。在新中国的感召下，唐建文夫妇毅然辞去了联合国的职务，放弃了优厚的待遇和生活条件，回到了祖国。回国后，唐笙和唐建文毫无保留地把国际会议采用的同声传译的经验、方法教给了当时我们这一代年轻的翻译，为新中国的同声传译工作打下了基础。这次人大代表团请出了唐建文参加翻译工作，他发挥了很好的作用。

对苏联的访问

11 月 15 日，彭真副委员长率领全国人大代表团和北京市人民委员会代表团，乘专机到达莫斯科，12 月 2 日离开苏联，在十八天中，彭真率领代表团访问了莫斯科、列宁格勒、乌兹别克加盟共和国首都塔什干。在旅途中，还在伊尔库茨克、鄂木斯克、第比利斯和基辅做了短时的逗留。

访苏期间，苏共中央第一书记赫鲁晓夫、苏联最高苏维埃主席团主席伏罗希洛夫、部长会议主席布尔加宁和其他党、政府和苏维埃机构的负责人与彭真和代表团进行了亲切交谈，介绍了苏联经济文化和苏维埃工作等方面的情况。

在访苏期间，彭真和代表团认真考察了苏联各级苏维埃的工作经验，先后同苏联最高苏维埃，莫斯科、列宁格勒市苏维埃，俄罗斯联邦和乌兹别克共和国最高苏维埃，以及一些区和村苏维埃的领导同志，就各级苏维埃的组织情况和立法工作进行了座谈，着重地了解了各级苏维埃常设委员会在监督和检查各级政府机构工作方面的经验。

在莫斯科等地，彭真和代表团还参观了原子能发电站和飞机制造厂、基洛夫电机厂、光学仪器厂、快速皮鞋厂、米高扬制糖厂、塔什干联合纺织厂。苏联主人还专门在克里姆林宫一个放映厅，请彭真和代表团观看了原子弹、氢弹和导弹试验三部内部纪录片。

同时，彭真和代表团还参观了莫斯科大学、国际关系学院、列宁格勒大学、森林工程学院、乌兹别克科学院、全苏农业工业展览会、全苏植物保护研究所、普尔科夫天文台、特列季亚可夫画廊、冬宫博物馆等文化科学机关。

在苏联访问期间，彭真在不同场合多次发表讲话，充分肯定十月革命的道路、苏联革命和建设的经验与成就、中苏两国团结合作的重大意义、以苏联为首的社会主义阵营团结的重大意义、兄弟国家处理相互关系的准则、正确评价斯大林、协商解决兄弟国家之间的矛盾和纠纷、支持苏联和波兰协商解决互相的分歧、反对帝国主义者颠覆匈牙利的阴谋、保卫世界和平等等，在这些重大问题上阐述了中国党的观点和立场。

11 月 17 日，在苏联最高苏维埃联盟院和民族院两主席举行的宴会上，彭真团长致辞说：

中国人民按照十月革命指出的正确道路，经过长期的、残酷的斗争，才取得了革命胜利和今天的成就。同时，深切地感谢苏联对中国的社会主义建设所给予的巨大援助。中国人民坚定地认为，继续巩固和加强以苏联为首的社会主义各国间的团结，是我们最高的国际义务，也是我们的最大利益，它是我国对外政策的不可动摇的基础。我们社会主义各国间的团结，不但是必要的，而且是完全可能的，因为我们兄弟各国之间的关系，不但完全应该和能够按照和平共处的五项原则处理，而且有着放之四海而皆准的伟大的马克思列宁主义的共同信仰作指针，这是我们兄弟各国间永恒的牢不可破的团结的基础。社会主义各国间的团结和合作是维护世界和平和促进人类进步事业的最可靠的支柱，也是维护世界和平和促进人类进步事业的最可靠的支柱。帝国主义者和一切反革命分子是十分深刻地了解这一点的，因此，他们总是毫不停歇地千方百计地破坏我们的团结，并且企图用“各个击破”和“从内部夺取堡垒”的办法颠覆各个社会主义国家。帝国主义者在

1956 年 11 月 17 日，在苏联最高苏维埃联盟院和民族院两主席举行的宴会上，彭真团长致辞，阎明复进行现场翻译。右三为中国驻苏联大使刘晓

匈牙利是进行阴谋颠覆活动，在埃及是进行公开的武装侵略。中国人民坚定地和苏联人民站在一起。我们坚信革命必将战胜反革命，和平必将战胜战争。

11 月 18 日，彭真团长率领全国人大代表团和北京市人民委员会代表团到达列宁格勒。在火车站举行的欢迎仪式上，彭真团长致答辞说：

三十九年前，就是在这里发出的一声炮响，震动了整个世界，并且在人类的历史上打开了新的世纪，从那个时候开始，社会主义革命的光辉便照亮了中国人民走向胜利的道路。列宁格勒劳动人民在国内战争和卫国战争时期，表现了伟大的英雄主义气概，并且在战后迅速地恢复和发展了城市的建设，使它成为全苏最大的工业中心之一。这些都是中国人民的榜样。

1956 年 11 月 22 日，彭真团长在莫斯科飞机制造厂工人群众大会上发表了热情洋溢的演讲，阎明复进行现场翻译

11 月 22 日，彭真团长率领代表团参观了莫斯科飞机制造厂，参加了全厂职工为代表团举行的欢迎大会。彭真向广大工人群众讲话，他的即席发言有个很重要的内容就是斯大林的功过问题。他说到，对斯大林的功过应该三七开，功劳是七，错误只是三，他说：

谁没有错误呢？哪个人能说他一生不犯错误呢？毛泽东同志就说过，他的错误可以用火车拉！但他仍然是中国人民和中国共产党的伟大领袖，是伟大的马克思列宁主义者、伟大的无产阶级革命家！①

11月28日，莫斯科市劳动人民代表在工会大厦圆柱大厅举行的苏中两国人民友谊晚会上，彭真团长在讲话中强调：

> 中苏两国的坚固的团结和以苏联为首的社会主义各国间的团结，是世界持久和平的重要保障，是人类进步事业从胜利走向胜利的重要保证，是中苏两国人民和全世界劳动人民的最大利益。我们应该像保护眼珠一样地来保护中苏两国人民的团结，来保护以苏联为首的社会主义国家之间的团结。社会主义各国之间的团结是有着巩固的基础的，我们有着对马克思列宁主义的共同信仰作思想基础，有着休戚相关的利害关系作物质基础，有着共产党的领导和广大人民群众的坚决支持。这些都是我们的友好团结的坚固基础。当然，这并不是说在社会主义各国之间永远不会发生这样那样的纷争。纵然发生了纷争，也是应该和完全可以协商解决的。最近，苏联共产党、苏联政府同波兰统一工人党、波兰政府的会谈和关于苏波关系的共同声明，就是一个例证。我们中国人民认为，这次苏波谈判和声明会促进苏波两国的友好团结，并且增进各国共产党、工人党之间和社会主义各国之间的团结。

11月29日下午，彭真团长率领全国人大代表团和北京市人民委员会代表团同苏联最高苏维埃主席团主席伏罗希洛夫、部长会议主席布尔加宁和苏共中央第一书记赫鲁晓夫会晤，进行了三个小时的友好谈话。会见开始时，赫鲁晓夫表示："欢迎中国朋友来访。祝愿中国人民在社会主义建设事业中取得新的成就。"双方礼节性寒暄之后，赫鲁晓夫就苏共二十大所提出的路线做了一番介绍和解释，强调苏共反对个人迷信的意义等等。

① 李越然：《中苏外交亲历记》，世界知识出版社2001年版，第121页。

彭真团长与代表团成员参观克里姆林宫

赫鲁晓夫与彭真的交谈正在进行，章伯钧副团长站起来发言，他大声说："见到赫鲁晓夫同志我非常高兴，我想对赫鲁晓夫讲几句心里话。"

这一刻，全场都怔住了。因为这种场合，一般都是代表团团长讲话，像章老这样站起来表示有话要讲，在国际政治活动的场合是很少见到的。

这次全国人大代表团出访，彭真是团长，李济深、程潜、章伯钧和胡子昂是副团长。这个代表团党外高级人士很多，体现了全国人民代表大会的代表性。.

章老说："我想讲讲压在心底多少年的一句话，过去没有机会，今天听了赫鲁晓夫谈话，我非常高兴，我要借这个机会讲讲。我过去是中国共产党的党员，因为对中国革命的看法与有些同志不一样，就遭到排斥。后来我离开了共产党。我遭到了不公平的对待，到现在没有解决，还是个悬案……"

中国代表团的成员们都有些吃惊，料不到章老会在这种场合讲出这种话。彭真严肃地坐在那里，一言没发，更没有打断章老的发言。

赫鲁晓夫还算聪明，遗憾地说："哎呀，我不了解这个情况。"他

彭真团长和代表团成员在克里姆林宫听取苏联最高苏维埃主席团代表介绍苏联议会工作情况

望着苏联外交部副部长费德林说："请我们的汉学家说说，也许他了解情况。"

费德林是一位著名的汉学家，又是一位外交家，他很自然地把话题给岔开了。他皱了皱眉，摇头说："这是中国同志的内部问题。具体情况我也不了解。"

章老见大家神色严肃，不由得坐下，自言自语地说："我就觉得这是个机会，这个机会就该跟赫鲁晓夫同志讲讲这个事，我压在心里好久了，想找个机会……"

接着，代表团团员、人大常委、大公报社社长王芸生站起来说："我今天非常高兴能见到赫鲁晓夫。""像您这样世界著名的政治活动家、苏联党和人民的领袖，我们想借此机会向您提个问题，望不吝赐教。希望您谈谈对世界和平展望的问题。"看来，王芸生想提出这个普遍关心的问题来打破章老发言造成的尴尬局面。

"很好，我很愿意谈谈这个问题。战争与和平问题，是苏联人民，也是中国和世界各国人民所关心的问题。当前，我们要有个充分估计，由于美国的变化，世界大战不是不可避免的，我们已经可以通过和平竞赛去战胜资本主义，和平过渡到社会主义。这是苏联共产党第二十次代表大会对马克思列宁主义的重大理论建树……"

赫鲁晓夫开始还像回答问题一样讲得平静，渐渐地，情绪越来越高，已经完全是演说家鼓动家的样子，讲话时加上了手势和表情，一口气讲了一二十分钟。

彭真听完赫鲁晓夫的演说，客气地表示："我们刚才听了赫鲁晓夫做的详细介绍，我们很有兴趣。"

彭真再未做任何评价。于是，赫鲁晓夫的兴头沉落下来，王芸生也没再提第二个问题。

刚回到苏维埃旅馆，程潜等党外人士都不约而同地找到彭真房间来，个个面有怒色和愤懑之情。

"怎么能这样搞？"程潜对彭真愤愤地表示，"章伯钧在这样的场合向苏联人发牢骚，太不像话了！"

其他党外朋友也立刻表示自己的意见，说章伯钧是"在国际场合出丑！""把内部问题拿到外部表白，还说是个机会！"

章老也跟着进来了。他解释说："我只是叙述心情，没别的意思。"

彭真严肃而又适度地批评了章老的表现。①

11月29日傍晚，彭真团长率领两个代表团的全体成员出席中国驻苏联大使刘晓为全国人大代表团和北京市人民委员会代表团访问苏联举行的招待会。苏方出席招待会的有布尔加宁、卡冈诺维奇、米高扬、莫洛托夫，赫鲁晓夫、朱可夫和穆希金诺夫等领导人。各国驻莫斯科的外交使节也应邀出席招待会。彭真和赫鲁晓夫在招待会上发表讲话。彭真说：

---

① 参见李越然：《中苏外交亲历记》，世界知识出版社2001年版，第118—120页。

我们中国革命是走的十月社会主义革命的道路。我们认为十月革命所开辟的道路不仅是俄国人民解放的道路，而且是中国人民解放的道路，也是全世界劳动人民解放的道路。我们中国人并不是盲目地走这条道路的，也不是轻易地拣到了这样一条道路，而是经过近百年来我们先辈的千辛万苦，努力奋斗，最后由十月革命的炮声把马克思列宁主义介绍到中国以后才找到了这条道路。我们就是沿着这条道路才取得了中国革命的胜利和今天的成就。同时因为有苏联走在我们的前面，做出了榜样，给我们提供了大量的、先进的经验和宝贵的教训，这就使我们在革命和建设中获得了许多的便利。

彭真祝酒后，赫鲁晓夫敲敲酒杯，提请人们注意，然后开始讲话。这时李越然拉了我一把，小声地说："明复，你上！"虽然在国内大庭广众下我也做过翻译，可是这一次在乔治大厅，当着那么多中国和苏联的领导人，又是赫鲁晓夫要讲话，我显得十分紧张。一瞬间，李越然觉察到我有些犹豫，又推了我一把，说："别怕，有我呢！"接着，我开始翻译起来。

赫鲁晓夫说：中国共产党对苏联和国际工人运动的经验，是根据本国条件创造性地运用，而不是机械地搬用；中国共产党人是马克思列宁主义者，始终如一地执行着国际主义的原则。"人口众多的中国，这样伟大的一个国家，做了许多许多工作，为世界革命做出了重大贡献，可是亲爱的中国同志们却都是那么谦虚。""不像某些国家，人没几个人，工作没做出啥名堂，还吹嘘他们是最好最正确的！"

接着，彭真再次讲话（赫鲁晓夫讲完后李越然接着翻译），感谢赫鲁晓夫对中国人民和中国共产党的工作给予这样高的评价，指出：

中国人民和中国共产党力求根据中国的实际情况，运用苏联和其他各国的经验，实事求是地解决中国的问题。我们的一些新经验对于马克思列宁主义的整体来说，对于苏联的革命和建设经验来说，对于全世界无产阶级斗争的经验来说，只不过是一个小的部分。打个比喻：我们的经验好比是我们面前这瓶花上的一些枝叶和一些花朵，而马克思列宁主义的整体，世界无产阶级斗争的经验的整体，好比是花的根和干。花朵和枝叶正是从花的根和干上长出来的一个统一体。中国革命是十月革命的继续。十月革命如果是树干，中国革命就是花朵，是树上开出的花。马列主义是放之四海而皆准的普遍真理，毛泽东同志领导中国共产党将马列主义的普遍真理与中国革命的具体实践相结合，夺取了中国革命的胜利。赫鲁晓夫同志讲谦虚，什么叫谦虚？就是实事求是，按自己国家的国情办事。这是我们中国革命胜利的经验。每个国家都要根据自己的国情来灵活地运用马克思列宁主义的普遍真理，不能用自己的经验代替别人的经验，更不能强加于人，我看这就叫谦虚。

彭真讲完后，赫鲁晓夫又说："讲得好！中国有许多好的经验值得各国共产党去研究学习。"

11月29日晚上，苏联最高苏维埃联盟院和民族院两主席举行宴会，招待中国全国人大代表团。苏方出席的有：伏罗希洛夫、卡冈诺维奇、莫洛托夫、别尔乌辛、赫鲁晓夫、朱可夫、福尔采娃、别利亚耶夫、勃列日涅夫等领导人。北京市人民委员会代表团也应邀出席。彭真团长在讲话中说，我们亲眼看到了苏联人民在各方面所取得的巨大成就，全面地了解了苏联人民在社会主义和共产主义建设方面的丰富经验。我们要把苏联人民的真诚友情带给中国人民。

作为访苏期间的大事之一，还应提到11月17日晚，彭真和代表团应邀出席了苏联领导人为当时正在苏联访问的波兰党政代表团举行的宴会。苏联党政领导人赫鲁晓夫、伏罗希洛夫、布尔加宁和波兰党政代表团的哥穆尔卡（波兰统一工人党中央委员会第一书记）、萨瓦茨基（国务委员会主席）、西伦凯维兹（部长会议主席）等出席了宴会。

这里还应该简单地回顾当时苏波两党关系中的一段历史。

波兰党政代表团团长哥穆尔卡1935年曾在苏联学习，所以精通俄语。1945年至1948年任波兰党的总书记，1948年，由于他反对情报局开除南斯拉夫党，被免除总书记职务并被开除出党，1951年被监禁，1954年秘密释放出狱。1956年7月，波兰党中央召开全会，为哥穆尔卡恢复名誉，并在全国全党平反错案冤狱。苏共二十大期间，波兰党第一书记贝鲁特因病去世，奥哈布主持党中央工作。1956年9月，奥哈布率波兰党代表团参加中共八大期间，波兰局势迅速恶化，群众游行示威，事态无法控制。奥哈布提前返回波兰。10月15日，波兰党中央政治局决定在19日召开中央全会，推选哥穆尔卡为中央第一书记。赫鲁晓夫认为哥穆尔卡东山再起就是反苏、反社会主义的政变，决定动用军队干涉波兰内政。他匆匆率代表团于10月19日晨飞往华沙。代表团包括莫洛托夫、米高扬、卡冈诺维奇、苏斯洛夫等苏联的主要领导人。赫鲁晓夫干涉波兰党内政的无理要求，遭到波兰党的坚决抵抗。在全国人民同仇敌忾，对抗苏联军事干涉的情况下，哥穆尔卡面对面地同赫鲁晓夫据理力争，阻止了苏联军队向华沙的推进。经过激烈的争吵，赫鲁晓夫不得不承认波兰党领导的变动，双方决定在莫斯科举行会谈。

再说说毛主席、中共中央的态度。

苏联在10月17日下达向波兰调动军队的命令后，苏共中央就通知中共中央，苏已采取行动，并征求中共的意见。10月20日下午，毛主席主持召开政治局会议。毛主席说，赫鲁晓夫要动用军队，是严重的大国沙文主义。一个社会主义国家对另一个社会主义国家动用军队，这不仅给帝国主义一个机会，而且无法向苏波两国人民交代，特别是向波兰人民交代。这是违反社会主义国家之间独立平等的原则的。即使按照一般国际法也是不允许的。大家一致认为，这是非常严重的问题，建议中央采取紧急措施警告苏联，表明我们反对苏联武装干涉波兰。毛主席说，赫鲁晓夫是准备动用武力的，但是还没有下最后的决心。在这种情况下，我党政治局决定尽快向苏联提出警告，要尽力制止赫鲁晓夫动用军队干涉波兰内政。鉴于形势紧迫，政治局会议决定，由毛主席亲自出面，立即会见苏联驻华大使，明确向苏方宣布：我党坚决反对苏联武装干涉波兰。同日晚上七点多钟，毛主席接见苏联尤金大使。毛主席对他说，我们收到苏共中央征求意见的通知，说你们要出兵干涉波兰。我们政治局今天下午开会讨论了此事，我们坚决反对你们这样做。请你马上把我们的意见打电话告诉赫鲁晓夫，如果苏联出兵，我们将支持波兰反对你们，并公开声明谴责你们武装干涉波兰。当时毛主席讲得很严厉，并且一再重复。毛主席说，现在时间不多，你们赶紧回去打电话告诉赫鲁晓夫同志。①

应该指出，赫鲁晓夫改变强硬态度是在10月19日午夜，而中共中央反对赫鲁晓夫出兵干涉波兰党内政的立场是10月20日晚上七时左右通知苏联驻华大使的，也就是说，赫鲁晓夫20日返回莫斯科时才得知中共的态度。赫鲁晓夫不得不承认哥穆尔卡当选波党中央第一书记的既成事实，正是波兰举国上下坚决抵抗的结果。

10月23日，中共中央应苏共中央的请求，派刘少奇、邓小平去莫斯科，协助苏波两党领导人协商解决两党的矛盾和分歧，从而使两党之间一度剑拔弩张的紧张关系得以缓和下来。

在11月17日莫斯科的那次宴会上，赫鲁晓夫介绍了匈牙利事件的经过，并表示决心根据平等、互相尊重主权与民族独立的列宁主义原则继续发展苏波关系，指出苏波两国的国家完整和安全，波兰的安全在很大的程度上取决于双方友谊有怎样的增长和发展。哥穆尔卡表示，波苏会谈的进程证明，苏联方面对波兰方面充分谅解，并且真诚地愿意良好地解决我们所提出的广泛问题，相信会谈会得出良好的互

① 本段转引自吴冷西:《十年论战（1956~1966）：中苏关系回忆录》（上），第36—39页。

利的结果。

可以看出，哥穆尔卡的态度也十分强硬。他对赫鲁晓夫讲：“波兰是需要同苏联、苏联共产党保持友好关系的。但是你们应该撤出你们的驻军，否则会伤害波兰人民的感情。”赫鲁晓夫回顾第二次世界大战中苏联红军解放波兰所做出的牺牲及其历史作用，强调波兰局势现在还没有完全稳定下来。哥穆尔卡却强调说：“波兰党和人民从根本上讲是支持苏联的。但各国共产党是独立自主的，任何党不能把自己的意志强加给其他党。”

莫洛托夫、马林科夫等苏共老领导人也出席了招待会。莫洛托夫举杯向彭真敬酒，祝彭真健康愉快，并表示：“你们的文章写得好！《论无产阶级专政的历史经验》是马克思列宁主义的，斯大林的功绩应该看到，这是整个一个历史时期。谁也不能完全否定。”

彭真重申了我们的基本观点。

在对待斯大林的态度上，赫鲁晓夫同莫洛托夫的分歧，就是在招待会这种公开场合也是可以感觉出来的。那时苏联党内斗争激烈，马林科夫在 1955 年初，即被迫辞去部长会议主席职务，虽然保留在苏共中央主席团内，但是出席宴会时已退居主席团长桌后边，很少活动讲话，也很少与客人打招呼，看上去有不安状。莫洛托夫不然，始终保持一种战士的昂扬意气，直到被贬去蒙古当大使，一直精神抖擞、傲然地立于他的位置上，给人以沉着、坚定、不屈不挠的深刻印象。这种政治上的坚强和涵养，给许多外交官员以深刻印象，他们都对此做出过很高评价。①

11 月 17 日的宴会结束后，我人大代表团在莫斯科大剧院观看了著名芭蕾舞大师乌兰诺娃主演的芭蕾舞剧《天鹅湖》。乌兰诺娃不慎滑倒，她坚持演出。剧终后，彭真特意走上舞台向她献花致敬。

我们在结束对苏联的访问前，接到我驻捷克大使馆的电报，说，

① 参见李越然：《中苏外交亲历记》，世界知识出版社 2001 年版。

11 月 17 日的宴会结束后，代表团在莫斯科大剧院观看了著名芭蕾舞大师乌兰诺娃主演的芭蕾舞剧《天鹅湖》。演出结束后，彭真团长特意走上舞台向她献花致敬

龙云老先生的公子从美国打来电话，希望他父亲到布拉格后能同他通话。彭真说，当然可以。我们国家人大常委到国外去访问，他的孩子在美国要同他通电话，有什么不可以哪。他有这个权利和自由！彭真的表态使龙云老先生和团内的朋友们都非常高兴，大家感到互相信任和宽松的气氛。

12 月 2 日上午，彭真副委员长率领全国人大代表团和北京市人民委员会代表团离开莫斯科前往布拉格。彭真在机场发表讲话说，在这些天里，我们所到之处都受到了十分热烈的兄弟般的欢迎和接待。我们亲眼看到了苏联人民在各方面获得的巨大成就，学习了很多先进经验。我们深深地了解到苏联人民对中国人民的深厚友情。我们将把这一切都当做苏联人民的最珍贵的礼品，带给中国人民。离开莫斯科前夕，彭真团长接见了苏联和别的国家的记者，进行了友好的谈话。关于全国人大代表团访问苏联的情况，中国的媒体逐日做了详细的报道。

彭真在繁忙的访问中，还亲自召集代表团中主要的中共党内成员的会议，对这次访苏做了初步总结，并向毛主席、党中央做了报告。主要内容如下：

1. 苏联从上到下，从干部到群众，都十分重视中苏团结，这次我人大代表团的破格接待，苏联党和国家的主要负责同志的亲切交谈，并且招待代表团看原子弹、氢弹和导弹试验等三个电影也是一个证明。此外，他们现在处境有困难，需要中国支持。

2. 他们对我们关于十月革命的提法很重视，认为这是对他们的支持，因为现在有些党不承认这条道路（似乎忘记了他们自己也有人发表过类似的意见）。

3. 对社会主义阵营“以苏联为首”问题，有些苏联同志说应以“中苏为首”，连赫鲁晓夫、伏罗希洛夫等同志也这样说过。但我看普遍地满意我们的提法。在我们离开莫斯科的前一天晚上（一日晚）塔斯社、《真理报》、《劳动报》等五位记者为“十月革命道路”和“以苏联为首”问题同我们反复谈了一点多钟，塔斯社记者反复说我们不应该这样提。实际是想了解我们为什么这样提，最后了解了我们是本着实事求是的老实态度这样说的时候，大家不言而喻地感到愉快，备加亲切。有的高级干部在别的场合向我说：“你们这样说很有力，很有作用，我们若这样说，人家就说我们是沙文主义。”

4. 现在苏联确实有一种新气象（据过去到过苏联的同志们的比较），现在苏联有些干部和领导同志也一再讲他们工作中有很多缺点、错误，群众中对于政治问题也在纷纷议论。干部在同我们的同志的谈话中也愿畅谈。不像斯大林在世时那样死板拘束。我们只是在少数场合肯定地说到他们的成绩，他们是愉快的时候，附带说一下工作中也有缺点错误。但前者是根本的。未提任何具体的批评意见。关于他们党内生活的情况，也有的领导同志主动向我谈到，干部酗酒、遗弃妻子、谎报成绩、贪污等坏现象和他们如何处理的问题；

还有的领导同志说，现在有人正式提出过去对孟什维克、托洛茨基派的斗争是过分的，不应该那样打击，因为他们不过是共产主义的一个派别。

5. 赫鲁晓夫同志向我说，他们正在削减他们的重工业投资。这个秘密可告给中国同志。他还说，今年虽然遭了很大天灾，但农业仍有很大增产，成绩很好。他们对东欧兄弟国家的担子很重，需要拿出四百二十万吨粮食。他们可以解决。

6. 苏联在显著地提高低级工人的工资，想缩小各级工资差的距离。但仍拟保持工资刺激生产的积极性的作用。养老金、抚恤金等有很大提高。原来领二百卢布的一位老太婆，现在可以月领五百卢布。原来月领七八百卢布的退休人员，现在可以领到两千卢布。据说反映很好。

1957 年 3 月 31 日，彭真在向全国人大常委扩大会议的报告中，对访苏的观感做了如下的总结：

我们在访问期间，亲眼看到苏联人民在苏联共产党和苏联政府的领导下所取得的辉煌成就，无可争辩地证明十月革命的道路是光辉的道路。苏联人民的革命经验和社会主义建设经验是极为丰富的，它过去和今后都鼓舞着全世界的无产阶级和进步人类为了和平、民主和社会主义的胜利而进行斗争。苏联人民在第二次世界大战中，挽救了人类免于法西斯的奴役，战后又进行了规模巨大的建设，对兄弟国家给予巨大的援助和支持。今天，正当以美帝国主义为首的侵略集团还在扩军备战，进行原子讹诈的时候，苏联人民又以强大的国防力量，和全世界的人民一起，保卫着和平。伟大的苏联是国际工人运动的中心，是维护世界和平的坚强堡垒。

对捷克斯洛伐克的访问

从 1956 年 12 月 2 日至 12 月 21 日，彭真率领全国人大代表团和北京市人民委员会代表团访问了捷克斯洛伐克。其间，1956 年 12 月 7

日至12月16日，彭真和刘长胜作为中共代表，赴罗马出席了意大利共产党第八次代表大会。

在捷克斯洛伐克，代表团访问了首都布拉格、工业重镇比尔森、钢都奥斯特拉伐、轻工业中心哥特瓦尔多夫、著名的风景区卡罗维瓦里、斯洛伐克民族地区的首府布拉迪斯拉发。

捷克斯洛伐克在东欧国家中，工业发展的水平是比较高的。代表团参观了生产电力机械和汽轮机的斯大林格勒工厂；制造各种重型机器的，正为中国制造透平机、采煤机、硝酸铵厂的设备和六千吨水压机的列宁联合工厂；规模宏大的哥特瓦尔德联合钢铁厂、塔特拉汽车厂；生产世界闻名的“拔佳”牌的、当时年产三千万双鞋的光明鞋厂；拥有长达九公里冷藏库的世界闻名的比尔森啤酒厂；制作雕刻细致的玻璃艺术制品的、世界闻名的莫索尔玻璃厂。代表团还参观了维纳尔日采村的“捷中友谊合作社”和赛多强尼县的兹洛维基采农业合作社。捷克农业生产机械化程度高，使用的化肥也较多，单产产量也较高。

代表团访问了斯洛伐克民族地区，同他们的民族议会和行政委员会进行了交流。原本落后的民族地区在社会主义制度下发生了极大变化，经济、文化迅速发展，兴建了许多新的工厂。代表团参观了规模较大的和平人造丝厂、林业研究所和布拉迪斯拉发大学。

在访问期间，彭真和代表团同总统萨波托斯基、国民议会主席费林格、总理西罗基、捷共第一书记诺沃提尼等领导，与议会、政府、党的其他领导，还有各方面工作的许多同志进行了亲切的交谈。

诺沃提尼第一书记还专门接见了彭真和中共中央委员刘长胜，双方进行了热情友好的谈话。彭真向捷共领导人阐述了中国对当前政治形势的看法，肯定了中苏两党团结的意义以及中国共产党维护、加强和发展这种团结合作的愿望和决心。

捷克斯洛伐克非常重视彭真和中国人大代表团的来访，全部活动都是由捷克斯洛伐克国民议会主席费林格陪同。费林格讲一口流利的俄语。在交谈中他很明智地避开斯大林问题，甚至避开赫鲁晓夫不提，只介绍捷克斯洛伐克国内的革命和建设情况，特别是介绍捷克斯洛伐克的议会民主。

访问期间，彭真和人大代表团同捷克斯洛伐克国民议会进行了广泛、友好的交流。

12月3日上午，代表团同费林格主席、各委员会主席和一些议员进行了座谈，主人介绍了捷国民议会的组织、工作方法和在政权建设中所起的作用等方面的情况。

同日晚上，彭真在国民议会主席费林格举行的宴会上致答辞说：中捷两国在政治、经济、文化等各方面的密切合作，互相支持、互相帮助，是使我们的事业从胜利走向胜利的重要保证。团结就是力量，我们认为以苏联为首的社会主义各国之间的团结是世界持久和平的重要保障，是我们共同事业和整个人类进步事业的重要保障。我们社会主义各国之间的关系是建立在完全平等、尊重领土的不可侵犯性、尊重国家的独立和主权，以及互不干涉内政的原则基础之上的，是以互利互助、共同促进各国经济的高涨、共同反对帝国主义侵略的原则为基础的。我们不但有着休戚相关的根本的利害一致作为物质基础，而且有着马克思列宁主义的共同信仰作为思想基础，作为行动指针。这种团结应该是永恒的和牢不可破的。帝国主义者为了维护他们苟延残喘的命运，总是千方百计地企图用各个击破、从内部夺取堡垒的伎俩来破坏社会主义国家之间的团结和社会主义国家内部的团结。因此我们必须提高警惕，所有社会主义国家和全世界进步人类应该维护和珍视这种团结，共同维护世界的和平，促进人类的进步事业。

12月17日上午，彭真副委员长和代表团向正在召开例会的国民议会辞行并同费林格主席和各位副主席、一些议员举行座谈。彭真团长在讲话中说，这次访问加深了我们之间的团结和友谊。我深信并预祝我们两国在马克思列宁主义的指导下，在继续加强以苏联为首的社会主义阵营的团结下，在无产阶级国际主义的精神下，在互相尊重主权和领土完整、互不侵犯、互不干涉内政、平等互利、和平共处的五项原则的基础上，加强我们的友谊合作和团结，加强相互的学习，首先和主要的是加强我们向捷克斯洛伐克的学习，特别是在工业和科学方面。

12 月 17 日晚上，中国驻捷克斯洛伐克大使曹瑛为全国人大代表团和北京市人民委员会代表团访捷举行招待会。捷方应邀出席的有：总统萨波托斯基、总理西罗基、捷共中央第一书记诺沃提尼、国民议会主席费林格等。彭真团长在讲话中说，捷克斯洛伐克是和平民主社会主义阵营的一个坚强堡垒，是一个具有高度技术的工业国家。在访问中，我们看到你们的工厂正在为中国制造一些机器，这表现出捷克斯洛伐克人民对中国人民兄弟般的帮助和深厚的友谊。他指出，中国人民深切地体会到，我们社会主义各国内部的团结和以苏联为首的社会主义各国之间的团结，是我们进行社会主义建设和维护世界和平的重要保障。捷克斯洛伐克在匈牙利问题上完全采取了坚决的立场，支持匈牙利的革命势力，维护匈牙利的社会主义制度，支持苏联对于社会主义匈牙利的援助。这不仅是符合匈牙利和捷克斯洛伐克人民的利益，也是符合中国人民和全世界一切爱好和平的人民的利益的。最后彭真说，我们是携带友谊而来，也满载着友谊而归。

12 月 19 日下午，彭真率全国人大代表团列席捷克斯洛伐克国民议会全体会议，并发表演说，热情地赞扬了捷克斯洛伐克的社会主义建设成就，强调了中捷人民的友谊，严厉地抨击了帝国主义所谓的“自由”，强调了以苏联为首的社会主义各国的团结、所有社会主义国家和爱好和平的力量的团结是世界和平和进步事业的保障。他的讲话获得一阵又一阵的热烈掌声。他再一次赞扬捷克斯洛伐克支持匈牙利的社会主义事业，支持苏联对匈牙利工农革命政府和匈牙利人民的援助，支持埃及反抗侵略的斗争的立场和行动。介绍中国人民取得的成就和当前的任务后，彭真指出，帝国主义者是十分不喜欢我们社会主义各国的伟大成就的。他们总是千方百计地对我们的事业进行破坏，并且妄想“解放”我们，即对劳动人民当家作主的社会主义国家进行颠覆活动。帝国主义者造谣诬蔑我们，说社会主义国家这样不好那样不好，这样不自由那样不自由，可是他们却总是不敢说清楚他们所说的究竟是什么民主、什么自由，是谁的民主、谁的自由。是帝国主义奴役弱小民族的自由呢？还是反殖民主义的自由呢？是帝国主义对社会主义国家进行颠覆破坏活动的自由呢？还是保卫社会主义制度建设社会主义的自由呢？是金融寡头野蛮地、残酷地榨取工人的剩余价值和榨取其他一切劳动人民血汗的自由和压迫、迫害劳动人民的自由呢？还是反抗剥削消灭剥削、消灭阶级、建立社会主义社会的自由呢？是把成百万成千万的工人任意驱逐到街头，使他们挨饿受冻的自由呢？还是劳动者当家作主进行创造性劳动，在生产发展的基础上不断改善物质文化生活的自由呢？我们抱歉得很，在我们这里，前一种自由确实是没有的。有的只能是后一种自由，后一种民主，即工人阶级和全体人民的自由民主。彭真强调说，团结就是力量。我们每一个社会主义国家内部要加强团结，以苏联为首的社会主义各国之间要加强团结，所有社会主义国家和所有民族独立国家，一切爱好和平的国家和人民之间要加强团结。只要世界所有的和平民主势力团结起来，世界的持久和平就有了保障，人类进步事业的发展，人类的安全幸福的生活就有了保障。我们应该像爱护眼珠一样地爱护它和不断地加强它。

在访问捷克斯洛伐克国民议会和斯洛伐克民族议会时，代表团还会见了捷共领导的民族阵线中的捷克社会党、人民党、斯洛伐克复兴党和斯洛伐克自由党的领导人。

彭真在赴意大利参加意共八大前，向毛主席、党中央报告了有关捷克斯洛伐克的若干见闻。

捷克的党和政权是比较巩固的，但同时也还存在着严重的问题：

1. 捷共是有强的领导骨干的，捷克的反革命分子在 1948 年事变[①]中有一次大的暴露，逃亡了一大批，也捉了一大批。捷共在工人群众中有长期的工作，有基础。从 1953 年以来，工人生活年年有所改善，其他群众生活也有所改善。在社会保险方面用了很大的财力。现在只是领退休金的即有约二百万人。波匈事件在工人群众中波动较小（也发生过抢购物资现象）。工人群众对知识分子的荒谬言论，对 5 月间的学生游行一般是不满意的。

捷克的武装共有三部分，都是比较巩固的。首先是国防军，干部多系工人出身，并且经过苏联帮助训练过。其次是公安武装，包括公安机关，是可靠的。此外，是党直接统率领导的工人纠察队，是 1948 年在对资产阶级复辟斗争中壮大起来的，拥有武装；它的成员由党直接选拔，人数究竟有多少从来不公布，捷共称为党的卫队，总司令是党中央第一书记诺沃提尼（以下是各级党委第一书记任司令）。至于这部分武装同非党工人群众的关系如何，还未了解。因为有这些条件，捷共觉得有依靠，有自信心。

2. 但党的思想工作不仅在知识分子中很薄弱，就是在干部群众中的思想工作也比较差。从苏共二十次大会后，干部和群众对许多重大问题始终得不到能够以理服人的解释，而近来世界又这样多事。因此连这一部分中级干部都感到苦闷，感到党在群众中威信大降，担心会不会出事。领导上对这种情况并不是毫无所知，也并不是毫不担心。因此正在采取积极措施，例如第六次降低物价（降低很多）、提高社会保险金等，以稳定人心，团结群众，提高党和政府的威信。但看来行政措施和组织控制多，堂堂正正入情入理地辨明是非的思想工作做得少。因此，对我党 11 月 1 日关于苏联 10 月 30 日声明的声明，虽然表示完全赞成，却因怕引起争论而不敢登报。

① 1948 年捷克斯洛伐克通过一场平稳的政治变革使捷共上台，没有发生如同匈牙利一样的暴力革命和社会动荡。——作者注

彭真报告说：

> 我们来布拉格还只有三四天，上述情况是从我们自己的同志方面和兄弟党方面所了解的，仅供参考。

12月21日下午，彭真团长率领两个代表团乘火车离开布拉格前往布加勒斯特。

对罗马尼亚的访问

离开了捷克斯洛伐克，彭真率领全国人大代表团和北京市人民委员会代表团访问了罗马尼亚。

12月22日，在大雪纷飞中，彭真团长率领的全国人大代表团和北京市人民委员会代表团先后抵达罗马尼亚边境城市雅西车站和首都布加勒斯特车站，受到了热烈的欢迎。

在布加勒斯特火车站举行的欢迎仪式上，彭真致答辞说，罗马尼亚人民在解放以来的十二年中，在各种斗争中取得了辉煌的成就，积累了很多宝贵的经验。我们这次来访问是为了加强相互了解，学习你们各方面的先进经验，加强两国议会之间的联系，进一步加强两国人民之间的友谊和合作。

从1956年12月22日到1957年1月1日的十一天中，彭真和代表团访问了罗马尼亚首都布加勒斯特、石油工业中心普洛耶什蒂、机器制造业中心斯大林市、匈牙利民族自治州首府特尔古·穆列斯市、著名风景区西那亚。代表团参观了日处理原油近万吨的普洛耶什蒂第一炼油厂，制造钻探机和炼油机并正为中国生产钻探机的“五一”石油设备工厂，为中国生产拖拉机的台尔曼拖拉机工厂。

代表团访罗期间正逢圣诞节和1957年元旦，在银装素裹、风景如画的西那亚和布加勒斯特，彭真夫妇和代表团的所有成员，同罗马尼亚国民议会议员们及其他罗马尼亚的同志们，一起非常愉快地欢度了两个节日。

在银装素裹、风景如画的西那亚和布加勒斯特，彭真夫妇和代表团的所有成员，同罗马尼亚国民议会议员们及其他罗马尼亚的同志们，一起非常愉快地欢度了圣诞节和 1957 年元旦

在访问期间，彭真和代表团同罗马尼亚工人党第一书记乔治乌－德治、部长会议主席斯托伊卡、大国民议会主席团主席格罗查博士等同志，以及议会、政府、党的其他领导，与各方面工作的许多同志进行了亲切的交谈，主人介绍了罗马尼亚政治、经济和议会工作等方面的情况。

特别是 12 月 23 日，格罗查主席接见我代表团的情景给大家留下了难忘的印象。这是格罗查主席患重病以后第一次接见客人。彭真代表毛泽东主席和刘少奇委员长向格罗查主席问候，并祝他早日恢复健康。格罗查说："中国是大国，罗马尼亚是小国。"彭真说："社会主义是伟大的，罗马尼亚是社会主义国家；伟大的是先进，你们是先进的国家；伟大的是维护世界和平，你们是世界和平的堡垒。"彭真和格罗查长时间地热烈拥抱握手，在场的中罗同志热烈鼓掌。

访罗期间，彭真和代表团访问了罗马尼亚大国民议会、布加勒斯特市人民会议，以及西那亚市和斯大林市人民议会，双方交流了工作经验。

12 月 29 日晚上，罗马尼亚人民共和国国民议会主席团举行宴会，招待中国全国人大代表团和北京市人民委员会代表团。罗马尼亚工人党第一书记乔治乌 – 德治、部长会议主席斯托伊卡、大国民议会主席团副主席萨多维亚努等出席。彭真团长致答辞说，罗马尼亚是一个具有光辉革命传统的国家。我们亲眼看到了你们在各方面的光辉成就。我们从你们这里学到许多有益的东西。“社会主义必将在各种竞赛中战胜资本主义，这就是我们在访问中所获得的总的印象，也是一贯的坚定不移的信念。”

12 月 30 日中午，彭真团长率领全国人大代表团和北京市人民委员会代表团会见罗马尼亚部长会议主席斯托伊卡。主人介绍了罗马尼亚的工业、农业和人民生活等方面的情况。

晚上，中国驻罗马尼亚大使柯柏年和夫人为全国人大代表团和北京市人民委员会代表团访罗举行招待会。罗党中央第一书记乔治乌 – 德治、部长会议主席斯托伊卡、大国民议会主席团副主席萨多维亚努等应邀出席招待会。彭真团长在讲话中说，代表团在访问中了解了许多先进的建设经验。这次访问加深了两国之间的相互了解，增进了两国人民的团结。

中国全国人大代表团举行记者招待会，彭真团长在四位副团长先后回答了记者的提问后讲话说，我们在罗马尼亚参观了许多工厂、农庄和文化机构，同罗马尼亚大国民议会主席团、政府、党等各方面的领导同志进行了畅谈。我们的印象很好。

对保加利亚的访问

1957 年 1 月 3 日至 1 月 10 日，彭真率领全国人大代表团和北京市人民委员会代表团访问了保加利亚。

1957 年 1 月 2 日，保加利亚国民议会主席团副主席科里舒尔斯基和其他负责同志，亲自乘专车到布加勒斯特来迎接代表团。我们代表团2日渡过多瑙河，到达保加利亚边境的车站鲁塞。那天下着雪，欢迎的群众真是人山人海。

我们代表团第二天，即1月3日到达首都索非亚，一出车站，街道上挤满了欢迎的群众。我们像处在一个狂欢的节日里。保加利亚人民对我们这样动人的热情，充分表现了对中国人民深厚的友谊和国际主义的精神。①

彭真在索非亚车站举行的有几万人参加的欢迎会上讲话说：

> 保加利亚是一个有光荣革命传统的国家。你们的国家是我们中国人民很熟悉和很敬仰的伟大的共产主义战士——季米特洛夫同志的祖国。我们代表团这次来访，是为了学习你们的先进经验，是为了加深我们两国人民之间的相互了解和增进我们之间的团结。

彭真和代表团访问了保加利亚首都索非亚、休养胜地勃罗维茨、工商业中心普罗夫迪夫、十年前由青年们在荒地上兴建起来的季米特洛夫格勒；参观了斯大林水利枢纽、斯大林烟草工厂、马里查纺织工厂、斯大林化学联合工厂、巴尔干水泥厂、石棉水泥工厂、马里利查第三热力发电站和普罗夫迪夫博物馆、瓦西尔·科拉罗夫高等农业学院、布列斯托维查村新生农业合作社。

访问期间，彭真和代表团同保加利亚国民议会主席团主席格·达米扬诺夫、国民议会执行局主席科索夫斯基、部长会议主席于哥夫、保加利亚共产党第一书记日夫科夫等同志和议会、政府、党的其他领导同志们，还有许多各方面的工作同志们进行了亲切的交谈，了解了保加利亚在议会、市政、工会、农业、妇女、民族等方面的许多情况。

1月4日上午，彭真团长率领全国人大代表团和北京市人民委员会

① 参见彭真1957年3月31日向全国人大常委扩大会议的报告。

彭真率代表团到达索非亚车站，受到保加利亚人民的热烈欢迎

代表团，会见保加利亚国民议会主席团主席格 · 达米扬诺夫。彭真说，代表团这次来访是为了进一步加强中保两国人民之间的相互了解，进一步加强中保两国人民的友好团结和加强以苏联为首的社会主义各国之间的友好团结，同时也是为了学习你们在社会主义建设中的各种先进经验。

同日上午，代表团还会见了保加利亚部长会议主席于哥夫。彭真团长说，我们各个社会主义国家不仅需要有本国内部的团结，而且，也十分需要社会主义各国之间的亲密团结和友好合作，需要同所有爱好和平的国家及人民亲密团结和友好合作。无论国大国小，无论人口多少，都需要这种团结和合作。只有这样的团结才能顺利地保卫和平，顺利地发展社会主义建设事业。

1 月 5 日上午，彭真团长率领全国人大代表团和北京市人民委员会代表团应邀出席保加利亚国民议会第八次特别会议。保加利亚共产

1957 年 1 月 5 日上午，彭真团长和代表团成员应邀出席保加利亚国民议会第八次特别会议

党和政府领导人日夫科夫等出席了会议。彭真团长在会议上讲话，感谢对代表团的热烈欢迎和款待；指出，中保两国都是社会主义国家，都是以苏联为首的社会主义大家庭中的成员，我们已经建立起兄弟般的亲密友谊，我们两国在政治、经济、文化等方面进行着密切的合作。毫无疑问，今后我们两国人民将继续发展这种友谊和合作，将继续发展我们同苏联和各个社会主义国家的友谊和合作。所有社会主义国家，不论国家大小和人口多少，都是需要亲密团结和友好合作的。只有这样，才能胜利地粉碎和制止帝国主义侵略集团的复辟阴谋和颠覆活动，才能制止他们的侵略，保卫世界和平和顺利地发展社会主义建设事业。

下午，代表团会见了索非亚市人民会议执行委员会主席波波夫。

1 月 7 日上午，在普罗夫迪夫市中心广场上举行的、有七万人参加的欢迎会上，彭真团长讲话，转达了六亿中国人民对保加利亚人民的深厚友谊。

1月9日，彭真团长率领全国人大代表团和北京市人民委员会代表团出席保加利亚国民议会主席团主席格·达米扬诺夫、部长会议主席于哥夫和国民议会执行委员会主席科佐夫斯基举行的欢迎宴会。彭真团长在讲话中说，在短短的一个多星期的访问中，我们看到了保加利亚人民对中国人民的深厚的兄弟般的友情，看到了你们的充满着国际主义的感情，看到了你们的很高的政治觉悟，看到了保加利亚的经济、文化等各种社会主义事业的发展。“你们的建设成就是辉煌的，你们有不少先进经验值得我们学习。”

1月10日，彭真和代表团团员、中共中央委员刘长胜与保加利亚共产党中央委员会第一书记日夫科夫等保共中央领导人会晤。双方对讨论的问题的见解完全一致。

同日晚上，彭真和全团成员出席中国驻保加利亚大使周竹安为全国人大代表团和北京市人民委员会代表团访保举行的招待会。保加利亚方面出席招待会的有：部长会议主席于哥夫、保共中央第一书记日夫科夫、国民议会主席团主席格·达米扬诺夫和国民议会执行委员会主席科佐夫斯基等。彭真团长在讲话中，祝保加利亚人民共和国日益强大繁荣，人民幸福。

全国人大代表团在保加利亚访问结束前，考虑到阿尔巴尼亚的接待能力，决定一部分团员和工作人员先行回国。这样，代表团成员精简到十一人：团长彭真、副团长李济深（民革）、章伯钧（民盟）、胡子昂（民建）；团员武新宇（人大法工委）、周叔弢（人大预委）、刘长胜（工会）、区棠亮（妇女、青年）、任国栋（农业合作社）、赵庆夫（工会）、刘贯一（人大、秘书长）。另外还有工作人员八人。

对阿尔巴尼亚的访问

1957年1月11日，彭真团长率领全国人大代表团和北京市人民委员会代表团从索非亚抵达阿尔巴尼亚首都地拉那。地拉那人民举着象征胜利的棕榈树叶，穿着绚丽多彩的民族服装来欢迎中国人民的使者。

彭真在机场欢迎会上讲话说，阿尔巴尼亚人民是勤劳、勇敢和有才能的人民。在许多世纪中，阿尔巴尼亚人民进行了争取自由和民族独立的英勇斗争。在解放后，阿尔巴尼亚人民在社会主义建设的一切方面获得了巨大的成就。中国和阿尔巴尼亚是以苏联为首的社会主义大家庭中的兄弟国家。我们两国之间在政治、经济和文化方面有着密切的合作。

在访阿期间，彭真团长、章伯钧①和胡子昂②两位副团长分别率领部分代表团团员访问了地拉那、斯库台、发罗拉、都拉斯、斯大林城、塞立克等地，参观了阿尔巴尼亚主要工业：石油炼油厂、斯大林纺织联合厂、水泥工厂、罐头工厂、卷烟工厂和正在建设中的水电站、农庄和文化教育机关，受到当地领导同志们和群众的热烈欢迎和亲切接待。

在访阿期间，阿尔巴尼亚人民议会主席团主席列希、人民议会主席马尔克、部长会议主席谢胡等领导人和议会、政府、党的其他许多领导，还有各方面工作的许多同志，同代表团进行了亲切的交谈。

1月16日，彭真和刘长胜同阿劳动党中央政治局委员卡博、贝利绍娃、谢胡、马尔科会晤。在会谈中，阿劳动党领导人高度赞扬中国共产党、毛泽东主席在维护社会主义阵营团结上的重大贡献，表示完全同意中共发表的《论无产阶级专政的历史经验》一文中的观点。我们代表团抵达地拉那前，正值国内发表了《再论无产阶级专政的历史经验》，得到阿尔巴尼亚同志普遍认同。他们完全同意中国共产党对斯大林的全面分析，认为斯大林的成绩是主要的，错误是次要的。他们极力批评南斯拉夫对阿尔巴尼亚有领土野心，说南斯拉夫处处欺负阿尔巴尼亚。彭真一方面重申中共对南斯拉夫的批评，一方面也强调南斯拉夫还是社会主义国家，还是要同它团结对敌。

---

① 1月13日、14日，章伯钧副团长率领一部分代表团成员访问了阿南部的发罗拉城和斯大林城。——作者注

② 1月15日、16日，胡子昂副团长率领部分代表团成员参观都拉斯市。——作者注

1957 年 1 月 11 日，彭真率领代表团抵达阿尔巴尼亚首都地拉那，阿尔巴尼亚部长会议主席谢胡（右四）等领导人到机场迎接，双方进行了亲切友好的交谈，阎明复（右三）担任现场翻译

在地拉那期间，代表团分别同阿尔巴尼亚人民议会、地拉那市人民会议执行委员会，阿尔巴尼亚工会、妇联等部门的负责人座谈，交流工作经验。

1 月 13 日，彭真团长率领部分团员，在阿尔巴尼亚人民议会主席马尔科陪同下，访问了阿、南两国交界处的一个重镇斯库台市；参加了万人群众的欢迎集会，有许多农民从四周的山区赶来，气氛十分热烈。当地的专员、书记对彭真和代表团非常热情，专门上山打猎，捕捉野味款待远方来客。当时正值严冬，山区寒冷，代表团下榻的宾馆房间温度较低，主人们在彭真的卧室里放了一个方形铁皮盘子，摆上烧得红红的木炭来取暖。我同彭真的卫士长李之玉在卧室值班，十分紧张，担心会发生什么意外，直到把盘子端走。

1 月 14 日，彭真团长率领全国人大代表团和北京市人民委员会代表团回到地拉那。彭真团长和代表团参观了地拉那市郊的斯大林纺织厂的文艺机构。下午，会见地拉那市人民会议执行委员会主席伊·泽尔库巴等领导人。晚上，出席阿尔巴尼亚人民议会主席马尔科举行的宴会。彭真在答辞中说，国家不论大小，只要有共产党的领导，有人民自己的政权，有全国人民的团结一致，遵循着马克思列宁主义的方向，沿着和平、民主、社会主义的道路前进，就是光荣的，就是值得尊敬的。我们亲眼看到解放了的阿尔巴尼亚人民在劳动党和政府领导下，在苏联的援助下，已经把阿尔巴尼亚建成为一个劳动人民当家作主的新的国家。

1 月 16 日晚上，彭真团长率领全团出席中国驻阿尔巴尼亚大使徐以新为代表团访阿举行的招待会。列希、马尔科和谢胡等阿领导人应邀出席。彭真团长讲话，感谢阿尔巴尼亚人民议会、政府，阿劳动党领导人和广大人民群众对代表团的热烈欢迎和隆重的接待。

1 月 17 日上午，彭真团长率领代表团离阿尔巴尼亚赴南斯拉夫访问。列希、马尔科、谢胡等到机场送行。在地拉那机场欢送会上，彭真团长致答辞说，通过访问，我们深深地体会到阿尔巴尼亚人民在保卫和平、民主和社会主义事业的斗争中的坚强意志，在建设社会主义事业中朝气勃勃的精神、创造性和积极性；我们体会到兄弟的、英雄的阿尔巴尼亚人民对中国人民的热爱和深厚友谊。我们将把你们的友谊带给中国人民。

……

赫鲁晓夫反复多变的态度

1957 年 1 月 31 日，彭真团长率领全国人大代表团和北京市人民委员会代表团在结束访问南斯拉夫后返国途中到达莫斯科。

这一次，苏联方面提高了接待规格。彭真没有再住苏维埃旅馆，被安排到克鲁泡特金斯基大街的政府宾馆。当天晚上，赫鲁晓夫就在莫斯科郊外他的别墅里单独会见了彭真。会见时，苏共中央委员波诺马廖夫和中共中央委员、中国驻苏联大使刘晓在座。

赫鲁晓夫向彭真传递了一个重要信息：“我们想，可不可以由各兄弟党国家研究一下，重新组织一个社会主义国家的类似新情报局那样的东西，你们看怎么样？”

彭真表示说：“我这次来，中央没有授权会谈这些重大问题。你们的想法，我回去将向中央报告，中共中央研究后会及时向你们做出答复。”接着，彭真介绍了访问东欧各国的情况，说形势很好，局势已经稳定。

“东欧局势能这么快恢复稳定，这与中国共产党明确而坚定的态度分不开，中国同志是做了大量工作的，苏联同志对此表示敬意。”赫鲁晓夫讲到此，习惯地转动一下腕上的手表，又谈起斯大林问题了。显然这是他一块心病。局势稳定了，他的态度又变了：“你们不了解斯大林，这个人的罪行是骇人听闻的。列宁去世后，他就有计划地着手消灭最优秀的布尔什维克和拥护这些布尔什维克的积极分子……”

赫鲁晓夫讲了许多斯大林专横暴虐的例子，言语中露出对中国的《论无产阶级专政的历史经验》、《再论无产阶级专政的历史经验》两篇文章有不同看法。谈话的整个基调，与不久前欢迎周恩来的宴会上，他所讲的有关斯大林的话全然不同了，还是全盘否定。他这种瞬息多变的反复态度使人感到惊讶。还可以看出，他始终担心中国共产党和毛泽东对苏共二十大有不同看法，希望通过多渠道做些疏通工作。

彭真平静地回答说：“关于斯大林问题，反对个人迷信我们是赞成的、支持的。中共八大已经明确表了态。但是涉及对一个人的评价，特别是像斯大林这样重要的领袖人物的评价，我党历来主张要慎重，要坚持全面历史地去分析，不能笼统一棍子打死。那样既不利于国际共产主义运动和各国无产阶级革命事业，也是对历史的不负责任。”

双方在斯大林问题上的分歧是显而易见的。那时，中苏双方都有团结的强烈愿望，所以遇到无法一致的问题时，常常是各自少说几句，保留观点即可，并不强求统一。赫鲁晓夫还在别墅单独宴请了彭真。在他眼中，彭真是中国共产党内很有影响的领袖人物之一。

会见结束后，彭真副委员长即率两个代表团乘“图 –104”飞离莫斯科回国。

访问苏联和东欧六国情况的报告

2 月 1 日，彭真团长率领全国人大代表团和北京市人民委员会代表团回到北京。

当天下午，毛泽东主席主持中共中央政治局和中央书记处会议，听取彭真出访苏联和东欧社会主义国家的汇报。

关于全国人大代表团访问苏联和东欧六国的情况，彭真副委员长于 1957 年 3 月 31 日，在全国人民代表大会常务委员会第五十四次会议扩大会议上做了报告。他指出：

> 全国人民代表大会代表团接受了苏联、捷克斯洛伐克、罗马尼亚、保加利亚、阿尔巴尼亚和南斯拉夫六个国家的邀请，进行了友好的访问。从一九五六年十一月十五日出国到一九五七年二月一日回国，历时七十九天，我们去的时候正是严寒的冬天，但是无论走到哪里，热烈欢迎和亲切的款待使我们感觉到比春天还温暖。代表团所到的地方，那里千千万万兄弟姐妹穿着节日的盛装，向我们夹道欢呼，把我们看成从远道而来的亲戚和朋友，称我们为“亲兄弟”，他们在北方冰天雪地里用鲜花迎接我们，他们在南方用碧绿的棕榈树叶来欢迎我们。我们沿途时常听见为欢迎代表团而奏的中国音乐，看见为欢迎代表团而悬挂的中国国旗，在不少的地方，连欢迎的标语也是用中国文字写的。他们称呼我们是“伟大的中国人民的使者”。
>
> 我们同这些兄弟国家的议会、政府、党和群众团体的领导同志们和各方面的工作同志们进行了亲切的谈话，同很多群众见了面。我们访问了许多美丽的城市和乡村，参观了许多规模宏大的工厂、农庄、学校、科学文化机关和市政设施。这些社会主义的建设充分证明了在共产党、工人党、劳动党和政府的领导下，这些兄弟国家的人民高度

地发挥了他们的勤劳、勇敢和智慧。他们满怀信心，生气勃勃地进行着社会主义建设。无论是在工业、农业、科学文化教育事业上，他们都已经取得了辉煌的成就。在发展生产的基础上，人民的物质、文化生活的水平显然是提高了。在社会主义国家里，人民丰衣足食，永远摆脱了被剥削和失业的痛苦，真正成了国家的主人。

通过这次访问，我们看见了这些兄弟国家的伟大成就，这些成就，充分地显示了社会主义制度的优越性。我们亲身感觉到这些兄弟国家的人民高度的政治觉悟和无产阶级国际主义的精神，感觉到社会主义国家间的深厚友谊和团结。这就是世界和平和人类进步事业的保证，也是永远不可战胜的力量。

接着，彭真按顺序介绍了我人大代表团访问苏联、捷克斯洛伐克、罗马尼亚、保加利亚、阿尔巴尼亚和南斯拉夫的情况。最后，彭真说：

我们代表团受全国人民代表大会常务委员会的委派到这些兄弟国家进行友好访问，通过这次访问，在进一步加深我国人民同这些兄弟国家人民之间的相互了解、增进友谊和加强团结、学习他们的先进经验等方面都获得了很大的成绩。

在访问过程中，我们代表团的每一个人都亲身体会到这些兄弟国家的人民对于我国人民是有着深厚友谊的。他们把中国人民革命的胜利看做是自己的胜利，把中国社会主义建设的成就看做是自己的成就。我们这次访问是带着中国六万万人民对这些兄弟国家人民的深厚友谊而去的，也带着这些国家的人民对中国人民的伟大友谊回来了。对于这些兄弟国家的领导同志和人民群众、对于陪同我们到各地参观的负责同志和做接待工作的同志们所给予我们的隆重热烈的欢迎和亲切真诚的接待，我们代表中国人民在这里再一次表示衷心的感谢。

我们出国访问期间，正是帝国主义者对社会主义阵营和反殖民主义民族独立运动发动进攻，竭力制造新的紧张局势的时候，同时也是帝国主义国家之间的矛盾更加尖锐化的时候。我们亲眼看到社会主义阵营各国的人民对帝国主义者在匈牙利进行颠覆的罪恶活动和在埃及发动的武装进攻表示极大的愤慨，对匈牙利人民坚持社会主义制度的正义斗争、对埃及和阿拉伯各国人民坚决反抗侵略的正义斗争，表示极大的同情和支持。我们深深体会到这些兄弟国家的人民是坚决反对帝国主义侵略战争的，是热爱和平的，他们坚决主张所有不同社会制度的国家和平共处、和平竞赛，并且有维护世界和平的决心和力量；也有在和平竞赛中获得胜利的信心。

彭真强调指出：

如果帝国主义者胆敢发动世界大战的话，结果不问可知，世界必然将出现更多的社会主义国家和民族独立国家，帝国主义者必然将在战争中毁灭他们自己。

谁都知道，以美国侵略集团为首的帝国主义者对于社会主义各国的存在是死也不甘心的。他们仍然在实行扩张政策，不断制造紧张局势，扩军备战，进行侵略，威胁世界和平，并且明目张胆地宣布要推翻社会主义国家，还恬不知耻地把他们这种罪恶活动，称之为“解放”。他们也知道发动世界大战，对他们是凶多吉少的。因此，他们还把希望寄托在社会主义阵营和社会主义各国内部的不和和分裂上，寄托在社会主义各国残余的反革命势力和他们的特务间谍的颠覆活动上，这就是说，他们现在采用的是破坏社会主义各国的团结、各个击破和从社会主义国家内部“夺取堡垒”的办法。“匈牙利事件”和他们在社会主义国家间所进行的挑拨离间活动，就是这些罪恶活动的铁证。帝国主义者的这种罪恶活动，明白地告诉我们社会主义各国的人民，必须加强社会主义国家之间和各国内部的团结，必须提高警惕、肃清一切反革命分子。

我们深深体会到，这些兄弟国家的人民群众是珍视社会主义各国之间的团结的，因为他们知道，这种团结和全世界无产者的团结是符合社会主义各国人民和世界一切进步人类的根本的利益的，也是符合全世界一切民族独立国家和其他爱好和平的国家和人民的利益的。团结就是力量，只要所有社会主义各国紧密地团结起来，只要社会主义各国同所有民族独立国家和一切爱好和平的国家和人民紧密地团结起来，世界的持久和平，社会主义国家和民族独立国家的安全和和平建设，就有了可靠的保障。

是的，既然社会主义各国人民之间有着休戚相关的利害关系和加强相互团结的共同愿望，既然领导这些国家的共产党、工人党和劳动党都承认马克思列宁主义为共同的行动指针，既然这些国家都承认在处理相互关系中应该遵守无产阶级国际主义的原则，应该遵守互相尊重主权和领土完整、互不侵犯、互不干涉内政、平等互利、和平共处等原则，那么社会主义各国是应该而且能够坚固地团结起来的。在我们访问期间，许多社会主义国家的政府间和兄弟党间进行了一系列的会谈，加强了彼此间的友好团结，就是有力的证明。但是，这并不是说，我们兄弟国家和兄弟党之间永远不会在对某些问题的看法上有这样或者那样的分歧。不是的，如果在一个国家和一个党内还会有这样或者那样不同意见的话，在兄弟国家和兄弟党之间，对某些问题有这样或者那样的不同意见，是不足为奇的。可是在社会主义兄弟国家和兄弟党之间，相同的意见是根本的、主要的，不同的意见和相同的意见比较起来往往是比较小的和次要的。同时，只要以马克思列宁主义的根本原则为准绳，以全世界无产阶级的利益为基础，并且从团结的愿望出发，经过实事求是的科学的同志式的讨论和研究，不同意见是应该能够取得一致的。即便暂时有若干不同的意见，也应该珍重相互的团结。不利于团结的事情，总是不应该有的。这就是我们代表团在这次访问中认为应该特别强调的一个关键问题。

最后，彭真说：

我们全国人民代表大会的代表团第一次出国访问，已经获得了一个良好的开端。我们将以同样的兄弟热情在我国的土地上接待来自各个社会主义国家的议会代表团，同时也欢迎来自世界上一切国家的议会代表团前来我国访问。通过这次访问，证明作为一个国家的最高权力机关和各国人民意志的集中的代表者的各国议会，如果加强彼此间的直接联系，沟通各国人民间的感情和了解，并且把维护世界和平事业担当起来，那么各国议会是可以做出自己的重大贡献的。

全总的两位主要领导人

李立三和赖若愚是我在全总工作期间，最为敬佩的两位主要领导人。

1951年11月，李立三被扣上“经济主义”、“工团主义”的帽子，免去了全总的领导职务。让人不可理解的是，在赖若愚去世后的1958年6月，他却遭诬陷，被扣上骇人听闻的“反党反人民反社会主义”的罪名。

1979年9月和1980年3月，中共中央先后为赖若愚和李立三平反昭雪。几十年来，对于这两位老领导蒙受冤枉的情况，我虽有所耳闻，但究竟发生了什么事却一直知之不详。

最近，经全总老领导陈宇、我的学长傅也俗的推荐，我阅读了蒋毅的《中华全国总工会七十年》，薄一波所著《若干重大决策与事件的回顾》，原全总主席团成员、工人日报社社长陈用文的文章《建国初期工会若干问题的回顾》，及胡绳著《中国共产党七十年》等，才大体上弄清了事情的原委。

在这里，把我与这两位中国工会运动的杰出领袖接触中耳闻目睹的情况，以及阅读上述著作时做的笔记加以综述，作为“全总七年”回忆的结尾。

我所知道的李立三

李立三是中国工会运动的老一辈的杰出领导人。1967年6月22日，我们敬爱的李立三被“四人帮”迫害致死。1980年3月，中共中央给李立三平反昭雪。1947年，我在“哈尔滨外国语专门学校”学习的时候，李立三一家从苏联回来不久。他在第六次全国劳动大会上当选为全国总工会第一副主席，他的夫人李莎在我们全总干部学校任教。

我们这些粗略学过一点儿党史的青年人，谁不知道30年代的“立三路线”，而如今，活生生的李立三就在我们身边，对李立三的遭遇，大家都很感兴趣。我们的副校长王季愚、赵洵是李莎教授的挚友，她们有时谈到李立三的点滴情况。给我留下深刻印象的有几件事。

患难夫妇

1930年9月，李立三离开中央领导岗位后，于1931年8月到苏联学习，先后在赤色职工国际、国际工人出版社、《救国时报》等机构工作。经朋友介绍结识了李莎。李莎的俄文名字叫叶郦萨维塔 · 巴甫洛夫娜 · 基什金娜，当时是一位共青团员。1936年2月，李立三同李莎结婚。

1938年2月，李立三在“肃反”中无辜被捕。当时，李莎在莫斯科外国语学院学习，学院团组织要她同李立三划清界限，甚至提出：你是要李明（李立三），还是要当团员？李莎坚定地说，李明过去虽然犯过“错误”，但他决不是坏人！他是一个忠诚老实的共产党员。最后，学院团委召开全院大会，宣布李明是“日本间谍”，已被逮捕，要李莎表态。李莎坚定地表示：“我长期同李明在一起，没有发现任何可疑的行为。他正在审查中，并没有做出结论。大会上对李明的指责，我不能接受。”结果，大会决定开除李莎的团籍。李莎把团证放在了主席台的长条桌上，退出了会场。

李立三被捕后音信皆无，李莎暗自下定决心，一定要找到他，一定要争取他得到释放。李莎冒着严寒走遍了莫斯科所有的监狱，寻找查问李立三的下落……虽然到处碰壁，得到千篇一律、冷酷的答复“没有这个人！”但这一切丝毫都没有动摇李莎的信念：正义必将胜利，李立三必定要回来！

半年以后，李莎终于得到了盼望已久的音讯：李明还在，但不能探监，每月可送五十卢布的生活补助费。李莎喜出望外，只要他还活着，我们一定能见面。

李莎全家省吃俭用，每月凑足给李立三的补助费。这一笔笔浸透着亲人的关心、期待的补助费极大地支持和鼓舞了李立三，更加坚定了他同克格勃非法审讯斗争的信心。在30年代苏联大肃反时期，有多少在那里学习和工作的中国共产党人遭到迫害，被判刑、被放逐，甚至被枪杀。经过李立三义正辞言、不屈不挠的抗争，经过周恩来、王稼祥在共产国际为他多次交涉、作证，终于推翻了克格勃捏造的种种骇人听闻的诬陷，1939年11月4日，苏联内务部宣布结束对李立三的审查，无罪释放。

怀着对李立三的坚定的信任、忠贞的爱情，李莎终于同李立三团聚了。

想“将功补过”

我们的校长王季愚、赵洵对我们讲，李立三对自己的错误从不隐讳，回国后对东北局的领导人讲：30年代他犯过错误，在苏联又生活了十五年，成了“半个中国人”，错过了“延安整风”这个大好的学习机会，不了解中国情况；他要好好学习毛主席著作，好好工作，以弥补过去所犯错误带来的损失。李立三这种勇于自我批评的精神，当时在东北工作的干部中间传为佳话。

新中国成立初期，李立三主持全国总工会工作，邀请了苏联工会专家，介绍苏联工人阶级执政后工会工作经验。在李立三副主席办公室下面，设立了俄文翻译室，我有幸和我的同班同学傅也俗一起调到全总。我记得，我们刚到全总报到，就参加了李立三副主席主持的向苏联专家介绍中国情况的座谈会。李立三亲切地同我们握手，说他请“哈外专”的王、赵校长派几个高才生来，你们来的正是时候，马上就开始同专家一起工作吧。不久，李立三又派我们陪同三位苏联工会专家到天津全总干校讲课。

1951年3月，中央成立了防空委员会，由李立三负责。苏联政府派了三位防空专家来华，帮助中国建立人民防空体系。李立三又调我和傅也俗给他们当翻译。李立三从培养我国的人防干部着手，首先办起了人防培训班，请苏联专家讲课。他亲自主持开学仪式，讲到朝鲜战争爆发后，美国的空军不断侵犯我领空领海，进行轰炸，投掷细菌弹，战火已烧到“家门”，一定要动员和组织全国人民，建立人防系统，保卫家园。培训班结束后，李立三还亲自带领苏联专家到东北沈阳、大连等地推动人防系统的建立；后来，又派专家到上海举办了短期人防讲座，向市府领导提出了在上海这个中国最大城市如何建立人防组织的建议。李立三是中国人民防空事业的创建人，为此倾注了大量心血。

1950年至1951年秋，我们在李立三领导下工作了将近两个年头。这已是半个多世纪以前的事情。但是回忆起来，我们当年亲眼所见的种种情景仍历历在目……他是我们党的老一辈领导人，但是他平易近人，毫无“官架子”，同手下的干部打成一片；虽然，当时他已年过半百，但仍精力充沛，日以继夜地工作；他重视学习苏联工会工作经验，但更重视调查研究，从中国的实际出发，勇于探索，勇于实践，找出解决新中国工会面临的重大问题的办法，并制定各种法律、条例，如：《关于劳资关系暂行处理办法》、《中华人民共和国工会法》、《工资条例草案》等等，以指导全国的工作。应该说，当年在苏联十多年的坎坷生活中，李立三潜心研究并亲身体验了苏联“模式”的正反面经验和教训，深刻了解对于一个刚刚诞生的、充满“无序”的、百业待兴的国家，依法治国是何等的重要。回国后，在他影响所及的工会、劳动部、中央工业部等领域中，努力将这些经验付诸实践。

“工会问题”的争论

然而，没有想到的是，正当李立三怀着“将功补过”的精神，为新中国的工会运动日夜操劳的时候，在党内却发生了一场关于“工会问题”的争论，李立三竟然成为了这场争论的牺牲品。

事情是这样的……

新中国成立后，全国的工会组织，尤其是新解放的区域内从无到有，获得了蓬勃的发展。广大工人阶级通过全国各地的地方工会和各产业工会迅速地组织起来，成为党的依靠和人民政权的坚强支柱。

新形势也带来了新的问题，其中主要是工会如何正确处理国家利益、集体利益和职工个人利益之间的关系；处理党、政府同工人群众之间的关系。具体地说，就是在当时的公营企业中，工会要不要维护工人群众的正当利益；当工厂行政的规定、措施对工人不利时，工会应不应该反映工人的意见，保护工人的利益。也就是说，工会与行政的“基本立场是基本一致”的，在“具体立场”上仍应有所区别。

在这个原则问题上，党内出现了意见分歧。

1950年7月，中共中南局第三书记邓子恢在中南地区总工会筹备委员会扩大会议上，做了《关于中南地区的工会工作》的报告。他指出，在公营企业中工会工作者与企业行政管理人员、政府工作人员之间，在“基本立场是基本一致”，即双方都是为国家，同时也是为了工人自己的利益服务的前提下，在“具体立场”上仍有所区别。他们各自的工作岗位、任务不同。即使在公营企业中，工会仍有代表工人的利益、保护工人群众日常切身利益的基本任务，而不能脱离这个基本任务，成为“厂方的附属品”。

7月29日，邓子恢把这次会议的情况和他的报告要点向毛主席做了汇报。

8月4日，全国总工会的机关报《工人日报》全文转发了邓子恢的报告。不久，全国总工会发出了要全国工会干部认真学习这个报告的通知。

同一天，即8月4日，刘少奇在邓子恢的报告上写下批语：

> 这个报告很好。各地可参照邓子恢同志做法，在最近三个月内认真地检讨一次工会工作，并向党中央作一次报告，以便加强各级党委对工会工作的注意，改善工会工作。

这个批语经毛泽东、周恩来、朱德、李立三圈阅后，由中共中央下发各级党委。

然而，当时的中共东北局第一书记高岗不同意邓子恢的观点，并于1951年4月主持撰写了一篇题为《论公营工厂中行政与工会立场的一致性》的文章，对邓子恢报告中的观点提出针锋相对的批评。文章认为，在公营企业内没有剥削，没有阶级矛盾，因而，行政的利益与工人群众的利益完全一致，行政与工会没有立场的不同。而邓子恢的说法则模糊了工人阶级在国家政权中的领导地位，模糊了公营企业的社会主义性质，模糊了公营企业与私营企业的本质区别。1951年4月22日，高岗写信给毛泽东，要毛泽东审改文章，并请示可否在报上发表。

1951年4月29日，胡乔木就高岗的来信向毛泽东、刘少奇提出意见，认为邓子恢的说法"确有不完满的地方"，但邓子恢提出"具体立场有所不同"的观点是"有原因的"，"工会更应当重视工人的直接福利，许多工会不重视是不对的，但不要由此得出工会与国营企业和政府的具体立场不同的观点"，"有些工会干部由此而强调与厂方对立是不对的"。胡乔木最后建议，"此文是否由《东北日报》发表？或由《人民日报》发表较好？亦请斟酌。"

5月10日，刘少奇在胡乔木的信上批示，暂不发表高岗的文章，待四中全会讨论此问题时当面谈清楚。5月16日，刘少奇把他的意见电告了高岗。

不久，东北局召开了城市工作会议。中央派廖鲁言、陈用文等参加此次会议。在会议上有人公开提出邓子恢的文章是在宣传"机会主义原则和理论"，高岗就在会议上攻击刘少奇、李立三。当时，刘少奇提倡工厂管理实行党委制，而高岗要学苏联的，提倡"一长制"。为此，他大骂刘少奇，"什么党委制？"大骂李立三说，"什么李立三，你吃饱饭没事干去打弹子好了！你搞什么产业工会，乱七八糟的东西。"会后，廖鲁言给中央写了汇报，陈用文给李立三写了信，李立三还将此信转给了刘少奇、李富春。

10月2日，担任全总副主席、党组书记的李立三，写了《关于在工会工作中发生争论的问题的意见向毛主席的报告》。这份报告中，李立三首先反映了对工会工作的两种不同的意见：

> 一种意见认为，在国营企业中公私利益是完全一致的，无所矛盾，甚至否认“公私兼顾”的政策可以适用国营企业；另一种意见认为，在国营企业中公私利益是基本一致的，但在有关工人生活、劳动条件等问题上是存在矛盾的，但这种矛盾的性质是工人阶级内部的矛盾，因而，是可以而且应当用协调的办法，即公私兼顾的办法来取得解决。

李立三明确表示：

> 我个人是同意后一种意见的。我觉得公私关系问题，不仅在目前国营企业中，而且将来社会主义时期各种对内政策问题上也还是一个主要问题，否认“公私兼顾”的原则可以运用到国营企业中的意见，可能是不妥当的。

因“上书”而遭贬斥

毛泽东不同意李立三的意见。他在中央一个文件上批示说，工会工作中有严重错误，并尖锐地批评了李立三和全总党组，改变了原来准备在党的四中全会上讨论工会工作问题的想法，决定召开全总党组扩大会议解决工会工作的问题。

1951 年 11 月，根据毛泽东意见，中央解除了李立三的全总党组书记的职务，批准成立了由刘少奇、李富春、彭真、赖若愚、李立三、刘宁一六人组成的中共全总党组干事会，指导全总和全总党组扩大会议的工作。

12 月 13 日，全总党组扩大会议开始举行。会前，中央批准刘少奇去海南岛休假，而当时担任中共北京市委书记、北京市工会主席的彭真因故没有出席会议。赖若愚则因中央临时决定从山西调来任全总秘书长，来得迟了，会议还未结束，又匆匆赶回山西去交代工作了，实际上只参加了几天就走了。

全总党组扩大会议对李立三的所谓“错误”进行了批判，认为李立三：第一，在工会工作的根本方针问题上犯有“经济主义”的错误；第二，在工会和党的关系问题上犯有严重的“工团主义”错误；第三，在工作方法上有“主观主义”、“形式主义”、“事务主义”，甚至“家长制”的错误等，并指出这些错误是“严重的原则错误”，“表现了社会民主党的倾向”，“是完全反马克思主义的，是对职工运动和我们党的事业极其有害的”。

据陈用文回忆，对李立三的所谓“批判”如此无限上纲，是根据陈伯达在全总党组扩大会议上的发言，一再“拔高”而造成的。

李立三对给他所做的“结论”表达了强烈的反对意见。他除了在会议上几次发言中，反复申述自己的不同意见，最后给中央写了报告。他坚持真理、实事求是的精神，是我们学习的榜样。以后，他离开了全总的领导岗位，专任劳动部部长，仍然全心全意地投入工作。

周恩来总理曾说过，李立三在总工会工作中受了批评之后，不气馁，不消极，继续积极工作，表现了共产党员应有的品质。

正如《中华全国总工会七十年》所指出的：

> 这次党组扩大会议给全总领导工作所戴的“经济主义”、“工团主义”两顶帽子，如同幽灵一样长期盘旋在广大工会工作者头上，成为禁锢思想、束缚开拓精神的桎梏。这次会议没能达到辨明是非、消除分歧的目的，反而对工会运动造成长远的消极影响。

从上面所述可知，李立三因上书毛泽东陈述自己的观点而遭到斥责，被迫离开总工会的岗位。

值得注意的是……

其一，李立三在给毛主席的报告中，把当时国营企业中公私矛盾，定性为“工人阶级内部的矛盾”，并提出这种矛盾在“将来的社会主义时期各种对内政策问题上也还是一个主要问题”，而这种矛盾“可以用协调的方法，即‘公私兼顾’的方法来取得解决”。也就是说，早在50年代初，李立三就提出了妥善处理工人阶级内部矛盾的命题。这当然是同李立三深厚的理论修养和丰富的实践经验分不开，但是，这显然也是他对苏联“无产阶级专政”实践反思的结果。

其二，李立三上书毛主席，是在邓子恢于1950年7月提出这个问题以后的一年零三个月，即1951年10月。期间，邓子恢的观点既得到刘少奇的明确支持，也得到毛主席的“圈阅”。

其三，在此期间，发生过当时不可一世的高岗对邓子恢论点的尖刻指责，对李立三的无理的攻击。在刘少奇向全国下达赞同邓子恢的论点的批示后，高岗主持下写就的文章中大唱反调，公开批判邓子恢，强调“公营企业中行政的利益与工人群众的利益完全一致”，其矛头直接指向刘少奇是显而易见的。高岗将文章送给毛主席“审改”，要求公开发表，是强逼毛主席表态。

其四，当时身为毛主席大秘书并兼管媒体的胡乔木当然看出了高岗的用心，颇费心机地替邓子恢讲了几句打圆场的话：邓子恢的观点的确不够完满，但事出有因；而高岗的文章用正面驳斥的方法也不适宜。但是，胡乔木也不敢说高岗的文章不宜发表，而推给毛主席、刘少奇去“斟酌”。从来不隐瞒观点的刘少奇于5月10日直接批示“暂不发表”，待四中全会当面谈清楚。

其五，还应该看到，毛主席不同意李立三的观点，实际上是不同意刘少奇支持的观点，从而表示他支持高岗的观点。

其六，在这场高岗与邓子恢的争论中，经过毛主席的裁定，直接争论的双方都平安无事，而在一旁发表议论的李立三却落得个被“斥责”、“贬斥”的下场。

平反昭雪

1980年3月，中共中央为李立三举行了平反昭雪追悼会。王震代表中央致悼词，高度评价李立三的一生是革命的一生，战斗的一生。

特别指出李立三在主持全国总工会日常工作期间，贯彻执行党中央的工运方针，在组织全国工人阶级为巩固新生的人民政权，恢复国民经济，开展劳动竞赛，提倡企业民主管理，建立劳动保险制度，以及在劳动保护、群众工资和劳动立法方面做了大量的工作。

1981 年 3 月，全国总工会党组经过复查，对 1951 年全总党组第一次扩大会议重新做出了结论，指出，李立三在主持全总工作期间，认真贯彻执行党中央的工运方针，为巩固新生的人民政权，为工人阶级掌握政权后的工会建设，做了大量的奠基工作；无论他的言论和行动都不存在反对党的领导，不存在工会高于一切，不存在工会代替国家政权的无政府主义倾向，也不存在忽视阶级矛盾和狭隘经济主义问题。1951 年全总党组第一次扩大会议关于认定李立三犯了严重的“工团主义”、“经济主义”错误的结论和决议，是缺乏事实根据的，均应撤销，给李立三恢复名誉，因对李立三的错误批判而受株连的同志亦应平反昭雪，恢复名誉。

赖若愚的遭遇

1954 年 8 月，赖若愚率领中国工会代表团参加苏联工会第十一次代表大会，因疲劳过度，肝病复发，留在莫斯科住院治疗。赖若愚住院期间，我每天都去看望他，常常一起聊天。赖若愚对我很坦诚，无话不谈……

我实在无法理解

他深情地回忆起抗日战争中，在晋察冀边区坚持“反扫荡”的艰苦斗争岁月……当时，他在边区的“五区”，日寇对那里的“扫荡”最残酷，许多战友牺牲了，他还记得他们的容貌。他谈到他对山西土改后，农村开始出现的两极分化的担忧；他们对组织农业合作社、引导农民走集体化的意见，一度遭到上级的批评，但最后得到毛主席的支持。赖若愚说，他是地方干部，到全国总工会之前，是山西省委书记……

当时，我没有进一步打听赖若愚所说的“他们组织农村生产合作社的意见遭到上级批评”是怎么一回事；也没有问他，李立三究竟犯了什么错误被撤职；只是了解到，毛主席信任他，所以调他来主持全总的工作。

在1958年5月赖若愚逝世时，经中央批准的讣告中给他做出了很高的评价。但不久之后，又宣称赖若愚和全总的几位领导，如董昕、陈用文、王榕等，“犯了严重的‘右倾机会主义’和‘宗派主义’错误”，属于“反党反人民反社会主义”性质。

我当时已调到中办翻译组，工作很忙，顾不上去了解。但是，我过去在全总工作时同赖若愚、董昕、王榕接触较多，亲眼见到他们是如何忠心耿耿地为党的事业而工作。

赖若愚到全总后，一直抱病坚持工作，他主持全国工会工作这个时期，被公认为中国工会的“黄金时代”。董昕是全总领导班子中的“少壮派”，负责全总的日常工作，他工作雷厉风行，大刀阔斧，是赖若愚的得力助手。王榕是工资问题专家，对开展工会工资工作，对新中国工资制度的建立、改革和逐步健全起了重大作用。他们怎么一下子都成了“反党集团”啦！我实在无法理解。

党的十一届三中全会以后，1979年9月，中央下发文件给赖若愚、董昕、王榕、陈用文等彻底平反，我作为一个在赖若愚、董昕领导下工作多年的工会干部，感到由衷的高兴。

缘于农业的社会主义改造问题的争论

最近，我读到薄一波的《若干重大决策与事件的回顾》，以及陈用文的《建国初期工会若干问题的回顾》，蒋毅的《中华全国总工会七十年》，大体上了解了50年代初，赖若愚为毛主席重用的缘由，同党内的关于农业合作化的那场争论有直接关联。

据薄老在《若干重大决策与事件的回顾》中所述，在1950年和1951年，围绕着土改完成后要不要起步向社会主义过渡，在党内先后发生过两场争论。在这两场争论中毛主席和刘少奇的意见都是大相径庭的。

1950 年初，第一场争论是围绕东北富农问题展开的。

东北大部分农村在 1948 年完成土改。土改后，阶级分化趋势已经开始。针对这一新情况，高岗主张土改后立即起步向社会主义过渡，必须使绝大多数农民由个体逐步向集体方面发展，组织起来发展生产；至于农村党员，不允许剥削他人。总之，无须有一个新民主主义阶段。

对此，刘少奇认为，现在是新民主主义阶段，要实行新民主主义政策。在今天农村个体经济基础上，农村资本主义的一定限度的发展是不可避免的，一部分党员向富农发展，并不是可怕的事情。东北地广人稀，情况与关内不同，处理东北农村问题，更应该考虑东北的特点。①

至于毛主席对这场争论的态度，据薄老回忆：高岗说，他收到刘少奇的谈话记录后，在北京面交毛主席，毛主席批给陈伯达看，对刘少奇谈话的不满形于颜色。由于刘少奇的谈话只有很少数高级干部知道，而高岗的主张却在东北贯彻实施，几个月内，东北农村互助合作运动出现了严重的强迫命令和形式主义。

1951 年夏季，又发生了第二场争论。

薄老指出，1951 年的争论实质上是 1950 年争论的继续，都是涉及土改后的农村要不要立即向社会主义过渡的问题。

1951 年 4 月，山西省委向党中央、华北局写报告，提出山西老区土改后，农村经济得到恢复和发展，农民的自发势力也随之向富农方向发展，导致一些互助组织的涣散解体。为了防止两极分化，必须动摇和否定私有制，必须提高互助组，试办土地入股的农业生产合作社。这一时期，赖若愚正担任山西省委书记、山西省人民政府主席。他担忧山西土改后，农村开始出现的两极分化；认为，只有组织农业合作社、引导农民走集体化才是出路。他们的意见遭到上级的批评，然而，却得到毛主席的支持。

① 参见 1950 年 1 月 23 日，刘少奇同安子文的谈话。——作者注

对于山西省委的意见，华北局表示不同意并报告了刘少奇。刘少奇明确表示，现在采用动摇私有制的步骤，条件不成熟。没有拖拉机，没有化肥，不要急于搞农业生产合作社。从 4 月中旬到 7 月下旬，刘少奇针对山西省委的意见连续在几个场合提出批评。刘少奇的批评，总的说来，是指出单用组织有社会主义性质的农业生产合作社的办法，使中国的农业直接走到社会主义化是不可能的。这是一种空想的农业社会主义，是实现不了的。农业社会主义化要依靠工业。直到 7 月 25 日华北局向中央提出经刘少奇审改的报告，明确表示不同意山西省委的意见。

据薄老回忆：

> 随后，毛主席找少奇同志、刘澜涛同志和我谈话，明确表示他不能支持我们，而支持山西省委的意见。毛主席批评了互助组不能生长为农业生产合作社的观点和现阶段不能动摇私有制基础的观点。他说，既然西方资本主义在其发展过程中有一个工场手工业阶段，即尚未采用蒸汽动力机械，而依靠工场分工已形成新生产力的阶段，则中国的合作社，依靠统一经营形成新生产力，去动摇私有制基础，也是可行的。他讲的道理把我们说服了。这场争论就这样结束了。

这以后，毛主席针对刘少奇和华北局的观点采取了一系列措施。其中包括：9 月召开全国第一次互助合作会议，起草《关于农业生产互助合作的决议（草案）》，文件中肯定在土地私有或半私有基础上的农业生产合作社是走向农业社会主义化的过渡形式；10 月 17 日，毛主席起草了中央关于转发高岗 10 月 14 日关于东北农村互助合作的报告的通报，认为高岗报告中所提的方针[①]是正确的；11 月 12 日，毛主席起草中央批语，批转河北省委向华北局的综合报告，认为河北经验可在

① 即互助合作工作中反对和防止的主要倾向是农民的自发倾向；农民的主要要求是迅速扩大再生产。——作者注

各地广泛施行，大力发展农村的农业生产合作组织；12月15日，毛主席起草中共中央关于印发“九月会议”的《关于农业生产互助合作的决议（草案）》的通知，要求各地贯彻实施，把农业互助合作当做一件大事去做。

由于这一系列文件和报告的传达贯彻，1952年，全国农业互助合作运动有很大的发展。1953年8月12日，毛主席在全国财经会议上的讲话中，指出薄一波对山西省委报告的批评是违反党的七届二中全会决议的，这实际上也包含了毛主席对刘少奇观点的批评。1954年2月，刘少奇在七届四中全会上做自我批评，承认他在1951年对山西省委报告的批评不正确，山西省委的意见基本上是正确的。

历史“交叉点”上的碰撞

毛主席决心改组总工会领导，使原本在各自领域内的争论交叉在了一起。

争论是在两个领域各自分别展开的：一个是“工会”是否“有代表工人的利益、保护工人群众日常切身利益的基本任务”；一个是围绕着农民在“土改完成后要不要起步向社会主义过渡”。一个是有关“工人利益”问题；一个是有关“农民利益”问题。

1950年初，高岗主张土改后立即起步向社会主义过渡；1950年7月，邓子恢主张“工会要代表和保护工人的利益，不能成为‘厂方的附属品’”；1951年4月，高岗强调：“行政与工会立场的一致性”；1951年4月，山西省委的意见：“土改完成后，农业马上实行社会主义化”。

在农业合作化问题上，毛主席支持高岗，支持山西省委的意见。在工会问题上，毛主席支持高岗，不同意邓子恢的意见。而李立三在这个节骨眼上，于10月2日，上书毛主席，陈述他对工会工作争论问题的看法，明确表明他是支持邓子恢的观点，不同意高岗的意见，而邓子恢的观点是得到刘少奇肯定的。显而易见，李立三的报告使毛主席面临一个选择：在有关工会的争论中支持哪一方的意见？这又涉及怎样估计几乎同时发生的这两场争论的重要性，显然有关农业合作化的争论远为重要，它关系到实现社会主义改造的大政方针问题；而有关工会的争论看起来仅仅是一些工会干部的思想认识和工作作风问题。因此，调开李立三，选派合适的人选，改组全总的领导，成为唯一可行的“快刀斩乱麻”的决策。

免去了李立三在全国总工会的领导职务，改组了全总党组，新增加的党组成员中则出现了赖若愚的名字。因为，在不久前关于农村合作化问题上，赖若愚受到刘少奇的批评，却得到毛主席的支持。所以，毛主席派赖若愚主持全总的工作，这一安排的用意是显而易见的。

赖若愚在莫斯科住院治疗时对我讲：“毛主席说‘你来当总工会主席怎样？’”调他来接替李立三的工作，担任全总的主席，他感到很紧张。他说：“我没把握。我只管过一个省，没有管过全国性的机构。”毛主席说：“你能够做一个省的省委书记，就能管好全国呀！”

据陈用文回忆，赖若愚到全总来是中央临时决定的，而且是任秘书长职务的；全总党组扩大会议，少奇没有出席，中央批准他到海南休假；虽然，全总党组扩大会议给李立三戴了一大堆骇人听闻的“帽子”，中央撤销了李立三全总党组书记、副主席的职务，但还保留他党组成员的职务，而且没有免去他劳动部长的职务。

赖若愚的遭遇

1951 年 12 月，赖若愚开始主持全总的工作，1953 年 5 月在中国工会第七次代表大会上当选全国总工会主席。为了贯彻全总党组扩大会议的精神，赖若愚曾于 1952 年 6 月和 1953 年 4 月先后在全总的内部刊物《中国工运》上发表文章，批判所谓的“经济主义”和“工团主义”的倾向。

但是，赖若愚不愧为我党的优秀领导干部，在长期的战争和革命斗争中养成了注重调查研究，从实际出发，善于发现问题，敢于思考和敢于提出自己的见解的作风。他务实，不崇上，不盲从。

陈用文写道：“随着赖若愚不断接触当时工会工作的实际，他的思想开始转变。”1954年12月，赖若愚在《工人日报》上发表了一篇论文《如何对待群众？》强调指出：如何对待群众是工会工作中一个根本问题。工会工作中的许多缺点和错误都同这个问题有关。不正确处理这个问题，工会就有脱离群众的危险，而脱离群众对于工会来说是一切危险中最大的危险。今天工会工作的问题之一，就在于注意了党的政策、主张，但忽视了群众的意志、情况和觉悟程度。因而不是根据群众的意志、情况和觉悟程度来教育、提高、说服群众，而是强迫群众接受党的政策、主张。结果必然不是使群众向党靠拢，而是使党脱离群众。工会组织必须关心并满足群众的要求，这样来争取群众的无限信仰。

据陈用文回忆：

赖若愚说，他的这个观点得到刘少奇的赞同。

1956年8月，赖若愚在中共八大上做了题为《进一步发挥工会组织在社会主义建设中的作用》的发言。他发言的中心意思是说，工会要保护工人的利益，不保护工人的利益，工会就没有存在的必要。他指出，工会只有联系了群众，才能发挥作用。工会怎样才能联系群众呢？简单地说，就是必须认真地关怀和保护工人群众的利益。在工会与党的关系问题上，他提出，党必须加强对工会的领导，但是在党的领导下工会必须积极开展自己的独立的活动。工会的各种具体活动，必须根据群众自己的意见、习惯、爱好……来进行。

陈用文写道：

从以上这些论述中，可以看出，赖若愚在工会问题上的一些思想已经和全总第一次党组扩大会议的精神相背离，他已经和他的前任李立三走到了一起。

中共八大以后，人民内部矛盾日益突出。1956年秋冬，一些城市出现了学生罢课、农民闹缺粮闹退社和工人罢工请愿事件。1957年2

月，毛泽东发表《关于正确处理人民内部矛盾的问题》的讲话，对社会主义的基本矛盾及其特点和规律做了系统的概括。随后，广大工会工作者围绕着主席的讲话，就如何进一步密切同群众关系，发挥工会在处理人民内部矛盾中的作用，进行了探索。1957 年 3 月到 4 月，赖若愚到山西、陕西、甘肃三省调查研究工会工作。他发现，工会和群众之间存在着许多矛盾，这是人民内部矛盾，这些矛盾实际上涉及工会的作用、任务和地位问题，更直接说，是涉及工会和党、工会和行政的关系问题。赖若愚对这些问题进行了认真思考，提出了自己的看法。

1957 年 5 月 7 日，赖若愚在回答工人日报记者问工会怎样对待人民内部矛盾时，明确提出，工会要适应当前的形势，应该很好地解决两大问题：和行政的关系问题以及和党的关系问题。在和行政的关系问题，过去强调了一致的一面，看不到差别的一面，因此，遇事总是和领导站在一头，不能代表群众的意见。对人民内部的问题的这种简单化看法，常常使工会方法生硬和僵化，不能在群众和领导之间起到调节作用。这是应该改变的。在和党的关系方面，过去解决了工会必须接受党的领导的问题，这是正确的。但是，却没有充分注意作为一个群众组织，工会在党的政策思想领导下还必须开展它自己的独立活动。只有开展自己的独立活动才能显示它自己的作用。

1957 年 11 月，赖若愚写了题为《关于工会的作用与地位》的文章，对工会和党、工会和行政关系做了更进一步的澄清。文章指出，工会和党虽然都是工人阶级的组织，但是两者是有区别的。党是工人阶级的先锋队、它只包括工人阶级的先进部分。而工会却是工人阶级的群众组织，它几乎包括了工人阶级的全体成员。工会必须在党的领导下，贯彻党对工会的正确路线。同时，工会也必须积极地、灵活地开展各种活动。工会和行政的奋斗目标都是为了办好企业、发展生产，因此一致性是根本的。但差别还是有的，主要表现在两方面，一方面表现在对某些问题的看法上，由于看问题的角度不同，往往会有些差别。另一方面是工作方法的差别，就是说在共同的目标下，从不同的方面采取不同方法来进行工作。

陈用文写道：

可以说，赖若愚的上述看法，是符合当时的客观实际，实践证明也是正确的。按照这种思路继续下去，工会工作可能会取得更大的成绩。可惜的是，这时党内“左”倾错误泛滥起来，“大跃进”运动在全国兴起，工会在“左”倾错误的冲击下遭到了严重的挫折。

1958 年 3 月，中共中央在成都召开工作会议。因已病重，这次会议赖若愚没有参加。会议通过了《中共中央关于工会组织问题的意见》，对各级工会组织采取了“取消主义”的措施，规定各级工会组织由同级党委领导为主，同时接受上级工会的领导；各省、市、自治区工会联合会改为省、市、自治区总工会。产业工会有的保留，有的合并，有的可以保留名义而实际上成为各级工会的一个部门，有的可以取消。

4 月，为了传达落实上述中共中央关于工会问题的决议的精神，全总召开了八届三次主席团扩大会议。但是受到党的八大二次会议关于“拔白旗”、“插红旗”，要辨风向、识旗帜精神的影响，这次会议开不下去了。中央决定扩大规模，这样，就把全总各部门、产业工会、全国各级工会负责人一直到少数基层工会和专区、县工会的负责人都调来了，会议扩大成了全国总工会党组第三次扩大会议。此时赖若愚因病刚刚去世，他去世时中央对他评价很高。扩大会议开了七十一天（5 月 26 日至 8 月 5 日），对刚刚病逝的全国总工会主席赖若愚，全总书记处书记董昕，全总主席团委员、工资部部长王榕和工人日报社社长陈用文等同志，进行了所谓的批判，诬蔑他们为“以赖若愚、董昕为首的右倾机会主义路线”，说他们“反对党对工会的领导”，“向政府争夺权力，诋毁无产阶级专政”，“修正工会的任务和作用”，“歪曲党的群众路线，崇拜自发的工人运动”，“进行严重的宗派活动，破坏党的团结和统一”，犯了“严重的右倾机会主义和宗派主义的错误”，属于“反党反人民反社会主义性质”。

会议还做出了改变工会体制的决定：全国总工会和各产业工会要改变过去垂直领导的方法，各省、市、自治区的工会联合会改为地方总工会，各级产业工会改成各级工会的工作部门。实际上把工会各级组织变成了各级党委的工会工作部。

《中华全国总工会七十年》一书中指出：

这次会议在对赖若愚等的错误批判中，使工会在一些根本问题上产生了严重的片面性，搞乱了工会工作的理论是非。在工会与党的关系上，把工会接受党的领导同发挥工会的组织作用对立起来，只强调工会必须绝对服从党的领导，不提工会的群众性和组织上应有的独立性。在工会和群众的关系上，只强调工会在动员职工发展生产、维护国家利益方面的任务和作用，不提工会代表职工群众、维护职工切身利益方面的任务和作用。在工会和行政关系上，只强调工会同行政要团结一致，通力协作，不提工会要维护职工的物质利益和民主权利并向官僚主义、违法乱纪现象开展斗争。这一切在工会干部思想上引起很大的混乱。

全总党组三次扩大会议产生了严重的后果，使工会工作遭到了严重的挫折。特别是对赖若愚等领导的错误批判，使“工团主义”、“经济主义”的精神枷锁，更加严重地束缚了广大工会干部，使他们不敢大胆工作，在很长时间内心有余悸，成为工会工作发展的一个严重障碍。工会的组织作用大为削弱，不仅使工会脱离了职工群众，也使党同职工群众的联系受到影响。

但是，中国工会运动的厄运并没有到此结束。在“三面红旗”的“左”倾错误冲击下，1958年秋又刮起了“工会消亡”、“把工会工作纳入公社”的风波，虽然时间不长，随着中央纠正“大跃进”的偏差，这股取消工会的错误得以制止，但它在工会干部思想上造成极大混乱，使工会组织涣散，工作损失严重。

更为严重的是，在“文化大革命”一开始，1966年12月，在江青的煽动下，所谓的造反派查封了全总机关，占领了全总大楼，全总被迫停止了一切活动。全国各级工会组织也先后受到严重冲击和破坏，普遍陷于瘫痪状态。

1976年10月粉碎“四人帮”后，全国工会组织，首先是全国总工会开始逐步恢复正常工作，开展了揭批“四人帮”的罪行与加快恢复和发展国民经济的活动，并于1978年10月召开了中国工会第九次代表大会。大会通过了新的《中国工会章程》、选举产生了全总的新的领导班子，确定了新时期工会工作的基本方针和任务。邓小平代表党中央和国务院向大会致辞。邓小平向全国工人阶级和工会提出了全面改革、实现现代化的宏伟任务。

对工会的自身建设，邓小平强调指出：

> 无论做好哪项工作，工会都必须密切联系群众，使广大工人都感到工会确实是自己的组织，是工人信得过、能替工人说话办事的组织，是不会对工人说瞎话、拿工人会费做官当老爷、替少数人谋私利的组织。工会要为工人的民主权利而奋斗，反对形形色色的官僚主义，它本身就必须是民主的模范。

《中华全国总工会七十年》指出，邓小平的致辞阐明了中国工会的性质、地位、作用和任务，指明了工人运动和工会工作拨乱反正、继往开来、健全发展的方向，成为新时期的纲领性文件，推动中国工人运动和工会工作取得了新的进展。

1978年12月，党的十一届三中全会召开后，全国总工会党组对1958年举行的全总党组第三次扩大会议进行复查。1979年6月，全总党组向中共中央写出了《复查报告》，指出把赖若愚、董昕等定为“严重右倾机会主义、宗派主义”的错误，属于“反党反人民反社会主义性质”是没有根据的，对他们的处分也是错误的，建议中央为他们以及受到株连的全国工会干部及其家属彻底平反。1979 年 9 月，中共中央六十九号文件批转全党，下发了全总党组复查结论和复查报告。至此，这一在特定历史条件下产生的全国工会的大错案经过二十多年的磨难，终于得到了彻底平反。

至此，为中国工会运动付出了极大心血的两位老领导多年来蒙受的不白之冤得以昭雪，强加给中国工会的“工团主义”、“经济主义”的精神枷锁得以解除，为工会组织真正成为“密切联系群众”、“替工人说话办事”、“让工人信得过”的组织，创造了必要的氛围。

20 世纪 50 年代发生的这一场关于工会如何保护职工具体利益的争论，直到当今的中国进入改革开放时代，仍具有现实意义。

当然，时代不同了，改革开放彻底改变了中国的经济面貌。公有经济、民营经济、三资企业、个体经济都在蓬勃发展。不同的经济部门中，职工的具体利益有所不同，工会代表和维护职工具体利益的方式方法当然要有所区别。但是，无论在哪种经济部门，代表和维护职工的具体利益始终是工会组织的天职。

我在全总工作七年的体会：苏联专家对新中国成立初期的贡献

现在回过头来看，从李立三主持全总工作时开始的，而由他的继任者赖若愚继续下去的、长达五年的对苏联工会工作经验的研究和学习，究竟应该怎样评价？我个人的看法是：

一、新中国成立初期，百废待兴，在“一边倒”的方针下学习苏联的治国经验，理所当然，中国工会向苏联工会学习，无可非议。

二、苏联工会遵循的一些方针值得借鉴。苏联工会作为工人阶级最广泛的群众组织，在共产党领导下为巩固社会主义制度而奋斗；苏联工会作为“共产主义学校”，对广大职工群众进行形式多样的政治、文化、职业教育；苏联工会在培育职工的共产主义劳动态度的基础上，组织广大群众参加生产竞赛和其他形式的活动，以完成和超额完成生产计划，推动国民经济的发展；苏联工会通过贯彻和监督行政执行劳动立法（有关职工工资、社会保险、劳动保护、住宅生活、文化教育等方面的法规），为维护职工群众的切身利益而奋斗。

三、借鉴苏联工会工作经验，在1950年至1956年期间，中国工会卓有成效地实施了以下工作：制定并由政府颁布了《中华人民共和国工会法》；加强了工会的组织建设，包括全总、地方工会和产业工会；在全国范围内开展了形式多样的生产竞赛，推动了生产计划的完成；制定了工资改革方案，在全国范围内实施统一的工资制度；制定并实施了由工会管理的职工劳动保险方案；协同政府有关部门制定并实施了有关工矿企业的劳动保护规定；兴建和管理数以万计的职工文化教育福利设施（文化宫、俱乐部、职工学校、疗养院、休养所等等）；推行了同行政签订“集体合同”的制度。

以上几点纯属我个人的看法，难免有失偏颇。

这里应该强调，关于新中国成立后工会的历史使命、地位和作用，我们党中央已有明确规定。而且有些措施，如大生产运动、政治思想教育、群众文化活动、业余文化教育等等，是我们党的传统，战争年代在苏区、根据地和解放区都是军民人人参加，开展得轰轰烈烈。

20 世纪 50 年代初期，苏联工会专家介绍的苏联工会的方针和他们多年积累的工作经验，有助于中国的工会工作者更好地理解中共中央向工会提出的方针任务，发扬战争年代的传统，借鉴苏联工会的经验，在很短的时间里在全国范围内，建立健全了工会组织，把广大的职工群众组织到工会中来，开展了大规模的生产竞赛、文化教育和其他领域的活动，成为人民政权的强大支柱。同时，全国总工会协同有关部门审慎地着手制定各种法规，如:《中华人民共和国工会法》、《工资改革方案》，产业部门的《安全生产规定》，以及后来的《中华人民共和国劳动保险条例》等等，把维护工人阶级切身利益置于法律化、规范化的基础上。在这方面学习苏联工会依法维护职工权益的经验，是不容置疑的。当然，在这个过程中也发生过操之过急、生搬硬套的过失。比如，产业工会成立过快，同地方工会协调不够，等等。

总而言之，新中国成立初期，学习苏联工会工作经验，对于新中国工会的成长壮大，功不可没。

见证历史：中南海十年见证中苏关系之变迁

阎明复回忆录

中办翻译组的成立

20 世纪 50 年代末，中共中央办公厅主任杨尚昆说过，国务院有外交部，中共中央有联络部，中办有个小外事机构，这就是中办翻译组。回忆五十多年前在翻译组工作的日日夜夜，从翻译组成立的始末，做了什么工作，以及撤销的经过，我作为中央领导人的俄文翻译，见证了中苏两党两国关系由友好的顶峰坠入敌对深渊的过程，以及翻译组这段历史中的不少轶闻趣事。虽然岁月不饶人，半个世纪前的经历，不少细节已从记忆中消失，回忆起来肯定有不准确的地方。但是，重现往事会有一定价值的。

20 世纪 90 年代，我曾去中央档案馆调看这些我亲身参与、翻译的中苏关系中的重大事件的文字记录，以及从各种文献中查找到的两党中央往来的信件、中共领导人会见苏联使节的简况。昨日再现，我希望本文的记载尽量忠实历史、呈现史料，见证我亲身经历的中苏关系变迁。

值得说明的是，这部分内容与本书其他部分的风格或有些不同，这部分将更多地侧重史料性而非随笔性。

我接了师哲的班

中央办公厅翻译组成立于 1957 年 1 月，由我、朱瑞真、赵仲元三人组成，我任组长。翻译组成立最初是缘于接替师哲的工作，为中共中央领导服务，担任中苏党政首脑会谈等外事的俄文翻译。

我到中办实际是接了师哲的班。这里需要先谈谈师哲，谈谈他曾经担任的那部分工作。

早在延安时期，中共中央同共产国际、苏共中央之间来往电函都由任弼时亲自翻译，用过的文稿也由他保管。从 1943 年起，开始吸收师哲参加翻译。莫斯科来的电函，由师哲翻译初稿，经任弼时校对后，再呈送毛泽东。发往莫斯科的电函，由师哲翻译，经任弼时校对后再发出。到 1945 年，师哲被任命为中央书记处办公室主任后，这项工作才完全交给师哲一人承担，用过的文稿也归他保管。师哲说过，令他终生遗憾的是，1947 年 3 月，胡宗南部队大举进攻延安，中共中央从延安撤退时，根据毛泽东的命令，他把归他保管的 40 年代的这类文稿全部销毁了。随着解放战争的节节胜利，师哲的任务越来越多了。如 1949 年 1 月，苏共中央政治局委员米高扬访问西柏坡；1949 年 7 月，刘少奇、高岗、王稼祥访苏，都由他担任翻译。

新中国成立后，他的翻译任务就更多了，例如，1949 年 12 月至 1950 年 2 月，毛泽东、周恩来访问莫斯科，谈判签订《中苏友好同盟互助条约》；1950 年 10 月，周恩来访苏，同斯大林商谈中国人民志愿军出兵朝鲜问题；1951 年 6 月，高岗去莫斯科同斯大林商谈朝鲜停战问题；1952 年 8 月，周恩来、陈云访苏，商谈中国第一个五年计划问题等等。1952 年以后，他的翻译任务有增无减，最后一次是 1956 年 10 月随刘少奇、邓小平赴莫斯科同赫鲁晓夫等苏共领导人讨论波兰、匈牙利事件问题。然后，他就到山东工作了。

“文革”后，朱瑞真曾担任师哲的秘书，师哲向他透露了当年离开中央到地方工作的真实缘由：党的八大期间，毛泽东同米高扬谈话中严厉批评了苏共领导人的“老子党”作风和大国沙文主义。毛泽东说，“对当年共产国际和苏共的做法我们是有一些意见的，过去我们不便讲，现在要开始讲了，甚至还要骂人了。”师哲预感到中苏反目在所难免，而他本人在苏联曾长期在克格勃工作，而回国后又介入中苏高层，特别是毛泽东和斯大林之间的联络工作，一旦两党关系恶化，他肯定成为第一个牺牲品。师哲不幸言中，不到两年，中苏不和已见端倪，随着两党分歧日益严重，最后发生分裂，特别是“文革”浩劫中，不仅早已远离中央的师哲，而且所有曾为中央服务过的俄文翻译都被扣上“里通苏修”的罪名，受到迫害。不过，这已是后话了。

1956 年 12 月，师哲调往山东，担任省委书记。临行前，他到刘少奇处请示工作。当刘少奇问谁可以接替他为中央领导担任俄文翻译时，师哲建议从各单位选调几个有发展前途的青年翻译，组成一个专门的翻译组，设在中央办公厅。这样，中央使用起来比较方便，便于培养和教育他们，也便于保密。刘少奇采纳了师哲的建议，把建立翻译组的任务交给中央办公厅主任杨尚昆。

1957 年 1 月上旬，一天晚上，刘少奇接见苏联大使尤金，因师哲已去山东，只好请中央编译局副局长姜椿芳担任翻译。恰巧这天是星期六，司机早已下班回家，姜椿芳找不到司机，不得不坐三轮车来到中南海西门，然后又气喘吁吁地赶到西院甲楼刘少奇住地的会客室，完成翻译任务后，已是凌晨两点了。事后，刘少奇认为半夜三更把一个四五十岁的人叫来当翻译实在不方便，便打电话给杨尚昆，催他尽快组建翻译组。

杨尚昆在同中办副主任李颉伯讨论组建翻译组时，李颉伯推荐了在中华全国总工会工作的我，当时我正随彭真率领的人大代表团访问苏联和东欧，1 月下旬回国后即可前去上班。杨尚昆推荐中央办公厅警卫局的朱瑞真，说不要办理调干手续，打个电话他就可以过来。李颉伯又打电话给师哲，请他在编译局挑选一人，师哲推荐赵仲元，说他将出差去山东，一个星期后回来即可到中办上班。这样，1957 年，赵仲元、朱瑞真和我先后到中央办公厅报到。中央办公厅领导宣布成立翻译组，由我担任组长。

翻译组的工作由中办主任杨尚昆直接领导。李颉伯在向我们交代任务时说，你们的任务就是为中央服务，具体地说，就是翻译中共中央和苏共中央之间的来往信件，为毛泽东等中央领导同志出国访问或接见外宾时担任口头翻译。过去这部分工作是由师哲担任的，他到山东去了，现在这副担子放在你们肩上了。担子不轻啊！你们必须努力学习，不断提高自己的理论水平和俄文水平，才能胜任这项工作。我始终觉得，师哲在我党和共产国际、苏共中央交往当中，做出了不可磨灭的贡献。在我们翻译界中，他理所当然的是我的老师。

慈禧迎宾的“后殿”成了我们的办公地点

我到中办报到后，翻译组被安排在中南海居仁堂。居仁堂有两座西式楼房，分为“前楼”和“后楼”，“前楼”和“后楼”中间有一条玻璃走廊相连接，是清朝末年慈禧太后为接待和宴请外国女宾而兴建的。民国初年，袁世凯当大总统和“登基当皇帝”时曾在这里举行仪式。解放后，中央军委和总参在这里办公，1956 年搬走后，中共八大新选出的中央书记处和中央办公厅开始在这里办公。同居仁堂一墙之隔的丰泽园，是毛主席居住和办公的地方，其中的颐年堂是政治局常委和政治局开会的地方。

那时，居仁堂的“前楼”是中共中央书记处的办公地点，居仁堂的“后楼”是中央书记处研究室的办公地点，大家都把这个研究室简称为“后楼”。我们翻译组就在中央办公厅“后楼”办公。我们的办公室是与刘少奇所住的那个西院在一个院子里面，那个院子有四栋楼，西院甲楼是刘少奇的办公地，西院丙楼是杨尚昆主任的办公地，在他办公室的下面给了我们两间房子，我们就在那儿办公。西院还有个三号楼，是机要室。

这样，我在慈禧古色古香的“后殿”工作了十年，中南海成了我每天上班的地方，朋友们称我们是“红墙内的翻译组”。

这里还需要介绍一下中央办公厅“后楼”。

中共八大结束后，撤销了中央第一、第二、第三、第四办公室，从上述几个办公室抽调一批干部，组成了中央书记处研究室，也称中央办公厅研究室，内设综合组、财经组、地区工作组（农业组）、工业组、群众工作组、政法组。这几个组分别为相关的中央领导同志服务，完成他们交办的调查研究工作，列席有关的中央会议，参加中央文件的起草，等等。例如：财经组为主管财经工作的中央副主席陈云、中央书记处书记李富春服务；地区工作组为主管农业工作的中央书记处书记谭震林服务；工业组为主管工业工作的中央书记处书记彭真服务；

群众工作组先后为主管工会、青年团、妇联工作的中央书记处候补书记刘澜涛、杨尚昆服务；政法组为主管政法工作的彭真服务；综合组承上启下，为中共中央总书记邓小平和中央办公厅主任杨尚昆服务。另外，综合组还办了一个《情况简报》，其任务是及时地向中央领导同志反映各地的情况，因为当时地方各省给中央的报告真是像汪洋大海一样，非常之多，中央领导同志根本看不过来。中央办公厅的研究室为此设立了一个简报组，就是把国内发生的重大事件，以及各省区市委给中央的各种报告摘要后，编成《中共中央办公厅情况简报》，供中央领导同志看。

在中央书记处研究室集中了一大批经验丰富、知识渊博的老干部，如财经组组长邓力群、梅行，群众工作组组长章泽、副组长王愈明，地区工作组组长曹幼民、副组长石山，综合组组长何均、副组长陈麒章，工业组组长贾步彬、副组长郭坦，政法组组长李波人等。这里的研究员大多是十级、十一级、十二级的老干部，资格最老的一位叫吴亮平，他是上世纪20年代大革命时期入党的老党员，大家都尊称他为吴老师。张闻天在庐山会议上被错误地打成反党集团成员后，于1960年年初曾提出希望到中央书记处研究室做点研究工作，但中央没有批准。在这个研究室里也有一批相对年轻的研究员，如郝盛琦、王青林、房维中、金石、金键、浦侠、王文祥等。

戚本禹也在这里的《情况简报》组工作过两年，不过他的兴趣不在编辑《简报》，而是今天批判罗尔纲，明天批判刘大年，后来又别有用心地批判太平天国李秀成，批评北京市委的“四清”工作组等。中央办公厅领导担心他这样批来批去会搞坏中办同外单位的关系，于是，1965年把他调到《红旗》杂志社去了。

此外还有一个负责行政事务的秘书组，由几位精干的年轻人组成，如郝锡良、江秋、向子也、高伟之等，他们在综合组领导下为整个机关做后勤保障工作。

“后楼”的研究问题的气氛比较浓厚，信息也比较灵通。有人参加中央会议回来常向大家传达会议精神和毛主席、刘少奇、周恩来、邓小平讲话要点。这叫“吹风会”。传达后可以畅所欲言，自由讨论，但不得外传。有人外出调查回来后常向大家介绍各地的生产建设形势。我们翻译组随中央领导人出国访问或参加中苏两党会谈回来后，也常向大家谈谈有关国家的情况，谈谈中苏关系中出现的新问题。正因为如此，“文化大革命”一开始，林彪、江青等人就把“后楼”说成是“资产阶级自由化”的单位，是杨尚昆的“黑色大染缸”。我就是因为“后楼”这个所谓的“大染缸”，“文革”中被诬陷为“特嫌”而入狱多年。

三号楼有一个很值得留恋的地方，就是楼内有一个馆藏非常丰富的图书馆，那里有好多书籍、好多名著。这众多的书籍都是毛主席、刘少奇、朱总司令，还有董老他们从自己家里拿来送给这个图书馆的。

我原来的一个秘书叫王文祥，他现在是很有名的一个书法家。他是南开大学的毕业生，当时调他来中办研究室是为编简报的。后来，我发现他会俄文，就建议把他调到翻译组来了。那时翻译组就两三个人，人手也紧张，他来以后帮助我们工作。在编《简报》的同时，田家英还让王文祥去帮着管理那个在三号楼的图书馆。当时图书馆没有分类，都是毛主席拿了一大包书来往书架上一放，刘少奇拿了一大包书来、董老拿了一大包书来，也往那书架上一放，所以那个图书馆里书很多但也很乱。我们几个人，主要是王文祥，就把这些书都给它分类整理好。田家英还称王文祥是毛主席的“小图书馆员”，田家英很爱才。

一切都要从头开始

中办翻译组成立以前，我们三人先后都为中央领导人担任过翻译，接待过苏联和东欧国家的党政代表团。我在中华全国总工会工作期间，曾经参加许多重大的外事活动。1952 年 10 月，曾随以刘少奇为首的中共代表团参加苏联共产党第十九次代表大会[①]。1956 年 6 月至 9 月，随李富春率领的中国政府代表团访问苏联，商谈中国第二个五年计划

① 阎明复:《1952 年随刘少奇参加苏共十九大》,《中共党史资料》2004 年第 1 期。

草案问题[①]。1956年9月，参加南斯拉夫共产主义者联盟代表团的接待工作[②]。9月24日，毛主席在全国政协礼堂接见南共代表团，我第一次给他当翻译[③]。1956年11月至1957年2月，为彭真率领的全国人大代表团访问苏联和东欧国家担任翻译[④]。

在调到翻译组之前，朱瑞真、赵仲元也参加过许多重大外事活动，担任翻译。朱瑞真，原在中央办公厅警卫局工作，1954年9月至10月，曾为前来参加新中国成立五周年庆祝活动的，以赫鲁晓夫为首的苏联政府代表团担任翻译；1956年9月，为出席中共八大的以米高扬为首的苏共代表团担任翻译。赵仲元，原在中共中央马恩列斯著作编译局工作，1954年9月至10月，曾为前来参加新中国成立五周年庆祝活动的，以赫鲁晓夫为首的苏联政府代表团担任翻译；1956年，曾随以朱德为首的中共代表团出席苏共二十大、访问东欧各国担任翻译。

翻译组成立时我还年轻，虽然有些工作经历，但进入中南海在中央领导身边工作，还是缺乏经验。接替师哲的工作，就是要在中苏外交会晤、谈判、访问考察、小范围磋商、宴会致辞以及时间短的小型会议等重要外事场所完成口译、记录以及之后的归档打印交付等工作。工作伊始要尽快熟悉中苏关系的基本情况、历史上的重大事件；国内国际政治、经济、文化、社会各方面的动态；中苏领导人过去会晤常用的话语、会晤双方的人员特征、语言习惯等。翻译组作为专职的外事机构，我感到一切都要从头开始。

中办主任杨尚昆对我们非常关心，为我们尽快熟悉工作创造了极好的条件。为了帮助我们熟悉中苏关系的现状和历史，凡是有关中国同苏联和东欧国家关系问题的中共中央文件和电报，他阅后都让送到翻译组

① 阎明复：《我随李富春访问苏联》，《炎黄春秋》2005年第4期。

② 阎明复：《结缘南斯拉夫》，《炎黄春秋》2005年第6期。

③ 阎明复：《我第一次给毛主席当翻译》，《中华儿女》2007年第11、12期至2008年第1、2期连载。

④ 阎明复：《彭真率团访问苏东六国》，《中共党史资料》2008年第4期。

阅读。特别是毛主席和其他领导接见外国使节、外宾，兄弟党代表的谈话记录，杨主任都批给翻译组阅读、学习，便于及时了解毛主席谈话的内容和精神，了解毛主席对当前国内外重大问题的观点，熟悉毛主席的习惯用语，等等，让我有所准备，在毛主席和外宾谈话的时候能领会他谈话的精神实质，能比较准确地翻译，尤其是难度较大的口译工作。

此外，经杨尚昆主任批准，我同“后楼”各组的研究人员一样，可以到“后楼”的文件陈列室阅读所有的中央各部委的文件和各地方党委、政府呈报中央的文件，包括绝密文件，以便能及时地了解国内政治、经济、文化、社会各方面的动态。

杨尚昆主任以诲人不倦的精神，经常向我们讲述中共党史、中苏关系史中的一些重大事件，如：关于1928年在莫斯科举行的中共六大的情况；关于莫斯科中山大学和东方共产主义者劳动大学的情况；关于瞿秋白同米夫和王明教条主义宗派集团进行斗争的情况；关于苏联农业集体化过程中出现的饥荒问题；关于斯大林时期肃反扩大化；图哈切夫斯基和布留赫尔的冤案问题；关于苏联情报组人员在延安同毛主席等中央领导人接触的情况；等等。

杨尚昆还委托“后楼”群众工作组组长章泽（曾任共青团中央书记）指导翻译组的政治理论学习。我们也订阅了不少苏联报刊，如《真理报》、《消息报》、《布尔塞维克》、《新时代》、塔斯社的《每日电讯》和好几份文艺刊物，以便及时了解苏联的信息和提高阅读俄文文献的能力。

毛主席的秘书、中央办公厅副主任田家英也很关心我们，怕我们听不懂毛主席的湖南话，把他在工作中多年积累的毛主席常用词、词组或成语汇编成册，共三本送给翻译组，让我们先熟悉，以便在口译过程中胸有成竹。汇编中的“跌交子”、“摸着石头过河”、“一穷二白”、“小局服从大局”、“一个指头与十个指头的关系”等等，我至今仍记忆犹新，倍感亲切。田家英还把苏方赠送的、珍藏在毛主席图书室的《苏联大百科全书》送给翻译组。总之，杨尚昆主任和中办的其他领导为我们能更好地完成为毛主席、其他中央领导人当翻译的任务，创造了一切必要的条件。

翻译组的工作

我们翻译组接受的任务主要是为毛泽东等中央领导访苏、参加国际会议或接见外宾时担任口译，翻译中共中央和苏共中央之间的来往信件。

这些任务按理说，有些属党中央系统的，应由中共中央联络部去办理；有些属政府系统的，应由外交部去办理。但当时毛主席等中央领导人像从前一样，直接过问同苏联领导人，特别是同苏共中央的联系工作。而赫鲁晓夫身兼苏共中央和苏联政府的一把手职务，以他的名义发给中国领导人的信件往往都写明“致中共中央主席毛泽东同志”，并由苏联驻华大使转呈。

很长一段时期里，苏联大使受苏共中央委托请求毛主席接见的事宜，都由中办主任杨尚昆亲自处理。杨尚昆主任向毛主席或其他中央领导人报告苏联大使求见的情况，再根据毛主席或其他领导人的指示决定由谁出面接见苏联大使后，杨尚昆办公室便通知我们翻译组，由我们同苏联使馆联络，如：通知使馆是哪一位领导人接见大使、接见时间和地点等等。

每次中央领导人接见苏联使节，都由我们担任翻译和记录。他们转交的信件，也由我们译成中文，连同会见记录一并送给杨尚昆审阅，并由他批示印发范围后交中办机要室处理。

从翻译组一成立，我们的工作就很紧张、繁重。1957 年 2 月上旬，杨尚昆交给我们一个任务，说：苏共中央已把共产国际时期有关中国共产党的档案文献移交给我们，共三十箱，现存放在中央档案馆。你们先去看看，都是些什么文件，列出一个清单来。我们用了一个多月的时间，只能粗略地看一遍，搞出一个简要的目录。这些文件包括从上世纪 20 年代起中共中央领导人陈独秀、瞿秋白、李立三、向忠发等写给共产国际的报告；中共各省市委写给中共中央的报告的复制件；

各地准备武装起义的计划；共产国际对中国形势的分析和对中共中央的指示；中共六大的文件等等。

我们完成这个任务后，紧接着就是翻译毛主席 1957 年 2 月 27 日在最高国务会议上发表的《关于正确处理人民内部矛盾的问题》的讲话。因为毛主席在讲话中提出了两类不同性质的矛盾这个重要的新的理论观点，中央非常重视这篇讲话在苏联和东欧国家的宣传以及他们的反映。领导要求我们尽快把它译成俄文，以便公开发表。我们邀请了新华社的两位苏籍俄文专家审改译文，其中一位姓易哥尔尼可夫，精通中文。我们如期地完成翻译任务，并根据中办的指示将译文交新华社发布。

从 1957 年四五月开始，苏共中央和中共中央之间的来往信件逐渐增多，一般说来，苏共方面的来信多，中共方面的去信少。当年苏共中央的来函一般都是第一书记赫鲁晓夫签署，苏联大使馆每次都打来电话，提出“受赫鲁晓夫同志的委托，请求毛泽东主席接见苏联尤金大使，有要事禀报”的要求，而由杨尚昆主任向毛主席报告，再由毛主席决定接见的时间、陪同接见的人员。

尤金是在 50 年代初应毛泽东的邀请由斯大林派遣来华，协助编审俄文版《毛泽东选集》，同毛主席交往甚多，后来被任命为驻华大使。每当有事，毛主席都是亲自接见尤金，在外地视察时则委托刘少奇主席或周恩来总理接见。我们翻译组负责通知使馆。

中央领导人接见苏联使节时一般由我口译，赵仲元记录，1958 年夏季以后还增加了录音记录。专职担任口译工作，尤其是在双方领导人身边翻译，既要内容准确、完整地转述双方真实意思，不能漏译；又要口语清晰、神态自然，而不论是中方领导人，还是苏方代表，他们各自的口音和音调、语调并不标准，例如毛主席的湖南口音，开始做口译时是完全听不懂的，全靠尚昆主任用四川话“转述”一遍，以后才慢慢听懂；再例如，苏共代表米高扬的亚美尼亚口音，连他们苏联随行的翻译顾达寿都听不懂。记得有一次和毛主席会谈中，苏方的首席翻译顾达寿听不懂米高扬的“亚美尼亚俄语”，米高扬着急地问顾达寿，你听不懂？你是不是鞑靼人？所以听不懂？顾达寿尴尬地说“我是，鞑靼人听不懂……”而我或许是在总工会给不同口音的一些专家口译，所以听米高扬的亚美尼亚口音比较轻松，口译起来也得心应手。

这个顾达寿原来称呼顾达舍夫。后来他陪米高扬秘密到武汉去见主席的时候，我做毛主席的翻译。毛主席问到他叫什么名字，他说我叫顾达舍夫。毛主席说我给你起个名字，你就叫顾达寿吧，当时主席写下了“顾达寿”三个字。以后他的中文名字就叫顾达寿了，他签名也是签自己是顾达寿。这位顾达寿现在还健在。我和他可能是现在还健在的、可以见证那个时代中苏关系巨大变迁的主要翻译人员吧。

想起来担任国家领导人的口译工作，现场翻译的难度在于“准、顺、快”的口译不得有丝毫差错，一句漏译甚至一句语意不清，都可能带来不可想象的后果。有的句子，甚至要通过预先定稿。记得中苏关系破裂时，双方的交谈常常进入白热化，每一句话，甚至讲话时的语气，都被“绷紧”了。虽然所谓“直译”（逐字逐句地翻译）是比较安全的，但由于中俄语言文化方面的较大差异，直译往往造成歧义，从而需要采用意译的方法。师哲的口译就是意译，不做逐字逐句的翻译，而这个意译的方法要掌握起来，需要长期在领导人身边，有个逐步积累的过程。

例如，“个人迷信”的译法，翻成“个人迷信”还是翻成“个人崇拜”？在俄文里“个人迷信”、“个人崇拜”就是一个词，所以要解释。一些文件的翻译都遇到类似的中文专用词，而俄文中没有与中文原意对应的词，从翻译角度来讲，遇到了不少这样的难题，比如说像“大跃进”怎么翻译？“不断革命”怎么翻译？毛主席提出的“鼓足干劲、力争上游、多快好省地建设社会主义”的总路线怎么翻译？所以这些专用词的俄文翻译工作真是为难我们翻译组了。当时中央也很重视这个事情，所以委托王稼祥牵头负责解决这些问题。

在那个年代，跟随国家领导人，做外事翻译，在我们同辈的年轻翻译们中是“令人羡慕”的工作，这对于现在的后辈来说也许都是难以想象的。但是，我自己并没有意识到所谓的“光环”，我们的翻译工作实际是十分艰辛的，作为年轻的翻译者，往往是战战兢兢，如履薄冰。

上世纪五六十年代的中苏交往十分频繁，我们的工作几乎是一个任务接一个任务地循环不断。接受每一个任务都需要熟悉很多的有关情况。一天的活动下来还要参加内部的会议，还要整理会谈记录，不论会谈何时结束，我们当翻译的都要立即整理记录，交付打印。每当苏联大使尤金向我中央领导人交来苏共中央的来信时，我们都是连夜把它译成中文，呈交给杨尚昆主任审批后，黎明前送到中办机要室，两三个打字员流水作业突击打印后，于早晨九点前呈送毛主席、刘少奇、周恩来、邓小平等的办公室。彭真精力最充沛，他经常在凌晨一两点亲自打电话给我，询问苏共中央来信中谈了些什么问题。

1957 年至 1967 年十年间，中苏两党中央之间的信函往来以及毛主席、其他中央领导人接见苏联使节，凡由我们翻译组经办的，都有详细记录和档案，“文革”初期，我们组解散时都奉命上交了。

几十年过去了，这已成为了历史。

这里绝不是保险箱

在中办翻译组工作期间，我们常开玩笑说，我们在“后楼”、在中南海工作，在毛主席身边、在杨尚昆主任领导下工作真幸福，我们是生活在红色保险箱里。这话有一定的道理。但在那“以阶级斗争为纲”的年代，这里绝不是保险箱。

杨尚昆主任的特点是作风民主，平易近人，关心和爱护干部，对下属循循善诱，诲人不倦。在历次政治运动中，他都能坚持实事求是，尽可能地保护干部，反对搞过火斗争，从不轻易处分任何一个人。但他上面有“婆婆”，下面又有一批极左的革命派，当某一政治运动开展起来后，他有时无力左右运动的发展方向，无力决定对干部的处理。

1957 年 4 月，中共中央发出《关于整风运动的指示》，决定在全党进行一次以反对官僚主义、宗派主义和主观主义为内容的整风运动。此后，整风运动在中南海各单位轰轰烈烈地展开了，广大干部响应党中央的号召，对党和政府的工作提出了大量的批评和建议。在中央办公厅“后楼”，大字报也是铺天盖地，甚至在通往中央书记处办公室前楼的走廊上也挂满了大字报。

1957 年六七月间，整风运动突然变成了反右派运动。由于中办领导正确地坚持了实事求是的政策，没有因为某某人发表了过激的言论而进行追究。这样，在一个六七十人的单位——“后楼”，没有一人被打成右派。后来，当我们回忆起这一段经历时，还有些后怕呢！

在中南海，单位多，工作人员多，有一条严格的纪律，大家都自觉地遵守：严守机密，决不打听兄弟单位的工作（严禁“包打听”），决不向兄弟单位的同志议论本单位的情况。反右运动开始后，我们翻译组工作一直繁忙，经常出差，对中南海内反右运动的进展更是不甚了解。

可能是在 1958 年夏天，“后楼”支部通知我们到“春藕斋”参加中南海总支（包括中办“后楼”、机要室、秘书室）的党员大会。会上，传达了毛主席关于中办秘书室运动是“拔红旗、插黑旗”的指示，有几位受领导迫害的干部声色俱厉地进行了控诉。后来，有好几位领导干部受到处分。当时正值中苏关系处于多事之秋，我们连“后楼”的运动都无暇参加，至于秘书室的运动情况全然无知。党的十一届三中全会后，在中央拨乱反正、落实政策过程中，当时受处分的干部也已平反。

1957：中苏蜜月

第一次重大外事翻译：伏老访华

1957年四五月，苏联最高苏维埃主席团主席伏罗希洛夫访问中国[①]。伏罗希洛夫[②]名义上是苏联的国家元首。他是列宁、斯大林时期的“老革命”，所以人们都亲切地称他为“伏老”。

伏老访华的背景是：1956年2月苏共二十大后，特别是1956年10月波匈事件发生后，西方敌对势力在全世界掀起了一个反苏反共的浪潮，东欧形势不稳，意大利和英国的共产党员纷纷要求退党，其他国家的共产党员日子也很不好过。

在此期间，一些国家的共产党中央向苏共中央建议召开各国共产党和工人党国际会议，就当时形势和国际共产主义运动中出现的各种迫切问题交换意见，统一认识，促进国际共产主义运动的团结和发展。苏共中央向中共中央转达了这些建议。中共中央、毛泽东主席认为，通过召开国际会议，讨论当前世界局势和国际共产主义运动中出现的重大问题，取得共识，加强团结，共同对敌，十分必要，因而明确表示支持。此后，苏共中央和中共中央就如何召开这次国际会议多次交换意见。

就是在这样的形势下，为了向全世界表明中苏两党两国团结一致和捍卫社会主义阵地的决心，双方商定苏联最高苏维埃主席团主席伏罗希洛夫访问中国。同时，伏罗希洛夫率团访华也是对毛泽东1949年底1950年初访问苏联的回访，以显示中苏两国的平等地位，“不是中国

---

① 阎明复：《1957年形势与伏罗希洛夫访华》，《百年潮》2009年第2期。

② K.E.伏罗希洛夫，苏联卓越的党务和国务活动家、军事家，苏联元帅，两次获得“苏联英雄”称号。1952年至1960年为苏共中央委员会主席团委员，1953年至1960年任苏联最高苏维埃主席团主席。因反对赫鲁晓夫的对内对外政策而于1958年被打为“反党集团”。1961年，苏共二十二大未被选为中央委员。赫鲁晓夫倒台后恢复名誉。1966年苏共二十三大当选为中央委员。1969年12月2日，在莫斯科逝世，享年八十八岁，葬于列宁墓后面的“名人墓”。——作者注

国家元首总往苏联跑，而苏联国家元首不到中国来”。1957 年 1 月 6 日，毛泽东以中华人民共和国主席的名义致信苏联最高苏维埃主席团主席伏罗希洛夫，邀请他在他认为合适的时候访问中国。1 月 18 日，伏罗希洛夫复信毛泽东，感谢对他的邀请，并表示准备在 4 月 15 日至 5 月 5 日期间访华。

空前绝后的最高规格接待

1957年4月15日，伏罗希洛夫率苏联最高苏维埃代表团抵达北京。代表团成员有苏联最高苏维埃主席团副主席、乌兹别克最高苏维埃主席团主席拉希多夫，苏联高等教育部部长叶留金，外交部副部长、苏联汉学家费德林，苏联驻华大使尤金。伏罗希洛夫的儿子和儿媳也一同来华。

为了准备迎接伏罗希洛夫访华，我们请示杨尚昆同意，请了李越然来担任主要俄文翻译。李越然精通俄文，新中国成立伊始就给苏联派驻中国的经济总顾问当翻译，多次为国务院领导周恩来、陈云、李富春当翻译，陪同他们去苏联访问，是新中国首批俄文翻译中的佼佼者。他原来在国务院外国专家局工作，后调到国务院外事办公室。伏老在华的各项活动，主要由李越然担任他的翻译。我当时作为中央办公厅翻译组组长，不但要随团参加在京各项重大活动的翻译工作，照顾伏罗希洛夫儿子和儿媳的在华生活，还要和李越然一起，和苏联代表团到各地参观访问，为伏罗希洛夫做一些翻译工作。朱瑞真跟随罗瑞卿和苏方保卫人员，负责安排伏老的安全保卫工作。赵仲元则给其他苏方人员当翻译。

伏罗希洛夫是苏联的国家元首，此行又正当中苏关系亲密友好的大形势，伏罗希洛夫到中国的访问受到了我们空前热烈的欢迎，去南苑机场迎接他到来的有毛泽东、刘少奇、周恩来、朱德、彭真、贺龙等中国党政领导人和首都各界代表及数千群众。在机场上举行了隆重的欢迎仪式。毛泽东陪同伏罗希洛夫检阅了陆海空三军仪仗队。毛泽东在致欢迎辞中，称伏罗希洛夫是中国人民最亲密的朋友。

欢迎仪式结束后，毛主席陪同伏老乘坐汽车缓缓驶向中南海。那辆车是前后三排座的旧式宽体车，敞篷的，他们两位老人坐在后排，最前面一排就是司机跟警卫，我跟李越然就坐在当中的那一排随时口译，跟随其后的是几十辆汽车组成的迎宾车队。从南苑机场到中南海新华门，迎宾车队受到几十万群众的夹道欢迎。当毛主席和伏老乘坐的敞篷汽车行至天安门时，欢迎的群众冲破了警戒线，挥舞着鲜艳的花束，一直拥到毛主席与伏罗希洛夫乘坐的那辆敞篷车的旁边，高呼着："毛主席万岁！伏罗希洛夫万岁！伏老万岁！"欢呼声响彻云霄，一时间车队只好停下来。看见这样的情景，伏老又高兴又有些紧张，他以前没有遇到过这种场面。他不安地问毛主席说，怎么办？毛主席谈笑自如地说道："既来之则安之，他们看够了，也就散了。""既来之则安之"一句的翻译，我记得当时翻译成："他们看够了就会走了，就让他们看吧，我们安心等待"。

欢迎群众欢呼了半天后被劝退到警戒线外。人群退后，迎宾车队一行才从包围中驶出来。随后，伏罗希洛夫和他的儿子、儿媳及其身边警卫人员住进了中南海勤政殿，代表团其他人员被安排在东交民巷宾馆。后来听说就因为发生了"围车"事情，把那个区的区长给撤职了。

4 月 15 日当晚，毛泽东在中南海紫光阁宴请伏罗希洛夫一行[①]。

1957 年 4 月 16 日，伏罗希洛夫到达后的次日，即在毛泽东等中国领导人的陪同下，出席了全国人大常务委员会扩大会议，并在会上发表了演讲，我们在现场则感受到他对中国社会主义革命和建设的成就发自内心的称赞。

4 月 17 日，毛泽东在中南海怀仁堂举行盛大国宴，欢迎伏罗希洛夫一行。席间，毛泽东称赞伏罗希洛夫，说："伏罗希洛夫同志是苏维埃国家和苏联共产党的杰出的领导人之一，几十年来为十月社会主义革命的胜利、为苏联国防力量的增强和共产主义事业的发展，进行了

① 当晚的谈话归于下文"'双百'方针和反右"。——作者注

1957 年 4 月 16 日，苏联最高苏维埃主席团主席伏罗希洛夫到达后的次日，即在毛泽东等中国领导人的陪同下，出席了全国人大常务委员会扩大会议，并在会上发表了演讲。主席台前排左起：朱德、伏罗希洛夫、刘少奇、毛泽东、苏联驻华大使尤金；在主席台后排就座的领导人：彭真、黄炎培、郭沫若、彭德怀、邓小平、贺龙等

坚持不懈的努力，并且做出了卓越的贡献。”当毛泽东讲话结束后同伏罗希洛夫干杯时，伏罗希洛夫说：“你这样颂扬我，是不是在搞个人崇拜啊？！”毛泽东幽默地回答说：“个人崇拜不能没有，也不可多有。”“有时不能不崇拜，如对马克思、列宁，就不能不崇拜。”伏罗希洛夫同意毛泽东的看法，说：“对，不能不崇拜。”

4 月 18 日，毛泽东等从中南海陪同伏罗希洛夫前往先农坛体育场，首都十万群众在北京先农坛体育场举行集会，欢迎伏罗希洛夫等苏联客人。在欢迎大会上，伏罗希洛夫看到群众热烈欢迎的场面，不时放下准备好的发言稿，即席讲了许多热情友好的话，引起了一阵阵经久不息的掌声。

前面提到，伏罗希洛夫到北京后，他和身边警卫人员、儿子、儿媳一直住在中南海勤政殿。空闲时间，伏罗希洛夫很喜欢在中南海沿

1957 年 4 月 18 日，首都十万群众在北京先农坛体育场举行集会，欢迎伏罗希洛夫等苏联客人。毛泽东等从中南海陪同伏罗希洛夫前往先农坛体育场，北京市市长彭真在体育场门前迎接。彭真身后右侧为阎明复

着岸边散步。在他要离京到外地参观访问的当天，他走进了中央警卫团宿舍区，与战士们攀谈，问他们每天都吃些什么饭菜，每天几个小时操练，每人每天几个小时站岗，等等。随后他又走进家属居住区，一个妇女抱着两个不满周岁的婴儿引起了他的兴趣。当他得知这是一对孪生兄弟时，他把两个孩子抱过来亲了又亲。在他回国前，他还送给这对孪生兄弟一些纪念品。

高规格陪同参观访问

4 月 18 日，伏罗希洛夫一行离京到外地参观访问，首站是东北。他在朱德、贺龙、罗瑞卿等陪同下，先后访问了沈阳、鞍山、大连等地。在鞍山参观了大型轧钢厂、无缝钢管厂和七号炼铁炉。在参观苏联援建的工厂时，我做翻译。工厂的总工程师介绍了情况后，伏老非常高兴，从当年的照片看，包括苏联的汉学家费德林，大家都还年轻，

1957 年 4 月 18 日，伏罗希洛夫（右三）在朱德（右四）以及贺龙、罗瑞卿等陪同下赴东北参观，先后访问了沈阳、鞍山、大连等地，阎明复（右二）作为翻译随行

贺龙陪同伏罗希洛夫在鞍山参观访问，阎明复（后排右三）作为翻译随行

兴高采烈。

4 月 22 日，伏罗希洛夫一行在天津作短暂停留后抵达上海。前来迎接的有专程赶到上海的刘少奇和宋庆龄，以及上海市副市长曹荻秋等。第二天，上海市举行有二十五万人参加的群众大会，欢迎伏罗希洛夫到上海访问。曹荻秋副市长为伏罗希洛夫举行了隆重的欢迎宴会。24 日，刘少奇还陪伏老到宋庆龄副委员长家里做客。当年孙中山先生遭受挫折的时候，宋庆龄女士曾经到苏联求助并得到斯大林的帮助，所以这次他们专门到宋庆龄家里拜访。宋庆龄副委员长用咖啡、点心来招待他们。双方回顾和畅谈了苏联对孙中山领导的民族民主革命的援助。

4 月 25 日上午，伏罗希洛夫一行到达杭州。提前两天抵达杭州的周恩来和浙江省省长沙文汉到机场迎接。下午，周恩来陪同伏罗希洛夫游览了西湖，参观了都锦生丝织厂。

4 月 26 日，伏罗希洛夫参观了杭州梅家坞十月茶叶生产合作社和屏风山工人疗养院。这里湖光山色，风景秀丽。伏罗希洛夫坚持要到

1957 年 4 月 22 日，伏罗希洛夫在刘少奇、宋庆龄陪同下在上海参观访问，在少年宫受到孩子们的热烈欢迎。图为阎明复正在为伏罗希洛夫做翻译

农民家里走一走，看看他们的生活情况。不论在农民家里，还是在田间地头，伏罗希洛夫都像老朋友一样同农民交谈，询问他们的收入、饮食和生产劳动情况，等等。晚上，在周恩来和浙江省、杭州市领导的陪同下，伏罗希洛夫观看了上海越剧团演出的神话剧《追鱼》。由于中苏两国文化的差异，任凭我们翻译怎样介绍剧情，苏联客人仍然不能理解，在演出当中不少人总打瞌睡。第二天，又请苏联客人观看了著名京剧演员盖叫天主演的京剧《恶虎村》。剧中武打场面较多，客人们十分欣赏盖叫天的表演艺术。

4 月 28 日，伏罗希洛夫一行到达广州。中共中央政治局委员彭真和广东省省长陈郁到机场迎接。苏联客人在广州游览了名胜古迹，好客的主人还用“龙虎斗”等名菜来招待客人。七十六岁高龄的伏罗希洛夫因多吃了几口，拉了两天肚子。当他们回到北京的时候，他对毛泽东说，“龙跟虎正在我的肚子里斗了两天呢。”他还说：“打的结果如何回去再检查吧。”大家相处气氛非常融洽。

4 月 30 日，彭真陪同伏罗希洛夫一行在武汉作短暂访问后回到北京。

5 月 1 日，伏罗希洛夫及其主要随员登上天安门城楼，同毛泽东等中国领导人一起参加了“五一”国际劳动节庆祝活动。

5 月 4 日，周恩来陪同伏罗希洛夫到中山公园参加青年联欢晚会，受到青年们夹道欢迎，热烈的欢呼声震耳欲聋。周恩来知道伏罗希洛夫年岁大，怕吵，一吵就头晕，为此他举出双手向下摆动，大声说：“同志们，同学们，伏老怕吵，不要高声喊！”大家顿时停止了欢呼，用双手轻轻地鼓掌，表达对伏罗希洛夫发自内心的欢迎。伏罗希洛夫见状赞叹说：“中国青年、中国人民的严明纪律举世无双！你们给予我这样的真诚欢迎，我非常激动、兴奋。你们的纪律、高度的秩序和热情，不仅是对我，而且是对苏联人民的友谊、对苏中两国牢不可破的友谊最好的证明。”

5 月 5 日，中共中央总书记邓小平、高教部部长杨秀峰陪同伏罗希洛夫和苏联高等教育部部长叶留金参观了北京大学。

5月6日晨4时，伏罗希洛夫及其随行人员前往印度尼西亚和越南访问。动身前，毛泽东到勤政殿为伏罗希洛夫送行。两人一见面，两双手就紧紧握在了一起。伏罗希洛夫劝毛泽东少吸烟，少熬夜，多在白天工作。他说："希望你这样生活：太阳一出来你就向它问好，太阳一落你就向它告别，去休息。"毛泽东笑着说："是的，是要按太阳的规律办事。"又说："不过，我已经习惯夜间工作了……"

在谈到斯大林时，伏罗希洛夫说："不管怎么说，斯大林是个好人。"毛泽东说，"是呀，是个好人，我们的看法也是这样。"伏罗希洛夫说："斯大林原则性非常强。他有一个特点，就是他相信谁，就百分之百相信。可是这也好也不好，容易被人利用。贝利亚就利用了这一点。在斯大林的晚年，贝利亚经常跑到他面前吹风，一会儿说这里好像有一股敌人，一会儿又说那里有一股敌人，把斯大林弄得糊里糊涂，使他感到好像处在敌人包围之中。结果就错误地处罚了一些无辜的人。但不管怎么说，斯大林是个好人，是个伟大的马克思主义者。"毛泽东说："我们也这样认为，虽然斯大林有些缺点，但本质上是个好人。"伏罗希洛夫说："你们的看法我知道。你们在《人民日报》发表的文章太好了，我真感谢你们，我的好朋友，这是咱们自己人在一起讲。"

在伏罗希洛夫乘车前往机场时，毛泽东对伏罗希洛夫说：我不同你告别，我只暂时对你说再见，祝你一路平安！

1957年5月24日，伏罗希洛夫从越南、印度尼西亚结束访问后回到北京，作回国前的短暂停留[①]。5月25日晚，毛泽东邀请伏罗希洛夫以及拉希多夫、叶留金、费德林和尤金到他家里共进晚餐。中国方面参加的有刘少奇、周恩来、朱德、陈云、邓小平和彭真。

在晚饭开始前，伏罗希洛夫、费德林和其他苏联代表详细向毛泽东和其他中国领导人介绍了访问印度尼西亚和越南的情况。毛泽东说，

① 期间，在4月15日，5月24日、25日的活动中，还就国内局势交换过看法，其内容归于下文"'双百'方针和反右"。——作者注

他也接到访问印度尼西亚的邀请，但是中共中央没有决定是不是去访问，因为有些中央同志有不同的意见。毛泽东问伏罗希洛夫访问印尼是否适宜？伏罗希洛夫说，他认为访问印尼是有益的。

接着伏罗希洛夫代表苏联最高苏维埃主席团、苏共中央和苏联政府正式邀请毛泽东在方便的时候访问苏联。伏罗希洛夫表示，希望毛泽东最好能在十月革命四十周年庆典的时候访问苏联。对于伏罗希洛夫的建议毛泽东表示赞同。5 月 26 日晨，在伏罗希洛夫结束访华离开中国前，毛泽东说，他很高兴地接受伏罗希洛夫的邀请；至于具体的时间，希望晚些时候再商定。

晚餐是在亲切的同志般的气氛中进行的，其间，在谈话中除了一般的话题外，还涉及了某些对外政策问题。

毛泽东十分高兴地谈到最近一段时期社会主义阵营国家对外政策取得的显著成绩。他几次强调了如下看法：如果帝国主义者发动第三次世界大战，那么这场战争将以资本主义制度的彻底崩溃而告终，虽然“对此要付出不小的牺牲”。

毛泽东接着谈到中国对外政策的某些问题。他指出，中国作为一个亚洲大国，首先感兴趣的是亚洲事务。毛泽东提到 1949 年他同斯大林的一次谈话，当时取得了一定共识，那就是中国主要要把自己的注意力集中在亚洲问题上。

在谈到中国和英国的关系时，毛泽东指出，实际上目前在中英之间是“半正式”的关系。毛泽东强调说，英国在联合国对中国采取了不老实的政策。

毛泽东尖锐地批评了美国的侵略政策。他表示确信“美国不可能永远统治资本主义世界，形势将从根本上发生有利于社会主义事业的变化”。他强调说，美国不承认中华人民共和国，对于中国人民来讲是有利的。他指出，如果美国今后十年也不承认我们，我们也完全能够等待。他继续说，实际上美国承认中华人民共和国对于中国来讲是不利的，我们担心它“承认”，当然对这种变化也做好了准备。他接着指出，美国现在采取一切手段来破坏中苏友谊，而“中苏友谊是整个国际政治发展的基石”。

接着毛泽东谈到了台湾问题。他就 1957 年 5 月 24 日台湾发生的捣毁美国大使馆的事件说，现在美国已经在考虑怎么搞掉蒋介石，不惜采取阴谋恐怖手段来对付他。在谈到美国最近向台湾运送导弹的事情，毛泽东指出，其主要目的是为了加强美国在台湾的控制能力。周恩来补充说，这几天，我们同法国前总理富尔谈话的时候提到这件事也是这样讲的。他想了解中国对美在台湾组建导弹部队有什么看法。我们对富尔说，这个措施的目的是为了使蒋介石政权更加服从美国的控制。周恩来笑着说，这次谈话还没过一两天，实践就证实了我们的判断。毛泽东继续说，我们对台湾的立场是清楚的。“我们将促进蒋介石和美国之间的矛盾进一步深化和发展。”毛泽东指出，事实表明他们之间的矛盾要比蒋介石和中共之间的矛盾还要尖锐。

5 月 26 日，伏罗希洛夫结束访华，从北京回到莫斯科。

应该说，伏罗希洛夫访华的接待规格是我见过的访问中国的苏方领导人最高规格的待遇，可以说空前绝后。我作为随行翻译，亲眼见证了当年中苏两党、两国人民曾经热烈而友好的兄弟情谊。在北京，毛主席、刘少奇、周恩来、朱德出席了为伏罗希洛夫举行的所有活动。伏老赴全国各地的参观访问，都有国家领导人亲赴陪同。每到一地，都出现了万人空巷的动人场面，数十万群众夹道欢迎，展现了当年中苏友好的确深入人心的史实。

对中方的高规格的热情、周到、细致的接待，伏老多次表示满意。然而，对伏老的热情接待却引起了赫鲁晓夫的不满。中苏关系恶化后，他不只一次地抱怨，他访问中国从来没有受到如此这般的接待。更有甚者，他居然武断地说，中国对伏罗希洛夫的接待，是故意贬低他赫鲁晓夫。当然，这都是后话了。

从伏罗希洛夫访问中国开始，凡有重大外事活动，我们都请李越然来参加翻译组的工作。长而久之，我们就把他当做翻译组的成员了。

后来，我曾提议把李越然调到中办翻译组，杨尚昆主任也表示同意，但由于李越然有一段传奇式的经历，曾到苏联去接受情报培训，保卫部门对调李越然来中办提出异议，因此，调李越然的打算始终没有实现。

“双百”方针和反右

伏老访华的1957年4月中旬至5月中旬，是很不寻常的一个时期。中国共产党倡导和推行了一年的“百花齐放、百家争鸣”方针，在这一时期出现了根本性的大转折。

1956年4月25日，毛泽东在中央政治局扩大会议上做了《论十大关系》的讲话，提出了“百花齐放、百家争鸣”的方针（即“双百”方针）。在1956年11月召开的中国共产党八届二中全会上，毛主席提出从1957年起开展党内整风运动，整顿官僚主义、宗派主义和主观主义三风，并强调整风是一种小民主方式。1957年2月27日，在第十一次最高国务会议上的讲话中，毛主席以其开放的口吻，甚至极有风趣的口吻，鼓励大家鸣放。在此后的一年时间里，中共中央采取了一系列的举措来贯彻这一方针。

大力倡导“双百”方针一个重要的国际背景是1956年赫鲁晓夫清算斯大林，以及下半年的波兰、匈牙利事件，对整个国际共产主义运动震动极大，引起了一种似乎社会主义、共产党应该改弦更张，更加民主的印象。毛泽东开始意识到总结斯大林教训的必要……苏共二十大暴露出苏联体制的许多弊端，其中包括知识界的积极性和创造性被种种清规戒律所压制。“双百”方针的提出，与苏联在斯大林时期对文艺的粗暴干涉和对科学研究的“政治标签化”相比，不能不说是一个巨大的进步，同时，也改变了以往片面强调学习苏联、一味强调要知识分子进行思想改造的偏颇。然而，“双百”方针所带来的1956年至1957年的局面可能是毛泽东及中央上层始料不及的。

“双百”方针提出之后，广大知识分子以十分兴奋的心情对此报以热烈欢迎。知识分子好像逢遇了早春天气。他们的生机开始勃发，积极性调动起来了，特别表现在提高业务的要求上。但知识界也出现了一种想“放”而不敢放，想“鸣”而不敢鸣的局面。早春天气，未免乍寒乍暖，至于在与实际政治关系比较密切的问题上，大多数人更是守口如瓶。

在党的干部队伍中不少人心存怀疑和忧虑。特别是1956年下半年，报纸上小品文、讽刺文章多起来了，批评缺点、冷嘲热讽多起来了；社会上也出现了一些不稳定的现象，城市有少数工人罢工和学生罢课，农村也发生了一些农业合作社的社员闹退社的事件。在那些不赞成“双百”方针的人看来，“百家争鸣”中，马克思主义只是百家中的一家，“鸣”的结果，很可能是非马克思主义的东西甚至是资产阶级思想占了上风。他们还认为，对于知识分子而言，其世界观本来就是唯心主义的。多少年来我党一直提倡唯物主义，批判唯心主义，可是“百家争鸣”使得唯心主义也获得了“争鸣”的资格，因此，“百家争鸣”将会使唯心主义日益泛滥，知识分子的思想改造也将变为一句空话，而且随着各种乌七八糟的反动思想被鸣放出来，局面将不可收拾。这和伏罗希洛夫访华带来的苏联方面的意见多少有些相似。

为了推动“双百”方针，使党内的认识真正统一起来，1957年春的3月到4月，毛泽东做了多次讲话，甚至到各地对省地方干部演讲，进一步阐述“双百”方针，把它作为新的历史条件下处理人民内部矛盾的基本方法，实际上成了全党整风的思想发动。4月27日，中共中央发出《关于整风运动的指示》，决定在全党进行一次以反对官僚主义、宗派主义和主观主义为内容的整风运动，发动群众向党提出批评建议。全党整风开始了。

现在回想起来，1957年4月15日伏罗希洛夫开始访华时，全党整风就已经箭在弦上了。而紧接其后的反右运动也已始出端倪。毛主席和伏罗希洛夫多次谈话的内容，从一个侧面反映了苏联对中国形势的意见，以及毛主席当时的真实想法。我把这些内容一并回忆陈述，为研究、反思反右运动提供一些研究史料。

伏罗希洛夫访华期间，曾就中国国内政治形势和毛主席等多次交换意见。虽然陪同伏罗希洛夫访华的苏联外交部副部长费德林对我方人员说，这次伏罗希洛夫访华是礼节性的访问，苏联领导没有授权他同中国领导人商谈实质问题。的确，据我回忆，在伏老同毛主席和其他中国领导人接触中没有涉及什么官方的正式的话题。但是，作为一位老布尔什维克，伏老在同毛主席的交谈中仍然流露出对当时中国局势的关切和隐忧。

在伏老来华后的第一天，4 月 15 日晚上，毛泽东为欢迎伏罗希洛夫访华，在周总理他们经常接见外宾的中南海紫光阁举行一个欢迎宴会，我还记得很清楚，那天大概摆了七八桌。毛主席、伏老他们都去了。刘少奇、周恩来、朱德等作陪。李越然和我因为要担任席间谈话的口译，就和毛主席等国家领导人以及伏老在同一个餐桌就餐。我们翻译时是这样安排的，伏老讲话就由我翻成中文给主席听，主席讲话就由李越然同志翻成俄文讲给伏老听。

伏罗希洛夫入座以后就直言不讳地、坦率地跟毛主席讲，我听说现在你们的报纸上刊登了很多反对共产党的言论，这个情况令我很担心，会不会像匈牙利的“裴多菲俱乐部”那样再搞出中国的匈牙利事件？苏联从上到下都不理解中共提出的“百花齐放、百家争鸣”的方针；不理解中国作为社会主义国家，为什么允许在报纸上发表大量的反共反社会主义的言论，甚至反苏的言论。苏联人民怀疑“百花齐放、百家争鸣”正在为资产阶级思想提供讲坛，它必将导致资产阶级思想的自由泛滥，必将削弱社会主义思想的阵地。伏罗希洛夫显得有些迫不及待。

而毛泽东则自信地回答说，“百花齐放、百家争鸣”本来是中国两千多年前提出的一个口号，古为今用，我们利用了它。在学术问题上提倡“百家争鸣”，可以防止一些学阀压制观点不同的学派。“不能做温室里的花草，如果没有见过风雨，没有取得免疫力，遇到错误意见就不能打胜仗。”

伏罗希洛夫没等毛泽东把话说完，就反驳说，在社会主义国家不应该允许这些反对共产党和否定社会主义的言论。敌人会抓住一条缺点，大造舆论，会煽动起群众的不满情绪，匈牙利事件就是这样闹出乱子来的。毛主席满怀信心地说，请苏联同志放心，中国不是匈牙利，中国共产党和匈牙利社会主义工人党的情况也不完全一样。

毛主席对伏老说这些话是在4月15日。4月27日，中共中央发出《关于整风运动的指示》。一直到4月30日在天安门城楼上，毛主席还恳切地请民主党派帮助共产党整风，鼓励鸣放。5月1日，《人民日报》刊载了《关于整风运动的指示》，号召党外人士给共产党和政府提意见。

这段时期被称为“大鸣大放”。各界人士，主要是知识分子们，开始向党和政府表达不满或改进建议，甚至出现一些对共产党和中央政府十分激烈、尖锐的批评言辞，有些言论甚至提出“共产党与民主党派轮流坐庄”等论调。新闻界也跟进，刊出各种声音。大学生“要民主、要自由”的汹涌口号惊动了上层，引起毛主席高度警觉。毛主席最初提出整党内之风，搞“小民主”的初衷，已经迅速演变成某种全社会搞“大民主”、“平分天下”的态势。

“请苏联同志放心，中国不是匈牙利”，这是毛主席4月15日对伏罗希洛夫担忧的回复。可以明显感到，毛主席原来估计，由于中国共产党的崇高威望和治国业绩，中国不会发生像匈牙利事件那样的严重社会变动。

但是，就在伏罗希洛夫访问越南、印度尼西亚期间，毛主席对形势做出和原来不同的严重估计。1957年5月15日，毛泽东撰文《事情正在起变化》发给党内同志阅读。文章指出，在党外知识分子中，右派约占百分之一到百分之十，党内也有一部分知识分子新党员，跟社会上的右翼知识分子互相呼应。现在应该开始注意批判修正主义。在民主党派和高等学校中，右派表现得最坚决最猖狂，“什么拥护人民民主专政，拥护人民政府，拥护社会主义，拥护共产党的领导，对于右派说来都是假的，切记不要相信。不论是民主党派内的右派，教育界的右派，文学艺术界的右派，新闻界的右派，科技界的右派，工商界的右派，都是如此。”

5 月 16 日，毛泽东为中央起草了《中央关于对待当前党外人士批评的指示》。《指示》强调：“最近一些天以来，社会上有少数带有反共情绪的人跃跃欲试，发表一些带有煽动性的言论，企图将正确解决人民内部矛盾、巩固人民民主专政、以利社会主义建设的正确方向，引导到错误方向去……”《指示》要求各级党组织要“好好掌握形势，设法团结多数中间力量，逐步孤立右派，争取胜利”。中国的政治形势已经从全党整风迅速转为反右运动。

1957 年 5 月 24 日，伏罗希洛夫从越南、印度尼西亚结束访问后，又回到北京，并做了短暂停留。他自 4 月 15 日来华的二十多天时间里，不止一次地向中国领导人谈到苏联方面对中国报刊公开发表反共、反社会主义言论的不安和忧虑。而中国的政治局势从 4 月底发动全党整风，鼓励“大鸣大放”以来，发生了很大变化。毛泽东对和苏联方面交换想法十分重视。在伏罗希洛夫从印度尼西亚结束访问回到北京的当天，毛泽东又在中南海会见了他，朱德和尤金大使参加了会见。李越然和我担任翻译。

正因为中国形势的陡变，5 月 24 日的会见一开始，在伏罗希洛夫向毛泽东、朱德简单介绍了他访问印度尼西亚和越南的印象后，毛泽东向伏罗希洛夫介绍了中国国内政治形势的一些情况。毛泽东说，他请周恩来向尤金大使通报了一些问题（周恩来会见尤金大使的时间是 5 月 21 日和 23 日）。他说，现在全国广泛开展了整风和处理人民内部矛盾运动。在运动中，中共号召党外知识分子、民族资产阶级代表和民主党派的代表对自己展开广泛批评。他请伏罗希洛夫把这一情况转告苏共中央。毛泽东说，看起来这一情况也应该告诉苏联驻华使馆的工作人员。

毛泽东继续说，在开始阶段，右派分子对中共和政府进行了尖锐的攻击。他说，在大学生中大约百分之八十出身于资产阶级，他们中间不少人怀有敌对情绪。毛泽东说，在大学里目前学生可以写大字报或者小字报批评共产党员和党组织。在不久以前结束的青年团第三次代表大会上，大约有百分之二十的代表有右倾情绪。他说，代表大会结束后这部分代表还可以大鸣大放。

在运动开展过程中，民主党派的领导人中也有所表现。他们当中有一些人，在报纸上发表对中共的攻击。毛泽东指出，他们的所有言论都全文在报纸上公布。

伏罗希洛夫问毛泽东：目前反对共产党的那些人有什么口号或纲领？毛泽东回答说，这些人并不是有组织的力量，他们没有提出任何推翻现有制度的纲领和口号。

毛泽东接着说，中国共产党不得不开展这样一个运动，是为了争取广泛的知识分子为社会主义事业服务。他指出，中国是一个人口众多、绝大部分是文盲的大国。全国只有五百万掌握着各种知识的脑力劳动者。没有他们不可能进行社会主义建设，因为这里有科学家，有教员，有工程师，有文化工作者等等。现在中国工农知识分子完全不够，要培养工农知识分子至少需要十年以上。毛主席当然没有明确讲这五百万知识分子都是资产阶级的，但是他是认为这五百万知识分子也需要改造。“任何事情没有知识分子参与是做不成的，但是这些知识分子需要改造。”所以，我们用这么多力量和精力来改造和争取现有的知识分子。

谈话结束时，毛泽东请伏罗希洛夫和随行人员于 5 月 25 日到他家共进晚餐。毛泽东说，吃饭的时候还可以继续谈话。伏罗希洛夫表示同意。

5 月 25 日的晚餐结束后，双方又谈了一会儿话。在谈话中，毛泽东又谈到在中国广泛开展的整风运动的实质和意义。他说，这次运动的目的首先在于对广大的共产党员、青年团员和国家干部进行马列主义的教育。运动的目的是克服党和国家机构中的官僚主义、主观主义和宗派主义。

毛泽东接着说，大家都知道，主观主义有两个方面，一是教条主义，一是修正主义。中国革命的经验证明，在我们党内教条主义倾向常常是主要的。教条主义者片面地分析事物，他们通常犯“左”倾错误。毛泽东说，在我们党内“左”倾倾向还根深蒂固。许多党员缺乏做群众工作特别是做知识分子工作的经验，常常导致宗派主义的错误，脱离知识分子，脱离群众。正是因为这些错误，党组织和一些共产党员现在受到尖锐的批评。

由此可见，开展整风运动的目的就在于克服党内不正确的和不健康的现象。这一工作大约需要进行两三个月。然后，在知识分子和民主党派成员当中也要开展类似的运动，“当然如果他们同意这样做的话”，“这样，我们先把自己家里打扫干净，然后我们再帮助他们整顿秩序”。

除了上面讲到的目的外，毛泽东继续说，这次运动的任务是积极地争取中国知识界站到社会主义方面来，分化知识界的力量，孤立他们中间的极右派和怀有敌对情绪的人。他指出，中国的知识界有五百万人，在政治方面并不是单一的。它分为“右派”、“左派”和“中间派”。在过去，中国的知识分子在政治上是比较单一的，因为在反对帝国主义和封建主义斗争中他们和中共站在一起，但是在革命的社会主义阶段发生了分化。

毛泽东说，在“百花齐放、百家争鸣”方针提出以前以及开展整风运动之前，我们的印象是，知识界的状况用不着担心，以为他们中间的绝大多数都掌握了马列主义思想，站在唯物主义和社会主义的立场上。但是实际情况并不像我们想象的那样平安无事。资产阶级知识分子的右派代表和同情他们的人装出一副忠实于社会主义的模样，但实际上还是坚持资产阶级立场和幻想复辟资本主义。还应该考虑下面的这种情况，如果说帝国主义分子、封建主义分子和买办资产阶级在人民的眼里已经彻底破产了，那么资产阶级右派知识分子的代表现在在群众面前还没有足够地名誉扫地，还没有暴露自己的思想本质。

毛泽东说，目前中共中央号召所有的知识分子和资产阶级民主人士，对改进党组织和国家机关的工作积极地提出批评意见和建议，并且帮助中共的各级组织更加深入地开展整风运动。知识界、民主党派和民族资产阶级的代表响应党的号召，现在开展了批评中共和中国政府的广泛的运动，而且在初期右派分子表现得最积极和怀有敌意。中共不限制也不禁止他们发表类似的言论，相反这些言论都在中国的报刊上予以公布并且在电台广播。

伏罗希洛夫在谈话中问道，在这场运动中共产党员的情绪怎么样？

毛泽东回答说，大部分党员现在对资产阶级右派分子十分气愤。他强调说，这些党员没有理解这场运动的意义。有些地方不让“百花齐放”，他们认为如果在党外人士和民主人士当中过分地开展这场运动，可能会引起混乱和其他不健康的现象。毛泽东指出，现在的问题在于，在北京现在已经全面展开了批评运动，而且中共中央已经准备开始反击，而在地方上有些领导人还采取观望的态度，并且实际上在压制批评的应有的开展。毛泽东还说，当然，如果有什么力量起来公开反对我们，那么我们会迅速采取坚决的行动。

毛泽东说，由于党内存在这些情绪，我们决定这几天召集省市委书记会议，同他们就这些问题详细地交换意见，让各地能够更大胆地开展这个运动，使得地方的干部解除顾虑，放手让党外人士和民主人士对自己开展广泛的批评。“我们会向地方的同志解释，在没有弄清楚反对我们的人的真实面貌的情况下，不得采取镇压和禁止的政策。”毛泽东指出，应该利用这个运动，完全弄清楚知识界和资产阶级民主人士中间各种力量的分布情况，这样可以知道对我们的攻击可能来自何方。毛泽东说，很显然，现在开展的运动是一个改造广大知识分子的长期过程中的一个阶段，这个改造过程至少需要十年。

看来，毛主席的解释没有完全说服苏联客人。大约两个月后，根据毛主席的指示，杨尚昆主任要求我们翻译组把毛主席 5 月 15 日写的《事情正在起变化》和 7 月“青岛会议”期间写的《一九五七年夏季的形势》两篇文章译成俄文，译完后他把中文原件和俄文译文一起交给了苏联大使尤金，并请他转交苏共中央。毛主席在这两篇文章中，表明了中共中央已下定决心反击资产阶级右派，并指出了批判资产阶级右派的重大意义。他说：“单有一九五六年在经济战线上（在生产资料所有制上）的社会主义革命，是不够的，并且是不巩固的。匈牙利事件就是证明。必须还有一个政治战线上和一个思想战线上的彻底的社会主义革命。”

和伏罗希洛夫谈话几天后，毛主席在 6 月 8 日亲自为《人民日报》撰写《这是为什么》的社论，提出，少数的右派分子在“帮助共产党整风”的名义之下，企图乘机把共产党和工人阶级打翻，把社会主义的伟大事业打翻。中国的反右运动拉开了战事。1957 年夏天，反右运动如火如荼，反右进入了高潮，中国的政治形势发生了重大转折。

反右运动成为新中国成立后第一场波及社会各阶层的政治运动。在大鸣、大放、大字报、大辩论的形式中，反右运动被人为地严重扩大化了。一大批中共党员、有才能的知识分子、长期合作的民主党派朋友被错划为右派分子，遭受长达二十多年的歧视和迫害，“文革”期间又再次遭到猛烈冲击。他们被下放、被监禁、被劳改，身心受到严重伤害，不能发挥应有的作用，给党和国家造成严重损失。

党的十一届三中全会后，绝大多数被错划的右派分子都得到了改正，但是五十五万多右派分子中能活到沉冤昭雪的只有十万多人。直到 1978 年，我到中国大百科全书出版社工作，还为一些大知识分子“右派”的调动、“摘帽子”而四处奔走。不得不看到这场运动对我们国家和民族至害之深，影响之远，不能不让我们反思，以史为鉴。

从毛泽东和伏罗希洛夫谈话来看，应该说毛泽东一方面自信地认为匈牙利事件那样的全国性大乱子在中国闹不起来。但是另一方面，他也不能不担心中国会不会出现类似情况的问题。1956 年上半年，他倡导“双百”方针的主旨，是为繁荣文学艺术和推进学术研究。可是，1957年5月整风运动开始之后，却将“百家争鸣”在一定程度上变成了向执政党的工作和执政党的干部提意见，随后的发展已经不是学术问题而是政治问题上的“争鸣”了，结果是发生了严重扩大化的反右派运动。

反右运动使我党失去了一批忠诚的战士。我大姐阎明诗，一个1936年入党、延安抗大的班长，周恩来派她做我父亲领导的情报组的译电员，新中国成立后在《中国妇女》杂志社工作的老党员，一向对人诚恳热情，敢于直言。我担心她在“大鸣大放”中讲“错话”，专门去看望她，提醒她不要乱讲话。她不以为然，认为响应毛主席、党中央的号召，对工作中的缺点提意见，是一个党员的神圣职责。她在运动中为冤屈同志仗义执言，结果被戴上了“右派”的帽子，被“打翻在地，又踏上一只脚”，度过了长达二十多年的“另类人”的生活，全家迁离北京，在辽宁老家务农多年。“文革”结束后，在最终迎来了对于右派身份的“改正”后，她仍然直言不讳……20世纪80年代，我去看望她时，才知道她感受最痛苦的不是长达二十年的非人待遇，而是这些年不能交党费，参加党组织活动，为党做更多工作。她是我党最坚定的忠诚战士，直到90年代去世。

苏共中的“反党集团”

1957年的7月初，也就是伏罗希洛夫回国后仅仅两个月，记得有天半夜，苏联大使馆的人给我打电话，说是他们的临时代办（当时苏联大使不在我国）要求面见中共中央的领导。有要事通报。这个临时代办叫作阿布拉西莫夫。我就连夜向杨尚昆办公室的值班秘书报告了。

以前苏联大使馆的所有事情都是先给杨尚昆主任打电话，那个时候社会主义国家之间有一条热线，这条热线在中国的终端就在杨尚昆秘书的办公室里，此电话机被安置在一个木箱子里。由于杨尚昆主任平时工作很忙，不可能每次来电话都亲自由他来接，但又怕误事，所以杨尚昆主任就跟苏联大使馆说了，你们以后先给阎明复打电话，并把我家里的电话号码告诉了苏联大使馆方面。

这样，这次他们给我打电话后，我就连夜给杨尚昆主任打电话，杨尚昆主任就立刻报告给刘少奇，刘少奇决定第二天在中南海西院刘少奇的官邸会见苏联的临时代办。

原来，苏联在6月发生了马林科夫等反赫鲁晓夫联盟发动的突然袭击，赫鲁晓夫差点儿被这个联盟赶下台，苏共“六月全会”平息了事件，反赫鲁晓夫的联盟被定性为“反党集团”。赫鲁晓夫或许急于了解中共的态度，就有了这个急切约见我党领导人的电话，以及其后的米高扬秘密访华。我知道的关于这个“反党集团”的情况，大致起因于斯大林逝世后，在苏共中央主席团内部，长期存在着以赫鲁晓夫、布尔加宁、米高扬为一方，以马林科夫、莫洛托夫、卡冈诺维奇为另一方的矛盾和斗争。

赫鲁晓夫差点儿被撤职

斯大林刚去世的那些日子里，苏共强调的是集体领导。这个“集体领导”里面包括谁呢？包括赫鲁晓夫、布尔加宁、福尔采娃等人，当然还有马林科夫、莫洛托夫他们那批老同志。1954年，苏联党政领导人到中国来访问的时候，我方接待的中央领导同志曾询问过，你们谁是一把手啊？他们回答说，我们现在是“集体领导”。连那个苏联驻华大使也说他也不知道谁是一把手。然后大家就猜，猜来猜去认为布尔加宁比较像第一把手，因为布尔加宁的身材很魁梧，举止也很大方，在公众场合说话一般也是他第一个说，大家就以为布尔加宁可能是第一把手。实际上，当斯大林去世以后苏共是没有明确以谁为首的，只是有个领导班子，他们到哪里都说是“集体领导”，其实是个群龙无首的时期。之后，还是赫鲁晓夫当了一把手。

赫鲁晓夫通过一些手段把反对他的那些人逐渐地排挤掉后，中央全会选举他为苏共中央第一书记，后来，又兼任了部长会议主席。

关于赫鲁晓夫，大家都知道他的底细，他是顿巴斯的一个矿工，由于斯大林的夫人阿利卢耶娃的推荐，他到莫斯科担任了市委书记，后来再接近最高领导层。他的文化程度并不高，说话也比较坦率，爱说笑话，但他那些个笑话讲得很一般……听起来就像是个老农民的笑话。比如说他讲道：有一个农民被收税官收了税；第二天收税官又来了，问去年的税你交了没有？交了！又过了一天，收税官问你前年的税交了没有？连交了两年！第三天收税官又来了，就说我都交了税了，这个收税官把他们家的三头牛牵走了。他说："税也交了，牛也牵走了"……他讲完这个笑话以后，他们代表团的人都哈哈大笑，而我们中国人都没反应，感觉并不好笑。毛主席没反应，刘少奇也没反应。他又连讲了两个笑话，两个笑话都是反映农村生活的，给别人的一个印象是在影射对中国的援助：我们苏联给了你们援助以后，我们自己什么都没有了。后来《阿尔希波夫回忆录》里面就提到，赫鲁晓夫讲这个笑话的结果使得中国人认为是不是你们苏联给我们援助了，我们什么也没有了……

谈到援助，赫鲁晓夫当时确实给了我们不少工业援助项目，一共是一百三十五项，其中二十多项都是很重要的项目，后来又加上"秦城监狱"项目，共一百三十六项。"文革"期间，父亲和我"蹲"过的"秦城监狱"就是他们帮助修建的。

1954 年，赫鲁晓夫第一次来中国时，他们还是"集体领导"，没有什么隆重的欢迎仪式。伏罗希洛夫来华时，受到了我们非常隆重的迎接，举国上下万人空巷。对此，赫鲁晓夫就很生气，"我们去的时候根本没有什么夹道欢迎，这完全是为了抬高伏老来贬低我嘛！"其实，两次的情况是不同的。

到了 1957 年上半年，苏共中央内部两派的分歧越来越大。赫鲁晓夫一派倾向于改革，马林科夫一派比较保守。他们之间分歧的领域很广泛，诸如在揭发和批判斯大林的个人迷信问题上；在开垦荒地、工业和建筑业的改革上；轻、重工业在国民经济中比重问题；签订《奥地利国家条约》（即对奥和约）；改善同南斯拉夫的关系；缓和同西方国家关系问题上都有严重的分歧。两派的成员也有些分化，布尔加宁逐步转移到马林科夫一派方面，伏罗希洛夫、别尔乌辛、萨布罗夫也支持马林科夫这一派的观点。这样，在苏共中央主席团内部逐渐形成了一个反赫鲁晓夫的联盟，马林科夫、莫洛托夫、卡冈诺维奇等人一直在寻找机会发动突然袭击，利用主席团内的多数优势把赫鲁晓夫赶下台。1957 年 6 月，机会来了，他们在赫鲁晓夫 6 月 5 日出国访问芬兰期间，制订了撤销赫鲁晓夫苏共中央第一书记的计划。

赫鲁晓夫于 6 月 14 日从芬兰返回莫斯科，马林科夫、莫洛托夫等人照常去车站迎接，并告诉赫鲁晓夫，拟于 18 日召开苏共中央主席团会议，讨论关于举行列宁格勒建城二百五十周年庆典的问题。赫鲁晓夫对此没有产生任何怀疑。

6 月 18 日，苏共中央主席团会议在克里姆林宫开始举行。会议由布尔加宁主持，但并没有按他们原来所说的议程进行，而是一开始就对赫鲁晓夫的内外政策进行批判。马林科夫第一个发言，他指责赫鲁晓夫推行的农业政策破坏国家工业化，大肆推行对他本人的个人迷信，破坏集体领导原则，等等。接着，马林科夫提议审查“赫鲁晓夫的行为”，从而把中央主席团会议引向了专门讨论赫鲁晓夫的问题。卡冈诺维奇、莫洛托夫等先后都做了长篇发言，他们抨击赫鲁晓夫实行的政策是“托洛茨基主义和机会主义的”，是“唯意志论”和一意孤行，还说赫鲁晓夫对斯大林错误的揭露，动摇了党的地位，等等。

在 6 月 19 日的会议上，又是马林科夫第一个发言。他明确提出撤销赫鲁晓夫的苏共中央第一书记职务的问题。卡冈诺维奇、莫洛托夫、伏罗希洛夫、别尔乌辛、布尔加宁、萨布罗夫等六名主席团委员都发言支持马林科夫的意见。那次会议列举了许多赫鲁晓夫的错误：违反民主集中制原则，个人专断，主张签订《奥地利国家条约》[①] 等

---

① 所谓签订《奥地利国家条约》就是签约以后苏联军队就必须从奥地利撤回来。当时奥地利是欧洲的中心，这些老同志不愿意撤军。——作者注

等。另外他在经济体制的改革方面没有成果，农业生产的指挥上也有失败。因此，认定赫鲁晓夫作为苏共第一书记是不称职的，要撤销他苏共第一书记的职务。赫鲁晓夫则断然拒绝马林科夫等人的指责，顽强地为自己辩护。主席团委员苏斯洛夫、基里琴科、米高扬明确表示支持赫鲁晓夫。主席团候补委员朱可夫、什维尔尼克、勃列日涅夫、福尔采娃虽然支持赫鲁晓夫，对马林科夫等人的发言进行了反击，但他们没有表决权。

在6月20日的会议上，马林科夫等决定依仗多数优势强迫赫鲁晓夫就范，强行表决：撤销赫鲁晓夫苏共中央第一书记，由莫洛托夫取而代之，马林科夫重新出任部长会议主席；撤掉国家安全委员会主席谢罗夫，由布尔加宁接任国防部长兼国家安全委员会主席。此外，还打算将苏斯洛夫调离党中央机关，出任政府的文化部长。赫鲁晓夫及其支持者坚决反对。他们的理由是：第一书记是由中央委员会，而不是由主席团选举的，因此主席团无权撤换第一书记，此事必须通过中央全会讨论决定，于是会议出现了争执。

马林科夫等人原本打算通过表决来撤销赫鲁晓夫苏共中央第一书记的职务，但实际上已不可能。在苏共中央主席团内激烈争论的三天中，已有消息传到了外面。当时起了非常关键作用的一个是国防部长朱可夫，一个是国家安全委员会主席谢罗夫（即克格勃的头脑）。中央主席团候补委员福尔采娃、勃列日涅夫同国防部长朱可夫和国家安全委员会主席谢罗夫相配合，联络了在莫斯科的以及全国各地支持赫鲁晓夫的中央委员、候补委员、中央检查委员会委员，动用各种运输工具，将分散在全国的中央委员、中央候补委员、中央检查委员会委员赶运到莫斯科，不仅私下向他们通报了主席团会议情况，并把情况说得十分严重，20日继续进行辩论，但主题已转到要不要第一书记的设置上。会议进行到第四天，双方的情绪都逐渐平静下来。马林科夫、卡冈诺维奇、莫洛托夫等不再要求解除赫鲁晓夫职务，而改为提议：取消苏共中央第一书记职务的设置，如同1953年3月斯大林逝世至8

月期间那样。也有人建议苏共中央主席团的工作由主席团委员轮流主持，或者设立第一书记，让他只负责苏共中央的日常工作。

6月21日，双方在主席团会议继续激烈争吵的同时，集中到莫斯科的支持赫鲁晓夫的中央委员、候补委员、中央检查委员会委员们纷纷向中央主席团致电或写信，强烈要求立即召开中央全会，讨论事关重大的中央领导问题。接着，他们派出第一批五十三名中央委员来到中央主席团开会会场，聚集在会议室门外，要求接见，但遭拒绝。之后，他们便选出由二十人组成的代表团，伊格纳托夫、谢罗夫等率领他们闯入主席团会议室。代表们表示：我们也知道你们在讨论关于中央委员会的领导和书记处的领导问题。对我们全党来说这样重要的问题，是不能撇开中央委员会的成员的。为此，我们作为苏共中央委员，请求立即召开中央全会，并把主席团讨论的问题拿到中央全会上来讨论。我们，中央委员们，不能对决定我党领导人选的问题袖手旁观。这时主席团指派布尔加宁、伏罗希洛夫出来接见中央委员的代表，表示不能开中央全会。但中央委员的代表谢罗夫等坚持一定要开中央全会。此时，伏罗希洛夫大骂谢罗夫，而谢罗夫也对骂起来，并威胁说，如果主席团反对召开中央全会，他们将撇开主席团自行召开中央全会。这时，又有第二批八十七名中央委员来到会场声援。由于聚集的中央委员越来越多，他们施加的压力也越来越大，马林科夫、莫洛托夫、卡冈诺维奇等人不得不做出让步，同意举行中央全会。

苏共中央“六月全会”

6月22日下午，苏共中央“六月全会”由赫鲁晓夫主持开幕。全会29日结束，历时八天，共举行十二次全体会议。一开中央全会，赫鲁晓夫就得到多数支持了。全会开幕后，支持赫鲁晓夫的苏斯洛夫首先代表中央主席团向全会做关于苏共中央主席团会议情况通报，实际是把马林科夫、莫洛托夫等人想要罢免赫鲁晓夫的情况向全会报告了，引起全会极大的反感。全会开始清查跟随马林科夫、莫洛托夫的人和那些不同程度支持他们的人。

开始大会发言时，是朱可夫元帅第一个发言，对马林科夫等人进行揭发批判。全会上的发言，内容涉及方方面面，十分广泛。其中，不仅涉及斯大林逝世后苏联的重大国内外政策和领导人之间在这些政策上的分歧，而且也反映出第二次世界大战后相当长一个时期苏联农业生产严重滞后和城乡人民生活困难的一些真实侧面：在全会上披露了 20 世纪 30 年代、40 年代直至 50 年代初斯大林逝世前，苏联历次肃反扩大化所造成的党政军，以及知识界多起重大冤假错案的真情和实际受害人数；列举了马林科夫、卡冈诺维奇、莫洛托夫对此应负的个人责任，以及苏共第二十次代表大会前后对这些冤假错案的平反处理情况。特别是当有人提到，当时斯大林滥杀无辜的时候马林科夫等这些老人都签了字的，有些被屠杀的人就是马林科夫他们检举、签的字，这一下子引起公愤。此外，中央委员们的发言还涉及苏联同西方国家的关系，同某些社会主义国家的关系，苏共同某些共产党和工人党的关系，以及苏共领导人之间的关系，等等。

在揭发批判过程中，穿插安排马林科夫等犯了错误的人逐个发言做检查。马林科夫等几个人一看形势不妙，就在全会上表示低头认罪。马林科夫、卡冈诺维奇和莫洛托夫都先后两次发言，检讨自己的错误。大会发言结束后，会议主持人苏斯洛夫一一宣读了他们三人向党中央委员会递交的“申明书”。他们都表示承认党的政策是正确的，都承认犯了宗派主义错误。马林科夫和卡冈诺维奇二人承认了反党，请求给他们以继续工作的赎过机会。被定性为“反党集团”幕后思想家的莫洛托夫却有骨气，只承认他“要求撤销赫鲁晓夫第一书记职务是个政治性错误”，但并不承认反党，认为他们的活动“并未超出主席团个别委员之间交谈的范围”，不是搞什么阴谋。

1957 年 6 月 29 日，当中央全会正式表决《关于马林科夫、卡冈诺维奇和莫洛托夫反党集团的决议》时，中央委员们一致通过，莫洛托夫一人弃权。中央全会的决议宣布将马林科夫、卡冈诺维奇、莫洛托夫从中央主席团委员和中央委员中清除出去。在决议中，对属于陷入

“反党集团”而犯了错误的布尔加宁、别尔乌辛、萨布罗夫，以及被定性为投靠“反党集团”、被怀疑为“反党集团”起草决议和提供理论根据的谢皮洛夫，则分别给予了党内处分：对布尔加宁给予严重警告处分；将别尔乌辛从中央主席团委员降为中央主席团候补委员；将萨布罗夫从中央主席团委员中清除出去；将谢皮洛夫从中央主席团候补委员和中央委员中清除出去。伏罗希洛夫因倒戈站到赫鲁晓夫一边，不但在“反党集团”中没有列上他的名字，而且仍然被选为苏共中央主席团委员，并继续担任最高苏维埃主席团主席。

全会一致赞同赫鲁晓夫留任苏共中央第一书记，并扩充和调整了中央主席团和中央书记处，增补了中央委员。这次中央全会以赫鲁晓夫的完全胜利而告结束。他不但摆脱了困境，转危为安，而且把反对自己的人从中央领导机构中都清除了出去。赫鲁晓夫虽然把马林科夫等人打成了“反党分子”，但在对他们处理时，却没有沿袭斯大林时代的做法，将他们置于死地。最后，苏共中央全会决定解除他们苏共中央主席团委员的职务，然后决定分配莫洛托夫到蒙古去当大使，让马林科夫到一个水电站去当一个站长。而卡冈诺维奇则被派到乌拉尔一个著名的大企业当经理。外界曾经评论说道，如果是斯大林早就把他们杀了。

应该说，1957 年 6 月下半月苏共领导层发生的这一场惊心动魄的争斗，是后斯大林时期争夺最高领导权斗争的继续和终结。最终，赫鲁晓夫把领导集团内的多数成员打倒，形成了自己的一统天下。

中共的态度非常重要

苏共在解决了马林科夫等人的问题以后，赫鲁晓夫就决定立即向中共方面通报。

7 月 2 日上午刚上班，杨尚昆主任办公室的值班秘书通知我，让我遵照杨尚昆主任的指示通知苏联大使馆：毛主席不在北京，委托刘少奇会见苏联临时代办，地点在中南海刘少奇官邸。

刘少奇会见苏联临时代办时，在座的有彭德怀、王稼祥、胡乔木、杨尚昆等，我担任翻译。

会见一开始，阿布拉西莫夫就说道，赫鲁晓夫要他向中共中央、毛泽东通报苏共中央《关于马林科夫、卡冈诺维奇和莫洛托夫反党集团的决议》，接着介绍了马林科夫等人的“反党活动”。

好像他刚刚说了这么几句，彭帅就插话道：“他们不都是苏共的创始人嘛，他们怎么会反党呢？”当时在座的中央领导人还表示对马林科夫、莫洛托夫这样的老同志反党难以理解，对他们的错误能否采取别的办法处理？“中国有个王明，王明的右倾投降主义与‘左’倾冒险主义都给我们党带来了很大的损害，致使我们当时的党员减少了五分之三，我们的军队也受到极大的损失，但毛泽东在中共七大还是说服代表们选举他为中共中央委员。后来我们开八大的时候，毛主席还建议继续选他为中央委员。”意思就是说你们怎么可以把他们开除？

当时刘少奇一句话没讲，只静静地听着，一直听阿布拉西莫夫讲完，没表态，只是说，他将把苏共中央的通知报告毛泽东同志。阿布拉西莫夫把“六月全会”《决议》（俄文本）交给了刘少奇。

会见后，我们连夜把《决议》译成中文，连同会见记录交给了杨尚昆办公室。杨尚昆主任审阅后批给中办机要室印发中央领导。

7 月 3 日，中共中央政治局开会，讨论了苏共中央全会的《决议》。7 月 5 日，即苏共中央全会的《决议》正式公布之后的第三天，中共中央致电苏共中央说：感谢你们把苏共中央在 6 月 22 日至 29 日举行的全体会议所做出的《关于马林科夫、卡冈诺维奇和莫洛托夫反党集团的决议》通知我们。我们相信，苏共中央全会所一致通过的这一决议，将有助于苏联共产党的进一步团结和巩固。中国共产党将坚定不渝地和苏联共产党亲密地团结在一起，为继续加强中苏两国的伟大的兄弟同盟，为争取世界持久和平，为争取马克思列宁主义事业的胜利而共同奋斗。

我估计阿布拉西莫夫回去以后向苏共方面，包括赫鲁晓夫本人汇报了他面见中共领导人时的一些情况。几位中共中央领导人对苏共中央全会《决议》的态度，特别是刘少奇没有表态，显然引起了赫鲁晓夫的不安。赫鲁晓夫虽然在其党内的领导地位得到巩固，但脚跟并没有站稳。在十几天里“除掉”包括马林科夫、莫洛托夫等老资格主席团成员，赫鲁晓夫不得不设法争取中共的支持。据以后透露的一些消息，赫鲁晓夫当时就讲道：“我们只是一个脚站着，还没站稳，因此中共方面的态度对我们非常重要。”为此他决定派人来中国面见毛主席。

米高扬秘密来华

当时我们的许多领导人都在南方，只有刘少奇在北京。毛主席当时正在浙江的杭州。赫鲁晓夫决定派米高扬秘密到杭州去见毛主席。米高扬那个时候正好在黑海休假，赫鲁晓夫把他临时叫到莫斯科，紧急派遣他赶赴中国杭州，面见毛泽东，争取他的理解和支持。

7月3日下午，杨尚昆主任通知我，米高扬后天来华，去杭州见毛主席，要我明天同他一起去杭州，并在那儿接米高扬，毛主席会见他时由我担任翻译。次日清晨，我到西郊机场，随杨尚昆主任乘专机赴杭州。

毛主席经常去的有两个地方，一个是杭州、一个是武汉。毛主席这个季节一般都在杭州，通常就住在汪庄。实际上赶在米高扬到杭州以前，中共中央就已经发表了一个公开的《声明》，表示支持苏共中央关于反党集团的这个决议，不但《人民日报》公开发表，新华社也广播了这个《声明》。这些反应都是在很短的时间里做出的。阿布拉西莫夫在北京面见刘少奇时，刘少奇虽然当场没有表态，但很快向毛主席做了报告。毛主席接到报告通过商议后决定，发表声明支持赫鲁晓夫。后来毛主席对他的秘书田家英也讲道，苏联清除了一个反党集团我们能反对吗？再说我们怎么能不支持呢，这是人家党内的事情。毛主席把这个事情归纳起来是两大问题，第一是“观点上的不一致”，指这些“反党集团成员”和赫鲁晓夫之间的观点不一致；第二是这些“反党成员”怕增加主席团的人员，使得他们从多数变成少数派。

7月5日晚七时，我们陪米高扬和随行的阿布拉西莫夫等去见毛主席，是在汪庄靠西湖边的一个会议室里。那个会议室不怎么大，当中有一个长方桌子，我坐在米高扬和毛主席之间靠后一点儿的位置，毛主席的秘书田家英担任记录。在座的有刘少奇、周恩来、陈云、邓小平、王稼祥、杨尚昆、李维汉、胡乔木。

米高扬通报了苏共中央“六月全会”的情况，详细介绍了“反党集团”与赫鲁晓夫的分歧。他说，分歧主要分两类：一类是他们拒绝接受新措施。在内政方面，他们反对改变过去斯大林时期中央权力过于集中的状况，反对民主化；经济上反对改组工业和建筑业的管理，反对在各经济区建立经济委员会，坚持旧的管理方法；反对赫鲁晓夫提出的在牛奶、肉类的生产上超过美国人的口号，认为加速牛奶、肉类的生产将会把整个生产打乱，吃亏的是重工业；在对外政策方面，他们反对签订《奥地利国家条约》（即对奥和约），反对苏联从奥地利撤军，反对改善同芬兰、日本、西德等国的关系；在同社会主义国家的关系中坚持搞大国沙文主义，反对改善同南斯拉夫的关系，反对援助匈牙利、民主德国，反对向波兰赔偿因向苏联提供低价煤蒙受的经济损失，等等。另一类分歧是对过去工作的估计问题。马林科夫、卡冈诺维奇和莫洛托夫等人在斯大林大批屠杀干部的事情上都负有很大的责任，对许多干部的枪杀命令是由他们直接签署的，因此，他们坚持认为枪杀是需要的，对革命来说是必要的。

米高扬在谈到处理“反党集团”事件的过程时说：“反党集团”在旧的苏共中央主席团中本来就占少数，他们反对赫鲁晓夫提出的扩大主席团成员的建议，反对吸收一些较年轻的人参加主席团；他们认为与其在新的十七人主席团中充当少数派，不如在原来的十一人主席团中充当少数派，他们利用赫鲁晓夫出国访问的机会，暗中策划要搞掉赫鲁晓夫，给赫鲁晓夫扣上“右派”、“托洛茨基派”等政治帽子。主席团会议很激烈地争论了四天，6 月 21 日，部分中央委员到克里姆林宫来要求召开中央全会。6 月 22 日，苏共中央全会开始举行。在全会上，苏斯洛夫把主席团会议的情况向大家通报后，会议立即转入对“反党集团”的揭发批判。在全会上，马林科夫、卡冈诺维奇、莫洛托夫等人发言做了检讨，萨布罗夫在会上揭发了他们的宗派活动，马林科夫等人被击败，并且被从中央主席团委员和中央委员中清除出去。

毛泽东在听取米高扬的介绍时插话说，他们的小集团企图更换领导，这是不利的。这时候应该加强领导。这不只是苏联一个国家的问题。过去我们替你们担心，现在这样解决了很好。这一次，开头是他们进攻，你们防御，结果你们打了胜仗。毛泽东还说，你们已经建成社会主义，已经没有资产阶级了，但是也不是天下太平无事了。要准备有事。进步和落后的斗争，有时会很严重。你们巩固，我们就好了。

毛泽东接着说，我们党内原来也有些同志们想，是不是把他们留在中央委员会里更好一些？如果再闹事，再办。现在看来你们是不得不这样决定的。毛泽东最后说，这件事在我们党内有些震动。我们已经采取措施。昨天我们已决定支持你们的决议，今天，我们中央发了一个电报给你们中央，已经广播了。人们不了解内情，许多人不相信他们是“反党集团”，还要说服。他们是怕两条，一条是主席团增加人，一条是怕追究肃反责任。还有一个思想问题，旧的观点不愿有所改变，这是他们犯错误的基础。

会见一直持续到第二天凌晨三点左右，最后，毛泽东再次对苏联客人说，中共中央政治局已决定，支持苏共中央这个决议。接着，他还让我把政治局的决定翻译给米高扬听。在告别时，毛泽东表示，他接受赫鲁晓夫的邀请，将于11月初去莫斯科，参加十月革命四十周年庆祝活动和在莫斯科举行的各国共产党代表会议。

毛主席亲自去参加莫斯科会议实际上是中央讨论决定的，主要是表示支持苏共的这个关于反党集团的决议。米高扬听了这番话，非常高兴，当然是十分满意，并表示感谢。从他表情上看得出有些激动，能够得到中共中央的支持，算是完成了此行任务，似乎心里的千斤重担一下子都卸了下来。

几段插曲

这次会见是在毛泽东靠湖边的一个会议室里进行的，房间不大，里面既没有空调，也没有电扇，狭小的空间热得使人透不过气来。许多人包括毛主席和我，都各用一把扇子，大家一边听一边擦汗，一边扇扇子。我时翻时记，米高扬讲话的时候，我集中精力记录，就把自己的扇子放在毛主席和米高扬之间的桌面上，翻译完就拿起扇子扇几下，就这样反反复复把扇子搁在那桌上。毛主席也是，讲讲话，热了他扇几下，放下来停停，过会儿拿起来又扇，也经常把他的扇子放在那桌上。会谈结束以后大家离开时，主席先起身离开，他随手拿了把扇子走了，然后我们也走了，我走的时候也随手拿了把扇子。回来一看，我感觉不对，离开北京的那天，我带了一把新买的黑色扇子。现在拿回来的怎么是把旧黑扇子了。于是我打开一看，发现在扇柄的内侧有“毛泽东”三个字，看上去是他身边工作人员从报纸上剪下来贴在上面的。这时我才知道原来这是毛主席用的那把黑扇子。毛主席没在意把我的扇子拿去了。这把扇子到现在还珍藏在家里。

离开汪庄，我陪米高扬回到西子湖畔的别墅。那时已是凌晨三点半了，我看他还是那样兴致勃勃，通宵的会谈并没有使他感到疲劳。

根据安排，第二天我就要陪他返回北京。当时，为了保证米高扬专机的安全，空军司令刘亚楼亲自安排飞行计划。他通过毛泽东的秘书叶子龙转告我们，徐州地区夏天多雷雨天气，飞机务必要在上午十一点以前起飞。我把这一情况告诉了米高扬，请他早点儿休息，他同意了。

虽然提前跟米高扬讲了飞机要早点儿起程回京，但米高扬还是磨磨蹭蹭的。他住在一座别墅里面，而我是住在一个工作人员住的地方，我是十点多钟就到他那里的，去时他还没起来。

他起来以后就说：“我是从黑海那里赶过来，黑海的风把我吹得背很疼，听说你们有一种用针扎的（指针灸）治疗办法很管用？”他问我，在走之前能否请中医给他治治。我向叶子龙讲了，叶子龙建议请浙江人民医院的医生给他扎针灸。

十一时左右，我和李志绥医生、浙江人民医院的孙振环医生来到米高扬的住所，他还在睡觉。大家只好等着。下午一点，米高扬起来，吃过饭后来到客厅。我当翻译，李志绥问了问米高扬背部疼痛情况，孙振环医生来了以后给米高扬“啪！啪！啪！”扎了几针，米高扬马上感觉很舒服。这时快两点了，我陪米高扬急急忙忙去了机场。

这里还要提一提，二十多年后，李志绥在他到美国后写的一本书里，竟描写成是毛主席派他去向米高扬解释他（指毛主席）的核战争的战略思想。我读后百感交集。我作为当年在场的唯一的懂俄文的见证人，李志绥同米高扬之间一问一答：李问“您背部哪里疼？”米高扬用手指着后背说“这里、这里。”都是我翻译的，一共没用一二分钟，如此而已，这样一件简单的事，在李志绥的笔下却变成了他受毛泽东之托向米高扬长篇大论地讲述毛泽东的“核战略”！没想到他竟然会无中生有，真是令人愤慨。

我陪米高扬回北京的时候，坐的是米高扬的伊尔 –14 专机。他那个专机里面，首长坐的机舱里放了张长条躺椅，他可以躺在那儿。中间是小茶几，旁边有几张没有靠背的圆沙发。米高扬睡在躺椅上，我坐在小圆沙发上。

专机的领航员是我们中国人，驾驶员是苏联人。起飞不久，天气就变得很坏。我们只看见机窗外天空中打着闪，乌云翻滚，扑面而来。飞机颠簸得很厉害，茶几上的热水瓶和水杯都跳起来。中国的领航员就来跟我讲，空军司令员刘亚楼正在北京的南苑机场，他要和机组对话，我就去了驾驶舱。刘亚楼曾在苏联留过学，俄文讲得非常好。当我走到驾驶舱时，就听见他用流利的俄语大声责怪机组这么晚才起飞。他说：“你们赶快向西北方向飞，哪里天比较亮你们就往哪里飞，要想办法绕过徐州地区上空的雷雨区。”副驾驶还有电报员也是苏联人，我就翻成中文告诉了中方领航员，指挥机组向天边亮的方向飞行，绕过雷雨层。飞了一段时间后领航员告诉我，我们已经绕到西安上空了，绕过了雷雨区后我们再往北京飞，并准备在南苑机场降落。

任凭飞机怎样颠簸，米高扬却毫不在乎。他对我说，他完成了这个使命，即使是死，也满足了。当时我心里想，你快七十岁了，死了是没关系，我才二十多岁，也得陪上。

飞机经过艰难的飞行，终于平安到达北京。原定降在南苑机场，因下起了大暴雨，临时改降在西郊机场。杨尚昆主任从南苑赶到西郊机场前来迎接。后来听杨尚昆主任告诉我，他们原来已经在南苑机场等我们了，后来一看南苑机场大雨，马上就由警车开路直奔西郊机场。我们在西郊机场刚刚一降落，这里也下起了瓢泼大雨。

米高扬这次访问中国属秘密访问，在顺利完成任务后，他立即返回莫斯科。毛主席这次在杭州会见米高扬，实际上是给了他几个信息，一个就是我们支持赫鲁晓夫，另外一个就是表示了他要去参加莫斯科会议。

赫鲁晓夫一接到这些信息，很是受宠若惊，为了给予适当的回报，当即就表示要把尖端武器（主要是原子弹等核武器）技术援助给中国，并约请了以聂荣臻为团长的中国军事代表团和高科技代表团到莫斯科去谈判，商讨签订一个中国期盼已久的《中苏政府关于新技术援助协定》，在这个新技术援助协定里就包括了要在北京援建一个研究所，地址就选在我们发现古代类人猿的那个周口店附近，然后给我们原子弹的样品，以作为赫鲁晓夫对于中共在这次事件中给予他支持的一种感激。

在此之前，1956 年，中方曾经向他们提起过援助制造尖端武器事宜，苏方一直没有答应。

据我了解，赫鲁晓夫以前并没有想给我们这个技术。这可能涉及国际关系，苏联想把我们置于苏联的这个核保护伞下面，并不希望我们独立起来发展原子弹。聂荣臻曾带团去过苏联，跟他们谈相关事宜，但他们以中国缺乏干部为由拒绝了。这回赫鲁晓夫不顾党内军内的反对意见，爽快地答应了中方的要求，一反常态地支持我们搞原子弹技术，也算是“反党集团”事件的“副产品”吧。

1957年莫斯科会议[①]

1957年11月，各国共产党代表和工人党在莫斯科举行会议，发表了由十二个社会主义国家共产党（加上意共和法共领导人）签署的《莫斯科宣言》，以及六十四个共产党和工人党签署的《和平宣言》。这是全世界共产党人一次空前的聚会。

在莫斯科召开的是两部分的“会议”，一个是11月14日开幕的由共产党执政的十二个社会主义国家的代表会议（加上意共和法共领导人代表）；另一个会议是没有执政的共产党，加上上述十四个国家的共产党，共六十四个共产党和工人党在11月16日举行的代表会议。实际上，参加这次国际会议的一共有六十八个党，其中有的处于地下秘密状态、有的由于国内条件特殊不能公开出席会议，所以会议公报上只列举了六十四个国家的党，这次会议也叫做“六十四国党代表会议”。

1957年11月2日至21日，毛主席应苏共中央和苏联部长会议的邀请，率领中国党政代表团访问苏联，参加了十月革命四十周年的庆祝活动，并出席了莫斯科会议。这是毛主席第二次访问苏联，也是他一生最后一次出国访问。我们中办翻译组参加了前期的准备工作，并随团去莫斯科担任了翻译工作。在这里，我把半个多世纪前那些不寻常日子里的所见所闻记录下来，以缅怀当年为中苏两党两国和整个社会主义阵营的团结，为国际共产主义运动的整合和发展，以应对帝国主义势力而殚精竭虑、日夜操劳的毛主席。

莫斯科会议的背景

这个所谓的莫斯科会议，实际上就是组织世界上共产国际、共产主义运动成员来莫斯科开一次大会，大家统一一下认识。为什么？就是因为1956年那个多事之年。这一年的2月，在苏联共产党召开第

① 参见阎明复、朱瑞真：《随毛泽东赴苏参加十月革命庆典》，《百年潮》2006年第1期；阎明复：《毛泽东第二次访苏和1957年莫斯科会议（一）》，《中共党史资料》2006年第1期。

二十次代表大会上，赫鲁晓夫做的批判斯大林个人迷信的秘密报告，不久就从波兰泄露出去，在西方报刊上全文披露，引起国际共产主义运动思想上的严重混乱。很多人退党，人数减半，很多人对苏联、对斯大林失望，而且这种失望的情绪弥漫在整个国际共产主义运动中。西方敌对势力利用这个秘密报告，推波助澜，在全世界掀起了一个反苏、反共的浪潮。此后，意大利、英国等西方国家的共产党有许多党员宣布退党。同年10月，又接连发生了波兰事件和匈牙利事件。应苏共中央的邀请，中共中央派遣刘少奇、邓小平前往莫斯科，调解一度紧张的苏波关系，并推动了后来爆发的匈牙利事件的解决。

毛主席、党中央密切关注事态的发展，多次召开会议，研究当前的局势。毛主席指出，赫鲁晓夫反斯大林的秘密报告，一是"揭了盖子"，二是"捅了娄子"，全世界都震动。"揭了盖子"，表明斯大林和苏联的种种做法不是没有错误的，各国党可以根据自己的情况办事，不要再迷信了。"捅了娄子"，搞突然袭击，不仅各国党没有思想准备，苏联党也没有思想准备。这么大的事情……不同各国党商量是不对的。事实也证明，全世界的共产党都出现混乱。毛主席说，我们自己要硬着头皮顶住。我们要做的是从苏联的错误中吸取教训。毛主席指出，我认为最重要的教训是独立自主，调查研究，摸清本国国情，把马克思列宁主义的基本原理同我国革命和建设的具体实际结合起来，制定我们的路线、方针、政策。在毛主席的主持下，中共中央政治局多次召开会议、扩大会议研究当时的形势，并先后发表了《论无产阶级专政的历史经验》和《再论无产阶级专政的历史经验》，阐明了中国共产党对斯大林是非功过等一系列重大问题上的观点。这两篇文章对澄清国际共运中的思想混乱，加强国际共运的团结，起了很好的作用。

在此期间，一些国家的共产党中央向苏共中央建议召开各国共产党和工人党的国际会议，就当时的形势和国际共运中出现的各种迫切问题交换意见。苏共中央向中共中央转达了这些建议。毛主席、党中央认为，通过召开国际会议，讨论当前世界局势和国际共运中产生的重大问题，取得共识，加强团结，共同对敌，十分必要，因而明确表示支持。就这样，中共、苏共方面开始酝酿召开各国共产党协商会议：一个需要统一思想、统一认识的会议，从而把社会主义大家庭重新团结和组织起来。此后，苏共中央和中共中央之间就如何召开这次国际会议多次交换意见。

1957 年 1 月，周总理应邀访问苏联、波兰、匈牙利三国，出访的任务是协助苏联搞好同波兰的关系，帮助稳定匈牙利局势。除上述任务外，周总理同赫鲁晓夫等苏联领导人就召开各国共产党和工人党代表会议问题交换了意见。1957 年 1 月，在彭真率人大代表团访问南斯拉夫期间，正在莫斯科访问的周总理打电话，指示他单独会见铁托，转达中共中央的建议，由中共和南共发起召开一次世界各国共产党和工人党代表会议。周总理的电话指示，彭真曾向代表团的主要成员通报过。然而，铁托与彭真秘密会见时拒绝了这个建议。他认为以举行双边以至多边会谈为好，不赞成举行世界各国共产党和工人党代表会议。

1957 年 2 月，赫鲁晓夫致信毛泽东，说：根据已经获悉的协议，应该由中共中央主持会议的筹备工作，希望中共中央把有关筹备情况及时通报给苏共中央。

接到赫鲁晓夫的信后，中共中央书记处书记、主管党中央国际联络工作的王稼祥看到来信后，就向我询问，信中称“根据已经获悉的协议……”是指什么协议？谁同谁达成的协议？我说，我也不知道，估计是今年 1 月，周总理访苏时从莫斯科打电话给在南斯拉夫访问的彭真，请他去会见铁托，说现在苏共名声不好，建议由中共和南共发起召开国际共运会议。周总理同彭真的通话可能被监听了，所以赫鲁晓夫得出了这么一个结论。王稼祥说，不管情况如何，我们不能主持筹备工作。

之后，中共中央立即答复苏共中央：中共中央不准备主持筹备这次会议，会议应由苏共中央筹备召开。中共中央还建议，不要匆忙地开会，会议应该在时机成熟的时候召开。

1957 年四五月间，苏联最高苏维埃主席团主席伏罗希洛夫应邀访问中国。他这次访问的主要目的是在西方敌对势力利用匈牙利事件掀起反苏、反共高潮的形势下，向全世界表明中苏两国的团结一致和捍卫社会主义阵地的决心。在访问结束告别的那一天，伏罗希洛夫对毛泽东说：我们，苏共中央希望你能参加今年在莫斯科举行的十月革命四十周年庆祝活动，如果你能参加，将是苏联人民的极大荣幸。

1957 年 6 月初，苏共中央又重新提出召开各国共产党代表会议的意见，并且建议 7 月就召开一个秘密会议，日程也不要规定，由参加者自己来决定会议的性质和程序。中共中央表示同意召开会议，但建议要开就开好这个会，事先要商量，先提出一个文件的草稿，发给各兄弟党征求意见。一致的意见就写上，不一致的就不写；而且这个文件应该是公诸于世的。因此，在开会之前，要在各国共产党之间充分交换意见。文件草案要讨论修改，一致同意后再开会。这样做可能时间会长一些，但是，准备工作充分是有好处的。

7 月 5 日，毛泽东会见米高扬时表示，他接受苏共中央和赫鲁晓夫的邀请，将于 11 月初去莫斯科参加上述活动。

1957 年 7 月 9 日，刘少奇接见苏联使馆临时代办阿布拉西莫夫，阿布拉西莫夫递交了苏共中央致中共中央的信，建议召开各国共产党和工人党代表会议，刘少奇表示，开这样的会议，应该取得大家一致同意的结果，要事先同各兄弟党商量，搞出一个共同的、看法一致的文件来。

1957 年 8 月 19 日，毛泽东接见苏联大使尤金，尤金交来苏共中央和苏联部长会议致毛泽东的信，正式邀请他赴莫斯科参加十月革命四十周年庆祝大会和各国共产党和工人党代表会议。信中说，为了把这个会议开好，苏共将把准备提交会议通过的文件交给中共中央征求意见。

1957 年 10 月 28 日，苏联大使尤金送来赫鲁晓夫给毛泽东的信，建议在纪念十月革命四十周年的时候举行社会主义国家共产党和工人党，以及法国和意大利共产党的代表会议。尤金还送来了苏共起草的“宣言”草案，征求意见。尤金说，这个“宣言”草案事先已送给南共联盟中央征求意见，南共领导人不同意这个文件。

这中间还有一段插曲。

1957 年 10 月，苏联军界发生了重大人事变动。10 月 27 日，赫鲁晓夫免去了朱可夫的国防部长的职务。朱可夫是支持赫鲁晓夫反对马林科夫等元老派的功臣，他利用手中的权力调动飞机，把中央委员从全国各地迅速接到莫斯科，促成了中央全会的召开。对于当时拒绝召开中央全会的元老派，他威胁说：“是不是要我把坦克开到红场上来！”赫鲁晓夫论功行赏，把朱可夫从苏共中央主席团候补委员提升为正式委员，但另一方面也感到朱可夫是一个严重隐患。四个月后，赫鲁晓夫在派朱可夫出国访问期间，解除了他的国防部长职务，并在他回到莫斯科时，在机场就向他宣布了这一决定，连国防部的大门也没让他进。苏共中央通过我驻苏大使刘晓向中国政府通报了有关情况。

赴莫斯科会议前的准备

实际上，会议文件是事先经过中苏两党几次讨论，先提出一个草案，几经易稿，而后再发给各兄弟党征求意见，修改一致同意后再开会。而我们翻译组承担了草案文件修改，中方和苏方就口译、笔译修改问题的商谈过程，之后，我又随毛主席去莫斯科参加了十月革命四十周年庆祝活动和在莫斯科举行的各国共产党代表会议，作为全过程的亲历者，往事一如在目。

1957 年 7 月至 9 月，中苏两党中央就召开各国共产党和工人党代表会议问题多次交换信件。1957 年 11 月，中共代表团赴莫斯科前，中苏双方都做了很多的准备，在国内修改草案时是通过苏联大使尤金交换双方的意见。

莫斯科会议虽然是中苏双方共同促成的。但苏联方面已经酝酿很久了。特别是苏共二十大以后，赫鲁晓夫的“秘密报告”批评、揭发了斯大林的问题，这引起了其他兄弟党的猜疑和困惑，原来苏联在全世界共产党员、全世界人民心目当中是个模范，是个学习的榜样，是苏联拯救了世界免于遭受希特勒纳粹的奴役，苏联的统帅斯大林是一个崇高的形象。“秘密报告”在共产国际引起的震动是不小的，苏联需要通过一个大会来统一认识。这就是召开莫斯科会议的目的。

毛主席对于赫鲁晓夫在苏共二十大揭露斯大林时期的一些暴行，以及其所作的“秘密报告”的评论就叫做：“揭了盖子”，“捅了娄子”。另外有一个“两把刀”的说法，一把列宁、一把斯大林，现在扔掉了一把刀，就是斯大林的一把刀，所以就剩了列宁一把刀。所以苏共二十大以后有很多国家的共产党受到很大的影响，退党现象也有出现。

赫鲁晓夫的这个“秘密报告”刚出来时应该是保密的，像我们这一层面都不知道。以后我调到了中办，并为参加这个莫斯科会议做准备时，在胡乔木那里我才知道了这个事情。起初我感到很吃惊，但也来不及思考。当苏联大使尤金送来苏方的《社会主义国家共产党和工人党代表会议宣言（草案）》（简称《莫斯科宣言（草案）》、《宣言（草案）》）后，我们中办翻译组连夜把它译成中文，呈送杨尚昆，由他批送给有关的中央领导人。

这个赫鲁晓夫很有意思，为莫斯科会议准备的这个莫斯科宣言，起草后先给南斯拉夫看，而铁托拒绝看，并把它退回了苏共。尤金就把这个事情告诉了毛主席，说这个稿子我们事先征求了南斯拉夫的意见，结果铁托不看又给退回来了。然后，尤金就把这本稿子给了主席，当时毛主席没吭声，把这稿子交给我们翻译，要我们连夜把它翻译出来。结果，我们连夜把它翻译好并交给了中办机要室，机要室印好后就在中央规定的发放范围内发放。胡乔木看到这个《宣言（草案）》后，向毛泽东建议，这个草案需要认真修改。毛泽东以及随后召开的政治局会议同意胡乔木的意见，并指定由胡乔木进行初步修改。

我听胡乔木讲，这里面很多观点我们不能够同意，毛主席的意思是，用它这个框架，用它的稿子，再把我们的观点加进去，不要改得面目全非，像是把它打乱重搞的。

毛泽东指出，在行文上要尽可能保留苏共中央的原稿文字，但是，重要的问题还是要表明我们党的观点，并做出修改。胡乔木把译文一页一页地贴在大稿纸上，在稿纸的边上和空档上一段一段逐字逐句地反复修改。胡乔木对草案的修改约一百多处，较大的补充有二十余处，删节三十余处。

为了这个事，我们就在胡乔木家里办公了。在这个工作过程中胡乔木还批评过我们，他感到我们的译文有的用词不够准确。有一次，他很恼火，把我叫去核对。他认为翻译首先要翻译真实意思，不要花哨。他批评说，你们要每个字忠实地翻译，如："黑暗"的就是"黑暗"的，不要译成"暗无天日"的；"残酷"的就是"残酷"的，不要译成"残酷无情"的，加了很多形容词。他说，俄文没有那么些词你加那么些词干什么？总而言之，不要节外生枝。胡乔木的批评对我们触动很大，使我们更加理解所谓翻译要讲求"信、达、雅"，其中第一条是信，要忠实于原文。这一要求后来就成为我们翻译工作中遵循的首要原则。

所以后来我们翻译组里面形成了一个规定，就是翻译要忠实于原文，尤其是党的文件，这一条我们一直遵循到翻译组解散，哪怕不加译两个字读起来别扭也绝对不多加一个字。胡乔木对我们的帮助是很大的，他要求也很严格。虽然他不懂俄文，但他的英文很好。

在毛主席去莫斯科之前，苏联的新西伯利亚芭蕾舞团到中国来演出。1957 年 10 月 29 日晚上，毛泽东在苏联大使尤金陪同下，在北京天桥剧场观看新西伯利亚芭蕾舞团演出的芭蕾舞《天鹅湖》。这个时间，正是我们紧锣密鼓地修改莫斯科宣言的时候。借这个机会，毛主席和尤金商谈了关于准备召开的莫斯科会议的一些观点。

《天鹅湖》的演出很成功。演出结束后，毛泽东邀请尤金同乘一辆汽车回到中南海，当时我也坐在车里担任翻译，毛主席谈及苏共中央关于撤销朱可夫国防部部长职务的决定。

我感到毛主席在谈到朱可夫时，又特别强调了党对军队的领导，应该和朱可夫在粉碎莫洛托夫反党集团事件中起了很大作用有关，为此，朱可夫非常骄傲，兴奋之余他说了那句要了他命的话：“是不是要我把坦克开到红场上来！”就是这句话引起了赫鲁晓夫的警觉，他感到了来自军队的威胁，所以，紧接着就撤了朱可夫的职。

毛主席与尤金从天桥剧场回到了中南海以后，我看见刘少奇、周总理，还有邓小平、王稼祥他们都已经等在那里，会谈进行了四个小时，我担任翻译，主要和尤金进一步商谈莫斯科会议的准备事宜。

关于参加莫斯科会议，毛主席首先讲道，我们中共代表团去苏联，不要什么夹道欢迎。当时飞机图 –104 沿途各地要停下来加油，各地都不要举行什么“热烈欢迎”。他希望，无论在伊尔库茨克、鄂木斯克，还是在莫斯科，都不要搞群众欢迎场面。

接着，毛泽东谈到苏共起草的《宣言（草案）》问题。他说，《宣言（草案）》基本上是正确的，但我们有些意见，对此，我们准备同苏共中央主席团的同志们磋商。

首先是关于“和平过渡”问题，我们认为还是提两种可能性比较好。一般说来，在资本主义国家是存在着两种可能性的。一是“和平过渡”的可能性，提这种可能性，表示我们并不提倡战争，并不提倡要用暴力来推翻政府。二是“非和平过渡”的可能性，在资产阶级作为统治阶级使用武力镇压的情况下，我们就不能不考虑“非和平过渡”的可能性。向社会主义过渡的形式问题，不仅取决于无产阶级，而且也取决于资产阶级。提出两种可能性，可以使无产阶级一只手争取“和平过渡”，另一只手准备对付资产阶级的暴力镇压。

毛主席详细阐述了他对“和平过渡”问题的看法，实际上提出了和苏联的《莫斯科宣言》原稿不同的观点。他说，不仅要估计到“和平过渡”的可能性，而且还应估计到“非和平过渡”的可能性。

顺便先提一下，毛主席对“和平过渡”的看法，在其后到莫斯科的表现也可见一斑。毛主席先期去莫斯科，就是跟几个国家共产党领导人交换意见，主要是了解一下自己对“和平过渡”的异议能不能站得住。

毛主席到莫斯科后，首先找波利特和高兰，因为他们是英共代表，“和平过渡”也是他们先提出来的。之后，毛主席又找意共中央主席陶里亚蒂，然后又找法国的多列士。我记得陶里亚蒂就说，“现在只有靠通过民主选举，在议会里取得多数才能掌握政权，很难设想在欧洲这个发达的资本主义国家里搞‘非和平过渡’”。毛主席听了他的意见但没说什么。

由于在天桥剧场看完《天鹅湖》，又在中南海继续讨论《莫斯科宣言（草案）》，已经很晚了，毛主席还是兴致勃勃，接着与尤金谈到了社会民主党的问题。

同社会民主党建立统一战线很重要，要争取社会民主党和他们影响下的工人阶级中的大多数，这样革命才会有希望。《宣言》不仅应该只强调同社会民主党人的联合问题，而且还应该采用这样一种表达方式，即可以把社会民主党人和资产阶级的民主和进步力量都包括进来，应该团结一切可以团结的力量。

毛主席同意苏联原来那个《宣言》提纲里面提出来的“要团结社会民主党人”的观点。毛主席说，这个问题要讲得恰当。团结社会民主党人的目的主要是争取社会民主党人队伍和他们后边的群众，那么当然也包括了争取这个资本主义国家资产阶级的开明人士，这样才能形成一个广泛的统一战线。对这一问题，中苏没有很尖锐的分歧。“应该团结一切可以团结的力量”，这就是毛主席的观点。

与尤金讨论的第三个问题，就是苏联的《莫斯科宣言》原稿里提到的关于马林科夫、卡冈诺维奇、莫洛托夫“反党集团”问题。

毛主席说出了“反党集团”，是一件不愉快的事。既然不愉快，在一个国际共产主义运动会议上就不要再提什么马林科夫等，把他们的名字一个个数落了。是否就不提他们的名字了，至多点一下“反党集团”就可以了，这已经是过去的事情，再说你们苏共出现了一个“反党集团”并不是一个什么光彩的事情，需要到处去宣扬。不提名字，一般干部和群众容易接受。就我们党内来说，许多同志不了解：莫洛托夫这样一个老党员，几十年一直为革命斗争，怎么想象他会反党？我们提出上述建议，并不是出于对莫洛托夫的怜悯，而是出自对国际共运共同利益的考虑。

其实，莫洛托夫在所有方面对待我们的态度并不比斯大林好。1949 年至 1950 年在举行关于签订条约、势力范围和合营公司谈判时，莫洛托夫有时表现得像个商人，也就是说他在同我们讨价还价。1950 年，我们同苏联已达成协议，苏联将不在包括中国在内的各人民民主国家搞侦察。然而，你们还是搞了。罗申大使就曾找到我外交部的一个工作人员，要他为其提供情报，而且说不要告诉周恩来。但这个工作人员把上述情况向周恩来做了汇报。我们认为，这件事莫洛托夫事先不可能不知道，另外还有一些其他问题。尽管如此，我们还是认为没有必要在《宣言》中提及莫洛托夫。

毛泽东在这里还谈到中共中央对苏共中央的看法问题。他说，我们知道你们党中央内部有不同意见，有两派。我们自己内部曾几次讨论过你们中央存在的状况，并表示支持苏共中央主席团中那部分同赫鲁晓夫同志站在一起的人。在我们这里，对某些问题是有一些不同意见和分歧的，但随着时间的推移，这些不同意见就越来越少了。在许多问题上，我们的观点是接近的。我们曾经不同意你们解决斯大林问题的方式，但随着时间的流逝，这些分歧已变得微不足道。应该承认，通过批判斯大林的个人迷信，仿佛从我们身上掀掉了某种沉重的盖子。这种盖子曾压得我们喘不上气来，并妨碍我们正确地认识许多问题。是谁从我们身上掀掉了这个盖子呢？是赫鲁晓夫同志，为此我们要大大地感谢他。

毛主席讲的这段话实际上是重复了以前他对米高扬讲过的话，这个意见后来被苏联方面接受了。毛主席这话讲得很重。的确，在斯大林时期，什么都是斯大林说了算，他讲了怎么样就怎么样，王明的右倾机会主义，后来“左”倾机会主义，也都是打着斯大林的名义。

接下来，毛主席还讲了分量很重的话。他说：“我们一直很关心苏共中央的领导，关心你们，我们支持赫鲁晓夫同志以及和赫鲁晓夫持同样观点和赫鲁晓夫站在一边的这些同志。”

最后，毛泽东谈到在莫斯科各国共产党会议上是否必须通过一个《宣言》的问题，值得考虑。他说，最理想的局面是所有的党一致同意通过《宣言》。最好是大家都能同意，搞一个团结一致的《宣言》，向帝国主义显示我们的团结。现在看来，南斯拉夫是不同意发表这个文件的，波兰也可能不同意。那么，在这种情况下将会给共产主义的敌人一个把柄，说我们阵营出现了分裂、矛盾等。不过“天是塌不下来的”。我们认为有两种方式，从中选择一种。第一是求同的方式。要使得所有的社会主义国家（包括南斯拉夫）都能接受。要使这次庆祝会和会议表示出我们的团结，搞一个简短的公报，写上几点大家都能同意的东西。第二种“多数同意”方案，就是把现有的《宣言（草案）》加以修改和缩短后，让大家讨论。大多数同志同意，一两个国家不同意。发表这个文件就会告诉全世界，我们社会主义国家大多数是团结的，有一两个国家在这些问题上和我们是有分歧的。

毛主席接着说，所以，我想还是通过协商，耐心做工作，搞一个大家都能够同意的文件。毛泽东请尤金将上述意见转达赫鲁晓夫。

原本，毛主席是打算 11 月 5 日或 6 日去莫斯科的，但是收到《宣言（草案）》后，经过政治局会议讨论，认为双方观点有不小距离，于是决定毛主席提前去莫斯科，争取《宣言（草案）》提交给其他兄弟党之前，起草一个中苏两党间意见一致的草稿。

这样，毛泽东提前于 11 月 2 日动身去莫斯科。

从 10 月 28 日中共中央收到苏共中央起草的莫斯科会议文件草案，到 10 月 29 日观看芭蕾舞后在中南海和苏联大使尤金的谈话，以及 10 月 30 日毛主席主持政治局会议讨论苏共起草的文件草案，到由邓小平牵头，由胡乔木执笔修改，对草案中的很多问题，中苏观点上存在不小距离的问题进行修改，我们翻译组可以说是日夜兼程地跟着连轴转，我们党在国内为莫斯科会议做的准备可见一斑。

特殊旅程和礼遇

1957 年 11 月 2 日，毛泽东率中国党政代表团赴莫斯科，参加十月革命四十周年庆祝活动，并出席各国共产党和工人党代表会议。团长是毛泽东，副团长是宋庆龄，团员有邓小平、彭德怀、李先念、乌兰夫、郭沫若、沈雁冰、陆定一、陈伯达、杨尚昆、胡乔木、刘晓、赛福鼎，杨尚昆兼任秘书长。同时，彭德怀是中国军事代表团团长，郭沫若是中苏友好代表团团长，沈雁冰为中国文化代表团团长等。

在中国党政代表团的名单上，本来还有王稼祥的名字，但在代表团出发的前两天，邓小平在一次筹备会上宣布：今天稼祥给主席打电话，说他有病请假，不能参加代表团的工作了。我看，代表团的对外联络工作，由尚昆来兼管吧！这样，代表团就由十五人减为十四人。

为了保证高质量地完成翻译任务，代表团配备了力量雄厚的翻译班子：俄文翻译方面有李越然、阎明复、赵仲元、朱瑞真、陈道生；英文翻译方面有浦寿昌、俞志英；法文翻译为齐宗华。此外，还从我驻波兰大使馆借调了一位波兰文翻译，从在莫斯科的留学生中选调了一位女学生，上海人，专门为宋庆龄做翻译。

11 月 2 日早晨八点半，中国党政代表团乘坐的由苏共中央派来的专机——图 –104 飞机从南苑机场起飞赴莫斯科。

起飞不久，我到前舱向毛主席报告事情。毛主席坐在机舱右侧书桌的后面，对面坐的是宋庆龄副委员长，彭德怀坐在左侧的沙发床边。我走到毛主席跟前，正要向他报告，毛主席打断我，问宋庆龄，“你认识阎宝航同志吗？”宋庆龄说：“认识，很熟。”毛主席说，“阎宝航是好人！”并指着我说，“他是宝航同志的儿子，是俄文翻译。”这时毛主席发现我站在彭德怀的前面，把他挡住了，就对我说，“你这个人呀，怎么把大元帅遮住了呀！”我赶快站到一边并向彭德怀道歉。彭德怀说，“哪有那么多规矩呀！”至今，我都对这个场景记忆犹新，永远也不会忘记这温情、动人的场面。

代表团乘坐的飞机飞行两个多小时后，于十一时在伊尔库茨克降落。苏共中央主席团候补委员波斯别洛夫和外交部副部长费德林以及中国驻苏大使刘晓夫妇专程来到这个边境城市迎接代表团，前来迎接的还有苏联的地方党政领导人。毛主席走下飞机，同他们亲切握手致意。波斯别洛夫是苏联著名的理论家、哲学家，曾和苏斯洛夫一起主管意识形态工作。他文质彬彬，讲起话来慢条斯理。他向毛泽东和邓小平介绍了《莫斯科宣言》的起草经过，又向杨尚昆介绍了会议的日程安排。

这一年，伊尔库茨克冬天来得早，已经下了一场雪。毛泽东惊奇地发现，机场附近有一片庄稼长得绿油油的。他便问地方领导人：这是什么庄稼，现在还在开花？地方领导人回答说，这是“Рожь（罗什）”，我们几个翻译都不知道这个词，有的说是“大麦”，有的说是“荞麦”。毛主席都一一否定了，说这个季节不可能长大麦、荞麦。著名的汉学家费德林急忙走上前来说，这是做黑面包的一种麦子。毛主席听后点了点头。回到飞机上我查了俄汉字典，原来“Рожь”就是“黑麦”。于是我拿着字典走到前舱，对毛主席说，字典里写的是黑麦，刚才我们都翻译错了。毛主席听了笑着点点头。

莫斯科时间下午三点钟，代表团乘坐的图－104飞机在伏努科夫机场降落，舷梯下是红地毯铺路，赫鲁晓夫等苏联党政主要领导人都到机场迎接……在一阵拥抱、亲颊之后，毛泽东检阅了三军仪仗队。毛主席发表简短致辞，明确指出“以苏联为首的社会主义阵营是保障世界和平的坚强堡垒，是一切不愿意受帝国主义压迫和奴役的人民的忠诚朋友”。

欢迎仪式结束后，赫鲁晓夫陪同毛泽东同乘一辆装甲“吉斯”汽车，来到克里姆林宫。毛主席住在捷列姆诺伊宫。

在一间宽大的休息室里，赫鲁晓夫向毛泽东简要地介绍了会议的筹备情况后，看了一眼正在同毛泽东谈笑风生的伏罗希洛夫，提醒说：该让毛泽东同志休息了，我们告辞吧？在握手告别时，赫鲁晓夫对毛泽东说：你住的是捷列姆诺伊宫，这里曾是沙皇的寝宫。这里离会场即乔治大厅只有几十米远，有一条走廊通往乔治大厅。宋庆龄副团长住在对面的一座楼上。

代表团全体成员以及我们工作人员都住在克里姆林宫。

毛主席在克里姆林宫与代表团工作人员合影。毛主席身后左侧为阎明复

我们刚安顿下来，忽然听到有人说，毛主席来看我们啦！于是大家都涌到走廊里，等候毛主席。原来，毛主席从楼上走下来看望大家。当时，每个卧室的门上都贴有名单，毛主席走到我们几个翻译的卧室门口，看到名单上的“朱瑞真”，就说：“这是个女孩子的名字呀！”朱瑞真回答说：“这是家里老人们起的名，可以改。”毛主席说：“不用改，就这样叫也很好嘛！”毛主席的平易近人给我们留下深刻印象。

毛主席觉得给他准备的原来沙皇用的卧室太大，想调换稍小的一间。毛主席对李越然说，“请你帮我办件事。成了更好，不成再说。你去告诉苏联同志，说这间房子太大，请他们给调一下。你们搬上来，我下去住到你们那里，好不好？……”李越然跑去报告杨尚昆。杨尚昆忙邀集几位领导同志一起走进毛泽东寝室……毛泽东终于做出让步，没有再坚持搬家。

在代表团离开北京的前两天，即10月30日，中央办公厅主任杨尚昆便派警卫局负责毛主席警卫的副局长王敬先、外交部礼宾司副司长韩叙、我们翻译组的朱瑞真前往莫斯科“打前站”。他们的任务是在代表团到达莫斯科之前，和苏联同志一起把代表团的住地安排好，特别是根据毛泽东的生活习惯把他的住房安排好。王敬先等到达莫斯科后，苏方人员对他们非常热情，两个谢尔巴科夫（一个是苏共中央社会主义国家联络部中国处处长谢尔巴科夫，另一个是克里姆林宫警卫局副局长谢尔巴科夫少将）和他们一起指挥苏方服务人员根据毛主席的生活习惯重新布置了他的卧室：苏联方面安排毛主席住的克里姆林宫里的沙皇寝室，房间大极了。毛主席睡不惯沙发床，他们就把这个寝室里笨重的钢丝大沙发床搬走了，换上了一张宽大的木板床；把毛毯、鸭绒枕头之类的东西拿走，然后就把他们从国内带来的毛主席日常用的那个又长又宽的棉被和枕头配上，完全是他中南海的那一套给搬来了；同时在毛主席睡的左手边摆了上百本的线装书，调整了床头上的灯光，书都是从国内带来的；把卫生间的坐式马桶改成了蹲式马桶；等等。

另外，克里姆林宫警卫局长扎哈洛夫少将和王敬先等一起察看了为毛泽东在郊区安排的两栋别墅，供他需要休息时备用。一栋是斯大林当年住过的孔策沃别墅，周围都是森林，离克里姆林宫较远，约四十公里；另一栋在列宁山，离克里姆林宫较近，是马林科夫下台前住过的地方，这两处的卧室和卫生间也做了相应的调整。中国代表团抵达莫斯科后，邓小平、杨尚昆于11月3日中午，去视察了苏方给毛主席准备的这两幢别墅。

事后我们获悉，赫鲁晓夫曾亲自到克里姆林宫检查为毛泽东准备的起居室。看到那张硕大的木板床、薄薄的被褥，他做出了评价："丛林里来的战士……"

还有一个生活细节问题在这里也讲一下，就是毛主席在莫斯科期间的吃饭问题。毛主席的饮食很简单，每顿饭也就是三四碟菜，每碟菜都加有辣椒、豆豉，还加上一小碟用松木烤制的湖南腊肉。这次到莫斯科，毛主席办公室主任叶子龙选派了一位湖南籍的厨师李锡吾和一位四川籍的厨师田树斌为毛主席做饭，苏联主人也派了一位年龄约五十多岁的经验丰富的厨师长伊万诺夫专门给毛主席做西餐。

平时，李越然、浦寿昌陪同毛主席进餐，有客人来再多做几个菜。有一次，毛主席把我也叫去一起吃饭。吃的时候，他跟我说："小阎，我想吃点儿酥油。"酥油！我愣了一下，在国内只听说藏族人喝酥油茶、吃酥油，可从来未见过，也不知道什么样。现在在莫斯科，苏联的酥油又是什么东西？马上说：好，好，我这就去拿。我赶快找到杨尚昆主任，说主席想吃酥油，酥油是什么东西呀？杨主任说，酥油就是黄油。我说怎么叫酥油呢？他说，当年长征的时候路过藏区，藏民从牛奶中捣出来的奶油，藏民管它叫酥油，实际就是黄油。哦！我这才懂得酥油就是黄油。去要黄油的时候，他们还给了我一些鱼子酱。鱼子酱是很贵、很高档的食品，我们临走的时候，苏联方面还送了我们一箱子鱼子酱，真正的黑海鱼子酱，红鱼子酱和大马哈鱼子酱都有。我把这箱鱼子酱交给叶子龙带回北京了。大约过了半年，我还问过叶子龙：主席吃了鱼子酱吗？他说没吃。我说怎么了？他说，都让我们吃了。我说，为什么呀？他说，保健医生说了，鱼子酱胆固醇很高，结果，就没让主席吃……

到莫斯科后第一天，第一顿饭是伊万诺夫厨师长做的西餐，服务员按顺序先送上冷盘，接着先后端上热汤、两道热菜，最后上的是点心和水果。毛主席用餐后提出，以后所有的菜一起摆上桌子，不要一道一道地上。伊万诺夫厨师长当然照办了。之后，叶子龙就为毛主席安排一天做西餐，一天做中餐。

十月革命四十周年庆典前四天，11 月 3 日，苏联发射了第二颗人造地球卫星，重五百零八点三公斤，高度为一千五百公里，每绕地球一周需一小时四十分，上面装有一只叫莱卡的小狗和仪器，并有两部电话。代表团的同志们听说了这一喜讯后都很高兴，说这是“喜从天降”。

苏方对中国代表团的这种礼遇在苏联历史上是空前的。

在莫斯科访问期间，毛主席先后同赫鲁晓夫举行过两次正式会谈；此外，在开纪念会的时候，在红场观礼的时候，在整个大会期间，赫鲁晓夫几乎每天都同毛主席见面，或共同进餐，或一起参加活动、出席会议，对会议的开法、《宣言（草案）》的修改、兄弟党代表团对草案的意见、中苏草案分歧的弥合，经常交换意见，达成共识。

毛主席每次从住的那个沙皇的寝宫到乔治大厅开会，赫鲁晓夫都到那个寝宫门口去迎接主席，然后他总是让主席走在前面。每次开会时，毛主席和赫鲁晓夫大约提前一分钟，差不多同时进入会场。当毛主席在会议大厅一出现，全体都起立鼓掌。会议开始前，毛主席第一个就座，其他人随其后就座；会议结束时，毛主席第一个起座，其他人跟着起立，所有领导人都站在原地，等毛主席和赫鲁晓夫先从大厅走出去。事实上，毛主席好像请赫鲁晓夫先走，但赫鲁晓夫把这一荣誉让给了毛主席。

赫鲁晓夫的这种谦恭态度，使毛主席感到，这次访问苏联同 1950

年那次访问相比大不一样。正像毛主席后来多次所说的，1950 年那次是做“儿子”来的，所谓兄弟党关系只是口头说说而已，实际上是“父子党”、“猫鼠党”；而这次访问可以平等地讨论问题，如有不同意见，经过反复磋商，直到最后达成一致。

反复磋商、求同存异

在莫斯科会议召开前期，政治局就决定，毛主席和代表团提前赴苏，以便就地同苏共讨论修改文件。到达莫斯科后，毛主席做了大量工作，以确保会议成功。

毛主席花了很大的精力主持修改苏共提出的会议文件草案，在苏共草案的基础上提出中共的新的草案，经过多次磋商修改，最后以两党代表团的名义提交大会。毛主席同赫鲁晓夫多次会晤，就如何开好会议、会议文件的修改以及一系列重大的国际国内问题交换了意见。

11 月 2 日，中国党政代表团抵莫斯科后，接到苏共中央送来的文件草案第二稿。代表团的翻译组当即对照苏共草案第一稿，译出文稿中改动和新增加的地方。邓小平看后指出，二稿同一稿差不多，仍保留苏共二十大赫鲁晓夫报告中的片面性的观点，照这些观点写出来的会议文件是有害的。毛主席对前来拜会的赫鲁晓夫说，我提早来就是为了《宣言》的稿子。我们要搞一个好的草稿。我们党也准备起草一个稿子，供你们考虑。

其实，中共中央在中国党政代表团出发去莫斯科之前，已经确定了我们的立场，基本调子已经定好了。10 月 28 日，苏联驻华大使尤金在北京交来的苏共起草的《宣言（草案）》，经过胡乔木的修改、中央讨论，成为中苏草案第一稿，其中加了很多我们的观点，比如说“美帝国主义是一个最凶恶的敌人，它企图在我们的社会主义国家复辟资本主义”，还有“共产党人都要学辩证法”的观点等等，也提到一些社会主义的共同规律，等等。胡乔木的修改手稿非常珍贵，上面圈圈点点，还有毛主席亲自添加的一些话。我估计我们的历史博物馆、档案馆不一定能收藏到那份手稿。

11月3日晚上七时，赫鲁晓夫邀请毛泽东共进晚餐，中苏两党领导人进行了长达四个小时的会谈。中方参加的有邓小平，苏方参加的有布尔加宁、米高扬、波斯别洛夫、尤金等。双方讨论了以下几个问题：

关于《莫斯科宣言（草案）》

毛泽东问赫鲁晓夫，会议文件怎么办？

赫鲁晓夫说，尤金已把你们的意见转给苏共中央，我们已根据你们提出的意见进行修改，比如说，不要提马林科夫、卡冈诺维奇和莫洛托夫的名字，把文件搞得短一些，等等。

赫鲁晓夫问中共是否也起草了一个稿子，如果起草了，可以拿出来研究。

毛泽东表示，现在的稿子可以压缩一半。从内容上来说，苏方提出的文件中百分之九十或更多一些，我们都同意。

赫鲁晓夫说，原稿还正在修改，修改后再给你们看。我们两党都同意之后，就可以作为一个方案给其他党的代表团看，请他们提意见。

毛泽东建议由中国代表团的一些同志和苏联同志一起研究和修改这个《宣言（草案）》。中方指定邓小平、陆定一、陈伯达、胡乔木参加，苏方指定苏斯洛夫、波斯别洛夫、尤金等人参加。

毛泽东还建议推迟会议召开时间，使《宣言》的修改时间更长些。赫鲁晓夫表示同意。双方商定将会议推迟到11月14日召开。

关于成立国际组织问题和合办刊物问题

赫鲁晓夫再次提出要办一个指导各国共产党和工人党活动的刊物，还提到要成立一个国际组织。

毛泽东说，暂时不要搞国际组织，这样可以使一些国家安心一些，这里不是指帝国主义国家，而是亚非国家。有些事情即使没有国际组织，通过召开国际会议的方式也可以得到解决。这次大家不是都同意开这个会嘛！以后，如有必要，在所有社会主义国家都同意的情况下，就可以召开会议。会议可以一年开一次，也可以两年或三年开一次。如有紧急情况，还可以一年开几次会议。在这次会议上，可以确定一个会议召集人。米高扬说，可以让大家轮流担任召集人。毛泽东说，十三个国家，哪年才能轮一次呀？赫鲁晓夫说，我看就由中共和苏共轮流召集吧！毛泽东说，不，只能由你们一个党担任召集人，如果有人对此有不同意见，我们可以去做工作。

赫鲁晓夫在谈到合办刊物时说，有些党曾经提出联合办一个刊物问题，我们认为，如果要办这个刊物，最好由许多党至少是几个党指派代表共同来办。

中共当时表示不必由许多党或几个党指派代表来办，要办可以由苏共来办。以前我们没有同意，这是因为考虑到，这样一个刊物不仅要刊登理论性文章，而且要发表一些批评性文章。我们担心会造成一种局面：如果我们批评别的党，就会搞坏我们党和其他党的关系。毛泽东表示，这样一个刊物的用处不大，而且也不容易办好，批评其他国家的党很困难，批评也不容易恰当，过去的经验证明了这一点。但是如果你们认为有必要办，我们也不坚决反对。如果办刊物需要，我们也可以派人来。

关于南共联盟代表团不在《宣言》上签字问题

赫鲁晓夫说，南共联盟代表卡德尔看了《宣言（草案）》后，已经宣布他们不在《宣言》上签字。卡德尔表示，如果非让他签字，就得把南共不同意的观点从《宣言》中删掉。这样，就等于叫一个南共联盟把所有的党都拖到了他的立场上。这是不可想象的事。

其实，南斯拉夫怕在《宣言》上签字后，美国将停止对它的援助。他们怕签字，对他们来说，什么文件都不搞才有利。

毛泽东表示，南斯拉夫不签字也可以，因为它不承认社会主义阵营。它可以以观察员身份参加会议。

关于波兰

赫鲁晓夫对波兰把煤炭优先卖给西德很不满意。他说，波兰同志的态度使我们气愤，骂了我们之后又向我们要钱。把我们支援他们的小麦拿去喂猪，把猪肉加工后卖给西方国家，赚外汇。

毛泽东同意可以和波兰同志谈谈，劝说他们主要应该依靠自己发展经济，同时要加强同苏联的团结。

赫鲁晓夫说，这些意见只有中国同志讲，他们才能听得进去。

在谈到波兰国内形势时，毛泽东说，资产阶级知识分子在波兰的影响还很大，要进行激烈的阶级斗争才行。

赫鲁晓夫说，在波兰实行的是资产阶级民主主义政策，没有无产阶级专政，党被小资产阶级俘虏了。

接着，赫鲁晓夫还谈到波兰总理西伦凯维奇。有人向我们报告，西伦凯维奇去年访华时进行过反苏活动。

毛主席说，没有这种事。如果有这种事一定会反映到我们中央来，但我们根本不知道。

赫鲁晓夫说，今年 5 月，随伏罗希洛夫访问中国的乌兹别克最高苏维埃主席拉希托夫，回来后向我们报告说，贺龙在陪同他参观时曾向他谈过西伦凯维奇在北京进行过一些反苏活动。

毛主席说，根本没有这回事，贺龙也不会向他谈这个问题，不过，我们回北京后可以查一查。

代表团回北京后，并没有调查这件事。因为当时领导人认为，西伦凯维奇访华时确实不赞成呼“以苏联为首的社会主义阵营万岁”这个口号，但没有任何反苏活动。一定是拉希托夫添油加醋，邀功请赏，向赫鲁晓夫做了假报告。1958 年，这位擅长打小报告的拉希托夫被推选为乌兹别克共产党中央第一书记。这也许是偶然的巧合，并不一定同他这次打小报告有直接的联系。

关于匈牙利

赫鲁晓夫说，卡达尔是个好同志，但是他对一些问题的认识不对头，有些糊涂观念。他认为匈牙利事件是革命，是工人起义。

毛泽东说，我对匈牙利同志和波兰同志都讲过，现在是无产阶级革命胜利，是社会主义胜利，还是资产阶级复辟，这个谁胜谁败的问题还没有从根本上解决。除苏联外，对其他社会主义国家都可以这样说，只是程度不同而已。

赫鲁晓夫同意这个看法。

午夜十二时，毛主席、邓小平返回住地后召开会议，介绍同赫鲁晓夫会谈情况，到凌晨一时半结束。

中国代表团抵莫斯科后，一方面参加主人安排的各项正式活动，一方面由邓小平主持紧张地准备会议文件草案。从11月3日晚上起，代表团加紧起草《宣言（草案）》。由陆定一、胡乔木、陈伯达分头执笔，邓小平主持讨论修改，毛主席最后审定。定稿一部分就交给我们翻译一部分。11月4日下午二时，毛主席召开会议，讨论邓小平、胡乔木等起草的莫斯科会议文件。11月5日上午，代表团还在开会讨论我方起草的《宣言（草案）》。至此，到11月5日写出了初稿，即中共代表团起草的会议《宣言（草案）》。

11月5日，苏共中央又向中共代表团提交了《宣言》的修改稿。11月6日，中共起草的《宣言（草案）》经毛泽东最后审定后，以中共代表团的名义提交给苏共中央。

在这一稿草案中，毛主席增加了一段关于辩证唯物论的论述。因为，到莫斯科后，毛主席在同兄弟党领导人接触中，包括苏联党、赫鲁晓夫在内，感到他们的思想方法中有不少唯心主义和形而上学的东西。毛主席反复向波兰党的哥穆尔卡解释关于帝国主义是“纸老虎”的观点，说在战略上要蔑视它，它没有什么了不起，是“纸老虎”；但是在战术上，在一个一个具体问题上，必须认真对待它，不容轻率，哪个讲它是纸糊的老虎呀！哥穆尔卡百思不得其解，说又是“纸老虎”，又不是“纸老虎”，这话怎样讲呢？所以，毛泽东亲笔加了下述一段关于马克思主义辩证唯物主义的论述：“马克思列宁主义的理论基础是辩证唯物论。这种宇宙观反映自然界、社会和人的思维的普遍发展规律，适用于过去、现在和将来。辩证唯物论的对立物是形而上学和唯心论。一个马克思主义的政党如果不用辩证法和唯物论的观点去观察问题，就会产生片面性和主观主义，就会使思想僵化和脱离实际，不善于对事物作恰当的分析，就会犯修正主义或者教条主义的错误，就会在政治上犯错误。在实际工作中运用辩证唯物论，用马列主义教育干部和广大群众，是共产党和工人党的迫切任务之一。”

从 11 月 6 日起，中苏两党代表团各派几个代表联合起来，组成了一个写作班子，开始讨论修改苏共的第二稿和中共的草案。中共代表由邓小平领头，有陆定一、胡乔木、陈伯达、杨尚昆参加；苏共代表由苏斯洛夫领头，波诺马廖夫、波斯别洛夫等几个理论家，以及库西宁、尤金参加。每次讨论的情况，邓小平都及时向毛主席汇报，并根据毛主席的意见做出相应的改动或补充。

从 6 日到 11 日，一共召开了三次会议。

在第一次会议上，胡乔木为我方的草案做了说明。讨论的结果，苏共代表同意以中方起草的草案为基础，进行修改、补充。会议的气氛友好，遇有不同意见，双方都心平气和地各抒己见，经过讨论取得共识。这也是当时两党关系密切的反映。

双方代表认真地一段一段地逐字逐句地讨论修改。中方草案中的一些主要观点，都比较顺利地通过了，如：美帝国主义是全世界反动势力的中心；关于社会主义革命和社会主义建设的共同规律；在实际工作中运用辩证唯物论的重要性；工人阶级取得政权只是革命的开始而不是终结；资本主义和社会主义谁胜谁负的问题需要一个相当长的时间才能解决；资产阶级影响的存在是修正主义的国内根源，屈服于帝国主义的压力则是修正主义的国外根源；等等。

关于辩证唯物论的论述，苏共代表表示，这个提法像哲学教科书的课文，写在政治宣言里不一定适宜。但是，中共代表则主张保留有关提法，并说这一段文字是毛主席亲自加上去的。据李越然回忆，“苏斯洛夫为此来看望毛泽东，用商量的口气说，‘毛主席，这是大家都熟悉的道理，不添进去好像也可以……’毛主席将手轻轻一摆说：‘大家都熟悉，不见得。如果说有人知道，那必然就有人不知道。这个观点你信不信？’《宣言》本来就是中苏协商，你一段，我一段。苏斯洛夫同意将辩证法的论述写入会议文件。”

这次商谈中，除了“和平过渡”问题和关于苏共二十大的提法外，对《宣言（草案）》双方基本上取得了一致意见。

11月8日二十三时三十分，苏方代表波斯别洛夫、波诺马廖夫、安德罗波夫到克里姆林宫中国代表团住所，同邓小平、陆定一、陈伯达、胡乔木、杨尚昆就《宣言（草案）》交换意见，一直持续到次日凌晨两点。会谈结束后，邓小平等到毛主席处汇报。

11月9日上午和中午，毛主席召开会议，讨论《宣言（草案）》中尚有分歧的关于“和平过渡”问题和对苏共二十大的评价。

苏共草案中关于“和平过渡”问题的提法，中共代表团是有不同意见的，中共的草案中没有涉及“和平过渡”问题。苏共代表说，这个问题是苏共二十大提出的，如果《宣言》中不提“和平过渡”，他们无法向苏共、向国际共产主义运动交代。这时，离14日会议已经很接近了。中苏双方代表紧张地交换意见，反复磋商，先后八易其稿。最后，为了照顾苏共，中方做了让步，同意保留苏共草案中的提法，但增加了要有“非和平过渡”准备的内容。邓小平提出，我们可以就“和平过渡”问题向苏共提交书面的《意见提纲》，全面阐明我们对“和平过渡”问题的看法。同时，在《宣言（草案）》中照顾到苏共的观点，对“和平过渡”问题有所阐述。

毛主席同意小平的意见，指定陈伯达、胡乔木等秀才起草这份《意见提纲》。中共代表团把对这个问题的保留意见，以备忘录的形式写成一个《关于“和平过渡”问题的意见提纲》交给苏共。

最终双方同意搞个内部决议，即《关于“和平过渡”问题的意见提纲》，这个决议就不公开了，中苏两党双方各自不同的观点给搁置了起来。《意见提纲》也是由两党委派的联合写作班子起草的，中共这边就是以邓小平为首，胡乔木、陈伯达、杨尚昆等，苏共那边就是苏斯洛夫、波斯别洛夫、波诺马廖夫等人。

另一个反复讨论的问题是苏方提出的要在《宣言》中肯定苏共

二十大。为了肯定苏共二十大，他们在草案中还提到中共八大和其他一些党的代表大会："苏共二十大创造性地发展了马列主义，中共八大、法共和意共的代表大会也表示出对马列主义的忠诚。"苏方的意图是很明显的：要在这次国际会议的《宣言》中肯定苏共二十大的路线。

对此，中共代表一直持保留态度，表示中共八大不需要在《宣言》中讲，各党的代表大会是各党自己的事，不需要国际会议批准，否则以后开国际会议都要审查各个党的代表大会的路线，不又是搞共产国际了吗？另外，中共的意见，为什么中共八大以及意大利、法国的几个党代表大会仅仅只是"显示了对马列主义的忠诚"，而苏共二十大则是"创造性地发展了马列主义"。但是苏共代表一直坚持他们的意见，为此双方的意见难以统一。

最后，毛主席在同赫鲁晓夫谈话时，赫鲁晓夫说出了他的心里话，"这个《莫斯科宣言》里面要是不提二十大的话，我就站不住脚。"毛主席表示，既然你们一直坚持要写，感到确实需要，那么，我们可以照顾你们，同意在文件中对苏共二十大做肯定的表述。中共代表也对苏共提出的论述增加了一些限制性的修改。

回国后，邓小平在 11 月 22 日召开的政治局常委会上说，我们对苏共二十大还是采取照顾的办法，还是写到会议的《宣言》里。我们照顾他们这一点，就取得赫鲁晓夫在其他问题上的让步，争取到赫鲁晓夫支持我们党起草的《宣言（草案）》的意见，说服其他兄弟党。

11 月 10 日上午，毛主席主持代表团会议，审议《宣言（草案）》和《关于"和平过渡"问题的意见提纲》。根据毛主席的指示，代表团将《宣言（草案）》发报回国，提交政治局审议批准。11 月 11 日，政治局讨论通过，并授权代表团决定。

下午十五时至二十时，中苏双方代表第二次就《宣言（草案）》交换意见。中方代表有邓小平、陆定一、陈伯达、胡乔木和杨尚昆；苏方代表有苏斯洛夫、库西宁、波斯别洛夫、波诺马廖夫、安德罗波夫和尤金。邓小平首先宣读了中共代表团的《关于“和平过渡”问题的意见提纲》。《提纲》充分反映了毛主席对资本主义国家的工人阶级如何取得政权问题的观点，主张提出非和平道路及和平道路这两种可能性，认为当前世界上“和平过渡”的可能性并不具有现实意义，无产阶级和共产党绝不能丝毫放松对于革命的准备，并随时准备用武力应对反革命的镇压。《提纲》观点明确、措辞尖锐，实际上批判了“和平过渡”的观点。邓小平宣读《提纲》过程中，苏斯洛夫、库西宁、波斯别洛夫等苏共中央的顶级理论家一个个表情严肃，不得不硬着头皮听下去。直到邓小平最后读到“苏共二十大以后，我们没有对‘和平过渡’问题发表过意见，现在因为要发表《共同宣言》，我们不能不说明我们的观点，为了要表明《宣言（草案）》在这个问题上同苏共二十大的提法相衔接，我们同意以苏共今天提出的稿子为基础，在个别地方提出修正”时，苏共代表才松了一口气。接着双方代表就《宣言（草案）》中如何阐述这个问题交换了意见，几经磋商，终于达成了共识。同时，对全部草案取得了一致意见。苏共代表提议，草案应作为苏共代表团和中共代表团共同起草的《宣言（草案）》提交会议，双方同意于 11 月 11 日送给与会各党代表团征求意见。

11 月 11 日，经过双方联合修改并统一意见，中苏双方代表完成了对草案的讨论，并决定将作为两党代表团共同起草的草案提交与会各党代表团讨论。这个草案就叫《苏共中央代表团、中共中央代表团联合声明草案》。

在此期间，中苏两党代表团还商定，建议资本主义国家的共产党代表团不列席社会主义国家共产党和工人党代表会议，以免增加他们回国后工作的困难。经与各国党交换意见，大家一致同意在十二个社会主义国家党代表会议之后，再召开世界六十八个共产党和工人党代表会议。这个会议的文件《和平宣言》由苏共和波兰统一工人党代表起草，其观点是与会各国党代表团都能够接受的。

11 月 11 日下午三时，苏联最高苏维埃主席团主席伏罗希洛夫到克

莫斯科会议期间，伏罗希洛夫到克里姆林宫拜访毛主席，宋庆龄、邓小平、彭德怀、杨尚昆等参加会见。宋庆龄身后右侧为阎明复

里姆林宫回拜毛泽东主席，我方出席的还有宋庆龄、邓小平、彭德怀和杨尚昆。下午五时，毛泽东、邓小平去苏共中央大楼同赫鲁晓夫会谈。

11 月 12 日上午九时召开代表团会议，由邓小平通报与苏方会商的情况和有关《宣言》的一些问题。当日晚上，苏共中央社会主义国家联络部中国处处长谢尔巴科夫交来一部分兄弟党对《宣言（草案）》的意见。我们连夜译成中文。

11 月 13 日，是社会主义国家党代表会议召开的前一天，也是中共代表团最忙碌的一天。上午九时，邓小平召开会议，有陆定一、陈伯达、胡乔木、杨尚昆等人参加，研究兄弟党对中苏两党共同提出的《宣言（草案）》的意见，着重研究了波兰方面提出的意见。下午十五时至十七时，邓小平等向毛主席汇报兄弟党对草案的意见以及我们对这些意见的看法。

傍晚十七时，邓小平、陈伯达、胡乔木、杨尚昆带着我、赵仲元、陈道生等几个翻译前往苏共中央办公大楼，与苏共代表苏斯洛夫、库西宁、波斯别洛夫、波诺马廖夫、安德罗波夫、尤金等人，就兄弟党对《宣言（草案）》提出的意见进行第三次会商。大家都很认真，一页一页地讨论。二十一时左右，毛主席来电话，要杨尚昆、陈伯达回去汇报。杨尚昆同毛主席谈完会商情况后又回到会场。会议继续开到二十二时，因为有些问题需要同毛主席商量，中共方面提出休会一小时，苏方表示同意，邓小平等返回住所向毛主席汇报。二十三时，中共代表返回会场，继续开会，直到凌晨时分才结束。邓小平回来后又向毛主席做了汇报。

在整个访苏期间，毛泽东几乎拒绝了所有的参观、游览，甚至没有抽出时间同在莫斯科养病的儿子毛岸青见上一面，也没有派人去看望他。但他没有忘记王明。11 月 6 日，他派长期在中央机关工作的黄树则、赖祖烈以及朱瑞真，到莫斯科郊区的一个别墅里去看望王明。王明身材不高、稍胖，面色苍白，但很健谈。他简单地介绍了自己的身体状况后，一再说，感谢毛主席，他在百忙中还派你们来看望我。

毛主席除了参加苏方安排的正式活动外，把全部精力都用到这次会议上，亲自审改《宣言（草案）》，出席会议并讲话，同各国共产党领导人，特别是西方资本主义国家共产党领导人进行了多次接触和交流，深入探讨在西方资本主义国家如何进行无产阶级革命的问题，“和平过渡”的问题，等等。这些国家的工人阶级政党应当采取什么样的斗争策略和斗争方式，是这次莫斯科会议讨论的一个重要问题。

十月革命四十周年庆祝大会

11 月 4 日，毛泽东和中国党政代表团到苏共中央办公大楼，礼节性地拜会了赫鲁晓夫。会晤持续了四十分钟。然后，毛泽东率中国党政代表团到苏联最高苏维埃主席团礼节性拜会伏罗希洛夫主席。下午六时，毛主席和中国党政代表团到苏联部长会议大楼礼节性拜会布尔加宁主席。

这一天上午，苏方警卫人员领来一位皮鞋工厂的师傅。警卫人员说，十月革命节那天，毛主席要在红场观礼台上站几个钟头，怕冻伤

1957 年 11 月 5 日下午，在克里姆林宫警卫局局长扎哈洛夫少将陪同下，毛主席率代表团到红场瞻仰列宁墓并敬献花圈。毛主席左侧为翻译阎明复，右侧为卫士李银桥

了脚，给毛主席做一双厚的毛皮鞋。师傅说，他是奉命而来，目的一是量一量毛主席皮鞋的尺寸；二是带来各种颜色的面料和毛皮样品，供选择。毛主席知道这件事后非常生气，责怪王敬先说，我们这次来，人家对我们招待得这样好，不要再向人家提这样和那样的要求！王敬先辩解说，我们根本没有提过任何要求，这是苏方主动安排的。据说，他们还要为您缝制一顶皮帽子呢！毛主席说，一概谢绝！总之，为这些事，不要麻烦人家。

11 月 5 日下午，毛主席率中国党政代表团到红场拜谒列宁、斯大林墓，并献了花圈。晚间，毛主席约尤金大使谈话。

11 月 6 日上午，毛主席率代表团全体成员到卢日尼基体育馆，参加苏联最高苏维埃召开的十月革命四十周年庆祝大会。大会由卡班诺夫主持，赫鲁晓夫在会上做了长达四个小时的报告。然后，卡班诺夫宣布休会。

这时，大会秘书长谢洛夫走到中共代表团秘书长杨尚昆跟前通知说，赫鲁晓夫同志恳请毛泽东同志和各国代表团团长留在体育馆共进午餐。杨尚昆问了问毛主席，然后回答说，毛泽东同志有点儿疲劳，需要回去休息。谢洛夫仍再三恳求，杨尚昆回答说，如果一定需要中国代表团留人的话，我们可以留下代表团副团长邓小平同志。本来苏方打算第二天在各大报纸上发表有关赫鲁晓夫同毛主席等各国代表团团长共进午餐的报道，但因毛主席没有参加，苏方的这个计划落空了。

下午四时，庆祝大会继续开会，各社会主义国家代表团团长致辞。第一个致辞的是毛主席。毛主席一出场，全体与会者起立致敬，讲话中掌声不断，讲完后全场再次起立，长时间地鼓掌致敬。

毛主席在讲话中热情地赞扬了苏联四十年来所取得的成就，对赫鲁晓夫奉行的方针政策表示了充分的支持。他说：苏共中央在克服个人迷信，在发展农业，在改组工业和建筑业的管理，在扩大加盟共和国和地方机构的权限，在反对反党集团、巩固党的团结，在改善苏联陆海军中党和政治工作等问题上所采取的明智措施，将毫无疑问地促进苏联各种事业的进一步巩固和发展。

在如何对待苏联经验的问题上，毛主席做了全面分析。他说："在十月革命以后，各国无产阶级的革命家如果忽视或者不认真研究俄国革命的经验，不认真研究苏联无产阶级专政和社会主义建设的经验，并且按照本国的具体条件，有分析地、创造性地利用这些经验，那么，他就不能通晓作为马克思主义发展新阶段的列宁主义，就不能正确地解决本国的革命和建设问题。那么，他就会或者陷入教条主义的错误，或者陷入修正主义的错误。我们需要同时反对这两种倾向，而在目前，反对修正主义倾向尤其是迫切的任务。"

毛主席的致辞稿是我们在出发前翻译成俄文的。经杨尚昆主任批准，我们特地请了尤金大使的翻译、苏联使馆二秘罗满宁到我们在中南海居仁堂后楼的办公室，帮助定稿，一起工作了两天两夜。毛主席在大会上致辞时，也是请罗满宁担任翻译的。在讲台上，他站在毛主席右后侧，毛主席讲一段，他读一段译文。因为他熟悉致辞的译文，读起来铿锵有力，很好地表达了毛主席的原意。

毛主席致辞后，依次致辞的为波兰、捷克、民主德国、罗马尼亚、保加利亚、南斯拉夫、匈牙利、越南、朝鲜、阿尔巴尼亚、蒙古的代表团团长。他们的讲话都受到与会者的热烈鼓掌欢迎，但没有起立。接着，苏联最高苏维埃代表致谢辞，然后大会通过了《告苏联人民和世界人民书》，于八点半结束。

11 月 7 日上午，毛主席和代表团全体成员步行去红场观看阅兵和群众游行。群众通过列宁墓时，总是高呼"毛泽东！""毛泽东！"……游行结束时，当毛主席和赫鲁晓夫等苏联领导人从列宁墓上走下来时，群众围上前来，热烈欢呼……据苏联朋友讲，这种场面是前所未有的。

当天晚上八时，毛主席和代表团出席了最高苏维埃主席团主席伏罗希洛夫在克里姆林宫举行的庆祝十月革命四十周年的招待会。出席招待酒会的有一千八百多人，席间伏罗希洛夫主席致辞。招待会议一直延续到十一时才结束。

10月8日上午，毛主席和代表团又出席了莫斯科市举行的庆祝大会。

频繁会见各兄弟党领导人

11月6日上午，毛泽东利用参加苏联最高苏维埃召开的十月革命四十周年庆祝大会中间休息的时间，同波兰统一工人党中央第一书记哥穆尔卡交谈了十多分钟，然后两人相约在大会结束后留在体育馆继续谈话。晚上八点四十五分，毛泽东和哥穆尔卡不顾整天开会的疲劳，在卢日尼基体育馆一间休息室里继续会谈。

在谈到《宣言（草案）》时，哥穆尔卡认为草案中的一些措词太尖锐，可能会刺激美国等西方大国，使国际形势更加尖锐化。

毛泽东说，帝国主义和社会主义两方面相互都怕，但总的说来，他们怕我们多一些。在第二次世界大战后，有些时候美国占上风，有时又是势均力敌，现在我们占上风，是东风压倒西风。

此间，哥穆尔卡还谈到草案中关于谴责美帝国主义的措辞，波兰人民接受不了。这样的措辞会增加接受我们合理意见的障碍。波兰方面最担心的是通过这次会议和共同宣言，会使共产国际或情报局复活。因此哥穆尔卡不同意提社会主义阵营以苏联为首。

毛泽东力图打消波兰方面的顾虑，说："这次共同宣言就是我们的纲领，它不涉及具体事情，提的都是原则问题，并不管波兰和中国具体怎样做法。这次开会实质上就是成立一个新的国际，但是没有机构，由各国党的领导人参加，一切事情都需要经过大家同意，不强迫接受，每个国家的党也并不是其支部。"

哥穆尔卡说，是否等于说是共产国际中的民主集中制呢?

毛主席说，这是很大的民主。

哥穆尔卡担心地说，问题就在这里，是否遵守民主集中制。

毛主席说，你不用怕。我们原来也很怕那第三国际，但是这次同过去的第二、第三国际，和情报局都不同。1956年3月，米高扬从印度、缅甸回国途经北京，同我们谈过共同出一个刊物，我们没有赞成。过去情报局等搞刊物，结果并不好。我们觉得对南斯拉夫的批评就很不好，平时的文章也很平淡，刊物也难办……批评外国党应该慎重，自己批评很好，但当外国党来批评就很难接受。

毛主席说，我们过去曾是被压在桌子底下，被称为“机会主义”的，那时是教条主义者在统治。新领导的形成是多灾多难的。我们批判了教条主义，然后形成了一条适合中国情况的新路线。我们的口号是叫马列主义的真理与中国的实际情况相结合，后来团结起来取得了胜利。错误应该搞清，但犯教条主义错误的人还应该团结他们。在革命上，我们的路是走正确了，这违背了斯大林的意见，这包括抗日战争胜利后，他不赞成我们与蒋介石打内战，还让我们讲和。而我们违背了他的意见，向蒋介石进攻了，这证明我们做对了。当时是斯大林一个人决定事情，现在有可能了，我们组织个团体，有事大家商量，不容许再采取像朝鲜战争那样的步骤。要打文仗不打武仗。发布《宣言》就是打文仗。

我们认为有事开会商量，不设立机构，这种办法现在可行。这跟过去不同，过去是干涉内政，决议是强制执行，现在不能这样做了。有事由一个党出来召集开会讨论，召集者当然是苏联好，赫鲁晓夫说轮流召集，这不行。比如说轮流到胡志明、金日成、霍查等同志来召集会，那会难办的。赫鲁晓夫说轮流，但我们赞成一元论，不赞成二元论，否则会使人产生一个印象，好像中国苏联两个领导，所以还是由一个党召集，这次会由他召集就很好。关于《宣言》，各国可以提出自己的修改意见来，其中只涉及共同的问题，不涉及各国的内政。

哥穆尔卡问道，你所谈的今后各党的共同会议，也包括社会主义国家以外的兄弟党吗？

毛主席说，我们的意思不包括其他党，只包括社会主义各国的党。南斯拉夫是不参加社会主义阵营的，可以以观察员身份参加。法国和意大利共产党也可以以观察员身份参加，不过这还需要同他们去商量。每次会的召集，都需先与所有参加者商量，需先发文件，开会实际上只是一个形式而已，国家都有否决权。

在谈到以苏联为首问题时，毛主席说，以苏联为首是我们中国党先提出的，苏联人没有提。我们社会主义阵营总得有个头，第一个社会主义国家是苏联，最强大的共产党是苏共，最强大的社会主义国家还是苏联，由它当这个头是很自然的。记得当时毛主席还风趣地跟胡志明胡老讲，提这个“以越南为首”你看怎么样？“哦……哦……那可不行啊，我们可为首不了啊！”胡老爷子非常可亲可爱，到处做和事佬。

为什么波兰党和哥穆尔卡对苏联这么反感、对“以苏联为首”问题有强烈的抵触情绪？波兰参加起草委员会的代表叫章博洛夫斯基，是波共的政治局委员，他明确提出反对的有两个，一个是他反对“以苏联为首”的提法，另外一个就是反对“讲美帝国主义是最凶恶的敌人，它企图在社会主义国家里面复辟资本主义”，他就说这样一个提法波兰人民是不会接受的，因为波兰那个时候已经开始与美国有比较密切的贸易往来了。哥穆尔卡说，即使我本人同意，波兰人民也很难接受，波兰人民对苏联有一种民族的反感，除了历史原因外，斯大林时期又使波兰人民吃了不少苦头。

在斯大林时期，哥穆尔卡曾被抓起来关在波兰的监狱里面，斯大林去世以后才被放出来。1956 年 10 月，波共中央开会要选举哥穆尔卡做第一书记，赫鲁晓夫就不干了，波兰军队里有一个元帅是苏联籍的波兰人，他率领波兰军队与苏联驻军开始向华沙包围，波兰的工人们就准备武装起义，拿起枪准备来抗击。

出现这种形势后，我们的大使馆及时给国内报告，同时苏联驻华的尤金大使也跟毛主席讲了，说是波兰的党中央开全会要选举哥穆尔卡作为第一书记，我们认为这个哥穆尔卡是反苏的，苏联不同意。尤金大使还给哥穆尔卡扣了一大堆帽子。

尤金见毛主席说上述话是在毛主席中南海的家里说的，那时候毛主席还躺在床上，穿了件睡衣。在这个床榻的旁边摆了几个小凳子，苏联大使尤金等人就坐在旁边，我也坐在旁边，周围还坐着刘少奇、周恩来、邓小平。

毛主席听了尤金大使说的上述话以后，马上就站了起来，他说：

“你赶快告诉赫鲁晓夫，如果他敢向华沙进军的话，我马上宣布他这种做法是错误的，我马上要公开发表声明反对他这样做。”主席这么一表态，尤金大使马上就满脸冒汗，忙说道：“好，好，我马上走，马上走，马上回去报告。”

哥穆尔卡也很有意思，波兰召开中央全会的时候，赫鲁晓夫坐飞机准备到华沙去干涉波共中央全会，阻止全会选哥穆尔卡为第一书记。华沙机场不让赫鲁晓夫的飞机降落，他只能在华沙上空盘旋……当大会选举结束了，已经有选举结果了，那时他飞机里的燃油也所剩无几了，如果再不让他降落加油要出问题了，于是就让飞机降落了。下来以后，哥穆尔卡已经当选了。赫鲁晓夫也没办法，就回苏联去了。

毛主席讲起这个事情来，讲道：赫鲁晓夫也“实事求是”啦！毛主席说，我对赫鲁晓夫的警告是他已经离开华沙以后才收到的，所以看起来是他赫鲁晓夫自己决定从华沙离开的。但我们下面的人讲有另外一种可能，就是赫鲁晓夫很可能已经收到了电报后，才决定离开华沙的。所以哥穆尔卡对毛主席就充满感激之情。

为了说服哥穆尔卡等其他国家党的领导人同意“以苏联为首”的提法，毛主席还非常形象地说过这样的话：“‘三个篱笆一根桩’嘛！你要成篱笆就要有一根桩嘛，苏联就是这根桩嘛。好花还得绿叶扶，为首就是开会，就是召集会议，并没有什么特权。”这样才勉强说服了哥穆尔卡等人，后来接受了“以苏联为首”的提法。

毛主席与哥穆尔卡谈话的气氛既友好、又坦率，既严肃、又轻松，完全体现了党与党之间的平等关系。

谈话结束后，毛主席在翻译、中苏双方的警卫等八九个人陪伴下返回克里姆林宫，而哥穆尔卡，既没有秘书，也没有警卫，只有一名苏联司机引他上了汽车。

11 月 7 日下午六时，毛主席在杨尚昆主任陪同下会见了意大利共产党总书记陶里亚蒂。关于“和平过渡”问题，是毛泽东和陶里亚蒂会谈的主要内容。

毛主席说，关于这个问题，原来的文件比较强调“和平过渡”。我们和苏联同志交换了意见，最好两个可能性并提：一个是“和平过渡”的可能性，一个是用战争的方法。毛主席认为，在革命的道路上，是否坚持十月革命的普遍原则，是否坚持“和平过渡”与革命战争两种可能性，这是无产阶级政党同社会民主党的根本区别。他说：“‘和平过渡’包括激烈的阶级斗争。或许到一定的国内和国际条件下，可以通过群众斗争逼得资产阶级无法使用暴力。但是，我们不大相信。现在的资产阶级都是武装起来的。还是两个并提：我们要和平，被迫的时候，也要使用暴力。关于后者讲上几句，不会解除我们的武装，我们就有两只手。要用战争的一只手，是从防御出发的。”

陶里亚蒂表示基本同意毛主席的意见。

毛主席和陶里亚蒂还讨论了国际形势问题。毛主席再次强调他对国际形势所做的“东风压倒西风”的论断。他说，现在的形势正处在转折点。社会主义力量走在前面了，资本主义力量后退了。社会主义力量与资本主义力量是彼此都怕，我怕你，你怕我，问题是谁怕谁多一点儿。我认为是资本主义怕社会主义多一点儿。

陶里亚蒂赞同毛主席关于国际形势正处在转折点的判断。但他认为，不能低估帝国主义国家克服自己一部分失败的努力。

毛主席同陶里亚蒂谈到晚上七时三刻才疾驰回住所。

11 月 8 日上午，毛主席在出席莫斯科市举行的庆祝大会休息时，由杨尚昆陪同，与英国共产党主席波立特和总书记高兰进行了友好的谈话。

当天晚上，毛主席会见了法国共产党总书记多列士。讨论的主要问题仍然是“和平过渡”问题。

多列士同意毛主席关于做两手准备的提法。他认为，是不是使用暴力不取决于我们。只有当我们团结到了全国工人阶级和人民群众时，“和平过渡”才有可能。但这不靠我们来决定，不是由我们选择的问题，很可能暴力是我们被迫使用的。资产阶级采取一切办法来对付我们，所以问题不那么简单。我们应该用多种道路的字眼来代替“和平过渡”。

毛主席说，也就是多种方法。通过选举夺取政权的可能性极小，夺取政权打倒资产阶级，要有使用暴力的准备，否则就解除了自己的思想武装。

多列士说，完全正确。

毛主席最后说：“我们的心是一致的，我们和苏联、你们的心是一致的，现在和意大利也一致了。”

11 月 9 日下午四时到七时，毛主席在杨尚昆陪同下会见了朝鲜代表团金日成、南日、金昌满等人。

11 月 9 日晚七时半到十时，毛主席在杨尚昆陪同下再次会见了英共波立特主席和高兰总书记。英国共产党是“和平过渡”理论的创始人，所以毛主席想多听听他们对这个问题的看法。

在谈话中，英共领导人始终认为，即使“和平过渡”理论没有普遍意义，但在英国本国也有通过这条道路取得无产阶级革命胜利的可能性。他们还说，下一届政府可能是工党组阁，这对“和平过渡”更为有利。

当毛主席同他们探讨在发达的资本主义国家是否应该做“和平过渡”和暴力革命两手准备时，波立特和高兰表示赞成，并且认为这种提法更完整。

毛主席说，我们已同苏联同志交换过意见，他们也同意在《宣言》中两种方式应该同时提出。我们要表示“和平过渡”的愿望，但是也要提到，如果资产阶级发动内战，我们就不得不用内战来对付他。

当赫鲁晓夫 11 月 6 日在庆祝十月革命四十周年大会上提出苏联在十五年后赶超美国的号召后，毛主席在考虑十五年后中国在钢产量和其他主要工业产品产量方面超过英国的问题。因此这次谈话中，毛主席非常仔细地向对方了解英国的经济情况。他说，苏联在十五年后将会在总产量方面和按人口平均的产量方面超过美国。中国在十五年后将超过英国。我们今年的钢产量是五百二十万吨，第二个五年计划之后将是一千二百万吨，第三个五年计划之后将是两千万吨到两千五百万吨，第四个五年计划之后，也就是十五年之后，将是四千万吨到四千五百万吨。他问波立特："英国现在的钢产量是两千万吨。你们看，十五年后能增加多少？顶多三千万吨吧！"高兰回答说：顶多增加到三千万吨。这样，毛主席对十五年赶超英国的目标，就有信心了。

接着，毛主席问及英国国内和英国共产党内的情况。在谈到英共党内情况时，波立特对赫鲁晓夫在苏共二十大上对斯大林的评价以及所采取的方式非常不满。他说，赫鲁晓夫的"秘密报告"泄露出来以后，使我们很被动，英共一下子就减少了好几千名党员，助长了党内的修正主义势力。

毛主席说，全盘否定斯大林肯定是不对的，但你们党减少一点儿党员也不坏，这样你们党更结实、更纯洁、更坚强了。那些动摇分子本来就是修正主义分子，这一下暴露出来了，隐藏在党内反而不好。

11 月 11 日晚九时至十时，毛主席在杨尚昆陪同下去会见胡志明主席，越南方面出席的有黎笋、范文同。

11 月 12 日下午五时半到八时，毛主席在杨尚昆陪同下会见印度共产党中央总书记高士。毛主席主要听高士介绍印度国内情况、尼赫鲁的政治立场以及印度人如何看待中印关系，等等。在谈到印度的革命前景时，毛主席说，我们两个国家经济都比较落后，但是两国人民要求革命的情绪都比较强烈，有弱点也有优点。不要认为无产阶级革命一定是欧洲先获得成功，然后亚洲才能成功。历史已经证明，不是欧洲发达国家先革命成功，而是欧洲不发达国家先革命成功的。苏联在十月革命前在欧洲就不是最发达国家，但是，它最先取得了革命胜利。东欧与西欧相比也没有西欧发达，但东欧国家都较西欧先走了一步。中国在亚洲也是比较落后的国家，更不用说与西欧、北美相比了。但是中国革命也是先成功了。所以不要以为自己落后就自灭志气，我们中国人是不甘落后的。

这期间，毛主席还会见了南斯拉夫共产主义者联盟代表团。

社会主义国家党代表会议

11 月 14 日至 16 日，举行了社会主义国家共产党和工人党代表会议。阿尔巴尼亚、保加利亚、匈牙利、越南、民主德国、中国、朝鲜、蒙古、波兰、罗马尼亚、苏联、捷克斯洛伐克十二个国家的党代表团出席了会议。南斯拉夫共产主义联盟（南共）代表团、法国共产党和意大利共产党代表团也列席了会议。

在 14 日的会议上，毛泽东发言，主要讲了“以苏联为首”问题。

毛主席还赞扬了苏联在斯大林去世后发生的积极变化。他说：“应该承认，现在苏联同志的作风有很大的改变，并且还会改变，还会进步。苏联的发展是一个曲线，它是按照辩证法走路的。列宁的辩证法，斯大林的形而上学（若干部分，相当大一部分），现在又回到辩证法。我很高兴，看见苏联同志的一些辩证法的文章，讨论社会主义社会的矛盾，社会主义国家相互之间的矛盾。斯大林时代就不敢讲。我到莫斯科来了两次，头一次使人不愉快。‘兄弟党’，那是一句空话，讲得好听，实际上不平等。现在我感到有一种平等气氛，譬如我们讨论文件，征求过意见，现在还要征求意见。没有采纳的意见还可以提出第二次、第三次。最后大多数同志认为不能采纳，自己还可以保留，在实践中看谁对。所以中国党认为，还是有必要承认以苏联为首，承认苏联共产党为会议召集人，现在这样做没有坏处。”

在 11 月 14 日的会议上，根据赫鲁晓夫的提议，成立了秘书处和《宣言》起草委员会，主要由十二个社会主义国家代表团的成员组成，南共代表也参加了，还吸收了个别资本主义国家的共产党（法共、意共）代表参加。中共代表团派邓小平、胡乔木参加。起草委员会的会议与全体代表会议交叉进行。

11 月 14 日晚上八点左右，李银桥下楼来到翻译组，说毛主席今天晚上没有工作安排，他想请翻译们同他一起吃晚饭、聊一聊。由于许多人都已外出活动，他找来找去，只找到俞志英、齐宗华、朱瑞真三人。晚饭间，毛主席情绪很好，谈笑风生。他首先询问了每个人的年龄、简单经历，然后，他主要谈了读书问题。他说，你们这些懂外文的人，大概都读了不少书，中文的、外文的、古代的、现代的。读书当然需要，但读书不宜太多。最重要的要联系实际，会联系实际，会应用。

在 11 月 15 日起草委员会会议上，一些党的代表，特别是波兰代表扎姆布罗夫斯基强烈反对草案中针对美国帝国主义的一些提法，如“美国帝国主义是世界反动势力的中心”、“美国帝国主义侵略集团企图独霸世界”、“美国帝国主义企图在社会主义国家复辟资本主义”、“无产阶级是帝国主义的掘墓人”等等。此外，波兰、南斯拉夫、意大利等党代表对“以苏联为首”的提法也表示反对。在会议上，一些党的代表对草案中关于“战争与和平”、“共同规律”、“反对修正主义和反对教条主义”、“和平过渡”问题的论述有不同观点，会场气氛友好，各抒己见，争论相当激烈。

邓小平、胡乔木在发言中针对代表们，特别是波兰代表提出的意见做了解释、说明。

波兰代表仍坚持他们的意见，并表示：草案中的有关提法如不删除或修改，他们将不能在《宣言》上签字。

会议结束后，邓小平、胡乔木向毛主席报告了会议情况。事情很明显，能否就《宣言》达成协议关键在波兰。在当时情况下，只有毛主席的意见波兰领导人才能听得进去。毛主席随即决定亲自去哥穆尔卡住所，同他商谈草案的修改问题。

15 日下午六点半，毛主席在杨尚昆主任陪同下来到一个郊区别墅——哥穆尔卡的住所，开始同哥穆尔卡举行第二次会谈。波方参加会谈的有奥哈布和扎姆布罗夫斯基。

哥穆尔卡很坦率，他开门见山地告诉毛主席，在起草委员会会议上，波兰代表提了四个原则性的修改意见，有一个被采纳了，还有三个存在分歧。关于修正主义问题已达成了谅解，因为都做了让步，大家同意的提法是："当前主要的危险在于修正主义，但也须反对教条主义，各党的主要问题是什么由各党自己决定。"

接着毛主席和哥穆尔卡讨论现存的三个分歧。哥穆尔卡说，波兰代表团不同意《宣言（草案）》中"美国帝国主义侵略集团依靠实力政策企图独霸世界"这一句。这种提法本身就忽视了英国和法国，也放松了对西德复仇主义的警惕，再说美国一个国家也不可能独霸世界。另一个分歧是波方不同意《宣言（草案）》中所写的"企图在社会主义国家复辟资本主义"。第三个分歧是波方不同意"美帝所采取的侵略政策使他成为世界反动之中心"。

毛主席说，这次起草委员会上，苏联的态度是尽可能采纳各国的意见。苏联有两个方案，两个草案。从现在的情况看，他们很多意见都放弃了。斯大林的时候能行得通吗？我花了三天的时间拟出了一个草案，后来用五天的工夫与他们交换意见，互相放弃了一些意见，互相采纳了一些意见。现在又花了六天的时间与各国交换意见，这就需要彼此放弃和采纳一些意见。

在平等协商的气氛中，毛主席与哥穆尔卡反复讨论，终于达成一致的或比较接近的认识：1. 把"美国帝国主义侵略集团依靠实力政策企图独霸世界"一句中的"美国帝国主义侵略集团"改为"美国的某些侵略集团"；"独霸世界"，改为"独霸世界大部分地区"。2. 把"企图在社会主义国家复辟资本主义"一句中的"复辟资本主义"，改为"进行颠覆活动"。3. 把"美帝国主义是世界反动势力的中心"，改为"美国某些侵略集团是世界反动中心"。

毛主席说，这样修改对你们可能接近些，我们是退了一步，这表示我们是想妥协的。在讨论过程中，哥穆尔卡埋怨说，在起草委员会会议上，总是大家攻波兰一家。毛主席风趣地说，也可以说是波兰一家攻大家了。有不同意见，还可以商量，彼此做些让步，你让一步，我让一步，取得一致。我们还是要协商一致解决问题，不是靠少数服从多数，兄弟党之间讨论问题绝对不能采取少数服从多数的办法。最后毛主席和哥穆尔卡两人相约，找时间再会见一次。

会谈持续到晚上十点。会谈取得重要进展，为第二天会议上通过《宣言（草案）》铺平了道路。

在会谈期间，大会秘书长、苏联国家安全委员会主席谢罗夫来电话催促，说苏共中央为中共代表团和其他代表团在大剧院安排的芭蕾舞《天鹅湖》，晚上八点半钟开演，请毛泽东同志尽快光临！毛主席一心要说服哥穆尔卡同意《宣言（草案）》中的论点，对于谢罗夫的催促根本不予理睬。随后谢罗夫又打来两次电话，毛主席只回答说：知道了。仍然继续谈话。

会谈于晚上十点结束后，毛主席赶到大剧院已十点半了，只看了小半场《天鹅湖》。当观众发现毛泽东、赫鲁晓夫时，掌声雷动，全场起立。

毛主席没有心思欣赏乌兰诺娃等艺术家的精彩表演，他仍在考虑第二天即将通过的《宣言（草案）》问题。返回克里姆林宫后，十一点半钟，他约赫鲁晓夫、苏斯洛夫、基里钦科、尤金等来代表团住处谈话，向他们通报刚才同哥穆尔卡会谈的情况和商讨明天的会议问题。

11 月 16 日上午，起草委员会举行第二次会议，各党的代表继续讨论有分歧的问题。关于“战争与和平”问题，中苏联合草案中的提法是“只要帝国主义存在就有发生战争的危险”，同时也指出“现在力量对比有利于和平势力，存在着制止帝国主义战争阴谋的可能性”。对于这种提法，意大利、法国、波兰等党的代表不满意，他们认为现在要突出可以消灭战争。我党代表反复说明，战争问题上存在两种可能性，一种可能性是可能爆发，另外一种可能性是可能制止，可能推迟。争论结果，双方做了妥协：一方面讲帝国主义侵略势力所实行的破坏和平的侵略政策造成发生新战争的“土壤”，另一方面也讲和平力量已经大大增长，已有实际可能防止战争，而且强调如果帝国主义战争狂人硬要不顾一切地发动战争，那么帝国主义就注定灭亡。

关于“以苏联为首”的提法，毛主席亲自同波兰党的哥穆尔卡长谈，又在大会上详尽地说明“以苏联为首”的必要性、“为首”的含意、肯定现在的苏共比斯大林时期是有积极变化。同时苏共代表也表示要尊重兄弟党的独立自主、平等协商、不干涉内政等原则。波兰党代表坚持要求要明确规定，苏联召集会议是以协商为前提，什么时候开会，讨论什么问题、会议做出的决议都要协商，特别是不能成立国际组织。苏共代表公开表示，不再成立共产国际、情报局那样的组织。在《宣言》里明确规定社会主义国家间的关系建立在“完全平等、尊重领土完整、尊重国家独立和主权、互不干涉内政的原则上”。这样，“以苏联为首”才得以写进《宣言》。

关于“共同规律”、“共同道路”，中共代表团的草案里根据中央政治局讨论的精神写入几条共同规律，经过苏共和其他党的补充修改，总共写上了九条具有普遍意义的共同规律。会议上争论较多的是强调“共同规律”，还是强调“民族特点”。波兰、南斯拉夫、意大利党的代表偏重于强调“民族特点”，特别是意共代表认为，欧洲各国不一定走十月革命的道路，而应该强调通过争取议会多数取得政权的“和平过渡”形式。为此，法共多列士还同陶里亚蒂争吵起来。多列士坚持主张还是要走十月革命的道路。中共代表在发言中指出，忽视自己的“民族特点”就一定会使革命事业遭到失败；同时不能借口“民族特点”背离“共同规律”。我们强调各国共产党人要坚特用马列主义的普遍真理同各国的革命和建设的实践相结合。我党的这一贯立场得到大家的赞同。

关于“反对修正主义和反对教条主义”问题，在中苏共同草案中的提法是对两者都反对，既反对修正主义，又反对教条主义。在讨论中波兰党代表表示，对于他们来说当前主要危险是修正主义。这就引起争论。首先意共、南共代表都不赞成。意共代表说，当前主要危险是教条主义，而不是修正主义。意共的意见遭到法共的反对。法共认为当前主要危险是修正主义，而不是教条主义。而波兰党所谓的当前主要应反对修正主义，并没有明确说明，从他们的发言中可以看出，他们是影射苏联的一套是修正主义。经过反复讨论，草案里两方面都讲到了，提出对于修正主义和教条主义都必须坚决克服，又讲到在目前条件下，主要危险是修正主义或者说右倾机会主义。对此，意共还不满意。中苏代表商议，增加了“对于每一个共产党来说，哪一种危险在某一时期是主要危险，由各个党自己判断”这句话，意共也就同意了，这个问题就达成协议了。

关于“和平过渡”和对苏共二十大的评价问题，如前所述，经过中苏两党代表多次反复磋商达成了妥协方案，经会议修改补充，写进了《宣言（草案）》。

到此，起草委员会基本上完成了《宣言》的起草工作。

11 月 16 日下午三时，社会主义国家共产党和工人党代表会议举行最后一次会议。赫鲁晓夫主持会议，宣布开会；苏斯洛夫报告了《宣言（草案）》修改情况。

接着，毛主席第一个发言，肯定这个《宣言》是好的。他说：“我认为我们的《宣言》是好的，我们用了一个很好的方法达到目的，这就是协商的方法。坚持了原则性，又有灵活性，是原则性、灵活性的统一。这么一种进行协商的气氛现在形成了。在斯大林后期不可能。我们现在用说服的方法代替了压服的方法。费的时间不算少，但是，这点儿时间是需要的。我们采取协商的方法并不是主张无政府主义，我们不是辩论的俱乐部。我们的方法是又有中心，又有大家，中心与大家的统一。没有中心，譬如说没有苏联共产党，那么就会变成无政府主义；没有大家提意见，只是一家提意见，那么就总不会完全。现在是又有中心，又有我们大家；在某种意义上，也可以说又有集中，又有民主。不能说我们这次会议没有民主。我认为有充分的民主。”

毛主席在评价这个《宣言》时说：这个《宣言》是正确的，是一篇马克思列宁主义性质的《宣言》。它既没有修正主义或者机会主义的因素，也没有冒险主义的东西。我们力求和平，力求团结，看不见冒险主义。“这个《宣言》总结了几十年的经验，尤其是最近几年的经验。有些经验是从痛苦中得来的。这些痛苦教育了我们。我们不要对于这些痛苦生气，相反，我们要感谢这些痛苦。因为它使我们开动脑筋，想一想，努力去避免那些痛苦。果然，我们就避免了那些痛苦。”

毛主席发言后，其他各社会主义国家的党领导人，包括哥穆尔卡，先后发言表示赞同。赫鲁晓夫宣布《宣言（草案）》基本通过，交起草委员会在文字上做最后的修改。

下午四时左右，赫鲁晓夫宣布社会主义国家共产党和工人党代表会议胜利闭幕。

事情巧得很，11 月 16 日是郭沫若六十五岁生日。这天早晨八点多钟，郭沫若、李先念、乌兰夫、沈雁冰等人先后来到捷列姆诺伊宫门厅里，坐在沙发上等人来齐了后，一起进餐厅吃早饭。正在这时，外交部礼宾司司长王雨田从外面走了进来，大声对郭沫若说：“郭老，祝你生日快乐！”郭沫若立即用食指在嘴上做了个禁言的手势，示意王雨田不要说话。然后轻声对他说：“千万不要声张，苏联同志够忙的了，不要再给他们增添麻烦。”不知是在场的苏联服务人员听到后反映给上级，还是苏方早有安排，这天中午，尤金和费德林来见毛主席，说：“为庆祝郭沫若六十五岁生日，今天晚上我们打算安排一个庆祝活动，有苏联科学界人士参加。”毛主席说，几年前我们党中央做过一个决议，不为领导干部祝寿。我想，郭沫若同志本人也不会同意为他搞这种活动。我看免了吧！谢谢苏联同志的关怀。

也就在社会主义国家共产党和工人党代表会议举行最后一次会议的同时，苏联对外文化协会和苏中友协举行宴会，招待参加十月革命四十周年庆典活动的中国客人，出席宴会的有中国代表团副团长、中苏友好协会总会副会长宋庆龄，中国代表团团员、中国文化代表团团长沈雁冰以及部分代表团成员。招待会由苏联对外友协主席波波娃主持，宋庆龄发表了简短讲话。

她说，我们这次来到盟邦苏联，同苏联人民共庆十月社会主义革命四十周年，对于我自己和在座的每一个中国同志来说，都是毕生难忘的最重要事件之一。苏联人民在社会主义建设中所获得的伟大成就，对中国人民和全世界劳动人民永远是最伟大的鼓舞力量。四十年来，苏联政府和苏联人民一贯同情和支援中国人民的解放事业，对我国的社会主义建设又给予全面的援助。我们表示衷心的感谢。宋庆龄最后说，中国人民一定永远同苏联人民亲密地团结在一起……胜利前进。

在招待会前，宋庆龄副委员长还会见了第一次国共合作时期，苏联给孙中山先生派去的几位顾问的家属，其中有鲍罗廷的夫人等，同她们进行了亲切的谈话，并表示慰问。

11 月 17 日下午三时，苏共中央在克里姆林宫举行宴会，招待各国党代表团，气氛非常热烈。赫鲁晓夫和毛泽东在主宾席正中就座。

毛主席在祝酒时发表了热情洋溢的讲话。他说，我们开了一个很好的会，开了一个胜利的会。我们大家要团结起来，这是历史的需要，是各国人民的需要。当他谈到社会主义国家并不太平时说，帝国主义国家内部有我们的人，我们社会主义国家内部也有他们的人，正如中国的一首古诗所说：两个泥菩萨，一起都打碎，用水调和后，再做两个泥菩萨，你身上有我，我身上有你。

因为毛主席要去看望中国留学生，所以于下午五时半提前退席，去了莫斯科大学。

希望寄托在你们身上

17 日下午六时，毛主席、邓小平、彭德怀、乌兰夫、杨尚昆、胡乔木等来到莫斯科大学。

当毛主席等在大礼堂讲台上出现的时候，全场三千五百多名学生代表都站立起来欢呼、鼓掌，整个大厅沸腾起来了。毛主席走到讲台的前沿，向大家挥手致意。

毛主席首先向同学们问好。然后他说：“世界是你们的，也是我们的，但是归根结底是你们的。你们青年人朝气蓬勃，正在兴旺时期，好像早晨八九点钟的太阳。希望寄托在你们身上。”

接着，毛主席给大家谈当前的国际形势。他指出，十月革命是人类历史上一个转折点，两个人造地球卫星上了天[1]，六十四个共产党和工人党到莫斯科来庆祝十月革命，这是一个新的转折点。社会主义力量超过帝国主义力量。帝国主义力量有个头，就是美国；我们社会主义阵营也必须有个头，这个头就是苏联。如果没有头，力量就会削弱。

毛主席然后说，世界的风向变了，社会主义阵营和资本主义阵营之间的斗争不是西风压倒东风，就是东风压倒西风。现在全世界共有二十七亿人口，社会主义各国的人口将近十亿，独立了的旧殖民地国家的人口有七亿多，正在争取独立或者争取完全独立以及带有中立倾向的资本主义国家的人口有六亿，帝国主义阵营的人口不过四亿左右，而且他们内部是分裂的。那里会发生“地震”。现在不是西风压倒东风，而是东风压倒西风。毛主席讲到这里，大厅里响起了一阵暴风雨般的掌声。

毛主席接着又讲了国内形势。他说：真正的彻底的社会主义革命不是一朝一夕可以成功的。我国真正的社会主义革命的胜利，有人认为在1956年，我看实际上是在1957年。1956年改变了生产资料所有制，这还是比较容易的；1957年才在政治上、思想上取得了社会主义革命的胜利。现在，右派是打垮了。但是，我们工作中的缺点还是有的，所以要整风。这次整风是件很大的事，我们要认真地改。世界上怕就怕“认真”二字，共产党就最讲“认真”。

最后，毛主席向大家说，世界是属于你们的。中国的前途是属于你们的。

讲完话后，毛主席走到后院的学生俱乐部，向聚集在那里的留学生问好。那些不肯散去的留学生请求：“毛主席，再给讲几句吧！”毛主席微笑着说：“我只给你们讲三句。第一，祝你们身体好、学习好、

① 1957年10月4日，苏联发射了世界上第一颗人造地球卫星，重83.6公斤；时隔一个月，1957年11月3日，苏联又发射了第二颗人造地球卫星，把一只名叫“莱卡”的小狗送入了空间轨道。——作者注

将来工作好；第二，青年人既要勇敢又要谦虚；第三，和苏联朋友要亲密团结。”

六十四国党代表会议

11 月 16 日下午五时，六十四国共产党和工人党代表会议开幕。赫鲁晓夫宣布开会。苏斯洛夫做了简短的讲话，接着各国党的代表发言，讨论《和平宣言（草案）》，晚七时左右休会。

11 月 18 日上午十时至十四时，六十四国共产党和工人党代表会议继续举行。中午休息后于十六时半至十九时继续开会，毛主席做了一个多小时的长篇讲话。这次讲话是即席讲话，没有讲话稿，大会秘书处工作人员两天前就来要讲话稿，以便进行同声传译，毛主席回答说没有讲话稿。毛主席讲话时，由李越然当场翻译。讲话主要论述了国际形势和团结两个问题。

关于国际形势，毛主席指出，四十年前的十月革命是整个人类历史的转折点。中国有句成语：不是东风压倒西风，就是西风压倒东风。他认为，目前形势的特点是东风压倒西风，也就是说，社会主义的力量对于帝国主义的力量占了压倒的优势。接着他列举了第二次世界大战后发生的十件大事，来证明东风已压倒西风的论断。这十件大事是：苏联在打败德国、日本中起了关键作用；中国革命取得胜利；朝鲜战争，迫使美国在停战协议上签字；越南战争，法国在日内瓦会议上认输；苏伊士运河事件，英法对埃及的进攻被制止；苏联制止了美国在叙利亚的冒险；苏联抛上了两个人造卫星，把美国甩在后面；英国退出亚洲、非洲很大一片土地；荷兰退出印尼；法国退出叙利亚、黎巴嫩、摩洛哥等国。

毛主席从上述事件中得出两个结论：

1. 西方世界被抛到我们后面去了。也许我这个人有些冒险主义，我说，永远地抛下去。

2. 所有号称强大的反动派统统不过是“纸老虎”，因为他们脱离人民。

毛主席在谈到苏联和中国的形势时说，在苏联发射人造卫星以前，

1957年11月19日，毛主席率领中国代表团出席《莫斯科宣言》签字仪式。毛主席左侧为宋庆龄等人，右侧为邓小平等人；右后侧是翻译李越然，阎明复站在毛主席身后第二排右侧

社会主义国家在人心归向、人口众多方面已经对帝国主义国家占了压倒的优势；而在苏联发射人造卫星以后，就在最重要的科学技术方面也占了压倒的优势。有人说，美国也会赶上来的，它也会抛卫星的。但是，我们的苏联同志大概只是晚上睡觉，白天不会睡觉。他们一年、两年、五年赶上苏联，但是苏联又前进了。

关于中国，我国今年有五百二十万吨钢，再过五年，可以有一千万吨至一千五百万吨钢；再过五年，可以有两千万吨至两千五百万吨钢；再过五年可以有三千五百万吨至四千万吨钢。中国从政治上、人口上说是个大国，但从经济上说现在还是个小国。赫鲁晓夫同志告诉我们十五年后，苏联可以超过美国。我可以说，十五年后，我们可能赶上或超过英国。我问过波立特和高兰同志嘛，他们说现在英国年产两千万吨钢，再过十五年可能达到年产三千万吨钢。中国呢，再过十五年可能是四千万吨，岂不超过了英国吗？那么在十五年后，在我们阵营中间，苏联将超过美国，中国将超过英国。归根结底，我们要争取十五年和平，到那个时候，我们就无敌于天下了，没有人敢同我们打了，世界也就可以得到持久和平了。

毛主席接着说，现在还要估计到一种情况，就是想发动战争的疯子，他们可以把原子弹、氢弹到处摔。他们摔，我们也摔，这就打得一塌糊涂，这就要损失人。问题要放在最坏的基点上来考虑。要设想一下，如果爆发战争要死多少人。全世界二十七亿人口，可能损失三分之一；再多一点儿，可能损失一半。我和一位外国政治家辩论过这个问题。他认为如果打原子战争，人会死绝的。我说，极而言之，死掉一半人，还有一半人，帝国主义打平了，全世界社会主义化了，再过多少年，又会有二十七亿，一定还要多。我们中国还没有建设好，我们希望和平。但是如果帝国主义硬要打仗，我们也只好横下一条心，打完了再建设。每天怕战争，战争来了你有什么办法呢？我先是说东风压倒西风，战争打不起来。现在，如果发生了战争的情况，做了这些补充说明，这样两种可能性都估计到了。

毛泽东说，据我看，所有帝国主义国家都是下午六点钟的太阳，而我们是早上六点钟的太阳。根本的问题是，决定历史的不是钢铁的数量多少，而首先是人心的向背。苏联同志告诉我……开头是稀稀拉拉的几十个人的小组，后来变成整个国家的领导者。我们中国也是如此，开头是稀稀拉拉几十个人的共产主义者的小组，现在也是领导着整个国家。我这话特别想同资本主义国家共产党同志们交换意见的。因为他们现在还处在困难中，有些党很小，有些党有成批党员退党。我说这不足怪，也许是好事。我们的道路是曲折的，是按照螺旋形上升的。

最后，毛主席讲道，我赞成两个《宣言》。

毛主席的讲话引起与会者的热烈反响。南共代表团团长卡德尔在大会休息期间，向毛主席说，他对中国同志谅解他们很满意，他很感谢毛主席这番话。后来在苏共中央举行的告别宴会上，卡德尔对毛主席说，铁托同志很希望能够见到毛主席，希望南中两党加强联系。

11 月 19 日上午十时至十四时，六十四国共产党和工人党代表会议继续开会，各党代表继续发言。下午十六时，举行了最后一次全体会议。在几个党的代表发言后，苏斯洛夫对《和平宣言》的修改做了报告，然后大会进行表决，一致通过。

接着，举行了社会主义国家共产党和工人党代表会议《莫斯科宣言》的签字仪式。

签字仪式是在克里姆林宫的乔治大厅举行的。各党的代表坐在沿着大厅摆放的长方形会议桌的后面。中国代表团坐在大厅会场正东面，中间是毛主席，他的右侧是邓小平、郭沫若、胡乔木、杨尚昆、陈伯达、刘晓，左侧是宋庆龄、乌兰夫、陆定一，后面站着的是李越然、我和秘书、卫士等工作人员。

苏共代表团坐在对面，有赫鲁晓夫、布尔加宁、米高扬、苏斯洛夫、库西宁等。秘书处的工作人员拿着《莫斯科宣言》的正式文本，走到每一个社会主义国家的党代表团团长的座位前，分别请他们签字。

正当工作人员快走到中国代表团的坐席时，我们的摄影记者侯波突然踩着一位外国代表的椅子（事后侯波告诉我们，她事先征得这位代表的同意，这位代表站起来，把椅子让出来），登上会议桌，一个箭步跳到会场中间，跨着大步，三步两步赶到中国代表团坐的席位前面，抢拍了毛主席在《莫斯科宣言》上签字的历史场面，在场的各国党代表无不为这位勇敢的、忠于职守的女记者喝彩。

下午六时半，赫鲁晓夫宣布，国际共产党和工人党代表会议经过三天的紧张工作，通过了《和平宣言》，完成了自己的任务，胜利闭幕。全场起立，长时间地热烈鼓掌。

中苏“蜜月”

11 月 20 日下午五时至七时，苏共中央主席团在克里姆林宫叶卡捷琳娜大厅举行盛大的茶话会，邀请毛主席同苏联各界著名人士会见。中国党政代表团成员宋庆龄、邓小平、郭沫若、乌兰夫、陆定一、陈伯达、沈雁冰、杨尚昆、胡乔木和刘晓出席。苏方出席的有别利亚耶夫、勃列日涅夫、布尔加宁、米高扬、赫鲁晓夫、苏斯洛夫、福尔采娃、库西宁、什维尔尼克、柯西金、波斯别洛夫等。应邀出席的还有苏共中央各部负责人、苏联政府各部部长、苏联元帅们、苏联科学院主席团全体成员、科学院所属各研究所负责人，著名的科学家、工程师、诗人、作家、画家、作曲家、妇女和青年代表、苏中友协和各社会团体的负责人。出席会见的还有苏共莫斯科市委会的负责人和各大报刊的总编辑，共有二百多人。赫鲁晓夫向毛主席一一介绍了这些苏联党政军领导人、学术界的泰斗和各界的著名代表。毛主席同他们进行了亲切愉快的交谈。

这里发生了一个小插曲。散会时，陆定一忙着同苏联朋友告别，把文件包忘在了会场上。大约半小时后，苏方工作人员把文件包送到中国代表团住地，交给了值班的翻译，我们打开文件包看到陆定一的名字，就给陆定一送去了。“文革”中陆定一专案组把这件事当成一个大问题，再三找我们翻译人员追查。据专案组断言，陆定一故意把文件包丢在会场，让苏联人把文件拍照后再送回来。专案组的这种主观臆断令人可气又可笑，文件包里装的都是会议《宣言》的草稿，有什么值得拍照的机密呀。真是“欲加之罪，何患无辞”！

在11月2日到达莫斯科后，毛主席多次同赫鲁晓夫谈话，除了就如何开好莫斯科会议、如何修改《宣言（草案）》交换意见外，还涉及一系列重要问题。11月11日十七时，毛主席、邓小平去苏共中央办公大楼会见赫鲁晓夫，在座的还有布尔加宁、米高扬、库西宁、苏斯洛夫。

会谈中，毛主席表示这次你们能平等相待，把会议《宣言》搞好，我很高兴。过去说是兄弟党，不过是口头上说说而已，实际上是“父子党”，“猫鼠党”。这种“父子”关系不是欧洲式的，而是亚洲式的，带封建性的。这次莫斯科会议，你们改变过去对兄弟党那种不平等的态度，以平等相待，共同商量问题，这是好的，希望以后能够保持这种关系。赫鲁晓夫承认说，苏共同各兄弟党之间的关系不够正常。

据李越然在《中苏外交亲历记》中回忆，在一次午餐中，毛主席对赫鲁晓夫说：“我准备辞去国家主席职务了。”赫鲁晓夫问：“有人接替吗？”毛主席说：“有，我们党内有几位同志，他们都不比我差，完全有条件。”接着，毛主席提到刘少奇、邓小平、周恩来和朱德，并介绍了他们的情况。毛主席说：“第一是刘少奇。这个人在北京和保定参加了五四运动，后来到你们这里学习，1921年转入共产党，无论能力、经验还是声望，都完全具备条件了。他的长处是原则性很强，弱点是灵活性不够。”“第二个是邓小平。这个人既有原则性，又有灵活性，是个难得的人才。”“第三是周恩来。这个同志在大的国际活动方面比我强，善于处理各种复杂的矛盾。他是非常精明强干的人，有弱点能自我批评，是个好人。”毛主席最后说：“朱德同志年龄大了。他德高望重，但不能指望他主持工作了。年龄不饶人。总之，这些人不管谁到这里来，希望你们都像对我一样来对待他们，都看做是你们的朋友。”赫鲁晓夫说：“那好，我们一定会这样做。”

据李越然回忆，在一次宴会席间，毛主席对赫鲁晓夫忠告说：“你的个人脾气不好，很容易伤人。在兄弟国家之间有什么不同意见，让人家讲出来以后，慢慢谈，着急不行……”赫鲁晓夫没有完全听进去。他说：“你不了解，有些人拿了我们的东西，还骂娘，真使人生气。”

11 月 20 日晚上六时，苏共中央为以毛泽东为首的中国党政代表团举行了隆重的送别宴会，出席的有苏共中央主席团全体委员，中国代表团全体成员和部分工作人员。

在这次宴会上，气氛非常热烈。双方都说这次会议开得好，是一个团结的会议，是一个向帝国主义示威的会议。赫鲁晓夫对会议表示满意。毛主席也表示满意，说，这次不仅会议开得好，而且开会的方法也好。你们愿意跟大家商量，采取的方法是协商一致的方法，这一点我们很高兴。

在宴会快结束时，毛主席讲了几句笑话。他说，妇女同志比较心细，最善于关怀人，将来应当由妇女来管理国家大事。将来共产主义在全世界取得胜利后，赫鲁晓夫同志，到那时我们推选宋庆龄同志担任全世界最高苏维埃主席或者叫大总统，你们同意不同意？在座的苏联领导人都说，同意！同意！随后是一片欢笑声。接着赫鲁晓夫说，我们推荐我们的福尔采娃担任副总统，你们同意不同意？在场的中国同志都说同意！同意！然后，米高扬站起来说：我自我推荐，我愿意给她们当秘书，在她们身边工作，每天在她们的办公室里走来走去，一定是很愉快的、幸福的。接着又是一片欢笑声。

宴会结束后全体参加者合影留念。事后，苏共中央通过苏联大使馆将这张有历史意义的、见证中苏友谊达到顶峰的照片转交给了中共中央，一直保存在我们中办翻译组的保险柜里，直到“文革”初翻译组撤销时连同我们保管的全部文件一起交给了中办机要室，据说最后又上交给中央档案馆。

宴会结束后，代表团忙着收拾行装，于二十三点半乘飞机回北京。苏共中央主席团全体委员到机场送行。

在去机场途中，毛主席和赫鲁晓夫同坐一辆汽车。毛主席对赫鲁晓夫说，现在关于《宣言》是达成一致了，以后是执行的问题。各国党根据《宣言》中肯定的原则，结合自己国家的实际去执行，可以有这种政策或那种政策，这种方针或那种方针。在执行中会有不同的意见，如果发现有不同意见，我们希望还是内部谈清楚，不要采取公开批评的办法。赫鲁晓夫表示同意。

毛主席率领的中国党政代表团顺利地完成了出访任务，于 11 月 21 日上午回到北京。

莫斯科会议之后

代表团秘书长杨尚昆对毛主席在莫斯科会议上所起的作用，做过这样的评价："在这个会议上，毛主席在各方面起了决定作用。当然，同苏联协商那是没有问题。但是，许多问题、许多意见是主席提出来的，经过协商以后，他们接受了。"

中国代表团访问苏联的这二十天，是我们工作最忙的二十天，也是我们最愉快的二十天。毛主席在莫斯科会议上提出十五年赶上并超过英国的口号，当时使我们深受鼓舞。我们确实感到，我国贫穷落后，在经济上是个小国，同政治上是个大国的地位不相称，特别是同世界革命中心逐步向东方转移的形势不相适应。我们必须大干快上，把中国变成一个真正的大国。

1957 年 11 月 22 日晚，即在回到北京的第二天，毛泽东没有休息，在中南海菊香书屋召开了政治局常委会议，谈了这次代表团参加莫斯科会议的情况和观感。

邓小平比较详细地讲了会议上对一些具体问题的争论和主要斗争情况。

毛主席和邓小平扼要介绍情况后，政治局常委会批准了代表团在莫斯科的活动。1958 年 5 月 23 日，中共八大二次会议通过决议，正式宣布中国共产党赞成在莫斯科举行的各国共产党和工人党代表会议的两个《宣言》。

中央政治局常委会议后，毛泽东立即开始为实现十五年内中国在钢铁产量和其他主要工业产品产量方面超过英国这个宏伟目标做准备工作。他深知，要实现这个宏伟目标，必须统一全党思想，特别是统一高级干部的思想。因此，他决定继续批判1956年的“反冒进”，用不断革命的思想调动全国人民建设社会主义的积极性。

在离开莫斯科前，苏方把毛泽东在莫斯科会议上的讲话录音带交给我们，并要我方在回到北京后，把毛泽东在莫斯科会议上讲话的正式文稿交给他们，以便编印《各国党领导人在莫斯科会议上的讲话文集》。

回到北京后，胡乔木立即根据他在会议上做的记录进行整理，并在文字上做了某些润饰和删节，然后交给我们译成俄文。经杨尚昆批准，我们把中文原件和译文译稿一并送给苏联驻华使馆，请他们转交苏共中央。

还有一件事需要交代清楚。在此期间，杨尚昆主任把我叫去，说：毛主席在莫斯科会议上讲的关于世界战争的那段话，即“我和一位外国政治家辩论过的这个问题。他认为如果打原子战争，人会死绝的。我说，极而言之，死掉一半人，还会有一半人，帝国主义打平了，全世界社会主义化了，再过多少年，又会有二十七亿，一定还要多”，传到西方国家后，西方媒体添枝加叶，进行歪曲，大肆攻击。你们去机要室逐字逐句地核对毛主席的讲话录音，看毛主席的原话是如何讲的，李越然是如何译成俄文的，以便对西方媒体的污蔑和攻击进行批驳。

我们反复核对后认为，毛主席的原话基本如上所述，李越然的翻译基本上转达了毛主席的本意，没有差错和遗漏。杨尚昆说，在没有任何思想准备的情况下，小李的翻译能达到这个水平就难能可贵了。

此后，大家都认为，利用录音这个现代化的手段比一般记录更准确、更方便。

1958：内外政策大转折，中苏关系出现裂痕

发动“大跃进”，赶超英美

毛主席从莫斯科回来，便于1957年12月1日和1958年1月在杭州召开了两次会议，又于1958年1月11日至22日在南宁召开会议。在这几次会议上，他多次严厉批评“反冒进”、批评右倾保守，说“反冒进”使六亿人民泄了气，是方针性错误，是个政治问题。说“反冒进”者离右派只有五十米远了。他强调要“不断革命”，要解放思想。会议通过了一些没有经过科学论证的、超过实际可能的过高、过急的指标，这就导致“大跃进”的发动。

毛泽东在1958年3月8日至26日的成都会议上，把对“反冒进”的批评，说成是马克思主义还是非马克思主义的问题，一再鼓励大家要破除迷信，解放思想，要敢想敢说敢做，在发动“大跃进”的道路上，大大地向前推进了一步。在这次会议上，毛泽东根据各省市一再加码的生产计划和指标，又提出十年或稍多一点儿时间赶上英国，二十年或稍多一点儿时间赶上美国的口号。

中办“后楼”及时传达了这几次会议的精神和毛主席的讲话，大家都很兴奋，认为中国将会出现“大跃进”形势。

1958年4月2日，毛泽东在接见波兰政府代表团时说：“我们中国赶上英国可能不要十五年，可能只要十年或十一年。”“再有二十年就赶上美国。”

1958年4月1日，刘少奇在接见民主德国驻华大使汪戴尔时说：“由于各方面工作的大跃进，过去拟定的计划指标太低了，需要大大地修改。我们提出了十五年赶上英国的口号，按目前情况看来，可能不需要那么多时间，估计十年就可以赶上了。我们没有公开宣传，但是心里是做了那样的打算的。为了达到这个目的，就需做很大的努力，

各方面的工作都需大跃进。”

这个口号当时虽然没有公开发表，但实际上已经对外宣传了。

在这几次会议精神的影响下，一些地区和部门开始提出一些不切实际的“大跃进”计划。报刊上也开始出现“破除迷信”、“解放思想”、“大跃进”之类的新词。

“大跃进”的出现引起了苏联的关注。4月中旬，苏联使馆二秘顾达寿突然打电话到中办翻译组，问最近中国报刊上出现的“大跃进”一词，这个词应当如何理解，如何译成俄文？把它译成“Большой Скачок”，对否？他接着说，尤金大使狠狠地批评了他，说他们把这个词翻译错了。尤金认为，经济只能是有计划、按比例循序渐进地发展，不可能跃进，尤其不可能大跃进。中国领导同志不可能提出这样的口号，一定是你们翻译搞错了。

1958年5月5日至23日，中国共产党第八次全国代表大会第二次会议在北京举行。在会议上，毛泽东大批“观潮派”、“秋后算账派”，号召“辨风向、插红旗、拔白旗”，要求“破除迷信，解放思想”。中央、各部、各省负责人纷纷发言，豪气万千，“七年超英，十五年超美”成了新的目标。大会正式通过了中共中央根据毛泽东的倡议而提出的“鼓足干劲、力争上游、多快好省地建设社会主义”的总路线。会议号召全党和全国人民认真贯彻这条总路线，争取在十五年，或者在更短的时间内，在主要工业产品产量方面赶上和超过英国；通过了提前五年完成全国农业发展纲要，以及“苦干三年，基本改变面貌”等口号。这一切发动“大跃进”的重大决策和口号的确定，使全国的“大跃进”进入高潮。

1958年6月19日，毛泽东做出了钢产量翻一番的决定，即从1957年的五百三十五万吨增加到1958年的一千一百万吨。

与钢及其他工业指标不断不切实际地拔高的同时，全国粮食等农作物的生产指标也成十、几十倍地加码。“人有多大胆，地有多大产”，成了各地浮夸虚报的真实写照。毛泽东认为，1958年如能增产粮食一千亿斤，整个地球就翻过来了。他还产生了“粮食多了怎样办”的忧虑。1958 年 7 月 31 日，因“共同舰队”问题赫鲁晓夫秘密来华，毛泽东在南苑机场迎接时对赫鲁晓夫说：“我们现在确实是出现了大跃进，农村形势很好。粮食多了，不知道怎样办。”赫鲁晓夫说：“那好办，给我们就行了。”

1958 年 8 月 17 日至 30 日，毛泽东在北戴河主持召开的中央政治局扩大会议，把经济工作中“左”倾错误推向顶点。

因为在党的八大二次会议上提出了许多新问题，中央很重视关于党的八大二次会议文件的对外宣传工作，委托中央对外联络部部长王稼祥过问这件事。王稼祥指定由中办翻译组和新华社对外部的郑葵等人，一起把党的八大二次会议文件译成俄文，由姜椿芳和我定稿。5 月 23 日，王稼祥打电话，要翻译组和郑葵到他办公室，他还把正在参加党的八大二次会议的师哲也请了来，共同研究党的八大二次会议文件俄文译文中的疑难问题。

由于 1957 年的反“右派”运动刚刚过去，当时的情景还记忆犹新，对文件中的某些提法有不同意见也不敢正面摆出来。如：“不断革命”一词本来是当年托洛茨基提出的一个极左的口号，苏联批判了好多年，已经成了一个贬义词。党的八大二次会议文件中的“不断革命”，应当如何翻译？再如：“大跃进”就比较难了，俄文没有“大跃进”一词，只能形象地是翻译成“兔子在那儿一蹦一蹦”的意思，有人说，译成俄文就是“一个跳跃接着一个跳跃”，这有点儿像兔子赛跑，跳跃式地向前发展。也有人说国民经济也不能这么跳啊，要平稳发展，翻译成“一个跃进接着一个跃进”，这不符合经济发展规律。讨论的时候，大家就笑着说，那我们搞“大跃进”，中国人不就都成兔子了，一蹦一蹦的。总之，在翻译的时候出现许多这样讨论的情况，比如，关于“马鞍型”、“波浪式地前进”的提法，也有类似的问题。还有这个“总路线”，“总路线”没主语，翻译也很困难……反正在王稼祥那儿，我们大家也熟了，什么话都说，师哲也在，大家集思广益。最后“大跃进”翻译成“大的跳跃”，虽然感觉国民经济怎么能大的跳跃呢，只能够平稳地发展、有计划地发展、按部就班地发展，但当时来说也没好的办法，就这么确定了。

争论最多的是“鼓足干劲、力争上游、多快好省地建设社会主义”的总路线。有人说，没有奋斗的目标，没有达到目标的期间，而且也没有主语，这不像一条总路线；也有人说，鼓足干劲、力争上游、多快好省，这是一般常识，谁都懂得鼓足干劲比松松垮垮好，力争上游比甘愿下游好，多快好省比少慢差费强，这样译成外文，人家会嘲笑我们。我们几个青年人鼓起勇气，就这样冒冒失失地提出了一大堆问题。王稼祥和师哲并没有责怪我们，一再说，原文如此，翻译无权改动，但你们可以在原文的框架内把译文表述得更圆满些，尽量少出漏洞，少授人以柄用于攻击我们。

此外，我们还利用这个机会，提出了关于“Культ Личности”的翻译问题，向这两位老前辈请教。师哲说，1956 年苏共二十后，他请示过刘少奇，刘少奇说，“Культ Личности”是贬义词，应该翻译成“个人迷信”。后来又请示毛主席，毛主席说：只能译成“个人崇拜”，不能译成“个人迷信”。但也有一些翻译仍把这个词译成“个人迷信”。这样，就形成了“个人崇拜”与“个人迷信”两种译法并存的局面。师哲还提醒我们，两个月前，毛主席在成都会议上说，个人崇拜有两种：一种是正确的。我们不是崇拜马克思、恩格斯、列宁吗？对斯大林正确的东西还要崇拜。对于他们，我们必须崇拜，永远崇拜，不崇拜不得了。另一种是不正确的，不加分析，盲目服从，这就不对了。因此，你们在翻译正式文件时，必须译成“个人崇拜”。从这里可以看出，王稼祥并不完全赞成毛主席提出的关于总路线和大跃进的方针，师哲对毛主席把崇拜真理和崇拜个人混为一谈的说法也持有不同意见。

《和平和社会主义》杂志创刊会议

1958 年 3 月 4 日，中共中央应苏共中央邀请，派中央书记处书记、中央联络部部长王稼祥率领中国共产党代表团前往布拉格参加《和平和社会主义》杂志创刊会议。代表团团员有刘宁一、赵毅敏，赵毅敏还代表中国共产党任该杂志的编委。我随团担任翻译。

3月5日，在莫斯科同苏共中央书记库西宁、苏共中央联络部部长波诺马廖夫交换意见。王稼祥表示，这个杂志不能凌驾于各党之上，无权批评各党的政治路线。库西宁、波诺马廖夫答应考虑我方的意见。

3月7日，在布拉格，中共代表团出席创刊会议第一次全体会议。在讨论中，王稼祥发现决议草案赋予这个杂志的编委对发表的争论问题有总结的权力。王稼祥认为，如果做出这样的规定，那么杂志的编委对这个党或那个党的方针认为不对的时候，就会公诸杂志来展开争论，尔后再由编委做出结论，这样就使杂志居于各国党之上，发号施令，就要破坏各党独立自主地决定自己事情的方针。在会上，王稼祥坦陈己见：首先这个杂志不要成为一个站在各国党之上发号施令的刊物，而应是一个报道性的，也就是介绍情况、交流经验的刊物。其次，这个杂志不宜登载有争论的问题，也不应赋予编委会具有总结争论、批评任何共产党的职能；各国共产党之间有争论的问题，应该由各有关共产党的中央来协商解决。意大利共产党等党的代表赞同王稼祥的这一主张。

中共代表团在会上首先提议成立杂志规则起草委员会，提出杂志规则草案后再交全体会议讨论。此项提议获得通过。中共代表刘宁一、赵毅敏参加了起草委员会。起草委员会经过一天的讨论，形成了《和平和社会主义》杂志规则草案。

傍晚举行全体会议时，刘宁一报告说：起草委员会通过的杂志规则中，虽然有杂志不得凌驾于各党之上的内容，但没有明文规定不得批评各党的政治路线。在全体会议上争论后，同意宣布一个折中性的口头协议，由苏共代表波诺马廖夫宣读：杂志不得批评这个党或那个党的政治路线；杂志不应该反映各国党之间在个别问题上的分歧；编辑委员会不是凌驾于各国党之上的机关；个别国家的党之间发生意见分歧时，编委没有权力评论哪个党对、哪个党不对。

3月8日，创刊会议结束。会后发表《关于出版共产党和工人党的理论性刊物的公报》。公报指出："在 1957 年 11 月莫斯科会议上，各国共产党和工人党代表曾经表示希望出版一种国际性的刊物。根据这种愿望，今年 3 月 7 日至 8 日，一些共产党和工人党代表在布拉格举行了会议。会议一致决定，经过若干时间后，在布拉格开始出版一种理论性和报道性的月刊。创办刊物的各国党的代表声明，所有未参加这次会议的兄弟党可以在平等基础上参加创办刊物，或者通过任何他们认为合适的方式参加刊物的出版工作。"

在会议期间，王稼祥曾同库西宁交换意见，取得共识，就是一个党内的思想斗争不同于各党之间的思想斗争。在前一种场合可以直截了当、开门见山说的话，在后一种场合往往是根本不能接受的。党际之间的思想斗争要求有很高的艺术，要善于采取辩论的方法。在王稼祥同库西宁以及其他兄弟党代表的交谈中，大家一致认为，无论对于本党内的错误，还是对于兄弟党的错误，从对于错误的批评态度来看，都应当是相同的。然而，批评方法必须是有区别的。对兄弟党错误的批评，必须是有说服力的、心平气和的、客客气气的，而且要有适当策略考虑。

苏中联手批南

1958 年 3 月，南斯拉夫公布了南共联盟纲领草案，准备把这个草案提交南共联盟第七次代表大会讨论通过。①

4 月 5 日，我陪苏联大使尤金前往武汉会见毛主席，尤金向毛主席递交了苏共中央 4 月 3 日致中共中央的信和南共联盟纲领草案俄文稿。苏共中央的信中说，南共联盟纲领草案违反 1957 年《莫斯科宣言》的精神，因此苏共中央决定不派代表团出席南共联盟第七次代表大会。

毛主席在认真地同尤金讨论了南共联盟纲领草案后表示，这是一

① 参见阎明复、朱瑞真：《二十世纪国际共运史的一桩公案》（一）、（二），《百年潮》2006 年第 6、7 期。

个非常重要的问题，中共中央政治局将开会讨论，政治局肯定会赞成苏共中央不向南共联盟七大派代表团的决定，而且也一定会同意苏联同志对南共联盟纲领草案做出的评价。

回北京后，我们翻译组组织力量把长达八万多字的南共联盟纲领草案译成中文，分别送给有关中央领导。

4 月 8 日，周恩来主持中央政治局会议，讨论南共联盟纲领草案。第二天，即 4 月 9 日，周恩来接见尤金，他向尤金通报说，中共中央政治局讨论了南共联盟纲领草案，我们认为，这个草案是反马克思主义的、修正主义的、挑衅性的文件。

4 月 12 日，刘少奇接见尤金。尤金大使就向刘少奇，也通过刘少奇向毛主席、向中共领导通报了其他的兄弟党对即将召开的南共联盟七大、对南斯拉夫共产主义者联盟纲领的态度，以及他们是怎么看的。

4 月 15 日，尤金又要求见中共中央领导同志，这回是周恩来总理会见了他。尤金向周恩来通报了苏联驻波兰大使同哥穆尔卡谈话的情况。看起来，苏联是想把这些社会主义国家都动员起来，来抵制南斯拉夫共产主义者联盟的这次代表大会，批判它的纲领。波兰统一工人党还就这个纲领问题给铁托写了一封信。尤金还向周恩来转交了波兰统一工人党就南共联盟纲领草案问题给南共联盟中央的信的抄件。

4 月 19 日，邓小平接见尤金。尤金向邓小平通报了南共联盟中央 4 月 12 日致苏共中央的复信。南共联盟中央的复信进行辩解说："这个纲领草案现在还处在十分广泛的讨论阶段，而起草委员会本身还在继续修改和删除个别提法。"复信还表示："思想上的分歧不应该妨碍我们两国两党之间的友好合作。"

4 月下旬，苏共中央在《共产党人》杂志上发表署名文章《评南共联盟纲领草案》，对该草案全面地进行批判。文章认为，这个草案对现代国际局势的估计，是同 1957 年 11 月莫斯科会议《宣言》和《和平宣言》的估计相违背的，草案中有一系列反科学的、非马克思主义的、非列宁主义的观点。

5月5日，中共中央以《人民日报》社论的形式，发表了批判南共纲领草案和南斯拉夫修正主义的文章。社论说，南共纲领草案集中地反对无产阶级革命，攻击无产阶级专政，对社会主义国家和社会主义阵营加以丑化，对资本主义、帝国主义国家和帝国主义阵营加以美化。社论还说："南斯拉夫修正主义者所提出的纲领，恰恰是符合帝国主义者——特别是美帝国主义者的需要。"半个月后，在中共八大二次会议《关于莫斯科举行的各国共产党和工人党代表会议的决议》中，再次严厉地批判了南斯拉夫的修正主义。决议写道：南共联盟在它的第七次代表大会上通过了一个反马克思列宁主义的、彻头彻尾的修正主义的纲领，来同莫斯科会议的《宣言》相对抗。随后，在《人民日报》上又发表了几篇批判文章。

可以说，我们对南共联盟纲领草案的批判是中苏两党在政治上的一次"密切"合作，是莫斯科会议以后双方友好关系的延续。

在翻译过程中，我们发现，中国共产党批判南共联盟纲领的文章明显要比苏共多了许多，而且，同苏共的批判文章相比，中共的批判文章措辞更尖锐，上纲也更高，而且调子越来越高。

我们还发现，我们自己在思想上落后了，跟不上急剧发展的形势……

仅仅在半年以前，毛主席在访苏时对赫鲁晓夫说，在共同办的刊物上和本国的刊物上都不要批评另一个党，历史证明，一个党公开批评另一个党效果都不好，即使意见正确对方也不容易接受。赫鲁晓夫表示完全同意。现在中苏两党联手对南共联盟进行讨伐，东欧各国党也不甘落后，先后都发表了批判南共联盟的文章。

不仅我们一般干部，就连中共中央委员、中国驻南斯拉夫大使伍修权也跟不上形势。5月初，他从南斯拉夫匆匆赶回来参加中共八大二次会议，在分组会议上发言时他还称赞南斯拉夫的工人自治搞得如何好，为此遭到与会者的批评，不得不在大会上做检讨，后来被免去了驻南大使的职务。

随陈云赴莫斯科参加“经互会”[①]和“华约”首脑会议

1958年5月20日至23日，在莫斯科举行了“经济互助委员会”（简称“经互会”）成员国共产党、工人党代表会议，[②]苏联和东欧社会主义国家党的中央第一书记和部长会议主席参加会议。5月24日，在莫斯科接着举行了“华沙友好合作互助条约”（简称“华约”）缔约国政治协商委员会会议。

中共中央副主席、政治局常委，中央经济工作五人小组组长、国务院副总理陈云率代表团赴会，代表团成员有国务院副总理、国家计委主任李富春等。中办翻译组由我和国家计委的张贤务等随团担任翻译。陈云副总理、李富春副总理作为中华人民共和国的观察员列席会议。

关于苏联和东欧社会主义国家的“经济互助委员会”，1954年赫

① 第二次世界大战以后，美国凭借其雄厚实力提出“马歇尔计划”，即“欧洲复兴计划”，帮助其欧洲盟国恢复因战争而濒临崩溃的经济体系，同时，抗衡苏联和社会主义阵营在欧洲的进一步渗透和扩张。当时，苏联领导人斯大林认为该计划会严重威胁到苏联对于东欧的控制，不久，就出炉了以当时苏联外长莫洛托夫的名字命名的“莫洛托夫计划”。该计划主要包括了苏联对东欧社会主义国家的经济援助以及发展东欧国家对苏联的贸易。1949年1月5日，苏、保、匈、波、罗、捷六国在莫斯科召开会议，宣布成立“经济互助委员会”，之后，阿尔巴尼亚、民主德国、蒙古、古巴、越南等国加入该组织。“经互会”成立初期，经济合作关系比较正常，东欧各国家和苏联之间“建立密切的经济联系”，对成员国的经济发展起到了一定的推动作用。然而，“经互会”的经济体制实际上是苏联经济模式的扩大，1954年，赫鲁晓夫提出“经互会”要“建立经济合作和协调国民经济计划”，要实行生产专业化和协作。在苏联的控制之下，把经互会的主要目的改变为在“国际分工”的原则基础上，实行“全面的经济合作”和“专业化与协作”，大力推行成员国“经济一体化”，要求其他成员国的经济计划必须同苏联的计划“相协调”。“经济一体化”的结果，使成员国的经济不能独立自主地发展，在一些成员国中存在着维护国家主权和民族利益的强烈愿望，与苏联的矛盾日益尖锐，加之，各成员国之间由于发展水平的差异和对各自利益的考虑，相互也有分歧和矛盾。1991年6月28日，经互会正式宣布解散。1956年至1961年，中国以观察员的身份列席经济互助委员会的例行会议。——作者注

② 参见阎明复：《1958年随陈云参加经互会会议》，《百年潮》2008年第11期。

鲁晓夫访华时，曾试探性地向毛泽东提出过中国参加“经互会”问题。据师哲回忆：

> “在访华途中，赫鲁晓夫曾谈到他想邀请中国参加东欧‘经互会’组织，说这是沟通欧亚经济合作，互相协助、互相配合、互相发展和加速经济繁荣的渠道之一。他说：从欧亚各国的情况看，无论是经济结构、体系、发展条件及速度，还是具体要求和生活条件，都有相当大的差距。在经济领域互相配合、互相协作的设想是好的，但在实际上应如何具体体现，目前还没有一个成熟的考虑。不知道毛泽东有什么看法，有机会可以同他交换一下意见。”
>
> 我一回到北京，就把上述情况向毛主席做了汇报。毛主席听后马上回答说：他这个想法不实际。他们同我们之间的差距太大，困难很多，如果稀里糊涂挂上钩，将来的麻烦会不堪设想。
>
> 过了两天，赫鲁晓夫会见毛主席时，正式提出了他的想法。毛主席不容置疑地回答说：没有这个必要，这对中国的发展建设没有多大实际意义。相反，可能麻烦很多，纠缠不清，还会妨碍建设的进展。
>
> 赫鲁晓夫听后，立即改变了腔调，完全否定了自己原来的想法。他说：“中国是个大国，具备独立发展的一切条件，而且发展前途广阔。不像东欧那些小国……常常受到人力和物力资源、销售市场等多种条件的限制，无法独立自主地大规模地发展若干部门的工业生产。他们只能通过经互会的协作……互通有无，同舟共济。”

中国虽然没有参加“经互会”，但从1956年5月起，每当召开“经互会”会议和各种常设委员会会议时，中国都派观察员列席会议，以便同“经互会”成员国保持联系和交流情况。这次中央为中国政府代表团规定的方针是，出席会议，了解情况，阐明中国立场，坚持不参加“经互会”的原则。

这次“经互会”成员国的党的代表会议，讨论了社会主义国家在贯彻社会主义国际分工，以及合理安排生产专业化和协作基础上进一步发展经济合作及各国的长期经济计划问题。赫鲁晓夫在会上发言，强调了社会主义国家之间实现经济协作的必要性。

陈云随后在会上发言，他在对苏联和东欧各社会主义国家发展经济协作表示支持的同时，强调了社会主义国家之间既要开展经济协作，也要独立自主地发展经济，表达了 1954 年以来中国在这个问题上的一贯立场。

会议最后对社会主义国家之间进一步发展经济合作、实行生产的协作和专业化，以及制订各国国民经济长期计划问题提出了具体的建议。

陈云率领的代表团回国时，带回了一大批会议文件，其中包括会议关于专业化和协作的决议，苏联和东欧各国领导人的发言，计委主任的发言，等等。我们的翻译组和计委的翻译加班加点，很快把这些文件译成中文，送交中央财经小组和其他有关同志。

陈云召集中央财经小组成员及有关人员在研究了这些文件后认为，根据毛主席确定的方针，中国仍不宜参加“经互会”。同时，为了加强同社会主义各国之间经济联系，建议同苏联和东欧各国签订长期贸易合同，加强商品交流。中央采纳了中央财经小组的上述意见。

24 日举行的“华约”政治协商会议讨论了国际局势和在争取世界和平安全斗争中的共同任务，取得了完全一致的看法。会议决定，“华约”缔约国在 1958 年继续裁减武装部队四十一万九千人；会议赞同苏联在最近期间从罗马尼亚撤出驻军，在 1958 年把驻匈牙利的苏联军队减少一个师。会议发表宣言，建议同“北大西洋公约”成员国缔结互不侵犯公约，赞同苏联提出的召开东西方国家领导人会议的建议。会议的议程是：立即停止试验原子武器和氢武器；苏、美、英三国放弃使用核武器；在中欧建立无原子武器、氢武器和火箭武器地区；签订对德和约；等等。

国务院副总理陈云在会上发了言。他说，中华人民共和国政府认为，在目前新的国际形势下，“华约”缔约国政治协商委员会召开会议，就进一步缓和欧洲和世界紧张局势的重大措施进行讨论，是完全适时的和必要的。中国政府完全支持这次会议上所提出的各项和平措施。陈云指出，在这一段时间里，国际形势发生了极其巨大的深刻变化，达到了一个新的转折点。在国际形势中，已经不是西风压倒东风而是东风压倒西风了。

陈云指出，去年11月莫斯科会议的召开及发表的两个《宣言》，使以苏联为首的社会主义阵营的团结和国际共产主义运动的团结进入了一个新的阶段。苏联在许多重要的科学技术方面已经肯定地超过了最强大的资本主义国家美国，其他社会主义国家在国民经济发展中也取得了很大的进展。中国人民目前正在实现着工农业生产的大跃进。这一切都生动地证明了社会主义阵营的强大和社会主义制度的无比优越性，使现代修正主义者丑化社会主义制度和对社会主义阵营各国团结友好关系的一切诽谤遭到彻底破产。社会主义力量的蓬勃发展和帝国主义力量的没落和衰亡，这就是当前国际形势的基本特点。最近一个时期的形势发展，雄辩地说明国际上东风压倒西风的局势。貌似强大的美帝国主义不过是一只外强中干的“纸老虎”，一切“恐美病”都是毫无根据的。应该说现在世界上的和平力量比过去任何时候都更加强大，并且已经有可能制止帝国主义的战争冒险，而且如果它胆敢挑起战争，全世界人民就会把帝国主义从地球上消灭干净。

陈云说，为了缔约国的安全和欧洲及世界和平，“华沙友好合作互助条约”就必须进一步加强，以使帝国主义侵略势力的一切战争阴谋难以得逞，这是完全合理的和必要的。现代修正主义者把“华沙友好合作互助条约”和北大西洋侵略集团相提并论，说什么世界分为两个敌对的军事政治集团是目前国际紧张局势的根本原因等，完全是颠倒黑白和为帝国主义的侵略政策开脱罪责。

陈云最后说，中国人民一向认为，世界和平是不可分割的，“华约”缔约国在维护欧洲和世界和平的斗争中，将永远得到六亿中国人民的全力支持。

我不记得陈云在“华约”政治协商委员会会议上的发言是哪些“秀才”起草的，政治局常委批准后交给我们译成俄文，我们是带着讲话的俄文文本去莫斯科的。这篇讲话，总的精神，是重申毛主席关于“东风压倒西风”、帝国主义是“纸老虎”、“帝国主义如发动战争，一定会被人民从地球上消灭干净”等观点，不指名地批判南斯拉夫共产主义联盟。这也反映了当时正在北京召开的中共八大二次会议的气氛。在“华约”会议上，陈云副总理一字未改地宣读了这份发言稿。

1958 年 6 月 23 日，邓小平接见苏联大使尤金。尤金递交了 6 月 21 日苏共中央就和平运动的现状和发展问题致中央中共的信。信中建议举行苏中两国和平运动工作者的会晤，以便统一认识和行动。邓小平指出，目前和平运动中，亚非国家的人民要求将和平运动同他们争取和巩固民族独立的斗争结合起来，而欧洲资本主义国家的代表却不愿这样行动，这个矛盾日益突出。当然，也要看到世界和平理事会的成员十分复杂。谈话中还涉及中日关系、对南共联盟的批判、苏联赶超美国以及中国赶超英国等问题。

1958 年 9 月 6 日，邓小平接见苏联使馆参赞苏达里科夫。苏达里科夫递交了苏共中央就缩减在华工作的苏联专家人数给中共中央的信。邓小平表示，在中央各部委、军事机关工作的苏联顾问可以减少，但在工业企业、建筑业、高等院校工作的苏联专家不能减少，我们还离不开他们。

头脑发热的年代

1958 年 8 月 1 日至 30 日，中共中央政治局在北戴河举行扩大会议，讨论 1958 年和 1959 年国民经济计划。会上确定了工农业生产的高指标，宣布 1958 年要生产钢一千零七十万吨，即比 1957 年钢产量翻一番。

为了完成这个宏伟计划，中央在全国范围内发动了一个全民炼钢运动。中央办公厅“后楼”的干部响应中央的号召，立即行动起来，到处收集废钢铁，有的回家拿来了冬天取暖用的铁炉子，有的拿来了旧铁锅、破铁壶、切菜刀；等等。几个青年人连夜在居仁堂后院用一架鼓风机和一个小坩锅砌起一座小型炼钢炉，把鼓风机一开，“轰……”就这么开始炼起钢来了。随着炉内的温度渐渐地升高，小坩锅里的那些废钢铁还真的熔解了。

居仁堂后院离毛主席居住的菊香书屋大约只有一百米远。一天上午，因我们炼钢的鼓风机声音太响，惊醒了正在熟睡的毛主席。

从战争年代起，毛主席就养成了夜间工作、白天休息的习惯。他自己就常说，别人按照太阳的规律办事，我按照月亮的规律办事，看来，改过来也难了。为了创造一个安静的环境，让毛主席白天能睡好觉，一组的卫士们想了各种办法轰走菊香书屋院内柏树上的喜鹊、乌鸦等鸟类。在菊香书屋红墙外的道路上，经常竖起一个以“手”示意禁止汽车通行的牌子，中南海的司机一看见牌子就明白：毛主席在休息，现在禁止通行。

毛主席被惊醒后，当他得知居仁堂后院正在炼钢时，便到炼钢现场。我记得很清楚，那天他来的时候穿一个灰色的大衣，穿了长腿的睡裤，还戴着个帽子，穿的布鞋但没穿袜子。他是被吵醒了，就直接起来看我们的，还问我们说，“怎么样？”我们说，“可以啊，行啊。”其实，当时我们只是从直观上觉得废钢铁熔化就可以了，到底怎么样我们也不十分清楚。

毛主席详细地询问了炼钢的情况，说了许多鼓励的话，临走时还同全体炼钢人员一起在小炼钢炉前照相留念。此后，大家的热情更高，几乎每天都炼一炉钢，但是，仅坚持了四十多天，终因缺乏原料和燃料宣布停产。

我们共炼了几十块各种形状的“钢”，大的像狗脑袋，小的比拳头大一点儿，共有七八百斤重。经“后楼”工业组内行专家鉴定，质量还不错，还可以送到大钢厂重新冶炼。专家们跟我们解释，我们炼的“钢”送到钢铁厂去再继续加工冶炼，比钢厂用矿山采来铁矿石直接炼钢，要省了许多……他们说，有些单位炼的“钢”甚至不能重炼……当时真是全国动员，大炼钢铁。

随后，我们便听说，苏联总顾问阿尔希波夫对1958年生产一千零七十万吨钢的计划持怀疑态度，他很委婉地、客气地说：这是一个伟大的计划，能完成百分之八十、百分之九十就很不错了。国务院一位副总理告诉他，我们靠群众路线，靠土法炼的钢来弥补。他摇了摇头，说：用土法炼的钢再多也没有用。

后来，中苏关系恶化后，赫鲁晓夫常嘲笑中国的全民炼钢运动，他说：1958年，中国从上到下都投入了炼钢高潮，宋庆龄在她的四合院里兴建了一座炼钢炉，中国驻捷克大使曹瑛在大使馆内也开办了一座炼钢炉。

在“大跃进”中，毛主席发起了“除四害”的爱国卫生运动。“四害”是指老鼠、蚊子、苍蝇和麻雀。把老鼠、蚊子、苍蝇列为“四害”，实属应该。广泛发动群众，改善环境卫生，消灭蚊蝇老鼠，保证民众健康，天经地义。而麻雀原本是一种益鸟，捕食害虫，居然被列为“四害”，实属冤案。当年“除四害”的任务层层部署，每个单位都要完成。

中南海内古树参天，林木茂盛，鸟类成群，捕捉实为不易。根据北京市的统一安排，中南海各单位在“除四害，全民打麻雀”的当天，在各个角落布下岗哨，派出精兵强将，有的手持铜锣，有的手持长竿，有的架梯子捅鸟巢。我们办公大楼居仁堂东南角长着粗壮的大树，根深叶茂，树杈上有不少鸟巢。树干高大，站在地下无法顾及，成了一个“死角”。在讨论中，我提出设法登上楼顶，用长竿驱鸟，办法虽好，但怎样爬上屋顶，却成了难题，大家束手无策。

经过仔细观察，在二楼走廊天花板上发现一个窗子。我搬来梯子，登上去用手一推，居然把窗子打开了。再踩着梯子往上去，爬进了屋顶的梁架层，只见一根根三四米长、一米见宽的松木大梁叠架支撑着居仁堂这座大厦。梁木上堆积着厚厚的一层尘土。我翻过大梁，找到天窗，跨出去，迈到居仁堂的平坦的屋顶，深深地吸了一口新鲜空气。

站在屋顶上，毛主席居住的菊香书屋以及春藕斋、万字廊尽收眼底。

在市里规定的统一时间，周围响起了铛铛的锣声，喧嚣的呼喊声，驱赶着惊恐的鸟群。我手持绑着红布条的长竿，在居仁堂的屋顶上不停地走来走去，驱赶古树四周的飞鸟，片刻不敢停顿。这样整整走了一上午，一直到下面传来收兵的哨声，我才从天窗蹿进屋顶的阁楼，翻过大梁，踩着梯子原路而回。

下午统计“战果”时，被告知，我们单位一共只拣到五六只飞不动而掉在地上的乌鸦，而机灵的麻雀早已飞出中南海。这也算是在中南海工作十年中的一次经历，故记录在案。

后来，1959年7月在庐山会议上，毛主席仍然认为，消灭麻雀的决策没有错，并说：“麻雀现在成了大问题，还是要除。”直到1960年3月，毛主席在为中共中央起草关于卫生工作的指示时说：“麻雀不要打了，代之以臭虫，口号是‘除掉老鼠、臭虫、苍蝇、蚊虫’。”这样，麻雀终于得到平反了。

总路线、“大跃进”、人民公社这“三面红旗”和大炼钢铁运动，导致工农业之间和工业内部比例失调，财政赤字大增，通货膨胀，日用品匮乏，粮食严重短缺，许多地区浮肿病流行，国家和人民遭到重大损失。毛主席后来也带头不吃肉了，并带头减粮。我们当时的粮票额也降低了，原来我这个大小伙子每月二十八斤，后来减到二十二斤，不够啊，只能吃点儿高价粮。记得在那个最困难的时候，陈云提出来卖高价食品，就是说你到这个餐厅吃饭，好比现在一份炒鸡蛋一块钱够了，当时就卖十块钱，这样一来，有富裕钱的人偶尔可以去吃点儿好的。另外一个措施就是给一定级别的人一个月一张票，发两斤肉、一条烟，它有专门的商店，你拿着这个票去买，但也要付钱的。反正通过这种措施竭力来改善人们的生活。

当时，我出国比较多，1961年去了六次莫斯科，出国的补助多一些；我二哥二嫂那时在大使馆工作供应好一些，他们就拿个饭锅装满了生猪肉、牛肉等，压得紧紧的，带回去后给爸爸妈妈……当时就这样子。我父亲在政协工作，他有餐票，可以拿着餐票到政协去吃饭，但只能一个人去吃，不能带上我母亲，所以，我妈妈就只能在家里自己吃了。

在严重的危机面前，中央一再调整各项生产的指标。到了1962年1月，在中共中央召开的扩大的工作会议（即七千人大会）上，毛泽东说："中国的人口多、底子薄，经济落后，要使生产力很大地发展起来，要赶上和超过世界上最先进的资本主义国家，没有一百多年的时间，我看是不行的。"毛泽东正式宣布放弃了"十五年超英赶美"的口号。

翻译组陆续编译：关于苏联的"赶超美国"

自从1957年赫鲁晓夫提出"苏联十五年赶超美国"的口号后，中央领导人十分关注苏联经济建设中的新动向、新举措以及出现的新问题。这样，中央办公厅领导人又交给我们翻译组一项新任务：苏共中央在经济建设中提出了哪些新的方针政策，采取了哪些措施，取得了哪些成就，遇到了哪些挫折等问题，及时整理出来，写出报告，通过中央办公厅的《情况简报》反映给中央领导人。

为了更好地完成这一任务，中央办公厅政策研究室于1960年专门调来了赵建山、邢进立两人，同我们一起收集有关的资料。赵建山20世纪50年代初毕业于"哈尔滨外国语专门学校"，调全国总工会国际部任翻译、苏东科副科长，后到山西工作。邢进立也是俄文翻译，从公安部调到中办"后楼"。

我们先后就"赫鲁晓夫提倡开垦荒地"、"强迫扩种玉米"、"大反草田轮作制"、"机械化小组承包制"等十多个问题写出报告，反映给中央领导。

"开垦荒地"。1958年，苏联通过在哈萨克斯坦等地开垦荒地，获得大丰收，粮食产量创历史纪录，达到86亿普特[①]。但由于缺少配套

---

① 普特（пуд）是俄国的主要计量单位之一，是重量单位，1普特等于16.3805千克。——作者注

措施，如建造防风林等，致使风沙侵蚀，水土流失，垦荒带来的效益逐年降低。

“高指标，浮夸风蔓延全国”。1958 年 2 月，赫鲁晓夫在苏共中央全会上正式提出 1961 年以前在肉类、牛奶、黄油人均产量方面赶上美国的口号。梁赞州委书记拉里昂诺夫保证梁赞州肉类产量将增长两倍，在赫鲁晓夫建议下，拉里昂诺夫被授予苏联英雄称号，并要求各州向梁赞州学习。在压力下，莫斯科州和白俄罗斯共和国等也保证将肉类产量增加一倍。结果，高指标、浮夸风蔓延全国。到 1959 年年底，为了完成肉类年度生产和交售计划，各地开始大批屠宰牲畜，包括种畜和幼畜。梁赞州不得不到邻近各州以高价购买肉类，然后再以三分之一的低价卖给国家，这样，梁赞州也没能完成计划的一半。最后梁赞州委书记拉里昂诺夫服毒自杀。

“强迫种植玉米”。赫鲁晓夫不顾苏联无霜期短等自然条件，生搬硬套美国的经验，强迫各地种植玉米，以解决饲料问题。结果除乌克兰等地外，许多地区种植的玉米或者根本不能生长，或者不结穗。1960 年，共播种玉米 1970 万公顷，其中百分之五十九的玉米不结穗。赫鲁晓夫也不得不承认，不结穗的青玉米“根本不是饲料，而是水”。

“限制和取消农民的个人副业”。1958 年农业大丰收，冲昏了赫鲁晓夫的头脑。他认为，从此以后农民的副业已失去意义，因此下令缩减农民的宅旁园地，限制农民自养牲畜；下令完全取消国营农场职工的个人副业。这些措施严重地影响了农民的生活。

“具有承包性质的机械化小组”。1959 年至 1960 年，在苏联的一些集体农庄和国营农场里出现过机械化耕作小组，小组承包一定数量的土地，上交一定数量的产品，剩余归己。这种组织调动了农民的积极性，提高了劳动生产率，增加了农民的收入。但由于农民缺少资金，无力购买机器设备，政府也不资助，这种劳动组织没有得到推广，不久便自生自灭了。

“大反草田轮作制”。1961 年至 1962 年，赫鲁晓夫号召废除草田轮作制，要求毁掉牧草改种玉米，以解决饲料问题。两年共缩减草地2213万公顷。其结果适得其反，既破坏了草地牧场，也没有收到多少玉米，还使水土保持和土地肥力受到很大影响。由于缺少饲料，到1963年，苏联的生猪头数减少了百分之四十二。

“州党委一分为二，改组为工业党委和农业党委”。1962年11月，苏共中央根据赫鲁晓夫的倡议，决定以生产原则为基础自下而上地改组党的领导机构，把边疆区和州党委一分为二，分别设立：领导工业生产的边疆区和州的党委会与领导农业生产的边疆区和州的党委会。这样就形成了工业党和农业党两个相互独立的党组织。这次改组给党对工农业生产的领导造成了混乱，到1964年，成了赫鲁晓夫被赶下台的一个重要原因。

几年来，我们翻译组还陆续编译了不少有关赫鲁晓夫改革的报道，刊登在中办“后楼”为中央领导人提供各种信息的《情况简报》上，直到“四清”运动开始后，我们分批下乡参加“四清”，赵建山也调回山西了，邢进立调入翻译组管理文档，没人干了，就停下来了。

关于长波电台和共同舰队问题

关于长波电台，就是苏联方面想要在我国建一个能够指挥太平洋地区核潜艇的电台。中国有这方面的需要，曾于1955年前后建起了三个小型超长波电台；当然，苏联更有需要。1958年1月6日，苏联专家向海军司令员萧劲光建议中国沿海地区的几座长波电台和苏联符拉迪沃斯托克的长波电台由中苏共同使用。很显然，苏联这一提议的主旨，在于通过一定形式将中国已有的三个小型超长波电台纳入其在远东的通讯网络中，以保证苏联海军在南太平洋中部海区活动的指挥。中国方面对这个建议没有同意，但苏联方面并没有放弃这一打算。

那么关于建立这个长波电台的争论，开始时就是萧劲光与苏联的那个海军指挥员他们之间的争论，谁出钱？怎么建设？怎么管理？双方意见不能统一。这个争论开始还没有到毛主席、到政治局这个层面，就是海军司令部与苏联海军方面的争论。萧劲光的意见就是我们出钱，技术和设备苏联出，所有权属于我们。苏联方面的意思是他们出钱出设备都可以，然后共同使用，共同拥有。大家争来争去，萧劲光就讲到，我们共同使用没问题，何况我们当时还没有核潜艇，你们有核潜艇，但是这个长波电台的所有权应该属于中国，因为它建在中国领土上。这很有道理。苏联方面因中方提出所有权属于中国，就又在谁出多少钱的问题上提出他们的意见。

经过多次谈判，最终还是达成了这样一个协议：中苏两家共同建设、共同使用，最后的所有权是中国的。至于谁出钱多少，占多少份额，就不是个主要问题。

4 月 18 日，苏联国防部部长马利诺夫斯基元帅给中国国防部部长彭德怀元帅又来函，正式提出中苏两国在中国华南地区合建大功率超长波电台和远程通信中心的问题。来信说：为了补充苏联现在已有的与潜艇通信联络的保证系统，以及补充以前在中华人民共和国所设的用来保证与在远海地区活动潜艇的通讯联络，迫切希望由中苏在华南建设一座大功率的长波无线电中心和一座远程通信的特种收报无线电中心。信中建议苏方出资七成，中方出资三成，建成后共同使用。

7 月 11 日，苏联军事顾问将协定的具体内容交给了中方。中国方面对马利诺夫斯基的来信和苏方提出的协定文本草案进行了仔细的研究，认为苏方由于地理条件的限制，才提出了这个要求。从长远看，中国对这样的电台也是需要的。因此，中国方面同意建设这座电台。但是，中方也认为苏联建议有一些不合理的成分，例如，马利诺夫斯基原来的建议是中方出资三成（主要是土木建筑），苏方出资七成（主要为技术设备和材料，后来的协定草案又提出各出资百分之五十），产权虽没有明说，但显然是共同所有，电台使用权按投资比例划分，这就是说，超长波电台建成后，主要（百分之七十）由苏联管理、使用；此外，协定草案毫不含糊地规定，超长波电台建成后，由中苏共管，苏方派一个十五人的小分队常驻电台；草案还规定两国国防部要制定

“协同的专门计划”等等。这些都是中方不能接受的。后来马利诺夫斯基又来电报，还是坚持苏联也出钱，他说，费用大概需要一亿美元，苏联承担一半，但他避开归谁所有的问题。中国方面坚持，电台应由中国负责建设，产权属于中国；装备器材凡是中国不能生产的，可请苏联帮助提供，通过由中国向苏联提出订货来解决，不必由苏联政府“无偿拨给”；技术方面可聘请苏联专家帮助，而不能成立“联合委员会”；共同使用的办法，可在电台建成后再举行协商，而不事先规定使用时间和使用权按投资比例划分。然而，这没有引起苏联方面足够的注意。

如果按照中国方面的主张，电台的性质就变了，不是苏联建议的“中苏共同建设，共同使用”，而是苏联援助中国建设。产权属后者，双方协商使用。

经过慎重研究并报中共中央批准，7 月 12 日，以国防部长彭德怀的名义复函苏联国防部长马利诺夫斯基，表示同意建台，但建议全部费用都由中国承担，建成后共同使用。7 月 31 日，彭德怀又向苏方提出中方草拟的协定草案。

毛泽东主席在彭德怀的上呈文件上批示：“可以照所拟办理。钱一定由中国出，不能由苏方出。使用共同。”“如苏方以高压压人，则不要回答，拖一个时候再说。或者中央谈一下再答复。此事应由两国政府签订协定。”

与此同时，还产生了一个所谓的联合舰队问题。

由于在中国海军工作的苏联专家一再向萧劲光建议中国可向苏联政府提出购买新型苏联舰艇的要求。中国政府为了加强海军力量，巩固海防，由周恩来总理于 1958 年 6 月 28 日致函赫鲁晓夫，请求苏联向中国提供海军新型装备的技术资料。周恩来在信中说：我国工业的发展，对于我国国防建设和海军力量的发展提供了有利条件。为使我国海军今后能够逐步地获得现代技术的装备起见，我们请求苏联政府在我国海军建设方面给予新的援助。我们希望苏联政府在可能的条件下，有计划地、有步骤地供给我们建造新型的战斗舰艇和可以携带火箭、导弹武器的舰艇的设计图纸，以及制造这些舰艇有关的机械、部件、材料、无线电技术器材和新式武器等设计图纸和计算资料……

赫鲁晓夫在收到周恩来的信后，召开了苏共中央主席团会议，讨论如何回答周恩来的问题。

这件事情引起了我党中央的重视，很想知道苏联究竟有什么打算。正在这个时候，苏联大使尤金于1958年7月21日晚上要求紧急会见毛主席，说有重要的事情要向毛主席汇报。毛主席觉得事情既然这么紧急，同意马上见他。

当时我已下班回家，突然中央警卫局所属交通科的汽车来接我。司机说，杨尚昆主任叫我马上回中南海，有任务。等我赶到中南海游泳池时，毛主席正同尤金大使谈话，周总理的秘书马列在翻译。马列见我赶来，对我说，你来得正好，刚刚开始谈。于是，我就坐在毛主席旁边，接着翻译下来。这时中办翻译组的赵仲元也赶到，担任记录。我看到在场的还有刘少奇、周恩来、朱德、陈云、邓小平、彭德怀、陈毅、杨尚昆等中央领导人。

我还没到时他们没有正式谈，随便聊的，聊什么我也不知道。我接上后，尤金就开始进入正题。

尤金大使说，他最近回苏联休假，返回北京前，赫鲁晓夫同志接见了他，委托他向毛泽东同志问候，并转告苏共中央主席团的几点意见。

第一个问题是中东事件。尤金说，苏联决定不参与中东战争。毛主席说，我们也不赞成参与。我们赞成苏联政府的方针，不作军事卷入。但是要准备美国打大仗，这不是不可能的，我们要做准备。

第二个问题是南斯拉夫问题。尤金说，苏共中央感谢中国党对苏共的支持，苏共中央主席团认为，对南斯拉夫的修正主义要继续批判，不能停止。毛主席说，我们对南斯拉夫共产主义者联盟应该采取又斗争又团结的方针。我们批判它意识形态方面的错误，但还是应该保持国家间外交关系。目前可以冷一点儿，但还是要想办法逐步改善关系。

第三个问题是关于中国政府请求苏联帮助加强中国海军和海岸防御的问题。尤金说，“我这次是受赫鲁晓夫的委托来的，商谈建设这个共同舰队的问题……”赫鲁晓夫希望中国同志了解，苏联的自然条件使我们不可能充分发挥原子潜艇舰队的作用。我们有黑海，但在战争中是会被敌人封锁的。波罗的海就更不用提了。在北面由摩尔曼斯克可通行北冰洋，但是那里并不宽阔，不能广泛活动。东面的海面上又临接南朝鲜和日本，不能算安全。苏联舰队到大西洋、太平洋活动很不方便，海上通道都控制在西方国家手里。接着，他讲了许多，说什么中国的海岸线很长，从大连那边算起，一直要到海南，条件很好，可以四通八达……所以我们应该有一个共同的舰队。同时考虑到将来如果打仗的话，我们的共同敌人是美国。因此，赫鲁晓夫希望同中国同志一起商量，建立一支共同潜艇舰队，越南也可以参加。

我把尤金的这段话翻译出来后，开头的一些话，毛主席还是笑眯眯听着，一听到“建立共同的舰队”马上脸色就变了，非常严肃……毛主席诧异地发出了“啊”的一声。接着问道：“是不是又要搞合作社？”

毛主席对尤金说，我们原想叫你们帮助我们建设海军，没有想过要跟你们一起搞“合作社”，搞什么共同舰队。是不是只有搞“合作社”你们才干，不搞“合作社”，你们就不干呢？

这个话一说，尤金大使也很紧张。

“你们还跟斯大林那一套啊，中国人毛手毛脚的，搞不了现代化，都得听你们的，你到底讲的什么嘛，是搞合作社还是搞什么？”

这时尤金说，赫鲁晓夫特别嘱咐他，请他把苏共主席团的意见转告给毛泽东，希望中共中央派周恩来、彭德怀以及必要的助手去莫斯科，把苏联海军有的一切东西都看看，然后再具体商量。他没有直接回答毛主席提出的问题。

接着尤金就谈第四个问题，即苏联国内情况。尤金讲完以后，毛主席抓住第三个问题不放。他问尤金，照你们的意思是不是只能搞“合作社”，这就像农民搞合作社一样，是否只搞“合作社”，你们才干？

尤金说，没有决定，请中国同志去一起商量。

毛主席说，首先要明确方针：是我们办，你们帮助；还是只能合办，不合办，你们就不给帮助。首先要把这个问题搞明确。我们原来设想是请你们帮助我们建设海军，是不是你们认为只能搞共同舰队，否则就不帮我们？也就是说，你们强迫我们搞“合作社”，是不是这样？

尤金说，他感觉到现在是这么个问题。不过他又说，他们只是提议，还需要两国共同商定。他说，你们可以派人到莫斯科去谈。赫鲁晓夫建议周恩来和彭德怀到莫斯科去谈这件事情。

毛主席说，我们先讨论，同意就去人，不同意，又不帮助，我们就不搞。这个问题暂时不定，因为你也说不清楚。究竟是不是办“合作社”？是不是你们强迫我们搞共同舰队？是不是苏联指挥这个舰队？

尤金一时就答不上来了，支支吾吾的，说不清楚，解释说是什么共同管理啊，什么……反正讲不清楚，很紧张的样子。

最后毛主席说，今天这个问题不做决定……好！我们今天不谈，明天我们接着谈，你回去问问清楚，怎么回事？

这时，尤金已经是满脸大汗，赶快回使馆去了。

尤金一行走后，毛主席对我说：明天还要同尤金谈，你去找叶子龙，搞一个录音机，把谈话录下来，以防他抵赖！

我当即把毛主席的指示转告了叶子龙。叶子龙找总参三部，问他们要了个录音机。然后就商量谁带着？叶子龙对我说，因为你是翻译，你靠近主席，你带着。但又一想，这样恐怕很容易被发现，最后决定让赵仲元带着，赵仲元是我们翻译组另外一个同志。

第二天上午一上班，叶子龙叫我和赵仲元到他的办公室，拿出一台微型手表式的录音机，交给赵仲元，让他把录音机戴在身上，交代了使用办法。录音机有根电线，电线是顺着袖口拐到裤腰带上，电池还有控制的按钮都带在裤腰带上，一切都安排妥当了。毛主席和尤金谈话时启动了这台录音机，然而，可能因为操作不熟练，结果没录上，这次谈话还是靠赵仲元和我当场用笔记录下来的。当年，我们已经掌握了一套虽然不是很正规的速记方法，所以，在毛主席会见尤金的时候，基本上毛主席讲什么或其他人讲什么都能记下来。当时赵仲元记录，我一边翻译同时也做笔记，会后我们把谈话的记录整理出来。

7 月 22 日十一时至十六时，在中南海室内游泳池的前厅，毛主席第二次接见尤金，同他进行了长时间的谈话。参加接见的中央领导人有刘少奇、周恩来、朱德、陈云、林彪、邓小平、彭真、彭德怀、陈毅、王稼祥、杨尚昆等。我担任翻译，赵仲元做记录。

毛主席首先发言。

> 昨天你们走了以后，我一直睡不着，也没有吃饭。今天请你们来谈谈，当个医生，下午就可以吃饭、睡觉了。你们很幸运，能够吃饭、睡觉。
>
> 我们言归正传，吹一吹昨天交谈的问题，就在这个房间里吹！我们之间没有紧张局势，我们是十个指头中，九个指头相同，一个指头不同。这个问题，我讲了两三次了，你忘了没有？
>
> 昨天的问题我又想了一下，可能我有误会，也可能我是正确的，经过辩论可以解决。看来，关于海军提出的核潜艇的请求可以撤销。这个问题我脑子里没有印象，问了他们才知道，海军司令部里有那么些热心人，就是苏联顾问，他们说苏联已经有了核潜艇，只要打个电报去，就可以给。
>
> 海军核潜艇是一门尖端科学，有秘密。中国人是毛手毛脚的，给了我们，可能发生问题。
>
> 苏联同志胜利了四十年，有经验。我们胜利才八年，没有经验，你们才提合营问题。所有制问题老早就提过，列宁就提出过租让制，但那是对资本家的。
>
> 中国还有资本家，但国家是由共产党领导的。你们就是不相信中国人，只相信俄国人。俄国人是上等人，中国人是下等人，毛手毛脚

的，所以才产生了合营的问题。要合营，一切都合营，陆海空军、工业、农业、文化、教育都合营，可不可以？或者把一万多公里长的海岸线都交给你们，我们只搞游击队，你们只搞了一点儿原子能，就要控制，就要租借权。此外，还有什么理由？

你们控制过旅顺、大连，后来走了。为什么要控制？因为当时是国民党的中国。后来你们自动走了，因为是共产党领导的中国了。

在斯大林的压力下，搞了东北和新疆两处势力范围、四个合营企业。后来，赫鲁晓夫同志提议取消了，我们感谢他。

你们一直不相信中国人，斯大林很不相信。中国人被看作是第二个铁托，是个落后的民族。你们说欧洲人看不起俄国人，我看俄国人有的看不起中国人。

斯大林在最紧要的关头，不让我们革命，反对我们革命。在这一点上，他犯了很大的错误，与季诺维也夫是一样的。

另外，我们对米高扬不满意。他摆老资格，把我们看做儿子。他摆架子，可神气了。一九四九年他第一次来西柏坡的时候，架子就很大，后来又来了几次，都是这样。每次来都劝我去莫斯科，我说去干什么？他说，总会有事情做的。后来，还是赫鲁晓夫同志出了题目，去开会，搞个文件。

去庆祝十月革命四十周年，这是我们共同的事业。当时我说过，什么兄弟党，只不过是口头上说说，实际上是父子党，是猫鼠党。这一点，我在小范围内同赫鲁晓夫等同志谈过。他们承认。这种父子关系，不是欧洲式的，是亚洲式的。当时在场的有布尔加宁、米高扬、库西宁、苏斯洛夫等人，还有你（指尤金）吗！中国方面，有我和邓小平。

我对米高扬在我们八大上的祝词不满意，那天我故意未出席，表示抗议。很多代表都不满意，你们不知道。他摆出父亲的样子，讲中国是俄国的儿子。

中国有它自己的革命传统，但中国革命没有十月革命也不能胜利，没有马克思列宁主义也不能胜利。

苏联的经验要学，普遍真理要遵守，这就是《莫斯科宣言》里所写的那九条。要学习所有的经验，正确的经验要学，错误的经验也要学。错误的经验是：斯大林的形而上学、教条主义。他不完全是形而上学，有一部分辩证法，但大部分是形而上学。你们叫做个人崇拜，是一个东西。斯大林很爱摆架子。

我们支持苏联，但错误的东西不支持。关于和平过渡问题，我们没有公开谈，报上没讲。我们很谨慎，也未公开批评你们，采取了内部交谈的办法。我去莫斯科以前，和你谈过。在莫斯科期间，由邓小平同志谈了五条。今后，我们也不准备公开谈，因为这对赫鲁晓夫同志不利，应该巩固他的领导。我们不谈，并不是因为我们这些意见不是真理。

在国家关系上，我们两国是团结一致的。这连我们的敌人都承认，一直到现在都是这样。只要是不利于苏联的，我们都反对。帝国主义、修正主义对苏联的进攻，在大的问题上我们都反对。苏联也是这样做的。

苏联人从什么时候开始相信中国人的呢？从打朝鲜战争开始的。从那个时候起，两国开始合拢了，才有一百五十六项。斯大林在世时是一百四十一项，后来赫鲁晓夫同志添了好多项。

我们对你们是没有秘密的。我们的军事、政治、经济、文化，你们都知道，你们有一千多个专家在我们这儿工作。我们相信你们，因为你们是社会主义国家，是列宁的后代。

但在我们的关系中，也有过问题，主要与斯大林有关。有三件事：第一，两次王明路线。王明是斯大林的后代。第二，不要我们革命，反对我们革命。第三国际已经解散了，还下命令，说我们不与蒋介石讲和、打内战的话，中国民族有灭亡的危险，然而我们并没有灭亡。第三，我第一次去莫斯科时，斯大林、莫洛托夫、贝利亚就向我进攻。

为什么当时我请斯大林派一个学者来看我的文章？是不是我那样没有信心，连文章都要请你们来看？没有事情干吗？不是的，是请你们来中国看看，中国是真的马克思主义，还是半真半假的马克思主义。

你回去以后说了我们的好话。你们对斯大林说的第一句话，就是“中国人是真正的马克思主义者”。但斯大林还是怀疑，只是到朝鲜战争时才改变了他的看法，也改变了东欧和其他各国兄弟党对我们的怀疑。

这种怀疑是必然的：“第一，你们反王明；第二，不要你们革命，你们非革命不可；第三，到莫斯科要斯大林订条约，要收回中长路，那么神气。”在莫斯科，科瓦廖夫招待我，费德林当翻译。我发了脾气，拍了桌子。我说，我在这儿有三个任务：一、吃饭；二、睡觉；三、拉屎。

军事学院有个苏联顾问，在讲战例的时候，只准讲苏联的，不准讲中国的，不准讲朝鲜战争的，只准讲苏军的十大打击。

让我们自己讲讲嘛！他连我们自己讲都不让，我们打了二十二年仗嘛！在朝鲜还打了三年嘛！请军委把这个材料搜集一下，交给尤金同志，如果他要的话。

有些事情我们没说，怕影响中苏关系，尤其是在波、匈事件的时候。当时波兰要赶走你们的专家，刘少奇同志在莫斯科建议你们撤走一部分，你们接受了，波兰人就高兴了，说他们有自由了。那时我们不能提专家问题，怕你们怀疑我们利用这个机会赶走专家。我们不赶，即使有十个波兰赶，我们也不赶。我们需要苏联的帮助。

我劝过波兰人，要学习苏联，劝他们在反教条主义以后，提出学习苏联的口号。学习苏联，对谁有利？对苏联有利，还是对波兰有利？这首先对波兰有利。

我们要学习苏联，但首先要考虑到我们自己的经验，以我们自己的经验为主。

有些苏联顾问，任职可以定个期限。如我国军事、公安两个部门的首席顾问，一直没有个期限，换来换去，也不通知我们，也不征求我们的意见。好比说派大使吧，你尤金走了，派另外的人来，如果不和我们商量，能行吗？这种做法是不对的。你们派到我们公安部门的顾问，坐在那里，如果中国人不告诉他情况，他能知道个什么？

我劝你们去各省跑跑，与人民接触，多了解情况。我同尤金同志谈了多次，如果不是一万次，也有一千次了。

苏联专家中大部分人基本上是好的，个别人有些缺点。我们过去也有缺点，没有主动多向苏联同志介绍情况。现在要克服这些缺点，采取积极的态度。这次就向他们介绍中国的总路线。介绍情况，一次不成，两次；两次不成，三次、多次。

这些话，都是由于搞核潜艇“合作社”引起的。现在我们决定不搞核潜艇了，撤回我们的请求。要不然就把全部海岸线交给你们，把过去的旅顺、大连加以扩大。但是不要混在一起搞，你们搞你们的，我们搞我们的。我们总要有自己的舰队。两把手不好办。

打起仗来情况就不同了，你们的军队可以到我们这儿来，我们的军队也可以到你们那儿去。如果在我们这儿打，你们的军队也应该听我们的指挥。如果在你们那儿打，我们的军队比你们少的话，也应该听你们的指挥。

我这些话很不好听，你们可以说我是民族主义，又出现了第二个铁托。如果你们这样说，我就可以说，你们把俄国的民族主义扩大到了中国的海岸。

取消四个合营公司、撤销旅顺基地的是赫鲁晓夫同志。斯大林在世时，要在我们这儿搞罐头工厂。我回答他说，你们给我们设备，帮助我们建设，全部产品都给你们。赫鲁晓夫同志夸奖了我，说我回答得好。但为什么现在又搞海军“合作社”？你们建议搞海军“合作社”，怎么向全世界讲话？怎么向中国人民讲话？你们可以训练中国人，同帝国主义斗争，你们做顾问。否则，旅顺，不仅旅顺，可以租给你们九十九年。搞“合作社”有一个所有权问题，你们提出双方各占百分之五十。你们昨天把我气得一宿没有睡觉。他们（指在座的其他中国领导人）没有气，我一个人有气。如果犯错误，是我一个人。

（周恩来：这是我们政治局的一致意见。）

这次没谈通，可以再谈，可以每天向你谈一次。不行，我可以去莫斯科同赫鲁晓夫同志谈，或者请赫鲁晓夫同志来北京，把一切问题都谈清楚。

（彭德怀：今年苏联国防部长马利诺夫斯基同志给我打来一个电报，要求在中国海岸建设一个长波雷达观测站，用来在太平洋指挥潜艇舰队，需要的费用一亿一千万卢布，苏联负担七千万，中国负担四千万。）

这个问题和搞海军"合作社"一样，无法向人民讲，向国外讲，政治上不利。

（彭：彼得罗舍夫斯基，在作风上也很粗暴。他对我们的建军原则，对我们在个别地方不采用苏军条例，很不满。在一次军委扩大会议上，福建军区的叶飞同志说，福建到处是山，苏军的练兵条例不完全适用，因为苏军条例主要是按平原的条件制定的。彼得罗舍夫斯基听了很不满意，当时就说："你污辱了伟大斯大林所创造的伟大的军事科学。"他这样一说，会场的气氛很紧张。）

上面这些事，有的过去讲了，有的没有讲。你们这样大力地帮助我们，而我们又讲你们的坏话，可能使你们难过。我们的关系，就好像教授与学生的关系，教授可能有缺点，学生是不是要提意见？要提，这不是要把教授赶走，教授还是好教授。

你们就帮助我们建造核潜艇嘛！你们可以作顾问。为什么要提出所有权各半的问题？这是一个政治问题。我们打算搞二三百艘这种潜艇。

要讲政治条件，连半个指头都不行。你可以告诉赫鲁晓夫同志，如果讲条件，我们双方都不必谈。如果他同意，他就来，不同意，就不要来，没有什么好谈的，有半个小指头的条件也不成。

在这个问题上，我们可以一万年不要援助。但其他方面的合作还可以进行，绝不会闹翻。我们还是始终一致地支持苏联。我们可以在房子里吵架。

我在莫斯科时同赫鲁晓夫同志谈过，你们不一定满足我们的一切要求。你们不给援助，可以迫使我们自己努力。满足一切要求，反而对我们不利。

政治上的合作很重要。在政治上，我们拆你们的台，你们不好办；你们拆我们的台，我们也不好办。

战时，我们的一切军港、一切机场，你们都可以使用，一切地方你们都可以来。你们的地方，你们的海参崴，我们也可以去。战争结束了，就回来。关于这点，可以先订一个战时协定，不要等到战争开始时才订，要提前订。在协定里也要规定，我们也可以到你们那里去，即使我们不去，也要这样订，因为这是个平等问题。平时，这样做不行。平时你们帮助我们建立基地，建设军队。

搞海军“合作社”，就是在斯大林活着的时候，我们也不干，我在莫斯科也和他吵过嘛！

赫鲁晓夫同志取消了“合作社”，建立了信任。这次提所有权问题，使我想起斯大林的东西又来了。可能是我误会了，但话要讲清楚。

你昨天说，你们的条件不好，核潜艇不能充分发挥力量，没有前途，中国的条件好，海岸线长，等等。你们从海参崴经库页岛、千岛群岛出大洋，条件很好嘛！

你们讲的话，使我感到不愉快。请你照样告诉给赫鲁晓夫同志，我怎么说的，你就怎么讲，不要代我粉饰，好让他听了舒服。他批评了斯大林，现在又在搞斯大林的东西。

分歧还是有的。我们的，有的你们不同意；你们的，有的我们不同意。比如，我们的“人民内部矛盾”、“百花齐放”，你们就那么满意呀！

斯大林支持王明路线，使我们的革命力量损失了百分之九十以上。当革命处在关键的时候，他不让我们革命，反对我们革命。革命胜利后，他又不信任我们。他大吹自己，说什么中国的胜利是在他的理论指导下取得的。一定要彻底打破对他的迷信。斯大林对中国所做的这些事，我在死以前，一定写篇文章，准备一万年以后发表。

（尤金：对于中共的各项政策，我们苏共中央的态度是：中国问题怎样解决，是中国同志自己的事情，因为他们最了解情况。同时，我们认为，议论像中共这样伟大的党的政策是否正确，是轻率的、傲慢的。）

只能说是基本上正确。我自己也犯过错误，由于我的过错，在战争中也打过败仗，比如长沙、土城等四次战役。如果说我基本上是正确的，我就很高兴了。只能说我基本上正确是接近实际的。

建立潜艇舰队的问题，这是个方针问题：是我们搞你们帮助，还是搞“合作社”，这一定要在中国决定。赫鲁晓夫同志也可以来，因为我已经去过他那里了。

对于什么都不能迷信。比如，你们一位专家，根据一个院士的一本书，就说我们山西的煤不能炼焦。这样一来就完了，我们没有炼焦煤了，因为山西的煤最多嘛！

在长江大桥工作过的苏联专家西宁同志，是一个好同志。他的建桥方法，在你们国内一直没有用武之地。大型的不让他搞，让他搞个中型的嘛！中型的也不让他搞，让他搞个小型的嘛！小型的也不让搞。但是，他到我们这儿来一说，蛮有道理。反正我们什么也不懂，就请他搞吧！结果一试验就成功了，成了世界上第一流的科学工作。

我没有见过西宁同志。我和建设长江大桥的很多领导同志谈过话，他们一致反映：西宁是个好同志，一切工作他都亲自参加，工作方法很好，凡事都和中国同志一起做。大桥修好了，中国同志学会了很多东西。你们当中谁认识他，请代我向他问候。

不要在专家中，在两党和两国的关系中造成一种紧张气氛，我没有这个意思。我们的合作是全面的，是很好的。你要向使馆的工作人员和专家们讲清楚，不要说毛泽东同志提了意见，可不得了了。

有些问题早就想讲，但过去情况不好，发生了波、匈事件，你们政治上有困难，不宜于讲。比如专家问题，那时我们不好讲。

斯大林后来也很好了，中苏订了条约，帮助了朝鲜战争，搞了一百四十一项。当然，这不都是他个人的功绩，是整个苏共中央的功绩，因此，我们不强调斯大林的错误。①

尤金走后，毛主席请刘少奇、周恩来等领导人再同尤金谈谈。

会谈结束后，我们翻译组连夜整理记录，直到次日凌晨三四点钟才抄写完毕，大家就在办公室的沙发上休息。早上九时许，毛主席的秘书叶子龙给我打电话，叫我把昨天的会谈记录给他送去，他在游泳

① 转引自《毛泽东文集》第七卷，人民出版社1999年版，第385—394页。

池等我。

我们觉得很奇怪，历来毛主席和其他中央领导人同苏联使节的谈话记录，我们都是交给中办主任杨尚昆，由他审阅后批交中办机要室印发，叶主任从来没直接向我们要过会谈记录。于是我赶紧向杨尚昆主任办公室报告，值班的秘书说，既然叶主任要，就给他送去，可能是哪位首长要看，他将报告杨主任。

中南海的游泳池有两个，一个是室内的，另一个是室外的，两者中间有一个篱笆墙相隔。室内游泳池设施齐全，后来进行改建，增加了大的会客室、书房、卧室、餐厅、厨房、秘书、警卫和服务人员的办公用房，等等。实际上毛主席晚年就在那里居住。

我带着记录稿走到游泳池。门口的警卫告诉我，首长在室内游泳池的院子里等我。走进院子，只见毛主席的夫人江青坐在一把竹编的椅子上，叶子龙站在旁边，我连忙把记录稿交给叶子龙。叶子龙互相作了介绍，说："这是江青同志。"我就给她行了个礼，说："江青同志，你好！"叶子龙说："这就是翻译组的组长阎明复。"江青还伸出手来跟我握握手。我说："这是昨天主席谈话的记录，请你审视。昨天主席把赫鲁晓夫痛斥了一顿。"说完就走了。江青就把这个记录翻了一翻，然后就交给叶子龙印发给政治局了。这是我在中南海工作十年中第一次也是最后一次见到江青。

7 月 24 日晚二十时至二十二时，刘少奇、周恩来、邓小平在中南海西楼会议室接见尤金大使，并同他进行了谈话。我担任翻译，赵仲元担任记录。中办机要室速记组的同志用录音机录了音。

在谈话中，刘少奇一再询问尤金大使所谓"共同舰队"究竟是什么意思。尤金改口说，"是指共同建设，共同努力"。刘少奇等人驳斥了尤金所谓的"共同建设"，指出这实际上是政治条件，不共同建设就不给帮助。

谈话后，刘少奇、周恩来、邓小平向毛主席做了汇报。

在 7 月 22 日会谈中，毛主席跟尤金说到，这件事情很重要，要不然我去莫斯科，要不然赫鲁晓夫到北京来，反正这问题一定要说清楚。显然，毛主席跟尤金第二次谈话话说得很重，可能是感到了问题的严重性，尤金回去以后不久就病倒了。

赫鲁晓夫秘密访华

7月29日上午，杨尚昆主任通知我，赫鲁晓夫将于7月31日来京同毛主席会谈，叫我们翻译组做好准备。我说，这次会谈肯定激烈，建议请国务院外事办公室的李越然参加翻译工作，杨尚昆主任表示同意。我当即请李越然到我们翻译组来，向他介绍了前几天毛主席同尤金的谈话情况，并陪同他一起去见了杨尚昆主任。杨尚昆主任向他讲了相关情况。

7月30日，在赫鲁晓夫抵达北京的前一天，杨尚昆主任与苏联驻华大使尤金和公使衔参赞安东诺夫一起来到位于北京西山脚下的玉泉山别墅区。

清末，这里曾是慈禧太后的夏宫。党中央搬到北平后，进行了改建，成为中央主要领导人的休养地，这里山清水秀，古树参天，远离闹市，人迹稀少。这次赫鲁晓夫秘密来华访问，中央选择了这里作为苏联客人们下榻的地方。

杨尚昆主任陪同苏联使节查看了为他们准备的住房以及周围的环境。赫鲁晓夫及其身边人员被安排在毛泽东住过的一号楼，国防部长马利诺夫斯基及两位将军安排在二号楼，波诺马廖夫、库兹涅佐夫安排在三号楼。尤金和安东诺夫对中方的安排表示满意。在整个查看过程中，尤金显得心情沉重，无精打采，可能他预感到大祸即将临头，而安东诺夫却兴高采烈，抢着说话，大有即将取代尤金的派头。回到中南海后，杨尚昆对我说，你们要有思想准备，赫鲁晓夫很可能把责任都推给尤金。

7月31日下午，赫鲁晓夫乘专机抵达北京南苑机场。毛泽东、刘少奇、周恩来、邓小平等领导人到机场迎接。机场上没有举行欢迎仪式，没有红地毯，没有仪仗队，更没有欢迎群众。

图 –104 专机在停机坪停稳后，毛泽东和其他领导人迎上去，同赫鲁晓夫握手致意，互相寒暄，走进会客室。在会客室休息片刻，毛主席简单地向赫鲁晓夫介绍了国内的情况，说“我们现在确实出现了大跃进，农村形势很好，粮食多了，不知道怎样办”。赫鲁晓夫说，“那好办，给我们就行了”。没多谈，宾主便乘车从南苑直驶入中南海，在怀仁堂前停下，毛泽东陪同赫鲁晓夫走到怀仁堂后厅。

中苏两党最高领导人的会谈就在这里举行。

第一次会谈

中方参加的只有邓小平，苏方参加的有波诺马廖夫（时任苏共中央国际部部长）、费德林（汉学家，曾任苏联外交部副部长，这次会谈中担任苏方翻译和记录）。中方翻译有李越然和我，赵仲元记录。

会谈开始时，赫鲁晓夫转达苏共中央主席团委员们的问候和祝愿。毛泽东表示感谢。他说，有两党领导人之间的合作，世界性问题较容易解决。赫鲁晓夫表示赞同。

毛泽东：不作更长时期的预测，可以说，我们的合作有一万年的保证。

赫鲁晓夫：在这种情况下，过了九千九百九十九年可以再次会晤，商定下一个一万年的合作问题。

毛泽东：但是，在我们之间有一些不同的意见。在一些问题上的这种不同的意见，过去有，现在有，将来也会有。如果拿十个指头作比方，那么我们的合作是九个指头，而不同的意见是一个指头。

赫鲁晓夫：是的，也许是不同的理解。

毛泽东：这些问题容易解决，我们之间总是会合作的，因此可以签署一万年的协议。

毛泽东提议转入讨论想研究的问题。

赫鲁晓夫：我们收到了尤金关于同您谈话情况的通报，看了以后很不安。根据通报判断，有许多问题纠缠在一起，因此我想谈一谈，以便弄清楚所有问题。

毛泽东：好吧。

赫鲁晓夫：我不谈那些从通报中可以看出我们有一致观点的问题。这是国际形势问题、对近东和中东事态的评价、南斯拉夫问题。我们也拥护你们这样的声明，说我们没有任何问题会使我们产生不同的观点。我们为你们党和中华人民共和国取得的成就而感到高兴，我想，你们也为我们取得的成就而感到高兴。

毛泽东：是的。

赫鲁晓夫：我想提及一个简直使我们感到震惊的问题。这就是建立海军舰队问题。您说，因此一夜没睡着觉。我收到通报后也一夜没睡着觉。

毛泽东：我感到惊讶，因此没睡着觉。

赫鲁晓夫：这个问题在任何时候都与别人无关，首先与我有关，因为主要是我同尤金谈的，后来才在中央主席团会议上给他下达指示，不存在你们同志们对问题的这种理解。对联合舰队连想都没有想过。您了解我的观点。斯大林在世时我就反对搞合营公司，反对他要搞租让菠萝罐头厂的那种老年人的愚蠢。我强调说老年人的愚蠢，是因为斯大林并未愚蠢到不理解这个问题的地步。这里表现出了（他思想的）僵硬。

毛泽东：是呀，你赫鲁晓夫都把它取消了嘛！

赫鲁晓夫：我是直接对斯大林说不要给毛泽东发关于租让企业的这种电报的政治局委员之一，因为这种做法根本是不对的。还有另一些政治局委员，我现在同他们发生了意见分歧，他们也不支持斯大林的这个建议。斯大林去世后，我们立即提出了取消合营公司的问题，现在我们在哪里也没有这种公司了。

毛泽东：还有两个半殖民地嘛——东北和新疆，也把它们取消了。

赫鲁晓夫：那里的不正常情况已经消除了。

毛泽东：按照协议，在那里甚至都不允许第三国公民居住。您把这两个半殖民地也取消了。

赫鲁晓夫：是的，因为这违背基本的共产主义原则。

毛泽东：我们赞成。

赫鲁晓夫：就连在芬兰，即资本主义国家，我们也取消了自己的军事基地。

毛泽东：在旅顺口也正是你取消了基地。

赫鲁晓夫：不能不这样做。对于社会主义国家，这样做尤为正确。就是在资本主义国家中，这也只能带来损害。我们在奥地利取消了共同财产，（把我们那部分）卖给了奥地利政府。这种做法带来了成果，否则就会成为同奥地利政府发生冲突的根源。不久前，我们接待了奥地利代表团，进行了亲切友好的会见。以前，进行这种会见是不可能的。我们同中立的资本主义国家保持良好的关系，对所有社会主义国家都有利。

我们的方针是纯洁的、明确的。我们向原殖民地提供援助，在我们的协议中，没有一个条款给我们的关系蒙上阴影，或含有侵犯受援国独立的图谋。这就是社会主义阵营的力量所在。我们向原殖民地提供援助时也不提出政治条件，从而争得了这些国家人民的心。我们向叙利亚、埃及、印度、阿富汗和其他国家都提供这种援助。不久前，我们同意同阿根廷签订协议。这会对拉丁美洲特别是阿根廷有头脑的人们产生很大的影响。我们同意为采油工业提供一亿美元的设备。这是在与美国作对，以使南美不感到自己完全依赖于美国，看到自己是有出路的。

毛泽东：做得对！

赫鲁晓夫：您怎么能认为我们会像您同尤金同志谈话时说的那样对待你们呢？现在，我要向您进攻了。

毛泽东：你还要向我进攻，凭什么？

赫鲁晓夫：我现在向您解释。

毛泽东：好。我听你解释，什么叫联合舰队？什么叫共同海军？

赫鲁晓夫：我现在就解释。

毛泽东：好，请你解释。

赫鲁晓夫：遗憾的是，今天尤金大使不在场。我向他转达了责成他办的事情，是单独同他谈的，后来是在主席团里谈的。我同他谈话时就有顾虑，担心他有可能错误地理解我的意思。我问他："您听懂了没有？"他说："听懂了。"但我发现，他没有向您谈我说的主要的东西。

我是这样看的，这种问题离他很遥远，就像月亮离地球很远一样。这是专业性问题，他从来没有接触过这种问题。

建立舰队问题很复杂，以至于我们现在还没有就这个问题做出最后决定。从斯大林去世时起，我们就开始研究这个问题。我们解除了库兹涅佐夫海军上将的军事职务，让他退休了，因为若是采纳他建立舰队的十年计划，那么无论舰队还是资金都会化为乌有。这就是为什么我们在收到周恩来同志请求提出意见和帮助建立舰队的信时，我们难以做出答复。

有人建议我们造巡洋舰、航空母舰和其他大型舰只。造一艘巡洋舰很昂贵，但建港口和舰队停泊处还要贵得多。我们讨论了这项计划，并把它否定了。然而最主要的是，鉴于军事技术状况的改变，我们批判了海军舰队理论。

1956 年，在塞瓦斯托波尔召开一次水兵会议，伏罗希洛夫、米高扬、马林科夫、朱可夫和我出席了这次会议。水兵们报告了他们想如何在战争中利用舰队。听了他们的这种报告后，不仅应该把他们赶出舰队，而且应该把他们赶出军队。

您记得，1954 年我们从您这里回去时，是经旅顺口去符拉迪沃斯托克，然后去了共青城。后来乘巡洋舰进行一次不远的航行，其间组织一次小规模的操练。海军上将库兹涅佐夫陪同我们。操练过程中，潜艇和鱼雷艇对巡洋舰发起攻击。鱼雷艇发射的鱼雷没有一枚击中巡洋舰。潜艇发射的鱼雷仅有一枚击中。我们认为，如果舰队这样备战，那我们的国家就不能指望我们的海军力量了。这是我们持批判态度的开始。这之后我们责成库兹涅佐夫做出报告和准备建议。在中央主席团会议上，他的建议未被采纳。他恼羞成怒耍无赖，声称："什么时候中央能对海军舰队采取正确的态度？"当时，我们就建立了正常的关系，我们把库兹涅佐夫赶出了舰队。

在斯大林时期，我们建造了许多巡洋舰。我在访问伦敦时，甚至建议艾登购买我们的巡洋舰。如今人们在绞尽脑汁地考虑如何在战争中利用舰队。您回想一下，二次大战时发生过什么大海战？没有发生任何大海战。舰队要么无所作为，要么覆没。最强大的海洋大国是美国和日本。日本用空军使美国舰队遭到惨重失败。美国人后来也借助于空军击溃了日本舰队。

问题在于，把资金投到哪里。

我们收到你们的来信时，思考了一下。派军人去吧，他们对建立舰队没有一致的观点。这个问题我们已经讨论了三次。最近一次决定给他们一个月期限，让他们准备建议。在现时条件下需要什么样的舰队？我们已经停止建造巡洋舰。把已经造好的炮塔扔进了炼铁炉，其实这是黄金呀。我们在船台上还有几艘未建造好的巡洋舰。我们的总参谋部有两种意见：一些人说，扔掉；另一些人说，造完，然后不再造了。我们回去后要决定这个问题。海军军人分成了两派。我的观点不坚定：停止建造吧，对支出的费用感到可惜；造完吧，还得花钱。对于战争，它们是没有用的。马利诺夫斯基去休假前要求研究这个问题。在国防军事委员会会议上，我反对造完巡洋舰，但不坚决。马利诺夫斯基请求同意造完，我又决定支持他的意见。后来举行中央主席团会议时，许多著名的元帅和将军都坚决反对。于是决定等马利诺夫斯基休假回来后再议。我想，这次我们会决定把它们扔进炼铁炉。

毛泽东：你现在还没有讲到问题的实质。

赫鲁晓夫：我就讲。

在这种情况下，我们的军人能给你们提供什么样的意见呢？因此，我们对自己说，需要同中共负责同志聚集在一起讨论决定这个问题。

我们不能只凭信军人的意见，因为他们本身没有固定的观点。我们想同你们一起讨论，在建造海军舰队问题上采取什么方针。比如，我现在就说不出，我们的新海军参谋长在这个问题上持什么观点。如果我们派他来，那还不知道他将阐述谁的观点，我们的还是他自己的。所以我们想同周恩来和彭德怀同志，即同军政工作人员一起讨论这个问题。我们不能也不打算强加自己的观点。要建立什么样的舰队，你们也可以不同意我们的意见。我们还处于探索阶段。

在有火箭武器的情况下，现在谁还需要火力有限的巡洋舰呀。我在伦敦对艾登说过，他们的巡洋舰是游动的钢铁棺材。

建立舰队的问题很复杂。军人们会提出问题：为什么在这种情况下美国人建立舰队。我认为，从他们的角度来看，美国人做的是对的，因为美国位于美洲，而他们打算在欧洲或亚洲作战。他们需要用舰队来搞运输和掩护。否则他们就需要放弃自己的政策和宣布门罗主义①。

毛泽东转向邓小平，请邓小平给他同尤金的谈话记录。邓小平把谈话记录交给了毛泽东。

赫鲁晓夫：现在事情就是这样。所以我就同尤金这样说了，请他向您说明这个情况。我问他，都明白了吗？他做了肯定的回答。但他从来没有研究过舰队问题，因此，他可能没有准确转达事情的实质。苏共中央无论过去还是现在都从来没有考虑过建立联合舰队的问题。

毛泽东（气愤地）：我没有听见你的谈话，你是在莫斯科。同我谈话的是一个俄国人——尤金。所以我要问，你有什么理由向我进攻？

---

① 1823年12月2日，美国第五届总统J.门罗在致国会咨文中宣称：美国将不干涉欧洲列强的内部事务或它们之间的战争；美国承认并且不干涉欧洲列强在拉丁美洲的殖民地和保护国；欧洲列强不得再在南、北美洲开拓殖民地；欧洲任何列强控制或压迫南、北美洲国家的任何企图都将被视为对美国的敌对行为。提出“美洲是美洲人的美洲”的口号。实际上，宣布拉丁美洲属于美国的势力范围。从某种意义上讲，门罗主义在客观上起到了防止已独立的拉美国家再沦为欧洲列强的殖民地的作用。冷战期间，门罗主义成为美国对拉丁美洲外交政策之框架。古巴革命后，建立了社会主义政权。诉诸门罗主义的声音于美国国内再起，但此次用于防止以苏联为首的共产主义在拉丁美洲做进一步的扩张。——作者注

赫鲁晓夫：我对您没有意见。

毛泽东（气愤地）：应该向谁进攻？向毛泽东还是向尤金？

赫鲁晓夫：我做这样冗长的说明不使您感到厌倦吗？

毛泽东：你还没有讲到问题的实质。

赫鲁晓夫：我就讲。根据上述原因，我们也希望你们的同志前来一起讨论需要什么样的舰队问题，以及它的技术和作战使用问题。我确实是这样对尤金说的，毛泽东同志主张协调我们的力量，以防发生战争。1954 年我们来访时和 1957 年您访问莫斯科时，您都谈到这一点。遗憾的是，在这个问题上，至今还什么工作也没有做。因此我让尤金说明情况。我们知道，需要建立潜艇舰队和建造装备有不是对海导弹而是对空导弹的鱼雷快艇。因为潜艇舰队的主要任务不是同敌人的水上舰队作斗争，而是摧毁它的港口和工业中心。

毛泽东：你派来的代表、俄国人叫尤金，来向我说，你们的黑海不行，波罗的海没有出路，北海窄了，海参崴有危险，等等。而且他说，中国海岸线很长。

赫鲁晓夫：我和尤金谈了这个问题，我是这样说的：最好取消我们在黑海和波罗的海的舰队。那里不需要搞大的舰队，因为在海岸上就可以用火炮或导弹控制整个海面。所以在这些地区，只能搞小型的潜艇舰队。在这种情况下，我们能在哪里建立呢？在摩尔曼斯克地区吧，但我们的舰队从那里去打美国不容易。中间要经过英国和冰岛，他们会想一切办法来发现和拦截我们的舰队。在海参崴当然好一些，在那里，我们紧靠萨哈林岛（库页岛），这个岛屿掩护着我们，但敌人的潜艇也可以利用它来监视我们的舰队的行动，打击我们。我说过，中国有广阔的海岸线，有公海，一旦战争爆发，用潜水艇打美国就方便一些。因此最好同中国讨论利用这些条件的问题。我的具体想法是在某一条河流旁边，比如说黄河，或者别的河，建设一个制造潜艇的大工厂，大量生产潜艇。这就是想谈的问题，这些问题，写信很难说清，所以决定由尤金同志来向你们面谈。但是看来，这样让他转达，可能是错了。

毛主席：你们的代表嘛！尤金讲建立一个共同的潜水艇舰队，原子潜水艇舰队。但关于建立联合工厂或联合舰队，我们没有想过，也没有这个必要。

赫鲁晓夫：尤金这样讲是不对的。我们自己已经有了舰队并能够利用它。怎么能说搞共同舰队呢？我们建设舰队也没有问中国人。另外，周恩来同志的信也没有提到原子潜艇舰队嘛！

毛泽东：我当时问尤金，舰队是谁所有？是中国的，是苏联的，还是共有的？我说，在一个国家建立了一个舰队，打击敌人，你愿意帮助就帮助，不帮就算了。我还强调说，在现时条件下，对于中国来说，舰队应当为中国所有，不能谈任何其他所有。实际上打起仗来你们也许高明一些，那么你们来指挥。但是，尤金坚持舰队应当是共同所有。第三次谈话尤金改口了。他说，共同建设，共同努力。这次我没见他，是少奇、恩来、小平同志来见他。他们又驳斥了共同建设的说法，这实际上是政治条件，不共同建设就不给帮助。

赫鲁晓夫：根本就不是这么一回事，我从来没有这样讲过。这里也有我的过错，不应责成不了解问题的尤金向您做出通报。但我们不想就此问题给您写信，想向您做出口头通报。

毛泽东：我同尤金的谈话是有记录的。你看，不是这样写着嘛！尤金说，赫鲁晓夫同志建议建设共同舰队，并可吸收越南参加。

赫鲁晓夫：关于吸收越南的事，我说过，将来发生战争，我们需要广泛利用包括越南在内的沿海一带。

毛泽东：我还说过，一旦发生战争，苏联可以利用中国的任何地方，俄国水兵可以在中国的任何港口活动。

赫鲁晓夫：我不会说“俄国水兵”。一旦发生战争，需要共同做出努力，也许中国水兵将采取行动，也许需要联合做出努力。但是不存在关于什么领土或我们基地的问题。

毛泽东：比如说，舰队若是由一百艘舰船组成，那你们和我们各分摊多少艘？

赫鲁晓夫：舰队不可能由两个国家管理。舰队需要指挥，而有两个人指挥时，那就不能作战。

毛泽东：对嘛！

赫鲁晓夫：您可以不同意我们的意见。我们是这样认为的，而您可以说，我们反对。若是您向我们提出这样的意见，我们也会反对。

毛泽东：如果是这样，那所有乌云就散了。

赫鲁晓夫：本来就没有乌云。

毛泽东：尤金说，要搞就搞共同舰队。

赫鲁晓夫：这不对，这是违反我们党的原则的。毛泽东同志怎么能设想我们会强加完全不符合党性的原则呢？

毛泽东：是呀，我说过，过去斯大林搞合营公司，后来赫鲁晓夫取消了，怎么现在又来提这样的问题呢？其实关于海军舰队的问题是苏联顾问建议的，说只要给苏方去一个信，立刻就会有答复，就会得到援助。你们的顾问四次提出建议，希望我们这样做。

赫鲁晓夫：这样的顾问应该赶走。

毛泽东：顾问没有谈联合舰队问题。

赫鲁晓夫：顾问不能发号施令，他们无权这样做。顾问这样做是错误的，顾问不能乱出主意。他们的工作是，当询问他们的意见时，他们提出建议。

毛泽东：顾问们提出了请求苏联提供援助的建议。之后周恩来发出了这样的请求，指建立装备有发射导弹装置的舰队。

赫鲁晓夫：尤金也没有被授权提出建议，只责成他转达关于共同讨论建立潜艇舰队问题的请求。我们怎么能授权尤金进行关于建立潜艇舰队的谈判呢？我们了解尤金并在党的问题上信任他，但他不适合进行关于核潜艇舰队的谈判。

毛泽东：他说，需要派代表就共同建立海军舰队问题进行谈判。我对他说，这样的谈判我们不能进行。

赫鲁晓夫：实际上，他试图对问题做出正确的阐述，但看来，他本人没有正确理解我们的任务，没有正确做出解释，因此才使我们处于不正常的相互关系之中。听了尤金的汇报以后，我们也很伤心，觉得中国同志不相信我们，对我们的政策做了很不正确的了解，这触犯了我们的自尊心。

毛泽东：什么？触犯了你们的自尊心？是谁触犯了谁的自尊心？你们能提出这样的问题，是触犯了我们的自尊心！

赫鲁晓夫：我没有料到，你们会这样粗暴地理解我们。

毛泽东：谁粗暴！是你们派来的代表，叫尤金，在北京向我们五次提出这样的问题。当时我们了解，就是要搞共同舰队，否则就不给援助。我们说不干，我们一万年不建设海军也没关系，我们可以分工，你们去搞原子弹，我们去打游击战。

赫鲁晓夫：不成，毛泽东同志，在现在条件下，打游击不成。

毛泽东：不成也没办法嘛！我们没有原子弹，没有军舰，将来索性把全部海岸线都交给你们，叫你们打好了。

邓小平：尤金从分析苏联的海岸线开始，说苏联的不好，中国的好，因此，赫鲁晓夫同志才提议搞共同舰队。当时主席就问到这是不是“合作社”问题，尤金同志又没有否认，使在座的其他政治局的同志听了以后，都“噢”了一声，觉得很惊讶！

毛泽东：由两部分组成的“合作社”。

赫鲁晓夫：尤金讲得不对。现在完全清楚了。这是因为尤金传达错误而造成的误会。我讲了自己的意见。但是我认为，我们中国朋友对我们的看法要更好一些，即使发生误会，应该问我，我们到底是否有这样的意图。可是我们没有想到，毛泽东同志竟把这个问题提高到侵犯主权的程度。因此，我认为需要做出解释。我们不想侵犯中国主权。你们这样看我们，我们有些伤心。

毛泽东：你们怎么看我们的呀！你们到中国的代表是怎么看中国的呀？我们谈了三次，只能得出这种结论，不信任中国嘛！只能搞

"合作社"，否则就不给帮助。

赫鲁晓夫：尤金就是这样说的?

毛泽东：不是，但这是他讲话的意思。

赫鲁晓夫：这是您的推论。

毛泽东：是啊！当时我怀疑过，也向你们的代表讲过，希望这是误会，但是他几次向我们讲，只能使得我们得出这样的结论。所以，我就提出几个方案：第一个，你们帮我们搞，你们给我们提供技术资料，帮助我们搞中国的舰队；第二个，搞共同舰队，不搞，你们就不帮助；第三个方案，撤回我们的要求不搞了，因为我们不同意搞"合作社"，你们就不帮助嘛！当时我说，你们坚持第二个方案我们就不干。你们要坚持一万年，我们就一万年不干。一万年没有核潜艇舰队也可以，那时我们也不会同意搞共同舰队。

赫鲁晓夫：在你们的信中没有谈核潜艇舰队问题。

毛泽东：是呀，没有谈。我们提的是搞导弹舰艇问题。尤金谈到核潜艇舰队问题。

赫鲁晓夫：所以我说，建什么样的舰艇需要讨论。谁给你们出的主意？戈尔什科夫[①]？我不相信他能给我们出正确的主意。他给你们出主意，你们就以为是我们的主意，然后弄清楚以后，又会说是我们出了错误的主意。

毛泽东：我们不会提出搞大舰队问题。我们只讲鱼雷艇和发射导弹的潜艇问题。这在我们的信中做了说明。还有第二个问题，即在中国建立雷达站的问题。

赫鲁晓夫：我想结束海军舰队问题，然后再谈雷达站问题。我认为，尤金对这部分使命没有做出正确的阐述。看来，他表达得不准确，并使人有理由对他的意思理解得不正确。

毛泽东：这件事有七八个人在场。当时我说，这是"合作社"呀。

① 苏联海军元帅，时任苏联国防部副部长兼海军总司令。——作者注

大家听到这个建议时，都发出了“噢”的惊叹声。所以我一整夜没睡着觉。

赫鲁晓夫：而我第二天夜里没睡着觉。我同意我承担部分过错。我是源头。我对尤金做了说明，他没有正确理解我的意思，没有做出正确的转达。尤金是个诚实的人，他对中国和对您个人很尊敬。我们信任尤金，我们认为，他不可能有意识地进行歪曲。这是一名诚实的中央委员，他所做的一切都是为了巩固我们两国的友谊。这一切都是由于他没有正确理解使命而造成的误会。我说了，我本人有怀疑，曾问他两三次，都明白了吗？因为给他的使命，是关于他根本没有接触过的问题的使命。不过我对您有个意见。若是您看出事情超出共产主义关系范围，那您应该好好睡觉，应该对自己说，这是误会，并试图再次弄清楚这件事。（开玩笑地）您瞧，我在要求您了。

毛泽东：我说了，也许这是误会，我希望这是误会。

赫鲁晓夫：应该睡觉。

毛泽东：有几次只谈共同舰队问题，因此我在当时就转入反攻了。现在你进攻我，但我还要转入对你的进攻呢。

赫鲁晓夫：物理学中有一个定律，是作用与反作用相等。

毛泽东（气愤地）：我是有根据的。当时我说，把所有的中国海岸都交给你们，我们搞分工，我们不要海军，我们打游击，但不同意搞联合舰队。

赫鲁晓夫：我们自己有许多海岸，愿上帝保佑，我们能管好自己的海岸。

毛泽东：这是第四种方案，把所有海岸让给你。我们习惯打游击。

赫鲁晓夫：现在不是那个时候了。

毛泽东：我们没有办法嘛！我说的是，我们让出所有的海岸，那我们就在陆地打游击。

赫鲁晓夫（开玩笑地）：那我们只好交换海岸啦，最好让我们每个人都留在自己习惯的海岸上。

毛泽东：同意让出直到越南的所有海岸。

赫鲁晓夫：那还需要邀请胡志明，不然他知道了会说，赫鲁晓夫和毛泽东搞阴谋反对他。

毛泽东：第五个方案就是把旅大给你们，还可以把其他一些军港给你们。

赫鲁晓夫：这些还是你们自己搞吧。

毛泽东：没有办法嘛！不给你们，你们就不援助了嘛！

赫鲁晓夫：这么说，苏联岂不成了赤色帝国主义了吗？

毛泽东：这不是什么帝国主义不帝国主义的问题，斯大林不是这样搞了嘛！搞了一个旅大，搞了两个半殖民地——东北和新疆。还建立了四个混合公司。这都是他干的好事。

赫鲁晓夫：我们对斯大林的态度你们是清楚的。不过斯大林当时签订旅大协定是对的，考虑到后来对毛泽东同志有好处，因为那时的中国是国民党的中国，是蒋介石。所以，我们的军队驻扎在东北和旅顺口对你们也是有利的，起了一定的积极作用，问题是人民中国一胜利，就应该结束这种状况。依我看，1954 年我们提出从旅顺口撤军的问题时，您对这样做是否合适还提出过怀疑，您认为，苏军的存在将牵制美国的侵略意图。我们曾请您研究一下这个问题。您答应考虑考虑。您考虑了，后来同意了我们的意见。

毛泽东：是的。

赫鲁晓夫：您当时说，在你们的议会里，不是共产党人提出这样做对中国是否有利的问题。您说了这件事没有？

毛泽东：说了。但这是事情的一个方面。斯大林不仅在这件事上犯了错误，他还建立了两个殖民地。

赫鲁晓夫：您捍卫了斯大林，但批评了我，因为我批判了斯大林。而现在是相反。

毛泽东：你批判的是别的问题。

赫鲁晓夫：我在代表大会上也谈到了这件事。

毛泽东：无论现在还是当时在莫斯科，我始终说，批判斯大林的错误是对的。我们只是不同意不划清批判界限。我们认为，斯大林是七分功劳三分错误。

赫鲁晓夫：我认为更多。

毛泽东：斯大林这一辈子还是功多过少。

赫鲁晓夫：那是啊！我们谈斯大林的功劳，并且我们也是这些功劳中的一部分（原文如此——译者）。

毛泽东：对呀。

赫鲁晓夫：在历史上，斯大林必定是斯大林。而我们批判了特别是他到老年时形成的污垢和疮痂。但铁托批判他时，则是另一回事。过二十年后，小学生要查字典才知道铁托是什么人，而斯大林会永远活在人们的心里。在字典中将会说，铁托是社会主义阵营的分裂主义者，他企图破坏这个阵营，而关于斯大林，将会写他是同工人阶级的敌人进行搏斗的战士，但犯了很大的错误。

毛泽东：斯大林对中国的主要错误不在半殖民地问题上。

赫鲁晓夫：我知道。他错误地估计了中共的革命能力，给蒋介石写一些客气的信件，他支持王明。

毛泽东：更重要的是在另一方面。他的第一个主要错误使中共的根据地只剩下十分之一。他的第二个错误是，在中国革命最紧要的关头，他不让我们革命，并且说，如果同蒋介石开战，会导致整个民族的灭亡。

赫鲁晓夫：不对。民族不可能灭亡。

毛泽东：但在斯大林的电报中是这样说的。所以我认为，两党之间的关系不正常。我们中国革命胜利后，斯大林又怀疑中国革命，他认为中国是第二个南斯拉夫。

赫鲁晓夫：是这样的，他认为有这个可能。

毛泽东：我们到处都觉得这一点。1949 年我到莫斯科的时候，我说我们要讲友好，他不干。他不想同我们签订友好条约，也不想废除以前同国民党的条约。

赫鲁晓夫：是的。据我们了解，他当时考虑到将来会有人进攻中国，那时他并不打算进行干预。帮助是要帮助的。

毛泽东：我记得，费德林和科瓦廖夫转达他的建议，让我在苏联各地走走看看。但我对他们说，我只有三项任务：吃饭、睡觉、拉屎。我来莫斯科不是只给斯大林祝寿的。因此我说，如果你们不想签订友好条约，那就不签。我将完成自己的三项任务。去年，我们在莫斯科的时候，我忘记了，是你还是布尔加宁告诉我，当时斯大林在我的房子里安上了窃听器。

赫鲁晓夫：是我同你讲的。当时他也偷听我们，他连自己也不相信了。他窃听自己的谈话。有一天，我同他在一起休息，他承认，他对自己也不相信。他说：我是个毫无用处的人，我对自己也不相信。我们先把海军这个问题谈完吧！

毛泽东：好吧。要建立什么样的海军舰队，对于我们来说，这样的问题是不存在的。我们并不要搞库兹涅佐夫海军上将所设计的那种舰队。

赫鲁晓夫：中国的海军应该怎样发展，我们很难提出意见，因为我们自己的发展方针还没有确定下来。我们只能提出一些意见，供你们参考。

毛泽东：我们只想搞潜艇舰队、鱼雷快艇和小型水上舰船。

赫鲁晓夫：我也是这样认为。应该拥有强大的导弹潜艇舰队和装备有导弹而不是鱼雷的快艇。

毛泽东：我们在信中就是提出了这个请求。

赫鲁晓夫：我们认为，需要有导弹驱逐舰，需要建造可用于军事目的的民用舰队，建造装备导弹的军舰。我们认为，要拥有装备导弹的巡逻舰、扫雷舰。最主要的是装备导弹的飞机。我想，你们首先需要的正是这些东西。从空中可以射得更远。首先需要海岸防御体系。

旅顺口的火炮没有意义。它的能力有很大的局限。需要有海岸导弹发射装置和装备有导弹的军舰，或者移动的海岸防御体系。这是我们建立舰队的方针。

毛泽东：对嘛！

赫鲁晓夫：我认为，首先需要装备导弹的军舰。潜艇舰队较昂贵。借助于装备导弹的军舰，可以将敌人拦阻在距离自己的海岸很远的地方。

毛泽东：是呀。在莫斯科的时候就谈了这个问题。

赫鲁晓夫：飞机更主动些。我们准备向中国提供我们所拥有的飞机。TY-16型飞机作为轰炸机失去了意义，但作为装备有导弹的飞机，在海上要道上活动还是好飞机。总的说来，轰炸航空兵经受着危机。在军人的头脑中还不清楚。歼击机有替代物，这就是导弹。

毛泽东：要避免发生战争。

赫鲁晓夫：因此，要用自己的导弹使敌人感到恐惧。有人对土耳其人说，用三四枚导弹，土耳其就不存在了。要从地球上消灭英国，用十枚导弹就够了。英国在争论：一些人说，要消灭英国需要九枚导弹；另一些人说，六到七枚。一旦发生原子战争，英国将被消灭，这一点他们不怀疑。只是在争论，要做到这一点需要多少导弹。苏伊士运河事件时，我们给艾登和摩勒写信，他们立即停止了侵略行动。现在我们有洲际导弹，我们控制了美国的咽喉。他们以为，达不到美国。但不是这样。因此我们要利用这些手段，制止发生这种战争。现在应该拯救伊拉克。

毛泽东：依我看，美国和英国已放弃进攻伊拉克了。

赫鲁晓夫：我看百分之七十五是对的。

毛泽东：百分之九十。

赫鲁晓夫：这是中国的说法。在这里我们有“分歧”。

毛泽东：他们怕发生大规模的战争。

赫鲁晓夫：是的，很害怕。在土耳其、伊朗、巴基斯坦，特别怕。伊拉克革命激发了这些人民，他们可以重演伊拉克事件。

毛泽东：国际形势问题我们明天谈。我认为，海军的问题已经解决了。

赫鲁晓夫：是的，没有进行战斗，双方都没有失败。

毛泽东：不会有共同舰队了吧？

赫鲁晓夫：是呀，我们根本就没有提过这个问题。

毛泽东：但要知道，有三位苏联同志谈了共同舰队问题。

赫鲁晓夫：现在这里已经是四位苏联同志。并且我们说，不会有共同舰队了。

毛泽东：怎么样，这个问题就谈到这儿吧，“合作社”问题不再提了。

赫鲁晓夫：我们从来没有提过这样的问题，并且永远不会提这样的问题。

毛泽东：好，那好。（对翻译说）把它记下来。

赫鲁晓夫：对对，记下来。这个问题过去没有、现在没有、将来也不会有。这次是由于误会的结果，尤金在一定程度上没有正确说明这个问题所致。我认为，全都解决了。

毛泽东：现在我放心了。

赫鲁晓夫：我也放心了。我们可以平静地睡觉了。现在我想谈雷达站问题。这个问题我们中央没有讨论，只是国防部长马利诺夫斯基提出的。我们的军人同志建议，在中国南方建一个雷达站，战时可以指挥苏联在太平洋的潜艇，当然平时也要用来指挥演习。所以同中国同志进行了接触。我认为，这种想法是对的。我想，在这个问题上可以同中国同志联系，建这样的雷达站。如果中国同志同意，最好我们通过提供贷款或其他什么方式帮助建设。雷达站是需要的。我们需要，你们有潜艇舰队时，也需要。关于使用问题，我想，不能由双方来指挥。因此，我们可以以平等的原则达成协议，使我们能通过这个雷达站来指挥我们的潜艇舰队。关于所有权问题，没有什么可谈的。它应该是中国的。我们想就在对等条件下的利用问题达成协议。你们可以利用我们在符拉迪沃斯托克、萨哈林岛（库页岛）和北部海岸的雷达站。如果你们方面不反对的话，那我认为，我们军方应该考虑这个问题。如果这对中华人民共和国不合适，那我们不坚持这个设想。

毛泽东：那么这就不是“合作社”问题了。马利诺夫斯基给彭德怀同志打了电报，说要搞个雷达站，要一亿多卢布，说苏方承包七千万，其他由中国来承担。我们中央讨论了这个问题，同意在中国建设这样的雷达站，认为不需要由苏联负担。彭德怀的回电中就提到这一点。它将是中国的财产，由中国政府投资建设，但可以共同利用。

赫鲁晓夫：不是共同利用，而只是部分地利用。对于我们来说，一旦发生战争和和平时期为了进行训练，需要这样的雷达站。

毛泽东：那在马利诺夫斯基的信中需要改变提法。

赫鲁晓夫：我没有见到这些信件。我们中央没有讨论。

毛泽东：还是“合作社”。中国份额百分之三十，而苏联份额百分之七十。我们本着我说的精神给马利诺夫斯基做了答复。

赫鲁晓夫：我不了解就这个问题交换的信件。看来，这是经我们军方的联系，并且是不成功的联系进行的。

毛泽东：马利诺夫斯基的第二次来电，即7月来信，附有关于这个问题的协议草案。如果说按第一次来电，中国份额定为百分之三十，那么马利诺夫斯基在这第二次来电中表示，仍坚持费用苏联也负担。

赫鲁晓夫：我猜想，我们军方是善意的。我们需要这样的雷达站。它造价昂贵。这是他们想给以援助。当时他们忽视了问题的政治、法律方面。

毛泽东：我们认为，这个雷达站既然苏联需要，我们也需要，费用全部由中国负担，所有权是中国的，使用权一半一半。我们以彭德怀名义做出答复，说：我们建设，而苏联可以使用。

赫鲁晓夫：军方对我说，好像同中国同志达成了全面的协议。

毛泽东：请看，这是全部交换的信件。

赫鲁晓夫：这些信件的来往情况，我不知道。不过，我认为我们军人提出负担一部分费用，这个建议出于好意。建设这个雷达站需要很多钱，既然是我们首先需要，那么负担一部分费用是完全应该的。至于所有权那还是中国的。如果这些信件是通过中央发的，那可能我们也会做出这样的蠢事，并建议用我们的资金来建设这个雷达站。但在中央，我们没有讨论过这个问题。如果您不愿意让我们付钱，那就不要这样做。

毛泽东：我们都是代表社会主义国家。我们自己建设雷达站，而要共同利用。你同意吗？

赫鲁晓夫：现在你们不需要雷达站，它造价数百万，请不要拒绝接受款项。友谊是友谊，而公事公办。在社会主义条件下，我们应该一起承担负担。我们可以同意提供建设贷款。它的一部分你们可支付，而一部分则不要支付，因为雷达站你们也需要。

毛泽东：我们可以不要任何贷款进行建设。

赫鲁晓夫：这就不对了。现在你们不需要它。

毛泽东：将来需要。

赫鲁晓夫：但我们首先需要。

邓小平：我们已经做出答复，我们将自己建，但共同使用。

赫鲁晓夫：看来，中国同志对这个问题的意见，我们军人同志根本没有觉察到。我问他们的时候，他们感到很奇怪，说中国同志都同意了，没有问题。可是，他们对中国同志这些细腻的地方是没有体会到。他们往往急于解决问题，而忽视了政治方面，忽视了主要问题。其实，这也和舰队问题一样，一个舰队由两个国家来指挥，那是不可能想象的。打起仗来，你说向东，他说向西，根本无法作战。

毛泽东：雷达站我们也需要，费用还是由我们负担嘛！共同使用。

赫鲁晓夫：公事公办嘛！毛泽东同志，你在钱的问题上不要拒绝。我们可以提供贷款，一部分通过正常的方式偿还，一部分就不要偿还了。搞雷达站很贵，需要一亿卢布。

毛泽东：一亿卢布在我们来说算不了什么，不需要贷款，完全由我们负担，不需要你们出钱，要搞就我们自己搞，你们要出钱我们就不搞了。

赫鲁晓夫：好吧，由你们决定。

现在谈谈米高扬问题。您的声明使我们感到震惊，因为大家都确信，你们同米高扬的关系很好。没有想到，能怀疑他对中国不忠实，有什么影响我们友谊的情绪。他本人从来没讲过这种情况，我们也没有看出来。他在你们代表大会上的讲话，是经中央主席团审定的，并没有提出意见。曾建议他把讲话稿给您看一下，以便务必将您的意见和祝愿加进去。1954 年我在这里讲话时，我也给您寄了报告并请您提出意见。

毛泽东：你讲得好，体现了平等关系。米高扬同志的讲话也不错，但好的部分和不好的部分的对比是九比一。这与有些教训人的腔调有关系。大会有些代表表示不满，而我们不便对米高扬同志谈这一点。我们说，中国革命是十月革命的继续，这是无可争辩的真理。但许多东西应由中国人自己来讲。而在米高扬的讲话中，有某种类似“父亲”对待“儿子”的态度。

赫鲁晓夫：我现在没有再看讲话稿，但我记得，当时我对他说过，很多注意力花到国际关系上了。也许没有这个必要，但米高扬做了某种说明，我就同意了。如果说有某些不必要的地方，那么，这不只是他的过错，因为我们都看过了。

现在来谈谈对他在西柏坡的逗留不满意的问题。

毛泽东：他在那里所做的事情都很好，但举止有些傲慢，像是监察员。

赫鲁晓夫：我很惊讶。

毛泽东：我也很惊讶。但是在某种程度上这像是“父亲”教训“儿子”。

赫鲁晓夫：这我难以做出解释，最好您对他说。米高扬是善于听取意见和做出结论的。

毛泽东：是的。他是个好同志。我们邀请他到我们这里来。

赫鲁晓夫：他现在休假。

毛泽东：他在任何时候来中国，我们都欢迎。我们认为需要讲讲，在他的讲话中，我们发现有一些不合适的地方。

赫鲁晓夫：当时，他在中国的逗留是斯大林下的命令。斯大林要求他每天做出报告，责成他嗅个遍，看你们周围有没有奸细。斯大林这样做是出于良好的动机，但是，是按自己的方式，按斯大林的方式进行的。当时斯大林坚决主张逮捕两个美国人，你们就把他们逮捕了。斯大林去世后，米高扬说，他们没有罪过。我们给你们写信说明了这个情况，你们就把他们放了。应该考虑到，当时，米高扬做的事情，不是他想做的事情，而是斯大林想做的事情。例如，把斯特朗赶出莫斯科，尔后给她恢复了名誉。我想，斯大林这样做的原因，是不让她去中国，因为他认为，她是间谍。现在斯特朗打算来中国和苏联。我们不反对，虽然，她写了斯大林的愚蠢，并且你们的报纸把她写的东西登出来了。

毛泽东：我没看过，但有人在谈这件事。

赫鲁晓夫：我看过并听说这是中国资本家的报纸。

毛泽东：是的，是右派掌握的报纸。

赫鲁晓夫：文章是针对苏联的。我们甚至想就此问题给你们写信，但后来决定，既然是资本家报纸，不值得这样做。

毛泽东：这家报纸原来在右派那里，现在在我们手中。

赫鲁晓夫：我们没有意见，但斯特朗是不对的。

在这里简要介绍一下安娜·路易斯·斯特朗来定居中国一事，因为她在北京定居，与我们家还扯上点儿关系。

当年，我父母住的院子就在中央电视台后边的南礼士路，南礼士路有一个国务院宿舍，他们住的那个房子还是习仲勋做国务院副总理兼秘书长的时候批给他的，是后来搬过去的。他们原来住在中苏友好协会的院子里，早年叫意国府，民国时期是意大利大使馆，在王府井大街的南面，院里有一幢大房子里，我父母住的那一套靠东边，西边住的就是王炳南。说到这个安娜·路易斯·斯特朗，苏联说她是美国特务并曾经把她抓起来，后来她被苏联驱逐出境辗转到了北京，因为延安时期她与毛主席的友谊，使得毛主席接受了她，这样，安娜·路易斯·斯特朗到中国来定居，并在中国安度晚年。她看好中苏友好协会的房子，就让我们搬出来了，我父母就搬到南礼士路，王炳南也搬出来了，整个大楼都让给她了，直到1970年3月她去世。

毛泽东：报纸的方向是不对的，现在改变了这种情况。

赫鲁晓夫：这是你们的事情。我们也认为，报纸的方向是不对的。我认为，米高扬的问题解决了。

毛泽东：他是个好同志，是九个指头和一个指头的问题。我们对他有意见。我们希望他来访问。

赫鲁晓夫：在我们主席团里，关于我们的关系，我们两党之间的关系，谁也没有别的意见。我们为你们取得的成就，就像自己取得的成就一样感到高兴。我们想，你们对我们也是一样。在这一点上我们没有疑虑。

我认为，这是健康肌体上的一个小疖子。

毛泽东：我不同意这种提法。

双方的会谈谈到了专家问题。

赫鲁晓夫：我们向你们派了数千名专家。怎么能保证他们百分之百提出正确的建议呢？

毛泽东：正确的有百分之九十多。

赫鲁晓夫：我们派的专家能搞明白自己的领域，但不研究政治。我们不能还要求他们搞清楚我们的关系。凡能搞清楚我们的关系的，他就不懂专业。因此我们给你们写信请求召回全部专家。你们则可以派人到我们这里来学习。

毛泽东：需要利用两种办法。

赫鲁晓夫：那就会给我们造成不平等的条件。我们这里没有你们的人，还要向你们做出保证，他们不干蠢事。

毛泽东：我们不要求你们做出保证。

赫鲁晓夫：但您使我们处于不平等的地位。我们派来专家，他们干蠢事，而我应该表示歉意。

毛泽东：不需要表示歉意，要进行调解。

赫鲁晓夫：好像我们只干这种事。

毛泽东：这里说的是个别人。他们都是共产党员。

赫鲁晓夫：不都是。一些人不是共产党员，而一些人我们要把他们开除出党。就是这样也保证不了他们不干蠢事。

毛泽东：这与中国也有关系。

赫鲁晓夫：我们不要只是俄国人干蠢事的专利。这种品质是国际性的，损害所有国家。但对我们来说，条件是不平等的。你们可以对我们专家干的蠢事提出意见，而在我们这里没有你们的专家，所以看来只是我们在干蠢事。

毛泽东：这是由于历史的过错。

赫鲁晓夫：而我们要负责？

毛泽东：你们首先完成了革命。

赫鲁晓夫：我们在这方面也有过错？

毛泽东：因此你们需要派专家。还要向伦敦和向其他地方派专家。

赫鲁晓夫：那我们要一起来做这件事，责任和蠢事我们要平分。

毛泽东：我们的意见只与军事方面和国家安全方面的顾问有关，而与经济方面的顾问无关。

赫鲁晓夫：我们这里都在犯错误，而你们那里没有。都没有保证。

毛泽东：这是些小错误。如果他们有时提出不合适的建议或提出不合适的建设方案，这不是什么大不了的事。

赫鲁晓夫：你们要国家安全顾问干什么？难道你们自己不能做出保证？这可是个政治问题。

毛泽东：甚至关于军事顾问，这里讲的也完全是个别人，主要问题是，常常不同我们协商就换顾问。这方面的过错不是很多。

赫鲁晓夫：我们不知道，谁在你们这里工作，谁和谁换，我们不能承担责任，也不能进行监督。

毛泽东：这不是由于我们的过错。看来，是国家安全机关和军事机关的过错。

赫鲁晓夫：你们要军事顾问干什么？你们进行过这种战争，具有这种经验。你们要他们干什么？我们的顾问是在另一种条件下受教育的。

毛泽东：我们需要技术方面的专家。

赫鲁晓夫：你们到苏联来学习呀。

毛泽东：我们也采用这种形式向你们那里派人，但你们派来一部分专家也有好处。我说的是个别人，而不是说召回所有人。

赫鲁晓夫：我们建议一起来讨论这个问题。你们对我们的工作人员有意见使我们感到很不安。我们不希望这件事引起你们的忧虑。

毛泽东：同意你们的意见。可以谈谈这方面的具体措施。看来，我们必须留下多数顾问。有一些顾问我们不需要。我们将提出他们的名单。

赫鲁晓夫：我们希望得到所有人的名单，以便不再发生任何误会，因为今天有一个人做蠢事，明天会有另一个人做蠢事。

毛泽东：我们请求留下，而你们要带走顾问。

赫鲁晓夫：没有你们，我们什么事情也做不了。

毛泽东：他们和我们工作人员之间的差别仅仅是国籍。

赫鲁晓夫：我同意这种说法，这是暂时的差别。主要的是共产主义的联系。

毛泽东：对！就是在国家内部也是常有矛盾的。例如，我们来自北方的工作人员，在中国南方就不太受欢迎。

赫鲁晓夫：我听说，你们在同尤金的谈话中提到我们的一位专家，他建议用无沉箱法建桥，这种方法在我们那里没人支持。我告诉你们，谁不支持，卡冈诺维奇。而他是什么专家呢？我问他，为什么大家不支持？他说，任何地方都没有用过这种方法。但新的东西因此才是新的东西，因为以前任何地方都没有用过呀。

我说出了我想说的话。就是在喜欢干净的很好的家庭主妇那里，偶尔有了一点儿灰尘，她也是要用湿抹布把它擦掉的。我们也时而需要会面，以免积存很多灰尘。

毛泽东：对嘛！

赫鲁晓夫：因此你们建议进行会晤时，我们认为，这是需要的。一开始我们回答说，我不能来，因为考虑到在纽约有个会晤。但收到西方人的答复后，才明白，他们在拖延，因此我们立即来到这里。这是最好的会晤，是有益的、愉快的会晤。

毛泽东：我们谈谈，这很好。不要积存问题。如果发生什么问题，或者即便没有发生什么问题，我建议也可进行会晤和交谈，不定任何日程。随时都有需要谈的事情，这就是国际形势问题，在这方面我们需要着手做什么工作，你们可以向我们通报一些国家的情况。我们从自己方面也可以谈谈其他情况。但"合作社"问题是出乎预料的，完全是暂时性的，不过，因此我一夜没睡着觉，我同尤金吵了架，也没让你们睡着觉。因而我们摆平了。

至于米高扬，这是个好同志。他在中国所做的事情都是好的。我们在一些问题上的不满情绪，我们将对他说，如果他接受，那很好，他不接受，也是他的事情。但在这个问题上我必须讲清楚。至于顾问现在没有，将来也不会有争论。我对尤金，对我们的所有同志都说过，顾问们做了大量有益的工作，并且做得很好。我们经常从党的系统和行政系统给地方下达指示，要如何对待苏联顾问。我们强调要同他们保持团结，指出他们是来帮助我们的。在我们这里待了七八年的人员中，百分之九十九点九，也许更多都是好人，只是个别人员对工作不认真。例如，彼得鲁舍夫斯基组里的人。但这是他的过错，而不是其他的人员的过错。

赫鲁晓夫：您瞧，我甚至都不认识他。

毛泽东：我也从来未见过彼得鲁舍夫斯基。现在这个组有个好的领导人特鲁法诺夫。

赫鲁晓夫：我是在斯大林格勒保卫战时认识他的，不错的将军。

毛泽东：我们器重他。国家安全方面的一些顾问我们不需要。

赫鲁晓夫：你们可以派自己的人。这是内部的、政治性的问题。

毛泽东：给军队总政治部派来一个人，我们没有邀请。

波诺马廖夫：可以对大使说，会立即把他召回去的。

毛泽东：我想讲清楚。绝大多数是好的工作人员。我们的意见只针对个别人。

赫鲁晓夫：谁为这些少数人负责？赫鲁晓夫，而不是毛泽东。条件不平等，您处于更有利的地位。

毛泽东：你们真的想把所有人召回吗？

赫鲁晓夫：不。我们建议讨论一下。我们认为，干部不仅是我们的资本，而且是共产党的共同财富。我们必须利用他们来推翻资本主义。

毛泽东：我们不提顾问问题了。或许我们提出顾问工作中的缺点问题是提错了？

赫鲁晓夫：相反，你们说了，这很好，不然就不是同志式的谈话了，问题还会存在，而你们默不作声。

毛泽东：问题早就存在，但是，比如在匈牙利事件时期，我们有意没有提出。在从波兰召回苏联军事顾问时，我们也没有提出。意见是针对为数不多的人的，其实是针对他们的指挥方法。

赫鲁晓夫：你们做得明智。我们让你们来决定。昨天你们需要顾问，今天不需要了。其实，你们不希望让俄国人像照看婴儿那样照看着中国人。我们从来没有这样做过。你们经历过这样的斗争道路。

毛泽东：这里说的是为数不多的人。例如，军事学院一位顾问指示教员们，在教学中只能讲卫国战争经验。

赫鲁晓夫：他像是香肠，灌进去什么，就有什么。

毛泽东：也许要使所有顾问都成为专家？

赫鲁晓夫：对！不要让他们出主意，让他们工作。

毛泽东：是的，他们在工作，但有些工作方法不同。你们能待到明天吗？

赫鲁晓夫：而你们想这么快把我们打发走吗？

毛泽东：不是，你们想待多久就待多久。关于下次会晤的时间问题，我们可能有矛盾。您白天工作，而我白天睡觉，一天后才能见面。

赫鲁晓夫：是的，这是个矛盾，但不是冲突。

毛泽东：我们的会晤要不要发表一份公报？也许需要吓唬一下帝国主义分子？

赫鲁晓夫：是的，不错。让他们想想，赫鲁晓夫和毛泽东在北京谈了什么。我们方面可以责成库兹涅佐夫、波诺马廖夫、费德林参加起草公报工作。

毛泽东：我们方面是王稼祥和胡乔木同志。可以吓唬一下帝国主义分子，需要吓唬他们。

赫鲁晓夫：对！可能斯大林因此不想同你们签订条约。他认为，（帝国主义）进攻中国是可能的，他不想卷入；可以给些援助，但不去打仗。但他没有向任何人谈这件事。例如，我们同阿尔巴尼亚就没有签订条约。讨论“华沙条约”问题时，莫洛托夫建议不让阿尔巴尼亚加入。我问莫洛托夫，为什么不让阿尔巴尼亚加入。他说，我们将为它打仗吗？可是，如果不保卫它，（敌人）不经过战斗就会把它夺走。

毛泽东：是的，这是个坚强的、坚定的民族，需要帮助它。

赫鲁晓夫：当时，莫洛托夫也反对让德意志民主共和国加入。我觉得应该讨论加强阿尔巴尼亚的问题。它需要舰队。在什么基础上做这件事？在合作组织基础上或者在其他基础上？这要同恩维尔·霍查讨论。问题是复杂的。可能将需要一种合作组织。你们可不要为此谴责我们呀！

毛泽东：是的，同阿尔巴尼亚、德意志民主共和国、波兰、匈牙利需要有合作组织，而同捷克斯洛伐克未必需要。那里没有驻军？

赫鲁晓夫：没有。只是在波兰和匈牙利有。我在匈牙利时，曾向卡达尔提出撤出军队问题，他不同意。他只同意缩减一个师。他们把我们的军队部署在奥地利边境，但奥地利人不威胁他们。我认为，匈牙利情况很好。卡达尔是个好人。

毛泽东：一旦发生战争，必然需要进行合作。您看，在我们周围有多少军事基地，钉了多少钉子：在日本，在台湾、南朝鲜、越南，在马来亚等等地方。

赫鲁晓夫：是的。而在欧洲有多少呢？四周都是基地。好在我们发展了经济，而我们的学者帮助制造了导弹。

毛泽东：我们也靠你们的导弹嘛！

赫鲁晓夫：是的，可以不客气地说，在某种程度上是这样。这遏制着敌人。

我认为，德意志民主共和国的情况不错。

毛泽东：我们也这么看。董必武同志也这样评价那里的情况。

赫鲁晓夫：对！我同他在保加利亚和德意志民主共和国见过。

到此，会晤结束。会谈结束时，毛主席的秘书叶子龙走进会议室，对毛主席说，宴会准备好了，毛主席打断他的话，一挥手说："不吃！"

接着，由杨尚昆陪同，赫鲁晓夫一行乘车去玉泉山住所。在赫鲁晓夫下榻的一号楼附近，有一座清代建筑物，叫无梁殿。这座殿堂宏伟高大，没有栋梁，故称无梁殿。夏季烈日炎炎，殿内依然凉爽。据说慈禧太后在玉泉山避暑时常到这里乘凉。

8 月 1 日早晨，赫鲁晓夫的卫士长李托夫琴科找到中央警卫局副局长李福坤，说首长的卧室太热，睡不好觉。当时玉泉山别墅还没有安装空调设备，北京的盛夏高温炎热，难怪北方来的客人无法入睡。李福坤马上安排服务员把无梁殿打扫干净，安放了席梦思床，挂上蚊帐。他告诉李托夫琴科，中午可以在殿内休息，但夜间这里蚊子太多，最好回房内休息。这天中午，赫鲁晓夫在无梁殿休息，非常满意。晚上他仍然坚持到无梁殿睡觉，睡到半夜被蚊子咬了几个包，不得不搬到室内休息。第二天，赫鲁晓夫见到毛主席时开玩笑地说，“毛泽东同志，我跟你吵架连你的蚊子都帮你的忙”。

尤金当了替罪羊

不出所料，在毛泽东同赫鲁晓夫会谈中，赫鲁晓夫把责任推到尤金身上，说尤金错误地转达了他、苏共中央主席团的意见，他想都没有想过要同中国搞共同舰队。从赫鲁晓夫决定秘密访华的那天起，尤金就“病倒了”。本来尤金应该列席苏中两国最高领导人的会谈，他的这个使命由公使衔参赞安东诺夫取代了。的确，忧心如焚的尤金血压升高，眼疾复发，最后被人用担架抬上了飞机，回莫斯科治病去了。

尤金是苏联著名的哲学家。20世纪50年代初，应毛泽东的约请，斯大林派尤金来华进行学术访问。

原来，1949年年底到1950年年初，毛泽东访苏过程中深感斯大林对中共不信任，认为毛泽东本人是民族主义者，是“半个铁托”。为使斯大林对中国革命胜利以后的实际情况有深入的了解，特别是对毛泽东的著作有全面的了解，毛泽东向斯大林提出，希望斯大林能派一位哲学家去中国看看他的文章，并实际考察中国的现状。斯大林则建议出版中、俄文版的《毛泽东选集》。

1950年4月，毛泽东致电斯大林，邀请尤金到中国来帮助编辑《毛泽东选集》俄文版。5月初，毛泽东主持政治局会议，讨论了斯大林关于出版《毛泽东选集》中、俄文版的建议。会议决定成立《毛泽东选集》编辑委员会，指定陈伯达、田家英整理中文稿件，最后由毛泽东本人审查定稿；责成师哲协同苏联的汉学家费德林一道建立和组织中文文稿翻译俄文的工作。于是斯大林派出尤金对中国进行学术访问。

访华期间，毛泽东经常会晤尤金，同他彻夜长谈，介绍中国革命的艰难历程，胜利后面临的种种困难，探讨诸多的哲学问题。新中国成立初期组建的中共中央编译局成立了专门的翻译班子，把《毛泽东选集》一至三卷的各篇文章，特别是《矛盾论》、《实践论》等哲学著作译成俄文，供尤金阅读。根据毛主席的建议，中央多次安排尤金到全国各地实际考察。1951年夏，尤金给毛泽东写了书面汇报，对《矛盾论》、《实践论》做了高度评价，并报告说这两篇文章的俄文本已在苏联的《布尔什维克》杂志发表。在尤金的督促下，《毛泽东选集》前三卷的俄文版很快送往苏联出版。

1958年7月22日，毛主席对尤金说："为什么当时我请斯大林派一个学者来看我的文章？是不是我那样没有信心，连文章都要请你们来看？没有事情干吗？不是的，是请你们来中国看看，中国是真的马克思主义，还是半真半假的马克思主义。你回去后说了我们的好话。你对斯大林说的第一句话，就是'中国人是真正的马克思主义者'。但斯大林还是怀疑，只是到朝鲜战争时才改变了他的看法，也改变了东欧和其他各国兄弟党对我们的怀疑。"

后来，苏联政府任命尤金为苏联驻华大使。毛泽东一向很尊重尤金，不仅把他看做苏联大使，而且还当做一位可以与其交流和探讨哲学问题的朋友。每当尤金求见时，毛泽东总是抽出时间及时接见他。即使毛泽东在外地，也要把尤金接去亲自接见。据我们翻译组回忆，只有几次实在无法安排会见时，毛泽东曾委托刘少奇和周恩来接见了他。这次，在毛泽东同赫鲁晓夫关于共同舰队问题的争论中，尤金受到严重打击，遭到赫鲁晓夫的严厉训斥，甚至免去了他驻华大使的职务。

1958年10月中旬，中央书记、中联部部长王稼祥交给我一封毛泽东致尤金的信，要我们翻译组译成俄文。信的主要内容是，对尤金表示慰问，并询问他是否需要中医中药，我们可以提供帮助。我们翻译组把这封信译成俄文以后一直等待上级指示，何时发出，是否通过苏联驻华使馆转交尤金。但是三天以后王稼祥来电话说，信不发了，作废，把信稿销毁了吧。

过了一段时间，尤金回到北京，在北京医院继续治疗。这里还要提到，尤金的夫人前几年去世，而这次他返回北京准备同一位苏联女士结婚。于是，尤金在北京医院的病榻上办理了结婚登记的手续。据苏联使馆二秘罗满宁说，因为牵涉到遗产问题，不能不及早办理结婚手续。言外之意是，如果尤金不幸逝世，而且没有办理结婚手续，那么这位未婚妻将落得两手空空，无法分享尤金的遗产。罗满宁的解释引起了我们不少遐想。

第二次会谈

8 月 1 日上午，毛主席和赫鲁晓夫继续会谈，时间为十时半左右，地点在中南海室外游泳池。

十时左右，我和李越然、赵仲元来到会谈地点，从游泳池院子的门口望去，毛主席已经换了游泳裤，穿了一件白色的浴衣，坐在藤椅上休息。

他看见翻译们到了，便让卫士长李银桥叫我们过去，谈起昨天会谈的气氛。毛主席说："对赫鲁晓夫这个人，该碰的地方就得碰碰他。当然也不是什么都要去碰他。"接着，毛主席突然对李越然说："小阎不怕洋人，你（指李越然）是不是有些顾虑？"我们顿时紧张起来，我连忙对主席说："小李翻得很好，准确，流畅，理直气壮。"李越然也说，他始终努力领会主席讲话的精神，尽力翻译好。毛主席听罢满意地点点头。

随后我们向杨尚昆主任报告了毛主席的话。我说，前一段毛主席同尤金谈话，李越然没参加，对整个过程、气氛不了解，我介绍得也不够，但昨天他翻译得的确不错。于是，尚昆主任又向毛主席做了解释，一再肯定李越然昨天的翻译是准确的。随后，在会谈开始前，我也提醒李越然，在翻译毛主席和赫鲁晓夫之间相互称呼时，毛主席说："你"、"赫鲁晓夫"，我们就应该直接照译，而不要译成"尼基塔·谢尔盖耶维奇"，也就是称呼他的名字和父名。一般情况下，用对方的名字和父名来称呼，是表示亲切和尊重，这在双方争执的情况下是不合适的。

毛主席同赫鲁晓夫 8 月 1 日的会谈，是从上午的十点三十分到下午四点钟在中南海游泳池旁边举行的。中方参加的有刘少奇、周恩来、朱德、陈云、林彪、邓小平、彭真、彭德怀、陈毅、王稼祥、黄克诚、胡乔木、杨尚昆。苏方参加的有马利诺夫斯基、库兹涅佐夫、波诺马廖夫、费德林、安东诺夫。

会谈一开始，毛泽东说，今天气候很热，所以，我们到游泳池边来谈，你们要游泳还可以游泳。

赫鲁晓夫说，好吧。

毛泽东：谈些什么？

赫鲁晓夫：由你决定。

毛泽东：我们来个大会套小会，小会套大会，昨天的是小会，今天是大会。想谈谈国际形势，工作方法和两党的关系。我们两个党、两个民族历史不同，但基本相同，都是马列主义。总有一些细小的地方不同，在苏联和苏联人民内部，在中国和中国人民内部，每个人的心理状态都不一样，大同小异。民族消灭了，国家消灭了，党消灭了，地球大同了的时候，总还会有些细小的不同。我们这群人，指在座的中国负责人，也是常常打仗吵架的。我们是在吵架中认识的、相识的。

赫鲁晓夫：看样子，我得准备打仗了，但是，今天这个力量对比对我们不利（笑声）。

毛泽东：并不是要和你们打仗。想谈谈国际形势，有些看法是否妥当，和你们交换一下意见。先谈谈美国出兵黎巴嫩问题。7 月 15 日美国出兵黎巴嫩，到这时已经半个多月，在黎巴嫩登陆的美军有一万五千人。他们表面上装腔作势，程咬金的三板斧，打了以后就没劲了，但是不能轻视。美军登陆黎巴嫩引起全世界反对。美帝国主义的力量有限，困难甚多。这场斗争美国肯定要输。再看看美国在全世界的力量分布。美国在欧洲、本国、太平洋和黎巴嫩一共有十九个师。这里一打，那里就慌……美国是个驴，什么山姆大叔，人未老先衰了，一共才一百七十几年，资产阶级腐化了。

赫鲁晓夫：这次胜利的后果会是很大的。我同意毛泽东同志对国际形势的分析。不过你只是算了英美的陆军。英美法西方国家并不在人力上与我们较量，他们是在原子弹、氢弹、导弹、飞机和基地方面与我们较量。有生力量的对比，对我们来讲是不算数的。在目前条件下双方对垒打阵地战的可能性不大，主要是摧毁后方的工业中心。力量表现在导弹上。我们可以说，这次一枪不发，就赢了美国三次：一、苏伊士运河；二、叙利亚；三、伊拉克。

毛泽东：你讲得很好，这就涉及我说的第二个问题，如何做法？原子武器双方都有，他们可以毁灭中苏，苏联也可以毁灭他们。去年在莫斯科的时候，我曾经向你说过，谁怕谁多一些。前几年我就考虑这一问题，一遇事件我就考虑自己的观点，有时事情不灵，好像我们怕他们多一些，有时是灵的，他们怕我们多一些。

第一要斗争，第二要讲策略。现在的形势对我们有利。关于原子弹和导弹问题你给我做了好的补充。我谈的时候，思想里是有这些问题的，我谈的主要是他们的弱点。我曾经问过你，在导弹的数量上谁多，你说，双方数量相当。

赫鲁晓夫：数量上差不多，但质量上我们不好，就是太贵。

毛泽东：美国弱点甚多，恐怕还是他们怕我们更多一点儿。

看来，美国对五大国首脑会议是要拖，这个会议很可能是开不成的。开不成对我们也没有什么坏处，无非是暴露了美国不愿意协商解决国际问题。

还想谈谈戴高乐。戴高乐上台有好处，在国际上对我们有利。当然，对国内来讲，法国共产党会受到压力，但是也可以让群众看一看戴高乐是一个怎么样的人物，可以暴露戴高乐的真面目，破除群众对他的幻想。但是我们对戴高乐还是要讲究策略，因为他对美国闹独立性，这对反美斗争有利。

赫鲁晓夫：同意毛泽东同志的看法。

毛泽东：这次中东事件证明，帝国主义外强中干。美国很可能要撤退，落得一个挨骂的下场。

赫鲁晓夫：我们主席团决定不用参加战争的办法来支援伊拉克人民和黎巴嫩人民的反美斗争，但是采取举行军事演习的办法来警告美国。我们准备在伊朗边境上演习，在土耳其边境上演习，还同保加利亚一起搞联合演习。

毛泽东：赞成不采取军事干预的办法来支援中东人民的反美斗争。我在莫斯科的时候曾经给你谈过，支援外国斗争不一定要苏军直接出兵，可以用参加志愿军的办法。我主张最好不出兵，但是，要出兵的时候不要派军队，只派志愿军。我们要注意讲究斗争方法。对美帝国主义，第一要斗争，第二要讲究策略。

赫鲁晓夫：我们是朋友，不过有我们的人在这里，我们的一些顾问在你们这里做了一些蠢事，出了毛病，你们就能够批评我们，向我们的菜园子里丢荆棘。

毛泽东：不是，你看错啦，依我看不是荆棘，而是抛了一把金子。

赫鲁晓夫：别人的金子我们不要，列宁说过，革命胜利后，金子就没有用了，只能用它盖厕所。

毛泽东：在建设共产主义的厕所的时候，我们将助一臂之力。

赫鲁晓夫：那是啊，让我们一同来建设吧。那时的共产主义，就不可能是中国的，也不可能是俄国的，不是南斯拉夫的，而是世界的。

中国人很聪明，总想处在一个有利的地位上，你们这里有我们的顾问，而我们那里没有你们的顾问，我们的顾问做了蠢事，您就能批评我们。

刘少奇：我们只是当面给你提意见，我们背后不向任何人讲我们之间的分歧。

毛泽东：你是不是又不同意我们的意见，是不是说我们又要专家，又要批评你们。

赫鲁晓夫：我的意思是说中国人很聪明，总想处于一个有利的地位上。你们这里有我们的顾问，而我们那里没有你们的顾问，我们的顾问做了一些蠢事，你们就可以批评我们。那让我们处在这个地位，当面给你们提意见好了（笑声）。

你们的这个大跃进，我们还是不理解。我们认为有超越阶段、忽视规律的情况。人民公社，我们也不理解。

毛泽东：人民公社“一大二公”。大，就是联合的生产合作社多，人多力量大；公，就是社会主义因素比合作社多，把资本主义残余逐步去掉。这是人民群众自发搞起来的，不是我们从上面布置的。

赫鲁晓夫：这些我们就搞不清楚了，只有你们自己清楚。总之，你们这儿搞的一切都是中国式的，你们比我们更清楚。

对亚洲、东南亚，应该说，你们比我们清楚。我们对欧洲比较清楚。如果分工，我们只能多考虑考虑欧洲的事情，你们可以多考虑考虑亚洲的事情。

毛泽东：这样分工不行，各国有各国的实际情况。有些事你们比我们熟悉一些，但各国的事情主要还是靠本国人民去解决。各个国家都有各自的实际情况，别的国家不好去干涉。

最后，毛泽东说，今天就谈到这里吧。我们游游泳，凉快凉快。

李越然在回忆录《中苏外交亲历记》中，对毛泽东和赫鲁晓夫共游一池水做了生动的描述。现不妨摘引如下，以飨读者：

“今天就谈到这里吧。”毛泽东提议，“我们游游泳，凉快凉快。”

刘少奇、周恩来、邓小平没有游，他们陆续告辞走了。倒是朱德同志恰好来到游泳池游泳。

主人客人纷纷换游泳裤。赫鲁晓夫换了游泳裤衩下水游泳。他游泳水平不高，说不上是什么泳姿，就是手脚乱刨的那种姿势。“刨”了几下就沉不住气了，在工作人员帮助下爬上池子，将一个手绢的四角系住，戴在头上，又要了一个救生圈，套了救生圈才重新下水。

毛泽东游泳在国内外都是闻名的。他从深水区下水，下到水里便从容地游起来，然后将身子一侧，用侧泳向浅水区游来。

赫鲁晓夫悄悄注视着毛泽东。毛泽东将手一划，两腿一蹬夹，肩头冲起一片浪花，速度很快，手刚划过几下，身体已冲过游泳池中线。

赫鲁晓夫见到毛泽东已经游到他身边。

“我早就知道你游泳是能手。”赫鲁晓夫在救生圈上喃喃道。

毛泽东以微笑作答，没有说话，又折向深水区去了。转折时，他的侧泳已经换了仰泳，游到了池中间。

这时赫鲁晓夫忽然睁大了眼睛，嘴唇也稍稍咧开着僵住了。难怪赫鲁晓夫目瞪口呆：毛泽东竟然躺在了水面上……

片刻，赫鲁晓夫向池中望去，立刻又睁大眼睛。更加令人难以置信的事情发生了：毛泽东居然在水中“立正”了！身体竖起成七十度角，而且手脚不动！有人可以躺在水中不动，但还没有见过谁能像毛泽东这样成七十度角地“立正”于水中。

毛泽东游过一段时间，靠近赫鲁晓夫聊天。现在已不是双方坐下来会谈的官场气氛，换了个人交往的比较轻松自由的气氛。

其中有段话我记得比较清楚：“中国人是最难同化的。”毛泽东望了一眼赫鲁晓夫，严肃深沉地说：“多少个国家想打进中国，到我们中国来，结果呢？那么多打进中国来的人，最后都站不住。”

赫鲁晓夫听这段话时面无表情。他怎么想的就不得而知了。

毛主席在怀仁堂与赫鲁晓夫第一天会谈的时候，穿的是中山装，灰色的，毛主席的着装是多年不变，灰色的中山装，然后是那个浅黄色的圆头皮鞋，那么多年我看他都是那双皮鞋。

在游泳池会谈时，毛主席只穿了泳衣，谈完就请赫鲁晓夫游泳。毛主席先跳入游泳池游了起来，一会儿仰游一会儿斜着游，脚不沾地，把头露在水面上可以继续跟赫鲁晓夫讲话。赫鲁晓夫不会游泳，他的副官就给他拿了一个我看样子像汽车轮胎的内胎，他就套在腰上了，然后就站在水里，毛主席游得也不是很快，他们俩就在水里说话。

作为翻译，我们不能穿游泳衣也下去游，我跟李越然两个人就只能他在这边，我在那边，我们就绕着游泳池转，还得屏声息气地听着水中领袖们的对话，生怕漏译一句，听到一句，就大声地翻译一句。赫鲁晓夫讲话我翻成中文，我大声地向游泳池里的毛主席讲，那么毛主席讲话李越然就翻成俄文，然后他也大声说给赫鲁晓夫听，我们就在游泳池周边转来转去……就这个样子谈了很长一段时间。而负责记录的赵仲元则手里拿着笔记本，一句一句地记下他能听清的对话。在领袖们的整个游泳、谈话过程中，我们三人都在跟着游泳者在水中的游动，不断地前后走来走去，绕着游泳池边上翻译……当他们游泳完毕上岸更衣时，我们已经个个汗流浃背，几乎成了落汤鸡了。

毛主席与赫鲁晓夫第二次会谈的主要内容，是他对当前国际形势的一些看法，我记得比较清楚，记录也有，毛主席对北大西洋公约组织，即那些资本主义国家的军事力量做了一个比较详细的分析，陆军有多少、空军有多少、海军有多少，现在分布在什么地方。这些分析连我当时感觉也很惊讶，主席那么大年纪了，又管理着国内的许多事情，可以说是日理万机，还这么了解西方国家的军事部署。他讲完了这些以后，赫鲁晓夫就补充了一句，说："主席你这个分析是对的，但是你忽略了一点，他们有原子弹。"毛主席说，"哎，对！这个就是我要等着你来说的，反正我没原子弹。"当时，毛主席只是对常规武器的军事力量分布做了分析，他脑子里还没有这个原子弹的概念。毛主席把北大西洋公约组织的力量分布讲完了以后，他就讲解他的观点：第一个观点，就是北大西洋公约组织有很多军事基地，这个军事基地到底是对他们有利呢，还是对我们有利？毛主席认为这个西方国家的军事基地实际上好比说是生肺病的人的钙化点，是他的一个弱点，哪里有军事基地，哪里就有当地的人民反对军事基地，激发当地的人民对这些军事基地、对这个北大西洋公约组织的不满。然后，第二个观点，就是世界局势是紧张一点儿好呢，还是松弛一点儿好、缓和一点儿好？毛主席认为是紧张一点儿好，认为世界局势紧张能动员人民来反对那些制造紧张局势的西方国家。这就是他老人家对当时国际形势的分析。

当时，毛主席提到了他的一些观点的时候，赫鲁晓夫并不是非常同意主席的这些观点。毛主席讲军事基地问题，是个钙化点，是套在西方国家脖子上的一个枷锁。赫鲁晓夫讲：可是，打起仗来军事基地离我们近……他很实用。另外又讲到西方武装力量部署的时候，赫鲁晓夫插了一句："他们还有原子弹。"看起来，他可能有他自己对国际形势的一些估计。

第三次会谈

8 月 2 日下午三时，毛主席的秘书叶子龙打电话给翻译组在赫鲁晓夫一行身边值班的朱瑞真，请他通知赫鲁晓夫，毛主席准备三点半同他继续会谈。

朱瑞真看了看手表，感到为难，便回答说："现在是三点钟，从玉泉山到中南海乘车需要三十五分钟。另外，客人还在睡午觉，把他们叫醒，通知他们，再把汽车调到别墅门前，也得十多分钟。叶主任，到会见时间还有三十分钟，你叫我怎样通知客人呀！"叶子龙想了想，改了口气，说："那你就通知赫鲁晓夫，说毛主席准备现在会见他们。"

朱瑞真立即找到赫鲁晓夫的卫士长，说明缘由，请他把正在午休的赫鲁晓夫叫醒，并通知说："毛泽东同志准备现在接见您，继续昨天的会谈。”赫鲁晓夫听后有点儿不高兴，但仍客气地回答说：“那好吧，那好吧，我们现在就去。”

毛泽东同赫鲁晓夫的第三次会谈从8月2日下午五时开始，晚九时结束。会谈地点在中南海颐年堂。苏联方面参加会谈的有马利诺夫斯基、库兹涅佐夫、波诺马廖夫、费德林、安东诺夫。我方参加会谈的有刘少奇、周恩来、朱德、陈云、林彪、邓小平、彭德怀、彭真、陈毅、王稼祥、黄克诚、杨尚昆、胡乔木。

这次会谈主要也是交换对国际问题的看法，跟上次会谈差不多。

毛主席首先谈到对“北大西洋公约”的看法。

毛泽东：“北大西洋公约”、“马尼拉条约”[①] 以及“巴格达条约”[②] 组织，这三个集团包围着我们。第一是性质问题，这三个条约的组织究竟是什么性质的？毫无疑问是侵略性的。他们宣传是防御的，我们宣传是进攻的。我看两种宣传都是对的，是符合双方需要的。但是实际上我们应该估计一下，究竟是防御性大一点儿，还是进攻性大一点儿。依我看还是防御性大一些，是一个钙化组织，像一个人得了肺结核病一样，钙化起来就防止结核菌扩散。这些组织是防御“共产主义细菌”的组织。

---

① 1954年9月6日至8日，在日内瓦会议达成关于印度支那停战和政治解决的协议之后不久，美国不甘心失败，就纠合英国、法国、澳大利亚、新西兰、菲律宾、泰国、巴基斯坦等国在马尼拉举行外长级会议，缔结了《东南亚集体防务条约》、《东南亚集体防务条约议定书》和《太平洋宪章》等，并成立了东南亚集体防务条约组织。《条约》规定，集团成员国要发展它们“个别和集体”的军事力量，用来对付所谓“受外界指挥的针对它们的领土完整和政治稳定的颠覆活动”，在“受到可能危及本区域的和平的任何事实或情势的影响或威胁时”，成员国要负起军事义务。——作者注

② 中东地区性的军事同盟条约，全称《伊拉克和土耳其间互助合作公约》，1955年2月24日签订于伊拉克首都巴格达，同年4月15日生效。第二次世界大战后，美英在中东地区筹建“中东司令部”和“中东防务委员会”等计划相继受挫。1953年起，美国分别同土耳其、伊拉克、伊朗等国先后缔结双边军事协定，并策划土伊签订“巴格达条约”，目的在于分裂阿拉伯国家联盟、镇压中东地区民族解放运动、对付“共产主义扩张”。英国、巴基斯坦和伊朗分别于1955年4月5日、9月23日和11月3日加入该条约；同年11月22日，美国以观察员身份参加，并成为该组织军事、经济、反颠覆三个委员会的正式成员。——作者注

三个条约组织中，北大西洋公约组织处境比较好，比较巩固，因为它的参加者联盟在一起。“马尼拉条约”和“巴格达条约”的敌人很强大，一方面是民族主义的，另一方面是共产主义的。中东的民族独立运动正在蓬勃发展。第四个是泛美同盟，这个组织越来越弱了。

赫鲁晓夫：同意你的看法。

毛泽东：所以，我们把亚非拉民族独立运动一起提，是有道理的。

赫鲁晓夫：我同意毛泽东同志对几个条约的看法。现在我来估计一下包围苏联和欧洲国家的两个条约组织。按着最强大的侵略集团，是北大西洋公约组织，它集中了最敌视共产主义的力量。这个组织已经大大削弱，这个集团的基础已经动摇了。

毛泽东：再谈谈局势紧张问题。我们要求缓和国际紧张局势，这是正确的。西方制造紧张，是想对他们自己有利。可是紧张局势对美国也不利，可以引起全世界人民来反对美国的侵略政策和战争政策，可以动员更多的人来反对美帝国主义。

中东的紧张局势是最近的最高峰，这种紧张局势最有利于动员人民，使人们想一想，打起仗来怎么办？我们知道美国怕打，一开始的时候不得了，做出要打的样子。总之，资产阶级已经走下坡路，而我们走上坡路。

毛泽东：在第一次世界大战以后，有一个比较稳定的时期，尽管当时有俄国革命的胜利。第二次世界大战以后，从 1945 年 8 月到 1946 年 6 月这段比较稳定。1946 年 6 月蒋介石进攻，1949 年我们胜利。接着朝鲜战争，从 1950 年开始，打了三年。胡志明同志他们开始的时候，是同法国人谈判，后来也打起来了。按第二次世界大战和第一次世界大战之间相距二十年的时间来计算，我们应该推迟第三次世界大战。总之，下一次大战，可能打起来，也可能打不起来。世界将充满更多的事件，这证明帝国主义在日益崩溃。

毛泽东最后说，我们的方针是不放弃一寸土地，但是也不要人家一寸土地。

赫鲁晓夫表示，暂时这样。他完全同意这个意见。

接着，大家共进晚餐。晚餐后又继续谈了一段时间，主要是谈两国国内的工作。毛泽东谈到，今年夏粮丰收，仓库容量太少，粮食多得没有地方存放。赫鲁晓夫说，以后没有地方存放的时候就卖给我们，我们那里总是缺少粮食。

赫鲁晓夫也谈了他们国内的工作，但是对我们谈的政策、方针，他有的表示赞成，也有的表示不赞成。对于教育与劳动相结合的问题，赫鲁晓夫表示赞成，并说苏联也打算这样做。的确，赫鲁晓夫于 1958 年 9 月 21 日向苏共中央主席团提交了《关于加强学校同生活的联系和进一步发展苏联国民教育制度的意见书》。意见书中指出，“必须改革高等教育，应当使它接近生产，并且能正确地同生产相结合。”1958 年 11 月 12 日，苏共中央全会讨论了上述意见，并通过了相应的决议。赫鲁晓夫表示不赞成干部下放劳动的方针。他说：“拿我们的费德林来说吧，他是外交部副部长，他每天需要了解世界上发生的各种事情。如果让他脱离外交部的工作，把他下放劳动半年，他回来后就会感到落后了。因此，需要拿出相当长的时间来补课，来研究这半年来国际上出现了什么新问题，外交部半年来做了什么工作等等。”

整个会谈是在友好的气氛中进行的，双方求同存异，各抒己见。

第四次会谈

1958 年 8 月 3 日下午一时至二时，毛泽东同赫鲁晓夫在中南海勤政殿举行了第四次会谈。苏联方面参加会谈的有：马利诺夫斯基、库兹涅佐夫、波诺马廖夫、费德林、吉米宁、米海丘、安东诺夫。中国方面参加会谈的有刘少奇、周恩来、朱德、陈云、林彪、邓小平、彭德怀、彭真、陈毅、王稼祥、黄克诚、杨尚昆、胡乔木。

毛泽东：有两个小问题，同你谈一谈。

第一个问题，核武器的试验问题。你们已经停止了试验，人家还在试验，这样对你们会不会有影响，你们打算怎样办？

赫鲁晓夫：他们不停止试验，倒让我们解脱了义务。我们自己的试验已经做过了。现在我们正在继续研制原子弹和氢弹。一旦需要，我们就恢复试验，当然，如果这时还没有签订共同的停止试验协议的话。

毛泽东：我明白了。你说过，洲际导弹将飞越宇宙。当它再次进入大气层时不会烧毁吗？

赫鲁晓夫：不会的，这个问题解决了。

毛泽东：第二个问题，世界各国建立许许多多的基地，你看这对我们是有利还是不利。据我看，在一定程度上对我们是有利的。

赫鲁晓夫：这个问题很难讲，基地把我们包围起来，这对我们是不利的。军事基地离我们很近。一旦打起仗来，他们便于向我们攻击。但他们的主要基地离我们很远，在美国，轰炸机很难达到。但现在有了导弹武器，力量对比扯平了。

现在我们在试验远程导弹方面遇到了困难。为了进行试验，我们领土不够。

毛泽东：难道不能往北极方向发射吗？

赫鲁晓夫：这恰好就是最近的距离，在发生战争情况下，我们将通过极地发射。因此，美国人提议要检查北极区，为的是标出我们导弹基地的方位，以保障自己的安全。

毛泽东：我看了艾森豪威尔对你关于防止发生突然袭击的建议的答复，好像答复是不错的，似乎他同意由专家们对这个问题进行协商。可见，他们是害怕突然袭击的。

赫鲁晓夫：我还没看到这封信。

毛泽东：关于赫鲁晓夫同志走的问题，我们本想组织一个比较隆重的欢送，搞四五千群众，有仪仗队，并通知各国使节参加。

赫鲁晓夫：昨天我们已经谈好了，怎么来的怎么走，搞得简单一些嘛！我们商定好的就别变了。这样我们不会给那些歪曲言论提供更多口实。否则西方将报道说，代表团秘密到达是因为对谈判成功不抱希望。看来，中苏之间存在着某种矛盾，后来，说是举行了会晤，达成了协议，并决定举行盛大的欢送仪式。最好让他们猜谜去，让会晤本身产生影响。

毛泽东：我认为你秘密来访是必要的，以防帝国主义分子借你不在之机搞突然袭击。

赫鲁晓夫：我不认为他们敢这样做，因为力量对比对他们不利。现在他们还得吞下另一个苦果，即承认伊拉克。即便他们做好了百分之五十的战争准备，他们也不敢发动战争。

毛泽东：是的，英国绝对不敢开战。

赫鲁晓夫：法国和德国也不敢。它们知道，我们可以把它们碾成碎粉。如果说二战期间德国的“V1”和“V2”飞弹曾使英国人备受折磨，那么这些武器和现在的导弹相比，简直就是玩具。这一点他们很清楚。

毛泽东：但是，他们四周都有基地遍布各处。在一个土耳其就有一百多个。

赫鲁晓夫：没有，在土耳其没那么多，而且它们都在射程之内。他们打算在希腊建基地，那就更好对付了：从保加利亚山上往下扔石头，基地就建不成了。美国本身现在就处在打击之下。我们应该感谢我们的学者研制出洲际导弹。

毛泽东：也包括德国学者？

赫鲁晓夫：不包括，他们只是在最初参与过研制。不可能把如此重要的事情交给德国人去办。现在他们都回德国了，并在那里讲述他们做了什么工作。美国人根据他们的说法判断，我们没有洲际导弹。当我们宣布进行洲际弹道导弹的试验时，他们还不相信，但后来我们发射了卫星。现在美国人已经承认，俄国人自己研制出了洲际导弹。那里有报纸报道说，在美国也有德国人工作，但第一颗卫星不是在美国发射的。

毛泽东：我还是认为，如果举行政府首脑会议，您出国会有点儿风险。我想劝您，在您不在国内时要指定代理人。我们对您出国，总感到担心。

赫鲁晓夫：是的，是有一定的风险，特别是会议在纽约举行的话。那里有许多充满敌意的匈牙利人，还有其他敌人。在日内瓦的环境最好。我想起1955年召开日内瓦会议时发生的一件有趣的事。

按照美国宪法的规定，总统外出时警卫队要在前面开道。但是宪法制定的时候，人们乘坐的是四轮轿式马车。因此，艾森豪威尔来到日内瓦时乘坐汽车，而他的警卫队在前面跑着开道，其景象令所有迎接者大笑不止。这时大家就想，赫鲁晓夫和布尔加宁到了后会怎么样呢？而我们来到日内瓦时，乘坐敞篷汽车，沿城行驶起来。这使所有人都感到惊讶，因为他们以为，我们害怕，只会乘坐装甲汽车。不错，后来我们改乘了装甲汽车，因为瑞士警方报告说，当地有一个恐怖集团打算进行袭击。

美国人还写道，在匈牙利，赫鲁晓夫不敢在公众面前露面。我们去匈牙利时的情况怎么样，大家都知道。当时，我们应该向位于美国大使馆对面的纪念碑去献花圈。我当时建议卡达尔通过人群走向纪念碑，让美国人看看人们将怎样“撕碎”赫鲁晓夫。这以后，他们不再说匈牙利人反对苏联了。

毛泽东：斯大林甚至拒绝去日内瓦，我指的是，没有这样的危险性的情况下。

赫鲁晓夫：这是老年人的头脑缺陷。

我们不认为现在能够发生战争。有时我们责成我们军方根据他们所掌握的资料对局势做出分析。不久前，他们报告说，现在没有理由认为近期有发生战争的危险。

毛泽东：您认为，杜勒斯会留在职位上吗？

赫鲁晓夫：不会的，看来他要离任，虽然，如果他留下来，对我们会更好些。最好是同傻瓜打交道，而不是同聪明人打交道。

毛泽东：对斯蒂文森将当选总统你怎么看？

赫鲁晓夫：这是个比较正面的人物。

毛泽东：如果共和党继续执政，很可能尼克松将当选总统。

赫鲁晓夫：是的，很可能是这样。这个人比艾森豪威尔差些。战争使艾森豪威尔作为民族英雄登上政治舞台。作为政治家，他并不出色，他没有政治经验。而且作为军人，他也不出众。战争结束时，在阿登，德国人几乎使他遭到失败。当时，还是丘吉尔请求斯大林向西方盟国提供援助的。

毛泽东：当时不该援助他们。不帮助他们现在不会有西柏林，更别提什么西德了。

赫鲁晓夫：是的，说不定这会儿正在多列士家里做客了。但当时是另一种情况。德国人不战即向美国人举手投降，而对我们则进行了顽强的抵抗。当时有可能出现的形势是，我们攻不下柏林。这时，斯大林同艾森豪威尔达成协议，他为我们提供了攻占柏林的机会……从而可以看出，艾森豪威尔还算一个比较正派的人。但现在却是美国垄断者说什么，他就干什么。

毛泽东说：签署公报的准备工作都做好了。

赫鲁晓夫：那好，我们签字吧。

到此，会晤结束。

8 月 3 日下午二时，在勤政殿举行了中苏两党会谈公报的签字仪式，由毛泽东和赫鲁晓夫分别签字。

赫鲁晓夫于 8 月 4 日公开离开北京。毛泽东和其他中央领导人到机场送行。

对于这次与赫鲁晓夫的会谈，毛主席应该是很满意的，他说过，关于“合作社”的问题这次谈清楚了，这个问题算是解决了。如果将来一旦发生战争，那个时候一定要互相配合，要搞“合作社”，这是将来发生战争时的事。现在我们不搞共同舰队，不再搞“合作社”。

后来，毛主席在 1960 年夏天在北戴河召开政治局常委会议时谈到这次事件时说，那次谈话说明，赫鲁晓夫看起来是个庞然大物，但是可以顶，银样蜡枪头，一顶就把他顶回去了。所以在原则问题上，我们不能让步，一定要顶，而且是可以顶回去的。

这个事情后，我们估计，虽然从形式上来讲是毛主席狠狠地批评了赫鲁晓夫，但是种下了一个中苏不和的种子，经过1957年莫斯科会议，两党的关系得到了很大的改善，毛主席与赫鲁晓夫个人的关系也得到了很大的改善，互相理解，相互尊敬。但这一次“共同舰队”事件却给两个人关系以及两党关系投下了很大的阴影。

炮打金门明显地给中苏关系投下了阴影

1958年8月23日，中国人民解放军福建前线部队开始炮轰金门，一天打了近三万发炮弹，国民党马上向美国求援。几天之内，美国在台湾地区集结了六艘航空母舰、四十艘驱逐舰，剑拔弩张……

这突如其来的台湾地区紧张局势引起了赫鲁晓夫的惊慌，也很生气。他担心一旦中美之间发生冲突，苏联会被中国拖下水。西方媒体说，北京的这个行动是二十天前赫鲁晓夫访华时同毛泽东商定的。其实，中国方面在事前确实没有向莫斯科打招呼，在赫鲁晓夫访问北京时，中国领导人也没有向他谈过这件事。赫鲁晓夫不了解中国方面炮打金门的意图，决定派外交部长葛罗米柯到北京去了解情况。9月6日，葛罗米柯秘密飞到北京。周总理和毛主席先后接见了他。接见时，我担任翻译。

周总理和毛主席告诉他：我们不是要解放台湾，也不是要在金门、马祖登陆，而是要打击国民党的气焰，打击美国的气焰，支援阿拉伯人民的斗争。我们这样做的另一个目的就是阻止美国搞两个中国。如果美国人要打仗，我们就诱敌深入，放他们进来，然后关起门来打狗。我们跟美国人周旋，绝对不连累苏联，不拖苏联下水。

葛罗米柯表示，他完全赞成中国政府的方针。葛罗米柯摸清中国方面的意图后，于9月7日离开北京回国。

当天，苏联公开发表了赫鲁晓夫致艾森豪威尔的信，对中国表示支持。赫鲁晓夫在信中说："对我们伟大的朋友、盟国和邻国中华人民共和国的侵犯也就是对苏联的侵犯。忠于自己义务的我国，将尽一切可能同中国人民一道来维护两国的安全，维护远东和平的利益和世界和平的利益。"实际上，赫鲁晓夫对炮打金门一事很不满的。

1958 年夏秋之交发生的"联合舰队事件"、"炮击金门事件"，开始破坏了 1957 年冬莫斯科会议期间毛泽东与赫鲁晓夫之间好不容易建立起来的并不牢固的互相信任，明显地给中苏关系投下了阴影。

9 月 6 日，邓小平接见苏联使馆参赞苏达里科夫。苏达里科夫递交了苏共中央就缩减在华工作的苏联专家人数给中共中央的信。邓小平表示，在中央各部委、军事机关工作的苏联顾问可以减少，但在工业企业、建筑业、高等院校工作的苏联专家不能减少，我们还离不开他们。

9 月 27 日，周恩来接见苏联使馆临时代办安东诺夫。安东诺夫递交了一份备忘录，说苏联打算建议召开中、苏、美、印、印尼、缅甸、巴基斯坦等国最高级会议，研究缓和台湾海峡紧张局势问题。

9 月 27 日，苏共中央主席团和赫鲁晓夫致信毛泽东和中共中央政治局。信中说，目前最重要的，就是让所有的人都能看到，在侵略者向任何一个社会主义国家进攻时，我们将对侵略者给予共同的、坚决的回击。

10 月 5 日，周恩来接见苏联使馆临时代办安东诺夫。周恩来向安东诺夫详尽地阐明了我对台湾形势的看法和对策，希望苏联不要提出关于召开最高级国际会议的建议。

10 月 14 日，毛泽东复信苏共中央主席团和赫鲁晓夫。复信指出："社会主义阵营是一个整体，对任何社会主义国家的进攻，就是对整个社会主义阵营的进攻，各社会主义国家必须履行互相支援的义务，给侵略者以共同的和坚决的回击"，"这是属于全球性共产主义战略范围的问题"。"至于各社会主义国家采取什么行动来履行相互支援的义务，这是属于策略范围的问题，应该根据具体情况来决定。"

赫鲁晓夫批评“大跃进”、人民公社

毛泽东说过，我们的“大跃进”和人民公社，不仅把杜勒斯吓了一跳，也把赫鲁晓夫吓了一跳。

1958年，我国开始大办人民公社。8月17日至30日，中共中央政治局在北戴河举行扩大会议。会议通过了《关于在农村建立人民公社问题的决议》，决定在全国农村普遍建立人民公社。会后，在全国很快形成了全民炼钢和人民公社化运动的高潮。到10月底，有七十四万多个农业生产合作社改组成为二万六千多个人民公社。参加公社的农民有一点二亿多户，占总农户的百分之九十九以上，于是一两个月内，全国农村实现了人民公社化。

12月，党的八届六中全会的《关于人民公社若干问题的决议》提出：“从现在开始，摆在我国人民面前的任务是：经过人民公社这种社会组织形式，根据党所提出的社会主义建设的总路线，高速度地发展社会生产力，促进国家工业化、公社工业化、农业机械化电气化，逐步地使社会主义的集体所有制过渡到社会主义的全民所有制，从而使我国的社会主义经济全面地实现全民所有制，逐步地把我国建成为一个具有高度发展的现代工业、现代农业和现代科学文化的伟大的社会主义国家……”

赫鲁晓夫等苏联领导人对中国的“大跃进”和随后开展的人民公社化运动是不赞成的，但在表面上采取既不称赞也不批评的态度。据苏共中央联络部中国处副处长库立克回忆说，联络部有一个为苏共中央主席团起草建议的小组。这个小组研究了两种非此即彼的抉择：或者为了苏中关系正常化而赞扬人民公社，但是那样的话，我们就欺骗国际工人运动，欺骗苏联人民；或者是为了维护真理而把人民公社评价为一种“左”倾政策的表现，但是那样的话，我们就会走一条加深两党分裂的道路。我们小组最后一致认为，为了保持中苏关系的稳定，应当暂时不要去注意人民公社问题，就是说，对它既不称赞，也不批评。这个意见得到苏共中央主席团的赞同。于是在苏联报刊上很长一段时间内，没有发表过有关人民公社的文章。

确实，直到 1958 年 12 月底，苏联的报刊和官方文件都极力避免提及中国的“大跃进”和人民公社，而保持一种“沉默”的态度。其实，苏方的这种“沉默”就是一种不表态的表态。

在此期间，外交部曾安排苏联和东欧社会主义国家的外交使节到河北省参观已经“迈上共产主义大道”的徐水等地的人民公社。参观的具体过程已无从查询，但当时我们曾根据外交部的内部通报，将外国朋友的反映编写成《简报》，送给中央领导人阅览。至今还记得一位苏联外交官夫人参观后断然宣称：“宁肯在资本主义下受罪，也不要过这样的共产主义生活！”中办《简报》是由中办研究室的一个专门部门——“简报组”编写的，该组将全国各省区市、中央各部委呈报党中央的报告等文件编写成摘要，印发给政治局常委和有关的中央领导人参阅。

事实上，中国的“大跃进”和人民公社化运动对苏联和东欧社会主义国家产生了影响，这使赫鲁晓夫等苏联领导人感到担忧。赫鲁晓夫在回忆录里写道：中国“开始向其他社会主义国家大肆宣扬，说每个国家都应该以中国为榜样，组织公社，照搬‘大跃进’。这种宣传在中国的报刊上比比皆是，过了一段时间，在靠近中国边境地区居住的我们自己的人所出版的报纸上也出现了。说实在的，我必须承认，我们当时很害怕中国人的这套做法，他们企图让我们采纳他们的口号和政策。由于情况变得越来越糟糕，我们不能再继续保持沉默了。我们不得不站出来讲话——不是反对中国和‘大跃进’本身（这是他们自己内部问题，和我们无关），而是反对把他们的座右铭照搬到我们苏联自己的条件中来。”

对于中国的人民公社化运动，赫鲁晓夫第一次公开评论是在他于 1958 年 12 月 4 日同美国参议员汉弗莱谈话中发表的，他说：“公社制度今天对俄国是不适宜的。无论如何这个词是用错了，不知道为什么中国人选用了这个词，因为‘公社’一词起源于法国大革命时代，它是一种城市的而不是农村的管理形式。无论如何，中国的制度是倒退的。苏联很久以前就尝试过公社制度，但是行不通。苏联现在采取的是物质刺激的方法。"

对于中国党提出通过人民公社的道路加快进入共产主义，赫鲁晓夫开始不再沉默了，逐步发展到第二年（1959 年 1 月 27 日）在苏共二十一大报告中不指名地攻击中国的国内政策。

1958 年 9 月，以契尔文科夫为首的保加利亚议会代表团访问中国。中办翻译组的我、朱瑞真参加了接待工作。

契尔文科夫是共产国际领导人之一的季米特洛夫的妹夫，曾任保共中央第一书记，苏共二十大后，在赫鲁晓夫强行推行的非斯大林化的过程中被免职，改任保国民议会议长。

契尔文科夫访华期间，毛泽东、刘少奇和周恩来分别接见了他们，向他们介绍了中国的形势，特别是介绍了中国正在创办的人民公社。10 月 3 日，刘少奇会见契尔文科夫，在谈到人民公社时说："公社的性质基本上还是集体所有制，但有一部分全民所有制，这部分还要增加。我们准备把国家的仓库、商店、银行、加工工厂、学校都交给公社，加强公社中的全民所有制。我们想，这样做两三年以后很多公社就会变为全民所有制。"

契尔文科夫率领的保议会代表团访问了中国的一些城市和乡村，看见了举国上下战天斗地、土法炼钢的场面，参观了亩产"千斤"皮棉的棉田和天津郊区亩产"五万斤"的稻田。对中国"大跃进"取得的成就，代表团成员中少数人表示怀疑，多数人表示钦佩，说他们回到保加利亚后也要开展"大跃进"运动。的确，他们回国后，保加利亚的报刊立即开始宣传中国的"大跃进"和人民公社。接着，他们仿效中国的人民公社，开始扩大或合并集体农庄；增加对重工业，特别是对黑色冶金工业的投资，实际上也是大炼钢铁。

赫鲁晓夫确实害怕了，深怕"大跃进"的思想不仅在苏联，而且在东欧国家蔓延开来。他不得不把保加利亚领导人召到莫斯科，要求他们立即停止“大跃进”运动，否则不再向他们提供贷款和经济援助。

一个值得注意的问题是，赫鲁晓夫在苏共二十一大的政治报告中，开始不指名地攻击中国的国内政策。他说：“社会不能够不经过社会主义发展阶段就从资本主义跳跃到共产主义”，“认为共产主义会突然出现是不正确的”，“那种平均主义的共产主义只能使积累起来的资金耗净”，“平均主义并不意味着向共产主义过渡，而是破坏共产主义的声誉”。是否会有某个社会主义国家走到共产主义，而其余国家还远远落在后面呢？他回答说：“这种前景是很少有可能的。理论上比较正确的推断是，社会主义国家有效地利用社会主义制度所具有的可能性，将大致同时过渡到社会主义社会的高级阶段。”他说：“由社会主义发展阶段向高级阶段的过渡，是不能任意破坏或越过合乎规律的历史过程。”“……过早地过渡到按需分配，就会损害共产主义建设事业……”

赫鲁晓夫在报告中没有公开反对人民公社，他好像是在讲苏联的国内问题，但了解情况的人一听便知道，是暗指中国的人民公社和“大跃进”。

1959：中苏同盟裂痕进一步加剧和公开化

苏共二十一大，拟取消"以苏联为首"的提法

1959年1月23日，邓小平、杨尚昆接见苏联使馆临时代办安东诺夫。安东诺夫交来苏共中央致中共中央的信，其主要内容是苏共拟在即将召开的第二十一次代表大会上提出取消"社会主义阵营以苏联为首"，"国际共产主义运动以苏共为中心"的提法，征求中共中央的意见。

当天夜间十二点，毛泽东约刘少奇、周恩来、邓小平、彭真、康生等开会，讨论苏共中央来信中提出的问题。大家认为目前做这种改变不好，委托周恩来到莫斯科后同赫鲁晓夫面谈，请他们不要提出这个问题。

1月24日，杨尚昆接见安东诺夫，把中共中央关于不赞成改变"以苏联为首"的提法的复信交给他。

同日，周恩来率领的中共代表团赴莫斯科参加苏共二十一大，李

1959年1月，周恩来率领中共代表团出席苏共二十一大，大会期间，代表团下榻列宁山政府别墅。图为代表团一行与别墅工作人员合影，最后排右四为阎明复

越然、我、赵仲元作为翻译随代表团同行。到莫斯科后，到机场迎接的有苏斯洛夫、基里钦柯，他们二人陪周恩来到住地。

周恩来一到住地，就把中共中央不赞成改变“以苏联为首”的提法的意见告诉了苏斯洛夫和基里钦柯。周恩来说，中共中央认为目前改变“以苏联为首”的提法不妥。社会主义阵营要有一个头，以苏联为首，这是自觉的，莫斯科会议文件也写进去了，这个武器不能取消，否则就等于把刀子交给敌人，让他们搞我们。

苏斯洛夫说，我们提出这个问题，是因为考虑到这个提法已不能充分反映客观的事态，因而害多利少。

第二天，赫鲁晓夫接见中共代表团，并讨论“以苏联为首”问题。当周恩来详细地说明了中共中央不赞成取消“以苏联为首”的意见后，赫鲁晓夫说，苏共中央考虑了中共中央的意见，已对二十一大报告中关于“以苏联为首”部分做了修改，删掉了关于取消“以苏联为首”的提法。但赫鲁晓夫仍然认为，“以苏联为首”的提法会给资本主义国家的党造成困难，改变这个提法有助于社会主义阵营的所有国家以及世界各国的共产党团结广大群众同敌人作斗争。

1月27日，赫鲁晓夫在苏共二十一大的政治报告中，既没有宣布取消“以苏联为首”和“以苏共为中心”的提法，也没有明确表示继续坚持这一提法。

2月7日，周恩来和赫鲁晓夫在莫斯科签订了关于双方扩大经济合作的协定。协定主要规定：双方合作于1959年到1967年间，在中国建设冶金、化学、煤炭、石油、机械制造等七十八个大型企业和电站，由苏联供应的设备、设计和各种技术援助的总值共五十七亿卢布左右。中国将根据现行贸易协定，向苏联提供农副和轻工、日用商品。

随朱德访问波兰、匈牙利两国

1959年3月7日，应波兰统一工人党邀请，中共中央副主席朱德率领中共代表团去华沙，参加波兰统一工人党第三次全国代表大会。

代表团的团员有中共中央书记处书记王稼祥、中央委员伍修权，还有习仲勋、郝德青和中国驻波兰大使王炳南，我、赵仲元随团做翻译工作。

当天上午，我们乘图 -104 客机经莫斯科转赴华沙。离京时，到机场送行的有中共中央副主席周恩来、政治局委员李先念、中央书记处候补书记杨尚昆、全国妇联副主席康克清等。苏联驻华大使馆临时代办安东诺夫、匈牙利驻华大使诺格拉第也到机场送行，波兰驻华大使基理洛克同机回华沙。

下午三点多，飞机飞抵莫斯科，苏共中央主席团委员科兹洛夫、米高扬，波兰驻苏联大使盖德和我国驻苏联大使刘晓到机场迎接。

3 月 10 日上午十时，波兰统一工人党第三次全国代表大会在华沙的文化科学宫会议大厅隆重开幕。有四十二个国家共产党和工人党的代表应邀参加了会议。

3 月 11 日下午，朱德副主席向大会致辞并宣读了中共中央 3 月 9 日的贺电，向波兰党代会致以兄弟般的祝贺。当大会执行主席宣布朱德致辞时，全场起立报以长时间的、暴风雨般的掌声。朱德的致辞，不断为热烈的鼓掌所打断。当朱德宣读完中共中央委员会的贺电时，全场的掌声达几分钟之久。

朱德在致辞中，首先赞扬了波兰解放十五年来，民主改革和社会主义建设的成就，特别是近几年来波兰统一工人党在以哥穆尔卡为首的中央委员会领导下，所进行的打击国内反动势力、纠正工作中的教条主义、反对修正主义等斗争，以及在克服经济困难、迅速发展工业和提高农业产量等方面的巨大贡献。接着，朱德向大会介绍了我国全面大跃进和农村人民公社运动的情况。中共中央委员会的贺电，同样从以上几个方面赞扬了波兰在统一工人党领导下十五年取得的巨大成就和近几年国内斗争的成果。

3 月 19 日，波兰统一工人党代表大会闭幕。朱德乘飞机离开波兰，赴匈牙利参加匈牙利苏维埃共和国四十周年纪念活动。

3 月 20 日下午三时（布达佩斯时间），匈牙利国民会议隆重集会，纪念匈牙利苏维埃共和国成立四十周年。朱德在纪念会上讲话，赞扬匈牙利人民在社会主义建设事业中从胜利走向胜利。讲话后，接着宣读了毛主席、刘少奇委员长和周恩来总理致匈牙利社会主义工人党中央委员会第一书记卡达尔、匈牙利人民共和国主席团主席道比和农工革命政府总理明尼赫的贺电。

3月21日下午，朱德和代表团成员习仲勋、郝德青出席了布达佩斯居民在盖莱佩斯公墓隆重举行的匈牙利工人运动烈士纪念碑揭幕仪式，向匈牙利的革命先烈致敬并敬献花圈。

晚上，匈牙利人民共和国主席在国会大厦举行了盛大的招待会，招待前来参加匈牙利苏维埃共和国成立四十周年纪念活动的苏联、中国和其他兄弟国家的党政代表团。

3月22日，朱德率领的中国共产党和政府代表团在匈牙利首都布达佩斯，参加布达佩斯第九区举行的纪念匈牙利共和国成立四十周年大会。朱德、习仲勋、郝德青在匈牙利社会主义工人党政治局委员、中央书记处书记马罗山的陪同下走进会场，与会者全体起立，经久不息地鼓掌欢迎他们。

在庆祝大会上，布达佩斯第九区党委书记霍尔瓦特做了报告，接着，朱德在会上讲话。他谈到布达佩斯劳动人民光荣的革命传统，谈到匈牙利人民在社会主义建设中取得的辉煌成就，特别是在粉碎1956年10月“反革命叛乱”后几年来取得的成就。他指出，匈牙利社会主义建设事业的组织者和鼓舞者是以卡达尔同志为首的匈牙利社会主义工人党。匈牙利社会主义工人党在反对以南斯拉夫“铁托集团为代表的现代修正主义”、巩固无产阶级的国际团结、捍卫马克思列宁主义的纯洁性方面做出了重大贡献。匈牙利社会主义工人党以它正确的政策、与人民群众密切的联系、优良的工作作风，赢得了广大群众的信任和支持。

3月25日，朱德副主席率团离开布达佩斯。当天，代表团到达基辅。26日中午，代表团一行由基辅抵达莫斯科，到机场欢迎的有苏共中央主席团委员基里钦科，主席团候补委员柯西金、波斯别列夫，外交部长左林等。匈牙利驻苏大使波尔多茨基、我国驻苏大使馆临时代办张伟烈也到机场迎接。

3月27日上午，朱德副主席离开莫斯科，乘飞机返京。到机场送行的有苏共中央主席团委员基里钦科、主席团候补委员柯西金、波斯别列夫及其他党政领导人。匈牙利驻苏大使波尔多茨基、我国驻苏大使馆临时代办张伟烈也到机场送行。这架飞机在伊尔库茨克停留一夜，然后飞往北京。

苏联单方面撕毁“核援助”协议

苏共二十大赫鲁晓夫执政以来在一系列重大事件，如1956年同波兰党的关系发生危机；接着发生的匈牙利事件；世界范围的反苏反共浪潮；苏共元老罢免赫鲁晓夫的所谓“反党集团”事件中，毛主席、中共中央对赫鲁晓夫都给予了有力的支持。1957年夏，毛主席明确表示要去莫斯科参加十月革命四十周年纪念活动、出席国际共运会议。这一切对巩固赫鲁晓夫在苏共的地位无疑帮助极大。

赫鲁晓夫上台以后，他一直履行了斯大林答应的援助中国的协议，不顾军方的反对，决定满足1954年首次访华时毛泽东向他提出的“核援助”的要求，向中国提供原子弹样品和生产技术，帮助建立核工厂，并要求苏联有关部门在毛泽东1957年11月访苏前同中方签订正式协定。于是，以聂荣臻为首的中国政府代表团应邀访苏，同苏联政府代表团进行全面谈判后，于10月15日签订了《中苏国防新技术协定》。1958年至1959年期间，该协定的一些条款得到落实。

在此期间，中苏两党的分歧日益加剧，同时，为了缓和同美国的关系，赫鲁晓夫定于1959年9月15日至29日访问美国。在此以前，他采取了几项同美国改善关系的措施。其中重要的举措是中止对中国的核援助，撕毁1957年10月15日同中国签订的《中苏国防新技术协定》，拒绝向中国提供原子弹样品和技术。

赫鲁晓夫在回忆录中写道：“当时原子弹样品已经装车准备启程运

往中国，我经反复考虑决定停运。”

1959 年 6 月 20 日，苏联驻华使馆临时代办安东诺夫向陈毅提交了苏共中央给中共中央的信，信中说，“苏联正同美国、英国在日内瓦谈判禁止试验核武器问题，西方国家一旦获悉苏联在新技术方面援助中国，有可能破坏社会主义国家为争取和平、缓和国际紧张局势所作的努力。据此，苏联决定停止执行 1957 年 10 月 15 日协定中若干重要项目的援助，即停止提供原子弹样品和生产原子弹的技术资料，两年以后看国际形势的发展再说。”

我作为翻译见证了这一转折时刻。

当时，中央政治局正在召开扩大会议，讨论修改 1959 年生产指标，调整国民经济计划，准备上庐山开会。中央认为，苏共中央信里讲的理由是表面理由。这表明赫鲁晓夫这时倾向于同西方搞妥协，认为这样就可以维护世界和平。赫鲁晓夫撕毁协议，更重要的原因可能同正在酝酿中的美苏首脑会谈有关。

中央认为，苏方毁约是中苏关系中一个重大事件。从赫鲁晓夫上台以后，他一直是履行斯大林答应的援助中国协议的，他 1954 年访问中国时答应增加援助的项目也一直在履行。1957 年莫斯科会议时，他对中国的态度还是不错的，我们不少建议他差不多都接受了。苏方这次毁约说明赫鲁晓夫可能要在中苏关系上采取新的方针。赫鲁晓夫在 1958 年提出要在中国建长波电台、搞共同舰队，实际上是要控制中国。当这些遭到我们抵制以后，他可能采取新的方针——同西方主要是美国站在一起反对中国的方针。

由于当时中央正在忙于调整计划，毛主席提议，对苏共中央的来信暂时不作答复，观察观察再说。

中印关系和西藏问题，苏联迫不及待地指责盟友，公开中苏分歧

1959 年 3 月，西藏上层反动集团发动了叛乱，很快，反革命叛乱

失败。3月31日，达赖出走印度，得到印度和境外敌对势力的支持，中印关系开始恶化，两国边境冲突日益频繁。

5月5日，毛泽东、周恩来、陈毅接见十一个社会主义国家访华代表团和驻华使节。在会见中谈了西藏问题和中印关系。会见是在中南海紫光阁进行的。开始时，周恩来向客人们介绍西藏的情况。会见中，毛主席走进会场，客人们全体起立，热烈鼓掌。毛主席向客人们致意后，开始讲话。

毛主席在讲话中说：世界上有人怕鬼，也有人不怕鬼。鬼是怕它好呢，还是不怕它好？中国的小说里有一些不怕鬼的故事。我想你们的小说里也会有的。我想把不怕鬼的故事、小说编成一本小册子。经验证明鬼是怕不得的。越怕鬼就越有鬼，不怕鬼就没有鬼了。有狂生夜坐的故事。有一天晚上，狂生坐在屋子里。有一个鬼站在窗外，把头伸进窗内来，很难看，把舌头伸出来，头这么大，舌伸得这么长。狂生怎么办哪？他把墨涂在脸上，涂得像鬼一样，也伸出舌头，面向鬼望着，一小时、两小时、三小时望着鬼，后来鬼就跑了。

今天世界上鬼不少。西方世界有一大群鬼，就是帝国主义。在亚洲、非洲、拉丁美洲也有一大群鬼，就是帝国主义的走狗、反动派。

尼赫鲁是个什么人呢？他是印度资产阶级的中间派，同右派有区别。整个印度的局势，我估计是好的。那里有四亿人民，尼赫鲁不能不反映四亿人民的意志。西藏问题也是很大的事，要大闹一场，要闹久些，闹半年也好，闹一年更好。可惜印度不敢干了。我们的策略是使亚洲、非洲、拉丁美洲的劳动人民得到一次教育，使这些国家的共产党也学会不怕鬼。

毛主席讲完后，周总理接着发言。他指出，西藏问题的本质是严重的阶级斗争，是一个生气勃勃的、迅速前进的新社会要代替停滞不前的、落后的旧社会。他说，印度一部分上层人士继承英国过去的政策，用种种借口把西藏说成是一个“独立国”，他们这些论据都是不能成立的。他指出，这次斗争，在国内是由西藏叛乱集团，在国际上是由印度一部分大资产阶级挑起来的。在国内，我们是行使主权，我们站在广大西藏人民一边，要推翻黑暗制度，用和平改造的方法进行改革。在国际上，我们要利用这个机会把西藏问题向全世界人民说清楚，把反动阴谋揭穿，把印度一部分大资产阶级干涉者的真面目揭露出来，让全世界人民都知道过去所不清楚的事和印度资产阶级的两面性。我们同印度广大人民并无冲突。中印两国人民过去友好相处，今后还会友好相处。我们对尼赫鲁采取留有余地的政策，又争取、又批评，又团结、又斗争，有理有利有节。

这次会见到下午一时结束。

达赖逃往印度后，中印两国边境就开始紧张起来，印度军队越过麦克马洪线，不断向中国边防军挑衅，一再侵犯中国的领土。1959 年 8 月 25 日，印度军队侵占朗久，袭击中国马及墩边防哨所，挑起第一次武装冲突。10 月 20 日，印度军队挑起了第二次中印边境武装冲突。印度军队侵入空喀山口以南的中国领土，挑起了更为严重的中印边境武装冲突，结果被我们的军队打退了。当时的印度军队是不堪一击的，我认识一位后来做过新华社社长的好朋友，他当时在西藏，他自己也缴获了一些武器，还抓了他们的一个旅长……

对于西藏平叛与中印边境冲突，新华社和《人民日报》陆续发表了编辑部文章《西藏的革命和尼赫鲁的哲学》、周总理 9 月 8 日给印度总理尼赫鲁的信、有关中印边界问题的资料以及相关的社论，等等。这些信件、资料和文章由新华社对外部翻译成英、俄、日等国文字，以便对外发表。我们中办翻译组的人员都去新华社参加了俄文文本的翻译定稿工作。

5 月 27 日，邓小平、杨尚昆接见了苏联大使馆临时代办安东诺夫。安东诺夫通报了日内瓦谈判的进展情况。在谈到哈里曼即将访问苏联和打算访问中国时，邓小平说，目前让他访问中国没有好处，但是不排除哈里曼将来访问中国。邓小平简要地谈了达赖喇嘛问题。他说，原先尼赫鲁以为达赖喇嘛在印度的计划中会起重要作用，西藏如果没有达赖喇嘛将天下大乱。结果恰恰相反。现在西藏没有达赖喇嘛，一切都很好。西藏人民已经起来进行民主改革。

8月21日，毛泽东致信赫鲁晓夫，感谢他8月7日的来信和附来的他同艾森豪威尔交换的信件的副本。毛泽东表示相信，即将到来的赫鲁晓夫对美国的访问必将使美国好战分子处于更加被动的地位。

就在8月25日，印度军队越过"麦克马洪线"，侵入中国朗久地区，向中国边防军开枪射击，从而挑起了武装冲突事件的发生。不久，9月6日，陈毅外长接见苏联大使馆临时代办安东诺夫，通报这次冲突的真相，以及中国力求避免冲突的方针。

9月8日，苏共中央致函中共中央，认为中印边境是山区，难以划出准确的边界线，指责中方在冲突中造成印方人员的伤亡。赫鲁晓夫把由印度挑起的事件，看做是中国有意制造事端，来破坏他同艾森豪威尔的会晤。因此，苏联政府命令塔斯社发表一个貌似中立实则偏袒印度的声明，从而向美国表明苏联的立场与中国不同。

9月9日，安东诺夫向陈毅外长递交了塔斯社准备在10日发表的声明，其中写道：中印边境冲突是"可悲的"，苏联不能不对这个事件表示遗憾。

陈毅当场表明，希望苏联暂缓发表这个声明，同时，将周恩来9月8日致尼赫鲁的信件副本交给他，信中建议通过友好谈判解决边界问题，在解决之前维持现状。

苏联方面不但没有接受中国的建议，反而将原定9月10日发表的声明提前于9月9日发表。苏联作为中国的盟国，迫不及待地发表指责自己的盟友，偏袒印度的声明，向全世界公开暴露了中苏之间的分歧。

赫鲁晓夫再次抨击人民公社，毛泽东反应强烈

1959年7月18日，赫鲁晓夫在波兰谈到公社，苏联《真理报》7月21日予以公开报道。赫鲁晓夫说："可以理解，把个体经济改造为集体经济，这是个复杂的过程。我们在这条道路上曾碰到过不少困

难。在国内战争一结束之后，我们当时开始建立的不是农业劳动组合，而是公社。”“曾有人下了大致是这样的论断：‘既然我们为共产主义奋斗，那就让我们来建立公社吧！’”“看来，当时许多人还不太明白：什么是共产主义和如何建设共产主义。”“公社是组织了，虽然当时既不具备物质条件，也不具备政治条件——我是指农民群众的觉悟。结果是大家都想生活过得好，而又想对公共事业少出劳动。正是所谓：能干多少干多少，需要多少就拿多少。许多这样的公社都没有什么结果。于是，党走了列宁所指出的道路。它开始把农民组织在合作社中，组织到农业劳动组合中。在那里，人们集体地工作，但是按劳取酬。我们集体农庄逐渐巩固起来了，现在是蓬勃发展的社会主义农业的基础，是改善农民物质生活文化生活的基础。”

7 月 22 日，《纽约时报》报道了赫鲁晓夫批评公社制度的讲话，并评论说：“赫鲁晓夫这番话是迄今为止一位苏联领袖对公社的想法所作的最直率的公开批评……可以认为是暗指中国共产党人去年秋天的一些说法而言的。中国共产党人曾说，建立公社是真正的通向共产主义的道路。这种看法似乎使俄国人感到烦恼，因为苏联报纸有三个月左右对于公社几乎只字未提。”

毛泽东对此讲话反应非常强烈，7 月 29 日，毛泽东批示要求把新华社发的《赫鲁晓夫谈苏联过去的公社》、《外报就赫鲁晓夫谈公社问题挑拨中苏关系》等报道印发参加庐山会议的人员。毛泽东在批语中写道：“请同志们研究一下，看苏联曾经垮台的公社和我们人民公社是不是一个东西；看我们的人民公社究竟会不会垮台；如果要垮的话，有哪些足以使它垮掉的因素；如果不垮的话，又是因为什么。不合历史要求的东西，一定垮掉，人为地维持不垮是不可能的。合乎历史要求的东西，一定垮不了，人为地解散也是办不到的。这是历史唯物主义的大道理。请同志们看一看马克思《〈政治经济学批判〉序言》。近来攻击人民公社的人们就是抬出马克思这一科学原则当做法宝，祭起来打我们，你们难道不害怕这个法宝吗？”

8月1日，毛泽东又把这几篇报道连同他的批语批给王稼祥说："此件请看一下，有些意思。我写了几句话，其意是驳赫鲁晓夫的。将来我拟写文宣传人民公社的优越性。一个百花齐放，一个人民公社，一个大跃进，这三件，赫鲁晓夫们是反对的，或者是怀疑的。我看他们是处于被动了，我们非常主动，你看如何？这三件要向全世界作战，包括党内大批反对派和怀疑派。"

综合起来看，1959年中苏两党、两国之间大概就是这样几件事：第一件事情就是赫鲁晓夫决定不给我们原子弹，但在苏共二十一大期间，苏联跟我们签了一个大的贸易协议，这个对双方都有利。第二件事情就是前文交代的西藏平叛与中印边境冲突，在这个问题上赫鲁晓夫发表了偏袒印度的讲话，其中说道，"都是不毛之地，你们为什么要得罪尼赫鲁？尼赫鲁是很难得的一个民主国家的领袖，你们为什么要把他推到美国那边去？"第三件事情就是赫鲁晓夫抨击人民公社和大跃进。第四件事情就是"庐山会议"期间，专门针对彭总出现了"里通外国"这么一个词。以后，在我们的政治术语里面，"里通外国"也经常被使用。记得1966年"文革"的时候把我抓起来，给我的罪名也是"里通外国"、"里通苏修"，因为我是俄文翻译。"文化大革命"因为"里通外国"这个"概念"不知抓了多少人，我的给中央当翻译的同事中，好几个都因为"里通外国"的"罪名"给抓起来关在秦城监狱。

国际、国内的这几件事纠结在一起，把它们综合起来，就不难看出，原来召开"庐山会议"是为了纠偏、纠"左"的，但后来为什么搞成反右倾机会主义了，当时批斗彭德怀其实也是因为这些个原因。

"庐山会议"期间，政治局委员基本都到庐山去开会了，就留陈毅在北京值班。当时陈毅曾经跟彭德怀商量，说是"要不然你值班我上山"。彭德怀回答说还是我上山吧，既然中央决定你值班就你值班，你还有外事嘛！这样彭德怀就上山了，接下来就发生了众所周知的事情。

彭德怀不就是写了一封信嘛！他在家乡湖南考察，主要想了解了解地方上的情况，并实地看一看。看到当地的农业情况不好，人民生活非常困难。回来后，他本来想跟毛主席谈谈，把这些情况反映一下，但毛主席没时间见他，于是，他就给毛主席写了一封信。毛主席一看就非常……如果再联想起之前，发生的苏联拒绝给我们原子弹样品和技术。“里通外国”，讲的就是彭德怀“里通外国”，还有人甚至说赫鲁晓夫不给中国的原子弹样品就是为了配合彭德怀反对中共，所以彭德怀就“理所当然”地挂了一个罪名叫“里通外国”，这个“外国”实际上就是指的苏联，具体讲就是“里通苏联”，到20世纪60年代的中期，又演变为“里通苏修”。紧接着，赫鲁晓夫又在公开场合，反复地抨击人民公社和大跃进。如果再把国外、国内对人民公社和大跃进的不同意见联系在一起看，彭德怀的这封信就成了扭转“庐山会议”方向的导火线，原来“庐山会议”毛主席是准备纠偏的，准备“反左”的，结果就“反右”了，认为中国党内出现了所谓以彭德怀为首的“右倾机会主义路线”，有“里通外国”的代表人物。

毛主席在很多时候是很自信和自负的，一旦涉及他所坚守的信念、目标的时候他会很迅速地很强有力地进行反击。对于苏共领导人赫鲁晓夫的种种议论，毛泽东虽然极其不满，甚至怒不可遏，但是赫鲁晓夫毕竟是苏联党和政府的主要领导人，只能在文章决议中不指名地骂上一通，表面上还要维持正常关系。然而，对于自己党内的同志，那就是另外一种态度了，不管你是谁。

1959年10月，赫鲁晓夫来华参加我国国庆十周年庆祝活动后，回国前，毛泽东在北京机场候机室里对他说：“我们的人民公社也是人民创造出来的。我们研究了1918年苏联办公社的章程。这个章程里面有许多好东西，但有两个缺点，一是取消社员的小私有权，二是搞共产主义的按需分配。这两点我们都考虑到了，比如我们的公社允许社员有自留地，仍然是社会主义的按劳分配。这些都写在我们的决议里面了。”

苏共领导人对中国大跃进、人民公社的批评和指责成为导致中苏关系恶化的重要因素。

中苏裂痕逐步加剧

1959年9月30日，赫鲁晓夫结束了在美国的访问后，匆匆忙忙地到北京。他是应邀前来参加中华人民共和国成立十周年庆祝活动的。当赫鲁晓夫走下飞机时，他同前来迎接的毛主席仅握了握手，毛主席有意躲开了那种苏联式的拥抱和亲颊。毛泽东没有致欢迎辞，赫鲁晓

夫却发表了长达十五分钟的讲话。他在美国期间与美国总统谈得不错，所谓“戴维营精神”吧。

当天晚上的国庆宴会由李越然和我担任翻译，国庆宴会就安排在9月24日新落成的庄严、雄伟、壮丽的人民大会堂。

在国庆宴会前，苏联代表团把赫鲁晓夫在宴会上的讲话稿交给中方的翻译，以便事先译成中文。李越然在翻译中发现，赫鲁晓夫讲话稿中

1959年，赫鲁晓夫应邀出席中华人民共和国国庆十周年庆典。10月2日，中苏两党举行正式会谈。中方参加会谈的有：毛泽东（左三）、刘少奇（左二）、朱德（左一）等，苏方参加会谈的有：赫鲁晓夫（右三）、苏斯洛夫（右二）、葛罗米柯（右一）等。阎明复在赫鲁晓夫右侧担任翻译

影射攻击中国。当时毛主席等中央领导人已到人民大会堂，各国外宾也陆续来到，正步入宴会厅。这时李越然拿着赫鲁晓夫的讲话稿的中文译文向周总理报告了讲稿中攻击中国的情况，总理当即向毛主席做了报告。

毛主席听了报告后，对周总理说，宴会上他就不讲话了，由总理出面致辞。因为国庆期间所有活动早已有明确安排，其中包括在国庆宴会上毛主席将代表党中央、全国人大和国务院致辞，现在改由周恩来致辞。总理对李越然和我说，毛主席不讲了，由他致辞，让我们有所准备。

宴会开始后，周总理致辞，接着赫鲁晓夫发表了长篇讲活。赫鲁晓夫在赞扬了中国十年来取得的社会主义建设成就后，开始批评中国领导人。他说："我们应当对当前局势有现实的看法和正确的理解。这当然绝不是说，既然我们这样强大就应该用武力试探资本主义制度的稳固性，这是不正确的，因为人民绝不会理解，也绝不会支持想这样干的人。"显然，他的这些话是影射中国1958年8月炮击金门的行动，以及中国为保卫自己的领土与印度发生的边境冲突。

10月2日，中苏两国领导人举行了长达七个小时的会谈，仍然是李越然和我担任翻译，李越然负责中译俄，即翻译中国领导人的发言，我分工俄译中，即翻译赫鲁晓夫的发言。中方参加会谈的有毛泽东、刘少奇、周恩来、朱德、林彪、彭真、陈毅、王稼祥；苏方有赫鲁晓夫、苏斯洛夫、葛罗米柯。

会谈一开始，赫鲁晓夫介绍了他访问美国的情况，接着，他要中国释放五名在押的美国战俘。

周恩来指出，朝鲜战场上的战俘，我们根据同美国达成的协议和《日内瓦公约》全部释放了。现在在押的五名美国人中，有三名是触犯了中国法律的美国侨民，他们披着神甫的外衣刺探中国的情报。另外两人是驾机前来侦察时，被中国击落后俘虏的情报人员。

毛主席说："放！到时候我们会放的，但是我们不会按照美国人的要求来释放，什么时候放我们来自己决定。"这个话讲得很生硬，代表毛主席的个性，也代表我们的民族尊严。

赫鲁晓夫当时一听就很不高兴，有些恼火，他讥讽说，如果中国有饭给他们吃，就养着他们好了。

接着，赫鲁晓夫要中国在台湾问题上让步，他说，台湾海峡局势很紧张，为什么你们不可以采取“列宁在十月革命以后，在远东成立远东共和国的方法”来缓和台湾海峡紧张局势？

这里解释一下这段历史。俄国十月革命胜利以后，布尔什维克领导的军队没有到达西伯利亚，控制不了西伯利亚地区，当时，为了缓和那里的局势，不使西伯利亚被撤退的临时政府以及沙皇的军队占领，并避免与占领海参崴的日军直接接触，以列宁为首的苏俄政府采取了权宜之计，成立了一个名义上是独立的，但主要由苏俄控制的远东共和国，搞了一个缓冲的地带。后来布尔什维克领导的军队强大了，远东共和国就消失了。所以，赫鲁晓夫讲话的意思就是说，现在既然武力解决不了台湾，你们在台湾搞一个类似“远东共和国”的缓冲地带。

毛主席就说：“这一定是美国人在与你谈判当中提出的主意。台湾问题怎么解决，应按照我们的愿望而不是按照美国人的愿望来解决！”两句话就把他顶回去了。

在谈到中印边境冲突问题时，赫鲁晓夫说，你们应该和印度搞好关系，印度是一个中立国，尼赫鲁也是比较进步的，应该团结他，不应把他推到西方去。如果是我们，我们就不会同印度这样的民族主义国家发生边界冲突。

此时，陈毅发言，他说，中印冲突分明是印军挑起的，他们越过了传统的边界线，又越过了麦克马洪线，在我们边境内设立哨所，又首先向我方巡逻人员开枪。在一个社会主义国家同一个资本主义国家发生边境冲突时，你们不但不支持我们，反而支持资本主义国家！你们9月9日塔斯社声明是偏袒印度、指责中国的。你们对待尼赫鲁采取迁就态度！

赫鲁晓夫听到“迁就”二字，勃然大怒，他说：苏联存在了四十二年，从来没有迁就过任何人！你们不要以正统的马克思主义者自居，我们也不是昨天才入党的共产党人！

两人就吵起来了，还是周总理出面打了圆场。后来又扯了很多问题，双方互不相让。会谈在争吵中不欢而散。

会谈不欢而散，赫鲁晓夫就回到钓鱼台宾馆去了，然后在院子里闷闷不乐地散步。赫鲁晓夫自己也讲，在美国，与美国人会谈时，美国人说你到中国去一定会碰钉子的，果然，他真的碰钉子了。他说，这两件事（释放美俘、台湾问题）都是美国人托他的事，可是一到中国就碰了钉子。所以，这样的会谈就很不愉快。

后来，阿尔希波夫告诉我，赫鲁晓夫跟苏斯洛夫讲，他在美国费那么大的力气为中国人讲话，他说道：“我到美国去是为了中国的利益，但是，到了中国以后，中国方面一点儿面子也不给我，我明天就走。”

心中不痛快，10 月 4 日，赫鲁晓夫余怒未消，取消了在中国的访问计划，提前回国。

苏方就赶快通知我们。苏斯洛夫坐专机过来的，他的专机到得早，早已加好了油在机场停候；赫鲁晓夫的专机是从美国过来的，这时还没加油。赫鲁晓夫都到机场了，专机需要加油，又让他等了半天。为此，他更生气了，一离开中国到了远东，他就骂了起来。

这次会谈表明，赫鲁晓夫试图压中国向美国让步，以利于改善苏美关系，他的企图没有得逞。

10 月 5 日，赫鲁晓夫在回到符拉迪沃斯托克的一次讲话中，影射攻击中国领导人像好斗的公鸡，热衷于战争。

10 月 14 日，毛主席约见苏联大使馆临时代办安东诺夫。毛主席表示，上个星期和赫鲁晓夫会谈时，在一些具体问题上有不一致的地方，但这是十个指头中间一个指头的问题。中苏之间不要因为一个小指头的分歧，影响九个指头的团结。他说，中国党还是强调中苏两国、两党要团结一致。

10月31日，赫鲁晓夫在苏联最高苏维埃会议上作报告，影射中国领导人像托洛茨基一样，奉行“既不要战争，也不要和平”的政策。

11月6日，邓小平接见苏联大使契尔沃年科。这是契尔沃年科到任后第一次拜访邓小平。契尔沃年科通报了关于即将举行的苏共中央全会情况，关于进一步发展和加强农业物资技术基础的措施。谈话中，邓小平说，自己的腿摔伤后，目前还没有完全康复，再过两天就开始工作了，但医生只允许他每天工作四小时。邓小平问大使对国庆十周年庆祝活动的印象。大使说，庆祝活动很有气派，它表明了人民的团结和高涨的热情。邓小平说，他参加了十月革命四十周年的庆祝活动，一切组织得也很好。这一逢十的大庆应该好好庆祝一番。重要的是，我们通过这些节日显示我们的团结，显示社会主义阵营大发展，显示一切进步力量、各国兄弟党的团结。

邓小平问大使的工作经历，大使说他长期从事党的工作，并且把他在中国担任大使也看做是党的工作的继续。邓小平表示同意这个说法，并说，当然，对我们来说，这不是外交，而是党的事业。刘晓在莫斯科也不是从事外交，他也是做党的工作。对我们来说，尤金当年在北京也不是外交官，他也是做党的工作。社会主义国家的外交官的主要任务不是例行外交公事。邓小平很关心尤金的健康，请大使转告尤金，祝他早日康复。他说，我们之间有过良好的合作。外交部礼宾司司长俞沛文、苏东司副司长余湛陪同接见。

11月11日，周恩来接见苏联大使契尔沃年科。契尔沃年科奉莫斯科指示通知周恩来和中共中央政治局，根据赫鲁晓夫这次访华时同中国领导人所进行的会谈，说明我们两党之间不存在任何问题，对重大的问题的看法是完全一致的，没有任何原则分歧。至于一些个别问题，经过双方讨论和充分交换意见，也不存在了。因而，苏共中央主席团已经决定，把上次在北京举行会谈的记录销毁。

周恩来表示，上次会谈的内容，我们也没有向下传达。对会谈中所讨论的问题，双方都说明了各自的看法，我们之间没有原则分歧。

关于中印边境问题，我们的主张是，我们虽然不承认麦克马洪线，但是现在还是以麦克马洪线为一条临时分界线，在用谈判的方式解决以前，双方武装部队从这条线各退二十公里，西部也根据双方存在的传统习惯线，也就是实际控制的地方，作为一条临时分界线，双方武装部队各退二十公里。我们是尽量想用友好的方式来解决问题的。最近印度的态度不好，这是有其国内和国际原因的。

1959 年 12 月 1 日，赫鲁晓夫在匈牙利党的七大上的讲话中，又对中国党进行影射攻击，并且公然提出社会主义各国“必须对表”，即要求各国同苏共保持一致。他讲道：“我们应当始终如一地创造性地运用列宁关于建设社会主义和共产主义的学说，成为列宁主义的能手，不落后也不抢先，形象地说，就是互相对对表。如果这个或那个国家领导人开始骄傲自大起来，这就会有利于敌人。”赫鲁晓夫同时还对我国宣布通过人民公社将在不远的将来实现共产主义，进行影射攻击：“社会不能够不经过社会主义发展阶段就从资本主义跳到共产主义。”

毛主席知道以后很生气，给胡乔木写信，就说他早晚要写三篇文章，要进行驳斥，他说要把全天下所有的这些奇谈怪论都收集起来，要写文章驳斥，后来终究因故没有写成。

中苏两党、两国关系从 1957 年莫斯科会议双方友好关系达到顶峰；到 1958 年开始走下坡路；在 1959 年，中苏国家间关系，中苏两党关系都已经出现了较大的裂痕，应该说，还是赫鲁晓夫最先挑起，也就是说，是赫鲁晓夫对中国、中国党首先发的难。然而，客观地讲，1959 年双方经济技术合作还在进行，正常的贸易还是在做。

这是我们既作为见证者，又作为旁观者这样认为的。

YAN MING FU
HUI YI LU

阎明复回忆录（二）

阎明复 著

人民出版社

目录

CONTENTS

阎明复回忆录

见证历史：中南海十年见证中苏关系之变迁（续）

“文革”十年

“大百科”精神

见证历史：中南海十年见证中苏关系之变迁（续）

阎明复回忆录

1960：中苏关系急剧恶化

50 年代末期，中苏两国在原子弹问题、中印边境冲突问题等方面都有裂痕。进入 60 年代，中苏双方的关系更加严峻。

揭开了中苏两党争论的序幕

周恩来批驳苏共的“中立论”

在中印边境冲突问题上，赫鲁晓夫发表了偏袒印度的讲话。1960 年在上海召开的党中央政治局常委扩大会议上，毛主席便做出判断：“赫鲁晓夫很快要访问印度，他很可能要插手中印边界问题。”

对于即将出访印度的赫鲁晓夫可能要插手中印边界问题，我方是有所准备的。

1959 年 12 月 10 日，周恩来、陈毅接见刚刚就任不久的苏联驻华大使契尔沃年科，指出对尼赫鲁无原则的让步，只会使他更加向右转。周恩来重申两党在某些问题上有不同的看法，可以争论，可以在内部交换意见，但不应该公开分歧，让资产阶级舆论抓住后大肆喧嚷并加以利用，这样无助于局势的缓和，请苏联大使将意见转达给苏共中央。大使说，从赫鲁晓夫的讲话不能得出支持印度的印象，他同意将意见转达。

1960 年 1 月 19 日，周恩来接见契尔沃年科，在介绍中国政府在中印边境冲突事件的立场时，请大使转告苏共中央和赫鲁晓夫，事件是印度挑起的，道理在我们方面。印度想迫使中苏两国公开表示在中印边界问题上的某些不同立场。如苏联领导访印时表示要过问，就会被印度资产阶级利用，我们也不得不表示不同的态度，这样就会把苏联置于不利地位，对两党团结不利。

1 月 22 日，契尔沃年科会见陈毅外长，说他已将 1 月 19 日与周恩来会见的情况报告苏共中央。苏共中央在中印边界问题上将严守中立，反对第三国的干预，他们一直坚持这种立场，今后也将坚持这种立场。

说中国同志的担心使他们感到有些惊讶，大使请陈毅把所谈立场转告周恩来并中共中央。陈毅表示将把所谈立场转告周恩来和中共中央。

当天下午，周总理秘书马列打电话给我，请我把当天上午苏联大使向陈毅所谈的关于“苏共中央在中印边界问题上将严守中立”的一段话用俄文写出来，周总理和陈毅副总理近期接见苏联大使时要引用。我马上把苏联大使当时谈的有关内容追忆下来，并用俄文打字机打成文字材料。

1月26日，周总理同陈毅副总理接见契尔沃年科。谈话一开始，周总理说，现在请翻译同志把1月22日大使同陈毅副总理谈话的俄文记录念一念，请大使听听，有无出入。

接着，我就把俄文记录念了一遍。大使听后说，是的，这是我说的。

于是，周总理就劈头盖脸地把他批了一顿。周总理指出，中苏两国是有《中苏友好同盟互助条约》的，一个资产阶级的印度政府指挥军队入侵我们的领土被我们击退，在这样一个严重的是非问题上你们竟采取中立的态度，这算一个同盟国的态度吗！周总理对于苏联关于在中印边界问题上“严守中立”的立场表示惊讶，申明在社会主义阵营里，一个兄弟国家在边界事件中受到了资产阶级领导的国家的欺侮，而另一个兄弟国家却表示“中立”，这在国际共产主义关系中是个新的现象，这实质上是替印度辩护，是支持了民族主义国家的观点。苏联不应当公开表明我们两党之间在中印边界问题上的分歧。为了分清是非，我们不能不对苏共中央的答复做出全面的分析。还指出，不能用向尼赫鲁让步的办法来防止尼赫鲁向右转。

这位大使顿时脸涨得通红，也没话可讲，因为他刚刚承认了他就是这么讲的。

1月27日，周恩来、陈毅再次接见契尔沃年科。契尔沃年科解释说，“中立”一词是他口头转达时用词的错误。周恩来说，取消“中立”一词并不能改变昨天谈话的实质。在中印边界纠纷问题上，中苏是有分歧的，建议大使将几次谈话的情况报告苏共中央。

1月30日，周恩来、陈毅接见契尔沃年科。周恩来指出，苏共中央在中印边界问题上偏袒印度，是不正确的。他同时说明，中苏分歧是一个指头的分歧，不应妨碍两党的团结。[①]

赫鲁晓夫当众辱骂毛泽东

2月4日，华沙条约国首脑会议在莫斯科举行，中共中央派以康生为团长的代表团以观察员身份参加会议，代表团团员有伍修权、刘晓，我随团担任翻译。

在华约首脑会议第一次会议上通过了这样的决议：本次会议除通过的《宣言》外，所有发言都不公开发表，即“这次会议的全部发言、全部材料不得公开发表”。

这次会议通过的《华沙条约国缔约国宣言》强调说：裁军是当前的首要问题，苏联在联合国第十四届大会上提出的全面彻底裁军建议，反映了华沙条约国和所有社会主义国家的立场，等等。在会议上，赫鲁晓夫讲，当前的裁军是非常重要的，为了缓和国际紧张局势，裁军非常重要……而且讲到苏联决定要怎么裁军。

因为这个会议只开一天，所以康生在当天就发了言，而且这个发言内容是跟赫鲁晓夫的发言唱对台戏的。康生的发言稿是事先在国内写好，经中央审定的，而且，在我们观察员代表团离开北京的时候就做了个规定：“代表团在会议上的发言稿，一旦发完言，就由新华社通知国内，在国内发表”。所以，康生的发言明显地同上述《宣言》的调子不同，倒不是有意地对台、有意地跟他顶牛，而是真正地反映了我们党的观点，康生只是照着稿子念一下。内容主要是说在帝国主义存在的时代裁军是不可能的。他说，裁军问题是一个长期的、复杂的斗争，目前是不能实现的；由于帝国主义在国际关系中排斥中国，任何没有中国参加和正式签字的裁军协议，都不能对中国具有约束力。这个

① 该部分周恩来、陈毅会见契尔沃年科的谈话内容转引自中共中央文献研究室编：《周恩来年谱（1949—1976）》（中），中央文献出版社2007年版，第283、284、286页。

正好跟赫鲁晓夫唱了反调，于是赫鲁晓夫就认为我们是故意跟他在顶牛。

中国代表团离京前，已把康生的发言稿交给新华社，约定在会议发言后即公开发表。我代表团将会议“所有发言都不公开发表的决议”通报给北京，然而，由于莫斯科与北京有五个小时的时差，新华社还没收到代表团的通报，就把康生的发言发表了。

对康生的发言以及中方“无视”会议的决议公开发表了这个发言，赫鲁晓夫十分恼火。赫鲁晓夫的毛病就是，喝下两杯酒以后一定会胡说八道，骂人的粗话都会说出来的。果然，在当晚的招待各国首脑和代表团成员的宴会上，他喝了几杯酒以后开始乱讲话，指责中国公开发表康生的发言是给帝国主义国家通报情况。还讲道：有人讲以苏联为首、以赫鲁晓夫为首，可是“为首”有什么用呢？既不能给面包、黄油，又不能给道义、政治支持，但在实际上却拆苏联的台，还不是把我们推出去让别人来骂我们，为的是看他犯错误，然后批评他，而这种批评尽是玩弄词句。

谁都知道，“以苏联为首”是毛主席提出的，所以赫鲁晓夫在这里攻击的是谁，是不言而喻的。接着，他索性把矛头直接指向毛泽东，接着骂道：如果一个人年老而不明智，人老了，不中用了，就像一双旧的老套鞋一样，只能扔到墙角那儿，毫无用处。

说起这个套鞋，它是苏联人的一个特殊用品，苏联的阴雨天气很多，他们穿皮鞋怕街上雨水把皮鞋泡坏了，所以就在皮鞋外边套一双胶鞋。我在苏联还买了一双套鞋，我的脚是四十五号的，那套鞋是六十号的，就是说我这个套鞋要套在我这皮鞋的外边，它外边是黑的，里边是绒的，这样下雨时，走路雨水就浸不透我的皮鞋。赫鲁晓夫说一个人老了，没有用了，就像一双老套鞋，扔在哪个墙角算了。这显然是污蔑我们的毛主席。

我还得讲一个插曲，那次宴会上我们就看见苏斯洛夫在使劲摁着赫鲁晓夫，显然是不想让他胡说八道。然后，苏斯洛夫就让演出赶快开始，我们在旁边都看得非常清楚。看起来苏斯洛夫还是比较顾全大局。在这种情况下，我们代表团在赫鲁晓夫开骂之后就退场了，没看表演就离开了。

第二天，代表团接到通知，说是苏联主席团成员波斯别洛夫（他是苏联的一个理论家）请我们到克里姆林宫他的办公室去谈话。2月6日，波斯别洛夫、外交部长葛罗米柯在苏共中央大楼会见了中国代表团的康生、刘晓、伍修权，我作为翻译随行，好像我还请了大使馆的翻译侯志通一起去的。波斯别洛夫向代表团宣读了苏共中央给中共中央的口头通知。该通知全面攻击中国的对外对内政策，指责中共从狭隘的民族主义立场出发，挑起中印边境事件搞冒险主义；指责中国代表团在华沙条约国政治协商会议上的发言违背共同制定的路线；攻击中共中央在国内执行的是一个唯意志论，中国的人民公社、“大跃进”是主观唯意志论，想干什么干什么，把国家搞得乱七八糟的，等等。

听完波斯别洛夫的宣读，我就对康生讲，“我们能不能把它这个口头声明抄下来，因为我不能保证当场翻译就能百分之百准确。”为此，康生就向苏方提了要求，波斯别洛夫也同意了。这样，我们就把大使馆的侯志通留下来了，大家就逐字逐句地把苏共中央的口头声明抄了下来，带回使馆。

代表团回到了北京，听说毛主席等中央领导在广东休假，于是康生等人就决定赶到广州去。康生对我说：“小阎你也去吧，到时候有些具体的情节你比较清楚。”他是怕他讲不清楚。我们到了从化温泉，先见到了杨尚昆主任，杨尚昆马上就报告邓小平，邓小平听完之后就说，“打道回府喽！”于是决定马上赶去广州向毛主席报告。当时，毛主席在广州。

到了广州，康生等人去向毛主席汇报。我没有参加那次汇报。

我们的个性是在残酷的战争中形成的

2月22日，毛主席主持中央政治局常委会议，专门讨论赫鲁晓夫在华约缔约国首脑会议期间对中共的攻击。

中央领导认为，赫鲁晓夫在这次会议上的表现，以及其后的行动，是一个很重要的标志。中央政治局常委会议决定，对赫鲁晓夫的反华要给予必要的反击。首先就是改写为纪念列宁九十诞辰而准备发表的文章，加重对苏共观点的不指名的批评。

3月7日，杨尚昆遵照毛主席指示陪同契尔沃年科乘专机去广州，随行人员有李越然、我、赵仲元等人，苏联方面有萨福龙参赞、罗高寿二等秘书，空中飞行时间三小时半，于下午三时抵广州。

当晚七时半到十二时半，毛主席接见大使，大使通报了赫鲁晓夫与尼赫鲁的谈话情况。

1960年3月，陈毅代表中共中央向契尔沃年科宣读了《中共中央关于中印边境争端问题给苏共中央的口头通知》。该通知说，在有关中印边界问题上，中苏两党存在意见分歧，交换看法虽然有益，但在目前情况下，不宜继续发展争论，建议各自保留意见，冷静等候客观的发展来证明真相和判断是非。

3月27日，周恩来会见苏联使馆公使衔参赞安东诺夫。安东诺夫交来赫鲁晓夫3月同艾森豪威尔往返的三封信的抄件，说他受委托将这三封信的抄件转交给毛泽东和周恩来。此外，安东诺夫还通报了苏联驻南斯拉夫大使同伏克曼诺维奇① 谈话的情况。

4月22日是列宁诞辰九十周年。中共中央决定借这个纪念日，就当代世界一些重大问题，发表系列文章做出回答。

4月22日，经毛泽东审改，中国主要报刊发表了《列宁主义万岁！》、《沿着伟大列宁的道路前进》、《在列宁的革命旗帜下团结起来》三篇文章。根据毛主席关于"在文章中可以泛泛地提出要批评的观点，具体的只引南斯拉夫报刊的观点。苏共是我们团结的对象，不要直接批评它"的指示，这三篇文章名义上是批判南斯拉夫的观点，但实际上是批判了苏共的一系列观点和对外政策。

中央非常重视上述三篇文章的宣传工作，并指定由中办翻译组和新华社一起把三篇文章译成俄文，经姜椿芳和我定稿后对外发表，然

① 南斯拉夫共产主义者联盟领导人之一。——作者注

后由外文出版社印成专门小册子，通过我驻外使领馆等单位向外发送。

在我党发表三篇文章的同时，苏方也发表了苏共中央主席团委员库西宁对中共进行影射攻击的讲话。接着，为纪念列宁《共产主义运动中的“左”派幼稚病》发表四十周年，《真理报》和《共产党人》杂志都发表了影射攻击中共的文章。

这样，双方文章的发表，揭开了中苏争论的序幕。

“四国首脑会议”流产，对赫鲁晓夫的支持

争论归争论，当赫鲁晓夫对美国强硬的时候，中国还是大力支持赫鲁晓夫对美国的强硬态度的。

“四国首脑会议”流产

1960 年 5 月 1 日，当“苏、美、英、法首脑会议”即将举行之际，发生了美国 U–2 间谍飞机侵入苏联领空事件。赫鲁晓夫很有意思，他把 U–2 间谍飞机打下来以后不动声色，照样去巴黎参加“四国首脑会议”。5 月 16 日，赫鲁晓夫仍然按原计划从莫斯科飞到巴黎后，发表了一个强硬的声明，要美国总统艾森豪威尔为 U–2 飞机侵入苏联领空事件公开道歉，并且保证以后不再发生类似事件，遭到美国总统艾森豪威尔的拒绝，赫鲁晓夫就愤然离开会场，导致“四国首脑会议”流产。

当时毛泽东、刘少奇、周恩来都不在北京，由邓小平主持中央政治局会议，讨论当前的形势。大家认为这是一个很好的机会，赫鲁晓夫在这件事上做对了，凡是赫鲁晓夫做得正确的事情我们应该给予支持。于是经过在京的政治局委员们讨论后，决定在北京举行一个一百多万人参加的游行大会，支持赫鲁晓夫的这个举动。

5 月 17 日，邓小平、王稼祥接见了苏联大使契尔沃年科。契尔沃年科递交了苏共中央致中共中央的信，邀请中华人民共和国派遣党政代表团访问苏联。契尔沃年科还向邓小平通报了苏联关于“四国首脑会议”的立场。邓小平说，赫鲁晓夫 5 月 16 日讲话是一个非常好、非常有力的讲话。毛泽东和刘少奇现在都不在北京，我们在京的中央的

同志已经讨论过，大家完全支持赫鲁晓夫的讲话。我们从这个讲话中看到了苏共中央的坚定立场。这也是我们的立场，是中共中央的立场。

邓小平说，中共中央正在研究开展一场运动，来支持赫鲁晓夫的声明的问题。5 月 18 日，中国各社会团体的领导人将就此问题在报刊上发表声明，两三天后，等到情况更加明朗了，将会采取进一步的行动。他说，我们共同的立场是揭露帝国主义和解释以苏联为首的社会主义阵营国家的正确立场。

苏联大使强调，中国党政代表团即将对苏联进行的访问，对进一步发展和加强我们两国人民和两党之间的兄弟友谊以及对整个社会主义阵营的团结具有重要意义。

谈话结束时，邓小平说，他将把大使通报的所有情况都转达给毛泽东和刘少奇。

5 月 20 日那天，为了支持苏联，在北京天安门广场召开了有一百二十多万人参加的示威游行群众大会，周总理、朱老总、邓小平、宋庆龄都参加了，另外苏联大使契尔沃年科也参加了，游行群众情绪激昂，场面空前热烈。

5 月 22 日，毛主席在杭州召集常委会议，主要讨论“四国首脑会议”流产和对赫鲁晓夫的看法。刘少奇、周恩来、陈云和邓小平参加了会议。

6 月 2 日，苏共中央致信中共中央，建议利用罗马尼亚工人党召开第三次代表大会的机会，社会主义国家共产党和工人党代表在布加勒斯特举行会议，就美国破坏“四国首脑会议”后的国际形势交换意见。中共中央书记处对苏共建议进行了分析，并提出了对策。

6 月 4 日，邓小平主持书记处会议，讨论苏共中央来信。

世界工联理事会北京会议和贝利绍娃事件

1960年6月5日至9日，世界工联理事会第十一次会议在北京举行。这次会议是中苏争论中的一次重大事件，也是中苏分裂过程中的一个重要环节。我当时作为翻译，目睹了这次会议的全过程。

20世纪50年代末60年代初，中苏两党之间的意识形态的分歧，在国际组织，如世界和平大会、世界青年联合会、世界工联理事会等机构经常有所反映，而且愈演愈烈，常常爆发激烈的争吵。争论的焦点是，我们反对苏共把它的外交政策强加给世界工联理事会等国际组织，把这些组织视作它的外交工具。这次，在世界工联理事会北京会议的决议草案中，仍然写进了反映和支持苏联对外政策的内容。

会议开幕之前，邓小平就跟全国总工会副主席刘宁一商谈，要刘宁一与世界工联副主席、苏联工会中央理事会主席格里申好好地交换一下意见，并表明我们的态度：只要是苏联做得对的我们应该支持。

刘宁一首先同格里申进行了会谈。会谈是在格里申抵京的当天，在北京饭店的一个会客室举行的。苏方参加者有格里申、斯科沃尔佐夫（中文翻译）；中方参加者有刘宁一，那次会谈是我做的翻译，我同学也是我的入党介绍人傅也俗做的记录。

刘宁一在谈话中批评了苏联的一系列主张，涉及许多问题，先是对世界工联理事会决议草案的有关内容进行指责，接着，批评了苏联的对外政策，宣称中共与苏共之间长期以来，在国际政策的主要问题上存在原则分歧。刘宁一还指名批评了苏联领导人。这个完全违背了邓小平让他去跟格里申谈话的本意。会谈气氛骤然紧张起来。

会谈结束后，格里申连车都没有要，直接就步行到苏联大使馆去了，向莫斯科汇报所发生的事情。北京饭店与苏联大使馆实际上距离还是很远的，他步行回去说明这次谈话使他受到了很大的震动。

我和傅也俗连夜把这个记录整理好了，然后就交到中央机要室印出来。第二天，刘宁一对我说，邓小平看了谈话记录后，就打电话给他，邓小平说，“你怎么谈得那样乱，是不是喝醉了。”说了他一通。

为了弥补刘宁一在与格里申会谈时讲话不得体、没有说清楚的问题，邓小平同刚从外地返京的刘少奇、周恩来研究决定，由在北京的几位中央领导人刘少奇、周恩来、邓小平、彭真等人出面，约见参加世界工联理事会北京会议的共产党、工人党的党员代表举行一次座谈，好好地把我党的立场阐述一遍，阐明我党的观点。

这中间还出现了波折。经刘宁一和格里申商定，邀请十七个国家党的代表座谈、交换意见。但不知道是什么原因，在通知各个代表团的代表时，有七个社会主义国家的代表没有被通知到。怎么办？刘少奇、周恩来、邓小平等决定利用6月5日晚宴之后的时间召开座谈会，来说明中共的观点。

6月2日，世界工联理事会执行局召开会议，刘宁一再次阐述对当代国际问题的看法，批驳世界工联理事会北京会议草案中的一些提法，同与会的苏联工会以及其他一些国家工会的代表展开了激烈的争论。

6月5日，世界工联理事会第十一次会议开幕。世界工联书记处书记马赛尔·布拉代表世界工联总书记路易·赛扬做报告。马赛尔·布拉表示：世界工联谴责美国军国主义集团和艾森豪威尔及其政府的侵略和伪善政策，他们在花言巧语的掩盖之下，事实上在奉行实力政策和“边缘”政策。提出：帝国主义者还没有放弃准备和发动一次新的世界大战的计划，依然对各国人民要求缩减战争预算、停止原子弹试验、禁止制造和使用热核武器等要求充耳不闻。面对这样的事实，加强全世界工人和工会为保卫和平的统一行动，是必不可少的。

苏联工会中央理事会主席格里申在下午的会议上发了言。他谴责了美国飞机对苏联的入侵，指出：美国统治集团的侵略行为是对世界和平的严重威胁。美国的这些行为破坏了各国正常关系的基础，增加了军事武装冲突和新战争的危险。在当前形势下，维护和巩固和平是各国人民关心的最重要的问题。正如赫鲁晓夫在谈话中不止一次指出的：苏联今后要尽一切可能来促进国际局势的缓和。苏联现在和将来都主张“和平共处”，以和平谈判的方式争取达成合理的、双方都能接受的结果。

两位世界工联领导人虽然在讲话中都谈到了美帝国主义战争政策对世界和平的威胁，以及新的世界大战的危险性，带有某种程度的强硬色彩。但是，对于中国来说，这并不表明世界工联书记处会彻底放弃会议决议草案中的观点，改变其在苏联主导下制定的以“和平共处”、“和平竞赛”、“和平过渡”路线为宗旨的纲领。

6月5日晚，刘少奇、周恩来、邓小平、彭真等中央领导代表中共中央，设宴招待世界工联理事会执行局书记处的共产党员和社会主义国家代表团的团长，一共有十七个国家的党员代表，共四十多人，晚餐后举行了座谈会。

座谈会由刘少奇主持。刘少奇讲到了赫鲁晓夫到巴黎去谴责艾森豪威尔、“四国首脑会议”破裂的事情，并表明：“我们认为这是赫鲁晓夫同志的一个很正确的主张”；同时，他也说到，共产党之间对某些重大理论问题有不同的意见，应该交换意见。各国同志是否同意中共的意见是他们自己的事，希望他们回国后，把中共的意见转告给各自的党中央。

接着，邓小平开始发言。他原准备讲五个问题，但讲完第一个问题“关于我们的时代”后，他身体不适，感到头晕，无法再继续讲下去。于是刘少奇宣布休息。邓小平随即退场。在场的中央领导同志商量，请彭真接着发言。

这时，会场中议论纷纷，格里申在同其他国家的工会代表紧张地议论着什么。

当刘少奇宣布继续开会，请大家坐好时，格里申说道：“我们不理解你们中共领导人约请我们来准备谈什么？我们不知道，你们中国同志要干什么？为什么要批评我们苏联的政策？我们不能接受对苏共的指责……”可能他联系到昨天刘宁一跟他的谈话。于是，场上一下子就响起了一片“嗡嗡……”的嘈杂声，场面非常乱。

这时候，彭真就请大家先坐下……但大家都不坐了，除了保加利亚代表团的团长坐在第一排没站起来以外，其他的代表都跟着格里申站在会场里，不肯入座。刘少奇、周恩来、彭真相继讲话，希望把座谈会开下去，但遭到格里申等人的拒绝。格里申反复说道，我们不理解你们想要干什么？你们为什么在这个场合要谴责我们苏共？于是，座谈会就开不下去了，僵持了二十多分钟后，不欢而散，不了了之……至此，中共没能达到阐明中国党的观点的目的。

鉴于此，中共方面认为，不能再期望关起门来与苏共之间达成任何协议，决定积极展开活动，直接与各国工会代表接触，宣传中共的观点。

顺便也交代一下，回国后，格里申被选进苏共中央主席团。当时，凡是站起来的人都被认为是支持苏联的，而没有随格里申站起来起哄的那位保加利亚总工会主席、工会代表团团长，回去以后就被撤了职。

6月6日，周恩来设宴招待各国工会代表团，并在宴会上讲话。

6月7日，刘宁一在世界工联理事会会议上发言，就如何认识和对待帝国主义、被压迫人民的解放斗争、援助不发达国家问题，如何有效地制止战争、保卫世界和平问题，世界社会主义阵营的团结和世界工人运动的团结问题等，阐述了我党的观点，批判了“现代修正主义”观点。

为了宣传中方的观点，6月8日上午，中国工会代表、中华全国总工会副主席刘长胜在世界工联理事会会议发言中，全面论述了战争与和平问题，明确表明了与会议决议草案不同的观点。他指出：中国人民不赞成那种不区别战争的性质而笼统地提“赞成不赞成战争，反对不反对战争”的错误论调，那种认为在帝国主义和剥削制度还存在的条件下，正义的战争也“可以避免”的观点，是完全错误的，完全不合乎实际的。对战争和和平问题上的一些根本原则问题，必须加以澄清。如果不弄清楚这些问题，我们就会在保卫和平的问题上走入歧途。对于苏联提出的裁军建议，刘长胜在表示赞同后说：现在有人认为，这种建议在帝国主义存在的条件下是可以实现的，依靠这种建议，就能根绝“战争危险”，这是一种不切实际的幻想。只有社会主义革命在全世界胜利的时代，才能出现没有战争、没有武器的世界。只要帝国主义还存在着，所谓没有武器、没有战争的世界是不可设想的。世界人民都必须对帝国主义保持高度警惕性，不能用天真烂漫的态度去对待美帝国主义和其他帝国主义。刘长胜的发言得到了亚非拉国家许多代表的发言支持。

与此同时，在总决议、反对殖民主义文件和提案等三个起草委员会会议上，中方代表也与苏方代表进行了“针锋相对、寸土必争的尖锐斗争”。中方代表还发动群众签名，联合提出支援阿尔及利亚民族独立斗争、支援非洲人民解放斗争、支援古巴等一系列提案。为此，世界工联书记处召开紧急会议，提出理事会休会和举行紧急代表大会。经过中方代表力争，世界工联书记处放弃了休会的建议，苏方代表也表示“不同意的各点可以不写”。此后，又经中方代表的努力，终于达成中方认为的“比我们设想要好的决议”。

最后，世界工联理事会北京会议经过与会者激烈的争论，也就在“不写有分歧的内容”的前提下，草草地通过了一个妥协的决议就闭幕散会了。

中方考虑到这是工会会议，成员和政治背景比较广泛。为了缓和气氛，在世界工联理事会北京会议闭幕后，周恩来专门在人民大会堂举行宴会，并在讲话中热情邀请各国代表团会后在中国访问参观。苏联代表团的副团长和部分团员也留了下来。

这里还要提到的一件事，在世界工联理事会北京会议开幕前一天的6月4日，刘少奇、朱德、周恩来、邓小平接见阿尔巴尼亚议会代表团团长、国家主席列希，阿党中央政治局候补委员、文化部长贝利绍娃。刘少奇在同他们谈话时介绍了中苏两党间存在的意见分歧，以及我党坚持原则、坚持团结的方针。

贝利绍娃听完中共的介绍，也没表态，会见结束后，连夜就坐车到苏联大使馆，向苏联方面汇报了会谈的内容，说刘少奇在挑拨阿劳动党和苏联共产党的关系。后来，贝利绍娃遭到阿劳动党中央的谴责，认为中国同志向阿党同志介绍中共与苏共的分歧，是中国党对阿劳动党的信任，而贝利绍娃去苏使馆汇报是一种背叛。因此，阿劳动党撤销了贝利绍娃的政治局候补委员职务，并开除了她的党籍。

1960年6月的一天，毛主席在杭州接见了阿尔巴尼亚议会代表团，指出：中苏分歧是局部分歧，是十个指头中的一个指头，我们要在原则基础上，坚持团结，共同对敌。

所以当时是两个事件，一个叫世界工联理事会北京会议事件，一个叫“贝利绍娃事件”，这两个事件反映到了莫斯科，为赫鲁晓夫日后“围剿”和“声讨”中共留下了借口。后来的事实也表明，赫鲁晓夫在获悉世界工联理事会北京会议期间发生的事件后，决定召开国际共运会议，“声讨”中共的“反苏分裂活动、宗派活动”。

布加勒斯特会议：围攻中共的突然袭击；“硬着头皮顶住！”

6月10日到18日，中央政治局常委在上海召开扩大会议，也叫“中央工作会议”。

在会议开始之前，中央常委讨论并修改好给苏共中央6月2日来信的复信，在6月10日发出。在这封复信发出之前，苏共中央在6月7日又给我党中央来了一封信。信中说，原先苏方提议召开的社会主义国家共产党和工人党会议推迟举行，在布加勒斯特只是举行兄弟党“会晤”，就开会的时间、地点和会议内容交换意见。因为我们的复信本来就建议推迟，所以就原样发出了。

“我们这些人可以压成粉子，但是压不扁”

在接到苏共中央6月7日的来信后，政治局常委决定由彭真率领代表团去参加罗马尼亚工人党的代表大会，同时参加在布加勒斯特召开的各兄弟党的“会晤”。

毛主席原来的意见，是派柯庆施带团去参加布加勒斯特会议的，他资格老。然而，毛主席在杭州接见完阿尔巴尼亚议会代表团以后，决定到上海再议此事。

叶子龙让我跟毛主席一起坐专列到上海去。到了上海以后，大家住进了锦江饭店。锦江饭店前面是普通的客房，后面有一个楼就是公寓楼，我们就住在这个公寓楼里面，毛主席住的地方对面有游泳池。

当时，中央讨论决定派谁带团去参加布加勒斯特会议，最后，还是毛主席想了想说道："还是让彭真去吧！"

实际上，毛主席、党中央改变了原来由柯庆施为团长的决定，重新议定由彭真率领中共代表团前往布加勒斯特，后来事态表明，中央临阵易帅，改派彭真去是完全正确的。彭真有丰富的斗争经验，深厚的理论根底，了解中苏分歧的来龙去脉，参与制定中央的方针政策，当然是最合适的人选。还有一个因素，彭真与柯庆施不一样，彭真有着很刚硬的性格，他有句名言是："我们这些人可以压成粉子，但是压不扁"，他具有这种宁死不屈的精神。所以最终决定让彭真带队。

中央政治局确定了中共代表团的成员：团长彭真，团员康生、伍修权和中国驻罗马尼亚大使许建国；代表团的顾问有乔冠华、熊复、张香山、张彭；翻译有我、赵仲元、陈道生、侯志通[①]。

中央决定了参加布加勒斯特会议的代表团成员以后，毛主席把留守北京的彭真叫到上海，参加政治局常委会议，讨论代表团应该采取的方针。

在上海期间，毛主席专门找彭真谈话，说：现在看来，同赫鲁晓夫的一场面对面的斗争是不可避免的了，要向苏共中央、赫鲁晓夫明确说明我们的观点，指出他们的不正确观点。我们的方针还是团结、批评、斗争，达到新的团结。

对于"世界工联理事会北京会议事件"和"贝利绍娃事件"，赫鲁晓夫认为是中共针对苏共搞派别活动的严重事件，对此，代表团要保持高度警惕并做充分准备。

提高警惕，摸清情况，"要准备受围攻"

布加勒斯特会议，是指 1960 年 6 月 24 日至 26 日在罗马尼亚工人党第三次代表大会期间，召开的一次国际共产主义运动的会议。期间，

① 中国驻苏联大使馆翻译。——作者注

先后举行了两次社会主义国家党的代表的会议，两次五十一个国家的共产党、工人党代表会议。

6月16日，中共代表团赴布加勒斯特时途经莫斯科。6月17日下午，彭真和代表团成员康生、伍修权，中国驻苏大使刘晓等同苏共领导人科兹洛夫、库西宁、波斯别洛夫、波诺马廖夫、伊里切夫、安德罗波夫等人进行了会谈。

一开始，彭真就问布加勒斯特的兄弟党会议怎么开法，会前做哪些准备工作，科兹洛夫避而不答，推辞说这个问题要到布加勒斯特去商议。

科兹洛夫接着对我党的内外政策进行了无理的指责，说什么中共“提出以苏联为首是不真诚的”；指责我们发表三篇文章“修正了《莫斯科宣言》”、“脱离了马列主义”、“非创造性地对待列宁主义”；特别是指责中共中央领导人同阿尔巴尼亚议会代表团的谈话以及同参加世界工联理事会代表的谈话是“把两党分歧公开化”、“企图寻找反对苏共的同盟军”、“背后分裂国际共运”。他说，中共理论上是错误的，组织上也是错误的。好像没有经过苏共同意就是犯了组织上的错误。会谈中，苏方提出了下述问题：1. 中共领导人在世界工联理事会北京会议期间的谈话；2. 中共领导人同阿尔巴尼亚议会代表团的谈话；3. 当代国际问题（关于时代、战争和帝国主义、“和平共处”与裁军、大国谈判）；4. 有关中国内政问题（关于“双百”方针、关于总路线和“大跃进”）；5. 中苏关系。

彭真根据中央的指示精神在发言中就一系列重大的理论问题，如时代的性质、战争与和平问题、和平过渡和暴力革命、对苏共二十大的看法、和平共处、民族解放运动、团结问题等阐明了我党的观点，逐一指出了与苏共的分歧，并说明我们同世界工联理事会的党员代表交换意见，是针对工联内部的问题表明我们的观点。至于苏方提出的我国内政问题，彭真表示，我们是根据中国的条件来做的，并不把我们的观点强加于你们。

会谈持续了八个多小时，双方争论激烈。彭真始终采取摆事实、讲道理的办法，逐一驳斥了苏方的指责，指出了中苏双方在重大问题上的分歧之所在。柯兹洛夫最后说，我一个人要想同你争论，看起来是比较困难的。

代表团回到大使馆后，当即将同科兹洛夫的会谈情况报告中央，并说科兹洛夫在跟我代表团争吵的时候，他手里有一个二十多页的文件，说明他是有所准备的。代表团的电报说，这个情况预示着赫鲁晓夫很可能要在布加勒斯特对我们发动攻击。

6 月 19 日，中共代表团抵达布加勒斯特。我们到布加勒斯特以后，没有人肯接触我们，包括罗马尼亚工人党中央政治局委员、中央书记齐奥赛斯库和罗马尼亚的其他朋友，看见我们都很紧张，不敢讲话，感觉人人自危。

罗马尼亚工人党第三次代表大会是在 6 月 20 日到 25 日举行的。赫鲁晓夫在会上发表长篇讲话，重申了战争是可以避免的基本观点，同时，为他在已经流产了的“四国首脑会议”上的行为做了辩护。他说，在现代条件下，当存在着两个世界体系的时候，必须这样来安排这两个体系的相互关系：要排除在国家之间爆发战争的可能性。应该看到，在帝国主义各国，对和平共处问题的态度是不一样的。

赫鲁晓夫说，“我们不打算向挑战行为屈服和放弃我们的对外政策的总路线。这个总路线是共处的政策，是巩固和平、缓和国际紧张局势和消除‘冷战’的政策。在现实战争并不是不可避免的这一论点上，同和平共处政策具有直接的关系。列宁提出的关于帝国主义的原理现在仍然有效，这些原理对我们来说现在是、将来也是我们的理论和实践中的指路明灯。但是，不应忘记，列宁关于帝国主义的原理是在几十年以前提出和发展的……在这个问题上现在不能机械地重复列宁在几十年以前所提出的关于帝国主义的论断，即肯定地说‘只要社会主义还没有在全世界取得胜利，帝国主义战争就是不可避免的。’在历史中可能将会有这样的时期：到那时只有为数不多的几个国家保持着资本主义，在这样的情况下，难道也要查找书本中列宁所讲的在当时是完全正确的话，而简单地重复说，既然存在着资本主义国家，战争是不可避免的吗？不能够不考虑世界力量对比关系的改变，而重复伟大的列宁在完全不同的历史条件下所说的话”。

赫鲁晓夫说，对于这些教条主义者，列宁会从棺材里爬出来拧他们的耳朵。

赫鲁晓夫明显影射攻击中共的讲话，在主席台就座人士的率先鼓掌下，全场也热烈鼓掌，会场上多次起立呼喊，为他助威。

6 月 22 日，彭真在大会上致辞，讲我们三篇文章的观点，他的讲话内容与赫鲁晓夫的讲话形成了鲜明的对比。彭真表示赞成 1957 年《莫斯科宣言》，认为“只要帝国主义存在，就总会有侵略战争的危险”。他说，“只有当社会主义阵营和亚非国家及拉丁美洲国家联合起来时才能阻止战争。”彭真致辞时，参加会议的坐在大厅里的人鼓掌还算比较热烈，可是坐在主席台上的那些人就故意冷落。

代表团把到达布加勒斯特后遭到全面封锁，各代表团都没有同我们接触的情况向中央报告，认为这个情况值得注意，可能对我们要采取什么行动。中央回电提醒代表团提高警惕，摸清情况，后发制人。

就在这时，我得到了一个很重要的情况。阿尔巴尼亚党代表团的同志对我讲，阿工会代表在世界工联理事会北京会议后还没回到地拉那，所以北京发生的事情，他们不了解。我当即报告了彭真团长。经彭真同代表团的同志研究后决定单刀直入，提出要见赫鲁晓夫。但他们一直拖延，推到 22 日赫鲁晓夫才跟我们代表团谈。

6 月 22 日下午五时五十分至深夜十二时，彭真同赫鲁晓夫进行了长达六个多小时的会谈。参加会谈的中共代表团成员有康生、伍修权、许建国和熊复。赫鲁晓夫则带了包括波德哥尔内（苏共中央主席团委员、乌克兰党中央第一书记）、波斯别洛夫（主席团候补委员）、波诺马廖夫（党中央资本主义国家国际部长）、安德罗波夫（党中央社会主义国家联络部长）、伊利切夫（党中央宣传部长）、萨丘科夫（《真理报》总编辑）在内的庞大的代表团。

我代表团同赫鲁晓夫会见的六个多小时中，大部分时间是赫鲁晓夫指责我们党。

会谈一开始，赫鲁晓夫就攻击“中国单方面发表康生在华沙条约国会议上的讲话是不可思议的”。“中共提以苏联为首是不真诚的”。“在工会会议上进行反苏活动真是闻所未闻”。

接着，他就对我党的关于国际问题的观点、内外政策进行了猛烈的抨击，扣了一大堆帽子……在国际问题上，攻击我们对时代的观点是重复列宁在几十年前的老话，是教条主义。反对我们关于“帝国主义和一切反动派是纸老虎”、关于“东风压倒西风”的论断，“抗拒‘和平共处’”，“制造国际紧张局势”，“希望战争”，说我们在战争问题上不必要地玩火，使国际局势紧张，是“左倾冒险主义”。诬蔑我们党对印度、印尼的政策是“纯粹民族主义”、没有共产主义气味。他还强词夺理地说，中印冲突完全是你们自己造成的。我们发表一个声明保持中立，是帮助你们，而不是反对你们。现在你们跟印尼关系也搞坏了，责任也在你们。在东欧国家散发文件，宣传“百花齐放”、“纸老虎”等观点；说我们在国际共产主义运动中“争夺国际共运的领导”，“要充当教员、检察官、政委”，“企图利用斯大林问题改变苏共领导”，“进行托洛茨基式的分裂活动”；在国际群众组织中采取宗派主义的立场等等，都进行了攻击和诬蔑，不一而足。

代表团根据中央商量好的方针，采取先让他放的方针，多听少说，以便摸清他究竟要干什么。

赫鲁晓夫看到我们是这样的态度，更加放肆地攻击。他说，你们搞社会主义建设总路线，“大跃进”，人民公社，可是人民没有裤子穿，穷得要命。你们搞“百花齐放、百家争鸣”，现在怎么样，还放不放？“中国快要出匈牙利事件”了。他批评毛泽东不懂现代战争，动辄就算中国有多少人，有多少民兵，丝毫不了解在现代战争条件下，那些人不过是一堆肉。他指责毛泽东总是宣扬不怕战争，说什么死几亿人，还有几亿人照样建设社会主义，讲这样话的人应该被认为是疯子，现代战争如果真的打起来，能活下来的人恐怕也会因残废而死亡。他甚至不惜颠倒是非，造谣诬蔑，胡说朝鲜战争是斯大林和毛主席共同决定发动起来的。他恶狠狠地说：你们把斯大林和我们对立起来，彭真同志，你们的赌注下得不对头了，你们那么爱斯大林，你们把斯大林的棺材搬到北京去好了，我们可以送给你们。他说，你们老讲东风压倒西风，就是你们中国想压倒大家，要压倒全世界。他还联系到成吉思汗怎样从中国打到欧洲。赫鲁晓夫认为彭德怀提出反对总路线的纲领是很有勇气的……还对我党提倡的政治挂帅、干部参加劳动，群众大办钢铁进行了攻击。

赫鲁晓夫还威胁说："如果你们紧紧踩着我们的脚跟，我们也将采取同样的办法来对付"，"如果你们认为我们脱离了马列主义，那就各走各的路吧"。

彭真根据中央的指示指出，中苏两党的分歧是十个指头中的一个指头，两党的分歧虽然是局部性的，但这些分歧带有原则性，不是鸡毛蒜皮。

接着，彭真就当前国际形势和国际共运中，同苏共有分歧的几个主要问题，即：关于我们的时代；战争与和平的两种可能性和准备两手；"和平共处"；"和平过渡"和"非和平过渡"的两种可能性和准备两手；两党的团结等问题，阐明了我党的立场。他一方面阐述了我党的观点，另一方面指出赫鲁晓夫、苏共在这些问题上同我党的分歧，希望在《莫斯科宣言》的基础上消除分歧或取得接近。

彭真还说明了我国国内情况，驳斥了赫鲁晓夫的种种责难。

赫鲁晓夫继续纠缠着中国公开发表了康生在华沙条约国政治协商会议上的讲话一事，说中共暴露了中苏的分歧，又进而说成是我方偷听华约的机密，泄露给帝国主义。对此，彭真、康生进行了驳斥。

在晚饭前休息时，赫鲁晓夫对彭真讲，苏共中央就中苏分歧写了一份材料来阐述苏共的立场，准备发给社会主义国家的党中央，当然也要发给中共中央。彭真回答说，这是你们的事，中共中央看过后会答复你们。

晚饭后继续会谈。

彭真问赫鲁晓夫，兄弟党的会谈怎样开，你有何打算？

赫鲁晓夫说，最好能通过一个简短的公报，肯定《莫斯科宣言》正确，还可以举一些事例加以证明。

彭真说，苏共中央 6 月 7 日给中共中央的信表示，各兄弟党可在布加勒斯特交换意见，不做任何决定，中共中央复信表示同意。中共中央是根据你们 6 月 7 日的信派我们来的，没有授权我们搞任何文件。发公报，我们必须请示中共中央。

会谈后，彭真和代表团到我国驻罗使馆，向中央发电报，汇报了会谈情况。电报中说，经过这次谈话，赫鲁晓夫的意图摸清楚了，要我们到布加勒斯特来“会晤”，就是要整我们，并就是否签署公报问题请示中央。

6月23日下午，苏共代表安德罗波夫把苏共中央给中共中央的“通知书”送给我代表团，说这个“通知书”也发给了其他国家党的代表团。“通知书”有中文译文，共八十四页，“通知书”对中共进行了全面的攻击，说中共在世界工联理事会议上公开号召反对苏共在国际问题上的观点、做法是在背后搞派别活动和进行分裂活动，说刘少奇同阿尔巴尼亚议会代表团的谈话是在挑拨阿劳动党和苏联共产党的关系，并为他们在一系列问题上的观点进行辩解，对中共进行指责。

苏共代表团交给我代表团的“通知书”，是苏共中央发给中共中央的，签署的日期是 6 月 21 日。

苏联档案中已解密的赫鲁晓夫于 1960 年 6 月 21 日给苏共中央主席团委员、候补委员的短信中写道：“现将关于中共领导人最近一个时期，在一系列原则问题上所采取的立场而引起的问题的‘通知书’送给你们。鉴于中国同志不仅在共产党的代表中，而且在其他政党的代表和非党人士出席的世界工联中间，讨论他们同苏共和其他兄弟党的分歧。应该把这份‘通知书’发给社会主义国家共产党中央委员会，并向在布加勒斯特参加罗马尼亚工人党三大的各兄弟党代表进行通报。”

据越南、朝鲜和阿尔巴尼亚党代表团的人向我们透露，早在21日，苏共代表团就分别向兄弟党代表团散发或宣读了苏共中央给中共中央的“通知书”。赫鲁晓夫在骂了我们一顿以后，才把这份“通知书”交给我们。

23日当晚，彭真和代表团成员、顾问们，在我使馆分析了形势、研究了对策。彭真指出，情况已经很清楚，这次会议的性质是谴责我们的，无论是什么性质的会议，我们都要参加，不能给苏共造成攻击我们的借口。赫鲁晓夫散发攻击中共的材料，蒙蔽事实真相，显然是为了煽动不明真相的各党代表谴责中国。违背“只交换意见，不做决定”的诺言，强行搞公报，如果我们不签字，就证明中共违反《莫斯科宣言》，分裂国际共运；如果签字，就是被围攻后屈服就范，证明赫鲁晓夫路线正确。这是国际共运中一个罕见的大阴谋，我们要根据中央的指示，坚持原则，坚持团结，揭露赫鲁晓夫的阴谋，说明事实，分清是非，通过批评、斗争，达到团结的目的。

代表团将苏共“通知书”的主要内容，对形势的分析以及对策，当即电报中央，并指示使馆即派人将“通知书”送回北京。

当天晚上，苏共安德罗波夫又送来会议的公报草案，并且表示，内容很简单，你们签字没有困难。

6月23日，毛主席召集政治局常委开会。常委会会议上决定，这两个月内不发表批评修正主义的文章，但是要认真准备写文章反驳。根据政治局常委会会议的精神，邓小平亲自起草了一个电报，发给在布加勒斯特的我党代表团。

十二个社会主义国家党代表会议第一次会议

在罗马尼亚工人党第三次代表大会选举等各项议程都结束，大会进入了尾声时，各兄弟党“对当前国际问题交换意见”的代表会议，即“布加勒斯特会议”在议题和目的都不明确的情况下，匆匆召开了。

6 月 24 日上午九时至晚八时，举行了十二个社会主义国家共产党和工人党代表会议的第一次会议，会议开了十一个小时。

会议由罗马尼亚党的乔治乌 – 德治主持，实际上是由赫鲁晓夫操纵。赫鲁晓夫始终坐在乔治乌 – 德治身旁，交头接耳，不时加以指点，遇到乔治乌 – 德治难以对付的局面，赫鲁晓夫就直接出面干预，他要讲话，站起来就讲，从不征求会议主席的同意。这一天整个会议上，赫鲁晓夫就做了二十多次发言和插话。

会议开始，会议主席宣布会议发言将按俄文字母顺序进行。这时，阿尔巴尼亚党代表团团长、阿党中央政治局委员卡博建议不按国家字母顺序发言，他以后发言。于是，会议主席就请保加利亚党代表发言。

正在这个时候，彭真站起来说，我代表中国代表团想问问会议主席，今天开的是什么会议，它的性质如何？

乔治乌 – 德治没有料到彭真提出这样的质问，解释了老半天也没说清楚……大家来交换意见么，难道你不清楚？

彭真说，不清楚，不了解。第一，昨天苏共中央交给我们一份指责我们党的文件。所以，我们想弄清楚，我们在今天会议上做什么，是指责我们党呢，还是交换意见。苏共的文件指责我们违背马列主义、《莫斯科宣言》，是冷战的制造者，等等。如果是这种性质的会议，那么，这种会议我们准备参加，我们作为我们党的党员将发表意见和做出必要说明。第二，根据 6 月 7 日苏共中央来信建议预先交换意见，不通过任何决定，并得到 6 月 10 日中共中央复信同意的会议，这种会议我们也参加。第三，昨晚七时许，苏共安德罗波夫交给我们一份公报草案，这已经是另外一种性质的会议了。也许还会有什么别的性质的会议？因此我请求主席清楚地回答我们，今天的会议具有什么性质。

乔治乌 – 德治支支吾吾答不上来，于是就捅了一下旁边的赫鲁晓夫，赫鲁晓夫站起来，讲了很长时间。他讲道，我们就是要讨论最近发生的这些事情；这次会议就是要看看是谁脱离了《莫斯科宣言》，是谁坚持《宣言》，说要大家对对表。

对此，彭真表示，我听了赫鲁晓夫同志的发言，理解了这次会议的性质就是指责中国共产党。我准备参加这种会议，将作为我们党的党员就涉及的问题发表意见。彭真还说，对苏共中央的书面指责，中共中央将做出答复，并像苏共一样，将答复发给所有兄弟党的中央。彭真指出，违背《莫斯科宣言》的，根据我们党的意见，不是我们中国共产党，而是你苏联共产党。谈到对对表，彭真说，我们同意在马列主义基础上对表。

彭真讲：你要讨论发生任何事情我都跟你讨论，你讲到哪里，我讲到哪里，你不讲我也不讲。那意思就是说我跟你拼到底。一下子在气势上就把他们压了下去，搞得乔治乌－德治的脸都白了，更没有话讲了。彭真义正词严地质问，从会议一开始时就打乱了赫鲁晓夫的部署，他不得不频繁地站出来辩解，双方交锋近一个小时。在彭真的追问下，赫鲁晓夫承认，毛泽东同志说服不了他，他也说服不了毛泽东同志，所以要召开会议，问题只有拿到这样的会议上来解决。彭真进而指出，赫鲁晓夫召开会议就是为了“围剿”中共。

之后，苏方宣读了他们批评中共的那个“通知书”。然后，康生就起来反驳。现场你一句，我一句，搞得局面非常紧张。

真相挑明了，各国党都不能不考虑自己的态度。

接着，保加利亚的日夫科夫发言，对我党进行攻击，说什么中国犯了严重的战略上和策略上的错误，严重地破坏了《莫斯科宣言》和《和平宣言》的原则，严重地破坏了马克思列宁主义原则，脱离了社会主义的实践，说什么中国经济建设的特点是资本主义特点，说中共有民族主义情绪，是假革命，说中共只是在口头上讲“以苏联为首”等等；还说中共违反了《莫斯科宣言》精神，不知道两大阵营，即社会主义阵营和资本主义阵营的存在等等。他的发言长达一个小时。

日夫科夫发言之后，会议主席限制每人发言二十分钟。对此，彭真发言提出异议，并根据中央来电的指示，建议将这次会议时间延长两天或三天。对这个建议，与会者纷纷反对，争吵了半个多小时。

在捷克斯洛伐克党的诺沃提尼发言后，彭真做了第一次发言。他首先指出，我们同苏联的分歧是十个指头和一个指头的问题，但这些分歧是重要的原则性问题。接着，彭真扼要地说明了我党对当前几个重大国际问题的观点，即我们的时代不是“没有武器，没有战争的世界”；列宁关于无产阶级革命和无产阶级专政的学说并没有过时；和平与战争的两种可能性和两手准备、和平过渡与非和平过渡的两种可能性和两手准备；如何争取世界和平、团结等问题。

针对赫鲁晓夫和一些在会议上发言的其他兄弟党代表在“世界工联理事会北京会议”问题上对我党的指责，彭真回答说：“我不知道同志们是否都了解会议的情况。我想只指出一点：在这个会议的报告草案中自由世界的表达没有给加引号，而人民公社、大跃进和中国人民的奇迹全都给打上了引号。有人告诉我们说，因为这是新鲜的名词，所以给它加上了引号。但是苏联有很多新鲜的东西创造了并且创造着很多奇迹；其他兄弟国家同样也有新东西，在实现着奇迹，但是这些奇迹，这些新现象并没有给加上引号，而只是涉及中国时，则都给加上了引号。我想，所有同志都清楚，在世界工联报告的起草工作中，苏联同志是参加了的，并且苏联工会的代表起了重要作用。我们不勉强任何一个兄弟党来同意和同情我们的人民公社、大跃进和小型炼钢。但是在中国召开的国际会议上所提出的报告中，把人民公社、大跃进和中国人民的奇迹加上引号，还要我们的代表同意这个报告，应该如何理解呢？我们认为，这无疑是企图煽动中国人民反对我们党的总路线，正是因为这几点——人民公社、大跃进和小型炼钢——组成了我们总路线的根本基础。”

此外，在这次世界工联会议上，有些同志坚持帝国主义可以援助落后国家，而不指出社会主义阵营对落后国家的援助同帝国主义国家对这些国家的援助之间的本质区别。

在这些分歧面前，苏联工会代表、苏共中央委员格里申同志和我们工会代表、中共中央委员刘宁一同志约请了十个国家的代表交换意见，以便消除这些分歧，从而在公开的会议上不谈这些分歧。参加这次交换意见的成员是刘宁一同志和格里申同志确定和协商了的。但是，我们不知道什么原因，在通知各个代表团的代表时，七个社会主义国家的代表没有被通知到。在这些分歧不能获得解决的事实面前，我们党中央的同志刘少奇、周恩来，我们党中央委员会总书记邓小平同志，还有我和其他一些同志决定利用聚餐的时间，来说明我们对这些问题的观点。邓小平同志本来想讲六个问题，讲了个序言，还有关于工会组织工作的五个问题。因为邓小平同志身体不好，只讲完第一个问题后，就去休息了。这时，格里申同志声明，说他拒绝再听下去。因此我们没有可能讲明我们对有关世界工联理事会的其他问题的观点，事实真相就是这样。这是关于团结问题。

还有，我们确实同在中华人民共和国的阿尔巴尼亚代表团就一系列国际形势问题交换了意见。这个代表团是由阿尔巴尼亚国家首脑列希同志、阿尔巴尼亚党中央政治局委员贝利绍娃同志和其他的一些同志组成的。问题是由发表在《红旗》杂志和其他报刊上的《列宁主义万岁！》三篇文章引起的。在莫斯科，有人对我们声称，说我们在反对苏联共产党的斗争中，想把共产主义运动中的薄弱环节拉到自己方面来，说这就是企图改变苏共中央现在的领导，等等。请问：难道我们没有权利，也不应该就这些最重大的国际问题同我们十二个社会主义国家的兄弟党中的任何一个交换意见吗？难道这种交换意见是犯罪的吗？难道苏联从来没有同任何其他兄弟党谈过他们认为的，是我们中国和我们工作中的错误和缺点吗？

彭真发言的主要内容是针对赫鲁晓夫对我党的歪曲和诬蔑，对当前重大国际问题，从正面说明我党的观点，把我党同赫鲁晓夫的主要分歧摆在大家面前，用商量的态度请与会者考虑这些意见。为了集中精力对付赫鲁晓夫，避免伤人过多，彭真在讲话中只对攻击我党最恶毒的保加利亚的日夫科夫进行了回击，点出他诬蔑我们“假革命”和“资本主义经济特点”的荒谬言论，反问他们党的机关报把艾森豪威尔叫爷爷是不是符合《莫斯科宣言》的精神？彭真在发言中没有涉及其他兄弟党。

在匈牙利、民主德国等党代表发言后，阿尔巴尼亚卡博站起来发言。他先恭维苏共一番，并说他们认为中国同志在世界工联理事会北京会议上的方法是错误的，但声称“我们认为苏共和中共能通过两党的讨论来解决他们之间的分歧，如不能解决也不要使它继续深化。而不应该提到这样的会议上来讨论”。

这几句话可捅了马蜂窝，赫鲁晓夫脸色马上变得红得发紫。

接着越南党和朝鲜党的代表在发言中不但没有参加对我党的围攻，反而呼吁苏中两党消除分歧，团结对敌。

被赫鲁晓夫一向认为是自己后院中最可靠的阿尔巴尼亚党，居然敢唱反调，再加上越南、朝鲜党也不附和，于是赫鲁晓夫赶紧站起来，发表了长篇攻击我党的讲话。

一开始，赫鲁晓夫却先骂起了卡博。他说，我听了阿尔巴尼亚党代表的发言，感到很痛心，这是对苏共的侮辱，他的讲话不代表阿党中央等等。

卡博面红耳赤地大声说，赫鲁晓夫同志你批评中共，为什么要扯到我呢，我讲的是代表我们中央的，本来就是你们和中共之间的分歧。我对苏共和中共是同样尊重的。

赫鲁晓夫气得语无伦次地说，“我和中共之间没有分歧。”

卡博说：“今年1月，米高扬同志就对我们的霍查同志讲，中国同志违背《莫斯科宣言》，苏共和中共有很多分歧。米高扬还说，这些情况千万不要对别人讲”。这说明苏共早就在进行反对中共的背后活动。卡博还讲道：“我们对党内的同志进行批评的时候，还是要实事求是。你们现在批评的、无理对待的是一个领导了几亿人口、经过几十年战斗取得了胜利的这么一个伟大的党、一个伟大的领袖，你们这样做是不对的。”赫鲁晓夫说，“你说什么？”因为这时麦克风突然没声音了，所以赫鲁晓夫他没听见。卡博继续讲下去：“你们这样子来指责一个领导几亿人口的这么一个大党的做法是不对的。”这下赫鲁晓夫听清楚了，把他气坏了。赫鲁晓夫说，“你，你这个态度，你是代表你们党中央吗？”卡博说：“我是中央委员，我讲话当然代表党中央。”这个卡博非常坚定，赫鲁晓夫当场气得要死。

就在6月22日同彭真的谈话中，赫鲁晓夫还得意扬扬地说，我们高兴的是，小小的阿尔巴尼亚的女游击队员给了中国人坚决的反击，是你们抓住他们的耳朵叫他们反苏的。[①] 今天卡博的讲话，无异于当着参加会议的十多个党的代表，打了赫鲁晓夫一个响亮的耳光。赫鲁晓夫恼羞成怒，后来视阿尔巴尼亚为他的眼中钉，对其采取了百般压力。但是，阿尔巴尼亚始终没有屈服，这已经是后话了。

会议最后开始讨论公报。彭真多次发言，据理力争，揭露赫鲁晓夫违反了他自己在6月7日来信中的建议，说明我代表团没有被授权签署公报，坚持要会议给两天时间，以便得到中共中央对公报的意见。彭真指出，敌人对敌人发出的“哀的美敦书”还给四十八小时的期限，为什么在兄弟党之间反而这样逼人太甚呢？

赫鲁晓夫十分粗暴地拒绝彭真的要求，用挨个点名的方法强迫其他十国党代表同意通过公报，并宣称公报一个字不能改。赫鲁晓夫的蛮横无理暴露无遗。

中共代表团没有参加表决。

这次会议上还通过了本年秋天在莫斯科召开世界共产党、工人党的代表会议和成立文件起草委员会的决定。

散会后，我们代表团连夜向中央报告会议的情况，请中央指示，签字还是不签字？电报中还说：代表团倾向于签字，同时发表一个声

① 指6月4日，中共领导人同列希、贝利绍娃谈话涉及中苏分歧，后贝利绍娃到苏联驻华大使馆向苏联方面汇报了会谈的内容一事，即“贝利绍娃事件”。——作者注

明把我们的意见讲清楚。

现在是反击的时候了

25日上午，中共中央收到代表团24日夜里从布加勒斯特发来的电报。在这之前已收到了代表团22日同赫鲁晓夫谈话内容和23日苏共中央给中共中央的“通知书”的要点。

对此，中央发出的电报指示代表团：我们后发制人，现在是反击的时候，要严厉地批评苏共，要指名批评赫鲁晓夫，对其他兄弟党一概不要提及。我们既要坚持原则，又要留有余地。代表团争取在会议上宣读北京发去的声明。但也要估计到可能不让我们在大会上宣读，所以，要准备在会上散发这个声明。声明发表后，可以在公报上签字。他们不让修改也就算了。

同时，电报中提出，我们不能接受公报草案，建议对我们代表团提出的修改意见加以讨论，以便搞出一个大家都能够接受的文件。

五十一国党代表会议第一次会议

6月25日上午十时至下午十六时三十分，举行了五十一个国家的兄弟党的代表会议。

我们代表团到会场的时候才发现，参加的不是十二个党，而是五十一个党。原来苏共把前来参加罗马尼亚工人党第三次代表大会的各国党的代表都拉来了。这事先既没有征求我们意见，也没有通知我们，赫鲁晓夫擅自把会议扩大了。

在二十个资本主义国家的党的代表发言后，彭真做了发言。面对多数发言者不明真相，不得不按照赫鲁晓夫定的调子指责中共的局面，彭真发言的语气温和，态度诚恳，摆事实、讲道理，避开了赫鲁晓夫设置的，把中共代表团推到同其他党的代表直接争吵的陷阱。

彭真说，我们认真听取了大家的发言，看来大部分同志提出的意见，并不完全了解事情的真实情况；一些同志的指责是毫无根据的捏造和诬蔑。彭真说，我们党的言论、主张和行动是在千百万人的眼睛看着下进行的，因此请同志们在收集并研究材料的基础上，来鉴别我们党活动的正确性和非正确性。

彭真列举1954年中印提出和平共处五项原则，1955年万隆会议上提出和平共处十项原则，同缅甸、尼泊尔签订和平条约等大量事实，说明中国一贯主张和平共处，而有些同志在这里仍然提出我们反对和平共处，看来可能是因为这些同志不完全了解真相。

彭真还着重解释了世界工联理事会北京会议期间发生的事情。

他说，我想讲一讲同世界工联理事会会议有关的问题。我只想指出两个情况，即许多问题中的两个问题。大家知道，世界工联会议是在北京举行的，但是在向这次会议提出的文件中，实际上包含了反对我们的人民公社，反对我们的大跃进的言论，甚至在这个文件中，把这些字样——中国人民的奇迹——打上引号。这在实际上等于反对我们党的总路线，干涉我国的内政。而且，我们代表团在会议上还应该投票赞成这个文件。至于谈到人民公社和我国实行的其他措施，那么我们过去和现在一贯说，这是我们的现象，是中国的现象。其他国家做什么和怎么做，这同我们无关，我们不干涉他们的内政。我们非常感谢给予我们支持的那些兄弟党。但是我们并不强迫所有那些不赞成这些措施的兄弟党支持这些措施，而且我们也不强求这些兄弟党支持。但是，由于在报告中包含着对我们党的总路线、人民公社和大跃进采取这种否定的态度，因而世界工联实际上等于干涉我们的内政，我们不能不表示意见。如果世界工联通过了这样的决议，那么这就会引起我们全国人民的抗议。

在世界工联会议上提出的文件中包含了干涉我国内政的内容，同时世界工联工作中也发生了一系列问题。在这些事实面前，我们党中央力图同参加世界工联会议工作的十七个兄弟党的领导人员通过协商的办法，即通过内部讨论的方法来解决这些问题。但是我们没有能够通过这种方法取得一致。事实就是如此，事件的经过就是这样。

彭真在发言中，同样耐心地说明了我党在战争与和平问题上、在革命问题上，主张估计两种可能性和准备两手的方针。

最后，彭真请翻译宣读了赫鲁晓夫6月7日给我党中央信的俄文本，点出这次会议的召开是苏共违反原定协议；宣读了我党6月10日给苏共的复信的俄文本，重申我代表团不同意会议通过公报的原委，解释了为什么我们没有参加对公报的表决，指出赫鲁晓夫剥夺了我们参加讨论和表决公报的权利。

彭真心平气和地谈完这三个问题后说，“谢谢，我们的发言已经超过给每个代表团规定的时间”，宣布这次发言结束。

会议主席却想方设法让彭真再讲下去，以便从发言中寻找漏洞，组织进攻。

彭真当即识破了他们的意图，提出：“昨天我们请求延长我们的发言时间，主席没有同意，今天我们不想发言，却强迫我们继续讲，这种方法在共运中是不能接受的，是一种很恶劣的方法。”

运筹帷幄于万里之外

布加勒斯特发生的一切，彭真都及时向中共中央发电汇报。中共中央每天都有电报来，完全赞同彭真采取的立场并给予指示。

会议将在6月26日闭幕。中共代表团将如何表态，彭真已发电请示中央。代表团的同志们都在焦急地等待北京的来电。

6月25日晚上八时，罗马尼亚工人党中央举行宴会，招待各国党的代表团。赫鲁晓夫故伎重演，喝了几杯酒以后站起来致辞，蛮横无理地影射攻击中国党和毛泽东，说什么“有人讲只要帝国主义存在，战争就是不可避免的，这是不相信自己思想的力量，不相信工人阶级的力量，不相信社会主义的力量”；“有人说未来大战中将有一半人死去，另一半人可能活下来，这种人是疯子”；“我要告诉说我们有幻想的人，你们不相信自己的力量，是幼稚的儿童，他们对周围环境刚刚开始熟悉，还辨认不出冷热，在自己摸了实物以后才能分辨出来”。赫鲁晓夫越说越激动，流露出对中国党和毛泽东按捺不住的气愤。

宴会上的气氛十分紧张，西方记者都看着彭真。彭真神态镇静自若，为了顾全大局没有反驳赫鲁晓夫的胡言乱语。他站起来向乔治乌－

德治敬酒，还同赫鲁晓夫碰杯。这时，许建国大使走来与彭真低声耳语，国内有指示，请他回使馆接电话。彭真站起来走到乔治乌－德治身边对他说，我有事去处理一下就回来。后来，彭真对我讲，向乔治乌－德治打招呼，为的是不让他们产生我们是抗议赫鲁晓夫而退席的错觉。

许建国大使请彭真去大使馆接国内的电话，是周恩来亲自打来的。周总理对彭真说，他代表毛主席，代表党中央，完全支持彭真同志在会议上，对赫鲁晓夫的无理攻击所进行的斗争。赫鲁晓夫对中共的突然袭击，在国际共运史上，在社会主义的国家关系中，开了一个极其恶劣的先例，是大国沙文主义的典型表现。周总理说，中央对代表团下一步行动有一个书面指示，现正发给你们，请按照中央指示办。

当时，在中国、苏联和其他社会主义国家党中央之间有一个热线电话网，通话对外界是保密的，是由苏联管理的，对苏联就不是秘密了。周总理就用这条热线与彭真通话，因此这番话也是说给苏联听的。

大约当地时间晚十一时左右，代表团收到了中央的指示。中央要代表团约见乔治乌－德治，表示中共中央赞成会议发一公报，但对公报有修改意见，建议召开十二个社会主义国家党的代表会议，提出修改意见和中共代表团的声明。

接着，中央的指示分析了乔治乌－德治对中共中央召开会议的建议可能有几种反应，并针对每一种可能出现的情况提出了明确的对策。如乔治乌－德治拒绝召开会议，则请他去同赫鲁晓夫商量；如果乔治乌－德治拒绝同赫鲁晓夫商量或者商量后仍拒绝召开会议，则应指出这样对待中共代表团的建议是不公平的，要表示不满和遗憾，并声称代表团将在会外向社会主义国家的党的代表团散发对公报的修正案和中共代表团的声明。为了顾全大局，中央授权代表团在公报上签字。

中央的指示要求代表团将修正案的声明译成俄文，打印好。在会议上一边宣读声明，一边散发修正案和声明，以防止他们一听到是批评赫鲁晓夫时而一哄而散。

中央的指示接着指出，如果开不成会，则向社会主义国家党代表团散发修正案和声明，并附一短信，说明我们采取这一步骤的缘由。对于资本主义国家的党的代表，不要求再召开会议，也不发两个文件。如同他们谈及此事，可告以我党已决定在公报上签字，但保留我们的立场和观点。

中央的指示要求代表团视具体情况执行其中各项要求。

彭真读完中央来电，感慨地说，这是恩来亲自写的，明确、周全，各种情况和对策都替我们想到了。果然，在写这部回忆录的时候，我查看了中共中央文献研究室编写的《周恩来年谱》，其中写道："1960年6月25日为中共中央起草给出席罗马尼亚布加勒斯特会议的彭真、康生、伍修权的信，提出在会外散发我方声明（对《公报》修正意见）的步骤和方法。"真是运筹帷幄于万里之外！

彭真和代表团成员、顾问们仔细研究了中央指示，精心研究了贯彻步骤。首先，请许建国大使派人立即约见乔治乌－德治，转告中共中央的意见。其次，马上把两份文件译成俄文，并打印好。

然后，年近花甲的彭真和伍修权不顾连日的疲劳，驱车前往罗党中央乔治乌－德治的官邸。

罗马尼亚工人党中央第一书记乔治乌－德治，政治局委员、部长会议主席基优·斯托依卡，总工会主席阿波斯托尔，部长会议副主席波里勒，中央书记齐奥塞斯库，内务部长德勒吉奇，部长会议副主席莫吉奥罗希，主管宣传的政治局候补委员拉乌图，国防部副部长勒泽列斯库，也就是罗马尼亚工人党和政府的主要领导人和有关人士都在深更半夜被叫起床，赶到乔治乌－德治住所等候在大厅里。

会见由凌晨二时进行到四时三十分。

彭真首先表示刚刚接到中央指示，故深夜还来打扰你们。

乔治乌－德治回答得也好：我们像士兵一样，任何时候有需要就要立即出发。接着乔治乌－德治发表了一大篇热情颂扬中国人民伟大成就，深情回忆毛泽东接见他的往事。

彭真说，我们对乔治乌－德治同志、对罗党中央有深刻的认识，毛泽东同志常常讲到同乔治乌－德治同志有过一次较深刻的谈话。我们这次从北京出发时，毛主席就告诉我们一定要坚持团结，坚持原则。而在交换意见中，提出的批评也是为了团结。我们路过莫斯科时，同科兹洛夫等同志会谈了八小时。他们提出了一些意见，我们也做了答复；但是，是采取建议的形式。目的是在主要分歧问题上取得谅解，但未能达到目的。6月24日，我要求有两天时间请示中央，目的也是为了团结。赫鲁晓夫在你们三大讲话中批评我们，我再三考虑，还是决定不修改我的讲话，不给你们党增加麻烦。今晚赫鲁晓夫在宴会上，当着资本主义国家的记者骂我们。他讲完后，我走过去给你们敬酒，也同赫鲁晓夫碰了杯。

乔治乌－德治说，彭真同志，你做得好，是为了我们的大局。

彭真说，我们接到中共中央的指示，中央对公报提出了修改意见，我们要求召开十二个社会主义国家党的会议，阐述我们的意见。在会上，我们将根据党中央的委托有所声明。希望十二个国家党的会议安排在将于明天上午十时继续召开的五十一个兄弟党会议之前。

乔治乌－德治说，我们可以同其他代表团商量一下，了解他们的意见，其他党的同志一定也关心北京的答复。他又问，有哪些修改意见?

彭真说，修改案还在翻译中。我们向各兄弟党提出修改意见，采纳与否，采纳多少，由大家决定。根据中央的指示，为了团结，我们将在公报上签字。修改意见很快送给你们。

乔治乌－德治说，要冷静，各人脾气不同，水平不同。有的火烈，有的粗暴，但总得保持冷静。对整个局势我们都负有很多责任。他说，苏联代表团发的材料，我们收到的时间和你们一样，我们也没有足够的时间研究，再加上我们还要忙于自己的代表大会。不要太重威信了。我们也不止一次地处于这种情况下。在莫洛托夫、贝利亚、马林科夫、卡冈诺维奇时期，苏联让我们签一个文件，竟连拿到手里仔细阅读的机会也没有，文件远远地摆在我面前，叫我签字。斯大林活着的时候，我不只一次受到他当面的批评，有时拳头都举到我额头前，并且说："我不相信你"。

乔治乌－德治实际是在告诉彭真，他们也是苏联大国沙文主义的受害者，他们在会议上的言行实属出于无奈。一直到 1964 年，当赫鲁晓夫企图强行召开新的国际会议时，乔治乌－德治在身患绝症的情况下，做出了不参加会议的决定，实际上表示了支持我党的主张。

最后，彭真再一次对乔治乌－德治深夜会见表示感谢。彭真、伍修权回到使馆时，天已拂晓。

接到中央发来的公报修改意见和声明后，我们立即开始翻译。我、赵仲元、陈道生、侯志通四个人各译一段。布加勒斯特会议开始以来，白天在会议上我们要把彭真的发言当场译成俄文，又要把其他党代表的发言译成中文。晚上回来，还要整理整个会议的发言记录。每天晚上只睡上一两个小时，大家都很疲惫，都很紧张，全靠代表团张医生带来的兴奋剂提神。当时，西方记者报道说，中国使馆每天深夜都是灯火通明，工作到天亮，但中国代表白天还是精神抖擞，正常工作，不知道他们吃了什么样的中国神药。大家的确十分疲倦。我记得那天已是半夜三四点钟，我分给侯志通声明的最后一段，请他翻译。约莫半小时后，他拿了一张纸给我并说：明复，我译好了，你看看吧。我接过来一看，他是用中文抄了一遍。可见他已经困到什么地步了。六时左右，我们完成了两个文件的翻译、打印，并分装在信封里，每份文件都有中文正本和俄文译文。

6 月 26 日上午七时，彭真把对公报的修改方案（中文本和俄文译文）交给了罗党中央派来的联络员罗明，请他转交给乔治乌－德治。

十二个社会主义国家党代表会议第二次会议

6 月 26 日上午十时五十分至十一时，十二个社会主义国家党的代表会议举行第二次会议。会议在一个长方形的大厅里举行。大厅的中央摆着“口”字形的会议桌，靠近门的一侧是主席台。苏共代表团赫鲁晓夫、波德哥尔内等坐在右边，会议主席乔治乌－德治坐在中间，彭真、康生、伍修权、许建国坐在左边，其他国家的代表则坐在两旁和对面的席位上。我坐在彭真旁为他翻译。

会议开始，乔治乌－德治说，昨天晚上彭真同志到我家里来，告诉我们，他们得到北京的指示，对公报提出修改，他们说这些意见采纳与否，他们都要在公报上签字。今天早上他们送来了七页修正草案，因为公报已经通过，他们的意见可在下次的兄弟党会议上提出，因此建议今天不讨论他们的修改意见。只要求中国同其他党的代表一起在公报上签字。

赫鲁晓夫接着说，他同意乔治乌－德治的意见，不讨论中国同志的修改案。本来我们准备发表一个宣言性的公报，正是因为他们反对，才作罢，而现在他们又要求对已通过的公报做大的修改，这是没有道理的。如果他们在已通过的公报上签字，我们表示欢迎，这样做是英明的。

彭真发言说，我们党中央授权我们代表团在公报上签字。不管我们对这个公报同意还是不同意，为了我们的团结，为了对我们的敌人的共同斗争，为了我们共同的事业，我们考虑必须签字。昨晚根据我们党中央的指示，请求乔治乌－德治同志接见我们，向他说明这个问题，并请他召开这个会议。今天，我们已出席这个会议，对此，我表示深深的感谢。其次，我们党中央对公报提出几点修改意见，我们请求会议讨论这些意见。如果同志们认为不适于讨论，那我服从集体的决定。

彭真接着说，昨天同乔治乌－德治同志会见时，我说：第一，我们接到了对公报的修改草案；第二，我党中央委托代表团有所声明。关于第一点，乔治乌－德治同志已经说了，修改草案已发给各位。我们请求的第二点乔治乌－德治同志没有讲。因此，我想提醒一下，声明已译成俄文，以中文本为准。现在请主席同志发给所有在座的兄弟党代表团。根据中共中央的指示修改草案和声明，只发给社会主义国家兄弟党。这是我们的打算。

彭真亲手把十一份装在信封中的声明中文本和俄文译文交给乔治乌－德治。

乔治乌－德治让会议工作人员把声明发给了各代表团团长。赫鲁晓夫接过来顺手就交给了旁边的波德哥尔内，然后站起来说，中国同志是好样的……这时波德哥尔内看了声明，对他讲，“别夸他们了，他们在骂你呢。”

原来，中共代表团的声明严厉谴责了赫鲁晓夫滥用苏共在国际共运中的威信，极端粗暴地把自己的意志强加于人。他的这种做法在国际共运中开了一个极端恶劣的先例，将会在国际共运中产生非常严重的后果。声明指出，中共历来忠于马列主义，中共同赫鲁晓夫在一系列原则问题上的分歧，应通过同志式的讨论取得一致结论。但是赫鲁晓夫却采取家长式的、武断的、专横的态度，把中苏两党的关系不是看成兄弟党的关系，而看成是父子党的关系，企图用压力要我们党向他的非马列主义观点屈服。我们严正声明，我们党只相信马列主义真理，而决不会向违反马列主义的错误观点屈服。真理是不怕争辩的。国际共运的命运，绝不取决于任何个人的指挥棒。声明重申中共坚持在原则的基础上达到团结的主张，重申我党同赫鲁晓夫之间的分歧意见，属部分的性质，两党为着共同事业的奋斗和团结仍占主要部分，通过平心静气的同志式的商谈可以解决分歧，达到团结。

彭真讲话后，阿党代表卡博说，我们很高兴中共中央同意在公报上签字。至于中共中央提出的修改意见，我以我党中央的名义声明，我们认为这些建议是很重要的。希望在下一次会议的文件中能予以考虑。卡博的发言，实际上表明阿尔巴尼亚党中央在中苏分歧中明确地站在中国共产党一边。

赫鲁晓夫看完中共代表的声明后站起来说，中国同志散发的声明是一个反对苏共，反对我个人的文件。中国同志做得很巧妙。我代表苏共中央声明，苏共保留权利对它研究后提出答复。

直到现在，赫鲁晓夫才弄明白，中共代表团要求再次召开十二国党代表会议的目的，主要不是为了什么讨论公报修正草案，而是为了发布声明，当众揭露和谴责他的老子党行径，表明中国共产党只服从真理，而决不屈服于他的指挥棒。

伍修权在《回忆与怀念》一书中生动地描述了当时的情景：

> 第二天会议一开始，我们就将五十封[①]声明译稿送交给大会执行主席乔治乌－德治，说我党有一个声明稿，请他们分发给出席罗党三大的各兄弟党代表团。我们还表示这是为了尊重主人，才请他们代为分发的。乔治乌－德治当时来不及看我们的声明全文，顾及礼貌也不便拒绝，马上交大会工作人员一一替我们分发了。我们看到各国代表团接到我们的声明稿，急忙打开阅读，有些人脸上马上露出了惊异或紧张的神色。苏共代表团也收到一份，赫鲁晓夫原想把我们一下子就压服、吓倒，大概没有估计到我们的反击如此迅速，内容又如此尖锐，一时似乎有些恼怒和慌乱。
>
> 我们在声明中揭露了苏共代表团利用自己的特殊地位，破坏了兄弟党之间的协商原则和对此次会议的事先协议，组织了对我党的突然袭击，极其粗暴地把自己的意志强加于人，对兄弟党采取了家长式的、武断的、专横的态度，在国际共运中开了一个恶劣的先例。声明指名批评了赫鲁晓夫……中共中央认为，赫鲁晓夫同志的这种态度和做法将会在国际共运中产生非常严重的后果。
>
> 赫鲁晓夫看了我们这样的批评，马上又组织了对我们代表团新的猛烈攻势[②]。赫鲁晓夫再次一马当先，带头对我们声色俱厉地攻击了一番。别的党的代表团也一个个地跟了上来，按照赫鲁晓夫定的调子把我们骂了一通。

---

① 此处有误，应为十一封装有声明稿的信封，发给十一个社会主义国家的党代表团。——作者注

② 指十二个社会主义国家党代表会议第二次会议后，接着召开的五十一国党代表会议第二次会议。——作者注

这种紧张气氛下，我们代表团岿然不动，冷静地准备再次予以反击，顶住迎面而来的强大压力。我见到彭真同志的情绪也很不平静，想提醒他不要激动，就在一张纸条上写了“哀兵必胜”四个大字，传给了彭真同志。他看后会意地朝我点点头，各自都坚定了斗争的信心。

随后彭真同志做了一个尖锐而激烈的即席发言，对苏共代表团发起的攻击进行了坚决的回击。他借用亚里士多德的名言说：“吾爱吾师，吾更爱真理。”又借用了一句中国成语，说赫鲁晓夫现在的做法是“只许州官放火，不准百姓点灯”，自己为所欲为，听不得别人的意见，谁不听他的就组织对谁的围攻，还不准别人为自己辩护。这种行为完全破坏了国际准则。

为彭真发言作口头翻译的是阎明复同志。由于共同的义愤情绪，他翻译得不仅迅速清晰，还用语准确，译词有力，我听了也很兴奋和赞赏。在双方辩论激烈时，我曾经不用翻译直接用俄语当面指责赫鲁晓夫组织对我们的围攻，却不准我们进行答辩的霸道行为。

赫鲁晓夫在我们的反击后，当然不会认输，他们运用多数通过了会议公报。我们代表团按照中央的指示，会上发表了声明，不赞同苏共的错误立场，但是为了顾全大局，仍然在这次会议的会谈公报上签了字，以便对外缓和一下已经出现的严重分歧和对立。

五十一国党代表会议第二次会议

紧接着于中午十二时至下午七时，举行了五十一国党代表会议的第二次会议。没有发言的代表接着发言。阿尔巴尼亚代表卡博发言说，对于这次会议讨论的问题，我们党会研究，并在适当的时机、适当的场合提出我们的看法。我们知道，这些分歧是苏中的分歧，应由苏中两党来解决，不应在各国党的会议上端出来用集体的方法来解决。现在由各国党来讨论，来解决是不适时的，是不对的。我们认为中共在世界工联的讨论是不对的，我们也认为在会前进行隐蔽的活动也是不对的。

在所有党的代表发完言后，赫鲁晓夫以做总结的姿态，对我党进行了一次全面的攻击。

赫鲁晓夫说，卡博同志讲，这只是苏中两党的争论。不，这是与大家有关的争论。这不是一个靠苏中双方解决的争论，卡博同志却认为这是中苏两党的分歧，使我们痛心的是，卡博同志不与我们站在一起。

他又说，看来中国同志在准备斗争。我们都是政治家，我们的思想分歧将使阶级斗争复杂化。他说，分歧不是从布加勒斯特开始的，两年以前，甚至更早就产生了。中国人在签署《莫斯科宣言》时就不完全同意这个宣言。他们经常在争取多数，违反《莫斯科宣言》。

接着，就再次攻击我党在工联会议上的立场，重复着曾经多次攻击中共的那些论调："反对和平共处"，"说打起仗来一半人死亡，一半人留下，这是投降主义的说法"……说着说着就又点到卡博的名字。

卡博站起来大声地说，我们没这样讲过，我不赞成中国同志在工联的行动，但是，我也不同意在这次会议上未经准备就匆匆忙忙地解决这些马列主义原则问题。

赫鲁晓夫说，打游击战的时候，我一定愿意和你卡博同志在一起，在战场上死亡了也愿意和你卡博同志埋在一个坑里。接着又大肆攻击我党对一系列国际国内问题的观点和政策。赫鲁晓夫最后说，你们散发的声明，批评我是机会主义者，说我已经不是一个共产党员了，把我与苏共中央分开，不是苏共中央而是我，如果不是赫鲁晓夫就什么都好了。这是反对赫鲁晓夫有分量的文件。你们过去是隐蔽地反对我，把我的话当做是南斯拉夫人讲的。我是要回答你们的。

彭真再次发言，针锋相对地予以反击，他说，我又一次听到了赫鲁晓夫对我们的批评、指责和非难。在某些问题上，我是同意他的意见的。例如，我们之间的争论，的确不是某个人之间的争论，而是两党之间的意见分歧；这种分歧的确与国际局势的发展有关系；这些分歧与非常重大的原则性问题有关系。

彭真再次强调，我们党同苏共之间的关系是兄弟党之间的关系，而不是父子党的关系。因而，我们要求以平等的兄弟党的关系原则来讨论问题。他说，苏共在"通知书"里，给我们党戴了那么多帽子，赫鲁晓夫在会上又对我们党提出这么多诬蔑，我们请求把会议延长两天，你就说我们要当各国党的政委，难道这是以平等的态度来对待兄弟党吗？

彭真揭露赫鲁晓夫在前天宴会上，当着西方记者的面不指名道姓地攻击我们党和毛泽东同志。今天，赫鲁晓夫同志在发言中说，我们的人民公社、大跃进和大办钢铁都是错误的措施；说在中印冲突的问题上中国共产党犯了错误，说尼赫鲁是个正派人，说中国共产党是不可靠的，它的话是不可信任的；说苏联在中印冲突的问题上采取的中立立场是为了巩固社会主义阵营。我们同世界各国工会党的领导人的会见，我们在这次会见中的发言，在你看来，是犯罪行为，是破坏国际共产主义运动的团结。你公开地向全世界，其中包括向帝国主义者讲，而在你看来这是符合布尔什维克纪律的要求。而说我们从事分裂活动，我们想争取多数，并对你进行颠覆活动。我们知道你是苏共中央的第一书记和苏联部长会议主席。你当然代表苏联。你可以在罗马尼亚共产党举行的而有资产阶级代表出席的昨天宴会上骂我们；而我们，按照你的话来说，甚至不能够同工会组织代表们会见，并对同工会活动有关的问题谈谈我们的意见。而且在世界工联理事会会议的文件里还包含了反对我们总路线的言论。结果是我们破坏了纪律，我们犯了罪，是分裂活动。你赫鲁晓夫可以公开地面向全世界骂我们，你公开攻击我们的党，攻击毛泽东同志，难道我们不能起来保卫我们的党，保卫毛泽东同志？！在你看来，你可以放火，而我们甚至不能够点灯。

彭真揭穿赫鲁晓夫违反原来的协议，召集这次会议进行反对我党和毛泽东的阴谋，用事实来说明正是他在非法地进行争取多数的活动。

彭真列举事实说明我党一贯遵循和平共处政策，驳斥赫鲁晓夫诬蔑我们“不要和平共处”，说明我们是遵守《莫斯科宣言》的，违背宣言的不是我们，而是赫鲁晓夫。

彭真揭露了赫鲁晓夫把艾森豪威尔说成是“得到美国人民绝对信

任的”，并且“和我们一样为和平而操心”等的错误言论，并用赫鲁晓夫自相矛盾的意见责问他，你做乐队的指挥，叫人家怎么跟着你的指挥棒走?

彭真针对赫鲁晓夫发言和插话中对我国的造谣，如长波电台等问题，根据事实予以驳斥，使他无言可对。同时，严正表示，在中苏的一些争论问题上，我们是遵守原则界限的。“你不扯出来，我不扯出来；你扯到哪里，我就跟到哪里。”

会议进行到此时几乎达到白热化程度。赫鲁晓夫又一次指责中国公开发表康生在华沙条约国会议的讲话，是泄露了军事机密。

康生当即谈了当时会议的情况。当时，中国观察员根本没有参加讨论军事的会议，只参加了政治协商会议。中国代表的发言，没有超出会议宣言的内容。我国根据过去华沙条约国会议上的讲话都发表的惯例，也发表了中国代表的发言。这是一个技术问题。赫鲁晓夫一而再、再而三地提出这个问题，是为了反对中国党和毛泽东同志。

彭真也指出，实际上康生讲话中关于“没有中国代表参加谈判和签字，任何国际裁军协议对中国都没有任何约束力”，你们认为是反对苏联和针对苏共的。帝国主义不承认我国，企图强迫我们接受我国没有参加的裁军决定，我们反对这一点，有什么不对呢?

最后，中国代表团指出，这三天来，会议只指责我们党，而没有讨论任何其他问题。赫鲁晓夫所有的讲话从头到尾都是反对我们党的。这一切目的何在? 就是要在全世界共产党和工人党中间进行反对我们党和破坏我们党的工作。三天来，会议的整个进程不符合《莫斯科宣言》精神，不利于加强我们的团结，相反破坏我们的团结。

赫鲁晓夫也看到他单枪匹马地与彭真你来我往地那么对吵，于是就示意其他党的代表来助战。但是，没谁来响应。于是，他又点保加利亚党日夫科夫的名字。日夫科夫才勉强给中国党加了十几顶帽子，没说出什么道理。

最后，乔治乌-德治出来收场，宣布会议结束。

布加勒斯特会议也就这样结束了。

退场的时候，中共代表团与苏共代表团成员一起走出会场时，赫鲁晓夫拍着康生的肩膀说："喂，你这个老教条主义者！"说完他哈哈大笑。康生立即直接用俄语说："喂，你这个老修正主义者！"说完，康生也笑起来。回国后，这件事成为康生自我吹嘘的一个内容。

在6月25日，罗马尼亚工人党第三次代表大会闭幕的当天下午，在布加勒斯特"八二三广场"上举行了群众庆祝大会，各兄弟党代表团应邀参加了大会，但是却只安排赫鲁晓夫和法国、意大利、古巴、日本等几个党的代表在大会上讲话，没有给我们发言的机会，大概是怕我们又要宣传自己的观点和批评赫鲁晓夫，给他们造成难堪。

赫鲁晓夫策划布加勒斯特会议的目的是谴责中国共产党。表面上看，三十多个党的代表发了言，其中保加利亚、民主德国、捷克斯洛伐克、匈牙利的代表最为卖劲；赫鲁晓夫本人也做了几次通篇攻击中共的发言，总算是一次"围攻"。但是，赫鲁晓夫对中共的指责，都遭到彭真有力的反驳。他不得不多次回答彭真的质问和指名道姓的批评。最后，又受到中共代表团散发的声明的严厉谴责。阿尔巴尼亚党的代表卡博公开反对赫鲁晓夫，鲜明地站在中共一边。越南、朝鲜、日本、印尼等党的代表呼吁克服分歧，加强团结，没有参加"围攻"。就连指责中共的一些党的代表，他们发言的调子也大不相同。罗马尼亚工人党领导人则在会下对彭真表示，他们处境为难，希望我们能理解他们。

总之，会议没有完全按照赫鲁晓夫的打算开成一个"一致谴责中共的会议"。中国党代表团没有被压服，而且彭真所表达的中共反对赫鲁晓夫大国沙文主义的坚定立场，反而引起了备受苏联大国沙文主义之害的东欧国家的分化，迫使赫鲁晓夫在同彭真交锋的时候，不得不敲打自己"后院"中的"不同政见者"，以防星星之火燃成燎原之势。

一位堂堂的苏联共产党领袖，在他亲自安排的国际会议上竟陷入如此狼狈的境地，这在苏共和国际共运的历史上当属空前。恼羞成怒的赫鲁晓夫，在布加勒斯特会后不到二十天的时间里，就单方面悍然

在参加了1960年6月24日至26日召开的布加勒斯特会议，粉碎了赫鲁晓夫组织的突然袭击回京后，代表团合影纪念。前排左起：俞志英、熊复、康生、彭真、伍修权、许建国、乔冠华、王力；后排：彭真卫士长李志玉（左二）、李鑫（左三）、阎明复（左四）、齐宗华（左五）、赵仲元（右五）、彭真秘书张彭（右四）、陈道生（右三）、侯志通（右二）、保健医生（右一）

决定在一个月内从中国撤回全部苏联专家，接着又采取了其他破坏苏中关系的措施，把苏中关系推到破裂的边缘。

五十多年过去了，许多情节都从记忆中消失了。但是，当年彭真在赫鲁晓夫组织的突然袭击中，犹如中流砥柱，巍然屹立的形象已经永远铭刻在我的脑海中。

一场“围剿”与反“围剿”的斗争

6月27日下午一时，中共代表团乘专机从布加勒斯特起飞返京。到达首都机场时，受到邓小平、李富春、李先念、谭震林、薄一波、杨尚昆、刘澜涛、蔡畅等中央领导同志的热烈迎接。

我党代表团回国以后，6月30日，毛主席主持中央政治局会议，由彭真详细汇报了代表团根据中央的方针，在布加勒斯特进行工作的情况。

在彭真主持下，对这次同科兹洛夫、赫鲁晓夫的会谈以及布加勒斯特会议做了全面的总结。在总结期间，彭真、康生、伍修权先后谈了他们的看法；代表团顾问乔冠华、熊复、张香山都发表了意见。讨论中，我们几个翻译也提供和补充了一些具体细节。我记得，由熊复、张香山先写出总结的初稿，经彭真和代表团的成员们反复讨论、修改，7 月中旬基本定稿，于 7 月 25 日报送中央。

总结报告先简要地叙述了代表团6月17日至26日期间的活动情况。接着分六个部分汇报了对这场斗争的经历和看法：

第一部分“这是一场国际共产主义运动中两条路线的斗争”。指出，“这次会谈和会议，就是国际共运中马列主义的正确路线同右倾机会主义的错误路线、革命派和妥协派的激烈斗争的一次集中表现”[①]。

第二部分“布加勒斯特会议是预先布置的、以煽动反对我党为目标的大阴谋”。指出，布加勒斯特会议是赫鲁晓夫违背诺言，事先布置的一个圈套，是对中共的一次突然袭击。

第三部分“斗争的主要经历”。

第四部分“斗争中的两种方法”。在这次国际共产主义运动的两条路线的斗争中，赫鲁晓夫在这次会议上所采取的，完全是玩弄阴谋，使用压力，进行隐蔽活动，我们则坚持满腔热情、治病救人的同志态度，采取兄弟般的平等协商、正确处理国际共产主义运动中内部矛盾的方法；对方大搞阴谋活动，我们则以阳谋对阴谋，把问题摆在桌面上讲，不做会外活动；对方以势压人，我们则硬着头皮顶住，心平气和，以理服人。

第五部分“右倾机会主义者在实质上是软弱的”。指出，尽管赫鲁晓夫对我们的攻击气势汹汹，但是，一涉及重大政治问题时，他都回避真正的摆事实讲道理的辩论。他们从头到尾死抓住组织上的几个问

① 现在看来，总结的第一部分中的一些提法，显然反映了当时我党的“左”倾思想。比如，在论述毛泽东的理论和政治纲领时提到：“无产阶级取得政权后向社会主义过渡和向共产主义过渡的不断革命问题”，“充分利用客观存在的条件积极准备向共产主义过渡问题”等等。总结中还肯定当时的大跃进、人民公社、大炼钢铁等等，在提到彭德怀时还加上“反党集团分子”……这些提法，在当时的历史条件下显然是不可避免的。——作者注

题与我们纠缠。

第六部分“必须准备进行长期的、复杂的、艰苦的斗争”。指出，我们要在精神上做各种准备，使同志们在赫鲁晓夫坚持右倾机会主义错误并采取更加恶劣的手段来对付我们的时候，不至感到突然。[①] 由于赫鲁晓夫的错误领导，两党、两国的关系在今后一个时期内可能比较紧张，我们应该有所准备。

报告最后指出，我们要吸取苏联犯错误的教训，作为前车之鉴，全党干部必须坚持群众路线，发扬艰苦朴素的优良传统，坚持勤俭建国的方针，关心群众的生活，同群众同甘共苦，防止干部同群众生活的悬殊。只有这样，我们才能永远高举马列主义、毛泽东思想的旗帜前进。

1960 年 7 月 5 日到 8 月 10 日，中共中央在北戴河召开政治局扩大会议，也叫中央工作会议。

在中央工作会议上，毛主席讲了话。他说，布加勒斯特会议这场斗争是一场“围剿”与反“围剿”的斗争。不管赫鲁晓夫是怎样一个庞然大物，我们还是把他顶住了。现在反“围剿”告一段落。下一回合是十月革命节时召开世界兄弟党会议。我们现在要静观一个时期，看看他还要拿出什么东西。当然，他们的“通知书”是要回答的，要统统给他顶回去，秀才们要做准备。

意识形态分歧扩大到了国家关系

在 7 月 13 日至 16 日举行的苏共中央全会，不仅批准了赫鲁晓夫在布加勒斯特会议上对我们采取高压、围攻的政策，也批准了赫鲁晓夫把分歧扩大到国家关系方面的措施。这样，苏联就把中苏两党在意识形态上的分歧扩到国家关系，全部撤退专家，实际上是等于全面撕毁中苏过去签订的所有合同。

---

① 不出所料，就在代表团起草这份给中共中央的报告过程中，苏共中央于 7 月中旬召开全会，审议批准了赫鲁晓夫决定采取的一系列破坏苏中关系的措施，包括停止出版中文《苏中友好》杂志和俄文《友好》周刊，从中国撤走全部苏联专家，等等。——作者注

7月6日，苏联使馆通知中共中央宣传部，苏共中央决定停止在中国出版苏联杂志《苏中友好》，并要中国方面也停止在苏联出版《友好》周刊。

7月16日，苏联政府通知中国政府，决定召回在华工作的一千三百九十名专家。苏方不顾中方的一再交涉，于9月1日前撤走了全部苏联专家，从而单方面撕毁了中苏两国政府签订的十二个协议，三百四十三个专家合同和合同补充书；废除了二百五十七个科技合作项目。这使得中国二百五十多个企业和事业单位的建设处于停顿或半停顿状态。

1995年夏天，在访问俄罗斯期间，我曾多次拜访了中国人民的老朋友、苏联派驻中国政府的经济总顾问阿尔希波夫，同他一起回顾了50年代末、60年代中期中苏关系的变化过程。阿老把他撰写的有关苏中关系的回忆录给了我。这份宝贵的史料，记载着阿老亲自经历的那个历史时期，苏中两国关系中的许多重大事件。

这里将阿老回忆中有关苏联专家在中国工作情况，以及赫鲁晓夫悍然决定召回苏联专家的记述摘登如下：

> 另一个对双方关系产生消极影响的事件，就是撤退苏联专家。苏联专家对于新中国的建设发挥了巨大作用。中华人民共和国的每个部委都有苏联顾问组，由总顾问领导。派去担任总顾问的通常是在苏联最有权威的人，往往是副部长或苏联有关部门的部务会议成员。例如，苏达里柯夫是法律总顾问，科罗布什金是银行业总顾问，苏联卫生部副部长格里戈里耶夫是卫生方面的总顾问等等。
>
> 在工厂里，仿照我们的做法，都建立了工程师室和科研所，其中也有苏联专家工作。
>
> 在中国工作的专家人数逐渐增加。实际上好像是模仿我们的做法：每当某个单位或部门请来了苏联专家，苏联专家就会向中方讲，在他看来，还需要向苏联再要些什么资料，再增加一些哪方面的专家。在这之后（实际上是按照我们专家的提议），中方才正式向苏联提出申

请，这些申请通常很快就得到完全满足。

我们未向中国人收取过技术和其他资料费用。他们实际上只是支付了纸张费和文献复制费。可以说，这正是我们对华援助的基本形式。文献资料成车皮地运往中国。中国人正是据此建立了自己的经济活动、经济体系、教育和卫生体系等等。

这种做法恰恰是体现了斯大林在1950年表述的想法。当时他说，向中国派的人不仅要会传授经验和知识，而且要知道还能从苏联要些什么。为此，最好向中国派去的人不只是本行业最优秀的专家，而且是胸有全局的人（例如，不只是院士，而且譬如是科学院副院长，他知道还应该向科学院要些什么）。

这种做法经常见诸实践。例如，某位苏联专家看到，某项已签署的合作协议未提及一些重要问题，他就告诉给中方，于是中方则据此再提出补充要求。

阿尔希波夫曾经几次向周恩来总理提出类似问题，都得到周总理的肯定和理解。

苏联专家受到中国人的充分信任。苏联专家手中的小红本（专家工作证），实际上成为去任何单位（甚至最保密的单位）的通行证。

有一次发生了一件类似笑话的事就可以说明这一点。几个年轻的苏联专家（记得他们是从鞍钢来的）到了北京，在城市中心游逛。他们出示小红本后，就进了中共中央和中央人民政府所在地——中南海。他们问清毛泽东的住处后，向警卫人员出示了小红本，说他们想同毛泽东聊一聊。最后，毛泽东接见了他们。我是后来从中国人那里知道此事。当我找到这些专家谈话时，他们回答说：“怎么也未料到毛亲自见了我们”，“在谈话中，我们只是想知道他生活如何”。

还可以举出另一个例子来说明当时彼此间的信任程度。1950年，根据中国人的提议，我有时出席中国政府的会议。1951年，我奉召回莫斯科，向斯大林汇报苏中合作协议的执行情况。在谈话中，斯大林向我说：看来，您不必参加中国政府的会议，因为“这会使中国人难堪，一个受过压迫的民族对这类事是非常敏感的”。

回到北京以后，我未再出席中国政府的会议，但中国人还是继续发给我政府会议的文件。

在工作中，我和在华的其他苏联专家负责人总是强调，我们当顾问，就是做助手，提建议，没有任何权利把自己的意志强加于中国领导人。必须是这样做才对，就是使中国人了解：苏联专家提出的建议，其实是有关的中国领导人制定的，我们专家不要去争自己的发明权。这些苏联专家负责人都尽力提醒我们的专家也照这样去做。

有一次，中华人民共和国煤炭工业部部长告诉我说，他完全信任苏联专家，因此他下令：没有苏联专家在上面签字，任何文件都不算数。我不得不去见周恩来，请他禁止这样做。

双方对于执行各自承担义务都非常严肃认真。例如，1951 年，我方企业向中国供货严重拖欠。我将此报告给了斯大林本人。因此，采取了严厉措施，撤了十来名部长和副部长的职。由此以后严格执行对中国的供货协议，便成了不可违反的法律。

中方对于履行自己的义务也是持这种态度。这可用下述一个例子来说明。50 年代，苏联缺少可兑换的外币。因此，我们请求中国用外币来支付一部分我们供应的货物。中国人每年向我们提供一亿到一亿二千万美金现钞，这笔钱主要来自国外的侨汇。1959 年至 1960 年，中国侨汇情况严重复杂化了，他们便向我们供应黄金，由我们拿到国际市场上去出售，从而弥补了我方外币之不足。

这些事实都证明，双方合作是如何密切，它对双方而言又是何等重要。

一些苏联作者写文章说，1960 年撤退专家是由于给专家创造的工作条件令人不能容忍，又根本不听取他们意见引起的。这种看法有一点儿对，但并不是全对。

苏联专家工作中的困难是从 1958 年中国人采取“三面红旗”的方针开始的。在这一方针的影响下，中国建设现代化企业的速度大大放慢，决定使用以手工劳动为基础的传统工艺。这方面的例子就是“小土群”炼钢法。违反经济规律和技术规程，无疑给苏联专家造成了困难的处境。

在这方面，阿尔希波夫举出了他切身经历的一个例子。

1958年是风调雨顺的一年，是中华人民共和国成立以来最好的一年。该年获得大丰收，市场上商品粮和农产品量都很多。人民第一次实际感受到了社会主义的优越性。

在这种情况下，中国提出了将国家公职人员工资提高百分之三十到百分之四十的建议。当时，中国职员工资是很低的，比工人还低。中国财政部长把这项决定通知给了我。我对此提出了不同意见，认为在中国当前阶段上还不能采取这种步骤。尽管是个丰收年，但国内的商品和服务总量尚不允许大幅度增加货币量。在这种条件下，大大提高工资会导致通货膨胀和其他不利后果。

我建议中国国家计划委员会立即通盘计算一下这项措施可能产生的后果。接着，我带着这个问题去见陈云。那时，陈云实际上是中国负责经济工作的主要领导人，一向是中国最高领导成员（当时五位常委是：毛泽东、周恩来、刘少奇、朱德、陈云）。其他一些人，如邓小平等，那时还处于较低一级。我对陈云说："您把国家推往何处？你们刚刚完成了第一个五年计划，现在才见到劳动结果。社会主义首见'成果'，可不能破坏了社会稳定啊！"陈云回答说，他毫无办法，因为毛泽东要求采取这些措施，他不能抵消毛的影响。

此后，我又向周恩来提出这个问题。过了一些时间后，周告诉我说："我也不能扭转这个车轮子。"由此可见，甚至周恩来也没有足够的影响力来制止事态的发展。

这时，我已经接到通知，让我不久以后离开中国。

在"大跃进"时期抛开了一切经济规律，认为产生发展的主要动力不是物质利益原则，而是人民群众的热情，苏联专家在这种情况下工作，当然是十分困难的。此外，中国人还取消了"一长制"原则，实行党委第一书记领导制。企业经理、厂长是党委成员，必须服从第一书记的决定。

在这种情况下，苏联专家的唯一出路就是寻找对中国人施加影响的新途径。说中国人是尽量有意识地为我们专家制造令人无法忍受的困难，未必是妥当的。

撤退苏联专家是我们方面施加的压力，是对中国人“桀骜不驯”的一种惩罚。撤退专家是苏共中央首先提出的，也是它下令撤退专家的。

赫鲁晓夫要求一周内撤完专家。为此，成立了由下述人员组成的特别委员会：外交部副部长普希金、国家经济联络委员会第一副主席阿尔希波夫、铁道部长和航空部长等。当时，在华专家大约一千三百人，加上他们的家属，将近五千人，他们分散在中国各地。撤退专家用了一个月。

这种“火速”撤专家的做法，遭到世界社会舆论的消极评论，当然，尤其受到中国人方面的非常不好的反应。我们撤退专家的主要理由是说我们当时国内自己迫切需要这些专家。中国人说，他们理解我们的问题，但他们请求推迟撤退。例如，周恩来就曾要求推迟一年、一年半或两三年撤退专家。然而，我们未予同意。

撤退专家还只是个局部问题，我们采取的其他一些措施要比这严重得多了。1958 年，我们提议中国人重新审定同我们签订的全部经济协议。1958 年贸易总额（按当时的兑换价计算）为一亿八千万卢布。重新审定协议的结果，1959 年贸易额降低百分之三十五。我们停止了向那些在建工厂提供设备。1960 年，由我和外贸部副部长库梅金组成的代表团赴华，访华的目的是撤销同中国人已经签订的合同。这样，我们就采取了国际惯例上没有先例的行动，因为只有遇到特殊情况，如爆发战争，才能中止国家间签署的协议。1961 年，我方主动撤销了先前商定了的合作项目。此后，我们只是向一些尚未建成的项目补足了设备，其总量不超过原定水平的百分之一到百分之二。

原则上讲，在这种情况下，中国人满可以向我们提出巨额索赔，向国际仲裁法庭提起诉讼。但是，他们并没有这样做。1961 年，周恩来在谈话中讲：“过去的事就让它过去吧！让我们大家都不要打官司，不要索赔，不要向仲裁法庭告状。”实际上，在中国同外部世界完全没有接触的情况下，中国同苏联间的联系大大缩小，当然给中国的经济带来沉重的打击。

阿尔希波夫受命来中国撤退专家的时候，见到周恩来总理。阿尔希波夫当然很有歉意，他对中国是一片真诚，非常友好的。周总理对他说道："呃……我们不会去告状，我们不会到国际法庭去告状，这件事情就这样让它过去了。"

周恩来提议，我可以参观中国的任何一家工厂，由我自己挑选，但有一个条件，就是不要有我们使馆人员陪同。我表示愿意看看一些国防工业企业。

我特别参观了用苏制现代化设备装备的成都飞机制造厂。工厂维护得很好，但令人瞩目的是车间里很少有人，实际上连一点儿金属切削屑都没有看见。问起这是为什么时，厂领导人回答说：因为缺少原材料（过去是由苏联供应的），工厂只开工一班。其实，工厂连这"一班"工也不用开，这是为了我来参观，特意安排，找一些工人来上班的。

这只是举一个例子，说明我们缩小合作之后中国人承受了何种困难。

总的来说，可以同意中国人的说法：是我们苏联人最先把意识形态的分歧扩大到了国家间的关系上。在中断同中国的联系上，赫鲁晓夫的逻辑是与中断同阿尔巴尼亚联系的逻辑一模一样的。

所有这一切事件，都为双方关系增进了强烈的不信任因素。人所共知，1959 年至 1960 年，中国的粮食状况复杂化了，这也是由于"大跃进"而造成的。我了解这方面的情况，在 1960 年赴华前夕，在苏共中央主席团会议上提出，鉴于中国的粮食情况严重，建议向中国出售一二百万吨谷物。赫鲁晓夫回答说："唉，那些人何等傲慢！他们宁愿饿扁肚子在地上爬，也不会好好向人求援。"然而，最终主席团就这个问题做出了肯定的决定，委托我试探一下中国人对此持何种态度。

在谈话中，周恩来告诉我说，国内情况非常严重，仅仅在南方和东南地区就饿死了很多人。我指出，如果中国向苏联提出相应的请求，苏联是不会对中国同志们的严重情况无动于衷的。周恩来立即理解了所做暗示，热情感谢了我的话，说领导上将集体讨论上述主意。过了不多久，周恩来答复我说：问题领导上已经讨论过了，决定对苏联同志们表示感谢，但对援助表示拒绝，说自行去解决。

1960 年访问成都时，我获悉，陈云也在那里。他好似在被“软禁”，在一个小花园里搞些劳动，闭门不出。但他仍然能看到北京寄出的政治局的材料。他准备即将回北京，恢复积极工作。

当陈云了解到我想见他，就让我带上自己的翻译一同来。谈话很坦率、真诚。陈云说，苏联应当采取一切可能的步骤来防止决裂，要修补好两国关系上已经出现的裂痕尚且为时不晚。我指出，问题不只在苏方，必须双方做出努力。

关于同陈云的谈话，当时毫不拖延地用密码报给了莫斯科。回国后，我向苏共中央主席团报告了中国之行的结果。我也曾想单独同赫鲁晓夫本人谈谈，向他转达陈云、周恩来谈话时的真情实意，以及他们不想使事情发展到决裂的地步。

为此，曾请赫鲁晓夫的助手安排这个会见。几天后，赫的助手转告我说：赫鲁晓夫得知你的请求后，他调阅了由中国发来的所有密码电报，看完电报后问到，你想要做哪些补充汇报。我说，我想汇报我认为很重要的一些个人感受。又过了几天后，助手给我打电话说：赫鲁晓夫又重新看了从中国发来的密码电报，一切他都清楚了，他已无任何问题需要补充了解，他认为没有必要谈了。

主观因素对于关系的恶化起了极其重要的作用，这特别表现在中国领导人对于赫鲁晓夫采取的否定态度上，同样也表现在赫鲁晓夫对于中国领导人（尤其是对于毛泽东）采取的否定态度上。

阿尔希波夫是在中苏双方隔离了很长时间以后，作为部长会议第一副主席，想要到中国与姚依林副总理谈一些贸易协定。当时，苏联政府就通知我们，说是阿尔希波夫率领代表团作为苏联大使馆的客人要到中国来访问，你们欢迎不欢迎？后来外交部请示了中央以后，答复：阿尔希波夫同志作为苏联大使馆的客人到中国来我们不欢迎，但是作为我们中国政府的客人我们热烈欢迎。

在他准备来的过程当中，我正好在全国人大常委担任副秘书长，当时，我陪着一批人大常委到成都、重庆、武汉去视察。在视察过程中，快到重庆的时候，重庆市委就派人通知我，说是中央有急事让你紧急返回北京，于是，我就从重庆坐飞机回到北京，北京机场接我的同志讲，说是陈云同志找你，要见你。我就从机场直接到了陈云同志家里面。

陈云问了我阿尔希波夫最近的情况。我说，阿尔希波夫在中苏关系恶化以后，没有讲过一句不利于中苏友谊的话，没有做过一件不利于中苏友谊的事情。陈云听了以后非常感动，我当时就看见他眼圈里面有一点儿要掉眼泪的样子。

与陈云见面之后，我又赶快坐飞机赶到重庆，我还得陪人大常委去视察。我到重庆的时候，人大常委们已经坐船南下到了宜昌，于是我就坐普通客船到宜昌。刚到宜昌又接到通知，说是北京还找你马上回去。这样我就跟代表团人大常委的同志讲，我陪不了你们了，我还得回北京有事。

这次是彭真叫我回去的，也是问阿尔希波夫的情况，我就跟彭真讲了我所了解的情况。后来阿尔希波夫来的时候，见了陈云，也见了彭真，还见了薄一波、姚依林。

见彭真的时候我在场，就站在阿尔希波夫的后面，见到两个人热烈拥抱，彭真跟他拥抱时，我看到他眼眶里噙着眼泪。就是这样一种深厚的友谊，这样一种感情。

阿尔希波夫最后一次来中国的时候，我们国家已经非常兴旺发达了，而阿尔希波夫的年纪也非常大了，他那时已经不再做副总理了，也离开了国家杜马，是以“俄中友协主席”的身份来的。他说到，我们俄国共产党人为之奋斗的“英特纳雄奈尔一定要实现！”“实现”会在中国实现的。我满腔热情地把希望寄托给中国。

这就是他最后一次到中国时讲的一句话。回去不久他就告别了人世，他对我们始终是友好的，直到最后一刻，阿尔希波夫把他作为一个老共产党人为了实现共产主义的希望都寄托在了中国。

群众和历史将做出结论

根据1960年6月布加勒斯特会议的决议，同年10月1日至22日，召开由十二个社会主义国家和十四个资本主义国家共产党、工人党代表组成的起草委员会会议，为11月召开的世界共产党、工人党代表会议准备文件。

8月12日，胡志明抵达莫斯科，他在去莫斯科之前，先来北京，声明他是来做说客，劝和的，并与毛主席进行了会谈。8月15日，苏联大使契尔沃年科向周恩来递交了苏共中央的两个文件：一个是关于苏中两党在起草委员会开始工作之前进行会谈的建议；另一个是对中共在布加勒斯特会议结束时散发的声明的答复。从苏共中央关于举行两党会议的建议来看，显然是胡志明在苏联的劝和起了作用。

8月19日，胡志明从莫斯科返回北京，向毛泽东介绍了在莫斯科期间同苏共领导人谈话的情况。他说，赫鲁晓夫表示同意并说苏联将尽力而为，但要看中国的态度。他还表示希望起草委员会能够开好，能够为各国共产党、工人党会议做好准备。

这期间，中央政治局常委开了几次会议，讨论中苏两党会谈问题。会议同意举行两党会谈，为起草委员会做准备，同时还决定，在会议之前，我们要对苏共中央在布加勒斯特会议上散发的“通知书”做全面的、系统的批驳，做出我们的“答复书”。

8月中旬，吴冷西、熊复、王力、姚溱等一批秀才，集中在钓鱼台，开始起草中共中央对苏共中央“通知书”的“答复书”。我们翻译组也集中在钓鱼台，采取流水作业的办法，秀才们起草一章，我们跟着翻译一章，他们修改，我们也跟着修改。为了沟通秀才和翻译之间的关系，我既参加秀才们的讨论会，又参加翻译组的审稿会。为了完成这项紧急而繁重的任务，我们请来了中央调查部的何长谦、中央联络部的欧阳菲，最后定稿时，还请来了李立三。

何长谦父亲是中国人，母亲是俄罗斯人，妻子是日本人。他本人精通俄文、日文，另外还通晓英文和法文。解放前，他长期从事党的地下工作，解放后，在中央调查部研究苏联问题。在同苏共的论战中，何长谦是中方信件、论战文章俄文译文的主要定稿人。

欧阳菲的父母亲都是20世纪20年代大革命时期入党的老干部。她本人于1925年出生在法国。两岁时父母亲把她带到苏联，送进国际儿童院。她在苏联读完中学、大学后，于1948年回到中国。她除讲一口流利的俄语外，文字水平也很高。1954年日内瓦会议期间，周恩来请莫洛托夫等苏联客人到中国代表团驻地看电影《梁山伯与祝英台》，即中国的《罗密欧与朱丽叶》，由欧阳菲担任翻译。电影演完后，莫洛托夫夸奖说，她比苏联人讲的俄语还要好！有感情、很动人，在翻译到"吊孝"等几个镜头时，简直催人泪下。欧阳菲也是中央文献俄文译文的主要定稿人。

在"答复书"中，中共中央对国际形势和国际共产主义运动中一系列重大原则问题，特别是我们和苏共有分歧的重大原则问题：1. 关于我们的时代；2. 关于战争与和平问题；3. 关于和平共处；4. 关于"和平过渡"问题；5. 关于国际群众团体的活动；6. 关于反修正主义和反教条主义的问题；7. 关于加强团结的问题等，包括苏共"通知书"里所谈到的问题，系统地阐述了我们的观点，同时，联系苏共的错误观点，全面地、系统地对苏共歪曲事实、歪曲我们的观点、对我们进行无理的攻击，逐一加以批判。

在"答复书"中我们提出了以团结为重、通过协商解决分歧等五项建议，提出，中苏两党应当在上述基础上，同各国共产党和工人党一起，经过充分的准备和协商，开好今年11月的各国共产党、工人党代表莫斯科会议，并且在这个会议上制定一个合乎马克思列宁主义根本原理和1957年《莫斯科宣言》原则的文件，作为我们共同遵循的、团结对敌的斗争纲领。

马克思主义者不怕争论

9月3日，彭真接见苏联大使契尔沃年科。彭真把中共中央致苏共中央的信交给他。信中说，中共中央同意起草委员会于9月29日至30日在莫斯科集中，也同意在起草委员会开始工作之前，举行中苏两党会议。

9月12日，邓小平接见契尔沃年科，我、赵仲元担任翻译和记录。接见时在座的中方有：彭真、杨尚昆；苏方有：苏联大使馆参赞萨弗罗诺夫。

会见中，邓小平把9月10日中共中央对苏共中央于6月21日在布加勒斯特散发的“通知书”的“答复书”和9月10日中共中央致苏共中央的信交给契尔沃年科，请他转交苏共中央。

邓小平说，看来，有些问题只有到十分尖锐的时候才提出来讨论，马克思主义者不怕争论，否则就应当把他们“扔到垃圾箱去”，马列主义是在战斗、在斗争中成长和锻炼出来的。

邓小平表示，在目前条件下，为了我们两党之间的相互了解，为了在9月即将举行的中苏两党代表会谈中取得积极的成果，不应当隐瞒自己的观点。他指出，在1957年起草《莫斯科宣言》过程中，在起草委员会里，以苏斯洛夫为首的一批苏联同志和以邓小平为首的一批中国同志，对所有问题都是详尽地和坦诚地讨论和密切合作。然而，现在我们两党之间出现了分歧。为了解决分歧，必须把所有问题准确地和鲜明地摆出来。关于我们两党的活动，最终将由三位主要裁判来裁决：第一是群众；第二是各国共产党，他们在生活实践中将弄清楚是非在哪里；第三是时间、是历史。历史事件的发展，不以某些人的意志为转移，不以某些集团的意志为转移，也不以政党的意志为转移。历史对这一个或那一个观点是否符合实际将做出结论。因此，我们两党应当非常坦率地交换意见。

邓小平最后说，我们在“答复书”中尽量详细地和明确地阐述了我们的观点。

一赴莫斯科：中苏两党会谈

紧张的准备工作

1960年9月初，在中共中央同意在起草委员会会议前举行中苏两党会谈后，在中办杨尚昆主任主持下，开始了紧张的准备工作。

中共代表团由九人组成：邓小平（团长）、彭真（副团长）、陈伯达、康生、杨尚昆、胡乔木、廖承志、伍修权、刘晓。中央决定参加代表团的王稼祥因病没有去莫斯科。

苏共代表团由十人组成：苏斯洛夫（团长）、科兹洛夫（副团长）、库西宁、波斯别洛夫、波诺马廖夫、安德罗波夫、格里申、伊利切夫、康斯坦丁诺夫和契尔沃年科。

考虑到两党会议后紧接着要召开文件起草委员会和世界共产党和工人党代表会议，时间可能延续两个多月，而且，此时中苏关系已经出现裂痕，工作局面将极为复杂。

首先，在中苏两党发生严重分歧的情况下，需要做有关兄弟党代表团的工作，及时同他们交换意见，了解动向，争取他们的支持，因此，代表团的对外联络工作分外复杂和繁重。杨尚昆主任和中联部的领导同志商议挑选了一批有经验的干部，如张上明、张翼等，由他们协助，分头去做与兄弟党的联络工作。

翻译人员，除俄文方面有李越然、阎明复、朱瑞真、陈道生、赵仲元、欧阳菲等外，还有英文、法文、西班牙文、葡萄牙文、波兰文、阿拉伯文、印尼文、朝鲜文、越南文等翻译共三十多人。驻苏使馆还抽调了一批精通俄文的外交官、留学生参加代表团的翻译工作，其中有侯志通、王荩卿、王钢华、李凤林、邢书钢等。

此外，杨尚昆主任还选调了精干的医务、机要、警卫人员随团同行。他指定中办机要室副主任康一民统管代表团的工作班子。

根据邓小平和代表团的指示，参加起草中共中央反修文章的主要成员有吴冷西、冯铉、乔冠华、熊复、姚溱、王力、张香山、范若愚、朱庭光等十多位秀才组成代表团的顾问班子，其中吴冷西按照毛主席的指示留守国内作后方支援，八十一国会议时随团去莫斯科。在此期间，顾问班子和他们的助手为两党会谈和两个会议收集有关资料、准备代表团的发言做了大量工作。

为了防止窃听，代表团规定了保密制度，使馆内专门还设置了防窃听的会议室，凡是讨论发言稿、商谈重要决策和应对措施等由代表团主要成员和顾问参加的会议，都在这间保密会议室进行。出发前还决定代表团到莫斯科后分住两地，包括顾问、联络员、翻译等工作班子住使馆，团长、团员和他们的秘书、警卫和随员仍按苏方安排住在列宁山上的政府别墅。

为了安全起见，中共代表团分两批出发。9 月 15 日，代表团第一批成员康生、陈伯达、廖承志和部分顾问、翻译、随员共二十三人乘苏方派来的图 –104 专机启程赴莫斯科。

9 月 16 日九时，代表团的第二批成员邓小平、彭真、杨尚昆、胡乔木、伍修权和部分顾问、翻译和随员乘苏方派来的图 –104 专机启程赴莫斯科。周恩来、朱德、李富春、李先念、谭震林、薄一波、刘澜涛等中央领导前往机场送行。

代表团专机到达伊尔库茨克，在机场迎接的有州党委书记等。在机场吃完“苏联的早餐”后继续飞行。然后到达鄂木斯克，州党委书记叶戈罗夫在机场迎接，共进午餐。接着继续飞行。到达莫斯科时，已是北京时间二十时三十分了（当地时间为十五时三十分）。

到机场迎接的有库西宁（苏共中央主席团委员、中央书记）、波斯别洛夫（苏共中央主席团候补委员、中央书记）、波诺马廖夫（苏共中央委员、苏共中央对资本主义国家联络部部长）、安德罗波夫（苏共中央对社会主义国家联络部部长）、伊利切夫（苏共中央宣传鼓动部部长）和我代表团前一天先行到达的人员。

9 月 17 日上午十时，安德罗波夫来谈以下内容：1. 为了利于保密，两党会谈定在克里姆林宫举行；2. 会谈于当天下午一时开始；3. 为了双方坦率地交换意见，参加人员希望限于双方代表团。

邓小平团长提出，我方参加顾问两人、翻译四人。安德罗波夫表示同意。

无结果而散的两党会议

9 月 17 日下午一时至二时三十分，中苏两党代表团的第一次会谈在克里姆林宫举行。参加会谈的中方人员有：邓小平、彭真、陈伯达、康生、杨尚昆、胡乔木、廖承志、伍修权、刘晓；顾问熊复、乔冠华；翻译阎明复、李越然、赵仲元、侯志通。苏联方面有苏斯洛夫、科兹洛夫、库西宁、波斯别洛夫、波诺马廖夫、格里申、伊利切夫、安德罗波夫、契尔沃年科、康斯坦丁诺夫；翻译有谢德明、顾达寿、费辽夫；速记卡尔别琴科。

会谈一开始，苏斯洛夫先提出程序问题。邓小平没有理会他提出的问题，说我们对苏共中央建议两党会谈感到高兴。我受中共中央的委托，前来和你们一起就两党之间的一些重大的原则问题进行商谈。我们这次是怀着求得团结一致的愿望来的。我们希望，两党会谈在这一方面能够有所成就。

邓小平的开场白言简意赅，礼貌周全，表明了我们的目的，还特别转达了毛泽东和我党中央其他领导人向赫鲁晓夫和苏共中央所有领导同志的问候。显然，苏方事先没有料到中方的这种姿态，竟无以应对。

这当中，还发生了一件有趣的事情。苏斯洛夫在宣布程序问题时说，会议室不准抽烟，要吸烟可到隔壁的小房间去。邓小平说，如果你们禁止抽烟，那就没有办法了。对于相当多的同志来说，是有困难的。邓小平说完后大家都笑了起来。会谈结束后，苏斯洛夫解释说，这里不许抽烟是有传统的，这是苏共中央主席团开会的地方，从列宁那时起，这里就是不许抽烟。邓小平说，列宁的规定是要严格遵守的。

会谈一进入正题，苏斯洛夫照本宣读发言稿。他说，两党会谈的宗旨应该是“为了开好兄弟党会议和正确地解决社会主义阵营与国际共产主义运动面临的任务，当用最大的努力，在马列主义的基础上消除分歧”。然而，他话锋一转马上就指责起中共来，“中共中央九月十日给苏共中央的信无论如何也不能证明中共中央是愿意在马克思列宁主义原则的基础上消除已经产生的分歧。相反，这封信在扩大分歧，其中堆积了越来越多的新的不正确的论断……中共中央的信充满了对苏共中央和赫鲁晓夫同志的故意曲解、捏造和诬蔑性的指责”。“这封信的口气是没有克制的，是冲动的，是彻头彻尾侮辱性的。这绝不能证明是愿意和苏共团结”。

苏斯洛夫长篇大论地一口气讲了一个多小时。最后说，这只是我们对你们“答复书”的初步回答，今后还要继续回答。

会谈开始时，苏斯洛夫建议今天的会谈到三时结束，也就是说安排了不到两个小时时间。他的发言加上翻译一共用了一个多小时。看来，苏方的安排就是苏斯洛夫讲话完毕就休会。

据说，在外交场合一般的正式双边会谈大都如此，一方读完事先准备的发言稿就休会，而另一方则在下次会谈时再发言，可以在休会时间商议对策、准备发言稿。然而，在此以前，我经历过的历次中苏两党会晤，都是双方不间断地轮流发言，往往持续六七个小时，期间也有短时休会进餐，餐后继续会谈，直到谈完才结束。况且，在以往的两党领导人会谈中，都是中方的译员担任翻译，从 1958 年起，在李越然和我担任翻译的情况下，一般李越然负责中译俄，即将中方领导人的发言译成俄文；而我则负责俄译中，即把苏方领导人的发言译成中文。在我和其他译员参加的会谈中，都是由我担任双方的翻译。在场的苏方译员，如顾达寿（顾达舍夫）、罗满宁（拉赫满夫）、罗高寿（罗加乔夫）等都不担任翻译。而这次会谈，苏方的发言则由他们的译员谢德明、顾达寿等译成中文，改变了过去历次会谈中由中方译员翻译双方发言的做法。

这次又出乎苏方的预料，邓小平没有理会苏方提出的这次会谈只持续一小时的建议，在苏斯洛夫读完发言稿后立即即席做出了铿锵有力的反驳。

邓小平说，现在，倒是需要审查一下，我们之间的分歧究竟何在。我们要在马克思列宁主义的基础上，在《莫斯科宣言》的基础上，弄清楚究竟分歧在哪里。马克思列宁的原理，是有固定的、准确的含义的，这是很容易审查的。《莫斯科宣言》中的原则，也是有固定的、确切的含义的，也是很容易审查的。我们有时间来审查！

邓小平说，苏斯洛夫同志后一大部分的发言，是谈我们的答复。

我想请同志们注意一下，这是对苏共中央6月21日“通知书”的回答。刚才苏斯洛夫同志讲，我们的这个答复如何如何……是诬蔑，是攻击，等等，总之，是坏得很啰！讲了很多，我也记不得了。我要请苏共中央回头看一看，看看你们6月21日的“通知书”是什么性质。你们根据这个“通知书”在布加勒斯特对我们党进行了围攻。请苏共中央冷静地想一想，你们是不是真正为了两党、两国的团结，是不是真正想把两党、两国的关系搞好？

针对苏斯洛夫讲话中指责我们集中火力攻击赫鲁晓夫，邓小平回答说，你们说我们总是针对着赫鲁晓夫同志，这是因为，攻击中国共产党的一切言行，都正是由赫鲁晓夫同志本人带头的。

邓小平接着指出，让我们来看一看，分析一下在布加勒斯特会议后半个月来我们两党的行动。据我们的不完全的统计，苏共的各种报刊发表了六七十篇文章，都是反对中共、指责中共的，都是在所谓反对“教条主义”、“宗教主义”、“左倾冒险主义”的名义下，攻击中国共产党的。这一点谁不知道呢？！总之，你们的声势很大呀！而我们中央决定，等待莫斯科会议，首先是起草委员会来审查这些问题，我们一篇文章也没有发表。

邓小平进一步讲道：实际上，你们采取了一系列行动，已经有了四手：7月6号，也就是布加勒斯特会谈后过了十天，苏共中央片面地通知并且实际上停止了两个杂志；7月16号，也就是又过十天，苏联政府片面地决定撤回全体在中国工作的苏联专家，到8月31日，苏联专家基本上已经撤完了；7月21日，又过了五天，苏联政府无理地要求中国政府召回驻苏使馆的一个工作人员；8月17日，苏联政府照会中国政府，指责中国牧民侵入苏联国境，并且苏联方面在国境线上挑起了几次事件。我们不知道，苏共中央和苏联政府还有几手，还会干什么。我们很难理解，这些行动与苏斯洛夫同志刚才讲的那样热心于团结，热心于对敌斗争的话，怎么能够相符合呢？！

最后，邓小平质问道：实际上，你们已经把两党在重大原则问题上的争论扩大到两国的国家关系上去了。因此，我们想提一个最本质的问题，究竟苏共中央和苏联政府想把中苏两党和两国的关系引导到何处去？还想要采取什么步骤？要导致什么结果？只有弄清楚这个问题（这些都是事实，都是已经表现出来了的），才能找出真正消除我们之间的分歧的前提。希望你们慎重考虑，做出认真的答复。

邓小平说，坦率地说，我们中国共产党人对于苏联同志的这种做法表示忧虑。因为这是两党会谈，所以，我们决定坦率地提出这个使我们深深感到不安的问题。

对于邓小平的发言苏方没有回答。苏斯洛夫说，今天休会，明天星期天也不开会，后天星期一再继续。

会谈结束时，邓小平提出请双方翻译核对谈话记录，苏斯洛夫表示同意，并说他刚才的发言也不完全是照稿念的，有些话是临时加上去的，请注意这一点。

会后，我们翻译组的同志立即找到苏方工作人员把苏斯洛夫的发言稿核对清楚，译成中文，交给杨尚昆主任，打印了二十份，分发给代表团成员和秀才们。

会谈后，代表团回到使馆开会，谈了今天会谈的印象，布置顾问班子起草第二次会谈的发言要点。

9 月 18 日，代表团讨论后决定，在第二次会谈中讲五部分：1. 谁违背了马列主义和莫斯科会议宣言；2. 敌我问题；3. 父子党问题；4. 一系列事实证明苏方的错误；5. 痛陈利害，要求苏方改正错误，达到团结。

根据讨论的精神，胡乔木起草了邓小平的发言稿：1. 苏斯洛夫上次谈话的实质性内容；2. 谁捏造；3. 敌我关系问题；4. 兄弟党的关系问题；5. 我们的目的是为了团结。还准备了“中苏关系的若干事件问题参考题目”，以备会谈时使用。

9 月 19 日下午二时至七时，在克里姆林宫举行第二次会谈。双方会谈的人员与第一次会谈相同。

苏方由科兹洛夫首先发言。科兹洛夫原任列宁格勒书记，是赫鲁晓夫内定的接班人，是赫鲁晓夫坚定的支持者。科兹洛夫的发言长达两个半小时，对邓小平前次发言中，批评苏共把两党间的意识形态分歧扩大到两国的国家关系进行辩解，极力吹捧赫鲁晓夫。

他在讲话中责问道：邓小平第一次发言结尾时提出的问题，使我们大为惊讶，你们提出这种问题，至少是奇怪的。这样的问题用意何在呢？对于我们党，这样的问题是不存在的。这个问题对我们都是完全清楚的。几十年来，我们党和我国人民认真执行了自己的巨大的国际主义义务，给予中国人民兄弟般的援助。苏共中央力图尽一切可能在马克思列宁主义原则和《莫斯科宣言》的基础上来消除已经产生了的分歧，使我两党和国际共产主义运动的队伍团结起来。但是，我们两党和两国关系的发展不仅仅取决于我们一方。遗憾的是，我们应该指出，中共中央9月10日的信和邓小平同志的发言都不是要克服分歧，而是要使分歧进一步尖锐化。

接着，科兹洛夫为苏方撤回在华苏联专家，停办《友好》、《苏中友好》杂志，在兄弟党中间散发6月21日的“通知书”，布加勒斯特会议期间对中共的突然袭击等进行辩解。

关于撤走专家，科兹洛夫辩解说，赫鲁晓夫同志在1958年同毛泽东同志会谈时就提过召回我们的专家的问题。最近期间，在中国的苏联专家的处境不能使他们发挥有益的作用，使他们继续留在中华人民共和国没有益处，形同虚设。中国方面在苏联专家中间广泛地宣传自己在现代最主要问题上的同《莫斯科宣言》的基本原理尖锐矛盾的观点。

关于停止发行《友好》，他辩解说，中国的杂志已经走上硬要苏联读者接受你们对国际发展的特殊观点的道路，这些观点是同苏共中央和其他兄弟党的路线相矛盾的。尽管我们对此表示过坚决反对，但是这种做法还是继续下去。我们面临两种可能性：一种是以宣传我们的观点来回答你们的行动，而这实际上意味着进行公开的思想斗争；另一种是采取措施，防止可能产生的复杂情况。为了避免在这方面同你们发生关系上的不必要的复杂化，我们提出了停止出刊《苏中友好》杂志和《友好》杂志的建议。

关于苏共中央6月21日攻击中共的“通知书”，科兹洛夫辩解说，中共背着各兄弟党对《莫斯科宣言》各项原则发动进攻，对当代许多最重要问题的不正确的解释，是对社会主义阵营团结的威胁；你们加深了在许多重要原则问题上的分歧，而且实质上对国际共产主义运动的思想和策略阵地发动了进攻。[①]为了说明真相，苏共中央才散发了“通知书”。你们对访问中国的代表团进行幕后工作，千方百计唆使兄弟党的某些领导人反对国际共产主义运动的共同路线。你们还企图把非党群众团体拉到反对兄弟党的共同立场的斗争中来。你们在6月世界工联理事会会议期间，突如其来地对兄弟共产党的立场发动了进攻；你们借助自己的影响和威信，企图强使这个非党的群众团体接受你们的不正确的观点；你们在工会领导人的面前攻击了苏共和其他兄弟党。自然，我们中央不能容忍中国同志的这种行为。你们不顾这些事实，竟然说在布加勒斯特会议上受到了突然袭击。这真是奇怪的论断。各兄弟党决定同你们共同去弄清楚你们所极力纠缠的问题，这有什么袭击可言呢？为什么你们剥夺兄弟党共同讨论你们力图片面重新审查世界共产主义运动和工人运动的共同路线、战略和策略的权利呢？当你们在北京世界工联理事会会议上企图修正《莫斯科宣言》时，在你们看来是合法的事情，而当各国共产党在布加勒斯特给你们以坚决反击时，你们却认为这是不合法的事情。苏共中央认为，必须在布加勒斯特会议上说明自己在现代发展的根本问题上的立场，保卫《莫斯科宣言》，平心静气地、开诚布公地说明自己对中国同志的错误观点的态度。

对于邓小平在第一次会谈发言中指出的“苏联方面在苏中边界上挑起了几次边界事件”，科兹洛夫矢口否认，并声称苏联方面过去和现

① 科兹洛夫提及的《列宁主义万岁！》等三篇文章，直接或间接地批评了苏共和其他兄弟党在列宁主义的理论和策略基本问题上的立场。——作者注

在一贯遵守有关苏中边界的条约和协定，断言苏中之间不存在任何边界问题，反而诬陷中方企图人为地制造边界纠纷。

科兹洛夫还谈到"答复书"纠缠的一些历史旧账：

第一，你们把苏共二十大批判斯大林个人崇拜问题提到了第一位，完全无视中共八大对苏共二十大的肯定评价，完全不谈最重要的、最本质的东西，这就是苏共中央批判了个人崇拜，揭露了个人崇拜对苏联社会主义建设和对国际工人运动的危害，采取了坚决措施消除个人崇拜的后果。你们企图把这方面的一切功劳都归于《人民日报》上两篇文章，你们硬说只有这两篇文章给了斯大林以"全面的评价"。我们不贬低这些文章对中国共产党人的意义，但我们认为，在苏共第二十次代表大会的决议中、在苏共中央 1956 年 6 月 30 日的决议中，以及其他文献中对斯大林同志的作用做了全面的评价，既谈到他的积极活动，也批评了他的错误。①

第二，"答复书"将 1956 年夏秋之际发生的苏波关系问题和"匈牙利事件"，作为中苏两党中央严重分歧的第二个原因。其实这些问题在苏、波、匈三党中央之间早已解决了，我们对 1956 年秋天事件的估计完全一致。"答复书"中指责苏共领导于 1956 年调动了军队。那次调动军队是在极其紧张的国际局势下进行的，特别是以梵蒂冈为首的天主教会，准备向波兰的社会主义力量开火！由于以哥穆尔卡同志为首的波兰统一工人党领导中的健康力量采取了有原则的、灵活而又坚

① 对斯大林的评价上，中国共产党主张按照历史的本来面目，全面地、客观地、科学地分析斯大林的功绩和错误，而不应当像赫鲁晓夫那样任意歪曲和篡改历史，主观地、粗暴地全盘否定斯大林。1964 年 10 月，苏共中央召开全会撤销了赫鲁晓夫一切职务。苏共中央主席团委员波利扬斯基在为全会起草的报告中指出："应当批判性地评价赫鲁晓夫同志反对个人迷信的立场。难道能把斯大林仅仅描绘成精神病患者、狂热者、靠斧头和断头台进行统治的独裁者吗？这样，把容忍他当权这么多年的党和人民摆在什么地位上呢？不错，斯大林在党和人民面前犯了重大的罪行，为此我们严厉地谴责他。但不能言过其实，不能歪曲事实真相。事实说明，斯大林建立了巨大的功勋。他为巩固和增加伟大的十月革命的成果做了许多事情。所有这些是人所共知的，确认这些事实真相无论如何也不能看做是恢复对斯大林个人迷信的企图。不能贬低斯大林的功勋，更不能一笔勾销这些功勋。"——作者注

决的行动，也由于苏联表明了帮助波兰的这种力量的决心，从而迫使反动势力退却，没有必要采取动用军队的措施。[①]

---

① 科兹洛夫公然说谎。事实上，1956 年 10 月，苏联调动军队包围华沙，是为了阻止波兰统一工人党中央改组政治局、选举哥穆尔卡为第一书记。哥穆尔卡 1945 年至 1948 年任波兰统一工人党总书记。1948 年，由于他反对欧洲九国共产党和工人情报局开除南斯拉夫党，被免除总书记职务并被开除出党，1951 年被监禁，1954 年秘密释放出狱。1956 年 7 月，波兰统一工人党中央召开全会，为哥穆尔卡恢复名誉，并在全国全党平反错案冤狱。

10 月 15 日，波兰统一工人党政治局决定在 19 日召开中央全会。苏共知道波兰党决定开中央全会后，非常紧张，要求波兰统一工人党中央政治局委员到苏联去会谈。波兰统一工人党的答复是在中央全会开完之后再去莫斯科。接着，苏共又建议苏共派代表团到华沙去。波兰统一工人党回答说，他们要开中央全会，无暇接待，要苏共代表团在波兰统一工人党开过中央全会后再来。赫鲁晓夫认为这是波兰统一工人党采取拖的办法，以便中央全会上改组政治局，然后再让苏共代表团去。赫鲁晓夫非常生气，决定不顾波兰统一工人党不同意接待，匆匆率代表团于 10 月 19 日晨飞往华沙。代表团包括莫洛托夫、米高扬、卡冈诺维奇、苏斯洛夫等，苏联的主要领导人都去了。苏共代表团去波兰之前，苏联于 10 月 17 日已下命令调动驻波兰境内的苏军包围华沙，同时调动驻民主德国的苏军向波兰西部边境靠拢，苏联西部白俄罗斯驻军也向波兰东部边境集中。苏联波罗的海舰队则向波兰港口格旦斯克方向集中。

苏共代表团的专机到达华沙上空后，华沙机场以未接到上级指示为由拒绝接受，并要求专机返航。赫鲁晓夫坚持不返航。专机在华沙上空盘旋一个多小时之后（有人说两个小时），声称“燃油耗尽”，波方才允其降落。

当时，波兰统一工人党正在开中央全会。会议由奥哈布主持。奥哈布在会上宣布，现在苏联代表团已到华沙，问大家是否先开会再同苏方会谈，还是先同苏方会谈然后再开会。会上有人主张先同苏联代表团会谈再开会，但多数人主张先选出新的政治局成员再跟苏共代表团会谈。最后按多数人的意见，先开会选出新的政治局的成员，其中包括哥穆尔卡。

赫鲁晓夫率团抵达华沙后，“机场上充满了紧张气氛，赫鲁晓夫走下舷梯，不把前来迎接他的波党领导人放在眼里，而是径直走向迎接他的驻波苏军将领并一一握手，然后转身斥责波党领导人。但再次出乎赫鲁晓夫意料的是，波兰人不再唯唯诺诺，而是敢于顶撞，宾主之间爆发了一场舌战。赫鲁晓夫指着西伦凯维兹总理怒气冲冲地说：“波兰是苏联红军解放的，我不允许你们把波兰出卖给美国人！”西伦凯维兹义正词严地回敬说：“我提醒你，赫鲁晓夫同志，这里是波兰领土，我们是主人，请你放客气点！”话音刚落，哥穆尔卡也补上一句：“我们比你们流的血更多，我们没有出卖给任何人！”赫鲁晓夫明知故问地问其他人：“他是什么人？”哥穆尔卡回答说：“我是哥穆尔卡，正是由于你们的缘故，我刚坐了三年牢！”波党中央第一书记奥哈布告诉赫鲁晓夫，哥穆尔卡已被提名为中央第一书记候选人。这句话触痛了赫鲁晓夫最敏感的神经，他立即大声叫嚷：“要他来（当第一书记）通不过！”“这是背叛！这不仅仅是苏波关系问题，你们在威胁整个社会主义阵营。”在赫鲁晓夫看来，哥穆尔卡的东山再起就是反苏反社会主义的右派翻天，是绝对不能接受的。他闯进华沙，就是要阻止哥穆尔卡上台。根据波兰统一工人党提出的政治局候选人名单，苏联不喜欢的“右倾民族主义”分子哥穆尔卡将被推上台，出任波兰统一工人党中央第一书记。苏联派到波兰掌管波兰军事大权的苏联元帅罗科索夫斯基被拉下马。赫鲁晓夫认为这是典型的反苏政变。（转下页注）

关于“匈牙利事件”，科兹洛夫说，你们责备苏共中央当时似乎打

（接607页注①）苏波两党代表团在19日从上午到下午一直进行激烈的争论。赫鲁晓夫首先指责波兰掀起反苏情绪，谴责波兰党对民族主义情绪不加制止，致使事态迅速恶化。赫鲁晓夫说话非常粗野，态度非常蛮横。会谈很快变成了激烈的互相指责。在两党会谈过程中，赫鲁晓夫看出波兰方面不会同意苏方的意见（不让哥穆尔卡当第一书记），也不会采取措施制止所谓“反苏浪潮”。因为这本来就是苏联干涉波兰内政引起的。

在会谈过程中，赫鲁晓夫同华沙条约国军队总司令、苏联元帅科涅夫商量，并与原来苏籍波兰人、当时任波兰国防部长的元帅罗科索夫斯基商量，了解到目前波兰反苏情绪激昂，华沙正在酝酿示威游行，局面难以控制。波兰军队的情绪也很不稳，很难依靠他们来平息群众示威。于是，与在场的苏共中央政治局其他人商量后，赫鲁晓夫就要科涅夫下令驻波兰境内的苏军部队向华沙前进。

苏联军队的这种行动，很快被波兰方面察觉。哥穆尔卡在谈判中听到这个消息，非常激动，站起来，绕过会议桌，走到苏联代表团那边去，对赫鲁晓夫说：“你们的部队正在向华沙前进，我要求你马上下命令让他们停止前进，返回驻地。否则，将会发生一些可怕的和不可逆转的事。”哥穆尔卡还宣布：“在大炮瞄准华沙的情况下，我们不会谈判。”奥哈布告诉赫鲁晓夫：“如果你们认为能把我们扣在这里而在外边发动武装政变的话，那就大错特错了，我们是有准备的。”

赫鲁晓夫开始时抵赖，哥穆尔卡走出会议室，很快又返回来说：“我证实这是确实的，我要求你马上下命令叫部队立刻返回营房，否则后果要你们负责。现在我要求休会，你们考虑一下答复我们。”这样，会议休会到晚上再开。面对哥穆尔卡等人的坚定态度，慑于人民群众准备武装抵抗的决心，赫鲁晓夫不得不令苏军停止进入市区。晚上会谈的气氛与白天不同。赫鲁晓夫同意波兰统一工人党所做的决定，新选出的政治局由哥穆尔卡当第一书记。波兰方面欢迎苏联的态度。

苏共代表团在20日早晨返回莫斯科。

苏联在10月19日下达向波兰调动军队的命令后，苏共中央就通知中共中央，苏已采取行动，并征求中共的意见。10月20日下午，毛主席主持召开政治局会议。毛主席说，收到苏共中央一个通知，说波兰反苏势力嚣张，要求苏联军队撤出波兰。苏联根据华沙条约，有权力在波兰驻军，有义务保卫东欧社会主义阵营的安全。苏联不能允许反苏事件发展，准备调动军队来解决问题。苏共在通知中表示想知道我们对此有什么意见。毛主席说，看来苏联要武装干涉，但还没有下最后决心。事情很紧急，很严重，所以召开政治局会议，讨论如何答复苏联。列席会议的新华社社长吴冷西报告了关于波兰局势的最新消息（波兰军队已动员，连保安部队也处于紧急戒备状态，华沙工人也武装起来；苏联军队正向波兰调集）。毛主席说，情况非常紧急，我们要早定方针。苏联动用军队来对待波兰这样一个社会主义国家很不妥当。儿子不听话，老子打棍子，旧社会习以为常。但苏波关系不是老子与儿子的关系，是两个国家、两个共产党之间的关系。按道理，两党之间的关系是平等的，不能像旧社会老子对儿子那样。看来苏联就是把波兰当做儿子。苏波关系搞得这样紧张，我看是苏联大国沙文主义造成的。赫鲁晓夫批评斯大林对南斯拉夫的政策不对，可是，他对波兰的政策比斯大林还要厉害。他要动用军队，是严重的大国沙文主义。大家都认为这是一件大事。一个社会主义国家对另一个社会主义国家动用军队，这不仅给帝国主义一个机会，而且无法向苏波两国人民交代，特别是向波兰人民交代，这是违反社会主义国家之间独立平等的原则的。即使按照一般国际法也是不允许的。大家一致认为这是非常严重的问题，建议中央采取紧急措施，（转下页注）

算从匈牙利撤出苏联军队，而你们似乎认为须坚决击退帝国主义者和

（接607页注①）警告苏联，表明我们反对苏联武装干涉波兰。会上，毛主席说，赫鲁晓夫是准备动用武力的，但是，还没有下最后的决心。在这种情况下，我党政治局决定尽快向苏联提出警告，要尽力制止赫鲁晓夫动用军队干涉波兰内政。鉴于形势紧急，政治局会议决定：由毛主席亲自出面，立即会见苏联驻华大使，明确向苏方宣布我党坚决反对苏联武装干涉波兰。

同日晚上七点多钟，毛主席接见苏联大使尤金。毛主席对他说，我们收到苏共中央征求意见的通知，说你们要出兵干涉波兰。我们政治局今天下午开会讨论了此事，我们坚决反对你们这样做。请你马上把我们的意见打电话告诉赫鲁晓夫：如果苏联出兵，我们将支持波兰反对你们，并公开声明谴责你们武装干涉波兰。当时毛主席讲得很严厉，并且一再重复。毛主席说，现在时间不多，你们赶紧回去打电话告诉赫鲁晓夫同志。这样，会见很快就结束了。

10月22日晚七时三十分，毛主席主持召开政治局常委会议，讨论苏共中央邀请我党派代表参加苏波两党会谈。毛主席说，赫鲁晓夫最后还是没有那么大的胆子动用军队干涉波兰。这主要是他在波兰遇到坚强的抵抗。他估计，如果他用武力应付会爆发战争，而且不容易一下解决问题。当然，我们党的表态对他也有一定影响。通知尤金是在20日晚上，北京与华沙时差有六个小时，等于在华沙的20日中午，而赫鲁晓夫软下来是在19日晚上。他在20日回到莫斯科才得知我们的态度。所以决定的因素是波兰的抵抗，波兰坚定拒绝苏共的无理要求。刘少奇和周总理也讲赫鲁晓夫在19日晚上软下来，主要是波兰的因素，但是我们坚决的表态，苏联代表回到莫斯科就知道了，所以请我们参加他们的谈判。常委会最后确定：中共代表团的任务是劝和，方针是着重批评苏共的大国沙文主义，同时，劝说波兰党顾全大局。总的是劝他们协商一致，达成协议，巩固波苏友谊。方式是分别与波兰或苏联代表团谈，不参加他们两方的会谈。会议还决定由刘少奇和邓小平率代表团到莫斯科去。

苏方要求我党代表团要在23日上午乘苏联派来的专机去莫斯科。中共代表团由刘少奇为团长、团员有邓小平、王稼祥、胡乔木。

从10月23日起，苏、波、中三国党的代表团在莫斯科像走马灯似地轮流双边会谈。苏联代表团同波兰代表团谈过后，与中国代表团谈；波兰代表团与苏联代表团谈后，也同中国代表团谈；中国代表团和苏联代表团谈后又与波兰代表团谈。最后，大家一致同意两点：第一，苏波两党尽快再举行一次正式会谈，协商解决分歧并达成协议；第二，苏联单独发表一个关于社会主义国家关系的宣言。

这个宣言10月30日发表了，内容很特别，其中，苏联承认过去在处理社会主义国家之间关系方面有错误，不符合社会主义国家之间平等的原则，声明要改正这些错误，表示要根据互不干涉内政、相互平等的原则解决社会主义国家之间的问题。这是我党代表团在莫斯科同苏联波兰党商妥的。我代表团还答应，在苏联发表宣言后，中国政府发表声明加以支持。这就是让苏方自己先采取主动，我们然后表示支持。这是刘少奇和邓小平在莫斯科设想的方案。29日，中共代表团将这一计划报国内。毛主席在10月30日召开政治局会议，同意这个方案，并在11月1日专门召开最高国务会议，说明情况，征求各民主党派及无党派人士的意见，取得他们的赞成，然后，以中国政府名义发表声明。一度十分紧张的波苏关系，经过苏、波、中三党的三角会谈告一段落。

相关情况可参见吴冷西著：《十年论战（1956~1966）：中苏关系回忆录》，中央文献出版社1999年版；刘彦顺著：《赫鲁晓夫出兵波兰破产记》，《共产党员》2009年第23期。——作者注

反革命分子向社会主义大家庭的进攻。我们不否认，当时中国同志确实向我们提出过建议，但是你们的建议同你们在信中所说的完全不一样。1956年11月，苏共中央把匈牙利的情况告诉了社会主义各国以及欧洲各资本主义国家的共产党中央，并向它们说明了苏联政府把军队开进布达佩斯的动机。当匈牙利面临着变成法西斯国的现实威胁的时候，苏联政府根据匈牙利领导的请求，采取了出兵镇压反革命的决定。所有兄弟党都赞同这一步骤。对此中国同志倒提出了特殊的意见。他们说，苏军于11月4日出兵匈牙利“有些过早”，这样做可能急了一些。如果苏军晚七天至十天或二十天出动的话，那么匈牙利人民可能会更清楚地看出反动派的面目。这就是你们当时的真正观点。中国党为什么重提波匈事件呢？只能助长波匈存在的民族主义情绪，破坏苏联、苏共跟波兰、匈牙利的关系。[①]

---

① 科兹洛夫又在扯谎。事实是，中共代表团刘少奇、邓小平在苏联调解苏波关系过程中，匈牙利事件愈演愈烈。布达佩斯的大学生、市民上街，示威群众要求纳吉上台（纳吉在1953年7月至1955年4月曾任匈部长会议主席，后被解除职务并开除出党，10月又被平反）。匈牙利格罗政府开始下令禁止示威游行，后来又撤销这个禁令。但公安部队已和示威群众发生冲突。情况变得越来越复杂。10月23日，示威游行的规模更大，冲突更加严重。这时，匈牙利劳动人民党宣布撤换原来的总理格罗（他当时任党的第一书记，但有名无实），由纳吉当总理。政府宣布戒严，同时邀请苏联军队帮助恢复布达佩斯的秩序。根据苏联和东欧人民民主国家签订的华沙条约，苏联在匈牙利境内驻有军队，但在首都布达佩斯并无驻军。10月24日，苏联军队进驻布达佩斯（科兹洛夫发言中所谓“当匈牙利面临着变成法西斯国的现实威胁的时候，苏联政府根据匈牙利领导的请求，采取了出兵镇压反革命的决定。所有兄弟党都赞同这一步骤”是指这次，即10月24日苏军进驻布达佩斯——作者注）。这时，匈牙利的军队一批又一批参加示威群众行列。

10月24日，米高扬和苏斯洛夫又飞到布达佩斯，参加匈牙利劳动人民党中央的会议。会议选举卡达尔来代替格罗任第一书记。但是，群众的示威和骚动仍继续不断，情况越来越严重，整个布达佩斯一片混乱。10月25日，新任总理的纳吉发表广播讲话，要求苏军撤出匈牙利，并宣布实行戒严。即使这样，罢工还是在全国范围内不断发生。10月27日，苏联军队基本上控制了布达佩斯。

10月28日，匈牙利劳动人民党中央又举行会议，成立六人小组代行中央职权，以纳吉为首，把卡达尔排挤出中央领导层。这次会议要求苏军撤出布达佩斯。正是在这样的紧急关头，米高扬和苏斯洛夫于10月29日再次飞到布达佩斯。他们在同匈牙利当局会谈时说，苏联党和政府准备从匈牙利撤兵（科兹洛夫在发言中隐瞒了这次撤军的事——作者注）。

10月30日，毛主席主持的政治局会议，讨论了如何对待苏联准备从匈牙利（转下页注）

科兹洛夫还提到“答复书”批评苏共中央1956年10月建议召开社会主义各国党的会议是为了“谴责波兰同志”。他说，苏共中央坚决否定这种猜测，认为这是想达到离间苏共和波兰兄弟党之间的关系的不光彩目的。中国同志歪曲了1956年事件的实质，极力把在解决当时的几乎所有重要问题中臆想出来的功劳加在自己身上。

第三，关于“国际共运内部思想混乱”问题。科兹洛夫说，中共中央的信中说，发表《列宁主义万岁！》等三篇文章是为了“澄清国际共运内部的思想混乱。”这种说法表明中国同志是何等的不正确和傲慢。这种论断不能不使一切了解目前国际共产主义运动内部状况的人感到奇怪。大家知道，由于1956年修正主义者和派别活动分子挑起了斗争，某些兄弟党的队伍中曾产生一定的困难。但是，甚至在那时，都还没有任何一位共产主义活动家，做出过像现在中国同志们所做的这种评价。在1956年，高谈阔论所谓国际共产主义运动内部思想混乱的是我们的敌人和南斯拉夫修正主义者。共产主义运动坚定地抵抗住了派别活动分子和修正主义者的攻击，揭穿了他们，并把他们从自己的队伍中清除了出去。近年来，各国共产党在思想上和组织上都巩固起来了，彼此之间的团结都加强了。

（接上页注①）撤兵问题。30日深夜，我党代表团在莫斯科接到中央的指示以后，于11月1日下午紧急约见苏共中央主席团，向他们转述我党中央的意见。刘少奇严肃地对他们说，如果你们现在撤兵，对匈牙利撒手不管，那么你们将要成为历史的罪人。苏共主席团听了这些话大为震动，但当时并没有表示苏军要留在匈牙利。

11月1日，在我党代表团离开莫斯科回国时，赫鲁晓夫在赴机场途中对刘少奇说，昨天下午中苏两党代表团会谈之后，苏共中央主席团开了一夜会，决定苏军继续留在匈牙利，帮助匈牙利人民保卫社会主义成果。

本来，赫鲁晓夫准备从匈牙利撤出苏军的决定，已由10月29日飞到布达佩斯的米高扬和苏斯洛夫正式通知纳吉政府，苏联军队也开始撤出。11月3日，米高扬和苏斯洛夫又在布达佩斯同纳吉谈判，劝说纳吉放弃原来的决定，留在华沙条约组织，并表示苏联仍然支持他。但是，纳吉拒绝接受这些意见，并且，宣布要求联合国出面干涉，要求苏军立即撤退。11月4日，苏军根据卡达尔工农革命政府的要求重新进入布达佩斯。卡达尔政府宣布解除纳吉一切职务。纳吉跑到南斯拉夫驻匈牙利大使馆要求政治避难。布达佩斯的叛乱很快平息下来，匈牙利全国各地的叛乱也很快平定。匈牙利社会主义政权稳定下来了。这就是历史真相。科兹洛夫混淆事实是不能得逞的。——作者注科兹洛夫说，企图造成这个运动内部思想混乱的是你们中国同志们。你们发表反对各国共产党共同立场的言论，公开反对马列主义重要原理和莫斯科会议文件，这样，你们就会使各兄弟党和整个国际共产主义运动遭受严重的困难。关于这一点，不仅我们，而且其他一切兄弟党的代表们都和你们在布加勒斯特谈过。遗憾的是，目前还看不出你们有倾听我们和兄弟党的呼声的愿望。苏共中央感到遗憾的是，中国同志近来使我们两党的相互关系恶化了。应当肯定指出，在9月10日的信中虽然有不少关于团结的号召，然而看不出想使情况好转的意图。

科兹洛夫指责中共诋毁他们党的领袖赫鲁晓夫，极力吹捧赫鲁晓夫。他说，你们把现有分歧说成不是中共中央同苏共中央及整个国际共产主义运动之间的分歧，而是同赫鲁晓夫同志之间的分歧，你们的这种手段是拙劣的，只会引起我们的愤慨。赫鲁晓夫同志是我们公认的领导者。他代表苏共中央集体的意志，他对马列主义绝对的忠诚，对苏联共产主义建设、对维护全世界和平和保卫所有劳动者的利益进行着巨大的斗争，从而使他在我们党内、国内和全世界获得了无限威望。①

① 实际上当年赫鲁晓夫正极力加强自己的个人专政，科兹洛夫所谓的赫鲁晓夫“代表苏共中央的集体意志”以及对他的歌功颂德纯属“不实之词”。让我们看看1964年10月，苏共中央主席团成员波利扬斯基起草的向苏共中央全会的报告，是如何评价赫鲁晓夫的吧。报告指出：

这些年来，由于赫鲁晓夫同志的过错，我们这里形成了一种令人不能容忍的局面，使得中央主席团不能正常地进行工作。赫鲁晓夫同志把无限的权力集中于自己手中，却完全不善于而且也不愿意正确地运用这一权力。他粗暴地践踏领导党与国家的列宁主义原则和准则，实质上是完全放弃了这些原则和准则。赫鲁晓夫同志尤其在最近一个时期以来摆脱苏共中央及其主席团的监督，公然无视党与政府领导集体的意见，不再考虑同志们的主张，不再把任何人看在眼里。最近以来，甚至重大的原则性问题也都由他一个人作决定，而任何一项合理倡议，只要不是出于他本人，则一概予以压制。他自以为绝对正确，骄傲自满，毫无根据地企图充当马克思列宁主义的伟大理论家和实践家。他对待同志高傲自大，粗暴无礼，缺乏容忍态度，习以为常。现在，在主席团会议上除了他，已经没有任何人发表意见。如果有谁也谈谈自己的意见，立刻就被打断。是啊，谈也没用，反正第一书记我行我素。怒气冲冲的吼叫，强迫命令，粗暴淫秽的污辱，恶毒的谩骂，这样一些“方法”已经成了他习以为常的行为准则。对中央主席团委员们，他完全是采取“分而治之”的狡猾手法：先打一个人，过一阵子则用甜言蜜语去拉他一把。然后，又去对另一个人如法炮制。他这种做法往往把同志们搞得意志消沉。他使用的一种最可怕最阴险的“方法”就是，不给主席团任（转下页注）

科兹洛夫说，赫鲁晓夫同志不遗余力地捍卫着伟大的和平事业，无情地揭露帝国主义者及其侵略阴谋，坚定地、一贯地保卫着工人阶级的事业。正是他，在现代帝国主义巢穴中——美国，勇敢地面对我们的敌人宣称，工人阶级将埋葬资本主义，现今一代美国人的子孙将会生活在共产主义制度下。难道这像某些中国同志所写和所说的那样是对帝国主义的美化吗?

赫鲁晓夫同志为和平而进行着积极的斗争。现在赫鲁晓夫同志又

(接上页注①)何委员以工作，而对那些真想干些事情的人，更要动手打人了。甚至连出差也禁止，在他看来，这是游手好闲和游山玩水。他想用这种方法达到一箭双雕：第一，给人一种印象，似乎一切全靠他一个人，只有他才是真正地工作，而所有其他人都是懒汉；第二，这使他可以随心所欲地打击干部。与此同时，他挑选干部越来越不按德才兼备的原则，而按忠实于个人、叫干啥就干啥的原则。他公开提倡巴结献媚、阿谀奉承、放肆鼓吹赞扬他个人、美化甚至歪曲事实这样一些令人不能容许的风气，并助长此类现象。对于不合他的心意或者敢于反对他的人，他越来越采取威胁的方法。而人们又不能不理睬这种威胁，他们知道这个人手中掌握着何等巨大的权力，他在性格上是何等放荡不羁与专横霸道。他甚至连最起码的礼貌和行为准则也不顾及，满嘴脏话，令人厌恶。正如俗话所说，他的话难听得都不堪入耳，就连铁石般的蠢货听了，也会脸红。什么笨蛋、二流子、懒汉、臭气包、臭苍蝇、落汤鸡、臭狗屎、粪便等等，不一而足。但这还仅仅是“报刊上公开发表的”他所用的那些侮辱人的话。而他经常“通用的”那些话，则是根本不能见诸报章，也是令人难以启齿的。他不分场合，甚至当着妇女的面也满口吐脏话。只有那种完全丧失一个领导人的全部品质的人，才能下流到这种地步。

自然，这种事并不是一下子，而是逐渐发生的。他一天一天地脱离现实生活，不再听取现实生活的要求，也越来越不了解群众的情绪，不知道群众在想些什么、在怎样地生活。有些同志可能会反问：怎么会这样呢? 尼基塔・谢尔盖维奇不是经常在国内走动嘛！是的，他的确常常下去。但他在下面看到的并不是真实的生活，而是他想要看到的东西。他现在下去视察，已经不是去向人民学习，不是去听群众说了些什么。不是，他是没完没了地去教训大家，他自己总是滔滔不绝地讲话。

正因为如此，由他主张推行的一些措施，都造成严重挫折，致使国民经济的发展、党政建设、提高劳动人民生活水平的种种措施以及解决国内外政策中其他若干问题等方面，都出现了重大的缺点。不得不令人痛心地承认，由他倡议提出的某些措施，执行的结果不止一次地使我们党、苏共中央和我们全国陷入不利的境地，使我们党和祖国的威信受到明显的损害。

简而言之，赫鲁晓夫同志力图把自己置于党、党的领导机关和全国之上。他个人专权的欲望和派头，至今已表现得十分明显。他实际上是树立对自己的个人迷信以取代对斯大林的个人迷信。

波利扬斯基的报告对赫鲁晓夫的评价再明确不过了，局外人任何的评论都是多余的。——作者注

去纽约参加联合国大会。当然，他可以留在家里。这是再也安静不过的。但是，这样能对我们共同事业有利吗？当然不会有利。赫鲁晓夫同志以他的威望、以他对工人阶级事业坚定的信念、以他灵活的策略，使帝国主义者的队伍陷于混乱，促使他们阵营中的矛盾尖锐化，给广大的人民群众指出了反对战争，以及反对战争传播者——帝国主义者的斗争道路。[①]

---

① 波利扬斯基报告中对赫鲁晓夫在对外政策方面所犯的错误也做了严厉的批评。报告列举1956年秋天的苏伊士运河危机、1958年秋天的"柏林危机"和1962年秋天的加勒比海危机，指出赫鲁晓夫的政策"在七年中，在无任何重大理由和根据的情况下，使苏联三次陷入战争边缘，是他企图通过战争来威胁帝国主义的途径去推行对外政策的一种特殊'方式'"。报告指出赫鲁晓夫关于"只要苏联和美国谈妥，世界上就不会有战争"的口号是不对的，是迎合美国要称霸世界的意图；把英、法和联邦德国视为俯首帖耳执行美国人意志的国家，然而法、德等国的实际情况并非如此。这种口号会使欧洲的一些小国臣服于美国，也会恶化我们同社会主义国家的关系。

报告还就苏联同社会主义国家关系上出现的问题批评了赫鲁晓夫。报告指出，"现在，社会主义体系内部，已经出现令人非常担心的局面。这些国家实际上已经分成了三类。第一类是跟着苏联走的国家；第二类是跟着中国走的国家；第三类是超脱于这两类之外的国家（如南斯拉夫和近期加入的罗马尼亚）。社会主义阵营已经出现了完全现实的分裂威胁。"报告认为，出现分裂危险的主要原因，是中国领导人进行的破坏活动。同时，报告指出，还有其他一些原因，在这些原因方面，赫鲁晓夫同志是有过错的。他在同兄弟国家领导人谈话时，表现粗暴，缺乏涵养，高傲自大，语出伤人。他当众称毛泽东是"老套鞋"，后者知道了，当然大怒。在访问罗马尼亚期间，他同乔治乌－德治谈话出言不逊，粗暴干涉罗马尼亚的内政，叫喊他们对农业一窍不通，尽管这并不符合事实。不久前，赫鲁晓夫在同卡斯特罗的好友本·贝拉谈话中，他说卡斯特罗是头见到任何一块红布都会猛扑过去的公牛。类似这种令人不能容许的评语，他还不止一次地用在其他同志如乌布利希、哥穆尔卡等一些同志身上。而且，对于他们，他是今天骂，明天就把他们捧上了天。当着大庭广众和本人的面，他说的是一套，而在背后，他说的则是另一套。这种做法不会有助于团结。无怪乎列宁当年曾经告诫说，个人的品质是会造成分裂的。报告还讲道，促使一些社会主义国家在同我们的关系上保持警觉，还有一个原因就是赫鲁晓夫同志提出了一些有百害而丝毫无利于社会主义国家团结的想法，例如，他策划出一些要保加利亚和蒙古人民共和国自愿并入苏联的计划。当向蒙古同志们提出这个问题时，他们根本拒绝讨论这个问题。在保加利亚，当人民获悉这个传闻时，当即爆发出颇使我们的朋友们感到意外的民族主义情绪。事情竟然发展到这种地步：一些民族主义分子打着"我们不想变成莫斯科的一个省"的旗号，把不少人联合了起来。赫鲁晓夫同志另一个同样危险的主张是：对于社会主义国家之间的领土争端，采取设立仲裁机构或民意测验的办法。试问社会主义国家中，有哪个国家能根据第三国的裁判而把自己的领土交给另一国呢？或者说，某一领土的归属问题怎能够不由该国全体人民、该国政府来解决，而只由住在该领土上的居民来解决呢？这是同载入我们纲领的社会主义国家间关（转下页注）

科兹洛夫说，赫鲁晓夫同志在国内政策方面也有着巨大的功绩。中国同志现在企图为斯大林辩护说，这是我们的第二把刀子，正如彭真同志在苏共中央谈话对我们所说的那样。且不说斯大林的其他错误，你们是否知道，在他的晚年由于他的没有远见的政策，由于他脱离了人民，我们的国家曾遭受巨大的困难。我们的粮食、蔬菜、土豆，供工业用的农业原料的情况都很糟，那时，形成了对国民经济的不正确的领导形式。

对你们来说，了解如下的情况不是没有意义的，那就是斯大林幻想过，我们每年要收获二十亿普特商品粮。而现在由于在经济政策方面实现了赫鲁晓夫同志所创议的大胆措施，对我们来说就是收购三十亿普特商品粮也还嫌少。1958 年我们收购了三十多亿普特粮食，1959 年收购了二十多亿普特，今年我们已经收购了二十多亿普特粮食，现在还在继续收购。今年，如果一切情况都好的话（我们相信一切情况都会好的），那么就将能收到三十多亿普特商品粮。我们的牛奶、肉类和其他农产品的产量都已增加了几倍。我们全部的国民经济都在大踏步地向前迈进。七年计划正在顺利地完成和超额完成。

我国人民现在生活得很好，穿得好，吃得好。我们商店里堆满了

（接上页注①）系的一切原则相违背的。

报告还提到同中国的关系。报告指出："尤其应当提到的是，赫鲁晓夫同志在中国问题上的所作所为是不合逻辑和自相矛盾的。他时而下令要给予坚决反击，时而又建议停止争论。这就在各国兄弟党的队伍中造成了惶惑不安和惊慌失措。一些党同中共进行论战，而另一些党则沉默不语，总之是各自为政。可是，中共领导却未浪费时间。他们制定了计划，精心准备，对我们进行了有组织的进攻。

报告指出，应当承认，在激化同中共领导人的关系问题上，我方在中印边境冲突期间的行为，起了负面作用，并使一些社会主义国家感到迷惑不解。中国人发动战争，是做了蠢事。但不管怎样，中国还是个社会主义国家，而印度尽管百般标榜中立，它也是个资产阶级国家，我们本不应该向它供应武器来反对社会主义中国。

报告指出，不能把事情看成是，在社会主义兄弟国家间以及国际共产主义运动内部发生的思想混乱和行动摇摆的局面中，我们就一点儿过错也没有。我们一方面不能放弃原则性立场，同时我们也应当理智地、更明确地、更细致地实行同所有共产党合作的列宁主义政策。应当永远放弃诸如一些社会主义国家应当"并入"苏联，就各种领土争端实行仲裁与民意测验等等的主张。这些主张决不会给我们带来任何好结果。——作者注

食品及工业品。这一切都是由于我们党、中央委员会和我们的领导者赫鲁晓夫同志本人大胆的创新精神和巨大的组织工作的结果。①

① 还是让我们看看波利扬斯基为苏共中央十月全会准备的报告中如何评价赫鲁晓夫在农业领域的"政绩"吧：

由于赫鲁晓夫同志任性，更正确地说是随心所欲，在农业方面，则犯了更多的错误，而且是非常严重的错误。你们大家都知道，他到处宣扬，使人认为只有他一个人懂得农业，是他，才把集体农业和国营农场几乎从深渊中挽救出来。大家也都知道，他不让任何人插手农业问题，一切都由他说了算。但是，应当直截了当地说，我国农村的状况，就在现在也是令人极不满意的。

真实的情况是：按七年计划规定，1959 年至 1963 年农产品的年均增长速度应为百分之八，而实际上，前四年的平均增长速度为百分之一点七，1963 年则为负增长，总产量按产值计算低于 1958 年指标。五年中，国营农场的农产品的成本理应降低百分之二点一，实际上却提高了百分之二十四。去年，国内甚至连面包都发生了严重困难。为此，赫鲁晓夫同志甚至建议实行凭本供应制度。这是战后过去二十年了。我们不得不被迫拨出八百六十吨黄金，用于向资本家购买粮食。如果农业果真兴旺发达，那么在"伟大十年"过程中，只一次歉收就使得我们越出常轨，想使国家实行可怜巴巴的口粮配给制，动用国家的国防储备粮，迫使从来卖粮的苏联用黄金去买粮。严重缺粮和缺饲料，迫使我们不得不大量屠宰牲畜。其结果是现在肉、油、蛋及其他产品严重缺乏。从一切情况看，今年的牲畜与家禽的采购与去年相比，将大约减少九十万吨。今年下半年肉的销售量将比去年下半年减少百分之三十五。现在，肉类产品的销售各地几乎普遍长时间脱销，而某些工业中心城市今年几乎就没有肉类产品。

我们的农业严重地落后于国家向它提出的要求。我们远远没有满足人民对于粮食的需求，尤其是他们对于面包、肉类、牛奶、土豆和蔬菜这类最主要的生活必需品的需求。

总的来说，我们是在按照赫鲁晓夫的意愿，在农业中由一方摆向另一方，由一个极端走向另一个极端。现在，他到处（包括北方地区）强迫种玉米，而在种玉米烫了手，花费了大量资金与劳动力并无所获之后，就打退堂鼓。于是，他又向各地普遍发布指示禁止种草。过了一段时间，他又打退堂鼓，说必须种草。他时而声称扩大向日葵的播种面积是不适当的，时而又下令扩大向日葵的播种面积。时而大声疾呼在畜牧业中要推广"Z 型挤奶机"，时而又要推广"旋转型挤奶器"。这才真是转来转去呢！这些年来，由于他的过错，真不知还干了多少其他蠢事，犯了多少其他错误了！大家回忆一下可耻的"梁赞州事件"（1957 年，赫鲁晓夫提出"肉类、牛奶和黄油生产赶上美国"的口号。俄罗斯联邦共和国梁赞州委第一书记拉里奥诺夫，在 1959 年 1 月作出保证："要在 1959 年使梁赞地区的肉类产量比 1958 年多二点八倍，并且向国家交售多两倍的肉类。"为完成许诺的指标，梁赞州委决定采取三项措施，包括派出专人到邻近各州抢购牲畜。1959 年 12 月，梁赞州在给赫鲁晓夫发去的一封报喜的公开信中谎称：梁赞州实现而且超额完成了自己的诺言。为表彰州委第一书记拉里奥诺夫，苏共中央主席团和苏联部长会议于12月25日作出决定：授予他"社会主义劳动英雄"称号。然而，纸终究包不住火。所谓"梁赞州的巨大成功"，只是一场特大骗局。州委第一书记拉里奥诺夫意识到"把戏"已被戳穿，只好开枪自杀。——作者注）。他不能不知道，这是冒险行为，但他还是同意了，结果许许多多老实人，虽然与此诡计无关，却大受其害。在他的倡导下，人们搞起扩大集体农庄规模的事来，有的地方甚至把三十来个，甚至（转下页注）

科兹洛夫说，我们在这里提到这些，就是为了使你们知道，在你们信中所流露的那种把赫鲁晓夫同苏共领导、把苏共中央同全党对立起来的这种想法对我们伟大的党的党员是多么大的侮辱。①

科兹洛夫说，在我们的会谈中首先应该研究那些已经产生分歧的现代国际发展的基本问题和世界共产主义运动的战略和策略的基本问题：关于现今时代的性质、战争与和平问题、关于和平共处、关于向社会主义过渡的各种形式及某些其他问题。

科兹洛夫长篇发言后，会谈休息。

四时半继续会谈。接下来的会谈由邓小平发言。

在开场白中，邓小平说道，前天我们听了苏斯洛夫同志的讲话，今天又听了科兹洛夫同志的长篇讲话。我想，你们今天提出的这些问题，我们还需要研究一下。我感到有一个问题，就是尊重事实是非常重要的。②另外有时间，再谈这个问题。究竟是谁的观点符合马克思列宁主义，符合《莫斯科宣言》，是很容易审查的。对这个问题，可以在

（接上页注①）更多的农村合并成一个大集体或成立了根本无法管理的集体农庄。在他的坚持主张下，做出决定，要求限制私养牲畜头数，缩小宅旁园地的规模。其结果是：牲畜遭屠宰，肉奶大量减少，而减下来的宅旁园地则长满了野草。那些先前出售自己产品的人换了一个角色，成了买主。这就使得城市劳动者所需食品的供应状况更加恶化了。

简单谈几句他最后一次在国内的视察。这次视察很能说明问题，他在两周之内访问了足足几十个州、边疆与共和国。可效果怎样呢？没有任何效果！1963年，当国内粮食情况极度危机时，他没有下去视察，因为这对他不利。今年收成情况不坏。于是机会立刻来了，也就有情绪去视察了。但他去哪里并不是没有选择的！他只去收成好的地方。赫鲁晓夫同志不善于也不懂得如何才能搞好农业，于是就一个接一个地发起改革。赫鲁晓夫同志在农业领域整个活动的特点，是极端主观主义、经常超前与过火，不愿意考虑现实情况和农业发展规律。这方面的例子不胜枚举。我们不妨回忆一下他多次声明中的一次，他说：七年中，整个农业重要产品按人均产量计算，要超过美国的现在水平。实际上，我们与人家相比还差得很远很远。要想证明农业情况不佳，证明他在领导上犯有种种粗暴错误，还可以举出一系列其他事实。但是有一点是清楚的，就是不能再继续容忍他对集体农庄和国营农场的领导个人说了算、独断专行了，不能再让一个人在全苏范围内，而且是在如此重要的社会生产部门去搞那些考虑欠周的危险试验了。——作者注

① 科兹洛夫发言中对赫鲁晓夫的极力吹捧，四年后就在波利扬斯基的报告中揭发的赫鲁晓夫个人专政的种种难以置信的事实面前，不攻自破。——作者注

② 针对苏方发言中谎话连篇，邓小平一针见血，点出要害！——作者注

另一个时间专门研究和讨论，今天我也不准备多说。今天我想谈谈我们想说的一些话。

我们首先要说的是，苏斯洛夫同志在17日的讲话中，说什么我们对苏共中央“通知书”的答复是“捏造”，是“诬蔑性的指责”，“不以事实为根据”等等。今天科兹洛夫同志又列举了一系列的事，来证明我们所说的不是事实，例如“波兰事件”、“匈牙利事件”。这两件事，我是从头至尾都熟悉的，我是参加了的。而且就是坐在这个桌子旁边，少奇同志坐在我现在坐的这个位置上，我坐在彭真同志这个位置上。当时我们同苏共中央同志们进行了相当长时间的争论。

胡乔木：我也参加了。

邓小平：是呀，乔木同志也参加了。请你们查一查记录。你们今天说的不确切。苏斯洛夫同志和科兹洛夫同志两次谈话都说我们“捏造”。究竟推捏造，这也很容易审查清楚。黑的说不成白的，白的也说不成黑的。事实终归是事实！[①]譬如，我们对苏共中央“通知书”的答复，是批评了赫鲁晓夫同志。今天科兹洛夫同志又讲了很长一段话，说批评赫鲁晓夫同志就是居心不良。但是，请同志们注意，我们在布加勒斯特会谈时所发表的声明中有一段话，说我们同赫鲁晓夫同志的分歧，总的来说，是属于局部性质的，而且对此表明了我们的态度。实践总会做出结论的，因为它是衡量真理的标准。大家都会从实践中得出教训的。遗憾的是，许多违反马克思列宁主义的论点，都是由我们很尊重的赫鲁晓夫同志讲出来的。在中苏关系上，对中国的攻击，赫鲁晓夫同志也是带头的。这是事实嘛！我们不能讲这是科兹洛夫同志和苏斯洛夫同志，因为我们没有听到他们讲过这样的话。

---

① 1956年秋，赫鲁晓夫为阻止哥穆尔卡当选波党中央第一书记，曾下令调动苏军包围华沙，并率苏共中央代表团赴华沙向波党施压，苏斯洛夫就是代表团成员之一。而“匈牙利事件”期间，苏斯洛夫又和米高扬穿梭式地来往于莫斯科和布达佩斯之间，传达苏共中央的指示，苏军撤出的决定是他面告纳吉的，事隔几日，苏共中央决定苏军再次进入布达佩斯也是他通知纳吉的。今天听到邓小平当面戳穿他的谎言，苏斯洛夫显得十分尴尬。——作者注

科兹洛夫急忙插话声明：我们再一次强调，我们完全同意赫鲁晓夫同志的观点，希望你们注意这一点。

苏斯洛夫也替赫鲁晓夫辩解：你们过于盲目地相信资产阶级报刊的宣传了，赫鲁晓夫同志没有说过对中国不友好的话。

邓小平马上反驳说：不对，我们引的话，不是资产阶级报刊上的，而是在苏中两国报刊上发表过的。请注意，我们引用赫鲁晓夫同志的话，在“答复书”中都是注明出处的。

彭真补充道：而且是在你们中央的报刊上发表的，我们引用的话，都注明了报刊的名字和日期，哪一条是引自资产阶级报刊上的呢？怎么能说是捏造呢？

邓小平说：所有的引语，我们都注明了出处，怎么能说是捏造呢？如果检查一下事实，就会证明你们的指责是毫无根据的。

你们指责我们是“教条主义”，最大的论据，就是说我们把现时代“仅仅看做是帝国主义和战争的时代”。你们在中共的哪一份文件中，在中共领导人的哪一次讲话中，在中共中央的哪一份刊物中看到过这样的提法呢？你们根据什么材料，说我们认为世界大战不能防止，说我们不要和平共处。在布加勒斯特会议上，你们说，彭真同志在罗马尼亚工人党代表大会的致辞里，没有和平共处几个字，你们好像是从这里找到了铁证。但是请你们查一查，我们的报刊一年三百六十五天，有几天没有和平共处呢？就拿你们认为犯了罪的纪念列宁的三篇文章来说，那里对和平共处讲得清清楚楚。你们说我们捏造的其他事情，也都可以一件一件核对清楚。

彭真：在布加勒斯特，在6月22号，我们与苏共代表团会谈时，有的苏联同志说，我在罗党三大上的讲话，没有和平共处几个字。但是，我当场说有争取和平和怎样争取和平的一段话，你们的翻译顾大寿同志在场。我当时曾把这一段话念给赫鲁晓夫同志听了，赫鲁晓夫同志说，照这样讲就没有问题了。

伊利切夫：完全造谣。你在大会上的发言，没有和平共处。所有兄弟党都查了，谁也没有查到。

彭真：你去看一看。我讲的是争取和平和用什么手段去争取和平，难道争取和平就排除和平共处吗？这个问题有大量事实。

邓小平：这个问题，在我们讨论马克思列宁主义的原理和《莫斯科宣言》的原则的时候再去讨论。我们对你们“通知书”的答复，已经充分说明了这个问题。

关于和平过渡，你们在“通知书”里说我们两党之间没有分歧。我们说历来就有分歧，这是事实。难道说这是我们捏造吗？在关于国际民主团体的活动的那一部分，你攻击了我们，我们也做了答复，这些事实也可以查嘛！今天使我们感到惊异的是，像很多人都熟悉的、为时不久的波匈事件，你们都说我们说的不是事实，而你们说的都是事实。我不愿意花时间去多讲这些事件的过程。我倒是感觉到，我们讨论的一个前提应该是尊重事实。根据事实才能做出正确的判断。如果讲捏造，也可以通过事实来检查究竟是谁在捏造。我所以讲这些话，是因为苏斯洛夫同志说，我们的答复充满了大量的捏造，我们有充分的时间把这问题搞清楚。历史会做出判断的。①

其次，我想谈这样一个问题，即对你们在布加勒斯特会谈以后所采取的一系列行动，我们感到忧虑。你们到底想把中苏两党和两国关系引导到哪里去？今天，科兹洛夫同志对这个问题做了很长的答复。坦白地说，对于这个答复，是不能令人信服的。你们关于撤退专家和停止两个杂志的照会，我们都读了，我们也有复照。你们第二次的照会，我们还准备答复。

我提议，在两党会谈的时候，彼此都不要使用外交语言，我们都是共产党人，应该坦率地谈问题。

苏斯洛夫：外交也有各式各样的外交，有社会主义国家的外交，也有资本主义国家的外交。社会主义国家的外交是有党性原则的。

---

① 历史已经做出判断！四年后的1964年10月，同一个苏斯洛夫在苏共中央全会上做了关于撤销赫鲁晓夫一切职务及其原因的报告。——作者注

彭真：不要用那种不同社会制度国家间所使用的外交语言。

邓小平：最好是坦率地深入地来探讨一下问题的实质。譬如说，你们说我们的《友好》杂志散布了什么观点，所以要停办这个杂志。为什么你们的《苏中友好》杂志散布了那么多的在你们看来是马列主义的、但在我们看来是错误的观点，而我们并没有要求它停刊呢？我们不是学习苏联吗？所以我们的杂志也发表了几篇，我们不过是学习苏联嘛！苏联同志总是自己什么都可以干，就是不允许别人干。

顺便讲一下《和平和社会主义问题》杂志，它是各国兄弟党共同办的。那里，中国同志是没有权利发表文章的。只准你们大量地登载在你们看来是马列主义的，而在我们看来不那么马列主义的文章……

科兹洛夫：最近一期《和平和社会主义问题》杂志上所登的中国同志写的关于劳动锻炼的文章，是一篇好文章。重要的文章是登不出来的。就连刘少奇同志的文章，在那里也引起了很大的争论。

苏斯洛夫：顺便说一下，我们没有登多少文章，如果数一下，中国同志的文章，比我们的文章还要多呢！

邓小平：这可以审查事实，事实就是事实。

波诺马廖夫：这个杂志是各国党集体办的，那里只有一名苏联代表，其他还有捷克、法国、意大利等国家党的代表。

邓小平：我们相当熟悉这个杂志。我顺便提到这个问题，以后有时间再谈。

彭真：我再提一句，不要使用不同社会制度国家间所使用的那种外交语言。科兹洛夫同志，你还记得上次我们会谈时你对我曾经说：我们要像在一个党小组会上那样地谈问题。

科兹洛夫：是的，是的。

邓小平：我们要讲真话，讲实质。这样，才对解决两党的问题有帮助，只用资产阶级外交语言谈问题，打官腔，不能解决问题。

谈到问题的实质，我想回顾一下造成两党分歧的一些事实，我们有必要指出，自从去年9月塔斯社发表声明以后，你们采取了一系列的行动。我在前天会谈时讲过，在布加勒斯特会谈以后，这种情况有了发展。你们说中国同志居心不良，攻击赫鲁晓夫同志，攻击苏共中央。总之，是罪恶滔天！

苏斯洛夫：我们没有说中国共产党人，中国共产党有一千多万人。

邓小平：那你是指谁呢？

苏斯洛夫：是指起草对苏共中央“通知书”答复的人。

邓小平：告诉苏联同志，那是我们全党的意见……我可以告诉你们，我们是把事实告诉全党，让他们自己去判断。我们已经把你们谴责中共的“通知书”发到党的相当范围内。赫鲁晓夫同志骂我们的文章，除了他在罗党三大的讲话外，我们几乎都发表了。真理怎样见不得人呢？那样怕！如果你们对，大家都会站在你们方面。我们相信，共产党人是会做出自己的判断的，人民是会做出自己的判断的，一时判断不清，以后总会判断清楚的。为什么那么怕？！

上次我讲了布加勒斯特会谈以后的一些事实。现在再讲一些事实。苏共谴责中共，比这要早得多。所有这些谴责都是公开的，都是在全世界面前、在帝国主义面前、在南斯拉夫修正主义者的面前进行的。你们公开谴责中共和中国，主要是从中印边界事件开始的，也就是从1959年9月9日塔斯社发表声明开始的。在这个声明发表之前，9月6日，少奇同志就和你们的代办谈过话，讲了很重要的话，谈过中印边界问题。少奇同志的谈话中有这样一段很重要的话，他说，尼赫鲁是要你们苏联对中国施加压力。9月9日，苏联代办送来苏共中央8日给中共中央的信，并附来塔斯社的声明。我们外交部的同志也告诉过苏联同志，我们有一个声明，明天发表，请你们等一等，并且表示，请你们考虑你们声明的内容。结果怎样呢？ 9号把声明交给我们，9号当天就发表了。

苏斯洛夫：塔斯社声明是在中印边界事件之前还是之后发表的呢？如果是在中印边界事件之后发表的，尼赫鲁怎么能够利用它呢？因为事件已经发生了嘛！

邓小平：尼赫鲁利用你们的信加紧反华。请苏联同志考虑一下，你们做的这件事，是否符合社会主义国家间的关系呢！为什么连一天都不等呢？那么迫不及待。

彭真：原来说后一天发表，结果是当天就发表了。如果你们这种做法是正确的话，那么所有社会主义国家都可以向你们学习了，都可以把它作为模范了，都可以把它作为学习的教材了。

苏斯洛夫：彭真同志很熟悉。这个问题我们在莫斯科、北京、布加勒斯特都讨论得很详细了。当时，我们采取这个立场是唯一正确的立场。它缓和了中印关系，有助于缓和国际紧张局势，对中国、对整个社会主义阵营、对国际共产主义运动都是有好处的。这对反动派是泼了一瓢冷水。

陈伯达：这是你们的主观想法，但是要看客观事实。客观事实是你们的这个声明不仅鼓励了尼赫鲁反华，而且鼓励了尼赫鲁在国内的反共。

胡乔木：帝国主义都很高兴。

邓小平：在一个社会主义国家和一个资产阶级专政的国家发生冲突时，苏联同志采取这样的态度，历史上是没有先例的，我们感到非常惊异。中国共产党人很了解自己的国际主义义务。请苏联同志回想一下"中东路事件"。苏军在中国东北消灭张学良的两个旅。我们就起来维护苏联，口号是"武装保卫苏联"。所有敌人的机器都开动起来骂我们是苏联的走狗。

苏斯洛夫：我们对此表示感谢。同样，当帝国主义真的威胁中国的时候，我们采取什么态度呢？我们说过，侵犯中国就是侵犯苏联。

波诺马廖夫：这个措施是符合中苏和国际共产主义运动的利益的。

科兹洛夫：这是事实。

邓小平：那是正确的。但是，不幸的是，当尼赫鲁反华的时候，你们支持他反对我们，这是事实。

苏斯洛夫：完全不符合事实，现在我们仍然不愿意中印关系尖锐化，更不想加深社会主义国家与刚刚摆脱殖民枷锁的国家的矛盾。因为这样做只有利于帝国主义。要看到谁是我们的主要敌人。[①]

康生：让我们把话讲完嘛！

科兹洛夫：康生同志别生气，你们不是说不应该用外交语言吗！

邓小平：这是9月9日的事。9月30日，赫鲁晓夫同志在我国国庆宴会上的讲话，指责我们要用武力去试试资本主义的稳固性。10月6日，他在海参崴的讲话中，指责我们是什么“好斗的公鸡”；10月31日，他在苏联最高苏维埃会议上的讲话，指责我们是不战不和的托洛茨基，给我们戴托洛茨基的帽子，不是苏斯洛夫同志发明的。

苏斯洛夫：我没有说你们是托洛茨基。我是说，从托洛茨基以来，没有人向我们提出过这样的责备。

邓小平：我们很高兴，苏斯洛夫同志没有把“托洛茨基”这顶帽子戴在我们头上，赫鲁晓夫同志却给我们戴上了。11月7日，赫鲁晓夫同志向印共《新世纪》周刊的记者说“这是可悲的，愚蠢的。”这明明是说中国，而不是说尼赫鲁。12月1日，赫鲁晓夫同志在匈牙利党代表大会的讲话，指责我们“骄傲”、“抢先”，要我们“对表”。12月4日，在匈牙利党代表大会期间，赫鲁晓夫同志在和我党政治局委员谭震林同志的谈话中，当面批评中国党的方针和政策，包括人民公社在内，都是不正确的。

1960年2月4日，赫鲁晓夫同志在华沙条约国政治协商会议的宴会上，在包括非党人士在内的五百多人的面前，说中国党是冒险主义……

波斯别洛夫：没提中共的名字。

邓小平：是没有提！但是每个人都懂得这些话是指谁。

---

① 苏斯洛夫这位“正人君子”居然也撒谎，当年苏联不仅发表了偏袒印度的塔斯社声明，而且还向印度提供武器，装备印军，而这一支持尼赫鲁反华的严重步骤我们当时并不了解。请看波利扬斯基在他起草的向苏共中央1964年10月全会报告中揭发的事实吧：“我方在中印边境冲突期间的行为起了负面作用，并使一些社会主义国家感到迷惑不解……不管怎样，中国还是个社会主义国家，而印度尽管百般标榜中立，它也是个资产阶级国家，我们本不应该向它供应武器来反对社会主义中国。”——作者注

康生：第二天你们的口头声明，就证明了这一点。

邓小平：要讲实质。中国人并不愚蠢。你们懂得，我们懂得，帝国主义也懂得。他们在那里大量挑拨。在这个宴会上没有指名地批毛泽东是“老套鞋”，所有的人都看着康生同志。他们懂得这是讲毛泽东同志。

苏斯洛夫：你们太重视资产阶级的宣传了。①

邓小平：这是赫鲁晓夫同志自己讲的，怎么能说是谣言呢？

彭真：赫鲁晓夫同志在宴会上是没有指名，但是，你们第二天给康生同志的口头声明即证明了这是讲的中国。

波斯别洛夫：我们当时和康生同志探讨了理论问题。

康生：有记录可查。

邓小平：第二天我们收到了波斯别洛夫同志交来的口头声明。

胡乔木：赫鲁晓夫同志在宴会上歪曲地引用了毛泽东同志的话。赫鲁晓夫同志说他反对说什么战争一旦打起来，几亿人口会死亡，几亿人口会留下来的说法。

波斯别洛夫：这是康生同志捏造，夸大事实，挑拨中苏两党的关系，散布不和。

安德罗波夫（只好继续抵赖）：赫鲁晓夫同志在同中共代表团谈话时，已经回答过这个问题，根本没有那回事。

康生：这是事实。

伍修权：请苏联同志问问良心吧！

邓小平：波斯别洛夫同志说康生同志挑拨中苏两党的关系。

波斯别洛夫：当然是这样。

康生：这是对我的侮辱。

---

① 苏斯洛夫又在抵赖。波利扬斯基在同一报告中指出：“赫鲁晓夫同志在同兄弟国家领导人谈话时表现粗暴，缺乏涵养，高傲自大，语出伤人。他当众称毛泽东是‘老套鞋’，后者知道了，当然大怒”。毛泽东是否大怒，我没听说。但是越南党胡志明主席1960年夏天建议毛主席同赫鲁晓夫直接会谈时，毛主席说，现在人家把我骂得狗血喷头，我去谈什么？显然毛泽东讲的骂得“狗血喷头”是包括赫鲁晓夫所说“老套鞋”之类令人厌恶的脏话。——作者注

邓小平：我肯定地答复你，这种说法是错误的。

苏斯洛夫（无可奈何地说）：怎么还是谈这些事！

邓小平：因为这是事实。接着就是6月间的布加勒斯特会议，请彭真同志讲。

苏斯洛夫：你们讲事实，但是你们从2月就跳到布加勒斯特会议。这个期间发生了不少的事件，报刊上发表了很多文章，在北京举行了世界工联理事会的会议等等。如果没有这些事实的话，那么，布加勒斯特会议也就不会有了。①

彭真：请允许我提一个问题。为什么要召开布加勒斯特会议？我们在莫斯科同科兹洛夫等同志会谈时，他说过，不要扩大我们的分歧，而是要缩小分歧。但是布加勒斯特会议是不是这样的会议？你们在那里干了些什么？刚才苏斯洛夫同志说，如果没有这些事，就不会有布加勒斯特会议。

苏斯洛夫：你为什么这么说？这不是我们一个党的会，在会议之前，我们党在给各兄弟党的信中讲得很清楚。现在我们仍然认为布加勒斯特会议是有益的。通过的公报也是正确的，有好处的。

彭真：科兹洛夫同志说，布加勒斯特会议并不是对我们党的突然袭击，这次会议举行的情况和我们在莫斯科谈的精神不符合。6月2日，苏共中央在给我们党的信中建议在布加勒斯特召开社会主义国家兄弟党会议，就巴黎会议破裂后的国际局势交换意见，我们同意召开会议，但因时间仓促，建议延期召开。你们在6月7日的信中同意延期，同时表示在布加勒斯特可以交换一下意见，但不做任何决定。6月10日，我党复信同意苏共中央这一建议，我党中央正是根据苏共中央6月7日的信，委派了我们党代表团和确定了它的任务，我们代表团在路过莫斯科时曾同科兹洛夫等同志进行了会谈，科兹洛夫说，不要扩大我们

① 真是典型的大党主义！只许赫鲁晓夫骂人，不许被骂者反击。谁敢反击，就要被“围剿”！——作者注

之间的芥蒂。可是在布加勒斯特24日开会的前一天即23日，苏共中央向我党和其他兄弟社会主义国家兄弟党发出了“通知书”。实际上这是一个谴责我们党的“通知书”。我认为，这是苏共在布加勒斯特会议上反对中共的一个斗争纲领。你们的“通知书”上签署的日期是6月21日，但实际上你们在23日才交给我们，而且你们不是经过北京和莫斯科的大使馆交的，而是在开会前几小时，交给我们党的代表团，这使得我们来不及向国内报告和请示，这不是对我们的突然袭击是什么？同志们可以设想一下，如果你们处在我们的地位的话，会做何想法？

科兹洛夫：我们已经有过这样的处境了。在北京召开的世界工联理事会上，你、邓小平、周恩来等同志攻击了我们。这是不行的。上次我们在莫斯科同你会谈时，曾经告诉你，参加北京世界工联理事会会议的法国代表法拉商、波兰代表洛加索文斯基、意大利代表诺维拉以及其他一些兄弟党的代表来到苏共中央，怀着愤怒的心情说他们退出了会议，不听周恩来的讲话。你们是背着苏共中央在进行反对我们党的活动。

彭真：我先回答你这个问题，我可以继续讲下去吗？

科兹洛夫（看表）：你看时间怎么样……

彭真：是否让我讲？是否限制我发言时间？

科兹洛夫：彭真同志，你又讲起这一套了，我毫没这个意思。

彭真：你不是在看表吗？

苏斯洛夫：请你讲下去。

彭真：关于北京世界工联理事会的问题，我们在给你们“通知书”的答复中已经讲得很详细了。过去我们在莫斯科和布加勒斯特同你们会谈时，也曾经谈过这个问题。现在既然你又一次提出了这个问题，我就要答复你，世界工联理事会在北京开会，在文件上把我们的人民公社加上引号，而文件中写到西方自由世界却不加引号。文件中在谈到把裁军节省下来的钱用于援助落后国家问题上，不对我们社会主义国家的援助同资本主义国家的援助加以区别。赫鲁晓夫同志在印尼泗水讲话时曾经谈过这个区别。

科兹洛夫：对，赫鲁晓夫同志的确谈到过。

彭真：正因为有了一些不同的意见，我们才邀请了十七国主要负责同志想在内部谈谈，求得一致的意见。那次原来准备谈五个问题，格里申同志就表示不能听下去，退出了会场。既然有了不同的意见，为什么就不能在内部谈谈呢？怎么能够说这就是我们背着苏共中央反对苏共呢？

科兹洛夫：毫无疑问，事情就是这样。

彭真：请问，赫鲁晓夫同志今年2月4日在五百多人参加的宴会上公开谴责我们，这是什么？目的何在？

科兹洛夫：我作为代表团团员和主席团委员，坚决否认和拒绝你们这个指责。

彭真：我想重复地说，我们是兄弟党，是马列主义者，如果我们犯了什么错误，就应该承认。列宁曾经说过，聪明的人不是不犯错误的人，而是敢于承认自己错误的人。列宁也说过，对待错误的态度是一个郑重的列宁主义的党成熟的标志。犯了错误就应该改正错误，改了就算了。倒是有错误事实不承认，危害很大。

科兹洛夫：那么你们在北京世界工联理事会会议上的行动是不是错误呢？难道这是对的吗？这是列宁主义的吗？

彭真：我要说，你们苏共的领导同志就是只许你们批评别人，不能听别人的意见。如果我谈错了，可以收回。

科兹洛夫：那你赶快收回吧！

彭真：要把问题弄清楚以后再看应否收回。我们只召集了二十五位兄弟党的领导人谈话，而赫鲁晓夫同志在两次宴会上讲话，骂我们。2月4日，在康生同志参加的那次宴会上包括非党人士在内的五百多人参加，在布加勒斯特罗党中央进行的宴会上，有资本主义国家的记者参加，有南斯拉夫的记者参加。在2月4日那次宴会上，康生同志听到对我党的谴责时，本来可以退席，但是他没有这样做。在布加勒斯特那次宴会上，我可以要求回敬一杯酒，在干杯时进行回击，但是我根本未回敬一句。当时我向乔治乌－德治同志说，这个会是骂我们的。他说仅有少数人知道底细。我回答说，不止少数人知道，世界上愚蠢的人不那么多，人们会听出来的。我当时不但没有学习格里申同志的榜样，当场退席，而且拿起酒杯在敬了乔治乌－德治和斯托伊卡之后，又为赫鲁晓夫的健康干杯，我本来也可以学习格里申同志的做法嘛！

波斯别洛夫：当时赫鲁晓夫同志也为你的健康干杯啦。

彭真：那是我为他干杯时他才这样做。赫鲁晓夫同志在罗党三大讲话中，骂"教条主义"时说，列宁会从棺材里爬出来拧我们的耳朵。谁不知道这是骂我们。当时我们听了赫鲁晓夫讲话以后，不但没有退席，而且，我和康生同志都起立了。当时我曾考虑过，作为对他的回答，我可以这样讲：如果列宁真的会从棺材中爬出来拧我们的耳朵，那我们会感到很高兴，因为这说明我们离开列宁还不远，他还可以拧着我们的耳朵，而有些人离开列宁这样远恐怕连耳朵都拧不着了。我还可以这样回答赫鲁晓夫：难道帝国主义真的像衣服上的小纽扣那样吗？如果帝国主义在全世界成了一个纽扣，那还是帝国主义吗？到那时，赫鲁晓夫同志是否打算保存那个纽扣呢？赫鲁晓夫同志是6月21日在罗党三大上讲话的，我是22日讲的。那天晚上我没有睡好，因为考虑是否要在我的讲话稿中加一段话回答赫鲁晓夫。最后我下决心，遵照中央指示不在这种场合同苏联同志、赫鲁晓夫同志争论。

21日赫鲁晓夫同志讲话时，我也曾考虑过是否鼓掌，坦白地说，我们尊重伟大的苏联共产党，尊重伟大的苏联人民，尊重苏共代表团。难道只许你们放火，不许我们点灯吗？你们可以随时随地什么都讲，而我们都不能讲，甚至在小范围内也不能讲。上次科兹洛夫同志和赫鲁晓夫同志都提到我们同兄弟党谈话是反对苏共。库西宁同志给我们戴了一顶帽子，说我们在薄弱环节上寻找反苏同盟军。科兹洛夫同志说我们味道不好。在布加勒斯特会上，我曾经问过赫鲁晓夫同志，难道你们从来没有背着我们同其他兄弟党谈论有关我们党的问题吗？赫鲁晓夫同志瞪了我两眼没有回答。其实你们很早就在进行反对中共的活动了，今年年初你们就开始反对中共了。我想在座的同志都不是年轻的党员，都有相当水平。你们都说兄弟党是平等的。老实讲，我在布加勒斯特是“儿子”，而且是被围攻的“儿子”。

关于布加勒斯特会议，由于你们会前发出了“通知书”，所以在会议开始时，我就问会议主席：这是开的什么会？是按着苏共6月7日的信召开的会，还是一次谴责中共的大会？我没有采取格里申同志的办法当场退席。当时我在会上讲：如果这是违背苏共6月7日的信召开的会，我参加；如果违背苏共6月7日信的建议，就是说不仅要交换意见，而且要通过文件，这样的会我也参加；如果这是一次谴责中共的大会我也准备听下去。我当时没有像格里申那样退出会场。

现在谈突然袭击问题。日夫科夫同志第一个发言，接着诺沃提尼同志发言。他们发言内容同苏共“通知书”一样，都是辱骂我们的。不经协商讨论就要在不过十个小时的会议上通过文件。我当时说：我们党是集体领导的，1957年开莫斯科会议时，我们党的主席毛泽东同志和总书记邓小平同志参加了会议，即便这样，他们也把《莫斯科宣言》的全文发回国内，经过政治局讨论同意后才签字的。而我参加布加勒斯特会议被授权签署文件，我要求给两天时间以便向国内请示。我说：我们代表团的处境很困难，如果我们不同你们一起签字，表示不一致，不好。而签字又没有被授权，没有接到中央指示，给我两天请示时间。连两天时间都不给。当场一个一个指名表决。我只好不参加表决。我当时说：赫鲁晓夫同志，让我请示中央，如果中央对公报草案有修正和补充意见，你们要考虑，这又麻烦你们。赫鲁晓夫同志说一个字也不能改。这不是突然袭击是什么？结果6月25日晚，我们接到中央指示和修正草案。但是这个修正草案不仅一字也没有被接受，而且根本不容许在会上进行讨论。最后我们根据中央指示，说明不论我们的修正草案被采纳或部分地被采纳以及完全不被采纳，我们都签字。同时，我们声明：要在下一次会议上审查我们对公报的修正草案。

希望兄弟党指出修正草案错在哪里。会议上这种做法是不平等的。这是“老子”对“儿子”的做法，而且，不是开明的“老子”的态度，是专制“老子”的态度。所以我发表了声明。事实还很多，我暂时只讲这些吧。

苏斯洛夫：是不是今天我们就谈到这里啊？

你们是否认为有必要在我们的会谈中，集中讨论我们的根本分歧问题及与将来的会议有关的问题，而中国同志却回避这些问题。

邓小平：我们有什么必要回避这些问题呢？要谈的，我们说的这些都是根本性的问题。如果没有平等的态度，而是“老子”对“儿子”的态度的话，就无法谈下去。我们这是两党会谈，要清除这些芥蒂，而不要积累这些芥蒂，否则是很不好的。今天在讲话中，我们列举了许多事实，如果不尊重事实的话怎么能谈？所有这些问题都是原则性的问题。

最后，邓小平站起来要告别时说：在布加勒斯特，彭真同志很不错，经受住了。他有八十多公斤，我只有五十多公斤，而且腿不好。如果是我的话就要被打倒了！（笑声）

19 日的会谈就此结束。

当天晚上，代表团在使馆开会。会上决定，明天仍由邓小平把话讲完，转入实质问题的探讨。从今天会谈的情况看来，苏方很急，想转入决议草案的协商，摸我们的底。明天苏方可能还有几人要发言专门驳斥我们。而科兹洛夫的讲话着重在提斯大林和波匈等问题，做了长篇辩护并给我们加扣“挑拨民族主义感情”的帽子。

第三次会谈于 1960 年 9 月 20 日下午二时至五时五十分进行，双方参加会谈的人员与第一、二次会谈相同。

邓小平首先把话体引入了正题：我准备按着上次的讲。在此之前我想先谈几句。科兹洛夫同志在讲话的最后说，我们的会谈应转向对马克思列宁主义的基本原理、对《莫斯科宣言》的原则、对国际共产主义运动的战略与策略问题的探讨。我们认为这是必要的。苏斯洛夫同志在他的讲话的最后说到，似乎我们想要回避谈论这些问题，对这个问题我想做这样的回答，两次会谈加在一起不超过六个半小时。苏斯洛夫同志和科兹洛夫同志两个人就讲了三个半小时，也就是说，超过了一半的时间。我们讲了两个半小时，而且你们插了那么多话，因此，怎么能够说，我们想回避讨论这些实质问题呢？

我们上次讲的就是最实质的问题，是两党的会谈嘛。既然是两党会谈，我们就需要把心里话讲出来，你们也需要把心里话讲出来。把话都摆在桌面上，只有这样才能找到解决的办法。

现在我接着讲昨天我未讲完的话。

去年9月塔斯社发表声明的前后，赫鲁晓夫同志带头攻击中国。在布加勒斯特会议上，也是赫鲁晓夫同志带头攻击中国。我们不得不提出这样一个问题：这样集中地攻击中国，究竟对谁有利？谁高兴呢？也应当指出，从去年9月起集中攻击中共和中国，正是在赫鲁晓夫同志访美的前后，正是在你们对美帝国主义散布幻想的时候。

同志们，昨天科兹洛夫同志说，赫鲁晓夫同志没有美化美帝国主义。不幸得很，美化美帝国主义的言论，正是集中表现在赫鲁晓夫同志的言论中。我简单谈谈这样几个事实。

1959年9月14日，赫鲁晓夫同志在访美前的公开信中说："我并不怀疑美国总统的善良愿望"，"显然他也是希望找到共同的语言来解决国际争端和改善我们两国关系的"。

9月24日，在匹兹堡讲话中说："我乐于同一位受到本国人民支持、尊重和爱戴的国家首脑进行会谈。"

9月27日，在华盛顿记者招待会上说："我一贯相信，如果人们努力保卫和平，和平就会得到保障。同美国总统艾森豪威尔会谈之后，我的希望更坚定了。因为在同总统会谈时，我感到他也像我们一样在为保障和平而努力。"

9月28日，访美回国后在莫斯科欢迎大会上说："在这个崇高的讲坛上，在莫斯科人、在全体人民、政府和党的面前，我应当说，美国总统艾森豪威尔对当前国际局势的估计表现了一个国家领导人的明智，表现了勇气和毅力。”

“尽管美国当前的环境很复杂，但是他作为得到本国人民绝对信任的人，提出了我们两国政府首脑互相访问的建议，我们对这个目的在于加强和平事业的重要倡议给予应有的重视。”

“我可以非常坦率地跟大家讲，亲爱的同志们！同美国总统举行会谈和讨论具体问题后，我得到这么一个印象，他真正希望清除‘冷战’状态，建立我们两国的正常关系，促进改善各国的关系。”

10 月 31 日，在最高苏维埃会议的报告中说：“我相信，绝大多数美国人都不希望战争，他们希望改善我们两国的关系。以总统为首的美国许多著名人士都理解美国人民的这种心情，都对由于军备竞赛和‘冷战’而形成的局面感到不安，他们希望找到加强和平的途径。”

今年 5 月 5 日，即在美国飞机侵犯苏联领空后，赫鲁晓夫同志在最高苏维埃会议报告中说：“我不怀疑艾森豪威尔总统真诚地希望和平。但是，虽然总统拥有很高的权力，显然还存在着限制他的集团。”

两天以后，5 月 7 日，在最高苏维埃会议上的结束语中说：“我想起了我同美国人的那些谈话。这些谈话给我留下了深刻的印象。现在我仍认为，曾经同我会晤过的人是希望和平，希望同苏联建立更好的友谊关系的。”

“我完全设想，总统一点儿也不知道有架飞机被派入苏联国境未返回。”

5 月 28 日，在巴黎会议被艾森豪威尔破坏以后，在全苏国境先进工作者会议上的讲话中说：“当我在美国同艾森豪威尔总统和美国其他国家领导人会见和交换意见时，我曾产生了这样的印象：艾森豪威尔真的希望和平和希望改善国际局势。应该说，我仍相信总统本人现在还是希望和平的。”

这是同时并行的两件事，一方面集中地攻击中国，参加反华大合唱；一方面美化美帝国主义和艾森豪威尔。在这种情况下，使我们不能不提出这样的问题：究竟苏共中央和赫鲁晓夫同志本人把我们的敌人——美帝国主义摆在什么位置，把一个兄弟的社会主义国家摆在什么位置上。中国共产党对这种情况确实感到忧虑。昨天科兹洛夫同志在讲话中说赫鲁晓夫同志没有美化帝国主义，那么上面引用的这些话，究竟是什么？赫鲁晓夫同志说，要埋葬帝国主义。这讲得好。但是，用上述语言去宣传，去教育人民、去影响人民，怎么能够埋葬帝国主义呢？我们感到，这样不能教育人民，不能麻痹帝国主义，只能使人民丧失对凶恶的敌人——美帝国主义的警惕性。科兹洛夫同志说，这样的宣传，并没有在我们的队伍里造成思想混乱。请大家回想一下，就在那个时刻，当以为苏联所承认的“和平使者”面目出现的艾森豪威尔访问欧洲、亚洲和拉丁美洲的时候，一些共产党的表现如何呢？有好几个共产党做出决议欢迎艾森豪威尔。意大利共产党说，他们才是真正欢迎艾森豪威尔的，而资产阶级对艾森豪威尔的欢迎是不真诚的。法国共产党和印度共产党也做出决议欢迎艾森豪威尔。我们社会主义国家里，有一个国家，在他们的党报上画了一幅漫画，给“艾克爷爷”献橄榄枝。[①] 难道这不是混乱吗？难道这是非常正确的吗？

波斯别洛夫：那是一幅漫画，算什么！

邓小平：漫画也是表现思想的。

波斯别洛夫：那是讽刺艾森豪威尔的。这上面画的是一个天使给艾森豪威尔献橄榄枝，而你们却说是保加利亚的小孩子给他献橄榄枝。

邓小平：让我讲下去嘛！你们讲话我们一次都没有打断。这个事实是客观存在。我再提一次，要尊重事实。

安德罗波夫：那不是事实，是泡沫。

邓小平：讲了那么一大篇美化美帝的话。那么，看看美帝国主义和艾森豪威尔是不是那么爱好和平？是不是那么受到美国人民的绝对信任？这一点已经得到了证明，而且也将为将来的事实所继续证明。

---

① 此时，邓小平拿出保共中央机关报《工人事业报》，指着上面的漫画给大家看。——作者注

我还想提出这样一个问题，赫鲁晓夫同志访美后大肆宣扬“戴维营精神”，究竟这种精神有没有呢？当时有一种宣传，说这次会谈造成了国际关系中的新纪元，究竟有没有这种新纪元呢？这是关于美国。一方面反对和攻击中共和中国，一方面对美国赞扬备至，这使我们很难理解。

其次，苏斯洛夫同志说，塔斯社声明是苏联对中印边境问题所采取的唯一正确的立场。请大家来探讨一下，苏联政府采取这种立场，究竟得到什么好处了呢？是不是使尼赫鲁对外和对内政策改好了呢？是不是因为塔斯社的这个声明就使苏美关系和整个局势改好了呢？那么，让我们看一看尼赫鲁对 U–2 型飞机事件采取了什么态度；又看一看，尼赫鲁政府和他本人在英联邦总理会议上对南非的种族歧视采取了什么态度；又看一看印度政府的代表，在根据日内瓦会议关于印度支那问题的协定所成立的国际监督和监察委员会中所采取的态度是怎么样的；又看一看，最近印度驻联合国代表达亚尔，作为联合国秘书长哈马舍尔德的代表，在刚果采取了什么态度。我们应该审查事实。很难说，《消息报》的下面的这种说法是错误的：“印度政府的对外政策，过去和现在都得到苏联政府的谅解和支持”。干脆你们还可以说，中国人侵略了印度，打死了印度人，中国人是“可悲的、愚蠢的”，所以应当支持印度。请问，这次印度在刚果成了帝国主义的帮凶，你们是否支持呢？根据日内瓦印度支那协定的规定，你们是这个委员会的主席之一，印度代表在印度支那那个委员会里的态度，你们是否也支持呢？

我还想谈谈刚果问题，我们完全支持最近一个时期苏联对刚果所采取的立场；很难理解，刚果问题发生时，苏联所采取的立场。历史已经证明，所谓联合国军队就是美国的军队或美国指挥的军队。这次联合国出兵刚果，实质也就是这样。苏联的报刊一方面赞成联合国安全理事会通过决议出兵干涉刚果；另一方面，又大事宣传安全理事会的作用。7 月 15 日，赫鲁晓夫在致卡萨武布和卢蒙巴的电报中说，在刚果人民日益不满的情况下，联合国安理会做了一件有益的事，通过了呼吁比利时政府从刚果领土撤退其军队的决议。7月20日，《消息报》在一篇观察家的评论中写道，安理会决议的意义在于帮助刚果共和国政府保卫国家的独立和主权。

苏斯洛夫：你引用的文章并没有谈完。在那篇文章中曾经谈到更彻底把比利时殖民主义者赶出刚果。

邓小平：实际上，结果是比利时的军队并没有完全撤出，而美国的军队又进去了。

彭真：安理会的决议，授权联合国秘书长，要给予刚果政府以军事援助。这种军事援助的结果如何，已经很清楚了。

苏斯洛夫：这里指的是对卢蒙巴政府的援助。

彭真：事实上援助的结果又如何呢?

苏斯洛夫：这种援助的结果，不仅仅取决于我们。

邓小平：让我继续讲下去。

苏斯洛夫：希望你们不要歪曲我们的立场。

邓小平：我们没有歪曲，这都是事实嘛!

7月30日，苏联《劳动报》刊登了一幅刚果人民欢迎联合国军队的照片。同日，《共青团真理报》写道："刚果人民赞成哈马舍尔德的到来，期待他采取坚决的措施。"还引用一位刚果人的话说："我们欢迎联合国军队的到来。"

苏斯洛夫：联合国军队都包括些什么人呢？是加纳、几内亚等国的军队。

邓小平：这张报纸上登的照片[①]，就是刚果人欢迎加纳军队的情况。而加纳的军队是由英国军官指挥的，正是这支军队这次封锁了刚果首都的电台和机场。

8月21日，苏联政府就刚果局势发表声明说：非洲的独立国家

① 这时候，邓小平把1960年7月30日苏联《劳动报》交给苏斯洛夫。——作者注

根据安理会的呼吁，用一切方法包括派遣武装力量，赶去帮助这个年轻的非洲国家，同其他爱好和平的国家给予刚果共和国无私友好的支持一样，这对粉碎侵略者在刚果的罪恶活动的阴谋，起到了极其重要的作用。9月10日，刚果的局势已经很清楚了。苏联政府对刚果局势发表的声明还说：不止一次讨论过刚果问题的安全理事会，通过了很好的正确的决议。这些决议在于保证刚果共和国的独立，给予刚果政府援助，以便在这个被殖民主义者破坏的国家中恢复正常的生活，

上面谈到，对社会主义兄弟国家的态度，对美帝国主义及其首脑艾森豪威尔的态度，对印度的态度，对联合国在刚果问题上的态度等等，这些都使我们感到很不理解。

我们还想指出，美国破坏“四国首脑会议”以后，我们全国范围内举行大规模的游行示威和群众集会来支持苏联的严正立场，抗议美国的行动。但是，你们对我们的这种支持，却表示冷淡，看来你们不是那么欢迎。

苏斯洛夫：为什么？我们并没有被美帝国主义吓住。我们打了他们。

彭真：我们全国有五六千万人参加了示威游行和集会，支持了苏联。在北京召开的群众大会，就有一百万人参加，我是大会主席。我们的总书记邓小平同志在这次大会上代表党和政府讲了话。苏联驻华大使契尔沃年科同志也在会上讲了话。

科兹洛夫：这我们欢迎。

彭真：我们总书记邓小平同志的讲话，在你们的报纸上登了几个字？而你们驻华大使的讲话，其中有许多是我们赞成的，也有许多是我们不赞成的，但我们的《人民日报》还是全文发表了。我们党的一个主要领导人，在你们报纸上的地位还不如你们一个大使在我们《人民日报》上的地位。难道邓小平同志的讲话很长吗？不！他比契尔沃年科大使的讲话要短得多。虽然这样，我们还是全文发表了你们大使的讲话。

苏斯洛夫：我们大使的讲话我们自己也没有发表呀！

彭真：问题在于你们没有全文发表邓小平同志的讲话。

邓小平：我是为了讨论而谈到这些现象的，这些现象的出现使我们感到很奇怪。反华运动到了布加勒斯特会议时，达到了高潮。同时，我们还注意到《真理报》新闻局在为各共和国、州、区等地方报纸所提供的一篇文章中说："在现代条件下，譬如在像中国这样的大国里，如果这个国家处于孤立状态，不依靠所有其他社会主义国家的合作和互助，是否能设想顺利地进行社会主义建设呢？这样的国家就会遭到资本主义国家的经济封锁，同时会受到外来的军事打击，它甚至在经受住了敌人的疯狂压力的情况下，也会遭到极大的困难"。这里谈的是中国要受到外来的军事打击和经济封锁。

苏斯洛夫：如果没有社会主义阵营的存在，是会这样的。

邓小平：你们讲的是军事打击，这种写法是什么用意？

彭真：你们说中国会被孤立起来。

苏斯洛夫：过去苏联会处在孤立的地位，当它是世界上唯一的社会主义国家的时候，会处在资本主义的包围中，受到资本主义的经济封锁和外来的干涉。

康斯坦丁诺夫：这是混蛋写的。

伍修权：既然这样，你说，这是不是错误的呢？

伊利切夫：这是无关紧要的。

伍修权：不管怎么说，也是错误的。

苏方数人七嘴八舌地同时说：还不能这样说……

邓小平：我们不再去具体分析这一篇文章了，我们感兴趣的是写这篇文章的目的和动机何在？

康生：我想坦率地讲出我的意见。目前正当苏联同志把思想方面的分歧扩大到国家关系方面的时候，发表这样的文章向我们施加压力，是有一定的目的和企图的。我们不了解你们这是什么用意？

苏斯洛夫：这是诽谤，这是诬蔑性的捏造！

彭真：你们还让不让我们的团长讲下去！

苏斯洛夫：关于这个问题，我可以和邓小平同志谈。

康生：文章在报上发表了，怎么能说是诽谤和捏造？

邓小平：还有一个事实使我们感到惊奇。前不久，胡志明同志和赫鲁晓夫同志及苏共其他几位领导人会面，在胡主席路过北京时，告诉我们这么一个新闻，赫鲁晓夫同志在同胡主席谈话时说，中国在大修成吉思汗的墓，意思是说有“黄祸”的危险。这使我回忆起，去年10月1日，在天安门上，赫鲁晓夫同志对毛泽东同志说过，他似乎听到孟戴斯·弗朗斯说过，现在有“黄祸”的危险，这样的话，是出自赫鲁晓夫同志之口的，并说大修成吉思汗的墓，气味不好。对于这个问题，我想说明一下，首先成吉思汗墓的所在地，是在现在内蒙古自治区，当日本发动侵略的时侯，当地的蒙古人，把它搬到兰州附近，而在解放后，又把它搬到原来的地方。

科兹洛夫：邓小平同志，我要声明，我本人参加了赫鲁晓夫同胡志明的这次谈话，他在谈话中，并没谈什么“黄祸”问题。但是，他确实曾经谈到关于政策中一些民族主义成分的问题，谈到我们如何用国际主义的精神教育干部的问题。

邓小平：为什么关于成吉思汗的墓会引起赫鲁晓夫同志那么大的兴趣。这已经是过去了的历史，我不想多讲。但是我应该说，成吉思汗帝国的出现，是三家有份的，主体是在泽登巴尔同志那里，其次是我们乌兰夫所在的地方，也包括你们苏联的布里亚特——蒙古地方。你们总说欧洲人吃了成吉思汗的苦头，如果谈起这个，首先挨整的不是欧洲人，而是所谓“黄祸”的汉人。

波斯别洛夫：那你们为什么搬他的墓呢？为什么对他那么重视呢？现在倒是应该用钉子把他钉上。

科兹洛夫：波斯别洛夫同志说的对，不应该去修他的墓，而是要用钉子去钉他的墓。

波斯别洛夫：是谁谈过关于他的进步作用问题呢？

邓小平：请大家注意，正是现在你们提出成吉思汗问题，使我们感到不安。

彭真：穆希金诺夫同志在去越南路过北京时，也对我提过这个问题，这不是今年、去年或者是前年发生的事情，而是十年以前发生的事情，当时蒙古人自己提出要修墓，我们怎么能禁止他们呢？

苏斯洛夫：难道这不是发生在中国领土上吗？

邓小平：这是犯了什么罪呢？这是什么“黄祸”危险？有什么民族主义？

苏斯洛夫：我们苏联人，都很仇恨成吉思汗这些人，我想进步的蒙古人也是憎恨他的。

彭真：但是你们却那样喜欢彼得大帝。你们苏共中央首先是赫鲁晓夫同志，想在旅大为马卡洛夫、克鲁泡特金、阿列克赛耶夫修纪念碑，难道这叫做无产阶级的国际主义吗？

波斯别洛夫：在旅大修了这些纪念碑吗？马卡洛夫不同呀。

彭真：你们曾经提出过，我们表示反对，直到现在还没有答复我们。

科兹洛夫：我们苏联的共产党人对待沙皇的态度，你们知道得是很清楚的。这种态度在十月革命中已经充分表明了。

彭真：你们提出为这些人修纪念碑的建议，这都是历史事实。

波斯别洛夫：修纪念碑的问题，那是斯大林建议的。

邓小平：现在我想谈谈大家很注意的一个问题，即朝鲜战争问题。赫鲁晓夫同志今年6月22日和彭真同志谈话时曾经提到这个问题。

彭真：赫鲁晓夫同志当时说，朝鲜战争问题，是由斯大林和毛泽东同志共同决定的。我曾根据事实再三地予以反驳，但他仍然再三地坚持自己的意见。你们苏共中央很清楚，这个问题是你们和金日成同志决定的，决定后才通知我们，怎么能够说是我们呢？在你们做出决定以前，毛泽东同志曾经提过意见。他说，如果发动战争，不只是对南朝鲜的问题，而且是牵扯到美国的问题；不是南朝鲜是否可以拿到手的问题，而是北朝鲜是否能够保住的问题。这就说明，毛泽东同志明确地反对过在朝鲜开战。后来，朝鲜战争打起来了，毛泽东同志说，如果敌人打过三八线，苏联不便出兵，为了保卫朝鲜，为了中苏友谊，为了保卫苏联，为了社会主义阵营的共同利益，如果敌人越过三八线，中国可以派志愿军。事实就是如此。毛泽东同志是反对的，为什么一定要说是毛泽东同志和斯大林共同做的决定，你们这样做的目的何在？是什么用意？

邓小平：是要证明中国人生来就是“好战的”、“要侵略”。

彭真：要证明我们想“用武力去试试资本主义制度的稳固性”，是“好斗的公鸡”。

邓小平：这些事实，使我们感到很奇怪。

科兹洛夫：你们为什么要在这里散布谣言，粗暴地诽谤我们党和党中央。你们知道赫鲁晓夫同志用照会通知艾森豪威尔说，如果美国敢用武力进攻中国，就是进攻苏联。

邓小平：你们究竟为什么说朝鲜战争是斯大林和毛泽东同志共同决定的？

科兹洛夫：这是另外一个问题。

邓小平：我还要再说一次，要尊重事实。这是每一个真正的马克思主义者起码的标准。根据这些事实，我们想再次请苏联同志考虑一下，是不是苏联同志把和敌人和自己同志之间的关系安排得不那么恰当。我们毫不怀疑，赫鲁晓夫给艾森豪威尔的信中所作的声明。在总的方面，我们毫不怀疑苏联对帝国主义的态度。[①]

波诺马廖夫：照你们说的好像我们所作的就是为了维护帝国主义。

邓小平：为什么这个时候对艾森豪威尔那么恭维呢？

苏斯洛夫：你们不要把原则性的路线和外交应酬混为一谈。

邓小平：正是因为不得混为一谈，我们才讲这一点。

苏斯洛夫：而你们却把两者混淆起来。

---

① 此时，苏方的波诺马廖夫、伊利切夫、安德罗波夫等人乱嚷嚷、乱起哄起来，使得会场的情况异常混乱。——作者注

彭真：不要忙于作结论嘛！你们就是不喜欢听别人的话，听不进别人的批评。

科兹洛夫：你们想出了许多罪名诽谤我们党。

邓小平：你们检查一下自己！我们毫不怀疑，苏联在反对帝国主义方面，在国际共产主义运动方面的主导作用。正因为苏联的地位十分重要，它正确或错误都有很大的影响。我们的确感到，在上述问题上，确是有混乱的。我们真诚地希望这种混乱是暂时的。刚才科兹洛夫同志引用赫鲁晓夫同志给艾森豪威尔的信中的关于侵犯中国就是侵犯苏联的这一段话，很好。我们确实请苏联同志想一想，一旦天下有事，是艾森豪威尔靠得住？还是尼赫鲁靠得住？还是社会主义兄弟的中国靠得住？

苏斯洛夫、科兹洛夫等人七嘴八舌地说：这个问题是不存在的。这是对我们的侮辱……

邓小平：但是，现在的确有各种迹象使我们感到忧虑。不要说侮辱、荣誉，讲实质。

科兹洛夫：这些话，应当向你们自己说，因为我们不存在这个问题。我们向全体苏联人民说，侵犯中国就是侵犯苏联。可是邓小平同志你却怀疑这一点。你们这样做就是扩大分歧。

邓小平：请你们检查一下最近你们的言行。我代表我们的党、我们的人民郑重地声明，不管在任何情况下，不论有任何困难，不管受到什么人的攻击和压力，只要苏联有事，只要社会主义国家有事，只要真正的革命的人民有事，我们的党、我们的人民一定坚决站在他们方面。

苏斯洛夫：难道我们不是站在他们方面吗？当1953年柏林危机的时候，我们在全世界面前承担了自己的责任。1956年“匈牙利事件”，我们也帮助了他们。

邓小平：但是，当尼赫鲁攻击中国的时候，你们没有支持我们。

苏斯洛夫：难道你们认为对你们来说印度是了不起的[①]侵略者吗？印度对你们是真正的威胁吗？

邓小平：坦率地说，苏联同志为什么那么急急忙忙地发表声明，目的何在呢？你们说 9 月 10 号发表，结果 9 号就抢先发表了，有什么必要呢？你们解释说，那个声明可以把尼赫鲁拉过来，拉过来了没有？拉尼赫鲁，这难道是一天能够办到的事吗？为什么中国政府的正式意见，你们不考虑呢？你们说，在中印边界问题上采取中立的立场，这对我们是新闻。在社会主义国家与资本主义国家发生冲突时采取中立，这确是新闻。

彭真：而且是资产阶级国家向我们挑衅，而且道理在中国方面。

邓小平：如果真的是中立也好。不讲话，就是中立。为什么那样迫不及待地发表声明，事实上是站在尼赫鲁方面批评中国，我们不理解。

彭真：而且骂我们是“愚蠢的、可悲的”。

邓小平：我们是两党会谈，就要讲心里话。我讲的，你们总是听不进。

你们说我讲的不是事实，是“诽谤”、是“侮辱”，而赫鲁晓夫同志、苏斯洛夫同志和科兹洛夫同志的讲话，就不是那么十分温柔，而是帽子一大堆，我们也还得听。我继续讲下去吧！

中间休息以后，会谈继续进行。

邓小平：上面我谈的都是最带实质性的问题。下面我还想再谈一个最带实质性的问题，兄弟党之间特别是中苏两党之间的关系问题。

我们认为，兄弟党之间应该按着《莫斯科宣言》规定的平等和协商的原则办事，应该坦率地讲自己的观点，应该坦率地把自己心里话向兄弟党讲清楚，同时也应该好好地听听兄弟党的意见。苏斯洛夫同志上次讲话时，的确没有直接说我们的答复用的是帝国主义和托洛茨基的腔调，但是实际上说我们的答复总有点像帝国主义和托洛茨基的

① 原文为：Серьезно，直译为严重的。——作者注

腔调。

苏斯洛夫：这完全不符合事实。

邓小平：实际上，还是不习惯听别人的意见。苏斯洛夫同志，你们的“通知书”就那么温和、那么正确，而我们的答复就那么不温和、那么不正确，那么恶劣。你们可以捏造事实攻击我们，把它说成是为了“团结”，而我们根据事实的回答就是“捏造”，就是不要“团结”。你们的“通知书”就那么平心静气，而我们的答复就那么不平心静气，我看很难说这是公平的。我们赞成苏斯洛夫同志第一次发言所讲的那两句话：所有兄弟党的代表将会了解到这两个文件，都会看到这两个文件有哪些原则性的差别。苏斯洛夫同志又说：只要人仔细地去研究事实和文件，他们就会再一次确信，真理是在谁那一边。这个话讲得很客观，很正确，我们赞成。

苏斯洛夫：总算这两句话是翻译对了，你也听对了。

邓小平：历史会做出判断的。历史裁判是任何阶级、任何政党、任何个人都逃避不了的。我们相信有些事实是要经过历史的发展来证明的。我们深深地感到，正如我们代表团在布加勒斯特的声明所说的，赫鲁晓夫同志在布加勒斯特会议上的恶劣做法不是以平等的态度来对待兄弟党，而是以一种“父子党”的关系来对待中国党。我们多少年来就有这种感觉，你们不是以平等的、兄弟国家的态度来对待中国，而是以“父子国家”的态度来对待中国。我们愿意举几件事来说明这个问题。

1955年2月4日，苏联远东军区提议，我们派代表团商谈签订一个关于防空协同动作计划的协定。当时，我们派副总参谋长陈赓同志参加。在谈判中协定本身就是不对等的，协定没有中文稿，陈赓同志不懂俄文，连内容都不知道是什么就让他签字。

彭真：他像我一样不懂俄文。

邓小平：我们批评了陈赓同志，但是我们原谅了他。我们党历来教育我们的干部要相信苏联同志不会有什么差错的。我们完全是一个信任的态度。后来我们政府审查了这个协定，发现是不平等的，这个协定至今未被批准。

彭真：签字的文件只由苏联保管，我们没有。

邓小平：1955 年 9 月 27 日，苏联外贝加尔军区同我们沈阳军区签订了一个对空情报协同动作计划的议定书。我方派了周赤萍将军。他吸收了第一次的教训。这次也感到不那么平等，他说要请示国内。他当时没有带电台，请苏方通过在北京工作的苏联专家转了电报，请示可否签字。空军司令刘亚楼同志答复他：不能签字。但是，外贝加尔军区的同志没有把电报给周赤萍同志看，而捏造说刘亚楼同志要他签字，结果他就签了字。后来政府查出来了，这个协定也没有被批准。

彭真：赫鲁晓夫同志在 6 月 26 日布加勒斯特五十一国兄弟党会议上，提出这个问题指责我们，我当时不清楚这个情况，没有回答他。

邓小平：还讲一个长波电台和共同舰队的问题。

彭真：从 1958 年 4 月起，苏联同志提出在中国建立长波电台，你们要百分之七十的所有权，百分之三十所有权归中国。我们提出，钱完全由我们出，建设起来共同使用。你们无论如何不赞成。后来你们又提出一家一半。我们还是提：你们出器材，我们出钱，建设起来双方使用。我讲一句不好听的话，但它是真理。日本同汪精卫共同建设公司还给汪精卫百分之五十一，自己留百分之四十九，而你们要百分之七十，这是平等吗？赫鲁晓夫同志在布加勒斯特会议上指责我们没有国际主义。我们建设起来，双方共同使用，怎么说没有国际主义？

邓小平：我谈谈共同舰队问题。1958 年，苏联方面提出建设共同舰队，我们表示不赞成。1958 年 7 月 31 日到 8 月 3 日，赫鲁晓夫同志去中国的时侯，同毛泽东同志讨论过这个问题。当时我们告诉赫鲁晓夫同志，长波电台和共同舰队是与主权有关的问题。我们表示，赫鲁晓夫同志在 1954 年访问北京的时候决定撤销几个不平等的东西，如四个合营公司、旅大、中长路等，这是正确的。

彭真：本来还有一个很不平等的问题，就是不准第三国人去我国东北和新疆。这个问题当时没有谈过。新疆和东北是我国的领土，为什么第三国人能否去要由你们决定呢？后来，米高扬同志去中国解决了这个问题。我们对此表示感谢。

苏斯洛夫：为什么已经解决了的问题，又重新提出来呢？目的何在呢？

邓小平：对那些已经解决了的几件事，我们表示感谢，但是就在赫鲁晓夫手上又出现了这么两件事。当毛泽东同志对赫鲁晓夫同志说：你看怎么办呢？无非两种办法，一个是你们的办法，一个是我们的办法。照你们的办法，把中国全部海岸线都交给你们，把旅大也租给你们，好不好？赫鲁晓夫同志说：那不好。赫鲁晓夫同志说：我们在这里，那你们干什么呢？毛泽东同志讲：我们上山打游击嘛！

苏斯洛夫：那是开玩笑吧！

邓小平：不是开玩笑，谈的很严肃。

彭真：从此以后，你们就不再给我们原子舰艇的技术资料了。

邓小平：1959 年 6 月 20 日，苏共中央就正式通知我们停止供给原子武器的技术资料了。

其次，谈谈专家、友好杂志和边界问题。科兹洛夫同志对这些问题的解释同你们给我们的外交照会中的说法一样。我再说一遍，问题的本质不在那里。不能说这是不严重的行动。这实际上是把分歧扩大到国家关系上，这是很严重的政治行动。本来专家是订了协定的，但是苏联方面不顾一切，就片面决定撤退全部专家，而且，是一面通知一面撤。杂志也是这样，一面通知一面停。中国人民、苏联人民和全世界人民都会问，为什么苏联要撤退专家？这难道不是一个严重的政治行动吗！

彭真：为什么两个友好杂志都停刊，这难道不也是严重的政治行动吗！

邓小平：科兹洛夫同志提到赫鲁晓夫同志在 1958 年向毛泽东同志提出过撤退专家的问题。老实说，赫鲁晓夫同志所以提出撤退专家问题，是因为我们没有同意建设长波电台和共同舰队。那时，我们向他表示过，百分之九十以上的专家都是好同志，都是有国际主义精神的，是受到我们衷心欢迎的，只有个别专家，而且主要是军事方面的专家有些缺点。当时，举的主要事实是军事学院的苏联顾问在上课的时侯，只准讲苏联卫国战争的十大战例，不准讲中国国内战争的经验。赫鲁晓夫说：我们国内不是没有事，我们也需要专家，可以把他们撤回去。他还说，这是我们向他的花园里投石子。两次提到这一点。这是指中国人提了意见。当时，毛泽东同志向赫鲁晓夫同志说，请你仔细看一看，投的是石子还是撒的金子。赫鲁晓夫同志说：我们不要别人的金子。毛泽东同志回答说：我们还是要帮一把力。最后，赫鲁晓夫同志还是提出要撤退专家。毛泽东同志很严肃地对他说，这可是你提的，不是我们提的，是否你们一定要撤？赫鲁晓夫同志说，我只是提提意见。因为科兹洛夫同志提到这个问题，所以我讲了这些话，过程就是这样的，那次没有撤，我们表示感谢。但是为什么现在，在布加勒斯特会后采取片面行动，采取这样恶劣的方式撤退全部专家？能说这是平等的关系吗？能说这是正确的吗？能说这是国际主义的吗？停办杂志问题也是这样的。

彭真：这对中国当然有损失，对两党、两国关系有损失，在国际政治上有损失。赫鲁晓夫同志在布加勒斯特会议上提出防空协定、长波电台、专家等问题作为攻击我们的根据。当时，我对他说：我遵守这样一条界限，你不扯，我不扯，你扯到哪里，我一定跟到哪里。

邓小平：同志们，我们有个感觉，就是我们之间不大平等。坦率地说，中国共产党永远不会接受“父子党”关系。你们撤退专家使我们受到了损失，给我们造成了困难，影响了我们国家经济建设整个计划和外贸计划。这些计划都要重新进行安排。中国人民准备吞下这个损失，准备用自己双手的劳动来弥补这个损失，建设自己的国家。但是，我们热情地希望苏联同志们考虑一下，这样对待兄弟党，究竟对你们有什么好处？

科兹洛夫同志讲话中提到，为什么我们要提出斯大林问题和波匈事件问题。他的意思是说我们居心不良。我们对你们“通知书”的答复说明了这个问题。在我们的答复中说：苏联同志指责我们长期隐瞒自己的观点。为了说明这不是事实，我们才回顾了几年来的一些历史。在列举一些事实以后，我们的答复中还说：这些已经过去的事实，如果不是为了答复苏联同志对我们提出的没有根据的指责，我们本来是不愿意提起的。现在，我们还是这样回答。

科兹洛夫同志谈到边界问题，说我们嫁祸于人。我们准备经过外交途径，彻底弄清楚边界问题的全部事实。今天不想在这里讲。

苏斯洛夫同志在讲话中，几次提到多数、少数的问题，指责我们无视多数党的意见，说我们是高傲的态度。我们始终认为多数并不是在任何情况下都是正确的。正如我们在对你们的“通知书”中所说的：一时的多数，终究不能把错误变成真理；一时的少数，也终究不会使真理变成错误。在多数未弄清是非的情况下，帮助多数弄清是非是必要的，远不是高傲。历史上有过许多这样的事。马克思、恩格斯常常是少数，列宁很长时期也是少数。在中国共产党的历史上，在很长时间内，就是在你们现在所指责我们的那种“教条主义”和“左倾冒险主义”的时期，毛泽东同志是长期处于少数地位的。在四年当中，他只得到一票或者两票。但是，历史最后证明，正确的是少数，是毛泽东同志。我还要举一个例子，赫鲁晓夫同志在布加勒斯特那次有帝国主义记者和南斯拉夫铁托集团记者参加的宴会上骂我们，也讲了多数、少数的问题。原话我记不准确了，大意是这样：我的老朋友布尔加宁当时在主席团里有七票，我自己有四票，结果证明，这种多数在政治上是无用的，简单的数学不是政治。在政治上如此，在思想上更是如此。因此，对多数和少数也要有正确的理解。多数终究不能把错误变成正确，少数也终究不会使真理变成错误。

科兹洛夫：但是，多数可以纠正错误，如果真是有错误的话。

邓小平：只有多数是正确的时候是这样。

伊利切夫：谁确定多数是犯错误的？

胡乔木：谁肯定少数一定是错误？

彭真：错误和正确、多数和少数是两个不同的范畴。

邓小平：你们用多数来证明中共是少数，是错误的。我们建议苏联同志再看看事物的发展。我还要告诉同志们，如果中国共产党人认为他们确实有什么错误的话，那么他们就会像彭真同志所说的那样勇敢地承认错误。但是，当中国共产党人认为他们是正确的时候他们会永远坚持到底。同时，我们还想说，在兄弟党之间，是不存在少数服从多数的组织原则的。在思想问题上更是如此。少数服从多数，多数决定一切，在兄弟党的关系中没有任何法律做过这样的规定。

彭真：《莫斯科宣言》规定是平等的协商的原则，在兄弟党的关系上只能这样。

邓小平：要想利用少数服从多数的原则，把自己的意见强加于人，并且使“父子党”的关系合法化，这是徒然的。

最后我还想谈几句话：我们在上面讲的，问题提得是很尖锐，正像你们把问题提得很尖锐一样。目的是为了什么？为了是要在敌我关系问题上、在是非关系问题上，正确地划清界限；为的是能够真正改变“父子党”的关系。因为只有这样，才有利于国际共产主义运动的团结；有利于两党的团结；有利于反对帝国主义的斗争；有利于保卫世界和平的事业。

我们提出这些批评，你们大概很恨我们。但是请苏共中央理解我们。我们的目的是坦率地交心。为了我们共同的利益，如毛泽东同志所说，我们撒的不是石头而是金子。坦率地说，现在全世界能够向苏联、苏共、赫鲁晓夫同志提意见的人是不多的，如果我们的意见错了，请你们批评。如果我们的意见尽管不好听，哪怕有一点点儿好处，请同志们好好考虑和听取。

上面讲的是最本质的问题。既然我们现在是两党会谈，就要这样讲，就要把这些问题解决。请同志们理解我们，这是一番好意。我们完全赞成科兹洛夫同志在发言最后所说的话，就是对待这些问题应当采取完全客观的、冷静的态度。同志们，你们说在我们对苏共中央“通知书”的答复中没有任何积极的建议。请同志们研究一下这个答复，其中提出了五条建议，主要是如何找到加强我们两党团结的基础，并在这一基础上开好今年11月的莫斯科会议。

总之，最后我还要说：我们始终认为，我们所讲的，仍是部分性质的问题。我们面前有共同的敌人，这个敌人是穷凶极恶的帝国主义。我们有着共同的事业，社会主义和共产主义的事业。老实说，我们谁也离不开谁。我们都是马克思列宁主义者。这是最基本的。

我们相信，根据马克思列宁主义的原理，是可以和能够采取平等协商的态度，我们这些分歧是能够逐步得到解决的。我们把这些问题摊开。科兹洛夫同志反问我们一个问题：我们提出这些究竟要把中苏两党的分歧引向什么方向？我们说，就是要团结起来，共同对敌。

中国有一句谚语，良药苦口利于病，忠言逆耳利于行。中国还有一句话，路遥知马力，日久见人心。中国共产党是不是符合国际主义的标准，是否能够在最困难的时候经得起十二级风的考验，实践将会证明这一点。苏联同志给我们戴了那么多的帽子，使用了那么尖锐的词句，我们并不见怪。同样，请苏联同志原谅我们坦率地提出意见，归根到底，是要团结一致，共同对敌。一次会议不可能解决全部问题，下一次再开。最后，总是要解决的。无论从哪一个角度来看，我们两党、两国只能团结，不能分裂。

会谈中，邓小平列举出一系列事实责问苏方的时候，苏方无人回答，苏斯洛夫脸都红了。苏共方面今天十分被动，个别人曾表示愤怒，波诺马廖夫几次掼铅笔，表示听不下去。最后，邓小平表示，希望苏联能够改变态度，能够坐下来好好谈我们之间的分歧。苏方原来准备一个共同声明草案，但会谈了三次，整个气氛非常紧张，他们不敢也没心思拿出这个声明草案来讨论。

晚七时，代表团回到大使馆。晚饭后，代表团开会。估计对方明天会大力攻击一番，我们决定听下去，顶住。

9月21日十四时举行第四次会谈。苏斯洛夫、科兹洛夫先后发言。今天苏方的发言是一份稿子，由苏斯洛夫和科兹洛夫分别宣读，整篇发言调门不高，对我们提出的事实不做答复，避实就虚，避重就轻。

双方互做一轮发言后，邓小平提出，看来，中苏两党的分歧很大，一时也难取得一致意见。可以考虑两党明天再谈一次后，就此告一段落，没有解决的问题到起草委员会开会时再谈。苏方也表示同意。

9月22日举行了最后一次会谈。会谈一开始，邓小平就讲道：要想一下子讨论那么多问题是不可能的。我想讲的话很短，为了节省时间，我一下讲完，然后让翻译去翻。

邓小平发言摘录如下：

……我们在这次会谈中所提出的敌我关系的问题，兄弟党、兄弟国家关系的问题，是非常严肃的重大原则问题。为了讨论当前时代、争取和平和社会主义的斗争，加强团结等等问题，澄清这些问题是完全必要的。可惜的是，你们的发言，对于这些问题，或者是回避了、抹杀了、转移了论点，或者做了不合事实的答复。你们在讲话中甚至说我们捏造、歪曲、居心不良、丑化苏联、要求特殊地位，等等，这样来取消关于重大原则的实质讨论。这是令人遗憾的。很多尖锐语言、很多帽子，都用出来了，但是这并不能加强自己的论点，削弱对方的论点。

你们把美化美帝国主义及其头子艾森豪威尔说成是外交辞令，把两党两国的重大关系问题当做是"小苍蝇"，这种论断，是我们不能同意的。美化美帝国主义的那些话，决不能解释为外交辞令。这些论点的宣传，给苏联为和平的努力带来了损害，并且造成了思想混乱。必须说，这同你们现在还在坚持的在帝国主义存在的条件下就能实现"没有武器、没有军队、没有战争的世界"的观点，以及其他一系列的观点相关联的。我们不能不再说一次，这种观点完全违反《莫斯科宣言》，脱离马克思列宁主义关于阶级斗争、关于国家与革命、关于资本主义和帝国主义等等基本原理。毛泽东同志、刘少奇同志和其他一些中国同志对于这种观点的批评，是完全必要的。你们昨天发言中对于这种批评进行的指责，我们拒绝这种指责。

关于中印问题，你们说了很多话，其中说到发表塔斯社声明同赫鲁晓夫同志访美的联系。我们也已经充分地表达了自己的观点。在这里，我只想指出一点，你们始终信任尼赫鲁的话，而不信任一个兄弟党、兄弟国家的话，无论如何，这总不能说是正确的。我们相信你们总有一天会发现你们是错的。

关于苏联给中国的援助，我们已千百次表示了感谢。在我们答复苏共中央“通知书”的时候，又一次表示，我们永远感谢这种援助。在这个方面，苏联同志们可以放心。但是，我们必须指出，无论怎样巨大的援助，决不能成为破坏兄弟友谊（例如，片面撤退专家）的理由。而且援助是相互的。你们老是讲援助别人，很少讲互相援助，我们不以为这是适当的。

对于双方不同意的论点，可以继续进行讨论。事实是改变不了的。你们昨天引用的中国报纸关于战争与和平问题的言论，就我们已经检查的来说，可以断定你们的引用完全不正确。希望你们仔细核对。关于长波电台、共同舰队等问题的事实，也希望你们再加以仔细核对。

你们给我们提出了“通知书”，我们提出了答复。在答复中我们详细阐述了我们对时代、战争与和平、和平共处、民族解放运动、和平过渡、反修正主义、反教条主义等问题的意见，并就两党关系提出了五项积极建议。我们希望听到你们就此提出你们的意见。在这两党的会谈中，我们向你们交了心。你们也提出了你们的看法。我们觉得，这次会谈是有益的。我们认为，我们对“通知书”的答复和我们发言中的观点是正确的，希望能得到你们的仔细考虑。有很多观点双方没有能够取得一致，这不要紧，总可以找到很多机会继续讨论。

……我们都应当珍惜我们的友谊。中共中央代表团在这次会谈中讲了心里话，我们弄清事实、辨明是非，正是为了缩小以至消除分歧，决不会加深分歧。

……

接下来，苏斯洛夫发言：

……

会谈的结果，我们得出这样一个结论，即我们两党之间在重大的国际问题上存在着严重的分歧。对于这些问题，我们坚决站在我们在“通知书”中所阐明的立场上，我们也将回答中共中央的来信[①]。

同时我们表示，希望在即将举行的兄弟党会议上，以及在为十一月会议准备文件的起草委员会的会议上，我们能够在马克思列宁主义原则的基础上找到共同语言，这是符合我们两党、社会主义阵营和整个国际共产主义运动的利益的。

……

我党中央再次通过你们向中国共产党中央提出：希望你们更严肃地，如同你们对我们所要求的那样，来对待我们在“通知书”中所陈述的意见，以及我们代表团在这里所说的一切。亲爱的同志们，所有这一切都是以事实和我党的行动为根据的。

为了发展我们的友谊，巩固我们两党和两国人民的友好关系，我们想再次对你们说，亲爱的同志们，请你们停止对我们国家、我们党和赫鲁晓夫同志的攻击，这些攻击就是对我们的侮辱。我们非常明确地证明了我们事业的正确，证明了赫鲁晓夫同志的正确，他反映着我们党中央的路线和我国人民的路线。

苏斯洛夫讲话之后，邓小平讲道：我们完全同意苏斯洛夫同志的话，大家都应该如此，并且有信心。

科兹洛夫说了一句：应该用一根白杨树杈子插在帝国主义的坟墓上。[②]

① 指中共中央对1960年6月21日苏共中央给中共中央的“通知书”的“答复书”。——作者注

② 意思是把帝国主义镇住，使它永远不再为害。——作者注

下午四时会谈即结束。这样，中苏两党会谈无结果而散。五时三十分，苏共代表团在克里姆林宫的叶卡捷琳娜大厅宴请中共代表团。席间大家都表示了一番友好。

根据杨尚昆主任的安排，代表团大部分工作人员留在莫斯科等候起草委员会会议的召开。我们翻译班子大部分人员留在使馆不回国，参加 9 月底和 10 月的会议。

同日晚十一时，代表团赴机场乘专机回国。到机场送行的仍然是参加会谈的苏方全班人马。

9 月 23 日下午三时四十五分，中共代表团乘坐的专机飞抵北京。

二赴莫斯科：二十六国文件起草委员会会议

中苏两党代表团在莫斯科会谈期间，每天都把会谈的情况用电报向党中央、毛主席报告。毛主席曾多次主持常委会议，讨论代表团的报告和请示，并电复指导中共代表团的会谈。

代表团回国后，9 月 24 日向中央常委做了扼要的汇报。汇报会上，毛主席提出，我们的方针是从团结出发，经过斗争，达到新的基础上的团结。要放手斗，但以不破裂为原则。放手斗争这一点毫无疑义，但斗是为了达成协议，而不是为的要分裂。

二赴莫斯科

中共中央决定参加起草委员会的中共代表团由邓小平任团长、彭真任副团长，团员有：李井泉、陆定一、刘宁一、陈伯达、康生、杨尚昆、胡乔木、廖承志；代表团顾问有：胡绳、熊复、张香山、王力、姚溱、范若愚、朱庭光等。

为了保证安全，中共代表团分两天乘两架苏联专机前往莫斯科。9 月 29 日，代表团的第一批成员：李井泉、陆定一、刘宁一与一部分工作人员，以及澳大利亚共产党总书记夏基、主席狄克逊乘苏联专机赴莫斯科。

当天下午三时半，应苏联大使馆参赞苏达利柯夫的请求，杨尚昆主任接见了他。我担任翻译和记录。苏达利柯夫转交了苏共中央给中共中央的信，询问我党是否赞成八十一国党的会议11月10日在莫斯科举行，并邀请我代表团参加十月革命节四十三周年的庆祝活动。杨尚昆主任表示将向中共中央报告苏共中央的来信，中共中央会正式答复的。杨尚昆主任说，我代表团第一批成员今天上午已出发，邓小平团长等第二批成员明天将启程。八十一国党的会议能不能在11月10日召开，要看起草委员会的工作情况。十月革命节的活动，我们代表团肯定会参加的。

9月30日上午九时，中共代表团邓小平团长、彭真副团长，团员康生、杨尚昆、胡乔木、廖承志，部分顾问、翻译和其他工作人员乘苏联专机赴莫斯科。专机经伊尔库茨克、鄂木斯克，于莫斯科时间下午四时三十分到达莫斯科。

我们乘坐的专机在着陆时竟然发生了一场惊险的故障，以至四十多年后的今天，在回忆这件事的时候还真的有些后怕！

当专机飞抵莫斯科机场上空时，飞机机长已经放下起落架即将着陆。我和熊复坐在机舱中部的座位上，从左侧的窗口向外看去，可以看到起落架。在飞机着陆的刹那间，坐在机窗旁的熊复突然对我说，你快看，轮胎起火了。就在我侧头看时，就听到隐隐约约传来爆炸声。接着，我就感到着陆后的飞机在滑行中稍向左侧偏斜，一边滑行，一边发出金属摩擦跑道的声音。很快，飞机紧急制动，停在跑道中央。这时机场指挥塔命令专机立刻离开主跑道，开到辅跑道去，空中有飞机即将降落。于是我们这架飞机一瘸一拐地离开了主跑道，停在辅跑道上。只见一辆辆救火车、救护车，风驰电掣般地朝专机开来，后面跟着众多的黑色高级轿车。我记得，当时车载飞机舷梯还没到，代表团的同志，包括邓小平、彭真等领导都是沿着飞机自备的窄梯子走下飞机的。

据熊复和我亲眼所见，飞机的起落架接触跑道时，左侧起落架那组轮子右侧的一个轮胎爆了，接着其他的轮胎都一一爆了，结果，起落架上轮子的金属轮毂直接接触跑道而艰难地滑行。

杨尚昆主任在他的日记中这样写道：

> 飞机降落时，右侧后轮放不下去，只好强行降落，最后飞机停在跑道上，临时运来梯子就地下机。事后据谢尔巴科夫（苏共中央社会主义国家党的联络部中国处处长）等人说，他们曾听到一声爆炸声，并看见一团烟火。情况是十分危险的。救火车都赶到了，幸而未起火，否则不知如何了。

当晚，代表团向中央报告了这一意外事件。当日深夜，代表团接到毛主席签发的急电，“嘱咐代表团务必改乘火车返京”。大家都为毛主席老人家的关怀深深感动。最后，邓小平仍决定乘飞机回国。10 月 24 日，代表团乘飞机安全地抵达北京机场后，同中央领导同志一起前来迎接的邓小平、杨尚昆主任的孩子毛毛、妞妞见到她们的父亲身体健康、神采奕奕地走下舷梯，激动地跑上前去同他们拥抱，不禁哭了起来。不过这已是后话了。

中共代表团抵达莫斯科时，到机场迎接的有穆希金诺夫、波斯别洛夫、波诺马廖夫、安德罗波夫、伊利切夫等人。代表团下榻列宁山上的政府别墅区，分别住在三幢别墅里，团长等人的秘书、警卫、医生也住在别墅，使馆还派来俄文翻译为他们服务。顾问、大部分工作人员都住在大使馆。

杨尚昆主任日记摘录

第二次到莫斯科的行程是由 9 月 30 日到 10 月 24 日，前后共二十五天。在整个起草委员会会议期间，杨尚昆主任记有完整的日记，逐日记述了这次会议的全过程以及会议期间发生的重大事件，为史学界提供了极珍贵的难得的史料。

在我写这部回忆录过程中，翻阅了大量当年的笔记、资料，然而，在查阅到杨尚昆主任这部日记时，勾起我尘封了那么多年的记忆，脑海中立刻浮现出半个世纪前在莫斯科二十余天的情景，就好像是在放一部历史纪录影片，当年在会议上争论、争吵，针锋相对、各不相让的场面一幕幕再现在我的眼前……在征得同意之后，我将杨尚昆主任的日记整理收入到这本回忆录中，这么宝贵的资料定将为我的这本回忆录增加分量。

1960年9月30日

下午六时三十分，小平、彭真、杨尚昆[①]去苏共中央大楼，应苏斯洛夫、科兹洛夫的约见，商谈起草委员会的工作。苏斯洛夫说：（一）本着友好精神，希望起草工作能在原则基础上团结起来，苏共中央准备了一个声明草案，提供讨论。草案是向前看的、积极的和建设性的。（二）会议明天开始，由苏共致欢迎辞，决定程序问题。（三）为了帮助委员会进行工作，建议成立秘书处，各派一二人参加，任务是收集和讨论各代表团的意见，如有争论提交大会讨论。

苏斯洛夫当场交来苏共中央的草案，并附有中文译文：全文分五段：（一）时代；（二）社会主义各国的任务；（三）战争与和平问题；（四）民族解放运动；（五）共产党的战略与策略。共约两万多字。

晚八时到十二时，代表团在大使馆开会，集体读了一遍苏共的草案。在反帝和殖民地问题上调子较高；但其中问题很多，有不少影射我党的，看来免不了一场争论。[②]

代表团将今天到此的情况，写了一个电报，报告中央，并决定将苏共草案的中文本，拟今夜搞好，打印出来，明天晚间派专人乘飞机

① “日记”中此处为“我”，为便于阅读改为“杨尚昆”，下同。——作者注

② 由于我党给苏共中央的答复书中和中苏两党会谈中，批评了苏共的不少错误观点，所以，苏共提出的声明草案加了一些合乎马列主义基本原则的观点，也删去了一些有明显错误的论点，但是，仍然包含了许多错误的观点。——作者注

送回北京。[①]

1960年10月1日

下午一时，起草委员会正式开会（起草委员会第一次会议），地点在克里姆林宫圣乔治大厅（第一次莫斯科会议也在这里）。首先由苏斯洛夫致欢迎辞，讨论程序问题。第一个发言的是法国代表，然后各党代表先后发言。显然是事前安排好的。我代表团邓小平同志也发了言。[②]

会议决定：（一）以苏共提出的声明草案为讨论基础；（二）两天由各代表团研究文件，4日下午二时开大会，做一般性的发言；（三）组织秘书处收集和讨论各代表团的意见，有争论交会议全体讨论[③]；（四）由苏共代表做会议主席。

会议进行到三时完毕。

散会时，有巴西、日本、阿尔巴尼亚、印尼、阿根廷、朝鲜等代表团找我代表团谈话，印度的高士也主动到我代表团来要求接触。苏联同志则侧目而视。

下午三时三十分，小平、井泉、尚昆和刘晓大使在大使馆与阿尔巴尼亚党代表卡博同志长谈了三个多钟头。

---

① 翻译组连夜核对了苏共草案的中文译本，交给康一民处理。中共代表团的翻译组和使馆派的精通俄文的外文官，以及从我留苏学生中选调的高才生组成了一个精干的翻译班子，承担了整个会议期间的文件、发言稿的文字翻译，会议上的中、外方代表的发言的即席翻译和记录，我代表团同苏方会见、会谈的口头翻译等任务。——作者注

② 邓小平说："我们是本着真诚加强团结的愿望来开会的。""目前国际共运中存在一些不同意见，应该在马克思主义基础上团结起来，希望通过协商，起草一个好的大家都能接受的马列主义的文件。"——作者注

③ 会议决定成立大会秘书处，负责修改文件草案，每个代表团派一二个人参加。——作者注

1960年10月2日

上午十时到下午一时，在大使馆同越南同志见面，交换了对草案的意见。

下午四时到九时三十分，同澳大利亚共产党的夏基和狄克逊谈话。

晚七时三十分至九时，应卡博同志之约，再度与他们谈话，商量发言的问题。

今天到我大使馆阅读我党中央对苏共中央“通知书”的答复书的有印度、日本、法国党的代表。

尚昆同志与宁一同志商谈了同各兄弟党代表接触的会外活动计划。苏方提供了各代表团住地和电话号码。宁一午后拜访了印尼同志，明日将再去拜访其他的人。

1960年10月3日

由早上九时起直到次日凌晨二时止，代表团全天都在同兄弟党的代表进行个别谈话。九时到十一时与意共代表谈话。十一时三十分，安德罗波夫送来邀请，下午六时苏共代表团约中共代表团吃饭，并交换意见。下午三时到六时，代表团在大使馆开会。

下午六时到八时，中共代表团赴苏共代表团宴会。今天苏方的目的，似在于创造团结的气氛，想摸我们对草案意见的底。席间，小平同志表示了几点原则的意见。

晚八时到次日凌晨二时，与印度尼西亚共产党代表谈话。

1960年10月4日

上午十时到下午一时三十分，小平、尚昆、宁一接见印度共产党的高士同志，属于问明情况的性质。

下午二时整，起草委会第二次会议准时举行。在会议上，意大利党代表贝林格[①]、匈牙利党代表内梅什[②]、芬兰党代表培西[③]先后发言。休息后发言的有：西德党代表蒙·威廉[④]和蒙古党代表曾德[⑤]。

今天已无人报名讲话，会议到五时即结束。

代表团回到大使馆，讨论小平同志明天的发言稿[⑥]。4日，中央发来电报，指示：对苏共中央草案中的一系列错误观点，必须加以有力的反驳，然后再提出具体的对案[⑦]。代表团接到指示后，认为小平的稿子是符合中央精神的，决定不再改了，只是个别词句加强一些，对声明草案的许多对案准备在秘书处提出来。

1960年10月5日

今天是起草委员会第三次会议，进行一般性讨论。

上午，安德罗波夫同志来电话，通知我代表团的发言排在今天第二个。

下午二时整，起草委员会继续开会。越南党黎笋[⑧]首先发言。接着，邓小平同志讲话，讲话进行了七十分钟。

小平同志针对国际共运中的分歧和苏共草案中的错误提法做了正式讲话，就时代问题、帝国主义、民族解放运动、战争与和平、和平共

① 时任意共中央委员、中央组织部部长。——作者注

② 时任匈社会主义工人党中央政治局候补委员、《人民自由报》总编辑。——作者注

③ 时任芬共总书记。——作者注

④ 时任德共中央负责人。——作者注

⑤ 时任蒙古人民党中央第二书记。——作者注

⑥ 从10月1日开始到4日，邓小平和彭真主持代表团会议，研究了苏共草案，酝酿并讨论了邓小平的发言内容。根据邓小平、彭真和代表团其他成员的意见，胡乔木起草了邓小平的正式讲话稿。经邓小平、彭真和代表团成员几次讨论修改，由邓小平定稿，并交我们译成了俄文。——作者注

⑦ 指修改方案。——作者注

⑧ 时任越南劳动党中央总书记。——作者注

处，资本主义国家党所处的形势、任务和策略，和平过渡、反对修正主义和教条主义的斗争、马克思列宁主义的发展等问题阐明了我们党的立场，批判了苏共草案中影射攻击中共的所谓“滚到与马列主义背道而驰的民族主义”、所谓“不依靠相互援助和单干”，所谓“集团活动和派别活动”等提法；阐明了中国共产党一向坚持反对各种形式的民族主义，特别是大国沙文主义；阐明了社会主义各国关系准则和兄弟党的关系准则；指出兄弟国家之间是相互援助，相互支持，不能把这种援助看做是恩惠，当做是施加压力的手段；反对把一个国家、一个党的意见强加给别国、别党；反对不平等的“父子国”、“父子党”；反对对有不同意见的党不坚持协商的原则，而是把自己的意见强加给别的党，给别的党戴上“少数派别”的帽子，等等。

捷克党代表考茨基[①]和波兰党代表克利什科[②]先后发言。

下午六时结束会议，理由是今天已无人报名发言了。

今天在小平同志发言后，考茨基与克利什科发言，不能不表示态度，但无道理，也说不清道理，其态度是可怜的，水平也是不高的！

晚八时，小平、彭真、尚昆与古巴艾斯卡兰托同志[③]谈话。

1960 年 10 月 6 日

下午二时，起草委员会召开第四次会议，继续进行一般性讨论。

第一个发言的是法国党代表居约[④]。第二个发言的是阿尔巴尼亚党代表卡博[⑤]。

卡博的发言很尖锐，基本问题上与我完全一致。他首先谴责了布

① 时任捷共中央书记处书记。——作者注

② 时任波兰统一工人党中央政治局委员、中央书记、波党议会党团主席。——作者注

③ 时任古巴人民社会党执行书记。——作者注

④ 时任法共中央政治局委员、世界和平理事会副主席。——作者注

⑤ 时任阿劳动党中央政治局委员、中央书记处书记。——作者注

加勒斯特会议，认为是与马克思列宁主义不相符的。然后分五大段来说明阿党的观点：（一）时代问题；（二）社会主义体系问题；（三）战争与和平；（四）和平共处；（五）在争取和平、民主、社会主义斗争中的任务问题。在这一段中包含了三个问题：一是对社会主义党问题；二是和平过渡问题；三是修正主义与教条主义问题。全文万余字，长于小平同志发言。这篇讲话后，无疑会引起争论，对揭开问题，打破封锁是十分有好处的。

休息后继续开会。东德党代表马特恩和英国党代表马休斯[①]先后发言。

会议到六时结束。今天发言的共四人，三天会议发言共十三人，还有一半没有讲话。

晚七时三十分至九时，代表团在使馆会见阿党代表卡博，九时三十分至十二时会见日本同志。

从今天形势看来，苏方已动员进攻。据澳共夏基[②]同志反映，苏方在小平同志发言之后大肆活动，组织各代表团发言，反对我讲话中对苏联指责为大国沙文主义的错误，并指责我国报纸不发表赫鲁晓夫在联合国支持我合法权利的讲话。看来是在组织对我的进攻。我代表团准备第二次发言，把全部问题都摆出来，与之作坚决的斗争。卡博同志也有这样的想法，他也在做第二次发言的准备。

参加会议的有一个大的中间层，十分关心团结，害怕分裂。这是值得注意的问题，应在策略问题上做十分慎重的考虑。

1960 年 10 月 7 日

今天召开起草委员会第五次会议。

上午十时，小平、尚昆在使馆与古巴埃斯卡兰特同志谈话，他向

① 时任英共全国委员会委员。——作者注

② 时任澳共中央主席。——作者注

我们说了与苏方谈话的内容，苏向他做了许多不合事实的解释，把责任推在我党身上。他建议：1.中苏两党应继续会谈，解决分歧，其他党不能表示意见；2.组织小委员会讨论草案，研究分歧意见，以促进工作的进行，大会的广泛的讨论不会有帮助的。小委员会的成员，可以是中苏之外再加欧、亚、拉丁美洲的一个党。

十二时开会。在会上发言的有：罗党代表波里勒①、阿根廷党代表阿贝尔提②、叙利亚党代表巴格达什③、巴西党代表马利诺④、日本党代表官本显治⑤、朝鲜党代表李孝淳⑥、美国党代表弗林⑦。

会议到五时结束，今天发言共七人。罗马尼亚、阿根廷、叙利亚三党代表发言坏，巴西、美国党代表发言不太坏，日本、朝鲜发言较好。朝鲜的态度是我们早估计到的，但较预料为好。

会议决定大会发言结束后，秘书处于星期一（10月10日）开始工作。

当天晚八时至十二时，小平、尚昆在列宁山别墅同法共代表居约谈话。居约用各种方法替赫鲁晓夫解释，小平同志说明了中共的观点。

1960年10月8日

十二时，继续开起草委员会第六次会议。澳共主席狄克逊、古巴党代表埃斯卡兰特、苏斯洛夫先后发言。

苏斯洛夫发言完结后，即宣布今天会议到此为止。还有三个国家党的代表发言，星期一再继续开会（十一时起）。

---

① 时任罗工人党中央政治局委员、部长会议副主席。——作者注

② 时任阿共中央领导人。——作者注

③ 时任叙共中央总书记。——作者注

④ 时任巴共中央领导人。——作者注

⑤ 时任日共中央总书记。——作者注

⑥ 时任朝鲜劳动党中央常委、朝鲜职业总同盟中央委员会委员长。——作者注

⑦ 时任美共中央副主席。——作者注

小平即席声明，中共代表团要求第二次发言。

会议结束后代表团即去使馆，研究和分析会议情况，讨论我代表团第二次发言的内容。

晚八时到十时三十分，卡博同志来谈话，对会议情况交换意见和商谈他们第二次发言内容。

1960年10月9日

今天是星期日。上午，代表团到使馆讨论对苏共起草的声明草案的修正意见[①]。

十一时，越南黎笋、阮志清[②]同志来谈话，他们的意见较前进了一步，但希望我们不要太尖锐了，应以和为贵。

当晚七时许，代表团到使馆讨论小平同志明天的第二次发言稿，到十二时才结束。中间阿尔巴尼亚的阿利雅同志来谈话，交来了卡博同志的第二次发言稿。

1960年10月10日

上午十一时继续开第七次会议。印度共产党主席高士、印尼党代表阿吉托罗普[③]、保加利亚党代表格里戈里耶夫[④]先后发言。

苏斯洛夫提出是否有需要再做第二次发言。马特恩表示不赞成再做一般性的讨论；意共贝林格表示，本想再发言，但愿意放弃，以书面形式发给大会；苏共培西也想做第二次发言，但赞成不再做一般讨论，将

① 10月1日至9日，胡乔木组织代表团顾问研究了苏共草案，逐章逐节地起草了修改意见。经邓小平、彭真和代表团其他成员讨论修改，成为我代表团对苏共草案的修改方案，并翻译成俄、英等文本，通过秘书处发给了与会各党代表团。——作者注

② 时任越南劳动党中央政治局委员、中央书记处书记。——作者注

③ 时任印尼共中央副总书记。——作者注

④ 时任保共中央书记。——作者注

交书面发言；卡博同志说今早已报名，不能只中国说，还有我们，为什么不让说，秘书处为什么如此？蒙古曾德赞成不做第二次发言。

苏斯洛夫说愿意听中国代表团的意见。

小平同志表示：前天我已表示要做第二次发言，对有些同志的发言应表示我们的观点，特别是对苏斯洛夫发言。如果同志们允许我们说，我们当然欢迎，但如果大家通过不做第二次发言，我们也同意用书面形式交出。

匈牙利的领导人内梅什说，可以到 11 月会议上再去讨论。巴格达什说，不同意到 11 月会议再去讨论这样的问题。

苏斯洛夫说，有意见可以交书面的，当然不是号召大家都如此。最好今、明两天开秘书处会议，以后再看如何去进行。

波兰克利什科说，同意不再发言，要求小平同志分发自己的发言。

卡博说，不是一致通过的，应写上，要求发言你们不让。

苏斯洛夫说，是否要表决。

邓小平说，不要表决，以后还有机会讨论。

古巴埃斯卡兰特说，请卡博不要坚持，以便一致。

印尼阿吉托罗普说，不要表决，技术问题可能成为原则。

日共代表赞成不要表决，为了团结一致应有耐心，可否让少数同志说而限制时间。

苏斯洛夫说，大家都愿意明天结束一般讨论，三时秘书处开会。

随即散会。

今天大会后，秘书处开会，只谈了程序性问题，实质的讨论明天开始。

晚间，小平、彭真、尚昆约卡博同志谈话。他对印尼的说话很称赞。

中共代表团将小平同志（10月 10日）的书面发言提交起草委员会。

1960 年 10 月 11 日

十一时到一时，小平、彭真、尚昆同志去苏共中央招待处拜会法、意、澳、古巴和阿尔巴尼亚代表团，每处都只寒暄了不多的时间。

晚间六时去郊外别墅看越南代表团，谈了约一小时。越南同志下榻的地方离我代表团住处大约有二十公里，在森林中。

1960年10月12日

上午十时三十分，小平、彭真、尚昆同志驱车去莫斯科郊区的巴尔维哈疗养院看望法共中央书记处书记杜克洛同志。他患心脏病，已在莫斯科卧床一个多月了，闲谈约二十分钟即回。

昨天秘书处会议，由下午二时到晚间九时，只讨论了五页，争论甚多。如照此速度下去，最快也得四天秘书处工作才能告一结束。我们到此已经是第十二天了。

赫鲁晓夫1960年9月下旬率苏联代表团出席联合国大会第十五届会议，拟定14日回国，访朝时间已推迟。赫鲁晓夫回来后有何做法，值得十分注意并预定对策。还需请示中央。

晚间八时三十分，去大使馆开会。据康生、乔木同志说：今日秘书处会议由中午十二时开到晚七时，争论十分激烈，主要讨论是时代与所谓“单干”问题。与我代表团意见一致的有：阿尔巴尼亚、越南、日本、印尼、朝鲜、澳大利亚，连我共七票。尖锐地与他们对立。苏方的阵脚已开始乱了，处境十分被动。尖锐的斗争还会继续下去。已将两天来秘书处的情况报告中央。晚十二时会议结束。

1960年10月13日

《真理报》今日发表十月革命四十三周年的口号。已告使馆，找人把它们同今年五一的口号比较一下。

下午六时三十分，在大使馆开会，康生、乔木汇报今天秘书处的开会情况。总的印象是比昨天好，观点都已摆出来，两军对峙，旗鼓相当。苏方阵脚已乱，处于被动地位，故在今天会议开始前，推迟秘书处会议一个钟头，专门找我代表团谈话，提出了一段修正案，将“单干”、“民族共产主义”等字样删去，但保留所谓说南斯拉夫一段。我代表团坚决反对，两党会谈无结果。秘书处大会上仍然争论激烈，坚定者比昨天更坚定。昨天反我猖狂者已有所收敛（如德、意、古巴等）。已将此情报告中央了。

七时三十分，卡博同志来谈，交换对几天来秘书处工作的估计，他们的意见与我完全一致。对今后在秘书处会上的做法，双方意见也是完全一致的。

1960年10月14日

十时，意大利的贝林格和小巴叶塔[①]来见康生同志，说是讨论秘书处工作的程序问题，如何才能快些。康生对他们做了答复，指出关键问题在于草案中不应埋伏炸弹，以造成分裂而利于敌人。只要苏方有此愿望，把不正确的地方删去或做修改，工作即可顺利进行，时间也可以节约。要我们在原则问题上让步，或者明明是指责我们的而要我们吞下去，是无论如何也办不到的。意方提议组织小委员会，康生未置可否。看来这是苏方授意他来的。

印尼同志昨向我方表示：1.秘书处讨论的形势很好，布加勒斯特会议时的情况一去不复返了；2.原则问题要争，次要问题可以放过，中国方面不必每条都发言；3.古巴同志对他们表示，有许多意见是同意中国的，但在目前这样尖锐的形势下，不便发言；4.朝鲜、越南、日本向他们表示，他们将坚持原则，斗争下去，不顾一切。他们希望我们在争论时要注意态度，用语不要太尖锐。他们是无所谓的，有些党难于接受和不好说话。

① 小巴叶塔，为意大利共产党中央政治局委员、中央书记处书记贾恩卡洛·巴叶塔的弟弟，故称小巴叶塔。——作者注

下午五时三十分，赫鲁晓夫由联合国回莫斯科。

晚八时又去使馆，听乔木同志汇报今天秘书处开会的情况。今天已将第三段讨论完毕，对战争的危险性、核武器的恐怖、裁军等各章均有讨论，斗争很激烈。日本、越南、阿党的立场十分坚定。苏方正谋求妥协，组织了一个小委员会，由苏、中、日本、西德等六国参加，并插以两党的协商。

赫鲁晓夫回来后究竟还要使用什么手段，已引起我注意，并已电中央请示如何应付。

1960 年 10 月 15 日

据康生同志说：今天秘书处已将第四章讨论完毕。今天的讨论十分有趣，巴格达什、法国、印度的高士、古巴等国同志关于民族主义国家问题，发生争论，相当尖锐。我在会议上成了最后的发言人，只要中国方面表示了赞成的，都可以通过。

印度尼西亚同志向张上明① 表示：1. 会议开得很好，原则讨论十分有益，如果没有中国党提出问题据理争论，不知要混乱到什么地步，只有中国党才能担负起这样的任务；2. 苏方对他们采用压力，穆希金诺夫曾与他们两次谈话，问他们根据什么发言，他们答以是根据党中央决定发言，从此就不再找他们谈了；3. 希望我们经常告诉他们情况，表示有些问题可以提出，如秘书处通不过，则可提大会或 11 月的大会。总之，他们与我党观点一致，不怕压力。昨日向我方提出谈话方式问题，决不是说我应以原则来交易，希勿误会。

1960 年 10 月 16 日

今日是星期天，秘书处会议休会。

---

① 任中共中央对外联络部第三处处长。——作者注

代表团去使馆开会。考虑到下列问题：1.第五部分中关于和平过渡、南斯拉夫、反修正和反教条[①]、宗派活动等文字，必须坚决反对，无论如何不能混过去；2.苏方组织九人小委员会，其企图是不好的，想拆散力量，我应警惕，有些问题，有利于在大会上去争，因此话不能说死；3.要注意讨论后的修改全文，明天秘书处会议就应向苏方提出来要修正后的草案；4.即着手准备在秘书处会议完毕时的发言、在起草委员会上的发言和考虑11月会议上的发言稿。

据郝德青[②]同志报告：匈党中央最近已下令停止讨论中苏分歧问题。

乔木同志今晚七时参加小委员会，十一时回来。据说今天还不错，详情未谈，因不方便之故也。[③]

1960年10月17日

早饭时，小平同志决定，日内即派定一、胡绳、范若愚[④]、王力[⑤]等同志先回京，准备11月会议的文件。星期三晚可乘班机回。

读了一些文件，基本上把各国代表团对声明草案的意见都读完了。可以看出，东欧这些党基本上是跟着苏共意见走的，而亚洲几个党（日本、朝鲜、印尼、越南等），则是基本上与我党一致的，此外还有阿尔巴尼亚和澳洲。

据印尼同志说，他们同高士谈话时，批评了印度共产党在中印边境问题上的错误立场，高士未能申辩。

下午去使馆开会，讨论定一同志回北京如何向中央报告，以及对秘书处会议的估计问题。

① 反对修正主义和反对教条主义的缩写。——作者注

② 当时任中国驻匈牙利大使。——作者注

③ 当时，杨尚昆和胡乔木在列宁山的别墅，不便多谈，以防窃听。——作者注

④ 时任《红旗》杂志常务副总编辑。——作者注

⑤ 时任《红旗》杂志副总编辑。——作者注

晚间八时三十分至十一时，又去使馆开会，乔木、康生同志汇报今天秘书处的工作情况。今天秘书处讨论的是声明草案的最后一章（即第五章），对苏共二十次、二十一次大会和反对个人迷信等问题，展开了激烈的争论。全部文件的讨论，到今天可以说是画龙点睛了——真正的核心问题出来了。苏方的一伙群起向我攻击。我则态度鲜明，立场坚定，对攻击者予以有力的反击。所以从十二时到八时整整八个钟头中，只讨论了第五章的一半。明天还将继续讨论下去，看来最快的速度要明天才能讨论完毕。而有的问题，势必还要提到大会上讨论。如果是这样，正是我们所要求的，最好还在 11 月会议上也开展争论。

根据最近几天（赫鲁晓夫回来之后）的情况看来，苏方似在力求搞出一个可以通过的文件，以免在 11 月会议时再展开争论，因为如果再扯开，对他们是不利的。①

有三个因素，苏方不能不力求团结：1. 确有对不起我方的事情，并且有些东西扯开后更难堪、更不好见人；2. 起草委员会二十六国的阵容，已不是一边倒，布加勒斯特会议的情况已经是一去不复返了（印尼同志语）；联合国② 的失败。

1960 年 10 月 18 日

早饭时，大家谈了康生同志准备在秘书处会议完毕时的发言稿。

秘书处十一时开会，估计有尖锐的斗争。

今天秘书处会议斗争激烈，对二十大、二十一大问题，个人迷信问题，修正主义与教条主义问题，争论甚烈，都没有解决，明天还将继续讨论。

我们正准备在大会上讲话的稿子。

---

① 赫鲁晓夫回来之后，苏共代表更加坚持他们的错误观点，而且把他们过去已经同意修改的也推翻了。苏共在声明草案中安的“钉子”主要有：1. 肯定苏共二十大路线是完全正确的；2. 攻击“派别活动”；3. 遣责个人迷信；4. 鼓吹世界战争可以避免。——作者注

② 此处原为俄文。——作者注

九时到十一时，约卡博同志谈话，告诉他们我们必争的问题与约定明日的配合。

1960年10月19日

谢尔巴科夫同志来通知：鉴于昨日秘书处讨论的情况，一些兄弟党要求今天上午不开会，以便他们与各党中央联系；下午可能开会，时间另行通知。

十一时去使馆开会，主要谈小平同志在起草委员会的最后谈话稿，十二时三十分回住地吃饭。

下午接通知，今天秘书处会议不开了，估计是苏共中央开会讨论草案意见，上午通知的理由只是借口而已。

今天我与日本、印度尼西亚、越南同志取得了联系，他们都同意我们的意见，明天会议上会坚持斗争。

印尼同志对苏联同志对待他们的态度十分反感，认为空气极不正常，日本同志也有些感觉，澳共同志早就如此。真是“多行不义必自毙”，这种人真是不可救药。

晚间十时送定一同志回京。

十时前，谢尔巴科夫交来经过秘书处会议讨论后修改过的声明草案前四部分，第五部分尚待明天决定，由此可以证明，今天不开会是苏共方面自己讨论。

1960年10月20日

由十时起到一时三十分，去使馆共同阅读苏共昨天提交的修正草案。已将引言、一、二、三、四部分读完。大体上还不错，吸收了我们不少的意见，也将他们安下的若干问题暗“钉子”拔去了，不能不说是斗争的胜利。

秘书处会议今天十一时继续举行。康生、乔木等同志去开会，我们则去研究文件，平行作业。

北京电话，定一同志等一行，北京时间下午五时已安全到达。

下午四时到七时，去大使馆继续把草案修正稿读完，还有二三页未写出来，大致可以。

晚饭后，又去大使馆讨论小平同志发言稿。

十一时秘书处会议的同志们才回来，他们整个开了十二个小时的会议，对：1.战争是否可以现在就从人类社会生活中根除；2.反教条主义与修正主义；3.二十大、二十一大问题，进行了激烈的争论，达到了最高峰。大会套小会地干，结果还是没有能达成协议。秘书处会议明天上午再进行。

听完汇报后已经十二时三十分了，回住地已一时。

1960年10月21日

晚间，去使馆开会。今天秘书处工作已结束，争论甚烈。

全文基本上已取得协议，只挂起了下列几个问题：1.关于从人类生活中排除战争可能性问题；2.关于全面肯定二十大、二十一大问题；3.关于集团活动与派别活动问题；4.兄弟党之间关系的平等、协商原则问题。

我代表团拟在最后一次起草委员会上发言，把上述问题挂起来，以便会后好做文章，但强调团结，高举团结旗帜，以争取多数人的同情。

彭真同志与卡博谈话。

小平、尚昆与巴西的同志谈话。他明天即将回国，想了解一些情况，以便他向其中央报告。从晚八时起谈到十一时。

十一时以后，将小平同志的发言做了最后的修改。回到住地，已经是一时了。

我代表团决定，如果明天会议完毕，准备后天（23日）晚间飞回祖国。

明天晚间和后天的活动，已同宁一同志商量好了，主要是与几个代表团同志谈话。拟由小平、彭真分头谈，以节约时间。

1960年10月22日

约张香山、康一民谈明天回去的问题。

已面告拉希莫夫[1]同志，请他为代表团准备飞机。如果今天会议结束，我们定于明晚起飞回京。他已同意马上办理。

十二时起草委员会继续开会。苏斯洛夫主持。

首先由波诺马廖夫报告秘书处工作的结果。11日至21日，大家详细讨论了，每个问题都详细地讨论了。各党参加是好的，文件不能太长，结果还是加强了，整个结构没有变。

南斯拉夫问题占有显著的地位，在第五章中有专门一段。起草委员会上对有些问题有分歧，秘书处讨论了，并同时有小组委员会（如资本主义、殖民地、修正主义等）配合工作。这种小组是有益的。

社会主义国家之间的关系一段，也有发展。

过渡形式问题，只引用了1957年的《宣言》，认为已足够了。

战争问题，曾做了再次的讨论。

现在的草案，可以说是二十六国的草案。

大部分是一致通过的，还有些问题未能解决。

一、二、四章是完全达成协议的。

三、五章有几个段落未一致：1.战争消除问题，中国、阿尔巴尼亚、印尼、朝鲜有不同意见。2.捷克提出的二十次、二十一次大会一段，波兰完全支持并加以补充，差不多所有代表都同意。中国同志提出了自己的修改意见，反对波兰关于二十次、二十一次大会的意见；印尼代表认为可以不提二十次、二十一次大会，因为有分歧。3.关于

[1] 时为苏共中央对社会主义国家党的联络部中国处干部。——作者注

"个人迷信"，中国代表团有修改意见，阿、印尼支持中国意见，其他同志同意保留原有意见。4. 南斯拉夫问题，中国同志提出修改"民族共产主义"，提为"资产阶级民族主义"，现在的措辞是其他代表同意的。5. 集团活动和派别活动的问题，是古巴、巴西同志提出的，苏、保、匈、波、捷、美、英、德、叙、法、意等支持古巴、巴西的意见，中共代表团表示不同意，日、朝、越、印尼、阿等提议找出另外的措辞。

草案如果在 11 月会议上通过后，可以推动我们的事业。

苏斯洛夫：征求大家意见。

美共代表：同意秘书处的报告，把草案提交 11 月大会。

德[①]：同意美国同志意见，把草案提交 11 月会议讨论；对某些没有达成一致的问题，应在 11 月会上讨论，相信会达到一致的。

起草委员会完成了自己的工作。

小平同志按稿子发言[②]（即席翻译）。

苏：小平同志提出的意见，是原则性的，可以在 11 月会议上去讨论。实际上提议只有一个：1. 通过波[③]的报告；2. 将草案提交 11 月会议讨论。

卡[④]：同意，但有话说（会议未同意让阿[⑤]讲话）。

苏斯洛夫作为主席讲话：

任务重大，整个说来文件是好的，希望在 11 月会议上获得满意的评价，如 1957 年《宣言》一样。在争论中，对有些大问题得到了一致，这很好。但有些原则问题没有达成一致，小平同志又提出布加

① 此处指德国统一社会党的发言人。——作者注

② 邓小平讲话，肯定了《声明》草案比原来有改善，但有三个重大问题未解决。一、团结问题，没有重申各国共产党协商达到一致的原则；二、全面肯定苏共二十大、二十一大的做法是不能同意的；三、关于战争与和平问题，我们还有保留意见。——作者注

③ 此处指波诺马廖夫。——作者注

④ 此处指阿尔巴尼亚劳动党的卡博。——作者注

⑤ 此处指阿尔巴尼亚劳动党的卡博。——作者注

勒斯特会议，我是不同意的。草案还要在11月讨论，在一致团结的精神下，今后是可以取得一致的。我们是乐观主义者。合作将进一步发展，在反对共同敌人的斗争中达到一致。感谢大家有创造性的工作。

宫本[①]：11月会议有两种讨论方法：1.提交草案全文讨论；2.只提没有达成协议的。我同意第一种意见。11月会议不应再发展激烈的争论，而应该是达成全部协议和团结一致的决议。我希望同志们注意，我将报告中央。日共中央将努力达到一致。

苏：我们委托谁向11月会议作报告。

考[②]：应由苏联代表团作报告。苏联共产党的光辉作用。

阿根廷[③]：同意由苏共代表团作报告。

小平同志也表示同意由苏共代表团作报告。

蒙古[④]：拥护苏共作报告。

居约：支持捷[⑤]的提议由苏共作报告。希望能完全一致。

波兰[⑥]：同意。

卡博：同意，既受了委托召集会议，就应由苏共作报告。

印尼[⑦]：同意，希望各代表团都有权提出自己的意见。

苏：捷克同志的意见通过了。

有同志提出写出一个和平宣言，提议由美、英、意、法、波五国中央提出草案，其他愿意者都可以参加。日本、印尼、印度、巴格达什（叙利亚）都参加。

十三时三十分，起草委员会会议结束。

---

① 即宫本显治。——作者注

② 此处指捷克斯洛伐克共产党中央书记考茨基。——作者注

③ 此处指阿根廷共产党的发言人。——作者注

④ 此处指蒙古人民革命党的发言人。——作者注

⑤ 此处指捷克斯洛伐克共产党的考茨基。——作者注

⑥ 此处指波兰统一工人党的发言人。——作者注

⑦ 此处指印度尼西亚共产党的发言人。——作者注

十五时，在克里姆林宫圣乔治大厅，由苏共中央主席团招待起草委员会的全体同志。赫出席了。

宴会开始时，由苏斯洛夫祝酒，小平同志也祝酒，似乎是很平静。但到了末尾上咖啡的时候，赫起立发言，说了很多难听的话，说谁反对他就是反对苏共中央，他不要为首，如果共产党主张用战争进行革命，他说要退出这样的党，等等。其中许多话是影射我们的。

他说完后，小平同志立即讲话，提出不同意他的意见，说找不到任何一个共产党是主张用战争来推行革命，强调苏联为首是历史形成的，我们不想利用宴会来讨论问题。顶了他。

赫又发了言，对为首问题又说了不少话，说他们受了委屈等等，但最后还是说了要团结。

小平同志今天顶得很好。① 赫又是咆哮，十分粗野。到会者都知道，

---

① 中共代表团翻译李越然在他的回忆录《中苏关系亲历记》中有一段生动的描述：

苏共中央举行了高规格的宴会，赫鲁晓夫等苏共中央主席团成员都参加了。赫鲁晓夫同邓小平坐在一起。记者照相结束后，宴会开始。

赫鲁晓夫先从阿尔巴尼亚之事入手，影射攻击中国共产党。

邓小平是个直率人，他从容而又诚恳地说："阿尔巴尼亚劳动党是小党，能够坚持独立自主，你应该更好地尊重人家，不应该施加压力。""这不仅仅是苏共和中共之间的分歧问题。"赫鲁晓夫涨红了脸大声地说："他们拿了我们的金子和粮食，可是反过来又骂我们……"

邓小平严肃地说："援助是为了实行无产阶级国际主义义务，而不是为了控制和干涉。你援助了人家，人家也援助了你嘛！"

赫鲁晓夫一时语塞，他明白这句话的分量。就在两个多月前，苏联政府撕毁了同中国政府签订的几百个合同，决定撤走全部苏联专家。赫鲁晓夫将意识形态的分歧扩大到国家关系上。

赫鲁晓夫不再谈援助，也不再谈阿尔巴尼亚，索性把矛头直接对准了他正在接待的客人。"邓小平同志，你们中国在斯大林问题上前后态度不一致。"

"我们的态度是一贯的。"邓小平回答得很干脆。

"你们开始拥护我们，后来又反对我们。"

"拥护什么？反对什么？这个问题要说清哟。反对个人迷信，我们过去拥护，现在仍然坚持。在我们党的八大上，对这个问题已经明确表示了态度，少奇同志向尤金大使讲明了我们的态度。你问问米高扬，他到北京来时我们对他讲没讲？我们赞成反对个人迷信。斯大林的功绩和错误不仅关系苏联国内，也关系整个国际共运。错误当然要批，功绩也一定要肯定。我们反对的是全盘否定，尤其不能采取秘密报告的方式，恶毒攻击。这种做法所带来的后果，你一直认识不足。"

赫鲁晓夫辩解说，"因为我们比任何人对个人迷信的体会更深切，受害也最（转下页注）

彼此是针锋相对的。赫受顶，这恐怕是第一次。看他能横行到几时？！

五时三十分宴会完，六时回到使馆。

七时至九时，陪小平同志见日本同志（三人），交换了对起草委员会工作的意见。宫本、袴田[①]、米原昶都很好，很坚定。宫本明天即回国。

同一时间，彭真同志见夏基与狄克逊。

（接上页注①）深……”

邓小平说，“要批判，但不能全盘否定，尤其不允许以反个人迷信来影射攻击其他兄弟党。”

赫鲁晓夫只有招架之功，无还手之力，而其狡辩却是稀奇的。他说什么：“高岗是我们的朋友，你们清除了他，就是对我们的不友好，但他仍然是我们的朋友！”

邓小平显出少有的严厉，甚至是一种历史的庄严：“这可是你说的话啊。你这个讲法要记录在案。”

赫鲁晓夫当着出席宴会的那么多人的面发泄情绪说：“你们不是喜欢莫洛托夫吗？你们把他拿去好了，把他给你们。但高岗是我们的朋友。”

“荒唐，简直是无稽之谈。”邓小平觉得又好气又好笑，遇到这样水平的对手，当然没有必要再与他纠缠。

这时苏斯洛夫起来打圆场，赶快敬酒，借此阻止赫鲁晓夫乱说。赫鲁晓夫自己也借助碰杯转了话题：“现在，我们在关于国际共产主义运动的看法上，与中国同志有分歧。根据中国发表的文章《列宁主义万岁！》，我们说，他们有一些极左的观点。”赫鲁晓夫以主人身份举杯敬酒时，又开始攻击中国共产党。

邓小平仍以泰然自若的神情将话截过来：“关于对国际共运的看法是当前各党面临的重要问题。各党都可以有自己的看法，不能以你划线。”

“你们说社会主义阵营要以苏联为首，但我方提出的意见，你们并不接受。”赫鲁晓夫情绪又开始激烈了，“苏美戴维营会谈你们就唱反调。”

“我们是唱反调。”康生冷冷地说，“没有中国参加签字，你们签字的任何条约对中国没有约束力。”

“为首不是只出面召集一下会谈，这样的‘首’我们不当。”

邓小平心平气和地提醒：“为首也不是‘老子党’，可以发号施令，任意规定别的党怎样做。”

“哼！有的党口头宣传社会主义阵营以苏联为首，而实际上是在拆苏联的台。他们在和平过渡、东西方缓和问题、裁军和苏美首脑会晤问题上与我们唱反调。”赫鲁晓夫似乎总想避免同邓小平交锋，因为“这个人厉害，不好打交道”。他又把目光投向康生：“你搞的就是左倾教条主义。”

康生始终是一副冷板的面孔、冷板的声者，“又来了。你给我扣一顶帽子：左倾教条主义。我也送给你一顶：右倾机会主义。”这些话，所有在场的代表都听到了。

赫鲁晓夫只好憋一口气，终止这不愉快的争论，端着酒杯继续完成他的祝酒：“算了吧，还是让我们互祝健康吧。干杯！”——作者注

① 即袴田里见，当时任日共中央书记局书记、中央财政部部长。——作者注

1960年10月23日

上午九时到下午一时，同阿尔巴尼亚的卡博与阿利雅同志谈话。

下午四时到六时，与印度尼西亚的同志谈话。六时三十分回到住地。七时吃晚饭。九时由住地出发，十时上飞机，飞京。

1960年10月24日

上午过鄂木斯克，未下机。

十时过伊尔库茨克，下机午餐。

下午二时前到达北京。

“二杆子”回忆录

我作为俄文翻译参加了二十六国党的文件起草委员会会议中共代表团的翻译工作，亲历了大部分重要会议和活动全过程，当年，也曾写过几篇有关这次会议情况的文章。为了整理出一份比较翔实的回忆，我参考了杨尚昆日记和吴冷西写的《十年论战》一书的部分内容，也从我当年写的文章中摘抄了有关情节。

秘书处从10月10日至21日共举行了十一次会议。各党代表逐页逐段地讨论草案。我党代表团由康生、胡乔木参加。

秘书处会议由苏共代表波诺马廖夫主持。当时苏共中央对外联络分了两个部，一个是“苏共中央社会主义国家联络部”，一个是“苏共中央联络部”；“苏共中央联络部”主要是跟那些资本主义国家党联系的，“社会主义国家联络部”就是跟社会主义国家的党联络，而波诺马廖夫就是这个联络部的部长。

波诺马廖夫把所有党代表团提的意见归纳成挺厚的一本，然后就一条一条地讨论，哪个党提出什么意见、第几行第几页改什么，一条条讨论通过。康生、胡乔木按照中共代表团的修改本，一条一条地提出意见。

最近，我去查看了当时的记录，胡乔木在所有的会议上都发了言，成段的发言就有十多次。涉及的问题有时代的性质、资本主义总危机、战争的危险性、核武器和裁军、和平过渡、反对修正主义和教条主义、“民族共产主义”、对苏共二十大和二十一大的评价、“个人迷信”、“单干”、“集团活动”和“派别活动”……等等。

会议上，各党代表都对草案的各种观点提出了各自的修改意见。来自资本主义国家的代表由于各国情况不同，发言中也有不同的侧重点，观点不尽一致，有的问题在他们之间争论也很激烈。社会主义国家代表的发言也都反映了他们党的不同观点。但围绕我党代表团提出的重大修改意见，则展开了针锋相对的争论。

凡是我们坚持删改的，苏共代表就力争保留。苏共代表不仅自己发言反驳我们的意见，而且安排了不少其他党的代表同我们争论。当会上有几个代表团支持我们的观点时，苏共才不得不修改，但又经常在修改中玩文字游戏，似改非改。经常是一次修改不满意，我们再提意见，苏方再做第二次、第三次、第四次修改……

阿尔巴尼亚、越南、朝鲜、日本、印尼、澳大利亚等国党的代表在发言中除阐明了自己的看法外，对我们提出的观点公开地表示支持。也有不少党的代表私下对我们表示，由于他们的处境，在会上不能公开支持我们，但实际上，在很多问题上同意我们的观点。

胡乔木有着深厚的马列主义理论功底，谙熟我党的方针，了解中苏分歧的实质所在。在旷日持久的讨论中，他审时度势，讲求策略，从容不迫，应付自如。应当反驳的，即席发言，有理有节，讲明我们的观点；凡是可以接受的对苏共草案能有所改善的意见，他都表示支持。他还巧妙地引用苏共代表的讲话来反诘苏共的观点。在讨论“从人类生活中排除战争的可能性”的观点时，胡乔木援引了苏共苏斯洛夫发言中讲的“只有在社会主义在一系列国家中取得胜利的条件下，才有从人类生活中排除战争的可能。"而苏共代表矢口否认苏斯洛夫说过这样的话。胡乔木当即要求核查苏斯洛夫讲话记录，使得苏共代表哑口无言。

在秘书处的会议上，不少问题长时间不能达成共识就临时成立小组委员会，在会下继续讨论；有时中苏两党代表单独磋商，有时小组还包括其他党的代表，试图找到大家可以接受的提法。这样，大会套小会，每次会议一开就是七八个小时，甚至有的长达十个多小时。

这样，激烈地"吵"了十多天，到10月21日秘书处对草案基本达成了协议，但还有几个重大问题没有形成一致意见。

最后，10月22日举行了起草委员会最后一次会议。

会上，苏共代表波诺马廖夫做了秘书处工作报告。一些党的代表发言，提出意见。邓小平发言，对三个问题持保留意见。与会代表同意推举苏斯洛夫向11月的大会报告起草委员会的工作。

这样，起草委员会的工作宣告结束。

另外，在讨论过程当中，争论得很激烈的是古巴代表团。古巴代表团并不是卡斯特罗领导的党，是"古巴人民党"。古巴人民党的党总书记为爱斯卡兰德。那时候，卡斯特罗领导的党已经取得了政权，但是他自己没有来参加这个会，他也没有派他们党的人来参加这个会，因为古巴原来在卡斯特罗他们建党之前就有人民党，也类似共产党这一性质。在会议上，因为对"宣言草案"有不同意见，他与康生争论得很厉害。争论时，康生说话声音很大，我翻译的声音也很大，我是大嗓门。于是，这个波诺马廖夫就说："翻译同志，古巴人民是值得尊敬的，你没有权利这样大声地对古巴同志嚷嚷"，把我训了一通。后来，康生就拉了拉我的衣角，示意我坐下。

当时，代表团每天晚上都要在大使馆开一次会，把会议的进展讲一讲。大使馆专门布置了一个保密会议室，他们把我大声说话被波诺马廖夫训了一顿的事情，讲给邓小平听了，邓小平就操着浓重的四川话说："小阎那，你是个二杆子！"大家都笑了起来。

后来，我也忘了回去查字典了，“二杆子”是什么意思？大概是缺心眼的意思、小傻瓜的意思吧。所以后来我想，我将来年纪大了，写回忆录就叫“二杆子回忆录”吧！挺有意思的。

三赴莫斯科：八十一国共产党和工人党代表会议

1960年11月10日至12月1日，八十一国共产党和工人党代表会议将在莫斯科举行。中国共产党派出了以刘少奇为团长、邓小平为副团长的代表团参加会议，团员有彭真、李井泉、陆定一、康生、杨尚昆、胡乔木、刘宁一、廖承志、刘晓，这是新中国成立以来中共派出的最庞大的代表团；代表团顾问组由胡绳率领，成员有冯铉、吴冷西、乔冠华、熊复、张香山、王力、姚溱、俞沛文、康一民、范若愚、朱庭光、张上明、张毅、贾一学等；随代表团参加会议的还有一大批翻译人员，除中办翻译组的我、朱瑞真、赵仲元外，还有李越然、欧阳菲、陈道生，驻苏大使馆的侯志通等，以及英、法、德、西、葡、朝、

八十一国共产党和工人党代表会议期间，刘少奇、杨尚昆与代表团中的工作人员在中国驻苏联大使馆合影。阎明复站在刘少奇、杨尚昆的身后

越、日、印尼等各个语种的翻译二十多人。

邓小平带着棍子来莫斯科，“是来教训我们的吧！”

11 月 5 日早晨，以刘少奇、邓小平为首的中共代表团起程前往莫斯科，参加八十一国共产党和工人党代表会议。代表团于 11 月 5 日分乘两架图 –104 飞机前往莫斯科。到机场送行的有中共中央政治局、书记处各同志，还有外交使节。

专机经过伊尔库茨克时，刘晓已先在那里等候，苏共中央派契尔沃年科[①]和谢德明[②]在此接代表团。休息一个半小时后，继续飞行。

到鄂木斯克时，只休息了三十分钟，因天气有可能转坏，恐莫斯科机场不能降落，故提早起飞。

莫斯科时间下午五时四十五分到达机场。我们在云里穿了差不多半点钟才看见地面建筑，天气阴沉得很，机场的能见度很低，大约只能看到三四百米左右。专机旋即安全降落了。

到机场欢迎的有赫鲁晓夫，勃列日涅夫[③]、苏斯洛夫、葛罗米柯、安德罗波夫等人，各国使节、我使馆同志和留学生代表二百余人。中国同志的情绪极为热烈，高呼“刘主席好！”的口号。

自 1959 年邓小平腿部跌伤后一直使用手杖。当刘少奇、邓小平走下飞机时，赫鲁晓夫开玩笑地说：邓小平同志这次来还带着棍子，是来教训我们的吧！

赫鲁晓夫与勃列日涅夫送刘少奇和代表团到住地，然后握别。

彭真一行人尚未到达。他们在斯维尔德洛夫斯克改乘了火车，要明天上午十一时左右才能赶到莫斯科。

到达莫斯科的第二天中午，刘少奇、邓小平前去拜会赫鲁晓夫，李越然和我担任翻译。

纪念十月革命节四十三周年的庆祝大会下午四时开始。庆祝大会

---

① 时任苏联驻中国大使。——作者注

② 时任苏共中央对社会主义国家党的联络部中国处研究员。——作者注

③ 时任苏共中央主席团委员、中央书记、最高苏维埃主席团主席。——作者注

召开前，苏共主席团全体设宴招待中共中央代表团。

席间，赫鲁晓夫与米高扬[①]开玩笑，中心话题是谈斯大林。赫鲁晓夫称："列宁是圣人，我们的人；而斯大林是强盗，不是我们的人。"简直是无耻的说法！而他们却谈得津津有味，真是可悲！许多所谓事实，对我来说，已经是听过多次了。

在午宴上，苏斯洛夫向邓小平说，苏共中央已写好一个对中共中央"答复的答复"[②]，明日即将文件交给你们。

这一点，我方是早已料定了的。果然不出所料，苏共中央经常是出此下策的。这给了我们武器，同"通知书"一样的好，对斗争有利；而且，此前苏方所讲的一切团结的话，都使人们发生怀疑，简直是愚蠢、可悲！中共代表团必须在大会上给予回答，这是肯定了的。

纪念大会召开，刘少奇、邓小平在主席台上。大会由科兹洛夫做报告，他讲了一个半钟头，除宣扬赫鲁晓夫在联合国的"胜利"之外，对国内情况说的不大有力，反映了苏联国内的困难。

据大使馆为代表团提供的材料，苏联今年：（一）工业计划完成得不好，比去年同期降低。如今年九个月的工业生产总量增百分之十，比去年同期少百分之二；重工业中的化学、发电设备如去年一样没有完成计划。（二）农业问题极大，始终没有公布具体数字，而是强调气候不好，"今年是从来没有过的一年"，指责某些地区的领导无能；牧畜业问题也较大，许多州的牛、猪头数减少了，九个月俄罗斯的牛奶只增百分之二，牛头数增百分之七，猪头数增百分之二；去年农业收成是四十多亿普特，而不是七十六亿。

纪念大会上，各兄弟党都未讲话。科兹洛夫报告后休息，然后有一简单的音乐会。纪念大会共进行了四小时。

---

① 时任苏共中央主席团委员、苏联部长会议第一副主席。——作者注

② 即苏共中央对1960年9月12日，由邓小平、彭真、杨尚昆交给苏联驻华大使契尔沃年科的、中共中央对苏共中央在布加勒斯特会议上散发的对中共中央进行全面攻击的"通知书"的"答复书"的答复。——作者注

参加十月革命四十三周年庆祝活动，在观礼台上。当天天空阴暗，不断地飘落着淫淫细雨

中午十一时三十分，康生、杨尚昆主任去火车站，接彭真、李井泉、陆定一等代表团的另一部分成员。同他们乘同一火车来的，有胡志明和朝鲜代表团的金一[①]、金昌满[②]、李孝淳等。

到今天止，中共中央代表团全体均已到齐了。代表团第二批成员晚一天出发，却比第一批成员先一天到达。

11 月 7 日上午九时十五分，刘少奇、彭真与代表团部分成员由驻地出发去红场，出席庆祝十月革命胜利四十三周年大会观礼。邓小平、康生、胡乔木未出席。

出发前，胡志明来刘少奇住所，他此次来的目的是征求刘少奇和代表团的意见。他说：听说中国将停止对苏贸易，是由专家问题引起的。他想向苏联方面提出恢复援助和再派专家问题。刘少奇、邓小平

① 时任朝鲜劳动党中央常委、朝鲜内阁第一副首相。——作者注

② 时任朝鲜劳动党中央副委员长。——作者注

当即表示，不是停止贸易而是重新谈判。专家的事，我们不敢要了，伤了我们的心……

在庆祝十月革命胜利四十三周年大会上，刘少奇在赫鲁晓夫的谦让下，被推着走最前面，第一个登上列宁墓，赫鲁晓夫和勃列日涅夫分别站在他的两边。这一情形，外国新闻记者都做了报道。

庆祝大会阅兵只进行了二十分钟，较突出的是火箭，但并不出色，大致都是在四十周年时展示过了的。群众游行到结束，没有往常的热情、热烈的场面，有些例行公事之感。再加上当天的天气太坏，虽然不很冷，温度在五六度之间，但是，天空阴暗，不断地飘落着淫淫细雨，主席台上，人们穿的皮大衣领子和帽子都湿透了……可想而知，参加纪念大会群众的情形以及会场上的气氛如何了。

在庆祝活动结束时，苏斯洛夫对邓小平说，他们的致中共"答复书"的"答复信"中有些"辣椒"，因为中共的"答复书"中有许多"辣椒"。

苏共抛出答复中共的"答复书"的"答复信"

当天下午，苏共中央联络部部长安德罗波夫送来了苏共中央对9月10日中共中央"对苏共中央6月21日'通知书'的'答复书'"的"答复信"。这份"答复信"长达六万余字，粗暴地攻击中共，然而，安德罗波夫一再解释说，"答复信"是一回事，开各国共产党会议是另一回事，会议是会议，答复是答复，不要把两者联系起来。其实，两者是一回事，因为他们也将这封信散发给了参加会议的各国共产党、工人党的代表团，由此，在会前就造成了极不正常的气氛，又挑起了尖锐的争论。苏共中央在"答复信"中对中共的攻击，正是为他们的追随者提供了围攻中共代表团的材料。

庆祝活动结束，代表团回住地已是午后两点了。吃完饭，刘少奇召集大家开会，读苏共交来的"答复的答复"。只读了二十余页时间就到了，代表团要去克里姆林宫圣乔治大厅出席庆祝十月革命胜利四十三周年招待会。

招待会由下午四时进行到七时，出席人员大约有千余人，只赫鲁晓夫一人祝酒，客人都未讲话。在招待会上，代表团见到了尤金夫妇[①]、齐赫文[②]和一些兄弟党的代表……

招待会结束后，代表团到使馆开会。鉴于“答复的答复”出来之后，代表团必须在会场上公开答复，原来准备的稿子要马上修改，同时，究竟是由刘少奇或由邓小平讲话，也值得考虑。代表团马上将这一消息报告中央了。

11 月 8 日一天，代表团成员分头活动，主要联络各兄弟党的代表。邓小平、彭真、杨尚昆会见了阿利雅[③]。谈话主要是向阿尔巴尼亚党代表团通报了赫鲁晓夫对中共代表团谈了些什么。

上午八时三十分在中国大使馆，邓小平、彭真、杨尚昆会见印尼代表团的鲁克曼[④]和阿吉托罗普[⑤]。在这中间，彭真、杨尚昆又去会见了在我大使馆看文件的南非代表和新西兰的威尔科克斯[⑥]。

下午二时三十分，按苏方统一安排，中共代表团去列宁、斯大林墓敬献了花圈。

下午三时，在中国大使馆，彭真、杨尚昆一起同夏基谈话。之后，彭真、杨尚昆到医院看望狄克逊，他因患心肌梗塞住医院，危险期还未过去。

晚六时三十分，中共代表团应苏联文化部邀请，赴大戏院参加音乐晚会。

音乐晚会结束后，代表团回到使馆开会，汇报今天与各兄弟党联络的情况，并就 11 月 5 日苏共中央给我们的“答复的答复”加以讨论。

---

① 尤金，苏联哲学家，曾任苏联驻华大使，当时为苏共中央委员。——作者注

② 齐赫文，即齐赫文斯基，苏联汉学家，当时任苏联科学院汉学研究所所长。——作者注

③ 时任阿尔巴尼亚劳动党中央书记。——作者注

④ 时任印度尼西亚共产党中央第一副主席。——作者注

⑤ 时任印度尼西亚共产党中央总书记。——作者注

⑥ 时任新西兰共产党中央总书记。——作者注

代表团成员一致认为苏共“答复信”比“通知书”更恶劣，集中攻击毛主席的几个论点：1. 东风压倒西风；2. 帝国主义是纸老虎；3. 印度资产阶级反华愈久愈好；4. 如果帝国主义把战争强加于我们，那么就是死去三亿人口，我们也会胜利；5. 马克思主义的中国化。“答复信”还列举了刘少奇、邓小平、陆定一等人的文章和讲话。总之，是极为严重的，表示出一种不愿和解的姿态。对此，代表团一致决定，必须加以尖锐的驳斥，否则会造成混乱。

在开大会的前一天，即 11 月 9 日下午五时，苏方苏斯洛夫、科兹洛夫、米高扬、波诺马廖夫、安德罗波夫等 5 人来到中共代表团住地。我全体代表团团员参加了会见。

苏斯洛夫等人说，他们受苏共中央委托，把苏共中央在这一次会议上的立场告诉我们，就是要消除分歧，加强团结。因此，赫鲁晓夫受苏共中央委托，明天在大会上的讲话，是建设性的，发言是强调团结的，没有争论的语言，不涉及中苏争论的问题，只谈声明草案中的问题和苏联国内问题。两党的分歧今后还可以讨论，不要拿到这次大会上去。苏共不希望在会上挑起争论，从现在起就转向团结，向前看，不向后看。

米高扬说，希望两党争论就此完结，不再提出，苏联对中国的援助是一定要继续的。中国外贸部提出的一千三百辆汽车和先发一部分石油的事，他们都不知道，是业务部门拒绝的；现在还有三十八位专家在中国工作，今后可以解决，专家也是可以再派去的……等等。

总之，他们今天来的目的，是企图要我们在此次会议上不提争论问题，把他们的攻击吞下去。表面上给人印象是他们照顾团结，而实际上是用散发“答复的答复”的办法对中共以谴责，是一种两面派的手段，又试图麻痹我们。

刘少奇、邓小平、彭真的讲话，都非常明确地向他们表示，我们这次是带着团结的愿望来的，是抱着团结目的来的，希望能够消除过去的分歧，能够开好这次会议，达成一个在马列主义基础上的协议。

原定在会议上要讲一篇热情的团结的话，稿子都是准备好了的。

但是，你们的“答复信”全面攻击中国共产党，破坏了团结的气氛，破坏了团结的可能，毒化了会议的气氛。原来的想法已经不能不改变了，是你们首先发难的，所以，我们不能不在会上做答复。

我们还未读完你们的“答复信”，读完之后将决定自己的立场，看来是非在会上回答你们不可。争论是你们引起来的。

中共代表团的表态，使对方表现得很窘……

苏斯洛夫等人走后，中共代表团马上将此次会谈情况报告了中央。

晚饭后，中共代表团到使馆开会，研究了他们的“答复信”以及苏斯洛夫等人的谈话，认为我们不要上当，不要受骗，既然他们挑起争论，我们就乘势反攻，把争论端到大会上去。代表团确定把整个发言的调子提高，要在大会上跟他们论战。

代表团预见到在会议期间将会有一场旷日持久的尖锐的争论。根据以往会议的经验，针对我党代表团的讲话，苏共都会组织许多与会代表指名道姓地进行围攻，考虑到在这次会议上我代表团必须义正词严批评苏共的错误，既要把该讲的话讲透，又为了不使刘少奇陷于谩骂之中，代表团研究决定，由邓小平代表中共代表团发言。如果会议能达成一致的文件，再由刘少奇出面做一个呼吁加强团结的讲话。

会议决定，会后留一部分人重新搞讲话稿子；刘少奇、邓小平将分别轮流出席八十一国共产党和工人党代表会议。

我记得，讨论这个问题时，小平同志讲，“我同他们已经撕破脸了。”代表团把这一意见发报请示中央，很快得到了中央的批准。

从11月7日到12月1日的整个莫斯科会议期间，每天下午或晚上，中共代表团都到我驻苏使馆开会，研究会议上的形势和对策。重大问题都是在刘少奇、邓小平、彭真主持下讨论决定的。同时，代表团经常向党中央请示汇报，重大的决策都得到中央的指示和批复。

八十一国共产党和工人党代表会议

11月10日下午三时，八十一国共产党和工人党代表会议在克里姆林宫圣乔治大厅举行，会议由赫鲁晓夫主持。他首先致了简短的欢迎辞，然后决定：1. 会议主席按俄文字母顺序，由两头起轮流担任；2. 大会从三十个国的党代表团各推举一人组织大会秘书处；3. 会议发言不规定时间，每天上午、下午两节会议。

第一天会议，首先由苏斯洛夫代表起草委员会向大会报告起草声明草案的经过。然后，第一个发言的是赫鲁晓夫。

赫鲁晓夫除讲了一些要缩小分歧、寻求团结的套话外，重点是借题发挥，在许多问题上不指名地攻击中国共产党。如：他说，社会主义国家应该搞分工协作，单独建设社会主义是不成功的，单干是“民族主义”。他强调在国际共产主义运动中反对“民族主义”越来越重要，说南斯拉夫的主要特征是“民族共产主义”。他说，“教条主义”、“宗派主义”也会成为主要危险，特别是极端革命性、左倾冒险行动等。他还特别强调要反对派别活动，不仅在各国党内部，而且在国际共运中要反对派别活动，等等。赫鲁晓夫不指名地攻击的这些问题，正是苏共中央“答复信”中指名攻击中共的那些内容，因此与会者一听就知道赫鲁晓夫是在指责中国共产党。

赫鲁晓夫的讲话一结束，全场起立鼓掌。中共代表团的团员和工作人员没有鼓掌，而且没有起立，表明了对他的讲话的态度。

“他们很怕邓小平的这根棍子”

我代表团根据毛主席的指示，决定刘少奇留在第二线，邓小平、彭真到第一线，代表团的第一次发言由邓小平来讲。这期间，在邓小平和彭真主持下，代表团多次在使馆开会，分析苏共中央的“答复信”、赫鲁晓夫在大会的发言和其他党的发言，讨论了邓小平将要在会议上讲话的内容。在代表团顾问们的参与下，胡乔木重新起草了邓小平的讲话稿。初稿完成后，代表团又进行了讨论修改，最后由刘少奇、邓小平和彭真审定。

邓小平的发言被安排在 14 日下午。这天下午开会时，整个圣乔治大厅坐得满满的。邓小平就“时代的性质”、“反对帝国主义侵略政策，防止世界大战，争取世界和平”、“社会主义国家和资本主义国家和平共处”、“资本主义国家共产党的任务和和平过渡”、“民族解放运动对世界和平和进步事业的意义”、“社会主义国家关系准则、相互援助和自力更生”、“马列主义普遍真理与各国革命和建设相结合”、“反对修正主义和教条主义”等重大问题，阐明了我党的观点，并驳斥了苏共起草的声明草案在这些问题上的我们不能接受的论点和对我们党的攻击。在发言中，邓小平列举大量事实说明赫鲁晓夫坚持大国沙文主义、“老子党”的错误，破坏了中苏关系。

邓小平的通篇讲话都贯穿着摆事实讲道理的精神，坚持原则，从团结的愿望出发，规劝苏共“不要怕同自己党内的大国沙文主义倾向作斗争”，希望他们“有勇气允许和接受兄弟党提出的正确的善意的批评”，不要总以为这种批评就是向他们“丢石头，就是反苏，就是派别活动，就要处罚”。

邓小平严正宣布，“中国共产党是永远不会接受‘父子党’、‘父子国’的关系的”。他呼吁，让我们迅速采取步骤缩小分歧，立即停止一切公开的攻击，不要“明骂”，也不要“暗骂”。

邓小平最后说，如果社会主义阵营的分裂竟然代替了团结，那么世界形势必然发生巨大逆转。这对于社会主义国家的人民、对于世界和平和进步事业都将是一场灾难。后来的事态发展表明，邓小平真的不幸言中了。

大会从 11 月 10 日开始到 22 日，除两天休会外，每天上、下午都开会，各代表团轮流上台发言。在邓小平发言前，特别是发言后，苏共组织了一大批其他党的代表发言，对我党进行激烈攻击，为苏共辩护。而阿尔巴尼亚、朝鲜、越南、日本、印尼、澳大利亚等党的代表在发言中，从各自的角度批评了苏共的观点和做法，支持中共的观点。

11 月 16 日，阿尔巴尼亚劳动党代表团团长霍查发言。霍查直接指名批评了赫鲁晓夫，说他在布加勒斯特会议上犯了错误，他对中共的指责是不正确的。因为阿劳动党批评苏共领导的理论和政策，苏联就向阿尔巴尼亚施加压力、断绝援助，在阿尔巴尼亚搞分裂破坏活动。

11 月 21 日，匈牙利党代表团提出了一个所谓“关于兄弟党关系”的决议草案，要求大会通过。匈牙利代表解释说，这是一个内部决议，不公开发表，但要在会议上通过。这个决议草案一共有六条，最重要的一条居然规定国际会议要少数服从多数，要根据多数意见做决议。还有一条规定，两个党有意见分歧不能解决时，请第三党来仲裁，再不行就提交国际会议，按少数服从多数的原则、协商一致的原则表决。这样，苏共中央操纵多数，把自己的观点强加给会议的意图已十分明显。

11 月 23 日，赫鲁晓夫做了第二次发言。在这次发言中，他有意放低了语调，力图抓团结的旗帜，以争取群众。他对时代问题、战争与和平问题、和平共处问题、和平过渡问题、批评斯大林问题做了一些辩解。如：他说批评斯大林个人迷信是十分必要的，当时，苏共事先确实没有跟其他兄弟党商量，因为那个时候时间很紧迫，来不及。后来苏共对斯大林的批评做出了详细的全面的决议。值得注意的是他在谈个人迷信时，仍然不指名地攻击了毛泽东。他说，有人把自己看做圣人，从来不会犯错误。不能一部分人去建设社会主义，而另一部分人坐在办公室里研究理论，想从自己手指头上吸出个什么理论原则来。最后，赫鲁晓夫讲了一些要团结的话来收场。他说，对这些争论应该向前看，不要向后看，不能争论不休，可以让步，但不能做无原则的让步。苏共坚持要团结，要社会主义国家的党、整个国际共运的团结。

针对苏共和一些党的代表在会议上对我党的攻击，以及赫鲁晓夫的第二次发言，代表团研究决定由邓小平在全体会议上做第二次发言。胡乔木主持起草了发言稿，先后修改了五次，最后由刘少奇、邓小平、彭真审定。

在11月24日的全体会议上，邓小平做第二次发言。他除重申中共对关于时代、战争与和平、和平共处、和平过渡等问题的基本观点外，着重揭露了赫鲁晓夫执行的路线，实质上是屈服于帝国主义和国际资产阶级的压力，从自己不革命到反对人家革命的错误路线。另外，他回答了赫鲁晓夫昨天在发言中对毛泽东的攻击。

讲话中，邓小平列举大量事实说明我党一贯坚持1957年的《莫斯科宣言》，一贯维护国际共运和社会主义国家的团结。现在事实已经非常清楚，苏共和其他一些党的代表在会议上企图用多数强制少数的办法，彻底破坏协商一致的原则，并且在文件里保留影射中共的措辞，作为进一步攻击中国共产党的法律依据。这是我们绝对不能同意的。邓小平宣布：中共坚决反对匈牙利党提出的决议草案，中共代表团决不参加这个草案的讨论，我们要为反对这个草案斗争到底。

然后，邓小平强调，社会主义各国和世界各党既必须联合，又必须保持各自的独立，为了解决意见分歧，求得一致意见，严格遵守协商一致的原则，是维护团结的唯一道路。

“请你跟我到列宁像前把问题讲清楚！”

11月24日和26日，会议文件起草委员会举行了第一、二次会议。会议由苏共苏斯洛夫主持。中共代表团由彭真、康生、胡乔木和刘宁一出席。由于在10月的起草委员会上已就文件的大部分章节取得了一致意见，所以，会议进行得比较顺利。

28日和29日，文件起草委员会举行了第三、四次会议，讨论存在争议的问题，主要包括“关于苏共二十大、二十一大”、“关于个人迷信”、“关于协商一致”、“关于集团活动和派别活动”问题。会上争论相当激烈，始终未能达成一致。

中共代表团的态度是：如果苏共中央坚持在声明草案中保留“关于苏共二十大、二十一大”、“关于集团活动和派别活动”等提法，拒绝写上“关于协商一致”原则，我们就不签字，并且发表声明，谴责苏共破坏国际共运和社会主义阵营的团结，破坏中苏两党的关系。中共代表团把这一立场陆续通知了参加会议的一些代表团。

26 日，胡志明组织了有几个党的代表参加的请愿团去见赫鲁晓夫，主要是劝苏共让步。赫鲁晓夫态度非常强硬，他表示："苏共二十大"一定要写上，"二十一大"可以不写，反宗派活动一定要写，否则要做内部决议。

当时中苏双方采取的都是边缘政策，走到破裂的边缘又回来了，因为双方都需要团结，都不愿意分裂。26 日，赫鲁晓夫派米高扬和科兹洛夫到中共代表团住地来试探、摸底。刘少奇、邓小平和彭真同他们谈话。米高扬等说，"苏共二十大"必须写；反对宗派活动可以考虑写法；对匈牙利党代表团的提案要不要做内部决议，那要看中共代表团的态度；如果会议圆满结束，中苏两党的分歧也就结束，要向前看，搞好团结。另外，他们宣布，关于中国党政代表团访苏的邀请仍然有效。

刘少奇、邓小平回答他们说，如果你们一定要在声明中写上"民族共产主义"、"集团派别活动"、"二十大、二十一大"，另外还搞了一个内部决议来谴责中共，那么，我们代表团不能签字。

27 日，胡志明率领请愿团来到中共代表团，刘少奇、邓小平、彭真接待了他们。胡志明表示，希望中共代表团再斟酌一下，考虑大家的意见，能够让步的还是让让步，他们对其他兄弟党也尽量做工作。

此时，中央来电指示，在草案中要拔掉所有的"钉子"（"民族共产主义"、"派别活动"等），坚持写上"协商一致"的原则，对苏共二十大的提法可以同意保留。

29 日，在起草委员会第四次会议中间休息时，彭真、胡乔木和苏斯洛夫等交换了意见。双方初步商定，文件中保留对苏共二十大的提法，文字可以照抄 1957 年《莫斯科宣言》；删去"集团活动"、"派别活动"等提法。写上"协商一致"的原则。苏斯洛夫表示同意。彭真和苏斯洛夫各自回去向领导汇报，双方原则上同意，但要待刘少奇与赫鲁晓夫会谈时最后敲定。

30日，刘少奇、邓小平、彭真和赫鲁晓夫、苏斯洛夫、科兹洛夫在列宁山大会议厅举行会谈。对大会上争论的问题，双方都做了一些让步，最后取得了一致意见。中方同意在文件中写上苏共二十大、反对“个人迷信”，但措辞要修改；苏方同意删去反对“民族共产主义”、反对“派别活动”。双方同意写上“协商一致”的原则。然后，刘少奇着重讲了团结问题。他说：中苏团结，十二个社会主义国家的团结，非常重要。他建议苏方应注意解决同阿尔巴尼亚的关系问题，不能用错误的办法去对待它，更不能施用压力。

此外，刘少奇强调：希望赫鲁晓夫以后少说一点儿话，如果有不同意见，希望不要站在争论的第一线，不要亲自出面来公开争论，中国有句成语，叫“言多必失”。有话我们在内部讲。对一些问题有不同意见，我们两党先协商达成一致，然后再提到国际会议上去。在国际会议上一定要协商一致，包括兄弟党的国际会议、群众团体的国际会议，都要协商一致。赫鲁晓夫表示同意。

邓小平和苏斯洛夫还达成一项协议：以后中苏双方不在报刊上论战，不论是点名也罢，不点名也罢；有不同意见由两党内部谈判解决。双方都表示，希望结束争论，使两党两国关系恢复到1957年水平。

在会谈中，赫鲁晓夫重申了对刘少奇访苏的邀请，这件事情事先已经中央批准，所以刘少奇当场表示同意。这次中苏两党六巨头会谈后，还照了一张象征团结的照片。照相时，米高扬也赶来参加，结果成了七人的合照。

当天下午三时，邓小平、彭真和几位顾问同苏斯洛夫、科兹洛夫等就声明草案中关于苏共二十大、“个人迷信”的提法进行修改并达成协议。之后，起草委员会举行最后一次会议。

在提交大会之前，要把“声明草案”在起草委员会的成员中宣读一遍。当时彭真参加会议，康生、胡乔木等也去了，我作为翻译随行。

在现场，由波诺马廖夫就“声明草案”一句一句地读，我一句一句翻译给彭真听。听了几句后，彭真说：“别的你都不要给我翻了，你们听着就行了，主要给我听有没有‘协商一致’这个提法？”

我就全神贯注仔细地听……一直没有听到这句话，等念到最后了，也还是没有“协商一致”这句话。于是，我就跟彭真讲：“没有这句话。”

刚一宣读完，彭真就站起来了。在乔治大厅，彭真对面坐的就是苏斯洛夫。彭真绕场半周，到了苏斯洛夫坐的地方，对着苏斯洛夫说道：“请你跟我到列宁像前把问题讲清楚！”

这个圣乔治大厅旁边有一个门，出去以后就是苏维埃会议大厅，大厅里有一个巨型的列宁雕像，就是列宁在装甲车上发表演说时挥着手的形象。彭真就把苏斯洛夫拉到列宁像面前，彭真就说了：“你当着列宁的面讲一讲，为什么在你宣读的‘草案’里面没有‘协商一致’的这个提法？”当时，苏斯洛夫脸就红了起来，“不会吧，不会没有吧？一定有，一定有。”他慌忙解释说，也可能打字的人忘了……彭真非常认真，而且也抓到点子上，他不要我为他翻译全文，就要弄清楚有没有“通过协商取得观点的一致”这关键的一句话！死死盯住这一原则问题。果然，后来在“声明草案”中不得不加上了这句话。这样，文件草案中的最后几个分歧终于得到了解决。

这中间，还有一件与此有关的事：针对半年多来，苏共大肆宣扬“世界工联理事会北京会议事件”，不断被苏共利用，拿此说事，给赫鲁晓夫和苏共在国际共运范围内组织对中共的“围剿”提供了机会这一严重状况，如在1960年9月举行的苏中两党谈判中，在10月举行的二十六国党代表的起草委员会和11月举行的八十一国党代表的会议期间……都作为指责中共进行反对苏共的“分裂活动”、“派别活动”的所谓“把柄”和口实。在中苏代表团就“声明草案”达成妥协方案后，中共代表团表示：中共中央决定从国际群众团体撤出中方代表。邓小平向苏斯洛夫转达了中方的决定：鉴于前一时期中苏之间的分歧往往引起国际群众团体的争论，而群团的争论又加剧了已有的分歧，中央决定撤出中国在所有的国际群众团体的代表。

当时，由国内派往“保卫世界和平大会”的代表正途经莫斯科，将赴维也纳接替任期已满的原驻会的中方代表。刘少奇、邓小平获悉后，决定请他们同已卸任的驻“保卫世界和平大会”的中国代表一起回国。

可以说，“世界工联理事会北京会议”是中苏关系发展中一个重要的转折点。杨尚昆主任在1960年11月30日的《日记》中写道：“当然，我们也应十分的谨慎从事……”言简意赅，意味深长！

刘少奇呼吁：团结就是生命，团结就是胜利

第二天，即12月1日，在克里姆林宫乔治大厅举行八十一国共产党和工人党会议最后一次会议。苏斯洛夫代表文件起草委员会做了会议文件修改工作的报告。接着，刘少奇代表中国代表团发言。

刘少奇指出，会议声明“是符合国际无产阶级和全世界人民的愿望的；是有利于争取和平、民族解放、民主和社会主义的共同事业的；是有利于国际共产主义运动的团结的”。这次会议继1957年莫斯科会议之后，又一次证明，“在马克思主义的基础上，进行充分的讨论，通过协商的方法取得一致，是在各兄弟党之间解决共同有关问题的唯一正确的道路。虽然这次会议的过程是有曲折的，有一段时间的气氛不能认为是正常的，但是，所有兄弟党要求团结的强烈愿望，终于克服了困难，使这次会议取得了积极的成果。”

刘少奇指出，尽管在这次会议上，不少兄弟党的代表对我们党提出了我们所不能同意的批评和指责，但是，我们认为，这并不妨碍我们和这些兄弟党继续保持良好的同志关系。我们完全相信，在1957年《宣言》和这次会议通过的文件的基础上，在今后的共同的斗争中，我们和这些兄弟党之间的某些不同意见一定能够达到一致。

刘少奇指出，现在，全世界无产阶级和人民大众都热切地盼望各国共产党和工人党进一步加强团结，“消除分歧，停止攻击，集中我们全部的力量，来反对我们的共同敌人，发展我们的共同事业”。

刘少奇指出了中苏两党、两国的团结，社会主义阵营的团结和国际共产主义运动的团结的重要性。

刘少奇讲话结束后，苏共代表团带头鼓掌，会场上的气氛为之一变，会场响起热烈掌声。

历时二十一天的莫斯科会议在一致通过《公报》、《莫斯科声明》和《呼吁书》，并举行了签字仪式后闭幕。

《莫斯科声明》发表后，我《红旗》杂志和《人民日报》都发表社论，论述了《声明》具有的重大历史意义。

1960年12月2日，刘少奇以国家元首身份，开始对苏联进行国事访问。陪同刘少奇访问的有李井泉、陆定一、杨尚昆、刘晓、刘宁一。顾问吴冷西、乔冠华、熊复、浦寿昌以及俄文翻译李越然和我随行。刘少奇在苏联最高苏维埃主席勃列日涅夫陪同下，先后访问了列宁格勒、明斯克、莫斯科和伊尔库茨克。

12月7日，我和李越然陪着刘少奇参加了在莫斯科举行的欢迎中国代表团的群众大会。会上，刘少奇发表了热情洋溢的讲话。刘少奇的演讲稿原是秀才们专门写的，他看了以后还不太满意，自己改了一下，改得挺有感情的。他讲道：第一次到苏联去是在二十年代，在海参崴登的陆，然后坐火车西行。当时，火车没有煤要烧木柴，走一段路就要下来砍树，这样子，火车慢慢腾腾、慢慢腾腾……走了十好几天才到莫斯科。虽然沿途比较辛苦，但我们都抱着一个向苏联学习、走苏联的道路、走列宁的道路这么一个信念……群众大会的场面一下子就活跃起来，下面听的人群中，鼓起了热烈的、经久不息的掌声。当他讲到团结就是生命，团结就是胜利，帝国主义像看不到太阳从西边出来一样，永远看不到中苏分离时，会场上又爆发出暴风雨般的掌声。

在结束访问，离开莫斯科前，刘少奇到赫鲁晓夫官邸向因病在家的赫鲁晓夫辞行。我随同前往。刘少奇对赫鲁晓夫说，这次访问苏联

在八十一国共产党和工人党代表会议最后一次会议上，苏斯洛夫代表文件起草委员会做了会议文件修改工作的报告。接着，刘少奇代表中共代表团讲话。在主席台前排站立的有刘宁一（左一）、陆定一（左三）、米高扬（左四）、李井泉（右五）、苏斯洛夫（左六）；作为翻译，阎明复站在第二排

1960 年 12 月 1 日，八十一国共产党和工人党代表会议举行最后一次会议，各代表团一致通过《公报》、《莫斯科声明》和《呼吁书》，并举行了签字仪式。图为刘少奇（右四）、陆定一（左二）、苏斯洛夫（左五）、勃列日涅夫（右五）、李井泉（右一）等在主席台上。第二排左四为阎明复

八十一国共产党和工人党代表会议闭幕后，勃列日涅夫（左二）与刘少奇高举起紧握的两手向全场致意。左一为柯西金，阎明复作为翻译站在刘少奇的身后

1960 年 12 月 9 日，以刘少奇为首的中国代表团结束了对苏联的访问。临行前，苏共中央、苏联政府为刘少奇举行了盛大的欢送宴会，米高扬（左一）、勃列日涅夫（左三）与刘少奇话别，阎明复和顾达寿（右一）担任现场翻译

各地，看到广大苏联人民热烈拥护中苏两党两国的友谊团结。刘少奇语重心长地劝告赫鲁晓夫，一切以中苏团结为重，不利于团结的事不做，不利于团结的话不说。赫鲁晓夫表示同意。

12月9日，以刘少奇为首的中国代表团结束了对苏联的访问，回到北京。

毛主席说：这次会议取得了两个胜利

从1960年10月的起草委员会开始工作，到11月莫斯科会议，前后经历了五十多天。在中共代表团和其他一些党的代表团的努力下，对苏共中央提出的会议文件草案做了重大修改和完善。否定了苏共关于“和平共处和经济竞赛是社会主义国家对外政策的总路线”，“资本主义总危机新阶段的出现是由于和平共处和和平竞赛的结果”，“和平过渡的可能性越来越大”等观点；采纳了中共代表团提出的关于“帝国主义本性没有改变”、“美帝国主义是全世界人民的敌人”、“建立最广泛的反对美帝国主义的统一战线”、“民族解放运动是防止世界战争的重要力量”、“新独立国家彻底完成民族民主革命”、“社会主义国家和国际工人运动支持民族解放运动”、“反对修正主义阉割马列主义的革命灵魂”、“兄弟党通过协商达到一致的原则”等观点，删去了苏共草案中原有的所谓“反对单干”、“反对集团活动”和“派别活动”等旨在取消各国党与党之间关系中的独立、平等原则，用多数压服少数来代替协商一致的提法，等等。

回顾这五十多个日日夜夜，给我印象最深的是，胡乔木为了捍卫我党的观点，反驳苏共的攻击，推动会议文件起草工作一步一步地前进，殚精竭虑，呕心沥血，日夜操劳，不仅承担了大量文字工作，而且还参与了在各种会议上的论战，据理力争，严辞反驳，出色地完成了党中央以及刘少奇和邓小平交付的重任。他的贡献将永远载入史册。

12月初，胡志明从莫斯科回国途经北京，毛主席、邓小平会见了他。

毛主席说，赫鲁晓夫曾谈到邓小平带着棍子是教训他们的，看来，他们很怕邓小平的这根棍子。

毛主席表示，这次会议的第一个胜利就是明确了革命路线；第二个胜利是肯定了协商一致的原则。用说服而不是压服的办法，压服不是列宁主义的办法，那是对敌人的办法。

你是得知我这个“阴谋”的第一人

1960年12月25日，苏联大使馆打电话来说，契尔沃年科大使受苏共中央的委托要求会见毛主席，向他致以生日的祝贺。

当时我们翻译组的同志正在整理莫斯科会议的记录，看到苏共领导人和其他党的代表对中共和毛主席本人的大量的恶毒攻击，虽然会议末期，中苏双方达成妥协，刘少奇又对苏联进行了国事访问，但是对赫鲁晓夫大骂毛主席之后又要主动向毛主席祝寿感到惊讶。我当即向杨尚昆主任报告了苏联大使的请求。杨尚昆说，吵了半年架，大敌当前还是要团结和好的。

后来，杨尚昆办公室的秘书通知我们，毛主席同意接见苏联大使，时间是第二天，即12月26日下午四点，地点在菊香书屋。

我们通知了苏联使馆。

26日下午三时半，我和朱瑞真提前来到菊香书屋的门口等候苏联大使。不多时驶来两辆车，一辆轿车，一辆面包车。大使的随行人员从面包车上搬下一只很大的鲜花篮，交给了迎接他们的中方人员，花篮摆放在会客室。毛主席接见契尔沃年科大使时，陪同接见的有杨尚昆主任，苏方有苏使馆参赞苏达里科夫和罗满宁。我和朱瑞真担任翻译和记录。

契尔沃年科首先说，他受委托以苏共中央和赫鲁晓夫个人的名义，向毛主席六十七岁寿辰表示祝贺，祝毛主席健康长寿，工作卓有成效，并向毛主席献上大型鲜花花篮。

毛主席说，在他的生日能收到如此高贵的祝贺，是他的荣耀。他对赫鲁晓夫同志以及苏共中央主席团的同志们表示谢意，祝他们身体健康，工作取得更大的成就。

在谈话中，毛主席侧重谈了他“退居二线”的情况。毛主席说，一些年来，特别是在1953年到1954年之间，他都没有主持中央政治局会议。他说，从1956年起，一直是刘少奇主持政治局的日常工作，而他自己只是有时参加一些会议而已。他个人大多数情况下是同政治局常委一起讨论、研究问题。毛主席接着说，有时他也出席政治局扩大会议。这些会议常常有地方党政领导人，例如大区中央局的书记和副书记、各省的省委书记……等等参加。毛主席说，实际上他现在已不在中央全会上讲话，甚至在党的代表大会上，他也只是致一个简短的开幕辞。

契尔沃年科说，尽管毛主席已经把相当多的责权分给了中共中央的其他领导人，但是在整个党和国家的领导核心中，主席仍然负有重大责任。

毛主席表示同意契尔沃年科的意见，他说，他还不得不经常工作到深夜，主要的工作是阅读大量的文件和材料。“每隔一天，他们就给我送来两大摞有关国内和国际问题的材料。这些材料当然都是必须尽快读完的，不然就要落伍嘛！”

谈话中，毛主席对不久前结束的莫斯科会议做出积极评价。他说，莫斯科会议开得很成功。会议经过了周密的准备，包括二十六国党代表在内的起草委员会的工作是富有成效的。他接着说，一些外国的党的代表常常感到疑惑，问为什么会议要开这么长。毛主席说，他们显然不完全理解，花十多天时间听取八十一国党的代表发表意见是怎样一回事。毛主席说，“在会议上发生争论和进行讨论，是非常好的事情，而不是坏事。”毛主席说，莫斯科会议的文件在我们共同的敌人——西方帝国主义阵营内部造成了很大的混乱。毛主席说，中共中央将准备召开全会，听取参加莫斯科会议的中共代表团的同志的报告，并将通过一个简短的决议，表明对莫斯科会议决议的支持。

毛主席说，刘少奇为首的中国党政代表团对苏联的访问，在中国，人们对这次访问感到高兴，是一件非常好的事。我们两国的人民都期望这次访问，我们两党中央做了这样的决定，满足了两国人民的愿望。

契尔沃年科说，苏联的许多加盟共和国对中国代表团不满意，因为他们没有能够到那里去访问。

毛主席笑着说，这个抗议应该交给代表团团员，比如在座的杨尚昆，因为政治局对代表团延长访问并没有反对。

契尔沃年科说，还是中国朋友缴了那些不满意的苏联同志们的"械"，他们告诉苏联同志，他们会再来。

毛主席笑着说，这一下他们可欠了你们的债。

契尔沃年科说，在中国代表团访苏期间，苏联人民多次要求转达对您的良好祝愿，希望您也能在方便的时候访问苏联，到不同的城市、企业和集体农庄做客，特别是到那些您上次访问未能去的加盟共和国走一走。

毛主席很高兴地答应了这件事，说："一定抽出时间做这样一次访问。"

毛主席说，在中国，他也受到一些边远地区的领导人的批评，因为他没有到过新疆、贵州、西藏和太原、包头、西安、兰州等地区和城市，延安后来也没去过，那里的人们不高兴。他说，这些人常常称他是"半个共和国的主席"。当他辞去国家主席的时候，人们又称他是"半个国家的中央主席"。

在谈话的最后，毛主席又回到他提出的从党和国家领导岗位上引退的问题。他说，现在，他就等着这样一个时刻的到来，让他仅仅做一名政治局的普通委员。他说，关于这件事，他还没有同党内任何一个同志谈过，甚至在座的杨尚昆还不知道。毛主席说，你是得知我这个"阴谋"的第一人。

苏联大使说，中国共产党人的党员将不会同意他的这个打算的。

毛主席开玩笑地说，那我就等着，直到大家都认识到这是必要的时候，"多少年之后，他们会理解我的。"

契尔沃年科在写给苏共中央关于这次会见的报告中提到："谈话是在意想不到的极为诚挚、友好的气氛中持续了两个多小时。谈话结束后，毛主席一直把我们送到汽车旁。他一边热情地与我们告别，一边再次要求转达他对赫鲁晓夫同志和苏共中央主席团成员们的衷心问候，以及对苏联同志为他生日的祝福表示真诚的谢意。"

1961：中苏关系的缓和与论战再起

1961 年，中苏关系出现了一个将近一年的缓和期。中苏两党在 1960 年 11 月莫斯科会议上达成妥协和刘少奇主席对苏联进行国事访问后，两国领导人都表示，要努力恢复昔日的友好合作。刘少奇在结束对苏联的访问时对中国驻苏大使刘晓说，今后你们要做团结的工作，苏联在社会主义建设中的经验对我们非常重要，特别是目前遇到了严重的经济困难，更需要搞好同苏联的团结。

1961 年 1 月，中苏两党几乎同时召开了中央全会，两个中央全会都讨论了八十一国党莫斯科会议问题，充分肯定了这次会议取得的成果，都强调需要加强中苏两党的团结。

中苏关系短暂的缓和期

1961 年，尤其是在苏共召开二十二大之前的一段时间里，中苏双方经济、科技、技术合作部分恢复。中苏双方都停止了公开争论；两党中央信件往来增多；苏联领导人活动的一些情况也都向中方通报；在一些国际问题上，中苏两党、两国能够交换意见，进行协商，真正执行了八十一国共产党和工人党会议期间，中苏两党达成的关于协商一致的原则。1960 年莫斯科会议后，我们中办翻译组接触到的一些事情可以作为中苏关系短暂缓和、复而紧张的佐证：

有限地恢复中苏经济和科学技术合作

对于 1960 年苏联政府撤销同中国签订的合同及合作项目，1961 年苏方决定向一些尚未建成的项目补足设备（其总量未超过原定水平的百分之十到百分之二十）。

2 月 27 日，刘少奇接见苏联大使契尔沃年科。契尔沃年科交来当天赫鲁晓夫给毛主席的信。信中表示，苏联愿意借给中国一百万吨粮食和五十万吨蔗糖，帮助中国渡过困难时期。

这里还出现了一次失误。我们翻译组在翻译这封信的时候，译错了一个字："Взаимообразно"，即"借给"，我们理解为"贷款方式"，译成"以贷款方式给中国提供一百万吨粮食和五十万吨蔗糖"，也就是将来要以货币来偿还。致使中央领导无法准确理解苏方的原意。

3月8日，周恩来接见契尔沃年科。周恩来对他说，当我们面临粮食供应的暂时困难的时候，我们首先动员自己的内部力量，其次利用当前的国际条件，争取以延期付款的形式从国际市场再多进口一些粮食，从而把苏联建议提供的粮食留作后备。只有在从国际市场进口粮食发生困难的情况下才向苏联提出粮食贷款的要求。至于以贷款方式转口五十万吨古巴糖的问题，如果苏联国内市场不甚急需，我们拟同意接受这批援助。

两天以后，周总理便派外贸部副部长周化民前往莫斯科商谈以贷款方式提供五十万吨古巴糖的具体事宜。

又过了几天，总理秘书马列打电话问我们，当时赫鲁晓夫的信是怎样讲的。我照实说了，信上用的是"Взаимообразно"。马列告诉我们：周化民在莫斯科谈判时发现，你们把苏方信中的"Взаимообразно"译错了，不是以"贷款方式"，而是"借给"。我们听后感到有些紧张，把这样一个关键词译错了，深感愧疚。马列没有责怪我们，反而一再安慰说：你们不要紧张，翻译错了，以后吸取教训就是了。

此事对我们触动很大，再次体会到在外事工作中翻译无小事，任何一个词译不准确都会造成意想不到的严重后果。

事隔多年，我见到原苏联经济总顾问阿尔希波夫，同他谈起中国三年困难时期苏联主动表示愿向中国提供粮食、蔗糖的事。这位老人对我说，向中国提供粮食的建议是他提出的。于是，他便向我谈起1960年的一段往事。他说，当年夏天，赫鲁晓夫派他去北京安排撤出苏联专家，行前苏共主席团接受了他提出的向中国出售粮食以帮助中国解决目前困难的建议，在北京他向周恩来总理转达了苏方的意愿。

周恩来感谢了阿尔希波夫的提议，说领导上将集体讨论上述建议。

过了没多久，周恩来答复阿尔希波夫说：问题领导上已经讨论过了，决定对苏联同志们表示感谢，但对援助表示拒绝，说自行去解决。对于 1961 年 2 月，苏联政府再次提出借粮食和蔗糖给中国的建议，中方只同意了借糖。

3 月 8 日，周恩来接见各社会主义国家的驻华使节，向他们介绍中国国内的情况。他在详细地介绍了中国克服困难、战胜灾荒的办法和措施后说：由于农业减产，同兄弟国家的贸易中，去年的欠账要推迟还，今年要减少进口和出口，这就使兄弟国家负担了我们的农业困难，我们很不安，希望大家能理解，也希望大家将以上意见转告本国政府和党中央。

4 月，中苏两国经济、科技代表团在莫斯科举行谈判。谈判进展得相当顺利，双方达成了协议。苏方主动提出中国在 1960 年之前的十亿元贸易欠款可以在五年内分期偿还。中方借用的五十万吨蔗糖的欠款，可以在 1967 年以前偿还。这两笔欠款均不计利息。

6 月 19 日，中国经济、科技代表团在莫斯科，与苏联有关部门签订了经济合作协定和科学技术合作协定。经济合作协定规定，过去苏联承诺援建的三百零四个项目中，除已经完成或基本完成的一百四十九项外，其余未完成的一百五十五个项目中，只保留六十六项，剩下的八十九个项目全部撤销。科学技术合作协定是在 1954 年两国签订的科学技术合作协定的基础上，经过修订补充而成的，未具体规定合作项目，有效期五年。

9 月 25 日，苏联科学院代表团到达北京，与中方落实了年度合作计划。赫鲁晓夫在代表团访问期间，委托代表团成员给中国领导人捎来口信，表示苏联可以向中国提供生产米格 –21 型战斗机的全部资料。

执行协商一致的原则，中苏间信件往来频繁

1961 年，苏共中央与中共中央之间信件往来频繁，现在能回忆起来，中办翻译组经手处理的，按时间排列有以下几起：

3 月 20 日，陈毅、杨尚昆接见苏联大使契尔沃年科。契尔沃年科交来苏共中央关于3月28日将在莫斯科召开华沙条约国政治协商会议，邀请中共派遣观察员列席会议的信。

3月22日，陈毅、杨尚昆接见苏联大使契尔沃年科，把中共中央关于派刘晓作为观察员，参加华沙条约国政治协商会议给苏共中央的信交给了契尔沃年科。

4月9日上午十时，邓小平、杨尚昆接见苏联大使契尔沃年科，把我党中央答复苏共中央来信的复信交给他。大使转交了葛罗米柯外长与美国国务卿腊斯克谈话的纪要。

5月10日，周恩来接见苏联大使契尔沃年科。契尔沃年科向周恩来递交了柯西金4月26日致阿尔巴尼亚部长会议的信件的副本和致发罗拉海军基地苏联部队指战员的信件的副本。信件说，苏联将从发罗拉海军基地撤退其军事力量。

5月15日，中共中央就苏联从发罗拉海军基地撤退舰队问题致信苏共中央。

6月7日下午五时，杨尚昆主任接见了苏联大使契尔沃年科。大使请杨主任向毛主席转达，几天内将把赫鲁晓夫同肯尼迪的会谈情况通知我党中央。大使还谈了一些他到四川去的情况。不久，契尔沃年科大使受苏共中央委托向中共中央转交了6月3日至4日赫鲁晓夫同肯尼迪在维也纳的会谈记录。在这次会议中，争论最激烈的是柏林问题，双方针锋相对，寸步不让。

7月3日晚，彭真、杨尚昆接见了苏联大使契尔沃年科，他转来苏共中央电报，要求陈毅经过莫斯科时停一二天，以便就国际问题，包括法国问题、老挝问题等交换意见。会见后，彭真即向周总理和毛主席请示，同意了苏共中央的意见，并电告陈毅。在陈毅外长抵达莫斯科后，赫鲁晓夫会见了他，同他就有关国际问题交换了意见。

1961年8月中旬，苏共中央通过苏联驻华大使契尔沃年科向中共中央转交了赫鲁晓夫同意大利总理范范尼的谈话记录。在苏美双方为柏林问题剑拔弩张的形势下，范范尼作为西欧国家和美国总统肯尼迪的代表前来莫斯科摸底。赫鲁晓夫告诉他，对德和约将要签订，如果美国对苏联发动战争，那么肯尼迪将是美国最后的一位总统。

1961年9月22日，周恩来接见苏联大使契尔沃年科。周恩来转交了中共中央关于中国在联合国的代表权问题和裁军问题给苏共中央的复信。周恩来在谈话中阐述了中国共产党在裁军问题上的原则立场，他说：蒙哥马利提出的三项原则中，所有驻在外国领土的军队都撤回本土，这是裁军的先决条件之一。

1961年9月30日，邓小平接见苏联大使契尔沃年科。参加接见的中方有杨尚昆，苏方有苏使馆参赞莫楚里斯基。我和朱瑞真担任翻译和记录。契尔沃年科向邓小平递交了苏共中央就裁军问题给中共中央的信。还转达了赫鲁晓夫同尼赫鲁、斯巴克[①]谈话的信息。在谈到中苏两党和两国之间的关系时，邓小平说，自从莫斯科会议以来，中苏两党和两国之间关系发展得还不坏。他说，在参加朝鲜劳动党代表大会期间，苏共代表团团长，苏共中央主席团委员、中央书记科兹洛夫曾邀请我吃午饭。席间，“我们谈到了团结的重要性。我对科兹洛夫说，当然，在这个和那个具体问题上我们可能有不同的观点，但是总的来说，在莫斯科会议以后，我们的关系发展得还不坏。科兹洛夫对此表示同意。”

邓小平继续说，“在一系列重大的国际问题上，我们对你们行动过去表示支持，现在继续表示支持。苏联和中国之间，在国际领域已经建立了非常好的合作关系。例如，在有关老挝问题举行的日内瓦会议上就是如此。当然，在具体问题上，我们的观点并不完全相同。”

1961年在庐山召开的中央工作会议上，毛主席曾说道：八十一国党会议以后平静了一个时期，中苏方面没有变好，也没有变坏，还是维持1960年撤退专家、撕毁合同的那个状况，没什么大的改善。对中

① 斯巴克（1888 ~ 1972），1936年至1949年，两次担任比利时外交大臣、首相，多次当选为社会党议员；1946年，任第一届联合国大会主席；1949年至1951年任欧洲委员会协商会议主席；1957年至1961年担任北大西洋公约组织秘书长；1961年至1965年，在联合政府中任副首相和外交大臣。1966年退出比利时社会党。——作者注

苏关系，我们要尽量使目前这种比较缓和的时间延长，不希望很快又公开吵起来。我们要尽量延长这个时间，争取时间把我们国内搞好。

他要整阿尔巴尼亚，我们一直是反对的

关于苏阿和中阿的关系的变化，大致上看，还得从1960年6月的布加勒斯特会议上讲起。在这次国际会议上，中国共产党被孤立、遭受“突然袭击”的围攻中，阿尔巴尼亚劳动党站出来声援中共，而在阿尔巴尼亚同样遭受压力的时候，中国党同样在道义上和物质上给予其支援。正如毛主席1961年9月15日在中央工作会议上讲的，“他要整阿尔巴尼亚这一点，我们一直是反对的”。这一点，在中苏之间信件往来中也可以看出，中共中央与苏共中央之间不断就此进行交涉，这不可避免地也影响了双方关系的改善。从苏阿关系恶化中，可以看出赫鲁晓夫的品质和作风、处事和为人——睚眦必报。

布加勒斯特会议期间，赫鲁晓夫策划并带头对中国共产党发动了“突然袭击”，东欧国家的领导人都批评、指责中国共产党，唯一的是，以劳动党中央政治局委员、书记处书记卡博为首的阿尔巴尼亚劳动党代表团力排众议，发言不同意苏共批评中共的做法，指出不能单凭一方提供的材料①来判断苏共和中共之间的分歧，还必须听取中国同志的意见。布加勒斯特会议后，阿尔巴尼亚劳动党于7月11日至12日举行中央全会通过决议，表示完全一致地批准阿劳动党代表团在布加勒斯特会议上采取的立场。

从此以后，赫鲁晓夫采取了一系列行动向阿尔巴尼亚施加压力。如1960年7月，苏联中断了对阿尔巴尼亚的粮食援助等。特别是1960年11月，阿劳动党中央第一书记霍查在八十一国党代表会议上发言，批评了苏共领导的理论和政策，说苏共代表团在布加勒斯特会议上犯了错误，对中国共产党的指责是不正确的。

---

① 指苏共代表团6月21日散发的指责中共的“通知书”。——作者注

霍查的发言，使赫鲁晓夫火冒三丈。

苏联向阿尔巴尼亚施压，阿尔巴尼亚转而向中国寻求帮助。早在1960年7月底，阿尔巴尼亚部长会议主席谢胡致信中国总理周恩来，请求提供粮食援助。尽管当时中国已进入三年困难时期，许多地区因缺粮，出现大量浮肿病人，甚至非正常死亡，然而，周恩来于8月3日仍答复谢胡说："你来信中要求中国政府在1960年8月至12月间供给小麦五万吨，并建议把上述小麦的偿付作为特别账目，待以后由双方协议处理。中国政府决定满足你们的要求，并确定今年第三季度运出三万吨，第四季度运出两万吨。"

1960年9月，以阿尔巴尼亚部长会议副主席凯莱奇为首的阿中友好代表团访问中国时，受命向中国介绍了阿尔巴尼亚第三个五年计划草案及苏联和东欧国家原拟援助项目的情况。

1960年11月，毛泽东、刘少奇、周恩来等党和国家领导人出席了阿尔巴尼亚驻华使馆举行的国庆招待会，这在当时是罕见的行动。1961年9月30日，以第一书记霍查为首的阿尔巴尼亚劳动党全体政治局委员出席了中国驻阿使馆举行的国庆招待会，这也是社会主义国家最高的礼遇。

1961年1月，以阿尔巴尼亚部长会议第一副主席科列加为首的政府经济代表团访问中国，同中方商谈阿尔巴尼亚第三个五年计划期间的贷款和换货问题，商谈1961年度双方贸易问题。以李先念副总理为首的中国政府代表团与阿尔巴尼亚代表团进行具体谈判。谈判结果双方签订了：关于中国给阿尔巴尼亚贷款的协定；1961年至1965年经济合作协定；1961年阿尔巴尼亚使用中国贷款的议定书等。当时，中国领导人根据中阿关系和苏阿关系情况，还曾劝说阿尔巴尼亚同苏联搞好关系，并劝说阿尔巴尼亚继续要求苏联提供军事援助，表示中国不插手军事援助较好。

然而，事与愿违，进入1961年，苏联进一步采取了一系列行动，使苏阿关系急剧恶化。苏联撕毁了苏联与阿尔巴尼亚的贸易协定，取消了苏联根据协定应向阿尔巴尼亚提供的贷款，召回了在阿尔巴尼亚工作的全部苏联专家，废除了给在苏联学习的阿尔巴尼亚学生和军事学员提供助学金的协议。

1961 年 3 月，以凯莱奇为首的阿尔巴尼亚政府经济代表团再次访问中国，中阿两国签订了关于中国向阿尔巴尼亚提供成套设备和技术援助的议定书，根据该议定书，中国向阿尔巴尼亚提供化工、冶金、电力、建筑材料、轻工等方面二十五个项目的成套设备和技术援助；关于中国向阿尔巴尼亚提供粮食和其他仪器的换文；关于专家技术人员的待遇条件的议定书。中国取代苏联和东欧国家，承担了援助阿尔巴尼亚的义务。

1961 年 4 月 20 日，周恩来和邓小平一起接见阿尔巴尼亚部长会议副主席凯莱奇，同他讨论中阿关系、经济援助和苏阿分歧等问题。周恩来在总结中国共产党长期斗争的经验时，概括了四条：第一，后发制人，让别人去挑衅，然后我们再给以回击。第二，紧紧抓住团结的旗帜。第三，要针锋相对地斗争。第四，要留有余地，不要一下子把话说绝了，想回头也无转弯的余地。

苏联除在经济方面施加压力外，在政治和军事方面施加了更大的压力。1961 年 3 月，在华沙条约国首脑会议上，通过了谴责阿尔巴尼亚的决议。1961 年 5 月，苏联未同阿尔巴尼亚协商，就撤走了驻扎在该国发罗拉海军基地的八艘军舰。关于这次撤军，苏联曾向中国通报了情况。对此，周恩来指出，这是一个震动世界的事件。在苏阿关系问题上，即使双方都有错误，应该谅解，要以大局为重，不要动员大国来压服小国。兄弟党兄弟国家之间关系上的问题总可以商谈，谈不好可以等待，这是一个列宁党的认真态度。在 5 月 15 日中共中央致苏共中央的信中再次指出，苏联这样做是“不适当的”，“这是极不利于共同对敌斗争的”，希望苏共中央改变这一决定，并希望苏阿关系通过协商途径解决。然而，5 月 18 日，苏共中央给中共中央的复信说，如果中国同志“能利用自己的影响”来改善阿尔巴尼亚同苏联的关系，“将是十分重要的和有益处的。”对于中方的劝说，苏方根本听不进去，

5 月 26 日，苏联把由苏联掌握的舰只公开撤离发罗拉海军基地。6 月 5 日，苏联方面又撤出在阿尔巴尼亚军舰上工作的苏方人员。

1961 年 8 月 3 日至 5 日，华沙条约缔约国党中央第一书记会议在莫斯科举行。阿尔巴尼亚劳动党中央第一书记委托政治局委员阿利雅代表他出席会议。会议开始后，阿利雅要求发言，赫鲁晓夫以阿利雅不是第一书记为由，阻止他发言。随后苏共和东欧国家党的代表，借口阿利雅不够水平，做出了不准他参加会议的决议，阿利雅被迫退出了会场。

作为观察员列席会议的中国驻苏大使刘晓，立即将上述情况报告了中共中央。毛泽东在得知这个消息后，批示刘晓在会上发表一个口头声明，指出：1. 拒绝阿尔巴尼亚代表团出席会议与《莫斯科声明》关于“通过协商途径取得一致的观点”不符；2. 每个兄弟党的党中央有完全的权利决定派遣它认为合适的代表团代表它出席会议，任何一个兄弟党都无权拒绝另一个兄弟党中央委派的代表出席会议；3. 应该加强社会主义国家之间的团结，凡有利于促进世界和平和社会主义事业的，中国将一如既往予以支持。

这次会议后，阿尔巴尼亚再也没有参加华沙条约组织的活动，随后经互会又取消了阿尔巴尼亚的成员国的资格，中断了同阿的联系。

苏联和阿尔巴尼亚之间本来就有些矛盾，阿尔巴尼亚劳动党领导对苏联领导人的大国沙文主义，对苏联曾干预过阿劳动党对某些干部的处理，曾干预过阿尔巴尼亚政府对居住在阿境内的希腊人采取的措施，早就十分不满。但苏阿两党两国关系的急剧恶化，确实是因为阿尔巴尼亚代表团在布加勒斯特会议上支持中国共产党而引起的。因此，布加勒斯特会议后不久，在苏联和东欧各国断绝了对阿尔巴尼亚的援助后，中国主动承担了援助阿尔巴尼亚的义务。中阿两党两国很快就结成了“同志加兄弟”的特殊关系。

8 月，华沙条约国政治协商会议后，苏阿关系进一步恶化。越南劳动党中央主席胡志明为了调解苏阿关系，专程赴苏联会见赫鲁晓夫。正在黑海海滨休假的赫鲁晓夫于 8 月 17 日和 19 日两次同他进行会谈，讨论苏阿关系和中苏关系。由于赫鲁晓夫顽固地坚持其错误立场，胡志明的调解没有取得任何结果。华沙条约国党中央第一书记会议结束后，苏阿关系进一步恶化。

就在9月30日邓小平会见苏联驻华大使契尔沃年科时，契尔沃年科还特地向邓小平口头通报了近期苏阿关系的现状，把苏阿关系紧张的责任全部推给了阿方。大使说，苏联政府已经做了不止一次的努力使苏阿关系正常化，但是阿尔巴尼亚领导人却采取相反的做法。莫斯科会议后，苏联方面为了消除苏阿关系中的误解，采取了许多措施。例如，向阿方表达了赫鲁晓夫随时愿意会见阿领导人的想法，他们却顽固地拒绝这种会见。

邓小平说，这都是坏消息。你们两国两党的关系已经到顶了吗？我们对苏联和阿尔巴尼亚之间在这一时期的通信往来是了解的。他说，大家都不要采取极端措施，必须留有解决问题的余地。中国共产党和苏联共产党之间也有重大分歧。你们和我们都没有走极端，这很好。我们一向是这样主张的。我们过去和现在都对阿尔巴尼亚同志说，你们之间的关系应该改善而不应该恶化。我们只有一个愿望，就是你们两国的关系得到改善。

邓小平说，“社会主义阵营有十二个国家，苏阿之间的关系问题是最突出的问题。难道真的没有可能找到某种办法解决这个问题吗？就我们方面来说，我们真诚地希望能找到一种途径。”

我们翻译组的任务

1961年1月10日，苏共中央全会例行通过了关于召开苏共二十二次代表大会的决议。1961年6月19日，苏共中央全会听取并讨论了苏共中央第一书记赫鲁晓夫“关于‘苏共纲领（草案）’的报告”。全会决定，1961年7月31日在报刊上公开发表“苏共纲领（草案）”，以供苏共党员和预备党员以及苏联全体劳动人民了解和讨论。

7月24日十一时半到下午二时，彭真、杨尚昆接见苏联大使契尔沃年科，他交来了新的“苏共纲领（草案）”，俄文有一百一十二页，并附有中文译文。我们翻译组连夜修改和校正了苏方交来的中文译文。

8月到9月，中共中央在庐山召开工作会议期间，在毛主席主持下，政治局常委会对苏共二十二大的纲领草案进行了分析和评论。

9月，中央书记处书记、中联部部长王稼祥向我布置了一项调研任务，要求翻译组从苏联报刊上搜集有关十月革命以后和第二次世界大战后，恢复生产和克服经济困难的资料，从中找出可以借鉴的经验，送给他参考。

当时，王稼祥对三年困难时期发生的经济严重滑坡、人民生活极端困难的情况十分忧虑，正准备向党中央提出如何调整对内对外政策的建议，希望我们能够从苏联的经验中找到可以借鉴的地方。

在此后的一段时间里，我们到北京图书馆查阅了大量的苏联报刊，先后给王稼祥送过几批有关这方面的资料。其中他最感兴趣的是关于苏联农业中推行过的小组承包制的经验。

在1947年到1948年期间，苏共中央主管农业的书记安德烈耶夫为了尽快恢复遭到战争破坏的农业生产，在库尔斯克地区推行过小组承包制，也就是把土地承包给集体农庄的生产小组，调动了农民的生产积极性，增产效果显著。但没过多久就遭到斯大林的批判。斯大林认为，小组承包制不利于农业机械化的推广，违反了集体农庄的章程，在报刊上公开批判了小组承包制，禁止推行小组承包，并且撤销了安德烈耶夫的苏共中央书记的职务。

在中国也发生了类似的情况……

周恩来率团出席苏共二十二大

1961年10月7日，杨尚昆主任约见苏联大使契尔沃年科，通知他参加苏共二十二大的中共代表团名单：代表团由周恩来、彭真、康生、陶铸、刘晓五人组成，周恩来为团长，彭真为副团长，另有随行人员三十人，李越然、我、赵仲元等翻译随团工作。我们出发前，中央已经制定了代表团奉行的方针：既坚持原则，又坚持团结；对苏方攻击阿尔巴尼亚，应表示反对；如苏方攻我，则进行反击。

10 月 15 日，周恩来率中共代表团抵达莫斯科，赫鲁晓夫等亲自到机场迎接，将代表团送到下榻的别墅。

10 月 17 日至 31 日，苏共第二十二次代表大会在莫斯科举行。赫鲁晓夫代表苏共中央向大会做了《关于苏联共产党纲领》的报告和总结报告；代表大会讨论并通过了苏共纲领。

在赫鲁晓夫的两个报告中，都谈到二十年内基本建成共产主义的问题。他很自信地说，在 1961 年至 1980 年的二十年内，我们将建立起共产主义的物质技术基础，以保证全体居民得到丰裕的物质的和文化的财富。这样，苏联将基本上建成共产主义社会，完全建成共产主义社会将在下一个时期完成。

赫鲁晓夫在报告中，提出了两个引起争议的理论问题，即“全民国家”和“全民党”问题。关于“全民国家”，他认为无产阶级专政在保证社会主义，即共产主义第一阶段取得了完全的最终的胜利，保证社会过渡到全面展开的共产主义建设之后，就已经完成了自己的历史使命；从国内发展的任务来看，无产阶级专政在苏联已经不再是必要的了。作为无产阶级专政的国家而产生的国家，在新的阶段即现阶段上已经变为全民的国家，变为表达全体人民的利益和意志的机构。关于“全民党”，《苏联共产党纲领》说：“由于社会主义在苏联的胜利，由于苏维埃社会的一致的加强，工人阶级的共产党已经变成苏联人民的先锋队，成了全体人民的党，在社会生活的各个方面扩大了自己的指导作用。”

此外，赫鲁晓夫在总结报告中带头批判斯大林，谴责莫洛托夫、卡冈诺维奇、马林科夫“反党的派别集团”，从而在代表大会上掀起了批判斯大林的个人迷信以及莫洛托夫等人的反党集团的高潮。

赫鲁晓夫在大会上公开指责阿尔巴尼亚劳动党，批判阿尔巴尼亚领导人的霍查和谢胡，“最近，阿尔巴尼亚领导人不顾自己从前的保证和自己党代表大会的决议，毫无理由地、急剧地改变了政治方针，走上了急剧恶化同我们党、同苏联的关系的道路。他们开始离开整个世界共产主义运动关于当代最重要问题的共同的、一致同意的路线，这一点从去年以来表现得尤为明显。”公然要求阿尔巴尼亚领导人“放弃在党内和国家中的指挥职位”。

在赫鲁晓夫做完报告后，勃列日涅夫、科兹洛夫、米高扬、伊利切夫、谢列平、波斯别洛夫、沙丘科夫等，许多代表都紧紧跟上，更激烈地谴责了莫洛托夫等人的反党集团、指责阿尔巴尼亚劳动党。

代表大会还通过了《关于弗·伊·列宁墓的决定》，规定：“1.为永久纪念共产党和苏维埃国家的不朽的创始人，全世界劳动人民的领袖和导师弗·伊·列宁而在克里姆林宫墙外红场建造的陵墓今后命名为弗·伊·列宁墓。2.认为在墓中继续保留约·维·斯大林的水晶棺是不适宜的，因为斯大林严重地违反列宁的遗训，滥用权力，大规模镇压真正的苏维埃人，以及在个人迷信时期的其他行为，使他的灵柩留在弗·伊·列宁墓中成为不可能”。

大家都明白，赫鲁晓夫在这次代表大会上公开指名攻击阿尔巴尼亚，这实际上是针对中国的。

出席苏共代表大会期间，周恩来分别会见了胡志明和金日成，同他们交换了意见。周恩来同他们谈话的主要精神是，兄弟党之间的关系应遵循三条原则：1.对敌斗争一致，互相支持；2.兄弟党的内部事务不能干涉；3.保持内部团结，兄弟党之间的内部事务内部解决，不能向敌人暴露。

10月17日，赫鲁晓夫在代表大会上做完总结报告后，中共代表团立即打电报请示中央，提出对反阿尔巴尼亚问题，代表团要表态。中央决定在周恩来的致辞中，除原来的从北京带去的讲话稿以外，要增加一段表明我们不同意赫鲁晓夫在大会上大反阿尔巴尼亚的内容。要加的这段话经秀才们起草后，由中央领导讨论修改并报毛主席审定后发往莫斯科。

在中央的会议上，还决定要周恩来在大会上致辞后，再约赫鲁晓夫谈一次，表明我们的态度后立即动身回国。周恩来在动身来苏联之前就计划好的，不等会议结束就回来。现在，由于苏共大反阿尔巴尼亚，就更要提前回国了。

在苏共二十二大10月19日会议上，轮到中共代表团团长周恩来发表讲话并宣读中共中央主席毛泽东的贺辞。周恩来的讲话稿和毛泽东的贺辞，包括俄文译文，都是在国内准备好的。只是在周恩来讲话稿中新加的一段关于对大反阿尔巴尼亚表示态度的话，我们把它译成俄文就行了。

周恩来在讲话中首先祝贺苏联人民在全面展开共产主义建设中取得的辉煌成就。他说，苏联人民的这些辉煌成就，“极大地增强了苏联和社会主义阵营的力量，鼓舞了全世界人民争取世界和平、民族解放、民主和社会主义的伟大斗争。今年，苏联两次成功地把载人宇宙飞船送入了太空，进行了环绕地球并返回地面的凯旋飞行。这个人类征服宇宙的新的壮举，更加令人信服地表明，苏联已经在重要的科学技术方面越来越远地把美国抛在后面。这是社会主义制度具有无比优越性的生动表现”。

周恩来在讲话中特别强调社会主义各国的团结问题。他说：“《宣言》和《声明》指出，社会主义阵营的团结，国际共产主义运动的团结，是全世界一切更广泛的团结的核心。我们这种团结是由共同理想和共同事业联结起来的，是在对共同敌人的共同斗争中巩固和发展起来的，是以马克思列宁主义和无产阶级国际主义为基础的。我们这种团结是久经考验的，是任何力量破坏不了的。我们十二个兄弟国家组成的社会主义阵营，从朝鲜民主主义人民共和国到德意志民主共和国，从越南民主共和国到阿尔巴尼亚人民共和国，是一个整体。我们社会主义各国之间，我们各国共产党之间，在独立自主和完全平等的基础上，实行兄弟般的互相支持和合作。我们必须很好地团结在一起，必须像爱护眼球一样地爱护我们的团结，决不应该有任何损害这种团结的言论和行动。”

接着，他念了从国内发来的新增的关于对赫鲁晓夫大反阿尔巴尼亚表示态度的讲话稿。

周恩来的讲话和毛泽东的贺辞都是高举团结的旗帜，没有直接批评苏共的话，主张有争执的、有分歧的兄弟党应该在互相尊重、独立和平的基础上重新团结起来。因而受到代表大会的热烈鼓掌。在持续约半个小时的讲话中，共鼓掌二十六次。在周恩来宣读完毛泽东给苏共二十二大的贺辞时，全场起立，长时间鼓掌。关于后来新加的那段有关苏阿关系的话，既没有说谁是谁非，也没有点名批评苏共，但大家都知道，这是在委婉地批评苏共领导人及所有在大会上发言攻击阿尔巴尼亚的人。讲完这段话时，会场上也是一片掌声，但主席台上没有人鼓掌。

10月21日，周恩来率领代表团全体成员拜谒了列宁、斯大林墓，周恩来代表中共中央为列宁和斯大林各献了一个花圈。其中在给斯大林的花圈上写着："献给伟大的马克思主义者斯大林"，严肃地表明了中共对斯大林的态度。

10月22日，中共代表团同苏共领导人举行会谈。中方参加会谈的有周恩来、彭真、康生、陶铸、刘晓以及顾问胡绳等；苏方有赫鲁晓夫、科兹洛夫、勃列日涅夫、米高扬、苏斯洛夫、安德罗波夫等。包括吃饭时间在内，会谈持续了九个小时。

在会谈中，周恩来严肃地批评了公开批阿尔巴尼亚劳动党的做法，还劝告苏共要搞好同阿尔巴尼亚的关系，苏共是大党，苏联是大国，是大哥，应当主动搞好同阿尔巴尼亚的关系。

赫鲁晓夫完全拒绝周恩来关于阿尔巴尼亚问题的批评和劝告。他列举了许多事实进行反驳，并挑拨中国共产党和阿尔巴尼亚劳动党的关系。他说，苏联曾向阿尔巴尼亚提供大量援助，霍查等人忘恩负义，像狗一样，谁喂他，他就咬谁的手指头。在历史上，霍查曾迫害过几名同他持不同意见的老干部，其中有一名孕妇，苏共中央曾劝阻霍查不要杀害她，但最后还是被他枪毙了。最近，他正在迫害几名同苏联持友好态度的中央委员。至于谢胡，他历史上有不少污点，曾经当意大利的军官，帮意大利人做过事。

在谈到关于斯大林问题时，周恩来说，我们党在这个问题上的态度已经多次向苏共中央谈过。“对斯大林要具体分析”，“要全面估计”，斯大林功大于过。

赫鲁晓夫表示反对中国共产党关于斯大林问题的立场，甚至说中共这样的立场是支持他们党内的反党集团。他说，如果你们喜欢斯大林，你们可以把他的遗体运到北京去，你们如果继续在北京天安门悬挂斯大林的画像，我们也将在莫斯科红场悬挂高岗、彭德怀的画像。

10 月 23 日，中共代表团团长周恩来提前回国。

周恩来离开后，由彭真代理中共代表团团长，继续参加会议。彭真、陶铸等代表团成员到列宁格勒参观。在欢迎宴会上，从莫斯科赶回来的列宁格勒州委书记再次指责攻击阿尔巴尼亚，说赫鲁晓夫在大会上的讲话，得到了苏共全体党员的拥护。彭真回应说，本来没想争论，既然你挑起了争论，我不得不讲几句。接着，彭真批评了苏共二十二大攻击阿尔巴尼亚、大反斯大林，使亲者痛，仇者快。

10 月 30 日，彭真率领中共代表团返回北京。

11 月 9 日，周恩来在中央国家机关十七级以上干部大会上，做了关于苏共二十二大的报告。报告中谈了苏共二十二大大反斯大林、反阿尔巴尼亚和反华的情况……他号召大家埋头苦干，自力更生，在一二十年内把中国建设得强大起来。

中苏之间摩擦又起

虽然毛主席讲了“对中苏关系，我们要尽量使目前这种比较缓和的时间延长，不希望很快又公开吵起来。”不过，好景不长，到 1961 年年底，中苏之间的摩擦又起。

不再派观察员出席华沙条约国会议

10 月 31 日，即苏共二十二大闭幕当天，华沙条约国的党中央第一书记就参加华沙条约国会议观察员的水平问题致信中共中央。信中说：“我们不能肯定地说，所有观察员每一次都把政治协商会议上讨论的问题的实质完全地、充分准确地报告给了自己党的中央委员会”，“因此，我们得出结论，认为如你们党和政府的最高级代表不参加政治协商委员会的会议时，那么最好的办法是由我们直接把所讨论的一切问题通知你们党和政府的领导”。

11月20日，中共中央复信苏共中央，复信说：“你们的来信中那种指定我们派遣最高级代表参加今后华沙条约组织政治协商委员会会议的做法，是不符合兄弟党之间互相尊重独立、平等、不干涉内部事务的准则的”，“是我们不能，也不应该接受的，因此，我们只好同意你们来信中所提出的办法”。

此后中共中央再也没有派出过自己的代表出席华沙条约国政治协商委员会的会议。

苏共二十二大促成了中阿“同志加兄弟”的特殊关系

赫鲁晓夫等苏联领导人，在苏共二十二大上大肆攻击阿尔巴尼亚领导人霍查、谢胡后，阿方对此反应非常强烈，他们立即同莫斯科展开了公开论战。在赫鲁晓夫做总结报告后的第三天，即10月20日，阿尔巴尼亚劳动党中央委员会便发表声明，反驳苏共二十二大对他们的攻击和诬蔑。在苏共二十二大闭幕后的第二天，即11月1日，阿劳动党中央机关报《人民之声报》发表一篇社论，全面地对苏共领导的攻击进行了反驳。11月7日，霍查在阿劳动党成立二十周年和十月社会主义革命四十四周年庆祝大会上发表了长篇讲话，更加深入和全面地批驳了赫鲁晓夫等苏联领导人对阿尔巴尼亚的攻击。

11月25日，苏联外交部副部长费留宾宣布，将召回苏联驻阿尔巴尼亚大使希金，同时宣布阿尔巴尼亚驻苏联大使奈斯蒂·纳塞不能再停留在苏联。12月3日，费留宾又宣布，苏联外交部决定从阿尔巴尼亚撤走大使馆和商务代表处的全体人员，并要求阿尔巴尼亚驻苏联全体人员和商务参赞离开苏联领土。从此苏联和阿尔巴尼亚断绝了外交关系。

苏联和阿尔巴尼亚断绝外交关系后，两党两国的关系还在继续恶化。双方都围绕着断交问题发表了大量文章，相互攻击和批判对方。

随着争吵越来越激烈，苏方早已完全停止了对阿尔巴尼亚的援助，东欧国家也跟着逐步减少以至完全停止了援助。到1961年年底，阿尔巴尼亚在经济上已陷入困难的境地，迫切要求中国追加援助。12月，阿尔巴尼亚第三次派政府代表团访华，商谈经济援助问题，团长仍然是凯莱奇。1961年本来是中国三年困难时期最困难的一年，但中国政府仍然咬紧牙关向阿尔巴尼亚提供了大量援助，包括中国当时最紧缺的粮食、食油和棉花等。

周恩来同凯莱奇会谈三次，他针对阿方对援助要求过高的情况，指出：哪些能搞，哪些不能搞，步骤上要有轻重缓急，中国有义务援助阿尔巴尼亚，但不可能把苏联东欧国家过去答应过的对阿尔巴尼亚的援助全部包下来，不可能像你们所希望的那样多、快、大、好，国家不论大小，自力更生都是主要的。

中方由李先念同阿代表团经过多次协商，中国同意增加贷款，其中包括转口物资。1962年1月13日，中阿签订了关于新贷款的协定。同时还签订了1962年换货和付款议定书、关于建立中阿合营轮船公司的协议、中国向阿尔巴尼亚供应成套设备和给予技术援助的补充换文，等等。

以后，随着中阿友好关系的不断发展，中国不仅把苏联原先承诺援助阿尔巴尼亚的项目全部包了下来，而且经济援助规模还不断扩大，几乎是有求必应。

苏共二十二大促使中阿建立了“同志加兄弟”的特殊关系。

苏共二十二大结束后，中国领导人毛泽东、刘少奇、邓小平等在不同的会议上，多次谈到苏共二十二大。他们都认为，苏共二十二大是赫鲁晓夫修正主义的大暴露，国际共产主义运动面临分裂的危险。

在七千人大会上，毛泽东说，“国际修正主义者在不断地骂我们。我们的态度是，由他骂去。在必要的时候，给以适当的回答”。刘少奇认为，苏共二十二大以后，赫鲁晓夫还是沿着修正主义的道路走下去。总体来说，党中央认为苏共纲领和苏共二十二大是赫鲁晓夫修正主义观点的登峰造极，背弃了马克思列宁主义的原则。

这些谈话预示着中苏关系将进一步恶化，再也没有逆转可能了。

1962：中苏论战“暗潮涌动”

苏联断绝同阿尔巴尼亚的邦交，不仅导致苏阿两党两国关系彻底破裂，也使缓和了将近一年的中苏关系又紧张起来。

1962年，中苏双方都在强调消除分歧、保持团结，表面上两党两国之间关系虽未全面地恶化、破裂，发展到公开论战的地步，然而，在国际和中国国内发生的几件事，如：中苏、中（蒋）美、中印、苏美之间的较量，最终都集中体现在中苏之间的分歧上，已经显示出了两党两国之间关系终究不能调和的迹象。

拒绝中共中央召开兄弟党会议的建议

1962年3月1日下午四时到六时，邓小平应苏联大使契尔沃年科的请求接见了他。参加接见的中方有杨尚昆，苏方有苏使馆参赞麦夏采夫、一秘甘辛。我、赵仲元担任翻译和记录。

契尔沃年科向邓小平交来一封苏共中央1962年2月22日给中共中央的信，主要是回答我党代表团在苏共二十二大致辞中不指名地批评苏共大反阿尔巴尼亚。信中指责中共支持阿尔巴尼亚领导人的“反列宁主义的行为”，在国际民主组织中采取自己的特殊立场，在国际共运中“实行与兄弟党集体制定的共同方针不同的路线”。信中表示要改善苏中关系，还提出应该停止就那些我们之间有不同见解的问题进行不必要的争论，不再发表那种不能缓和而只能加深我们分歧的公开声明。来信声称，阿尔巴尼亚问题不应成为中苏两党关系中的障碍物。表示应尽量消除分歧，保持团结。

邓小平表示，他将立即把信交给中共中央。他说：“毫无疑问，我们中央会非常认真讨论这封信所涉及的问题。我想，苏共中央在提出这个问题的时候，用意是好的。我们两党和两国的团结具有极其重大意义。我们知道，许多兄弟党都对团结表示关切。这种关切是一种正常的感情流露。我们党对这个问题的关注不亚于其他兄弟党。但是，应当承认，最近几年我们中苏两党的关系极不正常。应当承认这一事实。你们的信中也承认了这一点。承认了这一点以后，我们应当尽一切努力利用现有的可能性来解决我们关系中的困难。有没有这种可能性呢？我想，这种可能性是存在的。”

邓小平继续说：“我们有一个很好的基础来解决困难——马列主义原则、1957年《莫斯科宣言》和1960年的《莫斯科声明》。只要真正地运用这些原则作为指导，《宣言》和《声明》得到遵守，那么兄弟党之间就没有什么问题是不能解决的。实际上，在《莫斯科声明》通过以前，我们两党和两国之间有许多不同意见。在莫斯科会议上进行了许多讨论，有许多尖锐的争论。然而，结果是，制定出了一个共同的文件——《莫斯科声明》。《莫斯科声明》中的绝大多数条款都得到了普遍赞同。与此同时，有些问题没有取得充分的一致，但是我们做了让步。莫斯科会议以后，有半年时间，1961年，我们的关系并不坏。大使同志，你可能知道，我们没有发表一篇涉及有争论的问题的文章。然而，莫斯科会议过了半年以后，这些问题又出来了。当然，我不想纠缠这些问题再次出现的原因。如果密切注视事态的发展，我们和你们都会看到这些原因。”

邓小平说：“在这以后，阿尔巴尼亚问题出来了，苏共中央的信里也提到了这一点。如果《莫斯科声明》中所写的兄弟党之间的关系的准则得到遵守，阿尔巴尼亚问题就不会闹得这么大。你们的信中说，在阿尔巴尼亚问题上，苏共中央坚持了《莫斯科声明》的原则。我们的确有不同的看法。当然，这个问题以后可以详细讨论。然而，我们提请你们注意一件事，就是你们的信中谈到了改善同阿尔巴尼亚的关系的必要性。大党总归应该在类似的问题上采取主动。大党和大国不存在威望问题。过去，我们同其他党有过分歧，我们有解决这些分歧的很好的经验，这一点我们同赫鲁晓夫同志谈过。正像我们跟你们说过的那样，我们有处理同朝鲜关系的丰富经验。因此，只要有改善关系的愿望，解决的办法总是能够找到的。”

邓小平还说："信里还谈到南斯拉夫。可是，在《莫斯科声明》中，南斯拉夫问题的性质已经说得很清楚了。当然，我们还可以继续讨论这个问题。"

邓小平说："总之，只要严格遵守《莫斯科宣言》和《莫斯科声明》，包括对政治和意识形态问题以及兄弟党之间关系问题的分析和结论，就存在解决一切问题的可能性。《莫斯科宣言》和《莫斯科声明》以及马列主义对信中所涉及的大多数问题都提供了明确的解释。当然，有些问题是经过妥协以后取得一致的，但是这样的问题不多。这些问题可以放到一边。你们的信里特别提到了这一点。这是我们不变的立场。在我们对大多数问题的共同看法的基础上，我们是能够加强团结。在莫斯科，我们没有白白地一致举起手来对大多数问题进行表决。因此，我认为，只要我们遵守《莫斯科宣言》和《莫斯科声明》，我们就能够解决目前的问题。我们将认真讨论你们的信，然后向你们通报我们的看法。"

在回答大使提出的关于中国国民经济未来的计划的问题时，邓小平回答说，在这个问题上有不同的观点，究竟是制定五年计划还是十年计划，有不同的看法。邓小平说，中国经济发展问题目前还处于准备工作阶段。他说，大使知道，我们国家发生了巨大变化。随着情况的变化，出现了一系列需要仔细研究的新问题。我们的国家计委提出了三种计划方案，但是，每一种都有未解决的问题。这三种方案在推行的时间和使用的统计数据指数方面各不相同。邓小平说，对我们来说，现在的关键问题是农业，这是非常清楚的。在过去几年中，中国的城市人口过分地增长了。因此，处于目前发展水平的农业满足不了城市人口这种增长的需要。在1961年一年中，城市人口就减少了一千三百万，这些人都返回了农村，总的说来是回到他们原来居住的地方。其中相当大一部分人回到了人民公社，因为发展国营农场需要大量的资金投入。今年计划把城市中的另外一千万人重新安置到农村去。重新向农村安置城市人口减轻了向城市居民供应的问题。在过去几年中，中国的工业高速发展。与此同时，出现了这样的情况：几乎在每一个企业里，工人的数量都大大超过充分利用现有生产能力所需要的数量。在有些企业，工人的数量多达十年以后所需要的水平。结果，出现了不合理使用劳动力的情况。邓小平举例说，在鞍钢，在充分利用现有生产能力的情况下，工人数量仍然可以减少五万。想为新企业准备更多的干部是造成这种情况的一部分原因。

在同大使告别的时候，邓小平说："你们的信呼吁团结，这很好。"

3 月 27 日，中央政治局在刘少奇主持下召开会议，对苏共中央 2 月 22 日的来信做了分析。政治局决定要给苏共中央写一封复信，主动提出要召开兄弟党国际会议的建议，不提任何先决条件，同时，要为召开兄弟党会议做准备。

4 月初召开的政治局常委会议，讨论审定了中共中央给苏共中央的复信，正式发出的时间是 4 月 7 日。在这封复信里，中共中央正式建议召开兄弟党国际会议，而且还提出了五项具体建议，分五个步骤来召开兄弟党国际会议，即：中苏两党举行会谈，苏阿两党举行会谈，召开苏阿中三党会议，然后召开十二个社会主义国家执政党的会议，最后召开八十一党会议。

4 月 9 日，邓小平接见苏联大使契尔沃年科。参加会见的中方有杨尚昆，苏方有苏使馆参赞罗满宁、二秘勃列日涅夫。我和朱瑞真担任翻译和记录。

邓小平向契尔沃年科转交了中共中共 4 月 7 日给苏共中央的信，这封信是对苏共中央 2 月 22 日来信的答复，以及中共中央 4 月 5 日致越南劳动党的信的副本。中共中央复信中就苏共中央来信中，对中共的指责进行了驳斥。复信还指出，"我们的共同点是主要的"，"我们之间的分歧，毕竟是共产主义大家庭内部的问题"，"我们两党之间存在着某些原则性的分歧"，"是能够通过协商来解决的"。复信说，中共中央"衷心支持"印度尼西亚共产党、瑞典共产党、英国共产党、新西兰共产党提出的召开兄弟党会议的建议，并且认为，现在考虑召开各国党代表会议"是适宜的"。为使会议取得成功，中共中央在信中提出，同意越南劳动党关于停止“进行互相攻击”的建议，并希望苏共“采取主动”，恢复苏阿之间的正常关系等五点建议。中共的建议，得到越南劳动党、印尼共产党的支持。

邓小平说，中共中央致苏共中央的信的基本内容是，无论如何，苏联共产党和中国共产党都要紧密团结，以团结的精神解决紧迫的重大问题。他说，为了达到这个目的，中共中央的信中建议，举行一次新的各国共产党和工人党代表大会。一些兄弟党在致中共中央的信中都表达了召开这样一次大会的愿望。邓小平说，印度尼西亚共产党，越南劳动党，英国、瑞典和新西兰共产党都送来这样的信件。

邓小平继续说，过去积累的经验表明，显然应该先进行兄弟党之间的预备性磋商。他强调，召开并很快举行一次会议在目前情况下并不是一件容易的事情，由于这个原因，有必要进行大量的准备工作，克服一系列困难。邓小平说，从这个意义上来说，这样的一次会议如果不能取得积极成果，那就不如不开。

邓小平指出，在1957年的莫斯科会议上，兄弟党把召集下一次会议的任务交给了苏共中央。

邓小平说，这次会议应该是保证兄弟党之间团结一致的一个途径。他说：“它还能是别的什么呢？兄弟党的代表必须会晤并得出共同的结论，在这个基础上，就能够实现团结和一致。总之，应该确保会议取得成功。为此，必须做大量的准备工作。”

邓小平说，在1957年的莫斯科会议之前，做了很好的准备工作。由于这个原因，会议的结果是好的，会上没有出现大的问题。在1960年的莫斯科会议之前，也做了类似的准备工作，尽管也许做得不够充分。这种准备工作持续了四五个月，其中包括中国共产党和苏联共产党代表的双边会谈、起草委员会的工作，等等。他说，换句话说，确定会议召开的时间应当考虑到准备工作的情况。

邓小平说，会议的召开影响到所有的党，因此，应当同所有的党进行协商。他强调，首先有必要同苏共中央协商，因为根据1957年莫斯科会议的决议，苏共中央有责任在必要时和在同其他党协商之后，召开共产党和工人党代表会议，这个责任相当重大。他强调，必要时同各兄弟党举行双边和多边协商有助于确保会议的成功。

在回答契尔沃年科关于中国同志是否考虑在近期内召开一次会议，还是认为必须在晚一些时候召开的问题时，邓小平回答说，信里没有具体谈举行这次会议的时间问题。他说，只要对这次会议做了仔细的准备工作，我们任何时候都可以参加会议。邓小平又强调，最重要的事情是会议前做准备工作。他说，我们认为，如果举行会议，那就必须保证会议取得成功，也就是说，在会议上实现团结。

契尔沃年科问道，中国同志是否设想在中国共产党和苏联共产党之间，就会议的主题举行一次预备性磋商，中共中央是否正在向所有的兄弟党通报上述建议。

邓小平说，中共中央答复越南劳动党、其他社会主义国家的兄弟党，以及某些资本主义国家的共产党的信中已经提到了关于召开一次会议的建议。邓小平说，某些兄弟党写信给中共中央，就世界和平理事会斯德哥尔摩会议期间所发生的事情①对我们进行指责。英国共产党和瑞典工人党建议举行一次兄弟党会议来讨论这个问题。除了已经提到的一些国家以外，欧洲社会主义国家以及法国、西德、芬兰和其他一些国家的兄弟党也给中共中央写了信。我们给他们写了回信，通报了我们给苏共中央的信中所提到的召开一次会议的建议。邓小平说，我们还想向其他的党通报这个建议。邓小平说，中共中央给其他党的回信内容同中共中央4月5日给越南劳动党的信的内容是差不多的。

契尔沃年科受苏共中央的委托向邓小平通报了葛罗米柯同腊斯克的谈话情况。邓小平对契尔沃年科提供的信息表示感谢，并表示，他将很快向毛泽东和其他同志进行转达。契尔沃年科说，帕托利契夫为首的苏联贸易经济代表团将于4月13日到达北京。邓小平说中国方面

① 1961年12月在斯德哥尔摩召开的世界和平理事会会议。中国代表团曾经中途退席，以表示反对苏联的对外政策。——作者注

欢迎这个代表团。

邓小平还说，我国的全国人民代表大会还在继续进行，过几天就将结束。

5月6日，波兰党第一书记哥穆尔卡和部长会议主席西伦凯维兹致信毛泽东和周恩来，邀请中共中央和中国政府派代表作为观察员，参加由波兰党和苏共协商后倡议举行的保、捷、德、波、罗、匈、苏七国党第一书记和部长会议主席的会议。会议的目的是讨论“经互会”成员国间经济合作问题。会议将于5月31日在莫斯科举行。由于会议没有邀请阿尔巴尼亚参加，中国决定不派代表参加这次会议。

6月8日上午，王稼祥接见苏联大使，大使交来5月30日苏共中央对中共中央4月7日信件的答复。苏共中央的复信内容，实际是拒绝开会。信中提出召开国际会议的先决条件是阿尔巴尼亚领导人放弃自己的立场，向苏联领导屈服。这实际上也就是拒绝了中共中央信里所提到的五项建议。由于苏共的僵硬态度，中国共产党、越南劳动党、印尼共产党等提出关于召开新的国际会议的建议就此搁浅。

新疆边民外逃事件和蒋介石“反攻”大陆

4月至5月，伊宁、霍城、塔城等地区的大量居民逃往苏联。5月28日，甚至发生了冲击政府机关的暴乱事件。截至5月底，逃往苏联的中国公民达六万余人。中苏两国政府之间为此进行了外交交涉。

中国政府于4月24日、5月19日、6月22日向苏联政府发出了备忘录，8月30日又发出照会，指出中国居民外逃是苏方煽动的，苏联边防人员没有采取措施加以阻止。中国方面要求苏联方面恢复边境正常状态，交回中方外逃人员。

苏联方面于4月29日、6月8日、8月9日提交备忘录，9月19日又发出照会，为苏联的行为辩解。苏联方面认为，中国居民越过边界外逃是在中国发生的事，中国方面应予阻止。苏联接受中国居民是出于“人道主义”考虑。中国应派人到外逃人员中做工作，劝说他们回去。

5月，苏联关闭了驻乌鲁木齐总领事馆和驻伊宁领事馆。中国方面查封了新疆伊犁、塔城、昭苏、乌苏、特克斯等地的苏联“侨民协会”。

蒋介石退守台湾后，一直鼓吹“自立”，梦想着“反攻”大陆，并于1961年4月1日成立了主导反攻大陆的“国光计划室”。从1962年年初开始，台湾国民党当局便进行战争动员，从各个方面积极准备对大陆沿海地区进行大规模军事冒险行动的部署。据蒋介石侍卫长胡炘将军日记所记载，当时选在1962年计划“反攻”主要因为大陆三年自然灾害，国家体质虚弱，因此认为是“反攻”的最佳时机。1962年秋，台湾国民党军经过精心策划和准备，搜罗、挑选了一批特务、军官、惯匪首领和大陆土改时的逃亡地主、反革命分子，编成“反共救国军”，经过专门训练后，开始执行窜扰，计划在福建、广东一带发动两栖登陆和空降作战，妄图在广东沿海建立所谓“游击走廊”，为进一步窜犯大陆的军事冒险创造条件，期望能在长江以南有所作为。

针对台湾当局组织的袭扰活动，中国人民解放军备战集结。毛泽东判断，这是“帝反修”的联合进攻。毛泽东确定的军事对策是“放上陆来打，断其退路，包围歼灭，同时在海上把其输送船打掉”。在具体措施上，确定建立和组成海上、海岸、陆地和隐蔽斗争四道防线，各道防线明确分工，相互配合，形成从海上到陆地，从前沿到纵深，从公开到隐蔽的军民联合作战部署，使其无隙可乘。

在大陆军民坚决有效的打击下，又受限于本身载运能力不足，蒋介石的“反攻”行动无疾而终。

王稼祥：对外援助要“量力而行”

在1962年9月举行的中共八届十中全会上，毛主席严厉地批评了“黑暗风”、“翻案风”、“单干风”，批评了邓子恢关于包产到组、包产到户的倡议，还清算了他在1955年“砍掉”二十万个合作社的老账；王稼祥也因为所谓的“三和一少”（即所谓的对帝国主义、修正主义、反动派和，对革命支持少）的“修正主义外交路线”问题受到批判。

王稼祥受到批判的导火线是，1962年7月，世界和平理事会在莫斯科举行争取普遍裁军的世界和平大会。中国决定派出以茅盾为团长，王力、康永和为主要成员的代表团参加。

中国代表团按照事先由刘少奇、邓小平主持商定好的“低调”方针发言，较多地强调高举和平旗帜的立场。王稼祥认为，在裁军大会这样的场合，我们讲话的侧重点要把和平问题讲透。我们不仅要团结争取民族解放的力量，也要争取主张和平、裁军的力量。

茅盾团长的讲话稿由王稼祥主持，经过集体研究，提出了一系列缓和的政策和方案，由熊复执笔起草的，这篇讲话在和平和裁军问题上完全符合中央的精神。正因为是世界裁军大会，讲话稿中和平、裁军的字眼和内容用得多一些。代表团出发前，中央书记处开会讨论，完全同意王稼祥提出的方针和方案。

邓小平、王稼祥提出并决定要王力去参加，是作为中国党的代表同苏共进行谈判，因此，中国代表团在莫斯科采取的方针，也就是刘少奇1960年年底同赫鲁晓夫达成的“中苏两党先协商达成一致，再提到国际会议上去”的协议，这次莫斯科裁军会议上第一次实行这个协议。王力提出要我一起去。

在莫斯科，王力同苏共中央社会主义国家联络部部长安德罗波夫进行了交谈，达成了一些协议。双方观点当然有差异，各人坚持个人的立场。然后召开了各国代表团中的党员会议。王力、康永和、区棠亮出席了这次会议，康永和在会上发言。

在裁军大会上，中国代表团团长茅盾发言，宣读了中央批准的讲话稿。

大会共同文件起草工作基本完成后，王力同我先期回国。王力到北京后，立即赶赴中南海怀仁堂向邓小平、彭真、王稼祥汇报同苏共代表安德罗波夫协商、与各国党的代表会议和裁军大会进行的情况。对王力的汇报，中央领导表示满意。

裁军大会通过的共同文件，比茅盾的讲话稿的调子低得多，没有反对美帝国主义的字样，引起了几个亚、非国家代表的不满。等王力离开莫斯科后，中国代表团就向国内发来电报说，亚、非“左派”认为，中国代表团这次表现不好，不理睬他们了，不斗争了，不反美帝了。

毛主席见到电报批评说：“脱离了左派，加强了右派，增加了中间派的动摇。”

1961年八九月间，在中共中央召开的北戴河工作会议和党的八届十中全会上，谈到国际国内形势时，毛泽东尖锐地提出：国际上的外交、外事工作方面，也有右的苗头。对此，毛泽东说：我们犯了错误，脱离了群众。要对这些党打招呼，向他们说明我们仍然坚持斯德哥尔摩会议上我们的主张，我们在那个会上的调子，就是我们现在的调子。

毛泽东批评王稼祥在外交和外事政策上，搞“三和一少”① 的“修正主义外交路线”，并把它同国内的“黑暗风”、“翻案风”、“单干风”

---

① 据曾担任过中联部副部长的王力回忆，“1962年初，七千人大会期间，稼祥同志了解到更多的国内困难情况。他找我到他家里去深谈，我们二人抱头哭了。”

王稼祥找刘少奇长谈了一次，之后，采取给“恩来、小平、陈毅同志”写信的方式，写了《党内通讯》的信件；与此同时，王稼祥还起草或者审定了一系列文件报送中央。这些意见概括起来，即要争取和平的国际环境，采取和缓的方针，注意斗争的策略，以争取渡过或减轻困难。为此，要避免中苏关系的公开破裂、要避免把美帝国主义的锋芒全部集中地吸引到中国身上、要避免朝鲜式战争、采取谈判手段解决中印争端等。

王稼祥还主持撰写和审定了《关于支持别国反帝斗争、民族独立和人民革命运动问题——实事求是，量力而行》提纲。提纲说：“在我们目前处于非常时期的条件下，更要谨慎从事，不要说过头，做过头，不要过分突出，不要乱开支持的支票，开出的支票要留有余地，不要满打满算，在某些方面甚至需要适度收缩，预见到将来我办不到的事，要预先讲明，以免被动。”王稼祥建议对外援助要“量力而行”，并非凭空而说的。1959年至1962年，即我国最困难的时期，在中国连续几年粮食不足、人口减少的状况下，而我国自己迫切需要的大批粮食，正源源不断地援助友好国家。

王稼祥的建议在党内高层提出后，受到其他一些负责对外工作的领导人的重视，并在不同程度上得到支持。但是由于当时各种矛盾交织，这些措施未能扭转紧张趋势。

王稼祥上书那些信及文件时，“从来没有考虑过后果，因为他不是为自己”。然而，后果可想而知，据王力回忆：在七千人大会上，毛主席掰着指头说：这是对帝国主义要和，对修正主义要和，对印度和各国反动派要和，对支持民族解放运动要少，这是“三和一少”。

毛主席“三和一少”的即兴发言，最终被想插手中联部工作的康生利用了。王稼祥的夫人朱仲丽在《毛泽东与王稼祥——疾风知劲草》一书里记载，康生“到处煽风点火，说中联部的错误都是由王稼祥那封信引起的，那封信的要害是提出了‘三和一少’的修正主义即右倾机会主义外交路线。”康生更将“三和一少”，发展为“三降一灭”，还写进了党的九大的政治报告，即“投降帝国主义、投降现代修正主义、投降反动派和消灭民族解放运动”。——作者注相联系，断言“党内出现新的右倾思想”，强调“阶级斗争，要天天讲，月月讲，年年讲”。

当年9月，出席完在北京召开的中共八届十中全会之后，王稼祥就休养去了。

过了不久，世界和平理事会为“表彰”中国代表团对世界裁军大会的贡献决定授予奖章，理所当然被我方拒绝了。

防止核扩散问题和加勒比海危机①

1961年8月23日，苏联政府通知中国政府说，苏联准备接受美国关于防止核武器扩散的建议，并与之签订条约。

中国领导人在苏方通报这一情况时指出，美国提出这种建议的真正意图是搞核垄断，是迫使无核国家承担不再拥有核武器的义务，它

① 加勒比海危机又称古巴导弹危机。从1962年7月开始，苏联以“保卫古巴”为名，把进攻性导弹秘密运进古巴，以加强对美国的威慑力量。

九十月间，在美国不断有关于苏联在古巴建立中程导弹基地的报道，加强了对古巴的空中侦察与监视。后来，美国从侦察机在空中拍照的照片上看到了苏联秘密在古巴建设的中程核导弹基地和能够携带原子弹的苏联伊尔-28轰炸机，也看到了运载地对地导弹驶向古巴的苏联船只。肯尼迪召开国家安全委员会紧急会议研究对策。肯尼迪最后做出抉择：进行封锁，在离古巴五百英里的范围内，所有船只都要接受美国军舰的检查，迫使苏联从古巴撤走中程导弹。美国政府为此进行积极活动，一方面加强美国在该地区的军事势态，10月24日，执行任务的舰队在六十八个空军中队和八个航空母舰战斗群护卫下驶入封锁区；美国还集结了战后以来最庞大的登陆部队、战略空军部队进入战备状态，摆出了一副应付突然事变的样子。另一方面，美国也开展了一系列的外交活动，争取盟国和国际社会的支持。

苏联面对着肯尼迪的封锁和威吓，态度前后发生了巨大变化。苏联开始时态度强硬，把美国的封锁照会当做不可接受的文件，退还美国驻苏使馆。10月23日，苏联政府发表声明，称苏联不遵守美国的封锁，指责美国的封锁是海盗行为，警告美国政府“如果轻率玩火应对和平的命运负严重责任”，表示要继续援助古巴武器，坚决拒绝美国拦截。然而，苏联驶往古巴的船只却行驶到封锁线地区就停了下来，随后，就掉头返航了。10月26日，赫鲁晓夫给肯尼迪一封秘密信件，提出愿在联合国监督下从古巴撤出进攻性武器，并表示不再向古巴运送这种武器，交换条件是美国撤销对古巴的封锁，并保证不再入侵古巴。27日，肯尼迪复信赫鲁晓夫，要求苏联在联合国监督下从古巴撤出导弹，美国保证不入侵古巴。28日，赫鲁晓夫回函称，已下令撤除在古巴的核武器，并同意让联合国代表到古巴核实。

11月8日至11日，苏联从古巴运走了四十二枚导弹。20日，肯尼迪宣布美国取消对古巴的海上封锁。12月6日，苏联轰炸机撤出古巴。至此，古巴导弹危机遂告结束。——作者注

的矛头是指向中国的，所以中国反对签订这样的协定。

9月3日，中国政府答复苏方：只有《莫斯科声明》阐述的关于裁军的立场才是社会主义各国的共同立场，中国政府坚决反对美国的这一建议，它是个大阴谋，是在束缚中国的手脚和挑拨中苏关系。

9月26日，苏联政府又给中方一份备忘录，攻击中国政府，说中国的立场是特殊立场，“主张军备竞赛”；说什么苏联一国拥有核武器能够可靠地保障整个社会主义阵营的安全。

10月20日，中国政府再次答复苏方，指出苏联在防止核扩散问题上的立场才完全是一种违反社会主义国家共同立场的特殊立场；没有理由认为苏联一国拥有核武器就可以保障整个社会主义阵营的安全；中国政府声明，如果帝国主义没有真正完全禁止核武器，中国绝对不会承担不发展核武器的国际义务；如果苏联代替中国承担任何国际义务的话，中国政府将保留自己对此发表相应声明的权利。

1962年10月14日，赫鲁晓夫和苏共中央主席团全体委员，为即将奉调回国的刘晓大使饯行。赫鲁晓夫在宴会上向刘晓表示，希望中苏关系能恢复到1958年以前的状况。他认为，中苏两国好比两只大象，各自都能独立生存下去，但如果两国团结起来，力量就会无比强大。他向刘晓通报了加勒比海危机情况，希望中国在维护古巴安全方面也采取措施。

10月23日，在美国于10月22日下令对古巴实行海上封锁后，米高扬接见刘晓大使，向他介绍了古巴形势，并要求报告中共中央。米高扬说，苏联从6月开始，将带有核弹头的中程和远程火箭运往古巴。火箭武器完全由苏军操纵和驾驶。苏联现在还有大约一半的火箭装备未运到古巴，但是，美国已发现，故决定不再运了。

中国政府在10月25日、10月30日两次发表声明，支持古巴反对美国入侵、反对美国战争挑衅，也支持苏联反对美国入侵古巴的立场。

赫鲁晓夫和苏共中央一面指责、攻击中国在防止核扩散问题上的立场，一面又针对美国对古巴进行武装干涉，以“保卫古巴”为名，把进攻性导弹秘密运进古巴，导致了加勒比海危机；加勒比海美苏核对峙的危机以赫鲁晓夫的完全屈服而结束。赫鲁晓夫一方面犯了冒险主义错误，另一方面又犯了投降主义的错误。赫鲁晓夫的反复无常和赌徒本性，在加勒比海美苏核对抗危机过程中充分地暴露出来了。

让我们看看1964年10月，苏共中央全会上是如何评价赫鲁晓夫在加勒比海危机中的所作所为吧。苏共主席团委员波利扬斯基在他为全会起草的报告中写道：

> 下面谈谈加勒比海危机。赫鲁晓夫同志洋洋得意地说，斯大林都没能进入拉丁美洲，而他做到了。但是，第一，“进入”的政策并不是我们的政策；第二，只有冒险主义者才能说，在当代条件下，我国是能够给予该大陆各国以实际军事援助的。因为它距离我们数千公里之遥，而且隔着大洋，怎样才能向那里运送军队，怎样向他们提供给养呢？在这种情况下，导弹是没有用的。它只会把应当帮助的那个国家毁掉。你们可以问问我们的任何一位元帅和将军，他们都会说，对拉丁美洲实行军事“进入”那是胡言乱语，充满重大战争危险。如果，我们为了帮助拉丁美洲的一个国家而对美国首先实行核打击，那么不仅我们自己会受到反击，而且，所有人都会同我们断绝往来。由此种种，我们十分清楚地看出，对于古巴的政策是冒险主义的。赫鲁晓夫同志在一次讲话中声称，如果美国动一下古巴，我们就将对它予以打击。他坚持把我们的导弹运往古巴。这就引起了极其深刻的危机，把世界引向了核战争的边缘。这也吓坏了提出如此可怕主意的组织者本人。我们没有别的出路，只得被迫接受美国强加给我们的一切要求和条件，直至令人可耻地由美国人来检查我们的军舰、导弹以及大量部队也都按照美国的要求撤出了古巴。
>
> 这件事也损害了我们的国家、我们党和军队的国际威望，同时，却有助于提高美国的威信。
>
> 苏古关系也严重恶化了。古巴人民和卡斯特罗都把撤除导弹看做是让古巴去听凭命运摆布了。在古巴人对我们、对我们国家的关系上，出现了重大裂痕，直到现在还时有表现。

然而，你们知道，就是在古巴危机中的失败，赫鲁晓夫同志也把它说成是胜利。而且，他还想继续走这条冒险的老路。就在不久前，他还向中央主席团委员们声称："应当同古巴签订互助条约。人们会叫：这是冒险！那就见鬼去吧，让他们去叫。"没有比这再露骨的了。

在中印边境问题上苏联起的恰恰是相反的作用

1959 年夏秋之际发生的中印边界冲突，赫鲁晓夫偏袒和支持印度尼赫鲁，不仅发表塔斯社声明指责中国，而且还向印度提供武器，装备印度军队。同年 10 月，赫鲁晓夫访华期间又无理指责中共，同毛泽东和其他中共领导人大吵了一通。由于我们对印度一方面提出强硬抗议，一方面顾全大局、主动退让，结果中印边境的冲突平静了一个时期。

从 1961 年起到 1962 年，印度大批军队向中印边界开进，多次挑起边界战争[①]。到 10 月间，印度在边界地区集中了大批军队，形势极为紧张。中国政府接连七次向印度政府提出严重抗议，而尼赫鲁置之

---

① 印军发动武装进攻后，中国边防部队奉毛泽东和中央军委之命，于 10 月 20 日实行自卫反击。

10 月 20 日至 28 日是战争的第一阶段。在东段，中国西藏的边防军暂时攻占了藏南和达旺地区；在西段，中国新疆边防军驱除了三十七处据点的印军。10 月 24 日，中国政府发表声明，提出停止冲突、重开谈判、和平解决边界问题的三项建议。印度表示无法接受，宣布印北地区进入"紧急状态"，并在东线的藏南及达旺地区大力增援士兵。

11 月 16 日至 21 日为战争的第二阶段。11 月 14 日和 16 日，印军再次于中印边境发动进攻。在东段，中国西藏边防军对印军施以反击，至 11 月 21 日，中国西藏边防军占领了印军的十六处据点。在西段，中国新疆边防军则占领了印军在班公洛地区的据点。

由于印度军队在东线藏南、西线新疆的失败，印度朝野提议要求美国介入，当时印度总理贾瓦哈拉尔 · 尼赫鲁（Jawaharlal Nehru）向美国要求国际介入调停。1962 年 11 月，美国介入并以物资支援印度军队。

中国方面于 11 月 22 日零时起下令边防军全线停火。

12 月 1 日起，中国边防军开始全线后撤至 1959 年 11 月 7 日中印双方实际控制线内；另外，还依约将缴获的武器、军车和军用物资交还印方。1963 年 5 月 26 日前释放和遣返战俘。——作者注

不顾，声称要把中印边界沿线的中国军队清除掉。

在10月14日苏共中央主席团全体委员为即将奉调回国的刘晓大使饯行宴会上，赫鲁晓夫试图以苏联支持中国在中印边界争端问题上的立场，来换取中国方面在加勒比海危机中支持苏联。他表示：在中印边界争端中，苏联是站在中国一边的；如果不幸发生反对中国的战争，苏联将同中国站在一起。

然而，在中印边境问题上苏联起的恰恰是相反的作用。

10月20日，印度政府再次发动大规模武装进犯，动用了十多个旅的兵力，占领了一大片中国的领土。在这种情况下，中国边防部队不得不进行自卫反击，打退了印度军队的进攻，清除了印度军队入侵以来在中印边界中国领土一侧上修建的据点。10月24日，我国政府发表声明，建议停止中印边境冲突，重开谈判，和平解决中印边界问题。10月25日，苏联《真理报》发表了一篇社论，支持中国的立场，也认为“麦克马洪线”是非法的，支持中国政府10月24日声明中提出的和平解决中印边界问题的建议。

然而，赫鲁晓夫在12月12日的最高苏维埃会议上发表演讲，却公开指责中国。他的这个讲话，和他10月间跟刘晓大使的谈话以及10月25日《真理报》发表的社论，立场完全相反，从支持中国变为指责中国，从不赞成印度军队越过中印边界变为指责中国发动战争。他这样做是同他一手造成的加勒比海地区美苏核对峙危机有关的。

赫鲁晓夫这次讲话，是他发动新的反华浪潮的信号。

停止出版《和平和社会主义问题》杂志

1962年11月11日，中共中央以赵毅敏的名义给《和平和社会主义问题》杂志编委会去信。信中指出，杂志已变成了苏共随心所欲地攻击兄弟党的工具，变成了破坏国际共运团结的工具。因此，中共已经不可能再对杂志负任何政治上和道义上的责任，中文版已无法继续出版。

赫鲁晓夫导演的一场场反华闹剧，把国际共运一步步推向无法挽回的分裂深渊

1962 年 11 月至 1963 年 1 月，保加利亚共产党、匈牙利社会主义工人党、意大利共产党、捷克斯洛伐克共产党、民主德国统一社会党先后召开代表大会。当时，中国共产党同这些国家的党还维持着传统关系，按照惯例，他们仍然邀请我党参加他们党的代表大会。中共中央决定接受这些邀请，并派团参加这五个党的代表大会，意大利共产党代表大会是由赵毅敏率领代表团参加的，东欧四国党的代表大会都是由伍修权率领代表团参加的。他们两位当时都是中央联络部的副部长。出席东欧四国党的会议代表团的成员，除熊复以外，随着到不同的国家不断地更换，先后有康永和、周兴和张平化等。

我随同伍修权团长参加了保、捷、匈、德四国党代表大会，自始至终随团担任翻译，因而，亲眼目睹了赫鲁晓夫导演的这一场场反华闹剧，目睹了赫鲁晓夫指挥着他的追随者，把国际共产主义运动一步步推向无法挽回的分裂深渊。伍修权在他的回忆录《回忆与怀念》和吴冷西在《十年论战》一书中，对这一段历史都有详尽的记载。参考这些珍贵的史料，加上我个人的记录，曾写了一篇《1962 年东欧四国党代表大会补记》的文章，现在重新编辑收录在本书中，以供读者对当年的历史有所了解。

这五个国家党的代表大会各有特色，然而，总的基调是，由苏共领导人苏斯洛夫、库西宁、科兹洛夫、勃列日涅夫、赫鲁晓夫分别带头，公开攻击阿尔巴尼亚劳动党和中国共产党，并暗示阿尔巴尼亚攻击苏联是受中国唆使的。中共代表团团长伍修权和赵毅敏分别在各国党的代表大会上，当场对苏共领导人的攻击进行了有力的反击。

这几国的党代表大会显然都是在苏共的统一策划下召开的，几国党的领导人在会前都轮番赶到莫斯科进行磋商，保共领导人日夫科夫直到他们党代会开幕前两天，才从苏联访问回来。看来也正因为如此，

这些大会几乎都是一个调子。在这五个党的代表大会上，按照苏共二十二大的方式，从公开指名攻击阿尔巴尼亚，发展到公开指名攻击中国共产党，而且一次比一次恶劣，一直到民主德国统一社会党第六次代表大会，赫鲁晓夫亲自出马，指名攻击中国。同时，这几次大会中，赫鲁晓夫及其追随者极力为他在加勒比海危机中的冒险主义和投降主义辩解，进而攻击中共的正义立场。

保加利亚共产党第八次代表大会

在五国党的代表大会中，首先召开的是保加利亚共产党第八次代表大会。

1962 年 11 月 3 日，中共代表团应邀乘飞机离京前往索非亚，参加保加利亚共产党第八次代表大会。伍修权率代表团，一同前往的团员有熊复，团员康永和已在国外，工作人员有阎明复等。中共中央委员刘宁一到飞机场送行。到机场送行的还有保加利亚驻中国大使馆临时代办斯托耶夫。

11 月 4 日下午，代表团乘飞机到达索非亚，前往机场欢迎的有保加利亚共产党中央委员会委员斯托扬 · 久罗夫、彼奥特 · 潘切夫斯基和维拉 · 纳契娃。中国驻保加利亚大使谢邦治和大使馆全体外交官员也到机场迎接。

11 月 5 日上午九时，保共第八次代表大会开幕，出席大会的有一千零一十一名有表决权的代表和四十四名有发言权的代表。有来自六十四个国家的共产党和工人党代表团及非洲一些民主组织代表团参加大会。会议由保共中央委员会第一书记日夫科夫主持，通过了下列议程：1. 中央委员会第一书记日夫科夫做保共中央委员会总结报告；2. 中央检查委员会主席卡特兰吉耶夫做保共中央检查委员会总结报告；3. 选举保加利亚共产党中央机构。接着，日夫科夫向大会做了总结报告。

这次参加会议的苏共代表团团长是苏斯洛夫。由于苏共二十二大的示范和苏共代表团的带头作用，保共代表大会一开始就对阿尔巴尼亚党发起了攻击，对中共则用比较隐晦的语言进行指责。在以后的会议过程中，不少保共代表和外国党代表团，相继在自己的发言或致辞中公开攻击阿尔巴尼亚党。

这种情况，我们事先也是预料到了的。我们的祝辞也就做了两手准备。如果出现明显地攻击阿尔巴尼亚党的情况，就相机加以反击。对于会场上可能出现的情况，如全场起立、鼓掌等，我代表团的对策则是：凡攻击我党或阿尔巴尼亚党的言论，或是在重大问题上有原则分歧的讲话，都既不起立也不鼓掌。

当时，伍修权坐在主席台上，从同声翻译中能及时听到每个人都讲了些什么，所有代表团成员和工作人员都照团长的行动采取一致态度。例如苏斯洛夫致辞时，在他开始讲话前，我们为了保持礼貌，也随全场一齐起立和鼓掌；而当他致辞完毕后，由于他在讲话中攻击了阿尔巴尼亚党，当全场再次起立鼓掌时，我们就故意稳坐不动，用这一方式表达了我们党的原则立场。

会议开幕的当天下午，伍修权率领的中共代表团和中国驻保加利亚大使谢邦治，在保共中央委员斯托扬·久罗夫的陪同下，向保加利亚人民伟大的领袖和导师、国际共产主义运动和工人运动杰出的活动家季米特洛夫墓献了花圈。花圈上写着："献给伟大的马克思列宁主义者季米特洛夫同志"。献花圈后，我代表团全体成员和使馆人员瞻仰了季米特洛夫的遗容。

开幕后的第四天，即 8 日上午，我们才被安排在大会上发言。伍修权团长向保共八大致辞后，又宣读了我党中央的贺电。致辞中除了对保共做了一些通常的祝贺以外，针对大会上出现的情况，伍修权又指出："令人感到十分遗憾的是，在你们党的这次代表大会上，我们听到了片面无理地指责阿尔巴尼亚劳动党的言论。我们认为，在我们需要加倍努力维护我们社会主义阵营和国际共产主义运动的团结的时候，一个党竟然在自己的代表大会上公开攻击另一个兄弟党，这样重复破坏无产阶级国际团结的恶劣做法，从根本上违反了马克思列宁主义和无产阶级国际主义原则，违反了《莫斯科宣言》和《莫斯科声明》所规定的关于兄弟党、兄弟国家相互关系的准则，决不是马克思列宁主义的郑重态度。这种做法，是只能叫我们的共同敌人帝国主义高兴的。我们诚挚地希望，大家以团结为重，有争执和分歧的各兄弟党、兄弟国家，本着无产阶级国际主义精神和互相尊重独立和平等的原则，通过协商来解决他们之间的一切问题。不管是为了一个党的利益，还是为了各兄弟党的共同利益；不管是为了今天的利益，还是为了长远的利益，我们都没有任何理由不团结起来”。

大概是出于礼貌的关系，伍修权致辞的前后，会场上照样全体起立并鼓掌。

在保共代表大会期间，我们每次开完会回到使馆，对于当天的情况都要进行研究。代表团团员熊复是一位“大秀才”，每天讨论后，他当即整理出来及时报回国内。

大会于 11 月 14 日闭幕。当晚，保共中央举行盛大宴会，招待各国党的代表团。伍修权被安排在苏斯洛夫和一位保加利亚同志中间。由于苏斯洛夫在会议上带头攻击了我们，为了表示对他的不满，伍修权虽然同他并肩坐着，却始终没有同他交谈和碰杯，坚持避而不理的冷淡态度，弄得他十分尴尬。这也算是我们对于从保共八大开始的反华活动的初步反应。

11 月 14 日下午，我们代表团又拜访了日夫科夫。会见中，主要由我们向他阐明中印边境冲突的真实情况，提醒他不要相信西方的歪曲宣传，而应相信我国的正式报道。

11 月 15 日上午，中共代表团离开了保加利亚。送行的有：保加利亚共产党中央委员斯托扬 · 久罗夫和中国驻保加利亚大使谢邦治，以及大使馆全体外交官员。斯托扬 · 久罗夫和中国驻保加利亚大使馆参赞王彭陪同中共代表团至保罗边界。

匈牙利社会主义工人党第八次代表大会

第二个召开的大会是匈牙利社会主义工人党第八次代表大会。保共八大结束后，中共代表团于 11 月 15 日离开索非亚，到达罗马尼亚首都布加勒斯特，准备在那里休息两天，然后再去布达佩斯参加匈牙利社会主义工人党代表大会。参加这次大会的代表团成员除山东省委书记周兴代替了康永和外，其他还是原班人马。

自从1960年6月布加勒斯特会议以来，罗马尼亚对我党一直保持着一定的距离。我们到那里后，预订去布达佩斯的飞机票，罗方竟表示有困难，说是订不到票。我们就请我驻罗使馆的同志找到匈牙利的驻罗使馆，说是中共代表团取道罗马尼亚去匈牙利，参加你们的党代表大会，现在买不到飞机票，希望能帮助解决。我们作为他们党的客人，这个要求是不过分的，他们果然很快帮我们买了机票。当我们上飞机后，看到舱内还有不少空座位。

中共代表团于11月18日上午如期到达布达佩斯，到机场欢迎代表团的有匈牙利社会主义工人党政治局委员、中央书记处书记内梅什，党中央国际联络部部长霍莱，党中央委员、匈牙利驻中国大使马尔丁等人。中国驻匈牙利大使馆临时代办林中和大使馆全体外交官员也到机场迎接。

匈牙利社会主义工人党八大会议于11月20日上午开幕。参加匈牙利党代表大会的苏共代表团团长是苏共最年长的领导人库西宁。阿尔巴尼亚党照例没有被邀请参加大会。

开会之前，中共中央事先向代表团发来电报交代，在致辞中要有充分准备，不仅要回答反阿，而且要回答反华。

我们代表团被安排在第二天（21日）致辞。伍修权在致辞中，除对匈牙利党做了一般性的祝贺外，对于他们大会上出现的反华、反阿言论，再次表示了遗憾，并在致辞中提出了消除分歧和加强团结的愿望。伍修权指出："每一个社会主义国家、每一个马克思列宁主义政党都是独立的、平等的，同时，它们在建设社会主义和共产主义的事业中，在反对帝国主义侵略和维护世界和平的斗争中，又是互相援助，互相支持，互相合作的。如果兄弟党之间有不同的意见，应当通过平等协商的途径求得解决，不应当把一个党的意志强加于另一个兄弟党，不应当干涉兄弟党的内部事务，更不应当在自己的代表大会上公开地片面地攻击另一个兄弟党。不幸的是，你们的代表大会又一次重复这种破坏无产阶级国际团结的做法，对阿尔巴尼亚劳动党进行了公开的片面的攻击。这使我们不能不感到极大的遗憾。我们诚挚地希望，大家以无产阶级革命事业和反对帝国主义斗争的共同利益为重，遵循《莫斯科宣言》和《莫斯科声明》所规定的兄弟党和兄弟国家的关系的准则，消除分歧，加强团结。为了保护和加强社会主义阵营的伟大团结和国际共产主义运动的伟大团结，中国共产党人将继续竭尽自己的一切努力。”

匈牙利党代表大会吸取了保共党代表大会的经验，在会议一开始就宣布一条规定，对于大会所有发言和致辞，会场一律不起立。这一听就知道是冲着我们来的，因为我们在保共党代表大会上，对凡是攻击我党、不利于国际共运团结的言论，都用不起立、不鼓掌表示反对，在会上影响很大。匈牙利党这么一规定，就使我们少了一个表达不同态度的方式。不过，他们并不能规定不准不鼓掌，所以我们就在别人照例大鼓其掌时，对于攻击我党和阿尔巴尼亚党的言论，态度严峻地端坐不动，偏偏不鼓掌，同样表示了我们的态度。

我们还在会上做了统计，会议开始以来，有哪几个兄弟党代表团和多少匈党代表在致辞或发言中攻击了我党和阿尔巴尼亚党。我们把这个统计同保共党代表大会的情况做了比较，结果是参加保共八大的六十四国党的代表团，有二十来家有攻击性言论；而参加匈党八大的外国党代表团有六十个，却有三十来家攻击我党及阿尔巴尼亚党。不仅数量增加，调子也升高了。针对这些情况，我们在会下做了研究，及时打电报请示中央，应该如何表态。

大会结束的当天上午散会时，匈党中央书记内梅什来问我们，在今天晚上的招待会上，我党代表团是否讲话。此时，我们还没有得到中央的指示，不好确定讲不讲和讲些什么，就先推托了一下，说下午再答复。

中午吃饭时，代表团收到中央发来的电报，要求代表团抓紧时机，抓住要害来进行答辩，同时中央还发来一个声明，要求代表团发表。

我们收到电报指示，心里就有底了，马上把声明稿翻译成匈牙利文和俄文，准备当晚在招待会上公开发表。考虑到在招待会上发表声明，团长讲一段翻译译一段，费时间太长，人家一听到我们讲得不对口味，就可能不让我们讲完，收不到预期效果；于是临时想了个办法，到招待会上祝酒时，由团长先上去说几句，为了节约时间，自己不再用中文讲，委托翻译同志代他直接宣读译稿，让匈文翻译上去一气读完我们的祝酒辞。匈共中央领导人和苏共代表团开始不知道我们要讲什么，就同意我们这样做了。

祝酒辞实际上是中共的一个正式声明，表明了我党的立场：“我们代表团带着加强团结的愿望来参加大会，然而不幸的是，现在还有些党，还有些人，仍然继续扩大分歧，对国际共产主义运动采取分裂主义的立场，利用一个又一个兄弟党的代表大会的机会，进一步加剧国际共产主义运动的分歧，这是亲者痛仇者快的事情。”又指出：“利用某一个党的代表大会攻击另一个党或一些党的做法，是不能解决任何问题的，也是极不正常的。”

代表团的匈文翻译用匈文念完声明后，又当场散发了声明的匈文、俄文稿。这个声明对于全体与会者来说是出乎意料的，匈牙利党的领导人们似乎一下子发了呆，不知所措。

只见苏共代表团同匈牙利领导人匆匆商量之后，拉出一个很听苏共话的拉美某个党的代表，让他出面对我们进行反击，乱骂一气。接着，匈牙利党的第一书记卡达尔走到伍修权面前，说“真没有想到你们代表团会有这么一个讲话，对你们这种做法，我们只能表示遗憾。”在外交辞令中，“遗憾”也就带有抗议的性质。

在这种气氛下，我们也很难再做出什么友好姿态了。伍修权便当机立断地回答他：“我也很了解你的意思。因此，这个招待会我们就不能参加到底了，我们代表团现在就向你告辞。”说完，就带领代表团同志提前退席，抗议式地离开了招待会。我们在匈牙利党代表大会的活动也就到此结束。

在参加大会的外国党代表团中，公开表示同我们友好的是以越共黄文欢为团长的越南劳动党代表团。他同我们代表团经常聚会交谈，关系十分密切。伍修权团长还同黄文欢团长一起去看望阿尔巴尼亚驻匈大使，向他介绍一些会议的情况。

捷克斯洛伐克共产党第十二次代表大会

匈牙利党代表大会以后，代表团一行几人坐火车到了波兰，以便在战后重建的美丽的华沙短暂休息一下。王炳南是中国驻波兰的大使，他同波兰方面的关系处得比较好；与东欧其他几国相比，波兰对我们的态度算是比较好的。我们本来只打算在中国使馆停留几天，不想惊动所在国，可是，波兰领导人知道我们到华沙后，热情邀请伍修权到他们的高级疗养地去休息。在波兰停留期间，我们代表团人员中又一次换了将，湖南省委书记张平化赶来替换了周兴。

第三个大会是捷克斯洛伐克共产党召开的第十二次代表大会，从12月4日开始到12月8日结束。

12月3日中午，中共代表团乘火车抵达布拉格。前往车站迎接的，有捷共中央委员、书记处书记斯拉维克，捷共中央委员克拉迪伐和捷克斯洛伐克驻中国大使赛迪维。中国驻捷克斯洛伐克大使仲曦东和大使馆全体外交官员也前往车站迎接。

参加捷共十二大的苏共代表团团长是勃列日涅夫，他带着苏共中央国际部的大批人马来到布拉格。在捷共党代表大会会场内外，到处见到他们的人在频繁活动。我们就预感到这次大会同他们必有一场较量。不出所料，大会第一天，捷共总书记诺沃提尼就在自己的总结报告中，猛烈攻击阿尔巴尼亚党，同时还不指名地攻击中国党，说支持阿尔巴尼亚就是支持他们的教条主义、宗派主义和民族主义。

当时，正值加勒比海危机以赫鲁晓夫的妥协、屈服而告一段落，诺沃提尼的总结报告无法回避，但他却歪曲事实，把妥协、屈服说成胜利，并大骂中共。他说："进犯和侵略古巴的计划已被挫败，因此世界范围的军事冲突的威胁也被挫败。对于这一事实，人类只能感谢苏联采取的坚定的、有见识的和负责的态度，以及它一贯的和平政策。

尤其具有重大意义的是，苏联部长会议主席赫鲁晓夫同志曾向美国总统肯尼迪发出局势危险并要美国对可能爆发的战争负责的严重警告，同时呼吁他谋求防止战争的途径。”“为了维护和平，为了确保古巴人民的和平生活，为了防止一场热核战争，苏联发表了声明：如果美利坚合众国保证取消封锁，保证不进攻古巴共和国，苏联将撤除旨在保卫古巴独立和自由的火箭基地。”“当肯尼迪总统保证不会进攻古巴之后，苏联撤除了火箭基地。这个结果是和平的胜利，也是古巴人民的胜利。”

接着，他开始攻击阿尔巴尼亚党和中共，他说：“我们并不想掩饰出现了一些阴影。这是指阿尔巴尼亚劳动党领导人的活动。他们在过去的时期内完全离开了国际共产主义运动的原则，破坏在共同通过的文件中所规定的一切指导原则和基本任务。自然，谁要是听取或者甚至支持他们攻击共产主义运动的团结的意见，谁就是违背了这些文件的精神。”“而阿尔巴尼亚领导人在一切基本问题上正在做这样的事。对于这些玩弄革命字眼的人的看法，本来不必予以太大的注意，如果这些看法的背后不是隐藏有受到整个共产主义运动谴责的企图的话。”“让我们看看他们在古巴和世界和平受到美帝国主义威胁期间的实际表现。他们起先保持沉默，而当危机得到解决，使革命的古巴本身得到好处的时候，却组织行动来支持古巴。这是应当予以斥责的。当苏联设法使拥有原子弹的美帝国主义住手的时候，阿尔巴尼亚领袖们却发动了一个鼓吹世界性的热核战争的运动。这是对苏联的挑衅。然而，这些人自命为共产党人，自命为《莫斯科宣言》和《莫斯科声明》的纯洁性的唯一捍卫者，虽然他们的立场同这些文件完全背道而驰。他们将苏共中央、赫鲁晓夫同志本人以及将真正保卫共同通过的原则的每个人，都说成是帝国主义的走狗、现代修正主义者等等。”“据一些玩弄字句的人和宗派主义者说，只有在社会主义在全世界取得胜利以后，裁军才是可能的。”“抱有这种意见的人，还认为维护和平的斗争是同一些民族争取从殖民主义的桎梏中得到解放的斗争相矛盾的。教条主义者和宗派主义者还对用和平手段实现社会主义革命的可能性表示异议”。“同时，必须指出，这类‘理论家’，就他们自己的国家而言，在实践中常常同他们在理论上的说法完全背道而驰。例如，虽然他们要求别人对帝国主义更富于战斗性，但是他们自己在实践中却对帝国主义非常容忍。”

勃列日涅夫在12月4日致辞中，谈到古巴局势的时候说：“苏联政府和我们的党，采取了既是列宁主义式的坚定的，也是列宁主义式的灵活的行动，同时表现了最大程度的谨慎，胜利地完成了所提出的任务。在同美国政府的明智的妥协基础上，古巴危机得到了解决……各国人民都深深感激苏联、苏联共产党和赫鲁晓夫本人保卫古巴独立和世界和平的英明和坚定步骤。”①

“奇怪的是，有这样一种人，他们自称为马克思主义者，但同时又为没有经过战争冲突使古巴革命得以保卫住而明显地感到遗憾。这些人因我们的列宁主义的党没有让帝国主义的最富有侵略性的力量挑起世界军事冲突而进行诬蔑。”“他们在古巴危机期间，实质上没有做任何支持古巴的事情。但今天当紧张已经过去的时候，他们好斗地向世界叫嚣，并企图要每一个人相信，正是他们是古巴人民的最忠实和可靠的朋友，是最勇敢和最无畏的革命者。依照他们的观点，使古巴遭受美国武器的打击和把社会主义阵营的所有国家及全世界都拖入热核战争的烈火中，是对古巴的最好的帮助。只有完全不懂马克思主义和对当前的国际形势丝毫不理解的人，才能出这种‘主意’和给予这种教导。”②

诺沃提尼和勃列日涅夫两人的讲话等于是发出动员令。在他们两个发言之后，除了个别的党以外，许多兄弟党的代表和捷克斯洛伐克党的代表在会上讲话时，都毫无例外地攻击阿尔巴尼亚，而且公开地、指名地指责中国党。而捷党代表在发言中攻击中共的不仅有其中央领

① 明明是赫鲁晓夫的冒险、鲁莽行动导致核战争危机一触即发，又是他的投降主义“缓解”了危机局面，而在勃列日涅夫口中却成了赫鲁晓夫的“列宁主义式的坚定的，也是列宁主义式的灵活的行动，同时表现了最大程度的谨慎。”——作者注

② 赫鲁晓夫在加勒比海美苏核对抗的危机中，受到了美国公开的羞辱，在全世界面前大丢面子，羞恼非常而迁怒于中国。勃列日涅夫这次讲话是一次集中表现。——作者注

导干部，如党中央政治局委员、书记处书记、中央委员、内务部长、科学院院长、作家协会第一书记、州委书记、青年联盟中央主席，还有基层代表，如矿区经理、国营农场场长、农业合作社主席、中学校长、工人代表。这样，在这次捷克党的党代会上，反华情绪再一次升温。在六十多个外国党代表团中间，有五十多个指名攻击阿尔巴尼亚，其中有二十多个指名攻击我们党，从数量和比例上讲，都比保加利亚党和匈牙利党的代表大会上增加了。

大会上，朝鲜党的代表团团长李周渊挺身而出，在致辞中公开赞扬中国革命和中国共产党，反对在一国党代表大会上攻击另一国的党。他说："某些同志片面地指责中国共产党和中国人民，不能把这看做是同志式的态度。这必将削弱我们的团结和大大损害工人阶级的共同事业。""如果对苏共的态度是衡量一个党的国际主义的话，同样，对中国党的态度也是衡量一个党的国际主义的。"

其他亚洲邻国的党代表团都同朝鲜同志一样，公开表示同我们的友好关系，在会议休息室里同我们围坐交谈，不避嫌疑，不畏压力，表明了他们党维护团结，反对分裂的原则立场。

捷克党把我们安排在第二天致辞，想在我们发言之后再骂我们一通。代表团团长伍修权在致辞中就直接回答了捷克党对我们和阿尔巴尼亚党的攻击。

伍修权说："加强社会主义各国的团结，加强国际共产主义运动的团结，是各国共产党人的首要任务。我们对于一年以前开始发生、以后一次又一次地发生的，一个党利用自己代表大会的讲坛，对另一个兄弟党进行公开的、片面的攻击的做法，表示深切的痛心。不幸的是，捷共代表大会又一次重复这种破坏无产阶级国际团结的做法，对阿尔巴尼亚劳动党进行了公开的、片面的攻击，我们不能不表示极大的遗憾。我们诚恳希望大家以共同利益为重，遵循《莫斯科宣言》和《莫斯科声明》所规定的准则，通过正当途径消除分歧，恢复团结。中国共产党人从维护兄弟党的团结、兄弟国家的团结的立场出发，不能不坚决反对对于这些正确原则的破坏，我们早已指出，这样做，只能加深分歧，损害团结，只能为亲者所痛，仇者所快。中国共产党人，愿意为保卫和加强社会主义阵营的伟大团结和国际共产主义运动的伟大团结，继续贡献出一切力量。”

伍修权还阐明了我党对古巴危机的立场，回击了诺沃提尼、勃列日涅夫的攻击：“美帝国主义最近对古巴人民发动侵略，再一次暴露出它的凶恶面貌。英雄的古巴人民全体动员起来，团结在古巴人民革命领袖菲德尔·卡斯特罗同志的周围，屹立在反帝斗争的最前线，坚持五项正义要求，同美帝国主义进行着坚定不屈的英勇斗争，取得了伟大的胜利……中国人民同全世界爱好和平的人民一起，坚决支持古巴人民的五项正义要求，坚决支持古巴统一革命组织全国领导委员会和古巴革命政府 11 月 25 日的声明，竭尽一切可能支援古巴人民的正义斗争，直到古巴人民取得最后的、彻底的胜利。”“古巴事件在全世界革命人民面前，提供了极其深刻的经验教训。古巴事件说明，美帝国主义是外强中干、欺软怕硬的。美帝国主义所最害怕的，是古巴人民的革命斗争，是拉丁美洲和全世界各国人民的革命斗争……革命的古巴人民正是这样做的，正是这样取得斗争的胜利的。他们的这种做法是完全正确的，他们既没有犯冒险主义的错误，也没有犯投降主义的错误。只有像英雄的古巴人民这样，坚决相信人民的力量，坚决依靠人民的斗争，才能打击侵略者的气焰，保卫世界和平。”

当伍修权团长在主席台上致辞的时候，会场上有人拍桌子、跺地板，一阵阵嘘声、起哄、喊吼。但是伍修权没有理会，镇定地坚持把稿子念完。

大会执行主席在伍修权讲完话后，即席讲话，把别的国家党对我们的肆意攻击说成是符合民主原则和兄弟党关系准则的。在此以前，有的发言在攻击中共时，还用一点儿隐晦的语言或采取不直接点名的办法，至此也就什么都不顾了，指名道姓地攻击中共和我们代表团。连不同意这样攻击中国党的朝鲜劳动党代表团也受到一些人的无理指责。这样，在大会上形成了又一个反对中国党的高潮。这次大会的情况比前两次的大会要严重得多，我们马上向国内汇报了这些情况。

邓小平指示工作小组起草一个电报，把中共中央的指示告诉代表团，同时再起草一个特别声明，一并发到布拉格。工作小组当即起草了这两份稿子，连夜送给邓小平修改后即由刘少奇和周总理核定，8日凌晨发给了中共代表团。

中共代表团收到中央的指示后，进行了认真的研究。鉴于前几次党代表大会上的经验，我们决定再次采取布加勒斯特会议上用过的方式，以书面形式发表我们的声明。在大使馆同志们的大力支持下，我们连夜把声明译成俄、捷等文字，再一份一份打印装订好。

12月8日，大会由诺沃提尼做总结讲话。在他的讲话结束以前，伍修权团长从座位上站起来，在众目睽睽之下走到大会执行主席亨德利赫座席边，亲自把声明稿送交给他，请主持人将我们的声明转发给各党代表团，还特地先送给勃列日涅夫一份。

亨德利赫收到我们的声明后，马上拿了一份送给正在讲话的诺沃提尼。诺沃提尼中断了他的闭幕辞，拿起中共代表团的声明稿，表现出很不高兴的样子，他用十分生气的语调对大会全体代表说："中共代表团现在送来了一个声明，要我们转发给各个国家兄弟党代表团。现在我把他们的声明先念给大家听一听。"说着，他就把我们的声明从头到尾全文照念了一遍。诺沃提尼这样做自以为表示了一种"气愤"，其实给我们做了义务宣传，使大会所有的人都听到了中国党的回答。

现将"中国共产党代表团的声明"的全文记载如下，以备查询：

中国共产党代表团抱着增强兄弟党的友谊、增强国际共产主义运动团结的真诚的愿望，应邀出席捷克斯洛伐克共产党第十二次代表大会，向你们表示了祝贺。但是，非常不幸的是，同我们的期望相反，在你们的代表大会上，捷共的一些同志和某些兄弟党的同志，利用这次代表大会的讲坛，继续攻击阿尔巴尼亚劳动党，并且大肆攻击中国共产党。这种做法，不符合《莫斯科宣言》和《莫斯科声明》的原则，不利于社会主义阵营的团结和国际共产主义运动的团结，不利于反对帝国主义的斗争，不利于争取世界和平的斗争，也是不符合于社会主义各国人民的根本利益的。对于这种违背马克思列宁主义和无产阶级国际主义的行动，我们不能不表示最大的遗憾。

中国共产党一贯坚持马克思列宁主义，坚持《莫斯科宣言》和《莫斯科声明》的革命原则。我们对于一切违背马克思列宁主义、违背《莫斯科宣言》和《莫斯科声明》的观点和行为，都是坚决反对的。中国共产党对于解决兄弟党之间的分歧所采取的一贯立场，是从维护国际共产主义运动的团结、维护社会主义阵营的团结、共同对敌的利益出发的，是遵循《莫斯科宣言》和《莫斯科声明》所规定的关于兄弟党、兄弟国家关系的准则的。我们在一年多以前，就坚决反对利用一个党的代表大会，发动对另一个兄弟党的攻击。这种错误做法，只能加深分歧，制造分裂，只能为亲者所痛，仇者所快。但是，有些党，有些人，不但没有考虑改变这种错误的做法，反而变本加厉，沿着分裂主义的道路，愈走愈远。我们不能不指出，这种错误做法，已经产生了严重的后果，如果继续下去，势必还要产生更加严重的后果。

有些人口口声声说，阿尔巴尼亚劳动党指责了某个兄弟党的一些同志，并且把国际共产主义运动中目前存在的令人痛心的现象归罪于阿尔巴尼亚同志，甚至歪曲地指责他们是什么“反苏”。这些人为什么不想一想，究竟是谁应该对这种情况负责呢？究竟是谁首先发动对阿尔巴尼亚同志的攻击呢？难道一个党任意地在自己的代表大会上发动攻击另一个兄弟党，就是正确的，可以允许的，而另一个被攻击的党就连回答的权利都没有吗？难道发动攻击一个兄弟党就是什么马克思列宁主义，就是符合《莫斯科宣言》和《莫斯科声明》，而被攻击的兄弟党回答这种攻击就叫做什么“宗派主义”、“分裂主义”、“教条主义”，就叫做违反《莫斯科宣言》和《莫斯科声明》吗？如果阿尔巴尼亚同志的回答就叫做什么“反苏”，那么，试问，那些首先发动并且一连串地任意指责阿尔巴尼亚同志的，又叫做什么呢？马克思列宁主义者在这样的重大问题上，是应该分清是非的，是不应该颠倒黑白的。

我们认为，要解决兄弟党之间的分歧，只有根据《莫斯科宣言》和《莫斯科声明》规定的独立的、平等的、协商一致的原则，并且只有由首先发动攻击的党采取主动。我们再一次真诚地提出这个呼吁。

在这次代表大会上，一些同志对一贯坚持马克思列宁主义根本原理的中国共产党进行攻击，这并不能给我们带来丝毫损害。中国共产党几十年来就是在帝国主义者、反动派和修正主义者、机会主义者的辱骂和攻击中壮大起来，并且取得一个又一个的胜利的。这一时期，在国际上确实存在着从帝国主义、反动派和修正主义方面来的反华大合唱，这只能证明中国共产党坚持了真理，坚持了正义的斗争，我们的斗争有利于世界人民争取和平、民族解放、民主和社会主义的事业，而不利于帝国主义者，不利于反动派，不利于修正主义者。中国共产党将永远坚持马克思列宁主义的基本原理、坚持《莫斯科宣言》和《莫斯科声明》的立场，永远不会拿原则做交易。我们认为，利用某一个党的代表大会攻击另一个党或一些党，甚至采用喧嚷、嘘叫等不正常的方式，并不能证明自己是有道理的，也是无助于问题的解决的。为了解决国际共产主义运动中若干重大原则问题的分歧，中国共产党和一些兄弟党曾经提议召开世界各国共产党和工人党的代表会议弄清是非，加强团结，共同对敌。我们认为，这是解决问题的唯一正确的方法。全世界共产党人的敌人是共同的，事业是共同的，目标是共同的，我们没有任何理由不团结起来。中国共产党愿意同各国兄弟党一起，在马克思列宁主义和无产阶级国际主义的基础上，加强团结，反对分裂，为争取各国人民的和平、民族解放、民主和社会主义的事业的新胜利而斗争。

诺沃提尼在自己的总结讲话中，否认他们的做法破坏了无产阶级的国际团结，为他们公开攻击我党和阿尔巴尼亚党的行为辩护。当天上午会议结束时，诺沃提尼同他们的中央国际部部长急急忙忙来找伍修权团长说，我们没有义务替你们转发什么声明，你们要发就自己送给每一个代表团去。说着把一堆我们请他们分发的声明稿退还给我们。

我们完全是为着对主人的尊重，才请他们转发文件的，现在，诺沃提尼当众说可以由我们自己直接送发，伍修权马上紧接着他说过的话问道："诺沃提尼同志，你刚才说你们不能为我们转发我党的声明，并说我们可以直接送发各兄弟党代表团，请问是这样吗？"诺沃提尼无法否认这一点。这样，他就把直接在大会上散发文件的合法权利交给了中共代表团。

中共代表团到使馆后，大家商量了一下，决定在下午开会时提前到达会场，在各国代表团入场的时机，一一发出了所有的声明稿。正好各外国党代表团在上午的会上未能听得很清楚，需要看看声明的书面稿，他们也很重视中共代表团究竟说了些什么，有的还主动前来索要。这样我们就顺利地完成了任务。

在捷共的代表大会上，反华的气氛虽然很浓，发言攻击我党的人数也很多，但是各代表团的态度还是很有区别的。即使参加了反华的，在发言的先后、采取的方式和所用的语言等方面，也是大不一样的。大会的东道主捷克党这次不得不站在反华、反阿的第一线。但是，有的外国党代表团在大会上讲话批评我党，在报纸上正式发表讲话稿时却又把批评我们的话完全删去了。

12 月 10 日，大会结束以后，捷共中央按照通常的国际礼仪，由他们的国际部部长和一名中央委员出面，同我们代表团共进午餐。这顿饭吃得很不平常，与其说是一次共尝佳肴的友好活动，倒不如说是一场短兵相接的舌战，从中午十二点三十分一直鏖战到下午五点三十分，整整五个小时。

开始，是他们向我们递交了一份诺沃提尼总结讲话中反华部分的书面稿，要求我们将此文件转交我党中央。我们出于"礼尚往来"，就把带在身边的关于中印边界问题真相的小册子交给了他们。他们说捷共对于已经发生的分歧决不让步；我们就说中国党同样一分一毫也不退让。他们说阿尔巴尼亚党不应该攻击苏共；我们说，事实证明是苏共首先公开攻击阿尔巴尼亚党的。他们说，谁首先攻击是次要问题，分歧的实质才是重要问题；我们说对实质问题只能用平等、协商的讨论方式，不能采取片面攻击的方式。他们又无理纠缠说，阿尔巴尼亚党已被中国党抓在手中；我们立即回击说，谁被抓在谁手里这句话，完全不符合中阿两党的实际情况，倒是反映了捷共同苏共的关系。他们说我们是攻击捷共；我们说恰恰相反，到现在为止，中国报纸从未指名批评过捷共，而是捷共跟在苏共后面，从苏共二十二大以来，在报纸上和党的代表大会上公开攻击中国党，我们罗列了一件又一件确凿的事实，他们也不得不予以承认。最后，我们严肃地说："捷共的这次代表大会，是一个分裂的大会，它将同1960年的布加勒斯特会议一样，要受到历史的谴责。"

这里还想讲一个插曲。中共代表团在布拉格下榻中国大使馆的招待所。抵达后，仲曦东大使告诉伍修权团长，新华社派驻布拉格的记者张洋因企图叛逃在机场被使馆人员发现后抓回来了。我认识张洋，他的夫人陈季愚是我在全国总工会工作时的同事。他们二位都是抗日战争时期投奔延安参加革命的热血青年。张洋怎样堕落到这种地步呢？据使馆同志说，他们任期已满准备回国时，夫人陈季愚发现张洋表现异常，报告了领导。在机场候机时，捷方人员企图带走张洋，被使馆人员阻止，陈季愚按时回国，而张洋则被带回使馆。

据张洋本人交代，他在采访中认识了一位捷克女士，关系密切，这位女士劝他留在捷克，他随即决定叛逃。

伍修权认为，对于这样一个曾经受党多年教育的老同志，一时失足犯了严重错误，只要本人悔过，还应给予改过的机会。于是，使馆人员向张洋传达了伍修权团长的意见。据使馆同志说，张洋听后痛哭流涕，表示忏悔。事后我听说，张洋在使馆同志的护送下回到了祖国。伍修权一句话救了张洋的命，也为使馆解决了一个难题。

公开论战全面展开了

12月11日，中共代表团在参加捷共十二大以后，离开布拉格。送行的有：捷克斯洛伐克共产党中央委员会书记处书记斯拉维克，捷共中央委员、中央国际联络部部长拉什托维奇卡，捷共中央委员克拉迪伐和捷克斯洛伐克驻中国大使赛迪维。中国驻捷克斯洛伐克大使仲曦东和大使馆全体外交官员也前往机场送行。

这时已快到年底，民主德国的党代表大会在下月中旬召开，中央为了照顾我们，让代表团的同志都回国休息，过了新年再去，并关照中国民航的班机在伊尔库次克等候我们，使我们于12月14日顺利地回到了北京。

代表团回国后，毛主席通知伍修权去杭州汇报情况。伍修权团长当即带领大家赶到杭州，把保加利亚、匈牙利、捷克三国党代会的主要情况向他一一做了如实汇报。毛主席听了后说，“你们做得还可以”，对中共代表团三国之行表示满意。

代表团回国当天的《人民日报》用了一个半版的篇幅，刊登了捷共代表大会上，诺沃提尼及其他代表们的反华言论。

代表团回到北京第二天，即12月15日，《人民日报》发表了社论《全世界无产者联合起来，反对我们的共同敌人》，标题是毛主席改的。这篇社论的发表，标志着从苏共二十二大开始，保、匈、捷这三个兄弟党的代表大会对我们党和阿尔巴尼亚党进行“围剿”之后，我们发起的反“围剿”，被迫不得不同他们进行公开论战。

在捷克斯洛伐克共产党第十二次代表大会召开的同时，意大利共产党也召开了第四次代表大会，都是在12月份。在这次意大利代表大会上，意大利共产党总书记陶里亚蒂和其他人也公开攻击中国共产党。对此，1962年12月31日，《人民日报》发表了社论：《陶里亚蒂同志同我们的分歧》；1963年1月第一期《红旗》杂志发表了《列宁主义和现代修正主义》的长篇文章。

这样，公开论战就全面展开了。

不必换人了，我们一视同仁嘛！

民主德国统一社会党第六次代表大会是在1963年1月15日到21日召开的。因为它与保加利亚、匈牙利、捷克三国党代会属于同一类型、同一性质，为使问题交代具有完整性，故此，都放在1962年加以述评。

中共代表团还在国内时就得知了，这次大会，苏共由赫鲁晓夫亲自出马，其规格异乎寻常，阵容也格外庞大，表明了他们对这次大会的重视，也预示了在这次大会上将有一次新的更激烈的斗争。面对这一情况，伍修权向中央提出建议，是否将我党代表团团长换一下，由一位地位和威望更高的同志去。邓小平考虑后，果断地说，不必换人了，我们一视同仁嘛！

出席四个国家的党代表大会，都是同一个代表团参加，连成员都不再替换。这样，我们从捷克斯洛伐克回来的原班人马又一起去了民主德国。考虑到民主德国统一社会党代表大会期间情况复杂、任务繁重，我向杨尚昆主任建议，增派中办翻译组赵仲元随团去，杨主任和伍修权团长都同意。这样，应邀参加民主德国统一社会党六大的中共代表团团长为伍修权，团员熊复、张平化，翻译为我和赵仲元。

1963 年 1 月 13 日，中共代表团乘飞机到达柏林。到机场欢迎代表团的有民主德国党中央政治局委员、自由德国工会联合会主席团主席瓦恩克和其他领导人；到机场欢迎代表团的还有朝鲜民主主义人民共和国驻德意志民主共和国大使权永泰和阿尔巴尼亚驻德意志民主共和国大使馆临时代办安戈尼；中国驻德意志民主共和国大使王国权和大使馆全体外交官员也到机场欢迎；到机场欢迎的还有中华全国妇女联合会驻国际民主妇女联合会书记处书记杨蕴玉和中国在德意志民主共和国的留学生代表。

1 月 14 日，赫鲁晓夫率领着阵容强大、人员众多的苏共代表团乘专机到达。

1 月 15 日上午，德意志民主共和国统一社会党第六次代表大会宣布开幕，有六十六个国家的兄弟党派代表团参加了大会。

鉴于前几国党代表大会上的情况，每次都在对华、对阿的问题上发生分歧和争论，苏共及其追随者不能完全封住别人的嘴，自己也不能为所欲为，这次大会一开始就又宣布了几条限制发言的新规定，例如，只邀请各党第一书记为代表团团长的来宾在大会上致辞。这一下就剥夺了许多代表团的发言机会。又规定，中捷两党不在此例，因为诺沃提尼也未去参加大会。其他各国的党，则按地区推派代表致辞，没有机会在大会上致辞的外国党代表团，可以书面形式向大会致送祝辞，然后在报纸上发表。这种种限制措施，都使大会一开始就处于不正常的气氛之中。

苏共及其追随者在这次大会上采取了更为恶劣的手法。民主德国统一社会党总书记乌布利希在自己的总结报告中，率先指名攻击中国共产党，说中国党拒绝和平共处将导致战争，中印边界的冲突是由于中国未遵守和平共处原则引起的等等。

出席大会的外国党代表团中，苏共代表团团长赫鲁晓夫第一个致辞。他不仅肆无忌惮地攻击阿尔巴尼亚党，而且恶毒地影射攻击中共。他说："有些自命为马克思主义者的人说，反对帝国主义的斗争不是首先要增强社会主义国家的经济威力，而是想出了某种新的、最廉价的斗争方法。这种方法只不过是骂街。这些人认为，只要对帝国主义进行无止境的咒骂，就是做了最有利于社会主义国家的事。这是巫师庸医的做法。""那些初出茅庐的理论家企图建立这样一种'理论'，按照这种'理论'，走向社会主义胜利的道路是要通过国与国之间的战争，通过破坏、千百万人的流血和死亡。如果共产党人遵循这种'理论'，那么，这种'理论'不是吸引人民群众，而是把人民群众从他们身边推开。在我们这个火箭—核时代，这种'理论'特别可恶。难道社会主义国家、全世界争取社会主义斗争的事业，会从世界热核灾难中得到胜利吗？只有故意闭眼不看事实的人才会这样想。不能设想在世界文化中心的废墟上、在荒无人迹的和布满热核尘埃的土地上，建立共产主义文明。我们且不谈，对许多人来说，社会主义问题根本就不存在了。因为他们的肉体已从我们的星球上消失了。""俗语说，妄谈战争而又不明白妄谈些什么的人是愚蠢的。"

"某些人歪曲我们的立场，似乎我们宣布和平共处政策，就是号召资本主义国家的革命力量、共产党放弃阶级斗争，放弃建立工人、劳动人民政权的斗争，放弃各国人民的民族解放运动。这是一种拙劣的臆造和诽谤。"

赫鲁晓夫在致辞中大肆攻击中共、阿党之后，话题一转却建议从现在起停止各党之间的公开论战，不再在自己党内批评别国兄弟党；并提出要求阿尔巴尼亚党“放弃自己的错误观点”，返回到他们所谓的“社会主义兄弟大家庭”来，表示出一副愿意“和解”的姿态。从赫鲁晓夫的发言看，他看到我们开始反击，而他自己本来就很虚弱，许多观点也站不住脚，公开争论下去对他不利，所以，他毫不讲理地指责中国共产党面对攻击所进行答辩和要求停止公开论战的倡议，而且，还把阿尔巴尼亚党放弃自己的观点作为停止论战的条件，实际上他并不是真的要停止公开论战，而是拿这个做幌子，迷惑一些人跟他走，以压制我们放弃答辩的权利。

大会在安排发言的时间上也费了心思，他们先安排乌布利希和赫鲁晓夫两人讲话，而把中共代表团的致辞安排在他们讲话几天以后。在赫鲁晓夫、乌布利希讲话以后，其他兄弟党根据他们的口径，同样是一方面攻击，另一方面又要求我们停止答辩，就是说要求中国党改变立场，停止公开论战。民主德国统一社会党中央国际委员会的负责人在赫鲁晓夫致辞后，还马上约见我们代表团，表示民主德国统一社会党支持苏联的“正确建议”，要求我们也回答和响应这一建议。同时，苏共代表及东欧、西欧等各个紧跟苏共的党也在会场内外到处活动和游说，说现在“一切都清楚了，就要听中国代表的讲话了”，企图“将”我们的“军”。

中共代表团分析了大会内外的情况，认为赫鲁晓夫等人虽然气势汹汹，但却害怕承担责任，还没有下定彻底破裂的决心；只是为了要迷惑和拉拢一些中间分子，才放出“和解”的烟雾。针对这一情况，我们则要进一步揭穿苏共借团结之名，行分裂之实的企图，提醒人们对赫鲁晓夫的那一套，要听其言观其行，不要上当；同时要尽可能争取群众，利用各种方式向兄弟党代表团做说服工作，宣传我们的主张，扩大我们的影响，使他们理解和赞同我们的行动。代表团把大会的情况和讨论意见及时电报请示了中央。

1 月 17 日，代表团收到中共中央的复电和我党对民主德国统一社会党六大致辞的审定稿。我们当即请我驻德使馆的同志把中央发来的代表团的致辞和中央的贺电译成德文打印好，做好散发的准备。

大会把中共代表团发言的时间安排在 18 日上午。当时赫鲁晓夫未到场，也许是故意避开了。在会上，伍修权团长代表中共中央向大会致辞并宣读了贺电。在伍修权团长致辞过程中，大会执行主席、民主德国统一社会党柏林市委书记维尔纳竟一再摇铃制止他的发言，而且，从主席台上一直到会场下面，都发出一片喧闹声，吹口哨、拍桌子、跺地板、胡闹……但是，我们代表团团长伍修权这位身经百战、指挥过千军万马的老红军高级将领、在联合国大会上代表新中国发言控诉美帝国主义的杰出外交家，根本没有将这场闹剧放在眼里，沉着耐心，不动声色地看着台上台下，发现闹得最凶的主要是主席台上和会场前座中间几排，那里基本上都是民主德国统一社会党的高级干部。后排和两边的一般代表席上，则相对比较安静。于是他采取策略，在他们闹的时候，就暂停讲话，让他们闹，等他们闹完以后又接着讲，他们再闹的时候他又停下来，闹完以后他又再讲，坚持把祝辞念完。并且，对他们这种胡闹的做法，伍修权在离开讲台时临时加上一句说："你们这样做很好，这就使我看到了你们德国同志的'文明'"。同声翻译的德国译员故意漏了这句话，当时，在同声翻译厢中的我大使馆的翻译梅兆荣立即拿起话筒，用德语把伍修权团长对这场闹剧的精彩而又中肯的"点评"播发出来，会场上又一次引起了反响。

这里，把伍修权团长致辞中回答乌布利希和赫鲁晓夫攻击的有关和平共处和中印边界冲突，以及有关国际共运团结的论述摘录如下，以资查询。

> 中国共产党和中国政府，一贯主张不同社会制度国家之间实行和平共处。中国是著名的和平共处五项原则的倡导者。在和平共处五项原则的基础上，中国同世界上的许多国家建立了友好关系，并且先后同也门、缅甸、尼泊尔、阿富汗、几内亚、柬埔寨、印度尼西亚和加

纳签订了友好条约或者友好和互不侵犯条约，同缅甸、尼泊尔等国圆满地解决了边界问题。这些事实，是有目共睹的。说到中印边界问题，中国一贯谋求通过和平谈判达到公平合理的解决。可是，印度尼赫鲁政府却完全拒绝谈判，力图用武力改变中印边界状况，得寸进尺地侵占中国边境领土，直到最后公然下令发动对中国进攻，要把中国边防部队从自己的国土上“清除掉”。中国在印度军队大规模进攻面前进行自卫反击，这是任何一个主权国家最起码的正当措施。中国在反击了印度军队的进攻之后，迅速建议停止冲突，脱离接触和重开谈判，并且主动停火，主动后撤。正因为这样，才使中印边界的局势和缓下来。尼赫鲁政府的反华，尼赫鲁政府的对内对外的越来越反动的政策，是受到帝国主义特别是美帝国主义的支持和鼓励的。遗憾的是，它也受到了一些自称为马克思列宁主义者的人的支持和鼓励。这些人在中印边界争端中，自始至终，不顾事实，颠倒是非。他们对于社会主义的中国方面三年多来公开发表的大量的有关文件，以及中国方面向他们所做的多次通知和说明，都采取视而不见、听而不闻的态度。他们实际上是同尼赫鲁一起，参加了反华大合唱。这种令人惊讶的立场，是同马克思列宁主义和无产阶级国际主义没有任何共同之处的。

整个国际共产主义运动的经验证明，在兄弟国家、兄弟党之间发生这样或者那样的分歧总是难免的，问题在于如何正确地处理兄弟国家、兄弟党之间的关系。如果违背兄弟国家、兄弟党之间的独立、平等和协商一致的准则，其结果就只能损害团结，扩大分歧，甚至有导致分裂的危险。

中国共产党始终一贯地维护社会主义阵营的团结和国际共产主义运动的团结，始终一贯地捍卫《莫斯科宣言》和《莫斯科声明》规定的兄弟国家、兄弟党相互关系的准则。正是因为这样，当一年多以前举行的苏共第二十二次代表大会第一次公开指名攻击另一个兄弟党阿尔巴尼亚劳动党的时候，中国共产党代表团就表示了坚决的反对。我们当时就指出，这种做法是“无助于团结，无助于问题的解决的。把兄弟党、兄弟国家之间的争执公开暴露在敌人的面前，不能认为是马克思列宁主义的郑重的态度。这种态度，只能使亲者痛，仇者快。中国共产党真诚地希望，有争执和分歧的兄弟党，将会在马克思列宁主义的基础上，在互相尊重独立和平等的基础上，重新团结起来。”但是，令人遗憾的是，我们的这个真诚的劝告，并没有能够阻止事态的恶化。1962年4月间，中国共产党本着维护兄弟国家、兄弟党相互关系准则和加强团结的愿望，积极支持一些兄弟党关于和缓关系、改善气氛的建议，并且正式向有关的兄弟党提出召开各国共产党和工人党代表会议的主张，以便通过同志式的讨论和协商，消除分歧，加强团结。我们还指出，在等待这种会议召开的时候，各党应停止在广播电台上和报刊上进行互相攻击，以便为上述会议的召开创造有利的条件。

我们不能不痛心地指出，中国共产党和其他一些兄弟党所做的这种努力，并没有得到有关兄弟党的响应，相反的，那种违反兄弟国家、兄弟党关系准则的做法，却愈演愈烈。最近一个时期连续召开的几个兄弟党的代表大会，竟然被利用为进一步攻击另一些兄弟党的场所。在这些兄弟党的代表大会上，有些兄弟党的同志继续攻击阿尔巴尼亚劳动党，并且指名攻击中国共产党和其他兄弟党。他们还广泛地动员了自己的报刊和其他宣传工具，对于中国共产党进行了大规模的攻击和诬蔑，许多兄弟党对于这种严重的破坏团结、制造分裂的逆流，表示了深深的担心和忧虑，这是完全正当的。

中国共产党对于一切有利于国际共产主义运动团结的言论和行动，从来都是欢迎的。在你们党的这次代表大会上，我们听到，中国共产党历来所主张的在兄弟党之间停止公开攻击、和缓紧张关系以及改善气氛的建议，得到了某种程度的响应。① 如果这种表示能够见诸行动，我们将感到十分高兴。我们认为，共产党人应当言行一致。不应当一方面讲要停止攻击，另一方面又在继续进行攻击，这种做法是无助于消除分歧、加强团结的。

我们愿意在这里再一次提出诚恳的呼吁，大家都以无产阶级革命事业和对敌斗争的利益为重，严格按照《莫斯科宣言》和《莫斯科声

① 对于受到追随者大张旗鼓地吹捧的赫鲁晓夫的“和解”倡议，被巧妙地一笔点破，不过是对中共一贯主张的某种程度的响应而已！——作者注

明》的准则，通过正当的途径来消除分歧，加强团结。为了消除分歧，加强团结，还是应当回到《莫斯科宣言》和《莫斯科声明》的准则的轨道上来，回到内部平等协商的轨道上来。在这方面，首先发起攻击兄弟党的同志采取主动，对于问题的解决是有益处的。中国共产党认为，只有大家遵循马克思列宁主义和无产阶级国际主义，遵循《莫斯科宣言》和《莫斯科声明》的革命原则，遵循兄弟国家、兄弟党关系的准则，通过同志式的讨论和协商，才是消除分歧、加强团结的唯一正确的道路。中国共产党正是本着这种立场，多次建议召开各国共产党和工人党代表会议，并且支持其他一些兄弟党关于召开这种国际会议的建议。我们现在仍然认为，召开这种兄弟党的国际会议是必要的。为了使会议取得成就，有赖于各国兄弟党共同努力，克服许多困难和障碍，进行许多必要的准备工作，包括停止攻击兄弟党在内。

中国共产党愿意同所有马克思列宁主义政党一起为了国际共产主义运动的利益，为了共同对敌斗争的利益，对于消除分歧，加强团结继续进行不懈的努力。我们坚决相信，国际共产主义运动终将克服一切困难和障碍，加强自己队伍的团结，在反对帝国主义、维护世界和平和推进人类进步事业的斗争中，取得伟大的胜利。

我们代表团的致辞稿的德文译本由在柏林的中国同志全体动员散发出去了。

由于民主德国统一社会党对中共代表团采取了无礼的冷淡态度，我们只得以冷对冷。从18日发言后，我们除了参加大会的闭幕式和向烈士墓献花的活动，并去了一次波茨坦外，其余的活动，如参观展览会、出席音乐会和酒会等等，虽然德方也邀请了我们，我们一概谢绝不去。

在闭幕大会上，当乌布利希和赫鲁晓夫等进入会场，乌布利希做闭幕讲话时，全场代表和外国客人都照例要起立鼓掌，我们都冷冷地既不起立也不鼓掌。在会议执行主席宣布大会结束后，没等唱《国际歌》，中共代表团就起身离开会场。这些行动在大会上都显得非常引人注目，大大影响了这次会议的“圆满”气氛。

在这次会议上，各国党的代表团对中共代表团的态度同样是很不一致的，他们在会上发言的调子也不尽相同。18 日，中共代表团向大会致辞以后，赫鲁晓夫等人曾经召集几个党的代表团，秘密开会商讨对策，他们的人员也在会场上进进出出，频繁地进行着串联活动，好像要组织一场更凶的反击和围攻。但过了几天，声势并不有力，队伍也不齐整，有的党只是一般性地“谴责”了中共代表团几句，有的只是影射几句，连中国党的名字也没有提。

1 月 20 日上午，中共代表团同民主德国统一社会党领导人和其他兄弟党代表团一起，在柏林瞻仰了德国工人阶级的杰出战士卡尔 · 李卜克内西、罗萨 · 卢森堡和威廉 · 皮克等人的陵墓以及苏军烈士墓。

民主德国统一社会党代表大会于 1 月 21 日闭幕，我们代表团 22 日下午离开柏林回国。朝鲜劳动党代表团的同志和我们同机返回。到机场送行的有民主德国统一社会党中央政治局候补委员亚罗温斯基，中央委员、德意志民主共和国司法部长本雅明，中央委员、国防部副部长凯斯勒中将等人。到机场送行的有朝鲜驻德意志民主共和国大使权永泰、阿尔巴尼亚驻德意志民主共和国临时代办安戈尼和越南驻德意志民主共和国大使馆一等秘书范榜。中国驻德意志民主共和国大使王国权和大使馆工作人员、中华人民共和国全国妇女联合会驻国际民主妇女联合会书记处书记杨蕴玉，以及中国在德意志民主共和国的留学生代表也到机场送行。

1 月 24 日，中共代表团抵达北京时，到飞机场迎接的有中共中央政治局委员、书记处书记彭真，中央候补委员赵毅敏，中共中央机关负责工作人员李启新、王力等。到飞机场欢迎的，还有朝鲜驻中国大使韩益洙、参赞郑凤珪，德意志民主共和国驻中国大使馆临时代办拉德等。

公开论战是从苏共二十二大开始的

从 1962 年 11 月的保共八大到 1963 年 1 月的民主德国统一社会党六大，赫鲁晓夫精心策划了对我们党的围攻，我们的代表团历经各种场合，甚至是公然抛弃外交礼仪的起哄、喧闹，都很好地执行了党中央的指示，圆满地完成了反“攻击”、反“围剿”的斗争。

在北京，中央根据代表团的情况汇报，认为民主德国统一社会党六大是修正主义者们反阿反华的新高峰，赫鲁晓夫亲自出席指挥，而且还假惺惺地说要停止公开论战，因此很有必要专门写一篇社论，一方面高举团结的旗帜，一方面对赫鲁晓夫的诡计加以揭露。中央认为，现在还不到公开点赫鲁晓夫本人的名字的时候，但既然提出公开论战的问题，我们可以明确指出公开论战是从苏共二十二大开始的。

1 月 27 日，《人民日报》发表社论，题目是《在〈莫斯科宣言〉和〈莫斯科声明〉的基础上团结起来》。

据中央的指示，《人民日报》和《红旗》杂志又继续发表了三篇评论，即:《分歧从何而来？——答多列士等同志》、《再论陶里亚蒂同志同我们的分歧——关于列宁主义在当代的若干重大问题》、《评美国共产党声明》。这样，从 1962 年 12 月 15 日到 1963 年 3 月 8 日，我们一共发表了七篇文章，而每一次发表答辩文章之前，都用很大的篇幅来刊登对方的反华言论。

可以说，一直到这个时候为止，我们的方针还是坚持原则、坚持团结，并不希望公开破裂，特别是不希望跟苏共公开破裂。

这七篇文章都翻译成俄、英、法、日、西班牙、阿拉伯等国语言，对外发表。我们中办翻译组参加了七篇文章的俄文文本的翻译、定稿工作。

1963：中苏分歧由内部争论演变为公开论战

从1962年11月初到1963年1月下旬，在欧洲五个党的代表大会上，在赫鲁晓夫的部署下，从公开指名攻击阿尔巴尼亚，发展到公开指名攻击中国共产党，而且一次比一次恶劣，一直延续到在民主德国统一社会党第六次代表大会上，赫鲁晓夫亲自出马指名攻击中国……

他们挑起公开论战，“我们有什么办法呢？”

针对欧洲五国党代表大会反华、反阿的浪潮，中共中央除1962年12月15日和31日先后在《人民日报》发表了《全世界无产者联合起来，反对我们的共同敌人》、《陶里亚蒂同志同我们的分歧》以外，在1963年1月至3月，还陆续在《红旗》杂志和《人民日报》发表了五篇文章：

《列宁主义和现代修正主义》（1963年1月5日）；

《在〈莫斯科宣言〉和〈莫斯科声明〉的基础上团结起来》（1963年1月27日）；

《分歧从何而来？——答多列士同志》（1963年2月27日）；

《再论陶里亚蒂同志同我们的分歧——关于列宁主义在当代的若干重大问题》（1963年《红旗》第三、四期，1963年3月1日至4日在《人民日报》连载）；

《评美国共产党声明》（1963年3月8日）。

在翻译这些文章过程中，我们印象最深的是再论陶里亚蒂的那篇，文章很长，有十多万字，毛主席多次修改，亲自加写了好几大段话，译成外文颇费脑筋。在文章引言中写道：“他们挑起公开论战”，毛主席加写了一段话：“我们有什么办法呢？难道还能如过去那样缄默不言吗？难道‘只准州官放火，不许百姓点灯’吗？不行！不行！不行！我们一定要回答。他们迫得我们没有别的路走。”毛主席和中央其他领导同志每改一次，都印发给我们跟着翻译，前后将近一个月，到2月下旬才定稿。

与此同时，苏共和不少其他党的报刊上继续发表批评中共的文章；苏共《真理报》于1月7日发表长篇文章《为和平和社会主义的胜利加强共产主义运动的团结》；赫鲁晓夫本人在1月15日至21日召开的民主德国统一社会党第六次代表大会上，第一次公开指名批评中国共产党，同时，又提出了停止公开论战的建议。

1月27日，中共中央的第四篇反击文章发表后，苏共中央于2月21日来信呼吁停止公开论战、举行两党会谈、召开兄弟党会议，毛主席、党中央给予肯定回应。中央原定起草的三篇反击文章《分歧从何而来？——答多列士等同志》、《再论陶里亚蒂同志和我们的分歧——关于列宁主义在当代的若干重大问题》和《评美国共产党声明》发表后，进入3月中旬，中苏之间的论战暂时平息下来。

毛主席决定发表双方信件，“将赫鲁晓夫一军”

1963年2月11日至28日，中共中央在北京召开工作会议①，主要议题是在城市开展“五反”运动和1963年的经济计划问题，讨论了这一时期同修正主义的公开论战，今后斗争的前景与我党的方针、策略和步骤。

苏共中央2月21日给中共中央的信

在中央工作会议进行期间，2月22日晚八时至九时，杨尚昆、伍修权应苏联大使契尔沃年科的要求接见了大使一行。苏联大使转交了

① 1963年2月11日至28日，中央工作会议在北京举行。会议讨论了1963年国民经济计划、精简工作、粮食问题、农产品收购和严格管理大中城市集市贸易，坚决打击投机倒把的一些具体政策问题以及中小学教育等问题，讨论制定了《中共中央关于厉行节约和反对贪污盗窃、反对投机倒把、反对铺张浪费、反对分散主义、反对官僚主义运动的指示》以及在农村开展社会主义教育运动等问题。会议介绍了湖南开展社会主义教育运动、抓阶级斗争的经验和河北省保定地区开展清账目、清仓库、清财物、清工分（简称“四清”）为主要内容进行整风整社的经验。毛泽东指出，“阶级斗争，一抓就灵”，督促各地注意抓阶级斗争和社会主义教育问题。在谈到中国会不会出修正主义时，毛泽东说，一种可能，一种不可能。我们进行农村社会主义教育运动，就可以“挖修正主义根子”。从此，在部分城市基层单位开展“五反”运动，在一些农村进行“四清”运动试点。——作者注

苏共中央2月21日给中共中央的信，建议停止公开论战和举行两党会谈，讨论分歧问题，共同筹备召开各国共产党和工人党代表会议。当晚十二时，我们翻译组将苏共中央的信的译文和会见的谈话记录交杨尚昆审阅批印，连夜送给政治局常委和有关领导人。

2月23日，毛主席决定马上亲自召见契尔沃年科大使，表明中共中央的立场。当晚八时许，毛泽东接见了苏联驻华大使契尔沃年科。

迅速抓住机会发动“反击”

毛泽东是在菊香书屋卧室接见苏联大使的。我和赵仲元提前到达菊香书屋时，见到中办机要室录音员刘吉顺。我问他，你来干什么？刘吉顺说，毛主席叫他来录音。又说，刚才毛主席还让周总理检查录音设备和线路安好没有。他还带我去看了看放在卧室对面书房书桌上的录音机。这台录音机和放在卧室的麦克用专线相连接。

毛主席穿着白色毛巾睡衣，靠床头半坐着。因为毛主席不久前才从外地回京，正在患感冒，还没有完全恢复过来，是带病同苏联大使谈话。

我站在大门口迎接苏联大使，大使到后对他说，毛泽东主席感冒了，今天在卧室接见你。

毛主席床旁摆了七八把矮凳，刘少奇、周恩来、邓小平、康生和伍修权等，以及契尔沃年科大使、罗满宁一秘，依次坐在矮凳上，我坐在苏联大使的左侧，紧靠卧床的墙，翻译组负责记录的赵仲元和毛主席的秘书林克，坐在靠卧室门口的矮凳上。

谈话从晚上八点多持续到晚上十点多，会谈中毛主席对赫鲁晓夫冷嘲热讽，毫不掩饰地挖苦。我坐在床旁的小矮凳上，一边翻译，一边观察，只见苏联大使神情紧张，脸色忽红忽白。但是总的来讲，毛主席还是一种和解的态度，提出同意苏方关于停止公开论战、召开兄弟党会议、中苏两党举行会谈的建议。

契尔沃年科主要是听，只是在谈话结束时低声说道，今天毛泽东同志的谈话他将立即报告中央。

毛主席同苏联大使的这次谈话记录是林克根据刘吉顺的录音整理的，

并参考了我们翻译组整理的记录。我们整理谈话记录时议论说，回想起来，这些年来赫鲁晓夫明里暗里不知多少回放肆地攻击毛主席。可想而知，毛主席肯定憋了一肚子气，但赫鲁晓夫又远隔千山万水，没有机会当面说理。自从 1960 年 12 月毛主席接见前来祝寿的苏联大使以后，事隔两年，今天是第一次又接见同一位苏联大使，于是“一点儿牢骚”，一吐为快！我们几个翻译都为毛主席这一席开诚布公的谈话感到十分痛快。

“怕也分裂，不怕也分裂，那么为什么怕呢！”

2 月 25 日中央工作会议继续举行，毛主席主持了会议，刘少奇做了关于反对现代修正主义斗争问题的报告，介绍了苏共领导人策划的反华“大合唱”情况，详细介绍了现代修正主义的发展过程和目前反对现代修正主义斗争的现况、斗争的性质和主要问题，以及斗争的前途和我们的方针，阐明了我党在一些重大问题上的立场和观点。

在刘少奇做报告的时候，毛泽东不断插话。刘少奇讲到，苏共中央 2 月 21 日来信态度和缓了。毛泽东说，实际上是因为 20 日看到我们发表了他们的几篇东西。刘少奇讲到，现在修正主义不敢首先同中国分裂。毛泽东说，我看中苏长期分裂是不可能的。中苏一分裂，美国就不同他和平共处了。那时我们再团结嘛！刘少奇讲到，反对修正主义关系到各国革命和人类命运。毛泽东说，也关系到我们这个国家的命运。刘少奇讲到，不怕分裂。毛泽东说，不怕分裂，是指怕也分裂，不怕也分裂，那么为什么怕呢！如果怕分裂就可以不分裂，那就怕，我赞成。刘少奇讲到，要从经济上、政治上、思想上，在党和国家的组织上，在军队的组织上，防止出修正主义。毛泽东说，出不出修正主义，一种是可能，一种是不可能。从党的八届十中全会后，在农村进行社会主义教育，依靠贫下中农，然后团结上中农，这样就可以挖修正主义的根子。①

① 该段内容转引自中共中央文献研究室编：《毛泽东年谱》5，中央文献出版社 2013 年版，第 197 页。

邓小平等中央领导同志也在会议上发言。

邓小平在讲话中详细讲到关于反对修正主义斗争的问题。他讲了现代修正主义发展和几年来斗争的过程。他指出，从苏共二十大大反斯大林开始的七年间，我们党曾多次做工作，批评他们的错误，同他们的错误进行斗争。1957年的莫斯科会议是这样，后来的1960年的莫斯科会议也是这样。但是，没有能够阻止赫鲁晓夫修正主义的发展。苏共二十二大，赫鲁晓夫修正主义进入一个新的时期，它在理论上系统化，赫鲁晓夫公开分裂社会主义阵营和国际共产主义运动的行径越来越粗暴、恶劣，以至最近发展到利用欧洲五个党召开代表大会，对我们发起一系列的攻击，把争论推向新高潮，从内部争论发展为公开争论。

会上，大家认为，这次赫鲁晓夫发动的反华浪潮有几个特点：第一，赫鲁晓夫由于在一系列事件中，特别是在中印边境冲突和加勒比海危机这两个重大事件中，大大暴露了他的面目，十分不得人心。在这种情况下，他发动了反华，企图用反华来转移视线。第二，这次反华是公开的，但是，对我们还留有一些余地。在多数情况下，赫鲁晓夫还是处在第二线，还不是公开打头阵，而是让其他跟着他指挥棒走的兄弟党的领导人打头阵。第三，赫鲁晓夫企图用“多数”来压我们失败了。虽然有二十多个、三十多个以至四十多个党的代表，在欧洲五国党的代表大会上公开指名攻击我们党，这当然是“多数”了，但是，比起1960年莫斯科会议内部指责我们党的数目，还是少了。许多党对公开攻击我们党有顾虑，而且也没有压服我们。我们坚持斗争到底。面对这种形势，赫鲁晓夫也无可奈何。第四，在国际共产主义运动中，在兄弟党中，左派公开出来说话了。第五，这次反华浪潮把国际共运的分裂问题提出来了。赫鲁晓夫这样反下去，社会主义阵营就会分裂，国际共产主义运动就会分裂；而许多处于中间状态的党是怕分裂的，他们要求团结。这种状况对赫鲁晓夫压力很大，使他感觉到继续反华难以为继。

关于斗争前景，经过反复斗争，从1956年开始到现在已经六年多，看来修正主义领导集团的观点基本上没有改变。他们人数虽然不多，但是在多数党里边占统治地位，所以这个斗争将是长期的。我们要有长期斗争的思想准备。

关于我们的方针，是坚持原则，反对修正；坚持团结，反对分裂；坚持革命、反对投降；坚持保卫世界和平，反对帝国主义的侵略政策和战争政策。我们的策略原则是又团结又斗争，以斗争求团结，不是以让步来求团结。某些让步是允许的。像1957年莫斯科会议那样，像1960年莫斯科会议那样，我们是做了某些让步的。但是在重大原则问题上，在马克思列宁主义基本原理上是不能让步的，在关系到我国国家主权的问题上更是不能让步的。

在1960年莫斯科会议以后，我们中央曾经反复讨论过，要尽力避免分裂。你要分裂，我不分裂，采取"赖"的办法，采取"拖"的办法。我们一直这样做。但是，看来马列主义和修正主义的矛盾是不可调和的，在兄弟党之间，这种矛盾将会长期存在；一个党内，这两种思想是不能和平共处的。从长远来看，这种矛盾发展和激化下去，分裂是很难避免的。无论在一个党内，或是在国际范围内，我们都要有这个思想准备。因为现在已经有四十三个党公开指责中国党，这在事实上，在某种程度上是分裂了，也就是说在重大原则、基本观点上已经是分裂了。矛盾激化下去，其结果就会从理论上的分歧发展到政治上、组织上的分裂。但是，我们现在还是要高举团结的旗帜，我们还是要提出在《莫斯科宣言》和《莫斯科声明》的基础上团结起来。

会议议论到分裂的后果会怎样：无非是断绝党的关系，断绝国家关系。断绝党的关系也没有什么，但国家关系不可能完全断绝，做生意恐怕还是要做的。分裂之后是不是会打仗？除非是苏联实行公开的法西斯专政，否则照现在的情况他不敢打，他也没有理由打。如果真是要打，我们无非是退出北京，再上山打游击就是了。但是，要把中国完全吞下去，美国人是没有这个肚子，赫鲁晓夫也没有这个肚子。

现在看来，赫鲁晓夫还不敢公开和我们破裂，因为他和美国的关系还没有搞好。两霸相争，很难妥协。从这一点考虑，赫鲁晓夫现在还不敢和我们公开破裂，更不用说和我们打仗了。现在的公开争论无非是打笔墨官司，没有什么不得了。但是，我们要在一定范围的干部中做思想工作，告诉他们分裂的可能不是不存在的，是有这种可能的。要不然，将来一旦真的分裂到来时，我们的干部没有思想准备就不好了。而且，对左派兄弟党也要做工作，也要他们有思想准备。

中央工作会议结束前，邓小平传达了中央常委的决定：预定已撰写的文章发表完以后，要停一下。因为现在已经出现要求停止公开论战的问题，出现要求举行中苏两党会谈的问题和召开兄弟党会议的问题。可以停止公开争论一个时期，准备谈判，首先是中苏两党的谈判。通过这个谈判，如果达成一些协议的话，也可能召开第三次兄弟党会议。但是要看到，现在要达成协议的困难比过去大得多，因此，中苏关系可能出现这么五种情况：第一种情况，维持某种形式的团结，分歧和争论依然继续，彼此我行我素；第二种情况，国际共运四分五裂，但是中苏两党维持不分裂；第三种情况，国际共产主义运动分裂成两个派别，但社会主义阵营不分裂；第四种情况，党的关系分裂了，但是国家关系不分裂，国际群众团体不分裂；第五种情况，一切都分裂了，党的关系分裂了，国家关系也分裂了，国际共产主义运动也分裂了，国际群众团体也分裂了。

邓小平说，由于存在这些可能，我们在考虑分裂危险的时候，要考虑到哪些方面可以不分裂。中央正在考虑这个问题。

公布两党来往的信件，引起苏共中央不安

根据毛泽东的指示，邓小平主持了对苏共中央2月21日来信的复信起草工作。2月26日，邓小平召集会议，讨论如何答复苏共中央2月21日的来信。3月5日，中央书记处开会，讨论给苏共中央的复信。此前，毛主席对复信做了修改。

3月9日中午十一点三十分到下午二时，毛主席召开会议，决定当天将中共中央答复苏共中央的信交给苏联大使。同时，将复信的副本交给阿尔巴尼亚、越南、朝鲜三国大使。

下午五时许，邓小平接见苏联大使契尔沃年科，陪同接见的有杨尚昆、伍修权。我、赵仲元担任翻译和记录。邓小平将中共中央3月9日答复苏共中央2月21日来信的复信交给大使。

复信指出："毛泽东同志在2月23日接见苏联驻华大使契尔沃年科同志的时候，已经说明了我们对于你们这封来信的评价。"

"我们欢迎你们的这封来信。我们欢迎来信中所表示的团结的愿望，欢迎来信中所表示的兄弟党之间正常的平等的态度，欢迎你们肯定地赞成召开世界各国共产党和工人党代表会议的建议。"

"维护社会主义阵营的团结，维护国际共产主义运动的团结，维护中苏两党两国的团结，是中国共产党始终一贯的立场。为了团结的利益，我们从不吝惜自己的努力。我们对于一切不利于团结的事情，总是痛心的，反对的。我们对于一切有利于团结的事情，总是高兴的，支持的。"

"我们应当面对现实，目前国际共产主义运动中在一系列重大原则性问题上存在的分歧是严重的。这些分歧产生的原因，除了来信所说，'可以用国际共产主义运动的这些或那些队伍的活动条件不同来解释'以外，我们认为，更主要的因素是，对马克思列宁主义的认识和态度，对《莫斯科宣言》和《莫斯科声明》的认识和态度的问题。"

"中国共产党从来主张，兄弟党之间在原则问题上发生了分歧，应当从团结的愿望出发，进行同志式的讨论和相互批评，弄清是非，在马克思列宁主义的基础上，达到团结的目的。也就是说，应当遵循《莫斯科宣言》和《莫斯科声明》规定的原则和方法，在国际共产主义运动内部，采取平等协商的原则，通过双边的、多边的会谈，或者兄弟党会议的方法，来解决兄弟党之间的分歧。"

"中国共产党历来反对把兄弟党之间的分歧公开暴露在敌人面前。我们更反对，用召开党代表大会的方法，用党中央发表决议或声明的方法，用党和国家领导人发表文章和演说的方法，去加浓争论的色彩，增加问题的复杂性。我们深深知道，也不止一次地说过，这样的做法，会使我们的敌人感到高兴，会给我们自己的队伍造成困难，特别是会给资本主义国家兄弟党造成困难。事态的发展，证明了我们原来的忧虑并不是多余的。”

“国际共产主义运动的确是到了一个严重的时刻。兄弟党之间的分歧问题，的确是到了非解决不可的时候了。”中共中央赞成停止公开论战，决定从 3 月 9 日起“暂时停止在报纸和刊物上作公开的答辩”，但“我们保留公开答复的权利”。同时也赞成召开兄弟党会议，赞成为筹备兄弟党会议而举行中苏两党会谈。

复信还说，“毛泽东同志在同契尔沃年科同志的谈话中，曾经提出，希望赫鲁晓夫同志在他访问柬埔寨的时候路过北京，举行两党会谈，交换意见。如果你们感到不方便，那么，也可以由苏共中央的其他负责同志率领代表团到北京来，或者由我们派代表团到莫斯科去。”

3 月 10 日下午二时，毛主席召开会议，决定发表消息，公布邓小平接见了苏联大使，交换了信件，并肯定了中苏两党会谈。“打出这张牌去，给赫鲁晓夫将一军”。

3 月 12 日下午四时，根据毛主席指示，杨尚昆接见苏联代办叶利沙维金，通知中方要公布两党来往的信件。

3 月 13 日下午五时十五分到六时十五分，杨尚昆应约接见苏联代办叶利沙维金。叶利沙维金说，苏共中央表示愿意发表两党来往信件，但指责中共提出的是“最后通牒”，已“引起不安”。

会见后，杨尚昆向毛主席报告了同苏联代办谈话的情况。当晚，在毛主席主持下，政治局常委决定，明天即发表两党来往的信件。

3 月 14 日凌晨，中央广播电台播放了两党信件的全文，北京各大报纸在第一版登载了《中苏两党交换的信件》，此举在国际社会反应强烈。

国际共产主义运动"总路线"之争

1963 年 3 月 30 日，苏共中央致信中共中央，首先对中共中央同意举行苏中两党代表会谈表示欢迎，同时谈到，赫鲁晓夫近期内并没有访问柬埔寨的打算，也不准备到中国。苏共中央希望并欢迎毛泽东到苏联访问；如果毛泽东目前也不能赴莫斯科，苏共中央愿意接受中共中央所表示的关于在莫斯科举行两党高级代表会谈的意见，并认为会谈时间大约可以确定在 1963 年 5 月 30 日。

苏共中央提出国际共运"总路线"

苏共中央在信中提出了"制定世界共产主义运动的'总路线'"的建议。来信和它提出的"总路线"的主要内容如下：

关于时代问题：苏共的出发点是，以伟大的十月社会主义革命所开始的从资本主义向社会主义的过渡为主要内容的我们的时代，是两个对立的社会体系斗争的时代，是社会主义革命和民族解放革命的时代，是帝国主义崩溃、殖民主义体系消灭的时代，是越来越多的人民走上社会主义道路、社会主义和共产主义在全世界范围内胜利的时代。

关于制定国际共运总路线：在世界上所形成的局势，给我们的运动开辟了新的可能性，国际舞台上阶级力量分布情况的变化，都要求制定世界共产主义运动的、符合它在现阶段的根本任务的总路线。

关于世界社会主义体系：第二次世界大战以后，形成了世界社会主义体系。社会主义大家庭在政治和军事方面紧密地团结起来了……世界力量对比发生了有利于社会主义、不利于帝国主义的重大变化……十分明显，在现时代，决定人类社会历史发展的主要内容和主要方向的，已经不是帝国主义，而是世界社会主义体系，是反对帝国主义、争取对社会进行社会主义改造的一切进步力量。资本主义与社会主义之间的矛盾是我们时代的主要矛盾。和平、民主和社会主义的命运，在决定性的程度上取决于两个世界体系的斗争的结局。同时，世界舞台上力量的对比不断发生有利于社会主义的变化。社会主义体系对于世界发展进程的影响越来越大。现在，整个世界的革命的过程，正在社会主义各国内新生活范例伟大力量的直接影响下发展。社会主义革命，反对帝国主义、反对殖民主义的民族解放革命，人民民主主义革命，广泛的农民运动，人民群众为了推翻法西斯和其他暴虐制度的斗争，反对民族压迫的一般民主运动，这一切在当代正在汇合成一股冲击和摧毁资本主义的世界的革命的洪流。

防止新的世界战争：世界共产主义运动不能不十分认真地考虑这样一个重要因素——具有空前破坏力的热核武器的出现和积累使进行战争的军事技术手段发生了根本质变。只要裁军没实现，社会主义大家庭就应该在其武装力量方面一直保持对帝国主义者的优势。在目前条件下，争取和平和社会主义的所有战士的义务在于，最大限度地利用对社会主义的胜利有利的可能性，不容许帝国主义发动世界战争。目前世界舞台上的力量对比，使得社会主义各国同所有爱好和平力量一起，能够在历史上第一次提出一个完全现实的任务——防止新的世界战争，保障各国人民的和平与安全……社会主义力量越来越超过帝国主义力量，和平力量越来越超过战争力量，这正导致在社会主义还没有取得完全胜利之前，在世界部分地区存在资本主义的情况下，将会出现把世界战争排除于社会生活之外的现实可能性。

关于和平共处原则：在世界分裂为两个体系的情况下，国际关系中唯一正确的和明智的原则是弗·伊·列宁提出的不同社会制度国家和平共处的原则。这一原则在1957年《莫斯科宣言》和《和平宣言》中，在苏共第二十次和第二十一次代表大会的决议中，在其他共产党和工人党的文献中，得到了进一步的发展。和平共处政策符合所有国家人民的根本利益，它有助于社会主义阵地的巩固，有助于社会主义国家的国际影响的增长，提高共产党人的威信和影响……事实证明，恰恰是在不同社会制度国家和平共处的情况下，古巴实行了社会主义革命，阿尔及利亚人民获得了民族独立，四十多个国家取得了民族独立，各兄弟党成长壮大了，世界共产主义运动的影响增长了……社会主义各国，利用和平共处的形势，在同资本主义的经济竞赛中取得越来越多的成就。

关于社会主义革命方式问题：在每一个国家制定争取社会主义的斗争的形式和方法，是各该国工人阶级及其共产主义先锋队的内部事情。任何别的兄弟党，无论其人数多少，经验与威信如何，都不能规定其他国家革命斗争的策略、形式和方法……如果说世界战争孕育着胜利的革命，那么没有战争，革命也是完全可能的。如果共产党人把社会主义革命的胜利同世界大战联系在一起，那么这不仅不能赢得群众对社会主义的同情，而且会使他们同社会主义疏远。在存在着具有可怕的毁灭性后果的进行战争的现代化手段的条件下，这类号召只能有利于我们的敌人。工人阶级及其先锋队——马克思列宁主义政党，争取以和平方法，不通过内战来实现社会主义革命。这种可能性的实现符合工人阶级和全体人民的利益，符合本国全民族的利益……一切都取决于具体条件，取决于国内和世界舞台上阶级力量的分布情况。

关于民族解放运动：我们党把民族解放运动看成是世界的革命过程的组成部分，是破坏着帝国主义阵线的强大力量……获得了民族解放的国家，既没有进入社会主义国家的体系，也没有进入资本主义国家的体系，但是，其中绝大部分还没有摆脱世界资本主义经济的轨道，它们是世界上仍然受资本主义垄断组织剥削的一部分。苏共把同挣脱了殖民主义枷锁的人民以及同半殖民地人民的兄弟同盟，看做是自己国际政策的基石之一。苏联过去和现在都支持各国人民争取本身自由的神圣战争，对民族解放运动给以道义、经济、军事和政治上的大力支持。

坚持国际共运的路线：这条路线在实践中带来了显著成果。由于实现了这条路线，为反对帝国主义、争取和平、民族独立和社会主义而进行斗争的力量，取得了新的成就。我们深信，没有任何理由来修改这条路线。

关于兄弟党关系准则：在共产主义运动中，在社会主义大家庭中，所有共产党和工人党之间、所有社会主义国家之间，过去和现在都是独立的和平等的。在共产主义运动中没有“上级党”和“下级党”。任何一个党的为首地位或者任何一种领导权的表现，对国际共产主义运动和工人运动除了坏处以外，决不会带来任何好处。

关于社会主义国家关系准则：现在已建立了有利的局面，使我们的友谊在平等、尊重各国主权、互助和同志般合作、每个国家自愿地完成其国际义务的基础上巩固起来。我们的团结、我们的一致行动不是自发产生的。它们是客观的必要性所促使的，是马克思列宁主义政党有意识的活动及其目的性明确的国际主义政策的结果，是它们对我们队伍的团结不倦关心的结果。

关于分歧问题：夸大民族的独特特点的作用，会导致脱离马克思列宁主义。忽视民族特点，会导致脱离生活、脱离群众，使社会主义事业遭到损失……共产党人有责任培养人民不仅爱自己的国家，而且爱整个社会主义大家庭，爱一切人民，有责任教育生活在任何一个社会主义国家的每一个人，都了解自己对全世界劳动者所负的兄弟义务……思想上和策略上的分歧，在任何情况下都不应该被利用来作为煽起民族主义情绪和偏见、煽起各社会主义人民之间的互不信任和纠纷的源泉。我们十分负责地声明：苏共从来没有，将来也不会采取任何一个步骤，来在我国各族人民当中播下对兄弟的中国人民以及其他国家人民的恶感……希望中共中央能赞同这种立场。

反对按地域的联合："全世界无产者联合起来！"这个由马克思和恩格斯提出的战斗号召，意味着这种联合的基础是反对帝国主义的、阶级的团结，而不是民族的区分、肤色或地缘原则。仅仅根据属于这个洲或那个洲，来团结群众反对帝国主义，这会给正在进行斗争的各国人民带来损害。这将不是联合，而事实上是拆散反帝统一战线的力量。

关于反对机会主义的斗争：世界共产主义运动中的主要危险是修正主义，同时，也必须进行反对宗派主义和教条主义的坚决斗争，如果不同宗派主义和教条主义进行始终不渝的斗争，它们也可能成为某些党在这一或那一发展阶段上的主要危险。

关于支持各兄弟党的斗争：在反对共产主义运动的斗争中，反动派利用所谓“莫斯科之手”这种陈旧不堪的谎言，说什么共产党不是民族力量，它们是执行他国的政策，是他国的工具。帝国主义者这样做是怀着恶意的，其目的是反对共产党日益增长的影响，引起人民群众对共产党的不信任，并且为对共产党人进行的警察镇压寻求辩护……苏共认为它的职责是大力支持资本主义国家里的自己兄弟的英勇斗争，加强同他们的国际主义团结。

关于阿尔巴尼亚问题：我们党谴责了阿尔巴尼亚领导人的分裂行动，同时，不止一次地采取了必要的步骤，使阿劳动党同苏共和其他兄弟党的关系正常化。尽管阿劳动党的领导人最近不止一次地对我们党和苏联人民进行了并且继续进行着诬蔑性的攻击，但是，我们还是遵循着最高的利益，不放弃关于苏共和阿劳动党之间关系能够得到改善的想法。今年 2 月底，苏共中央又一次表现了主动，向阿劳动党中央提出了关于举行我们两党代表双边会谈的建议。但是，我们这个同志式的步骤，也没有得到阿尔巴尼亚领导方面的应有反应。

关于南斯拉夫：“至于南斯拉夫，我们根据对那里的客观的经济条件和政治条件的分析和估计，认为它是社会主义国家……”与此同时，苏共也看到同南斯拉夫共产主义者联盟在一系列意识形态问题上的严重分歧，并且认为必须把这一点直截了当地告诉南斯拉夫同志，批评他们的不正确的观点。

关于目前的苏中关系：一切都取决于在这种严重而复杂的情况下如何行事。是走上进一步论战的道路，受激动情绪的摆布，把争论变为互骂和对兄弟党的无根据的指责和攻击，抑或是意识到自己对我们伟大事业的命运所负的崇高责任，把事态的发展引向另一个轨道，即有勇气超乎那些今天使我们分离的东西之上，停止非同志式的论战，并集中努力来寻求巩固苏中战斗合作，巩固所有兄弟党的友谊的途径……无论什么样的分歧，无论对这一个党或那一个党的行为怎样不满，都不能为采取使国际共产主义运动的利益受到损害的斗争手段做辩护。大家很清楚，我们也可以讲出不少东西，来保卫苏共的列宁主义路线，保卫国际共产主义运动的共同方针，答复中国报刊最近所发表的文章中的毫无根据的攻击。现在我们所以不这样做，那是因为我们不愿意叫共产主义运动的敌人感到高兴。我们意识到，我们在世界各国的朋友们都期待着这次会谈，而且把很大的希望寄托在这次会谈上。我们的会谈是否能获得使我们的朋友高兴、使共产主义的敌人痛心的结果，这取决于我们，取决于我们的意志和理智。

来信中建议，将要举行的苏中两党代表的会谈中，讨论下列最迫切的问题是适宜的：

（一）为进一步加强世界社会主义体系的威力和把它变成人类社会发展的决定性因素而斗争的问题。更快地和更好地保证各社会主义国家在同资本主义的和平经济竞赛中赢得胜利。

（二）为和平与和平共处而斗争的问题。防止新的世界热核战争的必要性；在国际关系中确立不同社会制度国家和平共处的列宁主义原则；为全面彻底裁军而斗争。

（三）反对以美国为首的帝国主义的斗争问题。

（四）民族解放运动的问题。

（五）加强苏联和中国之间的团结的问题，将会有巨大的意义。不允许能够破坏这种团结的任何行动。

在谈判时，可以讨论你们信中所提出的一切问题，讨论共同感兴趣的、为实现莫斯科会议决议而斗争的任务所产生的问题。你们在自己的信中涉及阿尔巴尼亚问题和南斯拉夫问题，我们认为，这些问题虽然是原则性问题，但是，它们不能、也不应当遮住我们在会谈时需要讨论的当代主要问题。

苏共 3 月 30 日的来信很长，我们陆续翻译、排印，分批送给中央有关同志和有关部门，直到 4 月 2 日才全部印出。

提出我们同“总路线”相对的纲领性文件的时机已经成熟

1963 年 4 月 2 月，受毛泽东委托，周恩来、邓小平接见苏联大使契尔沃年科，就苏共中央 3 月 30 日来信邀请毛泽东访问苏联一事，答复说毛泽东因健康原因不能赴苏联会谈，并表示：克服分歧须通过谈判，建议采取另外方式会谈。

契尔沃年科大使又交来苏共中央邀请中共中央5月15日派代表团去莫斯科会谈的信件。

4月3日下午，毛主席在他的家里召集中央政治局常委讨论苏共中央3月30日来信。

毛主席考虑到，在1957年和1960年两次兄弟党莫斯科会议之前，我们都没有提出自己的宣言或声明草案，只好在苏共的草案上修修补补，打不破它原来的框框。

毛主席认为，借苏共的来信为由头，由我们提出同苏共的来信相对立的纲领性文件，时机已经成熟。我们在复信的开头，就说明了为什么我们提出我们的意见，就是因为苏共先提了，所以我们也提出对案。现在马上就要动手，先搞一个全面阐述我们的系统观点的文件，提出同苏共来信针锋相对的国际共运总路线。此事仍由邓小平负责准备，之后，再提到政治局常委来讨论。

4月4日，根据毛主席的意见，《人民日报》全文发表了苏共中央3月30日的来信。

“中央反修文件起草小组”和翻译班子

中央从1960年开始，要写一系列批判修正主义的文章，起初是每一次临时抽调中宣部、外交部、中联部、新华社等单位的“秀才”，组成写作班子，任务完成后各回各的单位。后来，为了中苏两党会谈、国际共运的会议做准备工作，就需要一个经常性的写作班子，大约在1960年秋天，这个写作班子大体上组建起来了，办公地点就在钓鱼台国宾馆八号楼，大家都称它为“钓鱼台写作班子”。

为了起草论战文章和信件，中共中央1963年正式成立了“中央反修文件起草小组”，直属政治局常委，以康生为组长，吴冷西为副组长，乔冠华、王力、姚溱、熊复为主要成员。文件起草小组组长是康生，实际上是邓小平领导的。所有的文件、文章在起草小组内反复讨论、修改，都是在康生主持下进行的；起草小组认可了，就送邓小平审阅；起草小组再根据邓小平的意见修改，反复多次，直到邓小平认可；之后，送毛主席和其他几位常委及有关的中央领导审改；重要的文件、文章最后要经政治局讨论通过。

所有重要文件、文章，与苏共交往的信件，还有后来发表的“九评”，都是出自起草小组成员之手。这些重要文件、文章、信件都需翻译成外文。为让翻译们及时接触文章，以便能领会文章精神，准确翻译，我作为中办翻译组组长，可随时去钓鱼台旁听起草小组讨论文件的会议，有时也对文章的文字表述方面提一些意见，当然很少了。整个工作气氛比较轻松，允许大家提意见。

为了把论战文章和信件译成俄文，在成立“中央反修文件起草小组”的同时，也相应地组成了一个翻译班子。以中办翻译组为基础，先后借调何长谦、欧阳菲、刘莫阳、林莉、杨蕴华、罗正法、任天声、臧达楠、李楣、林鹰等，参加翻译工作。

在初期，有任务时翻译班子成员都来钓鱼台，没有任务时各回原单位。后来，在翻译“九评”时，翻译班子扩大为俄文、英文、法文、西班牙文、日文五个语种。因为人数众多，翻译班子搬到西皇城根华北饭店（后来改称中直招待所，现在称金台饭店）。

俄文翻译班子的几位主要成员，何长谦、欧阳菲前文中已做过介绍了。刘莫阳是老革命家刘鼎的儿子。刘鼎于1924年去法国勤工俭学，1925年去苏联东方大学。刘莫阳于1928年出生后不久，父母把他送到斯瓦基诺国际儿童院，便回国了。刘莫阳曾在莫斯科文化大学、莫斯科财经学院学习，50年代初完成学业后回到中国。刘莫阳不知道自己的父亲是谁，有人说他是李立三的儿子，回国后他找到李立三，经李立三和组织部门帮助查询，才确认他是刘鼎的儿子。回国后刘莫阳一直在中国军事科学院工作。林莉是老一辈无产阶级革命家张浩的女儿。1934年，父母把她送进苏联的伊万诺沃国际儿童院。她在苏联长大，完成学业后于1954年回到中国。回国后在中央广播电台工作。

这里说一说我所知道的，中共中央关于《国际共产主义运动的总路线的建议》的写作过程。

如前所述，1963 年 3 月 30 日，苏共中央给中共中央的信，建议举行中苏两党谈判，举行兄弟党国际会议。信中提出了关于国际共产主义运动的总路线。毛主席认为要抓住答复苏共这封信的机会，很好地写一篇文章，全面论述我们党对国际共产主义运动总路线的看法。于是就把任务同时交给了康生、陈伯达两个人。康生就交给文件起草小组，由吴冷西、熊复、王力、姚溱等起草。而陈伯达则组织《红旗》杂志、中宣部一些秀才，加上范若愚，在红旗杂志编辑部里组织写作。

这个期间，我曾到陈伯达那里了解写作进展，看什么时候能将草稿交给翻译。我到《红旗》杂志社一个大会议室，进去看到，长长的会议桌上和窗台、茶几、地板上堆满了马列主义的经典著作，有《马克思恩格斯全集》、《列宁全集》等，秀才们正在忙着一段一段地摘抄。陈伯达对我说，别着急，我把文章写好一定交给你们。

当时给我的印象是，他们在照抄经典著作呀！这样写出的文章会是什么样子呢？当然啦，我没有资格发表意见。

这时，陈伯达突然问我，我们现在搞的这个文件非常重要，要绝对保密，翻译人员当中是否有人同苏联大使馆有关系？会不会把它捅过去？要严防把这个文件的内容泄露出去。我回来向有关同志传达后，有人感到后背上直冒冷汗，也有人感到陈伯达的话有些可笑，竟然怀疑我们这些久经考验的中共党员。

陈伯达主持的这篇文章写成后送给毛主席。毛主席让邓小平、康生和文件起草小组同志来修改、讨论。

记得那天在钓鱼台八号楼文件起草小组会议上，像炸了窝一样，大家议论纷纷，说这样八股文章，没有任何战斗力，老祖宗讲什么，赫鲁晓夫说什么，相比对照，不一致或有差异，就是修正主义，完全没有联系现实。大家议论，这样拼凑出来的文章简直像教科书，根本不能用。这时，起草小组秀才班子写的文章也出来了，交给邓小平。

邓小平报给毛主席。

当时毛主席在杭州，就把两边秀才召集到杭州进行讨论。后来听说，毛主席还是倾向用陈伯达主持写的，认为理论性强。估计可能是陈伯达拿出一个论据，就是论述共产主义运动总路线必须理论性强，毛主席可能是看中了陈伯达的文章引经据典多，理论味浓。

根据毛主席的意见，基本上以陈伯达写的为基础，加上钓鱼台写作班子，即康生写作班子提出的一些联系实际的内容，写成了这份关于国际共运总路线的建议，进行反复修改，最后提交政治局常委讨论。然后，又分别征求了朝鲜党、越南党、新西兰党领导人的意见。

在6月10日，毛主席召开政治局常委会议，通过复信稿。接着6月12日，刘少奇又主持召开政治局全体会议，通过了修改后的复信。毛主席提出将题目改为《关于国际共产主义运动总路线的建议》(简称《建议》)，副题为“中国共产党中央委员会对苏联共产党中央委员会1963年3月30日来信的复信”，日期为1963年6月14日，大家都赞成。

《建议》在毛主席最后定稿以后，由外交部派专人带到莫斯科，由我国新任驻苏联大使潘自力约见苏共中央递交。6月15日，苏共中央由苏斯洛夫出面接见我们的大使。潘自力大使把《建议》作为一封复信交给苏斯洛夫。

中共中央《关于国际共产主义运动总路线的建议》①

《建议》一共有二十五条，前面有一个“导言”，后面有一个“结尾”。

“导言”申明：苏共中央在3月30日的来信，特别提出关于国际共产主义运动的总路线的问题，并且就这个问题系统地提出苏共中央的观点。因此我们有必要就这个总路线的问题，以及与此有关的一些原则性问题，阐明中共中央的观点，作为我们提交中苏两党会谈和兄弟党会议的建议。

《建议》的第一条明确提出，总路线只能根据1957年和1960年共

① 该部分内容转引自吴冷西：《十年论战（1956～1966）：中苏关系回忆录》(下)，中央文献出版社1999年版，第579—591页。

同签署的《莫斯科宣言》和《莫斯科声明》所规定的革命原则，而不能根据别的其他什么东西。

第二条阐明中国共产党关于现阶段国际共运总路线的基本内容：全世界无产者联合起来，全世界无产者同被压迫人民、被压迫民族联合起来，反对帝国主义和各国反动派，争取世界和平、民族解放、人民民主和社会主义，巩固和壮大社会主义阵营，逐步实现无产阶级世界革命的完全胜利，建立一个没有帝国主义、没有资本主义、没有剥削制度的新世界。

第三条指出，各国共产党人只能根据上述的总路线进行革命斗争，而不能把总路线片面地归结为和平共处、和平竞赛、和平过渡。这样片面概括为“三和”，是违反1957年《莫斯科宣言》和1960年《莫斯科声明》的革命原则的，是背离马克思列宁主义的革命学说的。

第四条指出当代世界的四大基本矛盾是：社会主义阵营和帝国主义阵营的矛盾；资本主义国家内无产阶级同资产阶级的矛盾；被压迫民族同帝国主义的矛盾；帝国主义国家同帝国主义国家之间、垄断资本集团同垄断资本集团之间的矛盾。这四大矛盾中，社会主义阵营和帝国主义阵营的矛盾是重要的，但不能只看到这个矛盾而抹杀其他矛盾；其他三种基本矛盾的发展必然引起各国人民的革命。

第五条批判在当代世界基本矛盾问题上的五种错误观点：1. 抹杀社会主义阵营和帝国主义阵营的矛盾的阶级内容；2. 只承认社会主义阵营和帝国主义阵营之间的矛盾，而忽视或者低估其他三种矛盾；3. 认为资本主义世界中，资产阶级和无产阶级的矛盾，不需要经过本国无产阶级革命就可以解决，而被压迫民族和帝国主义的矛盾，也不需要经过被压迫民族的革命就可以解决；4. 否认当代资本主义世界固有矛盾的发展，必然引起帝国主义之间紧张斗争的新局面，而认为它们之间可以调和甚至消除它们的矛盾；5. 认为社会主义和资本主义两个世界体系的矛盾，会在经济竞赛中自然地消失，其他三种矛盾也随这个矛盾的消失而消失，可以出现没有战争的世界、全面合作的世界。

第六条论述社会主义阵营各国共产党和工人党在国内和国际的主要任务。文件着重论述：维护社会主义阵营所有国家在马克思列宁主义基础上的团结在当前具有特别的重要性；是不是维护这个团结，成为检验每一个共产党是否忠实于无产阶级国际主义的试金石；在社会主义阵营内部制造分裂，是背叛国际无产阶级和各国人民的利益。

第七条指出，美帝国主义是全世界最凶恶的敌人，是世界反动势力的主要堡垒。国际无产阶级必须建立反对美帝国主义及其走狗的最广泛的统一战线，团结一切可以团结的力量，利用敌人的内部矛盾。不能不分敌友，把革命的命运、人民的命运、人类的命运寄托于同帝国主义的合作。

第八条论述亚洲、非洲、拉丁美洲广大地区是当代世界各种矛盾集中的地区，是帝国主义统治最薄弱的地区，是目前直接打击帝国主义世界的革命风暴的主要地区。社会主义国家和一切资本主义国家的工人阶级，必须真正实行列宁提出的“全世界无产者联合起来”、“全世界无产者和被压迫民族联合起来”这两个革命口号，坚决支持亚非拉人民的革命行动。

第九条指出，亚非拉被压迫民族和被压迫人民面临着反对帝国主义及其走狗的迫切任务。这些国家的无产阶级政党肩负着的光荣使命就是高举反对帝国主义、反对新老殖民主义，争取民族独立、争取人民民主的旗帜，站在民族民主革命运动的最前列，争取社会主义的前途。要坚持无产阶级国际主义，反对资产阶级民族主义，并要同它划清界限，不要成为它的俘虏。

第十条指出，在帝国主义和资本主义国家中间，要实现无产阶级革命和无产阶级专政，就必须和社会民主党划清界限，争取同社会民主党影响下的群众实行广泛的联合行动。

第十一条批判和平过渡论。主要论点是：共产党人从来是愿意经过和平的方式过渡到社会主义的，但是不可以把和平过渡作为国际共产主义运动的新的世界战略原则。无产阶级革命政党要准备两手，在准备革命和平发展的同时，必须对革命的非和平发展做充分的准备。

无产阶级政党应该把自己的主要注意力放在艰苦的积蓄革命力量方面，准备在条件成熟的时候夺取革命的胜利，或者在帝国主义和反动派突然袭击和武装进攻的时候给以有力的回击。

第十二条论述人类的历史是经过各种不同阶段的社会革命发展的。历史证明，革命没有不通过一些曲折的道路，也没有不遭受某些牺牲而能够取得胜利的。借口牺牲而取消革命是完全错误的。如果认为革命必然一帆风顺，或想得到不遭受牺牲和失败的保票以后才进行革命，那他就根本不是一个革命者。文件对第二次世界大战以后各国革命运动的经验教训，对共产党可能丧失革命的领导权问题，做了比较详细的分析，既反对“左”倾冒险主义，又反对右倾机会主义。

第十三条论述社会主义国家同全世界被压迫人民、被压迫民族的革命斗争是互相支持的，互相援助的。社会主义国家一定要支持被压迫人民和被压迫民族的革命斗争。如果采取敷衍的态度、民族自私的态度，都是大国沙文主义的表现。

第十四条论述战争与和平问题。文件根据列宁在战争问题上的基本观点指出：因为害怕战争而反对革命是完全错误的；不区别是什么样的和平，不区别是什么样的战争，对战争一律加以反对，对和平一律加以赞成，这是资产阶级和平主义的观点，不是马克思列宁主义的观点。文件批判了那种认为可以通过全面彻底裁军，在帝国主义仍然存在的条件下就可以实现没有武器、没有军队、没有战争的世界的谬论。

第十五条阐述中共关于全面禁止核武器和完全消灭核武器的观点，指出核武器的出现并没有能够解决当代世界的各种基本矛盾，也不可能改变阶级斗争的规律，不可能改变帝国主义和一切反动派的本性。文件批判了那种认为核武器的出现就出现了一个新的时代，否定人的作用、否定革命的观点。

第十六条着重讲和平共处问题。指出，社会主义国家的对外政策中有一项重大的原则，这就是不同社会制度的国家之间和平共处。同时也指出，不能对和平共处做任意的、随心所欲的解释，不能把它引申到被压迫阶级和压迫阶级之间、被压迫民族和压迫民族之间，借以反对被压迫阶级、被压迫民族的革命斗争；也不能把和平共处说成是由资本主义向社会主义过渡的主要内容，因为还有人民的革命斗争，还有被压迫民族的革命斗争，还有社会主义国家支持这些革命斗争。因此，把和平共处作为社会主义国家对外政策的总路线是错误的。

第十七条论述，无产阶级取得政权以后，在一个很长的历史时期中，阶级和阶级斗争仍然继续存在，只是形式不同于取得政权以前。文件引述十月革命以后列宁多次提出的论点：1. 被推翻的剥削者总是千方百计地企图恢复被夺去的天堂；2. 小资产阶级自发势力经常产生新的资产阶级分子；3. 在工人阶级队伍中间，在国家机关职员中间，由于资产阶级的影响和小资产阶级自发势力的包围和腐蚀作用，也会产生一些蜕化变质分子、新的资产阶级分子；4. 国际资本主义的包围、帝国主义武装干涉的威胁以及和平瓦解的阴谋活动，是社会主义国家里阶级斗争继续存在的外部条件。文件指出，列宁所讲的这些现象，在所有社会主义国家中没有一个是例外的，即使苏联也是如此。

第十八条论述无产阶级专政。文件指出，从资本主义过渡到共产主义的很长的历史时期中，无产阶级专政不可避免地继续存在。所谓全民国家的观点是错误的。

第十九条论述在社会主义社会中，无产阶级政党必须同无产阶级专政一起存在，因为只有无产阶级能够代表全体人民的利益。所谓全民党的观点是错误的。

第二十条论述领袖、政党、阶级、群众的关系。文件指出，正确认识和处理这些关系，只能依据列宁提出的三条原则。1. 群众是划分为阶级的；2. 阶级通常是由政党来领导的；3. 政党通常是由比较稳固的集团来主持的，而这个集团是由最有威信、最有影响、最有经验、被选出来担任最重要职务而称为领袖的人们组成的。这里批判了所谓“反对个人迷信”，指出它实际上是把领袖和群众对立起来，破坏党的民主集中制的统一领导，涣散党的战斗力，丑化无产阶级政党，丑化无产阶级专政。更严重的是，他们借口“反对个人迷信”，粗暴地干涉兄弟国家和兄弟党的内部事务，强行改变兄弟党的领导人，把自己的错误路线强加给别的兄弟党。这种做法就是大国沙文主义、宗派主义、分裂主义，是搞颠覆活动。

第二十一条论述社会主义国家之间的关系。文件指出，社会主义国家之间的相互关系，必须建立在完全平等、相互尊重领土完整和尊重国家主权和独立、互不干涉内政的原则基础上，必须建立在无产阶级国际主义的互相援助、互相支持的原则基础上。同时，每一个国家主要应当依靠自力更生。借口所谓“单干”、所谓“民族主义”，反对兄弟国家执行自力更生的方针，这是大国沙文主义。反过来，借口国际分工专业化，把自己的意见强加给兄弟国家，损害别的兄弟国家的独立主权，损害别的兄弟国家的人民利益，这也是大国沙文主义。

第二十二条论述兄弟党关系的准则。文件认为，兄弟党关系应当遵守四项原则，即：在马克思列宁主义、无产阶级国际主义的基础上实行联合的原则；互相支持和互相援助的原则；独立自主和平等的原则；通过协商达到一致的原则。一个党把自己置于其他兄弟党之上，干涉兄弟党内部事务，在兄弟党关系中实行家长制，把自己一个党的纲领、决议当做国际共产主义运动的共同纲领强加给别的兄弟党，破坏协商一致的原则，用少数服从多数来强行推行自己的错误路线，搞宗派主义和分裂主义活动，都是错误的。

第二十三条指出，为了实现各兄弟党一致协议的国际共产主义运动的共同纲领，即 1957 年和 1960 年兄弟党会议通过的两个文件，必须同背离马克思列宁主义的各种机会主义进行不调和的斗争。当前主要是反对右倾机会主义也就是修正主义的倾向。在反对主要危险修正主义的同时，也必须反对教条主义。

第二十四条论述革命能不能胜利的关键，是取决于有没有一个无产阶级的革命党。文件论述了建设一个无产阶级革命党所必须要具备的条件。

第二十五条论述如何解决国际共产主义运动发生的分歧。文件指出，对于国际共运中发生的分歧，马列主义者有责任分清是非。为了团结对敌的共同利益，我们历来主张经过内部协商解决问题，反对把分歧公开在敌人面前。文件指出，目前国际共产主义运动的公开论战，是某些兄弟党的领导人强加于我们身上的。我们认为，既然公开论战挑起来了，那么各兄弟党之间就应该在平等的、民主的基础上，采取摆事实、讲道理的态度来解决。某些党的领导人既然公开地攻击了其他兄弟党，挑起了公开论战，他们就没有理由、也没有权利禁止被攻击的兄弟党公开来回答他们。

复信说，为了给召开兄弟党会议创造良好的气氛，中共中央决定，我们从 1963 年 3 月 9 日起，对于兄弟党对我们的公开指名攻击，暂时停止做公开的答复。我们保留公开答辩的权利。我们希望停止公开论战。怎么样停止公开论战，需要我们两党和各兄弟党讨论一下，达成一个能为各方接受的、公平的协议。

复信最后说，除了上述二十五个问题外，还有一些共同有关的问题，我们也希望在中苏两党会谈时交换意见，比如批判斯大林的问题，苏共第二十次代表大会和第二十二次代表大会提出的有关国际共产主义运动若干重大原则性的问题，等等。

6 月 17 日，《人民日报》全文发表，新华社和广播电台同时播出。

中共中央的《建议》实际上是一篇全面阐述我党对当代重大问题的观点、全面批判赫鲁晓夫相关观点的檄文。发表以后，引起强烈反应。苏方对这个文件的反应十分强烈。

断然拒绝中共中央 6 月 14 日的复信

6 月 14 日，中共中央给苏共中央的复信发出以后，6 月 18 日，苏共中央发表了一个“声明”，完全拒绝我们 6 月 14 日的建议。

“声明”称：苏共中央在 1963 年 1 月建议停止公开论战，3 月 9 日收到中共中央的信，表示同意停止公开论战和举行苏中两党会谈。3 月 30 日苏共中央致函中共中央，就两党会谈陈述了自己的观点，阐述了对当前国际共运总路线的意见。然而中共中央6月14日的信对《莫斯科宣言》和《莫斯科声明》做了随心所欲的解释，歪曲了这些文件的最重要的论点，“包含有对苏共和其他兄弟党的毫无根据的攻击。这一切令人深感遗憾”。苏共中央认为，如果现在公开发表中共中央6月14日的信件，就要公开答复，而这将导致论战的进一步尖锐化，不符合已达成的协议，同各兄弟党的意见相抵触。“鉴于今年7月5日将进行苏共和中共代表的会议，尤其不应当这样做。”

6月19日收到苏共中央“声明”的当晚，毛泽东决定立即全文发表，《人民日报》第二天就刊登出来了。

接着，苏共中央于1963年6月18日至21日举行了全会，赫鲁晓夫在讲话中说，中共领导人使中苏分歧“尖锐化到极点”。6月21日，全会做出决议，断然拒绝中共中央6月14日的复信，表示：“苏共中央断然拒绝中共中央对我们党和其他共产党，对苏共第二十次、第二十一次和第二十二次代表大会的决定，对根据马列主义理论、苏联社会主义建设和国际革命运动的实际经验制定的苏共纲领进行的攻击，认为这种攻击是没有根据的和诽谤性的。”宣称：苏共坚定地执行二十大、二十一大、二十二大的路线，同时还责成苏共代表团，在将要到来的中苏两党会谈中，根据这个路线来阐述和捍卫苏共的立场。决议声称：“苏共中央过去和将来的出发点是：不在共运中进行公开论战，并希望中共中央不是在口头上，而是在行动上遵守已经达成的停止公开论战的协议。”

中苏两党会谈，很可能是一场恶战；我们的方针是：一破二拖

苏共中央6月18日的“声明”和6月21日苏共中央全会的决议发表后，毛主席连续召开政治局常委会议，研究中苏两党会谈的有关问题。大家一致认为，从这种迹象看来，中苏两党会谈前景凶多吉少，我们现在要做充分准备。常委会议决定，这次中苏两党会谈，我党代表团由邓小平率领，彭真协助，还考虑增加几个人。毛主席要邓小平

先考虑会谈的方案。邓小平认为，此事需要缜密考虑。

6月30日晚，刘少奇主持政治局扩大会议，汇报了毛主席和常委对中苏两党会谈的分析、方针和策略。

邓小平发言说，首先要估计一下，这次谈判究竟能不能取得什么结果。看来，取得什么积极成果，现在不可能。赫鲁晓夫也没有这个准备。他现在的一系列步骤，就是不想达成什么协议的。原来，常委、主席大家都在考虑，是不是有这么一个可能，他求得达成一个某种限度的协议。我们考虑的结果，根据他现在的态度，根据他现在的措施，不可能。我们这二十五条，挖了他的底，他现在不好讨论这些问题。苏共中央的决议，实际上就是拒绝讨论。因此，这次谈判的结果，实际上只能是两个前途：一个叫拖，一个叫破。今天在主席那里谈了这个问题。第一条要放在他破，我们不主动破。我们不给他一个借口，好像我们首先来破裂。今天政治局决定了这样的方针，我们代表团轻松愉快，就好办了，就比较自由了。至于讲话，当然也不给他抓我们，也要讲分寸，也要站得稳。

周恩来在会上发言说：主席今天也说了，这是边缘政策。现在的问题就是一个破裂，一个拖。这个破裂必须要准备。今天主席把这个问题解决了。一破二拖，达到边缘，你走到哪里，我们代表团跟到哪里，摆到边缘，看你敢不敢破裂。我想，在破裂和拖以外，还会出现又破又拖的情况。我们要准备他破，但是又可能拖，拖里头又要破。总是在一破二拖、破中又拖的斗争中，极其复杂地交叉着。这是一个极其复杂的斗争。主席说一破二拖，这个问题就全面了，辩证了。

会议经过认真的讨论，同意中央常委关于中共代表团在两党会谈中所采取的方针的意见，并通过了我党中央7月1日发表的声明。

中共中央7月1日声明全文如下：

（一）根据已经达成的协议，中国共产党和苏联共产党将在7月5日开始在莫斯科举行两党会谈。

中国共产党中央委员会决定，参加会谈的中国共产党代表团组成如下：

团长：中共中央总书记邓小平。

副团长：中共中央政治局委员、书记处书记彭真。

团员：中共中央政治局候补委员、书记处书记康生；中共中央书记处候补书记杨尚昆；中共中央委员刘宁一；中共中央委员伍修权；中共中央候补委员潘自力。

（二）中共中央责成中共代表团在同苏共代表团会谈中，遵循我党坚持原则、坚持团结的一贯立场，根据中共中央6月14日给苏共中央的复信，阐明我党对于国际共产主义运动总路线以及与此有关的一些原则性问题的观点，坚决捍卫马克思列宁主义的基本原理，坚决捍卫1957年《宣言》和1960年《声明》的革命原则，维护社会主义阵营的团结和国际共产主义运动的团结，维护被压迫人民和被压迫民族解放事业的利益，维护反对帝国主义和争取世界和平事业的利益，维护无产阶级世界革命事业的利益。

（三）中共中央6月14日的信件，是答复苏共中央3月30日的来信的。苏共中央在来信中，就国际共产主义运动总路线的问题，系统地发表了自己的意见，并且指责我们对苏共进行了“毫无根据的攻击”。中共中央在复信中，也就国际共产主义运动总路线以及与此有关的一些原则性问题，阐述自己的观点，提出自己的建议，这是理所当然的，对于中苏两党在会谈中充分交换意见，是有益处的。

令人十分遗憾的是，苏共中央没有像中共中央一样，在自己的报纸上发表对方的信件，让自己的党员、自己的人民了解中国共产党的观点。苏共中央本月18日的声明、苏共中央全会6月21日的决议以及赫鲁晓夫同志在苏共中央全会上的讲话，把中共中央的建设性的意见，说成是什么“没有根据的和诽谤性的”“攻击”，宣称“断然拒绝”，并且对中国共产党进行了直接的、无理的攻击。接着，苏联政府又要求立即召回中国驻苏联大使馆的工作人员和研究生共五人，把两党的意识形态的分歧扩大到国家关系方面。

中共中央不能不郑重指出，苏共中央和苏共领导人所采取的这一系列措施，是进一步恶化中苏关系、在国际共产主义运动中制造分裂的严重步骤。

鉴于中苏两党会谈即将举行，中共中央对于苏共中央和苏共领导人对我党的攻击，暂时不做答复，但是保留答复的权利。

（四）尽管苏共中央和苏共领导人采取了进一步恶化中苏两党两国关系的步骤，中共中央为了中苏两党和两国人民的共同利益，为了社会主义阵营和国际共产主义运动的共同利益，本着坚持原则、加强团结、消除分歧、共同对敌的一贯立场，仍将如期派出自己的代表团前往莫斯科，举行中苏两党会谈。

中共中央真诚地希望，在马克思列宁主义的基础上，在1957年《宣言》和1960年《声明》的革命原则的基础上，在兄弟党独立、平等和协商一致的原则的基础上，中苏两党会谈能够得到积极的成果，中苏关系能够得到改善，国际共产主义运动的团结能够得到加强。这也正是全世界共产党人和革命人民的一致愿望。

7月4日，苏共中央针对中共中央7月1日的声明再次发表声明。内容如下：

根据协议，苏联共产党和中国共产党代表之间的会议将于1963年7月5日在莫斯科开始。苏共中央批准由米·安·苏斯洛夫同志、维·瓦·格里申同志[①]、波诺马廖夫同志[②]、尤·弗·安德罗波夫同志[③]、伊利切夫同志[④]、萨丘科夫同志[⑤]和斯·瓦·契尔沃年科同志[⑥]组成的代表团。

---

① 时任苏共中央主席团候补委员、苏联总工会主席。因在“世界工联理事会北京会议”期间，同我代表团激烈争论“有功”，被提拔为苏共中央主席团候补委员。——作者注

② 时任苏共中央书记，主管意识形态。——作者注

③ 时任苏共中央书记、苏共中央联络部部长。——作者注

④ 时任苏共中央书记。——作者注

⑤ 时任《真理报》总编辑。——作者注

⑥ 时任苏联驻中国大使。——作者注

根据苏共中央六月全会的决议，参加会谈的我党代表团将坚定地执行第二十次、第二十一次和第二十二次代表大会通过的路线，捍卫马克思列宁主义政党莫斯科会议《宣言》和《声明》中所反映的、世界共产主义运动的共同方针。代表团将力求在我们两党之间就当代世界发展的最重要问题达成更好的互相了解，为准备和举行共产党和工人党国际会议创造有利气氛。

为了克服已经出现的困难和分歧，苏共中央曾建议停止共产主义运动中的公开论战，并从自己方面在行动上遵循这一路线。但是，中共中央不顾已经达成的协议，继续加剧论战，并在今年6月14日的信件中对苏共和其他兄弟党再次进行了诽谤性的和没有根据的攻击。

苏共中央为了要给两党代表的会谈创造有利局面，曾认为目前在苏联报刊上发表中共中央今年6月14日的信件是不适宜的。发表这样的信件就要求我方做公开答复，而这会导致论战的加剧。

中共中央委员会7月1日又发表了声明，歪曲了促使苏共中央目前不在苏联报刊上发表中共中央上述信件的动机。从中共中央的声明中可以看出，中共领导人不想停止论战和克服现存的分歧。不但如此，中国各种工作人员，包括中国驻莫斯科大使馆的工作人员在内，粗暴地违反苏联现行制度，企图散发中共中央6月14日的信件。从而，中国的机构干涉着我党内部事务，把分歧从党与党之间的关系方面转到国与国之间的关系上。

由此可见，中国领导没有寻求使我们两党接近的途径，而在把事情导向关系的加剧。中共中央为了诿过于人，在自己的声明中企图把所谓“进一步恶化苏中关系、在国际共产主义运动中制造分裂”的行动硬加于苏共。

苏共中央坚决拒绝这种诽谤。既然中共中央对停止论战没有表现出兴趣，继续广泛散发自己的信件，并发表反对我党的声明，苏共中央为了正确地阐明争论问题，为了保卫马克思列宁主义，决定在适当的时候在报刊上发表对中共中央信件的答复。

苏共过去和将来都要在马克思列宁主义和无产阶级国际主义原则的基础上捍卫社会主义国家、世界共产主义运动的团结，以有利于争取我们的共同事业——争取和平和各国人民的安全，争取民族独立，争取共产主义的斗争。

毛主席连夜召开常委会讨论。经中央政治局常委们同意，会议最后通过了声明，这时已是5日凌晨。这个声明7月5日在《人民日报》上发表。

中共中央7月5日声明全文如下：

中国共产党中央委员会已经获悉苏联共产党中央委员会7月4日的声明。

中共中央不能同意苏共中央在声明中对中共中央7月1日声明的歪曲、指责和攻击。

鉴于中国共产党代表团即将赴莫斯科举行中苏两党会谈，中共中央责成代表团在会谈中对中共中央的歪曲、指责和攻击给予必要的评论。

尽管苏共中央又一次发表了7月4日这样的声明，中共中央仍然本着坚持原则、加强团结、消除分歧、共同对敌的一贯立场，责成代表团在会谈中，以最大的耐心，尽最大的努力，寻求在马克思列宁主义和无产阶级国际主义的基础上，在1957年《宣言》和1960年《声明》的基础上，加强中苏两党两国的团结，加强社会主义阵营的团结和国际共产主义运动的团结。

中共中央希望，中苏两党会谈的结果，有利于准备召开各国共产党和工人党代表会议，有利于世界人民反对帝国主义，争取世界和平、民族解放、人民民主和社会主义的伟大斗争。

九次会谈：中共代表团以最大的耐心、最大的努力寻求两党团结

1963年7月5日上午七时三十分，中共代表团团长邓小平、副团长彭真和团员康生、杨尚昆、刘宁一、伍修权，顾问吴冷西、姚溱、

王力、范若愚，翻译李越然、阎明复、朱瑞真、赵仲元和一批助手，分乘两架苏联派来的专机离京赴莫斯科。刘少奇、周恩来和中央其他负责同志到机场送行。

邓小平团长乘坐的专机于北京时间十七点四十分（当地时间十四点四十分）抵达莫斯科。到机场迎接的有苏斯洛夫、格里申、伊利切夫、波诺马廖夫、安德罗波夫、萨丘科夫、契尔沃年科。我大使馆人员、留学生、路经莫斯科的中国妇女代表团等一百三十多人也到机场迎接。

彭真坐的另一架飞机，因天气不好，中途在西伯利亚作短暂停留，晚到了几个小时。

到了莫斯科以后，苏方安排我党代表团住在列宁山上的两个别墅里。邓小平和杨尚昆、伍修权住在一个别墅，彭真和康生、刘宁一住在另一别墅，这两个别墅是紧挨着的。代表团顾问、翻译等工作人员住在大使馆。

当晚八时半，苏联代表团设便宴招待中共代表团。

中苏两党会谈从7月6日到7月20日举行，一共开了九次会议。出席会议的中方是以邓小平为首的中共代表团全体正式成员和吴冷西与姚溱两位顾问；苏方是以苏斯洛夫为首的苏共代表团全体成员。会谈地点在列宁山上的苏共中央会议厅。

第一次会议：苏斯洛夫发言大肆攻击中共的内外政策

7月6日上午十时举行第一次会议。会谈中，只有苏斯洛夫发言。在开场白中，他说，根据中共中央1963年3月9日的信和苏共中央3月30日的信提出的双方谈判中应讨论的问题，建议会谈讨论：争取进一步巩固世界社会主义体系的实力与团结，将这一体系变为人类社会发展决定性因素；争取和平与“和平共处”，反对以美国为首的帝国主义阵营所推行的侵略和战争政策；民族解放运动与社会主义国家支持被压迫人民和民族解放的斗争形式问题；在现阶段世界革命过程理论的普遍性问题；巩固国际共产主义运动的统一和团结问题，以及其他问题。他说，我们提出这些问题的出发点是，把当代共产主义运动的根本问题作为我们两个代表团注意的中心。我们的任务是以 1957 年和 1960 年共产党会议决议的精神审视我们的立场，达到苏共和中共间的相互理解，为召开新的所有兄弟党会议创造良好的氛围。

接着，在苏斯洛夫发言中，开始大肆指责中共在报刊上公布和广泛散发自己的信，违背了各兄弟党停止论战的共同愿望，破坏了已达成的协议，其言语充满了指摘中共的内外政策的内容，整个发言极尽攻击性的言辞和语句，如说中共："不真诚"、"没有原则性"、"可恶"、"使用同敌人谈话的口吻"、"教条主义"、"家长作风"，中共的反击是在"粗暴歪曲"、"盲目指责"、"荒谬诬蔑"、"荒诞的阴谋"，"毫无根据的攻击"、"重唱托洛茨基分子诬蔑老调"、"用新的路线代替已有的路线"、"单独提出自己的路线"、"背离国际共产主义运动的马克思列宁主义总路线"、"全面修正《宣言》和《声明》"、"背离《宣言》和《声明》的原则"、"与列宁主义相矛盾"、"把总路线强加给整个运动"、"把自己错误的纲领强加给其他兄弟党"、"把对于所有人都一样的准备革命的方针强加给资本主义国家的兄弟党"，中共的所作所为"不是协商，而是争吵"、"在破坏无产阶级国际主义原则"、"在对待资本主义世界革命运动上背离阶级立场"、"遏制兄弟国家经济合作过程"、"遏制革命事业"、"遏制社会进步"、"给人民争取和平的事业带来损害"、"给殖民主义者—帝国主义分子以支持"、"排斥共产主义支持者"，中共是在搞"政治镇压"、"派别主义"、"分裂行动"、"不是团结，而是分裂"、"建立少数党集团"、"支持兄弟党内部的反对派分子"……等等。

苏斯洛夫的发言还特意谈到：苏共为什么提出"全民党"呢？第一，全国人民都拥护党；第二，全国人民都接受了马列主义；第三，党的成分来自全国人民各阶层。根据这三条理由，所以说苏共是"全民党"，苏联是"全民国家"。

苏斯洛夫的发言稿事前已由他们的翻译译成中文，他发言时，苏联的中文翻译在同声传译包厢中同时读稿，我代表团反映听不清楚。休息时，双方商定改为发言人念一段，翻译翻一段。

苏斯洛夫一直讲到下午二时四十分，共用了五个多小时。

发言结束，双方商定下午不再开会，7 月 7 日休会，7 月 8 日由中方代表发言。

7 月 6 日当晚，中共代表团在我驻苏大使馆开会，针对苏斯洛夫的发言，决定先讲中苏分歧从何而来，对原来在国内准备好的稿子做了修改，回答他对我们 6 月 14 日复信的攻击，但重点仍然是原来稿子的主要内容，即：历史地分析中苏两党的分歧从何而来。对苏斯洛夫所谈的全民党、全民国家的论点，代表团决定留待以后发言时再加以批判。

我们翻译组的同志回使馆后立即整理苏斯洛夫的发言记录，一直忙到第二天才印出来。中文译稿有四万多字。

7 月 7 日上、下午，代表团都在使馆开会，研究邓小平的发言稿。

第二次会议：邓小平谈分歧从何而来

7 月 8 日上午十时举行第二次会议。邓小平团长发言。从上午十时到十三时，下午十五时到十七时，连讲话带翻译共延续了五个钟头。

邓小平说：我们认真地听取了苏斯洛夫 7 月 6 日以苏共代表团的名义所作的发言。遗憾的是，您在发言中，没有按照您在发言中所说的，应遵守共产党员应有的心平气和的同志式的基调，而是对中共进行了谴责和攻击。您往我们头上加了一大堆罪名，指责我们“不真诚”，“没有原则性”，“可恶”，毫无根据地说我们“背离国际共产主义运动的马克思列宁主义总路线”，“全面修正、背离《宣言》和《声明》原则”，说我们在搞“教条主义”，“派别主义”，“分裂行动”，“建立少数党集团”，“支持兄弟党内部的反对派分子”……等等。

邓小平说：我们认为，您 7 月 6 日的发言已包含许多原则性错误。今天，我们只想对您发言中提出的，是什么引起了国际共产主义运动的分歧等一些问题，给予初步的回答。让我们平心静气地看看苏共二十大之后七年来的一些事实，说明两党分歧都是苏共一手造成的……苏共二十大提出了与马克思列宁主义相违背的、“特别关键”的所谓“和平过渡”和借口反对“个人迷信”而全盘否定斯大林的“两个问题”。可以坦白地说，国际共产主义运动中现存一系列原则性的分歧源于苏共中央。

这里，我只想简单地说：批判斯大林的某些错误是必要的，形象地说，揭盖子和结束迷信是好事。但是，我们认为，苏共领导同志对斯大林的这一批判，无论从原则上看还是从方法上看，都是错误的。帝国主义者和各国反动派乘机向苏联、社会主义阵营和各国共产党展开了进攻，给许多共产党造成严重的困难；使修正主义作为一种思潮广泛扩散；还导致了以前坚持马克思列宁主义基本原则的一些党走上了机会主义和修正主义道路。这时期最明显的事件是波匈事件。

邓小平说：苏共二十大之后，无论在批判斯大林问题上，还是在和平过渡问题上，出于善良的动机和怀着真诚的愿望，我们不止一次地阐明我们的观点；我党领导同志不止一次通过适当方式批评了你们的错误。我们没有公开地批评你们，而且在内部谈话和小范围里，谈了自己的观点和批评意见。这个时期，我们发表了两篇关于无产阶级专政历史经验的文章，为的是要共同对敌，要使苏共领导人能以自我批评的态度对待自己的行为，不要走得太远。我们的目的是十分清楚的：是捍卫苏联的威望和苏联共产党的威望，捍卫国际共产主义运动的团结；为了使莫斯科会议取得成果，公布一个比较好的和大家都能接受的宣言，我们做了很多工作并且做出了必要的妥协，其中包括对《宣言》中关于苏共二十大和“和平过渡”的提法上的妥协。

邓小平说：遗憾的是，与我们的期望相反，与所有马克思列宁主义政党、所有兄弟党的期望相反，苏共同志们不仅没有改正自己的错误，反而离马克思列宁主义和无产阶级国际主义越来越远……仇视我们不同意你们“和平过渡”的概念，不同意你们全盘否定斯大林。正是从这时起，你们认为自己的内部问题已经解决，开始把自己行动的锋芒对准马克思列宁主义，对准坚持马克思列宁主义原则的各兄弟党，开始采取旨在反对中国共产党、反对中华人民共和国的行动，这种行动性质是严重的。

之后的一段时期你们做了些什么呢？1958年，苏共向中共提出了建立长波电台和共同舰队的问题，企图以此把中国置于自己的军事控制之下，但我们看穿了你们的意图，你们未能达到目的，此后，你们无论在讲话里还是在行动上，开始加紧反中共、反华活动。你们不断攻击中共的国内国外政策；片面撕毁关于帮助中国建立核工业的协议；就中印边境冲突发表声明，偏袒印度反动派，第一次将中苏分歧公开暴露在全世界面前，公开指责中国在中印边界问题上犯了从“狭隘的民族主义利益”出发的错误，是“可悲的、愚蠢的”；在戴维营会谈后（顺便说一句，艾森豪威尔不承认有什么“戴维营精神”），赫鲁晓夫开始大肆宣传“无武器，无军队，无战争”的“三无世界”，千方百计美化美帝国主义的头子，开始更加肆无忌惮地攻击中共，指责我们“不应用武力去试验资本主义制度的稳定性”、是“好斗的公鸡”、“希望发动战争”；在1959年匈牙利工人党七大上，赫鲁晓夫发言要各国党与他“对表”……

邓小平说：在这一时期，苏共中央在哲学、社会科学、苏共党史方面出版了不少著作，发表了无数文章，继续宣传和发展苏共二十大的错误观点。在这种形势下，我们不能再保持沉默，发表了——《列宁主义万岁！》等三篇文章。在这些文章中，我们捍卫马克思列宁主义和《莫斯科宣言》，批驳了某些修正主义和机会主义观点。

1960年6月，在布加勒斯特，苏共领导对中国共产党发起突然袭击，对中共进行全面进攻，组织一大批兄弟党的代表对我们展开围攻。这种做法在国际共产主义运动中开了一个极端恶劣的先例。在布加勒斯特会议之后，苏共领导采取了四个步骤，把中苏两党之间的思想分歧扩大到国家关系方面：片面决定撤走所有在中国工作的苏联专家，撕毁几百个协议和合同，给中国造成了严重损失；在中苏边界制造事端；禁止我们在苏联出版《友谊》周刊；无理要求我国召回中国驻苏使馆工作人员。

苏共二十二大上，你们还干了些什么呢？我们认为，大会通过的纲领，提出了“全民国家”和“全民党”的错误原则，这是违背马克思主义的国家学说和政党学说的。在这次代表大会上还做了三件大事：反阿尔巴尼亚、反中国、反斯大林。

在苏共二十二大之后，你们在新疆挑起事端，在那里进行颠覆活动；准备同美国签订防止核武器扩散协定，与美国合谋束缚中国的手脚。在1962年10月印度大举进犯中国边境地区之时，向印度提供了大批军事物资，帮助印度加强它的国防能力；在经济上千方百计地为其输血；在政治上支持尼赫鲁，鼓励他反对中国。

1962年10月，加勒比海地区出现了危机。当时我们就认为你们犯了两个错误：把导弹运进古巴你们犯了冒险主义的错误，然后在美国的核讹诈面前你们茫然若失手足无措，又犯了投降主义的错误。对如此严肃的问题，你们未同兄弟国家商量。你们天天讲热核战争的危险性，但你们却轻率地玩弄核武器。

邓小平说：从1962年11月至1963年1月这期间，又掀起了新的反华、反马克思主义、反列宁主义运动。这主要在保加利亚、匈牙利、意大利、捷克斯洛伐克和民主德国的共产党和工人党代表大会上得到了反映。这些事实说明，苏共继续采取步骤分裂国际共产主义运动的队伍，而且手段越来越巧妙，越来越坚决，越来越有组织性，规模越来越大，企图无论如何都要压服其他人。国际共产主义运动的形势是很严重的。世界上几十个党从各个方面进攻马克思列宁主义的中国共产党，所以，在你们放肆进攻我们之后，我们被迫发表了七篇文章回答你们。这一时期，我们公布了你们攻击我们的发言和文章、信件，而你们没有公布我们的文章、复信，实行严密封锁，不透露中共的观点。

在中共和苏共代表会晤前夕，苏共中央和苏共领导人走马灯似的公开地、直接地攻击中共中央，继续采取步骤，进一步恶化中共和苏共之间、中国和苏联之间的相互关系：1963 年 6 月 18 日苏共中央发表声明；1963 年 6 月 21 日苏共中央全会通过决议；1963 年 6 月 27 日苏联外交部给中国驻苏大使馆递交照会，要求召回五名中国大使馆工作人员和中国公民；当天，苏联公民打碎莫斯科中国使馆照片展览橱窗；1963 年 6 月 29 日，苏共公布了赫鲁晓夫在苏共中央全会上的讲话。

尽管苏共中央和苏共领导人采取了旨在进一步恶化中共和苏共之间、中国和苏联之间相互关系的步骤，中共中央在今年 7 月 1 日的声明中宣布，将及时派出自己的代表团赴莫斯科举行中共和苏共代表会晤；7 月 5 日，中共中央发表声明，重申了一如既往的“坚持原则、加强团结、消除分歧、共同对敌”的一贯立场，责成我们代表团在会谈中，以最大的耐心，尽最大的努力，寻求在马克思列宁主义和无产阶级国际主义的基础上，在 1957 年《宣言》和 1960 年《声明》的基础上，中苏两党两国的团结，社会主义阵营的团结和国际共产主义运动的团结。

邓小平说，最近，苏共领导在其声明、决议和讲话里，不断强调中共违背了关于停止公开论战的协议。这是不符合事实的。也许，苏共同志这样认为：他们可以按他们的想象行事，想攻击哪个党就开始放肆地攻击它，不必考虑后果，并为此组织兄弟党共同攻击该党。当他们需要停止这一攻击时，不经任何平等的协商就命令停止辩论。我们认为，在这些问题上，最好坚持权利平等的立场。

邓小平说：以上我们列举了以往七年来最重要的事实。我们，共产党人，永远承认事实胜于雄辩。这些事实清楚地表明了而且给出了答案，是谁在违背马克思列宁主义的基本原则，又是谁在捍卫这些原则；是谁在破坏《莫斯科宣言》和《莫斯科声明》中所阐述的革命原则，又是谁在捍卫这些原则；是谁在进行分裂活动，又是谁在维护团结，在遵守《宣言》和《声明》中规定的兄弟党和国家间的相互关系准则，在真正坚持无产阶级国际主义。我们不能不十分严肃地指出，你们正把中苏关系推向崩溃的边缘。的确，我们所说的这些听起来不是都舒服的。然而，我们希望苏共同志考虑，你们是否把自己同自己人的关系和自己同敌人的关系摆到了不正确的位置上……

邓小平刚刚讲了希望苏联同志考虑的第一点，苏斯洛夫、波诺马廖夫等人就打断了邓小平的发言，都抢着说：听不懂！……

在这种情况下，邓小平仍心平气和地说：这是个老问题。早在1960年我们两党代表会晤时我就谈过这个问题。你们斗争的主要矛头不是指向帝国主义和反动派，而是指向马克思列宁主义政党；在对待帝国主义，尤其是美帝国主义的问题上，苏共同志有时犯投降主义的错误，有时犯冒险主义的错误；在战争与和平问题上，苏共同志不区分战争的性质，反对一切战争，害怕革命战争、民族解放战争的火花会引起世界战争，因此犯了资产阶级和平主义的错误；在同兄弟党和兄弟国家的关系问题上，苏共同志犯有大国沙文主义和民族利己主义的错误；在国际共产主义运动中，苏共同志贯彻的是宗派主义和分裂主义政策，把自己的错误路线强加给其他兄弟党，对不接受你们错误路线的兄弟党施加政治、经济甚至军事压力，把意识形态上的分歧扩大到国家关系上去……我们真诚地希望苏共领导十分严肃地思考这些问题，不使全世界人民失望……

翻译还未翻完邓小平的这段讲话，苏斯洛夫又打断了现场翻译，用带有抗议般的口吻说：我们绝对不同意！……现场翻译不得不说，请让我翻完！我应该翻译完！

面对苏方不满和激动的情绪，邓小平仍以平稳的语气说道：我们不能不因你们的错误而深深感到忧虑和不安。我们认为，应该坦诚，不应该相互隐瞒自己的观点；公开地说出对苏共同志错误的意见是我们的国际主义义务，讲出来总比藏在心里好；我们不向后看，而是向前看，这样，我们不加重分歧，而是努力找出产生分歧的原因，找出彻底消除分歧的途径……我们真诚地希望，两党的会晤取得积极的成果，为各共产党和工人党代表会议的召开创造良好的条件。这也是全世界共产党员和革命人民的共同期望。

邓小平发言后，第二次会谈结束。休会期间，7月9日，苏共中央发表了一个声明，是专门针对北京召开群众大会，欢迎被苏联驱逐出境的大使馆工作人员和留学生归来的。声明认为，中国这样做只会使中苏两党会谈的局面尖锐化。

7 月 10 日，我党中央发表声明，答复苏共中央 7 月 9 日的声明。我党声明说，苏共中央在这个时候发起对中国党的新的攻击，使我们不能不公开做出回答：过去苏共的人员一直在中国散布苏共的文件，现在还这样做。那么，我们驻苏大使馆人员和研究生散发我们 6 月 14 日的信也是正常的、对等的活动，怎么能说是干涉苏联的内政、破坏苏联的主权呢？按照你们的这个逻辑，那你们过去这样做，中国早就不是主权国家了。声明最后还强调说，中苏团结太重要了，绝不能做亲痛仇快的事情。

第三次会议：苏斯洛夫说，邓小平发言“意在加深分歧”

在这种对立的气氛中，中苏两党代表团于 7 月 10 日上午十时举行第三次会谈。

一上来，苏斯洛夫就讲到：我们深为遗憾地指出，中共代表团前来谈判，看来绝不是想表达友好意愿，寻找相互理解和克服分歧道路的。根据邓小平同志的发言，看来你们完全是另一种目的——意在加深分歧，在达成相互谅解的道路上制造一个又一个新的障碍。发言中讲的，中共领导希望同苏共统一意见和团结的溢美之词与其发言的内容和对我党莫明其妙的指责大相径庭，往我们头上堆了一大堆最卑劣的诬蔑之辞，直至把苏共的路线说成是“反革命的路线”……邓小平同志发言的意图何在?！其目的是败坏国际共产主义运动政治路线的名誉……自然，在邓小平同志发言之后，我不得不回答他的某些指责。

顺着这一思路，苏斯洛夫发言从上午到下午，也进行了大约五个小时。为了清楚起见，将苏斯洛夫发言条理成六方面：

第一，回答“中共的某些指责”。

其一，近来贯穿于你们的发言和行动中的那种把苏共领导同全党对立起来的做法，对于我们伟大的党的党员们来说是何等的侮辱。赫鲁晓夫同志是我们公认的领导人，他表现的是苏共中央和我们全党的意志，他无限忠于马克思列宁主义，为在苏联建设共产主义，为维护世界和平和保卫全体劳动群众的利益进行着非凡的斗争，因而他在我们党、我们国家和全世界享有崇高的威望。其二，你们给苏联共产党员和全体公民们建议的是什么纲领，企图让他们同列宁的苏共中央对立吗？放弃反对战争和争取和平的纲领吗？但是，请问，你们找到了一个苏联人支持这种纲领吗？其三，我们不公布你们的材料绝不是因为我们不相信我们的党和我们的人民。我们之所以克制，唯一的原因是不希望加剧论战，是希望巩固与中共的团结。

第二，“关于分歧的原因和中共应负的责任”。

中共领导同苏共和其他兄弟党分歧的真正原因是：中共领导越来越滑向狭隘的民族主义、左倾机会主义和宗派主义的立场；企图把冒险主义的路线强加于整个国际共产主义运动；觊觎国际共产主义运动领导的角色；企图把自己的意志强加于其他兄弟党和其他社会主义国家……

对于苏共二十大一系列原则问题，无论是从当时出席二十大并看了苏共中央关于斯大林个人迷信的报告的中共代表团团长朱德那里，还是大会之后从其他中国领导人那里，都没有听到对于二十大决议的任何反对意见。……我们提醒你们，对二十大决议的支持不是别人，正是毛泽东同志在当时讲过，苏共领导在克服了个人迷信的后果后，“揭开了盖子”，他指出了苏共在这些问题上的决议对于国际共产主义运动的历史意义。

邓小平同志在发言中对苏共党内反对个人迷信表示了特别的关注，千方百计庇护斯大林。我们想直接问你们，中国的同志们：你们企图把共产主义运动拉回来重新讨论它已经解决了的问题，你们居心何在呢？难道为个人迷信牺牲了成千上万无辜人的生命，其中包括人民最优秀的儿子——共产党员们的生命的苏联人民支持这一要求？你们或是为斯大林恢复名誉，重新回到个人迷信和他的措施上去？莫非你们希望我们的人民集合在反对人道主义，反对自由和民主的大旗之下！

你们心怀鬼胎，企图把二十大决议和著名的波兰事件以及1956年匈牙利反革命暴乱联系在一起。你们清楚地知道，苏共中央、波兰统一工人党中央和匈牙利社会主义工人党中央早已解决了这些问题。同样你们清楚地知道，我们同这些党对1956年秋季事件的看法意见完全是一致的。哥穆尔卡和卡达尔同志在1960年会议上就这些问题给你们做了详尽的回答……你们现在想捞取资本，企图利用这些事件证明，似乎苏联犯了错误，而你们的干涉挽救了危局……每一个马克思列宁主义者、每一个公正的人都会对您说，您对自己在评价苏共二十大上态度一百八十度的大转弯所作的解释是虚伪的，是没有说服力的。

中国领导人还把自己反对苏共和其他马克思列宁主义政党的运动，同1959年国际紧张形势的缓和和苏美之间冷战的缓和（尤其是赫鲁晓夫同志访美期间）联系起来。你们在国际舞台上奉行特别的路线，你们把不惜一切代价破坏国际紧张形势缓和，使苏联和其他社会主义国家同西方关系紧张作为自己的任务。

中国同志直接把自己同其他马克思列宁主义政党之间开始公开论战，同苏联和其他社会主义国家不支持中国在印中冲突中的立场这一事实联系起来。你们甚至说出了日期——1959年9月9日。众所周知，这一天塔斯社公布了阐述苏联政府对印中冲突立场的声明。被苏联和其他社会主义国家的公正立场所激怒的中共领导人，开始了反对其他马克思列宁主义政党的漫长争斗。

众所周知，你们第一次公开攻击马克思列宁主义政党的共同方针是1960年4月：当时为纪念列宁诞生90周年你们出版了《列宁主义万岁！》小册子。这本小册子直接修正了1957年《宣言》关于当今时代特点、防止战争和和平共处的可能性、向社会主义过渡的形式等问题的结论。正是在这个时候，中共中央领导人开始把自己对于工人运动和民族解放运动不正确的方针强加给各兄弟党。

1960 年 6 月，在北京世界工联总理事会会议上，中共领导人在非党群众面前陈述自己错误的观点。正是在这个时候，中共领导人开始了同苏共和其他兄弟党的论战，开始反对集体制定的关于国际共产主义运动方针的一系列原则。

这就是我们对我们两党之间分歧产生的原因和中共领导对共产主义运动中的困难所应负责任问题的意见。

第三，“关于我们分歧的中心问题”。

邓小平的发言有其有利的一面。这一发言帮助我们完全弄清了中共领导人的路线，在此之前，我们仅仅是根据中共领导人对个别问题的立场来认识这条路线的。说实在的，在谈判开始前几天，从今年 6 月 14 日中共的信里我们就明了事情的趋向。在这封信里，你们提出了对当今时代共产主义运动总路线的所谓“建议”。我从基本矛盾问题讲起。

难道可以同意中共领导的论断吗，似乎是帝国主义和民族解放运动之间的矛盾，而不是世界社会主义体系和世界资本主义体系之间的矛盾，是当今时代的基本矛盾（我顺便指出，这个原则，看来是其所建议的总路线的主要原则）？是以民族主义的和任何其他的，而非马克思主义的观点取代阶级观点。正在斗争的和已获得解放的殖民地人民为一方，帝国主义为另一方，这两方之间的矛盾再尖锐、再重要，毕竟不是这一矛盾决定着当今世界发展的基本方向，不是这一矛盾构成这一发展的主要动力。由于错误地估计时代的基本矛盾，导致了对两支伟大的革命力量——今天不仅由资本主义国家共产党，而且，由世界社会主义体系为其代表的国际工人运动和民族解放运动，在当代革命的、解放的反帝运动中所占地位的错误估计。中国同志有什么地方与此相违背呢？从对时代特点、它的基本矛盾、社会力量分野的错误估计出发，你们把民族解放斗争作为世界革命运动的中心。如果不信口开河，而是把自己的理论贯彻到底，那么这样提出问题就等于强调，当代的主要革命力量是小资产阶级甚至是民族资产阶级，而不是国际工人阶级。

第四，“战争与和平问题的立场”。

你们不承认不相信和平力量制约战争力量的能力，低估世界社会主义体系和一切爱好和平力量的能力，相反夸大帝国主义的能力。问题在于，当和平力量超过了帝国主义的力量的时候，在世界舞台上执行什么政策。首先依靠人民群众反对战争威胁的斗争，利用社会主义阵营的军事和其他优势作为争取和平斗争的工具，作为扼制侵略势力的强大因素。这就是中国同志与国际共产主义运动的分歧所在。

拿你们对待热核战争前景的态度为例。现在全世界都心怀忧虑地知道了你们《列宁主义万岁！》中的一个著名论断：“胜利的人民，他们在帝国主义死亡的废墟上，将会以极迅速的步伐，创造出比资本主义制度高千百倍的文明，创造起自己真正美好的将来。”……试问中国的同志们，你们考虑过没有，导弹核战争留下的是什么样的废墟？国际主义者能否轻视这一问题？而你们对社会主义国家人民的命运，对中国人民和全世界人民的命运的不负责任和轻视的态度使我们很吃惊。我们大家都还记得毛泽东在1957年莫斯科会议上所说的话：“……极而言之，死掉一半人，还有一半人，帝国主义打平了，全世界社会主义化了……”他还说，为了“世界社会主义革命的胜利”，中共领导者准备牺牲三亿中国人。

应该冷静地估计热核战争的后果。我们应该不应该把这种战争后果的真实情况告诉人民呢？绝对应该。这能否像你们所说的那样，“麻痹”人民呢？相反，知道战争的真实情况将能激励人民的革命意志。至少这种情况是可怕的：中共领导开始客观上同帝国主义分子结盟，欺骗本国人民，不让他们知道也尽量不让其他国家的人民知道真实情况。

在这种条件下，社会主义国家在同资本主义国家的相互关系中应该采取什么样的战略呢？是努力巩固“和平共处”还是有意识地走战争冒险的道路？在这方面，你们是与共产主义运动背道而驰的。为什么偏偏两个核大国——苏联和美国之间关系正常化总是引起中国同志强烈的否定的反应？难道你们真的对这两个大国在国际舞台上冲突感兴趣？自然而然地得出了一个结论，你们反对社会主义国家为争取和平共处所采取的许多实际步骤，正如你们理解的，追求的是中国的特别利益……

首先看中印边界冲突。我们的出发点一直是，印中之间的战争，过去和现在都是没有道理的……你们在中印边界争端中的行为，违反马克思列宁主义政党共同协商制定的“和平共处”、支持争取独立的所有国家民族解放运动的方针，严重损害了社会主义体系对其他国家的影响。

再看中共在加勒比海危机时的立场。当时美帝国主义的极端分子表现出了冒世界战争风险以镇压革命古巴的决心，只有采取积极的坚决的措施才能使侵略分子头脑清醒，扼制住美帝国主义的军事机器。这种措施就是在古巴部署苏联的战略导弹，它清楚地表明，入侵意味着热核战争。这一措施被证明是正确的，入侵被制止了。这里有什么“冒险错误”？尔后的谈判——以撤出导弹武器作为保证不入侵古巴的交换条件——得以粉碎了美国那些准备铤而走险不顾核战争危险的极端冒险分子的阴谋。谈判以和平力量、社会主义的力量胜利，战争和反动力量的失败而告结束。革命的古巴坚定地继续沿着自己的道路前进。它的社会主义成果得以保全。中共领导企图利用尖锐的国际紧张形势得出有利于自己同苏共进行派别斗争的结论，从而加强自己对苏共和苏联的进攻。为此，你们在古巴危机时期拼命指责我们：牺牲古巴人民的利益搞“慕尼黑阴谋”，说我们把导弹运进古巴是“冒险主义”，说我们在美帝国主义面前表现出了“投降主义”，等等。你们竭尽全力破坏苏联在国际舆论界的领导地位。在最关键的时刻，我们没有听到你们任何关于中国部队已做好战斗准备、已制定出详细的军事行动计划、在美国侵略者进攻情况下中国部队起什么作用等方面的声明，我们没有听到中国政府关于履行在社会主义阵营面前所承担的盟友义务的任何公开声明，而明显地企图加剧本来就已很紧张的地区形势，给冲突火上加油。

第五，“关于国际共产主义运动中的分裂活动”。

从今年7月1日起，中共中央第一次开始在文章和声明里正式指责我们“分裂国际共产主义运动”。每一个了解事实的人都知道，现在的确存在的分裂危险来自另一方——中共领导一方。让我们看看你们在国际共产主义运动中进行分裂活动的事实。

在其他党里大肆进行宣传你们“特别”思想纲领的活动。这里指的是对其他党发动群众性的宣传攻势；散发数百万份小册子和文章，批评一些党的一致的思想政治路线；在欧洲和拉丁美洲以及其一些地区建立进行这种宣传的特别中心；对其他国家的共产党员进行集体或是单个“训练”。而且这一切，在多数情况下都是通过相应党的领导人进行的，因此你们已多次遭到各兄弟党中央的抗议。长期以来，积极地在兄弟党里招募支持者，企图在那里建立派别集团。你们自己，先是在反对美国共产党的文章里，尔后在6月14日的信里，道出了这一活动背后的目的。你们所谓“无论在共产党内还是在共产党外”都可以找到沿着你们建议的道路前进的“力量”，可以在党外找到可以领导该党的马克思列宁主义者，这些话是什么意思？这是直接号召分裂，号召成立派别组织，号召推翻不为你们喜欢的各兄弟党的领导。这一切不是别的，正是你们对其他共产党内部事务的粗暴干涉。这种干涉的鲜明例证，就是你们粗暴而放肆地反对法国、意大利、美国、印度和其他国家共产党的文章。在这些文章里，你们对国际共产主义运动的著名活动家、对整个党还有什么“帽子”没有扣？所有这一切只能有一种解释，就是你们有意识地推行这种方针——败坏各共产党马克思列宁主义领导的名誉并推翻他们。

你们干涉其他共产党的内部事务，肆意赋予自己评论他们活动的权利，甚至企图以绝对的形式给他们下达指示。你们发言的口气就说明了这一点。这说明，你们在国际共产主义运动中追求特殊地位。你们觊觎共产主义运动中的领导地位，企图把自己的意志强加给它，赋予自己最高裁判的角色——或右或左的给予评价和下达领导指示。显而易见，你们并未发现，在世人眼里，你们6月14日信里关于各党权利平等，关于“在兄弟党相互关系中没有‘上级党’和‘下级党’”的论断是多么的可笑。至于苏联共产党，不仅不觊觎领导地位，而且主动建议改变关于它的领导作用、关于运动以苏共为首的传统提法。

第六，“苏中关系的几个问题”。

在中国共产党革命道路的各个历史阶段，苏共始终是中共的真诚朋友和战友。正是我们的党，不顾近年来中共领导人所表现出来的破坏苏中友谊，把思想意识形态上的分歧扩大到国家关系上去的企图，为保护这一友谊做着它能做的一切。邓小平毫无根据地攻击苏共和苏联对中华人民共和国的政策令人十分遗憾和痛苦。你们——中国同志们——甚至把一个喝醉了酒的学生的流氓行为——打碎中国驻莫斯科使馆大楼周围的展览橱窗提到政治行动的高度，在你们国内围绕这一事件制造舆论，从而煽动中国人民的反苏情绪。帝国主义宣传最近起劲地从北京发出报道，津津乐道他们敌视苏联的方针！你们的行动让我们想起一些真实的事实：

其一，众所周知，在中华人民共和国成立后，苏联政府立即同人民中国政府签订了友好同盟互助条约，这一条约是巩固远东和世界和平的重要因素，是反击帝国主义侵略的强大武器。其二，在中华人民共和国存在的整个时期，苏共中央和苏联政府一贯援助中国建立和巩固国防……而您今天又重提“共同建立海军舰队”问题。这是为了什么呢？难道在冷静地对待事情，对苏联帮助中国巩固国防所做一切记忆犹新的情况下，可以允许类似的观点？其三，我们还想给健忘的中国同志们提醒，苏联帮助中国发展经济的一些事实。难道在苏联帮助下建起的一百九十八个现代化的工业企业、科学技术研究所，在苏联培训技术干部，不能说明苏共忠于同中国人民的兄弟友谊……其四，正是由于中共领导的过错，我们两国之间的经济合作和贸易往来大大缩小了；我们两国之间文化交流人数减少百分之八十……难道是苏联方面中断了我们两国的联系，越来越减少我们两国人民之间的接触？！其五，难道不是中国方面蓄意挑起多次中苏边界事件，非法侵入苏联领土……我们曾建议你们的代表同难民谈判，说服他们返回。但我们的建议没有得到你们的响应。最后，对于谁也不是秘密，近年来，中共领导在中国人民中间开展了社会主义国家相互关系上史无先例的破坏苏联内外政策名誉，破坏中苏友谊、煽动反苏民族主义情绪的活动。十分清楚，中国领导的这些行动给两国人民之间的友谊，给中共党员和中国劳动者的国际主义精神教育带来了重大损失。

同志们！从以上所述可以清楚地看出，是你们自己通过关于国际共产主义运动总路线的建议，通过6月14日的信表明了你们背离《宣言》和《声明》。在你们的信里和邓小平同志的发言里，有什么积极的东西？而是在毫无根据地攻击苏共和苏共纲领、攻击国际共产主义运动路线方面，达到了极精美的程度。值得注意的一个事实是，当绝大多数共产党不赞成中国同志的立场的时候，你们的立场受到了托洛茨基分子所谓“第四国际”的欢迎……中国同志走上了多么错误和危险的道路。

苏斯洛夫发言后，双方商定12日举行下一次会议。

7月10日当晚，我党代表团又在大使馆开会。这次讨论的中心问题是党中央当天发表的声明。大家联系会谈的情况，认为中央在声明中阐明我党一贯立场时，强调团结是完全正确的。代表团在会谈中可以针对苏方两次发言，着重批判苏共领导搞分裂主义，以斗争求团结。据此，对下一次发言稿，只做了小的修改，维持原来的基调。

第四次会议：邓小平指出借助“第四国际”诬陷我们是徒劳的

7月12日下午二时举行第四次会谈，由邓小平做第二次发言。

在发言中，邓小平指出，苏方除了肆意使用许多肮脏的词句，给我们加上许多捏造的罪名，重复早被我们多次批驳过的意见和更为粗暴地毫无根据、肆无忌惮攻击中国共产党之外，没有任何新的东西，根本谈不上什么建设性的意见。

邓小平在发言中特别强调：苏斯洛夫发言中，像是抓住了一根救命稻草似的，援引“第四国际”的话。我们想提醒你们，不是别人，正是你们掀起的狂热的反斯大林运动给绝望中的“第四国际”以希望。在苏共二十大之后，1957 年 10 月 11 日“第四国际”第五次大会通过的告全世界人民书中写道：“克里姆林宫领导人承认斯大林的罪过，以此默默承认……世界托洛茨基主义运动所进行的旨在防止工人国家瓦解的坚决斗争是完全正确的。”1961 年 11 月，在苏共二十二大结束时，“第四国际”书记处在给苏共二十二大和它新的中央委员会的信中写道：“1937 年托洛茨基讲过以下反斯大林的话：造成如此严重后果的莫斯科清洗的组织者将被唾弃，苏联人民将为斯大林的牺牲者们竖立纪念碑。这些预言今天实现了。在你们的代表大会上，贵党第一书记已承诺建造这一纪念碑。”在这封信里，同时还提出了一个要求，希望将托洛茨基的名字“用金字写在斯大林的牺牲者的纪念碑上”……你们企图借助“第四国际”诬陷我们，这是徒劳的。

现在，让我们来分析几个带原则性的根本问题。

关于国际共产主义运动总路线的分歧。

在基于对现今世界基本矛盾的阶级分析，阐述了中共关于当代国际共产主义运动总路线的观点后，邓小平指出：苏共所青睐的“国际共产主义运动总路线”是所谓的“和平共处”、“和平竞赛”和“和平过渡”的路线，你们把“和平共处”看成是共产党的头等任务。你们说：“两种世界社会体系——社会主义和资本主义体系的竞赛构成了苏共二十大之后时期的主要内容。它成了当今历史阶段世界发展的轴心、基础。”你们说，“‘和平共处’原则决定着苏共和其他马克思列宁主义政党对外政策的总路线”。难道这还没有表明你们的总路线是放弃社会主义阵营、放弃革命的路线！你们否认社会主义国家和资本主义国家之间存在尖锐的斗争，把和平共处解释为“同所有国家的全面合作”。你们错误地夸大经济“竞赛”的作用，断定社会主义国家在经济竞赛中的完全胜利，具有“对整个资本主义关系体系毁灭性打击的意义”。

1961年9月8日，在纪念苏印友谊的大会上，赫鲁晓夫讲："如果美国和苏联之间调整好和平和友好关系，未必有谁敢使国际关系复杂化，因为他不得不考虑我们两个国家的立场，放弃自己的侵略计划。"按照你们的观点，可以得出这种结论：美国不仅不是当今世界主要的侵略者，而且，它的立场可迫使其他人放弃自己的侵略计划。由此可以看出，你们的总路线是通过苏美合作解决世界问题的总路线，即反革命的总路线。你们认为，当今世界的所有矛盾都可以通过"和平共处"、"和平竞赛"和"和平过渡"求得解决。

我们的观点是与你们的观点直接对立的。不是我们，而是你们抹煞《宣言》和《声明》的革命原则。

关于苏共领导对民族解放运动的态度。

苏共由于害怕民族解放战争的火花会引起核战争，所以他们反对民族解放战争，反对民族解放运动。参加斯德哥尔摩世界和平理事会会议的苏联领导面对民族解放战争，以核战争的可怕吓唬被压迫民族，说："核战争导致数亿人的死亡。在这种条件下还有什么民族独立可言？那时是'几亿人的尸体'。我们不希望出现尸体的民族独立。"苏共把民族解放革命置于对"和平共处"和"和平竞赛"的依附地位上。苏共领导散布幻想，说帝国主义分子将走向全面裁军，要求亚非拉人民等待实现裁军这一天的到来，不要起来为自己的解放而斗争。赫鲁晓夫说："裁军意味着裁减战争力量，取消军国主义，排除对任何国家的内政进行军事干预，完全彻底消灭一切形式的殖民主义。"真是太好了！原来地球存在真准备裁军的帝国主义，即准备放下武器的帝国主义，它准备"扩大对年轻的民族国家的援助规模"，"消灭地球上贫困地区的饥饿、疾病和文盲"。

苏共领导在其行动中不仅没有支持民族解放运动，还多次损害它的利益。例如，赫鲁晓夫把阿尔及利亚的民族独立问题看成是"法国的内政"。还有刚果事件的例子。1960年7月13日，苏联伙同美国，赞成安理会关于联合国出兵干涉刚果的决议，结果刚果民族解放力量蒙受了重大损失：卢蒙巴被杀害，基赞加遭监禁。难道苏联的同志们对此一点儿也未感到自己的责任？你们在7月6日的发言中，把亚非拉人民在反帝斗争中的相互支援诬蔑为某种“建立在地缘或种族原则基础上的特别集团”；你们毫无根据地捏造：我们企图“使亚非拉三大洲人民的利益同苏联人民、欧洲社会主义国家、西欧和北美工人阶级的利益相对抗”。

关于资本主义国家的革命问题。

苏共二十大关于这个问题的错误观点主要表现在以下几个方面：第一，赫鲁晓夫提出了与十月革命道路不同的“另一条道路”，即“议会道路”。第二，在对“议会道路”进行解释时，赫鲁晓夫说：“在一系列资本主义国家，工人阶级在当代条件下有现实的可能性在自己的领导下团结绝大多数人民，并保障把基本的生产资料转到人民手中”。第三，赫鲁晓夫认为，这种“对于许多高度发达的资本主义国家来说传统的机关”，“可以成为真正的民主机关，对于劳动者来说民主的机关”。非常明显，现在还没有一个发达的资本主义国家不在努力加强自己的军事官僚国家机器。

你们一直在资本主义国家兄弟党中间所宣扬的放弃革命的路线——“和平过渡”路线，带来了多么严重的后果。意大利共产党在你们提出的以“和平过渡”为目标的非革命路线的影响下宣称，他们不需要“做俄国所做过的事情”，提出所谓“结构改革”的合法纲领。不但在资本主义国家，在你们非革命的“和平过渡”的路线的影响下，古巴人民社会党不断攻击菲德尔·卡斯特罗领导的武装斗争，将其称之为“叛乱”、“冒险主义”和“恐怖主义”。阿尔及利亚共产党从1957年起完全放弃了武装斗争，主张通过妥协取得独立，结果完全丧失了自己在国家政治生活中的地位。无数事实证明，所有那些奉行你们这一路线的兄弟党，革命意志衰退，革命队伍涣散，付出了昂贵的代价，甚至是血的代价，蒙受了惨重的牺牲和失败。这条在此次会晤中你们还在强调的“和平过渡”路线，腐蚀着无产阶级和被压迫人民和民族的革命意志，迎合着帝国主义和反动派的需要。

关于战争与和平问题。

你们害怕革命的火花会引起世界战争，引起核大战，你们被美帝国主义的核讹诈吓破了胆。你们甚至同美国做政治交易，不惜牺牲任何革命利益和革命原则。赫鲁晓夫说："我们不希望战争。战争——这意味着杀人。谁需要这个？这能带来什么？战争——这就是破坏。我们杀人，别人杀我们。"他还说："难道社会主义国家和全世界争取社会主义斗争的事业会从世界热核灾难中得到胜利吗？只有故意闭眼不看事实的人才会这样想。至于马克思列宁主义者，他们不能设想，在世界文化中心的废墟上、在荒无人迹的和被热核尘埃污染的土地上，建立共产主义的文明。我们尚且不谈，对许多人民来说，社会主义问题根本就不存在了，因为他们的肉体已经从我们的星球上消失了。"这些话的意思再清楚不过了，不管怎么活着，只要活着就行，活着——这就是一切。令人忧虑的是，你们在7月10日的发言中依然宣扬你们这种哲学——"活着——这就是一切"。你们重复帝国主义分子的陈词滥调，诬蔑我们企图借世界战争在其他国家实现革命，说我们希望苏美之间发动热核战争。这是十足的奇谈怪论。你们企图以此为自己错误的反革命的投降主义行动辩护。

1957年《宣言》指出，在帝国主义的压力面前投降是修正主义的外部根源。这一压力特别明显地表现在美帝国主义的核讹诈上。由于你们害怕战争，结果导致害怕革命；你们自己不想革命，还禁止他人革命；你们不想支持革命，还禁止别人支持革命。

关于社会主义阵营的团结和国际共产主义运动的团结问题。我们认为，这是一个极端重要的问题。

请苏共领导想一想，你们在对待社会主义阵营和对待各兄弟党和兄弟国家上，奉行的是团结的政策还是分裂的政策；是建立在国际主义基础之上的政策，还是建立在民族主义、大国沙文主义和民族利己主义之上的政策？！在波兰事件时，你们企图动用武力以对待兄弟的社会主义国家，难道这不意味着颠覆社会主义阵营?！在匈牙利事件时，你们企图把社会主义匈牙利留给敌人，难道这不意味着瓦解和削弱社会主义阵营?！阿尔巴尼亚是我们社会主义阵营里的一个小兄弟。它处于敌人的包围之中。我们只有帮助它的义务绝没有鄙视它的权利。仅仅由于阿尔巴尼亚的同志们不同意你们的错误观点和追随你们的反华行径，你们就开始采取反对它的残酷措施，企图千方百计扼杀它。在你们眼里，难道还有什么社会主义阵营?！古巴是社会主义阵营的新成员。你们不顾一切，把导弹运进古巴，然后又惊慌失措，把导弹运出古巴，而且你们还迫使古巴接受“国际检查”。你们这样行动，是否考虑到了古巴人民的利益?！难道这符合社会主义阵营的利益?！

邓小平说，让我们看看，这些年你们怎样对待中国。请问：是谁把意识形态分歧扩大到了国家关系领域?！你们千方百计地到处吹嘘你们所给中国的援助，任何时候也不提中国给你们的援助，难道中国给予你们的援助没有任何意义?！是谁给中苏人民之间的友好关系和文化联系增添障碍，却允许美国在苏联出版自己的杂志?！为什么你们不允许新华社在苏联发表新闻电讯，为什么你们干扰中国电台的俄语广播?！为什么你们对中国留苏学生采取各种歧视行动?！你们在中苏边界把检查线推进到中国领土一边，并不断挑起边界事件是什么目的?！我们不明白，你们为什么同美国比着援助印度反动派反对中国，为印度反动派提供武器消灭中国士兵?！你们采取一个又一个措施，如通过决议、发表声明、领导人讲话、在报刊上发表文章等等，在全国掀起了疯狂的反华运动，难道这不正好说明你们在颠倒黑白?！

你们把一个美好的社会主义阵营搞得乌烟瘴气！在你们同社会主义阵营兄弟国家的关系中，根本不考虑整个社会主义阵营的利益，而是从大国沙文主义和民族利己主义的立场出发，为自己谋求出路，甚至牺牲整个社会主义阵营的利益以讨好帝国主义和反动派分子。在许多重要文件中，在许多重要场合，你们不再乐意提社会主义阵营，这引起了我们认真的关注。

你们走上了宗派主义和分裂主义的道路。当你们心血来潮的时候，就攻击他人，当你们想禁止对方回答你们的攻击时就命令“停止公开论战”。难道在你们眼里，兄弟党之间还有什么相互关系准则吗？！

我们想十分坦诚地对你们说，苏共领导放弃反帝斗争，放弃革命和反对革命。苏共领导采取接近美国和反对中国的立场，采取接近印度反动派分子和反对社会主义中国的立场。苏共领导破坏社会主义阵营的团结，破坏国际共产主义运动的团结，背离了无产阶级国际主义原则，走上了修正主义，换言之，走上了右倾机会主义的道路。苏共领导处心积虑地一心想同美帝国主义合作，这样做能得到什么？

邓小平团长的发言从下午二时到六时，用了约四个小时。在邓小平团长提出这一系列有力的质问时，苏斯洛夫很紧张，他的脸色红一阵白一阵。

在休会前他表示，这些问题他们要在下一次会谈时答复。他们一反前三次隔一天再举行下一次会谈的做法，提出第二天，即 13 日下午继续开会。中共代表团并没有在意苏方的提议，休会后，又到大使馆开会。

第五次会议：波诺马廖夫指责中共代表团“企图把垃圾扔在我们身上”

7 月 13 日下午二时举行第五次会谈。

苏共代表团由波诺马廖夫发言。在波诺马廖夫三个来小时的发言中，基本上是重复苏共代表团前两次发言的内容，指责：中共中央代表团前来谈判绝不是为了寻求一致意见，去掉分歧。看来你们另有意图——给莫斯科运来一大车垃圾，企图把它扔在我们身上……“邓小平的整个发言全是一派胡言和捏造”。“捏造”之一是邓小平断言说，“苏共否认社会主义和资本主义国家之间存在尖锐的斗争”；之二是邓小平肯定地说，苏共的目标是“消灭民族解放革命”；之三是邓小平昨天宣布，苏共二十大路线是“不以打碎旧的国家机器和建立无产阶级专政为其前提条件的和平的议会的道路”；之四是邓小平明显地编织谎言，似乎苏联没有支援阿尔及利亚人民的解放战争；之五是邓小平一次又一次地重复谎言，力图挑拨苏联与波兰、匈牙利和古巴三国之间的关系。“我们还可以列举出无数类似的捏造……如果您今天编造谎言，我们明天揭穿谎言，这样下去我们的会谈会变成什么呢？这样我们将一事无成。”

波诺马廖夫讲道，我代表团有充足的理由再次对你们讲，我们和你们之间，是在我们列举的国际共产主义运动实践政策中心的问题上有分歧：首要的问题——这就是对世界热核战争威胁采取什么样的立场……越来越清楚你们对苏联和平政策，尤其是对我们同美国改善关系的步骤不满的真正原因。在这里，您明确了你们对中印冲突，对加勒比海地区危机时的立场。所有这一切都说明，无论你们同意还是不同意，你们的立场是危险的，它孕育着发动热核战争的危险……坚持这种立场意味着帮帝国主义的大忙，给全世界的共产党员制造莫大的困难，给他们带来危害。你们特别的世界社会主义革命概念的基本因素在于以下几个方面：1. 这就是作为革命武器的旨在发动世界战争的路线。走上这条路——即意味着走上了冒险主义之路。2. 这就是使民族解放运动同国际工人运动和社会主义国家相隔离的路线。这是民族主义的立场。3. 这就是“强行推动”革命的路线，实质是“出口”革命的路线，只采取一种斗争形式——武装斗争形式的绝对路线。

第二，完全暴露了对批评斯大林个人迷信的敌视态度，暴露了您对苏联建设共产主义的纲领和对苏共纲领的敌视态度。

……

波诺马廖夫讲，在对头六天的谈判做总结时不能不得出一定的结论：我们看到了中国共产党领导对当代最根本、最重要问题的一整套完整的纲领。它构成了你们想强加于国际共产主义运动的所谓总路线的真正内容。你们关于世界革命的话语在这里骗不了任何人。苏共代表团再次呼吁中国同志放弃你们在会晤时所采取的方法和手段，停止对我党的阴谋活动和造谣中伤，走真正共产党人需要的研究现实问题的道路……那时我们的双方会晤就会有积极的结果。

波诺马廖夫发言之后，双方约定下一次会谈在15日上午十时举行。

7月13日，《人民日报》发表了《我们要团结，不要分裂》的社论。7月13日上午，我党代表团在驻苏大使馆开会，讨论《人民日报》当天发表的社论，研究当前形势。

7月14日早晨，我们翻译组的同志在收听莫斯科电台广播时，听到正在播发苏共中央《给苏联各级党组织和全体共产党员的公开信》(简称《公开信》)，我们当即报告了代表团。因为要用《公开信》的形式，来逐条批驳我们6月14日的《建议》，苏联《真理报》不得不同时发表了我们的《建议》。《公开信》中就中苏两党分歧的由来，斯大林问题，南斯拉夫问题，民族解放运动，战争与和平，和平共处，国际共运的团结问题，和平过渡问题和建设共产主义等一系列重大问题，全面地攻击我党。

代表团当天下午在大使馆讨论时一致认为：苏共中央采取这一严重步骤，表明赫鲁晓夫撕破假面具，露出反华真面目，进行公开论战。代表团向中央请示会谈的下一步打算。

对苏方在12日会议结束时，提出将原定的14日举行的会谈改在13日举行；对苏方不像往常那样，要用充足的时间来认真研究中方的发言而匆忙开会，我们原以为，他们为的是要马上反驳邓小平12日发言中提出的问题，一直到14日苏方发表了《公开信》，我们才恍然大悟，原来苏方是为了发表《公开信》而腾出时间。

7月14日晚上，代表团再次开会，讨论修改彭真准备在15日第六次会议上的发言稿。修改内容主要是把苏共发表《公开信》的问题放在最前面讲，指出在中苏两党会谈期间，苏共中央发表《公开信》，大张旗鼓地攻击中国共产党，这是苏共中央采取的一个严重的步骤。

第六次会议：彭真发言指出，苏共“没有丝毫消除分歧的愿望”

7月15日上午十时举行第六次会谈。邓小平宣布：我代表团今天由彭真同志发言。

彭真：昨天你们公布了苏共中央给苏联共产党党组织和全体共产党员的公开信，你们在加深分歧和制造分裂的路上越走越远。然而，我们今天还准备耐心地同你们讨论我们分歧的这个中心问题。

接下来，彭真也用了三个半小时的时间，有理有据、一条条地剖析了中苏之间存在着的重大原则性分歧。

首先，分析一下战争与和平的问题。

在评价当代战争上，我们的基本分歧在哪里呢？你们所谓的国际共产主义运动的总路线是通过苏美合作解决世界问题的总路线。

第一个分歧——这就是关于当代战争根源的问题。我们认为，当代战争的根源是帝国主义，美帝国主义是主要的侵略和战争力量。和平力量超过了帝国主义的力量，但这没有也不可能改变帝国主义的侵略本性。以美国为首的帝国主义集团，正疯狂地进行扩军备战，威胁着世界和平。为了保卫世界和平，必须坚定地、彻底地揭露帝国主义的侵略政策和战争政策，动员全世界人民同帝国主义作坚决的斗争。我们的观点完全符合《宣言》和《声明》的原则，而你们背离这一原则，反对揭露帝国主义，美化帝国主义，在人民群众中间散布关于帝国主义的幻想，尤其是对于美帝国主义的幻想。你们还同肯尼迪、尼赫鲁一样，开动宣传机器，诬蔑中国共产党，似乎中国主张通过国家之间的战争推动世界革命。战争根源、战争威胁不是来自美帝国主义，而来自社会主义的中国？！

第二个分歧——有，还是没有发动世界战争的可能性。我们始终认为，战争危险是存在的。但依靠各国人民的团结和斗争，新的世界战争可以避免。毛泽东讲过："我们和全世界民主力量一道，只要大家努力，一定能够打败帝国主义的奴役计划，阻止第三次世界大战，使之不能发生……"我们认为，争取全世界巩固和平的时候，必须同时向人民群众指出，世界战争的危险还依然存在。只有让人民群众看到这两种可能性并对这两种可能性做好准备，才能够促进动员群众起来为捍卫世界和平而斗争。而你们认为，同时指出两种可能性意味着不相信和平力量，甚至强调，如果揭露帝国主义准备新的世界战争的危险性，那这就意味着吓唬人民。

第三个分歧——关于消灭当代一切战争问题。通过什么途径可以达到消灭战争呢？马克思列宁主义一个人所共知的真理告诉我们，“无产阶级只有在解除资产阶级的武装之后，才能在不改变自己的全世界历史性任务的前提下，打碎各种武器……但是无法提前。”现在你们竟然认为，在存在帝国主义制度和人剥削人的情况下，可以通过“全面裁军”实现“无武器，无军队和无战争的世界”。这完全是不切实际的幻想，这同马克思列宁主义毫无共同之处。

第四个分歧——防止世界战争途径的问题。我们认为，捍卫世界和平，必须主要依靠全世界人民群众的力量和他们的斗争。我们想严肃地劝告苏共领导！你们那条路线——通过美苏合作乞求和平的路线是靠不住的；它不仅不能保卫和平，相反，它只能鼓励帝国主义分子的侵略意图；它可能使帝国主义分子得寸进尺，从而使战争的危险加大。

其二，在对待核武器和核战争的态度上我们之间有哪些基本分歧呢？

第一个分歧，我们认为，核武器出现后的多次战争仍然是政治的继续，依然分正义战争和非正义战争。你们认为，核武器出现之后，战争不再是政治的继续，不再有正义战争和非正义战争之分，赫鲁晓夫说：“在城市上空爆炸原子弹和氢弹……难道这些炸弹能区分共产党员在哪儿和非共产党员在哪儿……不，在核爆的大火里，将消灭一切生命。”

第二个分歧，我们认为，在社会主义阵营掌握了巨大的核优势的情况下，在各国人民反对核武器和核战争的斗争广泛深入展开的情况下，在帝国主义越来越失去优势而被迫意识到它的核讹诈政策已失去作用、如果它发动核战争只会加速自己灭亡的情况下，有可能做到全面禁止核武器。毛泽东说：“我们是坚持和平反对战争的。但是，如果帝国主义一定要发动战争，我们也不怕……第一条，反对；第二条，不怕。”《宣言》和《声明》中指出，如果帝国主义疯狂地发动战争，人民将消灭和埋葬资本主义。我们和全世界所有马克思列宁主义者一样，深信历史的发展只能是人类消灭核武器，而不是核武器消灭人类。但是，你们总是叫嚣“人类自我消灭”，“人类灭亡”。赫鲁晓夫甚至强调，“在形势紧张的情况下，‘冷战’很容易变成热战，并且变成很热的核战争，这种战争不仅可以烧遍而且可以烧尽一切”，那时“我们将消灭掉我们的诺亚方舟——地球”。“社会主义的问题已完全不存在了，因为他们的肉体将从地球上消失”。我们坚决反对你们这种充满悲观和绝望的观点。

第三个分歧，我们认为，为动员人民群众起来反对核战争和核武器，应该在指出核武器威力的同时，强调可以禁止核战争和防止核战争。我们不明白，赫鲁晓夫和苏共其他领导为什么没完没了地片面宣传核战争的可怕，这对保卫和平的斗争有什么好处？敌人用战争威胁我们或把战争强加给我们的时候，害怕又有什么用呢？相反，如果继续开展这种核战争可怕的宣传，那不仅会导致敌人更加疯狂，加深帝国主义发动战争的危险性，还将导致人民精神的瓦解，进一步给各国人民争取世界和平的斗争带来损害。你们不止一次地攻击毛泽东在1957年莫斯科会议讲话中，关于帝国主义发动核战争情况下应该怎么办的那段话……那段话只是强调，如果帝国主义分子敢冒天下之大不韪，发动世界核战争，使人类面临空前的灾难，这时，国际无产阶级和世界人民应如何行动。难道那时我们只能投降？！这是一个原则的问题。我们，共产党人，绝不能奉行投降主义政策。但是，你们认为，如果发动核战争，人类将灭亡。这实际上意味着只有一条路——在帝国主义核讹诈政策面前卑躬屈膝，执行投降主义政策。

其三，对亚非拉民族解放运动的立场和观点。民族解放革命是世界无产阶级革命的重要组成部分。在6月14日的信中，我们指出：“在被压迫民族和被压迫人民的革命斗争的过程中，无产阶级政党只有独立地提出彻底反对帝国主义、反对国内反动派、争取民族独立、争取人民民主的纲领，独立地进行群众工作，不断地扩大进步力量，争取中间力量，孤立反动力量，才能把民族民主革命进行到底，并且把革命引导到社会主义的轨道上来。”苏共在口头上讲必须“消灭”殖民主义者。但你们的药方是怎样的呢？你们的第一个药方就是全面裁军。你们强调，实现全面裁军意味着“全面而彻底地消灭各种形式的殖民主义”。你们还喋喋不休地宣传说，帝国主义者还可把裁军节省下来的资金援助不发达国家。这一药方实际意味着要求被压迫民族和被压迫人民等待全面彻底裁军的实现，等待帝国主义者变为和平使者和慈善活动家这一天的到来。另一个药方就是通过联合国消灭殖民主义。你们强调说，“联合国正在讨论彻底消灭形形色色的殖民主义的具体日期，这一期限不是几十年，而是几十个月”。这一药方实际上意味着，要求被压迫民族和被压迫人民等待联合国的仁慈，等待新老殖民主义自愿退出历史舞台。第三个药方就是“和平共处”和“和平竞赛”。要求被压迫民族和被压迫人民等待在“和平共处”和“和平竞赛”的条件下社会主义取得胜利，自己的解放无需进行反帝斗争。这一药方实际意味着，把“和平共处”和“和平竞赛”作为民族解放革命的前提条件。你们把近年来亚非拉人民在其民族解放革命中所取得的一系列伟大胜利都记在“和平共处”和“和平竞赛”的功劳簿上。你们总是担心，民族解放斗争千万别妨碍了你们的“和平共处”和“和平竞赛”，千万别妨碍了你们同美帝国主义的合作。

其四，资本主义国家向社会主义革命过渡的问题。你们在 7 月 13 日的发言里，一直围绕过渡形式问题——是和平过渡还是非和平过渡。在我们前两次发言中，不只一次指出了一些兄弟党的教训，都是在你们“和平过渡”原则的影响下行动。现在越来越清楚，赫鲁晓夫、苏共提出的“和平过渡”到社会主义概念，是“害怕革命的胆怯的小市民的哀嚎”。

其五，兄弟党和兄弟国家的相互关系问题。从 1956 年起，我们不止一次地批评你们的大国沙文主义错误，多次建议你们牢牢记住列宁关于必须反对大国沙文主义的遗训。你们不但没有改正这些错误，反而滑向大国沙文主义泥潭，换言之，在资产阶级民族主义的泥潭中越陷越深。

其六，关于多数和少数的问题。你们于1960年第一次提出这个问题，之后，一次又一次地提出这个问题，是为了什么目的？过去和现在你们曾多次企图以少数服从多数的原则代替平等协商的原则。在今天没有共产国际那样的中央集权领导的条件下，提出所谓“纪律”，“少数服从多数”的问题是完全错误的。你们把所谓的“多数”看做手中的护身符，今天迫害这个，明天迫害那个；今天排挤这个兄弟党，明天排挤那个兄弟党。你们越来越滑向分裂主义和宗派主义的道路。你们总是以“老子党”的态度对待其他兄弟党，把你们一个党的决议、纲领和路线强加给国际共产主义运动。1960年9月，中共中央在回答苏共中央“通知书”时指出：“暂时的多数不能把谬误变成真理”。

其七，关于教条主义和修正主义。我们对这个问题的观点，清楚地阐明于中共中央6月14日给苏共中央的复信中。你们借口反对“教条主义”而反对马克思列宁主义；你们借口反对“左”倾冒险主义而反对革命；你们借口策略的灵活性而宣扬无原则的妥协。我们在7月12日发言中指出：“苏共领导放弃反帝斗争，放弃革命和反对革命。苏共领导采取接近美国和反对中国的立场，采取接近印度反动派分子和反对社会主义中国的立场，采取反对所有马克思列宁主义政党的立场。苏共领导破坏社会主义阵营的团结，破坏国际共产主义运动的团结，背离了无产阶级国际主义原则，走上了修正主义，换言之，走上了右倾机会主义的道路。”苏共的路线不能不使修正主义作为一种思潮在国际工人运动中进一步扩散，从而进一步加深国际共产主义运动中的修正主义危险……

现在越来越清楚，在会晤中，你们不想同我们讨论当代国际共运中的最重要问题，只想把你们的修正主义路线强加给我们……我们不禁要问，你们想把我们的会晤和我们两党两国关系引向何方？

……

彭真讲完以后，苏方当场没有反驳。苏方提出16日休会，17日继续举行。随即休会。

会后，中共代表团到使馆开会。

第七次会议：安德罗波夫说，中共“轻视我们的结论”

7月17日上午十时举行第七次会谈，由安德罗波夫发言。

安德罗波夫讲，听了彭真的发言，再次坚定了我们谈判之初所形成的印象……看来，中共代表团不想真正地讨论有争议的问题，而是轻视我们的结论。

接下来，安德罗波夫的发言条理性很差，基本上是重复以前讲的论点，发言中间夹杂着大量的“中共代表团执意重提早已解决的匈牙利和波兰问题并歪曲它们的实质，想借以引起论战”；彭真在发言中对苏共中央公布了中共中央的信“表示极端不满”，“是恶化我们两党关系的极端重要的一步”；“邓小平和彭真在发言中，企图给中共中央制定自己特别的国际共产主义运动总路线的权利找根据”；“彭真在发言中千方百计辱骂不同社会制度国家和平共处的原则，歪曲苏共在这个问题上的政策”；邓小平和彭真在发言中企图“捍卫自己的错误观点”；邓小平和彭真“意识到了自己立场的脆弱性”；“我们永远不能为了中国领导人的‘面子’而抛弃列宁的经济竞赛原则，接受你们提出的可能给革命事业带来重大损失的冒险主义道路”；“不难发现，中国同志对待社会主义国家之间的关系这个问题很片面”；“对社会主义国际劳动分工、专业化和合作化这个问题的立场，彭真在发言中只提到这个问题的一个方面——作为攻击苏共和苏联的理由”；“如何更好地把一国利益同整个社会主义阵营的共同利益结合起来……中共领导完全走上了另外一条路”；“邓小平和彭真在发言中提出了令人震惊的观点，似乎苏共二十大方针引起社会主义阵营的‘混乱’”、“不止一次攻击苏共二十大决议和它克服斯大林个人迷信后果的列宁主义方针”；“邓小平和彭真在发言中……一笔勾销苏中友谊光辉的一页”、“把你们近年来经济建设失败的责任推到苏联身上”；“当年我们提出了建设长波电台的建议，以迎合你们关于帮助中国建立海军的请求，当时中国政府采取了否定的立场，而现在又企图把此事说成是苏联想控制中国”；“中苏边界，以往长时间是蒋介石分子和日本军国主义分子侵犯的目标……近年来你们对苏联采取了不友好的方针，中苏边界出现了不正常的形势。这是中国政府预谋已久的路线……企图为你们在苏中边界上的挑衅行动辩护”；“我们十分清楚，你们利用微不足道的一点儿理由在中国劳动群众中煽动反苏情绪。现在看来，这成了你们的路线”；“中国领导人喜欢标榜自己的革命性、正统性，死乞白赖企图说服众人，正是他们现在高举世界无产阶级革命的旗帜”……等言论。

安德罗波夫的发言由十时到下午一时四十五分，中间只休息了二十分钟。

会后，中共代表团前往大使馆研究问题。

7 月 18 日下午，我们接到中央发来的电报，中央指示的总的精神是放手批判，不怕破裂。中央指示，在会谈的后半段应该放手批评包括赫鲁晓夫在内的苏共领导的错误，主要点名批判赫鲁晓夫，至少要把代表团原来准备的关于斯大林问题的发言稿讲了。并提出，准备再开一两次会议就结束这次会谈，建议休会一个时期，可以发表一个简单的中苏会谈公报。公报可以双方各自说明自己的观点，可以说以后再继续会谈，但不要答应停止公开论战，因为，苏共已发表了《公开信》，我们要公开答复。

中央在复电里告诉代表团：中央对苏共中央《公开信》将发表一个声明，还准备在《人民日报》上加编者按语发表苏共中央的《公开信》，同时重新发表我们 6 月 14 日《关于国际共产主义运动总路线的建议》，把两个都登出来，让全世界评判。

第八次会议：康生发言着重谈“关于斯大林的问题”

7 月 19 日上午十时举行第八次会谈。邓小平宣布：“今天我们代表团发言的是康生同志。”

在开场白中，康生指出了“安德罗波夫的发言再次表明，苏共不打算在这次会晤中寻求消除分歧和巩固团结的途径，毫无根据地继续攻击和诬蔑中共”后，他按照中央来电的指示和代表团事先的安排，“主要点名批判赫鲁晓夫，至少要把代表团原来准备的关于斯大林问题的发言稿讲了”，立刻将发言转入了正题。

在接下来的发言中，康生巧妙地利用了苏共代表团的发言论点，很自然地切入了主题：“……在发言中，你们还谈到了对批评斯大林和反对个人迷信问题的意见。这些问题的确是重要的原则性问题。所以现在我主要谈谈批评斯大林的问题和无产阶级专政的问题。”

首先，谈谈关于斯大林的问题。

这个问题涉及应该如何总结无产阶级专政的历史经验问题。你们在发言中肆意把我们的观点说成是“替斯大林的错误、古怪行为甚至是犯罪辩护”。这种观点不仅是有意歪曲我们的立场，而且，在很大程度上，暴露了苏共领导在这个问题上的错误。无论在评价斯大林问题上，还是在对待苏共领导在批评斯大林问题上所犯错误的立场上，中国共产党的态度是始终一致的，过去和现在一直认为，为了正确地评价斯大林，应采取历史唯物主义的方法，依据历史事实，全面而客观地分析斯大林的功劳和错误，并在此基础上总结无产阶级专政的经验，吸取教训。

斯大林在革命和建设过程中，做出了伟大的不可磨灭的贡献。除了伟大的功勋，斯大林对苏联人民确实犯了某些错误，其中一些是工作中的错误，一些是原则性的错误。这些错误和他的功劳相比是次要的，是第二位的。尽管斯大林犯了某些严重的错误，但他毕竟是一个伟大的马克思列宁主义者。

当你们全盘否定斯大林的时候，当你们像对待敌人那样对待斯大林的时候，非常自然，我们应该捍卫斯大林。我们捍卫的不是他的错误，而是他的正确方面，我们捍卫的是马克思列宁主义，我们捍卫的是世界上第一个无产阶级专政的社会主义国家——苏联，我们捍卫的是列宁所创建的伟大的苏联共产党和伟大的苏联人民，我们捍卫的是国际共产主义运动和全世界的革命人民。不仅是我们，所有忠于马克思列宁主义的共产党员，所有坚定的革命者，所有真正的人们都应该这样做。

斯大林的全部生活和活动，包括他的正确方面和错误方面，从总结无产阶级专政的历史经验、从中吸取教训的观点看，是国际共产主义运动的宝贵财产。

尽管在苏共二十大上对斯大林所进行的批评有某些积极意义，但基本上是错误的。这些错误可基本归结为以下几个方面：你们全盘否定斯大林的整个生活和活动，不通过批评和自我批评总结无产阶级专政的历史经验，而是对斯大林进行人身攻击，把一切错误推到斯大林一人身上；你们对待斯大林像对待敌人一样，混淆了敌我矛盾和人民内部矛盾，采用恶毒攻击、诅咒和谩骂的方法，称斯大林为“刽子手”、“刑事犯”、“强盗”、“赌徒”、“伊凡雷帝式的暴君”、“俄国历史上最大的独裁者”、“傻瓜”、“臭大粪”、“白痴”；在这样重要的涉及所有兄弟党的事情上，你们事先，在苏共二十大之前，未征求兄弟党的意见，在这次大会之后把既成事实摆到了兄弟党面前。

所有这些咒骂都出自赫鲁晓夫之口，你们在 7 月 10 日的发言中还为赫鲁晓夫开脱说：他给了斯大林“客观而全面的评价”，他坚持了“原则的态度”。难道这不等于睁着眼说瞎话？！

从你们的发言中看，似乎世界上第一个社会主义国家是仰仗一个“傻瓜”的领导建立起来的。难道苏联几十年国民经济和最新技术成就，是在某位“傻瓜”领导下取得的？难道苏联的核武器和导弹技术建立的基础，是在一个“傻瓜”领导下完成的？似乎苏联伟大军队的最高统帅是个“白痴”。难道苏联军队在第二次世界大战中所建立的功勋，是在一个“白痴”的统帅下建立起来的？似乎一年比一年增长和巩固的国际共产主义运动的队伍长期以来处于一个“臭大粪”领导之下。难道所有国家的共产党员在几十年的时间里，都把一个“臭大粪”看做是自己的旗手？

你们把斯大林说得这样坏，而你们，参与了国家和党的领导工作的同志们，也不能摆脱干系……比如赫鲁晓夫吧。他把斯大林领导时期的所有错误，尤其是肃反时期的扩大化错误都推到一人身上，把自己说得完全清白。难道这能使人服气吗？如果人们不健忘，那他们会记得，在斯大林领导时期，赫鲁晓夫不止一次赞扬斯大林和当时所执行的肃反政策，不停地歌颂斯大林，称其为“列宁的亲密朋友和战友”、“人类最伟大的天才导师和领袖”、“胜利的伟大元帅”、“人民天才的朋友”、“自己生身的父亲”……等等。类似的例子我们还可以举出许多，但这没有必要。

苏共二十大上全盘否定斯大林带来了极其严重的后果……不是别人，正是你们自己在批评斯大林的问题上采取了错误的立场和错误的方法，“败坏了无产阶级专政这一思想本身的名誉”，“破坏了社会主义思想在世界人民心目中的吸引力”。最近八年来的历史完全证明了这一点。全盘否定斯大林促使修正主义作为一种思潮开始蔓延，这给国际共产主义运动带来了最严重的后果，为全面修正马列主义和贯彻修正主义路线打开了缺口。

第二，谈谈关于无产阶级专政的学说。

你们在 7 月 13 日的发言中说，批评斯大林的问题是“通过什么途径，以什么方式发展新的社会制度的问题”。你们所得出的结论是，“必须及时地把无产阶级专政发展成为全民国家，后者是社会主义民主发展的新的更高的阶段”。以“全民国家”代替“无产阶级专政”的结论是在苏共二十二大所通过的党的纲领中提出来的。在苏共纲领中说：“无产阶级专政在苏联已经不再是必要的了……在新的阶段即现阶段上已经变为全民的国家。”赫鲁晓夫认为，这“提出和解决了共产主义最新的和最重要的理论和实践问题”。

马克思和列宁始终认为，无产阶级专政的历史任务主要在于以下几点：一、推翻资产阶级和所有剥削阶级，对国民经济实行社会主义改造，消灭全部生产资料的私人所有制；二、坚持和巩固无产阶级的胜利，镇压资产阶级的反抗，防止被推翻的资产阶级复辟；三、建设社会主义；四、同旧社会的传统作斗争，教育群众、本阶级和所有劳动群众；五、彻底消灭阶级，向无阶级的共产主义社会过渡；六、反对来自帝国主义的武装干涉的威胁，反对帝国主义和平演变的阴谋。按照这一观点，在所有社会主义国家里，其中包括苏联，还远没有完成无产阶级专政的历史使命，不仅从它的国内任务看是这样，从它的国外任务看更是这样。

列宁指出，克服剥削阶级的观点和习惯，消灭其一切余孽——这是无产阶级专政长期的、困难的、需要耐心细致做工作的任务。你们有什么根据肯定，在无产阶级专政还没有完成自己消灭剥削阶级余孽任务的时候，无产阶级专政就没有必要了呢？

列宁还指出，由于资产阶级的影响，由于小资产阶级自发势力的包围和腐蚀作用，以及工人阶级队伍中部分工作人员和国家机关职员中实行高薪制度的影响，可能出现变质分子和新资产阶级分子。现在，在所有社会主义国家里，都还没有解决防止产生新资产阶级分子的问题。如果从这一角度看问题，那就绝不能得出不再需要无产阶级专政的结论。马克思和列宁在谈消灭“一切阶级”的时候，指的不仅是消灭剥削阶级，而且消灭工农之间的阶级差别，还要消灭城乡差别以及体力劳动和脑力劳动之间的差别。在未消灭这些差别之前，无产阶级专政的历史使命即未完成，因而无产阶级专政依然是必要的。

苏共的同志们认为，无产阶级专政现在在苏联已经不需要了。我们想问：难道苏联已经消灭了所有阶级？否！难道苏联已经消灭了工农之间的阶级差别？否！难道苏联已经进入无阶级的共产主义社会？否！难道苏联现在已经没了全民所有制和集体所有制之间的区别？否！难道苏联消灭了城乡之间、体力劳动和脑力劳动之间的差别？否！既然这样，那怎么可以说无产阶级专政已不再需要？！你们放弃无产阶级专政，提出什么“全民国家”的时候，你们才真正犯了严重的错误。

苏共领导还认为，放弃无产阶级专政之后，国家将是“真正的全民民主”，是所谓的“全民国家”，这是对马克思列宁主义理论的荒谬修正。在苏联还存在工农差别、全民所有制和集体所有制的差别的条件下，你们就宣布向“全民国家”过渡，这不能不引起怀疑了，不能不引起严重的忧虑。

第三，关于“全民党”的问题。

在苏共二十二大通过的苏共纲领中，提出了必须以“全民党”代替无产阶级先锋队的问题。这同以“全民国家”代替无产阶级专政一样，是对马克思列宁主义的荒谬修正。按照你们的观点，苏共成为“全民党”有以下理由：其一，不仅工人阶级，而且集体农庄和知识分子都把党看成是自己的党，党的社会成分现在有工人、农民和知识分子，党现在依靠的是最广大的人民阶层，已经成为真正的“人民党”；其二，马克思列宁主义成了全体人民及其先进部分的思想意识形态；其三，建设共产主义成了全体人民的目标。

说实在的，这不是真正的论据，这是诡辩。如果人民把共产党看成是自己的党就该成为“全民党”，那么不应是现在，共产党早就该是全民党了；如果马克思列宁主义是全民的思想意识形态，那么先锋队和群众便没有区别了，党也就没有存在的必要了，也就没有“全民党”或“非全民党”的问题了；如果共产党成为“全民党”是由于它的社会成分里有工人、农民和知识分子，那么，世界上那些包含有各种居民成分的党都可成为全民党了。

从马克思列宁主义的观点看，世界上所有的党都属于一定阶级，没有超阶级的党，所有的党都带有阶级的属性。党性——这是阶级性的集中体现。无产阶级政党——这是唯一能够代表全体人民利益的政党，它之所以能够代表全体人民的利益，是由于它代表无产阶级的利益，体现无产阶级的思想和意志。无产阶级政党能够领导全体人民，是因为无产阶级只有解放全人类之后才能彻底解放自己；是因为无产阶级政党对待问题是从自己的阶级本性出发、从无产阶级现时的和长远的利益出发的；是因为它根据马克思列宁主义实施正确的政治领导；是因为它无限忠于人民和表现出自我牺牲精神；是由于党内建立了民主集中制和铁的纪律。共产党，只有完成自己的历史使命之后，才能随着阶级和阶级差别的完全消除而消亡。只要存在党，它就不可能是“全民党”。

在进入共产主义社会高级阶段之前，你们半路就宣布苏联共产党不再是无产阶级政党，已变成“全民党”，难道这不意味着想把无产阶级政党变成其他阶级性质的政党？！

苏共领导在二十大上提出的所谓反对个人迷信的斗争，同你们修正马克思列宁主义关于党、党的民主集中制原则和党的领导、阶级和群众之间的关系等等有密切的联系。列宁完全正确地指出，历史上任何一个阶级，如果它不推举出自己的政治领袖，即能够组织运动和领导运动的自己的先进代表，它便不能达到统治的目的。他还指出，培养出有经验的和有影响的党的领袖是一件长期的困难的事情。舍此，无产阶级专政及其“统一意志”便将成为一句空话。

中国共产党过去和现在一直认为，无产阶级政党为了成为真正的无产阶级的战斗司令部，应该建立以民主集中制为基础的统一领导；无产阶级政党必须有一个由最可靠的和天才的领袖组成的领导核心，否则便不会有建立在民主集中制基础上的统一的领导；党的领袖是在群众斗争中产生的，他们把全部身心献给了群众并同群众保持着血肉联系，他们善于正确地集中群众的意见并使之贯彻执行，这些领袖博得群众公认，无产阶级政党拥有这些享有崇高威望的领袖——这是该党政治成熟的标志，这是无产阶级革命胜利的希望。

你们在 7 月 10 日的发言中，在涉及我们全面阐述的领袖、政党、阶级和群众的相互关系时，肆意断言，这是你们“在国际共产主义运动历史上第一次遇到公开颂扬个人迷信”。这一诡辩根本帮不了你们的忙。说实在的，在国际共产主义运动的历史上，还没有这样的新发明，利用所谓的反对个人迷信的斗争来颠覆无产阶级事业。你们的这一做法给国际共产主义运动带来了真正严重的损失。

……

康生的发言结束时，没等邓小平宣布“康生同志的发言完了”的话音落地，苏斯洛夫就抢着说，我代表团现在就声明：“坚决抗议歪曲、捏造事实，以攻击诬蔑我们党的领导和赫鲁晓夫同志，攻击诬蔑我党及其代表大会决议。”苏共代表团还声明：抗议近几天北京电台的类似宣传。我们认为，“中共领导要为这些行动负完全责任。”

这已是这次会议上，苏方对中共代表团的第二次抗议了。康生的发言谈到赫鲁晓夫过去如何吹捧斯大林，从二十大起又如何咒骂斯大林，前后矛盾，自己打自己嘴巴。这时，苏斯洛夫满脸通红，当场表示：“你们这么攻击我们党的领导，攻击赫鲁晓夫同志和我们党，对我们党的代表大会进行歪曲、捏造和诽谤，我提出抗议”。并说：“中共领导要对这一切行为承担全部责任”。波诺马廖夫也几次想打断康生的发言，但邓小平没有理会，让康生继续把话讲完。所以，在康生讲完话以后，苏斯洛夫连忙又一次表示抗议，说断然拒绝中共代表团的这个发言。这是过去七次会谈中未有过的现象。

等苏斯洛夫抗议完了，邓小平并没有理会，而是心平气和地按着自己的思路说：现在我想利用这一机会，就两党代表的会晤提点儿建议。

我们的会晤已过去两个星期了。虽然双方暂时难于达成观点上的统一，但双方在两党代表会晤的范围里公开阐明自己的观点，对于相互理解，对于逐步找到共同语言，对于探索消除分歧和巩固团结的途径，还是很有益处的。所以，我们认为这是一个很好的开端。

我们双方清楚地知道，我们两党之间的分歧带有严肃的性质，涉及的问题面很广，要在尽可能短的时间里克服和消除这些分歧是不现实的。我们需要向我党中央汇报这次会晤的情况，以便让我党中央详细地研究你们的观点。看来，你们党中央也需要研究我们的观点。现在重要的是，双方需要冷静下来，研究对方在信里、文章里和发言中所阐述的观点，只有这样才能促使我们两党代表在以后会晤中取得积极成果，为所有兄弟党代表会议的准备和召开创造有利的条件。因此，暂时结束我们两党代表的会晤，以后再在双方协商的时间继续会晤是非常合适的。我们希望苏共代表团考虑我们的建议。

苏斯洛夫说：我们明天答复。

下午三点四十五分，苏共中央联络部中国处工作人员谢德明受安德罗波夫委托通知中方，苏共中央主席团拟于20日下午六时宴请中共代表团，代表团表示接受邀请。

当天下午，代表团发电报向中央报告下午会谈的情况，当天晚上，周总理就直接打电话到莫斯科的中国大使馆，简单地说了几句话：同意代表团的意见，方针已定，不必细说了。

第九次会议：苏斯洛夫和邓小平发言

7月20日上午十时，双方举行第九次会谈。

苏斯洛夫首先就中共代表团提出的暂时结束会晤议题，郑重地发表声明："由于中国的同志们认为暂时停止谈判是适宜的，苏共代表团准备迎合你们的愿望。"同时，苏斯洛夫在声明中，仍不忘指责中共代表团："苏共代表团认为，中共领导想把苏共领导同我们党和全体苏联人民分开的企图对共产党员来说，是不能允许的，这是卑鄙手段，是必遭可耻失败的。中共领导应该明白，此种卑鄙手段只能引起每一位共产党员、每一位苏联人的愤怒。苏联人民任何时候也没有像今天这样，紧密地团结在亲爱的共产党和以杰出的列宁主义者、不知疲倦的劳动者和为劳动人民的幸福、为和平和为共产主义而奋斗的无畏战士——赫鲁晓夫同志为首的党中央周围。这一团结像磐石一样，是牢不可破的，任何居心险恶的诬蔑和诽谤碰到它，都会被彻底粉碎的！"

在宣读完声明后，苏斯洛夫提出：我们还认为，关于我们两党这次会晤通过一个简短的公报是适宜的。我们建议你们注意讨论以下公报草案：

"苏联共产党代表团和中国共产党代表团7月5日至20日在莫斯科举行了会晤……在会晤过程中，苏共代表团和中共代表团各自陈述了本党对当今世界发展和苏中关系一系列问题的立场……双方代表团为了巩固共产主义运动的团结，为进一步会谈和为世界共产党和工人党代表会议的召开创造有利条件，同意停止论战。”

在苏斯洛夫发言之后，邓小平讲话：“苏共中央同意我们关于暂时中断会晤的建议。”他表示“同意下次会晤的时间和地点由我们两党的中央委员会另行协商确定。这一切我们都很高兴”。“苏斯洛夫提出了停止公开论战的问题。我想谈谈对这个问题的意见。我们一贯主张不把兄弟党之间的分歧公之于众，暴露在敌人面前。周恩来在苏共二十二大的祝辞中十分清楚地表明了我党的这一立场。但事与愿违，公开论战还是发生了，它不是我们挑起的……众所周知，在这个问题上，中国共产党的立场一直是被迫的。我们从未首先攻击过其他兄弟党。只是由于其他党公开攻击我们党，我们才被迫给予回答。以前我们是这样做的，今后我们也这样做。在这个问题上，我们没有先发制人，只是在别人先发制人之后，我们才采取相应措施。以后我们也不先发制人。但如果别人先发制人，不论他走多远，我们都将奉陪到底。我们请苏联同志们注意这一事实，不久前苏共公布了《公开信》，而且苏共和许多其他兄弟党对我们进行了多次攻击，对此我们还未给予相应的回答。自然，在我们给予了应有的回答之后，如果不出现言行不一这种状况，不对我们实施攻击，我党将不首先‘攻击’任何其他党……至于苏斯洛夫说停止论战，我们方面表示同意。但是，我们认为言行一致具有特别重要的意义。我们认为，在我们这次会晤之后，在两次会晤之间或下次会晤期间，我们和你们能够达成双方都能接受的停止公开论战的协议。”

会谈休会二十分钟。休会期间，由中方顾问吴冷西、姚溱同苏方指定的萨丘科夫等二人研究修改公报草稿。

复会后，两党代表团就公报草案修改问题，展开了激烈的争论……邓小平指出：苏共代表团提出的公报草案最后一段，我们认为，在公报中先不提这个，因为这个问题需要根据双方以后的实际行动来决定。苏共代表团坚持“是按照实际情况来写的，是有益的”。双方争论来争论去，最终，在这个问题上没能达成一致意见。苏斯洛夫说："怎么，今天就不要这段。"邓小平同意他的意见，说："好，我们还有机会讨论这个问题"。

在会谈即将结束时，邓小平说："……在讨论过程中，尽管我们双方都说了许多对方不能同意的观点，尽管你们说我们的话难听，而我们也说了你们的难听话，尽管如此，我们此次会晤还是好的开端。而且，我们和你们达成了今后继续会谈的协议。我们认为这是好事。我们同意，必须使我们的会晤继续下去，下次会晤的时间和地点由我们两党中央协商。在此，我想顺便表示我们的希望，如果你们代表团，如果苏共中央同意，我们想邀请苏共代表团去北京继续会谈。这个问题，当然，可以特别协商。"

对中共代表团的邀请，苏斯洛夫表示："这个问题，也要由我们两党中央委员会之间讨论"。

经过针锋相对的讨论，双方同意在公报草稿中删掉"停止公开论战"一段。公报经双方代表团同意后通过，内容如下：

> 中国共产党代表团和苏联共产党代表团，于1963年7月5日到20日，在莫斯科举行会谈。参加会谈的有：
>
> 中共方面（名单略）；
>
> 苏共方面（名单略）。
>
> 在会谈中双方就现代世界发展、国际共产主义运动和中苏关系等一系列重大原则问题，阐述了各自的立场和观点。
>
> 根据中共代表团的建议，双方达成协议：代表团的工作暂时告一段落，再过一些时候继续举行会谈。继续会谈的地点和时间将由中共中央和苏共中央另行商定。
>
> 双方商定，在报各自的党中央批准后，公报于1963年7月22日公布。

中午十二时左右，代表团回到大使馆后，向周恩来汇报了最后一次会谈和公报等情况。周恩来于下午二时来电话，说中央完全同意公报稿子。

当天下午五点半，代表团前往莫斯科郊外别墅，参加苏共主席团为中共代表团举行的宴会。

宴会上的唇枪舌剑

7 月 20 日下午六时至八时，苏共中央主席团举行宴会，招待中共代表团。宴会进行中，双方你有来言，我有去语，唇枪舌剑，原则问题互不相让。

赫鲁晓夫祝酒时说："我们还是希望两党能够消除分歧。苏联共产党已经做出了自己的努力，我们对中国共产党是怀有友好的感情的。"

邓小平神情郑重地表示："我们也是带着团结的愿望、友好的愿望到这里来的。我们真诚希望消除分歧。"

赫鲁晓夫马上声明："苏共二十大、二十一大、二十二大的路线是正确的，我们将继续坚持。"他的意思很明确：消除分歧、实现团结只能是你们接受我们的观点。

邓小平摇摇头说："即使分歧一时消除不了，也可以保留各自观点，不要把意识形态上的分歧继续扩大到两国关系上。"

赫鲁晓夫有些急，话讲得很快："至少应该做到互相在报刊上停止攻击。"

邓小平明确指出："你们发表了告全体党员书，你们片面地攻击我们，讲够了。我们不攻击，不用攻击性语言。但我们还没有表示态度呢。我们要表明态度，在适当时机表明态度。"他微微一笑，重复一遍："我们将表明自己的态度，叫两党全体党员了解双方观点。"

赫鲁晓夫将餐刀敲响菜盘："要团结就必须停止相互论战！"

邓小平接着说："停止论战是中国共产党早就提出的建议，你们一直没重视，不接受我们的正确意见，实际上一直在攻击我们，直到现在仍然没有停止这种攻击。我们该答复的总要做出答复。"

宴会在唇枪舌剑中结束。会后，代表团回到住所休息片刻随即赴机场。到机场送行的有以苏斯洛夫为首的苏共代表团成员、我驻苏使馆人员、留学生代表等。中共代表团当天晚上分乘两架专机回国。

北京时间7月21日下午两点半，代表团乘坐的专机安抵首都机场。毛主席、刘少奇、周总理、朱总司令和国家副主席董必武都到机场欢迎代表团。欢迎队伍有各部门的负责同志和群众，一共约五千多人。场面十分隆重热烈。苏联驻华使馆的代表也到机场迎接。

中苏关系已经到了破裂的边缘了

最近，我在撰写这部分回忆过程中翻阅了《毛泽东传》，才进一步了解到，当年，我们在莫斯科期间，北京为了配合中共代表团的斗争，毛主席密切关注着中苏两党会谈并直接指导了中共代表团的工作。两党会谈期间，中央给代表团的指示、复电都是毛主席审定的；7月13日《人民日报》发表《我们要团结，不要分裂》社论的题目，是毛主席拟定的。7月14日，苏共中央在《真理报》上发表《公开信》后，毛泽东和中共中央决定再发表一个声明，同时发表7月14日苏共中央的《公开信》，并再一次以多种语言向全世界广播6月14日中共中央的复信。

中共中央《声明》于7月19日发表。《声明》指出，苏共中央发表的这个《公开信》的内容是不符合事实的，观点是我们不能同意的。《声明》还宣布我们将在适当的时候，对苏共中央《公开信》中提出的问题，加以澄清和评论。

毛泽东在审定《声明》稿时，加写了一大段话，其中说到我们广播苏共中央7月14日的《公开信》的理由是，“这是一篇奇文”，接着引用了陶渊明《移居》诗中的两句，“奇文共欣赏，疑义相与析”，并称苏共《公开信》是“一篇绝妙的反面材料”。①

《人民日报》7月20日刊登苏共中央《公开信》时，同时刊登了《编者按》，列举了苏共中央公开信中采取歪曲事实、颠倒是非的手法

① 该部分内容转引自逄先知、金冲及主编:《毛泽东传（1949—1976)》(下)，中央文献出版社2003年版，第1283—1284页。

攻击中共领导人的事例。例如，关于核战争问题，说中共领导人不惜通过世界核战争牺牲亿万人，来取得社会主义；关于对苏共二十大的评价问题，说中国领导人对它来了一个一百八十度的转弯；关于把思想意识分歧扩大到国家关系方面的问题，本来是由苏联造成的中苏经济贸易缩减，却反而责怪到中国方面。在列举了这些事例后，编者按说："类似这样的情况，通篇皆是，总共有七八十处的样子，举不胜举，我们将在以后的文章中提供材料，加以澄清。"这是毛泽东审定《编者按》时加写的，立此存照。这就是后来以《人民日报》和《红旗》杂志编辑部的名义发表的评苏共中央公开信九篇文章，即著名的"九评"的由来。

这次历时半个月的中苏两党会谈，就在这种情况下结束了。毛主席说，中苏两党的关系还不是完全破裂。但是，离破裂也差不多，已经到边缘了。

1963 年 7 月间的中苏两党会谈，没有能够达成任何结果就结束，从这次会晤双方的发言看，很明显，我们之间的分歧是严重的；而苏英美部分停止核试验的谈判，却在中苏两党会谈结束后第五天达成了协议，签署了条约。

中苏分歧由内部争论逐步演变为公开论战

树欲静而风不止。历史正以它特有的惯性前进着。在苏美关系日趋缓和，我们国内"左"倾思想日趋严重的情况下，中苏分歧由内部争论逐步演变为公开论战。

公开论战：矛头对准赫鲁晓夫

1963 年 8 月上旬，毛泽东召开政治局常委会，专门讨论如何评论苏共中央《公开信》。毛泽东认为，苏方已公开论战，我们也公开论战；矛头对准赫鲁晓夫。

"中央反修文件起草小组"根据政治局常委的指示精神先后写了九篇评苏共中央《公开信》的文章。每篇文章都是由"中央反修文件起草小组"把稿子写好后，送中央审改。

从1963年9月6日到1964年7月14日，以《人民日报》编辑部和《红旗》杂志编辑部的名义一共发表了九篇文章。文章的题目和发表的时间如下：

《苏共领导和我们分歧的由来和发展》（1963年9月6日）；

《关于斯大林问题》（1963年9月13日）；

《南斯拉夫是社会主义国家吗？》（1963年9月26日）；

《新殖民主义的辩护士》（1963年10月22日）；

《在战争与和平问题上的两条路线》（1963年11月19日）；

《两种根本对立的和平共处政策》（1963年12月12日）；

《苏共领导是当代最大的分裂主义者》（1964年2月4日）；

《无产阶级革命和赫鲁晓夫修正主义》（1964年3月31日）；

《关于赫鲁晓夫的假共产主义及其在世界历史上的教训》（1964年7月14日）。

1963年9月6日，发表了评论《公开信》的第一篇文章，题目是《苏共领导和我们分歧的由来和发展》。文章首先批驳了《公开信》关于中苏分歧是从1960年4月中方发表《列宁主义万岁！》等三篇文章开始的说法，并指出中苏分歧是从苏共二十大开始的。文章说：苏共第二十次代表大会，是苏共领导走上修正主义道路的第一步。从苏共二十大到现在，苏共领导的修正主义路线，经历了一个产生、形成、发展和系统化的过程。这篇文章为"苏共领导走上修正主义道路"定了位。

9月13日，发表了评论公开信的第二篇文章，题目是《关于斯大林问题》。文章说，从苏共二十大以来，赫鲁晓夫和苏共某些领导人对斯大林不是全面分析，而是全盘否定；不是用同志的态度，而是用对待敌人的态度对待斯大林。同1956年的《关于无产阶级专政的历史经验》和《再论无产阶级专政的历史经验》相比，这篇文章更多地肯定了斯大林的成绩，淡化了他的缺点和错误。在讲他的错误时，着重讲了他在中国革命问题上的错误。文章说，"中国共产党在历史上曾经犯过'左'倾和右倾机会主义的错误。这些错误，从国际方面的原因说，有几次就是在斯大林的某些错误影响下产生的。早在20年代末期和整个30年代，随后又在40年代的初期和中期，以毛泽东同志和刘少奇同志为代表的中国马克思列宁主义者，就在抵制斯大林的某些错误的影响，并且逐步克服了‘左’倾和右倾机会主义的路线，终于把中国革命引导到胜利。”

修正主义有“三怕”

1963年9月6日至27日，中共中央召开了工作会议。会议最后一天，毛泽东讲话谈到目前对苏共的方针。他说，“我们的方针是确定的。去年在这个地方少奇同志讲了一篇话，今年小平同志讲了一篇，刚才总理又讲了一篇。还是这个方针，叫做坚持原则，坚持团结，坚决斗争，留有余地，后发制人，反对分裂。我们按照这样几句话去做。每一篇文章总是留有余地。现在苏联也学我们，它也是留有余地。凡是气势汹汹的，你不要看它气势汹汹，其中有问题，外强中干。它不敢发表我们的东西。只看这一条，就知道它怕。究竟我们怕修正主义厉害些，还是修正主义怕我们厉害些？我看，它怕我们怕得厉害些。它有三怕，就是那一天小平同志讲的，一怕帝国主义，二怕‘教条主义’（就是我们），三怕人民、老百姓。”

我们的回答仅仅发表了五篇

9月26日，发表了评论《公开信》的第三篇文章，题为《南斯拉夫是社会主义国家吗？》，文章分析了南斯拉夫的对内对外政策，断定南斯拉夫已不是社会主义国家，然后把苏联和南斯拉夫摆在一起进行批判。文中还列举了南斯拉夫已复辟资本主义的五个标志，如：城市私人资本主义继续发展；个体经济尤其是富农经济没有得到改造，反而继续发展，等等。这五个标志为指导中国国内正在进行的反修防修的城乡社会主义教育运动提供了理论依据。

10月22日，发表了评论《公开信》的第四篇文章，题为《新殖民主义的辩护士》。文章指责苏共对待民族解放运动的政策，是压制那里的革命运动，批评了苏共认为殖民主义基本消灭、民族解放运动进入了以经济任务为中心的新阶段的观点。文中实际上提出了“反殖必反修”的论点。这一论点对中国广泛发展同第三世界国家的友好合作关系，产生了不利影响。

在我们连续发表四篇评论《公开信》的文章以后，赫鲁晓夫在10月底到11月初发表两次讲话，一面继续攻击我们，一面又要求停止公开论战。但是1963年苏共中央二月全会以后，他们发表了两千多篇攻击我们的文章、讲话和决议。中央决定对赫鲁晓夫要求停止公开论战不予理会，抓住苏共中央《公开信》不放，继续发表评论。

11月19日，发表了评论《公开信》的第五篇文章，题为《在战争与和平问题上的两条路线》。文章认为赫鲁晓夫的最大错误是“把世界和平的重要敌人，说成是爱好和平的天使”，美化肯尼迪的“和平战略”。文章强调指出，中国主张的是通过斗争和革命维护世界和平、制止世界战争的路线，而苏联主张的是宣传核迷信和核讹诈来取消革命斗争的路线，“是一条适应美帝国主义‘全球战略’的路线”。由于这篇文章过分强调斗争和革命的作用，使中国在对外政策上走向了另一个极端，一度忽视必要的妥协，片面否定在一定时期、一定条件下达成国际性和平协议的可能性。

1963年12月2日，苏联大使馆来电话称，契尔沃年科大使受苏共中央委托要向毛泽东主席转呈赫鲁晓夫第一书记的信件。我们当即报告了杨尚昆主任。当时正值全国人民代表大会举行闭幕式。12月3日，中央决定由杨尚昆、伍修权在人民大会堂福建厅接见苏联大使契尔沃年科。会见中，大使转交了苏共中央第一书记赫鲁晓夫于11月29日署名的，致中共中央毛泽东主席的信。

赫鲁晓夫在信中再次呼吁停止公开论战，声称苏联报刊已经停止发表论战性的材料，提出召开兄弟党国际会议。

毛泽东决定“暂不复信”、继续论战

我党中央收到苏共中央11月29日的来信后，毛主席在12月初召开的一次常委会议上指出，考虑到我们对他们7月14日《公开信》还没有答复完，对于他们呼吁停止公开论战，我们不忙答复，还是继续写我们的评论。

12月12日，发表了第六篇评论《公开信》的文章，题为《两种根本对立的和平共处政策》。文章详尽地论述了列宁关于和平共处政策的基本思想。文章指出，在下列三个问题上，中苏之间存在着原则分歧。第一，和平共处，能不能消除社会主义同帝国主义之间的对立斗争；第二，和平共处，能不能作为社会主义国家对外政策的总路线；第三，社会主义国家的和平共处政策，能不能代替各国的人民革命。答案当然都是否定的。

现在回过头来看，简单地重复列宁在20世纪初做出的某些论断，简单化地说帝国主义本性就是侵略、就是战争根源，而不对战后资本主义的新变化进行科学的分析，在此基础上的争论只能是脱离实际的空话。

在中共中央连续发表的评论苏共中央《公开信》的论战文章的隆隆炮声中，在中苏双方“口水战”、“笔墨官司”、“声明战”中，送走了1963年，迎来了战斗更加激烈的1964年。

1964：中苏笔墨酣战；更加坚定了毛主席“反修防修”的决心

1963年春夏之交，苏中两党先后提出截然对立的国际共运的总路线。在7月举行的两党会谈中双方又唇枪舌剑、互相指责，在会谈进行中，苏共中央发表《公开信》，猛烈抨击中共内外政策，指名攻击毛泽东，会谈不仅没有缓解反而加深了双方的分歧。从1963年9月起，中共中央开始发表评论苏共中央《公开信》的文章，到11月底已陆续发表了五篇文章。苏共中央于11月29日由赫鲁晓夫署名致信中共中央、毛泽东，提出停止公开论战、恢复和加强经贸合作、继续举行两党谈判、筹备召开兄弟党的国际会议等建议。毛泽东决定暂不复信，继续论战，在1963年12月12日发表了第六篇文章《两种根本对立的和平共处政策》。

放开手脚，堂堂正正地进行公开大论战了

1964年2月4日，经过多次修改的《七评》——《苏共领导是当代最大的分裂主义者》发表在人民日报上。《七评》发表前，毛泽东在审稿时，还有两处增补。一处是在“当代最大的分裂主义者”部分，加写了“苏共领导的修正主义和分裂主义，是国内资产阶级因素泛滥和增长起来的产物”；另一处是在“目前的公开论战”部分，加写了“马克思列宁主义是科学，科学是不怕论战的，怕论战的不是科学”。

恼羞成怒的赫鲁晓夫

苏共中央、赫鲁晓夫1963年11月29日致中共中央的自以为充满“善意和解”精神的信函，不但没有得到中共中央相应的回应，反而遭到中共中央于1963年12月12日发表的《两种根本对立的和平共处政策》和1964年2月4日发表的《苏共领导是当代最大的分裂主义者》两文的劈头盖脑的批评。1964年2月，恼羞成怒的赫鲁晓夫召开了有六千人参加的苏共中央扩大全会，苏斯洛夫在全会

上做了题为《苏共为争取国际共产主义运动的团结而斗争》的报告。苏斯洛夫说："今天中国领导人的政策和活动是世界共产主义运动团结的主要危险"，这就"要求我们公开而有力地反对中共领导的不正确观点和危险的行动。"

2 月 15 日，苏共中央扩大全会通过了《关于苏共为共产主义运动的团结而斗争》的决议。决议说："中国领导人采取了恶化苏中两国关系、破坏苏中两国人民友谊的方针。他们拒绝了苏共中央关于使苏中关系正常化的一切建议，在中国国内加紧反苏宣传，粗暴地干涉苏联的内部事务。"决议说，这"要求从思想上揭露中共领导的反列宁主义的立场和坚决反击他们的分裂行动"；"任何人都决不能使苏共离开第二十次和第二十二次代表大会的方针"；但又表示"愿意今后仍致力于苏共和中共关系的正常化"。苏共中央全会将一封写于 2 月 12 日的信函，发给了各国共产党、工人党，号召开展反对中共的运动。

中苏"信函战"

苏共 2 月 12 日的反华信函唯独没有发给中共。天下没有不透风的墙。中共很快获悉苏共向各兄弟党发出了反华信函。于是借此机会向苏共发起了一场"信函战"。

1964 年 2 月 18 日下午 5 时，彭真、杨尚昆受中共中央委托，接见了苏联大使契尔沃年科，质问苏共为什么背着中共散发反华的文件，进行分裂、派别活动。

中共中央于 1964 年 2 月 20 日致函苏共中央，指出苏共领导一方面装着要团结的样子，叫嚷停止公开论战，一方面又背着中共向各国共产党发出反对中共的信件，策动新的反对中共的运动。复信在批驳苏共领导的两面派手法后，提出"我们再一次郑重地要求苏共中央把最近给各兄弟党的反对中国共产党的信，同样交给我们。我们将在研究你们这封信之后，做出我们的答复。"这封复信是根据毛主席的指示起草的并经他阅批后发出的。

这当中还发生了一个小插曲。

当时在中苏两党往来信函中，中共中央发给苏共中央的每一件函件除了提供中文正式文本外，还都附了俄文译本。而由苏共中央发来函件只有俄文正本。那时，无论是把我们的中文正本翻译成俄文，还是把苏共的俄文正本翻译成中文的工作，都是我们中办翻译组承担的。随着双方论战日趋激烈，我们在翻译中也更加小心翼翼，力求准确无误，避免翻译中的用词不当造成“节外生枝”。

然而，在翻译中共中央给苏共中央发去的这封短信的“我们再一次郑重地要求苏共中央把最近给各兄弟党的反对中国共产党的信，同样交给我们”一句时，我和翻译组的几位同事在译“要求”一词时，为如何用俄文表达反复推敲，颇费了一番脑筋。

俄文的“Требовать”和“Просить”都是“要求”的意思，前者语气强硬，后者语气谦和，大家对使用前者还是使用后者意见不一致。最后是用了“Требовать”这个语气强硬的词。

在接到中共中央信的第二天，即2月22日，苏共中央很快就答复了。显然，这封信的内容和措辞使苏共领导勃然大怒，他们语气尖刻，并特别指出我们居然不是“Просить”（请求），而是“Требовать”（要求）他们！这简直是大国主义习气的表现！甚至说“难道有谁会认真地听从你们的腔调，被吓唬住而立刻跑去执行你们的任何要求吗？”“这是根据什么权利呢？”苏共中央在复函中指责中共中央信件语言粗暴、手法不体面，“贼喊捉贼”，把破坏团结的责任通通推到中共身上。

对于苏共中央2月22日的来信，中共中央于2月27日给予了答复。信中指责他们的宗派活动、派别活动、分裂活动被当场捉住，而且证据确凿，铁证如山，赖是赖不掉的。信中还提到，你们说我们2月20日的信中犯了一个错误，是我们“要求”你们，而不是“请求”你们把2月12日的信送给我们。在中国文字里，这两个字的习惯用法并没有像你们所说的有那么大的区别；但是，既然你们把这件事看得这样严重，并且成为不能把2月12日的信交给我们的一个理由，那么好吧，现在遵从你们的意思，请求你们把这封信件发给我们。

现在回想起来，我们在翻译中共中央1964年2月20日致苏共中央的信时，把“要求”一词译成俄文的带有命令口气的语气强硬的“Требовать”（要求），而没有用语气谦和的“Просить”（请求）一词，被理解为“最后通牒”，实际上对当时十分紧张的中苏关系起了火上加油的作用。从苏共中央在当天就急不可待地发出了怒气冲冲的答复中就可以看出“Требовать”一词使得赫鲁晓夫暴跳如雷，无法忍受，在复信中直截了当地指责中共中央来信中用“Требовать”一词就是中共“大国主义”的表现！

在3月7日苏共中央致函中共中央，回答中共中央2月27日的信中，对“要求”译成“Требовать”一词仍耿耿于怀，写到：“中共中央丧失了现实感，试图向我们提出最后通牒，要求把苏共中央2月12日的信寄给它……竟然模糊这件事情的意义，声称在中文里‘请求’和‘要求’两者之间似乎没有差别。我们对于中文有高得多的评价。中国人是具有古老文化的伟大人民，非常清楚地了解‘请求’和‘要求’之间的细微差别。”

应该说，我们把“要求”译成“Требовать”是不恰当的。然而，在当时中苏两党吵得不可开交的气氛下，无论我们所接触到的领导同志或起草小组的秀才们都没有责怪我们，反而称赞我们翻译用词顺应了“激将”对方的意图。当然，在导致中苏两党关系恶化的众多史实中，这可能是一件小事。现在看来，当时，我们在俄文用词的选择上显然是受了大论战情绪的影响，是不妥当的。在两党两国关系发展的历程中，应该慎思明辨，认真总结，吸取教训。

措辞严厉的复信

在《七评》发表后，在毛泽东主持下研究起草了对苏共中央1963年11月29日来信的答复。复信共分五个部分：第一，关于中苏边界问题；第二，关于援助问题；第三，关于苏联专家问题；第四，关于中苏贸易问题；第五，关于停止公开论战问题。答复措辞严厉，实际上是正在进行的论战的组成部分。

中共中央的这封复信牵涉的问题比较重要，不仅仅是答复有关中苏两党的问题，而且还答复关于召开一次新的兄弟党会议的问题和停止公开论战的问题。复信表明，中苏论战远远超出了党与党的关系，已全面影响到了中苏之间的国家关系。为此，中央决定，凡是能够接触到的亚洲党、欧洲党、大洋洲的党，以至美洲的党，都想征求他们的意见，特别是要征求朝鲜劳动党中央、越南劳动党中央的意见。毛泽东说："要商量一下。在内容上、步骤上听听他们的意见。"

2 月 24 日至 28 日，邓小平、康生等专程去河内，同越南党中央负责人黎笋、范文同、长征等进行了会谈。关于我们党中央对苏共中央 11 月 29 日来信的复信稿，越南同志也提了一些意见。总的来讲，他们赞成中共中央的复信，表示要把反修斗争进行到底。同时认为复信的语气尖锐、强烈，建议委婉一些，对欧洲党来讲可能容易接受。

2 月 26 日至 3 月 5 日，朝鲜劳动党中央主席金日成率领由朴金哲、金昌满、朴容国等劳动党中央政治局委员组成的劳动党中央高级代表团应邀来北京。毛主席和中共中央政治局常委多数委员同金日成为首的朝鲜劳动党中央代表团进行了三次会谈。金日成完全同意中共中央的复信。在会谈结束后，应毛主席的请求，金日成留下对罗马尼亚党代表团做些工作。

2 月 29 日晚上，毛主席决定发出给苏共中央的复信。在此期间，罗马尼亚工人党的代表团即将来华访问，呼吁停止公开论战。这样，中共中央的复信，签署的日期是 1964 年 2 月 29 日，送出的日期是 3 月 1 日，但是没有公开发表。罗党代表团抵京后中共中央将 2 月 29 日给苏共中央的复信给他们看了。中央还决定在罗党代表团在华期间暂停发表论战文章。

罗党是来当说客，还是来摸底

3 月 2 日至 10 日，以党中央政治局委员、国务委员会副主席毛雷尔为首的，由政治局委员波多纳拉希、齐奥塞斯库，总理斯托依卡等组成的罗马尼亚党代表团来华访问。以刘少奇为首的，团员由邓小平、彭真、康生、伍修权、吴冷西等人参加的中共代表团，从3月2日至8日同罗党代表团进行了五次会谈。

罗党想保持不偏不倚的态度

在会谈中，罗党代表坚持要求停止公开论战，即使暂时停止也好。刘少奇等中央领导阐述了我们的立场：“公开论战是苏共发起的，要停止公开论战，首先由苏共，以及四十多个发表决议、文章攻击中共的党要承认他们发动公开论战是错误的，撤销他们的决议、声明、文章，公开向全世界宣布。”中央领导同时表示，为了礼貌，为了友谊，在同罗马尼亚党代表团会谈期间，我们停止发表论战文章。

3月5日傍晚，毛主席同中央其他负责同志一起，到钓鱼台十八号楼金日成的驻地，同金日成会谈。

3月7日，中罗两党代表团第五次会谈结束。毛主席原定于3月9日会见罗党代表团。

9日上午，齐奥塞斯库突然提出要求紧急会见中共代表团，说有要事相告，彭真与其进行会谈。

经请示毛主席后，彭真等会见了齐奥塞斯库。

3月10日上午，中罗两党代表团举行第六次会谈。

在中罗两党代表团会谈过程中，罗马尼亚代表团在每次会谈中都是着重谈停止公开论战的问题，但是，差不多每一次在谈停止公开论战之前，都提到罗马尼亚跟苏联有争论，什么南斯拉夫问题、经互会问题、华沙条约国的问题、联合企业的问题、苏联撤军的问题，甚至于还讲到斯大林时期对罗马尼亚党怎么样表现大国沙文主义等等。

3月10日的下午，毛主席在人民大会堂北京厅会见罗马尼亚党代表团。

从3月3日开始的中罗两党代表团会谈，到10日毛主席会见的时候，整整八天。双方都相当充分地发表意见，阐明了各自的立场。我们没有赞成罗马尼亚党所提出的停止公开论战的建议，也不赞成延长暂停的建议。

罗马尼亚代表团 11 日休息一天，3 月 12 日离开中国到朝鲜访问。

我们报刊上从 3 月 2 日罗马尼亚代表团到达北京那一天起，就暂停发表公开论战的文章，一直到 3 月 12 日晚上。从 3 月 13 日起，即罗马尼亚党代表团离开的第二天起，我们就陆续发表左派党同苏共进行论战的文章和讲话。

“说客”？“摸底”！

中罗两党代表团会谈的翻译工作是由我们的罗文翻译承担的，我们中办翻译组没有参加。但是每天的会谈记录，杨尚昆主任都批给我们阅读。在钓鱼台八号楼“反修文件起草小组”会议上，每次会谈回来，康生、吴冷西也讲讲会谈的花絮，有时我也在场。印象最深的是，康生气愤地讲到罗马尼亚代表，特别是其中的齐奥塞斯库，“态度恶劣”，百般纠缠着要中共停止公开论战。我记得康生说“他们肯定是赫鲁晓夫的‘说客’”。

罗党代表团走后，中央就中罗两党代表团会谈情况发了一个党内通报，其中明确指出这次罗党代表团来华，劝说中共停止公开论战，是充当了赫鲁晓夫的说客，等等。

时隔不久，从布加勒斯特传来我驻罗使馆的一封加急密电，报告了罗党政治局委员波多纳拉希约见我临时代办王栋，并同他进行了长时间的谈话，表示罗党中央、乔治 - 乌德治同志完全支持中国共产党，并将同中共一起反对苏共的大国主义。波多纳拉希还告诉王栋，他们路过莫斯科同苏共中央会谈时，苏联同志告诉他们，说中共中央发了一个通知，称他们是苏联的“说客”。

这份电报在钓鱼台“中央反修文件起草小组”的会议上引起了轩然大波，大家议论纷纷，甚感出乎意料。大家说既然他们同意我们党的观点，为什么会谈时态度迥然不同。康生分析说，原来他们不是来做“说客”，而是来“摸底”！他们一而再、再而三地要我们停止同赫鲁晓夫论战，甚至不惜同我们争吵，为的是摸清我们党在同赫鲁晓夫大国主义的斗争中究竟会不会坚持到底。他们担心在反对苏联霸权主义的斗争中，如果明确表示站在中共一边，而中共半途却同赫鲁晓夫“和解”，他们岂不要遭到灭顶之灾，赫鲁晓夫绝不会饶过他们！阿尔巴尼亚的前车之鉴不可不防呀。

大家对我使馆来电称苏方居然掌握了我党内部通报的内容，知晓我方人员曾气愤地称罗党代表团为“说客”一事大为惊讶，苏联怎样会这么快就搞到情报。据闻中央还责令有关部门追查此事。结果如何，不得而知了。

后来，在苏共新领导坚持召开分裂会议时，罗党和我党一起拒绝参加。在中共中央7月28日给苏共中央的复信里，毛主席特意加上北宋词人晏殊《浣溪沙》中：“无可奈何花落去，似曾相识燕归来”的名句。据康生解释，此处的“归来燕”即指罗马尼亚党。

我记得在我驻罗使馆来电中提到，波多纳拉希讲，乔治乌-德治身患绝症，罗党中央内部已推举齐奥塞斯库为接班人。大家对乔治乌-德治患不治之症深表婉惜，对他在重病中毅然决然地做出支持中国党反对赫鲁晓夫霸权主义斗争的决策钦佩不已。而对齐奥塞斯库将接班并不感到意外，在两党会谈时，他的谈吐举止已令人注目。

1965年3月20日，毛泽东等领导人在悼念乔治乌-德治逝世的电报中对他给予了极高的评价：“在坚持兄弟党、兄弟国家相互关系的准则、维护社会主义阵营的团结、维护国际共产主义运动的团结和保卫世界和平的斗争中，他做出了重大的贡献。”

而在3月25日毛泽东等祝贺齐奥塞斯库等当选的电报中，更进一步明确指出：“罗马尼亚人民在反对大国沙文主义、维护社会主义阵营和国际共产主义运动的团结和反对帝国主义、保卫世界和平的事业中做出了重要贡献。”更证明了罗党的立场。

公开论战还要继续下去

1964年3月8日，还在中罗两党会谈期间，杨尚昆接见苏联大使。

苏联大使转交了3月7日苏共中央致函中共中央，回答中共中央2月27日的信件。

苏共中央的复函认为，中共中央来信的中心点实际上是加强公开论战，反对苏共、反对整个国际共运；拒绝改善苏中关系的建议，对苏共和苏联臆造种种指责和诽谤性攻击。

苏共中央3月7日给我党中央来信，既是对中共中央2月27日信的答复，也是对中共中央2月29日给苏共中央信的答复。苏共中央3月7日的这封信，我们在同罗马尼亚党代表团会谈时已收到。当时中央的意见是暂不处理，待同罗马尼亚党会谈以后再说。

罗马尼亚党代表团离京后的第二天，即3月13日，《人民日报》陆续发表左派兄弟党批评苏共的声明、决议、文章和讲话。也是从这一天起，我们又恢复重播我们评苏共中央《公开信》的第七篇文章，即《苏共领导是当代最大的分裂主义者》。同时起草班子加紧修改《八评》，也在起草《九评》。

3月31日，中共中央就发表了评苏共中央《公开信》的第八篇文章，题目是《无产阶级革命和赫鲁晓夫修正主义》(简称《八评》)。

《八评》的开头一段话，是毛泽东加写的，说明为什么要写这篇文章。“本文想讨论一个大家都熟悉的、很出名的问题，这就是所谓‘和平过渡’问题。这个问题之所以出名，弄得大家都注意起来，是由于赫鲁晓夫在苏共第二十次代表大会上提了出来，在苏共第二十二次代表大会上用纲领的形式加以系统化，以其修正主义的观点，反对马克思列宁主义的观点。一九六三年七月十四日苏共中央的公开信，又重弹这个老调。”

《八评》发表以后，苏共发表二月全会的决议，掀起一个反华运动。4月3日，在莫斯科同时发表了苏共中央二月全会的三个文件：一是苏斯洛夫在苏共中央二月全会上的反华报告《苏共为争取国际共产主义运动的团结而斗争》；二是苏共中央二月全会的反华决议《关于苏共为共产主义运动的团结而斗争》；三是苏联《真理报》4月3日的反华社论。

4月27日，《人民日报》开始发表有关苏共中央二月全会的文件和

《真理报》社论。苏共中央主席团委员、书记处书记苏斯洛夫的报告，全文一共有八万字，《人民日报》用五个版的篇幅全文转载。

4月28日，《人民日报》又把赫鲁晓夫从4月3日到4月18日这十六天里接连发表的十二篇公开讲话中的有关反华部分全摘录发表了。

在这十六天里面，赫鲁晓夫从4月3日起，也就是说从苏共公开发表二月全会文件那一天起访问匈牙利。他在访匈期间一共发表了六次讲话，对中国进行了恶毒的攻击。

在发表上述苏共中央二月全会的反华文件和赫鲁晓夫反华言论的时候，《人民日报》用编辑部的名义又加了一个按语。这是根据毛主席的意见写的。

苏共中央4月3日的举动，在中国共产党看来，是使论战升级的重要步骤。按照预先商定的方针，决心一面继续写《九评》给予还击；一面采取拖的办法，尽量推迟中苏分裂的时间，一个重要措施，就是以毛泽东等的名义给赫鲁晓夫七十寿辰发贺电。

给赫鲁晓夫祝寿的贺电应该讲点儿实质问题

还在1964年3月，毛主席在政治局常委会议上提出，今年4月是赫鲁晓夫的七十寿辰，我们可致电祝贺。毛主席说，电报不能完全是礼节性的，应该讲点儿实质问题。赫鲁晓夫越要大反华，我们越要采取同他相反的姿态，他要坚决反击，我要坚决友好，他要分裂，我要团结。这样我们就处于主动地位，争取国际同情。进可攻，退可守。这样他可能发表，也可能不发表，我们要争取他发表，让苏联人民和全世界知道我们的态度。会上常委们都同意了。

在16日凌晨，莫斯科时间正是15日夜晚，贺电用明码发到莫斯科，16日晚上，中央人民广播电台播发新华社的贺电通稿，17日，《人民日报》发表了贺电的全文。

毛泽东等党和国家领导人祝贺赫鲁晓夫七十寿辰的贺电全文如下：

苏联共产党中央委员会第一书记、苏联部长会议主席尼·谢·赫鲁晓夫同志：

亲爱的同志，在你七十寿辰的时候，我们向你祝贺，祝你健康长寿。

中国共产党人和中国人民，对于生长在列宁主义故乡的、具有长期革命传统的苏联共产党人和苏联人民，一向怀着深厚的兄弟情谊和最大的尊敬，对他们在十月革命以来的几十年间所获得的伟大成就，表示热烈的祝贺。

中苏两个伟大兄弟国家的人民，有着共同的利益和共同的斗争目标。从根本上说，只要我们采取马克思列宁主义的立场，以美国为首的帝国主义和各国反动派就绝不会放松它们的反苏、反华、反共、反革命、反人民的政策。

我们坚决相信，由于我们两国人民的要求，由于全世界各国革命人民的要求，中苏两党、两国和我们的人民，在反对帝国主义和各国反动派、坚持马克思列宁主义和无产阶级国际主义、坚持社会主义阵营团结和国际共产主义运动团结、支持全世界被压迫人民和被压迫民族的解放的革命运动、维护世界和平的斗争中，从长远看来，总是要紧密地团结起来的。

尽管我们同你们之间存在着关系到马克思列宁主义一系列原则问题的分歧，存在着不团结的状态，但是我们坚决相信，这只是暂时的，一旦世界发生重大事变，中苏两党、两国和我们的人民，就会站在一起共同对敌。让帝国主义和各国反动派在我们的团结面前颤抖吧，它们总是会失败的。

中苏两国人民的伟大团结和友谊万岁！

战无不胜的、革命的马克思列宁主义万岁！

中国共产党中央委员会主席　毛泽东

中华人民共和国主席　刘少奇

全国人民代表大会常务委员会委员长　朱　德

中华人民共和国国务院总理　周恩来

1964 年 4 月 16 日

从4月17日起，中国报刊和通讯社、广播电台不发表也不广播批评苏共的文章。毛主席原来批示是要暂停一个星期，实际上停了十天。十天以后，4月27日，经毛泽东批准，《人民日报》摘要发表了苏共中央二月全会的反华决议和苏斯洛夫的反华报告，以及《真理报》在发表这些文件时配发的反华社论，并加写了按语，申明："苏共领导公布的这批反华文件、讲话和文章，以及在此以前和以后公布的一切反华文件、讲话和文章，我们都要在对苏共中央公开信答复完毕以后，依次给予回答。"

这是在论战中"立此存照，将来再议"的通常做法。

5月7日，发表了对苏共中央3月7日来信的复信。与这封复信同一天全文发表的，还有中共中央1964年2月20日、2月27日、2月29日给苏共中央的三封信，和苏共中央1963年11月29日、1964年2月22日、3月7日给中共中央的三封信。

经过中央多次开会讨论，对苏共中央《公开信》的第九篇评论——《关于赫鲁晓夫的假共产主义及其在世界历史上的教训》一文，7月14日在《人民日报》发表，距中共中央《关于国际共产主义运动总路线的建议》发表刚好一年零一个月。

苏共中央意在强行召开国际会议

1964年6月20日下午三时，伍修权接见了苏联大使契尔沃年科，大使交来6月15日苏共中央对我党5月7日信件的复信。签署日期是6月15日，但五天后才收到。当时，中央正在忙于修改《九评》，毛主席指示对来信可暂不处理。

苏共中央6月15日的来信，很明显地表现他们要强行召开国际会议和它的筹备会。

刘少奇在28日主持政治局会议讨论通过对苏共中央6月15日来信的复信，并决定在7月28日晚上广播、7月29日登报。复信中劝告苏共中央不要硬开一个公开分裂国际共产主义运动的会议。

中共中央7月28日发出的信，只隔了两天，7月30日，苏共中央致函中共中央。在这封信里，苏共领导断然拒绝了我们的劝告，而且下了死命令召开筹备会。

8月29日，刘少奇主持有各中央局第一书记参加的政治局（扩大）会议，讨论经毛主席召开会议审定的对苏共中央7月30日来信的复信稿。会上，大家一致同意采取拒绝参加苏共强行召集的、片面的、非法的二十六国党筹备会的立场，并通过了给苏共中央的复信。这封复信是8月30日发出的。

这封复信里，已经明白地宣布我们坚决反对苏共召开分裂的国际会议，绝不参加这个会议，也绝不参加它的筹备会，态度明确坚定。当时中苏关系实际上已陷于僵局。

苏共中央全会满足了赫鲁晓夫“辞职”的请求

1964年秋，正值中苏论战进行得难解难分的时候，中共中央刚发表了《九评》，从苏联方面突然传来了赫鲁晓夫被撤职的消息。

我总算按时完成了任务

1964年10月14日深夜，苏联大使馆打电话给我，说契尔沃年科大使受苏共中央委托请求紧急会见毛泽东同志。我立即报告了中央办公厅主任杨尚昆。根据当时的惯例，杨尚昆主任决定请中联部副部长伍修权接见他。

午夜十一时五十分，我和朱瑞真乘坐的汽车与大使契尔沃年科的汽车几乎同时到达中央联络部。

伍修权接见时，契尔沃年科宣读了苏共中央刚刚做出的决议：赫鲁晓夫由于年事已高，健康欠佳，向苏共中央提出了解除他苏共中央第一书记、中央主席团委员、苏联部长会议主席职务的请求。10月14日，苏共中央全会满足了赫鲁晓夫的请求，并一致推选勃列日涅夫为苏共中央第一书记，一致同意向苏联最高苏维埃提名柯西金担任苏联部长会议主席。接着，契尔沃年科说：苏共中央要求我务必于北京时间零时前把此决议转交中共中央。现在是午夜十一时五十六分，我总算按时完成了任务。

伍修权说：我可以替您作证，您准时完成了苏共中央交办的任务。简短的会见到此结束。

送走契尔沃年科后，我立即径直返回中南海，连夜向杨尚昆主任汇报。

在“静观”中采取推动工作

当时，苏联政局还不明朗，赫鲁晓夫下台的真正原因也不清楚。苏联新领导人的对华政策究竟如何也有待澄清。毛主席和中央其他领导认为，赫鲁晓夫被撤职毕竟是件好事，我们应该表示欢迎；要做工作，推动苏联的变化，争取扭转中苏关系恶化的趋势。同时，要观察一个时期，而且，在国际会议上必要时还要同苏联争一争，该反对的反对，该弃权的弃权。

当然，采取静观的方针，也不是对这件震动世界的大事毫无反应。为此，毛主席、党中央决定采取一系列重大步骤，以便推动中苏关系的改善。

首先，10 月 16 日，根据毛主席的决定，周总理指示外交部草拟毛泽东、刘少奇、朱德和周恩来以中共中央、全国人民代表大会常务委员会和中国政府的名义，给勃列日涅夫、米高扬、柯西金的贺电，祝贺他们分别担任苏共中央第一书记、苏联最高苏维埃主席团主席、苏联部长会议主席。

第二，毛主席、党中央决定派周总理率领中国党政代表团赴莫斯科参加十月革命四十七周年庆祝活动；同苏联领导接触；并倡议其他社会主义国家也派党政代表团去苏联，以便进行接触，交换意见。根据中央的决定，周总理亲自会见苏联和其他社会主义国家的使节，把中共中央的建议通知他们。

第三，中央决定在北京破格扩大庆祝十月革命四十七周年活动的规模。11 月 5 日，毛泽东、刘少奇、朱德、周恩来给苏联领导人发出了节日贺电。11 月 6 日，首都各界举行了庆祝大会。中共中央委员、中苏友协副主席刘宁一在大会上发表讲话。11 月 7 日，邓小平、彭真等中央领导同志出席苏联大使馆举行的国庆招待会，彭真代表中共中央讲话。即日，《人民日报》发表了《在十月革命旗帜下团结起来》的社论。8 日的报纸还登载了勃列日涅夫在纪念大会上的报告。

在会议过程中还决定，现在暂时不发表论战的文章，我们自己不发表，其他兄弟党跟苏共进行论战的，特别是批判赫鲁晓夫的也不发表。所谓静观，就是包括不采取行动、按兵不动这样一种姿态，这也是对苏联一个友好的表示。因为这个时候再论战、再骂赫鲁晓夫，显然是不合时宜了。过去我们在论战中集中火力对着赫鲁晓夫，只点了他的名字。现在，他垮台了，你还骂就不得人心了。

毛主席很有风趣地说，我们过去对国民党是打打停停、停停打打，现在对苏共领导集团也是这么打打停停、停停打打。

在国庆节前，从 9 月 15 日起就暂停发表反修的文章，到 10 月 10 日又重新恢复公开论战，发表反修的文章，从 10 月 10 日到现在，得知赫鲁晓夫下台，不到一个星期，我们又暂停，停下来看一看再说。

10月 28 日，周总理接见苏联大使契尔沃年科，请他转告苏共中央，中共中央建议派团去祝贺十月革命四十七周年庆典，并同苏联领导人进行接触。

考虑到社会主义国家的不同立场，10 月 29 日，周总理首先会见了越南、阿尔巴尼亚、罗马尼亚和古巴等国的使节，向他们通报了中共中央的倡议，说明这一倡议的目的是寻求团结。苏联同阿尔巴尼亚已经断交，所以，周总理还特别向阿尔巴尼亚大使解释中共中央倡议的意图，并分析了可能产生的结果。阿大使说，他将报告阿党中央，但他相信阿中央不会派人去苏联。对此，周总理表示理解。

之后，周总理再次接见苏联大使，说：中共中央决定派出以我为团长的党政代表团去苏联，以便进行接触，并建议苏联邀请所有社会主义国家的代表去莫斯科。

10月30日，周总理接见保加利亚、匈牙利、捷克斯洛伐克、波兰、蒙古和民主德国的驻华大使，向他们转达了同样的建议。次日，苏联大使转告周总理，苏共中央和苏联政府欢迎中国党政代表团去苏联参加十月革命四十七周年庆典。

改善同苏联关系的重大步骤

根据毛主席和中央常委会议做出的决定，中共中央采取一系列重大步骤，推动中苏关系的改善。

11月5日，毛主席、刘少奇主席、朱德委员长、周总理四人联名给苏共中央第一书记勃列日涅夫、苏联最高苏维埃主席团主席米高扬、苏联部长会议主席柯西金发了一个祝贺十月革命胜利四十七周年的贺电。

周恩来率领中国党政代表团访苏

11月5日，周总理率领中国党政代表团离开北京前往莫斯科。代表团副团长为贺龙，团员有康生、刘晓、伍修权、潘自力、乔冠华等，顾问有姚溱、王力、余湛等；我和王钢华、邢书钢等作为翻译随团前往。同机前往的还有以范文同为团长的越南党政代表团。

前来莫斯科参加十月革命庆祝活动的东欧国家的党政代表团，差不多都是党的第一把手领头。保加利亚是日夫科夫，匈牙利是卡达尔，德意志民主共和国是乌布利希，波兰是哥穆尔卡，蒙古是泽登巴尔，等等。但是，捷克斯洛伐克是由第二把手亨德利赫出席，它的第一把手诺沃提尼没有来，留在国内，据说是因为国内要举行大选。罗马尼亚第一把手乔治乌－德治也没有来，而由毛雷尔领头。朝鲜是金一，越南是范文同，古巴是格瓦拉。阿尔巴尼亚拒绝派出代表团。

代表团抵达莫斯科后，11月6日，周总理、贺龙副总理等先后会见了勃列日涅夫、柯西金和米高扬。周总理表示，我们这次来访，除了参加庆祝活动外，还希望进行接触，互换意见。我们希望这会为今后打下一个好的基础。

出访前，在国内已经准备好了周总理在十月革命庆祝大会上的讲话稿，呼吁中苏两党在马列主义和无产阶级国际主义的基础上团结起来。周总理向勃列日涅夫提出希望能在大会上致辞，勃列日涅夫以大会没有安排外国代表团讲话为托辞婉拒。当天下午，周总理、贺龙副总理和我党政代表团其他同志出席了在克里姆林宫举行的庆祝大会，勃列日涅夫做了报告。

11 月 7 日，中共代表团在红场观礼。周总理和贺龙副总理站在列宁墓的观礼台上和苏联领导人一起检阅阅兵式及群众游行队伍。当时，莫斯科大雪纷飞，天寒地冻。苏联领导人都身穿着厚厚的皮大衣，头戴皮帽子，还时不时地到列宁墓下的休息室喝咖啡、喝酒取暖。周总理穿着单薄，里面是灰色中山装，外边是一件黑色呢大衣，在凛冽的寒风中一站就是三个多小时。我站在他身后，非常担心他的身体，生怕他冻病了。周总理的卫士长高振普拿了厚厚的皮大衣在下面休息室等候。我几次建议周总理换上皮大衣，他都坚持说不冷，不用换。莫斯科市民的游行队伍走过来了，游行的人群看见观礼台上的周总理和贺龙副总理，都高高地举起小旗帜欢呼着向中国代表致敬。

苏共新领导本身很虚弱，内部矛盾重重

11 月 7 日晚上，苏共中央和苏联部长会议在克里姆林宫宴会厅举行酒会。大厅的主席台上放着一张长方形的大餐桌为主宾桌。苏共中央领导和各国代表团的团长沿长桌站着。周总理、贺龙副总理和康生站在主桌旁，我和王钢华、邢书钢分别给他们做翻译。大厅的两边离主桌约十米处，分别摆了很多餐桌。苏联其他党、政、军及社会各界的领导人和各国代表分别站在这些餐桌旁边。主席台左边的第一个餐桌旁站着苏军的高级将领们。周总理、贺龙副总理和他们中间的罗科索夫斯基、崔可夫等都认识。

酒会开始后，勃列日涅夫致辞。过了片刻，勃列日涅夫把国防部长马利诺夫斯基找来，把麦克风拉到他身边，让他祝酒。马利诺夫斯

基讲话冗长，其中还抨击了美国的政策等等。不少外国记者走到前面来录下了他的讲话。

严重的挑衅事件："酒后吐真言"

马利诺夫斯基的祝酒辞结束后，周总理建议贺龙副总理一起去看看苏军的老朋友们。周总理走到苏军将领们的餐桌旁，我紧随在他身后。苏军元帅和将军们看见周总理走过来，纷纷和他握手，十分热情。大家为中苏传统友谊碰杯。

贺龙副总理走到主席台旁，王钢华跟着去做翻译。马利诺夫斯基看见贺龙副总理，一开始就有意挑衅。他说："我们的元帅服太浮华，我喜欢战士的短袄。我们的元帅服是斯大林胡造[①]的，而你们的是毛（指毛主席，下同）胡造的。"王钢华给贺龙元帅翻译了内容。贺龙说："你胡说些什么呀，我不懂你是什么意思！"

说完，他就转身走向周恩来和其他苏军将领们那边去。马利诺夫斯基也跟着走过来，嘴里不住地嚷嚷着，"不要让任何鬼来扰乱我们的关系，不要耍政治魔术，不要让任何毛、任何'赫鲁晓夫'再妨碍我们。"马利诺夫斯基对贺龙嚷着，"我们已经把赫鲁晓夫搞掉了，而你们要把毛搞掉[②]，才能友好。"贺龙怒声说道：你简直胡说八道。由于场面混乱，那句"我们已经把赫鲁晓夫搞掉了，而你们要把毛搞掉"的话，没有及时翻译。王钢华正想给总理补译，我驻苏使馆翻译张大可赶过来，对王钢华讲，潘自力大使要他转告周总理，在场的美国记者在录音。录音这个事情很严重，王钢华马上报告了总理，这样就把后半句"你们要把毛搞掉"漏译了[③]。即使这样，也激怒了周总理，他推开马利诺夫斯基，同贺龙一起向勃列日涅夫走去。

这时，有几位苏军元帅大声地说，"我们不同意他的说法！"而扎

---

① "胡造"俄文为骂人的脏话"狗造的""Насобачить"，特记录在案，供懂俄文的读者查询。——作者注

② 俄文为："Убрать Мао"。——作者注

③ 参见大型文献纪录片《共和国外交风云 5：分道扬镳》。

哈罗夫元帅则接着说，“每种蔬菜都有自己成熟的时候。”

周总理当即向勃列日涅夫等苏共领导人提出严正抗议，向勃列日涅夫、苏斯洛夫和米高扬指出，马利诺夫斯基这么讲是严重的挑衅，我们坚决不能同意。为什么在这种友好的庆祝会上竟然发生这样的事件？当时，勃列日涅夫他们有点儿吃惊，马上派人去查问。

查问的人回来以后，勃列日涅夫说，这件事情不是我们中央的意见，马利诺夫斯基不能代表我们中央。他喝醉酒了，酒后失言，请中国代表团不必介意。

周总理郑重地对勃列日涅夫说，这根本不是什么酒后失言，而是酒后吐真言，说了他心里的话。中国代表团认为这是一个严重的挑衅事件，请苏共中央认真对待我们的意见，并要求对方道歉。

周总理讲话时声音很大，在场的许多人都围过来。苏方一再解释马利诺夫斯基喝醉酒。周总理不同意他们的说法，说完，和中国代表团全体成员退出宴会厅。

代表团来到我驻苏使馆，连夜给中央起草电文，报告发生的严重事件。

为了把事情搞准确，总理还要我们几个翻译到一起，反复核对事情的经过。当我们讨论到扎哈罗夫说的“每种蔬菜都有自己成熟的时候”这句话怎么理解时，王钢华说，他是接着马利诺夫斯基“你们要把毛搞掉”的话说的。这时才发现当时漏译了马利诺夫斯基这句话。于是，我们立即向周总理报告了漏译的经过。周总理叫我们把整个过程写出来。我和王钢华连夜赶写，并在书面材料上签了字，交给周总理和代表团。当夜，周总理向中共中央发了加急密电。

返回别墅的时候，已经是凌晨三点多了。

周恩来的严正抗议

莫斯科时间 11 月 8 日上午，中共代表团收到中央的电报。

中午，苏共领导人勃列日涅夫、柯西金、米高扬、安德罗波夫和葛罗米柯等到中国代表团住所拜访并共进午餐时，周总理说，苏共欢迎我们来，是不是为了当众向我们挑衅，是不是期待着中国党也撤换毛泽东的领导？

周总理指出，马利诺夫斯基公然提出“推翻毛泽东”，这不仅严重地破坏了中苏关系和缓的可能性，而且对中国国内政局的发展带来了恶劣的影响。西方国家的媒体 11 月 8 日从莫斯科发出消息说，苏共已和中共达成协议，要毛泽东下台，由周恩来当主席。难道这也是偶然的巧合？如果不是苏联领导人中有这种思想，马利诺夫斯基敢这样胡说八道吗？！

勃列日涅夫等辩解说，他们是事后得知的，感到不安和愤怒。说马利诺夫斯基是酒后胡言，不代表苏共中央；他已经受到中央委员会的谴责。

周恩来当即代表中共中央向苏共中央正式提出抗议，要求苏共中央对这件事做出正式答复。

苏方听了很慌张。勃列日涅夫马上同米高扬、柯西金商量一会儿之后，一本正经地宣布：现在我们以中央委员会的名义向你们道歉。我们同马利诺夫斯基划清界限……等等。

周总理指出，马利诺夫斯基并非酒后失言，而是酒后吐真言，不是简单的个人行动，而是反映了苏联领导人中仍有人继续坚持赫鲁晓夫那一套，对中国进行颠覆活动。

当时，整个宴会气氛很紧张。我们代表团非常气愤，根据中央指示，绝口不提其他问题。苏方也许还想谈别的问题，看到这种气氛也谈不下去了。

到宴会快结束的时候，周总理考虑到中央指示电中要代表团采取攻势，我们有许多话还没有讲，在宴会上也不宜做长篇讲话，于是，向勃列日涅夫提出，代表团要同苏共中央主席团的领导成员举行正式会谈，并建议 9 日就谈。

苏共方面说，他们要同许多其他兄弟党会谈，9 日白天的日程已经排满。后来苏方同意中苏两党代表团在 9 日晚上会谈。

11 月 9 日晚六时开始，中苏两党举行正式会谈。以周恩来为首的我党代表团全体成员出席，苏方参加会谈的只有勃列日涅夫、米高扬和柯西金，苏斯洛夫没有参加。

10 日上午，代表团就把 9 日晚第一次会谈的情况向中央汇报，同时请示中央，除了前一次指示以外，还有什么进一步的指示。

11 日，以周总理为首的代表团同苏共代表团进行第二次会谈。

在会谈中，周总理首先提出，希望苏联领导人说明解除赫鲁晓夫职务的政治原因。勃列日涅夫敷衍搪塞，拒不正面回答问题，而把话题转到停止公开论战上去。

周总理谈到关于召开兄弟党国际会议问题，这也是当时我们同赫鲁晓夫争执不下的问题。我们主张推迟召开，赫鲁晓夫则下命令必须在 1964 年 12 月 15 日召开起草委员会会议，1965 年 5 月召开大会。我们认为，召开兄弟党会议的条件并未成熟；采用兄弟党协商的办法，通过双边和多边协商，开个团结的兄弟党的会议是一回事，而坚持赫鲁晓夫下命令召开的分裂的会议是另一回事。重申我们主张开团结的大会，反对开分裂的大会。而且迄今为止，已经有七个党决定不参加 12 月 15 日的会，其中包括中国、阿尔巴尼亚、罗马尼亚、朝鲜、越南、印尼、日本等国的党。

但是，在这一问题上，勃列日涅夫和苏共其他领导人却仍然坚持要在 12 月 15 日召开起草委员会会议，也不讲什么道理，采取了绝不妥协的态度。

周总理进而追问，在赫鲁晓夫下台以后，究竟是继续执行他的路线，还是要改变他的路线？

这时，米高扬终于忍耐不住，脱口而出说："在同中国的分歧问题上，我们同赫鲁晓夫没有任何不同，甚至没有任何细微的差别。所有决定是苏共中央集体做出的。"①

---

① 米高扬所说的"没有任何细微的差别"俄文原话是："Нет никаких разниц даже в нюансах и оттенках"。特记录在案，以供懂俄文的读者查询。——作者注

周总理说，既然你们和赫鲁晓夫在中苏分歧上没有不同，那我们还有什么可谈的呢？

最后，周总理正式表示了意见：在赫鲁晓夫被解职，各兄弟党兄弟国家派代表团来苏联祝贺节日的新气氛下，进行接触，了解情况，交换意见，看看是否找到团结反帝的新途径，这就是我们的全盘计划。现在情况清楚了，既然你们同赫鲁晓夫毫无差别，共同愿望就很难找出来了。马利诺夫斯基的挑衅使新气氛没有了。

这次会谈从下午五时持续到深夜十一时三十分，最后不欢而散。

第二天，11 月 12 日，苏方又要求会谈。勃列日涅夫向我党代表团介绍了赫鲁晓夫下台的原因，但没有讲多少具体内容。勃列日涅夫谈到最后，突然提出举行中苏两党会谈的建议。周总理根据中央指示电，回答他们说，我们代表团将向中共中央报告你们的建议。

原想做一点儿推动工作……

在莫斯科期间，周总理、贺龙副总理还分别同朝鲜、罗马尼亚、波兰、古巴、德意志民主共和国、越南、英国的代表团多次接触，介绍同苏联领导人会谈的情况。

在与各国党代表的谈话中，周总理反复表示，“我们这次来，是要了解背景，交换意见。”“赫鲁晓夫下台是好事，这会使苏联党和政府的政策有一些变化。变化究竟有多大，我们还要观察。”“我们想做一点儿推动工作，推动他们向好的方面变化。”关于公开论战，周总理谈到，“公开争论是赫鲁晓夫挑起的，并指名侮辱了我们党的领袖。我们现在看不出目前有停止争论的可能。”最后，周总理谈道，“苏联新领导是要在没有赫鲁晓夫的领导下继续执行赫鲁晓夫的政策”，“通过这几天的接触，我们发现情况比原来预计的更坏。现在的苏联领导软弱，内部矛盾、混乱、动荡；各方面的压力很大。这是原来没有想到的。”

11 月 13 日，周总理和代表团离开莫斯科回国。在赴机场途中，柯西金对周总理说，我们和赫鲁晓夫还是有所不同，不然，为什么要解除他的职务呢。他还提议，举行苏中两党的高级会议。周总理表示，将向中共中央转达苏共中央的建议。

11 月 14 日，周总理和代表团飞抵北京，毛泽东、刘少奇、朱德、董必武、邓小平等党和国家领导人，以及各民主党派负责人和群众代表数千人到机场热烈欢迎。

事隔多年，直到苏联解体后，苏共中央档案陆续公开。1995 年，我在莫斯科看到了 1964 年 10 月 14 日苏共中央全会上，苏斯洛夫做的关于赫鲁晓夫所犯错误的报告速记记录，才知道苏斯洛夫在全会上仍然坚持了攻击中国共产党的立场，并号召“继续同中共斗争下去”。这就是马利诺夫斯基放肆挑衅的真实背景；这就是米高扬公开表示的“在同中国的分歧上，我们同赫鲁晓夫没有任何细微差别”的含义所在；这就是勃列日涅夫坚持要召开分裂会议的原因所在。

回想 1964 年，当时，中共代表团在中国驻苏使馆研究情况时，周总理就以他敏锐的洞察力对苏联新的领导班子做出了明确结论：苏联新领导虽然解除了赫鲁晓夫的职务，但是，他们仍要继续坚持赫鲁晓夫那一套，即他们要当“老子”，继续执行没有赫鲁晓夫的赫鲁晓夫政策。历史果然证实了周总理的判断是正确的。

在这期间，“中央反修文件起草小组”根据所了解到的情况和各方面的意见，特别是我们代表团到莫斯科同苏共新领导会谈之后的情况，起草了一个关于赫鲁晓夫下台的社论。

这个社论经过多次修改，11 月 18 日在毛主席召开的政治局常委会议上讨论定稿。11 月 21 日用《红旗》杂志社论的形式发表，题目是《赫鲁晓夫是怎样下台的？》。

这篇社论，只讲赫鲁晓夫，了结他这桩公案，对苏共新领导一句话也不谈。

难忘的 1964 年在激烈的笔墨酣战的硝烟中过去了……赫鲁晓夫下台后，苏共新领导坚持没有赫鲁晓夫的赫鲁晓夫路线，堵塞了改善中苏关系的道路。

马利诺夫斯基公然提出“推翻毛泽东”，这不仅严重地破坏了中苏关系和缓的可能性，而且对中国国内政局的发展带来了恶劣的影响。苏联军方头目公然扬言要推翻中共的领袖，使得毛主席更加坚定了在国内反修防修的决心。

1965：中苏“藕断丝连”；翻译组的任务越来越少

1965 年 2 月初，新任苏联部长会议主席不久的柯西金率党政代表团访问越南往返途中，在北京作短暂停留。在京期间，周总理和毛主席先后接见了他。

周总理秘书马列通知我：“总理不打算同柯西金进行正式会谈，在机场贵宾室，在车上谈谈就行了。”我提出：“总理同柯西金谈话怎样记录，我又翻译又记录，怕记不完整”，建议请中办机要室派速记员担任记录，而在车上可请有关部门安装录音机，这样就有保证了。马列请示周总理后同意了上述建议。中办机要室派出熟练的速记员李瀚全配合我工作，并请专业机关在周总理陪同柯西金乘坐的苏制“吉斯”车上装了录音设备。

柯西金企图说服中共参加国际共运会议

柯西金 2 月 5 日到达北京，6 日飞往越南，10 日又回到北京，11 日返回莫斯科。在京期间，柯西金与周总理进行了多次交谈，11 日启程回国前还与毛主席进行了非正式会谈。

周总理、柯西金四次会谈

2 月 5 日，柯西金飞抵北京，周总理、陈毅副总理到机场迎接。

在首都机场的贵宾室里，周总理同柯西金稍事寒暄后，便向他提出发展两国关系的六点建议：

一、面临着《中苏友好同盟互助条约》签订十五周年，最好双方把彼此的贺电、讲话都在报纸上发表，表示我们双方采取一致的态度。

二、发展两国贸易，并且可以在某些项目上长期合作。

三、过去有些建设项目没有完成，如果可能的话，我们应该把它完成。换句话说，就是把过去的那些建设项目做个结束。

四、文化合作协定的年度计划，过去几年执行得不好，我们希望今年能够执行得好一点儿。

五、我们要派一些留学生去，希望得到你们的回答。当然，如果你们也提出要派留学生来，我们应该相应地满足你们的要求。

六、双方的旅行协定，我们也希望能够执行。

对上述六点，柯西金表示赞成。可能柯西金觉察到，周总理的谈话既然涉及发展两国关系的重要内容，为什么选择在机场休息室这种非正式场合来谈呢，是不是不打算再会晤了，便婉转地表示："难道我们只能在机场会谈吗？"

周总理连忙说："我们还要会面的。"

从机场到城里的路上，周总理与柯西金同乘一辆"吉斯"，进行了第二次会议。周总理坐在后座的左侧，柯西金坐在右侧，我坐在总理前面的折叠式的辅座上。周总理的卫士长坐在前座的右侧，机要室的李瀚全坐在前座的中间，随时记录周总理同柯西金的谈话；驾驶员坐在左侧。

在途中，周总理有几次按电动车窗的升降钮，谁知这辆苏制"吉斯"车太"老"了，车窗的玻璃上下动了一次以后，周总理再按时，玻璃降下后居然升不上来了。此时，我们乘坐的一号主车跟随前面的开道警车飞驰地前进着，从无法关闭的车窗不断地刮进强风，这时，我侧身用背部挡着车窗。卫士长发现了这一情况，低声地用报话机同警车联系，刹那间，整个车队停了下来，卫士长急忙下车，跑到车的左边，用力把车窗玻璃拔了上来，才算结束这场"事故"。

2 月 5 日下午，周总理同柯西金再次举行会谈，主要讨论了苏共坚持要召开国际共运会议问题。柯西金表示：他们有新的想法，会议还是要开，但已改为"协商会晤"，不草拟文件，请中共参加。

周总理表示：三月会议是赫鲁晓夫的东西，我们坚决反对。我在莫斯科就说过，中共不参加那个会议，不管它叫什么名称，因为，包括中共在内的各兄弟党没有授权苏共新领导发号施令。他还说：去年，我去莫斯科时，就劝苏共新领导不要把赫鲁晓夫的这个包袱接过来，要把它扔掉，改弦更张，另起炉灶，重新搞起。这样，双方总能找到一些共同点。周总理明确地指出：如果新领导硬要召开这个会议，中国方面无法阻止，其结果一定会造成一个分裂的形势。

柯西金说，在中苏争吵中，确实有许多是人为制造出来的东西，不过苏共新领导一定会尽一切力量来巩固同中国的关系。

柯西金在2月5日的会谈中首先提出越南问题，说这是新做法，与过去不同，苏联准备供应武器。他还说，"需要帮助他们（指美国）从越南撤军。"

2月6日，周总理与柯西金再次会谈。柯西金抱怨中共领导人不理解他和勃列日涅夫对改善中苏关系的愿望。周总理除了对一些问题做了解释外，仍然劝柯西金取消这次会议，通过实际行动表现出对改善两国关系、防止两党分裂的诚意。

会谈结束后，周总理、陈毅等前往机场为柯西金送行。

陈毅说，如果中共去参加会议也是投降

送行的路上，与陈毅副总理同乘一辆车的苏共中央对外联络部部长安德罗波夫对陈毅说，苏联在会议的名称、内容和开会日期方面已经都做了改动，这实际上是对中共的妥协，如果再取消这个会议那就不是妥协而是投降了。陈毅说，如果中共去参加会议也是投降。

10日，苏联党政代表团结束了对越南的访问回到北京。在陈毅与安德罗波夫的又一次接触中，安德罗波夫说，不单是苏共，还有许多其他兄弟党主张开这样一次会，请中共让他们跨出这一步，让他们开这个会，会后，两党一切都从头做起。陈毅说，可不可以通过协商找一个说法，既不开会，也不说取消会议。安德罗波夫没有回答。

11日上午，周总理与柯西金进行第五次谈话，就经贸和越南问题交换了意见，但没有发表会谈公报。

中苏两党领导人最后的会面；最后一次给毛主席当翻译

2月11日下午，毛主席在中南海游泳池会议室接见了柯西金。参加会见的中方有刘少奇、周总理、邓小平等，苏方有安德罗波夫等。我、李凤林、孙林担任翻译，李瀚全担任记录。这是我最后一次给毛主席当翻译。

1965年2月11日，以苏联部长会议主席柯西金为首的苏联党政代表团去越南访问，回国途经北京作停留和工作访问。图为毛泽东、刘少奇等国家领导人与柯西金一行会谈。阎明复坐在毛主席后侧左方，这是他最后一次给毛主席当翻译

会谈开始时，苏方译员还给柯西金翻译，把他的讲话译成中文，稍后气氛紧张起来，柯西金主动让中方译员翻译他的发言。

这次谈话中，毛主席谈得非常尖锐，用词尖刻，整个气氛相当紧张，但也有张有弛。虽没有达成任何协议，但也不是表示根本不可能改进关系。

我保存了毛主席会见柯西金的一张照片，毛主席坐在中间，我坐在毛主席和柯西金的后边，再后一排是李瀚全、李凤林和孙林。这张珍贵的照片见证了中苏两党领导人最后的会面，也是我最后一次给毛主席当翻译的永久的纪念。

柯西金于2月11日当天下午返回莫斯科。在送柯西金赴机场途中，周恩来说，双方对外交问题、国际问题需要经常交换意见。我们之间的观点和政策可以有不同意见，可以不公开地、非正式地交换意见，了解对方的想法。

事后，我和李瀚全整理了这次中苏两党领导人会见的全部记录，

包括2月5日周恩来、柯西金在机场贵宾室的谈话；周总理、柯西金在车上的谈话；2月5日下午周总理、柯西金会谈；2月6日上午周总理、柯西金会谈；2月11日上午周总理、柯西金会谈；2月11日毛泽东同柯西金的谈话。

任务完成后，我把全部记录交给了新任命的中办副主任。

赫鲁晓夫分裂主义继承者的“莫斯科三月会议”

1965年3月1日至5日，苏共新领导勃列日涅夫等，不顾各方的反对，如期举行了所谓“协商会晤”。被邀请参加“协商会晤”的二十六个党中，只有十九个党参加：保加利亚、匈牙利、民主德国、古巴、蒙古、波兰、苏联、捷克斯洛伐克、阿根廷、英国、联邦德国、意大利、叙利亚、芬兰、法国、美国、澳大利亚、巴西和印度。中国、阿尔巴尼亚、越南、印尼、朝鲜、罗马尼亚、日本七个国家的党没有参加。

3月10日，发表了《关于在莫斯科举行的共产党和工人党代表协商会晤的公报》。在公报发表前，苏联驻华使馆代表于8日将“协商会晤”秘书处的一封信和公报交给我党。

3月23日，《人民日报》和《红旗》杂志编辑部发表了《评莫斯科三月会议》的文章。文章指出，苏共新领导虽然改了一个名称，叫“协商会晤”，但它的性质还是一个分裂的会议。赫鲁晓夫下台后，苏共新领导勃列日涅夫掌权，仍然不听兄弟党的劝告，还是要开会。可见，他们在这个问题上，和赫鲁晓夫没有一丝一毫的差别，是赫鲁晓夫分裂主义的继承者。文章揭露了苏共新领导“三假三真”的面貌：假反帝、真投降；假革命、真出卖；假团结、真分裂。文章指出，三月会议“是一个公开分裂国际共产主义运动的极其严重的步骤”；“国际共产主义运动的两条路线的斗争，已经进入了一个新的阶段”。

我们中办翻译组参加了这篇文章的翻译工作，这是我们组解散前执行的最后一项任务。

“文革”前最后一次出国：陪同彭真访问印度尼西亚

1965年的五月间，中央决定由中共中央政治局委员、书记处书记，中共北京市委书记、北京市市长彭真率领中共代表团参加印度尼西亚共产党成立四十五周年庆祝活动，同时，又以全国人大常委会副委员长身份应印尼国会的邀请率领全国人大代表团对印尼进行友好访问，代表团主要成员为：中共中央委员、全国人大常委会副委员长、中华全国总工会主席刘宁一，中共中央委员、全国人大代表、广东省省长陈郁等。

“文革”前最后一次出国惹上了“麻烦”

从50年代中期，陪同彭真访问苏联东欧六国起，我曾多次随他出访和参加国际会议，有时一年中就随行出访几次，彼此间已经非常了解，在出访过程中，无论是在工作上，还是日常生活上的照顾，都与首长配合得十分默契。代表团出发前，彭真对我说：“这次去印尼，你做我的秘书，张彭就不去了，你熟悉情况，内外联系都可以……”就这样，这次我不是作为翻译，不承担具体工作，而是作为彭真临时秘书出访印度尼西亚的。这也是“文革”前，我最后一次出国。

1965年5月，彭真委员长访问印尼回国后同代表团成员合影。后排左五为阎明复

顺便说几句，就这么一件看起来极简单不过的事，在之后不久爆发的“文革”运动中，却成了彭真和我“里通苏修”的一桩非常严重的“罪证”。受指派，刘宁一曾代表组织与我谈话说，“彭真访问印尼，为什么带你去？”“跟苏共代表团有什么接触？”……康生交代，要我写揭发彭真的材料。在秦城监狱提审时，“专案组”反复逼供、诱供，要我交代“走资派”是怎样通过我“勾结苏修”的……当然，这都是后话。

印度尼西亚共产党

第二次世界大战之后，印度尼西亚民族独立运动高涨。独立后，总统苏加诺倾向社会主义阵营，是激进的民族主义者，对中国的友好到了亲密无间的地步。当时，以美国为主的西方国家大都不承认中华人民共和国，不同意中国进入联合国。1965 年 1 月 10 日，印尼政府以退出联合国来表示对中国的支持。在国内，苏加诺总统得到了印尼共产党的支持，作为回报，苏加诺总统也让印尼共产党放手发展，党的组织遍布印尼党政军各个部门，苏加诺总统身边也不乏共产党人。许多印尼华侨也加入了印尼共产党。

印度尼西亚共产党成立于 1920 年 5 月，是一个富有创造性和战斗性的无产阶级先锋队，是印尼人民争取民族独立和社会解放的伟大旗手，她密切联系群众，深受人民爱戴，印尼民众普遍支持共产党，因此，印尼共势力迅速发展壮大，成为 20 世纪 50 年代和 60 年代，世界上除苏共、中共之外的第三大共产党组织，号称有三百万党员。

从国际共产主义运动及党际关系上来讲，印尼共与中共是非常友好的，由此，印尼共受到中共的影响极大；印尼共总书记艾地① 就是毛泽东的崇拜者，也是毛泽东思想的追随者，他曾说，他是毛主席的小学生。

从 50 年代中期起，印尼共产党总书记艾地和其他领导人频繁访问中国。同样，那时中国共产党也给了印尼共以无私支援。在中苏两党交

---

① D.N. 艾地（1923~1965），印度尼西亚共产党主要领导人，国际共产主义运动著名活动家。1959 年 9 月印尼共六大上，当选为中央委员会主席。曾多次率印尼共代表团访问中国。1965 年印度尼西亚“九三〇事变”后被捕，随即被枪杀。——作者注

恶后，印尼共坚定地支持中国共产党。毋庸讳言，那时，中共是在“左”的思想倾向主导下，印尼共产党自然也受到了这种思想的影响。

在印度尼西亚共产党建党四十五周年之际，1965 年 5 月 20 日，毛主席给印尼共中央发去了热情洋溢的贺电，代表中共中央、全体党员和中国人民，向光荣的印尼共、英雄的印尼人民致以最崇高的敬意，称赞“以迪 · 努 · 艾地同志为首的印尼共……是国际共产主义运动中一支忠于马克思列宁主义、坚决反对现代修正主义的坚强突击队。”“中国共产党以有印度尼西亚共产党这样亲密的坚强的战友而感到十分自豪。”

彭真副委员长就是在印尼共发展达到顶峰时期，两党两国关系非常友好的氛围中，率领中共代表团和全国人大代表团，于 5 月 21 日到 6 月 5 日，访问印度尼西亚、参加印尼共建党四十五周年庆祝活动的。

为有你们这样坚强的战友而感到自豪

在访问期间，彭真团长和中共代表团应邀参加了印度尼西亚共产党成立四十五周年庆祝活动，并与印尼共中央委员会主席艾地和其他领导人进行了同志般的友好会谈。

彭真团长与全国人大代表团，会晤了苏加诺总统和印度尼西亚政府、临时人民协商会议、合作国会、最高评议会、民族阵线和“纳沙贡”[①] 的领导人。代表团还在雅加达、泗水、万隆、楠榜等地进行了参观访问，同印尼人民群众和各方面的负责人进行了广泛的接触。代表团所到之处受到极为热烈的欢迎，又一次亲身感受了印度尼西亚人民对中国人民的兄弟情谊。

5月25日，彭真团长应印尼共领导人的邀请，在印度尼西亚的“阿里亚哈姆”社会科学学院发表讲话。

彭真团长在讲话时，首先强调了印度尼西亚共产党是伟大的、坚强的、马克思列宁主义的政党。在反对帝国主义和反对现代修正主义

① “纳沙贡”（N ASA KOM），即印尼语民族主义、宗教和共产主义三个词的词头。由苏加诺倡导，以求在印尼实现民族主义、宗教信仰和共产主义三种力量的团结与合作。——作者注

的斗争中，做出了重大的贡献。中国共产党和中国人民，为有你们这样坚强的战友而感到自豪。

讲演中，彭真团长特意引用了印尼共中央主席艾地的观点：“艾地同志说过，‘在世界范围内，亚洲、非洲和拉丁美洲是世界的农村，而欧洲和北美则是世界的城市。为了争取世界革命的胜利，世界无产阶级必须重视亚洲、非洲和拉丁美洲的革命，也就是说世界的农村的革命，除此以外，是没有其他的道路的。’”

接下来，彭真团长着重讲了反对帝国主义和反对现代修正主义斗争的问题。

赫鲁晓夫修正主义者硬说亚洲、非洲和拉丁美洲地区“不是矛盾的焦点”，“不是和不能是现代矛盾的中心”，不可能成为目前世界革命风暴的主要地区。谁要是阐明这个事实，就被他们斥责为“对革命力量的阶级分析被用地理原则来取代”，被他们骂为“民族主义者”、“种族主义者”、“肤色主义者”、“地理主义者”。赫鲁晓夫修正主义者一看到亚洲、非洲和拉丁美洲人民起来反对以美国为首的帝国主义，就用和帝国主义同样的腔调，叫嚷什么“有色人种反对白色人种”。这种论调，毫无马克思列宁主义的气味，是对无产阶级革命事业的一种背叛。散布这些论调的目的，不过是要压制和瓦解亚洲、非洲和拉丁美洲地区的革命运动，为帝国主义，特别是美帝国主义推行新殖民主义效劳。

同马克思列宁主义者相反，赫鲁晓夫修正主义者根本不相信人民群众的力量，不相信任何反抗美帝国主义的斗争能够胜利。他们是唯武器论者，唯核武器论者。他们拼命渲染战争的恐怖，叫嚷核武器出现以后，就不能进行反对帝国主义的斗争，不能革命了。他们自己没有胜利的信心，还要动摇瓦解别人的胜利信心和斗志。他们自己不革命，也不许别人革命。他们自己投降，还要拉着或者压着别人投降。

赫鲁晓夫修正主义者，提出“和平共处”、“和平竞赛”、“和平过渡”的总路线，对帝国主义实行“绥靖主义”，实际是投降主义，为美帝国主义的反革命全球战略服务。他们提出“全民国家”、“全民党”

的谬论，抛弃无产阶级专政，改变共产党的无产阶级先锋队的性质。他们用大国沙文主义和民族利己主义代替无产阶级国际主义，分裂社会主义阵营和国际共产主义运动，破坏全世界革命人民的大团结。

对于上台已经半年多的苏共新领导，彭真指出："我们原来希望他们能够改正错误，回到马克思列宁主义的道路上来，至少也要比赫鲁晓夫好一些。但是，他们的所作所为同我们的愿望相反。"今天，马克思列宁主义者不但有了对付老机会主义的经验，更重要的是有了对付赫鲁晓夫的经验。马克思列宁主义是照妖镜，事实是照妖镜。不管赫鲁晓夫修正主义者七十二变还是七十三变，他们终究是要在照妖镜面前大现原形的。赫鲁晓夫修正主义的出现，不过是历史发展过程中的一个插曲。他们不管怎样喧嚣一时，不过是给帝国主义以及他们自己唱挽歌。"小小寰球，有几个苍蝇碰壁。嗡嗡叫，几声凄厉，几声抽泣……"现代修正主义者的命运绝不会比他们的前辈好一些。

彭真团长在讲演中强调："毛泽东同志深刻地分析了战后国际阶级力量对比的变化，他指出，'全世界反帝国主义阵营的力量超过了帝国主义阵营的力量。优势是在我们方面，不是在敌人方面。''一切过高地估计敌人力量和过低地估计人民力量的观点，都是错误的。'世界形势的发展，已经进一步证明了毛泽东同志论断的正确性。"

同赫鲁晓夫修正主义路线相反，中国共产党、印度尼西亚共产党和其他马克思列宁主义政党所实行的路线，是一条彻底革命的路线，坚持反对帝国主义的路线，坚决支持被压迫人民和被压迫民族革命斗争的路线，维护世界和平的路线。只有实行这样的路线，才能够打击美帝国主义的侵略气焰，既能推进各国人民的革命，又能赢得世界的和平。

兄弟情谊胜于手足

在访问期间，给我们代表团留下最深刻印象的是，在首都雅加达最大的体育场举行的印尼共产党成立四十五周年庆祝大会，印尼共领导人艾地、苏加诺总统和众多的高级军政官员出席，与数十万民众同庆印尼共产党的生日。

这次庆典的重头活动是举行跨印尼各大岛的印尼共党旗传递活动，成千上万的民众在各地迎接传递印尼共的旗帜，最后到达雅加达体育场。当人数众多的传递队伍涌进体育场时，在场的民众高声欢呼，锣鼓乐喧天，在身着民族服装的队员们簇拥下，高举党旗的旗手昂首阔步走上主席台……然而，令我们不解的是，党旗没有献给印尼共主席艾地，却交给了苏加诺总统。

我们代表团中有的同志是土生土长的印尼华侨，曾长期献身印尼党的事业，看到此情此景也不禁感慨万分，一时找不到适当的语言来表达自己的感受。

看到印尼共的发展壮大、受到广大群众的真心拥戴，我们从内心深处替他们高兴，同时，我们也感觉出存在着一种潜在的危机。在既虎视眈眈、武装到牙齿，又有外国敌对势力暗中支持的强大对手眼皮底下如此炫耀自己，是福是祸，难以预料。当时，彭真以一位久经考验的老无产阶级革命家的敏锐头脑，意识到了一些什么，曾提醒艾地要防止和应对突变，并向艾地建议，要组织两套领导班子，一套在“地上”，一套在“地下”……

在代表团的访问即将结束前，艾地主席邀请彭真团长和代表团到茂物印尼共的一座农场去休息。

印尼是世界上最大的群岛国家，地跨赤道，大部分地区为热带雨林地区，终年高温。我们虽然身着薄薄的夏装，室内整天开着空调，但仍然终日汗流浃背，一回宾馆就跑去“冲凉”。而距离雅加达仅五十多公里的茂物，虽然海拔仅二百六十六米，却气候宜人，另有一番天地。

印尼共的农场在茂密的森林中，到处都是不知名的热带的奇花异草。平展的草坪上放着几条长木椅，长条桌上摆满了热带水果。宾主一边品尝奇异的水果，一边聊天。艾地主席指着剥开的榴莲说，这种水果营养价值极高，有水果之王的美称，闻着臭，吃着香，类似中国的臭豆腐。但代表团中好像无人敢问津。

我记得，彭真团长谈到这次访问的印象，再次强调说，在形势大好的情况下，要看到逆转的可能，要有两手准备，吸取历史上两次被迫转入地下的教训……同志间感情有如手足，有说不完的话，道不完的情，不知不觉将近黄昏。

这时，忘记了是谁大声地建议，趁天色尚早，一起合影吧。于是，就有了这张珍贵的照片。这张照片可能是艾地和他的几位战友同中共领导人的最后一张合影。

1965 年 6 月 5 日，中共代表团、全国人大代表团结束了对印尼的友好访问，回到北京。

6 月 18 日，彭真和刘宁一副委员长向全国人大常委会做了关于访问印度尼西亚共和国的报告。在报告中，彭真副委员长着重讲道，我们不仅看到印度尼西亚在促进亚非团结的事业中，在加强新兴力量对抗腐朽力量的斗争中，正在发挥着越来越重要的作用，我们还高兴地看到，印度尼西亚"纳沙贡"的政治合作和民族团结，正在日益巩固和扩大。通过代表团的这一次访问，中国和印度尼西亚的友好合作关系，必将得到进一步的加强。

前排中间为彭真，左二张上明，左三、左四和左五为印尼共领导人，右五艾地，右四陈郁，右三护士长；后排左二朱庭光，左四过家鼎，左五阎明复，右五李之玉，右三伍应光

不幸而被彭真言中了

我们再也无从知晓，是艾地主席被大好的局面左右失去了警惕，没有接受彭真团长的建议呢，还是印尼军人政变事件爆发得太紧急、太突然，来不及做出应变的准备呢……令人万分惋惜的是，就在我们代表团离开印尼后不到四个月，彭真团长再三提醒印尼共“要防止突变”的警告就演变成了血淋淋的现实。

为铲除那些与苏加诺总统关系紧张而又亲美的军方高级将领，以防止他们发动军事政变，推翻苏加诺总统，改变印尼的政局，使印尼转向西方，1965 年 9 月 30 日深夜，印尼军方以翁东中校为首的一些拥护苏加诺、又与印尼共产党关系良好的少壮派军官，决定先发制人，抢在前面，用极端手段发动了军事事变。这一行动被称为“九三〇事变”。

10 月 1 日，以战略后备部队司令苏哈托为首的印尼陆军中的右翼势力集团，在美国等外国势力支持下，果断地发动了军事政变，迅速指挥陆军对“事变”的发动者进行了全面“反击”，并指责此事件是印尼共产党策划的。忠于苏哈托的部队向首都雅加达挺进，进攻电台和电讯大楼……随后就控制了整个国家，“九三〇事变”完全失败。由此，引发了印尼历史上最残酷血腥的反共大屠杀，右翼势力对印尼共产党进行了全面清剿。政变军方出于对共产党和进步人士的仇恨，采取了活埋、刺杀、枪决等极端残暴的手段……全国陷入一片恐怖之中。

10 月 5 日，印尼共中央政治局委员约诺最先被捕，后被处死刑；印尼共产党第一副主席鲁克曼和第二副主席约多在军方的追捕中被杀；印尼共第四号人物苏斯蒂曼随之遇难。到 1967 年 3 月，印尼共产党中央政治局五名常委中有四名遇难，十名政治局委员中有六人遇难。其他中央委员和各级党组织负责人，以及大批党员骨干纷纷被捕牺牲或关入监狱，全国各地的党组织陷于瘫痪。据不完全统计，从 1965 年年底到 1966 年年中大半年的时间里，约有五十万人被捕，最保守的数字，有二十五万多人被杀。1965 年 11 月 22 日，艾地主席被捕，几小时后被枪决。从此，印尼共进入最困难时期，第三次转入地下。

杨尚昆被免去中办主任职务；中办翻译组的任务越来越少了

自从1964年7月14日发表了第九篇评论苏共《公开信》的文章后，第十篇评论文章难产。中办翻译组的任务越来越少了。赵仲元跟随杨尚昆去陕西长安县牛角大队去搞“四清”[①]。长安县有个传说，说历史上凡是从京城长安、洛阳、开封出巡的大官，谁到过牛角村，他就像钻进牛角一样，很快就要倒霉了。我们听后哈哈大笑，认为这是谎言，不符合历史唯物主义。不幸，这种历史的巧合，又应在杨尚昆身上。

1965年11月10日，中共中央通知：任命汪东兴为中央办公厅主任，免去杨尚昆中共中央办公厅主任职务。杨尚昆被调到广东省担任省委副书记。有些经过延安整风的老同志意识到政治气候正急剧变化，大有“山雨欲来风满楼”之感。

1965年12月5日，杨尚昆在离开中办前，同我们谈话时语重心长地指出，“由于中苏关系逐步恶化，你们的翻译任务不多了，你们要及时转向研究工作。研究苏联、研究苏共，这是一件具有重大意义的工作，有很多经验和教训有待你们去研究、去探讨、去总结。研究要从做好大事记、积累材料做起。此外，你们已经参加过一届农村‘四清’，今后要争取再参加一届城市‘四清’。这样，你们对中国的农村和城市，对中国的国情就会有个初步的了解。将来无论到什么工作岗位上都会终生受益的”。

我们这些年轻人还天真地认为越南战争正逐步升级，杨尚昆与胡志明非常熟悉，很可能是名义上调杨尚昆去广东工作，实际上委托他担负抗美援越的任务。

1965年9月至1966年5月期间，我和朱瑞真也由中办安排去搞了大半年“四清”。考虑到临时有任务回北京方便，便被派到彭真抓的一个“四清”工作点，即北京市顺义县李遂公社。这个公社的工作团长是彭真的秘书张彭，他与我们很熟悉。

---

① 当时中办随杨尚昆去陕西的有三十多人。——作者注

1966：中苏两党中断一切往来；中办翻译组终结

1966年初春，根据彭真指示，中办领导人打电话把我和朱瑞真从“四清”工作地点叫回来，看看文件，为参加苏共二十三大做些准备工作。

中共拒绝派团出席苏共二十三大

1966年2月24日，勃列日涅夫以苏共中央名义致信中共中央和毛泽东，邀请中共派代表团出席将于3月29日召开的苏共第二十三次代表大会。

我们在北京等了几天，随后听说，毛主席反对派代表团出席苏共二十三大，他在讨论是否派代表团出席苏共二十三大的政治局常委会议上说，我们去不去参加苏共二十三大是一个重大的原则问题，去与不去，都关系我们对中苏关系采取的方针。在这个问题上，有些党在动摇不定。要使人家不动摇，首先自己不动摇。我看不能去，也不必发贺电。

根据毛主席的指示精神，中共中央于3月22日复信苏共中央，拒绝派代表团参加苏共二十三大。复信全文如下：

苏联共产党中央委员会

亲爱的同志们：

中国共产党收到了苏联共产党中央委员会1966年2月24日的来信，邀请我们派代表团作为客人参加你们的第二十三次代表大会。

一个党召开代表大会，邀请别的兄弟党派代表团参加，在通常的情况下，应该说是一种友好的表示。但是，就在你们发出这次邀请的前后，你们在苏联向党内外散发反华文件，并且从上到下，直到基层单位，组织一系列的反华报告，煽动反华的歇斯底里。你们还向其他国家的党发出反华信件，策动他们同你们一起反华。你们放肆地污蔑中国共产党，说我们“好战”，“假革命”，“不反帝”，“鼓励美帝国主义的侵略”，“冒险主义”，“分裂主义”，“托洛茨基主义”，“民族主义”，“大国沙文主义”，“教条主义”，等等。你们还制造谣言，说什么中国“阻挠援助越南”，“中国侵略苏联领土”，甚至说“中国不是社会主义国家”。你们这一系列的反华活动只能说明，你们的这一次邀请是故意作态的，是别有企图的。在这种情况下，怎么能够设想，被你们看做是敌人一样的中国共产党去参加你们的大会呢？

中国共产党过去曾经多次参加过苏联共产党的代表大会。在赫鲁晓夫修正主义集团篡夺苏共领导以后，我们也派过代表团参加你们的第二十次、第二十一次和第二十二次代表大会。但是，你们在苏共第二十次代表大会上，突然大反斯大林。斯大林是一位伟大的马克思列宁主义者。你们反斯大林就是反马克思主义。在第二十二次代表大会上，通过了彻头彻尾的修正主义纲领，公开地大反阿尔巴尼亚，并且指责中国共产党，使我们的代表团团长不得不中途回国。

俄国是列宁主义的故乡，曾经是国际工人运动的中心。在斯大林逝世以后，以赫鲁晓夫为首的苏共领导，逐步地暴露了自己背叛列宁、背叛列宁主义的真面目，走了德国社会民主党伯恩施坦、考茨基背叛马克思和恩格斯，背叛马克思主义的老路，使苏共领导变成现代修正主义的中心。

在过去的十年中，我们进行了一系列的努力，希望你们回到马克思列宁主义的轨道上来。在赫鲁晓夫下台以后，我们又向苏共新领导提出了多次的劝告，希望你们改弦更张，我们对你们做到了仁至义尽，而你们却毫不悔改。

苏共新领导上台以后，沿着修正主义、分裂主义和大国沙文主义的道路越走越远。你们一上台，就宣称你们坚决执行苏共二十大、二十二大的赫鲁晓夫修正主义总路线。你们当面对我们说，在国际共产主义运动问题上，在对中国的问题上，你们同赫鲁晓夫没有一丝一毫的差别。你们不仅没有宣布撤销 1963 年 7 月的反华《公开信》，1964 年 2 月的反华报告和反华决议，而且采取更阴险的手法，变本加厉地进行反华。你们尽管玩弄了一些欺骗的手法，但是你们一心一意地追求的还是“美苏合作主宰世界”。你们所说的一些反对美帝国主义的话，你们所做的一些支持反帝斗争手法，你们心里明白，美帝国主义心里也很明白。你们叫嚷的所谓“联合行动”，特别是在越南问题上的所谓“联合行动”，完全是一个骗人的圈套，其目的无非是要欺骗苏联人民和世界革命人民。你们配合美国搞和谈阴谋，妄图出卖越南人民的抗美救国斗争，把越南问题纳入苏美合作的轨道。你们同美国勾结在一起，在联合国内外进行一系列的肮脏的买卖。你们现在正在积极地配合美帝国主义的反革命“全球战略”，力图组织对社会主义中国的包围圈。你们不但置身于全世界人民反对美帝国主义及其走狗的国际统一战线之外，而且联合全世界人民的主要敌人美帝国主义和各国反动派，妄图建立一个反对中国、反对人民、反对民族解放运动、反对马克思列宁主义者的“神圣同盟”。

你们不顾许多兄弟党的反对，在 1965 年 3 月召开了莫斯科分裂会议。这是公开分裂国际共产主义运动的一个极其严重的步骤。我们曾经要求你们，公开承认召开莫斯科分裂会议是错误的，非法的。你们至今没有这样做。

我们愿意明确地通知你们：既然你们已经走到这样的地步，中国共产党作为一个郑重的马克思列宁主义政党，不能派代表团参加你们这一次的大会。

我们相信：全世界，包括苏联在内，占人口百分之九十以上的人民群众，是要革命的，是要反对帝国主义及其走狗的。在国际共产主义运动中，包括苏联共产党在内，百分之九十以上的共产党员和干部，终归是要在马克思列宁主义轨道上前进的。全世界的革命人民，伟大的国际共产主义运动，伟大的社会主义阵营，伟大的中苏两国人民，终将扫除一切障碍，在马克思列宁主义和无产阶级国际主义的基础上团结起来。苏联人民可以相信，一旦苏联遭到帝国主义的侵略，实行坚决抗战，中国一定同苏联站在一起，共同对敌。

此致

兄弟的敬礼！

中国共产党中央委员会

1966 年 3 月 22 日

苏共二十三大召开以后，中苏两党之间中断了正常的联系。

这场论战是在两个最大的执政党之间进行的，所以带来的消极后果无论对中苏两国来讲，还是对整个共产主义运动来讲，都是非常严重的。大论战使中苏之间的紧张关系一步一步升级、恶化，最后走向了彻底决裂和全面对抗。

我们翻译完中共中央3月22日复信后，又回到了“四清”工作岗位。

中办翻译组终结

自从杨尚昆调走后，彭真曾取代杨尚昆直接过问中办翻译组的工作。他曾考虑，随着中苏关系不断恶化，中办翻译组的工作已逐步转移到中央联络部。需要把翻译组一分为二，把阎明复和赵仲元调到中联部工作，把朱瑞真留在中央办公厅值班，一旦中央有翻译任务，打个电话，我和赵仲元再回来，仍然是三个人一起工作。由于我和朱瑞真还在农村搞“四清”，他的这个计划迟迟未能实现。

1966年3月28日至30日，毛主席三次同康生、江青等人谈话，严厉指责北京市委，说：北京市针插不进，水泼不进，要解散北京市委。还说，吴晗、翦伯赞是学阀，上面还有包庇他们的大党阀，并点名批评邓拓、吴晗和廖沫沙写的《三家村札记》和邓拓写的《燕山夜话》是反党反社会主义的。毛主席的这一谈话决定了彭真在“文化大革命”中的命运。

1966年5月4日至26日，中共中央政治局扩大会议在中南海西楼举行。会议错误地批判了彭真、罗瑞卿、陆定一、杨尚昆的所谓“反党错误”，并决定停止和撤销他们的职务。

5月22日，中央办公厅举行所谓“揭盖子会议”，会议由汪东兴主持，他传达了中央“五·一六通知”，并号召揭发杨尚昆的所谓“反党错误”。这次会议预示着“文化大革命”运动在中央办公厅已经开始，5 月 23 日，中央办公厅副主任田家英自杀。

6 月 18 日，中央办公厅宣布成立秘书局，下设文电处、信访处、调研处，撤销原来的机要室、秘书室、“后楼”研究室（即书记处研究室）。这样，中办翻译组也就不存在了。中央办公厅“后楼”的大部分干部，包括翻译组成员，奉命搬出了中南海，连他们年幼的孩子也奉命离开了中南海幼儿园。

7 月 15 日，这些离开了中南海的干部被送进中央办公厅“学习班”。

自此，翻译组的成员经历了长达十年的审查。

回顾与反思

我开始专职接触中苏两党高层往来、两党论战的这些事情，应该说是在 1957 年 1 月，我被正式调到中央办公厅翻译组，前后将近十年，这期间，正是中苏关系最“热闹”的时期。在这之前，只是暂时借调随同中央领导出国访问，比如说，陪刘少奇去参加苏共十九大；随李富春去苏联搞第二个五年计划；给以彭真为团长的人大代表团访问东欧六国当翻译；借调到党的八大翻译处参加接待外国代表的工作，等等……从 1957 年开始的中苏关系变化的轨迹，作为见证人，我还是很清楚地了解的。

在我的记忆中，以及从看到的材料来看，赫鲁晓夫执政的初期，对我们中国、对中共的态度还是友好的，一百五十六项援助项目里面，斯大林时期的只有五十项，其他的大部分都是在赫鲁晓夫上台后增加和实施的，这里包括军工厂，包括很多重要的工业项目。我认为当时的他是很真诚的。有一个内部材料中说到，当时的伏罗希洛夫很反对把苏联还没有的企业或者苏联正在建设、扩建的企业项目给中国，他的理由是我们自己还没有足够的底子，但是，赫鲁晓夫就表示了“一个国家强大不如两个国家、不如两个同盟国强大好”的观点，还是坚持把这些项目给了中国，所以应该说这个是无私的援助。那个时期，一直持续到第一次“莫斯科会议”以后的一段时间，双方的关系还是很友好的。

这当中包含着他的领导位置还不巩固的因素，用赫鲁晓夫自己的话来讲，当时他只是站在一条腿上，所以，希望中国共产党给予他支持。然而，不能不看到，当时整个苏联在对中国的政策上也的确是改变了斯大林时期很多侵犯中国利益的做法，赫鲁晓夫当政初期，对我们的援助应该说是数量大而且真诚的。

那么，为什么后来中苏关系慢慢走向破裂了呢？这十年中，中苏两党孰是孰非？毕竟，中苏两党的大论战对我们党，对社会主义道路的探索产生了极大的影响。这是我几十年来一直思索、想要弄清楚的问题，也是我要写这本回忆录的初衷之一。

先来看一下苏联方面对这一问题的《总结》

苏联方面文字上的总结源于1989年5月戈尔巴乔夫要到中国来与邓小平会谈，但他不太了解中苏关系发展的历史，所以，请斯大林时期任命的、50年代驻中国的经济总顾问阿尔希波夫带领一批人写了一个关于中苏关系变化的《总结》。在这个《总结》里面谈到几个观点：

一是赫鲁晓夫把意识形态方面的分歧扩大到国家关系上，而且举了很多例子；二是把两个国家关系彻底搞僵，以致爆发了武装冲突的，也是赫鲁晓夫；三是赫鲁晓夫执行的大国主义的这一套，结果把中国推向了西方。最后它的结论就是：中苏关系恶化是卫国战争胜利以后，苏联外交当中最大的一个失败，使我们失去了中国这样一个伟大的同盟国，而且把中国推向了西方，得利的是以美国为首的西方国家。

我得到这个《总结》，是在苏联解体以后。1995年夏天，我受毛毛[①]的委托到莫斯科有关的档案馆，查找邓小平20年代在苏联学习时期的档案材料。苏联解体后各档案馆都公开了，在俄罗斯驻华大使罗高寿和俄罗斯外交部的协助下，我们找到了不少材料。

在莫斯科逗留期间，我多次去看望阿尔希波夫。

阿老说，50年代末、60年代期间，同中国的关系恶化后，我的处境相当险恶，赫鲁晓夫不信任我，我是苏共中央主席团委员，但是，有些会议却不让我参加。当时，我主管同亚洲国家的经济合作，同这些国家关系密切，他们又不能不用我。

勃列日涅夫时代我的处境好一些，因为在30年代，我同他在德聂

① 即邓小平的女儿邓榕。——作者注

伯尔彼德洛夫斯克一起工作，我向他建议采取积极态度改善苏中关系，他既不赞同，也不否定。后来发生了珍宝岛事件，苏中关系正常化当时已无可能。

1982年11月，勃列日涅夫逝世后安德罗波夫继任，我向他建议改善苏中关系，他肯定了我的意见，但可惜他不久也逝世了。

1984年2月，契尔年科当选为苏共中央总书记，他接受了我的建议，决定派我访华，以了解中国对关系正常化的看法并推动苏中关系的改善。苏联外交部照会中国外交部说，阿尔希波夫希望作为苏联大使的客人访华。中国外交部回答说，阿尔希波夫是中国的老朋友，欢迎他以苏联部长会议第一副主席的身份率领苏联政府代表团访华。听到这个消息我喜出望外，中国同志没有忘记我这个老朋友。

同年12月，我终于再次来到阔别已久的北京，会见了我的老朋友陈云、彭真、万里、薄一波，同姚依林副总理进行了正式会谈，签订了一系列经济合作协议，为苏中关系正常化迈出了一大步，特别是同老朋友的会见，更加坚定了我对改善两国关系的信心。

戈尔巴乔夫当政后，两国关系有了进一步的改善。1989年，他为了准备访华并同邓小平会谈，委托我牵头组织当年同中国事务有关的专家，包括外交部、苏共中央联络部、远东所的学者等，专门研究苏中关系恶化的原因、后果和改善关系的建议。

阿老说，80年代末，根据当时苏联领导人的委托，他召集了一些苏联的中国问题专家，研究了苏联和中国关系恶化的客观上的经济和政治因素。比如说，两国的历史、革命斗争的性质和形式、社会经济发展水平、社会主义建设所处阶段的不同以及由此产生的发展经济的方法和形式、国家和社会生活的组织形式和领导方法都有不同；两国对政治方针和措施的评价标准、领导干部的文化特点和民族性格，也有差异。他们还分析了对外政策的因素，首先是两个国家所处的国际地位有很大区别，以及由此产生的双方各自优先考虑的对外政策重点有很大不同，等等。

我请他回顾了中苏关系发展中的一些问题，特别是他如何看待中苏关系恶化的原因。

阿老说，他们认为，苏中两国的经济情况、社会情况、国际地位不同，甚至双方对一些国内国际政策的看法不同，也只是为出现分歧提供了可能性，但绝不意味着两个社会主义国家之间必然要发生尖锐的政治冲突。这些分歧、争论和冲突，不能通过施加压力来解决，不能用施加外交上、宣传上、经济上和军事上的压力来解决。只能借助于政治手段逐步化解，通过内部的同志式的讨论，领导人之间的不断接触和协商的形式来达成相互的了解，而决不应动员其他的共产党、社会主义国家来反对中国，组织他们对中国领导人施加集体压力，尤其不允许利用收缩经济合作、采取宣传手段和军事手段施加压力。然而实际上，一切却沿着相反的道路走下去了。

阿老说，苏中关系恶化除了客观的因素以外，必须看到领导人的主观因素所起的使事态更加恶化的作用。他特别指出了苏共原主要领导人赫鲁晓夫个人独断专行所造成的严重后果。赫鲁晓夫认为所有社会主义国家都应该自动地支持苏联的任何对外政策倡议和行动，没有打算在对外政策领域同中国和其他社会主义国家进行经常的平等协商和协调行动。他认为苏联在一些方面都是“领导”国家，而中国则是“被领导”的国家。是赫鲁晓夫个人决定并支持挑起公开论战，并把分歧扩大到国际论坛和报刊上。赫鲁晓夫总是竭力想坚决反击中国人的“特殊观点”和“分裂活动”。为此，首先对中国施加政治上的压力，然后施加经济压力，以迫使中国领导接受我们的观念和观点。这表现在领导人会见的谈话中，表现在各国共产党和工人党的国际论坛上，随后又采取外交行动和诉诸报刊，终于展开公开论战，日趋激烈。结果，冲突公开化。论战很快就扩展到苏中两国的政治关系，然后是经济关系及其他领域，发展成为日趋尖锐的政治斗争，而且使用宣传、外交、经济和其他种种手段，甚至包括使用军事措施，从而导致在边境上发生武装冲突。

把意识形态的分歧扩大到国家关系也是出于苏联的主动。我们从一开始就明显失算，过高估计了苏联对中国施加影响的可能性，而低估了中国抗拒对它施加的压力的能力。随着意识形态斗争和政治斗争的日益尖锐，其他的共产党和工人党，其他的社会主义国家都卷入了这场斗争中，他们被迫对冲突双方采取这种或那种立场。尖锐的斗争扩及世界政治领域。总的来说，这个时期在对中国的关系上，以最大的规模和最尖锐的形式体现了早在50年代，在苏联对社会主义国家的政策中就已经表现出的霸权主义和把自己的意志强加于其他社会主义国家和共产党的倾向。

阿老指出，苏联的中国问题专家认为，事实表明，苏联自1960年起对中国所奉行的方针整个是错误的。结果，不仅给中国造成了损失，而且违背了苏联的利益，换个角度说，与其说是给中国不如说是首先给苏联本身，给世界社会主义体系，给国际共产主义运动造成了巨大的损失，其中包括经济损失，并且引起了国际共产主义运动事实上的分裂。苏联在对中国的政策上的失算和错误，导致伟大卫国战争后苏联对外政策的最大的主要的失败，即同苏联的主要盟国、同伟大的社会主义强国——中国发生了冲突。这给苏联带来了最沉重的经济和政治后果，使苏联失去了中国这个最重要的战略同盟国。这场冲突的结果，最大的赢家是美国、西方和日本。

阿老说，苏联的中国问题专家也谈到，当时中国领导存在着不符合实际的对内对外政策和观点，以及导致两党两国关系恶化的领导人的主观因素。他们认为，当年苏联所奉行的防止核战争、巩固和平共处和国际安全、缓和国际紧张局势、同西方发展经济联系、争取限制军备竞赛和裁减军备、签订关于不扩散和禁止核武器试验的协定、支持民族解放运动等问题上的立场，就其实质来说是完全正确的。

正如邓小平当年指出的那样，中苏论战中，我们也讲过错话，也有没有搞明白的问题。但是，“我们一直反对苏共搞老子党和大国沙文主义那一套。他们在对外关系上奉行的是霸权主义的路线和政策。”阿老所述，证实了我们党所进行的斗争是完全必要的，这场斗争捍卫了我们党的独立自主，捍卫了我们国家的主权和领土完整。

关于共同舰队问题，阿老说，我们并未提出共同舰队这一特殊任务，然而，1958 年赫鲁晓夫不得不为此问题专程前往北京。尤金大使报告说，毛泽东表示“因为发生了一些极为重要的问题需要讨论，他本人和几位中央政治局委员愿意去莫斯科，但是他因健康状况现在无法成行。”赫鲁晓夫决定最好由他本人访华，时间定为 1958 年 7 月底到 8 月初。代表团成员有苏联海军参谋长、阿尔希波夫，以及其他同志。

应当指出，在此之前，中国领导已决定在华南地区建立一座大型无线电台。我们对该电台有兴趣，因为它不仅使我们能够向亚洲一些国家进行广播，而且能够同我们的太平洋舰队保持无线电联系。

当时，尤金大使在莫斯科，他见了赫鲁晓夫。在谈话中他得到指示，在同毛泽东和周恩来接触时，可以问问能否共同建设和使用上述无线电台。同时，指示他询问一下苏联潜艇能否进入中国港口并在其中停泊。

根据各种情况来看，尤金未能完全正确领会给予他的指示，而向毛泽东转达成：我们对利用中国的军港感兴趣。毛泽东把这种提法理解成是带有侮辱性的，是对中国独立、主权的侵犯。正因为如此，毛泽东才像上面所说的他本人要去莫斯科亲自澄清积累起来的严重问题；也正因为如此，赫鲁晓夫才不得不前往北京。在赫鲁晓夫同毛泽东的会谈中，很快就澄清了关于苏联潜艇进入中国港湾的问题。赫鲁晓夫说，苏联大使把领导上请他转达的指示理解错了。尤金本来身体就不好，听到赫鲁晓夫讲这番话时，心脏病发作，好不容易才把他活着送回苏联，他的大使职务实际上也就到此结束了。

至于说无线电台问题，苏方在会谈中的立场是：因为我们想使用该电台，所以我们愿意支付电台设备费用的百分之五十，以换取在十年中使用该电台的权利。曾经设想，苏联专家应当同中国专家一起在电台工作。中国人拒绝了这个方案。他们声称：苏中关系是极其亲密的兄弟关系，既然如此，中国人不想小里小气的，如果苏方想使用，中方准备无偿地提供给你们使用的权利。稍后，中国人的确建成了这座无线电台，而我们确实也使用过一些时候。后来，关系恶化了，我们自然也就停止使用了。

关于“和平共处”问题的严重分歧，阿老说，在1958年夏天的会谈中，“和平共处”问题成为主要问题。赫鲁晓夫提出“和平共处”问题是我们对外政策的基础，请求毛泽东对此立场予以赞同和支持。毛泽东十分明确地对这一方针做出了否定的反应。他说，把“和平共处”作为社会主义国家对帝国主义政策的总路线是没有根据的。帝国主义将继续推行其颠覆社会主义国家的路线。赫鲁晓夫指出，鉴于当前已经出现了核武器，如果发生冲突就会导致巨大灾难，所以，“和平共处”是一个原则性的立场。他几次重复这个论点，说话时显得急切而冲动，令人感到毛泽东的态度已经使他按捺不住了。

与此相反，毛泽东则显得冷静，不动声色。毛泽东重复了他在1957年莫斯科会议上论述的关于“核武器是纸老虎”，如果帝国主义者发动反对社会主义国家的新的世界大战，帝国主义将被彻底打倒的观点。对此，赫鲁晓夫反应非常激烈。他说，您怎样能这么轻松地做这样的假定呢！我们在战争中牺牲了两千万人，我们懂得这意味着什么。您不了解什么是核武器，而我了解，我看到了核武器的实际应用。毛泽东回答说：核武器是个纸老虎。总之，围绕“和平共处”问题的谈话进行得非常尖锐、紧张，双方没有取得共识。

关于中国制造原子弹问题，阿老讲：从原则上来说，这个问题成了造成分歧的重要原因之一。1955年，苏中双方签订了关于苏方协助中国制造原子反应堆以用于和平目的的协议。这项协议在很短时期内就实现了。建起了一座试验性工业核反应堆和相应的研究所，安装了当时最现代化的苏联设备，有最优秀的专家在那里工作，并将有关的科技资料和技术文献交给了中方。中国付清了建设研究所的一切款项。

1957年，中国人提出要求苏联提供生产原子弹所需物资的技术。经过多次会谈，苏方终于让步了，在中国开始建设加工铀矿石的工厂。1958年，正当此项工程业已铺开的关头，建厂工作被停止了。设备供应也停止下来，参加项目的苏联专家无事可做，甚至连中方已付清货款的设备也不供应了。问题在于，恰恰在这个时候，苏联政府提出了禁止生产和试验核武器的倡议。我们请中国人支持这个倡议，然而，中方一直未予答复。1959 年，用于核项目的设备供货完全中断了。在此以后，中国专家利用我们的图纸与设备继续自己研究原子弹。中国人很快建立起以著名核物理学家钱学森为首的科研所，从各高等院校最有才华的青年中挑选成千名各行业的专家到该所工作。钱学森访问过苏联，讲过学，听过他讲座的苏联专家反映，钱学森的专业水平非常高，我们的专家从他那里学到不少知识。在钱学森和其他中国专家的努力下，中国的核工业有了长足的发展，到 60 年代中期就生产出核武器。总之，原子弹事件对于双边关系产生了令人极其痛心的消极影响。可以说，正是从此开始，中国人失去了对我们的信任。

阿老说，撤退苏联专家是另一个对双方关系产生消极影响的事件。撤退专家是我们方面施加的压力，是对中国人"不听话"的一种惩罚。撤退专家是苏共中央首先提出的，也是它下令撤退专家的。赫鲁晓夫要求一周内撤完专家。为此，成立了特别委员会，由下述人员组成：外交部副部长普希金、国家经济联络委员会第一副主席阿尔希波夫以及铁道部长和航空部长等。当时，在华专家大约一千三百人，加上他们的家属将近五千人，分散在中国各地。撤退专家用了一个月时间。这种撤专家的做法，遭到世界社会舆论的消极评论，当然，尤其引起中国人的非常不好的反应。我们撤退专家的主要理由是说我们当时国内自己迫切需要这些专家。中国人说，他们理解我们的问题，但他们请求推迟撤退。例如，周恩来就曾要求推迟一年、一年半或两三年再撤退专家。然而，我们未予同意。

关于中断经济合作，把意识形态的分歧扩大到国家关系，阿老讲，撤退专家还只是个局部问题，我们还采取了其他的更为严重的措施。1959 年，我们提议中国人重新审定同我们签订的全部经济合同。1958 年贸易总额为一点八亿卢布，按当前兑换价则为四十亿卢布。重新审定协议的结果，1959 年贸易额降低百分之三十五。我们停止了向那些在建工厂提供设备。

1960 年，由我和外贸部副部长库梅金组成的代表团赴华。我们访华的目的是撤销同中国已经签订的合同。这样，我们就采取了国际惯例上没有先例的行动，因为只有遇到特殊情况，如爆发战争，才能中止国家间签署的协议。1961 年，我方主动撤销了先前商定了的合作项目。此后，我们只是向一些尚未建成的项目补足了设备，其总量不超过原定水平的百分之十到二十。

原则上讲，在这种情况下，中国人完全可以向我们提出巨额索赔，向国际仲裁法庭提起诉讼。但是，他们并没有这样做。1960 年，周恩来在谈话中讲："过去的事，就让它过去吧！让我们大家都不要打官司，不要索赔，不要向仲裁法庭告状。"

在中国，实际上同外部世界完全没有接触的情况下，中国同苏联的联系大大缩小，当然给中国的经济带来沉重的打击……我们缩小合作之后中国人承受了何种困难。

总的说来，可以同意中国人的说法：是我们苏联人最先把意识形态的分歧扩大到国家间的关系上。在中断同中国的联系上，赫鲁晓夫的逻辑与他决定中断同阿尔巴尼亚的联系时的逻辑一模一样。

所有这一切事件都对双方关系增添了强烈的不信任因素。人所共知，1959 年至 1960 年，中国的粮食状况恶化了，这也是由于"大跃进"而造成的。我了解这方面的情况，在 1960 年赴华前夕，在苏共中央主席团会议上提出，鉴于中国的粮食状况严重，建议向中国出售一百万吨至二百万吨谷物。赫鲁晓夫回答说："唉，那些人傲慢得很，他们宁愿饿扁肚子在地上爬，也不会好好向人求援。"然而，主席团最终就这个问题做出了肯定的决定，委托我试探一下中国人的态度。

在谈话中，周恩来对我说，国内情况非常严重，不少地区出现饿死人的现象。我表示，如果中国向苏联提出相应的请求，苏联是不会对中国同志的严重状况无动于衷的。周恩来立即理解了所作的暗示，对我讲的话表示感谢，说领导上将集体讨论上述主意。不久，周恩来答复我说，领导上已经讨论过了，决定对苏联同志们表示感谢，但对援助表示拒绝，说自行去解决。

回国后，我要求向苏共中央主席团和赫鲁晓夫本人报告中国之行的结果。过了几天，在科兹洛夫主持下主席团听取了我的汇报。我讲完后大家一言不发。过了一会儿，科兹洛夫说，你建议召开主席团会议，我们召开了，听了你的汇报，就到此结束吧。我再次要求单独同赫鲁晓夫谈话，想向他转达同陈云、周恩来谈话时的真情实意，以及他们不想使事情发展到决裂的地步。为此，我曾请赫鲁晓夫的助手安排会见。过几天，赫的助手转告我说，赫鲁晓夫得知你的请求后，调阅了由中国发来的所有的密码电报，他问道，你还想要做哪些补充汇报。我说，我想汇报我认为很重要的一些个人感受。过了几天，赫的助手给我打电话说，赫鲁晓夫又重新看了从中国发来的密码电报，一切他都清楚了，他已无任何问题需要补充了解，他认为没有必要谈了。

关于主观因素对苏中关系恶化起了极其重要的作用问题，阿老讲，这特别表现在中国领导人对赫鲁晓夫采取的否定态度上，同样也表现在赫鲁晓夫对于中国领导人（尤其是对毛泽东）采取的否定态度上。

大家都知道，赫鲁晓夫在向苏共二十大做的公开报告中并没有批判斯大林的内容。唯一公开批评斯大林的是米高扬的发言。中国人密切地注视着苏共二十大的进程，立即译出会议材料发表在《人民日报》上……中共中央对于赫鲁晓夫在秘密报告中批判斯大林反应更不好。

首先，他们强调指出，他们不理解，苏共未同各兄弟党，首先未同中共中央事先商量，就采取了这种步骤。中国人着重指出，“斯大林不仅是你们的领袖，而且也是我们的领袖。他是我们意识形态的四个创建人之一。你们怎么能这样做呢？”

当时流行过一个提法（最先是莫洛托夫提的）：“以苏联和中国为首的社会主义阵营”。中国人说，事先未同他们商量就开展对斯大林的批评，值得我们怀疑你们事实上是否真的坚持上述提法。苏共二十大一开完，米高扬就对中国进行了工作访问。毛泽东当时在杭州。米高扬从杭州回来后，对阿尔希波夫说：“我们同毛泽东谈了一整夜，没有睡觉，只有喝茶时才停顿一下。我怎么也说服不了他。我可以说，一生中这是第一次未能完成中央和政治局的委托。”

苏共中央主席团被迫做出一定的让步。例如，由于中国人的坚持，我们在《真理报》上发表了著名文章《论无产阶级专政的历史经验》和《再论无产阶级专政的历史经验》。

1957年5月，伏罗希洛夫率领最高苏维埃代表团访问中国，受到突出、盛大欢迎，引起赫鲁晓夫强烈不满。

1959年9月至10月间，苏联党政代表团为庆祝中华人民共和国成立十周年访华，具有极为重大的意义。当时，赫鲁晓夫正在美国。苏斯洛夫率领代表团于赫鲁晓夫尚未离美之前，于9月底抵达北京。

10月1日前，中国人安排了盛大庆祝活动，并持续了两天。第一天周恩来做了报告，第二天外国代表，包括苏斯洛夫讲了话。次日，中国人在人民大会堂设盛大国宴，有数千人参加。

举行宴会当天，赫鲁晓夫乘图-104专机由莫斯科到北京。他受到中国领导人的迎接，被安排在钓鱼台国宾馆下榻。赫鲁晓夫刚一住下就声称他一定要讲话，并命令葛罗米柯通知给中方。因为所有外宾均已讲过话，中国人只好建议他在宴会上讲话。

按宴会的安排，开头先由毛泽东致简短祝辞，结果是赫鲁晓夫一到宴会大厅，立即就上台讲话。同往常一样，他离开准备好的讲稿，开始即席发言。他在讲话中大谈他在联合国如何战胜了帝国主义，讲他同美国人的会谈，说捍卫了“和平共处”的方针，在美国如何维护了“我们共同的利益”，宣扬了“戴维营精神”。在讲话中，他只讲了一两句中国。赫鲁晓夫一共讲了四十分钟，加上翻译共占一个多小时。中国人显然没有料到这个讲话，完全不知所措了。

赫鲁晓夫讲话后，由周恩来而不是毛泽东致辞。宴会结束回到住地[①]，赫鲁晓夫大发雷霆。他提议代表团成员们到院子里散散步，开始用最刻薄的语言讽刺中国领导人的立场。他说：“我在美国花了多大力气来捍卫他们的利益，没有想到连句好听的话都没有得到！”他派葛罗米柯去见陈毅，转达说：赫鲁晓夫有急事要处理，不能照事先安排那样去中国各地访问了，因为苏联国内有急事。

次日早八点，中共中央政治局成员来为赫鲁晓夫送行，但无任何群众代表，毛泽东也到场了。苏斯洛夫率团留在中国。赫鲁晓夫没有

① 国宴后，毛主席和中共中央其他领导同志同赫鲁晓夫等，在中南海勤政殿进行了激烈的会谈，阿尔希波夫讲“宴会结束回到住地”，实际应为“会谈结束后回到住地”。——作者注。

从北京飞回莫斯科，而是去了海参崴，然后又去了新西伯利亚。中国人明白了赫鲁晓夫原来并没有任何“急事”。实际上，他“摔门”离开了中国，对中国人给予了极大的侮辱。

此次访问之后，两国在各个领域的关系开始急剧恶化了。赫鲁晓夫回到莫斯科后，召开了苏共中央扩大全会，出席的有一千多人。他在讲话中称毛泽东为“老套鞋”，中国人获悉了此事。

我们对华关系中出现许多复杂情况，是因为我们不了解中国人，不了解他们的心理。例如，我们曾经决定在旅顺口为俄国海军大将马卡洛夫建立纪念碑，也曾向中国人试探过他们对此的态度。中国人受到了极大侮辱，他们说决不容许在中国土地上给一个侵略中国的人立纪念碑。

总的来讲，主观因素对于当时苏中关系起了巨大作用。莫洛托夫对我讲过，整个人类历史都证明一个事实，即只有个人间的关系决定着社会关系，决定着人与人之间的关系，决定着国家与国家之间的关系。他的这个提法，也许在苏中关系的领域中充分证实了其正确性。

如果试图探究50年代哪些因素影响了苏中之间的关系，那么，可以指出下述几点：曾经存在过一些重要的客观因素决定了两国关系的密切程度。这就是：意识形态、社会制度相同。中国是个工业欠发达的国家，需要我国的协助。同时，我们之间还有共同的敌人——美国、日本等帝国主义势力。

上面讲过，我们已经为中国产品提供了一个广阔的大市场。同时，对于我们来说，中国人也是一个最有利的伙伴，因为，当时中国也是我们能够向其大量推销我国高加工产品（机床、设备等等）的唯一的一个国家。我们同任何一个社会主义国家的贸易，都不如同中国的贸易这样有利。中国人实际上接受了我们的国家管理体制和经济管理体制。对于当时来说，这个体制是发挥了作用的。我们为中国的工业化创造了条件，协助他们发展了国防工业。

但是，有必要强调指出，所有这一切客观因素都被许多主观因素罩上了阴影，而经济联系终于成了政治关系的牺牲品。

阿老说的大致就是由他带领一批人写的一份关于中苏关系变化《总结》的内容。

阿尔希波夫是斯大林任命的驻中国的经济总顾问，从1950年到1958年在中国工作了八年。我同阿尔希波夫第一次接触是在1956年夏天。当时李富春副总理率领中国政府代表团去苏联商谈中国第二个五年计划草案。阿尔希波夫负责安排李富春和中国代表团的活动。我当时为李富春当翻译，同阿尔希波夫接触较多。特别是有一段时间李富春身体不适，搬到莫斯科郊区原斯大林的别墅休息，阿尔希波夫更是经常来看望，关怀备至。1957年我调到中办工作后，在中央领导人会见苏联同志的场合下，我时常见到阿尔希波夫，1958年他奉调回国。此后直到“文革”结束，我一直没有听到阿尔希波夫的消息。

1984年冬天，我已在全国人大常委会工作，正陪同二十多位人大常委到四川、湖北视察。陈云和彭真先后打电话叫我立即返京，因为阿尔希波夫将要访华，他们希望会会老朋友，要我谈谈他的情况。我说，中苏关系恶化以来，阿尔希波夫从未发表过反对中国的言论，最近又主动来华访问，显然是为了改善中苏关系，了解中共领导人的看法。之后，我出席了彭真与阿尔希波夫的热烈友好的会见。1984年以后，阿尔希波夫多次访华，有些活动我也参加了，但是，没有机会同他深谈。

阿尔希波夫在苏中关系正常化和进一步改善方面做了大量工作。苏联解体后，阿尔希波夫当选为俄中友好协会名誉主席，又多次访问中国，每次访华我都参加一些活动。1996年5月，阿尔希波夫应邀再次访华，中国人民对外友好协会授予他“人民友好使者”的称号，并庆祝他八十九岁华诞。我出席了这次隆重的仪式。接着我又陪他去大连，大连市市长授予他“大连市荣誉公民”的称号。

关于“苏联应该负什么责任”，除了上述阿老提供的苏方《总结》以及阿老和我的谈话内容外，还有一个是苏联档案中的，1964年苏共中央全会批评赫鲁晓夫的另一份报告。在赫鲁晓夫下台过程当中，或是下台以后，苏共中央对赫鲁晓夫有个总的评价。在1964年苏共召开中央全会之前，主席团曾委托主席团书记波利扬斯基起草了一个全会报告，这个报告对赫鲁晓夫的批评比较尖锐和全面[①]。虽然，最终因为种种原因，全会最后采用的是由苏斯洛夫等人组织起草的，是以波利扬斯基——苏联俄罗斯联邦共产党主席团第一书记也是苏共中央主席团的书记——名义发表的那份比较温和的报告。然而，苏联档案中的另一份报告，彻底揭露、批判了赫鲁晓夫的个人作为，他的霸道、他的独裁、他的专横……

关于中苏分歧，邓小平早已做出了精辟的论断

1989年5月16日，邓小平在同戈尔巴乔夫谈话时指出："经过二十多年的实践，回过头来看，双方都讲了许多空话。""……意识形态争论的那些问题，这方面现在我们也不认为自己当时说的都是对的。真正的实质问题是不平等，中国人感到受屈辱。"

党的十一届三中全会后，邓小平一再强调指出，实践是检验真理的唯一标准，我们应当采取实事求是，从实际出发，理论和实践相结合的办法，总结过去的经验，分析新的历史条件，提出新的问题，新的任务，新的方针。

一、一场"空对空"的论战

他在同戈尔巴乔夫谈话时指出："马克思去世以后一百多年，究竟发生了什么变化，在变化了的条件下，如何认识和发展马克思主义，没有搞清楚。绝不能要求马克思为解决他去世后上百年、几百年所产生的问题提供现成的答案。列宁同样也不能承担为他去世后五十年、一百年所产生的问题提供现成答案的任务。真正的马克思列宁主义者必须根据现在的情况，认识、继承和发展马克思列宁主义。"

① 参见本书"1960：中苏关系急剧恶化"一章"一赴莫斯科：中苏两党会谈"部分中的注释。——作者注

这就是邓小平为“大论战”所做的极其中肯的结论。从邓小平的谈话中可以看出，中苏大论战脱离了已经变化的历史实际，成为一场“空对空”的论战。

大论战中发表的“总路线建议”和九篇评论文章，许多论据都是从马列原著中抄录下来的马克思主义的“固定的公式”、“定义”、“语录”，这些都是针对几十年、几百年前的特定的历史情况得出的结论，是符合当时的实际的，因而是正确的。而“九评”的片面性在于，时代变化了，面临的问题发生了巨大变化，我们对这些变化又不甚了解，却又照搬几十年、一百年前的“语录”，形成了很多不符合实际的“空话”。

“九评”中把苏共领导人的言论同马恩列斯的言论（也不管是什么时候讲的和针对什么问题讲的）相对照，或者同伯恩施坦等老牌修正主义者几十年前讲的话相对照，从中找出苏共领导人“反马克思主义”和变成“修正主义”的论据。为了给苏联资本主义复辟找证据，“九评”大量引用苏联官方报刊揭露和批判的社会上的消极现象。这样得出的苏共变成了“修正主义党”、苏联已经“复辟资本主义”的结论，显然不符合实际。后来随着“文革”的升温，又进一步断言“苏联形成了新的大垄断集团”、变成了“社会帝国主义国家”，甚至成为“世界战争的主要策源地”、“全世界人民的主要敌人”，这些断言就更不符合事实了。

二、不搞意识形态争论

邓小平深刻地记得50年代末，由于苏联领导人把中苏两党在意识形态领域的争论扩大到国家关系上来，致使两国关系急剧恶化，给我们造成严重损失的教训，因此，他多次提出不搞意识形态争论，认为意识形态的差异不应成为党际关系的障碍。1990年，当东欧发生剧变、苏联形势不稳时，邓小平指出，“不管苏联怎么变化，我们都要同它在和平共处五项原则的基础上从容地发展关系，包括政治关系，不搞意识形态的争论。”邓小平还把不搞意识形态争论的主张延伸到国家关系上，他调整了过去曾经以社会制度和意识形态划线的做法，主张从国家战略利益出发，超越社会制度与意识形态的异同，去处理国与国、党与党之间的关系，不纠缠历史旧账，不搞意识形态争论。他的这些主张，在我国的对外交往中，为我们赢得了越来越多的朋友。

三、国际共运“没有中心，不可能有中心”

邓小平在总结正反两方面的经验教训的基础上指出：“任何国家的革命道路问题，都要由本国的共产党人自己去思考和解决，别国的人对情况不熟悉，指手画脚，是要犯错误的。”“我们历来主张世界各国共产党根据自己的特点去继承和发展马克思主义，离开自己国家的实际谈马克思主义，没有意义。所以我们认为国际共产主义运动没有中心，不可能有中心。我们也不赞成搞什么‘大家庭’，独立自主才真正体现了马克思主义。”他还说，一个党难免会犯错误，即使犯了错误，也要由自己去总结、自己去解决问题，才靠得住。在这一点上，不应该存在谁指挥谁、谁服从谁、谁依附谁的问题。

邓小平指出：“国际共运不可能有中心”，“我们决不做中心”，“任何大党或老党都不能以最高发言人自居”。“我们反对‘老子党’，这一点我们是反对得对了。我们也不赞成有什么‘中心’。但我们自己也犯了点儿随便指手画脚的错误。”“指手画脚，是要犯错误的。”

邓小平总结历史经验指出的这些原则极为重要。在“文革”期间，我们一方面反对苏共的大党主义，反对苏共为“中心”，另一方面自己又企图当“中心”。在国际共运和社会主义国家中，搞以我划线，强加于人，对不同意自己观点的党一律戴上“修正主义”的帽子，结果一时间世界绝大多数共产党和社会主义国家都变成了“修正主义”；对于赞成自己观点的党则统统戴上“真正马克思主义”的桂冠。在国际上导致“三斗一多”[①]，四面树敌，处境孤立。在第三世界，以“反修”

① 即加强对帝国主义的斗争、对修正主义的斗争、对各国反动派的斗争，多支持民族解放运动。——作者注

划线，同苏联互相争夺影响，其结果给民族解放运动和民族民主国家的反帝斗争造成许多困难。

四、“千万不要当头，这是一个根本国策”

这是邓小平对过去一段用“左”的口号把自己摆在反帝第一线、突出自己，务虚名而蹈实祸的教训的总结。1989年，东欧剧变，1991年年底苏联解体，国际局势发生急剧变化。在世界社会主义事业遭到严重挫折的关头，国际上有些朋友希望中国出来扛大旗、当头，第三世界有些国家也希望中国扛大旗，当第三世界的头。在这种国际形势风云变幻的情况下，邓小平表现出沉着冷静、处变不惊的无产阶级革命家的胆略，他英明地告诫我们全党：“千万不要当头，这是一个根本国策。这个头我们当不起，自己力量也不够。当了绝无好处。许多主动权都失掉了。中国永远站在第三世界一边，中国永远不称霸，中国也永远不当头。”中国坚持社会主义道路，但根据邓小平理论没有企图取代苏联原来在国际共运中的那种“中心”地位，没有扛那杆大旗。这样，中国在世界舞台上处理问题的主动权就多了。

五、新党际关系原则

通过20世纪中共反对苏联大国主义和大党主义的斗争，邓小平深知，我们党吃够了别的党向我们发号施令的苦头，他也知道我们党在60年代末，特别是在“文化大革命”期间，也犯过向别的党指手画脚的错误。他于1980年提出了“处理兄弟党关系的重要原则”，他指出：“各国的事情，一定要尊重各国的党、各国的人民，由他们自己去寻找道路，去探索，去解决问题，不能由别的党充当老子党，去发号施令。我们反对人家对我们发号施令，我们也决不能对人家发号施令。这应该成为一条重要的原则。”他还指出：“一个党评论外国兄弟党的是非，往往根据的是已有的公式或者某些定型的方案，事实证明这是行不通的。各国的情况千差万别，人民的觉悟有高有低，国内阶级关系的状况、阶级力量的对比又很不一样，用固定的公式去硬套怎么行呢？就算你用的公式是马克思主义的，不同各国的实际相结合，也难免犯错误。”“各国党的国内方针、路线是对还是错，应该由本国党和本国人民去判断。最了解那个国家情况的，毕竟还是本国的同志。”在中共十二大的政治报告中，这些原则被概括为“独立自主、完全平等、互相尊重、互不干涉内部事务的原则”。邓小平制定的新的党际关系原则，使我们党彻底摆脱了“左”倾思想泛滥时期的自我孤立，为我党的国际交流开拓了广阔的领域。

六、建设有中国特色的社会主义

什么是社会主义？如何建设社会主义，是20世纪50年代末和60年代初中苏争论重要问题之一。当时，中国强调“社会主义建设共同规律”，实际上是强化斯大林模式，后来发展到“文化大革命”。邓小平深知，无论中国，还是苏联，都没有搞清楚什么是社会主义和如何建设社会主义。

他研究了中国、苏联在社会主义建设中先后遇到的困难和挫折，从中汲取经验和教训，并结合中国人口多，底子薄的实际，于70年代末和80年代初提出了建设有中国特色的社会主义问题。他指出：“有中国特色的社会主义，是不断发展社会生产力的社会主义，是主张和平的社会主义”；“整个社会主义历史阶段的中心任务是发展生产力”；“贫穷不是社会主义，发展太慢也不是社会主义”。这样，他把和平与发展的时代特征同社会主义统一了起来。这种全新的社会主义理论为社会主义事业注入了新的活力。

当80年代末和90年代初，世界社会主义事业遭到严重挫折，先是东欧发生剧变，接着苏联解体，邓小平关于建设有中国特色社会主义的理论，经受住了实践的检验和国际国内政治风波的考验，显示了它强大的生命力。

中苏关系破裂“中国有什么责任”

中苏关系破裂，苏方应该负什么责任？苏方由阿尔希波夫牵头撰写的《总结》中已经讲明了。

1998年4月6日至8日，由我牵头，在河北三河市燕郊镇民福商务中心组织举办了“关于20世纪60年代中苏大论战问题的讨论会”。会议参加者多是当年大论战的直接参与者和见证人，其中有外交部、中联部的原领导和资深外交官，有当年给毛主席等中央领导长期做俄语翻译的老同志；还有来自中央党校、中央文献研究室、中国社会科学院等长期研究国际共运史、中共党史和中苏关系史的学者。

这次会议实际是1997年12月22日至24日关于“中苏分裂的由来和发展”讨论会的继续，那次会议的宗旨是弄清历史事实，从历史和现实的角度对大论战进行分析，总结经验教训，并试图回答江泽民主席提出的在中苏关系破裂方面“中国有什么责任”这一重要问题，所以那一次讨论会侧重点放在中国方面。

这次会议讨论的主题是：关于20世纪60年代的中苏大论战。讨论涉及大论战的实质、内容、后果，特别是我党当时发表的评苏共中央公开信等重要文章（即“九评”）中提出的一些重大理论问题。

经过讨论，与会者在大多数问题上取得了共识，但在某些问题上还存在不同意见和看法。

一、关于研究大论战的指导思想

与会者认为，党的十一届三中全会以后，尽管没有就对外政策，其中包括对中苏关系做正式决议，但是，邓小平在内部谈话和在《邓小平文选》中，总结了中苏“大论战”的教训，提出了一系列精辟论断和“结束过去、开辟未来”的处理兄弟党关系的重要方针：“多做实事，少说空话”、“不搞意识形态争论”、“永不做中心”、“永不当头”、新的党际关系原则、“建设有中国特色的社会主义”，等等。这些论断是我们研究中苏大论战历史的指导思想。

二、对大论战总的评价

与会者一致的看法是，20世纪60年代的中苏大论战实际上是一场“空对空”、“左对左”的论战。由于这场论战是在两个最大的执政党之间进行的，所以带来的消极后果无论对中苏两国来说，还是对整个国际共产主义运动来说，都是非常严重的，而且直到现在也没有完全消除。大论战是历史悲剧，从总体上应该否定。

1. 论战的大前提错了

与会者认为，现在研究中苏大论战不能停留在具体分析谁对谁错或者谁对多少和谁错多少的问题上，因为论战的大前提就错了。大前提的错误主要表现在以下几个方面：

（1）关于国际共产主义运动总路线。大家认为，当时共产国际已解散了二十年，各国党面临的主要任务是如何把马列主义的基本原理同本国的实际相结合，走独立自主的道路。在这种情况下，没有必要也不可能制定出为各国党所接受和遵循的“总路线”。但是中苏双方却争相为国际共运制定“总路线”，这完全脱离了客观实际。

（2）在社会主义建设问题上，中国强调“社会主义建设共同规律”，实际上是强化斯大林模式，后来发展到“文化大革命”，说明中国并没有找到社会主义建设的正确道路。赫鲁晓夫上台后，提出了一些改革措施，但总体上还是在20世纪30年代形成的社会主义模式内的小打小闹。有的同志说，马克思主义和社会主义的一个根本问题是如何认识和运用价值规律，中苏当时在这个问题上都没有也不可能突破传统的框架。实际上，在社会主义建设方面，中苏当时都处在探索的过程中，但是双方都自认为掌握了社会主义建设的规律，并要求其他党也遵循这些规律，这不能不引起冲突。

（3）从大论战的背景来看，大论战是在中国内外政策“左”倾，最后发展到极左的背景下发生的。苏联提出二十年内赶上美国，在国内建成共产主义，实际上是超越历史发展阶段，也是“左”。从总体上来说，赫鲁晓夫是“左”，不是右。大论战实际上是以中国的“极左”反对赫鲁晓夫的“左”。

（4）大论战的立论是苏联变修了，变成了“现代修正主义”，从社会主义国家蜕变为资本主义国家。我们是在并没有弄清什么是“修正主义”的情况下，就给苏联戴上了“修正主义”的帽子，并作为敌我矛盾来处理。这就从根本上错了。

2.“九评”对马克思主义的许多观点做了教条主义的理解，同时又把一些错误的东西附加给马克思主义。

与会者指出，研究大论战和“九评”如果从本本出发，还会得出基本肯定的结论，因为“九评”中的许多论据都是引用老祖宗的话。但如果从实际出发，联系当时的实际和我们现在对社会主义认识的实际，就会得出不同的结论。当年，老祖宗那么讲并没有错，他们是针对当时特定的历史情况得出的结论。“九评”的问题在于，面临的时代发生了巨大变化，我们对这些情况很不了解，却又照搬、套用老祖宗很多年前说的话，因此形成了很多教条和僵化的东西。有的同志说，我们当时对很多问题的认识还停留在战争年代，相比之下，苏联领导人由于他们的社会处于更高的发展阶段，对许多问题倒“有点先知先觉”，例如，他们当时多少看到了战后资本主义发生了某些变化，提出要缓和苏联同西方的关系，把重点转移到同西方的“和平竞赛”上来，同时还提出国内需要改革，等等。当然，赫鲁晓夫要其他党也配合他们的对外政策，那是另一方面的问题。

与会者还指出，“九评”文字漂亮，气势磅礴，但是文风也有问题，很多地方不严肃、不实事求是。那种搞“言论对照”以及攻击一点，不及其余和无限上纲等做法，到了“文革”时期就风靡全国了。

“九评”中除了对马克思主义的教条主义理解之外，还有给马克思主义附加的东西。例如，强调社会主义的主要矛盾是阶级矛盾，认为物质利益、利润原则以及引进外资等，都是修正主义和资本主义复辟的表现，强调社会主义国家要开展反修防修斗争，等等。这些都是我们从实践中错误地总结出来的东西，并把它附加在马克思主义之上。

3.大论战实际是“文化大革命”的序幕

与会者一致认为，大论战实际上为“文化大革命”做了理论、舆论和政治准备。就中国国内而言，大论战是在阶级斗争扩大化为指导的“左”倾思想迅速发展，并且已经在国内开展了以“防修”为目的的城乡社教运动的背景下发生的。当时提出“反修防修”的口号，国外要反修，国内要防修。大论战和社教是“反修防修”战略的两个重要步骤。“文化大革命”的理论——无产阶级专政下继续革命的理论的形成和系统化是由两个因素促成的：第一个因素是国内社教逐步形成的“二十三条”。这一文件提出了“党内走资本主义道路的当权派”这一个重要概念。与此同时，毛主席反复强调“要警惕中央出修正主义”，“要警惕中国的赫鲁晓夫睡在我们身边”。第二个因素是“九评”《关于赫鲁晓夫的假共产主义及其在世界历史上的教训》中提出的防止资本主义复辟的十五条。这十五条实际上是无产阶级专政条件下继续革命理论的雏形。所以，考察毛主席的无产阶级专政条件下继续革命的理论必须同中苏大论战结合起来看。国际反修一搞中苏大论战，国内防修就搞城乡社会主义教育运动，二者如同两个轮子，相互配合，把中国最后带入十年浩劫，全国上下到处抓大大小小的“赫鲁晓夫”。因此，有的同志指出，不能肯定“九评”，因为肯定“九评”的逻辑结论就是肯定“文化大革命”。

4. 中苏大论战的实质是争夺国际共运的领导权

与会者指出，毛主席压根儿看不起赫鲁晓夫，认为斯大林逝世以后，他是国际共运的当然领袖。因此，“当代最伟大的马克思主义者”、“马克思主义第三个里程碑”等提法就出现了。由于苏共“变修”，苏联“变质”，那么领导共运的责任当然历史地落在了中共身上。所以，1967 年纪念十月革命五十周年的社论公开宣布“世界革命的中心转移到中国”。中苏大论战形式上是意识形态论战，实际上是争夺共运领导权的政治斗争。中国企图通过意识形态斗争手段，剥夺苏共“马克思主义正统”和对马克思主义的解释权，从而摧毁它在国际共运中的领导地位。在这场论战中，双方都力图把对方党的最高领导人搞下台。

但是，个别同志认为，关于中国试图争夺国际共运领导权的说法，根据还不充分。

5. 就大论战本身而言，中国方面的错误更多，责任更大

大家认为，中苏关系包含两个方面的内容：一是国家与国家、党与党的关系；二是意识形态的争论。

在第一个问题上，中国反对苏联的大国霸权主义、大党主义，为维护国家主权进行控制和反控制的斗争，这是对的，不能一风吹。就中苏从同盟走向分裂的全过程来看，苏联是矛盾的主要方面，应负主要责任。

在意识形态争论方面，绝大多数与会者认为，中国在大论战中坚持的论点基本上都站不住，是以极左来反“左”，因此错误更多，责任更大，难辞其咎。有的同志说，大论战是中国方面挑起的，每次升级也是中国方面主动的，苏联在大论战中是被动的。但是也有的同志认为，大论战更多的是苏联主动挑起的。

中国的责任还表现在，一方面反对苏联的大党主义，另一方面自己又搞大党主义；一方面反对苏联作为“中心”，另一方面自己又企图当“中心”。在国际共运和社会主义国家中，搞以我划线，强加于人，对不同意自己观点的党一律戴上“修正主义”的帽子，结果，一时间世界绝大多数共产党和社会主义国家都变成了“修正主义”；对于赞成自己观点的党统统戴上“真正马克思主义者”的桂冠，也不管这些党在国内执行什么样的路线和政策，有没有群众基础。

6. 大论战的消极后果严重

与会者一致认为，中苏大论战的消极后果非常严重，而且负面影响是多方面的：

（1）从中国方面来说，大论战害人害己，以害己更重。在国内，一是发展成“文化大革命”，陷入十年浩劫；二是准备战争，搞大三线建设，把原定的第三个五年计划完全打乱。在国际上导致“三斗一多”，四面树敌，处境孤立，为了同苏联争夺影响，对第三世界进行超过国力的援助。

（2）在第三世界，以苏划线，同苏联互相争夺影响力，其结果给

民族解放运动和民族民主国家的反帝斗争造成许多困难。

（3）在苏联广大党员和群众中，“九评”得到的不是积极反响，而更多的是反感。但是我们却错误估计形势，认为赫鲁晓夫下台是我们批倒的。大论战使中苏关系恶化进一步升级，最后走向彻底决裂和全面对抗。

（4）大论战使各国党陷入分裂，国际共运进入低潮。中国支持的左派党大部分都没有站住脚。

7. 关于大论战的积极意义

一些同志认为，尽管大论战从总体上应该否定，但是也还有一定的积极意义。这主要是：

（1）使中国彻底摆脱了苏联的控制；（2）打破了苏联在国际共运中的一统天下，使各国党能够独立思考，走独立自主的道路，从此开始了社会主义多元化发展的新时代；（3）促进世界格局的多元化发展趋势，为中国谋求独立于苏、美之外的国际战略地位的努力创造了有利条件。

另一些同志不同意这种意见，认为大论战没有任何积极意义，上面所说的所谓“积极意义”是歪打正着。他们认为，为了摆脱苏联的控制，推动社会主义的多元化发展，调整同东西方的关系，完全可以选择别的方式和道路。

三、关于大论战中争论的几个重要理论问题

1. 关于“时代”问题

时代的理论是其他理论产生的根源。当时，中国坚持认为，现时代仍然是帝国主义和无产阶级革命的时代，时代的基本内容仍然是战争与革命。苏联认为，现时代是“以从资本主义向社会主义过渡为主要内容的时代，是两个对立体系斗争的时代”，尽管也强调革命，但同时强调决定时代内容和发展方向的已不是帝国主义，而是世界社会主义体系和其他和平民主力量。

与会者认为，中国的观点还是20世纪初的观点。无论是中国还是苏联，都没充分看到战后时代的新变化，没有及时看到“和平与发展时代”的悄然到来，而中国的认识离实际相差得更远。20世纪上半叶，时代的特征是战争与革命，下半叶时代的特征是和平与发展。进入20世纪后半叶，首先是资本主义发生了深刻变化，从垄断资本主义转变为现代资本主义。资本主义经济的高速发展和国际化发展趋势，已使资本主义国家之间不可能发生战争。资本主义社会结构的变化以及生产关系和上层建筑的调整，使无产阶级革命失去了经济和社会基础，资本主义国家已不存在革命形势。列宁关于帝国主义基本特征的许多观点，如不平衡规律必然导致战争，关于“腐朽”和“垂死”的论点等，都已过时。第二，新技术革命推动生产力的空前发展，帝国主义可以不必通过战争而通过其他手段获取高额利润；此外核武器以及新的交通和通讯手段的出现，对战争的可能性和国际关系的发展都产生了深刻影响。第三，从社会主义和资本主义的相互关系来看，朝鲜战争打了个平手，决定两种不同社会制度只能选择和平共处和和平竞争的道路。第四，在社会主义世界内部，传统的社会主义模式的弊端逐渐暴露，潜力愈来愈小，客观需要集中力量于内部的改革和发展。

2. 关于世界战争与“和平共处”问题

在世界大战问题上，中苏原来观点是一致的，即都认为世界大战是可以避免的，尽管双方都还坚持认为帝国主义的本性不变，帝国主义是战争的根源等传统观点。但是在同苏联的论战中，我们愈来愈强调战争的危险性。到了1965年，把战争的可能性变成现实的危险性，甚至提出希望大打、早打、打核战争，打完了再建设。“文革”期间提出战争已迫在眉睫，“燕子低飞”，“山雨欲来风满楼”，实行“深挖洞，广积粮”，使整个国家都转到备战的轨道上来。没有战争危险，却在全力准备战争，这在理论上和实践上都非常有害。

关于“和平共处”，中国在苏共二十大以前就提出了和平共处五项原则，后来还强调社会主义国家之间也要实行和平共处。但是，我们在批判赫鲁晓夫把“和平共处”作为社会主义国家对外政策总路线的时候，却走向了另一个极端：一味强调不要怕同帝国主义关系的紧张，不要怕战争，说什么对帝国主义不存在刺激不刺激的问题，甚至说即使世界上死了一半人，也照样在帝国主义的废墟上建设美好的未来，等等。类似的“好战言论”违背民心，授人以柄，使中国丢掉了和平的旗帜。

3. 关于“和平过渡”问题

现在回过头来看，和平过渡在当时并不是一个迫切的现实问题，所以根本没有必要就此大做文章。实际上，赫鲁晓夫在苏共二十大上也讲向社会主义过渡有两种形式。关于“和平过渡”问题，赫鲁晓夫说，“完全可以设想，向社会主义过渡的形式将会越来越多样化。而且这些形式的实现，不一定在任何情况下都与国内战争联系在一起”，“是不是也有可能通过议会道路向社会主义过渡”。其实，赫鲁晓夫提出这个问题在很大程度上是为了配合他的“和平共处”总路线，适应缓和同西方关系的需要。我们批判说，“和平过渡”没有先例，也没有现实的可能性，这是对的。但是，我们反对赫鲁晓夫“和平过渡”的提法，实际上是要强调实行暴力革命。中国当时对资本主义国家的情况知之甚少，只是从自己经验出发，强调武装夺取政权是普遍的必由之路。我们一方面批判“和平过渡”主张，另一方面却完全否定议会斗争，甚至不顾客观条件支持和鼓励一些国家的“左派”搞武装斗争，其中有些实际是恐怖活动。后来以林彪名义发表的《人民战争胜利万岁》，鼓吹“世界农村”包围“世界城市”，这一完全脱离实际的战略思想正是在撰写“九评”的过程中形成和提出的。

4. 关于斯大林问题

这个问题讨论得比较多，主要有以下一些观点：

（1）毛主席有一个问题看对了，就是斯大林这面旗子不能倒，斯大林这面旗子倒了就会出问题。另一方面，当初我们对苏共二十大批判斯大林是肯定的，认为这是揭开盖子，解放了思想。但是，我们后来走向了另一个极端：似乎斯大林问题是触不得的，实际上是“全盘肯定”斯大林。毛主席是从更“左”的方面去总结斯大林的教训，认为斯大林错误在于过早宣布苏联消灭了剥削阶级，没有搞好阶级斗争，所以才出现赫鲁晓夫修正主义。对于苏共批判斯大林个人崇拜，我们起初也是肯定的，但是后来却认为，苏共反对斯大林的个人崇拜“违背列宁关于领袖、政党、阶级、群众相互关系的学说”。与此同时，中国把对毛主席的个人崇拜推到了登峰造极的程度。

（2）认为赫鲁晓夫并没有“全盘否定”斯大林。赫鲁晓夫只是局限于批判了斯大林的个人作风和肃反扩大化的错误，但是对于斯大林的内外政策、高度集权的政治经济体制和与此相适应的理论体系，基本上继承下来了，他的改革只是个别和局部的。有的同志说，赫鲁晓夫“否定”斯大林没有否定到点子上，中国“肯定”斯大林也没有肯定到点子上。

（3）赫鲁晓夫批判斯大林产生的消极影响是次要的，积极影响是主要的。过了四十年再回过头来看，当时批判斯大林所造成的迷惘和动荡已经过去，而所产生的解放思想的意义是深远的，直到现在还继续发挥作用。马克思主义、社会主义出现停滞和僵化是从斯大林时期开始的。现在，为了探讨苏联解体的深层原因，重新振兴社会主义，必须对斯大林的问题进行深入研究。

5. 关于“全民国家”和“全民党”

我们当时把这概括为“两全”，认为这是苏共对马克思主义国家学说和政党学的背叛，并上纲说，“全民国家”是把无产阶级专政的国家变成赫鲁晓夫修正主义集团对广大苏联人民实行“专政”的国家；“全民党”就是要根本改变苏联共产党的无产阶级性质，把马列主义的党改造成为修正主义的党。“全民国家”和“全民党”是赫鲁晓夫 1961 年在苏共二十二大上提出的。苏共二十二大的纲领要在二十年内建成共产主义，既然共产主义社会没有阶级差别，国家和政党都要消亡，那么怎么办？于是赫鲁晓夫就别出心裁，提出了这样的观点：“为了建设共产主义已经不需要无产阶级专政，工人阶级专政的国家转变为全民国家”；“作为工人阶级政党而产生的我们的马克思列宁主义的党，成为全体人民的党”。所以说，“全民国家”和“全民党”的理论只不过是赫鲁晓夫超阶段理论的组成部分，实质上不是右，而是“左”的路线的产物。我们的批判是文不对题。有的同志说，苏共力图在理论上进行探索和创新，这是积极的，应该肯定，尽管有时提出的理论观点不完善，甚至有错误。但我们的出发点不对，是从“左”的和教条主义的角度去批判，结果导致自己走得更“左”，堵死了自己在这些问题上进行反思和探索的道路。

四、应该吸取的教训

与会者提出，关于中苏大论战，不仅要给后人留下一个真实的历史，而且要从中得到启示，吸取教训。关于大论战的教训和启示，大家谈了很多，这里只介绍以下三点：

1. 不要当“中心”，不要以自己的经验去衡量别人

世界非常复杂，而且是千变万化的。世界各国的事情只能由各国的党和人民自己去管，企图当头，扛大旗或当“中心”，都是不允许和不会成功的。中国现在没有资格这样做，将来强大了，进入更高的发展阶段，也不能这样做。此外，也不要用本国的经验去衡量别的党和国家的是非。任何一个党在本国实践中获得成功的理论都有一定的局限性，不能夸大它的普遍意义。

2. 任何时候都不要以“马克思主义的正统”自居

坚持“正统”和坚持马克思主义基本原理完全是两回事。自从马克思主义创立以来，一直存在着对马克思主义如何理解的问题，随之就产生了所谓“正统”的误区，希望把马克思主义定于一尊。真正的马克思主义者的使命，是运用马克思主义的原理解决实际问题，从而推动马克思主义的发展。从这个意义上说，马克思主义者的使命就在于打破“正统”。中国革命就是打破十月革命的“正统”，才取得胜利的。毛泽东思想也是打破斯大林理论“正统”，才形成发展起来的。但是，尽管实践中这样做了，而理论上没有相应的结论。在大论战中，中苏双方都争做“马克思主义的正统”。历史实践证明，“正统”实际上意味着“左”倾和固守教条；以“正统”自居，其结果迟早要自食

思想僵化和停滞不前的苦果。

3. 正确认识社会主义的发展阶段，处理好同资本主义的关系

无论苏联还是中国，都是在经济和文化方面比资本主义落后的基础上走上社会主义道路的，尽管经过多年的社会主义建设，仍然同资本主义有很大的差距。所以，就现实的社会主义同资本主义的关系而言，不是谁战胜谁、谁取代谁的问题，而是社会主义能否创造出更高的劳动生产率，其中包括学习资本主义一切先进的东西，以便迎头赶上的问题。只有这样认识和这样做，才有可能处理好同资本主义的和平共处和和平竞赛问题。

这样的研讨会实际组织了两次。专家们的种种观点和结论，我们上呈了中央。2009 年 11 月，受江泽民、曾庆红之邀，在中南海第二会议室，我和李静杰、张德广、李凤林，用了三天的时间，向他们陈述了中苏关系变迁的过程，并形成了文字档案资料。

见证 20 世纪 80 年代末中苏关系复苏

苏联的最高领导人从斯大林以后是赫鲁晓夫，斯大林是格鲁吉亚人，赫鲁晓夫是俄罗斯人。赫鲁晓夫下台以后是勃列日涅夫。

在 1982 年 3 月 24 日，勃列日涅夫在距离中国很近的乌兹别克斯坦首府塔什干，发表了一个公开的讲话，这个讲话不是专门谈苏中关系的，但是却用了很大的篇幅谈到了苏中关系。勃列日涅夫说，苏联愿意在任何时候继续就边境问题同中国谈判，并且准备加强中苏边境地区的互相信任的可能措施，搞一个双边可以接受的文件。他还说苏联愿意和中国商定双方都可以接受的改善苏中关系的措施，包括经济、科学、文化和政治方面。他还重申了中国对台湾拥有主权。而且他还表示，他承认中国存在社会主义制度。

所以，最先的改善两国关系的呼声还是来自于勃列日涅夫。他的这个公开讲话，虽然当中也有谴责我们的内容，但是主要的精神是愿意改善同中国的关系，这就很重要了。这引起了我们这方面的注意。

当时，时任中国外交部新闻司司长的钱其琛，马上把这个情况报告外交部领导并上报给中央。之后，已担任外交部副部长的钱其琛，从1982年至1987年，作为中国政府特使，与苏方代表进行了十一轮中苏副外长级磋商，讨论两国关系正常化问题，并作为中国政府代表团团长同苏联进行了两轮边界谈判。此时，中苏之间互派贸易代表团增加，贸易额也增加了，双方关系就是朝着“改善”的方向在发展。

但是，勃列日涅夫当时年事已高，所以，已没有精力来具体实施这些事情。1982年11月，勃列日涅夫去世，然后就是安德罗波夫上台。安德罗波夫当政一年多也去世了，后来就是契尔年科。契尔年科也是执政一年多就去世了。之后，就是戈尔巴乔夫做总书记。

戈尔巴乔夫上台以后，就表示愿意跟中国改善关系，也引起了我们的高度重视。中共中央也进行了研究，邓小平还提出来，改善中苏关系要克服三个障碍：一个就是苏联陈兵百万在中苏和中蒙边界，这个对我们构成了直接的威胁；第二个就是苏联武装占领阿富汗，也是对我们直接的威胁，必须撤走；第三个，也是特别重要的，是越南在苏联的支持下侵略柬埔寨。这三大障碍不解决就没有办法谈。

开始苏方没有理会。但之后不久，他们开始从阿富汗撤兵了，而且，也开始大批地减少在蒙古国的驻军。对我们来说，就是有两方面的威胁很快解决了，剩下的问题就是越南侵略柬埔寨的问题，关于这个问题苏联方面也通过外交途径向我们表示，他们对越南施加影响很困难。

据《邓小平与外国首脑及记者会谈录》载文，当时，邓小平对这个问题的阐述里面特别强调，越南一定要撤军。因为越南是在你们的支持下侵略柬埔寨的。最后这个问题也解决了，就是说三大障碍都解决了。于是邓小平正式邀请戈尔巴乔夫到中国来访问。

1989年5月15日至18日，苏联最高苏维埃主席团主席、苏共中央总书记戈尔巴乔夫对中国进行正式访问。然而，正是1989年初夏戈尔巴乔夫来访前后，中国国内出现了一些复杂的情况。北京一些高校的青年学生针对现实社会中存在的问题开展各种形式的活动，形成学潮。4月15日，原中共中央总书记胡耀邦逝世，广大群众和青年学生举行各种形式的悼念活动，事态升级演变为绝食、声援活动等后，天安门及周边道路人潮拥挤，学生们连日驻聚了天安门广场。

原来国家元首来访都会在天安门铺红地毯，举行个迎接的仪式，那时的特殊情况下根本没有可能。当时中央派我到天安门广场，劝说学生顾全大局，离开广场，以便举行戈尔巴乔夫到来时的重大国事活动。但终未如愿。后来把这个红地毯搬到了首都机场，国家主席杨尚昆在首都机场举行仪式，欢迎戈尔巴乔夫。

16日上午，邓小平在人民大会堂会见戈尔巴乔夫。邓小平的论述是：结束过去、开辟未来。当时，我还担任着中央书记处书记职务。我参加那次会谈，主要是因为邓小平提议说："这么多年来，明复一直参加中苏的这些谈判，这次让明复也参加。"这样，我第一次不是作为翻译，而是成为中方一个正式的团员参加会谈，团长是邓小平，参加的还有李先念等人。会谈时，我们代表坐了个半圈，我坐在李先念的旁边，李先念耳朵背，我还时常给他讲上几句。

我们会谈的地点是在人民大会堂的北大厅。会谈中，外边传来广场绝食、声援活动的嘈杂声。幸亏小平同志耳背，要不然听见的话一定会生气的。

邓小平当时主要讲到，从历史上来说，对中国为害最大的是两个国家，一个是日本，一个是原来的沙皇俄国以及它的继承者苏联。日本占领了我们很大一部分国土，但是它被打败了，它没有得到什么；那么你们沙皇俄国以及后来的苏联却占领了我们一百九十万平方公里的土地，所以你们对我们来讲威胁是最大的，危害也是最大的。他说，我讲这个话并不是向你们索取这些土地，而是你要了解这段历史，了解你们大国主义对中国带来的危害。现在就讲"结束过去"嘛，然后就讲未来，“开辟未来”。

“开辟未来”，我们之间怎么来建立一种新型的关系。这里应归纳为“四项原则”，叫做独立自主、互相尊重、完全平等、互不干涉内政。邓小平也客观地讲到，他在以前的中苏争论当中也起了许多作用，他是直接的参与者，也说了一些空话。当时争论的根本问题就是你们苏联与赫鲁晓夫侵犯了中国的利益，关键的问题是国家的利益被侵犯。

戈尔巴乔夫主要谈的是希望将来怎么能够继续发展两国、两党的关系。

中苏关系克服三大障碍，正式恢复，邓小平功不可没。邓小平关于“独立自主、互相尊敬、完全平等、互不干涉内政”，中国永远不称霸的主张，奠定了中国外交政策的基本原则。

20 世纪 90 年代初，苏联解体成为 20 世纪人类历史上影响至深至巨的事件，它直接改变了世界地缘政治和国际关系的大格局。对苏联解体和苏共垮台，我国领导人是感到十分惋惜和遗憾的。20 世纪五六十年代，我曾经多次陪同毛泽东、刘少奇、周恩来和邓小平等领导赴苏联访问，苏联领导人赫鲁晓夫等来华访问，我也曾当过翻译。我结交了很多苏联朋友，同他们建立了深厚的友谊。虽然随着苏共和苏联的逝去，这些都已成为如烟的往事，但因为这层关系，我也格外关注苏联的兴亡史、苏联解体的经验教训及其后果。[①]

当时的外交政策在党内也有不同的声音。针对这种情况，邓小平再次引用他于 1989 年 9 月 4 日同中央几位负责同志分析国际形势时的观点：“对于国际局势，概括起来就是三句话：第一句话，冷静观察；第二句话，稳住阵脚；第三句话，沉着应付。”[②]“我们千万不要当头，这是一个根本国策。”[③] 概言之，就是要“韬光养晦”。

---

① 参见我为雷日科夫《大国悲剧：苏联解体前因后果》一书所作的中文版前言。

②《邓小平文选》第三卷，人民出版社 1993 年版，第 321 页。

③《邓小平文选》第三卷，人民出版社 1993 年版，第 363 页。

现在看来，邓小平的外交原则都是经得起历史考验的。

作为见证者的希望……

“见证历史”这部分回忆，气势恢弘、规模盛大、洋洋洒洒几十万言，可以告一段落了。我所以使用的这组形容词，不是指我个人的往事经历而言，也丝毫没有自我夸耀成分，因为我在其中的角色，仅仅是“见证人”，而构成这部回忆录主线的，是上个世纪五六十年代的影响世界的风云人物：毛泽东、刘少奇、周恩来、邓小平、彭真；赫鲁晓夫、苏斯洛夫……以及由他们而产生的影响世界的重大事件……我因置身其中，见证了这段历史全过程而感到荣幸、自豪。

正因为我的“见证人”的身份，感慨万千……在结束这部分回忆时，我还想再简单地讲两句希望：

第一，我们搞的是社会主义，是一项继往开来的伟大事业。我们已认准了“建设有中国特色的社会主义”这条道路，就自觉地走下去。至于其他国家信奉什么主义、什么意识形态，都是他们自己的事情，所以，党际关系的“四项基本原则”应该坚决奉行并坚持下去。这样，才能维持世界和平、和谐的这么一个局面。你不要因为意识形态的不同而跟别人发生争执。

第二，就是要正确认识自己，千万不要以为自己是大国，以大国自居，不能在别人面前称霸。中国还有很多弱点，中国还有很多落后的地区，我们自己要做的事情非常多。我们一定要虚心地、正确地、客观地认识自己，需要尽最大的努力，动员全国的力量来克服我们自己的矛盾、自己的困难，这一切只有在一个和平的环境里面才能够得以实现。所以，我们要力求有一个和平的国际环境，能够有一个和平的周边环境，便于我们来实现我们的繁荣中国、富强中国的理想。

小平同志说得对，结束过去，开辟未来。但这是后话，从当时双方国内的实际看均没有可能。苏联的情况先不去说，我们国内正处在“文革”空前浩劫的前夜……

『文革』十年

阎明复回忆录

1966年，一场长达十年、给党和人民造成严重灾难的“文化大革命”爆发了。这是一场由毛泽东错误发动，被“林彪”、“四人帮”反革命集团利用，给党、国家和人民带来最动荡不安的、灾难性损失的政治运动。在这场所谓的“大革命”中，国民经济遭到巨大损失，包括党和国家领导人在内的大批领导干部、各界人士和群众受到诬陷和迫害，中央、地方各级党政机构长期陷于瘫痪状态。中华人民共和国遭到成立以来最严重的挫折和损失。

“文化大革命”开始时我35岁，正当年轻力壮可以有所作为的时候，却遭遇到不测，先是被关到“黑帮”学习班批斗两年半，又在秦城监狱囚禁独牢七年半，到1976年10月“文革”结束时，我已经四十五岁，恍如隔世。“文革”十年留下的是种种历练的记忆和累累伤痕……对于这场遭遇，过去很不愿意提及，现在到了暮年，感到有必要把它写下来。这不是我一个人的遭遇，这是我们整个中华民族的悲剧!“文化大革命”是错误理论指导下的错误实践。它留下了中华民族应当世代铭记、永远不能重犯这类错误的深刻教训。

正如邓小平指出的：“我们根本否定‘文化大革命’，但应该说‘文化大革命’也有一‘功’，它提供了反面教训。没有‘文化大革命’的教训，就不可能制定十一届三中全会以来的思想、政治、组织路线和一系列政策。”①

① 《邓小平文选》第三卷，人民出版社1993年版，第272页。

山雨欲来风满楼

1964年“四清”运动开始后，中共中央办公厅（简称中办）翻译组分批下乡参加“四清”。其间，中苏关系破裂，我们的任务越来越少，直到1966年7月中办翻译组解散。

参加“四清”

1965年秋，按照中央统一部署，中办干部在杨尚昆主任和龚子荣副主任的带领下，分别到陕西和山西参加“四清”运动。杨尚昆和彭真商量，叫我参加北京市委的“四清”工作队，留在北京，以备中央领导人接见外宾时能随时担任翻译工作。于是，9月初，我同北京市的工作队一起到顺义县的李遂镇[①]参加“四清”工作。

我们这个工作队的队长是张彭，他是彭真的大秘书，兼市委工业部部长，我们多次一起陪同彭真出国，所以很熟。工作队领导人还有张文松，他是市委文教部部长，是张洁清的弟弟，过去常见面。市委统战部部长廖沫沙也在我们这个队，他和我们住在一个村里，就住在我们旁边的一个老乡家里。工作队里还有当时在市委担任外事秘书的杨景宇，“文革”后，他长期在彭真身边工作，现在是法律专家。北京出版社的李中贵也在我们工作队，现在是著名的画家。和我们一起参加李遂“四清”运动的还有彭真的女儿傅彦和我们翻译组的朱瑞真。

我被分配在李遂大队的工作组，组长是市委政法部的一位研究员刘镇藻，他是一位经验丰富、政治成熟的老同志，我们相处极好。朱瑞真分配在邻村柳各庄工作组。

李遂处于顺义平原的潮白河之畔，地势平坦，土地肥沃，是顺义

① 现在称为镇，“文革”时期或叫公社，我已记不起，下同。——作者注

的粮仓之一。过去经营单一，农民生活并不富裕。我们“四清”工作队的方针是“依靠农村原来的领导班子，发动群众，查清问题，有什么问题解决什么问题，帮助农民发展生产，改善生活”。工作队的领导班子很强，政策水平高，到“文革”开始后工作队撤离李遂前，工作一直很稳妥，干部群众的反映都不错。

在李遂的大半年中，我曾回中央办公厅等候中央决定是否参加苏共第二十三次代表大会。

原来，1966 年 2 月，苏共中央致函中共中央，邀请我党派代表团参加将于同年 3 月召开的苏共二十三大。在中央研究是否参加苏共代表大会过程中，彭真指示中办找我回中办，看看材料，以便中央决定派团参加时，我能有所准备。这样，我和朱瑞真就回到机关，并到钓鱼台[①]报了到。

中共中央是否派代表团参加苏共二十三大是一个十分重要的问题，涉及对苏共关系的方针[②]。因而，是否派代表团出席苏共二十三大，意味着或继续保持中苏两党的关系，或公开宣布中断中苏两党关系。在毛主席的主持下，经过慎重的考虑，中共中央做出了我党不派代表团出席苏共二十三大的决定，并于 3 月 22 日复信苏共中央通知了这一决定。

---

① 当时以康生为首的“中央反修文件起草班子”就在钓鱼台办公。——作者注

② 当时的情况是：1964 年 10 月，赫鲁晓夫下台。11 月，在周恩来总理率团访问莫斯科期间，发生马利诺夫斯基公然挑衅的严重事件，马说，我们搞掉了赫鲁晓夫，你们搞掉毛泽东，才能和好。勃列日涅夫上台后，继续执行赫鲁晓夫确定的召开国际共运会议的方针。1965 年 2 月，苏联部长会议主席柯西金访问北京期间，毛主席在同他谈话中指出，中苏公开论战要长期进行下去，重申中共绝不参加苏共中央坚持召开的所谓的国际共产党、工人党会议。1965 年一二月间，苏共中央向党内外散发反华文件，攻击中共。1965 年 3 月 1 日至 5 日，苏共不顾中共和其他一些党的反对，召开了国际共产党、工人党的会议。3 月 23 日，中共发表《评莫斯科三月会议》文章，指出苏共新领导召开这次会议是继承赫鲁晓夫主义，要求他们公开承认召开分裂会议是错误的，赫鲁晓夫的大国沙文主义是错误的，苏共二十大和二十二大的路线是错误的，苏共领导反华是错误的，以及公开保证不再犯赫鲁晓夫主义的错误等等。由此可见，当时中苏两党的关系虽然没有公开宣布破裂，但是已经没有来往，处于将破裂而尚未破裂的边缘。——作者注

这样，我和朱瑞真就又回到顺义继续参加“四清”。

4 月上旬的一天早晨，驻李遂大队“四清”工作队队部的同志通知我，说彭真十点多钟要到李遂看望我们，要我到大队部等候。当我到队部时，见到傅彦。在李遂参加“四清”的北京青年女篮的队员们也都到了。

不久，彭真乘坐的一辆黑色“吉斯”轿车驶进了大队部的院子。彭真下车后，我们都围了上去，他热情地同大家握手问候，亲切地询问大家是否已适应农村生活，有没有同农民交上知心朋友。在场的女篮队员争先恐后地向彭真汇报各自的心得体会。谈了一会儿，彭真说要到村里看看，就同大家告别，叫我和傅彦同他一起乘车去。

轿车沿着村里的土路缓缓地行驶，彭真看着两旁的农舍一直没有讲话，显得格外严肃。快到村口的时候，他突然说：“任何人都不能垄断真理”，“真理要靠实践来检验”。显然这几句话不是针对我和傅彦讲的。

在李遂村口，我和傅彦下了车，我在车门旁同坐在车里的彭真紧紧地握手告别，不知为什么我突然脱口说：“请您多多保重！”我站在路边忐忑不安地望着那辆黑色轿车向城里驰去。谁能想到，这次在李遂村口同彭真告别，再次同他老人家相见已是十二年后的事了。

当天晚上，我躺在农舍的炕上翻来覆去不能入睡，反复琢磨彭真讲的话，脑子里突然闪现出 1960 年 6 月在布加勒斯特会议上的一个场景：面对赫鲁晓夫的突然袭击，彭真大义凛然地宣称，“我们中国共产党人只服从真理，而绝不屈服赫鲁晓夫的指挥棒”，“我们可以被压成粉子，而绝不会压扁”……今天，他脸上的神色竟和当时十分相像，我隐隐约约地意识到是不是中央发生什么事了。

初露端倪

在李遂大半年，每天早起晚睡，走家串户，忙于“四清”的事务，很少关心国家大事，就连《海瑞罢官》一文引起的风波我也没太留意，以为不过又是一场文人的笔墨官司而已。有些经过延安整风的老同志认识到政治气候正急剧变化，实际上当时已是“山雨欲来风满楼”了，一场史无前例的暴风骤雨已经悬在中华大地的上空。后来获悉，1965年11月，上海《文汇报》发表的《评新编历史剧〈海瑞罢官〉》，成为“文化大革命”的导火线。

1965年11月10日，中共中央通知：任命汪东兴为中央办公厅主任，免去杨尚昆中央办公厅主任职务。

1966年3月底，毛主席指责彭真主持起草的《二月提纲》是错误的，指责北京市委“包庇坏人，压制左派，不准革命”；根据毛主席的讲话，4月上旬，中央书记处已决定停止彭真的工作；4月下旬，毛主席主持常委扩大会议，讨论了所谓的彭真的错误，决定撤销《二月提纲》。

1966年5月10日清晨六时半，李遂村头的大喇叭开始转播中央电台的新闻联播，我突然听到《评“三家村”》的文章，点了廖沫沙的名。廖老就住在我们隔壁，我的第一个反应就是担心村里不明真相的人会不会揪斗他。后来听说“四清”大队部很快就派车送他回北京了，我才放心了。

当天中午，顺义县委组织部派人到李遂通知我，说中组部来电话叫我立即回北京，县里派车送我。我马上向工作组组长刘镇藻打了招呼，什么也没带，就上车走了。在进城的路上我真是百思不得其解，以往中央有事都是中办通知我，这次却是中组部叫我回去，究竟发生了什么事？

回到城里后，按照县委组织部的通知，给中组部安子文部长的秘书打了电话。我说，我回来了，有什么事找我呢？秘书告诉我，康生找你。我听了以后更不理解了，我同康生、同他的秘书李鑫都很熟，他们不直接找我，反而绕了一个大弯子，通过两级组织部叫我回北京，简直莫名其妙。于是，我又给康生的秘书李鑫打电话。李鑫说，康生委托刘宁一与你谈话，你马上找刘宁一去。

刘宁一是我的老领导，他是总工会副主席，分管外事，我多次陪他出国访问，参加国际会议。我直接到刘宁一的家找他。

刘宁一对我说："彭真出事了，康老要你揭发他的问题。"我说："彭真能出什么事，毛主席还表扬他呢。"刘宁一说，"彭真的事很严重，能想象有多严重就有多严重。"接着他问我："1965 年 5 月，彭真访问印尼，为什么带你去？"我说："宁一同志，那次你也去了，你了解情况呀。代表团出发前，彭真对我说，这次去印尼，你做我的秘书，张彭就不去了，你熟悉情况，内外联系都可以。生活上有李之玉照顾，你可以不管。"刘宁一说："跟苏共代表团有什么接触？"我说："在印尼同苏联人根本没有接触，你也不是不知道。"刘宁一说："康老叫你写揭发材料，你好好想想。要放开思想，不要有任何拘束。"这样，我回到机关，开始写"揭发材料"。"材料"写完后，我交给了取代杨尚昆而被任命为中办主任的汪东兴。我问他，彭真的材料写完了，我怎么办，回顺义继续参加"四清"，还是留在机关？汪东兴说，你就留在机关参加运动吧。

实际上当时"文化大革命"已经爆发了。彭真、罗瑞卿、陆定一、杨尚昆等中央领导人遭到诬陷，报刊上连篇累牍地发表咄咄逼人的政治批判文章，宣传领域一片杀伐之声……

在这种"处处都有阶级斗争"、"中央出了修正主义"的极不正常的紧张气氛中，5 月 4 日至 26 日在北京举行了中共中央政治局扩大会议。在会议上，将凭空捏造的"反党集团"的罪名强加给彭真、罗瑞卿、陆定一、杨尚昆，成立凌驾于政治局之上的中央文革小组，通过了在全国发动所谓的"文化大革命"的《五 · 一六通知》。由此一场持续十年的空前浩劫开始了。

中办“文革”点滴

形势急转直下

中央办公厅的形势也急转直下。首先被迫害致死的是毛主席的大秘书、中办副主任田家英。

田家英多才多艺，为人正直，敢于向毛主席、党中央反映真实情况，在中办翻译组成立之初，他给过我很大的帮助和关心，把他许多年来积累的毛主席习惯用语教给我们领悟。5月22日下午，在中南海田家英住地宣布了中央决定：田家英一贯“右倾”，和杨尚昆关系“不正常”，立即停职反省，交清全部文件，明天搬出中南海。第二天，即5月23日上午，田家英不忍屈辱，以命抗争，在中南海永福堂家中自缢身亡。我知道这件事后，当时心里很难过。

5月22日这天，不单是向田家英宣布“中央决定”的日子。当时召开中办干部会议，传达政治局扩大会议的情况，要大家“揭批”彭、罗、陆、杨；说中办，特别是“后楼”①是杨尚昆“招降纳叛、经营多年的反党黑窝”，要好好地“揭批”杨和他的爪牙。这次会议被称为“后楼揭盖子会议”。接着，“后楼”的业务组组长一级的干部陆续地被点名，勒令停职检查。

6月初在“后楼”的一次批斗会后，中办领导专门找我谈话，说，“杨尚昆叫你做了哪些坏事，你要好好交代”。这样，我也被宣布停职检查。

这时，周总理办公室主任童小鹏被任命为中办第一副主任兼新成立的中办秘书局局长，分管中办的日常工作。“文革”后了解到，在对

① 即中央书记处的研究室，因位于中南海居仁堂的后楼而得名，书记处的办公室和会议室则在居仁堂前楼，其间有一走廊相连接。——作者注

我和翻译组的赵仲元的审查中，童小鹏坚持实事求是，不同意胡乱上纲上线。

我所了解的戚本禹

5月22日的“后楼”干部会议上，戚本禹被任命为新成立的中办秘书局副局长。

有一天，戚本禹找我谈话，传达毛主席的指示。戚本禹说：最近，毛主席说，“小阎能有什么问题？查清楚，好让他出来工作。”他接着说，“中办两千多工作人员，毛主席关心过问的只你一人，你要好好报答主席。”我听了的确十分激动，含着眼泪连连表示一定好好检讨。戚本禹叫我好好揭发杨尚昆“里通苏修的罪行”。他说，你要彻底揭发杨尚昆的罪行。杨尚昆“里通苏修”，你同他关系那样密切，肯定了解，要彻底交代。我说，杨尚昆直接领导翻译组的工作，所有的事都向他汇报，我同他的关系确实密切，但是我确实不知道他“里通苏修”的罪行。戚本禹说，“你要同杨尚昆划清界限，彻底揭发他的罪行，回到毛主席的革命路线上来。”

当时，领导上指定原中办“后楼”的几个还没被戴上“黑帮”帽子的、年纪大一些的干部负责审查我和赵仲元。其中之一是一位抗日战争中参加革命的老同志，他是“后楼”地区组的成员，帮助谭震林工作。这位老革命是山东人，性格豪爽，爱下象棋。中午没事的时候我也常去观战，平时我们相处不错。可是，“文革”开始后许多人都变了。他也不例外。戚本禹同我谈话的第二天，这位老革命也叫我到他的办公室去。他说，昨天本禹同你进行了一次高度马克思列宁主义的谈话……我一听急忙打断他的话。我说，他讲杨尚昆“里通苏修”，我同杨尚昆关系密切，所以我也“里通苏修”，这是什么逻辑！这是典型的形而上学，多亏你想得出来，说这是高度的马列主义。过了一段时间，听说这位老同志被农大红卫兵抓去了，逼他揭发谭震林，最后他自杀了。这是一场悲剧。如果他当年能顶住压力活下来，我们会一起当做笑料回顾那一段并不愉快的往事。

既然提到戚本禹，我想谈谈我们之间的交情。

1957年初，我调到中办时，戚本禹已在中办秘书室即信访室工作。很长一段时间我并不认识他。1957年到1958年秘书室发生“黑旗事件”后，我才第一次听到他的名字。后来他在南口二七机车车辆厂蹲点锻炼时写了一篇“关于调查的调查”的文章，批评北京市的干部到工厂进行调查时还大吃大喝，引起了领导的重视。“后楼”的同志常常提到他，说他有才华，胆子大，敢提意见，为人骄傲，不好相处。后来读到他写的一些文章，我感到他的确才华出众，看问题有独到之处，内心中多少有些佩服。

60年代初的一天，戚本禹突然到“后楼”二楼翻译组的办公室来看我。他对我说：“我听说上上下下你都处得很好，大家都说你人缘好，而我则很苦恼，上上下下都不喜欢我。所以想向你讨教，该怎样办。”我当然还有点儿自知之明，不会给戚本禹提什么忠告。我问道，老戚你究竟有什么想法？他说他在秘书室实在待不下去了，想换换环境，能不能到“后楼”工作。我答应试试看。我把老戚的情况向“后楼”综合组组长何均反映了。何均爱才，认为戚本禹有才，答应同田家英商量。后来，老戚就调到“后楼”来了。他专门来看我，表示感谢，但又希望我帮他解决住房困难。当时我住的宿舍院子里正在改修厕所，把原来的拆了，改装成两间住房，在东边新修了一个厕所。我让老戚向行政组要这两间房子。结果，戚本禹一家就搬到我们院子来了。

过了一段时间，戚本禹因吐血住进了通县结核病疗养院。一天，他的爱人邱云英对我说，在疗养院，老戚同房间的病人患肺结核，很严重，老戚肯定会被传染。我给中央保健局黄树则局长打了电话，请他关照一下。结果，疗养院让老戚住进单人病房。戚本禹病愈出院后，见到我连连表示感谢，并说一定要报答我。我并不在意，同事之间相互照应，也是人之常情。时过境迁，我也忘记老戚说了什么。

1968年1月，戚本禹被隔离审查，关进秦城监狱。1978年前后，戚本禹提出要见中办“后楼”的老同志，谈谈“文革”初期机关“文革”的情况。当时，原中办的金石和江秋去秦城监狱见了他。后来，江秋告诉我，戚本禹讲到有关逮捕我的情况。他说，当时中办领导起草了关于对我进行逮捕审查的请示，报江青审批。江青在请示报告上批了“拟同意，请康老、总理审批”。并叫戚本禹把这份报告送给康生。戚本禹对康生说，阎明复怎么可能是特务呢？康生回答说：“阎明复的事你不要管。”戚本禹说，这是因为，有人讲杨尚昆在毛主席身边搞窃听，而阎明复却说是毛主席叫录音的。这样一来，说杨尚昆在毛主席身边搞“窃听”的罪状就难以成立。我不知道戚本禹为什么要在康生面前为我说项，我宁愿认为他是出于对我有所回报的考虑。

毛主席要我们录音的事还得从头说起。

那是1958年7月的一天傍晚，苏联大使尤金紧急求见毛主席。毛主席当即在中南海游泳池接见了他。尤金向毛主席转达了赫鲁晓夫关于建立共同舰队的建议。毛主席认为这是严重侵犯中国主权的行径，当场给予痛斥，并约尤金第二天继续谈话。

尤金告辞后，毛主席叫我找叶子龙[①]找一台录音机，明天把同尤金的谈话录下来，以防他抵赖。我当即把主席的意见告诉了叶子龙。第二天叶主任拿来一台微型的手表式的录音机，交给赵仲元戴在身上，因为他担任记录，坐在旁边不易觉察。叶主任还教给他使用方法：手表录音机戴在手腕上，录音机的电线由手臂通过前胸同放在裤带上的电池盒相接，谈话时只要摁一下开关按钮就能录音了。

接见结束后，结果发现没录上。据当时赵仲元讲，谈话开始，他就照着叶主任教的那样摁下按钮，可能因为太紧张操作失误，录音机可能没启动。这次谈话还是靠赵仲元用笔记的，我也按照翻译过程中做的笔记对赵仲元的记录做了核对和补充。

① 毛主席的大秘书。

“文革”结束后，1987 年党的十三大闭幕，我接到戚本禹的信，他对我当选中央书记处书记表示祝贺，并提醒我以他为戒，戒骄戒躁，不要重蹈他的覆辙。

读了戚本禹的信，我很感动。因为种种原因我没有复信。后来听说他在上海的一家研究机构工作。我深信这些年来戚本禹在研究工作中一定取得了不小的成绩。

后楼“文革”

接着再谈谈中办后楼的“文革”。

1966 年 6 月 18 日，中办主任汪东兴在中南海怀仁堂作报告，启动中办的“文化大革命”，号召揭批彭、罗、陆、杨。6 月 20 日，“后楼”的绝大多数干部被命令搬出中南海，交出中南海的出入证；分成两个支部，一个搬到魏家胡同宿舍，另一个集中到背阴胡同宿舍。我于当天把家搬到魏家胡同。据“文革”后了解到，我们这个支部除了看管当时划为“黑帮”的几位组长外，主要负责审查我和赵仲元。

提到赵仲元，我要讲几句。赵仲元也是我在“哈外专”的同学，他在 1949 年夏季入学，没多久他和他所在的班级整建制地调到北京外专，成为北外的骨干。北外毕业后，赵仲元长时间给师哲担任秘书。在此期间，他多次给中央领导担任翻译。1956 年春，朱德率团参加苏共二十大，赵仲元参加了代表团的翻译工作。1957 年年初调到中办翻译组。赵仲元出身农民家庭，为人忠厚老诚，中文底子扎实，俄文口译、笔译都属上乘，工作十分认真、严谨，是我们翻译组的主力之一。赵仲元长我两岁，而我比他早两年入学“哈外专”，是他的学长，在共同为中央服务的工作中结下了深厚的情谊。“文革”中我和赵仲元共患难，“文革”后又一起参加了《毛泽东选集》五卷的翻译工作。80 年代初，根据杨尚昆主席的建议，赵仲元调到大百科全书出版社工作。之后，我们还经常来往，一起回忆在中办翻译组的经历。

本来，中办“后楼”在“文革”开始时，并没有把赵仲元定为

"黑帮"，后来因为他的爱人王颂清正在她的单位受审查，这样，支部就把赵仲元列为"黑帮"，并进行审查。到了魏家胡同，支部决定在我们两人中间先易后难，选定了赵仲元作为突破口。但他们没有掌握任何有关赵仲元的材料，就决定"沙里掏金"，从追问他的祖宗三代、学生生涯、参加工作的前前后后，到核心"罪行"——"里通苏修"。于是大会小会、个别谈话，忙得不亦乐乎。

对于我，则是在7月初支部召开了批斗大会，要我端正立场，做到"三彻底"交代自己的"罪行"。我则以为应该交代的我都"交代"了，应该揭发的也都"揭发"了，还不算完，还要批斗逼人，太无道理，从此，开始明里暗里同"革命派"不断抗争。

中办"学习班"

1966年7月15日，中办成立"学习班"，中办系统的部分"革命干部"[①] 和所有的"黑帮"都到"学习班"参加"文化大革命"。"学习班"按中办原有单位分成六个支部，"后楼"为第三、第四支部，我被编在第四支部。"学习班"成立后就搬到石油学院去了。

在石油学院，第四支部仍然把赵仲元当做重点，逼迫他交代问题。有一天，在大食堂吃晚饭时，赵仲元走到我身旁，看看四周没有"学习班"的人，悄悄地对我说："我要自杀了，小王和孩子们就拜托你照看了。"我听了大吃一惊，急忙对他说，吃完饭到大操场去谈谈。在操场，我们边走边谈。赵仲元说，这几个月，他们天天逼我交代"里通苏修"的事。大搞逼供信，白天逼，夜里也不让睡觉，夜以继日地进行车轮战，拍桌子、大声责骂，迫使我交代。我实在走投无路了。我问他，你到底有没有"里通苏修"的事呢？赵仲元说，当然没有呀。我说，既然没有，你怎能自杀呢。自杀了，什么事情都说不清楚了，

① "革命干部"，又称"革命派"，这是当年的称呼，我们单位的工作人员凡是没有被勒令审查的统统如此称呼。——作者注

自杀了就证明你是苏修特务，畏罪自杀。你自己一死了之，可是你的老婆孩子要背一辈子黑锅，你对得起她们吗？一定要坚持下去，证明自己是无辜的。赵仲元流着眼泪说，他自杀过一次，但没死成。我听了一再劝说他绝对不能走上这条绝路。最后，赵仲元表示，他一定会坚持活下去。我说，要坚持下去，绝不能胡说，毛主席说“有反必肃，有错必纠”，我们一定会平反的。

我们在夜幕中分手了，悄悄地回到自己的宿舍。第二天清晨五点多钟，我起床上厕所，赵仲元也走进厕所，对我说，“明复，我都交代了”。我说，“你交代什么啦？”他说，“昨天晚上谈的。”我说，“你对我说你受不了啦，要自杀，我劝你绝不能自杀，这有什么好交代的呢？”赵仲元说，“没法子，太对不住了。”

八点多钟，“革命派”气势汹汹地把我找去，大骂一通，说这是“串供”，勒令我一字不落地交代同赵仲元的“串供罪行”，并严禁同赵仲元有任何接触。从那天起，每个“黑帮”的房间里都安排了一个“革命派”，日夜监视。

“文革”后我听说，这次“串供”以后，“革命派”感到赵仲元查不出什么问题，本来想“沙里淘金”，结果差一点儿出人命。于是，想给他做结论，解放他，但中办领导不同意，说运动刚开始，不要急于做结论。这样就把他搁置起来了。赵仲元因祸得福，处境有所缓解，而我则因此罪加一等。我觉得我救了小赵，但后来才意识到，助人是要付出代价的。

当时，石油学院真像一个大集市，大批串联的红卫兵今天来，明天走，乱哄哄的。时不时地揪出一个老师，大家围在一起批斗。有一次，在校园里的大道上，一位中年的女老师摇摇晃晃地站在一个架在方桌上的凳子上，脖子上挂了一双高跟鞋，围了一大群青年人，有一个操湖北口音的红卫兵大声地在喊些什么。我走到近处，听到他在控诉农村老家的地主对当地农民的残酷剥削，而批斗这个老师仅仅就是因为她是地主出身。我听了十分气愤，这位老师同他家乡的地主恶霸有何干系！老师们用自己的心血哺育着你们，把人类的知识教给你们，指引你们成长，你们不但不知恩图报，反而像恶狼一样厮杀自己的恩人。

当时的我无能为力，只有眼睁睁地看着这位发丝凌乱、满面倦容的女教师备受那些被“文革”扭曲了人性的红卫兵的折磨。

批斗大会

为了对我们这些“黑帮”进行“教育”，促使我们“坦白交代”，我们在“革命派”的监视下参加过几次批斗“三反分子”大会。其中留下些许印象的是，1966 年 8 月 4 日前后，在中直礼堂举行了批斗原中办副主任龚子荣、原机要室主任叶子龙、原中央档案馆馆长兼中办副主任曾三、原中直管理局局长邓典桃的大会。会上有十几个“革命派”登台揭批，嗓门大，内容空，千篇一律，不记得他们叫喊了些什么了。但有一个“革命派”的发言却令我至今还能回忆起来。

这位“仁兄”揭发邓典桃用黄羊肉和大豆腐蚀和收买革命干部。原来，三年困难时期，人人忍饥挨饿，连我们中办机关的普通干部都不能幸免。大家真心实意地响应号召，自愿把自己每个月的口粮标准降到二十斤左右，很少吃到肉食，不少同志得了浮肿病。为了稍稍改善中办系统干部的生活，邓典桃派后勤机关的同志，冒着严寒，不辞辛苦到内蒙古大草原上去猎捕野黄羊，发给机关每个人二三斤黄羊肉。秋收的时候，还派人到江西的农村帮助老乡收割黄豆，然后购买一些运到北京，发给大家，以缓解当时的困难。我也曾分得这些食品，自己舍不得吃，而留给孩子放假回来稍微改善一下生活。我记得，当时机关的同志说起邓典桃和后勤部门同志的这些善举，都十分感激。然而现在，在批斗大会上这竟被说成是腐蚀革命干部，收买革命干部。我不知道，中办有哪位干部因为吃下这几斤野黄羊肉而被邓典桃腐蚀拉拢？只因为吃下了几斤江西老区的黄豆而被邓典桃收买？“文革”对“真、善、美”的扭曲，竟然使一些人堕落到这样忘恩负义的可悲地步。

这里还有一个小插曲。每个单位的“革命派”代表在发言中都点名批判一大批他们机关的“黑帮”，被点到的人都要站起来，低头认罪。中办秘书室的“革命派”在揭发中，点了他们单位的所谓田家英的爪牙，不知道为什么也点了我的名，可能因为秘书室的“革命派”“越位”了吧。我当即站了起来，坐在我后边的我们后楼的“革命派”却扯了扯我的衣服，又叫我坐下来了，后楼“革命派”的小小举动至今记忆犹新。

1966 年 8 月 27 日，我们这些“黑帮”被带到天安门广场南侧的人民银行，在礼堂里召开了批斗原中办副主任兼国家机关党委书记龚子荣的大会。中办原机要室副主任康一民，后来调到银行政治部任副主任，也被拉到大会上陪斗。批斗大会上，强加给龚老的“罪名”是为“黑五类”翻案。原来，当年龚老主持国家机关党委工作的时候，根据当时中央的精神，为金融系统历次运动中遭到迫害的同志进行了甄别。批斗大会上，银行系统的“革命派”对这位年逾半百的革命前辈进行了令人发指的肉体摧残。两个彪形大汉时不时地恶狠狠地摁着龚老的头，勒令龚老“低头认罪”，使劲地把龚老的双臂向身后扭，强迫龚老“坐喷气式”，还有人跳上台去对龚老拳打脚踢。这简直是反革命还乡团对老革命的“反攻倒算”！

还有一次，具体时间记不得了，学习班的“革命派”押着我们这些“黑帮”到京郊温泉的中央档案馆，参加批斗原中办副主任、中央档案馆馆长曾三的大会。批斗大会上，一些“革命派”诬陷曾三“里通苏修”，他们声嘶力竭地批判和揭发，真令我感到又可笑又可悲。他们说，曾三把档案馆保存的中共早年的刊物交给了苏修分子郭绍棠。是什么刊物呢？是当年公开发行的《新青年》。是擅自送的吗？不是。是根据中办主任杨尚昆的指示。

原来，郭绍棠是 20 年代的中共党员，后来到苏联学习，与杨尚昆同学，以后他留在苏联工作了。50 年代，郭绍棠回国探亲访友。杨尚昆接见他时，他提出希望能找到20年代中共出版的一些刊物。杨尚昆就请曾三帮助找几本。这就是全部事实。这些当年公开出版的刊物竟然成了“里通苏修”的“罪证”，岂不太可笑了吗！

“革命派”不择手段诬陷这位参加过长征、在党的机要档案战线上功勋卓著的老前辈岂不太可悲了吗！在批斗会场外，吃午饭的当儿，学习班四支部的“革命派”，逼迫我交代“里通苏修”的罪行，说要拒不交代，等待我的就是曾三的下场。

另外一次批斗大会，就是在工人体育馆举行的批斗彭真、罗瑞卿、陆定一和杨尚昆的大会。我坐在离主席台较远的地方，看不太清楚那里发生的事情。但我仍然记得，整个会场杀气腾腾，“打倒”的口号声此起彼伏。批斗大会开始时，两个大汉押着彭真上场，接着是两人抬着一个大筐，筐里有一个人，到台中央抬筐的人使劲地连人带筐扔在地下。原来坐在筐里的就是遭受迫害双腿残废的罗瑞卿。接着被押上来的就是陆定一和杨尚昆。在声嘶力竭的“批判”、震耳欲聋的叫骂“低头认罪”的口号声中，大汉们长时间地向后扭着革命前辈们的双臂，迫使他们“坐喷气式”，时不时地拳打脚踢。我实在无法看下去了，就向“革命派”报告要上厕所。他们派原中办翻译组我组里的一位同事押我去厕所，途中我忍不住问了一句，是不是每次“批斗”都是这样。结果这句话惹祸了，那位同事“揭发”了我。回到学习班后，“革命派”对我进行了严厉的警告，说这是革命群众对“三反分子”的革命义愤，绝不能怜悯这些“赫鲁晓夫式的人物”，你要同他们划清界限，交代自己的“罪行”，等等。

“砸碎‘学习班’，回家闹革命”

1966年9月中旬，石油学院的造反派和从外地串联来京的红卫兵，听说研究生楼住着一批中办机关的大“黑帮”。这些红卫兵正闲得无聊，于是开始策划揪斗中办的“黑帮”。中办“学习班”的领导闻讯后赶忙连夜把包括“黑帮”在内的全体学员，搬到万寿路中组部招待所。

1967年1月中旬，中办“学习班”的“革命派”有人提出，在中组部招待所搞运动是“世外桃源”，要“砸碎学习班，回家闹革命”。但是，回中南海是不可能啦，于是占领了原国家机关党委所在地的西单西斜街宏庙胡同六号。

这是一座三层楼的红砖楼房，有许多办公室，有可容纳三百多人的大礼堂，还有大食堂和厨房。所谓的“杨家死党”的第一次反扑是在中南海，而第二次、第三次和第四次反扑就发生在这座红砖楼里，因而使这座原本庄严的党委办公大楼不得已成为一段至今已被人忘却的中办“文革”丑闻的历史见证。

“‘杨家死党’的反扑”

1966年8月22日，当时的中办领导到石油学院召开中办“学习班”全体大会，他说：“‘文革’揪出‘三家村’、‘四家店’[①]，而杨尚昆统治中办三十多年，罪恶滔天，田家英叛党自杀，今天我宣布，中办‘学习班’揪出了以杨尚昆的警卫员赵宇田为首的‘地下司令部’，这个司令部有组织（成员两个半：赵宇田、王文祥，那半个是绪武庆），有领导（赵宇田是司令、王文祥是副司令），有纲领（为杨尚昆翻案）。”

报告会后，各支部忙于响应号召，纷纷揭批“地下司令部”，不断点名批判新的成员，人为夸大“司令部”的规模。有几位抗日战争时期参加工作、经过历次党内斗争考验的老同志，对所谓的“地下司令部”提出疑问，竟然被说成是“地下司令部”的“黑高参”，被扣上“杨家死党”的帽子，遭到批斗。一时间“学习班”人心惶惶，无所适从，也顾不上我们这些“黑帮”了，勒令我们只能老老实实，不

---

①“文革”初期，邓拓、吴晗、廖沫沙三人在《前线》杂志上开辟的“三家村札记”杂文专栏被诬蔑为反党反社会主义的“三家村”。诬蔑彭真、罗瑞卿、陆定一、杨尚昆四人为“四家店”。——作者注

得乱说乱动。

那么，中办的“文革”究竟怎样开展的？

拿我所在的“后楼”来看，一共有五十九个党员干部，先后被扣上“黑帮”帽子的就有二十七人；“黑帮”是通称，实则名目繁多：“叛徒”、“特务”、“走资派”、“反革命修正主义分子”、“彭杨黑干将”、“杨家死党”、“地下司令部成员”、“现行反革命分子”，等等。加上列为“站错队”和“立案审查”的九人，合计三十六人，占“后楼”党员总数的百分之六十。这里要补充的是，连童小鹏在1967年上半年也被送进了“学习班”，接受“审查”。中办“学习班”除了“后楼”以外，还有原中办的机要室、秘书室、中直党委、国家机关党委等单位，这些单位都“打倒一大片”，无一例外。而一旦被“打倒”，被戴上诸如“黑帮”之类的帽子，马上就被管制，失去人身自由，平时不准回家，连在食堂吃饭也不准坐着，时不时地被揪出去批斗，要经常向“革命派”交代“思想动向”，写“思想汇报”，如此这般的专政手段接踵而来。当时社会上大报小报、正道小道天天都在宣传毛主席的干部政策。而中办“学习班”里的这批昨天的“革命同志”、今天的阶下囚越读这些报道越不服气，他们理所当然地认为这里是“天子脚下黑”，认为当时的中办主要负责人一手遮天，违背毛主席的政策，执行“资产阶级反动路线”。于是私下串联，发泄不满……进一步发展到张贴大字报，矛头直指中办负责人。这种有针对的大字报及不满行为，就是被定性的所谓黑帮“反扑”。

首先是王文祥在中南海写的大字报，称为第一次反扑；之后是我们中办“学习班”搬到宏庙胡同六号后，黑帮“杨家死党们”写了第二、三次大字报。这一下子可捅了马蜂窝了。这就是所谓的“杨家死党”的“第一、第二和第三次反扑”。

把持“学习班”的人则拉中办负责人这个大旗当虎皮，谁胆敢反抗，必置于死地而后快，把接二连三发生的所谓“杨家死党”的“反扑”，一次比一次残酷地镇压下去了。一批一批的“革命派”被揪出来，礼堂里接二连三地召开批斗会，叫骂声、口号声“坦白从宽，抗拒从严！”“顽抗到底，死路一条！”不断地传到走廊里，传到我们这些“黑帮”的耳朵里，怎么把针对“敌我矛盾”的口号也搬出来了，这不是真的敌我不分了么。白天斗，晚上逼，有不胜压力跳楼自杀的，有服毒自杀的，直闹得宏庙胡同的国家机关党委大楼里乌烟瘴气。

世上没有不透风的墙，无所不在的红卫兵就在这时闻风而来，无端受压的原“革命派”喜出望外，这会儿可找到通天的救星了。自以为替天行道的红卫兵们居然进驻了中办“学习班”，在批斗“杨家死党”的礼堂里摆下了批判中办负责人手下的不可一世的“哼哈二将”的战场。

红卫兵的轻举妄动惊动了“中央文革”的老爷们，连忙命令他们无条件撤出中办“学习班”。但红卫兵们对此置若罔闻，拒不撤退。他们被胜利冲昏头脑，忽略了“八三四一”部队早已枕戈待旦，伺机而动。结果，在一个黄昏的时刻，大军压境，严严实实地包围了宏庙胡同国家机关党委大楼。先头部队冲进大楼，没有遇到任何反抗，轻而易举地把红卫兵们“请”出了“学习班”。接踵而来的是，胜利者趾高气扬地声称“杨家死党”的“第四次反扑”被镇压下去了，“红色恐怖”笼罩了“学习班”。“杨家死党”的“第四次反扑”就是指这次红卫兵冲入中办“学习班”，又被部队请出去的事件。而我在这几次“反扑”中都和“杨家死党”站在同一立场上。加上“学习班”长时间没有善待“黑帮”，我对当时掌控“学习班”的那些人满腹怨气，满腹牢骚。对“黑帮”规定的制度，我更是不满，连续和“战斗小组”[①] 的“革命同志”顶撞。我和他们顶嘴，甚至大声争吵。同时，我还同“黑帮”分子经常交谈，同“杨家死党”分子交换小报、谈话，一再破坏所谓“纪律”。不久以后，我受到数件事件牵连而被捕入狱，罪名之一

① 所谓“战斗小组”就是在支部领导下直接负责审查“黑帮”的小分队，一般由两人组成。——作者注

就是“破坏中办学习班的文化大革命”。

在中办“学习班”的所谓“黑帮”、“杨家死党”……专政的对象共一百四十五人，于1969年1月被押送到远在江西省进贤县的中办“五七干校”，在长达近十年的强制性劳动改造过程中受尽了各种惨无人道的折磨。其中，由于长年繁重的劳改、批斗造成非正常死亡的十人，带上“敌我矛盾”帽子的二十多人，受到各种处分的七十五人。当然，党的十一届三中全会后，这些冤案都得到彻底平反。

“思想汇报”

中办“学习班”为了掌握我们这些“黑帮”的动向，搬到石油学院以后规定我们要定期地或不定期地写书面汇报。所谓定期的，就是每当星期六、星期天回家以后，到哪里去了，见到什么人，谈了些什么，通通都要写书面汇报。所谓不定期的，就是每当社会上发生什么重大事件，例如：“打倒某某某”，要汇报自己的思想；中办领导来“学习班”做报告后，更要写“学习心得”，通称“思想汇报”。此外还要写“交代”、“揭发”、“自我批判”等材料。

党的十一届三中全会后，中办的领导班子改组，这些汇报材料退给了本人。最近，为了整理当年的资料，从箱底翻出来这些多年前写就的“作品”。因为“学习班”要求每次的汇报、材料都要交两份，所以大多都用复写纸写在薄薄的纸上。我一页一页地翻阅这些写在质地极差的、几乎透明的灰褐色薄纸上的“自白”，纸已开始发黄发脆，不敢用力翻动。这些材料写就的时间跨度，从1966年8月1日至1967年10月前后，到我被捕前夕，约一年零两个月。

这是一个几乎失去了行动自由、日夜受到监视的“黑帮”的“独白”。“黑帮”剩下的唯一自由是思想，“革命派”唯一控制不了的，就是“黑帮”们在“想”什么，他们在背后有什么“阴谋活动”。于是就勒令“黑帮”写汇报：我们要控制你们一切的一切，包括你们的思想。“革命派”明明知道，这些汇报几乎都是连篇的假话。时至“文革”，

《关于我和父亲谈话的交代》手稿

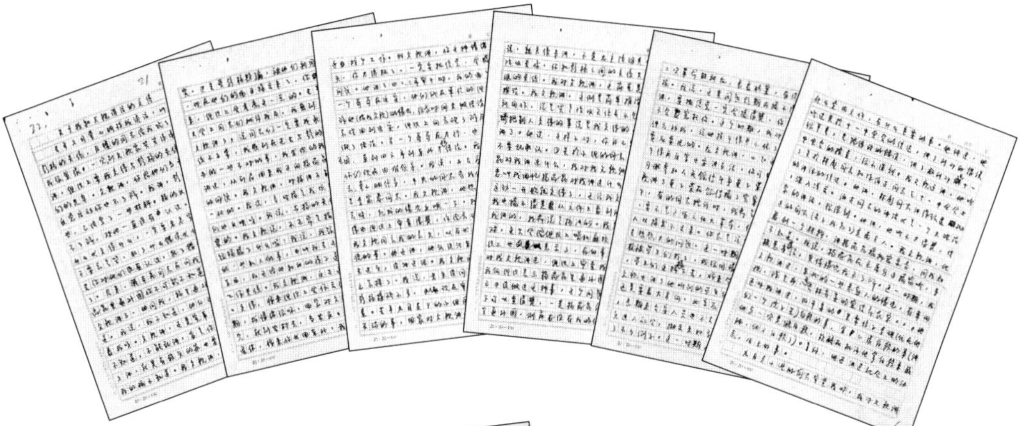

《关于文化大革命以来在父亲家遇到的人及同他们谈话情况》手稿

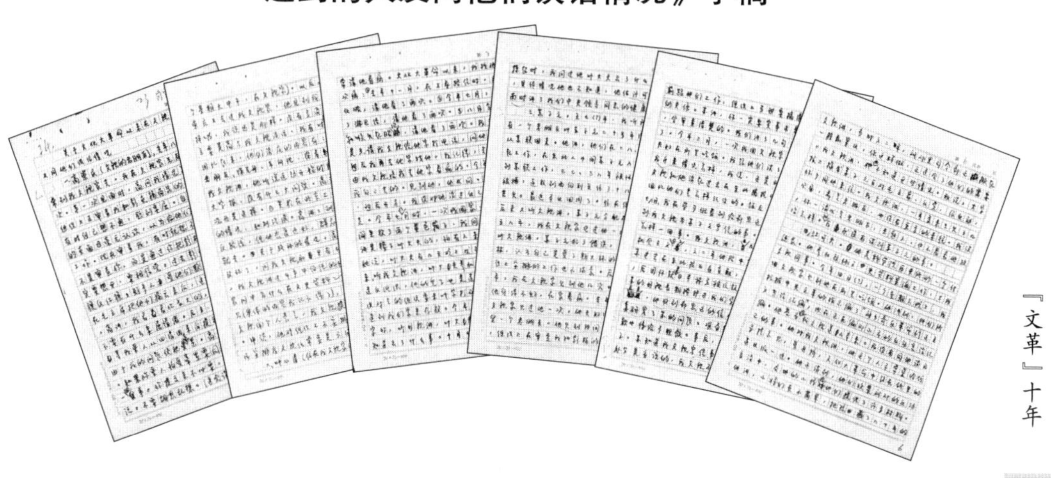

《认罪书》手稿

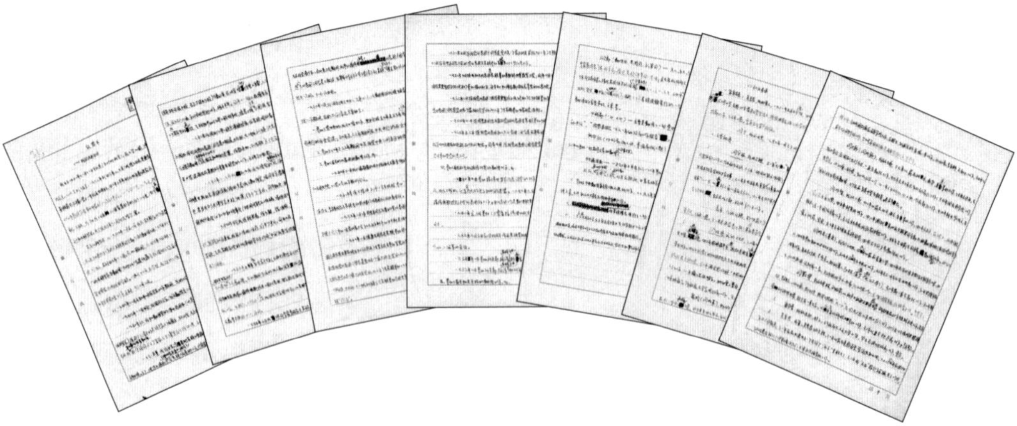

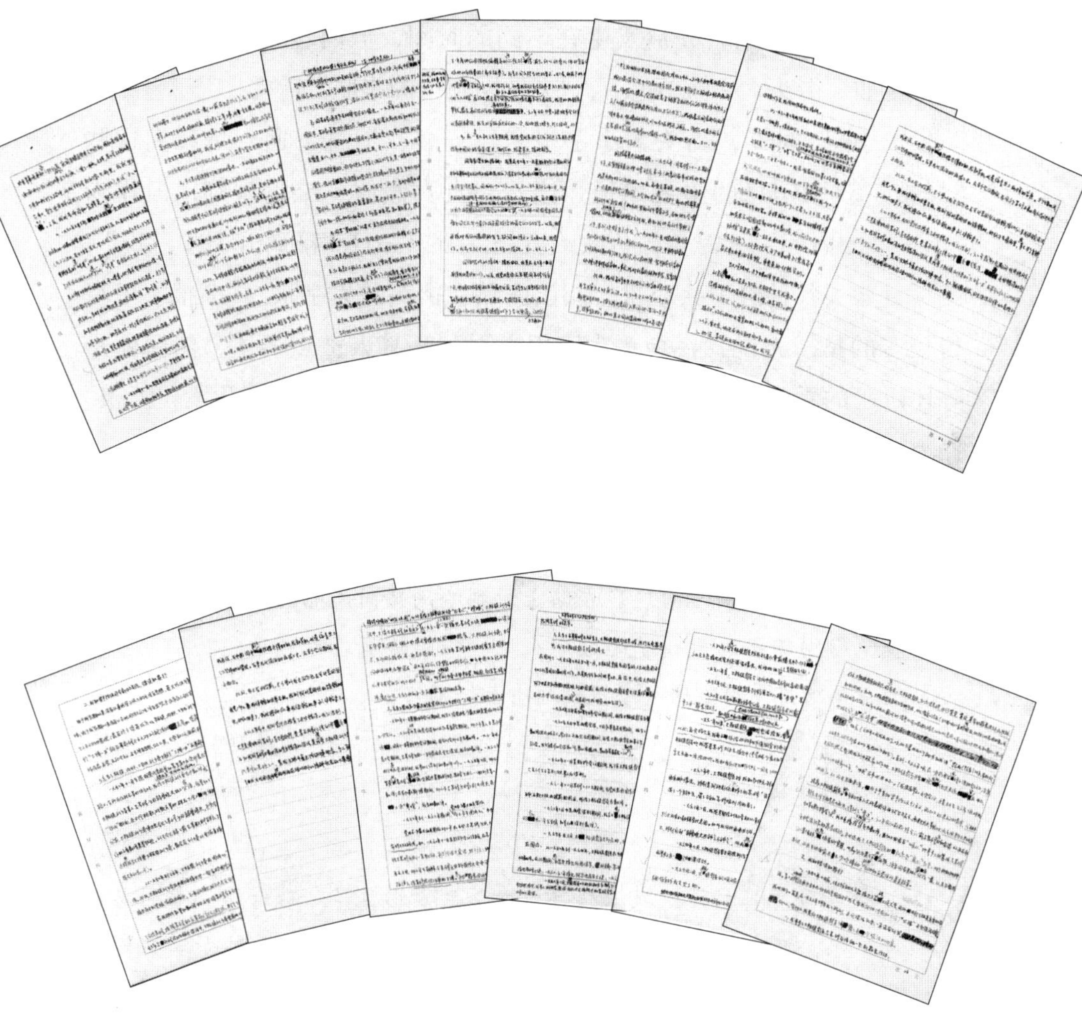

虔诚地坦白交心的“弱智者”已不复存在。但是，即使是假话，也要汇报，首先，这是对“黑帮”施行群众专政的一种体现，何况假话也不都是天衣无缝，说不定可以找到一两个缝隙，说不定从蛛丝马迹中可以挖出点新罪状来呢。

然而，对我来讲，这几百页发黄的薄纸却一下子把我扔进“时间隧道”，回到几十年前在中办“学习班”度过的四百多个日日夜夜，使许多早已忘却的往事重新涌现在脑海里。“思想汇报”、“检查”、“交代”中涉及的事情，先后发生在不同的时间，但内容相似，或性质相同，比如“街头大字报观感”、“交代同黑帮的串联”等等。

“文革”时期，街头大小字报名目繁多，消息灵通，是我们这些“黑帮”获取信息的主要渠道。当然，真真假假，难以辨别，但作为“汇报”的内容，不需自己负政治责任。所以一旦获准离开“学习班”，就尽量购买各种红卫兵小报，阅读张贴在街头的大字报。“汇报”里写得较多的是，先说我在街头大字报上看到某某人被点名了，然后就是陈述自己的看法，接着就是我对自己这种看法的批判。摘几段“汇报”作为例子吧。

街头大字报观后感

1967年1月2日。我在路上看到给陶铸同志贴的大字标语。当时我觉得陶铸同志是我党的领导人之一，紧紧跟着毛主席，贯彻毛主席的正确路线，对他的大字报贴到街上好不好？

接着我又写道：

学习元旦社论，我深感自己太落后于形势了。群众给领导同志贴大字报，提出批评，这正是体现了无产阶级大民主。它能帮助执行主席正确路线的同志们，跟主席跟得更紧。如果确实有缺点和错误，也可以帮助他们改正。

1967年3月13日。在大街上看到许多炮轰谭震林同志和余秋里同志的大字标语。我觉得贴这些大字报的同志是否有些过分。我见到周总理在讲话中对谭震林同志和余秋里同志做了肯定的评价。周总理表示，主席一再说要保余秋里同志。在这种情况下，革命同志应该认真地考虑中央的意见，按照解决人民内部矛盾的方法对谭震林同志和余秋里同志的缺点和错误（如果真有的话）提出批评，而不应该满城都贴上“舍得一身剐，要把余秋里拉下马”这类标语。实际上这些大字标语的矛头是针对中央的，至少是意味着中央受了他们的骗，把他们当作好人了。当然，革命同志的造反精神是好的，发现问题就直接提出来。我总觉得，在中央已经正式表态的情况下，采取内部反映意见的办法来解决更妥当一些。

当时不断有人被“打倒”，街头大字报不断地“点名”，我的“汇报”里也经常有所反映，就不多举例了。

对当时“文革”中的一些“大事”，如“夺权”、“支左”，等等，在“汇报”里也有较多的反映，举例如下。

1967 年 1 月 30 日。主要问题就是如何理解目前在全国广泛展开的夺权斗争。我想不通的地方是，从人民日报的社论和报导（道）来看，夺权是向走资本主义道路的当权派和顽固坚持资产阶级反动路线的人夺权，即用夺权的方法来解决无产阶级和资产阶级之间的敌我矛盾。从报纸的报道看来，许多省、市、县和工矿交通等等部门，以及机关，有的已夺了权，有的正在准备夺权。是不是这些单位都是敌我矛盾？这又和建国以来取得这样大的成绩怎样解释？从中办革命造反派的同志张贴的小报看来，他们夺权表现在罢了几个领导人的官、对留任的领导同志进行监督、一切事务的处理要通过造反派。这样看来，主要点在于对领导进行监督，更好地发扬大民主。这样既解决了敌我矛盾，又解决人民内部矛盾。

接着下一份“汇报”继续谈“夺权”。

1967 年 2 月 13 日。假期中，我从一些小报上看到外事系统的领导机关，如外办、外交部、外贸部等，都已夺了权。我觉得，这些单位有许多工作机密性相当大，尤其是外事文电，不少是来自情报系统。这些涉密工作，由外单位的革命造反派联合领导是否合适。比如，外办，据小报报导（道），是由外国语学院、外国专家局和外办本身的造反派联合夺权的。外办今后处理的一切工作都要经过造反派成立的临时领导机构。为了处理日常工作，必须了解情况，要阅读各种外事文电，了解许多核心机密，等等。这些非外办的革命派知道这些核心机密是否适宜？但是如果不让他们了解，那么他们将很难发挥领导作用。总之，我觉得在外事部门更应该靠本部门的革命派起来夺权。

还有一份“汇报”里继续谈“夺权”。

1967 年 2 月 20 日。吴克良对我说，周总理等同志接见了外交部造反派的代表，提出他们不要接业务权，要接文化革命的领导权。我觉得中央的决定很对。中央及时指出外事口夺权的问题，既保证运动的正确发展，又保证外事工作中的问题能正确处理。

在 1967 年 2 月 27 日的“汇报”里对“夺权”问题又有了一些新的看法：

星期天，在张自忠路口看到大字报转载周总理最近在财贸口和国防工业口的两次讲话，明确了许多问题。首先，在夺权问题上总理明确指出，夺权就是向党内一小撮走资本主义道路的当权派夺权。过去有些文章中提出向顽固的执行资产阶级反动路线的人夺权，主席指出，“顽固”的界限难定，这样做，势必到处都要夺权，坏人一定会趁机插手。有些部门，如公安、国防、外交、财政等等，夺权只能夺文化革命的领导权，在业务上是监督权。这些部门的领导权是在主席、中央、国务院手中的。要夺这些权，就是向中央、向无产阶级司令部夺权。通过“三结合”实行自下而上的监督是这次大革命的伟大发明，它将同其他革命措施一起，保证我国永不变色。

1967 年 1 月 30 日的“汇报”中谈到“军队支左”问题。

我思想上的问题就是，各学校、机关等单位都有不少组织，每个都说自己是左派，都要解放军支持，应听谁的？前一两天，我在屋子里听到教育部的广播，延安公社的革命造反派夺了教育部的权，而北大的夺权团请了解放军的同志又来夺延安公社的权。延安公社广播说解放军同志不了解情况，上了当。而北大的同学在街上贴了大字标语，说教育部延安公社打了解放军的同志。怎样作出正确判断是一个很大的问题。

"汇报"里涉及当时"文革"的事件还很多，我常常是见景生情，借题发挥，发泄不满，就不一一列举了。

中央办公厅在"文革"的十年中，没有听说哪一个"黑帮"或"杨家死党"是在"文革"结束前被"解放"的。可见，毛主席的干部政策这里全然不顾，而被束之高阁。这就是原来的"革命派"多次毅然决然起来造反的原因所在。"黑帮"们当然不敢公开站出来大声抗议，只好把希望寄托在中办"学习班"领导在忙于"镇压"各种"反扑"之余，能想起"最高指示"当中还有落实干部政策的警世名言。从我的"汇报"中可以看到，每当大小报纸、广播媒体、革命派……正式或非正式传达关系"错误干部"的"最高指示"时，我都被要求"表示忠心"，都得有一番虚伪透顶的"表白"，以造成这回我可是"毅然悔过，痛改前非"的假相。这里有一份日期注明"10月21日"的"汇报"，没有写明是1966年或是1967年。现摘录如下，足以表明我在当时的心态。

……

听到党支部传达毛主席的最新指示，心情十分激动，久久未能平静。伟大的领袖又一次指出他老人家亲自制定的我们党对待犯错误干部的传统政策，指出了犯错误干部须持的态度，指出了斗私批修的战斗纲领，这也是犯错误的干部改正错误必须遵循的战斗纲领。伟大领袖的声音，使我感到无限温暖，无限惭愧，给了我巨大的力量，是对我的最大的鞭策和教导，又一次向我指明了重新做人的道路和前进方向……我一定把主席的最新指示作为自己的行动的指南，认真活学活用主席思想，彻底清算自己的错误，改造世界观，重新做人，重新回到毛主席的无产阶级革命路线上来。以上汇报请审查。

阎明复

十月二十一日

这样一份空洞无物的“悔过书”竟洋洋洒洒地写了七页之多，重读起来令人汗颜。无独有偶，1967年4月28日，在镇压所谓的“杨家死党反扑”中，为了平息起来造反的革命派的不满，威慑心中愤愤不平的各类“黑帮”，中办“学习班”的实际主持人做了一次讲话。讲了些什么，我全无印象。从我在次日，即4日29日写给支部的“汇报”中可以看出，讲话显然涉及对待“三反分子”、“错误干部”的对策。在“汇报”中除了“我听了十分激动，心情久久未能平静下来”之类的套话外，我按捺不住心中的愤懑，隐晦地发泄了一通。载于下文：

检查起来，最近几个月中，我对我们学习班是否贯彻执行主席的对待犯错误的干部的政策是有怀疑的，而且产生过十分错误的想法。我看到红旗杂志和人民日报发表的社论一次又一次地重申毛主席的干部政策，包括对待犯错误的干部的政策，心里十分感动。特别是从报纸报导（道）中看到，许多地方、机关、学校的干部……在阶级斗争的大风大浪中，得到锻炼，受到考验和审查，纷纷亮相，得到解放，其中不少是犯过错误的干部，我更加感到主席政策的伟大。但是一想到学习班，想到自己，就错误地认为，学习班总是按兵不动，大概总是强调原中办是个烂摊子，情况特殊，主席的干部政策对这里大概不适用。运动开始时黑帮有四五十，现在还是那么多，都是黑帮，“一视同仁”。而且还加了十多个在造反后受批判的人，待遇看来同我们差不多。有时听到从会议室传来的阵阵口号声，就更加错误想到有点残酷斗争、无情打击的味道。我也想过，现在革命同志忙于反击反扑，没有时间处理黑帮，但又想到不能开大会宣布政策，个别谈话总可以吧。而唯一的对我讲了一句话的鲁琦（你要规规矩矩，我们会按主席的干部政策办事的）又被揪出。想来想去，从私字出发，得出了“全国一片光明，而我则见不到头”的错误结论。这种想法也不敢汇报，怕被列入反扑……

这里，我联系自己的思想讲一件事。在杨家死党反扑中，黑帮中有人，替他们抄写和张贴了反动传单。这本身无疑是参与了反扑活动。当我看到有的大字报中把他的名字和猖狂地反攻倒算，极力出谋献策人列在一起的时候，我的确产生过认为这种做法不公平的想法，我甚至还错误地想过，了解情况的革命同志可能怕被人说成是替黑帮讲话，而没有向领导讲清情况……

“认罪”也好，斗胆发泄愤懑也好，都于事无补，中办“学习班”打“反扑”、斗“黑帮”，依然如故。

这里想说两句。在“文革”前，有位同志一直在我们“后楼”地区组、综合组工作，是一位久经锻炼的抗日战争时期的老干部，工作任劳任怨，生活简朴，对同事们和蔼可亲，从不大声讲话，平时身体也不大好。他好像还是我们“后楼”的党支部书记。我们翻译组在工作中同他没有什么接触，彼此相处不错。但是“文革”一来，他完全变了。也许同“黑帮”斗，同“杨家死党”斗，同红卫兵斗（在“杨家死党”第四次反扑中他还被红卫兵绑架过），斗来斗去，把“人性”都斗干净了，只剩下“斗争性”了。在他直接主持下，在“学习班”，在“五七干校”，大批的长征时期、抗日战争时期、解放战争时期的老干部，当然也包括新中国成立后参加工作的年轻干部，遭受了罄竹难书的折磨，造成多少老干部非正常死亡，多少人家破人亡，多少人因长年过分繁重的劳改而严重损伤了身体健康，患上重病，多少人被戴上各种名目的“罪名”而受迫害……我真无法理解，怎么能用打鬼子的狠心来对待昔日在同一抗日的战场上同真鬼子流血拼搏的战友呢？当然，这位老干部会说，这一切他只是执行者，他执行了当时中办领导人的决定。是的，当时中办领导人应对此承担历史责任，承担领导责任。党的十一届三中全会后，中办新领导专门召开过大会，批判中办“文革”中的错误。但这并不能减轻那位老干部的责任。大家都知道，当时的中办领导人肩负着保卫毛主席的重大责任，他不可能了解“学习班”，特别是远在江西的“五七干校”的具体情况。

还有一位老干部，原来在中办工业组工作，为人小心谨慎，工作兢兢业业。中办“文革”开始后，领导上让他参加对我和赵仲元的审查。他很卖力，出了不少坏点子。受领导之托，身不由己，他对我们只是“文斗”，而没“武斗”，已经很不错了。在“‘杨家死党’反扑”中，他一反一辈子小心谨慎的常态，站错了队，成了“杨家死党”新成员，在大字报上被点名、遭批判。可能由于想不开，他走上自杀的不归之路。当时，他同仲元、另一位被划为“黑帮”的老同志王录，住在同一间寝室。据王录在出事后悄悄告诉我，这位老干部利用他尚能自由外出的机会，分多次购买了大量安眠药片。那天晚上，王录看见他把一大把药片倒在一个玻璃杯里，用开水冲开，然后坐在床边一口一口慢慢地喝下去。老王看见他在喝什么，也没在意。这一夜只听见他鼾声大作，吵得他们难以入睡。第二天早上，他仍然熟睡不起，直到“革命派”来叫他开会，怎样叫他也叫不醒，才知道出事了，立刻送医院抢救，他才免于一死。等他醒过来被送回“学习班”后，他还埋怨王录、仲元不该报告“革命派”。我听到王录讲到“他坐在床边一口一口慢慢地喝下去……”时，我的同情心油然而生，要有多么坚定的必死无悔的决心才能这样冷静地、当着同房间的“黑帮”的面不露声色地、一步一步地走向死亡。在生命的最后几分钟里，这位经过战争考验的老革命想了些什么？难道不能活着同这些拒不执行毛主席的干部政策的人抗争吗？我是决不走这条路的！此后，他以“死党”加“叛徒”的身份在“学习班”和“五七干校”渡过了长达十年的艰难历程。

“负隅顽抗”

在中办退给我的材料里，有一份是1967年五六月间写的，标题为“我的交代和检查”，共119页，结尾缺几页。大体上描述了我在“文革”初期，在中办“学习班”的表现，一言以蔽之：“负隅顽抗”。现摘录如下，以资备忘。

我的交代和检查

一年来，由于我仍然坚持资产阶级的个人主义的世界观，私心杂念极多，立场转变极慢，继续犯了新的严重的错误……主要表现在：第一，不能正确认识和对待自己过去犯的反党错误和罪行。第二，不能正确地认识和对待党组织和革命同志对自己的帮助和教育，也就是不能正确认识和对待文化大革命。一九六六年七月初，支部和革命同志，对我进行了帮助和批判，指出我必须端正立场，做到“三彻底”。对大家的帮助和批判，我没有听进去，反而产生了抵触情绪。从此，我就走上了与党组织、与革命同志、与文化大革命对抗的道路。

我对自己的反党错误和罪行总是采取大事化小、小事化无的态度，明明是犯了罪，我总认为是错误，而到最后连错误也不想承认……因而感到委屈、不满、悲观，与党组织、革命同志在思想上距离越来越远，越来越对抗。

由于我的错误情绪和立场，有一段相当长的时间里，特别是在去年七月支部会议以后，毛主席著作我学不进去。我从自己的反动立场出发，曲解毛主席的教导，反其道而行之。我读到“我们的同志在困难的时候，要看到成绩，要看到光明，要提高我们的勇气”，我就想，我现在的处境就很困难呀；要看到成绩，我过去总还做了一些工作吧，将来好的坏的一平均，至少不至于定我个三反分子吧。当我读到“下定决心，不怕牺牲，排除万难，去争取胜利”时，我就想，我也得下定决心，不怕斗争，总会有审查清楚，真相大白的一天。

在对待组织上对我的审查，叫我继续交代自己的罪行，我则认为，运动初期我基本上交代了，你们还不相信。所以就很不耐烦，经常和战斗小组的同志顶撞。心里想，你们不是要审查我是否里通外国吗，我根本没有，你们就审查吧，反正是浪费人力，白费工夫。我还想，我的问题只有到苏联发生第二次革命才会搞清楚，到那时可以看看苏联的情报档案，才能证明里通外国没有我的份。这样，在战斗小组审查我的问题期间，我总是企图投机取巧，蒙混过关。在这种情况下我对革命同志的批评帮助，往往表面上听进去，实际心里不服，表面服从，实际对抗，耍两面派手法。结果运动以来，长期未能转变立场，屡犯错误，改造甚少。

对于在学习班把我划为黑帮，十分不满。对于革命派勒令我遵守黑帮纪律，我更是阳奉阴违。对于学习班的黑帮分子，我没有同他们划清界限。我认为，我们都是一样的，都是黑帮，过去犯了错误和罪行，现在遭遇相同，互相打打招呼，讲讲话，也没有什么关系。我从心里同情这些黑帮，同他们交谈频繁，互通消息，石油学院里贴了什么新的大字报了，出了什么事，我都奔走相告。总而言之，由于我对组织不满，与党对抗，所以我就必然地站在黑帮分子一边。

今年年初发生的两件事引起我极大的抵触，使我进一步与组织对抗。一件事是，搬到宏庙大楼时，支部起初通知我可以搬回家住，但没过几天又叫我搬回学习班住，我认为这是组织上不信任我。我虽然搬回来了，同组织上更疏远了。另一件事就是今年一月二十二日革命同志到我家进行搜查，院子里的孩子闻讯围上来，质问我是不是坏蛋，是不是三反分子，给我很大压力，使我对革命同志更加不满。

我对抗文革的反动立场，突出地表现在与赵仲元的串供的反党罪行上。早在去年的七月里就和赵仲元的爱人王颂清谈过话，八月初，又向赵仲元透露了组织上通过我了解他和师哲的关系，而在九月中旬到九月底短短的两个多星期内，竟与赵仲元串通达二十多次……在与赵仲元串通中，我煽风点火，火上加油，唆使他向组织上翻案，散布对革命同志不满的言论，挑拨他与组织的关系，使他与党离心离德。在赵仲元表示要向组织上交代我们串通罪行时，我百般阻挠，并多次订攻守同盟。当我发现我们串通可能被革命同志觉察时，我又叫赵仲元向组织假交代，我也向组织作了假交代，以欺骗组织，掩盖我们串通的全部罪行。在赵仲元主动向组织交待（代）了我们串通的罪行后，我又利用当时的支部书记周元青表示可以和赵继续来往，以便了解他的情绪的机会，继续与赵串通。

在这种情况下，发生了杨家死党的第三次反扑，后来又接着发生了第四次反扑。由于我的立场没有根本转变，看到攻击汪东兴同志的反动标语和大字报越来越多，有的还说什么中央文革的同志到中办点火，我就动摇了，以为大概出了什么问题，也跟着认为学习班是执行了资产阶级反动路线。对于地下司令部存在不存在的问题，我也开始怀疑，认为是党委的个别同志把事情夸大了，造成了领导上的误解。我在这两个重大问题上都和杨家死党站在同一立场上。加上学习班长时间没有处理黑帮问题，对党组织，对革命同志又是满腹怨气，满腹牢骚。对黑帮规定的制度，我更是不满，这样就连续发生对革命同志顶嘴，甚至大声争吵的错误。同时，我还同黑帮分子经常交谈，同杨家死党分子交换过小报，谈过话，一再破坏纪律。

总之，在这一年多的运动过程中，由于我根本没有转变立场，大方向是错误的，自己把自己置于与党、与革命同志为敌，与文化大革命对抗的地位，犯下了新的严重的错误和罪行。

上面的“交代”里，几次提到我和“战斗小组”的“革命同志”顶撞的事。在这里摘录我在1967年6月10日写给支部的“思想汇报”，检讨我同“战斗小组”吵架的事情。

支部：昨天晚上两位同志代表支部找我汇报思想时，我对革命同志的善意批评根本听不进去，多次打断讲话，最后竟放肆地与革命同志争吵起来，态度极坏，无组织无纪律，对抗革命同志，错误十分严重。现初步检查如下，请支部和革命同志严加批判。

一、一位同志针对我汇报的思想情况诚恳地指出，这次杨家死党反扑，情况很复杂，你不了解，而且组织上一再告诫不要介入，但是你又胡乱想些主意，这是不对的。这位同志的批评是完全正确的，是与人为善的。他代表组织向我提出意见，我本应认真听取和执行。然而我却自以为是地认为自己只是有一些想法，学生走了我才向组织汇报，因而不但对批评听不进去，反而粗暴地打断讲话，对组织上一再对抗。

二、这位同志指出，在组织上没有审查清楚你的问题以前，你就是黑帮……本来，由于我犯了严重的错误和罪行，组织上定我为黑帮并进行审查，这是应该的，正确的。他代表组织向我指出这一点，是无可非议的。然而我却听不进去，以致放肆地争吵起来，一再对抗组织上的决定。

三、这位同志正确地指出，我根本无权提意见。既然是黑帮，就是专政对象，只准规规矩矩，不得乱说乱动。然而我却在革命同志批评我的时候，借口提意见，实际上是对抗同志们的批评。

四、我认识到，这次犯的错误是严重的，矛头是针对代表无产阶级司令部的革命同志，是我对抗组织的一次大暴露。组织审查与反革命政变集团有牵连的黑帮分子是绝对必要和正确的。然而我却一而再、再而三地对抗组织的正确决定，表面上服从，实际上不满……我如此顽固地对抗组织上和革命同志对我的帮助和挽救，实在是罪上加罪。在这里，我除了向支部和革命同志保证，今后一定老老实实、规规矩矩接受组织上对黑帮的一切规定外，恳请支部和革命同志对我严加批判和斗争，帮助我改变立场，重新做人。

阎明复

六月十日

时至今日，重读这份检讨，不免百感交加，当年被“专政”的情景一一呈现在眼前。我对那位同志个人全无怨言，他只不过是年轻气盛，比别的“革命派”更加坦率，直截了当地道出了真相。后来，他也随中办的大队人马在江西的酷暑严冬中度过十多个春秋，当然他与“黑帮”的处境不同，作为“革命派”不必从事繁重的体力劳动，但是毕竟白白浪费了大好的青春年华。“文革”浩劫，无一人能幸免。

使我深感内疚的一件事是牵累了崔学春。他是我远房的亲戚，在财政部工作，“文革”初期我经常向他倾述自己的不幸遭遇，而后来又请他去打听农大红卫兵的情况。我去北大门诊部看病的时候，给崔学春打电话，请他帮助打听农大的这两个学生的情况。我回父亲家里接孩子的时候给崔学春打电话，他说他见到了这两个学生，是农大“东方红”的。崔说，学生们希望他能帮助提供“学习班”的情况。在我被捕前后，他也被捕入狱。在狱中因拒绝承认自己有什么“违法”行为而被反铐手铐达三月之久，受尽了酷刑的折磨。

另外想多说几句，朱瑞真是我在“哈外专”时的同学，他入学较早，是我的学长。上世纪 50 年代初，他调到中央警卫局给苏联顾问当翻译。顾问走后，他就留在警卫局工作。1957 年年初中办翻译组成立，朱瑞真、赵仲元和我相继调到翻译组。小赵长我两岁，朱瑞真又长小赵两岁，是老大哥。朱瑞真工作勤勤恳恳，认真负责，是我们的党小组长，我们三人多年合作，取长补短，关系融洽，亲如手足。“文革”一来，情况发生变化。过去工作中，朱瑞真同杨尚昆接触不多，又因多年在警卫局工作，汪东兴对他较了解。所以中办领导决定让朱瑞真参加对我和赵仲元的审查。这样，“文革”使我们三人站到了“街垒”的两边，化友为“敌”。

如果把“学习班”的“革命派”分成“狂热”、“积极”、“温和”和“消极”几类，老朱显然是“温和派”。老朱不是爱出风头的人，特别是在风口浪尖上他更不愿伸头。所以，他只能随大流，“上面怎么说，他就怎么办”。

1973 年夏天，“专案组”向我宣读审查结论草案，征求我的意见时，在证明“没有发现阎明复参与了里通苏修罪行”的被调查人的长长的名单里，就有朱瑞真的名字。我还能不摒弃前嫌吗！在“五七干校”，朱瑞真任连长的情况，我就不得而知了。“干校”解散、“文革”

结束，朱瑞真分配到中办信访局，没有什么俄文业务。后来找到我，希望能找到合适的工作。当时，我们翻译界的老前辈师哲正好托我找一个懂俄文的秘书，帮他整理材料，我就把他推荐去了。他在师老那里工作了几年，后来调到社科院苏联东欧研究所，成为著名的苏联问题专家。

我在统战部工作时，苏东所评职称，我给朱瑞真写了推荐信，实事求是地评价了他的俄文业务水平。这几年，我们常有往来，一起参加一些中苏关系的研讨会，共同回忆在中办工作的年代。在整理有关“学习班”的资料时，老朱也提供了很有价值的信息。

“文革”这场民族灾难，中央已有定论。中办“学习班”、“文革”的风风雨雨，早已成为往事。“黑帮”也好，“造反派”也好，“革命派”也好，在不同的程度上，都是“文革”的受害者。每人都有一段难忘的经历，都有值得认真总结的经验，都有值得认真吸收的教训。

“前事不忘，后世之师”，写下这段经历，就是告诉后人，他们的前人是何等的愚蠢，竟把十年的大好时光白白地浪费在毫无必要、毫无意义的“斗来斗去”中。我们的子孙后代，千万不要再干这样的蠢事了！

我牵挂中的家人

在中办退给我的泛黄发脆的材料中，有十四份记载了在假日回家同亲人短暂相聚的情景。“思想汇报”是为了应付，写到亲人的事，也是干巴巴的一两句，名副其实的“言简意赅”。然而这一两行记录对于我却是无比的珍贵，它唤起我的回忆，万分感慨。因为它记载了我一生中同父亲、母亲最后几次的相聚，他们两位老人都是在“文革”中因遭受迫害而离开了我们；记载了吴克良对我的关怀、安慰和鼓励，而她则因我牵连而遭受审查、开除党籍，下放“干校”、以反革命家属的身份从事繁重的体力劳动达五年之久；记载了在难得的“自由”时间里同女儿阎兰一起度过的时光，陪她上街买衣服、去陶然亭游泳馆游泳、为她买药，尽量不让她幼小的心灵觉察我内心的焦虑和现实的处境。对抄家的不满、在同院心地善良的儿童们质问下的无可奈何、对爱女的担忧、妻子开导的良苦用心、被迫检讨的虚假，这一切复杂的思绪交织在一起，跃然纸上。它还记载了与我过去的同事街头相遇，紧紧地握手，关切地打听熟人的命运，默默地祝福，一切均在不言中的动人情景……

思想汇报（一则）

1967年1月2日。30日晚和2日到父亲家。父亲说，最近有一位过去的朋友，是南京的一位老师，到家里来看望他。向他提了十多个有关文革的问题，他根据自己对运动的发展和中央精神的理解，谈了自己的意见。我听了很担心他谈的是否符合中央的政策。父亲说，他没有什么工作，想为党、为文化大革命尽一点儿力，所以同他谈了。看来，还好，他表示回校后要开门整风，决不当保守派。

我父亲是1937年入党的老党员，在我党潜伏战线为革命做出过重大贡献。“文革”一开始，他就十分关心，整天听广播。大概是1966年五六月份，他的收音机坏了，专门打电话给我，要借我家的收音机，以免跟不上形势，随后坐车到家里取走了这台收音机。父亲就是这样一位“听毛主席的话，照毛主席指示办事”的老党员，但结果却死于“文革”的淫威下。

接着，在同一日的汇报中写道：

新年期间我遇到的人，就是父亲、母亲、大姐阎明诗、大哥阎大新、大嫂舒堤、大姐的女儿曹晓莉、二姐的儿子李宁、吴克良和阎兰。同别人没有接触。

1951 年在全总干校工作期间，阎明复与家人合影。前排左起：阎明复、大姐阎明诗的小儿子、母亲、大姐阎明诗的大儿子、二哥阎明智；后排：二姐高玲（阎明英）、大姐阎明诗

1965 年“文革”前的家庭照。前排父亲（右一）、母亲（中坐）、二哥阎明智（左一），后排左起：阎明复、妻子吴克良、大哥阎大新、大姐阎明诗、大姐夫曹卣

在北京东城台基厂一号院的家门前合影，前坐右起：大哥阎大新、父亲、母亲抱着孙女阎兰，大哥儿子阎培刚；后排左起：刘阿姨、阎明光、大嫂舒堤、吴克良

“文革”前家庭照，右起：吴克良、阎兰、母亲、父亲、吴克辉

“文革”前家庭照。与父亲、母亲、爱人吴克良、女儿阎兰等一起游园

而实际上，那一天是我父母生前我们全家大部分成员（缺二姐高玲[①]一家，他们在南京；二哥阎明智一家和三姐阎明光一家，他们在上海）的最后一次团圆。

明诗大姐专程从鞍山赶来。她是红军时代的老党员，延安抗大的优秀学员和队长，父亲情报工作的得力助手，却因自己一贯坦诚直言而被打成“右派”。当时她已摘帽，但已感到面临旦夕之危，出于对父亲和我的命运的担忧，特地赶到北京来看望我们。

李宁是大连海校的学员，这次他步行来到北京，沿途的见闻使这位未来的海军将军兴奋不已。

舒堤大嫂也是我们老家辽宁海城人，是吕正操将军的亲外甥女，做得一手好菜，特别拿手的是春饼。她在大新大哥[②]配合下，饼烙得

① 二姐原名阎明英，到延安后改名高玲。下同。那时父亲在重庆做潜伏工作，避免敌人联想。——作者注

② 大哥原名阎明新，到延安后改名阎大新。下同。那时父亲在重庆做潜伏工作，避免敌人联想。——作者注

薄，菜做得可口宜人。“文革”前每逢春节，我们在京的兄弟姐妹都陪着父母到大哥、大嫂家团聚，吃春饼。那天也是在大哥家吃春饼，但是昔日团聚的欢乐已不复存在。

大家心情沉重，忧心忡忡，都珍惜这难得的聚会，说一些无关紧要的话来打破那令人窒息的沉默。唯有我们的海员李宁滔滔不绝地讲述来京途中的见闻。他年轻体壮，长途跋涉后食欲极佳，吃光了几乎所有的春饼加上食堂打来的馒头，似乎还没吃够。青年人的朝气蓬勃，暂时打破了沉闷的气氛。

然而，大哥所在单位解放军总后勤学院，他当时是学院院部的负责人，“造反派”打电话把他叫走，又使大家不安起来。

临走时，父亲握着我的手，鼓励说，一定要相信中央、相信主席，问题一定会查清的。是的，党的十一届三中全会后，我的冤案得到彻底平反，但是，他老人家和慈祥的老母却先后含冤离开了人间。

思想汇报（五则）

1967年1月23日，星期六。支部和革命同志决定到我家进行检查。得到通知后，心情有些紧张，想到这回是把我当成三反分子看待了。另外就是想到，如果家里有人，就让他们出去玩儿，免得让孩子看见……革命同志检查过程中，院子里的小学生和小孩儿们知道了，就到我家来问我是不是坏蛋，是不是三反分子。革命同志走，孩子们又来看了看。这时，我的私心杂念又露头了。我想，今后我一回家，孩子们就会围住我斗争了。阎兰回到家，别的小孩儿就会说你爸爸是坏蛋，我们不跟你玩儿了。院子里的学生回学校一讲，就会把我揪到学校去斗了，等等。当时我想，我只能按照我对自己的认识向孩子们讲我不是三反分子，承认自己犯了严重错误。总之感到压力很大。当晚到父亲家接阎兰时看到她生病了，外面又刮大风，我就想到正好可以不接她回家，明天还不知道会发生什么事情呢。回家的路上，我对吴克良讲了下午的情况和我感到有压力。她说，一定要相信党，相信群众，你既然犯了严重错误，那孩子们起来斗你，对你认识和改正错误，只有好处。我说，你明天还是早点去父亲家，带阎兰去看病，有什么事情我自己负责。她说，你这就是不相信群众，不相信党。当时她也没能说服我，我也没能说服她。早上起来后我就到街上去理发，等了半天，中午才回来，心里总是放心不下。星期天下午去父亲家看望阎兰。她发高烧，一天没吃饭。我曾去西单给她买药、点心和小菜。

通过这些事情和我的思想活动，我给自己提出了几个问题：为什么对支部和革命同志决定去我家检查感到突然？为什么对学生们对自己的质问感到有压力和紧张？为什么革命同志经常批评我说“对你要经常提醒，否则一段时间你又松了？”我初步认识到，归根到底，还是由于自己对当前这场无产阶级和资产阶级之间的你死我活的阶级斗争认识不足，对自己所犯错误的严重性认识不足，同时也由于我对自己的思想改造缺乏自觉性，没有自觉地遵守学习班规定的革命纪律。以上是我的初步检查。

1967 年 1 月 30 日。星期天忙于给阎兰看病，到西单买药和食品，没看什么大字报。

1967 年 2 月 6 日。星期天忙着买米买油，上车税，帮助做饭。没有更多地考虑什么问题。

1967 年 3 月 5 日。星期天在家做饭，休息（刀口没全好），没有更多地考虑什么问题。

1967 年 7 月 17 日。星期天阎兰要去游泳。我带着她去陶然亭游泳池去游泳（从十一时到下午一时）。

……

抽象的，如自己的思想；具体的，如生活琐事，都要汇报。但也可以看出，能上街打油买菜，在家做饭扫地，对我来讲也是极大的乐趣，足以暂时把人间烦恼置于脑后。

假日回家和返回“学习班”的路上，我偶尔遇到过去的老同事。他们有的是编译局的翻译，有的是李遂“四清”工作队的战友，也有中办的一些老同志。见到这些老同事，都很高兴，都为自己的朋友没有出事而高兴，同他们互致问候，互相祝福，希望能够平安地渡过这场浩劫。其中令我记忆深刻的是和全总的同事何耀荣相会，他当时已经调到了编译局工作。他原来同我一起在总工会翻译室工作。之前，他在坦克部队给苏联顾问当翻译。老何是上世纪 40 年代北京中国大学的高才生，中文功底极厚，俄文精通。到全总后给讲授社会保险的苏联专家当翻译，独当一面，是一位主力翻译。后调到编译局。

思想汇报（一则）

1967 年 5 月 3 日。三日早上回学习班途中，遇见编译局的何耀荣同志，一边骑车同行，一边简单地谈了谈。他说，他们机关正忙着校译毛选前三卷，第一卷已交出付印。运动的情况，现在局领导王惠德、陈昌浩、姜椿芳三人边劳动边交代，其他运动中诸多的人都已解放。他问我怎样，我说，很好，也可能较快地审查完。他问赵仲元、朱瑞真怎样，我说，都很好。他还讲到全总的情况，说去年大部分时间处理合同工的问题。今年盖子一揭，形势很猛。我们的老熟人傅也俗、劳保忠，参加了一个什么组织，犯了错误，他们炮轰了刘宁一同志。

没想到，这次同老何的相聚竟成为永别。他在上大学时期，曾集体加入了国民党。这个不成问题的历史问题使他走上了自尽的道路。我失去了一位学问渊博的正派的好友。

风云突变

“文革”初期的浩劫波及我的家庭、我的人生，然而，随着运动的深入，更残酷的灾难开始降临了……

被隔离审查

中办退还的材料里，最后一份“思想汇报”上注明的日期是“六七年九月十九日”。可以看出，从9月二十几日开始，也就是农大红卫兵揭发了我、崔学春支持第四支部书记周元青“造反”的“罪状”，从而“学习班”获知我背地参与了“杨家死党的反扑”以后，当即决定对我实行隔离审查，不再允许回家，勒令交代自己的“罪行”。

当时我并不知道红卫兵的事，以为是周元青被迫交代了我们的关系，就从头到尾交代了这五个多月中同他的所谓“勾结”，并写了我和崔学春来往的情况。最近我才知道，红卫兵被赶出“学习班”后，进驻“学习班”的农大红卫兵头头被公安部逮捕，而另外的几个学生则被迫“揭发”了我。

我被隔离以后，对以后家里发生的事一无所知。

我的父亲，生离死别

“文革”后，我爱人吴克良对我讲述了当时家里发生的事……

9月下旬的一天，她下班后，到父亲家去看望老人们。当时家里的亲人都已知道我被隔离。父亲单独同她进行了长时间的谈话。父亲说，“最近，我感到情况不太好。我可能会出什么问题。万一发生什么事，你们一定要相信我。我在总理领导下做了一系列对党有益的事。1941年6月，希特勒进攻苏联前一个多礼拜，我获得了有关进攻时间的准确情报，报告了恩来同志，他当即电告延安，毛主席立即转告斯大林，从而使苏军及早进入一级战备。战争爆发后，斯大林致电中共中央对提供的准确情报表示感谢。1944 年末，我获得了日本关东军在东北的全部驻军分布、各种防御工事的详细资料，及时地交给恩来同志转给了苏联，保证苏军顺利地粉碎了日军的抵抗，解放了东北。”父亲深情地说，“总理了解我。如果出什么事，你们去找总理！”

为了便于说明随后发生的事件，扼要地介绍一下父亲的几位老战友，一位是高崇民高大爷，另一位是王化一王大叔。在二三十年代，父亲、高大爷、王大叔同其他一大批东北的仁人志士都是张学良将军的主要幕僚和助手，他们为抗日救亡、为推动张将军“停止内战，联共抗日”做了大量工作。新中国成立后，高大爷曾担任过民盟中央领导人、全国人大副委员长。王大叔于六十年代病逝。王大叔有一个从小养成的习惯，天天写日记，日积月累，从未间断。到王大叔逝世前已写就上百本日记，成为近现代史上极珍贵的史料。“文革”爆发后，王大叔的后人把他的日记委托给高大爷保管。高大爷阅读完王大叔的日记，又把日记交给了我父亲。本来，无论是高大爷或是我父亲，都是王大叔的挚友，受王大叔后人之托，都可以保管他的日记。

可是，王化一日记在我父亲家保存这件事，不知怎样被明诗大姐的长子曹峥岩探听到了。曹峥岩小名叫大胖子，因为他小时长得胖胖的，聪明可爱，极受姥姥、姥爷的宠爱。当时，他在吉林师大上学，攻读俄文，成绩突出。“文革”一开始，曹峥岩也成了红卫兵，到全国各地串联，一直跑到新疆，造了王恩茂的反。1967 年 9 月底回到北京，到家里看望过姥爷和姥姥。当时，高玲二姐的女儿玲玲[①]和她的同学也住在姥爷家，可能是从她们那里听说了王化一日记的事。于是，曹峥岩向姥爷索要这部日记，姥爷当然不肯交给他，说他和高老已商议好，准备征得王老家属同意后，把这部无价的史料交给组织。曹峥岩假装同意姥爷的安排。但等姥爷外出时，带着他的红卫兵从姥爷家抢走了王化一日记，他自己也再没回过姥爷的家。

① 玲玲是我二姐高玲的女儿，大名李颖。——作者注

我父亲回家后得知曹峥岩的作为十分愤怒，连忙打电话给高崇老，商量报告组织，追回这部日记。

1967 年 11 月 7 日傍晚，父亲一家，当天我女儿阎兰也在场，正准备吃晚饭。突然门铃大响，闯进来一群人，红卫兵打扮，声称要把父亲带走。父亲质问他们是什么人，有无逮捕证。他们说，我们是红卫兵，最高指示就是证，快跟我们走，少啰唆！母亲赶紧把皮大衣送到父亲手中，父亲低声地对母亲说："赶快报告周总理"。这句话竟成了两位六十年来患难与共的革命伴侣永别的遗言！

次日，11 月 8 日，一清早玲玲骑车到木樨地中共中央联络部找吴克良。玲玲一见到小舅妈，就说，昨晚姥爷被红卫兵抓走了。吴克良听了十分着急，对玲玲说，我们得赶快去找。她们骑车先到北京市公安局，市局值班的民警查询了有关部门，答复说他们没有抓阎宝老。接着她们又到公安部接待站，说阎宝航是全国政协常委，昨晚有一伙红卫兵从家里把阎宝老抓走了，下落不明。接待她们的是一位老同志，很负责，听了吴克良的陈述后，立刻给多处打电话，但回答都说没有阎老的消息。这位老公安告诉吴克良，公安系统中没有阎老，他建议吴克良立刻报告周总理办公室。吴克良她们离开公安部后又来到北京卫戍区，得到的仍是同样的答复。吴克良和玲玲失望地离去。

"文革"后，在中央给父亲的平反结论中，证实了父亲被蒙冤逮捕的事件：1967 年 11 日 7 日，阎宝航同志被"专案组"加以所谓"东北帮叛党投敌反革命集团"的罪名投入秦城监狱……

我与父亲阎宝航就此开始了生离死别的不归之途。

至于王化一日记，"文革"后，残存的部分已由中组部出面退还给了王叔的家人。

"公审"、"逮捕"

父亲被捕后，中办对我的问题同父亲的案子联系起来，认为是一个"双特嫌"案。老子是"国民党特务"，而儿子则是"苏修特务"，再加上我在中办“学习班”“表现不好”[①]。要是没有问题，为什么不老老实实地等待审查呢？为什么自己要“跳出来”呢？这就是“文革”老爷们的“霸王逻辑”。他们可以给人乱扣帽子，而不允许别人反抗。谁要是胆敢“摸老虎的屁股”，那就“杀无赦”！他们已在办理逮捕我的手续。

当时严冬已至，吴克良把我的皮大衣送到宏庙胡同国家机关党委大楼，没有被允许见我，只好在门口将大衣托“学习班”的人转交给我。我接过妻子送来的大衣，心中充满了温暖，在大衣的口袋里摸到一大把水果糖，居然没有被没收，我对亲人的期盼心领神会，要有信心，要坚持下去，真相必将大白于天下。亲人送来的糖，我没舍得吃，一直带到秦城监狱。

1967 年 11 月 17 日，我被捕入狱。当时在场的王文祥后来在回忆文章中写道：

> 11 月 17 日晚八时，在宏庙大楼三楼大礼堂举行了“批斗现行反革命分子阎明复大会”。会场前面挂着“坦白从宽，抗拒从严”八个格外刺眼的大字。会场有三百多人参加，座无虚席，会场气氛肃杀。两名军人扭着明复的胳膊，连推带搡地把明复推进会场。明复站在台前，一个革命派跑上台，一把扯下了明复胸前挂的主席的语录章。站在明复两旁的革命派几次按下明复的头，他又几次抬头挺胸，毫无惧色。学习班革命派的代表宣读了明复的所谓“罪状”，在大约一个半小时的批斗大会上，造反派头头手持语录，声嘶力竭领喊：“打倒苏修特务！”“打倒杨家死党！”“打倒现行反革命阎明复！”口号声一阵高过一阵。大批判后，一个军人宣读了逮捕证，并叫明复在逮捕证和两张搜查证上签字（其一为了搜查在学习班的宿舍，另一张为了搜查明复的家），当场给明复带上手铐，由两个军人押出会场。在快要走出会场时，明复突然转回身，面带笑容，举起戴手铐的双手，拱手示意和大家“再

① 所谓表现不好，即“思想汇报”中讲述的事。——作者注

见”，场内不少人为之动容。

王文祥的回忆“八九不离十”，但最后一幕“壮别”，却被他善意地“好汉化”了。其实，在我被押下台穿过会场向礼堂的门口走去这短短的时间里，一直用眼睛的余光在人群中寻找我的好友王瑞林。他是邓小平的秘书，我多次随邓小平出国，王瑞林都同行，所以很熟。当时他也被送到“学习班”，但身份颇为特殊，既不是“革命干部”，也不是“黑帮”，时不时地被委托做一些“革命派”不屑做的事，如给审查对象发生活费。我们有时在走廊相遇，王瑞林拎个水壶，我拿把扫帚，两人擦身而过时互相多看几眼，有一次，他还故意地踩了我一下。“文革”后，王瑞林告诉我，他向邓小平讲到“学习班”的生活时提到这件事，老人家听了哈哈大笑。当时我想向王瑞林暗示，请他关照我的家人。当我走到会场门口，快要跨出大门的刹那间，突然发现了王瑞林，只好转身用目光对着他，举起被铐着的双手向他致意。“文革”后，我和王瑞林分别八年之后第一次见面，两人都情不自禁地回忆起那个场面，王瑞林说他理解了我的眼神！

大礼堂的“公审”、“逮捕”后，两个军人押着我走出会场。我对他们说，我的住房就在旁边，请把我的皮大衣拿来。于是一位军人进去拿了大衣，因我双手被铐着，无法穿上，他们就把大衣披在我身上。带着妻子给我放在大衣口袋里的水果糖，坐上了一辆黑色的轿车，在沉静的黑夜里，向北京城外驶去……

秦城监狱七年半

秦城监狱有中国“第一监狱”的称号，专门关押重要犯人，曾关押过国民党战犯，各类大案、要案的案犯。“文革”中关押着不少当时所谓的重要“政治犯”，包括由第一专案办公室[①]审查的党和国家领导人、政治局委员，由第二专案办公室审查的军队系统的相关人员，由第三专案办公室审查的中央委员、省部级领导。林彪、“四人帮”反革命集团成员后来也被关在秦城监狱。

我的七年半噩梦般的人生从此开始了。在这里，永别了和我几墙之隔的父亲；失去了美好人生中最宝贵的“自由”；感受了“独牢”[②]之孤寂、“思亲”之痛苦……也就是在这里，感悟了“不说假话”的勇气；揣摩了难友的“声息”和命运。值得欣慰的是，无论面对“立即释放”的诱惑还是“不交代拉出去枪毙”的威胁，始终坚持“知之为知之，不知为不知”，从未讲过半句假话，直到走出这个炼狱般的牢笼。

代号：“67124”

1967 年 11 月 17 日那个漆黑的夜晚，被“公审”、“逮捕”的我，坐在两名军人的中间，一路漆黑，弄不清楚黑色轿车开向哪里去……走了很久，终于到达了目的地。

在夜灯的照明下，看到马路北侧有一大排平房，当中有一个紧闭的大门，外表看上去同农村地区的政府大院没什么两样。我们的车在大门前停了下来，一个军人下车向哨兵说了些什么。过了片刻，大门大开，车驶进大院，在一座平房前停下，押送我的军人把我带进室内，

① 我属于第一专案办公室杨尚昆专案组的审查对象。后来第一专案办公室和第三专案办公室合并，“九一三事件”后第二专案办公室也被合并。——作者注

② 指一个人被单间囚室囚禁，没有他人可以共处和交流的孤独境遇。——作者注

交给了那里的军人，他们就走了。

值班的军人叫我把衣服脱光，换上他们发的白色粗布的衬衣衬裤、黑色的棉袄棉裤。裤子没有裤带，只在上端缝了两根短短的窄布条，用以系扎裤子，棉裤根本扎不紧，走路时要用手提着。值班的军人叫我把鞋袜都脱下来，用一种探测棒反复伸到鞋里，可能是想找到微型收发报机吧。我的脚大，穿四十五号鞋，他们找了半天，也没找到合适的鞋，就让我穿上自己的棉布鞋。其他所有的衣物都没收了，只有这双鞋伴随我度过了漫长的铁窗下的严冬。

接着，一名军人带着我走过庭院，来到一座设有电网的高墙院子，高大的铁门紧闭着，旁边的哨兵接过通行证，打开了小门，放我们进去。高墙院子里有几座院落，每个院子都有大墙围着，从一个小门进去，就是关押犯人的楼房了。

在楼里，押送我的军人把我交给了管理员。管理员领着我走过很长的过道，其一侧是灰墙，一侧是一间一间的牢房。走到一间牢房的门口，他用钥匙打开了门上的锁，打开外面的铁门，接着又打开里面的木门，让我进去，对我说，你的代号是“67124”，在这里不允许叫外面的名字，只叫代号。除了不准说自己的名字外，他还接着宣布了其他几条纪律：一、不许大声说话、唱歌；二、不许在墙上乱画；三、按哨声起床和就寝，有事报告；四、不准和任何人交谈。他发给我两个搪瓷饭碗、一个搪瓷缸、一把勺子、洗脸手巾、牙刷、牙粉和手纸。他说，每次开饭的时候发开水。说完他就走了，先关上木门，后关上铁门，最后听见了上锁的声音。

这一切发生得太突然，来不及思考。直到管理员的脚步声在走廊里消失后，在万籁俱寂的独牢里，我最终意识到我被捕了，我不知道在什么地方的监狱，也不知道要关多久，等待我的是什么，立刻陷入了一种茫茫然不知所措的心情……

我开始向四周观看，这是一间不算太小的囚室，长方形，横向有十多步，竖向有五六步。门对面的墙上有两扇关得严严实实的长条铁窗，距地面有一人多高。铁窗下面摆着一张矮矮的木床，上面叠着一床薄薄的旧棉被和棉褥。门的左侧墙角有带小门的厕所，装有冲水的坐式便桶，墙上有“窥孔”，犯人上厕所时哨兵从走廊可以观察。厕所旁边的墙上装有自来水的洗脸池。牢房高高的天花板上悬挂着一只装有两层防护罩的电灯。每天傍晚时灯就亮了，可能是一百瓦，就寝哨吹响后，灯光就调弱，可能是四十瓦，保证哨兵夜间能看清犯人的一举一动。哨兵若有什么怀疑，可随时将大灯打开。

我正在观察，突然听到门上传来声音催我睡觉。我抬头一看，原来门的上方有一正方形的小门，此时小门打开了，只能看见哨兵的脸。原来入寝时间早过，我赶快脱下棉衣，钻进被窝。这时才发现，好像室内没暖气，被褥又太薄，又没枕头，当晚冻得我彻夜未眠。以后过了一段时间慢慢习惯了，把棉衣和棉裤压在棉被上，整夜一动不动，以免棉衣裤掉下来。至于没枕头，就把大棉鞋垫在薄褥子下面，一鞋多用，倒也方便。有时睡着了，不慎翻身脸向墙，那可不得了了，只听见哨兵用大皮靴使劲踢铁门，直到把人吵醒，再翻过身来，或身体正卧或朝向铁门。哨兵一定要随时看到犯人的面孔，以免发生意外。成年累月地单侧睡眠，不少犯人的脸的一侧都变形了，成了“秦城人”的一个特征，这都是后话了。

现在还是谈谈入狱后头一两天的事吧。

次日清晨，我听见哨声立即起床。我始终没搞清楚几点钟起床，可能是六时或六时半，也可能是七时。过了一会儿，走廊里传来小车的轮声。小车很快到我们门前停了下来，突然看见木门下端的小门打开了，管理员说，开饭了，把饭碗、水杯拿出来。于是，我连忙把两个碗和水杯放在小门外面，管理员用大勺舀了一勺稀饭放在一只碗里，另一只碗里则放了一个窝窝头和一点咸菜，又用大勺舀了开水倒在水杯里，说一天就三杯开水，省着点儿喝。我把饭碗和水杯拿进来后，小门就关上了。这样，我才知道小门的用途。昨夜彻夜未眠，早饭后困劲上来了，就和衣躺在床上，没等合眼，木门上端的小门打开了，哨兵厉声地说，白天不准睡觉！我立刻爬了起来，坐在床上。

入狱最初的日子留下许多记忆的细节，大概是它们太特别，也因为这些“牢规”几乎成为我数年监狱生活的惯性模式，留痕较深。它们似乎一直以无声的方式考验着人的意志，时刻提醒我“没有自由”的严酷程度。

看守、管理员

先谈谈牢房。我们的牢房是一幢“U”字形的三层建筑物，东、西、北侧各有五间囚室，由走廊相连，北侧牢房走廊的两端有铁门与楼内的管理区相通，其中有若干间审讯室和看守人员办公室。在牢房中，犯人是在看守、管理员的眼皮底下被“牢规”管制的。

天天同犯人打交道的是管理员、看守。我不知道他们应怎样称呼。

所谓的看守，也就是士兵或哨兵。我们的牢门外是一道长长的走廊，一个士兵看三到五名囚犯。他们在走廊里巡视，从每间囚室门上的窥孔监视犯人，发现有违规时，如白天卧床、大声说话，等等，当即纠正，或报告管理员处理。每天起床哨一响，就得迅速地爬起来，谁起来得慢或起不来，他们就来干涉。白天不能躺在床上休息，只要一躺下，士兵就会命令你站起来。睡觉时如果不面向门，他们也会立刻踢门。他们不能随意开门进入囚室。这些士兵很少有熟面孔，常常换新的。

管理员是不常换的，通常少言寡语。管理员做的事情，据我看到的，则是处理犯人的日常生活事务，如放风、洗澡、发饭、发报、押送犯人去审讯室、去门诊室、去探访室（如有亲属来探监），等等。犯人有事都要向他们讲。同他们讲话要先说“报告”。管理员有权打开囚室的门，进入囚室，对犯人进行管制。在囚室里殴打、虐待犯人都出于他们之手。我记得几个管理员。最先接触的是一个小个子的南方人，给我们剪头、安排洗澡、放风都是他。工作勤勤恳恳，但态度粗暴，可能他以为对待犯人就应如此。后来，从海军来了一批人。应该说，他们忠于职守，一丝不苟，但从来没听到过他们大声训斥犯人。他们当中有一位年纪较大，可能是监狱长，常常见他做些发报、送饭这些寻常的事。

1975年夏，我获释后，一次到三里河工人俱乐部观看洪雪飞主演的样板戏《沙家浜》。这是中联部为招待外国党贵宾举办的专场演出。在中联部工作的我的爱人吴克良为我要了入场券，因为多年来一直被囚禁，我从未看过样板戏。

当我们走到剧场大门前，我突然看见一位值班的便衣警卫，面孔非常熟悉，仔细端详。他原来是那个从海军来的监狱长。我急忙走上前去。他也认出我来了。两人热烈拥抱，长时间地握手，互道姓名，我记得他好像姓孙。他讷讷地说，当时把你们都当做反革命，实在对不住，还望包涵。我说，那是特殊时代的事，都过去了，我也给你们添了不少麻烦。我问他，在这里干什么，他说，复员后他分配到西城公安局，今天来值班。这样，我们就分手了。后来，在三里河的马路上，有几次看到他一个人拿着钓鱼竿向八一湖走去。真是世事无常。

在“文革”极左风暴中，尤其在监狱中，对“反革命”粗暴虐待式的“管制”似乎是司空见惯的。一些“管理者”尚能够善待我们这些所谓的“反革命犯人”，其实也是难能可贵的，世上还是善良的人多，总希望好人有好报。

她“救”了我

再谈谈监狱的伙食。入狱后的大半年，的确尝到了“饥寒交迫”的滋味，可以用量少质差概括我的伙食。一碗稀饭、一个小窝头，就是一顿早饭，中饭或晚饭，有时是两个小窝头或一碗糙米饭和半碗菜。我们吃的菜可能是劳改农场供应的。看来，农场收什么菜，我们就吃什么菜。每年春天差不多都是菠菜下来了就吃菠菜，一吃就连续吃上个二十多天，然后就是小白菜、萝卜，等等。这些蔬菜看来根本不涮洗就放到大锅煮一下，盛到碗里上面是菜叶，下面是泥汤，菜里夹着蚂蚁、苍蝇是司空见惯的事。

有一次吃菜，一下子咬了一个肉鼓囊囊的东西，还有点香味，我还以为是一块肉呢，连忙咽了下去，剩下一半用筷子夹起仔细一看，原来是一条青色的大菜虫，也不敢扔，只好放在碗里，等洗碗的时候才扔到便池里。前些时候，我的邻居吃饭的时候不知把什么扔到便池中，没等冲洗，就被哨兵看见，立刻从走廊里把自来水闸门关上，硬是强迫这位难友从便池里把扔掉的东西捞上来，一口一口地吃掉，还大骂他这个反革命不想活了，竟敢糟蹋人民的粮食。

最难熬的是星期天和节假日，一天只给两顿饭，而且早上一大早就送来早饭，大都是两个窝头，下午两三点钟就开中饭，也是两个窝头。这样要熬到第二天早上才有饭吃，这十五六个小时真是饿得心里发慌。而遇到五一、十一节日连续放两天假时，更是难上加难。

我很清楚地记得，1968 年“五一”假日的第二天早上，我饿得难受。开饭了，我把饭碗摆放在小门外，趁管理员正在用大勺把饭菜倒进碗里，我抓紧时机说，“报告，我个子大，吃不饱，饿得难受”。管理员也没理我，舀完饭就把小车推走了。过了一会儿，我突然听见小车的轮声又向我们的走廊传来，越来越近，到我囚室的门口停了下来，只听见管理员说，“把碗拿来”。我急忙把碗里没吃完的米饭和菜倒在床板上，把空出来的碗送到小门外，只见管理员从饭桶里舀出一大勺米饭放在一只碗里，又把一大勺菜放在另一只碗里。我含着热泪端起两只碗走回床前，大口大口地吃得干干净净，又把刚才倒在床板上的饭菜小心地拾到碗里，通通吃掉了。我从心底里感激这位管理员，从上面的小孔里，隐约看见海军的服装，再从小门里往外瞅，我看见是一双女同志的脚，猜想她可能是海军来的一位女战士。1968 年 5 月 2 日那一天正好她值班，她“救”了我。从此以后只要她值班，总是把我的碗盛得满满的。在“无所事事”的独牢中，这对我是件“很高兴”、“很大”的事，常用俄语自言自语地表达我的心情。

后来，过了一段时间，男、女犯人分监，她不再在男监值班。接替她的是一位年轻的海军男性战士。他发饭的时候给我的饭菜也是极多极多的。当时我以为，肯定是那位女管理员对他说了些什么照顾的话。我并不迷信，但是那位海军女战士在我的心目中无疑是观音菩萨的化身。

1968 年夏天以后，伙食有明显改善。我获释后了解到，当时有几位老同志在狱中死去，周总理闻讯后特地到秦城视察，指示要认真改善审查对象的生活。于是，每个星期菜里也出现一两小块肉，或菜汤里有一点点儿的油花。这已是了不起的改善。而每次过春节，伙食大改善，不是吃大肉包子就是吃炸大油饼，我们要几个，管理员给几个，而且还来回地打开每个囚室的小门问，还要不要，还要不要……记得一次，我吃过十多个包子、八九个大油饼，吃完以后，胃涨得难受。真是饿也难受，饱也难受呀。

“文革”后，作为受迫害者，组织上给我补发了工资，但扣除了坐牢期间的伙食费。杨尚昆的老秘书崔双甫认为这不符合政策，因为受迫害才坐牢嘛。经过他力争，又把扣掉的伙食费补发给我了。我才知道，头一年的伙食费是每月八元五角，后来几年则是每月十三元。这就算是坐牢期间被扣工资全部结清和补发了。可是，“工资结清”怎么能够结清被管制下“吃、喝、住、行”所饱含的非人经历、辛酸和耻辱，以及饥寒交迫、饥饿难挨的日子，而这些不过是这场牢狱之灾的一角而已。

第一次提审

七年多来，我不记得监禁期间的审讯一共有多少次，头一两年多一些，后来几乎没有了。印象最深的是第一次审讯，其他有些审讯情况现在也还有些印象。

入狱后的第二天，也就是 11 月 18 日上午，不知道几点钟，囚室门开了，管理员走进来说：“提审，跟我走”。

从囚室出来，沿着走廊向左走，过了一个铁门向右转，又是一个长长的走廊，一边是墙，一边是一间一间的房间。在其中的一间的门口，管理员叫我停下来，他打开门，对屋里的人说了些什么，然后叫我进去。

这是一间长方形的房间，门的左边有一长条桌，上面铺着白色桌布，后面坐着几个军人。后来才知道，他们是中央第一专案办公室杨尚昆专案组的专门分管审查我的小组，一位来自总后，年纪大一些，叫蔡渊，好像是组长；另一位来自海军，姓周，名字忘记了。在室内另一侧，正对着桌子大约二三米，放了一个椭圆形的礅子，看上去是瓷的，后来听说，是实心的，灌了铅，怕犯人拿来砸审讯的人。原来这是审讯室。专案组的人示意叫我坐在瓷礅上。

我坐下后，他们人人手持小红本，高声念起语录来。他们看我没念，就问我为什么不念，我说没发给我语录本。于是，他们接着念。我不记得他们念了哪几段语录。这可能是例行公事，在审讯前叫犯人读语录，借伟大领袖的无比威力促使犯人痛痛快快地坦白交代，而他们自己读语录，是为了表示他们忠于伟大领袖，逢事必读。而当时似乎有点儿尴尬，他们正正经经、一丝不苟地一字一句朗读，而我这个犯人倒是高高地坐在瓷礅上（礅子挺高），装出一副聚精会神聆听的模样，但天晓得听还是没听，他们一边读，一边不放心地从眼镜片子下面瞧着我的反应（我记得他们都带着老花镜）。从此以后，每次提审都省去了这套仪式。

专案组读罢语录，又讲了一大篇话，大概都是什么坦白从宽，抗拒从严之类的套话，我早已忘记。只记得他们叫我交代同彭真以及同杨尚昆的关系。

这对我来讲简直是轻而易举、驾轻就熟的事啦。中办“文革”开始，还在中南海的时候就讲起，一直讲到“学习班”，材料写了一篇又一篇。于是我就滔滔不绝地“交代”。讲到中午了，专案组宣布暂停。管理员带我回囚室吃饭，吃完饭，又把我带回审讯室。我又接着“交代”，直到天色已黑。

冬天日短夜长，大概快五点了，我也饿了。于是我说：我交代完了。专案组装出一副惊讶的样子说：怎么，完啦？我说：是呀，完啦！专案组说，怎么完了呢？你最主要的还没有交代呢！我倒是真惊讶地问道，有什么最主要的还没交代呢？专案组神气十足地说："你'里通苏修'还没交代！"我听了哈哈地笑了两声说："我'里通苏修'？毛主席还表扬我是反修英雄呢！"

其实，毛主席从来也没说过我是反修英雄。毛主席说过："小阎不怕外国人！"说的是毛主席同赫鲁晓夫"吵架"时，我当翻译不怯场，理直气壮。专案组竟一口咬定说我"里通苏修"。我气极了，就未加思索地脱口而出："毛主席表扬我是反修英雄。"专案组当然不知道毛主席是否讲过这类话，更不敢否定，毛主席讲过的话谁敢否定！于是，他们说：毛主席表扬过的人多着呢。我说：那好，你们就查吧，纯粹是……本来想说白白浪费时间，话到嘴边又咽下去了。

应该说，我的这个专案组从一开始就没大声地训斥过人，没有搞过"逼、供、讯"。从这个时刻起，那种忐忑不安的思绪一扫而光，完全消失了。我从来没有"里通苏修"，多年来，我努力地跟着毛主席在反苏修斗争中当好翻译，水平高低任人评说，但我不是特务！毛主席的教导"有反必肃，有错必纠"，成了我的"定心丸"。

这样，第一场审讯就结束了。回到囚室后，心情平静下来，反而开始感到"饥寒交迫"了。

第二次提审

大概过了一个多月，专案组对我进行第二次审问。一个月过去了，想必是挖空心思搜集了许许多多的"证据"，足以证明我是特务。可是，专案组提出的质问都是似是而非、道听途说、东拼西凑的谣传。我越听越生气，他们每提出一个问题我都蔑视地"哼"一声。他们提了哪些问题，我没记住，有两件栽赃给我的"罪名"倒是记忆犹新。这种"记忆深刻"是因为"文革"后我常常讲起这两件辛酸的"笑话”，令我啼笑皆非。

当时，专案组绷着脸，装着严肃的样子问道：“你怎样把收发报机转移到你父亲家里去的？”我听了强忍心中的怒火，回答道：“我从来没有收发报机，更谈不上什么转移。我爱人吴克良的单位中联部叫她学意大利文，当时中央没有意文翻译。为了练习意文，我们买了一台收音机，每天晚上收听意共中央的意文广播。‘文革’开始后，我父亲天天收听新闻，关心‘文革’的进展。今年五六月间，父亲打电话给我，说他家里的收音机坏了，要借我们的收音机，后来就乘车到我家把收音机拿走了。就这样简单的事，怎么能说成是转移收发报机呢！而且这件事当时我就主动地报告中办领导啦。”

专案组还是反复纠缠，反复提问。最后我说，该讲的都讲了，而且父亲拿走我的收音机我当时就主动向领导报告了，你们为什么要小题大做？专案组气冲冲地说，你主动报告的？你和你父亲通话的录音都在我们手中。这一下子说露馅了，中办领导当时就采取了窃听手段来监视我的一举一动。我听了哈哈大笑说，怎样也不能把收音机变成电台呀。专案组无言以对。

接着他们又提出了一个核心问题，看来他们认为这可是板上钉钉的特务行为。他们问道：“杨尚昆叫你把哪些党的机密文件送给苏联大使馆？”我一听就明白了他们指的是什么事。我说：“杨尚昆从来没有叫我把党的文件送给苏联大使馆。情况是这样的：中苏关系好的时候，苏联大使到中央来转交苏共领导人的信件时，都是当场向接见他们的中央领导人宣读信件，然后把信件原文交给我们的领导人。后来，关系恶化了，苏联大使到中央来，只是宣读文件，而不留文本。我们当场随听随译，不能保证口译得准确，而且记录也不可能完整，所以每次中央领导人会见苏联大使的时候，我们都请领导同志要苏联大使把书面文件留下，等翻译核对后再退还给他们。事后我们立即把苏方的文件复制下来，译成中文，而俄文原件则退还给苏联大使馆。有几次是经过我外交部苏东司退的，有几次则是通过中办机要室的收发室派人送到苏联大使馆的。我还补充说明，这些俄文信件的翻译，即由俄文译成中文，都是由我们翻译组三个人，即我、赵仲元、朱瑞真一起翻译的，最后由我定稿。俄文原件装进信封，在信封上打上‘送苏联大使馆’几个俄文字，然后把信封送到收发室。这些事都是由老朱和小赵完成的。”

我们翻译组给苏联大使馆送信，而且是通过机要室的收发室，信封里装的什么东西收发室的人当然不知道。所以“文革”中他们作为疑问揭发出来是可以理解的。专案组如获至宝，还加以发挥：本来是翻译组叫收发室送的信，他们却说成“杨尚昆指使你给苏联大使馆送了什么文件”，想一箭双雕，栽赃到杨尚昆头上。据“文革”后了解，专案组并没有找朱瑞真调查，可能怀疑整个翻译组都是特务，连老朱也不信任，因为每次送信都是老朱把信交给收发室的。

总之，专案组煞费苦心收集的材料只能证明我不是特务！最后，他们说：“阎明复，你在外面就很傲慢，在里面（指在监狱）你还是傲慢，我们每提一个问题，你都嗤之以鼻！是我们审你，还是你审我们？”我说，不是谁审谁的问题。你们提的这些事，在外面都可以查清楚，根本用不着把我抓起来。专案组叫我就他们提的问题写出书面材料。后来，对我个人的特嫌问题再没有进行过审讯。

过了一两天管理员开始每天给我发报纸看了，当然是《人民日报》。后来又发给我小红本。以后外面提倡读《反杜林论》等六本经典著作的时候，也发给我了。显然是专案组认为我的问题基本上查清楚了，或者说他们所掌握的对我的怀疑基本上澄清了，所以才让我看报，我得到非常有限的“阅读自由”。

我不能讲假话

我的特嫌问题似乎“无文章”可做了，但针对被打倒的前党和国家领导人的莫须有的“揭发”接踵而来。各式各样的专案组都到秦城来提审，企图从我这里找到“突破口”，软硬兼施，威逼利诱，审讯并没有停止。

在我的专案组对我审讯后不久，另外一批军人对我进行了审讯。他们提的问题涉及刘少奇、邓小平，姑且叫他们“刘邓专案组”。

我记得，审讯的人好像有三人，主要的是一个鬓发花白的军人，态度和蔼，讲道理，显然要给我一种印象，我是受蒙蔽的，要幡然悔悟，奋起揭发，前途光明。他说：“当时刘少奇、邓小平是最高领导人，他们的每一句话，你自然当做圣旨，不会怀疑什么。而他们是最大的走资派，为了篡党夺权，在国内没有人支持，因此一定要勾结苏修。要勾结苏修，一定要通过你，因为你是中央的首席俄文翻译。你没有什么责任，你是执行者，不明真相。现在你要把他们当做最大的敌人，从头到尾认真地回忆他们讲的每一句话，反复考虑每一句话的真实含意。他们这种大人物，高层勾结，不会直截了当地说我们要勾结，很隐蔽，有的时候一个眼神，彼此就心领神会。”老军人深情地说，你还年轻，被利用了，觉悟了就好。只要你交代揭发，马上可以恢复自由，恢复党籍，同家人团聚。

“交代揭发，马上可以恢复自由”，太具有诱惑力了，但我不能讲假话。我说：“关于刘少奇、邓小平与苏修勾结的事，我的确不知道。我当翻译的时候从未注意过领导人怎样交换眼神。”白发军人说，不要着急，回去好好想一想，把你想起来的写一份材料给我们。这次审讯就这样结束了。

回到囚室后，管理员给我拿来了一些白纸和一支圆珠笔。显然是提审的人告诉他要我写材料。关于刘少奇是否里通苏修的事，在“学习班”的时候，就叫我写过材料。我当时就明确地表示过，我不知道。这次，我索性从我 1952 年年底，随刘少奇为首的中共代表团去苏联参加苏共（布）十九大，也就是我第一次给刘少奇当翻译写起，一直到 1960 年 12 月去莫斯科参加国际共运会议，以及在国内会见苏联使节，详细地写了给刘少奇当了多少次翻译，谈了什么话，等等。给邓小平当翻译的经过也做了详细的回忆。

过了一段时间，这位老军人又来提审，对我的交代十分不满意，说你要替刘少奇、邓小平隐瞒什么，将来查出来，罪加一等。我说，我还年轻，记忆还好，我给刘少奇、邓小平当翻译翻了些什么，都交代了。他们在苏联留学，俄文比我还好，根本用不着通过我去同苏修勾结。老军人又说了些什么，我不记得了。但最后我说："刘少奇、邓小平没有通过我勾结苏修，我不能讲假话。"老军人赶快声明说，没有人要逼你讲假话。

这次审讯很快就结束了。

"不交代拉出去枪毙！"

同这位文质彬彬的老者相反，审查陆定一的专案组的组长（不知道他是不是组长，姑且称之）却蛮不讲理，胡搅蛮缠，毫不懂政策，看样子不过是个芝麻大的军官，却装出一副大官的模样，真是令人恶心！

本来，审讯室的桌子上已给专案组摆上了茶杯，但这位组长来后，看也不看，从自己的皮包里掏出一个又长又大的玻璃瓶，用手绢擦了又擦，然后用眼睛仔细看了又看，再掏出一个信封，倒出几片茶叶，用水冲开，再品尝几口，才抬起头来，看我几眼，然后发问，你是阎明复吗？我说，是。他问，你是中办翻译组组长吗？我说，是。他问，你认识陆定一吗？我说，认识。他问，你给陆定一当过翻译吗？我说，没有。他说，陆定一当时是中央领导人，你怎样可能不给他当翻译。我说，没当就是没当，我们只为常委服务。他问，你给尤金当过翻译吗？我说，当过呀。他说，那陆定一同尤金谈话你一定当过翻译啦。我说，没有，毛主席接见尤金我当翻译。他说，不准你提伟大领袖！我说，你问我给尤金当过翻译没有，我才提到毛主席。他喊了起来，你没有资格提到伟大领袖，你再抵赖，拉出去枪毙！我说，枪毙我也没给陆定一当过翻译。他这样胡搅蛮缠地喊了半天，只能无奈地收摊了。

过了几天，我的专案组来了。我对他们讲了陆定一专案组提审的情况。他们说，在任何情况下，都要实事求是，绝不能讲假话。要相信党的政策。

后来，陆定一专案组又来提审，还是老一套，“不交代就拉出去枪毙！”“坐一辈子牢！”等等。我只是一句话：我从来没给陆定一当过翻译，我不能讲假话。气得他们只好悻悻而去。

应该说，审讯的过程是考验人的良心、勇气、信念的过程。在审讯中顺着提审人的“诱供”，“讲假话”、“乱咬人”可能是恢复自由的一个机会。对于一个被关押在暗无天日的独牢里的“犯人”，没有比“马上恢复自由”的许诺更具有诱惑力了，但是要付出“讲假话”的代价以及由此而产生严重的后果，殃及的将不仅是第一专案办公室审查的党和国家领导人，还可能使更多人遭到诬陷！面对“检举揭发，立即释放”的诱惑，面对“不交代拉出去枪毙”的威胁，我从来没有产生过“讲假话”的念头。坚持不讲半句假话，在艰辛漫长的囚禁生涯中，倒使我心境豁然。

“四人帮”被打倒后，对专案办公室的人员进行了审查。组织上找我了解我接触过的专案组的表现。我说，审查我的专案组讲政策，实事求是。而最不讲政策的、胡搅蛮缠的就是审查陆定一的专案组。

若干年后，陆定一陆老在北京医院住院治疗时，我去看望他老人家，谈到“文革”时期的专案组时，陆老气愤地说，这些家伙坏透了！

为当事人澄清事实

再谈谈一次有关伍修权的审讯。

审讯的人大概有五六个，可能是中联部的造反派。他们直截了当地问，1964 年 10 月 14 日半夜，伍修权接见苏联大使，为什么找你当翻译？中联部自己有俄文翻译嘛。为什么在伍修权自己家里接见，而不在办公楼的外宾接待室？同苏联大使都谈了些什么？

我回答道，当天半夜苏联大使馆给我来电话，说契尔沃年科大使接到苏共中央的指示，要他立刻会见毛主席，有重要信息要转告。我向中办主任杨尚昆做了报告。杨尚昆说："这么晚了，请修权见吧。"于是，我打电话给伍修权，转告了苏大使求见及杨尚昆的意见。伍修权说，这么晚了，在哪里见他呢，部接待室值班的人都早已下班。我说，只好在你家里接见。他表示同意。这样，我打电话给苏使馆，通知他们中共中央委托中联部伍修权部长会见大使，地点在中联部。现在就请大使出发，我随即赶到中联部，在大门口见面，陪同大使去见伍修权部长。我乘车抵达中联部时，大使已到。于是我的车走在前面，大使的车跟在后面，直到伍修权部长在中联部大院的家。

契尔沃年科大使首先向伍修权部长表示歉意，这么晚了还来打搅。他说：苏共中央于10月14日举行了全体会议，同意赫鲁晓夫同志因年老体弱而辞去苏共中央主席团委员、苏共中央第一书记和苏联部长会议主席职务的请求，选举勃列日涅夫同志为苏共中央第一书记，并建议任命柯西金同志为苏联部长会议主席。因为明天一早就要公布此项消息，所以苏共中央要我尽快地通报中共中央。伍修权部长听后问道，赫鲁晓夫辞职除了年龄和健康原因外还有没有其他原因？苏大使回答说，他不知道。会见就结束了。

最后，我说，是我通知伍修权，请他接见苏联大使，并建议在他家的会客室会见大使。我来当翻译，也不是伍修权找我，而是我来陪见并做翻译的。

中联部的人提的问题都已澄清，他们便走了。

还有两次是与林彪相关的审讯。

一次是1971年林彪叛逃事件发生，有几个军人来审讯，问我知不知道林彪同苏联人接触的情况。我说，我们翻译组只给主持中央工作的政治局常委做翻译工作，没有给林彪当过翻译，他同苏联人有什么接触我不了解。我说，1959年10月，毛主席会见赫鲁晓夫时，林彪参加了。在双方争论中，林彪讲了几句话。详情可查当时的记录。这样审讯就结束了。

另一次是与林彪亲属相关的审讯，只问了几句话就结束了，但事情本身很荒唐。

林彪有一位侄女，叫林莉，是我党老一辈革命家张浩（林育英）的女儿。她从小在苏联上学，精通俄文，在广播局外语部俄文组工作。林伯渠林老的女儿也叫林利（与“林莉”读音相同），比张浩的女儿林莉年长，在苏联多年，专攻哲学。50年代初，斯大林派著名的哲学家尤金来华，毛主席经常会见他，常常彻夜交谈，就是这位年长的林利做翻译。为了区别两位林莉（利），我们俄文翻译界称电台的林莉为“小林莉”，而年长的林利为“大林利”。“文革”初期，广播局对“小林莉”进行了审查，得出了没有历史问题的结论。局领导把她的审查结论送给中央审批。江青大怒，说：“林利（莉）不是特务，谁是特务！”这样，广播局又对她重新审查。殊不知江青讲的林利则是指“大林利”。50年代，江青在莫斯科治病时，“大林利”给她当过一段翻译，对江的作风极不满意，因而得罪了她。“文革”一开始，“大林利”就遭受迫害。“小林莉”被误认为是“大林利”，又多吃了几年官司。

这一天，两个军人审讯我时，问我认不认识广播局的林莉，我说，我同她很熟，过去翻译“九评”等大文章时都请她参加。他们又问，她同苏联人有什么接触，有没有给尤金当过翻译。我说，我们只是在翻译大文章的时候一起工作，平时她同什么人接触我不知道。我说，50年代初期给尤金作翻译的是另外一个林利，是林老的女儿，比这位林莉年长许多。审讯的人叫我写一份书面材料，就走了。

看来是为了给“小林莉”做结论而要我写材料的。

囚徒生活

讲讲囚室中的日常生活。七年半的日子是一天天熬过去的。每天的生活是机械的：看报、读书、吃饭、睡觉、自言自语、唱歌、转圈散步，还有隔三岔五的放风，以及每月一次的洗澡，理发、剪指甲……

谈谈读报　1967年年底，我的“苏修特嫌”问题查清后就允许我看《人民日报》了。每天上午，管理员把当天的报纸发给我，第二天发报时收走前一天的。当时，每三个犯人看一份报纸，第一天管理员发给我当天的报，第二天发报的同时要收回前一天的报纸，再发给邻室的犯人，第三天再把这份报发给第三位犯人。

并不是所有的犯人都能得到报纸。我记得，有一次管理员给我右边囚室的犯人发了报，接着他又对这位难友说，发错了，发错了，你现在没有资格看报，快退给我！这位难友可能与外界隔离已久，好不容易得到一张报纸，哪里肯退给管理员。管理员只好打开囚室的门，走进去把报纸抢了回来。这样我才明白，入狱后一个多月没让我看报，是专案组第二次来提审后才让我看报，显然是我的问题基本查清了。

在漫长的监禁中，《人民日报》成了我的无声同伴，是我了解大墙外面的世界的唯一途径。我每天都焦急地等待管理员来发报纸，一旦拿到报纸就如饥似渴地从头版头条开始阅读，逐行逐字地一直读到四版的最后一条消息，读完一遍后又重头再读一遍。我一生中从来没有如此认真地读过报纸。我与报纸上的信息同乐同悲。

我记得，1971 年 9 月中旬以来，林彪的名字突然从报纸上消失了，他的语录也不登了，照片也不上报了，我马上意识到林彪出事了。但是，我无法猜出问题有多严重，直到林彪专案组审讯时，才听说他叛逃未遂，机毁人亡。党章封的接班人居然叛逃，我百思不得其解。林彪是“文革”的主要罪魁祸首之一，煽动造神狂热，迫害大批昔日的战友，同时，我还为自己的敏感、判断力并未因多年的独牢丧失而颇感欣慰。

1971 年 11 月上旬，我从报上看到我国出席联合国大会的代表团成员、工作人员名单中居然有我的好友侯志通的大名。我真是喜出望外，不禁想到“老天”有眼，小侯十多年来背的“黑锅”终于砸碎了。

原来，小侯是一位能干的俄文翻译，50 年代初就在外交部工作，后调到我驻苏使馆，给大使当翻译。我们每次随党中央代表团去苏联，他都出来帮助我们工作。1960 年 6 月，彭真率团去罗马尼亚参加布加勒斯特会议，我们还专门请他去罗马尼亚帮忙。1960 年 12 月莫斯科会议后，杨尚昆决定调小侯到中办翻译组工作，并让我同他谈话，征求他的意见。小侯表示同意。杨尚昆还专门找刘晓大使谈过。当时大使也表示支持。这时使馆也通知他回国，组织上将另行安排他的工作。小侯高高兴兴地告别了使馆同事，回国途中到阔别已久的家乡哈尔滨，看望年事已高的双亲。我们也为这样一位年轻有为的生力军将加入我们翻译组的行列而高兴。正在这个节骨眼上，杨尚昆接到了我驻苏使馆刘晓大使的一封亲笔信，其中明确提出，侯志通在使馆工作期间同苏联雇员关系密切，不适合在中央首脑机关工作。杨尚昆把我找去，给我看了这封信，说刘晓大使长期在白区工作，疑心很重，他对小侯的怀疑看来是没有确实根据的。但既然刘晓大使给我写了这样的信，我不便再调小侯来你们组了。杨尚昆叫我等小侯到北京后找他好好谈谈。本来，小侯就要到中办报到了，却吃了个闭门羹。而且外交部也没让他回部机关工作，而分配他到部的研究所工作，让他改行研究美国问题。小侯很坚强，没有被无辜的猜疑压倒，一切从头开始，终于成为国际问题专家，并且在所里找到了自己的终身伴侣。这次，他被选派参加我驻联合国代表团的工作，显然有关他的一切不实之辞统统都被推翻。我为小侯高兴，同时增强了信心，“有错必纠”迟早也会轮到我的身上。

我永远不能忘记，1972 年 1 月，陈毅不幸逝世的噩耗在狱中引起的强烈震撼。当我看到《人民日报》上的讣告时，忍不住心中的悲愤而失声痛哭。走廊中也传来其他难友的哭声。次日，当邻室的难友接到这份报纸时，也传来了发自内心的哭声。第三天发报的时候，在狱中又一次传来哭泣的声音。同囚一牢、素未谋面的难友们，为失去一位真正的人民公仆、一位敢于仗义执言、同邪恶势力抗争的老共产党员，不约而同地失声痛哭。三哭陈老，感天动地。来自五湖四海的“难友们”，人同此心，心同此理！

在独牢中与报纸上的信息同乐同悲并养成的读报“癖好”，至今未改。

谈谈读书　七年半的监狱生涯伴随着读书读报而熬过。

起初，狱中只发了《毛泽东选集》，我反复通读了两三遍，有些文章还能背诵。可以说，狱中精读毛选，对我1976年参加《毛泽东选集》五卷的翻译工作时领会精神、查找出处都有极大好处。那时，从管理员发给的《毛主席语录》、《毛泽东选集》、《反杜林论》等六本经典著作开始，到监狱图书室的藏书，包括《列宁全集》（只读了头十余卷，其余各卷因获释而未能读完）、《斯大林全集》、《鲁迅全集》，等等……后来从允许家属探监时送来的大量书籍开始，无论是《三国演义》、《水浒传》、《红楼梦》，还是王亚南译的艰涩难读的《资本论》，甚至中学几何、小学生英语自学读本，只要到手的书，一律通读，不懂之处，自己反复琢磨。每天除了放风、室内锻炼外，其余时间都用在读书读报上。可惜，囚室光线较暗，长时间阅读，严重损伤了视力，常常眼花头晕，获释后立即配了老花眼镜。

独牢中孤独漫长的七年半（前六年不许探监），一遍一遍地精读细读，原本是在漫长日月中我不甘虚度、聊以自慰的方式。不想，七年多的潜心读书，静神思考，不仅填补了理论学习的空白，更感悟了读书“去浮躁、净心灵”的意义。

理发和洗澡　“文革”初始，公安系统受到极大冲击，军队进行接管。秦城监狱也不例外，原有的公安管理人员所剩无几，我接触到的都是军人。原来的管理制度也被破坏了。比如说，我入狱后很长一段时间没有放风，整天憋在囚室里。幸亏是冬天，牢房又大，没感到空气污浊。头几个月一直没理发，头发长得长长的，这倒也能忍受。最难受的是头几个月无法剪手指甲和脚趾甲，指甲不仅长得老长老长的，而且向肉里长，我只好用牙齿来咬断手指甲。当然，更谈不上洗澡了。

直到第二年春天，对犯人的生活管理才走上正轨。每个月管理员给犯人剪一次头，当然剃成光头，而且是快速的，咔嚓咔嚓几下就完工，推子钝有时免不了连推带拔，但总算是剪头啦，总不至于成了披头散发的“嬉皮士”了。剪头的时候，管理员叫犯人到走廊里，坐在凳子上，披一块布，就动手推起来了。而剪指甲时，当然也是每月一次，管理员打开囚室的门，走进来，说剪指甲啦，然后递给犯人一把剪指甲刀，让犯人自己剪，他站在一旁严肃地监视，一言不发，直到剪完，把剪指甲刀收回，退出囚室。

大概是1967年年底或1968年春节前后，开始安排犯人洗澡。因为是隔离性的监狱，每个犯人住独牢，不能让彼此有任何接触，所以不论是洗澡、放风或提审，都要严守犯人彼此不见面的监规。浴室就在这座楼内的北边，有五间淋浴间排成一排，每间有门，对面的墙只砌了一半，大概到洗澡的人的腰部。每次洗澡，在囚室外面的走廊里有一个管理员，在第一个拐角处有第二个管理员，在第二个拐角又有第三个管理员，以此类推，只要有拐角就有人看守，直到浴室。洗澡时，第一个犯人在走廊里走过拐角，才让第二名犯人走出囚室，沿走廊走到拐角，等第一个犯人走过第二个拐角，才让第二个犯人转弯走到第二个走廊，此时才让第三个犯人走出囚室，走到走廊的拐角处，以此类推。在浴室，第一个犯人走进最里面的淋浴间，管理员从外面把门闩上，才让第二个犯人走进浴室，进到倒数第二个淋浴间，如此类推……直到第五个犯人走进第一间淋浴间。从第一名犯人走进淋浴室起，就有一个管理员在只砌了一半的墙外走来走去地监视。洗完了押送回囚室的顺序也是如此，只不过是倒过来，第五个犯人先走，以此类推。总之，犯人彼此连背影都看不见。洗浴的时间大概不到十分钟，动作慢了，管理员就会大声催促，快一点儿，快一点儿……这也难怪，一个楼里大约四十五个犯人，一批五人，要分九批，而押送的时间可能比洗澡的时间更长。习惯了以后，每次听到要洗澡了，我事先在囚室里就解开衣扣，用手搓掉身上的泥垢，到澡堂用热水冲几下就万事大吉了。

放风 放风也差不多是在1968年的春天开始的。

监狱的楼形像一个“U”字，中间就是放风场。放风场是由长方形的格子间组成，东西两侧各十间。每个格子间都是露天的，有个小门，进去三面是墙，放风就是在格子间里“坐井观天”。放风场上面有一“天桥”，哨兵在上面来回巡视，监视每个格子间里犯人的动静。犯人从囚室到放风场的押送办法，同前面提到的洗澡的办法相同，只不过多一些拐角、多一些哨兵罢了。

放风的时间大概是四十分钟。一开始是隔三岔五，1973 年以后，放风的时间多了，一周至少有一两次。每次放风，都走进不同的格子间，每次都发现地上总是有扫帚扫过的痕迹，后来才猜到，这是防范犯人们在地上留下什么暗号，在前一批犯人走出后，哨兵们赶快扫一遍。

我记得，第一次走出囚室到放风的格子间，在春天阳光照耀下，呼吸着略带邻近农村炊烟气息的新鲜空气，看着刚刚冒出地面的稀稀拉拉的嫩绿色小草，仿佛重新回到人间。但是“天桥”上来回巡视的哨兵又把我拖回冷酷的现实。我利用短暂的时光，使劲地呼吸、跑步、做操、晒太阳……这或许就是人本能地向往“大自然”的天性吧。

唱歌　入狱初期，发给我的书籍有限，读书之余，为了休息眼睛，打发时间，我常常在囚室里一边散步一边小声地唱歌。先从中国歌唱起，从《解放区的天》、《团结就是力量》唱起，把我学过的革命歌曲都唱遍了，又唱起孩提时代学的童歌，什么《采菱歌》呀、《小放牛》呀，唱完了童歌又唱起了抗战歌曲，什么《松花江上》呀、《游击队之歌》呀，最后又唱起了《何日君再来》之类的情歌。唱着中国歌曲熬过了大半年。接着又哼起了苏联歌曲，大都是学生时代学的，好多歌词都忘了，就翻来覆去地冥思苦想这些早从记忆中消失的俄文单字。有时，歌词中的一个单字要想一两个星期，一直到想起来了再往下唱，后来我经常唱的俄文歌曲，比如《卡秋莎》、《灯光》等，都是在狱中一段一段地追忆起来的。

这样不知不觉地打发了许多漫长的狱中岁月。

自己跟自己说话　在独牢中，没有人可以说话，我还常常在牢内散步时自己跟自己说话，小声地用俄文自言自语；嘟囔这样或那样“鸡毛蒜皮”的事；有时还大段大段地背诵《毛泽东选集》的文章……

这样，既可以避免因长期不讲话而失声，又能多一种度日的“游戏”。

日后回想起来，囚室中的日子，对我这样一个正当年轻，曾多年在毛主席等国家领导人身边做翻译的人来说，变化太突然、太悬殊，好似从伟人光环下的“风风光光”，突然坠入了“万丈深渊”；仿佛从纵观“世界风云”变幻的工作环境中，一下子就“人间蒸发”般地被囚禁在与世隔离的独牢中……然而，“秦城”又是一个特殊的“大学校”，在这里七年半的“学习生活”，对我日后做人和做事都获益匪浅。

素未谋面的“难友”

我不知道“左邻右舍”都关的什么人，只能从走廊里、夏天才打开的窗户外传来的声音，猜想有谁同我共厄运。

小难友，老难友 入狱的那天夜里，我辗转反侧，无法入睡，突然听到好像是一个少年孩子的哭泣声：妈妈呀，我要回家。妈妈呀，我要回家。不管哨兵怎样训斥，哭泣的声音时起时伏，一直到深夜。一连一个多月，我每天夜里都在这微弱的哭泣声中入睡。后来这个呼唤妈妈的声音突然消失了。但愿这位少年孩子已获得自由。

有一段时间，我右边囚室的难友，只要听见走廊里有脚步声，就不断地喊“报告”、“报告”，至今我还记得他那苍老的江浙一带的口音。他向管理员报告说，他是1927年蒋介石发动政变、屠杀共产党人的时刻加入中国共产党的，他怎么可能是反革命！管理员听了不耐烦地说，知道了。说罢就用力地把小门关上了。这位革命前辈毫不气馁，一而再、再而三地“报告”，终于打动了铁石心肠的管理员，找来了他们的领导（我不知道他的职务，但他是我们这个楼的头头，也许应叫楼长或者监狱长）。这个楼长或监狱长听了我邻室难友的报告后说，上级把你和其他人送进这里来的时候，对我们交代，你们都是反革命分子。我们是执行上级命令的。你向我们报告没有用，等审查组来的时候你可向他们申述。此后，这位老者还是不断地“报告”，但声音越来越弱……当年夏天调整牢房后，我没再听到他的声音了。但愿他能熬过那艰苦的岁月，亲眼看到他为之献身的事业拨乱反正，健康发展。

我左边囚室的难友显然是因耳聋听不清起床和入寝的哨声，有时早上起床的哨声早吹过了，他却仍然躺在床上，惹得哨兵连连地大声训斥他，说他故意装聋，不起床。有时，入寝的哨声吹过了，我入睡后，一觉醒来已是深夜，却听到他低声地说“报告”、“报告”。哨兵走过来，打开小门，说干什么？他小心地问道，入寝哨吹过没有？哨兵狠狠地说，你装什么糊涂，早吹过了。其实，哨兵早已发现这位老者没躺下入睡，本应提醒，但是他们故意看着这位老人在寒冷的囚室中冻得发抖，等待着早已响过的入寝哨声。一连数日，隔壁的老人都未能按时作息，不断遭到哨兵的辱骂。一天早上，老人又没按时起床，哨兵叫来管理员，打开了囚室的门，走进去大声呵斥“你捣什么乱，你这个反革命”……接着传来老人“哎哟、哎哟”的呻吟声，显然是遭到毒打……过一会儿，老人的声音中断了，只听见有人急促地说“昏过去了、昏过去了”……接着有人说“抬好，抬好”……从走廊传来一阵急促的杂乱的脚步声，渐渐远去……邻室顿时安静下来，再没有什么动静。许久以后，老人熟悉的声音又从隔壁传出。这是他在回答新来的哨兵的讯问：你怀里揣的什么？老人说，这是在医院动手术后包扎伤口用的绷带。在这里任何解释都是多余的。

歌声和怒骂　刚进监狱里那段时期，我们这座楼里关押的犯人中有男的，也有女的，管理员也有男有女。我记得，冬天囚室窗户紧闭，隐隐约约听到歌声，我还以为是邻近农村的大喇叭在广播。到了夏天窗户打开了，我才听清楚是一位女难友在唱歌。我不记得她唱什么歌，但那低沉的充满凄凉的歌声却引起我对亲人们的思念。我感到奇怪的是，为什么看守们听之任之，莫非她疯了，或是什么大人物？另外一位女难友却相反，不是用歌声抗争，而是想方设法同看守、管理员吵闹。她正好关押在我的邻室，她同看守的讲话清晰地传到我的囚室。我记得，她讲，她是某某省革委会领导的夫人，是响当当的造反派，把她关起来是天大的误会。每月给犯人发日用品时，如肥皂、手纸等等，她也不让管理员们安宁。管理员站在门外打开门上的小门，把日用品一件一件递进去，只听到她一会儿报告手纸不够用，一会儿报告没给她发肥皂。管理员说，刚才明明发给你啦。她说，没有呀，不信你们进来查呀。看守只好去找了一个女管理员来，打开门走进囚室去搜查，结果发现她把肥皂藏在上衣里面。管理员气得大骂，而我的邻居却满不在乎地说，谁叫你们每个月只发一小块肥皂呀。管理员只好不了了之。

秦城监狱有多少关押犯人的大楼，我不清楚。我住的这座楼坐北朝南，在我们楼的南边还有外观相同的另一座楼（姑且称之为南楼），两楼之间有高墙相隔。我们楼里的北侧是一排审讯室，有多少间，我不知道。南楼的审讯室显然也在该楼的北侧，也就是正对着我们这座楼的囚室，当然有大墙相隔，互不相见。但是，夏天囚室的窗子都打开了，夜深人静的时候，时不时地隔墙传来南楼审讯室里叫骂的声音。我记得，有一天夜晚，听到一位北方口音的难友破口大骂，“你们这群流氓、小杂种，有什么资格审查我，老子跟毛主席干革命，还没有你们呢！”审讯的人尖叫声听不太清楚，无非是叫他闭嘴，等等。过一会儿又传来这位北方难友的喊声，“我不是叛徒，我从来没有背叛过党！”真不知有多少坚贞的老革命在这人间地狱里受折磨。

1975 年我获释后，去看望王任重，谈起来才发现王老也是我的难友，而且，有一段时间，他居然就关押在我隔壁的囚室。王老说，当时他的邻居常常向管理员报告吃不饱，还常同看守吵架，讲话带东北口音，今天你一讲话，就听出来原来你就是那个常喊吃不饱的年轻人呀。我们这一老一少为有缘再相聚而感慨不已。

熟悉的咳嗽声　1968 年四五月，我偶尔听到十分熟悉的咳嗽声，真像我父亲的声音。但是转念一想，我父亲怎么可能被捕呢。一来，我父亲早已淡出政坛，不是当权派，更不是走资派。二来，他是周总理介绍入党的，在白区一直在总理领导下工作，历史上也没有什么问题。谁能想到，这位对革命作出重大贡献的老人竟然也被关进秦城监狱，竟然也成了我的难友！父子同狱，中间只相隔二十三个人：父亲的代号是67100，而我的代号是67124。

“文革”后才知道，就在我听到父亲的咳嗽声后过了没几天，备受折磨的他老人家就含冤离开了我们。

特别的“落难人”　最后，还应该讲一讲一位关押在我们这幢大楼东侧牢房的“难友”。

秦城监狱的大院里有好几幢三层大楼，楼里东、西和北侧各有五间单人的牢房。头几个月，我关在北侧的一间独牢里。不知道什么时候东侧的牢房里关进了一个特殊的“犯人”。说他特殊，是因为他经常大声地同看守犯人的战士吵架，而大声喧哗在牢房里是头号犯忌的事。我亲耳听见有的犯人只因说话声音稍大一些而遭到看守的严厉训斥。而这位“犯人”时不时地大喊大叫，看守竟置若罔闻。说他特殊，还因为他经常引用毛主席语录同战士骂架。战士引用一句，他针锋相对地引用一句，而且脱口而出，十分恰当，硬顶得战士哑口无言。我从心底里佩服这位熟读语录的高手，替我们这些受尽看守辱骂欺侮的犯人出了气。这位仁兄讲话的声音十分熟悉，但是好几个月我都没能猜出他究竟是何方“神祇”。

一天清晨，我突然听见走廊里传来好几个人急促的脚步声，一个战士对什么人说，某某号的“犯人”大口吐血。接着传来打开铁牢门的声音，过了一会儿这群人又回来了，从我牢房门前走过，有人说，“小心、小心，担架抬好”。显然是那个“犯人”吐血了，看守用担架把他抬去医务室了。此刻我恍然大悟：这不是戚本禹吗！但怎么可能是戚本禹呢？他不是中央“文革”的大干将吗？他怎么会被江青之流一脚踢开而身陷囹圄呢？对老戚的遭遇我越想越糊涂，百思不得其解；当我冷静下来，我确实替戚本禹惋惜：

——糊涂。因为对老戚遭遇的一百八十度的变化无法找到答案。“文革”初始，他扶摇直上，一举成了江青一人之下、亿人之上的中央“文革小组”成员，而今天这位时代的宠儿又成为阶下囚，我真不敢相信自己的耳朵!

——惋惜。我始终认为老戚才华出众，学问扎实，看问题尖锐，有见解，年轻有为。他完全有可能成为有真才实学的学者、作家、政论家，至少是一个能干的领导干部。“文革”这场“龙卷风”把他刮到峰巅，又从峰巅重重地摔下来。

与世隔绝的监狱，也是特殊人群聚集的特殊空间。在独牢中我看不见他们，只能从时隐时现、断断续续飘来的各种声音中来辨别“谁在这里?”“发生了什么?”为难友的命运惋叹。那冥冥中传来的老父亲痛感至心的切肤之声，多少年过去了，还在心里、还在耳边，还在那些艰辛苦涩的日子里……

囚室“趣事”

孤独的囚徒生活寂寞难耐，有时让人恐惧，有时能让人发疯……世界上最可怕的不是死亡，而是空寂无聊的孤独，这是常人难以想象的。刚入狱的时候，时不时的被提出来审讯，不管怎么说，还能见到人，还能与人对话，后来提审越来越少了，与外界、与他人的接触几乎为零，只有我一个人在这狭小的空间、漫长的时间中度过……为了排解这种孤独、寂寞的恐惧，除了看翻了几遍的报纸和早已背下来的那几本书，以及自己小声唱歌、说话外，我还尽一切可能寻找一些有兴趣的事……

赏鸟　每天清晨，躺在床上欣赏鸟儿的合唱，也能使我暂时忘记严酷的现实。

监狱大墙内外树林茂密，飞鸟成群。当微弱的晨曦刚刚洒在丛林枝头，鸟儿就开始它们的合唱。第一声鸣叫苍劲有力，显然是一只带头的老麻雀，几秒钟后又传来第二、第三声鸣叫。我听明白了老麻雀鸣声的含义：天亮了，该醒醒啦！又静下来了，过了十多秒后，从不同的方向传来三四只麻雀的叫声：叽叽、喳喳……我听得出来，这是几只中年的麻雀，它们跟着老麻雀鸣叫起来：孩子们，起床啦、起床啦。瞬时间，“叽叽喳喳、叽叽喳喳……”一片，像要冲开自己心扉的鸟叫声从墙外传来，打破了黎明前牢房里的寂静。鸟儿的合唱一直要持续到天色大亮，它们纷纷飞离树林，去四处觅食的时刻。

起床哨响了，我也该起床了。七年多了，每天早上静静地听着这样有规律的鸟叫声，想象着它们的模样，分辨它们的年龄，我感到从来没有这样贴近它们，了解它们，喜欢它们。它们无论如何也不会想到，它们的鸣叫声给我带来了多少喜悦。

观蛛　在牢房里，与我同在的唯一大个儿的动物是蜘蛛。我常常坐在床上仔细观望这些长着长短不一的毛茸茸的腿、鼓鼓囊囊的肚子、畸形脑袋的黑灰色的小动物，默默地看着它们如何在屋顶墙角编织网罗食物的大网。当小虫被网黏住而拼命挣扎时，它们又怎样迅速地扑上去，用黏黏的蛛丝把猎物缠得严严实实，把针尖似的嘴插进它的躯干，从容地吸干它的汁液。有时，我在想，多亏这些蜘蛛吞噬小虫，否则自己肯定会遭到更多蚊虫的叮咬。

但是，有一次，当我目睹一只个头稍大的母蜘蛛同略小的公蜘蛛交配后，突然用蛛丝把自己的“配偶”缠起来，冷酷地吸干了它体内的汁液，死掉的蜘蛛从网上掉下来，只剩下干瘪的躯壳时，我不寒而栗，心中充满了厌恶，再也不想看到这些残酷的动物。可是再想想我们人类，不也是同类杀戮、弱肉强食吗？不也是时有过河拆桥、卸磨杀驴、忘恩负义的事吗？我也只好与蜘蛛们同室共处了。

在我听到熟悉的极像父亲的咳嗽声不久，有一天我突然发现从门底下的缝隙中钻出来一只蜘蛛，径直朝着我的床爬来，我马上联想到，是不是老父亲出了什么事，它来预示什么？我默默地说，蜘蛛呀，你如果想告诉我什么的话，我知道了，你就转身走吧，我不会伤害你。说也奇怪，它果然向左边的墙壁爬去，爬上墙后却掉进了墙边的洗脸池里，怎么也爬不出来。我连忙走过去，用手纸把它拨拉出来。之后，它又慢慢地爬向门口，从门缝里钻了出去。

后来，一连几天我一直心神不宁，为父亲的安危而担忧，又为自己的迷信想法而自嘲。

斗室练拳　进监狱时，我住的是一间不算太小的监室，在监室内可以来回走步活动一下身体。

入狱后半年多，大概是1968年夏天一个晚上，大约九点多钟，管理员打开囚室的门，走进来说，把铺盖卷起来放在地上，把床板搬走。这个床板大概有三十多斤重，我吃力地用两只手抓住床板，跟着管理员走出大楼。只见院子里三步一岗、五步一哨。管理员叫我拿着床板向北走，他站在院子当中，又叫我一路小跑，到拐弯的地方就叫我停下来，显然前面有别的犯人也在搬什么。跑到东北面一座楼前，管理员叫我把床板放下来，接着向回跑，回到原来的囚室等着。这时，我已浑身大汗，气喘如牛，心慌口干，白天发的开水早已喝完，我只好打开洗脸池上的自来水管，大口大口地喝了起来。照理说，床板不算太重，但是一个人既不能抬，又不能背，只能用双手抓着，这样十分吃力，又要跑步，实在吃不消。

等了半天，管理员又开门进来，叫我拿起被褥、饭碗等用品跟他走。出了大楼，走到院子里，途中凡是遇到拐弯的地方就停下来，等站在那里的哨兵叫我，我才继续走，一直走进东北面的大楼里。看来有不少犯人转移到这幢楼来了。

我被安置在二楼的一间囚室里，这间长方条形的囚室比原来的小得多，大概只有五六平米，进门后走两步靠左侧就是一个坐式冲水瓷马桶，上面没有盖子和垫圈，挨着的墙上安装了一个很小的圆形的瓷脸盆，上面有自来水龙头。离脸盆不到半步远，顶着墙放着一张床，就是我们刚才搬来的，床的左边也靠着墙，右边只有一步多点儿的空档。当时正值酷暑，晚上光着上身还汗流浃背，难以入睡。管理员发了一把扇子，帮了大忙。

在这个斗室里再也不能散步了，白天除了放风外，只能坐在床上，坐累了就站一会儿，站累了就再坐下。直到1974年允许探监，吴克良来探监时，带来了太极拳练习图，我照图学拳，常在斗室里练拳。

洗被套　1968年，大概六七月的一天早上，管理员叫我把被褥上面的布套拆下来，准备洗涤。

不一会儿，囚室门打开了，走进来两个管理员，一男一女，拿了一个大铁皮盆，抱来了一大堆脏被套和褥套，交给我洗。他们拿来两个暖瓶，说这些套子很脏，洗的时候可以加些热水。他们还拿来一根一尺长的皮管，可以接在洗脸盆的水龙头上，把水放到大铁盆里。我数了数这些脏得发黑的粗布套，一共三十件，也就是十五位难友的，当然包括我的在内。

正当我瞧着这些黑灰色的被套、褥套发愁的时候，管理员又走进来，拿来大块的肥皂和大包的洗衣粉，说太脏的地方可以先洒些洗衣粉，然后再搓搓。在外边，我很少自己洗大的东西，所以对这位管理员好意的提醒十分感激。所以感激，还因为他们让我来洗被套，给我的枯燥而单调的独囚生活带来些许生机；也还因为他们用同常人讲话的语气和我交谈。

我接了大半盆凉水，又加了热水，放了不少洗衣粉，把一件被套和一件褥套放在盆里，等了一会儿，用手稍稍搓揉，只见清清的水变得混浊起来，再把它们一件一件从盆中拎起来、放下去，几个来回后，被褥套的粗黄色显露出来，而盆里的水则近于黑灰色了，只是被套的两头仍有点点的污迹，想必是冬天囚室寒冷刺骨，难友们用棉被紧紧裹住脖子蹭来蹭去的，粘上了身上的油污。于是我撒了些洗衣粉，再用力搓了搓，倒是看不出污迹了。只是这盆水不能再洗其他的被褥套了。我就每次洗一件被套，或两件褥套。洗完一件，拧干一件，放在床板上，等都洗完后再一起漂洗干净。

这时，管理员走进来，叫我把饭碗拿出来，向碗里舀了一大勺稀饭，另一只碗里装了四五个大窝头和一大把咸菜，说吃完早饭再洗吧。也许的确饿了，我三下五去二就吃得干干净净。

我把所有的被套、褥套洗完后，再接水冲洗，发现很费事，一来从水龙头向铁皮盆接水很慢，二来一床被套要冲洗几次才能漂洗干净，不知到什么时候才能洗完。我突然看到旁边的白瓷马桶，冲水的开关是一个圆形的阀座，拧开后要不再关上，水就一直冲着，而且水是沿着马桶四周的边上向下冲洗。我灵机一动，这不是一个绝妙的冲洗机吗！真是天无绝人之路。于是我连忙用洗衣粉把马桶里面从上到下擦了又擦，冲了又冲，把马桶洗刷得白白净净，一点儿味道都没有啦。随后，我把阀门拧开，用手抓住被套的一头，另一头就放到马桶里冲洗，冲完这头，冲那头，冲完两头冲中间；这面冲完了又翻过来冲那面，直到把被套冲洗得干干净净，然后拧干了，放在白铁皮盆里。这样，到中午，把所有的被套、褥套都洗完了。

这时，管理员走进来，叫我端起装满了被套、褥套的大盆跟他走。我光着脚，端着大盆，一直走到大楼后院，有一排排晒衣服的架子，管理员叫我把被套、褥套一件一件地挂在架子上，晾晒完了，就领着我回囚室了。这也许是我坐牢以来最惬意的一天，久久不能忘怀。

晚饭后，管理员把晒干的被套和褥套发给每一位难友。发到我左边的邻居时，这位来自山东的女难友大声地说，我不要这些被套、褥套。管理员生气地说，你为什么不要？她回答说，是在马桶里洗的！管理员说，你胡说些什么。她说，我听见了。管理员说，在哪里洗的都得要！说完就把被套、褥套从小门里塞了进去。

他们的对话我都听见了，我实在对不起难友们，我确实是不得已才为之的，而马桶确实洗得干干净净，绝对没有异味，但是我无法向难友们解释，只好听任他们责怪了。

这是我七年半囚禁生活里唯一的一次体力劳动，吃得饱，干得欢，边洗边出汗，颇有瞬间得到自由之感。后来不知道为什么不让我洗了，心里还觉得若有所失。

传达最高指示

1972 年夏天，有一天管理员打开囚室的门，陪同一位穿军装的人走进来，说他受领导委托，向所有关押在秦城监狱的人，宣读伟大领袖的最新指示。他照着一份稿子读了起来，我特别记住一句话：“废除一切法西斯式的审查方式”，责成监狱当局当面征求每一个被关押的审查对象的意见，有没有受过虐待。说罢，他们站在那里等着我发表意见。

我仔细地回忆那几年在狱中的遭遇，条件虽然艰苦，但是无论监狱管理人员，或是来监狱提审的人员，对我都没有过打骂现象。当然，我一直没有违犯监狱的各项规定，遵守作息时间，从不高声说话，而审讯时也是实事求是，不说假话。这样，他们都没有任何理由对我施加体罚。如果说生活待遇苛刻、被关押人员体质恶化是虐待的话，那么，包括我在内的所有被关押人员都无一例外地遭受过虐待。所以，我对他们说，这几年来，没有人虐待我。他们又问了一遍，我又重申没有受到虐待。他们说，今后有什么意见可以随时向监狱当局提出。讲完，他们就走了。

从此以后，我没再听到过打骂犯人的声音。相反，我倒是有恃无恐了，管理员发饭的时候，我觉得给少了，就从小门里大喊，你给这么少，你虐待犯人！管理员连忙说，不要吵，不要吵，再给你多盛一点儿。冬天放风的时候，我觉得冷了也喊过，太冷了，你们虐待犯人！

“文革”后我听说，铁道部刘建章老部长的夫人，到秦城监狱探望刘老后，给毛主席写了一封信，反映监狱里虐待审查对象的严重现象。毛主席看信后立即做了“废除一切法西斯式的审查方式”的指示，并交给周总理处理。周总理责成公安部认真检查各监狱如何对待审查对象，要监狱管理当局向关押的人传达毛主席的指示，征求意见并改善伙食。

90 年代初，刘老一家搬到万寿路宿舍区，同我住在同一座大楼。每天清晨，在院子里都能看到这位百岁老人精神抖擞地散步、打拳。我谈起给毛主席写信的事，刘老深情地说，全靠他已故的夫人写信，找到王海容和唐闻生，把信呈送毛主席，毛主席看信后还找王、唐详细了解刘老夫人反映的情况，做了不准虐待审查对象的批示。

我对刘老和他的夫人深表感激。

亲人探监

不许探监的六年独牢，与世隔绝，家人死活，杳无音信。每年夏天，囚室的窗户斜开，类似风斗，只能看见尺余宽的长方形的天空。农历八月十五，皓月当空，站在窗下，遥望一轮明月，常常想，今生今世不知何时才能和家人相聚。

意外的惊喜 1974年春节后，有一天，管理员打开门说，跟我走，探监。我没有理解他的意思，谁来探监，到哪里去，都不清楚。只好跟他走，心里不断揣测。

走出了监狱区，来到大门外的一个大院子。院子里靠着监狱大墙的是一排平房，对面种着许多树。管理员带我走到平房中的一间房子的门前，打开门，我突然看见爱人吴克良与专案组的蔡渊和老周坐在那里，老周说，你爱人来看望你，你们好好谈谈。说完他们就走出去了。

我走到吴克良跟前，紧紧握着她的手，仔细端详她的面孔，禁不住说，你老了。是的，坐在我面前的吴克良，脸色略黑，前额和眼角出现了皱纹，手掌上磨出了茧子，穿着粗布的罩衣，同六年前的她宛若两人。后来得知，这几年来，她受到我的牵连，在“五七干校”备受折磨。作为“双料反革命家属”（我父亲也被诬陷为“反革命”），她被派去从事最繁重的劳动：制砖、装窑、卸窑、盖房、种地、做饭。这一切她都顽强地挺过来了，不仅挺过来了，而且干一样，精通一样，成了劳动里手。在所谓不能同我“划清界限”的理由下，她被取消党籍，被视为“阶级异己分子”。她同女儿阎兰（小名南南）相依为命，在干校度过了五个春秋。直到1974年春节，干校当局第一次允许克良回京探亲，她当即踏上了寻找我的征途。

她先到上海，找到我姐姐阎明光，商量怎样才能找到我的下落。然后又来到北京，住在大哥阎大新的家里，托人给周总理呈递信，要求批准去监狱看望我，但没有结果。于是，吴克良毅然直接找到中办政治部。出面接待的年轻军人，一口咬定中办没有阎明复这个人。吴克良说，怎么可能没有呢，他六年前在中办“学习班”被捕，至今是死是活，总应告诉我。他们答应查找。

当晚，原中办专案组的李某来到大哥家，对吴克良说，你要相信党中央，相信毛主席，一定会给阎明复做出正确结论。吴克良听了，知道我的问题已经查清，是人民内部矛盾，否则一定会说要她同我“划清界限”的话。当年，我被逮捕后，正是这位李某要吴克良揭发我，同我“划清界限”，希望她站到毛主席革命路线上来。当时吴克良说，阎明复绝不是苏修特务，我没有什么好揭发的，你们中办“学习班”打倒了那么多老干部，不执行毛主席的政策，我希望你要站到主席的革命路线上来。当时不欢而散。这次相见，李某态度大为不同，主动提出是不是想去看望阎明复。吴克良说，就是为此从河南远道而来。李某答应回去报告领导，尽快安排。据说，经汪东兴批准，在中央专案组的老蔡、老周陪同下，吴克良终于来到秦城监狱，我们两人分别六年后才得以相见。

据吴克良回忆，我当时身着黑色囚服，脸色苍白，剃个光头，坐下来就滔滔不绝地讲起自己是冤枉的，好像生怕没讲完就会被带走似的。我记得当时吴克良告诉我，爸爸妈妈都很好，到二姐高玲家去了，现在在杭州一家疗养院休养。出狱后才知道，其实二老早已去世，为了不让我难过，暂时瞒着我。

吴克良还告诉我，女儿南南学习刻苦用功，在学校里名列前茅。她还讲了林彪叛逃、爆炸的事情。更重要的是，她讲了中办政治部李某说的，要相信毛主席会给我做出正确的结论。她劝我要保重，耐心等待。

吴克良这次来探监给我带来一大手提包的书籍和巧克力糖，我回牢房时几乎提不动。

同亲人相见，给我极大的安慰，一连数日都在兴奋之中。吴克良带来的书籍，我记得有《水浒传》、《三国演义》、《红楼梦》，还有《资本论》等。我如获至宝，爱不释手，一本一本地读个不停。

我照着吴克良给我的小学生自学英语课本学起了英语，课本上为每个音标的发音都画了口、唇、舌的国际音标拼读图形，我照着图形发音并朗读课文，自以为学会了英语发音，实际上完全错了。

吴克良送来的糖果，每天舍不得多吃，大半年才吃完。

时隔一个月，吴克良又来探监，令我喜出望外。她说，她向中办政治部提出申请时，他们说你不是刚刚去过吗？她说，我马上要回河南了，来一次不容易。这样又得到批准来探监。吴克良又给我带来新的书籍和食品。我给她背诵了我刚学会的英文课文。她说，我的发音是俄文腔，根本不像英文。她说，她回干校后会让女儿和其他亲属来看望我。

吴克良走后，还给我写了一封信，请中办转给我，我居然收到了。她在信中描写了干校周围的风光，干校坐落在大沙河畔，每天帆船来来往往，夕阳照在风帆上，映在水面上，金光闪闪。她和南南坐在岸边，望着远去的船队，思绪万千……她还鼓励我不要急躁，好好读书，耐心等待中央的结论。

逆境中长大的女儿 不久，南南和她的堂姐娇娇（大名阎培莉）来看望我。

“文革”开始时，南南才八九岁，我被捕的时候，她才十岁，探监时她已是十六岁的大孩子了，在育英学校上学。那年月，她看到高年级的同学造反，给老师剃阴阳头，涂黑脸，感到新奇，回家后告诉我们，大家都不上课了，也不听老师的话了。妈妈对她说，老师们教学生学知识，告诉你们做人的道理，要尊重老师，学生们造反，斗老师是不对的。

南南慢慢地懂得厄运也降临到我们家的头上。开始，我平时不能回家，只有星期六傍晚和星期天才能同她在一起。只要可能，我们就把她从爷爷家接回魏家胡同宿舍。

为了锻炼她独立生活的能力，我们让她自己搭乘公共汽车，自己上下车，自己买票，我跟在后面。大多数时间我们一起骑自行车回家，当时她刚刚学会骑车，我让她靠着人行道骑，我在靠马路的一边骑，父女两人沿着回家的路慢慢地蹬着自行车，我稍稍地落在后面，看着她的背影，无声地享受这种特殊的天伦之乐。有时也陪她去游泳、到公园散步。

最难过的就是星期天下午，我送她回爷爷家后同她告别的时刻。她不愿意我走，她无法理解我为什么一定要走。她站在爷爷家的后阳台上，向我挥手，大声地喊："爸爸，下星期早点回来！"我骑着车，回头望着她，连连点头，其实我不知道下星期还能不能回来。

吴克良没有被隔离审查前，南南和妈妈住在一起，星期天去爷爷家看望爷爷和奶奶。后来就搬到爷爷奶奶家住，在附近的小学上学。长辈的坚强深深地影响了她，她埋头读书，同学们欺负她，她索性不上学了，同一个也是被打倒的老干部的孩子一起"逃学"，一起自己复习功课。

1967 年 11 月 7 日晚，南南正和奶奶一起等着爷爷回家吃饭，爷爷刚到家，脱下大衣，还没来得及端起餐桌上摆好的一碗面，几个穿着黄大衣的人就冲进屋来，不由分说，架起爷爷就往外走，爷爷质问他们，你们是什么人？这是干什么？奶奶从里屋赶出来一面呼唤爷爷，一面拿起爷爷的大衣给他穿，但被一个人恶狠狠地挡住了。爷爷挣着回头深情地望着奶奶说："不要紧，不要怕，赶快去报告周总理。"这一切都发生在南南的眼前，她无法理解，为什么爷爷这样的好人会被抓走。

紧接着，又传来我被逮捕的消息，吴克良也被隔离审查，南南和奶奶在一起，祖孙二人相依为命。

1968 年春节，我的外甥崔学春的妻子春兰从东北老家来看望崔学春，得知他被捕后，就去父亲家看望我父母——她的舅爷和舅奶。她站在家门口，用力敲门，没有任何动静，她又大声地喊："舅奶、舅奶！我是春兰，我是学春的爱人，从老家来看您们了。"这时，门才打开，只见我母亲搂着南南，哆哆嗦嗦，十分恐慌。一见到春兰，母亲就对春兰说："大胖子（曹峥岩）带着一伙人从家里抢走了什么材料（王化一日记），把你舅爷抓走了……"说着说着，祖孙三人伤心地抱在一起，长时间痛哭了起来。

1968年秋，吴克良同机关同事一起去北大荒“五七干校”，女儿又搬回母亲的机关，同“五七战士”的孩子们集体生活和学习，每星期天去看望奶奶。

1969年“一号战备令”下达后，吴克良所在的“干校”从黑龙江迁到河南的沈丘县，南南随着母亲去了河南。临行前，南南用节省下来的零用钱买了水果，去看望身患癌症的奶奶，对奶奶说，我要走了，跟妈妈去河南。奶奶说：“跟妈妈在一起我就放心了，你走吧，不要担心我，我要在家等你爷爷和爸爸回来，他们一定会回来的。”说罢祖孙二人抱头大哭。南南告别奶奶，走到院子里回头看见奶奶一个人孤单地站在后阳台上向她招手，看着自己心爱的孙女远远地走去。这是南南同奶奶的永别，不久以后，奶奶就在凄凉中离开了人世。

死神的阴影曾光顾过南南，差点夺去了她的生命。一次，南南突然发高烧，一连几天不退，嘴唇都烧成紫色，门诊的医生诊断是患疟疾，连续服药也不见效。连队的赤脚医生悄悄地对吴克良讲，孩子快不行了，赶快送县医院抢救。到了县医院，医生初步诊断为病毒性痢疾，需要化验大便才能确诊。但是南南怎样用力也没有大便。一个小时、一个小时地过去了，南南十分痛苦，不断祈求妈妈，“我难受得很，回‘干校’去吧！”一向疼爱女儿的吴克良，耐心地对她说，不行，不（化验）大便，绝不回去。这样，经过三个多小时的折磨，南南终于挤出来一点儿大便，送去化验，的确是病毒性痢疾。当即住院输液，妈妈整整一夜守护在女儿病床边，一直到第二天早上南南的烧才全退了，消瘦的脸上露出了笑容，对妈妈说，有点儿饿了。吴克良到县城的大街上，想给女儿买点儿好吃的，但是店铺的柜台里空空如也，只好在街旁小摊上买了一碗面糊糊端回医院，南南几口就喝光了。事后克良回忆说，那时南南高烧不退，甚至危及生命，她十分着急，但是她想，一定要活下去，一定要等到水落石出，等到给我平反的那一天。

在沈丘，“五七战士”的孩子都集中在县城的学校上学。这是袁世凯家族修的一个大宅院，后来做了仓库，“干校”租来办了子弟学校，离“干校”十多里地。每逢节假日南南都回“干校”，南南回来就睡在妈妈的身边。星期六改善伙食，有时还可以吃到红烧肉，南南吃得香喷喷的，难得有这样和妈妈在一起的温馨日子。

南南和堂姐到监狱探望我，告诉我，她在学校每学期考试都是第一名，每门功课都得优秀，明年高中就毕业了。我听了又喜又忧。我为孩子在那样艰苦、备受歧视的环境下，不顾一切，埋头读书，取得好成绩，从内心里感到高兴。同时，我的确担心，我的审查拖而未决，会牵累孩子，影响她的前途。

南南知道我喜欢喝酒，和她的堂姐偷偷地给我带来一点点儿茅台酒，装在注射用的小药瓶里，我一口就喝干了。谁知道，酒虽然少，但六七年没喝了，冷丁喝了一点儿，就晕头转向，胆子也大了，大骂当局对我不公，吓得南南说，以后别给爸爸带酒了。关于爷爷、奶奶，南南照妈妈说的，去二姑家了，都很好，叫我不要挂念。

最后一次见到二哥　不久，明智二哥和他的次子苏智又来看望我。

二哥是我们兄弟中最有才华的，十五岁就去延安，投奔革命，在陕北公学学俄文，解放战争期间在“哈外专”任教，对我帮助极大。新中国成立后，调外交部工作。“文革”初期，在一次外事活动中被康生看见，康生说：“阎宝航、阎明复都抓起来了，怎么阎明智还当翻译呢？”于是，对明智也开始隔离审查，后又下放到“五七干校”。这次二哥专门从湖南赶来看望我。

二哥有三个儿子，阎苏智是老二，十分聪明，“文革”后留学美国，毕业于芝加哥大学和普林斯顿大学，获得双博士学位，现在一家大公司任职。

二哥关心我，怕我长期关押会忘记俄文，专门带来《毛泽东选集》的俄文译本和字典。二哥为人乐观诙谐，为了让我开心，讲了不少知识分子在“干校”务农中分不清五谷杂粮的笑话。

不知不觉探视的时间已结束，我们兄弟二人站起来，紧紧地握手拥抱……二哥说：“你要想得开，多保重，释放时，我来看你，痛痛快快地喝一顿酒。”说罢眼圈都红了。我赶紧走出接见室，生怕二哥看见我的眼泪。谁能想到，这次狱中相会竟成永别。

1975 年 4 月，二哥因突发心肌梗塞而在长沙逝世。他死后两三天才被同事们发现。

当时我刚刚出狱，身体极糟，家里人担心二哥和父母双亲逝世的消息对我打击太大，一直隐瞒着我。直到数月后，同中联部的一位熟人谈起家里的情况，他无意中说出真相，我十分震惊。

回家后问吴克良，她才把父亲、母亲和二哥去世的情况告诉我。我十分悲痛，欲哭无泪……出狱后听到的令人伤心的事太多、太多了，我不知道暗地里哭了多少次。至亲至爱的亲人离去的悲伤，深深地埋在心底，成了难以抹去的伤痛。

姐姐来看我了 又过了一段时间，我的三姐明光在南南和大哥的长子培刚的陪伴下到秦城来看望我。

我的两个姐姐和两个哥哥先后在 1938 年、1939 年离家投奔延安，参加革命，只有三姐同我在父母身边一起长大。她长我四岁，从我上小学时起，一直到中学，我们都在同校就读。她一直照顾我，关爱我，我们姐弟的感情最深厚、最真诚。“文革”起始，她和姐夫，一位身经百战的老红军，就受到严重冲击。在母亲病危时，三姐把老人家接到上海，送到最好的医院抢救，但母亲的癌症已到晚期，医治无效，终于离开了我们。但在老人家生命垂危的时刻，三姐和她的家人一直精心照料，百般呵护，让母亲一直感到亲情的温暖。母亲留下遗言，要三姐转报周总理，她始终相信宝航和明复是无辜的。三姐对母亲的至爱和照料，我终生感激。

在探视室，三姐遵守了她向亲友们的承诺，见到明复不许哭。三姐强忍着眼泪，询问我的狱中生活。她告诉我，专案组的人对她说，我的审查已做出结论，很快就会释放。大家都为这个消息而高兴，以为不久以后就会团聚。

三姐给我带来一大堆食品，还有一个大西瓜。当场，我们就把西瓜切开吃了，我吃得最多，肚子都吃涨了。结果，走回牢房的半道就憋不住了要上厕所，管理员只好领我去一个公厕解决“燃眉之急”。

探监，对长期独牢囚禁的我来说，不但是团聚的意外欣喜和伤感，或许还意味着改变“无望”的命运，我依稀看到“重返‘人间’可能到来”的希望，但是，接踵而来的事，完全出乎我的期望。

审查结论

可能是在 1973 年秋天，我的专案组向我宣读了对我的审查结论，征求我的意见。结论大意是：

第一，“文革”初期，有人揭发阎明复于 1966 年 6 月借给他父亲阎宝航的收音机是一台电台。经总参三部技术局鉴定，这是北京酒仙桥北京无线电厂生产的“牡丹牌”收音机。

第二，“文革”初期，有人揭发阎明复参与了彭真、杨尚昆“里通苏修”的罪恶活动。经向同阎明复共同参加翻译工作的某某某、某某某（结论中列举了十多位翻译的姓名）调查，他们没有发现阎明复里通苏修的事实。

第三，阎明复给彭真、杨尚昆做翻译过程中犯有严重的政治错误。

我听了以后，仔细考虑，专案组对我提出的两条主要罪名已被事实驳倒，证明我不是“苏修特务”，证明我是清白的，是冤案，这就是胜利。至于说我犯了严重政治错误，只要我能活着出去，承认了也没什么。于是，我向专案组表示同意，并在结论上签了字。专案组对我说，这个结论报中央批准后很快就会释放你。

但是，等了一天又一天，一月又一月，一直等了一年半，仍然杳无音信。我既然无罪，又不释放，我开始越来越焦躁，越来越愤怒，同管理人员发生了相当严重的冲突。结果他们宣布“我疯了”，对我进行强制“治疗”达三四个月之久，所幸 1975 年 4 月我终获出狱，否则一定会死在秦城监狱。

这段“我疯了”的骇人听闻的经历，这么多年过去了，还是宛如昨日的事。

我真的疯过吗！

我出狱后获知，1974年年底1975年年初，我的专案组上报给中央的报告称：阎明复在监狱中患神经病，疯了。没有任何医学鉴定或进行过常规性医学观察，有的就是各种编造。我也知道，我没有疯，是他们害怕了。是的，我是曾经被他们关在了精神病牢房，但是，我真的疯过吗？

事情还得从1968年5月2日那天讲起。

那天，我向值班的管理员报告我个子太大，吃不饱。之后，这个女管理员每次发饭都给我多盛一些饭菜。对于一个常常感到饥寒交迫的囚徒来讲，这多盛的一两勺饭菜是无比的珍贵，它让你能吃饱，让你活下去，让你能坚持到“有错必纠”的那一天。我非常感激这位身着海军军装的女战士，常常自言自语地说，她简直就是观世音菩萨的化身，救苦救难，这一定是我母亲一辈子做善事感动了上天，才派她来关照我。将来出去一定要找到她，一定要报答她。几乎每天我吃饱了饭，在囚室里转圈儿散步的时候，都不停地小声嘟囔，说我如何如何地感激她。

过了一段时间，突然隔壁的女犯人换成了男犯人，女管理员也不见了。起初，我没有太注意这个变化，后来经常想起为什么男女分监了呢？当然，监狱当局自有其道理，而我只能从自己的角度来考虑。有一天忽然想到，是不是我惹的祸呀？我一个劲儿地把管理员比做观世音，一个劲儿地夸她，会不会让上面知道了，认为这个管理员干了什么事，为什么一个犯人老感谢她，老为她祈祷？算了，男女分监吧，省得惹是生非，让领导怪罪下来。

沿着这个逻辑推理下去，我大吃一惊：我自言自语，别人怎么会知道呢？监狱里一定安装了监听设备！我怎么会没想到这一点呢？以前去莫斯科谈判，领导上专门讲过反窃听呀！怎么把这件事忘记了呢。

本来，安装窥洞小门窥视，安装窃听装置监听，是对人性尊严的粗暴干涉和剥夺。但是在这里，安装监听设备似乎是无可厚非的，多一个手段了解犯人的动态，有助于“审查”。但我在这里胡说八道，很可能会影响到这位管理员的前程。

想到这里我十分懊悔，觉得对不起这位恩人，又心存侥幸地觉得这可能只是我在胡思乱想。不过，接下去再想想，我一般都是用俄文在嘟囔呀，他们怎么会听懂的呢？可见他们一定找来懂俄文的人，否则，监听又听不懂，不是白听了吗？

于是，有机会我就注意观察哪个管理员可能是翻译。终于等来了这一天。1974 年吴克良来探监的时候，我讲了一句话，当然用中文讲的，大意是苏修的事你不要乱讲。结果，在回牢房的路上，走进监狱大楼的时候，看见一个衣着整齐的、梳着小分头的年轻人，站在楼道上，脸上带着得意的微笑看着我。此人我从来没有见过。我想，他一定就是翻译。

当我推断牢房里装有窃听设备的时候，我想“明人不做暗事”，我要告诉他们，他们这一套手段已被我发现，不要再费力气啦。我不是苏修特务，你们就是到处安装窃听器，也不能把我“听”成特务。于是，我在囚室里对着四壁灰墙多次声明：你们监听我已发现，你们不要再浪费气力啦，不要再搞什么歪门邪道，还是老老实实地去搞调查，看我是不是特务。

后来，我又推测，既然监狱当局能在囚室安装监听装备，那么在放风场也可能安了这类设备。于是我在“坐井观天”的放风场也“发表”了声明。我说：你们不要白费力气了，到处搞窃听，就算我自己在放风场说我是特务，又能当成证据吗？去对付真正的敌人吧，你们真是内战的内行。当然，无论在囚室，还是在放风场，我都小声地用俄文自言自语，有时还大段大段地背诵《毛泽东选集》中的文章。

过了一段时间，监狱当局安排了犯人体检。犯人要从监狱楼里出来，经过院子，要走相当长的一段路，再走到医务室。每个拐弯的地方都有岗哨监视，一二十个犯人体检，大概要派三四十个哨兵，加上管理人员。在我走到院子里的时候，正好有一辆汽车从大门开进来，管理员叫我停下，面对墙壁站着，等汽车过去了再继续走。当时我没有想什么，也没吭声。但过后，这又引起了我的怀疑，是不是在墙角里又安了什么，感到无所不在的被窃听和监视。

一段时间以后，又安排了一次体检。还是老一套，走到半路又有一辆汽车迎面开来，又要我停下来，面向墙角站好。我气不打一处来，对着墙角小声地骂起来，你们这群笨蛋，上次体检我就觉察你们存心不良，没理你们。这次你们又故伎重演，也太小看我了。老子是陪同毛主席和“老毛子”[①]斗的，还看不出你们这一点儿雕虫小技……痛骂了一通，以后一直没有再安排这样的“体检”了。

这段时间，我常常感到有人在监视我，不是哨兵从门上的窥孔里看我，因为哨兵的脚步声我听得出来。总之，我老觉得有什么人在看我。有一天夜里，我突然醒来，又感到有人从什么地方在瞧着我。我环顾四周，最大的可能性就是屋顶的那盏电灯。于是我就仔细端详起来。电灯直接安在屋顶天花板上，灯泡外面有一层细金属丝编织的保护网，这层保护网外面还有一个用比较宽的铁皮编成的灯罩。每天天快黑的时候，哨兵打开电灯，光线很亮，吹过熄灯哨后，哨兵把灯调暗。我看来看去，最大的可能性就是灯泡是特制的，可以用来进行监视。总之，他们是连听带看。我想，这也对，对敌斗争嘛！什么手段都可以用。愿意听就听，愿意看就看，反正我行我素，照样转圈散步、打太极拳、小声地唱歌、讲俄文。

到了1974年下半年，专案组曾在1973年秋天宣布的“很快就释放”根本杳无音信，而且大半年来家里也没有人来探视。

获释后才知道，当时正赶上“四人帮”发动“批林批孔”，公安部内部又发生领导人自杀事件，监狱的管理更严了，一律不准探视。

---

① 指苏联人。——作者注

在更加茫然、孤独的等待中，我开始因极度失望而感到愤怒：

他们不会释放我，反而加强了对我的管制。想到又要回到那种“没有希望、没有未来”的绝望境遇，就觉得有块巨石强烈地压在我的胸口。我要和这种沮丧感、被欺骗感抗争，我不能退缩。如果失去希望、放弃抗争，我就真的永远也出不去了，永远生活在“一成不变的灰墙、令人窒息的牢门和门上那个窥洞”里。那我就真的会疯了，真的会永别我的亲人们，最终冤死在这里。所以，我不能听之任之，不能放弃抗争。

我开始越来越愤怒，行为也激烈了起来，动不动就同管理人员大声吵闹。发饭的时候只要觉得饭菜给少了，就大喊你们虐待犯人，给这么一点儿饭。冬天放风的时候，我觉得冷了，就大喊你们虐待犯人，这么冷不让人回房间。

有一天，熄灯哨吹过了很久，哨兵一直不调低我房内的灯光，灯光照得我无法入睡。我几次报告，无人理睬，于是我拿起大棉鞋，跳起来朝屋顶的灯罩砸去，一连砸了几次，直到把灯罩里的灯泡砸碎。一会儿管理员进来，一句话没有说，把碎灯泡扫起来，换了一个新灯泡就走了。这一段时间里，我不时地威胁他们说，你们再虐待我，我就把你们窃听的丑事都抖露出来。这一切我都是自言自语地用俄文说的，我相信他们都听明白了。这样，对于监狱当局来讲，我的确是一个危险分子。

出狱后我了解到，当时监狱当局给中央专案组写了一个报告，说阎明复疯了。

1975 年春节后有一天，在放风场上，我正在散步，突然看见管理员走到天桥上来了，这是不寻常的事，以往放风的时候只有哨兵在天桥上来回巡视。管理员一边走一边往下看，走到我的上面时，大声地对我说，你有精神病，不要乱说乱动！我也没有理睬他，继续在放风格子里散步。管理员说完也就走了。事后，我反复琢磨，这意味着什么。我想这可能是一种防范措施：我不是说过吗，你们不要虐待我，否则我会把你们这一套窃听窃视的做法都抖露出来。他们真的担心我会揭露他们，所以采取了宣布我有神经病的措施，这样，今后我即使再怎么嚷嚷什么，别人也不会相信。

但是事态继续发展。过了一两天，管理员打开囚室的门，走进来对我说，把东西都带上，换房。于是我抱着被褥和所有的书籍跟着管理员，到另一幢监狱楼。我的囚室在一楼，还是一个窄小的房间。我把被褥铺好后，囚室的门打开了，走进来两个人，一男一女，都穿着白色的大褂，看来是医生、护士。

医生叫我坐在床上，问我年纪有多大了，身体怎么样。特别问到最近脑子是不是有什么毛病？我说没有什么，一切都正常。医生又进一步问道，你是不是有精神病？我笑了起来说，我怎么会有精神病呢。医生说，精神病人没有一个承认自己是有精神病的。谈话就结束了，我也不太在意。

这时从走廊里传来一阵阵嘈杂的声音，有人在大声地喊叫，有人在哭，有人在笑，哨兵也不管。我这才意识到，是不是把我同精神病人关在一起了。想到这里未免有些着急，再一想，我着急也没有用，还是以不变应万变吧。

从那开始，我被关在了精神病人的牢房。但是我知道，我没有疯，是他们害怕了。

第二天吃过早饭后，医生打开门走进来，对我说，你脑子有病，我们给你治疗，你要配合，叫我马上跟他走。经过走廊，拐了弯，看见一排屋门上都贴着这个治疗室、那个治疗室的牌子，可能是一个门诊部。

走进一个治疗室，医生叫我坐在凳子上，前面的桌子上放了一台仪器，医生把两个连着电线的皮圈放在我的左右颧骨上，然后用胶布贴牢，接着打开仪器，我顿时感到一股电流冲入体中，四肢发抖，全身抽搐。我立刻用双手拔掉粘在脸上的电极圈儿，大声地喊道：“你们这是干什么？你们知道我是谁？我是伟大领袖毛主席的翻译，你们这是要杀人灭口，赶快向专案组报告！”我这样大吵大闹可能把医生们吓坏了，怎么钻出来一个伟大领袖毛主席的翻译？他们可能只知道送来的犯人疯了，并不知道这个疯子是何许人也。于是赶忙把我送回囚室，以后再也没有给我做电疗了。

多年后，同一位熟悉的精神科大夫谈起此事，她告诉我，通过电流使我身体极度抽搐的那台机器在医学上叫做“电休克仪”，目前在精神科的临床使用上也是非常慎重的。通常只是偶尔给刚刚入院的狂躁型病人使用，一定要给病人戴好牙托，垫好头部、颈部和腰部，防止意外情况发生。一般操作是将正、负电极放在病人的两个太阳穴处，瞬间通过电流，呈现短暂的抽搐，使病人处于深嗜睡状态，以缓解病情。这位专家说，将“电休克仪”的正、负极置于人体面部的颧骨处，通过电流造成身体的四肢抽搐以致痉挛，她未曾听说和见过。幸亏当时我本能地反抗，否则不知会有什么后果。

但是，从此以后，每天早上有两个穿白大褂的大汉走进囚室，叫我张开嘴，把一大把白药片塞在我嘴里，然后给我一杯水，叫我喝水把药咽下去，之后，他们还要我张开嘴看一看，确认我咽下去了，他们才离开囚室。我不知道他们强迫我吃的是什么药，只是服药以后很快就发困，眼睁不开，坐在床上一会儿就睡着了，一天到晚昏昏沉沉，似睡非睡。最大的苦恼就是不能读书了。好像报纸也不给看了，放风也取消了。除了三顿饭以外，从早到晚就是昏睡。这样大概持续了两三个月。

我终于活着出来啦

1975年4月，有一天，管理员打开门说：提审！

于是，我跟他走到审讯室。走进去一看，原来是我的专案组的蔡渊、老周来了。他们和蔼地问到我的身体怎么样，最近读了哪些书？我讲，最近老是昏睡，也没怎么读书。这样谈了一会儿，蔡渊说：伟大领袖毛主席决定释放你。这是你家里给你送来的干净衣服，你收拾一下，明天上午我们来接你。

我简直不敢相信自己的耳朵……过了片刻，才激动地表示，感谢伟大领袖毛主席，今后一定要认真学习毛泽东思想，认真改造自己，重新做人。

回到囚室里，管理员送来我刚入狱时被换下来的皮大衣和其他衣物、手表等等。吴克良和其他亲友探监的时候给我送来的书有一大堆，我只好用那件皮大衣当包袱皮，把这些书籍、衣物都包起来，放在地上。这一夜我几乎没合眼，为即将获释和亲人团聚而兴奋不已。

第二天早上，我脱下监狱里的囚衣，换上专案组送来的内衣、制服，里里外外，焕然一新。唯独没有袜子，我不愿意带走监狱的任何一件物品，干脆就光着脚穿上家里送来的布鞋。

早饭后，管理员走进来，叫我抱住自己的衣物跟他走，到秦城监狱大门口，专案组的老周他们已经在那里等候，他们接过我带出去的一大包衣物，放在车后备箱里，让我上了车。我从车窗里望出去，秦城的大门紧闭着，两旁停放着几十辆小汽车，看来也是来接获释的人。

车开动了，整整坐了七年半独牢之后，我终于离开了秦城监狱。我曾经以为或许有一天，我真的会疯了，真的会永别我的亲人们，冤死在这里。

回家啦！

汽车从鼓楼驶入北京市区，近八年的时光过去了，北京的街道、

1975 年，阎明复从秦城监狱出狱，全家分离八年后第一次合影

路边的树木依旧可辨。到达我熟悉的木樨地，开进中联部大院，原来是到吴克良的宿舍。专案组的老蔡和老周帮我拿东西，送我到宿舍，同我和吴克良握手告别，就走了。

期待已久的团聚的一天终于到来。我回家的当天晚上，吴克良做了一顿精美的晚餐。我们一家三人，吴克良、我和南南，七八年来第一次坐在小桌旁吃了一顿团圆饭。我们还约定，等我身体稍稍恢复后，一起到南方去看望爸爸和妈妈。

吴克良住的屋子是三家同住的三间式单元房。吴克良住在朝北的一间，只有八九平米。我回家后，南南暂时借住在吴克良同事的家里。

一切安置妥当了，只剩下吴克良和我。她给我讲述了我出狱前她做的一个梦。她说，这么多年她从来没有梦见过我，然而这次居然梦见了我……

她去监狱探望我，看守说，阎明复疯了，不要看望了。吴克良坚持要见我，说疯了更要见一见。这样，看守就把我带来了。我一见到她就破口大骂。吴克良就对我说："你真疯了！"一惊就吓醒了……此时天色已亮，南南准备上学去，吴克良对她说，刚才做了一个可怕的梦，梦见爸爸疯了。南南说，梦都是相反的，爸爸肯定没事，说完就去学校了。

吴克良去上班，刚到办公室，八点多钟，就接到专案组打来电话，说他们有事要找吴克良谈话。吴克良听了更为紧张，认为肯定是我出了问题。她马上给舒堤大嫂打电话，说这天早上梦到阎明复疯了，刚才又接到专案组的电话，说有事要找我。大嫂说，你不要着急，我马上过来陪你一起见专案组。专案组来了，对吴克良讲，要感谢伟大领袖毛主席，决定释放阎明复，后天就要出狱。让吴克良找几件干净的衣服，由他们带给阎明复，出狱的时候可以换上。吴克良喜出望外，马上找了几件干净的内衣和外衣，交给了专案组。

在冥冥之中，或许果然如南南说的，梦都是反的，我终于和离别多年的亲人团聚了。

慢慢地适应新的生活

我被释放的消息不胫而走，不少熟人到吴克良的斗室来看望我。一天傍晚，毛毛和她爱人贺平、吕正操吕老的小女儿小妹和乌兰夫乌老的小女儿（也叫小妹）一起到家里来看望我们。五六十年代，我多次给邓小平当翻译，同邓家的孩子们较熟。经过"文革"的暴风骤雨，大家能在灾后重逢都很高兴。我还没有摆脱多年监禁的阴影，一个劲地检讨自己的"错误"。事后，毛毛对吴克良讲，当时老阎的思想还没解放。我问到，王瑞林的情况怎么样？毛毛说，在江西的时候，老爷子专门

重获自由了

去中办干校看望了老王，他现在已调回北京，仍然做秘书工作。老王说要来看你。毛毛她们走的时候，我和克良一直送到宿舍的大门口，目送她们走去。这么多朋友来看望我们，使我感觉到很温暖。

回家后，我身体十分虚弱，因为不再服监狱里强迫我服用的药，连续多天不能入睡，每吃一顿饭，就浑身虚汗。到医院检查，我也不能对医生讲我是刚刚从监狱里释放出来的，所以有什么病，怎么得的这些病，都很难说清楚。医生也很难做出诊断，只给我开了不少维生素，叫我多运动，多锻炼。

我经常头昏眼花，去眼科检查，医生确诊是老花眼，并说一般情况下，人到四十多岁时眼睛才开始老花，你好像不应该这么早就已经老花眼了。我又不能说这是常年在阴暗的牢房里看书造成的。医生为我配了两副眼镜：一副老花镜和一副远视镜，不管怎样，看东西好受了一些。

1976 年“文革”结束后，吴克良与阎明复合影

不久，我们搬到后勤学院大哥的宿舍。吴克良把我住的屋子窗户用窗帘挡得严严实实，不见阳光，而且也不让别人来打搅我，叫我蒙头大睡，这样过了十多天，我才能慢慢地每天按时入睡，慢慢地适应了新的生活。

过了一段时间，1976 年，中央办公厅在东城魏家胡同宿舍分给我两间房子，我们住进了景山魏家胡同十八号（四十四室），接回了南南，一家三口安了家，落上了三口人的户口，算是“安居”了吧。对我的小家庭而言，“文革”结束了。

这期间，我家里发生了大好事。邓小平主持工作后，教育部恢复了高考制度，女儿阎兰凭借自己的努力，以优异的成绩考取了北京外国语学院①。1978 年 2 月，她作为“七七届”上了大学，我为她感到骄傲。1983 年 9 月，我到人大常委工作时离开魏家胡同，搬到月坛南沙沟十七楼二单元二一〇室。

特殊关怀

1975 年年底，我调到中共中央马恩列斯著作编译局毛泽东著作翻译室，参加《毛泽东选集》第五卷的俄文版翻译工作。在翻译《毛泽东选集》的工作中度过了不平凡的 1976 年。

我们极其悲痛地送别了周总理。在我们俄文组悼念周总理的会议上，支委罗正发告诉我，我出狱后，中办领导决定送我去江西中办“五七干校”接受改造。周总理闻讯后，亲自批示：“阎明复这样的人才，要留在中央，以后还要使用。”这样我才得以留在北京，而没有到江西“干校”去“劳改”。我听到后，百感交集，强忍眼泪，不禁回忆起周伯伯几十年来对我父亲、母亲以及我们全家的关怀和恩情。

特别是周总理对我妈妈的最后关照，让我们全家感激至深。我八十岁的母亲，在父亲和孩子们都遭监禁、下放后，生活无着，身患

---

① 后又在北京大学学习国际法专业。——作者注

肺癌，重病以后连医药费都无力支付，1971 年逝世于上海。

老母亲在临终前，向几十年来一直关心我们的周总理写信求援：

> 总理，我是高素，我始终相信玉衡和明复是无辜的。我因患重病不久人世，来上海后，抢救费用甚巨，小女儿明光的爱人被关押，工资冻结，无力支付。请总理看在我和玉衡在重庆变卖衣物接济党内同志和抗日乡亲的面上，把我的医药借债和后事解决了吧，请设法安葬我吧。

这封信辗转发出后，没想到真的到了周总理手中。周总理立即指示有关机关支付了全部费用，并且通过他们向子女们转达他老人家对母亲的高度评价。在那个黑云压顶的特殊年代，周总理给予妈妈的特殊关怀，我们不会忘记。

毛主席说，这些干部我都熟悉

同年，朱总司令、毛主席相继逝世，全国上上下下沉浸在巨大的悲痛之中。

10 月 7 日传来了“四人帮”被打倒的喜讯，我们翻译室的同志欢欣鼓舞，一次又一次地到天安门广场参加游行，同全国人民一道庆祝这个伟大的胜利。

“四人帮”粉碎后不久，当时的中办领导召开了批判江青的大会，我作为原中办的干部也参加了会议。在大会上，过去为江青服务过的医生、护士、服务员，纷纷上台揭露、批判江青的罪行。

中央专案办公室的负责人也在大会上发言，揭发江青如何干扰专案审查工作。他说，1973 年夏天，毛主席对周总理说，我历来反对把干部关进监狱进行审查，要赶快释放他们。周总理立即向中央政治局传达毛主席的指示，并要中央专案办公室给所有的受审查的干部做出审查结论，尽快释放。但是，江青借口绝大部分受审查的干部，都是经她批准逮捕的，没有她的同意不得释放，而且，拒绝参加周总理主持的贯彻毛主席指示的政治局会议。这样，1973 年就无法执行毛主席关于释放所有受审查干部的指示。

1974 年，毛主席问周总理，受审查的干部释放没有？周总理为了顾全大局，没有向毛主席报告因为江青的干扰而未能执行主席的指示，只是说还没有释放。毛主席说，不要再拖啦，赶快释放。周总理再次召开政治局会议，传达毛主席的指示，但又因江青的再次拒绝参加会议而无结果。

1975 年 3 月底，毛主席又一次问起审查干部释放没有，周总理说还没有。毛主席听了大怒说，限三天之内全部释放，谁敢阻拦，就把谁关进监狱。周总理当即向政治局传达毛主席的指示，并要求有关部门立即执行。

出狱后，与三姐阎明光（右）到宁波二姐高玲（左）家

与大哥一家合影，前排左起为：吴克良、阎明复、大哥阎大新、大嫂舒堤。后排为：大哥家的孩子们

此时，康生却写信给毛主席，别有用心地问，要不要把这些干部的结论送给主席过目。毛主席说，这些干部我都熟悉，根本用不着看他们的结论，立即释放就是了。

于是，从4月初开始，所有的专案组纷纷通知审查对象，根据伟大领袖毛主席的指示，他们即将获释，而他们的所在机关纷纷派车去秦城监狱迎接他们回家。

这样，我才了解到，为什么1973年秋天专案组向我宣读了审查结论，并且要我签了字，却一直拖到1975年4月才释放我。

“我的控诉！”

1978年12月，党的十一届三中全会召开以后，中央改组了中办的领导班子。新领导重新审查了中办系统的全部冤假错案，推翻了硬加在干部头上的各种“帽子”和种种不实之词，为“文革”中受迫害的干部彻底平反，恢复名誉。我也是其中之一。

中央办公厅给我做出了平反决定，宣布1967年11月逮捕我的决定、1975年6月第一专案办公室做出的关于我犯了政治错误的结论，都是错误的；宣布过去中办领导对我采取的种种措施，是政治迫害，给我彻底平反。

在接着召开的中办干部大会上，对当时的中办领导在“文革”期间主持中办工作所犯的错误进行了批判。我当时已调到中国大百科全书出版社工作，中办新领导请我参加了大会，并要我在大会上讲一讲。我就以“我的控诉！”为题，做了长篇发言。

若干年后，拿出当年的发言稿，透过发黄的稿纸，大会的情景历历在目……

我犯了什么罪？①

“文化大革命”期间，原中办翻译组的赵仲元同志和我，被中办主要负责人扣上种种莫须有的罪名，遭到残酷迫害。仲元同志带着“黑帮分子”帽子在中办“学习班”和“五七干校”受批斗、受折磨达八年之久。我在1967年11月被捕入狱，在秦城监狱一间独牢里关押七年半，不能见到天日。我们究竟犯了什么罪？！

我和赵仲元同志都是在1957年1月中办翻译组成立的时候调到中办来的。我们的任务就是给中央领导同志担任翻译。毛主席、周总理、朱委员长、刘少奇主席、邓小平同志、彭真同志和其他中央领导同志

① 文中小标题为本书撰写时添加，原文中没有。——作者注

接见苏联大使，到苏联参加国际会议和访问，中苏两党中央来往的信件，是由我们和中央有关机关的同志翻译的。我们犯的“罪”，应该说，当时强加给我们的种种罪名，没有别的，就是因为我们是俄文翻译，而且是给中央服务的俄文翻译。

“四人帮”及其同伙为了诬陷坚持马列主义、毛泽东思想的中央领导同志，挖空心思，捏造罗织罪名，“里通苏修”就是其中之一。他们把50年代到60年代中期为中央服务的，特别是参加过反修斗争的俄文翻译，通通打成“特务”，无辜逮捕，把他们当做突破口，采用种种的逼供讯手段，要从这些同志嘴里逼出诬陷主持中央工作的同志“里通苏修”的所谓“罪证”。

含冤入狱的何止我一人

毛选四卷和中央反修文献的俄文翻译的主要定稿人、1938年入党、长期在白区工作的原中调部的何长谦同志1968年被康生宣布为国际间谍，连同他的爱人一起被捕入狱，于1974年5月含冤死于秦城监狱。

我党老党员、大革命中牺牲的烈士的女儿、积极参加反修翻译工作的原中联部的欧阳菲同志，被康生宣布为苏修特务，被捕入狱，逼得精神失常至今未愈。

俄文翻译界的老前辈、30年代初期的老党员、毛选和反修文献俄文译文的定稿人、中央编译局的姜椿芳同志，被康生、“四人帮”宣布为苏修特务，无辜被捕，在秦城监狱关押达七年之久。

我党领导人林伯渠同志的女儿、多次给中央领导同志当翻译的社会科学院的林利同志，被康生、江青宣布为苏修特务，被捕入狱，关押达七年之久。这里顺便讲一件事：广播局对外部俄文组有一位女翻译也叫林莉，她是老一辈革命家张浩同志的女儿。“文革”初期，她所在单位对她的历史问题进行审查，做出结论报告中央。江青连是哪一个林利（莉）都没问一问，就批上“林莉不是苏修特务，谁是特务！”这样，这位在电台工作的林莉又被长期隔离审查。

从50年代初就经常给毛主席、周总理担任俄文翻译的，1964年被赶出中南海的原国务院外办的李越然同志，无辜被捕，关押达七年之久。这里要说明的是，1945年日本投降以后，李越然由苏联红军送到苏联西伯利亚，参加情报工作的训练。之后，李越然携带收发报机被派遣到哈尔滨。他的任务是，一旦国民党军队占领哈尔滨，他将收集有关国民党军队的情报。后来哈尔滨等地建立了人民政权，李越然便向东北人民政府公安机关的负责人汪金祥同志讲清他接受苏联红军情报训练的经过并交出电台。1949 年新中国成立以后历次运动都对李越然的这段历史进行审查，并做出了明确的结论。1964 年在清理中南海各单位的干部队伍的时候，李越然因为历史问题被赶出了中南海。之后，李越然在北京第二外国语学院工作。1967 年，并不属于中办管辖的李越然被关押在公安干校，由中央第一专案办公室的杨尚昆专案组进行审查达七年之久。

迫害我们，为了同一个政治目的

当时对赵仲元同志和我的迫害也是为了同一个目的。无论在中办“学习班”、“五七干校”，还是在秦城监狱，他们在数以百计的个别谈话、小组会、大会、提审中，采用各种逼供讯的手段，强迫我们“交代”、诬陷刘少奇、邓小平、彭真、陆定一、杨尚昆和其他中央领导同志的材料。其他被捕入狱的俄文翻译在提审中被追问的也是这类问题。

为了诬陷刘少奇同志，中央专案组第一办公室在提审中宣称：“刘少奇是国家主席，利用你干坏事，你也意识不到。现在你要用新的眼光，带着敌情观念，重新认识他的一举一动，一言一行”。他们要我交代少奇同志如何同赫鲁晓夫勾结，而第三专案室的人竟然逼迫林利同志交代少奇和斯大林的勾结。

为了诬陷邓小平同志，第一专案室的人在提审中宣称：“你知道邓小平是什么人吗？他是第二大走资派。走资派要篡党夺权，要推翻毛主席，在中国得不到支持，就必然要勾结苏修。要勾结苏修，必然要通过你们当翻译的。而你是中办翻译组的组长，自然要利用你，你要老实交代，不老实交代罪上加罪。”

为了诬陷彭真同志，“文革”一开始，康生就下令把我从顺义县的李遂镇调回北京。当时我正在李遂参加“四清”工作。康生叫刘宁一同志转告我：彭真出事了，问题十分严重，你能想象有多严重就有多严重。你要交代彭真的罪行，特别是他在1965年访问印尼时犯下的罪行。并说：你写材料不要有拘束，要放开些。

为了诬陷陆定一同志，第一专案室的陆定一专案组的人在提审中用“不交代就枪毙！”“拉出去！”相威胁，硬叫我交代定一同志“里通苏修”的罪行。然而，我从来没有给定一同志当过翻译，况且，我根本听不懂定一同志的无锡方言。但是，他们根本不许我解说，接二连三地提审，恐吓利诱，无所不用其极。“文革”后，林利同志对我说，对她进行审查的第三专案办公室的人一口咬定定一同志和原苏联大使尤金有勾结，强迫她交代，而且公然说，“就是要把你挂在陆定一——尤金这条线上”。

最后，对赵仲元和我施加种种高压手段，主要是为了压出诬陷杨尚昆同志“里通苏修”的所谓证据。“文革”一开始，“四人帮”及其同伙就把“里通苏修”的罪名强加在尚昆同志头上。罪名是捏造出来了，又当众宣布了，但是没有证据。先定罪，后编织证据，于是，就在赵仲元和我的身上逼。在“文革”期间被捕审查的所有俄文翻译，包括姜椿芳、林利、李越然都被追问过尚昆同志的所谓“里通苏修”的罪证。

事实证明根本没有“里通苏修”

1966年五六月，我们还没有被赶出中南海的时候，有人找我谈话说：“杨尚昆里通苏修，你同他关系这样密切，不可能不知道，你要老实交代”。

不久，在一次斗争王录同志的大会后，还有人找我谈话说：杨尚昆叫你做了什么坏事，要讲清楚。从此以后，在“学习班”、在监狱追问我的主要内容就是围绕着尚昆同志“里通苏修”的事情。

1967年11月逮捕我的所谓理由之一，就是“有人揭发阎明复曾参与杨尚昆‘里通苏修’的活动”。那么证据何在呢？

据1967年12月某日第一专案办公室杨尚昆专案组在提审中声称“杨尚昆指使我把党的秘密文件送给了苏联大使馆”。那么真相究竟如何呢？从1957年到1960年，每一次苏联使节受苏共中央领导人的委托向中共中央领导人转交苏共中央领导人的信件时，照例当场宣读或介绍信件的内容，并将信件交给接见他们的中共中央领导人。1962年以来，中苏关系趋向恶化，苏联使节向我中央领导人转交苏共中央领导人的信件时，大多只是当场宣读带来的信件而不交出信件。为了保证翻译得准确，我们参加会见的翻译每次都请接见苏联使节的我中央领导同志，要苏联使节留下俄文文本以便核对，核对后就将苏方的信件退给苏联使馆，这就成了我把党的机密文件送给苏联大使馆的证据。那么，是不是专案组的人不知道这些情况呢？或者是他们不可能了解这些情况？是不是这一切都是我一人所为，而中办翻译组其余两位翻译一无所知呢？不！专案组他们不可能不知道真相。长期以来，中央领导人会见苏联使节或者其他外宾时，我们翻译组至少都是两个人参加，一个人翻译，一个人记录。我们在把苏联使节留下的信件翻译成中文的时候，也是全组三个人一起工作的。译完之后，把这些信件的原文装在信封里，在信封上写上"送苏联大使馆"，这些具体事务都是经我们组的其他同志办的。这些信件大都是通过我外交部苏欧司退给苏联使馆的，有几次则是请中办机要室的收发室派专人送给苏联大使馆。这里根本谈不上什么把党的机密文件送给了苏联大使馆，更谈不上什么根据杨尚昆的指使把党的秘密文件送给了苏联大使馆。

可见，他们断言我参与杨尚昆"里通苏修"的活动纯系诬陷。

为了诬陷尚昆同志，"四人帮"及其同伙造谣诬蔑无所不用其极。1958年7月，苏共中央赫鲁晓夫通过苏联驻华大使尤金向我中央提出要搞"共同舰队"。毛主席当即识破了他们的企图，严厉批评了他们。为了防止尤金大使抵赖，毛主席对我们讲，第二天他还要接见尤金大使，他和大使的谈话要录音。叶子龙同志按照毛主席的指示安排了录音。1966年六七月，我和仲元同志如实地向中央办公厅副主任童小鹏同志汇报了此事，小鹏同志说，讲清楚就行了。时隔不久我们被告知，此事毛主席根本不知道，以后不准再说是主席指示要录音的。后来这件事就成了"杨尚昆一伙"在主席身边搞窃听的罪行，而我们则是参与了这一罪行。

我只列举了我们所经历过的几件事。这些事只不过是"四人帮"及其同伙犯下的滔天罪行中的几个例证。但是从中也能看出"四人帮"

及其同伙是如何不择手段、千方百计地罗织罪名，以图诬陷并打倒几十年来为了中国人民的胜利不惜流血牺牲、历经千辛万苦、建立了不朽功勋的老一辈无产阶级革命家。

含冤而死的父亲

1967年11月，在宣布我为现行反革命分子而进行逮捕的大会上，主持人宣布我的主要罪行有三点：第一是杨家死党；第二是彭真黑干将；第三是破坏学习班的“文化大革命”。这三项罪名现在都已真相大白，用不着驳斥了。我要讲的是，这一切都不是中办学习班的某领导人、当时中办主要负责人、下令逮捕我的江青做出这个决定的直接原因。直接原因是什么呢？

逮捕我的直接原因：我父亲是特务，所以我也是特务。

让我引证1975年4月我出狱后，中央专案审查办公室给我做的结论中，对逮捕我的理由做的说明：

第一，有人揭发阎明复参与了杨尚昆“里通苏修”的活动；

第二，有人揭发阎明复于1966年6月借给其父亲阎宝航的收音机是一部电台。

“四人帮”及其同伙强加给杨尚昆同志的种种不实之词，党中央已予以彻底推翻，所谓“里通苏修”纯系捏造和诬陷。至于当时的中办主要负责人硬说我参与“里通苏修”，当然也是百分之百的捏造。但是不妨看看他们是用什么样的手法来进行诬陷。

对于逮捕我的第一项理由，没有必要再做什么驳斥。但是必须说明，当时的中办主要负责人把参与“里通外国”的罪名强加在我身上，是有他们的逻辑的，当然是典型唯心主义的逻辑。这也就是第二项理由，即所谓的转移电台的潜台词。原来，他们认定我就是特务。根据什么呢？他们武断地说我父亲是特务，所以我也是特务。按照他们的逻辑看来，1966年6月，也就是在他们开始对我进行所谓的审查的时刻，我就赶快把伪装成收音机的电台转移到父亲家里去。所以，照他们的逻辑看来，尚昆同志通过我这个祖传特务来“里通苏修”是理所当然的。

那么真实情况又是怎样呢？

第一，“四人帮”及其同伙，为了打倒敬爱的周总理，把一大批在周总理领导下长期在白区从事地下工作的东北的老同志打成叛徒、特务、“东北叛党集团”。我父亲就是其中之一。他们于1967年11月7日，捏造特务罪名逮捕我父亲，关押在秦城监狱。在法西斯式虐待下，不到半年我父亲就含冤死于狱中。父亲死后，“四人帮”不准通知家属，不准家属最后见遗体，不准保留骨灰，甚至连父亲死时身上穿戴的衣物也交给拍卖行拍卖了。关于父亲的死，他们对我们家属隐瞒长达三年之久。最后因家属一再追问才不得不告诉我们他已去世，还对家属进行威胁，不许对外讲，要我们家属同死去的父亲划清界线。

我父亲从30年代初期，在党的领导下参加东北救亡工作，后经周恩来同志介绍参加中国共产党。在周恩来同志的领导下，冒着生命危险，为党、为国际反法西斯战争收集情报。他在希特勒法西斯于1941年6月22日进攻苏联的半个多月前，就得到德国进攻苏联的准确日期的情报，通过党中央毛主席及时地通报给苏联、斯大林，使得苏联提前进入一级战备。苏德战争爆发后，斯大林曾致电毛泽东，对中共中央提供的准确情报表示感谢。我父亲还设法搞到日本关东军在东北布防的全部情报，通过党中央及时地通报给苏联，使苏联红军易如反掌地打败了日本关东军，解放了东北。①

在党的领导下，他积极参加反对蒋介石和国民党政府发动内战、坚持独裁的斗争，1946年在南京下关车站遭到国民党特务的毒打，之后，党中央决定我父亲回东北解放区，参加政府工作。

这样一位爱国爱党的共产主义战士最后却死在自己的监狱中。这在他是无法理解的。

1978年我父亲被平反后，公安部的同志给我们介绍父亲被捕后的一些情况。其中讲到他在1968年春节前夕，在监狱里给党组织写了一封信，要求回家同家人共度春节。我父亲认为他是无罪的，因此理直气壮地提出了这个要求。但是，直到那个时候他还没有认识到，“四人帮”及其同伙把他打成特务是为了陷害周总理，不把他置于死地，他

① 1995年11月1日，俄罗斯总统叶利钦签署命令，授予我父亲卫国战争纪念章，以表彰我父亲为反法西斯战争的胜利所做出的贡献。参见中央电视台纪录频道纪实片《中共隐蔽战线的无名英雄——阎宝航》和本书“我的少年”部分。——作者注

1978年1月5日，父亲的骨灰安放仪式在八宝山革命公墓举行

们是不会罢休的，他们怎样会理睬他的这一要求呢。粉碎“四人帮”以后，在党中央、华国锋同志的关怀下，我父亲得以彻底平反，一切的诬陷，包括特务罪名都通通推翻了。

第二，“四人帮”捏造特务罪名逮捕我父亲后不到半个月，我也被逮捕了。主要原因就是他们断言我有一部电台转移到父亲家里去了，而我父亲是特务，所以我也是特务。

那么，究竟我那一部所谓的“电台”是什么呢？还是让我们读读第一专案办公室在1973年我还没有被释放的时候在监狱中给我宣读的结论吧：“文革初期有人揭发阎明复有一台电台。经总参三部技术部门鉴定，阎明复1965年6月借给他父亲的不是电台，而是北京无线电制造厂生产的收音机。”

那么，所谓的转移又是怎样一回事呢？原来，当时父亲家里的收音机坏了，把我的收音机借去用了。这样一件日常生活中会经常发生的极其平凡的事，在当时竟然变成了转移电台。真是欲加之罪何患无辞。

那么，他们又是怎样知道我把收音机借给父亲了呢？他们的证据，就是我父亲向我借收音机的事是他打电话对我讲的，而他们记录下我们的全部对话。我被捕前夕和在狱中提审的时候，他们一再追问收音机的事。我简直莫名其妙，我对他们讲，这有什么了不起呢？而且我说，我父亲向我借收音机是我主动对他们讲的。他们恶狠狠地说，你主动讲的，你和你父亲打电话的记录都在我们这里！由此可见，他们用的是窃听的办法来平白无故地诬陷他人，以达到他们不可告人的目的。这是多么卑鄙无耻。

我出狱后，听家里人讲，专案组的人接二连三地找我母亲，要她交代“收音机”藏在哪里。我母亲说，收音机从明复家拿回来就放在客厅，为什么要藏起来。专案组的人说，不是这台收音机。母亲说，从明复拿来的就是这台。当时的中办主要负责人派来的打手们穷凶极恶地大喊大叫，骂我母亲不老实，威胁说不交出他们要的那台，就要把她抓起来。同父亲在白色恐怖下经历了几十年斗争考验的、年近八十的老母亲反而镇静下来，说明复的收音机就是这台，你们要，就拿走，不要就拉倒。这些打手们无计可施，只好抱着这台收音机骂骂咧咧地走了。

“文革”结束后，中办把这台多灾多难的收音机退还给我了，我们一直保存着，作为那一段不可忘却的历史的证物。

株连“九族”

父亲和我被捕以后，我们全家、不少亲戚，还有父亲在白区工作时的战友，一个一个地受株连。

我大姐阎明诗，1937 年去延安，1942 年周恩来同志派她回重庆协助父亲从事情报工作，“文革”时被打成鞍山的重点特嫌，多次遭到毒打和游斗，被押送到农村长期劳动。

我大哥阎大新[①]，1938 年去延安，后来一直在部队，“文革”时被打成反革命，带着父亲和弟弟被诬陷为特务的黑材料，被送到总后贺兰山“干校”监督劳动。大嫂舒堤被送到北京郊区的土煤窑挖煤。

① 原名阎明新，到延安后改名阎大新。——作者注

我二哥阎明智，1939 年十四岁的时候去延安参加革命。“文革”时，因康生说句：“阎宝航和阎明复都抓起来了，他为什么还要出来当翻译”而受审查，下“干校”，分配在外地，1975 年 4 月惨死在长沙。

我爱人吴克良因不能同我划清界线被隔离审查半年，后来又被当做双料反革命家属，带着女儿到河南“干校”劳动四年半。

我的远亲，财政部的崔学春，因为向红卫兵介绍了中办“学习班”迫害一些老同志情况，在当时的中办主要负责人的指使下被捕入狱；他们派去提审的人说他态度恶劣不肯交代罪行，监狱看守员给他带上反手铐达三月之久；在狱中关押十七个月，出狱后被开除党籍，至今没有彻底平反。而学春在农村老家的父亲，则因当时到他们家乡去调查的财政部的造反派说学春是反革命分子，而被村里的坏分子殴打致死。

我们几家，家破人亡。年近八十的母亲，一个贫农的女儿，在白区一直帮助我父亲工作。解放后，五十多岁入了党，在我父亲和我们在北京的孩子都遭监禁、下放后，生活无着，后患肺癌，重病以后连医药费都无力支付，1971 年逝世于上海。老母亲在临终前只好向几十年来一直关心我们、引导我们全家走上革命道路的周总理写信求援：“总理，我是高素，我始终相信玉衡和明复是无辜的。我因患重病不久人世，来上海后，抢救费用甚巨，小女儿明光的爱人被关押，工资冻结，无力支付。请总理看在我和玉衡在重庆变卖衣物接济党内同志和抗日乡亲的面上，把我的医药借债和后事解决了吧，请设法安葬我吧。”当时无法向总理发出这封信，家里人只好在信封上写上北京国务院周总理收，贴上邮票，寄出去了。没想到这封信真的到了总理的手中。周总理立即指示有关机关支付了全部费用，并且通过他们向子女们转达他老人家对母亲的高度评价。

在我被捕后七年半的漫长岁月中，一直关押在秦城监狱的单人牢房里。秦城监狱原由公安部直接管理，“四人帮”提出砸烂公检法之后，秦城监狱也被军人接管，全部公安干警通通被扫地出门。从此，秦城变成了名副其实的法西斯牢房，虐待在押犯层出不穷，不少老同志不堪虐待而死于狱中。

在狱中最后一两年，对那里的非法手段，我时常提出抗议，经常同看守人员争论。他们就宣布我神经不正常，把我搬到关押神经病犯人的牢房，强迫我接受电休克治疗、每日服用大量的镇静药，每次十二到十五粒，使我整日昏睡，身体十分虚弱。他们使用这种残酷的手段给我留下了严重的后遗症。出狱后最初一段时间整夜整夜地不能入睡，吃一顿饭就出一身虚汗，不断地感冒发高烧，两年以后才慢慢恢复正常。

我释放回家后，原中办政治部的人还不甘心，他们安排同宿舍大院的同志监视我，而且派人到派出所去打招呼，送黑材料。1978 年国庆前夕，景山派出所的警察找到同院的李伯仁同志，对他讲了此事，还要他转告我，要求我们所在的单位派人去派出所消除影响。

感谢我们的党拨乱反正

在这里我要特别感谢敬爱的毛主席，是他老人家在 1975 年 3 月底，下令三天内释放“一专办”经手的全部审查对象，我才得以出狱。

我要特别感谢敬爱的周总理，是他老人家在重病中还想到我，当他听说中办要把我送到江西“五七干校”劳动改造，他老人家指示说，像阎明复这样的人才应该留在北京，并给安排重新为党工作的机会。

我要特别感谢华国锋同志为首的党中央粉碎了“四人帮”，拯救了我们的党，拯救了我们的国家，也拯救了我们全家。在中央的关怀下，我们全家受迫害的人都得到了平反昭雪。

我还要感谢中办的同志们在三中全会后给我做出了平反决定，宣布 1967 年 11 月逮捕我的决定和 1975 年 6 月“一专办”做的关于我犯了政治错误的结论都是错误的，宣布过去中办领导对我采取的种种措施是政治迫害，给我彻底平反。

我今天在这里发言并不想叙述个人的怨和恨。我们党内有多少为革命立过功勋的老一辈革命家被林彪、“四人帮”及其同伙迫害致死、致残、家破人亡，我们中办系统又有多少老同志受到当时的中办主要负责人的迫害而致死。同他们相比，我个人的这些经历又算得了什么？这也是对我一次深刻的政治考验和锻炼。今天我所以谈及这些往事，是想鞭策自己不要陷于日常的琐事中而看不见现在还有人继续坚持林彪、“四人帮”的思想体系，妄图改变党的三中全会的路线。这些人一旦得逞，我们可爱的祖国将变成一个巨大的秦城监狱，更大的灾难将会毁掉我们整个中华民族的锦绣前程。

我们一定要紧密地团结在华国锋同志为首的党中央周围，绝不允许任何人干扰、破坏四个现代化，把我国人民拖回到“四人帮”时期那种暗无天日的深重的灾难中去！

在大会结束后，当时的中办负责人派秘书找到我，要代表他向我道歉。我表示，事情已经过去了，大家都要吸取教训。

这些年来，在不同场合我多次同这位负责人见面，握手问候，热情交谈。对于这位毛主席的忠诚的保卫者、在粉碎“四人帮”中起了重要作用的老前辈，我始终十分尊敬。

附：家破人亡

“文化大革命”给我身心和我家人的伤害，可谓是刻骨铭心，实在是难以忘却……我个人的遭遇，在前面叙述中已做过交代；同样，我们这个名副其实的革命家庭每位成员所经受的磨难，都是不堪回首的。

我与父亲同关在一座监狱中，虽近在咫尺，但犹如远隔千山万水。他老人家临终前，我们都不能见上一面。父亲死后，“四人帮”不准通知家属，不准家属最后见遗体，不准保留骨灰……

母亲不但遭受迫害，还深深地思念着父亲和我，心力交瘁，得了不治之症，受尽了病痛的折磨……每当听到亲人讲到这些，我的心就像被刺着了一样痛，尤其是，听他们讲到，我被关进监狱后，妈妈总是关切地问我的下落：“那明复呢？”即使在重病中，她还不住地念叨说：“我还是最想小复啊！”临终时，妈妈还不无绝望地说：“我想小复啊！”每当想到这些，我都会悲愤欲绝、不能自已……

其实，我被关进秦城监狱以后，对家里和亲人们发生的事一无所知。出狱后，在与家人的交流中，渐渐地都了解了……我把这些痛苦的往事，以“家破人亡”为题记录了下来，其中有些事情在前文中已经述说过了，然而，为了使我们不要忘记那段历史，我还是以“附件”的形式，将这篇用血和泪写就的文章，一字不落地附在文后。

家破人亡

十年浩劫，给我们家带来极大的灾难，家破人亡，流离失所。父亲、母亲、二哥相继离开人世，幸免于死的兄弟姐妹和他们的亲人，也受到难以倾诉的创伤。

1967 年 11 月 7 日，年愈古稀的父亲无辜被捕，在秦城监狱受尽折磨，于 1968 年 5 月 22 日含冤去世。

1967年11月17日，我无辜被捕入狱，在秦城监狱度过漫长的七年半暗无天日的独牢生涯，于1975年4月3日获释。

1967年12月，在解放军总后勤学院工作的大哥阎大新（原名阎明新）被隔离审查，罪名是：他是我父亲派遣到根据地的"战略性特务"。这真是欲加之罪，何患无辞。大哥十五岁奔赴延安参加革命，随后被派往太行山根据地的部队，同敌人浴血奋战。

日本投降后，又随部队转战东北，一直到新中国成立后，调到总后勤学院工作。这样一位早年投笔从戎，身经百战的战士，竟被诬陷为"战略性特务"，岂不太荒唐了吗？大哥不仅被隔离审查，还因他参加的"群众组织"反对邱会作的反党行径而被押送荒芜的贺兰山劳动改造。直至林彪事件后，邱会作本人成为阶下囚，总后受迫害的干部大批返回北京后，大哥的"特嫌"帽子仍未明确摘掉。

在育英学校任教的大嫂舒堤也被造反派强行下放到香山"开采煤矿"，香山自古以来以其秀丽的风景而著称于世，从来没有矿业。而愚昧无知的造反派硬说有山就有脉，有脉就有矿，把大批教师赶到香山，把康熙皇帝给六世班禅修建的行宫变成营房，在香山下乱施开采，破坏了香山的风景和水系，造成香山泉水断流，至今未能恢复，只好用自来水冒充泉水，以欺世人。

我的二哥阎明智十四岁去延安参加革命，在陕北公学学俄文，日本投降后，被派到东北曾任张学思秘书，后调到哈尔滨外国语学校任教，为培养未来的俄文翻译做出很大贡献，新中国成立后调到外交部工作，是外交部的高级翻译、外交官和翻译处处长。"文革"中，外交部造反派也对阎明智进行了隔离审查，后来将他与外交部干部一起下放到湖南"五七干校"参加劳动，1975年4月在长沙悲惨逝世。

早年就赴延安革命的二姐被下放到句容县江苏省直属机关"五七干校"下田插秧、上山采茶，患重病后，造反派仍然抓住二姐1960年至1967年为爸爸还清公家八千元钱款的问题，多次批斗 。二姐夫也多次受到冲击，头戴高帽游街批斗。

我妻子吴克良50年代中毕业于北大西语系，调到中联部工作，1967年12月受到我的牵连，在部里被隔离审查达八个月之久。

年迈善良的母亲，带着我十岁的女儿阎兰，孤苦伶仃，在凄风苦雨中等待无辜的亲人们的归来，独自一人坚强地经受着造反派一次又一次的抄家、盘问和批斗。

1967年11月我被捕入狱后，造反派接二连三地到我母亲家里进行搜查，找我的所谓隐藏的并转移的“电台”（其实只是一台普通的收音机），我母亲对他们讲：“明复怎么能有电台呢？若有电台，那不是特务了吗？”但他们还是无休止地凶狠狠地盘问老人，他们说老人家死顽固，拒不交代。煽动母亲所在的南礼士路国务院宿舍不明真相的群众，开斗争会批斗我母亲，并威胁说，不交代，就枪毙你……我母亲大义凛然地说：“我丈夫阎宝航是老共产党员，我儿子阎明复也是共产党员，我也是共产党员，我们一家子都是共产党员，你们要枪毙我，就朝我开枪吧！”她指着自己的胸口高喊。我母亲后来对姐姐阎明光说，我这么一横，这群人也就无话可说了。从此，母亲被开除了党籍，撤销了国务院宿舍居委会主任职务。

当时，我母亲不仅承受着父亲和我被捕入狱，大哥、二哥被隔离审查的巨大精神压力和痛苦，而在生活上也毫无着落，因父亲被捕，政协冻结了父亲的全部工资，也不给她发生活费，生活非常困难。

“文革”开始后，我们就搬到魏家胡同住了，我被捕后，中办又强迫我爱人迁出魏家胡同，我爱人带着女儿在造反派的监视下，将行李、家具及东西又搬到我妈妈家，与我妈妈一起生活。当她被隔离审查时，这个家就剩下奶奶和阎兰祖孙两人相依为命。

当时阎兰在南礼士路附近一所小学上学，由于不明真相的老师和学生，认为阎兰的爷爷和爸爸都是反革命，被捕了，所以就对她十分歧视，经常欺负她。奶奶宿舍一楼住一位老干部，也受到迫害，家中只有他的老母亲，带一个天生罗圈腿的孙女，在学校也受歧视，不愿去上学，这样阎兰就和她在一起，早上对奶奶说是去上学，其实是和这个女孩在一起复习功课、玩耍。

大嫂在香山劳动，通过吴克良每个月给妈妈二十元钱。因为她也时刻被监视，不敢来妈妈家，就先与吴克良约好在西单某地见面，把钱交给克良，再通过阎兰将钱转交给我妈妈。

对吴克良的审查是从1967年12月持续到1968年七八月份。这期间，因查不出什么问题，只好不了了之，也就被允许回母亲家，同婆婆和女儿一起生活。这时，应该说是“文革”中妈妈生活最为愉快的时间，因为她能够与孙女、儿媳在一起啦……这时，吴克良也想尽办法来改善老人生活，从机关食堂打些肉菜带回给妈妈和孩子吃，自己只买一些便宜的蔬菜吃。在家时，吴克良还带阎兰学唱样板戏，什么《红灯记》、《沙家浜》，还在客厅里挂起毛主席像、唱语录歌，尽量使妈妈暂时减轻对亲人的怀念，缓解了些精神上的压力。

“文革”中，妈妈与女儿阎兰

大约1968年三四月份，有天早晨妈妈刷牙，突然吐口血，妈妈对克良讲，刚才我吐口血，不知怎么回事，克良马上到洗脸间将血收集起来，看痰中有血，就陪妈妈到北大医院去检查，可是因为妈妈是反革命家属，不给查不给治，说了很多好话，才算给做了检查，发现左肺叶上有片黑影，说是肺炎，当时在门诊给打了一针青霉素，并给带回来几针，在街道医务室注射的。过了几天，病情未见发展，妈妈也就放心了。

1968年五六月间，吴克良所在单位在黑龙江肇源县濒临嫩江的肇源国营农场办“五七干校”。吴克良接到通知，要下放到“五七干校”，肇源地区冬季很寒冷，一般气温都在零下三四十度，到肇源“干校”的人都做了御寒准备，将军大衣里面加上羊皮。克良没有军大衣，就找了一件厚呢子大衣，准备改成皮大衣，妈妈就从箱子里找出一件她年轻时穿的兰花面的小羊羔皮衣，将羊羔皮拆下，交给克良，她就拿到西单一家缝纫店去改制，将羊羔皮夹在大衣里面。

在她去商场购买些零用东西、衣物时，身上带的钱包被偷了，取衣服钱、去干校的路费通通被偷走了，什么事情也办不成了，非常着急上火……回到家，将此事告之妈妈，妈妈将自己多年积累的二百元交给克良，让她去取衣服和购买其他必需物品。

吴克良于 1968 年 6 月，同中联部的干部一同踏上开往东北去的火车，前往肇源“五七干校”。1969 年 1 号战备令下来后又随“五七干校”由黑龙江肇源迁往河南沈丘县。克良临去黑龙江时一再劝告妈妈到上海去，投靠明光三姐，也好有人照顾，但妈妈坚决不离开，说爸爸和明复就要回来了，我一定要等他们。克良无奈，只好把妈妈的衣物整理好，装在两个箱子里，一再劝老人家去上海，克良将她和我多年的积蓄二百元存折，交给了妈妈，作为妈妈以后的生活费用。

吴克良走前，根据中联部的安排，将阎兰送到中联部，部里将所有下放“五七干校”的干部子女集中在西院小南楼，由他们军管会的干部，还有两名女同志照顾孩子们学习、生活。这时阎兰已转到羊房店小学，直到 1969 年 1 号战备令下来，中联部“五七干校”从黑龙江肇源搬转到河南之前，阎兰一直在中联部生活，在中联部“五七干校”全体乘火车去河南路经北京时，就将留在北京的子女们一起带到河南。在临走前，阎兰专门到奶奶那里看望奶奶，还给奶奶买了一盒烟、点心、水果，与奶奶告别，没想到这竟是她与奶奶生前的最后一次见面。从此，她就与妈妈在河南农村“五七干校”生活五年多。

阎兰与她妈妈到河南后，我母亲只是一个人住在家里。大嫂在香山挖煤，只能是星期六晚上回来，星期天抽点儿时间来家里看看她。另外我老姑，因为她在北京铁道部医院工作，有时间也来看她。这时政协的造反派又连续来抄家，将家中的家具、沙发等东西能拿的都抄走了。造反派不讲理，见东西就拿，最后剩下一个吃饭的桌子也要搬走，妈妈不让搬，说得给我留个吃饭的地方呀，这样，才算剩下个吃饭用的八仙桌子还有几把破凳子，一张睡觉的床，真是一贫如洗。

后来，造反派又看中了我妈妈住的房子。大哥的女儿阎培莉陪奶奶去西单看房子，当他们找到房子时，一个小破院落里，进屋要上几道台阶，进屋一看，屋子很小，阴暗潮湿，窗子在墙的上半部，进屋开不了窗子，要登上凳子去开，这样的房子怎么住呢，妈妈坚决不去，也不搬。造反派没办法。可是妈妈说，爸爸还是要回来的，他回来怎么住？于是就硬顶着不搬。

在 1968 年六七月份，大嫂来看妈妈，妈妈说，她在吃饭时吐了一口血，大嫂听了很是着急，就到街道医院门诊看病，医生说没法确诊，可能比肺炎要严重，请去大医院确诊。大嫂就陪妈妈到复兴医院检查，确诊为肺癌！大嫂见到诊断十分悲痛，真是哭天天不灵，叫地地不应，一个接着一个的灾难像雪崩似的落在妈妈的头上。大嫂当即写信给上海的明光三姐，告诉她妈妈患肺癌的消息。

三姐在郊区劳动，收到信后立刻给大嫂打电话，可是只知道大嫂在香山挖煤，既没有地址，更没有电话号码，偌大一香山，到哪里去找呢！大嫂事后说，明光真有办法，查遍了北京各区电话局的问询处，竟然找到香山小煤窑唯一的一个电话（就是放在煤窑厨房的电话）。

当时已是深更半夜，一片漆黑，连路灯都没有，厨房的师傅跌跌撞撞地从山下连摸带爬地到班禅行宫，找到大嫂，说上海有紧急电话找你。大嫂同他一起走下山，接到电话，才知道是明光打来的，明光焦急地询问了妈妈的病情，叫大嫂尽快把妈妈的病历寄去。大嫂回忆说，下山的时候同厨房的师傅一起走，总算有个同伴。而打完电话回班禅行宫的路上，伸手不见五指，山风吹着树叶，哗哗作响，时不时传来野狗的哀鸣，令人胆战心惊。大嫂说时过几十年，当夜的情景至今历历在目。

三姐收到妈妈的病历后，找到上海最好的医生开了处方。治肺癌的中草药，剂量很大，当然也很贵。当时三姐和姐夫的工资都已冻结，三姐只好向朋友、同事们借钱，真是患难见真情，三姐的朋友、同事都伸出了援助之手。一大包、一大包的中草药，从上海寄到北京，带给妈妈生命的希望，也传递着明光姐对妈妈的一片儿女真情。据大嫂回忆，明光姐寄来的药包如此之大，以至到邮局去取药包的刘阿姨都搬不动，有一次还累得吐了起来。取回家，也没有这样大的药锅，只好把煮饭用的大铝锅刷干净后煎药。妈妈的病情暂时得到缓解。

妈妈的身体略见好转，对爸爸的思念使她不安心。她想到父亲被带走时只穿了一件皮大衣，没有更换的内衣。于是同老姑一起带着装有衬衣衬裤的提包，走遍了公安部、市公安局，卫戍区接待站，都未能获得父亲的音信。

十年浩劫，成千上万的无辜干部和群众被逮捕、关押、逐放。多少年是生死未卜、杳无音信。他们的家人，无时无刻不惦念自己的亲人，日夜盼望能够获得只言片语的消息……

在那个人妖颠倒的岁月里，社会上沉渣泛起，形形色色的骗子应运而生。他们利用人们的善良、无奈、轻信、渴望和无知，吹嘘自己有“特殊的关系”，能够进入关押“犯人”的看守所、监狱、劳改营打探在押“犯人”的情况，等等。

大家都为得不到半点儿父亲的消息而着急，老姑家有个邻居介绍，她认识一个女人很有办法，在这方面有熟人，可以送些东西给爸爸。听到这个消息，母亲和老姑两位老人喜出望外，这样，就将这个女人请到家，给她做好吃的，然后托她给父亲带这带那。东西拿走后，就如石沉大海。过段时间她又来了，说得花言巧语，两位老人都信以为真，盼望着能将换洗的衣服带给父亲，那个女人还说：“父亲很快就要释放了”。明光三姐的儿子黄安民当时陪着姥姥过“五一”、“七一”，听那个女人说后，也写信给上海说姥爷就要回来了。就这样，大半年时间里她来过多次，拿走衣物多件和七八百元钱。当时母亲急于打听亲人的下落，毫不吝惜，借钱也要托人打听到亲人的消息。钱都是从亲戚朋友那里借的，很不容易。

大家慢慢地觉得这件事有些蹊跷。大哥儿子阎小新（即阎培刚），还有三姐儿子黄安民，他们当时都穿军装，是没有军衔的黄军装。有一次，在家遇到这个女人又来啦，他俩就说：“我们是卫戍区的，你要老老实实地讲清楚，我们要同你一起去看阎宝航，你到底在哪个监狱里看到他了？”在他们这样的追问下，她终于承认自己是个骗子，是利用妈妈急切找到亲人的心情欺骗了两位善良的老人。后来，安民和培刚让她立下了字据，限期将骗走的钱和东西送回来，这个骗子从此再没来过，当然被骗走的东西和钱也杳无音信了。这件事充分地说明老人家当时的困难处境吧！

1969 年夏天，三姐又请假来京看妈妈。三姐经济上很困难，每次都是从上海先到南京，当时，二姐也在南京郊区“五七干校”劳动，她们事先约好，二姐走出“干校”，在一个山坡上等待三姐来，见面时偷偷地拿些钱，三姐再用钱买车票来京看妈妈。

三姐来前，曾找到陈同生的夫人张逸城（陈同生做过上海市统战部部长，“文革”初期就被迫害逝世），她与著名肿瘤专家吴恒兴教授很熟，吴教授是毛里求斯华侨，放弃在英国的安逸生活回归祖国。陈同生于1935年至1937年间曾被国民党逮捕过，后经组织营救出狱。因身体不好，周总理安排他在我们当时南京的家里养病治疗，他对我们家很有感情。三姐明光来京前，找张逸城同志，跟她说了母亲的病情和家中的处境，她就给吴教授写了信，让三姐到京后带着信去找吴教授。

当时吴教授在协和医院工作，也受到“文革”冲击，工作受到影响，没办法，只好小声地对三姐说：“请把你妈送来吧，我给她看看，到我的办公室来。”一起去的还有二嫂流莎。

当时妈妈病得已走不了路了，没办法，三姐和大嫂两人双手交叉，让妈妈坐在她们的胳膊上抬到楼下，然后找车拉到协和医院。

吴教授的办公室很小，没有助手，但他很热情，知道家中的处境，再加陈同生夫人的介绍，亲自将妈妈放到一个小车上推到放射科，因无助手给照相，在三姐和大嫂的帮助下照相、拍片，确诊为肺癌。吴教授还亲自带妈妈去做了放疗。吴教授是从海外回来的，海外亲人给他寄来的食品、饼干、巧克力等，也送给妈妈吃，让妈妈补补身体。吴教授在我家如此困境下，对妈妈治疗，而且是顶着巨大的压力精心治疗，我们是不能忘记的。“文革”后期，我被释放后，明光也从上海赶来，我们一起去吴教授家看望他，表示感谢！

吴克良离京去黑龙江肇源“五七干校”前，帮妈妈将仅存的一些有用的东西收拾好装了两个箱子，并劝妈妈去上海投奔明光那里，因在京无人照顾她的生活。妈妈说我去上海你三姐那儿，你爸爸回来怎么办？我不能去。妈妈说，“不能让爸爸回来第一眼看不到我”。其实，爸爸和我在监狱的情况妈妈是一无所知，她这么说就是抱着一种思念和期盼。后来，明光姐来北京曾经去政协打听爸爸的情况，他们都说不知道。实际这时爸爸已经去世了，他们非但不说、不告诉，还声嘶力竭地要她与爸爸划清界限。向他们提出妈妈生病，看病治病需要钱，他们根本不予理睬。当时（约于1968年6月），二嫂流莎曾请求唐闻生利用为周总理作翻译的机会打听爸爸阎宝老的下落，总理沉默不语，康生也在场。二嫂把实情告诉了妈妈，她坚决拒绝相信，而且放弃了与明智一家下放的要求，等待爸爸的归来。

这里还要说一说在我家工作的保姆刘阿姨。

保姆刘阿姨"文革"前就在我家工作，家是在顺义县一个农村里，人还可以，大家对她的工作还比较满意。"文革"中不允许雇保姆了，便让她回老家了。后来克良、阎兰都到干校去了，家中实在无人照顾妈妈，就又将她请回来，应该说是她一直陪妈妈度过了这一年多漫长、困难日子，我们是应该感激她的。但是，这个时期因家中没有别人，妈妈有病行动困难，刘阿姨就将家中的东西能拿的往外拿，有的东西就变卖成钱了。当然了，这些事情是说不清楚的。那个时期大嫂给妈妈的钱，明光每月寄来的生活费，二姐寄的钱，都交给刘阿姨去买东西，她仅仅买点儿简单、便宜的食品、蔬菜给妈妈吃。

通过这件事也说明了，这个时期妈妈是在何等恶劣的环境中苦熬的，感情上思念亲人，身体上受病痛折磨，家里又无人照顾，精神特别痛苦，再加上后来又摔了一跤，送到附近小医院检查，诊断是大腿骨折，只给简单地治疗一下……现在，根据大嫂的回忆、分析，可能不是骨折，而是肺癌骨转移！

妈妈的痛苦程度可想而知。明光姐从上海赶到北京的家里时，怎么敲都没人来开门，她就喊："妈妈！我是明光啊！我从上海来，我来看你来啦！"敲了很长时间仍无人答话……好半天后，等刘阿姨回来才开门进屋。

一进屋，明光姐就见到妈妈骨瘦如柴，非常凄凉，心里异常难过……妈妈睡在一个很脏的床垫上，床垫都湿透了，因为妈妈已大小便失禁，没人照看她，可见妈妈那些日子是多么痛苦啊！后来明光就给她收拾，换洗，并昼夜给她揉腿、揉膝盖，又送到吴教授那里看病治疗。吴教授看到妈妈如此境况，骨瘦如柴，同时腿又摔坏了，非常生气，就说：“你们是怎么照看老人的？怎能让她这样受折磨呢？”明光是有苦难言，现在是家破人亡，家中哪儿有亲人来照顾老人哪！

当时，在北京的小弟佳林正在国际关系学院上学。1966 年“文化大革命”开始后因“保党委”，曾被造反派押着和院领导一起被批斗，后被分配到边远的贫困县劳动锻炼、工作，长达九年多，直到 1978 年父亲平反后，才回到北京。

经过一段时间的治疗，明光决定接妈妈去上海，同妈妈商量说，你在这里没人照顾你，刘阿姨又是这样对待你，大嫂也顾不上，虽有佳林弟在，他能时不时地来看你，能给你帮助，他也不可能总在你身边伺候吧！你跟我去上海，我们路过南京时，还可以去看看二姐嘛！妈妈很想二姐，她也知道家中的欠债，包括欠公家的账，二姐帮助还了不少，这几年生活上接济妈妈，出了不少力，但更重要的是她非常想二姐，终于同意去上海了。

在这个时期，由于大嫂多次到政协反映，说婆婆病重，爸爸停发工资，家中无钱生活和给婆婆治病，要求政协能帮助解决困难，后来，政协就批给了二百元的医疗生活补助费，他们就用这二百元钱买了去上海的软卧车票，是个包厢。

在临走前两天，妈妈又发起烧了，她又不想走了，流莎（二哥阎明智的夫人）也赶来为妈妈送行，她认为妈妈发烧不宜走，可是车票已经买了！不去，车票怎么办？这个时候怎能不走呢？大家商量决定还是走！

走的那天早晨起来，三姐给妈妈洗了头。后来三姐又觉得很后悔！认为那天不应该给妈洗头，因为出门洗头不吉利！这样几个人连抬带搬地将妈妈扶到楼下，准备上车时，看到刚刚还是晴空万里的天空，突然间一片乌云翻滚着盖了过来，竟下起了瓢泼大雨。当时大嫂认为走不成了，雨下得这么大，怎么走！这时佳林弟也在，借的车到了，外边的雨也停了，大家心情很高兴，就将妈妈扶上车前往北京站。事后大家回忆起来，感到这雨下的是冲妈妈来的，是为妈妈送行。

到北京站，还发生件小插曲。软席卧车的列车员看到老太太病重，不愿让上车，明光理直气壮，说她，你有什么权力不让上车，有病就不能坐车？因为有病才要去上海治疗，明光讲得声音很大，并说：

“唉，张大夫怎么还没来呀！”当时正好有肿瘤医院张大夫在，他就答应，我来了！张大夫很同情妈妈，妈妈在医院看病时，张大夫就说老人家去上海时，我去车站送行。列车员见到有大夫、护士送，也不知道老太太是什么身份，也就让上车了。

列车开往上海，快到南京时，妈妈让明光扶她坐起来，垫起个枕头，还让明光给她梳梳头发，靠近车窗坐着，向窗外望着想念已久的二姐高玲（原名阎明英）来看她。二姐也非常想来看妈妈。因为决定妈妈来上海后，三姐就打电话通知了二姐，妈妈乘坐哪趟火车，何时抵达南京车站，让二姐来车站见妈妈。可是二姐的孩子玲玲和她原来的丈夫知道后，把二姐关在屋里，坚决不让二姐去车站看姥姥，二姐痛哭失声……可见那时“阶级斗争”环境下人们的思想状态。二姐没来，可妈妈还很冷静，妈妈说：“你二姐高玲，还是党员，她在开会，是不能来看我的。”但从表情上看，妈妈是很伤心的。

妈妈到上海后就住在三姐家里。这时明光已从乡下回来了，三姐夫也从关押处被释放出来回到了家，后来还被开除党籍。家中孩子们安林、小七他们都对姥姥不错，孩子们都在姥姥身边，热情地关怀、照顾姥姥。明光则到处找医生给妈妈治病，安林还请她的同学、某医院的护士长每天来家给打针。安林同学见到她姥姥病成这个样子，就对安林讲：看到老人病成这个样子，我很痛心！妈妈的手背、脚背上的血管都瘪啦，针扎不进去，打点滴很困难了。

这时，三姐又把在鞍山农村的大姐明诗请来了。当时大姐正在农村接受劳动改造，她的处境很困难，“文革”中被定为鞍山市最大的特务分子，在市内批来斗去，打得死去活来，后来被下放到农村劳动改造。大姐接到三姐的信，就从农村赶到上海来，最后又由她陪伴着妈妈，每天给妈梳头、洗脸、擦身……妈妈周身疼痛，她就给妈妈按摩，送妈妈去医院。

因为是反革命的家属，医院不肯收。后来还是三姐找北京协和医院吴恒兴教授帮忙，吴教授给写了信，才住进了上海长宁区中心医院，并给了间病房。当时上海天气很热，他们就在病床下放些冰块降温，这样，就由大姐、三姐和孩子们在医院里陪伴妈妈度过了人生的最后几个月时光。

妈妈是1971年7月12日去世的。

妈妈病危时给二哥明智去信，二哥赶到上海时妈妈已去世。

妈妈在医院病重时，还有两次突然醒来，说玉衡和小复回来了，快去买肉给他们包饺子吃！这样，讲了两次。她在去上海的火车上跟三姐讲，你知道我最想谁？三姐说最想谁？她说："我还是最想小复啊！"三姐开玩笑说："你光想小复，那就不想我啦？"妈妈拍拍她的额头笑着说："你'大背头'！唉！我能不想你吗！"

在妈妈临终的前两天，她跟大姐、三姐讲："我快不行了，还是给总理写封信吧！我将不久于人世，但我还是相信玉衡、明复他们没有问题。你们给我治病欠了那么多债，我想请周总理关心关心，安排我的后事。"这样，大姐根据妈妈的意见，提笔起草一封给周总理的信，信的大意是：总理，我是高素，我始终相信玉衡和明复是无辜的。我因患重病不久人世，来上海后，抢救费用甚巨，小女明光的爱人被关押，工资冻结，无力支付。请总理看在我和玉衡在重庆变卖衣物接济党内同志和抗日乡亲的面上，把我的医药借款费及后事解决了。信写好后，7月12日中午妈妈就去世了。妈妈临终时的一句话：我想小复啊！

据明光几次回忆，在住院过程中，妈妈从不埋怨什么，忍着病痛。她临终前交代我们，要跟共产党走。但是她还说："共产党啊什么都好，就是整人，这不好！"这是位老共产党员的心里话，说明当时强调阶级斗争太过分，一切搞极左，伤害大批党内外人士。

妈妈于1971年7月12日与世长辞后，大姐、三姐根据妈妈生前的嘱托，将写给周总理的信寄给大嫂，请她送到总理办公室交给周总理。

当时大嫂还在香山挖煤，她接信后很为难，她想我怎能进中南海见到周总理呢？于是她就来到中南海西门，门口有警卫，在门前走来走去，也无法投信，也不能把信交给警卫……后来就到西四邮局，买了个信封，将妈妈写给总理的信装在里面，信封上写："国务院周总理办公室同志，请务必将信送给周总理"，贴上四分邮票，在西四邮局寄出了。她可能想，西四邮局离中南海较近，寄给总理的信可能早点儿收到。

信寄出后，她就又回到香山劳动，没过多久，政协机关派人来找她，叫她来政协一趟。这次她来到政协发现接待她的人与从前态度不同了，他们说："首长有指示，高素同志不容易，把孩子带大，带入革命，她是有贡献的。她的治疗费和安葬费给予报销。"大嫂听后很受感动，就打电话给三姐来京办理此事。三姐将妈妈治病期间的各种票据、收据带来，政协根据总理指示给予报销了，其余用以支付清了各种花销、火化费及欠债。周总理当时处于"文革"的惊涛骇浪之中，忍辱负重，自己也身患重病，还关心着我们一家，我们把总理的恩情一直铭刻在心。

当时，在上海给妈妈开了个追悼会，追悼会由二哥明智念悼词，二哥刚讲两句就泣不成声了。妈妈火化后，骨灰存放在殡仪馆里。三姐非常悲痛，当妈妈咽气时，她抱着妈妈，感到妈妈身体是温暖的，医院将尸体运到殡仪馆去，三姐不干，抱住妈妈尸体痛哭，后来就昏倒在地了，一连好多天沉浸在悲痛之中，没法活下去了！后来又同二哥走访几家医院，想了解对妈妈的治疗是否有误，大姐说即使证明治疗有误，还能怎样呢？还有什么办法好采取呢？但是，三姐陷于思念妈妈的悲痛中长达一年多。

丧事办完后，三姐一连做了两次梦，梦见妈妈对她说，在她旁边有个人总是欺负她，于是，三姐和姐夫就到殡仪馆将妈妈的骨灰盒带回家了。直到爸爸平反后，1978 年举行骨灰安放仪式时，因爸爸没有骨灰，爸爸去世时是按江青的批示，反革命罪犯 67100 号（父亲在监狱的代号）不准保留骨灰，这样就将妈妈的骨灰放在爸爸的骨灰盒里，一起安葬。妈妈去世时，我的女儿阎兰随克良在河南沈丘"五七干校"，她接到上海的来信，克良还在劳动没回来，她拆开来信，竟是她曾相依为命的奶奶的噩耗，小小年纪的她难以接受，放声痛哭。至今多少年过去，阎兰提起旧时记忆，仍然潸然泪下。

"文革"开始后，外交部有人丧心病狂地整二哥和他的爱人流莎，写检查被贴大字报。二哥到长沙"五七干校"后，她一个人非常艰难地在北京带着三个孩子，把他们拉扯着长大成才。她知道明智孝顺妈妈，在北京时，就定期让小儿子嘎嘣豆（小名）晚上背个小书包，装上吃的和钱偷偷给奶奶送去。1975 年 4 月一个晚上，流莎正在等待接她到办公室翻译西贡解放的政府声明的车，接到电话得知二哥的死讯（4 月 18 日）。她带着三个孩子半夜赶到火车站，一直等到第二天去长沙的火车，次日才准许她看到二哥尸骨，心里非常难过。她回忆说，二哥是在一天晚上的单位批评会上心口痛，回到宿舍后倒下的。“文革”让二哥一家流离失所，骨肉分离，而我则是在出狱后得知失去了二哥这个家里最有出息的亲人。

这里再补充件事，明光第一次来京到政协去打听爸爸的情况，要求给妈妈开生活费，他们拿出一个扣发工资单，她拿工资单回来跟妈妈讲，爸爸还活着哪，你看还有工资单嘛。妈妈就问：“那明复呢？”三姐和大嫂曾到丰盛胡同找中办组织部打听我的下落……他们说这里没有阎明复这个人。回来后，就骗妈妈说明复在农场劳动呢！以此来安慰她，但妈妈并不相信。据佳林弟回忆，他是第一个听说父亲去世的。1969 年，国际关系学院革委会在批判原院长于苇同志时，发现我父亲曾营救过抗战期间西安抗日救亡分会的几个被捕同志，其中就有于苇。“国关院专案组”怀疑于苇有变节行为，开始寻

1978 年 1 月 5 日，在父亲的骨灰安放仪式上，时任中共中央组织部部长胡耀邦致悼词，对父亲的一生做出公正的评价

找父亲想当面查问。公安部专案组告之：阎宝航已去世了。“国关院专案组”有个姓谢的同学悄悄告诉了佳林弟，佳林告知明光和大嫂，明光震惊但不信。

这样一位善良而又慈祥的老人就这样与世长辞了。

这样，我们这个在抗战时期，在坚持地下斗争中，帮助过多少陷于困境的共产党员、民主人士、东北难民，而被亲切地称为“阎家大院”的温暖的革命家庭就瓦解了。

『大百科』精神

阎明复回忆录

和姜老在一起

“文革”结束，百废待兴。我有幸从1978年春起，参与了中国大百科全书出版社创建时期的工作和大百科全书早期的编纂工作，到1983年年底，为《中国大百科全书》——中国第一部大型现代综合性百科全书——工作了近六个年头。当年，一起创建出版社的老同志、老同事们，或已谢世、或已退休，“满目青山夕阳照”，他们为这部历史性的巨制奉献了自己人生道路上最后一段宝贵的年华。三十多年了，回想起当年艰难创业的往事，依然历历在目，我觉得义不容辞地要讲讲……一方面用以纪念那些老同志，一方面与出版社的同志们共贺共勉。

说到《中国大百科全书》就不能不提到姜椿芳姜老。

编纂《中国大百科全书》的提议，是由姜老首先提出来的。在他的倡议得到党中央和国务院批准后，姜老即以他渊博的知识、执着的热情、忘我的精神，全身心投入到这空前浩大的事业中，直到他逝世

姜椿芳（左一）、阎明复（左三）、楼适夷（左四）与日本朋友会见时合影

中国大百科全书出版社创始人、被誉为“中国的百科全书第一人”的姜椿芳先生

的最后一段时间。他在“文革”前是中共中央马恩列斯著作编译局的老领导，我从秦城监狱出狱后，分配在编译局工作，我也是他第一个从编译局“借来”创办大百科的。和姜老一起在大百科的六年，使我一生受益匪浅。

来自秦城监狱的百科倡导人

说到世界的百科全书，人们自然会想起法国的狄德罗；说到中国的百科全书，首先要讲的第一人就是姜椿芳。

姜椿芳是一位1932年入党的老干部，曾任中共满洲团省委宣传部长。新中国成立后，姜椿芳担任中央编译局副局长。“文革”爆发后，姜老被扣上“苏修”特嫌的帽子，1968年9月16日被关入秦城监狱，度过了漫长的囚禁岁月。

在长期的监禁生活中，姜老不断地思索究竟是什么原因导致这场“文革”浩劫，答案之一就是普遍的愚昧和个人迷信。姜老联想到18

世纪法国狄德罗等人，通过编写和发行百科全书，为法国大革命发挥了启蒙作用的经验，于是，便在狱中下定决心，如果能重新获得自由，将倡议并投身于编撰一部集古今中外知识大成的现代百科全书，帮助人们吸收、借鉴世界文化之精华，启迪觉悟、克服愚昧。这一理想，伴随着姜老度过了漫长而孤独的囚徒生活，给他以无比的毅力和坚持下去的信心。

1975年春邓小平重新出来工作。姜椿芳无罪出狱。

出狱后，他等不得受伤身心的康复，便拖着极度虚弱的身体，立即着手进一步思索如何编纂大百科全书的诸多事情。年逾花甲的姜老向他的朋友们倾诉了编撰百科全书的想法，得到这些在“文革”中吃尽苦头的知识分子的热烈响应。在同他们深入细致地研究过程中，在有关各方面人士的参与下，姜老进一步明确了自己的思路，并向胡乔木做了汇报，得到他的大力支持。根据胡乔木的指示，姜老草拟了给党中央、国务院的报告，论述了编撰百科全书的意义，提出总编委会的名单草案，其中有：胡乔木、于光远、贝时璋、严济慈、张友渔、陈翰伯、陈翰笙、周扬、周培源、姜椿芳、夏征农、钱学森、裴丽生等自然科学和社会科学领域的著名学者，以及成立中国大百科全书出版社的建议。

姜老的报告得到党中央和国务院批准；1982年由国务院总理颁发聘书，姜老成为中国大百科全书出版社的首任社长兼总编辑。

姜椿芳与夫人合影

和姜老一起草创出版社

报告被批准后，姜老以极大的热情开始了对编纂现代百科全书孜孜不倦地研究、学习；还调来一批人才，组织队伍，对外国的各类百科全书的编纂历史和编纂方法进行了广泛深入的调研。当时，我们一无物质基础，二无经验，三缺所需人才，可谓白手创业。

初创时期的一个困难是物质条件匮乏。出版社成立伊始，没有固定的办公地点。我们在中央编译局的会议室开过会，在国家出版局的传达室里议事。后来，总算在东总布胡同的版本图书馆后院借到三间平房。出版社的建制、如何开展工作、全书编辑方针等都是在这里研究决定的。这三间平房，白天是办公室，晚上则成为临时宿舍，曾任副社长兼副总编的刘尊棋，刚到社时，就在这里的办公桌上睡过觉。不久，北京市规划院的刘永芳自愿腾出自家在史家胡同的一栋私房支援百科事业，我们的出版社全部搬了进去。我们为了寻得更合适的办公用房，到处打听哪里有退还私房的，一有消息，马上去找房主，向他们借用或租用。之后，在有关领导和部门的支持下，批准大百科全书出版社建办公楼房的立项。然而，选址和建设资金的落实也不是件容易的事情。直到西城区政府支援我们，用蒋宅口附近的区党校校址和我们置换，出版社才有了一个能集中办公的栖息之地，初步安定下来。

姜老回忆："出版社开始的时候，没有干部，没有经费，没有办公的地方，陈翰伯同志告诉我们，要办一个出版社要有个条件：搞人事、管经费、办行政的人。我借用编译局的阎明复同志，借了编译局的一辆车，一起坐着车去找文化部刚退休的严玉华同志，又和她一起去找文化部退休的财会人员李庆文，把他们一起拉到出版局，借出版局的收发室做联络点，算是有了办公和财会人员。向出版局借了四十元钱，做临时花销之用。"①

在筹备小组的名单确定后，姜老在编译局的会议室里召集了第一

① 姜椿芳：《从类书到百科全书》，中国书籍出版社1990年版。

中国大百科全书出版社蒋宅口外馆斜街旧址远眺

次会议。我记得与会的有姜老、我、严玉华、李庆文、王纪华、邢院生和金常政。姜老向我们介绍了他倡议编辑出版中国的百科全书的经过，经中央批准要尽快把中国大百科全书出版社建立起来。李大姐说，出版社要有一枚公章才能在银行开户头和办理其他事情。

于是，我们向出版局借了四十元，拿着中央批准成立出版社的决定找公安部门所属的北京印章社，刻一枚“中国大百科全书出版社”的公章。过了几天，等我们去印章社领取时，却发现把我们社的名称刻成“中国大百‘货’全书出版社”。大家哭笑不得，只好请他们重新刻制。

这一切说明了，编辑大百科全书在当时中国是一个创新的事业，需要付出极大的努力。直到今天，我还常常想起和同志们一起骑着自行车去购买办公用品、调干、借房子、各单位间奔跑的往事……

在争论中确定编纂方针

在出版社工作的五年，紧张充实、和谐愉快，给了我一个增进学识、锻炼成长的机会，我永生难忘，常常想起参与许多卷的贯彻体例、名词统一工作，参加这些卷的编辑工作，出席学科会议的情景；常常想起共同工作过的专家学者，出版社同仁的学识及音容笑貌……

编纂如此规模的现代化综合性百科全书，在中国实属首创，初期创业遇到的最大困难是缺乏甚至是根本没有这方面的经验。编辑方针的制定是中心问题。当时，争论的最大焦点在于：一种方法是按学科分类并立即着手编纂，分卷陆续出版；另一种方法是先用几年时间充分准备，待总体规划完备后再动手编纂。为此，双方各持论据，有时争得面红耳赤。大家都是本着对百科事业创建负责的精神，各抒己见，互相切磋，展开学术性争论。而在事后大家又总是和衷共济，全身心投入工作。因此，大百科全书出版社从上到下，一开始就有一个“百家争鸣”的学术风尚。

大百科全书编委会讨论大百科全书编辑方针

姜椿芳力主前者。他认为，我们还缺乏编纂现代百科全书的经验，所以应采用比较容易，切实可行的办法。一个学科卷的技术条件成熟了，班子配齐，就先出一个学科卷的。这样，既可以早日出版，产生影响，又可以积累经验，为其他学科卷创造条件。

对那些主张采取第二种方法的同志，姜老反复、耐心地向他们解释说：这样做，总框架的制定会旷日持久，使热情积极的专家学者们坐耗时光，坐失时机。

最后，总编委会统一了双方的意见：按学科分类出版，各卷条目按汉语拼音顺序排列。这一原则确定之后，姜老和多位社领导都不辞辛劳，四处走访各学科的带头人，宣传大百科全书的意义，诚恳邀请他们投入这一伟大的文化工程中来。

编纂全书，需要一个详尽、科学、高度统一的体例。金常政协助姜老研究了世界各主要百科全书的编纂方法，草拟了初步的体例。然后，又充分发动群众，广泛听取意见。当时，还成立了以金常政、黄鸿森、全如瑊等几位学识渊博的同志为核心的学术委员会，定期召开全社的学术讨论会，研究起草体例、设计框架、厘订条头、商榷定义、审读稿件、讨论内容、推敲文字、安排插图、确定分类、研究检索、通读校样，以及诸如此类的编辑环节，并出版社刊《探讨》，对编写体例、程序、框架设计、条目设置、参见、索引等进行讨论研究，不断加以充实完善。当时，出版社学术民主蔚然成风，给我留下了极深刻的印象。

在“大百科”期间，我主要负责协调对百科全书各分卷的审读、体例检查、综合编辑室的词汇统一和美编室配图等工作，对出版社紧张而又充满热情的工作局面深有体会。

我和我的百科同事们

当时，中央批准编辑出版《中国大百科全书》的请示报告的文件传到中央组织部，时任中组部部长胡耀邦当即批示，要尽快为中国大百科全书出版社配备干部。然而，百科全书以学科编辑而言，政法经、数理化、农工医、文史哲、天文地理生物、音剧美等等，需要高水平的学科编辑、文字编辑、美术编辑。“文革”刚刚结束，各行各业都缺乏人才。编撰百科全书更急需有一批精通业务、献身事业的编辑人才。

“难友”编书

大百科全书出版社初创时期，绝大多数同仁都有过“落难”的经历。姜老蹲过六年多监狱，刘尊棋、曾彦修、常萍等都遭受过不公正待遇；出版社的第一代编辑黄鸿森、杜友良、王伯恭等也都是在历次运动中屡经磨难……如前所述，我也是从秦城监狱出狱后，分配在编译局工作，是姜老第一个从编译局“借来”创办大百科全书出版社的。

中国大百科全书出版社副总编辑周志成、林盛然曾联名撰文说：“为求得百科全书事业有志之士，年近七十岁高龄的姜椿芳同志及其同事们，风雪走访、日夜操劳，尚在外地的则派专人跋涉千里盛情邀请。不论是北大荒的‘流放者’，还是‘新疆的农民’或者落实政策的新生人员，只要有真才实学，属于冤假错案，均量才录用。这样规模的举逸民，在当时极为罕见。”

要解决人才问题，姜老首先得到他的老战友们的支持和参与。他们中有的是新中国成立前在上海从事地下工作的老同志，有的是中共中央编译局的老同事，还有曾在外专学习过的姜老的学生，如王纪华、唐守愚、倪海曙、周有光、严玉华等。许多的著名学者，如张友渔、刘尊棋、刘雪苇等，也曾先后来出版社工作。

梅益先生是姜老在上海从事地下工作时的老领导老战友，对创办

“大百科”事业一直给予了很大支持。姜老退休后，梅益接手主持编纂《中国大百科全书》工作。

姜老重视人才并善于使用人才。他亲自出面请常萍、陈虞孙等分别担任北京总社和上海分社的领导工作，从北京和全国各地调来一批专家，又从落实政策的知识分子、各大学的毕业生、各行各业自学成才并有志于“大百科”事业的热血青年中吸收一批业务骨干，使出版社的行政和业务工作快速而又顺利地开展起来。社内称为“举逸民”、“难友”编书，但正是这批学有专长的行家里手，才撑起了初期的大百科大厦。

“招降纳叛”的故事

胡乔木指示，大百科全书出版社要广泛吸收落实政策的人才。于是，我们就从落实政策和尚未落实政策的“右派”、“反革命”、服刑人员、下放改造分子中千方百计调集人才。

百丈之台，起于垒土；千里之行，始于足下。

还记得 1978 年春天，姜老拿着中央批准编纂《中国大百科全书》并成立中国大百科全书出版社的文件找我，要我参加这项工作。我当时的主要工作就是甘冒“招降纳叛”的风险，排除阻力“举逸民”，从历次政治运动中受到冲击的才智之士中罗致人才。我们调入的专家学者，有的是从公安部门手里接收过来、还没有脱离“劳改”管制身份的人；有二十多年历尽劫难、身背“叛国投敌”罪的人；有的是多年来的“老右派”，以“右派分子”的身份受过多次运动冲击……姜老带领我们，唯才是举，不避嫌怨。有不少专家是带着“反动帽子”先进了“大百科”的门，社里四处奔波，为他们澄清冤案，争取政治上的平反。他们先后参加了领导班子，大多数成了“大百科”事业的骨干力量。

从那时起直到 1983 年年底，我作为姜老的助手，参加出版社组建工作的重点之一就是调人。时至今日，许多调人的故事仍然记忆犹新……

“寄押犯”的故事

刘尊棋（1911～1993），又名刘质文，祖籍湖北省鄂州市。1928年，他以第一名的优秀成绩从北平基督教青年会财政商业专门学校毕业，随即进入燕京大学政治系任秘书，同时，旁听燕京大学的课程。1930年5月，刘尊棋被介绍到苏联塔斯通讯社驻北平分社担任英文翻译和记者。1931年，中共北平市委书记任国桢找刘尊棋谈话，批准他加入中国共产党。他与顺直省委宣传部的潘东周接洽后，负责省委文件的保管工作。刘尊棋刚开始从事秘密工作不久，1931年5月20日，由于叛徒告密，在整理保管的文件时被捕，关押在北平草岚子胡同监狱。同被关押的有薄一波、安子文、刘澜涛、杨献珍等人。“中国人权保障同盟”积极营救刘尊棋与徐步云等三人。为了解救他们，张学良将军的政治秘书王卓然先生，在当事人不知情的情况下，撰写了刘尊棋与徐步云等三人“退党启事”刊于北平《晨报》上，刘尊棋等被释放出狱。

出狱后，刘尊棋千方百计寻找党组织，却无法找到。他不知道，因为那份“退党启事”，党组织已经把他看做危险人物，正在极力地回避这个“叛徒”。薄一波等在狱中看到“退党启事”后，决定开除刘尊棋的党籍。为了生存，刘尊棋继续回到苏联塔斯社北平分社担任翻译和记者。1934年8月，塔斯社北平分社撤销，刘尊棋又到北平《晨报》当了两年记者。刘尊棋通过在北平活动的孔祥桢，重新联系上党组织。1937年11月，征得八路军南京办事处叶剑英、李克农的同意，刘尊棋重返中央社任战地记者。1942年12月，他应美国新闻处处长麦克·费希尔的邀请，担任美新处中文部主任。

1949年9月21日，刘尊棋作为新闻界的代表参加了新政协会议。同时，新中国准备成立“中华全国新闻工作者协会”，刘尊棋担任了协会筹备委员会常委。中央人民政府新闻总署成立后，下设主持对外宣传的国际新闻局，局长为乔冠华，副局长为刘尊棋。1952年后，刘尊棋任外文出版社副社长兼总编辑。

正当刘尊棋满怀信心地为党和人民工作的时候，一场意外的灾难降临在他的头上。1955年10月，刘尊棋突然接到通知：停职审查。二十二年前北平的一张旧报纸《晨报》摆在他的面前。二十多年来，他第一次得知当年的报上，曾有过“自己”宣布“退党反共”的“启事”。他不敢相信自己的眼睛，然后回答道：“我不知道这件事，事前不知道，事后我也没有看过。”

曾被任命为中国大百科全书出版社临时领导小组副组长、《不列颠百科全书》中美联合编审委员会中方主席和《简明不列颠百科全书》（中文版）主编的刘尊棋先生

此时，王卓然任国务院参事，他对营救刘尊棋的事一直记忆犹新。早在1952年，在写给中央统战部的自传中，就记述了保释刘尊棋出狱的事情。然而，此时无人前去调查，也没有人出来为刘尊棋作证。

1956年1月，国家机关党委召开大会，宣布揪出刘尊棋是继“胡风反革命集团”案之后的中央机关的又一大案，罪名是：叛变出狱、军统特务，同时还为美帝国主义服务。1958年，刘尊棋作为被遣送到北大荒的右派分子离开北京。

“文革”第二年的1967年3月16日，中共中央印发了“专案组”《关于薄一波、刘澜涛、安子文、杨献珍等人自首叛变问题的初步调查》，揪出了所谓“六十一人叛徒集团”。1936年春，为营救薄一波等狱中难友，负责传递刘少奇指示的孔祥桢就住在刘尊棋家，刘尊棋成为“专案组”可以获得为所谓“六十一人叛徒集团”定罪的有力证明材料的突破口。1968年5月，他被逮捕押回北京，关在半步桥监狱。“专案组”批示：“此人永远不能放回社会。”1969年12月，刘尊棋被押到长沙。1970年6月底，因为身体原因，他被转往位于洞庭湖赤山岛上的湖南第一监狱。因为没有判决书，他成为这里的一名“寄押犯”。

1975年8月，“寄押犯”刘尊棋出狱，被安排在湖南农校图书室当管理员。

1978年2月，胡乔木指示调刘尊棋回北京，建议大百科全书出版社调刘尊棋到社里工作。那时，并不知道他人在哪里。我千方百计找到刘尊棋的儿子刘小军，才得知刘老被关在洞庭湖的一座死囚岛上。由于监狱管理人员觉得他有文化，让他做了文书，他才免于一死。我将此情况报告给胡乔木，胡乔木批示，派人把刘老从死囚岛接回北京，参加大百科全书出版社的工作。

1978年11月，经多方调查，事实真相全部查清：刘尊棋的叛徒、特务罪名纯属历史误会，中央组织部给刘尊棋正式平反。1978年11月至1981年，刘尊棋被任命为中国大百科全书出版社临时领导小组副组长、《不列颠百科全书》中美联合编审委员会中方主席和《简明不列颠百科全书》（中文版）主编。

从“车工”到百科专家的故事

出版社挖掘人才主要看他们的学识、才能和事业心，并不以他们的名望地位为标准。

金常政在“文革”中下放劳动“接受再教育、自我批判”，在车间当了六年车工，在车床旁工作了两千多个日日夜夜。

1978年，金常政结识了姜椿芳，姜老发现他对中西文化都有较深的修养，特别是他决心为国家做一番事业的意志和决心受到姜老的赏识。

正如金常政后来所说，是百科全书事业把我们牵到了一起。他从北京一家工具厂加入中国大百科全书的创业事业；从一个百科全书的业余爱好者，变成为百科全书的编纂者。事实证明，他果然不负重托。在百科全书的总体设计，体例制定和编纂方法等方面做出了很大贡献，成为大百科全书出版社的副总编辑，获得“中国辞书出版终身成就奖”，是我国一位著名的百科专家。

“送上门的右派”的故事

1957年，周志成被错划右派下放。他既不“鸣”，又不“放”，无任何言论，只不过听说恩师被打成右派感到难受，对一些“右派”思想心有共鸣，因而主动交代，成了“送上门的右派”，被放逐新疆十八年，1979 年落实政策从新疆回北京。

他刚到北京，姜老和我就赶到他简陋的住处，请他到大百科全书出版社工作。

据黄鸿森在悼念周志成的文章中说：“1979 年初周志成得知‘改正’信息，就以‘新疆农民’的身份，迢迢数千里，从南疆来到北京，要求安排工作。原单位以编制为由，推将出去，他打点行装准备回疆，这时他得知，中国要编百科全书，欣喜不止。周志成在浙江大学期间，就是《大英百科全书》的经常使用者，也希望中国编出百科全书，粉碎‘四人帮’后，曾上书国务院以及中国科学技术协会领导人茅以升教授等人，建议编辑‘打不倒的、信得过的’百科全书。不意，姜椿芳先生已在高树大旗，筹办百科了。周志成试着打电话毛遂自荐，大百科接电话的正好是负责罗致人才的阎明复先生（后出任中共中央书记处书记兼统战部长）。阎氏询明周的住处，表示要来拜访。周志成心中纳罕，自己是求职者，怎么能劳人家的驾？原来，出版社已经心中有数，大百科总编委副主任于光远先生向出版社推荐过专攻物理又有编辑经验的周志成，大百科正在多方打听周的下落，竟然天降斯人。当天，薄暮时分，风雪交加，寒气逼人，求贤若渴的姜椿芳和阎明复就联袂前往，同顾茅庐。姜椿芳年近古稀，身躯丰硕，一步一步登上五层楼，不巧走错单元。下来后，时值中年的阎明复，请姜椿芳留在楼下，自己上楼探明属实后，再搀扶姜氏登楼，走进周志成寄居友人家局促的陋室，已经满头大汗。一方是竭诚相邀加盟，一方是立意效力百科，自然是言谈投契，融洽无间。调动手续还没有办妥，出版社需才孔亟，周志成就先去上班了。”

我也记得，我们为他多方奔走，落实政策。姜老根据他的学识经验，大胆任命他与吕东明一起担任科技部领导工作。吕东明和他是浙江大学校友，时任中国空军气象机构负责人。

周志成为《中国大百科全书》科学技术各卷的编纂做出了贡献，后被任命为副总编辑。他把此后二十多年岁月完全献给了中国的百科事业。

主动汇报遭遣送的故事

在上世纪50年代，林盛然已是天文学界优秀的青年学者，后被派往民主德国柏林大学进修。当时，东西德并未以柏林墙为篱，可以自由往来。一次，林盛然偶然去了一趟西柏林游览，回校后感到不安，便主动去我驻民主德国大使馆汇报，使馆将他遣送回国交给公安部，经审查没有发现什么问题，便将他下放到河北，多年在一家地方小厂工作。

当他从报纸上得知我们开始编纂《天文学》卷的消息时，即从外地赶到北京找到了我，表示愿意献身于百科事业。我当即派他参加《天文学》卷的工作，并派人事部门的同事到公安部了解他的情况及商调，终于使他如愿以偿。在担任《天文学》卷的责任编辑后，他又在科学技术各卷的工作中发挥了作用，后来被任命为副总编辑。

又是一个“右派”的故事

王伯恭，1914年生，湖南临湘人，编审。1943年毕业于四川教育学院教育行政系。曾任重庆《大公报》记者、编辑、特派记者，南京《新民报》编辑，上海民治新闻专科学校教师。解放后，曾在北京新华总社国内部任编辑，后被打成“右派”。我们听新华社他的同事介绍，王老中文功底极强，是难得的人才，我即把他调到社里。1979年调到出版社任《中国大百科全书》《戏曲 · 曲艺》卷责任编辑、《天文学》和《外国文学》两卷编辑，并负责《中国文学》卷的二审和终审工作。曾任出版社编审组副组长、大百科全书出版社编委会委员，参加了《中国大百科全书》编写体例的研究和修订，及许多学科卷的框架审定工作。

“指标右派”的故事

徐慰曾，1926年出生，江苏无锡人，中共党员，民盟盟员。1950年7月毕业于上海财经学院国际贸易系。毕业后，曾在东北进口公司、中国机械进口公司工作。

1957年“反右”运动中，上级规定每个单位划定的“右派分子”要占职工的百分之五，是硬性指标。徐慰曾所在的某外贸机关打“右派”，支部书记对他讲，我们的“右派”指标差一个人才到百分之五，你是否可以先“戴上右派帽子（定性‘右派分子’）”，过一段再摘了（免于此罪名）。徐慰曾为了顾全大局，欣然同意。没想到被划为“右派”后，即发配到农场劳动，吃尽了苦头。

徐慰曾1978年回到北京时已经52岁。饱尝了命运中的横逆和灾难的他，来到刚刚成立的中国大百科全书出版社做临时工。

而他一生中最重要的事业也从这里开始。当时，社里为参考《不列颠百科全书》，组织了一批青年做翻译工作，徐慰曾英文很好，让他带着年轻学生在北京马神庙全总干校翻译条目，后来，他正式成为责任翻译。1979年平反昭雪后，他被正式调入中国大百科全书出版社，任《简明不列颠百科全书》和《不列颠百科全书》国际中文版编委会总编辑。

一个有“问题”人的故事

黄鸿森从小家境贫寒，父亲是位教师，他六岁时父亲去世了，在学校校长的资助下才读完了小学。1949年在上海当记者，解放后，有着丰富新闻工作经验的黄鸿森考入当时由中共中央华东局成立的华东新闻学院，后分配到了新华社北京总社工作。

1954年，他因抗战时期参加过国民党的政工队和三青团等历史问题，被审查后定为“历史反革命”，入狱五年并开始了长达三十年的磨难。

1959年他从监狱里出来后，进入北京编译社做翻译工作。那时，他仍然是一个有“问题”的人，几乎所有朋友都不与他往来了。“文革”开始不久的1968年，他被关进了“牛棚”，又被下放到北京郊区接受贫下中农再教育六年，后又转到工厂劳动两年，直到1976年“四人帮”被粉碎。在这段时间，他和家人过得很艰难，家境贫困，家徒四壁。1977年，商务印书馆找到他，约他译校俄文版《神话辞典》（主要是古罗马和古希腊神话）。这样，北京图书馆成了他整天待着的地方。

1979年，对黄老来说，是最不寻常的一年。在这一年，他实现了自己向往已久的理想——亲手编纂中国自己的大百科全书。那天，他在北京图书馆查找资料，巧遇多年不曾谋面的老朋友金常政。金常政告诉黄鸿森，国家将要成立中国大百科全书出版社，并正在筹划编纂《中国大百科全书》。对他的情况十分了解的老朋友金常政，邀请他同去做这件事。

金常政回来告诉了我有关黄鸿森的情况。知道他有关于百科全书和辞书的工作经验，翻译水平很高，对语言文字有着很深的造诣，我毫不犹豫地即刻邀请他加入大百科队伍。虽然他的"历史反革命"问题，直到1986年才正式平反，但社里一直将他作为骨干力量。几年中，他先后编辑了《中国大百科全书》中的《天文学》、《力学》、《矿冶》、《交通》、《建筑园林》、《环境科学》等卷，此外，还编辑了《中国历史》、《澳门百科全书》、《新世纪中学生百科全书》等大型辞书。

大百科专业骨干队伍

类似的故事不胜枚举。"尊重知识，尊重人才"，在大百科全书出版社是一个行动指南。在这一方针的指引下，编辑队伍从无到有，从

中国大百科全书出版社同仁留影

与中国大百科全书出版社同仁金常政（右二）等合影

中国大百科全书出版社同仁留影

与中国大百科全书出版社严玉华、王东等合影

中国大百科全书出版社同仁留影

与中国大百科全书出版社同仁合影

中国大百科全书出版社的同仁游览八达岭长城

文化部学习十二大文件

1982 年 10 月，文化部学习党的十二大文件第一期轮训班合影

小到大，到 1983 年我调离出版社时已有五百多人。我和过去的同事们一起回忆、罗列了（仅仅是一部分）当年的大百科全书出版社专业骨干队伍，回头看看大百科全书出版社“招降纳叛”、“难友”编书的队伍，觉得把这个名单列出来，或许对我们党和国家未来如何善待知识分子，戒除政治运动过度，有着警示作用。我认为，“反右扩大化”的定性是不准确的，应该完全、彻底否定所谓“反右”运动，而不仅仅是否定“扩大化”。

参加《中国大百科全书》编纂工作中落实政策的人员：

刘尊棋（临时领导小组成员，《简明不列颠百科全书》编委会主任。曾被划为“右派”）

曾彦修（临时领导小组成员。曾被划为“右派”）

刘雪苇（临时领导小组成员。曾被划为“胡风分子”）

周志成（副总编辑，百科编纂条例起草人，科技类百科的策划人，浙大物理系。曾被划为“右派”）

金常政（副总编辑，获中国辞书事业终身成就奖）

黄鸿森（百科编纂条例起草人，获中国辞书事业终身成就奖。曾被划为“历史反革命”）

杜友良（《简明不列颠百科全书》主要译者和编辑。曾被划为“右派”）

王伯恭（编审，社科资深编辑。曾被划为“右派”）

吕东明（原空军气象部门高级军官，科技部负责人）

林盛然（副总编辑，《天文学》卷责编之一，德国留学。曾被“劳改”）

全如瑊（《现代医学》、《生物学》卷责编，协和医大。曾因“反革命罪”在新疆劳改）

郑伯承（研究员，《现代医学》卷责编，北京医学院儿科。曾被划为“右派”）

张遵修（《法学》卷责编）

王福时（图书馆馆长。曾被划为“右派”）

张云鹗（《物理学》卷责编，曾被划为“右派学生”）

戴中器（《数学》卷责编，曾被划为“右派学生”）

符家钦（《简明不列颠百科全书》编辑。曾被“劳改”）

徐慰曾（《简明不列颠百科全书》和《不列颠百科全书》国际中文版编委会总编辑。曾被划为“右派”）

王顾明（临时领导小组成员）

汤季宏（上海分社领导）

陈虞孙（上海分社领导）

邓伟志（上海分社领导，曾借调到北京大百科出版社）

郑伯麒（《语言文字》卷责编）

梁从诫（《百科知识》杂志负责人，全国政协委员。曾被划为“反革命分子”）

顾家熙（社科资深编辑）

王廼彬（《科技卷》编辑）

高林生（《矿冶》卷责编。曾被划为“右派”）

韩大钧（《矿冶》卷责编。曾被划为“右派”）

吴书年（《中国大百科全书》一版编辑主力。曾被划为“右派”）

周家骝（《中国大百科全书》一版编辑主力）

邢院生（《现代医学》卷编辑）

杨公瑾（《中国大百科全书》一版编辑主力。曾被划为“右派”）

1978 年至 1983 年大百科全书出版社培养的年轻人：

周小平（副社长，全国“三八”红旗手）

马五一（荣宝斋总经理，全国“三八”红旗手）

龚　莉（现任社长，副总编辑，《中国大百科全书》一版、二版编辑主力，全国“三八”红旗手，“五一”劳动奖章获得者，全国出版业领军人才）

李粒力（副社长、新闻出版总署人教司司长）

郜宗远（中国美术出版集团总经理）

周五一（当代中国出版社社长兼总编辑）

谢寿光（社会科学文献出版社社长）

阿去克（副总编辑，《不列颠百科全书》国际中文版编辑主力）

王云涛（行政处长，后任民族事务委员会老干部局局长）

刘永芳（《中国大百科全书》一版编辑主力。1979 年把落实政策的四合院借给出版社办公）

楼　遂（《中国大百科全书》一版、二版编辑主力。楼适夷之女）

周　茵（《中国大百科全书》一版、二版编辑主力。周志成之女）

王小青（《中国大百科全书》一版和《少儿百科》编辑主力）

尤国宏（《简明不列颠百科全书》和《不列颠百科全书》国际中文版编辑主力）

刘海英（《中国大百科全书》一版、《不列颠百科全书》国际中文版编辑主力）

贾　毅（《中国大百科全书》一版、《不列颠百科全书》国际中文版编辑主力）

李光夏（优秀党务工作者）

易小冶（《百科知识》杂志负责人，后为美国的著名社会学家）

王渝丽（《中国大百科全书》名词术语工作的编辑主力，国家科技进步三等奖获得者）

高　原（《中国大百科全书》一版编辑主力）

翦　晏（《中国大百科全书》一版编辑主力）

杨小凯（《中国大百科全书》一版编辑主力）

张辰五（《中国大百科全书》一版编辑主力）

吕建华（《中国大百科全书》一版编辑主力，现为科学普及出版社副社长）

吴江江（现为中国图书进出口（集团）总公司总经理）

刘伯根（副总编辑，党的十六次代表大会代表，现为中国出版集团副总裁）

党和政府关怀下的“大百科”

关怀与支持

中国大百科全书出版社能发展到今天这种规模，与党和政府的关怀与支持分不开。成立出版社，编辑出版《中国大百科全书》是党中央、国务院批准的；为领导和决定编纂工作中的方针大计，中央批准成立中国大百科全书总编辑委员会，由胡乔木任主任，于光远、贝时璋、严济慈、周培源、姜椿芳、钱学森、梅益等12人为副主任。

胡乔木对百科全书工作十分关心，从大政方针到重要条目的编写都给予具体的指导。送他审阅的条目，他经常逐字逐句地进行修改。胡乔木不断教导大家，只有高水平的编辑，才能编出高水平的书。他主张大百科全书编辑人员的培养要做出规划；要因人施教，分期培训，一定要注重外语水平的提高。他为大百科全书出版社的组织建设与人才培养费尽了心血。

钱学森为百科全书的规划学科分类以至重要条目的编撰做了大量的工作。

于光远是总编委会的常务副主任，姜老经常向他请教……

有关的许多部委、中国科学院和中国社会科学院派出大批著名专家学者和得力干部参与编撰工作。我记得当时教育部、社会科学院等单位都下达过正式文件，把《中国大百科全书》的编撰工作列为他们的教授、专家的科研项目。国家出版局对我们需要的人才大开绿灯，许力以、王益、常萍、宋木文等领导亲自过问，为我们解决了许多困难。在国家和北京市计委、建委的大力支持下，北京市副市长赵鹏飞亲自在阜成门立交桥西北黄金地段，为出版社办公大楼定下地址；市规划局、设计院、第二建筑公司共同努力，只用了很短的时间，建起了当时全国面积最大的出版社办公大楼。在出版社新办公楼落成后，邓小平亲笔题写了“中国大百科全书出版社”社名。他那刚劲的字迹至今仍在出版社大楼上与朝霞相辉映。此楼曾参加北京新十大建筑评选并获奖。

文化史上空前的伟大工程

正是在1978年夏天，邓小平批准编纂大百科全书后，姜老手持中共中央的决定找到我，讲述了他如何萌发了编纂大百科全书的想法。讲到学术界的积极反应，胡乔木的支持，以及邓小平的批示等过程，并要我参与这项意义重大的文化创举。我深为姜老的精神折服，全身心地投入了这项事业。在大百科全书出版社度过的五年是我终生难忘的。

当时，适逢党的十一届三中全会结束，邓小平重返领导岗位。十年浩劫，百废待兴，邓小平自告奋勇来抓科技、抓教育。他指出，“不抓科学、教育，四个现代化就没有希望了，就成为一句空话”[①]。邓小平主持召开了全国科学大会和全国教育工作会议，号召全国各族人民坚定不移地朝着建设社会主义现代化强国的伟大目标胜利前进。正是在这种情况下，邓小平亲自批准了编辑出版《中国大百科全书》，并批准成立了中国大百科全书出版社，负责此项编纂出版工作。从此，邓小平经常关心百科全书的编撰情况。

《中国大百科全书》各卷，从1979年开始就进入了实质性的编撰阶段，到1993年全书七十四卷出齐，全国学术界先后两万多名专家参加了这项中国文化史上空前的伟大工程。对这一点，我有着深刻的体会:《中国大百科全书》的编纂是一个规模巨大的集体工程。它融汇了成千上万名一流专家学者的学识智慧，以及出版社总社、分社全体领导、编辑、工作人员的辛勤劳动。

当时，中国大百科全书出版社几乎动员了全社的力量，首先着手

① 《邓小平文选》第二卷，人民出版社1994年版，第68页。

编辑第一个学科卷——《天文学》卷。仅用两年时间,《天文学》卷就高质量地出版了。它为全书编纂工作开拓了道路，提供了丰富的第一手经验，同时检验了全书总体设计和体例，对各类条目、插图、参见、索引都做了更明确的规定。

据黄鸿森回忆，“当时，出版社已经决定,《中国大百科全书》第一版实行分类分卷出版。姜椿芳认为，讲故事从盘古开天起头，选定《天文学》为先锋卷，这种选择还有两个原因，一是‘文革’后中国天文学会率先恢复活动；二是天文学以宇宙为研究对象，可以减少些意识形态上的纠葛。从 1978 年秋天开始，姜椿芳就带领阎明复、金常政以及上海分社编辑奔波于北京、上海、南京等地做百科全书的拓荒工作。仅仅几个月时间，就完成了调研准备、组织作者队伍、设计框架、选定条目、撰稿审稿等前期工作，其成果是全部条目、一百多万字的稿件进入编辑部。”

百科全书的编纂，按流程分前期和后期。前期工作以社外专家为主，编辑部则宣讲体例，提出撰稿、审稿要求；后期工作以社内编辑为主，社外专家处于顾问地位。就参与人员而言，前期人数较多，后期人数较少；就编纂出版时间而言，前期需时较短，后期需时较长。这是辞书编纂的共性。

《天文学》卷后期编纂工作由责任编辑金常政（百科全书专家）、林盛然（天文学家）主持，周志成作为主管科学技术部的副总编辑，总其大成。

后期编纂工作，又分为三个阶段。

一是分支学科编辑阶段。《天文学》编辑组颇具规模，从天文学界聘请了七位有“秀才”之称的天文学家担任学科编辑，出版社从内部遴选了七位通晓外语的资深编辑担任文字编辑，还配备资料核对、名词统一的编辑人员，总共三十多人。出版社在北京阜成门外一座大院里借了半爿楼房，把他们安顿在那里，从学术上、文字上、体例上，以及百科全书所要求的一切环节，打磨稿件，夜以继日，整整工作了三个月。这个阶段的主体成果是编成《天文学》卷的征求意见稿。编百科全书在中国是第一次，无先例可援，无蓝本可依，无经验可资借鉴，要从实践中摸索编纂规律，积累经验，《天文学》卷也就成了《全书》的试点卷、实践卷。不仅要编好这一卷，还要从试点卷的实践中培养全书的编辑人才，出书还要出人。从《天文学》卷编辑班子中，后来出了四位副总编辑，五位编审，还有多位副编审。

二是成书编辑阶段。这一阶段谋求天文学范围内的整体性，并就学科做进一步审查；在此基础上修改和润饰文字，做了全书的资料核对和名词统一工作；准备好正文稿件和前后的序言、凡例、目录、索引等附件，这样就可以发排了。

三是排校通读阶段。《天文学》卷这一阶段的编辑工作是在安徽绩溪海峰印刷厂进行的。这是一家由上海迁至"小三线"的工厂，设备良好，技术力量充足。

《天文学》卷的经验成了推动其他各学科卷编辑工作的样本，从

1982 年 4 月，《中国大百科全书 · 土木工程卷》编撰工作会议在江苏无锡召开

此，一卷一卷的工作陆续展开，最高峰时竟有五十多卷同时在开展工作。

出版社在人手很紧的情况下，还办了一份杂志《百科知识》(月刊)，广泛介绍社会科学、自然科学和应用科学的知识，既是《中国大百科全书》的一个补充，也是对其进行宣传。早期主持刊物的是刘尊棋，易小冶和梁从诫是他的得力助手。在他们的努力下，《百科知识》办得有声有色，一直是社会上很有影响的刊物。

从1980年冬天开始，出版社组织中国科学院、中国社会科学院、中央编译局、新华社等单位组成的编译委员会，以及袁东衣老先生①领导的天津地区编译委员会，各大专院校、各科研机构近五百位专家、学者和翻译工作者，共同参加了《简明不列颠百科全书》的翻译、撰稿、校订、审定和编辑工作。到1985年1月，由中国大百科全书出版社上海分社付排。1986年9月出书。全卷共十卷，七万一千余条，约两千四百万字。其中有关中国的条目都是由中国专家学者撰写的。《简明不列颠百科全书》的出版发行，得到了各界人士的好评。

回顾中国现代百科全书事业的历史，它的成长从一开始就同邓小平的支持和关怀是分不开的。邓小平始终把编辑出版百科全书——建设一座没有围墙的大学——同培育人才、实现四化的任务紧密联系起来。我们百科人——先后参加和正在从事百科全书编撰工作的全体同志们，可以无愧地宣称，我们没有辜负邓小平对我们的期望。如果中国现代百科全书事业的奠基人——我们的姜老——还健在的话，他也一定会满意的。

迈出早期与国外同行合作的步伐

在改革开放的方针提出不久，中国大百科全书出版社就较早地迈

① 袁东衣，原天津市政协常委。——作者注

1979 年 11 月 26 日，国务院副总理邓小平接见了美国不列颠百科全书公司编委会副主席兼副总裁弗・吉布尼（左一）率领的访华代表团。中方陪同接见的有：国家出版局代局长陈翰伯，中国大百科全书出版社负责人姜椿芳（左三）、刘尊棋、阎明复（左二）

出了与国外同行合作的步伐。

为了编好中国的百科全书，必须认真地研究外国的编纂百科全书的经验。为此，我们开始收集世界上有名的百科全书版本。正在此时，美国美中关系委员会的李楣女士来华，向胡乔木介绍了美国出版的《不列颠百科全书》，并转达了不列颠百科全书公司愿同中国同行合作的意向。后来，加拿大麦吉尔大学教授林达光先生也向我们转达了这一建议。

当时，对与美国不列颠百科全书公司合作的问题，在出版社内部产生了两种截然不同的意见。一部分同志认为，应该集中力量编辑自己的百科全书，翻译出版外国的全书会分散编辑力量；另一部分同志则认为，翻译工作不会影响中文百科全书的编撰，而且，先翻译和出版《不列颠百科全书》这部世界公认的权威百科全书，不仅可以在《中国大百科全书》出版之前满足读者的需求，更可以为我们编好自己的百科全书提供有益的参考。经过多次认真的讨论，出版社领导达成了共识，决定委托精通英语、知识渊博的刘尊棋主持这项翻译工作。

这样，1979 年 11 月，美国不列颠百科全书公司编委会副主席兼副总裁弗・吉布尼和另一位副总裁保・阿姆斯特朗在林达光教授的陪同下来华访问，并同我们出版社就合作事项交换意见。

1979年年底，出版社就与美国不列颠百科全书公司达成了合作编辑中文版《简明不列颠百科全书》的协议。这是中美文化交流合作史上重要的一页，得到邓小平的高度评价。他曾三次接见中美双方负责人，指出："我们把这部百科全书翻译过，从中得到教益，这是一件很好的事情。"

记得是在1979年11月26日，当时，担任国务院副总理的邓小平第一次接见了时任不列颠百科全书公司副总裁的吉布尼、副总裁阿姆斯特朗和林达光夫妇等人。当时，中方陪同接见的有：国家出版局代

会见时，邓小平与弗·吉布尼合影，前排左起：姜椿芳、李敏梅、陈翰伯、弗·吉布尼、邓小平、林达光、阿姆斯特朗，后排左起：梁从诚、严玉华、刘尊棋、冀朝铸、阎明复、王大东、王东

刘尊棋（右三）、周有光（左一）、钱伟长（左三）、徐慰曾（右二）、阎明复（右一）等与美国不列颠百科全书公司编委会副主席兼副总裁弗・吉布尼（右四）等商谈不列颠百科全书翻译出版事宜

局长陈翰伯，中国大百科全书出版社负责人姜椿芳、刘尊棋、阎明复等。邓小平在谈话中指出：我们应该充分利用世界的先进成果，来加速现代化建设。在美方提出中美双方出版机构合作出版中文版《不列颠百科全书》时，邓小平说，这是个好事情，并当场就批准了这项具有划时代意义的重要出版合作项目。邓小平对两个出版社建立长期合作、交换资料、进行交流表示支持。邓小平说，这也反映了我们的落后，三十几年还没有搞这些事情。现在开始做，当然这件事也不容易，特别是中国自己的部分。外国的部分搬你们的就是了，中国部分可能还有许多的议论、争议和一些不同的看法。邓小平强调，中国部分由中国专家自己写。

特别值得提到的是，邓小平同志在此次谈话中第一次提出社会主义也可以搞市场经济的思想。客人提出一个问题："您是不是认为过去中国犯了一个错误，过早地限制了非资本主义的市场经济，这方面限制得太快，现在就需要在社会主义计划经济的指引之下，扩大非资本主义的市场经济作用？”邓小平回答时，将列宁的新经济政策思想引入中国，第一次提出了社会主义也可以搞市场经济的思想：“说市场经济只存在于资本主义社会，只有资本主义的市场经济，这肯定是不正确的。”

他指出：“我们是计划经济为主，也结合市场经济，但这是社会主义的市场经济。虽然方法上基本上和资本主义社会的相似，但也有不同，是全民所有制之间的关系，当然也有同集体所有制之间的关系，也有同外国资本主义的关系，但是归根到底是社会主义的，是社会主义社会的。”

接着，1980年9月，美国不列颠百科全书公司董事长霍夫曼率领董事会代表团来华访问。9月3日，邓小平副总理接见了代表团，对双方决定在中国翻译出版《简明不列颠百科全书》给予很高的评价。邓小平说，这是件好事，几乎全世界都知道你们的百科全书在学术领域享有权威性的地位。我们中国的科学工作者将把你们的百科全书翻译过来，从中得到教益。这是很好的一件事情，这项工作同四个现代化有关嘛。《不列颠百科全书》为人类做出了重要贡献，我们要感谢你们。

邓小平接见来访的大百科全书出版社的外国同行和朋友，从实现四个现代化的高度评价双方的合作，对我们是极大的鼓舞和鞭策。1985年6月《简明不列颠百科全书》出版、发行后十分畅销，在海内外引起很大反响。

1985年9月10日，邓小平第三次会见了美国不列颠百科全书公司的代表团。我因当时已调到全国人大常委会工作，就没有参加这次会见。

徐慰曾在祝贺《简明不列颠百科全书》出版之际所写的《邓小平和〈简明不列颠百科全书〉》一文中回忆道：“在经历了长期的‘以阶级斗争为纲’的年代，特别是在‘文化大革命’结束后不久，如果没有小平同志接见美国客人，并当场批准这项合作，中国一家出版社要和美国一家出版公司合作出版这样一部涉及许多政治敏感问题且思想意识、价值观念大不相同的书，几乎是不可能的。同样重要的是，小平同志关于编辑方针的指示，也为以后解决一系列难题指明了方向。后来，我们正式成立了由中美双方学者组成的联合编审委员会，委员会开过三次全体会议、十余次工作会议，经过反反复复的协商、讨论甚至争论，最终解决了一系列有争议的问题，使该书得以出版。”

应该说，没有邓小平，就不会有中国今天的大好形势和光明前景，就不会有今天欣欣向荣的出版事业，也不会有中美合作出版的《简明不列颠百科全书》，更不会有《中国大百科全书》。

1980 年 9 月 3 日，邓小平会见美国不列颠百科全书公司董事会董事长霍夫曼率领的董事会代表团

康克清大姐会见美国不列颠百科全书公司访华代表团时的合影

朱敏女士（左五）参加为欢迎美国不列颠百科全书公司董事会代表团访华举行的酒会

中国大百科全书出版社同仁与美国不列颠百科全书公司访华代表团在下塌的国务院第五宾馆合影

陪同美国不列颠百科全书公司访华代表团游览颐和园

姜椿芳等中国大百科全书出版社同仁在首都机场欢送美国不列颠百科全书公司代表团回国

1980 年夏天，姜老率领中国大百科全书出版社代表团访问了美国不列颠百科全书公司，同他们签署了将《不列颠百科全书》的一部分译成中文出版（即《简明不列颠百科全书》）的协议。

代表团在访问美国期间合影

在美国访问期间

代表团在访问美国期间合影

刘尊棋在吉布尼家做客

在美国访问期间，到不列颠百科全书公司编委会副主席兼副总裁弗·吉布尼（右一）家中做客

在美国访问期间

在美国访问期间与美方接待人员合影

1983年，我和金常政还利用参加“莫斯科国际图书博览会”之时，结识了苏联大百科全书出版社的同行，并到该社参观学习，认真研究了他们的编纂经验。回来后向全体编辑做了介绍，并写成书面材料。以后两国同行们的交流持续了很长时间。

1983年八九月间参加莫斯科书展，18年后重访莫斯科在红场留影

“大百科”精神

“大百科”精神，是追求民主、科学的“五四”精神；是在“文革”浩劫结束后民主、科学的继承和发扬光大。

学习和交流的社风

中国大百科全书出版社成立之初，做的第一件事就是动员当时全社的力量，着手编辑《中国大百科全书》第一个学科卷——《天文学》卷。作为实验卷，学习和交流经验几乎成为最重要的活动，成为一种“社风”。这也是为什么仅用了两年时间，《天文学》卷就高质量地出版了的原因，这也为全书编辑工作开拓了道路，提供了丰富的第一手经验，也检验了全书总体设计和体例，对各类型条目、插图、参见、索引都做了更明确的规定。以此为契机，《中国大百科全书》一卷卷编纂陆续展开，最高峰时竟有五十多卷同时开展工作。

发扬民主，广开言路

百科事业的方针就是民主办事。上有胡乔木挂帅的总编委会，每学科卷也都有自己的编委会，重大问题都由编委会来审定。在广开言路，充分发扬民主的基础上由编委会裁定。

1978 年八九月间，社领导班子讨论全书的总体设计和编辑出版规划。国外百科全书一般是按拉丁字母顺序来编排的，便于检索，但前提是必须先动员各方专门人员，从第一个字母到最后一个字母把所有学科的条目都定下来，再着手编写。讨论时，一种意见是先学习，从容准备几年，把总体设计搞完善了再动手：另一种意见是，在有个基本框架方案的基础上立即上马学步，通过实践完善总体设计。

姜椿芳从实际出发，提出按学科编撰的建议，社里的大部分领导成员反对，认为不符合惯例。姜老没有独断专行，而是耐心解释说，只有按学科分类分卷才能组织起编撰队伍、着手编写，各学科卷的条目可以按汉语字母顺序编排。经过广泛讨论，发扬民主，汲取了各方意见，姜老的方案终被大家接受。各学科卷在编撰中都成立了学科编委会，条目挑选最合适的专家来撰写，最后由编委会集体审定，每个过程都体现了民主。

艰苦奋斗，发愤图强

我国的大百科事业，从一无所有，通过艰苦奋斗，建起百科大厦，培养了大批人才。

初建时期物质条件匮乏，没有固定的办公地点，在中央编译局的会议室开过会，在国家出版局的传达室里议过事，后来借版本图书馆后院的三间库房，白天是办公室，晚上成为临时宿舍，曾任副社长兼副总编的刘尊棋曾在办公桌上睡过觉。出版社的建制、如何开展工作、全书编辑方针等都是在这种工作条件下研究决定的。

1993 年第一版《中国大百科全书》出齐时，《人民日报》发表《铸就中华文化的丰碑》文章，文前按语说："大百科精神，是一种执着的爱国主义精神，是一种高尚的集体主义精神，是一种主动开拓的创业精神，是一种实事求是的科学精神，是一种无私的奉献精神。"几百位大百科全书的编辑，几千位大百科全书总编委会和学科编委会委员，两万多位大百科全书撰稿人，都是由大百科精神凝聚起来的大百科人。

回到了在“大百科”的日子里

在一些回忆文章中，读起来并不是因为写到我而有什么特别，而是，我好像看到了我留驻在“大百科”的影子，仿佛又回到了过去的日子里，熟悉而亲切……朋友们劝我也一并收录在我的回忆录里，以怀念在“大百科”的日日夜夜……

大百科全书出版社召开十五周年社庆纪念会时，曾经在这个出版社初创时期担任过副社长、副总编辑的阎明复应邀参加了这个会议。

大约是因为走错了路，阎明复到会场时，会议已经开始了。一个领导人正在主席台上讲话，阎明复悄悄从后面走入会场。这时，有人看到了他，便禁不住鼓起掌来。掌声由弱变强，由点点变成片片，最后全场掌声雷动。许多人还纷纷离开座位和阎明复握手。会议不得不中断了一会儿。

仿佛又回到了在“大百科”的日子里，熟悉而亲切……

仿佛又回到了在“大百科”的日子里，熟悉而亲切……

有件事是听在“大百科”工作的一位女同志讲的。讲这件事时，她生动的眼睛里浸满了一种让人感动的真挚感情。她说，“大百科”初创时期的那些和阎明复一起艰苦创业的同志们，是不会忘记阎明复的。说大百科的许多精英、骨干都是阎明复调来的；阎明复还在晚上爬上摇摇欲坠的小木楼，到他们的家里去请他们出山。他们中许多人还戴着“地富反坏右”的帽子，有的刚刚从监狱里出来，还没有落实政策，还顾虑重重、战战兢兢……阎明复就给他们打气、鼓励他们。

这些人到出版社后，阎明复不但在业务上重用他们，在生活上也给了他们许多直接的帮助和关心。

她说，一天晚上，一位德文专家高兴得在一个饭馆喝醉了，钻到桌子底下出不来了。阎明复听说了，跑到酒馆把这位专家背回了家。结果，这位专家的家属还误会了阎明复，以为阎明复和他一起喝酒，把他灌醉了。

她说，阎明复对“大百科”的业务工作抓得也很好。她清楚地记得，当时阎明复和她谈起编哲学卷的问题，问她与这方面的专家熟悉不熟悉，让她去联系哲学所的专家。她说，她非常高兴阎明复给了这样的任务，当晚就到一位哲学专家的家里拜访了。后来这些专家在编《哲学》卷的过程中都发挥了重要作用。

她还回忆起，阎明复那时给大家讲编辑流程，给新来的大学生上课的情景。

她说她也知道，当时的人事干部对阎明复调那些还没有落实政策的知识分子来“大百科”工作意见很大，他是顶着很大压力工作的。

阎明复倒没觉得自己有多大压力，因为他觉得自己做的事情一点儿都没有错。那时的人事处长确实对他说过，说“大百科”调入这么多有严重问题的人，干部路线有问题。阎明复冲那位处长发了脾气，说：“戴在他们头上的帽子是莫须有的，他们都是专家，国家难得的人才，只有他们这样的人才能编百科全书，不用他们，难道用你这样只有小学文化的人吗？”但提起那位处长，阎明复说他也很理解她当时的处境，说在当时那种环境下，人事处长有这样的认识也不奇怪。还说，他很感激那位处长，因为那位处长尽管对他的干部路线、专家路线有看法，但他布置给她的任务，提出的要求她都完成得很好，不但把一些尚没有落实政策的专家调进来了，办好了各种手续，而且帮助他们解决了一些实际问题。尽管这位处长怕跟着阎明复犯错误后来还是调走了，但阎明复还是记住了她为大百科全书出版社做的许多有益的工作。

每当提到在“大百科”那些日子，阎明复那一双本来有些疲倦有些苍老的眼睛里总会闪出一种好像只有青年人才有的那种充满青春活力的光亮。

我曾几次听阎明复讲，在他一生的工作经历中，最使自己感到欣慰、最值得记忆，能最直接为社会、为人民做了些实事，也是自己和大家一起艰苦奋斗、从无到有，能力得以最大发挥的，就是在中国大百科全书出版社的工作中和在“中华慈善总会”的工作时期。

提起大百科全书编撰工作，阎明复总要首先提到姜椿芳。他介绍说，姜椿芳是我国著名的翻译家、作家和教育家，是1932年加入中国共产党的老革命。

“文化大革命”开始以后不久，姜椿芳便遭到了不明不白的迫害，被关进秦城监狱达六年之久。那时，阎明复也被关在秦城监狱。在漫长、冷酷、暗无天日的监禁生活中，姜老面壁苦苦思索：我们美好的祖国，为什么会出现这样没有理智、没有法制、没有道德、没有文化的浩劫。姜老认为答案是明确的，就是因为普遍的愚昧。姜老联想到18世纪法国狄德罗等人通过编写和发行百科全书，为法国大革命发挥了启蒙作用的经验，在监狱中暗自下决心：如果能重新获得自由，一定要倡议并投身于编纂一部集古今中外知识大成的现代的百科全书，帮助人们吸收、借鉴世界文化之精华，启迪觉悟、克服愚昧。

在被“四人帮”囚禁了2407天后的1975年4月19日，在周恩来等领导的关怀下，姜椿芳终于走出监狱。

1978年1月27日，中国社科院《情况和建议》发表了姜椿芳撰写的《关于编辑出版中国大百科全书的建议》。这一非凡的“万言书”，很快得到了邓小平、叶剑英、李先念等中央领导的支持，国务院决定成立中国大百科全书出版社，并任命胡乔木为编辑委员会主任，姜椿芳为社长兼总编辑。

姜椿芳以惊人的毅力艰苦创业，制定总体规划，研究分卷原则，选调编辑人员，组织撰稿队伍，进行国内外学术交流，是中国大百科事业当之无愧的奠基人。

阎明复那时一直跟随姜椿芳为大百科的事业奉献着。那天，阎明复还回忆起大百科初创时期和姜老一起工作的一些老人，他一下子说出了七八个人的名字，说这些老先生都为“大百科”做出了卓越的贡献，都是值得大书特书的。

2002年7月间，我曾见过阎明复在“大百科”时期的一些同事。他们中年纪最大的七十七岁，是徐慰曾，七十七岁的他还是中国大百科全书出版社《大不列颠百科全书》中文版主编。最小的只有四十多岁。他们无论年纪大小，都很自然地称阎明复为明复，没有一个称官衔的。他们中许多人到“大百科”工作的时候，还都是“牛鬼蛇神”，有的甚至刚刚从监狱出来，刚刚劳改释放。但他们又都是有造诣的专家、学者。他们中许多人都是经阎明复之手“招”来的，或是由姜老等人介绍，经阎明复安排的。

戴着一副无框眼镜、文质彬彬的梁从诫是梁启超的长孙、梁思成的长子。“文革”期间，在外交部工作的他被打成“现行反革命”。阎明复骑着自行车到外交部调他时，他还跟别人说，这个阎明复是不是搞错了。可阎明复却肯定地对他说：“你明天就到我们那里上班。”

戴着“现行反革命”帽子的梁从诫到大百科全书出版社工作以后发挥了很大的作用。

大百科全书出版社第一次接待国外的代表团是英国的“知识之乐”代表团。阎明复和梁从诫一起接待这个代表团。阎明复问梁从诫，你可不可以当翻译？梁从诫说，我从来没有当过翻译，早安、晚安当然会说，太复杂的就没把握了。阎明复说，那我们去借一个，你在一旁帮忙。结果，他们从部队那里借来一个翻译，曾在第二十六届世界乒乓球赛时，给我们的球队做过翻译。接待开始了，主宾落座以后不久，一进入实质话题，那位翻译就“卡壳”了。接待室里鸦雀无声，翻译的脸也憋得通红。这时的梁从诫已经完全听懂了英国人说了些什么，便急忙救驾。结果，整场的翻译工作就全由梁从诫承担了。事后，阎明复冲梁从诫发了火，说：“你这样的水平为什么不早说？让我们丢了这么大的脸！”不过也没什么大关系，让英国人看看我们在机场拎包的人也有如此高的水平。我们中国的“大百科”人才了得。那以后，梁从诫在“大百科”就兼任了翻译工作。

我国著名的社会学家邓伟志也是由阎明复调到大百科全书出版社的，担任大百科全书首卷——《天文学》卷的编辑组负责人。

邓伟志从上海刚到北京时连个住处还没有，阎明复为邓伟志安排了住的房间，还即刻批条子让人为他买席子、毯子、枕头。买来以后，管后勤的人就走了。阎明复同志亲自为他铺床，并用抹布擦席子。邓伟志很感动，心里想：“这样的领导真少见。能批条子的，一般不擦席子；能擦席子的，一般又无权批条子。可是阎明复集二者于一身。”

邓伟志回忆说：“当时，编辑组集中了社外的几位天文学家和社内的资深编辑，其中有些人有‘文革’遗留问题需要解决，很多政策有待落实。说白了，专家们有点儿安不下心来。可我们的工作又要求大家日以继夜，夜以继日，搞得他们连个落实政策的时间都没有。”

当时，也没有什么文娱活动来调节调节，只是在周末看看电影。看了几次美国电影以后，有专家提出能不能看看苏联电影。苏联的片子是看不到的。我怀着“有枣没枣打一杆”的试探心情，去向阎明复副总编汇报。我说：“这些专家和老先生工作得很辛苦，咱们伙食很差，他们毫无怨言。他们就想看一看好久没看过的苏联电影，刺激刺激。经济不足，文娱上补，你看行不行？”阎明复听后动了感情，面色深沉地说：“走，你跟我到中联部跑一趟。”我坐上他的吉普车到了木樨地。他对中联部的有关负责人说：“我们不完全是消遣。我们让专家们看了电影以后，发表些看法，整理出来，送给你们。”于是，片子借到了手。片子是原版片，没有翻译，更没有配音。晚上放映时，居然有了同步翻译。这声音怎么这样熟呢？莫非……我扭头一看，果然是阎明复在翻译。我立即向大家说：“现在为我们担任翻译的是阎明复同志！”

“中国辞书事业终身成就奖”获得者、著名翻译专家黄鸿森也是经阎明复的大力支持进入大百科全书出版社工作的。那是 1979 年，“文革”虽已结束，但组织上还没有给黄鸿森落实政策，戴着“反革命分子”帽子的他还在北京郊区劳动。他的好友、已经被阎明复调到“大百科”工作的金常政向阎明复推荐了他，对他情况也很了解的阎明复很高兴地答应了。那时，被整怕了的黄鸿森还顾虑重重。阎明复就鼓励他，让他放心大胆地工作，说他的落实政策问题一定会帮他解决。黄鸿森进入中国大百科全书出版社后，立即被送上《中国大百科全书》首卷——《天文学》卷的编辑前线，后来又参加了《环境科学》、《力学》、《矿冶》、《交通》、《建筑》等学科卷的编纂，为大百科的事业做出了重要贡献。

说起大百科，那些人都有太多的感慨，太多的故事，还有一种难得的令人感动、给人以启迪的精神。这里记述的绝对只是九牛一毛。

说起在“大百科”的工作，阎明复总是要说起那些人，说起“大百科”精神。他说：“大百科精神，是一种执着的爱国主义精神，是一种高尚的集体主义精神，是一种主动开拓的创业精神，是一种实事求是的科学精神，是一种无私的奉献精神。大百科人并不是别的什么人，就是把自觉地传播科学文化知识、提高中华民族科学文化水平、实现我国四个现代化视为己任的有心人。几百位百科全书的编辑，几千位大百科总编委会和学科编委会委员，两万多位大百科撰稿人，都是由大百科精神凝聚起来的大百科人。”

希望我们大百科人继续发扬姜老倡导的“百科精神”，再接再厉，为中国特色社会主义建设事业和人类的和平进步做出新的更大贡献。[①]

与中国大百科全书出版社的旧友新朋合影

① 参见李玉林：《我知道的阎明复》，《慈善》2009年第6期。

附：参加莫斯科书展见闻

这次我和我社编委金常政随我国书展代表团参加第四届莫斯科国际书展，从1983年8月28日到9月19日，在苏联逗留二十二天。在50年代、60年代，我曾多次随中央领导同志赴苏，最后一次是1965年，十八年后旧地重游，有所比较。当然，我所看到的只是很小的一个局部，难免挂一漏万，存在片面性，在这里，我仅把所见所闻记录下来，作为领导同志研究苏联现实状况的一点儿参考。

一

在中苏两国关系严重恶化，中苏两国人民往来长期中断，苏联官方不断进行反华宣传达二十多年之久的今天，我们在苏联举办书展，将会遇到什么情况呢？苏联人民对中国的态度究竟怎样？这是我们在临行前不能不认真思索的问题，可是，后来的事实为我们做出了明确的答复。

中国书展获得了意想不到的成功。9月6日至11日，书展正式对群众开放，每天从早九点到晚七点，络绎不绝的人流涌向中国展室，但又常常停滞在那里，造成水泄不通。东道主只好派人来维持秩序，分批放进参观。前来观看书展的有工人、农民、军人和学生，也有专家、学者和科技人员。年长的苏联公民，特别是曾在中国工作或到过中国的苏联人，多毫不掩饰对中国的好感，利用各种机会向我们表达对中国人民的深情厚谊。

50年代曾广为流行的歌曲《莫斯科—北京》的词作者，苏联科学院院士维尔西宁一连两天来参观中国书展。他对我们说："我写的歌《俄罗斯的心飞向北京》，现在大家都不唱了。我们不唱，你们也不唱了。但我相信，总有一天，在莫斯科和北京会重新唱起这首歌的。"

1956年，曾经陪同伏罗希洛夫元帅到中国来的苏联代表团随员，现在的苏联中央宣传画出版社社长在谈话中回忆起当年中苏人民的友情，讲到毛泽东、刘少奇等领导人和北京百万群众热情欢迎伏老的动人场面，特别谈到伏老到上海后，当地举行盛大的群众欢迎大会，伏老由于激动和亢奋，感到有些眩晕。周总理马上请群众保持会场安静，于是几十万中国群众一齐做出鼓掌的动作，而不发出声响，来向伏老致意……讲到这里，他不禁热泪盈眶。

沙皇时代，列宁在西伯利亚的流放地舒申斯克村革命博物馆副馆长出差到莫斯科三天，天天都到中国书展来参观。她对我们说：舒申斯克博物馆有两件最珍贵的展品，一件是斯大林亲笔签名后赠送给他们的斯大林著作，一件是毛泽东亲笔签名后赠送给他们的《毛泽东选集》。几十年来，无论在什么情况下，这两种书籍都一直在陈列展出。她向我们表示，希望能得到列宁全集中译本的新版样书和有关中国社会主义建设成就的照片。同时，她向代表团赠送了两枚象征苏中人民友谊万古长青的西伯利亚松塔和具有西伯利亚地方特色的民间工艺品：大木碗、长柄木勺、木灯台。

有个50年代曾在苏联共青团中央工作过的苏联人（亚历山大·谢尔盖耶维奇·瓦西里耶夫），对我们说：他在莫斯科世界青年联欢节上接待过以胡耀邦为团长的中国青年代表团，他询问胡耀邦身体怎样，并请我们代他向胡耀邦转致衷心的问候。

不少曾经在中国工作过的苏联专家也前来参观中国书展，一名年高病笃的老人本人不能来，便让他的孙子到展览会向中国同志致意，并代表他向中国同志表示："尽管两国关系出现过许多曲折和波澜，但我的心一直是向着中国人民的。"

一位苏联装甲兵上将，在他夫人和一名少将陪同下前来参观书展，他马上被故宫博物院画册所吸引，对我们说："有一天，我要能随旅游团去中国参观访问该有多好哇！"还讲："请回去告诉你们北京的同志们，让我们友好吧！不要再吵架啦。"

一位从乌拉尔专程前来的中年人，向我们索取针灸用的银针，但又压低声音说："我不是来要针的，而是想告诉你们：我过去热爱，现在热爱，将来也永远热爱中国人民，不管有多么曲折的历程"，"请你们相信，苏联人民对中国人民的感情是真诚的"，并说："有许多歪曲中国事实的宣传，我们都不相信。"

在反华氛围中成长起来的二三十岁的青年人，抱着了解中国的愿望和好奇心理参观中国书展。聚集在《毛泽东选集》俄译本陈列架旁的观众中，就有许多青年人。有两个苏联青年在读到毛主席关于要爱护干部，正确对待和使用干部，干部犯了错误不要一棍子打死的有关论述时，互相低语道："说得多好哇！""和我们过去听到的讲法完全不一样。"不少观众向我代表团索取《毛泽东选集》、《周恩来选集》，有的汉学家还请求代表团赠给他们《邓小平文选》。不少观众还询问我国近年来工农业发展，人民生活水平，对台湾和香港的政策等等情况。

许多汉学家带学生前来看书并讲解，有时还分头仔细摘录。不少部门的专家来中国展室询问本专业（如物理、化学、冶金、机械、建筑等）书籍的出版和展出情况，中国医学，特别是针灸一类书籍，再如烹调、园艺技术、《中国武术》等书籍一直在观众手中传阅。在展览会外，我们也经常受到苏联群众的关照，比如乘坐地铁时，我们向苏联公民打听路，他先问我们："你们是越南人吗？"我们说："不是。"他又问："你们是蒙古人吗？"我们说："不是。""我们是中国人。"他先是感到惊讶，随后便流露出一种不可名状的兴奋心情，详细地为我们指路，告诉我们转换车地点，并把我们带到应乘坐的列车旁边。此外，餐厅服务员、商店售货员、公共厕所里的清洁工也对我们表示友好，主动热情地为我们服务。

一般苏联公民对越南人和蒙古人比较冷淡。书展开幕后，参观中国书展的观众每天在展室外排几十米长的队伍，队尾常常甩过越南展区的门口。只有一个越南人坐在那里值班，很少看见有几个观众。中国书展门庭若市，与冷冷清清的越南书展形成鲜明对照。我国书展代表团成员、作家朱春雨和苏联作家一起就餐时，一位苏联作家骂越南人，朱说："小点儿声，旁边座上就有越南人……"那个作家说："我当面都骂他们，怕什么！"

事实表明：尽管苏联当局进行了多年的反华宣传，但是广大苏联人民对中国和中国人民始终怀有深厚的感情，他们迫切希望了解中国，并为中国人民在社会主义建设中取得的成就感到喜悦。这是促进两国人民友好往来，实现两国关系正常化的重要条件。

二

在苏期间，印象最深刻的是：苏联十分重视爱国主义和英雄主义教育，把进行这种教育作为保持苏联社会的继承性和传统精神的重要手段。

重视传统教育首先表现在对有光荣革命经历的老党员，参加过国内战争的老战士给予较高的社会地位。今年8月中旬，苏共中央在莫斯科召集老党员、老战士开会。我们在莫斯科期间从报纸上、电视上看到全国各地纷纷召开老党员、老战士会议，号召老党员、老战士担负起历史的责任，对青少年加强传统教育。全苏联有二十二万名老党员被授予加入苏共五十周年纪念章。

我们在苏联参观了三个出版社、一个部一级的国家出版委员会，看了两个展览，去了几个百货商店，所到之处都看见在明显的地方悬挂着精心布置的光荣牌，牌额上用醒目的字写着："我们单位工作人员卫国战争参加者的光荣牌"。牌上有些人佩戴各种勋章的彩色照片。在一些正式宴会、招待会上，年长的苏联与会者都佩戴勋章和绶带。

苏联大百科全书出版社为我们举行座谈会时，每次都邀请该社的一位叫伊格纳季耶夫的老战士参加，介绍说：他是苏联英雄，卫国战争期间，在解放乌克兰一个城市时，他第一个开着坦克攻进城的，并说该社许多领导同志也参加了卫国战争。苏联人告诉我们：每个中学都设有参加卫国战争校友的光荣牌，在他们的照片下写明：哪些人参加了卫国战争，哪些人成了英雄，立过什么功，是否活着，在哪儿工作。一年级学生入学，首先由教师讲学校的光荣史，并鼓励学生与英雄们通信。

苏联大百科全书出版社副社长杰列霍夫（战争时是侦察兵）对我

们说：在苏联，对老党员、老战士（特别是战斗英雄）生活上有各种照顾，住房面积较宽，条件优适，在基本工资外有额外补贴。每到气候炎热的夏季，优先安排他们到海边或其他疗养地去休息。他开玩笑说："除了没发给我们每人一架飞机外，什么都给我们了。"

传统教育是苏联报刊杂志、电影电视、广播宣传的主要内容之一。在苏期间，我们在驻苏使馆里看到的也多是反映第二次世界大战时苏联军民抗击德寇和游击队生活的片子。对纪念卓娅壮烈牺牲四十二周年的活动，苏联各报刊也以相当篇幅做了报道。应该提到，在展览会上当我们告诉苏联观众《卓娅和舒拉的故事》在中国再版发行一百五十万册时，他们感到很满意。

苏联注重开展纪念活动，认真保护革命领袖故居、工作室和有历史意义的战争遗址，修建了各种英雄纪念碑，组织群众，特别是学生去参观瞻仰。

每年一到战胜德国法西斯胜利日，在莫斯科的老战士们就要在高尔基文化休息公园里欢聚，他们佩戴着满胸光彩耀目的勋章，按照当年师、团的建制聚集在一起，抚今追昔，畅述情怀。在会场上，还可以看见有战争中失踪者的家属，胸前挂着"谁知道我父亲（祖父）下落？"的牌子，在寻找亲人。

我们坐车到郊区去参观，路过莫斯科保卫战的旧战场，在沃洛克拉姆斯克公路旁矗立着潘菲洛夫师为阻击德寇英勇捐躯的烈士纪念碑和潘菲洛夫将军的塑像，沿途还看到表现首都民兵师的勇士阻截敌人坦克的艺术雕刻——十字交叉的架子型大铁路障。莫斯科有一些老房子的墙壁上镶嵌着纪念牌，比如我们去展览馆路过一座旧建筑——现在的急救研究所墙壁的大理石纪念牌上就刻着："在战争时，这里曾是莫斯科战地总医院。"

9月9日，我和部分代表团成员去参观克里姆林宫的列宁故居和办公室。据讲解员说，许多苏联观众预先登记前来参观，但是要排到三年以后。随后，我们又到红场瞻仰列宁墓，去红场列宁墓的人很多，排成长长的行列。站在红场左面的亚历山大公园，等了一个多小时，公园里，克里姆林宫墙下，无名战士墓前的火炬终日炽烈地燃烧着。一对对新婚夫妇擎鲜花来到墓前，新郎穿着崭新笔挺的西装，新娘身着白裙，头披白纱，他们向无名战士墓鞠躬献花，并在墓前留影。然后又双双径直走向红场上的列宁墓，他们去瞻仰不必排队。在一个多小时之内，我看到这样的新婚青年共有五十多对。苏联公民告诉我们：在莫斯科，新婚青年到无名战士墓献花和拜谒列宁墓“在我们这里已经形成了一种传统”。

9 月 18 日，我们去莫斯科郊区列宁故居参观。途中看到在一座被削平的山头上建起一大片楼区，楼区的中央矗立着两座二十多层的塔楼。陪同我们的苏联朋友说：“这是个可怕的地方，”我以为是监狱，便问：“为什么可怕呢？”他回答说：“这是治疗癌症的研究所，是苏联医学科学院肿瘤研究中心。”这座中心是用 1969 年全苏联共产主义星期六义务劳动创造的价值盖起来的。1919 年春天，莫斯科工人发起了星期六义务劳动，列宁亲自参加并写了《伟大的创举》一文。为纪念第一次共产主义义务劳动日，从 1969 年 4 月开始，每年举行一次全国范围的义务劳动，选择 4 月，是为了纪念列宁诞辰。苏联朋友讲：现在正在用义务劳动的钱修建全苏心脏病研究中心。

我看到《莫斯科百科全书》上的统计，1979 年 4 月 21 日，仅莫斯科就有六百五十万人参加义务劳动，其中四百万人美化城市环境，两百多万人在自己的岗位上坚持劳动。在这一天，莫斯科职工义务劳动生产的工业产品值达七百七十万卢布，建筑业完成的工程量计达一百二十万卢布。

三

苏联是现今世界上每年书籍出版量最大的国家，但是却面临着“书荒”。

我们这次到莫斯科，除了参加书展外，还带着国内科研机构的大批书单，前来购书，所以一有空就去书店。遗憾的是，国内所要的书大都买不到。因为新书一出来，一两个星期就卖光了。我们从一个统计材料上了解到：苏联平均每年出版八万种书籍，总印数二十亿册，平均每人二十本书。现在受过中等和高等教育的人占全国人口的一半以上。不仅知识分子家庭，甚至许多工人家庭都要购置图书，以建立家庭图书馆。特别难买的文艺书籍《安娜·卡列尼娜》原价二三个卢布，在黑市上卖到一百五十卢布，而且还很难碰到。苏联名作家的作品印数很大，但仍供不应求。苏联百科全书出版社每年出版三十种专业百科全书，年收入两千万卢布，纯利八百万卢布。苏联出版八千多种杂志，有些期刊发行量很大，如《健康》、《女工》、《女集体农庄庄员》等杂志，每期发行一千万份以上。

苏联国家出版委员会副主席哈尔拉莫夫在接见我代表团时说："因为我们出书很多，每册发行量又很大，所以我们颇感纸张不够，现在大家都普遍承认'书荒'，好书买不到。我们的人民是读书的人民，当然，也有的人买了书不读，放在家里当摆设。"他们除了尽可能增加纸张产量外，还采取了如下一些合理利用纸张的措施：（一）教科书免费发给学生，用完后收回，要求学生保持书面清洁；（二）购书实行预订制；（三）书店开设组织旧书交换的业务，促进读者间旧书交流，书店收手续费；（四）赔钱的期刊要取消或合并，有些专业性太强，读者面很窄的科技文章不再刊行，而交给科研机关的情报所出通讯。腾出纸张来印行多数读者喜闻乐见的书刊。

苏联每周两个休息日，星期六商店照常营业，星期日只有书店开门。我先后利用两个星期天到书店去买书，看到那里的人很拥挤。我们在乘坐地铁时，经常看到有人在读书。我们曾对一个车厢乘客读书情况做了调查：在一百多人中，有四十多人读书看报，其中有二十多人读小说，有十几人读报纸。每个地铁车站上都设有书亭、报亭。

苏联每年用许多钱从国外进口科技图书。据中国图书进出口总公司的同志讲，苏联各图书馆对从国外进口的图书不像我们有的单位那样，当做自己的"私有财产"，而是限期写出摘要，刊登在图书情报中心的新书书讯上。国内的学者、研究人员、工程技术人员都可以前去复制，因此，每进口一本书都可以为几十个、上百个甚至更多的科研生产单位服务。

四

十八年后重访莫斯科，发现城市的面貌有很大变化，原来自以为熟悉这座都城，现在却显得陌生了。

从莫斯科的谢列梅捷沃国际机场到我使馆所在地列宁山，从市区到一百多公里外的列宁故居，我们乘车路过的公路两旁，原来是连绵不断的森林，而现在却是一个又一个新住宅区，半圆形的，多角形的高层建筑林立，鳞次栉比。十多年来，新建了二十二个小区。从1966年到1976年十年间，莫斯科住宅面积增加了八百九十万平方米，标准单元住宅增加了八十八万三千套。莫斯科第二印刷厂厂长告诉我们，几年前，全市每人平均住宅面积为九平方米，从今年9月1日起扩大为十三平方米，今后五年的目标是争取做到每人一间。他说，现在我们没有人住地下室了，也没有几家人挤在一套单元里的了。今天要解决的问题是改善居住条件。50年代，我曾陪刘长胜去看望同他一起去苏联，后入苏联籍的杨兴顺，他当时已是哲学博士，全家五口人，住一间半房。当时住宅面积平均每人三至四平米。这次我应师哲的女儿（师哲原来的苏联夫人所生）的邀请，和在驻苏使馆工作的刘铮和朱敏（朱德的女儿）夫妇一起去做客，看到她和她的爱人及一个孩子，住三间房，平均每人三十多平米。

莫斯科市中心的街道也进行了改建，新修了许多立交桥和隧道，高尔基大街两旁新盖起一些高层建筑。从列宁图书馆往西新修了一条加里宁大街，可以对开八辆汽车，马路两旁耸立着一幢幢新建的高楼。近十多年来，莫斯科新铺设了十条地铁线路，把市中心和市郊的住宅区联成一片。地铁是市内主要交通工具，有一百一十四个车站，平均每昼夜客运量为六百万人次，为全市客运量的百分之四十。地上交通工具，除公共汽车、无轨电车外，还保留了有轨电车（共三十五条线路，全长四百五十公里，平均昼夜客运量一百七十万人，占全市客运量的百分之十一）。据苏联人说，一些新区还铺设有轨电车线路，它比无轨电车安全经济。苏联私人小汽车很多，在莫斯科有二十多万辆。据一位苏联司机讲："私人用的小汽车，由各机关分配，谁跟领导熟，就能先买到。小汽车价格昂贵（七八千到一万八千卢布），除高工资的人，不搞点歪门邪道是买不起的。"

50年代、60年代到苏联去时，常常看到有醉汉躺在人行道边，时不时听到因排队买东西发生的口角。这次在大街上很少见醉酒的人。从苏联报纸上看到：在苏联酗酒现象十分严重，所以他们采取了一系列严格的行政措施。首先是提高酒价，原来卖五到六卢布一瓶的白兰地，现在要二十多卢布，原来一两个卢布便可买下的伏特加，现在价格涨到七八个卢布，所有饭店十一点钟以前不准卖酒，不准把酒卖给未满十八岁的未成年人。

有一次，苏联朋友陪我们去餐厅吃饭，想要一瓶伏特加酒，服务员说："每人不得超过一百五十克，"那苏联人指着我们说："这是中国朋友"，服务员才给了两瓶伏特加，结果，这两瓶酒还是主人们自己喝了。据苏联朋友讲，如果在公共场合醉酒，被警察发现就要通知本单位，给予行政处分。根据8月初，部长会议发布的新决定，对酗酒而又不能完成任务的职工要降低工资，强迫劳动，强劳时间可长达五个月。对酒后驾车者，民警可当即没收其驾驶证。看来，这些行政和法律措施起到了一定作用。

莫斯科市容整洁，街道上、地铁站台上，看不到随地乱扔的纸屑，更没有痰迹。我们经常在市区散步，乘坐地铁，在商店买东西，没有看见一起因排队购买物品而吵架的事。上、下班客流高峰时，尽管人很拥挤，但仍然能有秩序地上车，青年人给老年人和妇女让座的事屡见不鲜。

莫斯科的市容同五六十年代比较有一点儿没有改变，就是到处都是大标语牌，而广告牌则很少见。从郊区到市中心，在马路旁，在公园里，林荫道旁，在高层建筑的房顶上，立着数不清的标语牌，上面写着："党的任务就是全体人民的任务"，"一定要完成党的二十六大提出的任务！""只有劳动，才能赢得荣誉"诸如此类的政治口号。

五

苏联对西方资本主义国家工业产品的输入有严格的选择和控制，抵制西方资产阶级思想文化的渗透，揭露和批判资本主义腐朽没落的社会现象。

在莫斯科的商店里，看不到西方资本主义国家的消费品，在莫斯科的街道上，除外国大使馆的汽车外，看不到西方国家生产的汽车。我们乘坐驻苏使馆的"奔驰"牌汽车（西德产）外出，车一停，总有苏联人围观。苏联的彩色电视很落后，大型彩色电视机现在还用电子管，图像不清晰，耗电量大。但是他们仍不肯进口西方国家的彩电。莫斯科的主要机场——谢列梅捷沃机场的贵宾室里放着一台又大又笨的苏制彩电，在收看时，常常没有画面，我们就请门口站岗的警卫进来修理，他用粗大的拳头在机壳上敲上几下，影像出来了，没有多久，又消失了……在莫斯科商店里出售的彩色电视机全是苏联的，收录两用机也是苏联国产的。只是在"小白桦"外汇商店里，才能看到西德和日本的收录两用机，但价格贵得可怕，无人问津，商店中也陈列着从东欧国家进口的皮鞋、服装和成套的家具。

我们在苏期间，经常收看电视，莫斯科电视节目有四个台，每天演出一些故事片，除苏联的以外，还看到保加利亚、匈牙利和越南的，但没有看到西方国家的。据使馆的同志们讲，有时也演一些发展中国家和西欧国家的影片，据了解，黄色镜头都删掉了。在使馆里，我们看了五六部故事片，其内容除了反映卫国战争外，就是表现生产建设战线上的英雄人物。有一部片子名叫《第四十五号钻井》，影片的主要情节是：中亚某石油天然气油井发生井喷事故，引起大火，一位新婚不久的工程师撇开妻子，舍身扑在被大风掀向汽油库的木栅栏门上，用自己的生命保护了国家财产。

在莫斯科的书店里，陈列着许多马克思、恩格斯、列宁的著作和评介马列著作的书籍，对列宁生平的每一阶段都有专门的评述。同时可以看到大量批判西方各种资产阶级学派的书籍，批判凯恩斯经济学理论，批判西方资产阶级哲学、美学、伦理学、心理学书籍的种类很多。

苏联各种宣传机器的矛头首先指向美国，几乎每天都有评论员揭露美国在哪里从事侵略和颠覆活动。在书展期间，我们曾到苏联展台参观，苏联宣传画出版社的工作人员给我们看一本巨型画册（样本），其中用强烈的对比手法揭露资本主义社会人压迫人，人剥削人的反动本质。例如：一幅画上画着一只贵妇人娇嫩白皙的手，手指上套着三个钻石戒指，腕上戴着名贵的手镯；另一幅上就画着一只农妇的瘦骨嶙峋，布满老茧的手。一幅图上画着个脑满肠肥的亿万富翁，身旁站着五个半裸的美女；另一幅上就画着一个形容枯槁的老黑人，手托着一个饿死的孩子。

六

在苏期间，我们也浏览了他们的商店和市场，了解了一下莫斯科居民的生活消费水平。

苏联人现在的工资平均为一百六十至一百六十五卢布，企业领导干部工资为二百五十至三百卢布左右，每年的奖金不超过他们两个半月的工薪；对工人一般实行计件制。

服装价格比较贵，毛料男女西装每套卖一百二十至一百八十卢布，毛衣售价为四十、五十、六十卢布不等，而且样式不如我们的好。女人穿的丝袜卖五至九卢布一双，一条纯丝头巾也要卖十个卢布。

主食价格较为便宜，面包约十九戈比一公斤，砂糖一卢布一公斤，带骨瘦猪肉两卢布一公斤。上述食品在自由市场卖，要贵两倍到三倍。蔬菜种类较少，供应比较紧张，市场上只见有西红柿、黄瓜、卷心菜、土豆，偶尔也看到有芹菜和香菜。他们还引进栽培了中国的大葱和白菜。我们在莫斯科期间，水果店里只有西瓜、白兰瓜和苹果出售。50年代，苏联食品店里到处可见的螃蟹罐头，现在看不到了。据师哲的女儿讲，鱼籽罐头也很难买。黄油每人每次可买一百五十克，林伯渠的女儿林利（1938年去莫斯科，后留在苏联，现任莫斯科大学副教授）说：过去郊区农民家家养奶牛，现在养牛的人不多了，他们在自留地上种菜，运到市内卖，春天一公斤西红柿可卖十卢布，相当于一个司机一天的收入。所以经常可以看到集体农庄庄员乘大轿车进城来抢购黄油、面包。由于某些食品紧缺，莫斯科各机关食堂都为本单位职工代买食品，但是买食品要搭配，最近经常搭配墨斗鱼，苏联人不习惯吃墨斗鱼，便现学烹饪方法。

莫斯科的房租一般为十几卢布到三十几卢布，超过住房标准的，要两倍、三倍地提高房徂。乘坐地铁一张票五戈比，公共汽车——五戈比，无轨电车——四戈比，有轨电车——三戈比。去莫斯科大剧院、克里姆林大会堂和马戏院看演出，每张票最贵的要三个卢布，而且票很难买。

我们到过莫斯科几家大百货公司，看到轻工业品花色比较单调，品种比较少，日用电器设备、冰箱等较为便宜，种类也较多。苏联人常回忆起50年代，中国日用品在苏联市场上畅销的情景，很有感触。一位上了年纪的苏联妇女说：“二十多年前，我买了个中国暖水瓶，始终舍不得用。每次我儿媳妇来都要瞅上几眼，我说：‘你瞅也白瞅，什么时候中国东西好买了我再把它送给你’。”

我们这次赴苏，时间很短，因为忙于书展，并与苏联有关出版机构进行业务交流，没有认真地进行社会调查，更无深入细致的分析研究。以上所述只能作为从外观上看苏联的一些皮毛的见闻。

中国大百科全书出版社　阎明复

策　　划：黄书元
特约编审：柏裕江
统　　筹：张振明
责任编辑：忽晓萌
封面设计：肖　辉　欢　欢
责任校对：周　昕　吕　飞

图书在版编目（CIP）数据

阎明复回忆录/阎明复 著. -北京：人民出版社，2015.6（2023.7 重印）
ISBN 978-7-01-014935-6

Ⅰ.①阎…　Ⅱ.①阎…　Ⅲ.①阎明复-回忆录　Ⅳ.①K827＝7

中国版本图书馆 CIP 数据核字（2015）第 116833 号

阎明复回忆录

YANMINGFU HUIYILU

阎明复　著

人民出版社 出版发行
（100706　北京市东城区隆福寺街 99 号）

北京中科印刷有限公司印刷　新华书店经销

2015 年 6 月第 1 版　2023 年 7 月北京第 7 次印刷
开本：710 毫米×1000 毫米 1/16　印张：70.75　插页：1
字数：950 千字

ISBN 978-7-01-014935-6　定价：268.00 元（全 2 册）

邮购地址 100706　北京市东城区隆福寺街 99 号
人民东方图书销售中心　电话（010）65250042　65289539